剑桥中国史

总主编／〔英〕崔瑞德〔美〕费正清

THE CAMBRIDGE HISTORY
OF CHINA
VOL.7：THE MING
DYNASTY,1368—1644,PART1

剑桥中国明代史

1368—1644年 上卷

〔美〕牟复礼 〔英〕崔瑞德／编

张书生 黄沫 杨品泉 译
思炜 张言 谢亮生

谢亮生 校订

中国社会科学出版社

图字:01—95—714 号

图书在版编目(CIP)数据

剑桥中国明代史.1368—1644,上卷/〔美〕牟复礼,〔英〕崔瑞德编;
张书生等译.—北京:中国社会科学出版社,1992.2(2018.3 重印)

书名原文:The Cambridge History of China Vol. 7:
The Ming Dynasty,1368—1644,Part 1

ISBN 7-5004-1011-5

Ⅰ.剑…   Ⅱ.①牟…②崔…③张…   Ⅲ.①中国—古代史—明代
Ⅳ.K248

中国版本图书馆 CIP 数据核字(2005)第 146354 号

出 版 人	赵剑英
策划编辑	郭沂纹
责任编辑	李炳青
责任校对	李小冰
责任印制	戴 宽

出　　版	中国社会科学出版社
社　　址	北京鼓楼西大街甲 158 号
邮　　编	100720
网　　址	http://www.csspw.cn
发 行 部	010-84083685
门 市 部	010-84029450
经　　销	新华书店及其他书店

印刷装订	环球东方(北京)印务有限公司
版　　次	1992 年 2 月第 1 版
印　　次	2018 年 3 月第 17 次印刷

开　　本	650×960 1/16
印　　张	54.5
插　　页	4
字　　数	785 千字
定　　价	88.00 元(精装)

凡购买中国社会科学出版社图书,如有质量问题请与本社营销中心联系调换
电话:010-84083683

The Cambridge History of China

Volume 8

The Ming Dynasty，1368—1644，Part 1

edited by Frederick W. Mote and Denis Twitchett

Cambridge

New York • Melbourne

根据剑桥大学出版社 1998 年版译出

译 者 的 话

本书是《剑桥中国史》第7卷的中译本。由国外研究明代历史的专家执笔，吸取了中国、日本和西方的研究成果，也对一些问题进行了创造性的探索。主要论述明代的政治史，结合社会、经济和文化背景进行分析。《剑桥中国史》的第8卷则对明代的制度、国际关系，以及社会和经济史、思想和宗教史进行详细的论述。

中国社会科学出版社前此出版的多卷本《剑桥中国史》的中译本有：第1卷，《剑桥中国秦汉史》；第3卷，《剑桥中国隋唐史》；第10、11卷，《剑桥中国晚清史》上、下；第14卷，《剑桥中华人民共和国史，1949—1965年》。《中华民国史》的两卷亦已列入近期出书计划；其余各卷在国外出书后也将尽快翻译出版。

出版15卷的《剑桥中国史》，是一个大项目。在多数学术译著印数不多，经济和印制困难的条件下，中国社会科学出版社承担了这一项目，给予我们极大的支持和帮助，我们深表感谢。

本书的翻译仍遵循忠于原文的原则。少数中文资料未能查到原文，照字面回译，则删去引号。为方便读者查阅，在脚注的书名后用〔 〕号标出相应的《书目》中的编号，并将《书目》所列条目译为中文。

本书译校分工如下：

张书生　译第1、2、3章和第4章前半

杨品泉　译第5、6章和第4章后半

思炜、张言　译第7、8、9章，整理、翻译《书目》；谢亮生参与了这部分的翻译，并负责全书的统稿、校订工作

黄沫　译第10、11、12章和《书目评注》

我们水平有限，不妥及错误之处敬请指正。

目　　录

总编辑序 ··· （1）

明代度量衡制 ·· （4）

明王朝诸帝 ·· （5）

明皇室世系 ·· （7）

导　　言

普林斯顿大学　牟复礼

·· （1）

第一章　明王朝的兴起，1330—1367 年

牟复礼

引言 ·· （11）

日益恶化的中国情况，1330—1350 年 ······················ （12）

中央权力的瓦解 ·· （18）

朱元璋的生平，1328—1367 年 ································· （44）

第二章　明代的军事起源

迈阿密大学　爱德华·L.德雷尔

引言 ·· （58）

妥懽贴睦尔时代的叛乱 ·· （58）

明—汉之战，1360—1363 年 ···································· （72）

明军在全中国的胜利，1364—1368 年 ······················ （87）

1

军队与边疆,1368—1372 年 ·································· (97)

第三章　洪武之治,1368—1398 年

纽约摩根保证信托公司　小约翰·D. 郎洛瓦

引言 ··· (106)

1371—1380 年:帝国的巩固和稳定 ···················· (123)

1380 年:过渡和改组之年 ································· (136)

1383—1392 年:监视和恐怖加剧的年代 ·············· (144)

第四章　建文、永乐、洪熙和宣德之治, 1399—1435 年

华盛顿大学　陈学霖

引言 ··· (178)

建文统治时期 ·· (180)

永乐统治时期 ·· (201)

洪熙统治时期 ·· (272)

宣德统治时期 ·· (279)

第五章　正统、景泰和天顺统治时期,1436—1464 年

普林斯顿大学　崔瑞德　蒂宾根大学　泰尔曼·格里姆

英宗第一次统治时期,1435—1449 年 ················· (299)

北京的防御和新帝的即位 ····································· (318)

英宗的第二次统治:天顺时期,1457—1464 年 ········ (331)

第六章　成化和弘治统治时期,1465—1505 年

牟复礼

两位皇帝 ·· (334)

成化和弘治时期文官政府中的问题 ······················ (348)

军事问题 ·· (360)

第七章　正德时期，1506—1521 年
普林斯顿大学
盖杰民

正德初叶 ·· (391)

刘瑾控制下的朝廷 ···································· (393)

安化王的叛乱 ··· (397)

1510 年后的帝国行政 ······························ (400)

皇帝的巡幸 ·· (406)

宁王的叛乱 ·· (410)

南巡 ·· (417)

空位期 ··· (423)

对本朝的评价 ··· (425)

第八章　嘉靖时期，1522—1566 年
盖杰民

皇帝的选择和继位 ···································· (427)

权力斗争 ·· (430)

对外政策和防御 ······································ (452)

道教和朝廷政治 ······································ (464)

严嵩掌权 ·· (467)

财政危机 ·· (470)

贸易和海上抢劫 ······································ (474)

严嵩之死 ·· (489)

皇帝的晚年 ·· (492)

16 世纪早期的明帝国 ······························ (493)

第九章 隆庆和万历时期,1567—1620 年
黄仁宇

二帝及其前辈 ……………………………………………（495）

万历时期 ……………………………………………………（498）

张居正的 10 年:耀眼的暮光 ……………………………（501）

东林书院和朋党之争 ………………………………………（514）

次要争端和根本原因 ………………………………………（525）

衰落期中的思想状况 ………………………………………（531）

万历朝晚期的三大征 ………………………………………（544）

满族的挑战 …………………………………………………（554）

第十章 泰昌、天启、崇祯三朝,
1620—1644 年
霍巴特与威廉史密斯学院 威廉·阿特韦尔

泰昌朝,1620 年 8—9 月 …………………………………（570）

天启朝,1621—1627 年 ……………………………………（575）

崇祯朝,1628—1644 年 ……………………………………（591）

顺朝过渡时期 ………………………………………………（616）

第十一章 南明,1644—1662 年
印第安纳大学 林恩·A.斯特鲁夫

弘光政权 ……………………………………………………（619）

长江下游地区的抗清活动 …………………………………（636）

鲁王政权和隆武政权 ………………………………………（640）

两广和湖广南部的永历政权,1646—1652 年 …………（650）

监国鲁王的海上政权,1646—1652 年 …………………（665）

西南和东南,1652—1662 年 ………………………………（672）

第十二章　明代的历史著述

马来亚大学　傅吾康

引言　若干普遍趋势···（696）

国史馆···（705）

有关历史或作为历史资料的明代政府出版物·················（714）

关于个别政府机构的半官方著作·····························（722）

半私的和私人的综合体和编年体编史工作·················（723）

传记著述···（727）

各种历史评论···（730）

经世文···（733）

关于外事和军事组织的著作·····································（736）

类书和地理、经济、科技著作·································（740）

方志···（743）

结束语···（746）

参考文献介绍···（748）

参考书目···（780）

地图、表目录

地图 1　明时期全图 ···（1 前）

地图 2　地区群雄并峙之局（约 1350—1360 年）·················（20）

地图 3　南京及其近郭形势 ···（76）

地图 4　南京城市规划图 ···（111）

地图 5　明代诸王封地图 ···（121）

地图 6　四川之役（1371 年）·······································（125）

地图 7　云南之役（1381—1382 年）·································（145）

地图 8　南京之役（1402 年）·······································（198）

地图 9　明朝初年的中国和亚洲内陆 ·····························（213）

地图 10　永乐帝的几次蒙古之役 ·································（214）

地图 11　郑和的海上远航 ···（230）

地图 12　北京城平面图 ···（237）

地图 13　帝国政府的主要官署 ···································（240）

地图 14　大运河 ··（250）

地图 15　自然灾害和瘟疫侵袭的地区（1430—1450 年）········（305）

地图 16　1449 年的土木之战 ·····································（316）

地图 17　大藤峡之战（1465—1466 年）···························（368）

地图 18　荆襄之乱（1465—1476 年）·····························（375）

地图 19　北方边防部队及长城 ···································（378）

地图 20　正德皇帝巡幸西北 ·····································（406）

地图 21　宁王叛乱 ··（415）

地图 22　正德皇帝南巡 ···（418）

地图 23　16 世纪倭寇的侵袭 ·····································（481）

地图 24　朝鲜战役(1592—1598 年) ················ (549)

地图 25　杨镐进击努尔哈赤(1619 年) ·············· (560)

地图 26　农民起义的扩展(1630—1638 年)(1)········ (605)

　　　　农民起义的扩展(1630—1638 年)(2)········ (606)

地图 27　李自成的战役(1641—1644 年) ············ (611)

地图 28　清军出征中国南方(1644—1650 年) ········ (634)

地图 29　南明朝廷的主要驻地 ···················· (639)

地图 30　南明的灭亡 ···························· (668)

地图 31　郑成功的活动 ·························· (684)

表 1　洪武时期就国的明代诸王子 ················ (167)

总 编 辑 序

　　20多年前最初规划《剑桥中国史》时，当然计划从中国历史最早的时期开始。但是，出版这套丛书是在多年以前提出的，在此期间，由于在20世纪20年代开始并从70年代早期以来不断增强势头的大量考古发现，我们关于中国史前史和公元前1000年间的大部分年代的知识都已发生变化。这种源源不断的新资料一再改变了我们对早期历史的看法，而且还没有对这种新证据和传统书面记载得出任何普遍认可的综合。尽管一再试图筹划并出版概括叙述我们对早期中国的认识现状的一卷或几卷，但到目前为止已经证明不可能这样做。对所有这些新发现从事有希望具有持久价值的综合，很可能还要10年才能证明是切实可行的。因此，我们勉强从最早的两个帝国政权，即秦和汉的政权的建立开始《剑桥中国史》的叙述。我们知道，这留下至少1000年有记载的历史要在别处、别的时间予以处理。我们同样知道这样的事实，公元前第一个千年的事件和发展为我们将要叙述的中国社会及其思想和制度奠定了基础。秦和汉的制度，文学和艺术的发展状况、社会形态以及思想和信仰的体系牢牢扎根于过去，对更早的历史没有相当的认识，是不能通晓的。既然现代的世界越来越相互地联系在一起，历史地认识它已经变得更加必要，历史学家的工作也已变得更加复杂。在原始资料激增和知识增加时，论据和理论也相互影响。尽管单单总结已知的东西也成了令人望而生畏的工作，但认识的事实基础对于历史的思考却越来越重要。

　　从20世纪初起，剑桥史书已在英语世界中为多卷的丛书树立了一种模式，其所包含的各章由专家在每卷编辑的指导下撰写。由阿克顿爵士规划的《剑桥近代史》，在 1902—1912 年间以 16 卷本问世。接着出版了《剑桥古代史》、《剑桥中世纪史》、《剑桥英国文学史》和关于印度、波兰以及英帝国的剑桥史。原来的近代史现在已为 12 卷的《新编剑桥近代史》代替，《剑桥欧洲经济史》也即将完成。其他剑桥史包括伊斯兰教史、阿拉伯文学史、伊朗史、犹太教史、非洲史、日本史和拉丁美洲史。

就中国而言，西方的历史学家面临一个特殊问题。中国的文明史比任何一个西方国家的文明史都更为广泛和复杂，只是比作为整体的欧洲文明史略少分歧交错而已。中国的历史记载极为详尽、广泛，中国有关历史的学术许多世纪以来一直是高度发达而精深的。但直到最近几十年之前，西方的中国研究尽管有欧洲中国学家重要的开创工作，其进展却几乎没有超过少数史学典籍的翻译和主要王朝及其制度的概略的历史。

近来，西方学者更加充分地利用了中国和日本丰富的有关历史的传统学术，不但大大地促进了我们对过去事件和制度的明细的了解，而且还大大地促进了我们对传统历史编纂学的批判性的认识。此外，当前一代西方的中国史学者在继续依靠正在迅速发展的欧洲、日本和中国的研究的扎实基础的同时，还能利用近代西方有关历史的学术的新观点、新方法以及社会科学新近的研究成果。新近的有关历史的事件，在使许多较旧的看法成为疑问的同时，又突出了一些新问题。在这众多方面的影响下，西方在中国研究方面的剧烈变革正在不断增强势头。

1966 年最初规划《剑桥中国史》时，目的是为西方的历史读者提供一部规范的有价值的著作：由于当时的知识状况，定为 6 卷。从那时起，公认的研究成果的涌现、新方法的应用以及学术向新领域的扩展，已经进一步推动了中国史的研究。这一发展为以下的事实所表明：《剑桥中国史》现在已经变为计划出 15 卷，但还必须舍弃诸如艺术史和文学史等题目、经济和工艺的许多方面以及地方史的所有丰富材料。

近十年来我们对中国过去的认识的显著进展将会继续和加快。

西方历史学家对这一重要而复杂的学科所作的努力证明是得当的，因为他们自己的人民需要更多更深地了解中国。中国的历史属于全人类，不但由于正当而且必要，还由于它是一门使人发生兴趣的学科。

费正清

崔瑞德

（谢亮生　译）

明代度量衡制

Ⅰ	长度	1尺	＝10寸
			＝12.3英寸（近似值）
		1步（双步伐）	＝5尺
		1丈	＝10尺
		1里	＝1/3英里
Ⅱ	重量	1两	＝1.3盎司
		1斤	＝16两
			＝1.3磅（近似值）
Ⅲ	容积	1升	＝0.99夸脱（近似值）
		1斗	＝10升
		1石/担*	＝10斗
			＝99夸脱
			＝3.1蒲式耳
Ⅳ	面积	1亩	＝0.14英亩
		1顷	＝100亩

注：本书各章有时提到的中国度量衡所依据的材料，其出入令人无所适从，而且它们取自标准单位各不相同的地区。它们并不是贯穿于明朝始终和全国性的标准，所以只能视作近似的数据。

＊石/担应该是容积单位。但是它经常被用作相当于100斤的重量单位。

明王朝诸帝

姓　名	年　号	庙　号
朱元璋	洪武 (1368—1398)	太祖
朱允炆	建文 (1399—1402)	惠帝，惠宗
朱　棣	永乐 (1403—1424)	太宗，成祖
朱高炽	洪熙 (1425)	仁宗
朱瞻基	宣德 (1426—1435)	宣宗
朱祁镇	正统 (1436—1449)	英宗
朱祁钰	景泰 (1450—1456)	代宗，景帝
朱祁镇	天顺 (1456—1464)	英宗
朱见深	成化 (1465—1487)	宪宗
朱祐樘	弘治 (1488—1505)	孝宗
朱厚照	正德 (1506—1521)	武宗
朱厚熜	嘉靖 (1522—1566)	世宗
朱载垕	隆庆 (1567—1572)	穆宗
朱翊钧	万历 (1573—1620)	神宗
朱常洛	泰昌 (1620)	光宗
朱由校	天启 (1621—1627)	熹宗
朱由检	崇祯 (1628—1644)	懿宗，思宗，怀宗，庄烈帝

南　明

朱由崧	弘光 (1644.6—1645.6)	安宗
朱聿键	隆武 (1645.8—1646.10)	绍宗
朱常涝	潞简王监国 (1645.6)	
朱由榔	永历 (1646.12—1662.1)	
朱聿鐭	绍武 (1646.12)	
朱以海	鲁监国 (1645.8—1653)	

导　言

　　这一卷和下一卷都用于讲述明史。这一卷讲述的是政治史，从14世纪中叶结束元代对中国的统治的那些叛乱——1368年建立的明王朝即兴于其中的一个叛乱——讲起，一直讲到南明，即明王朝的最后残余部分于1662年在缅甸被消灭时为止。那时距满清王朝于1644年在北京宣布受天之命完成征服中国之时差不多已有20年了。

　　从14世纪的40年代起到17世纪的60年代止的大约300年间，精确地说是从1368—1644年的277年间为明朝正式统治时期，它是自1126年北宋陷入女真人之手以后直至1911年辛亥革命推翻帝制期间中华帝国后期史中唯一由汉人统治中国本土的一个王朝。本地王朝和外族征服者王朝的这一更替当然对中国人的生活产生了不同程度的影响，但它最具破坏性的影响也未曾中断中国文化的连续发展。可是，汉人胜利地重新夺回了政权，这在历史上却是很重大的事件。

　　在明代，明王朝被视为汉人复兴的重要时代，而在拥有民族主义心态的近百年间尤其如此。这个复兴了的社会中的社会、文化、经济和其他方面的生活将在第8卷内讨论。我们在那里可看到许多材料，它们会说明明代的中国出现了文化的发展，国土的开拓，而且如果我们愿意打个生物学比喻的话还可以看到，它在其最后阶段所具有的内部相对稳定的封闭的和光辉灿烂的传统中国文化是越来越成熟了。我们将会看到人口有稳步的增长（虽然统计数字偏低），识字的人数大量增加，社会的整个精英以下各层次的学识有了增长，同时精英和精英以下的文化形式也繁荣起来。我们可以看到城市水陆交通体系的逐渐充实，这表明生产和交换已在扩展。东南沿海诸省日益变得重要，离心力促使该地区许多艰苦的居民向海外求生，这些都早于欧洲商业扩张的时代，而且足以与它相抗衡。中国内地南方和西南诸省在明代的内附也足以证明这个时期的扩张的成效。当这个时代的政治史被详细地描述时，明代社会有无穷的活力这一点是必须记住的。

对于明代的政府应该做什么样的最后估价？明王朝是一个强有力的政府的时代，抑或仅仅是皇权及其附属物用展示暴力意志的办法来恫吓文官政府的时代？它是一个行政效率甚高的时代，还是环境造成的实际局限性严重地限制了其政治成就的时代？它的国内行政到底是皇权制度在其漫长历史发展中比以往更有效地发挥了行政潜力的工具呢，抑或事实上它只是社会各阶级的和各地方的利益集团为达到它们各自不同目标的手段？这种种问题可能有用词不当的成分，但都是人们很久以来就提出的问题。在我们的书里读者也可以提出自己的问题。明代政治史的某些内容曾经引出一系列有关的很纷繁而又互相抵牾的问题，这样做可能有助于澄清其中的某些疑惑。

至少从表面上看来，明代是一个政府很坚强有力的时代。它的开国之君把它建成了一个强大的、充满自信的、高度中央集权的政体。但是，这些表面现象会不会骗人？可能有人会说，明初诸帝想集中权力和想把他们的意志强加于一切政令之上，但他们的这些意图实际上从未像统治者打算的那样形成有效的制度，也许还使他们自己骗自己地认为确实形成了制度。黄仁宇教授曾一再指出，中国人在解决所有社会问题时宁可用伦理办法而不用技术办法，这就使政府的工作方式有局限而影响到权力的运转。他的论点很有说服力，但是，泱泱大国的形象不易驱散。人们只要看一看明代中国在亚洲被抬举的高大形象，就可知其一二了。

在传统上，亚洲内陆曾经出现中国的征服者，明初几位雄才大略的皇帝不仅在这里重建了中国的统治地位，他们也在亚洲的海路上重建了权威地位。中国与其他亚洲陆上列强原来的外交关系被由中国作为世界秩序中心的时代所取代，其依据是中国人的假设，即认为中国是中心，而且高人一等；而其余国家不论大小也都是通过朝贡名义上承认中国的这种地位。它在内政上也重建了中央集权的控制和监督结构——即数以千计的地方和地区的行政官员以及中央政府的官员——

这些人又是由中央政府直接选贤与任命而来的。明王朝甚至比帝国早期几个典型的王朝更加企图使政权的运转正规化，使官员的行为整齐划一，以便纠正像明初诸帝认为的几个异族王朝所强加给中原的那种目无法纪的、贪污腐化的痈政。总而言之，不管它是好是坏，明初的国家力图给官民的公私行为定出一个统一的意识形态的基础，以此巩固其政权。后来由此产生的"经过修正的"新儒家精神气质在许多方面都是明代的新成就，而且它对日后的政治生活产生了深远的影响。

尽管起初很强有力，明代的政治史并不总是一帆风顺的。这一卷中有几章经常集中探讨它的政治弱点。明代政府被某些近代学者称之为中国文明的伟大成就。但同时它也被视为一种证据，表明它在实际情况的对比之下其弊病多么不近乎常情，即这个工作体系老是需要修修补补，而从不接受彻底而合理的纠正。这里可同时看到对这两种观点的反省。但是，不管这些作者们偏重于采取哪一种判断；我们必须得出结论说，明代中国的行政治理是一个巨大的事业，因为它承担的这项工作是宏伟无比的，行政的专业理想是崇高的，而其平时治理工作中所特有的理想的形式和实际的形式的相互作用又是特别复杂，令人难以处理。

如果这些对于明政府性质的基本评价尚不足以作为定论，它在行政治理方式的发展方面的某些长远趋势似乎还是一清二楚的。虽然那位专制的明朝开国君主搞了许多严格的条文法令来束缚他的一切后嗣，但明政府并非一成不变的。它三百年来的演变之迹仍有脉络可循。这里不妨指出其中某些趋势，可能是有益无损的。

明代政治史中最引人发生兴趣的一个特点，是它从一位雄才大略的（而且他自认为是全能的）开国皇帝的直接统治向分权制度——不论是正确的授权或者是篡权——演变的趋势。明朝的皇帝是权力结构的拱顶石，没有他们，政府的权力就不能运转。他们是中国文明之内这个国家和社会履行宗教式大典的领袖，而这种大典在这里的重要功能是我们今天的人们无法想像的。还有，明代的皇帝又是需要日常亲政以决定和推动治理庶务的这一套制度的行政官员。如果缺了这一个环节，那就需要有某种并不绝对合乎人意的替代物来代替皇帝自己的统治行为。

　　隐藏在这套制度背后的是这样一种不切实际的想法，即皇帝在全国范围内极其广泛的事务中都能做出精明的决定：从任命数以千计的各级文武官员到全面或细小政策的修订，他都得管。的确，他在大多数情况下只是审定一下吏部初拟的候补官员名单，或者在提请需要他加以"同意"和加盖御玺的奏疏中做一些次要的改动。但是，如果没有这一御玺，任何事情也办不了，任何官员也任命不成，而且在所有比较重要的事情上人们都指望皇帝能给予通盘的分析，并做出自己的判断。虽然皇帝的能力和功能的范围在中国人关于君主制的观念中是固有的，但是在明代，这种范围在执行中的制度化的程度却是空前未有的。自从明王朝在17世纪覆亡之时起，历史学家就一直认定那是明政府的决定性弱点，而且都指责明太祖在1380年竟废除了丞相的职位及其秘书和顾问班子。

　　因废除"丞相制"而引起的政府的改组、外廷最高权力层的消失，以及由此引起君主及其内廷来承担这些支撑性职能的情况，使中国的中央政府呈现出一种新形式，而且这种新形式终明清两代一直维持到了辛亥革命。但实际上，明太祖的意图早在他在位之年就已有所改动，后来依照历代皇帝统治时期的情况，他们本人的才能和承担的义务，通过日积月累的演变和对习俗的适应，这种意图就有了新的形式。自然，猜忌多疑的明太祖担心他的顾问和行政等高级职业官僚会歪曲政令来图谋私利，甚至赤裸裸地搞篡权活动。他也害怕那些士大夫作为下级地方官会滥用手中的权力。

　　由于明太祖强调改善农村社会的条件和加强地方政府的规范化（不管此举是纯粹出于利他主义的目的，或者是他精明地意识到这样符合国家利益，或者是二者兼而有之），某些学者认为农村群众是真正的受益者。如果说他在这种事件中对官僚的猜忌有可取之处的话，那么，在复杂的政治机器的更高层中，他的腐蚀性猜疑因有深不可测的恐怖做后盾而极具破坏性，且倍加厉害，因为它一旦制度化，就长期地影响着后世的历史。人们可能争辩说，作为14世纪中国的一位政治领袖，他别无选择，在建立政府时只有依靠那些自称为信奉新儒学的文化人的服务。矛盾之处在于，他一方面承认那是治理中国社会的必要条件，一方面又深深地疑虑它的后果；他让他的官员经常处于惊骇之中，又使皇权高高在上而处于脱离官僚阶层使之不能够提供最佳服务的地位。这就是他要建立的一个有严重缺陷的政体。

因而我们可以通过本卷各章的叙述令人极感兴趣地看到一代代皇帝都在不断地修订制度，以图克服这种基本的行政缺陷。我们对第二代皇帝（1398—1402 年）知道得不多，但是很清楚，他大大地提高了他的主要保傅们的顾问功能，因为正是这一措施的失宜，为篡夺者提供了口实。篡位者明成祖于 1402—1424 年在位，英武而有方略，但他并不完全据守他所声称要捍卫的原则。因为他的兴趣是在解决远离宫廷的边疆问题，他开始设置内廷各机构，以使他能摆脱枯燥乏味的日常政务。

他的规划中与政制最密切相关的是他为翰林院选拔最优秀的进士为翰林学士，以便在时机到来时组成内阁。与此同时，他使宦官起着更大的作用，甚至主张他们中的很多人应该正式学习政事，明了国家掌故。这就必然使得文官们和他们的宦官同僚们的合作形式变得错综复杂起来，甚至每一方都力争皇帝的支持，扩大己方权力，以打击对方为务。应该注意的是，这两方面的协作在大多数情况下还是顺利的，但是当宦官凭陵一切，左右皇帝并蔑视文官政府的准则时，这经常发生的龃龉也是不可小视的。

第一件这样的事例发生在 15 世纪 40 年代儿童皇帝明英宗之际。直到明朝末年就有好几起这样惊人的滥用权力事件，它们在明代政治中叫人立刻想起与宦官有关系。如果说从 15 世纪后期起，在任何一时期担任文武官职的数以万计的宦官中，其大多数或多或少的是奉命行事而不是肆无忌惮地滥用权力的人，那么，很可能在他们的某些正规职能——即主要是沿内陆边界搞国际贸易或搞海上转口贸易，或者为皇城搞采办和特别税收——中，他们也许大部分时间里表现得很糟糕。

1380 年废除丞相之职从而使皇帝与在外廷有领导百僚地位的高级负责顾问隔离起来，这可视为明朝发展内阁和与正规官僚制度相应的宦官官僚制度（这两者是明代内朝的两要素）的起点。明朝政府的这些非正规——虽然它们最后变得高度正规化——的因素之间的错综复杂关系是明王朝整个政治史的焦点。某些皇帝在这个制度内工作得很好，有时也添加了重要的新内容。正如本书所显示的那样，另外有些皇帝则严重地不履行或抵制各方面的准则，因而产生了各种不同后果。从我们现代的观点看，当历史的读者因这个制度的不合理处没有被一代代敏锐的和忠心的官僚政治家们所克服而产生受挫的压抑情绪时，那也是完全可以理解的。

当我们读这一卷书的时候，对于政治衰退的这种低调叙述恐怕会使我们的意识承受很大的负担。但是，还有另外一方面也不应该忽视。这个与西欧面积相仿佛的世界上最大的社会，在这个难免有错误的治理体制下的确是欣欣向荣的，而且那些准备充分的、愿意献身的求职官员的人数也是源源不绝地涌现的。每隔10年就有新的一批能干的、急于在为政府的服务中谋求个人前途的人。每当某一部分人因宦场失意而意志消沉时，另一些热心的替补者就马上递补上来。尽管明王朝的治理步履蹒跚，很不得力，但它的文官制度却是生动活泼，在后世也是无与其匹的。

那么，明代的中国是治理得很糟吗？明政府的力量同时也是它的弱点；例如，它特别强调教养、学识和伦理义务，其局限性是使之务必符合先朝故事、调和折中和保全面子等大问题。它在促使大范围的稳定性方面既有弱点，又有强处。我们不妨这样提一个问题：在明代的那个世界上究竟有没有哪个国家比明王朝治理得更好一些（其他国家没有遇到中国这么大规模的问题）。在大多数历史学家看来，这个问题直到明王朝以后很久还困扰着中国。试以明政府所要执行的任务来说，它既要维护这么广大疆域上的统一和同舟共济的意识，又要表现出充分的自我振兴的面貌，以便在和平而有秩序的情况下使社会哪怕是缓慢地，但却是灵活地发生变化，所以它的成就给了人们很深刻的印象。除此之外，明政府也允许那些生计稍微充裕而有余资的中国人自行其是地利用其资财，因为不论比起当时或以后世界上的其他国家来说，它向人民征收的税项是很少的，它把它的勤劳人民所创造的大部分财富留了下来。不平等现象随处可见。但是，社会仍然是开放的；它给各阶层人民提供了广阔的选择余地，这在不久以前还是不可能的。对于明代中国的政府，不可贸然予以等闲视之。

在 14—17 世纪的发展变化中，另外一些趋势还可以从明代历朝皇帝的统治中看得出来。其中很明显的是明王朝的防御态势。他们朝夕思虑的是北方蒙古邻居所给予的威胁，这是可以理解的，因为明王朝就是抗拒并逐出了蒙古征服者才建立起来的；他们必须防备蒙古人卷土重来，直到另一个北方邻居满族在 17 世纪初取代了蒙古人的威胁时为止。如果对蒙古敌人的集中注意是形势中持续的现象，那么，又出现了什么长远的变化趋势呢？那就是构筑堡垒自固的趋势。最初，明人是在自己本土内用蒙古人的战法对付蒙古人；在 15 世纪中叶以前，这种打法被改成防御政策，即撤退到固守的工事之后；这些工事位于标志着中国式的定居生活的北部边境前线。明太祖曾计划保持深入草原去守卫的部队。永乐帝这位篡夺者在 15 世纪头 25 年曾一再出兵草原，但是未能使前沿戍军成为攻势性积极防御的有效部分。他把戍军撤至更容易设防的战略要点上。尽管有这条固若金汤的防线，蒙古人在 1449 年和 1550 年一再侵入中国，给中国造成惨重的伤害，并且接二连三地进行袭击。到了 15 世纪 70 年代，中国开始用设有塔楼和堡垒的长垣把这些设防的长垣连接了起来。传奇中的万里长城——更确切些说是一系列长垣——终于成型了。在明王朝的后来年代里，筑墙和沿长城防区的驻兵便是明政府的首要任务。亚洲内陆的这道边界变成了令人喘不过气来的负担。

边界问题可以成为产生一个民族的巨大推动力的源泉。亚洲内陆这条边界早在汉唐时代就已成为这样的源泉，而在明代，其后果似乎完全是消极性的。明政府拥有远大得多的机会卷入世界其他地方的事务，不论是对日本和朝鲜，还是对南洋诸国，也不论是对欧洲列强（最初是葡萄牙人的船只航行到中国，他们是 1517 年从果阿和马六甲航行到珠江口的广州），都是如此，但是，这些机会都错过了。15 世纪之初，明代中国派出了在当时世界史上空前庞大和航程最远的舰队；他们曾远航至波斯湾和非洲海岸。不管那些活动有多么美好的前景，它却一去而不复返了，部分原因当然是因为明政府一心一意扑在了万里长城方面，无暇顾及其他，也无心再从正面考虑任何其他的机会。

一方面是明政府在北方深沟高垒和被动地固守；另一方面它又未能在其他方面进行扩张，与这种趋势相应的是另外一种趋势，即私人业主不顾政府禁止而越来越富想像力地和大胆地进行海上商业：他们沿着中国东海岸，特别是从长江三角洲到广州一带经商。如果他们能得到国家的支持和赞助，像 15 世纪和 16 世纪他们的欧洲同行那样，他们会取得什么样的成就呢？甚至在没有国家赞助的情况下，中国的商人和工匠的殖民地，以至最后的农业居留地，也大都从明代起即在自菲律宾到东南亚一带建立了起来。在明代海上扩张中所见到的那种无限充沛的精力、真正的企业家精神、进取的冒险气魄和在社会内部颇具创造力的领袖才能都同明王朝在北方防御中的筑垒固守和经营的受挫形成了奇特的对比。

另外一个虽然不那么引人注目但却是很重要的趋势，是中国人口在南方和西南边疆省份的扩张，是非汉族人民被排挤或被吸收，是中国的行政向今天的缅甸、老挝和越南边界的扩展。明初诸帝把全部国家军事资源用在这方面；云南第一次被征服和吞并（虽然忽必烈汗在 13 世纪 50 年代曾征服这个地区，并在这里建立了势力稍弱的蒙古行政）而置于中国的统治之下；贵州被改为行省；安南在 15 世纪 20 年代被击败，但未能成功地被吞并。对整个西南诸民族的"绥靖"也是本卷各章反复出现的主题。可是，最后国家的作用变得不那么有扩张性了。文化的同化在继续进行，但是，现在进一步同化的推动力是来自贸易和开矿，以及汉族人口日益增长地深入到这个地区的一些富庶河谷中的结果。

与南方和西南国势增强形成有趣对比的是北方——特别是在西北——防区的收缩和衰弱。气候的变化可能使整个边境线的勉强维持生计的农业产量降低，但社会因素也起了作用。在整个明朝后半期，对于这个地区围攻的心理已因防守地带的建立而被破坏无遗。贸易减少了。由于这个地区经济的衰退和军事形势的限制，货物和人口的流动减少了。文官政府经常关心的事情如果和军务相比只能摆在次要地位。最后，国家的政策是对它的戍军减发饷银或者甚至抛弃他们（特别是对训练不足者和年老体弱者更其如此），这就使这些兵卒沦为盗匪。所有这些因素在一起发生作用的结果，是日益增加了北方和西北方边疆狭窄地带不稳定的状态。所以这个地区的地方性混乱状态在明末的整个社会中虽然谈不上是典型的，但它竟会滋生两支大的流动土匪而使 17 世纪 30 年代中国其余地方大受其害，就不足为奇了。其中一支被称为李自成"叛乱"，它肆意劫掠华北地方，并且很幸运地乘机敲开了北京的大门。它在 1644 年正式地结束了明王朝。

以上这些对于明史读者是很显而易见的几种趋势。同样很显然的是，本卷书内包含详赡的内容细节，它们足以重新展现明史的许多方面。

在 1368 年和 1644 年之间有 16 名在位的皇帝，还有一些是在南方远处直到 1662 年为止抗拒满人的可能继位做皇帝的人。他们组成了不同类型的人物的画廊，而这些人的生平都需要更多的材料予以重新描述。在西方语言中还没有他们任何人的一种完美的传记。虽然中国的皇帝们在中国历史编纂学中属于最忌讳的题材，但还可以做许多工作来弥补这种缺陷。但是，除了那些皇帝本人以外（也包括数不清的皇家宗室），还有极丰富的文献材料写到各种不同的生活、地点和行为。有浩如烟海的明代人的著作——诗歌和文艺作品、各种严肃的学术著作、宗教的和哲学的研究、戏剧和故事以及消闲作品、官员们关于政府工作的奏折，以及明代历史学家开始对历史进行整理的著作。学者们只能知道这浩如烟海的著作的一小部分的东西，因为在这些著作中，明代任何时候存在的印刷书籍要多于世界上其他地方存在的同期印刷书籍的总和。明史的许多大的方面在 20 世纪尚未得到实质性的研究，虽然在 20 世纪相关的材料因为复制印刷品、考古学和档案材料而增加了很多。

在今天这个世纪，明史还没有在中国、日本或西方受到广泛的研究。一大批灿然可观的历史材料已由傅吾康在本卷书的第 12 章很出色地胪列了出来，它们现在正吸引着新一代的学者的注意力，而且学术界也开始认识到明代这几百年的历史在中国史和世界史的大范围内是多么重要。本书作者和编者在编写这一卷时有相当的自信，认为它在学术上有一定的推进之功；而且更加相信，明史研究领域将会很快地大大超过本书的成果。我确信，这些作者中的许多人将有助于使本书及早地退出现役，因为他们为了取代本书，还在继续前进。我向他们现今取得的成就致意，并预期他们的成果早日问世，后来居上。

第 一 章

明王朝的兴起,1330—1367 年

引 言

元朝是蒙古征服者从忽必烈汗起统治中国的时期,人们对它的特点说法不一,而且现在仍在许多学者中间争执不休。[①] 可是,有一件事却是确凿无疑的。在 14 世纪中叶以前很久,它的统治的能力,即它维持社会秩序、管理省县级政府和征收税务的能力越来越削弱了。明王朝的开国皇帝朱元璋(1328—1398 年)于 1328 年 10 月 21 日生在今安徽淮河平原一个赤贫的佃农之家。他从未经历过中国那个安定的农业社会的正常环境,直到他 40 年以后起而统治这个帝国并指导它的恢复工作。明王朝诞生于半个世纪有增无已的扰攘纷乱中,在这个一切遭到破坏的年代,全国大部分地方的日常生活的进行日益直接诉诸暴力。它提供了中国社会逐渐军事化的典型范例,而且也由于这一点,它提供了元失其鹿而群雄争逐的典型范例,即他们通过军事力量把一个号称为受有天命的继承者政体强加于人。尽管中国人在传统上喜欢把这种情况归之为改朝换代循环理论提出的一乱一治的典型形式,但是,元朝瓦解和明朝兴起的方式却完全不是表现在中华帝国历史上的那种改朝换代的模式。14 世纪中叶是一个非同寻常的时期。纷乱中的中国社会充分揭示了它的潜力,也充分展示了它一般很少表现出来的组织结构。因此,人们可以看到这个时期中国文明的某些特征,它们在和平的、有秩序的文官政府之下是不容易辨认出来的。同时,这个时期的暴力行为也给明王朝留下了持久的印记。它很值得历

---

① 元王朝的历史构成本书第 6 卷的部分内容。

史学家密切注意。

日益恶化的中国情况，1330—1350 年

元朝的宫廷

派系斗争是政治上的通病，整个元王朝也有此特点，它早在 14 世纪就是元政府的破坏性因素。在忽必烈汗的长期统治（1260—1294 年）之后，代表他的孙子和这些孙子的后人们的利益互相冲突的朝臣小集团经常互相残杀，争夺皇位。某些学者在不断的派系斗争的重大问题中看到了两种对抗的政策。其中一种是以蒙古为基础的政策（和派系），它以亚洲内陆草原的蒙古利益为依归，而以察合台汗国的传统为代表。这一政策的根子可以直接上溯到忽必烈汗的对手们，特别是可以上溯到窝阔台系的海都：他在他的整个统治时期都是和忽必烈汗作战的。另一个派系被认为是以中国为基础的皇帝对通常称之为"儒家化"方式治理国家的关心，这就是想用官僚治理的方式来达到它在中央集权下实行经济统治的目的。这就在蒙古的政治领导阶层中在治理中国的方法和目的问题上引起了根本的和不可调和的分裂。[①]后一个集团在 1328 年发动一次政变，其目的是想"复辟"海山（1308—1321 年在位，庙号武宗）的一系。他的两个儿子——和世㻋和后来的图帖木儿——都在 1328 年被拥立为帝。前者被后者（即元文宗，在位至 1332 年）的党羽所杀害。王位被他的两个年轻的儿子所继承。第一个登极的是弟弟，名亦璘真班，死时为六岁幼儿，仅在位两个月。也许是在可疑的情况下他死后不久，他的 13 岁的哥哥妥懽贴睦尔于 1333 年即位。作为统治中国的最后一位蒙古君主，他在 1368 年被明军赶出大都（北京），在 1370 年死于大草原。妥懽贴睦尔在中国史书中用明太祖所赠的封号称为元顺帝，也叫惠帝（宗），

---

① 对元末政治作这种解释的最有力的主张见达迪斯《征服者和儒生：元朝末年中国政治变化的面面观》[134]（纽约，1973 年）。

后一个封号却是在蒙古的他的逃难的朝廷所追赠给他的。他到 1368 年才结束的 35 年的统治大大超过了从忽必烈死后到 1333 年间七位君主平均在位只有五年半的时间。这七位君主统治时期的特点是无休止的阴谋、政变和篡弑。可是，他的漫长的在位期并不表示元朝的统治重新取得了稳定。相反的，派系的混战从以控制傀儡皇帝为目的的政变转变为蒙古地方掌兵大员之间通过争夺左、右知院这两个主要官职来控制朝廷的斗争。这种情况本身就说明了政府在质量方面毫无改进。

　　元顺帝在位的年代与明王朝兴起的时期大致相合。这位元朝的末代皇帝在当时的许多中文史料中和明初历史学家的笔下被形容为一个放荡淫逸的怪物，这种说法当然是夸大其词，但是很难断定其夸大的程度。有几位当时的作者赞誉他。但不管是哪一种情况，他在使元王朝足以夸耀一时的权力瓦解和消逝的那些事件中没有举足轻重的地位。成吉思汗是一位军事天才和具有雄才大略、超人毅力的领袖，但是，人们发现他的这个第七代孙子充其量不过是一个庸才而已。只要看看在他统治时期的历史得写一些更大的人物，得写主要由别人制造和遇到的问题，就足以说明一切了。

元朝军事力量的衰落

　　自从 13 世纪末以来，元政府的军事力量已处于衰落之中。在 13 世纪 70 年代征服了南宋之后，在中国境内的蒙古和亚洲内陆军队的主力都戍守在黄河平原上，以拱卫大都（北京）。有些特殊的蒙古部队则因需要而被派往战略要地，但是它们并未按常规被分派到各省去警戒全帝国。军队中的汉人职业士兵们，有的是 13 世纪 30 年代金王朝灭亡前受女真人统治的汉人，有些是 13 世纪 70 年代南宋被征服时投降的汉人：正是这样的士兵构成了分布于全国各地的戍军的主要成分。

　　这种构成模式一直延续到元王朝的末年，这就是说，蒙古族戍军和元帝国禁卫部队的主力是部署在北方，靠近京师，而汉人部队不管是在蒙古人统率下或是西亚人（色目人）统率下，则守卫在中部、南部和西南部各地区。各行省的戍军也不是均衡分布的，而是集中在长江下游。扬州、建康（南京）和杭州是除京师地区以外元军以最强的部队把守的地方。这是为了要保卫运河南端的富庶地区，因为这里要向京师供应财赋，特别是要供应税粮。以较少兵力部署的其他地方也都是方面重镇，如四川、云南、长江中游和东南沿海。

元朝的戍军管理得很糟糕。一位学者曾经写道，甚至到了 13 世纪末，管理不善正使军事制度走向崩溃，而且到了 14 世纪 40 年代他们无力镇压地方叛乱和土匪的情况屡见不鲜。甚至有时派往战场进行重大战役的驻守京师的帝国禁军，到了那时也不再是不可战胜的了。[①] 从 14 世纪初开始，在元王朝主力军队的地区部署上和叛乱活动的相对地少数上，其地理的相互关系是很清楚的；到了这个世纪的中叶，元军的战斗力到处在急剧衰落，而叛乱活动则有增无已，这种相互关系就让人看得更清楚了。元王朝的强制汉人的能力——不管它是依靠亚洲内陆的部队（包括以中国本部为基地的蒙古军队在内）还是使用汉人职业士兵或是征自平民的募兵——在这几十年中迅速地削弱了下来。更重要的是，这种事实已被广大的汉人民众看得一清二楚了。

当社会变得无秩序和不安全时，一方面是居官或不居官的地方领袖们都主动起来组织地方防御部队，并且建筑防御工事。另一方面，土匪们又利用混乱的形势搞一些其规模和胆子都越来越大的组织。地方自卫的领袖和地方盗匪都能够起到非法的政治作用，自己宣布独立于合法的政府军队之外，以便最大限度地扩大行动的自由和争取支持。那些真正关心地方防御的人通常都是代表地方精英阶层或者和地方精英集团有联系的人，但并不是一定出身于地方精英阶层；他们总是对重新强加在头上的政府控制很敏感，虽然他们要经常与政府讨价还价，以便继续搞自主性的自由和加强他们的领袖地位。另外一些自治运动代表着从土匪发展为公开叛乱的某个阶段，它们也利用它们的

---

① 萧启清（音）：《元代的兵制》［211］（马萨诸塞，坎布里奇，1978 年），第 62—63、46—47 页。

军事力量作为谈判的出发点来谋求合法的一官半职,以答应要和这个绝望的政府合作为交换条件。还有一些集团是利用民间宗教和秘密教义作为自己的凝聚力和作为自己发动暴乱的理由,在它们自己眼中和在政府眼中,它们大多数则不具备搞这种妥协的条件。[①]

退化过程开始于行政官员们不能维持法律和秩序,最后导致形成各种有组织的持不同政见者:它特别和元末军事力量的问题有关。这种退化过程使得对全社会的正常控制被削弱,而社会秩序基本上是依赖它维持的,因此取代它的就只能是直接诉诸武力了。它促成了一个大变动:使平静的社会变成了一个军事化的社会。原来农户手中不常见武器,现在到处都是。由于许多男人开始拥有并学会了使用武器,那些最善于使用武器的人便变成了军事领袖。每个村庄都要产生几个军事领袖,小的如今天的班长,大的如今天的连长,人人都想有朝一日能当上将军。在从 14 世纪 30 年代起的争夺军事霸权的斗争中,从最寒微的底层产生了一大批有能力的和几个赫赫有名的卓越军事领袖。他们大多数人一直没有投效政府军,只是在这个或那个叛乱运动之中效力。

一个社会一旦军事化了,要它再非军事化和恢复到统一的文官之治,得有一个漫长的过程,使所有争当全国领袖的人最后只剩下一个。用军事术语来说,这就是从大约 1330 年起到 14 世纪 80 年代朱元璋变成重新统一中国时为止的支配中国生活的那个过程。作为军事史,这个过程见德雷尔所执笔的本书第二章。

精英阶层和政府

14 世纪中叶的几十年给中华帝国晚期的学者和社会精英阶层的历史增添了洋洋大观的内容。对于某些人来说那是一个有希望的时代(虽然大部分未能实现),即长期受尊敬的中国生活方式会最终战胜异族征服者的破坏性影响。忽必烈汗在 13 世纪 70 年代完成了他对中国中部和南部的征服以后,他曾经采取某些实质性步骤来承认中国的政

①　这几种类型的例子是下节《中央权力的瓦解》的论题。

治制度对治理汉人有其高明之处，因此他曾把一边倒地依赖蒙古军事机器的办法转变成为与文治官僚政府充分合作的伙伴关系。他曾经庇护汉人（以及汉化的亚洲内陆人）的学者—官员，并倾听他们的意见。1271年，他命令著名的学者和官员设计一个礼仪总集以指导朝廷的尊卑上下的行为，但据《元史》说，他仍为皇族和蒙古贵族的事务保留了蒙古的习俗和礼仪。[①] 他使用荐举的方法加紧征用汉族学者来当官。但是他却断然拒绝了汉族顾问们最重要的建议，即没有举办科举考试来吸收官员。

1313年，他的曾孙子爱育黎八力八达——历史上被称为仁宗（1312—1320年）——宣布，于1315年恢复宋代的科举考试，而指定以朱熹（1130—1200年）学派的经典注疏为正统学说。这在全国的汉人中间引起了希望和满意的巨大浪潮。当仁宗之侄图帖木儿在1328年即位时又激起了人们更大的希望。当他驻建康（南京）做怀王时，他跟著名的文人和艺术家都有交往。他的庙号为文宗，所以他这位蒙古皇帝看来对汉文很有修养，这样说他是完全可以当之无愧的。除此之外，他也企图写古典的汉文诗（有两首流传了下来），绘画，并且写得一手有理由令人喜欢的漂亮汉字。[②] 忽必烈的儿子和太子真金王精通汉族文明，如果他不是死于1285年（即死于他父亲之前），他就会把这种学识带上帝位，现在却要经过六个几乎完全令人失望的君主的统治之后，汉族文明才终于在第二位皇帝身上体现了出来。另外，如上所述，把文宗推上台的政变代表了蒙古人政治中"儒家"一派的胜利，这一派强调君主的利益在于治理好汉族国家。

文宗当皇帝后的第一个行动是在京师新立一个汉学和艺术的学术机构作为内廷的官署，名之为奎章阁。[③] 与此同时，宫廷内还有几位地位很高的贵族，如马札儿台即是。他的儿子脱脱在元朝最后一个君

---

① 宋濂等编：《元史》[490]（1369—1370年；重印本，北京，1976年），76（不标明页的数字一般表示卷、册等，全书同）。

② 赫伯特·弗兰克：《蒙古诸帝能够读和写，而且能够写汉文吗?》[166]，载《大亚细亚》，新编，3（1952年），第28—41页。

③ 姜一涵：《元代奎章阁及奎章阁人物》[73]（台北，1981年）。

主时期是主张以汉族方式治国一派的领袖人物。马札儿台干劲十足地和汉族上流学者交往，聘用他们为西席，而且在宫廷内赞助汉学知识。[①] 到了 14 世纪，许多有特权的中亚和西亚人（色目人）已变成了汉人文化精英中有学识、有文化修养的成员，这表明了汉族的各种价值观有同化异族的能力。正在这时，即从 14 世纪的 20 年代到 40 年代这几十年中，有许多出身中国中部文化高度发达的心脏地带的优秀古典学者和文人学士纷纷投效元朝廷，其中大多数人是经过荐举和直接任命的方式来任用的，但也有人是通过新开的科举考试而得到任用的。整个说来，年轻人继续学习古典知识，为从事士大夫的生涯作准备，他们不相信他们伟大的文明规范不会再度得势。在 14 世纪的前半期，私人书院兴盛起来；精英阶层通过它们肩负着更大的责任来维持这种教育。出现了许多重要的地区级和地方级的学术中心：浙江北部的金华地区强调学习经典著作以致用，造就了一些急于想在政府中大显身手的学者。在元朝统治的最后几十年中，这个学派培养出来的许多知名之士都前往明初的朝廷中以优异的成绩效力，并且左右着明初的学术和政治。[②]

对精英集团的态度和活动的这种讨论之所以有意义，是因为中国的精英阶层一般说来已经接受了蒙古统治的合法性，因此力图维持传统的参加政府的方式。他们从未使蒙古封建领主们完全接受他们。甚至文宗也只统治了四年，而且统治的效果不好。行政失误中的许多令人失望的迹象实在太明显了，这些迹象被归咎为没有完全采用传统的方法和价值观念。不过，儒家要人们更完全地采用传统、担负公共责任和从事建设性服务的要求一直强烈地存留在许多精英分子心目中，虽然也有许多人被拒不录用，因而以特立独行的方式退隐，只致力于家务和地方事务这些形形色色的个人追求。他们在元王朝的最后年代

---

① 小郎洛瓦：《蒙古统治下金华的政治思想》[305]，载《蒙古统治下的中国》（普林斯顿，1981 年），特别是第 169 页以下。又见小郎洛瓦《虞集与他的蒙古君主》[306]，载《亚洲研究杂志》38，1（1978 年 11 月），第 99—116 页。
② 小郎洛瓦：《蒙古统治下金华的政治思想》[305]，以及本书本卷的第三章。

中越来越消极了。由于不能在国家事务中享有高官厚禄,许多精英人物变得贫困,这就迫使他们要改换门庭,去做吏胥、教师、职业作家、和尚和生意人,等等。这就在知识阶层和整个社会之间造成了不正常的关系。

因此总的说来,精英分子并没有去搞颠覆活动,发表不同政见,也没有急于公然参加反对这个受苦难的政体的叛乱。他们接受元王朝的合法性,一直期望它有所改进,就是当遇到政府有不可避免的失误时他们也还是迫切地希望保持自己家乡的有秩序的现状。如果说元王朝从他们这些社会的天然领袖身上得到的支持越来越少,那么,许多反对元王朝的叛乱分子——特别是那些没有维持传统社会规范的借口的人——也没有得到他们大规模的自发的合作。某些现代历史学家责怪 14 世纪中叶的精英阶层可耻地缺乏民族精神。当有了机会可以帮助他们摆脱异族的束缚和重建本民族的统治的时候,他们却迟疑和消极起来,十分缺乏爱国主义的热情。更为可耻的是,在蒙古人被逐出了以后,某些精英分子还对他们早年做元王朝的合作者或臣民这一段往事写文章大唱赞歌。这种说法如果是用来评判元末明初的精英阶层,当然有时代错误之感,因为它指的问题不是那个时代部分精英阶层——或者实际上是平民阶层——的部分意识,用它来描绘对那个时代的人民来说颇有意义的各种问题和力量,对我们倒是更为有用的。

中央权力的瓦解

关于 14 世纪中叶元衰落时期政治挑战和叛乱的简单的划分,提供了政治上持不同意见者采取的下面几种各不相同的形式:

(1) 作为事实上的军阀的元王朝地区级领袖。这类领袖们经常变来变去,有时真正效忠于皇帝,有时只在名义上效忠,甚至在不承认中央权力合乎自己个人利益时便宣布自治。

(2) 居官或者不居官的地方领袖们,他们聚集了有限的地方资源,以便维持比较小规模的、未经官方授权的防御能力。

(3) 盗匪,其中最有名的是利用有良好组织基础的走私贩子。当政府越来越不能控制他们的劫掠时，有些股匪就扩大他们的行动，转而求取政治合法性的地区级的军事权力。有些人还要僭取封号和权力，或者要元政府（它不顾一切地想赢得他们的合作）给予这种封赏。

（4）秘密会社运动，这是有群众参加的组织。它们是民间佛教内部的松散的明教组织，也是向往千年至福的宗教组织。它们蔑视正常的权力源泉，显示着有能力搞黑社会的团结和与政府彻底决裂，因此使他们的行为比普通叛乱分子更趋于极端。这个时期所有这一类的重要活动都在"红巾军"的名义下松散地联合了起来。

上述这些类别不能用来静止地叙述叛乱运动。它们都有可能变化，正如同形成明王朝的那个叛乱所清楚地显示的那样。那个叛乱最初也不过是一个秘密会社运动，但是约在 15 年时间之内它就变成了"儒家"性质的王朝，迫切地要求合法性和恢复传统。可是当我们一一列举 14 世纪 50 年代和 60 年代的那些事件时，上述分类法可以作为我们有用的起点。

在为元王朝效命的地区性领袖中最令人感兴趣的，或者说在明王朝崛起的历史中肯定是这些领袖中最重要的人物的是扩廓帖木儿（约 1330—1375 年）。他的事迹开始于他的养父察罕帖木儿（1362 年死）。察罕是突厥族主要的乃蛮部的第四代酋长。他们原住在河南东部边境的沈丘县。自从察罕帖木儿的曾祖父在 13 世纪初帮助蒙古人平定了河南之后，他们的社会地位就安全了。虽然在元朝对中国居民的管理体系下他们被官方划分为中亚人（色目人），但乃蛮已高度蒙古化。到了第四代，这个家族看来已同时被蒙古和汉文化所同化。察罕帖木儿曾经参加过科举考试，但没有进士（即最高的学位）及第。他有时用汉姓李。在为蒙古人和色目人开的特科中，他可能用李察罕的名字应过试。

总而言之，他的能力和他的野心都是重武而轻文的。当战乱蹂躏了华北平原，而从 14 世纪 40 年代起又从今天的安徽蔓延到邻近的河南的时候，他开始创建了一支保卫家乡的队伍。他接着镇压了红巾军，后来又试图在河南建立一个地区性根据地，其首府则设在安徽河

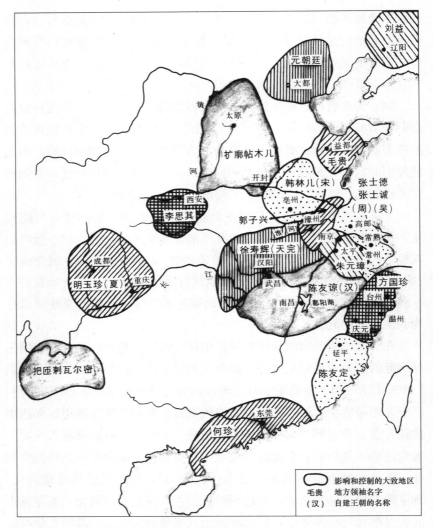

地图 2 地区群雄并峙之局（约 1350—1360 年）

南边境上的几个流动地点上，在 1358 年和 1359 年竟然一度设在开封。他在 1352 年带了几百人的队伍第一次上战场，并打了一系列胜仗；那时，红巾军正在安徽西部和河南中部横扫各府州县，事实上没有遇到政府正规军的抵抗。朝廷自然给察罕帖木儿又加官又封爵，鼓励他扩编自己的军队，准许他主管全行省。他早期的胜利是靠与李思齐合作而获得的。李思齐是河南南部罗山县人，也是一个不安分守己的地方亡命之徒。这两个人是地区性军阀的典型代表，即名义上支持朝廷，但私下里却建立独立于朝廷的自己的根据地。

到了 14 世纪 50 年代末，察罕帖木儿已是奉蒙古人旗号的最有势力的地区性领袖，也是河南行省政府的首脑（平章），其势力已扩及山西、山东和畿辅行省，甚至还远及陕西。他的被保护人李思齐以陕西为根据地也在西北取得了主宰一切的地位。阴谋和派系冲突使丞相脱脱于 1355 年 1 月被解职，虽然后来在高邮（今江苏北部）对张士诚（1321—1367 年）叛军的征讨中取得了胜利，但朝廷却丧失了它最后一位能文能武的领导成员。朝廷步履艰难地在恶毒的斗争中运用仅存的一点帝国的权力。察罕帖木儿在各行省都有对手，因为他们支持朝廷。在这种情况下他的地区性领导权应该导致他去掌握朝廷的命运，如果他有这种野心的话。但是他厌恶宫廷政治，所以他可能认为掌握他正在华北平原建立而又在迅速扩大的、兼有文武两方面功能的政府会更加安全。可是，华北平原的其他地区性军事领袖和朝廷中的某些成分都妒忌他日益增长的权力。他最重要的敌人是蒙古的孛罗帖木儿（1365 年死），即皇后的父亲和山西大都督兵农司使，他不想让察罕帖木儿享有该地区重要的剩余粮食。他斗争的第一步是想推翻察罕帖木儿，然后消灭扩廓帖木儿；这种活动左右了朝廷并使政府陷于瘫痪，一直到孛罗 1365 年死时为止。

察罕帖木儿很显然是僭越了皇帝的权力，以便保护他自己的利益；他无视朝廷的命令；他擅自任命官员和调动军队——所有这一切都是要伺机制服孛罗帖木儿和扩大自己强大的军事机器。但是我们最后不得不承认，他其实无意控制朝廷，也不想取代朝廷，这使他的行动有时很含糊不清，足以引起人们真正怀疑他的目的。元朝的两位将军田丰和王士诚以山东西南的济宁为根据地，朝廷也正在倚重他们防御山东行省，但他们在 1361 年初投降了山东的叛军。那一年的晚些时候，他们接受了察罕所建议的赦免令。察罕请他们再效忠王朝，而当他向东扩张势力时要他们受他的控制，然后将委他们以重任。1362 年夏末，他们又和在益都与察罕对峙的叛军相勾结；益都是省会济南以东的重要府城。当他攻下济南并向益都进逼时，他们刺杀了察罕，诡称他们对他为国家利益所承担义务的程度感到失望。然后他们逃跑了——不是向他们用于行刺借口的朝廷效力，反而和益都的叛乱分子勾结了起来。

虽然皇帝和朝廷因去掉了这个权势人物而私下里感到宽慰，察罕却在死后仍大受封赏，备极哀荣，皇帝在任命他的养子接替他的一切文武职位方面，很快地满足了这位被杀者的下属们的愿望。因此，扩廓帖木儿走上了前台：他成了察罕的权力、利益和敌对关系的接班人。

扩廓是察罕的姐姐和一个姓王的汉人的儿子。他的幼年名字叫王保保，这就是我们所知道的关于他汉人身份的全部。察罕无子嗣，他从扩廓的孩提时期就抚养他，视之为己子，像他自己受教育那样，又让他受汉人的教育，又让他学蒙古人的武艺。和他的养父一样，扩廓身材魁伟，有英雄气质，虽然他承受了双重的文化遗产，但他对草原上武士理想的兴趣多于对汉族政治家的理想的兴趣。1361 年，察罕曾派他运送迫切需要的粮食到京师。他受到当朝皇上妥懽贴睦尔的接见，并被授予蒙古名字扩廓帖木儿。那次会见据说消除了对他所有的疑虑。换句话说，尽管他有一个汉人父亲，他是当作蒙古人被接待的，因此使他非做王朝的忠实仆人不可。他的整个一生都受到巨大的压力，要他力求符合大草原的理想而不去与招致他敌人嘲笑的汉族身份认同。这就大大增加了人们对于了解他的个性和事业的兴趣。

在察罕帖木儿死的时候，他的野战军僚属都因骤然失去他们的领袖而受到震动，便转向扩廓，力图保持他们的凝聚力和行动优势。这就使得朝廷给他封了高官，委以重任。扩廓认为他的第一个义务就是要胜利地完成用兵力扫荡山东的任务。他立即着手准备攻占叛军已孤立的据点——益都。这个任务似乎是他的养父不急于完成的。在围困了这个城市几个月之后，他用穿地洞越城墙的办法拿下了它。有 200 名叛乱领袖被送往京师行刑，但是，杀害察罕的两名变节将领田丰和王士诚则留待扩廓自行处决。他挖出了他们的心，以此祭奠了他养父的亡灵。从山东半岛一直到极西边的陕西这片华北地方至此是安全的了，或多或少的是在他的控制之下。

可是，孛罗帖木儿继续在宫廷与一个想换掉太子的派系搞阴谋活动，他们想换掉爱猷识里达腊王子，因为他不是孛罗之女——即皇后——所生之子，而是皇帝一个宠妃所生。孛罗还继续告发他的宿敌察罕的儿子扩廓。这就使得扩廓不可能超然于宫廷派系斗争之外。孛罗和扩廓两军交战的焦点是争夺山西，1363 年战局变得对扩廓有利，并把孛罗驱赶到京师，促使他本人在 1364 年控制了京师。爱猷识里达腊王子怕遭孛罗的毒手，因此逃走并把自己置于扩廓的保护之下。孛罗对朝廷咄咄逼人的控制终于使消极的皇帝转变态度并下令把他刺杀。1365 年 8 月，孛罗在去朝廷的路上被一把斧子砍死，他的头后来被装在一个盒子内送给爱猷识里达腊，要他相信他可以平安地返回京师了。扩廓把他护送回来，并在京师逗留了一小段时间。他被封为河南王，然后奉命去清除长江流域的叛军。扩廓有可能留在朝廷并控制政府，但他也和察罕几年前的表现一样，对宫廷政治不感兴趣，因此返回了河南，并作为华北的主宰而扩大了他的军政力量。

扩廓还受命指挥西北的一些武人。其他的人，特别是李思齐，都对察罕的养子心怀不满，认为他是一个年轻的暴发户，无需对他效忠。这就又引起了一场内战，这一次是在扩廓和四个陕西军人之间打的（除了李思齐以外，还有张良弼、脱烈伯和孔兴，后面三人都是孛罗原来的旧战友）。这就有效地阻止了扩廓去执行清除长江叛军的计划，而这个计划原本是他不想去完成的。他在这时把军队向南移动，就会把他的河南根据地暴露在西北军阀的面前；这些人在剿匪和清除叛军的活动中本来应该是与他并肩作战的战友。

另外，我们在这里又看到了元末的一个大弱点：朝廷不能约束那些本来是它的主要仆人的人，使他们遵守纪律和服从命令。从 14 世纪 60 年代之初起直到 1375 年死于爱猷识里达腊的外蒙古的宫廷中为止，扩廓帖木儿是力量最强大的、作战最成功的，也是最后最忠于这个日薄西山的王朝的军事领袖。可是，他自己的个人利益迫使他要花很大精力去对付内部和外部的阴谋与敌人。他的生涯充分证明了作为地区性的领袖在元王朝的最后 20 年为维护元王朝的江山的斗争中处境是何等的复杂和艰难。①

元王朝其他的地区性领袖因中国中部普遍兴起的叛乱而与华北隔绝，所以没有那么容易地卷入宫廷政治中去。可以举两个例子说明不同的情况。

陈友定（约 1330？—1368 年）是一个孤儿，身躯高大结实，本为福建福州府一个不识字的农民的儿子。他于 14 世纪 50 年代初在不安定的环境中被迫从军。被一个地方官员所征募，最初负责一个警察治安队的工作，如果是在平时，他的前程恐怕就要到此为止了。可是，南方红巾军进犯江西行省时他被征调去打仗，他一再地表现了杰出的军事素质，因此升赏极快，这在国家纷乱的时期是很常见的。在不到十年的时间内，他从一个县里的小官员升为掌管一省的政务的人物。在这些年中他培养了一些学者，并想获得基础的学识，但是他没有变成一个儒家的绅士。

他具有独裁者的性格，喜欢采取严厉措施，而且当下属坦诚地发表不同意见时他又以暴力行为来维护领导的地位。他有两种特殊的品质，即在军事上确有能力和对元朝政权怀有强烈而坚定的忠诚。他的粗暴态度使许多伙伴离弃了他。当他在 1368 年被明军俘虏并解送去南京时，朱元璋这位新的明王朝的皇帝指责他杀害了受命劝他投降的明军使节，但是朱元璋仍然准备赦免陈友定，给他以某种荣封；明太祖对勇敢的对手有好汉惜好汉之意。可是，陈友定对败亡了的元王朝的忠心毫不动摇，他向明朝皇帝大声嚷叫道："国破家亡我可死，尚复何言！"被激怒了的皇帝马上命令对他行刑，另外还处死了他一个自愿陪他来送死的儿子。

在邻近的广东省，何真（1322—1388 年）的生平又有所不同。他小的时候也是一个孤儿，但出身于一个能给他施以教育的家庭。作为一个在培养亡命之徒的传统下造就出来的年轻人，他拥有同时使剑和用笔的资质，而且爱惹是生非；这个年轻人具有在乱世中谋求发展

---

① 关于扩廓帖木儿的生平的有关资料，详见达迪斯的《征服者和儒生》[134]，第 6 章和《后记》。

的自信力和野心。他曾短时期地在当地政府中供职，后来被撤了职。后来和许多别的人一样，他也获准以私人身份组织和领导了一支地方自卫队。作为这支私人部队的领袖，他从土匪手中收复了州城。当时他已是必不可少的人了，因此在州署中被授予官职。他继续建立了州城的防御部队，并因指挥他们打仗而在州署内赢得了更高的职位。1363 年，他全权指挥全行省的军队从沿海的海盗手中收复了广州，所以第一次被提升为左丞，1366 年又升为行省官署的首脑，这时他的军事力量已能使他对该行省机关发号施令。因此，他在全国千千万万个地方私人防御领袖中是唯一从那种社会地位上升到元王朝地区性领袖的人。

1368 年夏，当明军到来时，这个此前一直是毫不退缩地镇压土匪和攻打叛乱分子的人轻轻易易地投降了新王朝。他被送往南京晋谒朱元璋。这位新皇帝对何真很满意，给了他很高的荣誉和在行省政府内很高的职位。在他 1387 年 65 岁退休时按军功封为世袭伯爵，他的封号就冠以他的广东家乡的名字（按为"东莞伯"——译者注）。他的传记作者们提到了他喜爱学术和有高雅的脾性。他在许多方面与凶猛残暴的陈友定恰恰相反。

元王朝其他地区性领袖的事迹则与明王朝的兴起没有什么直接关系。1382 年明军攻陷云南时，在遥远的云南任政府首脑的蒙古人梁王把匝剌瓦尔密自杀而死，但是，云南在 14 世纪的 50 年代和 60 年代的战争中没有起过作用。另外一位蒙古领袖纳哈出（1388 年死）则是长江渡口太平（朱元璋于 1355 年攻陷了此地）的守将之一。当朱元璋在修订政策以适应新的认识和需要时，他为了赢得蒙古人的好感，就释放了纳哈出，但朱元璋的这一希望没有成功。此后，纳哈出在辽东的蒙古军队中服役，最后在 1368 年以后的年代中变成了满洲—朝鲜边境上一个重要的独立的地区性领袖。

其他一些元王朝的地区性领袖早在朱元璋的军队同他们打仗以前就已经被朱元璋的对手们所消灭了。其中有几个人即使未在此时举足轻重，也都在元末历史上起过重要作用。作为明王朝兴起的一个因素，这里所谈的这些领袖构成了元末群雄割据局面的规模和特征。

县一级地方诸领袖

随着元政府在整个 14 世纪初年的削弱，以及由于深深隐藏在它的统治方式内部的问题，人们能够观察到它逐渐丧失了正常的控制能力和最后趋向于越来越依靠暴力的情况。由于政府推行强制制裁的能力减退，它丧失了对暴力手段和使用武力的垄断。社会上各阶层的人们通常在抛弃元政府的情况下，都把自己武装起来，以最低限度地保证日常生活的安全。这种比较抽象的论述可以引用 14 世纪的史料予以生动的证实；这些材料都说明了地方社会领袖们在越来越动荡的年代中怎样处于进退两难的境地。

盗匪活动由原来偶发的地方性的麻烦发展成为普遍性的威胁：这在 14 世纪 40 年代大规模叛乱爆发以前就已经发生了。陶宗仪的《辍耕录》（叙，1366 年）中一段短短的介绍文字就道出了很有分量的信息，它说：

> 中原红寇未起时,花山贼毕四等三十六人,内一妇女尤勇捷,聚集茅山一道官,纵横出没,略无忌惮。始终三月余,三省拨兵,不能收捕,杀伤官军无数。朝廷招募醢徒朱陈,率其党与,一鼓而擒之。从此天下之人,视官军为无用。不三五年,自河以南,盗贼充斥。其数也夫![1]

盐池工人由于他们的凶猛和独立性而受到注意，在下面所引的一节叙述中他们被视为杭州的救星，而且像张士诚所表现的那样，他们又经常是站在另一边。在这里，政府在他们中间指派一个私人的和也许是不合法的组织来完成它的军队所不能完成的事。可是在大多数情况下，受到威胁的某个社会不能从无效率的政府那里指望得到救助。于是出现了通常是由当地精英阶层的领导层——即社会的天然领袖来领导的自发的防御办法。

---

[1] 陶宗仪:《辍耕录·花山贼》[501]（叙,1366 年;北京,1955 年重印）,第 28 页。

> 萧景茂，漳州龙溪隔洲里人。儒而有文，以谨厚信于乡里。后至元间（1335—1340 年），漳寇乱，景茂率乡人立栅保险，坚不可破。会旁里有人导之，从间道入，景茂被执。贼使拜。曰："汝贼也，何拜？"贼欲胁之降，以从民望。景茂骂曰："逆贼，国家何负汝而反？汝族汝里何负汝，而坐累之？"贼相语曰："吾杀官军将吏多矣，至吾寨，皆软靡求生，未若有此饿夫之倔强者。"①

他们残酷地杀害了他。

《元史》有四卷给那些堪称为"忠义"之士的人写了简短的传记，它们几乎完全是叙述那些在 1330 年至元王朝败亡时同样死难的一些人。② 其他数以千计也同样起而组织乡村自卫的人或者没有死，或者未被记录下来，而且他们中的许多人并不是出身于社会的精英阶层。明玉珍（1331—1366 年）便是一个例子。

> 徐寿辉起蕲水，玉珍与里中父老谋避兵。父老曰："足下素刚直，能集壮勇，保全乡里，是所望也。"玉珍于是招集乡人，得千余，屯于青山，结栅自固。众推玉珍为屯长。

当徐寿辉送来一纸严词檄文号召参加他的红巾军叛乱时，这篇叙述说明玉珍不想搞叛乱："［明］玉珍惧，且欲保乡里，不得已从焉。"③

漳州盗匪捉住了多才的萧景茂，没有能使他拥护他们，所以他们杀掉了他。这个事件很典型，说明了这时盗匪和叛乱分子学会了和使用了什么样的立威的方法。甚至他们中最低下的人也时常想要社会上

---

① 《辍耕录·忠烈》[501]，第 14 页；《元史》[490]，193，第 4388 页没有写得这样浓墨重彩，此事系年在 1338 年。

② 《元史》[490] 中的这四卷（卷 193—196）的标题是《忠义列传》。

③ 《明实录·太祖实录》[380]（1418 年；台北，1961 年重印），19，第 265—270 页，明玉珍传；引自钱谦益《国初群雄史略》[79]（约 1630 年；北京，1982 年重印），5，第 1 页。钱谦益系此事于 1352 或 1353 年。

地位高的人向他们屈膝，这样做或许是为了获得心理上的满足，或者更实际一些是要向社会显示其威力。自发的自卫组织成了社会新的结构最低一级的单元；而一个有远见的领袖，不管他为谁的事业服务，都要想方设法吸收它们。处境不同的徐寿辉恫吓小人物明玉珍，后者虽然无足轻重，但手下有 1000 个战士。

各种各样的叛乱者，从野心勃勃的盗匪到红巾军领袖，由于他们企求更大的政治目标，知道爱惜萧景茂这样的人才，如果可能，还要许以高官厚禄来录用那些有学识和有威望的人。他们用吸收当地社会的天然领袖来争取那个社会，这种办法终于被看成是马上获得实惠以迅速扩充领土的最有效的方法。可是，地方领袖也得非常小心谨慎。关于叛乱领袖有许多被记载下来的事例，说他们举止端重，对当官和不当官的人都彬彬有礼，结果是在他们的地区得而复失之后，就使那些有附逆污名的人一起受到严厉的处分。例如，陶宗仪在《刑赏失宜》条目下就记载过这样一件发人深思的事，它写道：

> 至正十二年壬辰[1352 年]秋，蕲黄徐寿辉贼党攻破昱岭关，径抵余杭县。七月初十日，入杭州城。伪帅项蔡、杨苏，一屯明庆寺，一屯北关门妙行寺，称弥勒佛出世以惑众。……其贼不杀不淫，招民投附者，署姓名于簿籍。府库金帛，悉辇以去。至二十六日，浙西廉访使自绍兴率盐场灶丁过江，同罗木营官军克复城池，贼遂溃散。……[原先不光彩地弃城而逃之政府军士兵与官员现在回城并接收了它。一位蒙古军官率军从避乱之湖州返城]举火焚城，残荡殆尽。附贼充伪职者范县尹等，明正典刑。里豪施遵礼、顾八，为迎敌官军，剐于市，家产悉没县官。明庆、妙行亦然。[凡滞留城中之]省都事以下，坐失守城池，罢黜不叙。[而逃窜出城未曾抗拒之]省官复任如故[不加歧视]。朝廷法度既堕，刑赏失宜，欲天下宴安，不可复得矣。①

① 陶宗仪：《辍耕录·刑赏失宜》[501]，28，第 355 页。

我们整个这一节所谈的这些地方领袖只是需要政府不再能给予的安全；他们大多数人都没有政治野心。但是他们经常是要把权抓在手里，有时还滥用权力，既搞值得赞许的自卫努力，又搞打家劫舍、公报私仇和其他一些不理于众口的行为。1735 年完成的《明史》不无感慨地这样写下了陈友定不平凡的一生：

> 元末所在盗起，民间起义兵保障乡里，称元帅者不可胜数，元辄因而官之。其后或去为盗，或事元不忠，惟友定父子死义，时人称完节焉。①

如果不是因为日益重要的责任摆在他的道路上而使他有此非常机遇，陈友定也将和其他数以千计的地方领袖们一样湮没无闻，不见经传。他们这一类人很少能取得足够的显赫地位以赢得历史学家的一顾。但是在 600 年以后的今天，我们想要了解那时人们对由于社会崩溃而引起的不正常环境的各种各样的反应，就应该承认在各地方和社会各阶层的无数无名领袖的重要性。他们创造了在正常情况下不可能存在的社会活动的潜在可能性。

盗　匪

在传统的中国历史材料中，盗匪一词（"贼"、"匪"、"寇"，等等）适用于任何蔑弃合法政权的人，从小偷小抢到大的群众叛乱的领袖和追随者都用得上这个词，甚至也用于未成功之前的开国之君身上。可是，我们在这里更多的是按照西方的惯常意义来使用"盗匪"这个字眼的，它意指破坏法律的分子，即拉帮结伙搞抢劫、走私和盗窃的人。上面已经着重指出，这种盗匪在社会到处都有，某些人可能攻占省会或长期占领县城。但是，只有两位领袖是盗匪出身而变成了在"群雄"割据时代逐鹿国家政权的显赫人物。这个群雄割据时代约有十来年之久，直到朱元璋在 1368 年总揽帝国权力时为止。

---

① 　张廷玉等：《明史》[41]（1736 年；北京，1974 年重印），第 3717 页。

群雄割据时代这两位杰出的盗匪领袖就是张士诚和方国珍（1319—1374年）。张士诚在这两人中又更为重要。他的令人瞩目的生平完全值得予以充分的研究，可惜现代历史学家还没有写出这种著作来。

张士诚

张士诚原是江苏北部沿海地区白驹场商镇（钱谦益等人说"在泰州"）上的船工，这里是产海盐的政府专卖盐场。这种盐经由内陆水路运往扬州、泰州和此地区的其他城市，再从这些地方由特许证持有者提货而向政府交税，然后把盐再分往被指定的市场。未经登记的盐由走私贩子卖给不缴税而非法私售的商人们。1329年是一个有全面数字的一年，那时江苏北部的26个盐场（两淮盐场）生产了全国盐产总量的40％，因此它挣得了帝国总税收的三分之一。因此，政府在这个地方有重大的利害关系，这就是为什么这里有重兵防守的原因。但是，由于政府的控制在元朝末年日益不支，盐产的利润成了一些人剧烈竞争的目标，其中有贪官污吏、盗窃成性的商人、偷盗者、运输工人中的走私者，以及普通的盗匪。盐的运输是一种高度有组织的活动，但秘密的帮伙长期在它里面起着大部分作用；走私的盐经常和纳了税的与受控制的盐同载一船。张士诚就是这样的出身，一个以从事违犯法纪和讲哥们义气来谋利的人。

张士诚在年轻的时候就作为一个身体强壮、脾气暴躁、武艺高强、交友大方的流氓而闻名，在一个强有力的个人关系可以非法地发挥作用的环境中，这些特点对他很有利。他和他的三个弟弟经常被富商所欺骗：他们给了这些商人以私盐，但又受到他们私人卫队的欺凌。1353年当张士诚32岁的时候，他突然以暴力报复了一个主要折磨他的人，杀了一个卫兵，并一把火烧光了整整一个聚居地。然后他带着弟弟和只有18条年轻的好汉的团伙逃到邻县一个窝藏处，然后招募了一批党徒，把他的领导方面的聪明才智用于搞有组织的盗匪活动。

据撰写他早年的传记作者称，张士诚在几个星期之内就募集了万余随从。他带领他们劫掠了泰州和这个地区的其他的一些城市。元政府只经过微弱的抵抗便给了他以赦免和官职。这是他们这几十年内应付这种危机的习惯做法。张士诚这时的行为是一种特有的形式，他将循此走完他生活的历程。他戏弄朝廷的颁赐，这一次与许多次情况一样，他也似乎准备接受封赏，然后杀死了衔命而来的使臣，以后又走着自己的道路。到了 1353 年底，他攻占了扬州以北 25 英里处的重要府城高邮，因此他就横跨运河两岸，能够拦截粮米和其他供应物品。

这是关于一个人的历史的简单化的叙述，它在其他方面揭示了与他与以下几类人的联系：各种走私集团；不满意政府剥削并力图报复的盐工帮伙；已经接受官方任命的原来的盗匪；与腐败的盐业垄断制度沾边的富商大贾之家。就那个地方和那个时候来说，所有这一切的相互作用都是司空见惯的。张士诚经历之不同寻常的地方是他有不同凡响的抱负。他一旦确保占有了高邮就自称大周王朝的诚王，从 1354 年起改元天佑。他开始任命一整套文武百官，以做一个井底之蛙式的皇帝而沾沾自喜。湖北的南方红巾军领袖徐寿辉已在 1351 年称帝，国号天完。除此之外，早在 1341 年北方红巾军的领袖们也宣称，他们的傀偏韩林儿是赵宋的后裔，但是直到 1355 年才宣布复辟宋室。这两种红巾军运动都有大量的群众的支持。张士诚的建国称制，土地既小，人口又少。他在当时的叛乱分子当中是很独特的。

1354 年夏，蒙古军队从该地区的防守重镇扬州出发，想把他赶走。蒙军没有完成任务，朝廷马上以更加优越的条件给予他赦免，并给以更大的官职和更显赫的爵位。这一次张士诚又玩起游戏来了：他先接待了使臣贵宾，把他们留下来好像有待于深长考虑，最后又残酷地杀害了他们。

元朝廷对此以武力作出回应。它的最有势力和最能干的人物中书右丞相脱脱决定将张士诚和其他叛军斩草除根。1354 年末，他带了一支大军上战场——这是蒙古政权在中国发动的最后一次重大军事努力，并在 11 月 24 日包围了高邮。在 11 月 28 日和 12 月 12 日之间，蒙古军屡次在高邮城下打败了张士诚的军队。张士诚每一次都被迫退守深沟高垒的城内。与此同时，脱脱的分遣队也正在打败附近县城张士诚的羽翼和扫荡其他反当局者的地盘。1355 年 1 月 7 日，一道签署日期为 12 月 24 日的诏旨从大都（北京）发到了脱脱营内。使他震

动和惊异的是，这道诏旨命令他把兵权交给别人，削夺他的一切文武
职务，并把他放逐在外。他的军队溃散了，许多部队流为盗匪。一年
以后，他在云南边境的流放地被他的政敌的代理人毒死，这些政敌在
他离职以后就控制了朝政。通过策划罢免脱脱的官职，他们同时摧毁
了政府最后一位可信赖的领袖，挽救了张士诚（以及其他叛乱分子），
也使元王朝的覆灭无可挽回。

朝廷再次给张士诚以赦免和高官。由于奇迹般地逃脱了被毁于脱
脱之手的灾难，他深信他的事业交了好运。1355 年夏，他还是戏弄
了朝廷派来任命他为官的使臣们，后来又杀死了他们。他迅即继续发
动攻势去夺回已深受饥馑和疾疫之苦的江苏北部的失地。秋天，长江
南岸江阴的一位叛军领袖为了逃避那里的争吵和对手，求取高邮张士
诚的保护。他劝告张士诚把注意力转向长江三角洲的苏杭地区，因为
这个地方太富饶了，人口也多得多，而且当时与别的地区相比又相对
地平静一些。张士诚对此颇费踌躇。苏北地区有不同的语言和历史，
他对南方地区这个被称为吴的地方无亲切感。可是，他在 1355 年底
派了他最能干的弟弟张士德带兵渡过了长江，让他在南岸尝试发展的
可能性。7 月 11 日，朱元璋也正在此时在其西边 100 英里处的太平
渡过了长江，后来他又想攻占南京。张士德在 1356 年 2 月攻下了他
的第一个大城市常熟，3 月份又拿下了苏州。张士诚于 4 月 13 日从
高邮抵达苏州，搬进一个大的佛教寺庙内，急急忙忙地把它改成了临
时的王宫。苏州此后 11 年内就成了他的老家。

在以后几个月中，他的大部分战斗部队都移到了长江南岸。在张
士德的强有力的领导之下，他们开始攻占了常州以东的一些州府，并
南进到浙江北部。张士德甚至在 1356 年夏末攻进了杭州，但不久即
被迫撤出。张士诚的大周王国变成了一个重要的地区性政权。他的重
要敌对势力一为朱元璋的新的强大的叛乱基地，即北方红巾军势力延
伸到最南端地区的南京（朱元璋已于 1356 年 4 月中旬最后拿下了此
地）；一为元政权在华东中部留下的最重要的根据地，即省会杭州。
在长江以北，张士诚还与察罕帖木儿的领土搭界，但是他们之间没有
利害冲突。朱元璋对张士诚的威胁最大。

1357 年夏，当张士诚和朱元璋两军交锋争夺一个江防战略要点（苏州之北，常熟县内的福山港）时，张士德被俘，并被解到了南京。[①] 朱元璋想利用这个俘虏做一笔交易，即劝张士诚投降或者合作。张士德给他的兄长秘密写了一封信，要他的哥哥决不与朱元璋合作或者投顺他，但是如果命运是这样安排的话，宁可投降元王朝。于是他在狱中绝食而死，倔强地藐视俘虏他的人。

张士德的死对张士诚是一个重大的打击。他是张士诚野战军将领中最有抱负和最有能耐的人，也是在他的政治助手中最有节操和最精力充沛的人。没有了他，张士诚的组织开始发生明显变化。另外，压力也在以下两条战线上增长：即一方面从南京方面增加了朱元璋的压力；一方面又从杭州元王朝增强了该行省政府的军队这个新因素的压力。张士诚传话给杭州的元王朝官员，表示他愿意投降，但他提出的条件被行省当局认为几乎是太傲慢了。在张士诚驻扎在高邮的时候，杭州的高级官员达识帖睦迩原来曾驻守在扬州。他认为张士诚太狡猾，不可相信。可是他又很需要张士诚的投降，因此 1357 年末，在条件略加改动之后达成了协议（张士诚原来要求保留王位称号，现在答应改为太尉）：杭州的元政府派高级官员带任命状给他。这一次他们经受住了严峻的考验。张士诚的诸弟及其所有朝臣、僚属和其他官员都在省、县级任官，但张士诚获准保留他的政府的实际结构和他对该政府的一切权力。因此，他的土地、他的军队和他所积累的财富都毫发无损。他除了给元王朝演一个忠诚奴仆的角色之外，唯一实际的义务就是每年由海路向大都输送米谷 100 万石或百余万石，但是，京师从未收到多于此数 15％的粮米。

张士诚从势力日益削弱的元政府的安排中得到了很大的好处。其中最大的好处是他的新社会地位在汉人社会——特别是精英阶层——的观照中被赋予的合法性。他的变节行为没有瞒过他们的眼睛，然而此后在他手下做官或者与他的官员交往就不那么危险了。他们也还抱有这样的希望：他可能接受精英阶层的指导，可能按照他们的标准进

---

① 潘柽章：《国史考异》[414]（约 1660 年；重印本，台北，1967 年），1，第 6 页引用了钱谦益关于此事的日期和地点的论据。

行治理，并且支持儒家和文人学士的理想。事实上他也做到了这一点，做得比当时中国的任何其他地区性政治领袖——不论是保皇派或者叛乱分子中的领袖——都要好得多。富庶的东南受战乱之祸的影响比较少，吸引了全中国四面八方的文人学士精英阶层。苏州、杭州和长江三角洲其他富庶的城市都享受着一种舒适、考究甚至奢侈的生活，而中国其他地方则大半在痛苦中煎熬。

张士诚此时是时来运转了。除了苏北盐田可能有的税收之外再加上长江南岸农业富庶地区所产的剩余粮食，张士诚的供应在地区性领袖中是最好的。在他有效控制下的人民比他最强大对手们控制下的人民的状况还要好些，因为他的占地面积比别人的土地更紧密地连成一片，而且控制得更严紧。另外，他不像红巾军运动的那些强大的领袖那样因与排他性的秘密会社交往而处于不利地位。这笔财富似乎使他有可能争取到各种各样的支持，从而使他的统治合法地受命于天。可是事实上不是他，而是他的对手中号称受有天命的可能性最小的人，却使得他的问题特别令人感兴趣。在当时要具体分析他的失败是很困难的；历史学家今天仍必须依靠 17 世纪历史学家们所汇集的极好的材料和批判性的研究来进行工作。[1]

说到张士诚的最后一段历史，正像人们长久以来期望的那样，他在 1363 年秋天又一次背弃了元政府。这一次他自称吴王，并控制了杭州和浙江北部大部分地方，这些地方是他自 1358 年以来在各种情况下早已占有了的。那一年的早些时候他已经发动攻势扩大长江以北的地盘，攻击了朱元璋在安徽的侧翼，而朱元璋此时正忙于与长江中游陈友谅（1320—1363 年）的红巾军王国作战。

可是到了 1363 年底，朱元璋已经战胜了陈友谅，能腾出力量来注意东方战线了。他摆出挑战的架势，也就是说，到了 1364 年的新年他自己要称吴王。[2] 他跟张士诚搞了近两年摩擦，但双方都没有发

---

[1] 特别是钱谦益和潘柽章的著作，见本书第十二章为第一章所写的书目介绍。

[2] 可是，朱元璋直到 1367 年才改他的正朔为“吴元年”；参看王崇武《明本纪校注》[542]（上海，1948 年，重印本，香港，1967 年），第 91 页。

动大战。后来，在 1365 年末，朱元璋发动了攻势，以求最后解决张士诚的问题。张士诚的地盘，一府又一府地沦陷在朱元璋之手。苏州本身被围，并在 1366 年 12 月 27 日缩紧了包围。它的防御在 1367 年 10 月 1 日最后被摧毁；它的陷落成了饥饿无告的人民——他们被困在新近加以重修而坚不可摧的城墙内（这时成了死亡的陷阱）——所经历的最典型的恐怖时期。到了最后，张士诚的一群妻妾都忠贞不贰地爬进装满可燃物的塔内由其嫡妻点火焚烧，然后嫡妻自己也刺喉而死。张士诚也自缢于宫内的主殿中，但是被人解救下来，后又被明军救活。他立即被装进囚笼车送往南京，几天以后在囚室内自缢身死，时年 46 岁。

张士诚为什么失败？在张士德死后，他的将军们除一两人以外，都变得不那么有冲劲儿了，军队中的纪律和元军一样也松弛了。据当时传说，张士诚的将帅们奉命上战场时都会装病，然后要求财物赏赐，才接受打仗的命令。不论什么时候战事一不顺手，他们就会放弃阵地，因为他们知道他们不会因打了败仗而受到惩处。张士诚的政府在开始时很严厉和依法办事，后来懈怠下来了。行政事务由他的幼弟张士信和女婿潘元绍掌管，他们两人的不负责任、贪婪和弄虚作假的作风毁掉了军队的士气和政府的法纪。

他们虽然纠集了一些文人、艺术家和音乐家，慷慨地庇护他们，但未能赢得更严肃一些的士大夫的尊敬，这些人基本上不愿为张士诚的政权服务。他没有真能效命以帮助他变成中国皇帝的顾问集团，也没有由密谋者和计划者组成的核心内阁来推动他的政府机器。而最重要的是，张士诚自己没有了进取心。他从一个热情的、活跃的、火气很冲的年轻人变成了一个 40 岁就悠闲自在地寻欢作乐的人，希望别人替他维持日常政务。他可能比他的某些政敌——包括自我毁灭的元政权在内——更有可能等待时机，而这种耐心可能会使他把帝位逐鹿到手。可是，他的主要对手不允许他那样奢侈无度。朱元璋是一个着了迷的至善至美的追求者，一个有干劲的当家人，总是想猎取大的目标，因而他最后能够抛弃他的红巾军身份，并得到了同样想指导他达到最后目标的儒士智囊团的信赖。这似乎是一个很能自圆其说的解释。在我们还不能知道更多材料以前，我们可以认为这种说法具有相当的准确性。无论如何，这种说法概括了明代历史学家关于朱元璋和张士诚之间斗争的绝非不偏不倚的评价，而且它也是现代历史学家之间共同的看法。①

方国珍

方国珍（1319—1374 年）是浙江中部沿海黄岩县人。他的家庭是当地的船户和海上生意人，有些资财，但是方国珍却一字不识；他身材高大，气势威武，是好斗者们的天然领袖。他和他的家庭无疑地深深卷进了非法的沿海贸易，或许也卷入了海盗活动中。有个著名人士曾经指控——也许并非事实——他与臭名昭著的海盗相勾结，他就杀了这个人，这样一下子就把他推到了叛乱中去。既然犯有杀人罪，他在 1348 年就和他的一个兄长、两个弟弟及邻村几个同伙乘自己的船下了海，藏身于近海岛屿之间这个长期为海盗喜欢出没的地方。方国珍开始组建了一个海盗团伙，他们靠劫掠沿海城镇为生。

方国珍做海盗很得手，但他有时受元军的压迫，有时又被许以宽大的条件诱降；方国珍在 1349 年和 1353 年都一再投降过，1356 年又投降过一次。元朝廷特别急于要他帮助把粮食从海路运到大都来。在 1356 年最后一次投降时，他曾被授予海道漕运万户之职，他的兄弟们也封赏有差。据说那时他的舰队有各类船只一千余艘；他用这支舰队摧毁了政府的水军，使自己称霸于海上航道。在海岸上他也控制了三个沿海的府，即庆元（今浙江处州）、台州和温州，以及今浙江从宁波南下直至福建北部的沿海一带。此外，他还事实上占有了杭州湾岸上宁波和绍兴的大部分地区。他在行省政府中的高位——虽然只是名义上的——也没有能够阻止他继续蚕食浙江政府所辖的地面。到了 14 世纪 50 年代末，他是浙江沿海及其相邻海面上的地区性领袖。

---

① 关于这个问题，现代最有见解的分析是王崇武的短篇文章《读高青邱〈威爱论〉》[544]，载《中央研究院历史语言研究所集刊》，12（1947 年），第 273—282 页。关于张士诚的生平有一种很有用并同情他的历史著作，即支伟成等的《吴王张士诚载记》[85]，卷 5（上海，1932 年）。

他的水军进入了长江口去攻打张士诚。他曾迫使张士诚在 1357 年末决定投降元朝，后来几年之内尽管他们彼此不和，但他的船只还是把张士诚的粮食运送到了大都。

关于方国珍生平的记载至今为止似乎和对于张士诚的叙述没有两样。但是，方国珍却是完全不同的人。他缺少像张士诚那样的妄自尊大，这种妄自尊大使张士诚自己称王并且角逐帝位。另一方面，他更加注重他自己的利益。他在岸上的根据地在他的眼里未被看成是一个早期的国家；他之所以要支配，甚至要治理这三个府，是因为它们对他的海上活动极为重要。他在运用外交方式上比张士诚更加严肃慎重，也更加讲究技巧。他的使节经常往返于大都、南京和杭州，带着丰厚的礼物和传送他的文人助手们所撰写的构思巧妙的外交文书。他甚至早在 1359 年就把一个儿子送给朱元璋作为人质，朱元璋对他的先见之明很欣赏。但是在下一轮的交往中，他狡猾地避开了拥戴朱元璋的问题，而且使朱元璋懊恼的是他继续使用元朝正朔。当朱元璋的使节在 1360 年返回南京报告方国珍闪烁其词的态度时，朱元璋回答道："姑置之，待我克苏州后，欲奉正朔，晚矣。"

1367 年末，朱元璋的军队乘新近战胜张士诚之余威，逐渐迫近了方国珍的领土。方国珍也可能设法以优惠条件投降，这其中的一部分地区是因为他的庞大的水军和小而精锐的陆军是朱元璋要征服东南沿海进行攻击战时所急需的力量。方国珍于 1368 年被送往南京。他受到朱元璋的优遇，也可能后者认为在新朝开国者改元之初年应该格外宽宏大量。除此之外，方国珍是在 14 世纪 50 年代末最早承认朱元璋为新星的人中的一个；他从未攻击过朱元璋，也从未决然反抗过他。官职、军衔和钱财都封赏给了他和他的家属。他被留在南京，直到 1374 年寿终正寝。

由此可见，方国珍充分利用了他的特殊资产——即他的航海和组织技术，改变了他的社会地位，使之超出了他的海盗—土匪出身。他在群雄逐鹿和新王朝创建的战乱中变成了一个地区性领袖和一支独立的力量。当张士诚挥霍他的巨大本钱时，方国珍可以说是在小得多的本钱上充分取得了报偿。

秘密教派运动

据我们所知，广大的红巾军叛乱最初在 14 世纪 30 年代出现于江西和湖南，在十多年内它遍及半个中国。它和 19 世纪同样广泛的太平军叛乱不一样。太平军运动产生于一个地方，产生了一个统一的领导集团，然后用武力从产生地出发扩大到许多省份，像一阵猛烈的风暴横扫沿途的一切。反之，红巾军教义的发起人却是暗中在几个省活动，特别是在那些遭受饥馑和时疫流行的地方展开活动。他们的宗教教义自发地形成了拥有广大徒众的许多地方教派。这些教派的宗教活动，特别是他们一些可疑的（但或许不是属于狂欢性质的）夜间聚会集合男女来烧香磕头和礼拜弥勒佛这个弥赛亚式的救星的活动，被政府和社会精英阶层视为异端和危害社会的行为。这就迫使他们采用密谋的、地下组织的形式。有各种政治目的的领袖们都期待着有这样的发展。他们后来能够接管这些形式，并把它们变成达到他们目的的媒介。由此可知，红巾军运动从一开始就是一个多头领导的运动，它们在每一个地方都发展了强烈的地方色彩。

最后它们终于发展成为叛乱中广泛组织起来的两大翼。我们称之为南方或西方的红巾军最初是以湖北南部为中心。他们从这个基地发展，逐渐控制了长江中、上游地区。另一翼称为北方（或东方）红巾军叛乱，是以今安徽省淮河流域为中心。这个运动向东发展，然后进入河北南部、山东以及江苏北部，并向西蔓延到河南。这两支叛乱主力军共同信仰一个教义，但缺乏组织上的统一。最后它们甚至彼此火并起来，比如北翼的支派朱元璋便与南翼的分支陈友谅发生了冲突。

另外，在每一翼内部都有一些独立的集团，它们都保留了鲜明的地方色彩，彼此也常常搞敌对行动。因此，红巾军运动这种现象是很复杂的，多种多样的，它们的有些分支与众不同，最后竟然能成为独立的教派运动，像四川的明玉珍那样。但是，也有另外一些受教义影响的叛乱活动和地方起义似乎各有自己不同的特点和不同的渊源。它们大多数已默默无闻，部分地是因为一般说来既不同情民间宗教，又不同情叛乱的传统的历史学家喜欢把红巾军标签不加区分地给它们到处乱贴一气（甚至有些非教派叛乱也被贴上了这种标签）。

在这里我们关心的是那些真正属于红巾军信史的大规模而重要的运动。这一小节所使用的广义的"教派运动"标题，其意在于提醒人们，红巾军不是 14 世纪活跃于中国舞台上唯一的秘密教派叛乱者。

中国历史学家们近些年来在 14 世纪的大规模民间叛乱中搜寻着一位民间英雄，他们从历史的边缘恢复了一个模糊不清的人物，说他曾经创立了红巾军运动并领导了它的军队。此人就是彭莹玉，他是一个和尚，袁州（在今江西，邻近湖南边境）人，据说他把白莲教内有几世纪之久的弥勒佛崇拜变成了强大的有社会行动能力的运动。① 作为社会史来说，不管这种说法怎样牵强，它对元代末年这一流产的阶级战争如此紧紧地寻根究底，终于发掘出了关于红巾军叛乱的有价值的新材料。彭莹玉本人是否真正负责过把民间宗教的各种成分联结在一起和把一个统一的教义扩散到从长江中游直至安徽的几个省份去，这依然不很清楚，但是，这样的事情事实上发生了。

彭莹玉作为袁州一次起义的一个教义上的领袖最初出现在 1338年。在这一次，一位叛乱领袖周子旺南面称王；他马上被地区当局所拘押，并被处以极刑。彭莹玉向北逃往淮河沿岸和黄河下游的地区，据说他藏在一些贫民家中有几年，并且在那里传布弥勒佛即将降世的教义：弥勒佛乃财富之佛和大明王，他将要给受苦受难的世界带来千年至福。② 从 1340 年起，淮河地区的许多地方都出现了红巾军的教义。仅在 1341 年，湖南、湖北、山东和河北南部据报有 300 多个地方"贫苦农民蜂起为盗"。③ 往后的 10 年是动荡的 10 年，特别是在长江中游和淮河流域红巾军正在得势的两个地区更是动荡不安。

---

① 这方面有代表性的著作，见邱树森《元末红巾军领袖彭莹玉牺牲的时间和地点问题》[92]，载《元史及北方民族史研究集刊》，1（1977 年 7 月），第 25—28 页。
② 关于这些教义的内容，见陈学霖《白莲教—弥勒佛教义和明清两代的人民起义》[25]，载《中国学》，10，4（1969 年），第 211—233 页。
③ 吴晗：《朱元璋传》[587]（1949 年；修订本，1965 年；重印本，北京，1979 年），第 8、86 页以下。

1351年，从贫苦农民中征发民工15万人从事一项大工程，即使黄河改道并重开大运河；这两条河流在山东西部相交叉（这是水利专家、将军和总督贾鲁在工程上的伟大胜利）。韩山童很久以来就是栾城（今河北东北）秘密教派的领袖。他的祖父被认为是白莲教一个秘密教派的领袖，以"烧香惑众"的罪名被流放到河北省的南端。经历了两代人之后，我们看到他的孙子在那里成了红巾军的卓越领袖，据推测其情况可能是这样的：这个白莲教世家与性质相同而更偏重政治的彭莹玉的教义结合在一起了。韩山童已经有一个政治顾问刘福通，此人后来变成了北翼红巾军叛乱的推动力量。刘福通密谋在黄河工地上的那些心怀不满和备受折磨的大队民工中招收追随者。他干得很成功。从1351年起可以明显地看出红巾军活动呈爆炸性蔓延之势。韩山童被捕并被处死，但是他的妻子和他的被称为"小明王"的幼子（又被认为宋朝皇帝的后裔）在刘福通的监护下逃脱了。作为这次叛乱的傀儡领袖的保护人，刘福通在今安徽西部的颍州（与河南交界）建立了"首都"，把这里作为红巾军叛乱政府的中心。

南翼红巾军（1351—1363年）

就在1351年的夏天，彭莹玉或者他的主要军事追随者邹普胜为新的红巾军叛乱找到了一位傀儡领袖，这个人是个自命不凡的布贩子，他有英雄般的身材和气质，但确实缺乏做领袖的其他品质。此人名徐寿辉。在1348年底到1352年末的几份关于彭莹玉被捕和被处死的报告中，有一份说他在1358年被陈友谅所杀（详下）。[①] 所有这些叙述不可能依据当前可资利用的材料予以证实。很难相信他不是拥立徐寿辉为天完帝的权威人物，但是，事实不十分明了。

9月份，邹普胜领导的叛乱分子攻下了湖北南部的蕲水县城，把它定为红巾军王朝——国号天完——的首都，而用那个相貌威武的布贩子做它的皇帝。他们设计了一套新的正朔历法，年号为治平。这支新的叛军向南方扩张，曾经在1352年一度攻下汉阳及其邻近的汉口和武昌城，但后来被逐出。邹普胜作为叛军军事领袖的地位在1355

①　孙正容：《朱元璋系年要录》[484]（杭州，1983年），第28页。

年被野心大得多的元帅倪文俊所取代。倪文俊在 1356 年初克复了汉阳，随即把叛军的都城移到此地。这个江汉之交的基地是战略重镇，天完王朝的领土从这里迅速地扩张开来。1357 年末，倪文俊密谋杀害徐寿辉，想取代他的地位，但没有成功。结果是，他被整个南方红巾叛军的一个新的军事领袖陈友谅所杀害和取代。在陈友谅的有力领导下，他们的土地向东扩展到了安徽和江西，向西北进展到了汉水流域。另一名将领明玉珍率叛军进入四川，沿三峡而上一路征战，攻占了重庆。在不到两年的时间内明玉珍占领了整个四川。

和倪文俊一样，陈友谅也不愿意留在像徐寿辉这样一个无用的傀儡下实际掌权。1360 年，他成功刺杀了徐寿辉并取得了帝位。他重新把南方红巾军王朝改为汉王朝，年号为大义。他紧接着对南京发动进攻，但受到遏制，旋即折回他的武昌首都——这里与徐寿辉原在汉阳的首都隔江相望（今天，汉阳、汉口和武昌形成了大武汉三镇）。

在没有悲悯心和永不满足的优秀领导人陈友谅的领导之下，南方红巾军政权迅速发展壮大，取得了巨大的军事权力。陈友谅无情地向下游扩张，迫近了朱元璋也在发展中的较小的根据地南京，最后他在 1360 年向朱元璋挑战了。第二年，他被打败并被赶出了他的江西根据地，1360 年他又作了最后一次努力，调动他由战船组成的庞大的无敌舰队和庞大的陆军，浩浩荡荡地开进南昌附近的鄱阳湖，即该湖最南端的正西处。朱元璋从南京带来了他的大部分水军和陆军，经过一个漫长夏天的交战，陈友谅有点意外地被打败了，而且在战斗中被杀死，留下了一个作为继承人的儿子和一个群龙无首的国家。朱元璋此时名义上还属于"小明王"韩林儿的宋王朝这支北翼红巾军中的领导；自从刘福通被俘和被处死以后，"小明王"即在他的监护之下。朱元璋控制了整个长江水域，从湖北宜昌以西的三峡起直到南京和苏州半道上的常州为止。南翼红巾军已经被消灭了。①

---

① 爱德华・德雷尔：《1363 年的鄱阳湖之战：内陆水军大战在明王朝建国中的作用》[147]，载《中国的兵法》，小基尔曼和费正清编（马萨诸塞，坎布里奇，1974 年），第 202—242 页以及本卷第二章。

四川明玉珍的夏国（1357—1371 年）

明玉珍已在 1357 年举着南方红巾军的旗帜进入四川，并从无能的蒙古防军和北翼红巾军的残余土匪手中征服了这个富饶而半隔绝的地区。他仍然忠于徐寿辉，拒不承认篡夺者陈友谅。他宣布四川为独立的红巾军王国，国号夏，但受一个有学问的儒家士大夫刘祯的强烈影响。刘祯有几年左右了他的政治建制，让它古怪地采用一套古代制度。夏国的历史被人们研究得不多；它的指导精神似乎仍是以佛教为主。明玉珍一直统治到 1366 年他病死于 35 岁的时候。他很小心翼翼地治理他的国家，聘用了一些学者为他服务，也赢得了民众的拥戴。但是，他没有能够搞出一套推行国家发展的长远规划。他曾经想征服云南的蒙古领主们，但因人员不足和计划不善而失败。他死后由他的九岁儿子明昇继位。这个政权于是失去了强有力而统一的领导，被动地苟延残喘，直到 1371 年它很快地向侵入的明军投降为止。

北翼红巾军叛乱（1351—1367 年）

关于红巾军的活动，现在必须转而叙述颍州的韩林儿和刘福通在 1351 年的情况了。和南翼红巾军相比，北翼红巾军运动保留着较强的意识形态内容，对它的傀儡皇帝也有更多名义上的依附关系。韩林儿在 1355 年 3 月 16 日于亳州（今安徽西部的亳县）登极为复辟了的宋王朝的皇帝，改元为龙凤。他的北翼叛乱对它的随从的控制也比南翼更有保证。一个似乎说得过去的理由是，该运动的主心骨刘福通一直在意识形态上保留控制达八年之久，彭莹玉则早已在南方的舞台上消失。另一个可能的理由是，这个具有意识形态的象征意义的儿童皇帝一直生活到 1367 年，它宣布自己为复辟的宋王朝，也在老百姓心目中取得了某种合法性和信任感，使人们感到它是反元运动的重心。南方的红巾军在意识形态和政治上所提出的主张都比较模糊，同时，对徐寿辉连续预谋的和最后得逞的刺杀所引起的愤世嫉俗情绪导致了变节行为和派系斗争，并进一步削弱了它的意识形态方面的凝聚力。

另一方面，刘福通没有成为成功的独裁者，他不能给北方红巾军搞一个严密的组织上的大联合。反之，他只能依附于韩林儿有权取得的多种称号所产生的意识形态的统一；韩林儿号称宋王朝的继承者、白莲教的第 14 代领袖、红巾军皇帝以及"小明王"，即不久将再世的弥勒佛的先驱——这弥勒佛乃是强大的佛教和明教民间宗教诸因素的化身。刘福通没有施加强有力的军事控制，只是短暂地取得过军事胜利。1358 年 6 月 11 日他带兵攻占了开封。从 960 年直到它在 1126 年陷落到女真人手中为止，这个城市一直是北宋王朝的京师。韩林儿自称是北宋王朝倒数第二个皇帝的第十世孙。在胜利以后得到的热情澎湃的支持下，他能够命令忠于他的将领们攻下安徽和山东的重要目标，并在毛贵的指挥下进逼大都。但是在 1359 年 9 月 10 日，察罕帖木儿在河南发动反击，夺回了开封。刘福通和他的宋朝廷最初被赶回他们原来的旧首都，即亳州的一个边远而不重要的县城，继而又迁往安丰（二者都在今安徽西部）。他们留在安丰，一直到张士诚于 1363 年派军攻打安丰时为止。

因此，刘福通从北方红巾军一个中部首都所领导的军事扩张活动，到了 1359 年就几近于结束阶段。自此以后，尽管叛乱分子们仍然广泛地承认韩林儿的政权，但军事和政治领导已出现裂痕，并且从未再有效地统一过一。各路重要领袖们和山头都打着红巾军的旗号，彼此攻战不已，且争斗遍布于整个淮河流域的许多地方，直到 14 世纪 50 年代的后期为止。例如 1352 年以前有芝麻李活动在江苏北部的徐州；从 1356 年到 1359 年有河南西北部和陕西的山头，直到察罕帖木儿把那里的红巾军赶入四川时止；1357 年到 1362 年有山东的益都的山头；在从 1358 年到 1362 年间毛贵进军大都失败之后有察哈尔和满洲的山头。总而言之，他们在 14 世纪 50 年代初创立了一条从山东向西南直到安徽—河南边境的战线，把华北和长江隔开。有时候他们也向这条战线以北扩张，最后在 1358 年和 1362 年之间受到察罕帖木儿的遏制。从那时以后，对于历史来说，特别是对于明王朝的诞生来说，重要的发展是在这个地区里的红巾军政权瓦解了，其势向南发展到长江下游而从 1356 年以后以南京为中心的半自治政权兴起了。关于这一段历史，我们必须转而叙述朱元璋的生平。

朱元璋的生平，1328—1367 年

他的权力的兴起

朱元璋出生于赤贫的农家，是出身于中国社会的最底层，他是唯一具有这种背景的一代皇朝的开国之君：这是中国历史上尽人皆知的事实。他在 1328 年 10 月 21 日生于濠州县（今安徽中部凤阳县，在重要的铁路交叉线和工业城市蚌埠的正东南）的钟离村，他的幼年生活非常困苦。他的父母和祖父母都是拖欠税款者，在淮河流域到处躲债，想方设法找一个地方做佃户，以便在这块干旱和时疫肆虐的土地上过仅能糊口的生活。他在他父母的四子二女中是大难不死的最小的孩子。除了最大的孩子以外，其余孩子都因家庭无力抚养而已送人或嫁出。到了 14 世纪 30 年代淮河地区已经变成了红巾军叛乱的摇篮，它的弥赛亚式的教义得到了越来越多的遭受痛苦折磨的人们的支持。人们相信，在这个最黑暗和孤寂的时刻会发生转变，重新出现明教的光明，而弥勒佛会从西方极乐世界来统治这个世界，使人们的命运来个戏剧性的乌托邦式的改变。年轻的朱元璋的外祖父——一个算命先生和在 13 世纪 70 年代反抗过蒙古最后征服阶段的汉人军队的老战士——在这个孩子的耳朵里灌满了魔法事件和高度冒险的种种奇妙故事。这些就是朱元璋幼年时所处的环境。

1344 年，朱元璋 16 岁的时候，在 5 月份和 6 月份的三个星期内，时疫伴随着夏季的蝗虫和旱灾夺去了他家大部分成员——他的父亲、母亲和还生活在家里的已婚的长兄——的生命。他的长嫂及其幼子和另一分居的已婚哥哥是除他以外仅有的幸存者。苟活下来的人因太穷而不能很好地埋葬已逝的亲人，更不用说去抚养朱元璋了。因此 10 月末，他被送入了附近的一个佛教寺院做小行童，当杂差，以实践他在幼儿生病时他父亲许下的愿。很快他就长大成人，变成了一个高大强壮的小伙子，其显著特点是脸面有皱纹而痘点斑斑，颚部凸出，这副奇异的样子使人望而生畏，而且看起来预示将来有不凡的品质。无疑他是具有这些品质的，可是因他诞生于赤贫而无文化的农民

之家，而后登上皇帝的宝座，成为一个新兴伟大王朝的开国之君，这个故事就有些像虚构小说那样的不真实。

到寺院做行童几个星期以后，即 1344 年 12 月，皇觉寺（当时可能叫玉觉寺）[①] 的僧徒们被迫把所有小行童放出去行乞。据我们所知，朱元璋在 1345 年到 1347 年在淮河地区做游方和尚游荡了三年，也可能他因此熟悉某些军事生活，并且一个时期当过兵——可能是在蒙古军队中当兵。除此之外，可以肯定的是，他很了解叛乱的内幕和对叛乱镇压的情况。在 1347 年或 1348 年他回到了寺内，在那里大约从 20 岁呆到 24 岁。这时他似乎开始学习认字并简单地研修佛教经文。他的理解力很好，记忆力也很强。

到了 1352 年，叛乱在淮河中游到处爆发，它们采取了许多形式，当然多数是红巾军运动。钟离村以西与之紧邻的濠州县城在 1352 年 2 月 16 日被一股红巾军所攻占。叛乱领袖郭子兴（1355 年死）是一个算命先生与一个富人的盲女儿所生的儿子，这个家庭据说很善于积财。郭子兴被认为是一个勇敢善战的战士，但脾气不好，跟别人合不来。他相信弥勒佛教义，所以他深信那个乱世预示着要有一个大变动。为了应付大变动的到来，他花钱大方，广交朋友，以便约集志同道合的人和忠诚的战士。郭子兴和他的四个伙伴自称元帅，率众攻打了濠州。郭子兴可能只是名义上的领袖，别人马上成了挑战者。他们之间的关系从一开始就是不稳固的。

元当局并不想立即收复濠州。相反，他们派出无纪律的部队四出骚扰无辜乡民，焚烧寺庙，把抓来的老百姓指认为红巾军，以便邀功请赏。朱元璋所在的那个农村寺庙正处在战火纷飞的地带。1352 年 2 月它不知被哪一边的士兵放了火，并被劫掠一空。朱元璋和其他和尚及行童均四散逃逸，但后来又回到了被毁的寺庙内，因为没有地方可去。他后来在写到这段经历时说，他好多次收到叛军内朋友们的信息，警告他有危险，并劝他参加叛军。4 月 15 日，这个年在二十四五岁的青年和尚来到了濠州城门附近，要求加入郭子兴的部队。这是

---

① 　孙正容：《朱元璋系年要录》[484]，第 26 页。

他一生命运中意外的转折点。他马上变成了一个受宠遇的徒众、受信任的帮手、弁目（亲兵）和郭子兴家中的一名成员。郭子兴有二妻，年长者有与朱元璋年岁相当的两个儿子。年轻些的妻子劝郭子兴把这个年轻有为的人和他们郭家的命运更紧密地联系起来，所以招他为他们的养女之婿。这个年轻的女人当时有 19 岁，是一位马姓密友的女儿；马某临死之前不久把他唯一的孩子托付给了郭子兴照管。她就是后来的马皇后。朱元璋和郭子兴这位年轻一些的妻子的关系后来显得很重要。在朱元璋和郭子兴的儿子们有纷争时，她最后站在了他一边，朱元璋也把她的女儿纳为妾。

1352 年和 1353 年，朝廷派出的元军企图肃清被叛军占领的淮河地区的中部和东部。将近 1352 年底他们把芝麻李从他在江苏北部徐州的根据地赶走，而到了 1353 年初，他的两名将军投奔濠州避难，使这个小城市本来已经很紧张的资源更形拮据。他们自己称"王"，盛气凌人地要高踞于郭子兴及其他元帅们之上。派系斗争愈演愈烈。郭子兴支持了其中的一人，另一人便把他拘禁了起来。从远征战场上回来的朱元璋发现了这个情况。他随身带了郭子兴那位年轻妻子及其孩子们亲赴另一派领袖的营寨内，终于找到了挽救的办法，救了郭子兴一命。

从 1352 年冬末起直至 1353 年 6 月，濠州被从徐州派来的元军所包围。元军野战指挥官（中书左丞）、水利专家贾鲁（他在 1351 年曾领导过治河工程）之死，使濠州解了围，因而挽救了这块根据地。后来，朱元璋离开了军中回到他的村里，在家乡招募了 700 余人的部队，由 24 名他往日的朋友和童年的伙伴——包括他将来的幕僚长徐达（中书右丞相参军国事）在内——带领。这个军事领导集团在以后 20 年中形成了他私人随从的核心。在往后的几个月中他继续参与范围广泛的出击和野战指挥活动，学习为将之道，并形成了他自己的战术意识。1353 年秋，郭子兴给了他一个单独的任命，使他脱离濠州日益紧迫的派系斗争。这是独立活动的事业的起点，他的官衔是镇抚。

在随之而来的战斗中，他先拔掉了南边的定远县城。他又向南前进，沿途收容了大量败兵和逃兵，并赢得了几次重要战斗。到了年底，他占领了滁州（在安徽和江苏边界附近）及长江北岸上的附近各县。1354 年,他在滁州滞留了整整一年,并一直呆到 1355 年上半年。这里成了他的大营根据地,他在此建立了忠于自己的军队,据说其数已达 3 万人,并且开始组成了一个地方管理班子。李善长(1314—1390 年)是他的第一位顾问,他原是乡村中的精英人物、业儒。他于 1354 年投奔朱元璋,并开始以历史教训来影响这位热心向学的青年学子。李善长被他任为掌幕府书记。

在 1355 年的最初几个月,朱元璋在胜利地保卫了被元军围攻的和阳(或和州,在长江北岸,今和县)之后,开始注视着富庶的长江南岸了。最重要的是他看中了大城市南京——当时称为集庆,此地控制着长江下游地区。1355 年初,郭子兴已死于和阳。郭子兴的儿子们认为自己是他们父亲的当然后嗣和继承人;红巾军宋帝韩林儿授予郭子兴年长的儿子和郭子兴的一位旧军官张天佑——即郭之妇弟——以高级职位,而任命朱元璋为他们的副手。但是,朱元璋下面又围绕着 24 名伙伴,还有一些从其他叛乱中跑来归顺他的重要军事领袖;这是靠朱元璋的个人威信而不是靠红巾军的旗帜把他们团结到他周围来的。在这些新归附的人中有常遇春,他在后来的岁月中是朱元璋军中最进取有为的将军,被信任的程度仅次于徐达。另外,自动来投奔朱元璋的还有沿安徽内陆水道的舟师头目廖永安和俞通海。他们用小舟和驳船组成的船队给了朱元璋以渡过长江的手段,使他能用水师和陆军在广阔的前线作战。

1355 年 7 月 10 日蓄谋已久的渡江行动开始了。接着在 8 月中旬首攻南京。初战未得手,但朱元璋的军队逗留在南京未去,荡平了周围地区一些小城镇。10 月末第二次攻打南京,郭子兴的在世的年长儿子和张天佑被杀,这样就去掉了朱元璋的两位顶头上司。整个指挥权此时就由他一人掌握了。

明王朝的建立

1356 年 4 月 10 日,经过多次征战,朱元璋终于拿下了南京,马上把它定为新的首都,并立即给它改名为应天。就在那同一个星期之内,张士诚也渡过了长江,把苏州定为他的首都。那一年的早些时

47

候，倪文俊拥立徐寿辉为南翼红巾军的皇帝，国号天完，其新首都定在长江岸上的汉阳。攻下南京后的下一个月，韩林儿任命朱元璋为江南行省平章，郭子兴仅存之子则当了他的副手。后郭子兴的这个儿子谋叛被发觉，因而被处死。朱元璋至此成了以长江为根据地的北方红巾军中无人敢与争锋的领袖，也是整个北方叛乱军中那位傀儡皇帝的守护人。他崛起于群雄角逐之中，成为佼佼者了。

在他的事业的这个时期，人们已可能看出朱元璋会由一个民间教派的叛乱领袖变成一位企求传统合法性的政治运动的领袖。现代历史学家已充分地讨论了这一点，我们无需在这里再多费笔墨。[①] 可是，简单考察一下这个转变过程的某些方面是有用的。

人们已注意到，朱元璋在 1354 年得到李善长做他的第一位文人助手。这时他已踏上攻占滁州的征途，因此摆脱了濠州那帮无能的红巾军领袖间的令人难受的争吵。换句话说，朱元璋已自奔前程去了。李善长出身于定远——朱元璋在南征途中第一个打下的县城——的地主之家。李善长最多不过是起码的传统学者—精英人物。他这个人没有多少学识造诣，但直到那时为止他却与朱元璋的其他伙伴有明显的不同。他能够与朱元璋谈论历史和礼仪——这是中国人讲治平之术的两大支柱；他够格掌管幕府，而它又是任何领袖在致力征服和治理这两方面所必需的机构。他一直是朱元璋主要的文官，最后在 1368 年被新王朝任命为中书左丞相。

李善长是此后被积极招募的这个日益扩大的文官集团中的第一个人。在每次攻下一个行政城镇时，当地的文人不管是在敌人那里服务的或是过隐居生活的，都被招来接见并常常给予官职。比如，1355年在太平，当朱元璋初渡长江和得到杰出的陶安的帮助时，这个办法

---

① 王崇武：《论明太祖起兵及其政策之转变》[537]，载《中央研究院历史语言研究所集刊》，10（1948 年），第 57—71 页；吴晗：《朱元璋传》[587]，第 4、5 章；泰勒：《明王朝的社会根源》[506]，载《华裔学志》，22，1（1963 年），第 1—78 页；达迪斯：《弥赛亚式叛乱的转变和明王朝的建立》[135]，载《亚洲研究杂志》，29，3（1970 年），第539—558 页；达迪斯：《儒教和专制制度：职业精英阶层在明王朝建国中的作用》[133]（伯克利、洛杉矶和伦敦，1983 年）；本书德雷尔和小郎洛瓦分别执笔的第二、三章。

就付诸实施了。在攻下南京之后，他征聘了十余名士大夫，把他们安置在南京城市以及新征服的附近县城的新文官政府中。特别是朱元璋对那些曾服务于元朝的人和精英阶层中他的"级阶敌人"都采取明显的概不歧视的态度。由于这些原因，朱元璋对马克思主义历史学家来说一直是一个难题。

他的出身确实是"被压迫群众"中最贫苦的阶层。他的受教育程度平平，因此他和传统的统治阶层没有共同语言。但是，他最初的文人助手们使他相信，以公元前 3 世纪汉王朝的开国之君为榜样（汉高祖的出身虽然不像朱元璋那样低下，但他可以成为很近似的榜样），他也可以成为一位圣明之君。朱元璋在许多年中努力想做到合乎标准的圣明之君，这表明他非常勤奋好学，颇堪造就；他的精英集团顾问们真心实意地引导他向这方面发展，这显示了他们是信奉开放社会的理想的。

可是，某些近时的历史学家们指责他"背叛"了他的低下的阶级出身，因为他背弃了促使他发迹的民间秘密宗教教义。可是如果不这样做，就会妨碍把叛乱变成政府所需要的各种社会力量的联合。教义的改变进行得很小心谨慎，因为他认识到了教派的思想在他的军人随从者的心目中和在被他征服的某些地区的民众中间是有分量的。可是，他渐渐地能够搞起妥协折中来了。到了他实际上建立新王朝的时候，他能够公然斥责红巾军的思想意识是煽惑普通老百姓的愚蠢的异端。然而，直到临死他都一直骄傲地谈及和写到他来自充满天灾人祸的淮河地区而作为贫农儿子的卑微出身，最后他对只知道过精英阶层那种悠闲自在生活的人表现了越来越多的蔑视，甚至还表示愤慨。可是，从 1355 年渡江到 1367 年末建立新王朝时为止的这些年中，他表现为一个孜孜不倦和心胸开朗的好学之士，不断地开拓着他的视野。

那个时期的军事方面的历史将在下一章详加描述。保证他的早期国家能够生存和发展起来的军事任务左右了那些年的岁月。朱元璋建立了开创一个新王朝所需要的一整套政府制度。这一章结束时将简单地讨论一下这些步骤。

有人认为，朱元璋以厌恶的心情目睹战争的无意义的破坏，他也曾尽力要求军队守纪律，以便赢得被占领地区人民的好感。从早在

1354 年起及其以后的年代就有许多传闻轶事，说他很同情受苦的人民和坚持严格的军纪，而这与当时的一般战争行为都是截然相反的。这些传说受到了挑战。[①] 人们认为它们在某种程度上是后世所添枝加叶的结果，其用意在支持王朝历史学家所提出的一种观点，以显示天命的正确作用："天视自我民视，天听自我民听。"从原则上说来，天命应该归于那个最能体现以同情心治国这种理想的争夺王位者。朱元璋的仁慈无疑被后来的说教夸大了。可是，他最早的一些文人顾问们，从 1354 年的李善长和 1355 年的陶安起，就经常给他讲授这种道理。这可能在促使他重视安置普通农民的生活中起过某些作用。特别是在他最初的年代中，他尽力创造一个未来的贤明统治者的形象：减免战祸地区的赋税；惩罚他自己军队中的掠夺者；以及和奖赏自己队伍中的追随者一样，也嘉奖为元王朝忠诚无私地效劳的人员。不管准确与否，他能够以这样的形象同蒙古官员们，同他的大部分对手的放纵恣肆行为，或者从最好的方面说是不关心人民疾苦的行为，构成鲜明的对比。

朱元璋非常尊敬那些为他的敌人服务过的人所表现的忠诚的优秀品质。他从未向蒙古元王朝一度享有的合法性挑战，只是指出蒙古在他那个时代应该失去它的合法地位。可是，当敌人的军事领袖因抵抗他的部队而殉职时，或者当平民被俘后自裁而不是顺从他时，他对这些人都葬之以礼，甚至还建祠作为纪念。这无疑是一种有效的宣传方式，有利于填平他和整个社会地方精英之间的鸿沟。这种政策当然是他的文人顾问们劝他实行的，而他以自命不凡地把实用主义和理想主义结合起来的态度采用这种政策。

曾经有人强调指出，朱元璋并不真正相信民间宗教领袖们的教义，即至少相当于我们今天所说的那些粗俗的迷信。[②] 可是，他并不与大批食客分手：这些人都装扮成受人尊敬的预言家、成功的法术师、疯疯

---

① 王崇武：《明本纪校注》[542]，特别应看王氏在第 30—31、38、44—45 和 53—54 页的评注。

② 陈学霖：《张中和他的预言：一位明初道士的传奇的传播》[21]，载《远东》，20，1（1973 年），第 65—102 页，以及《明太祖的兴起：明初官方历史编纂学中的事实与虚构》[24]，载《美国东方学会学报》，95，4（1975 年），第 679—715 页。

癫癫的和尚和另外一些平凡的宗教领袖。这些人使他的事业在普通人民心目中具有一种天神相助的味道。这种情况在他的文人顾问和士大夫的圈子中产生了问题，因为他们宁肯与所有异端邪说更明确地决裂。由于他凭他的直觉处理了这种问题，所以从这里可以看出，他的独立思考、他的意志力以及他对群众心理的了解是有比别人高明之处。

朱元璋最后同红巾军宋王朝的决裂时间要比他的学者—顾问们所建议的时间晚得多。1363 年，朱元璋专心致志地准备他和最强大的敌人陈友谅之间即将到来的最后战役。2 月份，他的另外一个方面的敌人张士诚派遣一支讨伐部队来攻打安徽西部的安丰。此地是韩林儿和宋王朝出谋划策者刘福通的大本营。这对作为北翼红巾军最后残余的忠实保护者朱元璋来说是加倍为难的事情，因为那时他的战线是拉得太长了。他不顾其战略和治国论的主要学者—顾问刘基（1311—1375 年）的严厉劝告，还是派出一部分野战军并亲自（由徐达去打头阵）率领前往救援韩林儿。根据大多数材料，刘福通被张士诚的军队俘获和杀害。于是朱元璋不得不渡过南京以西的长江，把小明王的宋朝廷迁往滁州：至此，在军事上已无足轻重的红巾军朝廷能够在这里平平安安地苟延日子了。

朱元璋的这次牵制性军事行动所冒的风险是很大的，他的敌人的错误在于没有更好地利用它。可是，当朱元璋正在受到南翼红巾军的挑战时，这次牵制性战役对保证朱元璋的军事领袖们的顺从来说可能是必要的。甚至他青年时期的哥们儿也认为必须捍卫他们合法地位的源泉。朱元璋照旧奉宋国家龙凤年号的正朔，一直到韩林儿在 1367 年 1 月过长江被淹死时为止，按照旧历这时是前一年的腊月。但是，虽然朱元璋有此机会能够解除他长期和小明王及其已消失的权利这些旧形式的联系，他仍然在一年以后才把他的王朝改名为"明"朝。这个字含有明教的意思，表明他没有彻底割断与教派教义的所有联系。

总起来说，我们看到了从对民间文化的亲近过渡到对伟大传统的亲近这一转变过程中的多方面的困难，也看到了朱元璋通过有些曲折的羊肠小径从此端走到彼端时所表现出来的机巧。叛乱分子中他的对手们没有一个能以同样的机敏来处理这样复杂的问题。

《明史》卷一的《明太祖本纪第一》包括 1368 年以前的年代，大致描述了 14 世纪 50 年代末和 60 年代在创建南京（1356 年改名应天）政府的过程中所采取的步骤。他在那时就开始宣称天命已改，或许甚至改到了他的身上。1356 年有一条是这样写的：

> 秋七月己卯，诸将奉太祖为吴国公。置江南行中书省，自总省事，置僚佐。①

在这里，朱元璋，在他生前就用了"太祖"的庙号，这是中国历史编纂学的泛常用语。其余说法则有严重失误。"行省"一词是用于元代省一级文官政府的行政机构。引文中这一个行省是这一时期的新创造："江南"泛指长江下游地区，它不是元朝一个行省的名称。朱元璋的南京根据地只管辖长江以北很小的地面，那时这是元朝河南行省的一部分，外加元朝江浙行省（包括今长江以南的江苏，再加上今浙江和福建）的几个县。这个新的叛乱行省被雄心勃勃地称为江南，它是北方红巾叛军在 1356 年到 1359 年之间所建五个省中的一个。这五个行省是他们想控制在那些年代或者以安丰（在今安徽）、或者以开封为首都时向外扩展的领土。从那个叛乱的宋政府的观点来看，朱元璋不过是他们在新近成立的南京地方行省的高级领袖之一，他最初被任命为副元帅，后来被提升为行中书省左丞相。如果他是被命名为吴公，就不会要诸将来推举他，而是由宋的叛军首都来任命，就像在五年以后，即 1361 年实际发生的那样。②

总而言之，这个新的行省还不是一位早已清楚地预见到天命将归属于他的未来皇帝所控制的独立的叛军基地。它此时仍然是后来被弄得名誉扫地的秘密教派叛乱运动——朱元璋就是从它这里接受他的身

---

① 罗梅因·泰勒译：《明太祖本纪》[503]（旧金山，1975 年），第 38 页。
② 虽然学者们在继续争论这一点，1361 年是个准确无误的时间，潘柽章已在《国史考异》[414]（1，5）中予以指出，这一点尚未被人废弃，又可参照孙正容《朱元璋系年要录》[484]，第 46 页。

份和权力的——的一部分。可是，朱元璋清清楚楚地是那里正在兴起的人物，一旦他像在 1358 年中那样清除了他名义上的顶头上司，即他往日的恩师郭子兴的诸子和女婿，宋叛乱政权就逐渐承认了他的地区性领导地位和默认了他的主动行动。当宋政权的傀儡皇室小明王和北方红巾军的组织者刘福通一起在 1359 年末被察罕帖木儿赶出开封并逃回安丰时，北方红巾军叛乱的权力马上衰落了下来，而且它的所有行省都得依靠自己的资源各顾各了。除了朱元璋的江南以外，没有一个行省熬过了 1362 年。逐渐地，朱元璋在事实上取得了多数传统史料过早地认为属于他的地位。

当朱元璋在 14 世纪 50 年代逐渐地变成了南京舞台上的主人翁时，尽管我们对这一历史记载有各种怀疑，但仍应该得出结论说，他是地区性叛乱领袖中的佼佼者，因为他很认真地在想方设法建立一个日益完善的政府。每当他访问他迅速前进的军队所占领的新地区时，他经常和社区领袖及乡村父老们讲话以消除疑虑，派代表叫他们恢复和平生活和生计，同时他作为贫农的儿子能懂得他们的需要，所以允诺要实现一个仁慈的政府。1358 年 3 月，他任命从前元朝最能干的官员之一、破南京后即投降过来的康茂才去他认为应该升格的江南行中书省中的一个机构任职；这个官署就是都水营田司。朱元璋在任命时嘱咐康茂才道：

> 比因兵乱，堤防颓圮，民废耕耨，故设营田使以修筑堤防，专掌水利。今军务实殷，用度为急，理财之道，莫先于农事。今当春耕，水旱不时，伤害农亩。故命尔此职，分巡各处，俾高无患干，卑不病潦，务在蓄泄得宜。大抵设官为民，非以病民。若但使有司增饰馆舍，迎送奔走，所至纷扰，无益于民而反害之，则非付任之意。[①]

很显然，朱元璋的看法是很实际的，他认为：用"仁慈"的眼光看待农民的疾苦就有助于重新安置无家可归的和难于统治的人民，可

---

① 引自孙正容《朱元璋系年要录》[484]，第 54 页。

以让他们从事生产活动，同时就能保证他的政府有粮食和赋税来支援军队。这种利他主义不是犬儒式的，它符合生活的事实。是否这种贫苦老百姓式的对底层社会抱有的机敏的理解才使得他这样做，或者是否这些言行表明他新招聘的儒家顾问们的传统的伦理和治国论已很得势——这的确是个争论焦点：像这样的事情这里是没有根本性的冲突。无论如何，他在 14 世纪 50 年代末和 60 年代实行的政治团结表明，他在使文官政府的广泛发挥功能以适应他的事业方面比他的对手们要高明多了。还可以再举几个例子来证明这一点。1360 年他新设了几个官署来开征酒税和醋税，并改进食盐专卖的经营管理，虽然他这时并没有控制地处更东边的重要产盐地区。1361 年他开始铸造铜钱，而到了1363 年他的铸钱据说已达每年 3800 万枚。接着又马上实行了新的茶叶分配专卖制度。1362 年设立关卡以征收过境商品的传统税。

由于朱元璋的优秀将领们攻克了南京之东、南和西南诸方面邻近地带，江南行省——事实上是 14 世纪 50 年代末他的整个政府——的范围扩大了。当浙江北部大片地段在 1358 年和 1359 年落入他的部队之手时，他在婺州（今金华）设置了"股肱郡"，此地离南京东南 200 余英里，距元朝的大据点杭州——最近被张士诚所攻占——不足 100 英里。朱元璋旅行到了这个地区，并且花了 1359 年上半年时间研究它的问题，同时指示——而非领导——进一步开展战役，扩充地盘。他积极地征聘——人们也可说是讨好——许多杰出的学者，这里在当时因人才济济而出名。他礼贤下士，宴请他们来他的大本营，向他们询问怎样获致儒家著作的引导等严肃的问题，同时严肃地（又是公开地）警告将领们避免不必要的流血和抢劫。他在 1359 年 6 月返回南京。次年 4 月份，以宋濂和刘基为首的一批优秀的学者终于在他的竭力敦促下接受任命，应邀到南京就职。《本纪》上写道：

丁卯，置儒学提举司，以宋濂为提举，遣子标受经学。①

---

① 泰勒译：《明太祖本纪》[503]，第 42 页。

朱标，朱元璋未来帝位的继承人，时年 8 岁。虽然没有活到当上皇帝的年岁，这一事件却预示着具有儒家治国论特殊传统的金华学者群同明国家之间将要发展起来的重要关系。①

在朱元璋 1363 年夏秋之间于江西鄱阳湖经过四个月的苦战打败了陈友谅之后，② 便于 1364 年之初另立新名号，改组了他的政府。他自称吴王，与位于长江下游苏州地方而仍是他的强劲对手的张士诚采用同一称号；张士诚是在前一年 10 月自称吴王的。可是，朱元璋仍旧用他的名义上的君主韩林儿的龙凤的年号，虽然这位可怜的人物已在他掌控之中，在南京的长江对岸的滁州受他的保护。作为一个王国的首脑，尽管他要在名义上继续拥戴北方红巾军运动，但他已建立了更充实的官署机构，对它们他可以任命他自己的相国、平章政事、司署郎中，其职责俨然是一个中央政府的尚书和都指挥使。

官衔和官阶一切采用元朝行政的现行形式而以右为尚（右相国、参知政事李善长品位高于左相国、大将军徐达），仿蒙古体制。朱元璋以更像帝王的响亮声音向他新任命的官员们表态，告诫他们要反对官僚主义和行政制度的松弛，因为他认为这就是元朝失败的原因。他这样说道："礼法乃维系国家之纪纲……今立国之初，当先正纪纲。"③ 因此，在这时朱元璋的心中很显然是要建立一个国家，它无疑地比他此时刚建立的行省那样大小的吴王国有更远大的要求和抱负。除此以外，历史学家早已指出，他自己王国的正式成立是一个重要的步骤，以建立一种他与他的老战友及还在继续投奔他的文武领袖们之间的新型的、失去了个人色彩的正常关系。他们现在都已各有明确的岗位，各人有规定的职责、义务和特权。他们不再是他的私人友好了。在完成一个更有组织而又迅速扩充起来的政府结构方面，这是很重要的一个步骤。

朱元璋的吴王国最后包括下列一些地区的行省一级政府（按元代

① 见本卷第三章的《引言》和《监视和恐怖加剧的年代》。
② 详见本卷第二章的《明—汉之战》。
③ 关于达迪斯对这些问题和朱元璋其他治国论的讨论，见他的《儒学和专制主义》[133]，特别是第 196 页以下。

的用语即"行中书省"）：江浙，1366 年重新组建，取代了他从前的江南行中书省，并并入了 1358 年在婺州设立的股肱郡；江西，大致相当于今天的江西省，1362 年设；湖广，大致相当于今天的湖北和湖南两省，1364 年设，并入了长江中游陈友谅的汉国，以及以庐州（今安徽合肥）为行政中心的江淮临时建置，旨在支援 1364 年和 1365 年江淮之间的战斗，其结果是 1366 年 5 月收复了红巾军的旧首都安丰。这样就使得朱元璋能够衣锦还乡，与剩下的远亲和故旧邻居欢饮，并祭扫他家的祖墓。此后不久，又发动了铲除下游张士诚之国的最后战役，随着将来如何治理全国的问题日益摆在面前，江淮的行省政府便被放弃了。

1358 年，当朱元璋跟随前进的部队到达浙江北部时，朱元璋发现了著名的儒生朱升，并通过正式手续征询他的意见。这位老学者因看到朱元璋胸有大志，便给了他三句精辟的劝告："［在南京周围］高筑墙；广积粮；缓称王。"[①] 朱元璋看来是遵循了这些劝告的。他有条不紊地花了整整十年巩固他的根据地，积累了确保最后胜利的资本，而且在改元称新王朝方面不慌不忙。大约在 1366—1367 年之际阴历年的年终（实际上是 1367 年 1 月），如上所述，朱元璋的一位信得过的军事助手被派护送韩林儿到南京，在渡江时遇险，舟覆而小明王溺死身亡。历史学家们多数假定这个事件是预谋的，它的后果对朱元璋来说实乃天赐良机。

由于久已奄奄一息的宋王朝不复碍手碍脚，又由于各为其主的忠诚问题已经解决，朱元璋现在可以宣布他自己的、新年始于 1 月 31 日的吴的历法了。但是奇怪的是，他仍没有宣布建立新皇朝，而一直等到围困了张士诚的最后堡垒苏州并于 1367 年 10 月 1 日把它攻破，然后宣布北伐抗元时才这样做。在 1366 年之前他没有着手按照一个皇都的面貌改建南京城，而且只是在 1367 年才宣布进行科举考试以起用官员和建立翰林院以使他内廷中的学者—顾问们的作用正规化。在首都，他在新皇城大门前的适当处所建设了太庙。为了表现帝王姿态，他还实行了以天象吉凶为依据的大赦，还建造了国家的圜丘和方

---

① 《明史》[41]，第 3929 页。

丘。由一个学者专家委员会所编订的第一部法典于 1367 年 12 月颁行，第二部新的历法——这一次叫大明历——也在 1368 年 1 月 20 日开始的年关时节公布。1 月 12 日，经过三次礼仪上的谦让之后，他宣布已接受群臣的请求即位为新的明王朝皇帝。所有这些都是经过周密的准备而一步一步推行的，在推行中又充分考虑了传统的方式，使之合乎历史悠久的法统标准。

这位杰出的开国之君在 14 世纪 40 年代，从天灾人祸和饥寒交迫的钟离村，一跃而于 1368 年在南京登上大宝，他走的这条道路由于他自己的雄心壮志和力求飞黄腾达的意识，已被有力地强行改造，而使之具有符合那些传统形式的合理的外貌。他精通怎样取得帝王统治之术。作为此后的皇帝，他将使这种帝王之术适应他为之着了迷的帝王大业的需要。明王朝往后 270 年的统治的政治特点将详见下面各章，我们可以见到它们主要渊源于这位奇异而强有力的人物的个人性格特征。

第 二 章

明代的军事起源

引 言

　　明王朝的建立是 14 世纪 50 年代反元农民叛乱的结果。叛乱本身是汉人长期不满蒙古人统治这一历史发展的最后阶段：这种不满在精英阶层方面表现为拒绝给政府服务，在人民群众方面表现为搞秘密的教派活动。叛乱的触发之机则是元政府没有能应付好 14 世纪 40 年代范围广泛的大饥荒。当这些问题发生的时候，令人不解的是元朝统治精英阶层却已经大大地适应了土著汉人的政治传统。

　　叛乱迎来了一个政治动荡不定的时期，其最终结果可能使中国分裂，而不是重新统一起来。叛乱在最初阶段只摧毁了元王朝的基础，而不能建立一个稳定的后继政权。那些临时纠集起来的民兵在摧毁了华北平原和长江中游原来叛乱运动的主力之后又荡平了主要的残余势力，但它们大部分在 1353 年以后变成了地区性军人政权的核心。朱元璋这位未来的明王朝开国者，在 1363 年取得了决定性胜利；他利用他取得的胜利，征服了长江中、下游并逐步加强了他的控制，在 1367 年夺取苏州之后便完成了这个过程。后来，明军迅速地征服了中国本部的其他部分。四川于 1371 年归顺。1372 年明军大败于蒙古人之手，从而标志着明军向长城以北迅速扩张的局面被遏制下来。1382 年之征服西南标志着明朝加强军事活动的结束。

妥懽贴睦尔时代的叛乱

　　我们在第一章已经叙述了中央集权的元政府的垮台及随之而来的

中国社会的军事化；叙述了地域化政治权力的分裂割据形势；还叙述了广泛出现的叛乱运动。在局势迅速变化的情况下，元政府试图恢复它的权力和在全中国的社会中恢复秩序，因而使得它的政策特别具有军事性质，并且其政策取决于在大都（即今北京所在地）的政府中占支配地位的人物。

自 1340 年起，掌握元朝中央政府的丞相是蒙古族的蔑尔吉觰氏的脱脱；他能掌权得力于元帝妥懽贴睦尔（1333—1370 年在位）支持发动的一次政变。从文化上说，脱脱在儒家关于国家的概念同传统的蒙古价值的斗争中是支持儒家观念的。在那个时期儒家治国论的背景下，脱脱主张，国家应该雷厉风行地"利民富国"。作为丞相，他很想实现修复和延长大运河的计划，以期确保京师大都能得到长江三角洲剩余粮食的供应，其运输方式或者是从大运河运来，或者是从海路运来。这个计划从一开始就没有搞成功，并且随后又发生社会混乱和天灾，这就使得脱脱政权遭到那些对这个计划持另一种儒家反对观点的人的激烈批评。面对着这种反对意见，脱脱于 1344 年 6 月挂冠了。

1344 年夏黄河开始改道：它冲决了山东西部和西北地区的堤防，最后在半岛的北部出现了一条入海的新河道。从前，黄河是与淮河汇合的。1344 年改道之后，旱灾在河南北部、安徽北部和江苏的淮河流域不断肆虐，而在受灾地区的北边又大水成灾，使大运河不能通航。

旱灾肆虐的地区就是人民反抗元朝统治的中心地带。这个地区在 12 世纪 20 年代曾被金兵蹂躏。一个世纪以后它经历了蒙古大军的征服，因此这里从 13 世纪 60 年代到 90 年代期间忽必烈汗最后完成征服中国时所采用的较温和的统治方式中得到的好处不多。在 13 世纪 60 年代忽必烈镇压李璮叛乱的时候，这里又遭受到了残酷的兵祸。当汉人文化精英愤愤不平而吏胥和士兵又与蒙古人沆瀣一气的时候，农民群众要表示他们对蒙古统治的不满就只有用传统的当盗匪和搞秘密社会活动的方式了，这就是按异端宗教教义组织起来，而这时这种教义里面又掺杂了兴复宋朝的颠覆性的内容。

1344 年脱脱的辞职是群众对他的建设大运河计划的反抗所促成的，但是，其后的别儿怯不花所控制的保守政权却对于往后年代中的水旱之灾和饥馑并无肆应之方。在 1348 年，一个更直接的危机吸引了朝廷的注意。由于大运河已被弃置和不能使用，京师所仰赖的长江三角洲的粮食是靠海路运来。1329 年的粮食运量曾达到 330 万担，1342 年则下降到 260 万担，后来的几年甚至更少。蒙古人的水军战斗总是依靠被征服的和结成联盟的各族人民。1348 年方国珍在浙江起事（见第一章）。方国珍用他的海盗船队阻截大部分漕运，打败了所有政府对他的讨伐队。别儿怯不花政府试图给他以影响，允许他名义上"投降"，给他以官衔，但方国珍仍然保留着对他的舰队、对他在舟山群岛上近海基地的控制以及阻截漕运的主动权。

对别儿怯不花的领导进行了长达一年之久的批判以后，脱脱于 1349 年 8 月又掌了权，这一次又得到了皇帝妥懽贴睦尔的积极支持。政府对待方国珍的态度暂时还没有改变，虽然脱脱是利用这个问题把别儿怯不花弄下台去的。可是，脱脱的基本政策是绕过方国珍问题而重新恢复和完成大运河的改建计划。时局当时不很顺当，因为淮河地区从 1344 年起就灾祸频仍，但是显然必须有所作为；而且连保守的反对派也开始赞成重建大运河了。

在 1351 年 4 月，脱脱最后认为自己够强大了，能够宣布他自己的更全面的计划来完成这个任务。自此以后直到 12 月，从淮河地区征调了 2 万名军队和 15 万名平民来筑堤和挖泥，工程的指导者是杰出的水利专家贾鲁。这一次他们的努力成功了：黄河新道被固定在山东半岛之北，充满淤泥的大运河段或者加以疏浚，或者绕道而过。批评脱脱的保守派人士指出，如果这么多农民集中起来施工，怕有出现民众叛乱之虞，特别在一个以反王朝骚乱的中心著称的地区更是如此。果然不幸被他们言中。叛乱军队趁机在淮河流域煽动起了大批附和的群众。他们以红巾为号，因而称为红巾军，或者也称香军，这名称是从他们的有佛教渊源的民间宗教礼仪中得来的。

在最初，元王朝的正规军在数量上处于劣势，而且它们的带兵官也被红巾军的规模和凶猛所震慑。即使如此，如果他们能够保住州城，他们还是可能对付得了这场叛乱。在这里，元朝一贯的政策是让城墙倾圮，对那些原来被攻破了的城墙缺口也不再修复，这就使他们吃尽了苦头。一时间叛军所向无敌，攻取了一个又一个城池。1352年，湖广地区的南方天完红巾军向西进军，攻取了武昌、汉阳及其上游的其他城市；另一支部队攻占了从九江开始的江西中部的大部分地方，只把省城龙兴（南昌）留在元军手里。刘福通的军队横行于河南南部。彭大和赵均用起事于江苏北部的沛，并夺取了徐州，从而截断了大运河的航路。到了1352年末，原来受白莲教地下活动影响的地区也有了叛乱，并且使中央政府失去了控制。虽然白莲教运动没有能够把它的暂时胜利转变为一个稳固的根据地，使之与元王朝分庭抗礼，但到最后，那些以重新设防的州城为基础而再建的地方上的控制并没有使元朝受益，它们反而为形形色色地区性政权提供了基础——这些地区性政权要么誓死与元朝为敌，要么只是对元朝名义上表示忠顺。

除了白莲教的叛乱本身以外，在14世纪50年代之初，另外有两种军事化形式在华南的骚乱中出现。一是与白莲教本无瓜葛的地方上的不满分子借此时机搞叛乱；一是地方上占统治地位的力量——包括汉族文人精英在内——举办民兵组织来保卫家乡，反抗叛乱。实际上，这第二种军事化形式有发展成为主要的叛乱活动的倾向，因此它更促进了元帝国的四分五裂。

在叛乱分子取得初步胜利后，新组成的元军能够打败叛乱运动，并把它们的大多数平息下去。1353年，元军收复了杭州以及浙江和江西的一些次要府城。其他的元军收复了蕲水、武昌和汉阳，从而把徐寿辉和天完军的领导变成了湖北乡下的流窜队伍。华北平原原来的红巾军运动也受到挫折，最后他们丢了一切地盘，只剩下首府，即位于安徽西北端的亳州。

取得这些战果的新元军主要是由汉人组成，但招募者和带兵官最初主要是久住中国农村中的蒙古人和色目人，还有他们的汉族合作者。汉族文人精英分子认为自己必须支持王朝来反对红巾军等运动，但是，他们的支持是被动的和三心二意的。这些新的非正规军的带兵官们如果打了胜仗就有奖，如果打了败仗可以不受罚；这和王朝的正规军官大不相同，后者在吃了败仗之后就等待受处分。亲元军队中间的地方分裂倾向的危险已暂时有所抵消，因为此时脱脱自己成功地掌握了这支新军，其中许多部队是由他的亲属和亲信带领的。

脱脱本人率军对付主要的目标，即力图恢复大运河。1352 年 10 月，他收复了徐州，彭大和赵均用都漏了网，南逃到濠州，在这里他们的活动终于与起兵初期阶段的朱元璋会合在一起。脱脱花了 1353 年一整年时间来招兵买马和重建他的军队，并恢复了他的日常政务活动。1354 年末，他移师去攻打张士诚。几个星期之后脱脱把张士诚围在高邮城内，想把他活活地饿死。王朝的部队做好准备要给叛乱运动以致命的一击了。[1]

以维护秩序和治安为目的的自发的地方武装，已经成为对于红巾军叛乱的爆发的广泛反应。在安徽中部的一个城市——濠州（凤阳），由于这里是明代开国之君起作用的地方，所以这里的反应超出了地方性质。1352 年春天，郭子兴、孙德崖和其他三个人一起，在得到地方精英的支持下纠集了民兵，并控制了城市。徐州的白莲教叛乱领袖彭大和赵均用为了逃避脱脱的攻势（而且又彼此不和）投奔他们，在元政府看来，他们的到来使得濠州更清楚地同红巾军的总运动合流了。郭子兴依附彭大，他的其余四个同伴则奉赵均用为领袖。许多城市被这种不稳定的军事联盟所统治，这在 1368 年以前是屡见不鲜的事。

1352 年 4 月 15 日，像第一章已叙述过的那样，朱元璋来到了濠州。朱元璋招募了一支由 24 名童年伙伴组成的部队，后来这些人都成了明军的重要带兵将领。到了 1353 年初，朱元璋把他的这支部队扩充到 700 人，他变成了郭子兴最忠诚的部将。

朱元璋的早期生涯足以显示出那时全中国组建军队过程中较低一级的情况，他只是因为没有多少亲属而显得与众不同。那时的军队在下层领导中靠家属关系维系在一起，而在中、上层领导中则靠带兵官同他们的直属上司和下级的忠诚与信任来维系团结。如果这种个人关

---

[1] 达迪斯：《征服者和儒生：元朝末年中国政治变化的面面观》[134]（纽约，1973 年），特别是第 95—105、119—122 页。

系变得紧张或者破裂，那么，下级就会带着队伍跑掉。因此，军事计划不得不处理自己队伍中和敌军中的基本的政治关系，就像处理狭义上的军事问题一样。基层的军事指挥权逐渐成为世袭的，而重要的军事头目们在别的大部队来投奔时就以提升自己的亲属和原来的最信赖的伙伴来统一自己部队。

彭大和赵均用的对峙最后变成了濠州领导集团内部的公开战斗。郭子兴被赵均用和孙德崖绑架，并被拘禁起来。当朱元璋返回城里时，他和郭子兴的儿子们一起袭击了孙德崖的家，放出了郭子兴。结果是郭子兴更加倚靠朱元璋了。元军在 1352—1353 年对该城封锁了几个月，这期间濠州的领袖们才被迫暂时停止了彼此间的争吵。

在元军征讨叛军的大背景下，脱脱的反击取得了胜利，到了 1354 年 12 月高邮陷落在即。脱脱让该城困饿而不马上攻克它，因而使朝廷中的政敌趁机以他延误军机之罪进行弹劾。1355 年 1 月，一道诏旨送到了脱脱的总部。他被免除一切职务，他的军队也拨归其他将领指挥。他的下属劝他搞叛乱，但是脱脱还是服从了皇帝的命令。围困高邮的军队像脱脱的整个新征募的庞大军队那样，马上四分五裂。

皇帝为什么要罢脱脱的官，我们只能加以猜测。从 1328 年以来，元朝的政策靠丞相制定，而妥懽贴睦尔自登极以来似乎接受了这个事实。脱脱曾几乎拥有皇帝所能给予的一切勋爵和荣衔。脱脱已权势迫人，随着叛乱的被镇压，他也会成为鸟尽弓藏的人物。可是，朝廷错就错在误认为，叛乱已经在事实上被平息了。脱脱被罢官以后，元朝甚至不再能控制自己的军队，更不用说去控制余烬复燃的叛乱了。到了 1355 年底，以自治性质的军事权力为基础的地区性割据变成了当时中国流行的形式。

1357 年末张士诚的投诚（见第一章）及投诚的直接后果稳定了他本人的地位。他控制了苏州、杭州和长江以南其他六个人烟稠密的府城。他的权力已扩展到江北，甚至远到山东。根据 1393 年的人口调查，他原来的领土已注籍的约 1030 万人。他从元朝接受了很高的荣勋，并答应每年向京师运漕粮 11 万担。漕粮北运时用的是方国珍的船队，直到 1363 年为止都是如此，因为张士诚这时跟元政府脱离了关系，而自号吴王（"吴"字在这里姑且用来指称他的政权；这个政权在 1357 年以后像一个富裕的地区政权那样行事）。张士德是张家已经拥有的这种想象力的源泉，他死之后，张士诚在苏州生活得像一个快乐的王子，不再花大力气去争衡天下。毕竟那时很少有人相信中国会重新统一。他的另一个弟弟张士信成了吴军的统帅（浙江行省左丞相）；另外三位将军——李伯升、吕珍和徐义则统领着主要的野战部队，被称为吴的"爪牙"。尽管张士诚如此不积极进取，吴国治下的人民却给了它以很大的军事潜力。吴在政治上也是强大的。张士诚之跟白莲教明显没有瓜葛以及他的投诚，再加上元王朝在它濒临灭亡阶段之大力提倡儒家，使得吴成为中国南方士绅阶层的优先选择。

由于帝国的大部分不是在公开的叛乱之下，就是在张士诚这样的地区性割据者——他们截留地方税收来养自己的兵——的控制之下，元大都只能依赖南方用船运来的漕粮。与在元代漕运体系运输量最高的几年从南方运来的漕粮相比，这个数目是很小的，但由于 14 世纪 50 年代的政治的——因而引起财政的——分裂，这些粮食还是异常重要的。元朝廷对于漕运的依赖增加了方国珍地位的重要性。方国珍在 1356 年长久地控制了浙江沿海的三个府，这里在 1393 年拥有总人口 250 万。每一个府城都由他家里的弟侄所统治，而沿海的领土则为继续称霸海上的方国珍的舰队提供基地和新兵。元朝给方国珍的爵位最后升为衢国公和浙江行省左丞。可是，方国珍所以能长期在沿海和水师的势力范围内任职（1348—1368 年），实际上是靠中国地方割据的均势与大运河的条件，并不是靠他自己的力量。这在浙江士绅的眼睛中是很清楚的，他们看到他屡叛而屡次爵位高升，这显然是朝廷没有原则的证明。

脱脱的去职也使得长江中游的天完领导集团公开亮了相。到了这时，主要领袖是一个名叫倪文俊的人，他继续承认徐寿辉为傀儡皇帝。1355 年，湖北许多地方从元军手下收复，汉阳成了天完政权的首都。到 1357 年，整个湖南和湖北都被天完所控制。就在那一年，一位名叫明玉珍的领袖率舰队经长江峡谷征服了四川。明玉珍名义上仍效忠徐寿辉，直到徐寿辉死于 1360 年时为止，但事实上，这是独立的夏国的开始。这个国家统治四川，于 1371 年被明王朝征服。天完领土的扩张使得以邹普胜为首的原来天完的一班人马不满意倪文俊把持一切地位。为了确保他的地位的安全，倪文俊企图发动政变去抓徐寿辉。但是，倪文俊争权失败了，从汉阳逃走。他在黄州被他所信任的部下陈友谅袭击并刺杀。

陈友谅出身于沔阳的渔家，是活着的五兄弟之一。他粗通文墨，参加叛乱以后曾隶倪文俊为簿掾，这是他的晋身之阶，即当他取得倪文俊的信任之后能够升任部队的指挥官的阶梯。他作为指挥官是很勇敢的，但容易冲动，不愿受管束，而且很残暴。他此时接过了倪文俊所留下的军队，最后得到徐寿辉的承认，而以江西的九江做他的根据地。1357—1359 年，陈友谅集中攻打像处于明玉珍那样自治状态下的江西。与此同时，徐寿辉则在汉阳的邹普胜的保护之下进行统治。

陈友谅在 1358 年攻取了安庆和南昌，其后江西北部和中部诸州府城池或者被攻陷，或者承认他的统治。被派入侵福建的一支部队被陈友定所打败，后者继续争取独霸福建。他想侵入浙江，也以失败告终。到了 1359 年年中，陈友谅囊括了除江西极南端之外的所有地方，以及湖北东部和安徽的安庆地区。朱元璋和陈友定的领土阻断了他东进之路，但如果向西面发展又可能在天完"帝国"内部公开爆发内战。可是，像后来证明的那样，1360 年直至 1365 年的长江大冲突已在安庆埋下了种子。

安徽中部长江北岸的巢湖的渔村，也在叛乱的初期打过仗。他们的领袖赵普胜（人称"双刀赵"）在这些起事之前就已经是一个秘密会社的领袖，而且他还认识彭莹玉（见第一章）。可是，由于元帝国在开始瓦解，一个叫左君弼的地方军事人物控制了庐州，压迫巢湖的渔民，并诱使他们迁居。有些人就加入了朱元璋的队伍，他们的船只使得朱元璋在 1355 年渡过了长江。可是，大多数人跟随赵普胜，并向上游航行去参加了陈友谅的部队和南方红巾军的叛乱。夺取了安庆之后，陈友谅让赵普胜在这里指挥。在 1358 年晚些时候，赵普胜夺取了安徽西南位于长江南岸的池州，企图由此纵横驰骋于安徽南部。

这和朱元璋的扩张计划发生了冲突，因此朱元璋派了他最善战的将领徐达来攻打赵普胜。徐达于 1359 年重新占领了池州。

在陈友谅和朱元璋之间的无人地带被这两个军人完全瓜分了：他们现在拥有共同的边界。朱元璋现在仍然盯着下游，他最初对付张士诚取得了巨大的胜利，以致他还希望征服长江三角洲这一整个人口稠密的地区。陈友谅也眼睛望着下游，望着安徽。他想向这个方向发展，但是他不再信任赵普胜了。1359 年 9 月，陈友谅鼓帆而下到了安庆，当双刀赵在他的旗舰上开会的时候，陈友谅叫自己手下的人杀害了他。巢湖的士兵们闷闷不乐地接受了他们首领被害的事实，被合并到陈友谅的部队之中。

正当此时，由于天完的大部分领土被陈友谅所控制，其他复杂化的发展就停了下来。南昌陷落之后，徐寿辉曾想迁都南昌。陈友谅设法搪塞他。陈友谅和徐寿辉的动机并无史料记载。有人猜想，陈友谅想保持他的行动自由，徐寿辉则是对湖北南部的邹普胜及其支持者有所抱怨。无论如何，徐寿辉是在 1359 年末出人意外地把汉阳留给了他的卫士和随从，往下游航行而去。陈友谅在九江接待了他，但是等他进了城门以后却把他的卫队拦在城外。徐寿辉被拘禁了起来。陈友谅自称汉王，并胁迫湖南和湖北的其他天完领袖承认他的权力，尽管四川的明玉珍仍置身事外。到了 1359 年，陈友谅已经控制或者正力图控制的地盘，人口在 1363 年已逾 1400 万；他的政权（汉）因此在潜力上比朱元璋（明）或者张士诚（吴）都大。可是，陈友谅在巩固地方政权方面比别人要落后一年或两年，而且他的权力是许多地方军官将领单纯地出于恐惧而勉强地承认的。陈友谅需要不断取得新胜利来使人保持敬畏之心，但这又使他很难把他的广大领土统一于一个号令之下。①

中国北方的红巾军（1355—1359 年）

脱脱罢官以后元朝军队的瓦解，使得华北平原上的红巾军又重新

---

① 德雷尔：《明初政治史，1355—1435 年》[146]（斯坦福，1982 年），第 25—31 页。

活动起来。1355 年，刘福通在亳州拥韩林儿为复辟的宋朝的皇帝。这个叛乱运动受分崩离析的元朝军事制度中力量还强大的各部分的冲击差不多有两年之久。从实际权力来说，刘福通仍然是红巾军的主要领袖。在 1356 年 1 月，由于元军的压力他被迫把宋都向西南迁移了 100 英里，迁到了安丰（今寿县附近）。到了 1357 年，元军已无坚强的保卫者可言，因为脱脱的组织已经崩溃，其后 14 世纪 60 年代有势力的北方割据者尚需要时间加强他们的地位。在这个间歇期间，红巾军驰骋于华北。刘福通带领他的主力军围困了开封，而其他红巾军则攻占了山东，并侵入了陕西和山西。一支人马北上到元朝京城，焚烧了上都的夏宫，后来又侵入满洲。开封本城在 1358 年中期陷落，红巾军在开封城内做了一年的宋王朝中兴的美梦。

红巾军之所以取得这些引人注目的胜利，是由于有一段时期的军事真空，又由于元朝故意不修复城垣。红巾军表明他们没有能力建立可以立足的地方的或地区性的政权；这种政权应该在他们的华北平原诸城市以整修了的城垣来加强防御力量，像在华南所出现的情况那样。北方的红巾军过于长久地保持其流寇思想，不大想维护纪律，或建立治安和一个稳定的行政制度。他们特别具有反儒教的宗教根源，这是一个障碍，但可以用维护秩序的公开承诺来克服。朱元璋自己的经历证明了这种可能性，尽管事实上文人阶级是在很晚的时候和半心半意的情况下才接受他的。

1359 年，华北平原的红巾军突然瓦解，因为察罕帖木儿新兴的民兵军队给他们以重创。察罕和他的童年朋友李思齐在红巾军发难之后已在河南兴办民兵军队。在 1357 年红巾军发动主要攻击之后，他们把红巾军逐出了陕西，并且就地加强了他们的权力。1359 年，察罕向东推进，通过潼关，又返回了华北平原。夏天，他在战场上打败了刘福通，把他赶进了开封城内。刘福通在开封坚持了三个月，后来在 9 月份突围，并偕韩林儿和数百名士兵逃往安丰。开封变成了察罕未来扩充地盘的总部。由于察罕的下一个目标是山东，1363 年以前宋朝廷得以在安徽西部的一个小小府城安丰苟延一时。可是，1359 年以后红巾军帝国仍有一定的重要性，这是因为正在扩张中的朱元璋地区性政权还在名义上归附于它。红巾军已经完成其历史使命，这就是在华北平原取得统治地位，而且在 1355—1359 年的关键性年代中吸引了元政府的注意力；正是在这个关键年代中长江的诸地区性政权日趋成熟。[①]

朱元璋的兴起

从 1353 年起，朱元璋在濠州政权内取得了领导权，这使他从前的庇护人郭子兴黯然失色。1355 年，即郭子兴死的那一年，朱元璋跨过长江，并且在长江南岸地带征服了一个地区性权力基地。在这个原型的明政权兴起的同时又出现了朱元璋的两个主要对手，即陈友谅和张士诚。虽然保留的史料不比别人更为详细，朱元璋起家的故事在元明之际的各种类型武人的经历中是很有代表性的。

元军对 1352—1353 年冬季的濠州之围一旦被解除，濠州领导内部重新爆发了内讧。彭大之死使赵均用成了最强有力的领袖；郭子兴和朱元璋从此以后与其余的领导人严重地不和。赵均用带了郭子兴和他的人马东进去淮水攻击盱眙，希望最终能恢复他原先在江苏北部徐州的基地。与此同时，赵均用已派遣朱元璋南下，希望他会毁灭自己，从而使赵均用能刺杀郭子兴。反之，朱元璋夺取了定远，征募那里的降兵入伍，并且继续攻打长江北岸附近的滁州。他此时带的队伍有两万多人。他通过某种方式传话给郭子兴，郭子兴于是从赵均用的军队中抽出他的 1 万人马，来滁州会合朱元璋。郭子兴是朱元璋的岳丈和老庇护人，而且在红巾军政权的体系中比朱元璋的地位高，但是朱元璋指挥着更多人马。

关系变得紧张起来。朱元璋想更向南推进，并且拿下长江上的和州；像此时的张士诚那样，他也希望离开荒芜的淮河流域，而到江南寻求安全和机会。郭子兴在 1355 年初同意了这个战略计划，但是他派了他自己的人去攻打和州。朱元璋于是派他的幼年朋友汤和率军赴援；汤和在一场不流血的突然行动中控制了和州。元军进行反击，并

---

① 德雷尔：《明初政治史》[146]，第 31—33 页。

封锁和州达三个月之久。在他们撤退之后，朱元璋让当时逃离北方战斗的孙德崖进了和州城。孙德崖是郭子兴在濠州时期的宿敌，所以这个行动增加了郭子兴的不快。郭子兴正死于此时，这可能防止了他们两人之间的一场公开的冲突。由于这个时期的军事组织带有世袭的和以家庭为中心的性质，亳州的宋朝朝廷为了对郭子兴的姻兄弟张天佑的访问作出反应，便正式地明确郭子兴的长子为继承人，而以张天佑为第一副手，朱元璋为第二副手。关于第二年的史料，可能是为了有利于朱元璋而作了变动，说朱元璋已在郭子兴死后立即掌握了全军军权。大部分军队事实上由他征募而来，也都听令于他而不顾混乱的红巾军政权的具体的办事程序如何。据称，朱元璋是渡过长江和袭取南京这一关键性决策的负责人。

朱元璋的本意是要弄一支军队过江，在南岸建立起一个地区性根据地，这里在 1355 年仍一直未受到战火的洗礼。为了做到这一点，他需要一支舰队。巢湖叛军的水师当时受制于左君弼，此人跟湖北的天完叛军联合在一起，而且控制了安徽中部的庐州地区。巢湖水军的俞通海于 1355 年 7 月初来和州拜访了朱元璋，朱元璋也冒着一定的生命危险去回访了他。当舰队离开巢湖的时候，多数船只跟随了赵普胜（双刀赵）：此人最终投奔了陈友谅，并在 1359 年在安庆被害。但是，也有相当数量的船只由俞、廖两家率领，投奔了和州的朱元璋。

7 月末，这支水陆联合军队离开了和州，渡长江，在采石登陆。他们向南进发，夺取了太平城（今当涂）。元军的地方指挥官陈野先企图夺回太平城，但他本人被俘，并向朱元璋投诚。两个月以后，郭子兴的长子及其忠诚的追随者和陈野先的军队一起拔营去攻打南京。陈野先在关键时刻出卖了他们，郭子兴的儿子及姻兄弟均被杀，而陈野先本人不久也被神秘地杀害。朱元璋在这次战役中所起的作用不清楚，但其结果是加强了他的权力。

郭子兴的长子和继承人同郭子兴的姻兄弟张天佑——即亳州宋朝廷官制中的副元帅，此时已双双死去。此后不久，朱元璋以破坏军纪罪处死了郭子兴的次子。这种种事态的发展提高了朱元璋在他的军队中的权力，但是直到 1363 年大胜利之后，他才感到他的将领们的挑战对他已没有威胁了。他的大多数将领仍然矢忠于韩林儿，效忠于红巾军运动的宗教约言，甚至在 1363 年以后也是这样。朱元璋必须步步小心谨慎。与此同时，他从太平地区扩充了他所控制的地盘。1356年 3 月，他的军队在采石打败了蛮子海牙的元军长江舟师。朱元璋认为此时他已强大到能再次试图攻打南京了。当他的军队到达南京近郊时，蒙军指挥官陈兆先（他是从已故之叔陈野先手中继承军权的）率3.6 万人投降。南京戍军不足，此时很难防守，只经过一天的激战，朱元璋的军队便在 4 月 10 日冲进了城内。大部分守军投降。朱元璋把此城由集庆改名为应天府，此名称一直通用于至明、清两代（从此时起，朱元璋的政权将称为"明"，虽然它要到 1368 年才正式定它为国号）。

南京曾经是一个帝王古都：它是 220 年到 589 年统治中国南方的六朝和十国时代的南唐作行将终结的帝王梦之地，其统治地区的人口密度不如以苏州和杭州为中心的地区，它的战略位置也不像附近的扬州那样令人满意。它的北面和西面为长江，它的东面有俯瞰城内的紫金山，襟带江山，形势险要，因此它赢得了一个艰难时期的强大要塞的美名。3 世纪初年，曹操和其他北方统治者曾经常扎营于长江北岸，但南京总是能逃过陷于敌手的命运。南京在 14 世纪有 50 万人口，因此它是一个很大的战利品，使得朱元璋在表面上给人印象深刻的红巾军帝国内成了举足轻重的人物。[①]

中国从前从未被以南京地区为基础的力量所征服过，但是，朱元璋在 1356 年却没有什么理由把问题看得这么远。元王朝的前江南御史台变成了他作为江南行中书省首脑的官邸。他开始以他自己的权力来任命和提升文武官员，班爵禄，赐官印，但他在 1367 年以前还是用的红巾军正朔。7 月 28 日，他又建立了行中书省和行枢密院：他自任他的行省大小的政权里面这两个文、武机关的首脑。可是，这时明行政机构的大部分还是军事性质的。朱元璋的军队现在已接近 10

---

① 关于明代南京的特殊地位的讨论，见法默《明初两京制的演变》［156］（马萨诸塞，坎布里奇，1976 年），特别是第 51—55 页。

万人员的大关；他的二十几位原来的伙伴以及数目较小一些的巢湖领袖，都纷纷晋升为方面军的将领。这些方面军称为"翼"，是仿照元朝非正规军的标准编制。南京自己军队的组成有八个翼，而在其他每一个被攻克的府城通常都有另一个翼。它们的元帅这时全面行使军政大权。①

在 1356 年的其余时间和 1357 年的很大一部分时间里，明政权向苏州扩充，打击了张士诚的领土野心。明军夺取了镇江、常州、长兴、江阴和常熟，最后夺取了扬州。徐达指挥了其中大多数战役。明军在长江三角洲的扩张以夺取扬州告一段落。从这时起直到 1366 年的明军大反攻为止，明和吴两国之间在江苏的边界一直比较稳定，双方都深沟高垒，重兵把守，无论何时都能够抵御敌方的围城战役。

安徽南部和浙江仍然是有待征服。朱元璋在 1357 年 5 月 12 日亲自统军攻占了宁国。据称，在这次战斗中有 10 万敌军投降，并加入了明军。三个月以后，明军由胡大海带领攻占了徽州；在 11 月 13 日，常遇春又攻占了池州。池州之捷是导致朱元璋和陈友谅准备大战的一系列事件的开端，但是就此时而言，明军已经赢得了对于安徽南部的控制权。

1358 年，胡大海全权率军去征讨浙江。邓俞攻占了严州。胡大海的主力在 11 月份封锁了金华这个内陆的主要城市，金华一直坚持到 1359 年 1 月。朱元璋于 1359 年 11 月亲自来金华统兵，于 12 月成立了浙东行中书省。1359 年 12 月 3 日，胡大海从元军石抹宜孙手中夺取了处州。这样就在元帝国的后继诸国中间完成了分割浙江的形势。明军这时不得不满足于占有四个比较贫困的内陆的府，另外四个北部沿海的富饶的府则仍在张士诚紧紧控制之下，虽然明军的将领常遇春曾企图突袭杭州，但未成功。方国珍和他的舰队继续控制着浙江的东部海岸。

---

① 泰勒：《明王朝的社会根源》[506]，载《华裔学志》，22，1（1963 年），第 1—78 页，以及德雷尔：《明初政治史》[146]，第 33—39 页。这两书都讨论了此时原型的明国家的组织问题。

到 1360 年伊始，朱元璋的明政权拥有江苏的一部分、长江以南的整个安徽，再加上浙江内陆部分。这些领土在 1363 年约拥有人口780 万；但张士诚的吴和陈友谅的汉在潜力上都比他大。在 1360 年以前，长江流域的几个主要政权都以打击元朝的非正规军和一城一地的地方势力（像开始时的濠州政权那样）来扩张自己的地盘。一般说来，元朝的地方势力彼此不能合力同心，因此不能阻止这三个大军事头目滚雪球般的扩张行为。可是，1360 年以后，在中国南方没有一个政权能够再进行这样的扩张了。汉、明和吴之间已把三峡以下长江流域的盆地瓜分完了。中国南方所余的大部分地方则受制于一些较小的地方割据者，例如上面已经提到的方国珍和明玉珍（四川），以及陈友定（福建），广州地区的何真和云南的蒙古王公把匝剌瓦尔密——这后面三个人都是元朝的忠实干将。这五个人主要建立了行省级的政权，其力量不足与那些大的政权争衡，但能靠努力作战来保卫自己的领土。每一个小一些的政权都坚不可摧，除非某一个大政权倾全力来征战，但这又会遭到其他两个大政权之忌而不被容许。这三个大政权的人口对比也使得其中的一个更不可能摧毁另外两个。中国这时似乎朝着能使人联想起 10 世纪时的情况发展，那时在南方是地方割据的均势局面，北方的军阀们则在为争夺帝号而战。

明—汉之战，1360—1363 年

明—汉战争的决战高潮从 1360 年延续到 1363 年，它打破了长江流域的均势。朱元璋出乎意料的胜利使他能吞并陈友谅的领土，并收编了他余下的人马。这就使得明军有了数量上的优势以制胜吴，并在灭吴之后使明军能在 1368 年迅速地向四面八方扩张。除此之外，朱元璋于 1363 年在鄱阳湖的决定性胜利使他有了他需要的威望和崇高形象来克服他自己政权内部的离心倾向，而这种倾向是当时全中国军人性格的特点。因此，朱元璋必须率领他的军队在一场主要出于军事考虑的斗争中取得胜利（但是这场斗争也解决了红巾军两个继承人之间的争端），从而使拥有明确制度和政策的明帝国得以建立。他的主

要对手陈友谅也受到种种类似的约束。

自从 1351 年的叛乱爆发以后，军事争夺的条件大大起了变化。从社会上和组织上来说，1360 年及其以后各地的军队仍然是前此时期被迫离乡背井的农民，但是在作战上他们都有了长足的进步。到了 1360 年，城垣已经普遍修复，要攻克一座城池只有靠长期的封锁或伤亡很大的攻势才行。城池——特别是那些州府城池或建制更高的城池——仍然是主要的军事目标。每一座城池都统治着它四周的乡村，在这个时期，仅仅依托农村的部队必然被驱来赶去，弄得疲惫不堪乃至毁灭，除非他们能夺取一座城市为根据地。然而，不管是围城还是野战，正在运用大部队进行，而他们的运输和供应的最方便的方式莫如利用长江纵横交错的水路上的船只。渔民和其他浮家泛宅的社团在起义爆发时起过很重要的作用。到了 1360 年，真正的战斗舰队发展起来了。它们不仅运送军队去围城，也彼此在水上打仗，不让敌人取得水上通道。[①]

1360 年陈友谅袭击南京

1360 年陈友谅把他个人的内陆水军拿来做赌本（这水军是他个人权力所系的命根子），企图拿下南京，一举摧毁朱元璋的势力。根据史料中的暗示，陈友谅是鲁莽地进行攻击的，但是值得注意的是，陈友谅在他的同时代人中是最能认识内陆水军的潜力的；迅速地移动部队，搞战略性的突然袭击，是使用他的强大得多的内河舰队的最好的办法。对于陈友谅来说不幸的是，他在南京中了埋伏，使他损失了很多士兵和大部分船只。朱元璋通过夺取陈友谅的一支完整的舰队而扩大了自己的水师，这就使得他在此后的两年中主宰着长江中游的水域。其经过是一个很有意思的故事。

---

① 关于对这些背景因素的讨论，见德雷尔 《1363 年的鄱阳湖之战》[147]，载《中国的兵法》，费正清和小基尔曼编（马萨诸塞，坎布里奇，1974 年），第 202—242 页；德雷尔：《明初政治史》[146]，第 39—52 页；泰勒：《卫所制的元代渊源》[507]，载《明代政府研究的七篇论文》[263]，贺凯编（纽约，1969 年），第 23—40 页。

陈友谅在害死了赵普胜以后，便马上做好准备要向东扩张，侵入安徽南部的明政权的领土。明军的间谍使南京对陈友谅的动向了如指掌。据猜测，这些谍报分子就是来自那些不满于赵普胜被杀的巢湖分遣舰队中的人，否则就不好解释为什么明军的谍报在 1360 年总是那么详尽无遗，而在后来又是那么的不灵。当明军在常遇春带领下攻克池州的时候（1359 年 11 月），陈友谅计划来一次突袭以收复它。朱元璋得知这消息后派徐达前往池州，并命常遇春放弃他在杭州前面的炫耀武力的行动（这次行动已持续三个月而毫无结果）去与徐达会合。这两位明军将领伏击了入侵者，并捉了 3000 名俘虏，常遇春杀了他们的大多数人，并派回少数几个人去向陈友谅报告军情。

这个报告激怒了陈友谅，促使他要用手头的部队去攻打明军。它拥有 10 万人马，是一支很大的部队，但没有超过明的南京军队，而且它只代表陈友谅领土上整个军事潜力的一部分。陈友谅的舰队向下游行驶，于 1360 年 6 月 11 日抵达太平。指挥 3000 名守军的明军将领花云拒不投降。陈友谅的士兵面对城垣进攻了三天，都无成效。于是陈友谅想用他舰队中的更大船只来突击面江的城墙：即叫他的士兵从高高的船尾去攀登城墙。只要攀上了城墙，他们就能轻易地制服弱小的明方守军。花云被俘，但拒绝降顺，壮烈牺牲。陈友谅得意于他的胜利，认为这种战法可通用于整个长江水域。他继续往下游航行，于 6 月 16 日命令他的舰队停泊在采石码头，这里是明军在 1355 年过江的地方。他在这里把天完的傀儡皇帝徐寿辉打死，自己称帝，建立汉王朝。登极的仪式是在一个特地为此征用的庙宇的庭院中举行的，但被一场夏季暴雨所打断。新皇帝派了一个使节去见张士诚，请他从背后夹击南京；陈友谅则准备自己率舰开往南京。

明军领袖获悉太平已于 6 月 18 日失陷。他们的士兵固然和汉军的士兵一样多，但他们的水军只有人家的十分之一，从 1355 年以来他们的大多数扩张都在陆上进行。汉军能够在江上随意航行，攻打像太平那样的沿江城市，其中包括扬州（运河上的江北城市）、镇江和江阴（靠近吴的边界）。如果明军在陆地上追击他们，明军就要冒消耗力量和遭受汉军攻击的危险。朱元璋的将领们提出了孤注一掷的建议：

有人建议陆上进军太平，另有人建议放弃南京，坚守城东的紫金山。

朱元璋否决了这些建议而实施李善长和康茂才所拟的一个计划，其中包括把陈友谅诱上岸来，引他进入预定地点，设伏打他。康茂才在1356年投降朱元璋以前曾在陈友谅军中服过役。他有一个做两面间谍的仆人：此人一面向陈友谅报告军情，一面又把汉军的动态带回到明营。很显然，他只忠于康茂才。康茂才利用他带信给陈友谅说他将倒戈，并将把从长江到南京西城墙的三叉江上的木制江东桥挪开，让陈友谅的水军经过秦淮河直抵南京城墙之下。这仆人带回了陈友谅的口头允诺，据史料说，朱元璋为此命令李善长连夜重造了一座石桥。这样，朱元璋就有意地破坏了他自己的计划，但是他已经算计出了陈友谅在康茂才如果不倒戈时的应变计划，因而这就使得有可能进行一次更具决定意义的伏击。

朱元璋预先在大胜关埋伏了杨靖，在江东桥埋伏了康茂才，在新河河口埋伏了赵德胜：这三支人马是防止汉舰通过沿南京西面城墙流到长江的那些狭窄的河港网络驶抵南京城墙。他们把些尖头的"莲花"桩打到岸上，防止敌船运兵登陆。当江东桥的埋伏正在实施的时候，陈友谅的幼弟陈友仁已经统帅一万人马往下游驶来。他在新河口之北的龙湾登陆，袭击并俘获了驻守在城正北方的邵荣的明军。他于是竖起了栅栏，等待大军的到来。

龙湾是比江东桥好得多的一个伏击的地方，因为龙湾和新河之间的一片开阔地可以使大多数汉军上岸，而设伏的明军仍能借平原之北的石灰山作屏蔽，如果进行得顺利，随时可以在后面打击汉军，还可以切断它与长江的联系。朱元璋的如意算盘是，如果康茂才的倒戈没有兑现，陈友谅会在龙湾上岸。他派了常遇春带三万人去石灰山静候伏击，让徐达兵团等在南京的南城外面，如果必要他从这里可以驰援杨靖和康茂才，然后朱元璋自己带领预备队驻扎在城墙西北处当时称为卢龙山（人们通常称为狮子山）的地方，他在这里俯瞰长江和整个战区。朱元璋下令，挥动红旗表示敌军的到来，从他的卢龙山驻地挥动黄旗时则是命令石灰山的部队出击。明军水军被派往下游，陆军则到达指定地点，等待天亮。

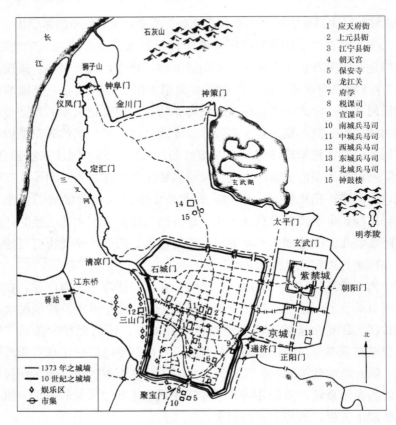

1	应天府衙
2	上元县衙
3	江宁县衙
4	朝天宫
5	保安寺
6	龙江关
7	府学
8	税课司
9	宣课司
10	南城兵马司
11	中城兵马司
12	西城兵马司
13	东城兵马司
14	北城兵马司
15	钟鼓楼

地图 3　南京及其近郭形势

6 月 23 日晨，陈友谅率舰队向下游行驶，攻打大胜关。这里的港汊因太窄而不能用，特别是在对付杨靖的坚强抵抗时更是这样。陈友谅突然停止行动，向江东桥驶去。他看到这桥是石头的，康茂才也没有来接应他。他怕江东桥这里有埋伏，就向长江返航，并直驶龙湾。汉军在龙湾弃舟登陆，在平原上整队。朱元璋在卢龙山顶上把他们看得一清二楚。他命令他的士兵吃好喝好和休息好，准备战斗。

下午的天气闷热不堪。当一阵雷雨袭来时，朱元璋挥动红旗，让他的军队向北跨过平原，直指汉军栅栏。汉军的反应是向他们开过来，离开了长江。陈友谅正在抓住另一支貌似孤立的明军部队不放。当暴雨停止的时候，朱元璋命令击鼓进攻，然后又命令举起黄旗。朱元璋和冯胜的军队攻进汉军后卫，迅速打赢了这一仗。汉军阵线七零八落，它的士兵纷纷逃命。那些逃到江边的兵卒发现已经退潮，他们的许多船只已搁浅在泥滩上。

明军因此俘获了 100 艘大船和数百条小船，可能占汉军舰队的半数以上。这些船只使明军在 1361 年和 1362 年的长江战争中稍占优势。陈友谅及其大多数人马挤进那些能够开动的小船上逃命。他们多数人逃到九江，尽管有明军跟踪追击。汉军在战场上留下了 2 万具尸体，7000 名俘虏，这些俘虏多数人是赵普胜的部下，他们都高兴地又同朱元璋部下的老战友们会合在一起了。陈友谅在江西的地位因他的失败和他个人部队的损失而发生动摇。主动权转到了明军手里。在龙湾战斗尚在进行的时候，胡大海从浙江进犯江西，夺取并守住了广信府府城。这个行动打开了明军在陆路攻占江西全境的前景。

朱元璋企图征服江西（1361—1362 年）

朱元璋由于仍在全神贯注于同张士诚的长期冲突，他一直等候到了 1361 年年中才试图利用 1360 年对陈友谅的胜利。1361 年朱元璋向长江上游进军，胜利地把陈友谅赶出了九江，并封锁了他在武昌的残余部队。朱元璋于是用 1361—1362 年的冬天降服了江西各城池。如果吞并全江西，就会使得朱元璋在力量对比上极占优势。可是，朱元璋很失策。他在江西完全到手之前离开了南昌，因此他只能调回武昌地区的部队来镇压随后出现的叛乱。当他离开南京的时候，浙江爆发了叛乱，接着在他的最高级指挥官中发生了叛逆事件。其结果是陈友谅得以有时间放手重新武装，并进攻摇摇欲坠的明政权。

陈友谅在回到九江以后，胜利地重建了他的权力，但是由于他的失败，他的威望大不如前。朱元璋也正在这时回过头来专心应付吴军。他在江西留下来的兵力却不足以瓦解汉政权。胡大海任命他的养子胡德济为广信府同金，他们父子两人击退了汉军想重新夺取此城的企图。邓俞促使江西中部的浮梁县城叛而投明，但其他州府城池未起而效尤，它们的领袖们仍然忠于陈友谅，虽然他们在 1360 年和 1361 年并未给他以任何支持。到了 1361 年年中，情况已经变得很明显：

除非明军主力大举进犯，这些城市是不会投降的。后来，在 1361 年 8 月 24 日，汉军方面的将军张定边以突袭手段重占安庆。明军巢湖将金院赵仲中逃往南京，朱元璋杀了他，把他的职务和他的巢湖部下转交给了他的弟弟赵庸。以前龙湾战斗的结果之一是安庆落到了明军之手。它再次被对方夺去则是一个严重的挫折，这件事最后使得朱元璋相信，尽管在明军远离南京在外作战之际有吴军进攻的危险，明军也必须全力进攻汉军。

1361 年 9 月 11 日，朱元璋率水军从南京起航溯江而上。他们于 19 日抵达安庆，并摧毁或俘获了停泊在那里的船只。他们没有拿下城来，但是他们绕过了它，继续上驶，并于 23 日到达鄱阳湖的入口处——湖口。明舰到来的消息使得本来摇摇欲坠的汉政权更加震动不已。在航程的中途，两名汉军将领丁普郎和傅友德率他们的舰队投奔明军。汉军巡逻艇发现了在湖口外的明军舰队，把消息及时带到了九江，使陈友谅能部署自己的水军迎战。占优势的明水军从两侧包围汉军阵线；在损失了 100 多艘大小战船后，陈友谅把船只撤退到九江以南湖内的天然良港中去。那天夜里，他又叫士兵们上船，再次出航，躲过了敌舰的耳目。他溯江而上至武昌；在这里他的权力仍然是未受到挑战的。

次日，明军从江面上猛攻九江城垣，利用架在船尾上的云梯。拥有这种装备的这种船只可能本来是陈友谅的，并且是在头一年攻打太平时就已经这样装备起来了的。朱元璋于是派徐达带领一支舰队去追赶陈友谅。徐达没有能阻止陈友谅到达武昌，因此抛锚于汉阳城外，他攻城，但没有拿下汉阳。可是，他利用这种形势一直封锁陈友谅到 1362 年 4 月。

朱元璋自己在九江督率主力部队，他同时发动了一场基本上是政治的攻势，想迫使江西各州府城池投诚。到了 10 月 2 日，南康、饶州和建昌都派了使节来表示拥戴明政权，湖北东部也有三个城市已经这样办了。朱元璋这时不想把他自己的军队放在这些城市，因为那样就会不利于其他人投降。他继续谈判，想让南昌这个省会和重要城市投顺。等待政策变得越来越危险了，张士诚最后有了活动的迹象，派兵包围了太湖东南边的长兴，使常遇春于 12 月不得不被派去救援。明军一方面要阻住张士诚，一方面要牵制陈友谅，同时还要拿下江西。他们的战线确实拉得太长，太危险了。

当邓俞于 12 月 9 日攻占了抚州（今临川，距江西的南昌东南仅 60 英里）的时候，汉军驻南昌的总指挥官、行省丞相胡美最后请求议和。他的主要要求是：他的部队参加明军，但必须保持原建制，由他自己统率。朱元璋允许他保留他的大部分军队，条件是要他放弃南昌，在明军主力部队中服役。胡美同意了这个条件，他后来在明朝被封了爵位，但是他没有能够说服他所有的部下。1362 年 2 月 10 日，朱元璋把明军主力开进了南昌。在下个月，袁州、吉安和江西的另外几个小城市也都效顺了明政权。

由于占领了九江和南昌，朱元璋实际上接过了陈友谅原先在江西的主宰地位，也接过了这个政权的一切包袱。其他府城的同佥都是天完叛乱以后地方军事化过程的产物。当每一个同佥"投降"以后，他就被委以管理这个城市及其附属之县，不然就不能再有归降者了。这种对待降者的办法确实保证了他们能熬过任何一次危机，例如在 1361 年和 1363 年就是这样。朱元璋此时还不够强大，没有多少时间在他的主力军和各城市戍军之间强制执行军队的改组，而这是统一明军和由中央控制府城所必须做的事。他已经离开南京太久了。1362 年 3 月 11 日他开始返航。当他行驶于江面上的时候，他的权力正濒于崩溃。

早在 1361 年 12 月 24 日，常遇春已经解除了吴将李伯升对长兴的包围，并在此后已返回南京。吴军再一次蛰伏起来，浙江内陆被明将胡大海攻占后似乎牢牢地掌握在他手中。可是，杨完者手下的苗族非正规军变得极其不安分了，其原因不见于史料，但它似乎影响了整个苗族的军队。在明军攻取浙江之前这些军队就在元军中服役，他们多半戍守在金华和处州。当朱元璋远在长江上游之时，苗军就互通消息，准备一致行动，参加叛乱。1362 年 3 月 3 日，金华的苗军开始叛乱，并杀死了胡大海；四天以后，处州的苗军也叛变，杀死了城防守将耿再成。叛军可能是受吴军的煽动，在四个府城有两个已落入叛军手中的情况下，明军在浙江的整个地位已是岌岌可危了。

一回到南京，朱元璋于 3 月 16 日任命他的外甥、当时任严州府城防守将的李文忠为浙江明军大都督。李文忠马上夺回了金华，但是苗军从金华逃走，投向了张士诚的部队。张士诚派他的兄弟张士信统大军攻打明军的外围堡垒诸全。既要抗拒入侵，又要对付叛乱，李文忠为此用了很大心计。朱元璋已派邵荣带兵去收复处州；李文忠不可能期待从南京得到增援了。尽管邵荣在龙湾战斗中失利，他仍是明军最高将领，其地位甚至在徐达和常遇春之上。李文忠于是放出风声说，号称难以对付的邵荣正来救援诸全，但实际上他派胡德济带领他的广信军驰援。当后者开到诸全时，张士信和他的人马被一股宣传声势扰乱了军心，致使他们很容易地被守军和援军的联合攻势所打败。与此同时，邵荣收复了处州。

在浙江被逐步绥靖的时候，江西的战火却越烧越旺。朱元璋曾经给邓俞留下不多的兵力守卫南昌，而把大部分降军带回了南京。他曾经下令胡美的两员下级军官——祝宗和康泰——带着他们的队伍去上游增援汉阳城外的徐达。只是在明军主力部队离开了南昌以后，朱元璋才发现祝宗和康泰始终反对胡美的投降，并且计划搞叛乱。这两名将官在江上游弋，4 月 12 日傍晚他们的水军来到南昌城墙边。他们突袭了守军，用大炮摧毁了新城门，并洗劫了这座城市。邓俞只身逃到了南京。朱元璋只得让陈友谅在湖北和湖南重建他的权力，以使明军能恢复在江西的地位。他命令徐达放弃对武昌的封锁，向下游行驶。5 月 13 日，徐达收回了南昌。与此同时，常遇春修复了安庆城垣，把它再度置于明军控制之下。安庆可以屏障明军的心脏地带，挡住汉军再度发起的进攻，但是，如果明军想最终确实控制江西的资源，他们必须加强对南昌的控制。朱元璋任命他的另一名侥幸活下来的侄儿朱文正总统南昌城守，而以邓俞为副。守军增加了人数，城墙得到了加强，并从江边往后挪了一段地，使城墙不能从船上攀登。

如果不是邵荣在仲夏的叛逆行为，早在 1362 年朱元璋可能会冒另一次与汉军作战的危险。虽然邵荣也是朱元璋起事时的老伙伴，在明军将领中也身居高位，但他在见于史籍的有名战役中并非赫赫有名。他从苗人手中收复处州是他几年来第一次独立作战的战果。当他的战功未被承认时，他增长了不满情绪，并与另一胸怀不满的将领赵继祖密谋发动政变。按这两位密谋者的计划，当明军于 8 月 3 日回师南京时，在一次阅兵以后，把他们的队伍安排在行军纵队的前面。他们打算，在他们的队伍随朱元璋进城以后便关上和守住城门，乘混乱之机杀害他。这个阴谋失败了。一面旗帜被风吹起，卷住了朱元璋的身体，这个预兆使得他从另一个城门进了城。情报员后来揭发了这一阴谋，邵荣和赵继祖被逮捕，并被处以死刑。后来朱元璋有些犹豫，他征询了其他将军的意见，常遇春直抒己见，坚持把邵荣和赵继祖处死，结果就这样执行了。可是，这个事件的结果是使得朱元璋在以后一年多的时间中要依靠高级将领自由发表意见办事了。

1363 年的鄱阳湖之战

陈友谅又调集了一支新舰队，于 1363 年再次展开攻势，企图像 1360 年那样从江上攻取明军领土。但事与愿违，陈友谅因围困南昌三个月而深陷泥潭，他在一场主要在江西鄱阳湖的水战中被摧毁了。朱元璋在这里的胜利是他将要掌握政权的关键性转折点；他以后再也没有遇到过与他相匹敌或更高明的对手了。鄱阳湖之役以后朱元璋夺取了江西和湖广，这使得他拥有的人员数量满足了他打败张士诚的需要，而吞并了张士诚的土地以后又使得明军能在 1367 年及其以后迅速扩张其势力。

像我们在上面看到的那样，到 1362 年末，叛逆和叛乱曾使明军失去了因 1360 年胜利而获得的主动权，并且危及 1361 年所取得的战果。在明军尚不知情的情况下，陈友谅正在武昌调集他的无敌舰队，张士诚的活动也日益咄咄逼人。朱元璋视野内唯一光明的地方是华北：1362 年 7 月 6 日察罕帖木儿被刺以后，那里又一次陷入了混乱。察罕之被害意味着，迟至 1363 年，元朝勤王军方面再也没有足够的联合力量能够摧毁明方的军队了。

那一年刚开始便有吴军突袭红巾军运动对它有感情的中心之举。1363 年 2 月 16 日，作为吴的三位野战军指挥官之一的同金吕珍突入安丰，杀死了它的实际统治者刘福通，并俘虏了傀儡"宋"帝韩林儿。整个宋帝国这时已经成为明政权，不过加上了安徽—河南边界上这一片人烟稀少地区中的这一个不起眼的小城而已。朱元璋的追随者此时包括一些有影响的人士，他们希望明军和红巾军要拉开一点距离。这些人士中有著名的刘基及其浙江同乡文人学士。这些人此时刺耳地和有理有据地说出他们的主要是从军事上考虑而不是从文化思想上考虑的反对意见，即明军不应该分兵去再占安丰。但是，明军中仍有很多人崇敬韩林儿，这就使得救援工作成为必不可免的了。

3月份，朱元璋率明军主力北上安丰。徐达和常遇春攻城，赶走了吕珍，总算救出了韩林儿。朱元璋随即带兵回南京，安丰成了一座空城，由元军占领。但不幸的是，战斗并未结束。1355年曾经从家乡把巢湖分遣队赶走的庐州军头目左君弼曾派过一支人马来帮助吕珍的入侵。明军将领们坚持必须给他以惩罚，朱元璋未能说服他们，尽管有刘基犀利的反驳言论也枉费口舌。结果是，徐达和常遇春用了1363年4月到8月这几个月的时间徒劳无功地围困了庐州府城，而陈友谅却未受干扰地执行了侵犯江西的计划。

陈友谅动员了湖北和湖南的所有丁壮，建立了一支新水军。史料上没有交代他是怎样完成这些事情的，但是可以清楚地看出，徐达撤走他的封锁部队帮了陈友谅的忙，因此他能在对明军保密的情况下进行他的准备工作。他的舰队的主力拥有漆成红色的三层甲板的大战船，上有掩护弓箭手的包铁塔楼，它们的船尾高得可以爬上任何城墙。有一件材料说，每一只这种战船可载两三千人。它们还附有各种各样的大小船只。陈友谅的个人行动作风是一贯强调他在主力部队中的个人领导形象，他此时孤注一掷地创建了这样一支大舰队，使之足以在任何情况下克敌制胜，但是它的失败也意味着他无可避免地要丧失他的根据地。

陈友谅把他的军队及其家属、马匹和供给全都放到了船上，在春汛时他开始顺流而下。史料说他带有60万人马，大概此数之一半较为可信。汉军的无敌舰队现在与明军主力相比，舰只大得多，数量和人员也多得多。陈友谅的计划是要求多次重现1360年太平之役的胜利，他将从船尾上突袭这些沿江府城。1363年6月5日，汉军舰队出现在南昌水面上。如果南昌陷落，陈友谅就有理由希望江西的各地城防守将（他们多数人原来是拥戴他的）会回心转意，重新回到他的麾下。这种发展会重现1359年末的领土形势；从他在湖广的措施来看，在他再次进军明军之前，这一次他大概已经不遗余力地调动了江西所有的军事潜力。

南昌面江的城墙在1362年经过改建，使得他不可能从船上袭击来夺取该城，从而打乱了陈友谅的时间表。他被迫封锁南昌，改用常规的攻击方式。明军的守军打退了所有汉军的攻击，显然给了攻击者以重创，而且用出击方式给以进一步的打击。6月9日，汉军破坏了一段长300多英尺的城墙，但邓俞的士兵用火力击退了他们，同时在被毁的那一段城墙之后又建了一段半圆形工事。6月19日明军出击，打垮了陈友谅对新城门的一次进攻。6月24日，对水门的攻击无功而返。围城还在继续时，季节性的江湖低潮时期即将到来，战略主动权正从陈友谅手中溜走。可是，损耗和饥饿削弱了南昌的守军。即令他在1363年不再做任何努力，下一年南昌的收复也会使陈友谅在极其有利的条件下重开战端。

7月24日，明军的南昌将领们答应在以后某个未具体约定的日期投降，因而获得休战的机会。他们同时又派遣了信使偷偷溜出汉军封锁线前往南京。8月4日信使到达南京之事是史料中的第一个暗示，表明朱元璋甚至意识到了江西的局势，虽然南昌已被围达两个月之久，而通信的阻隔也应该说已经给了朱元璋某些启示。和1360年大大地不相同，明军的情报在1363年非常糟糕。到了1363年的6月至7月，朱元璋被两件事捆住了手脚：这就是被围的庐州还拒不投降；再就是靠近吴军边界的浙江诸全要塞的明军同金谢再兴在6月8日叛变，此人跟吴军的秘密勾结已经真相大白。胡德济又一次率军从广信长途跋涉到诸全，他围困了此地，但未能把它拿下来。到了8月6日，他撤围而去，回到了广信。就在那一天，可能是由于原来就强烈反对庐州之役的刘基的呼吁，朱元璋最后终于出面反对他的高级将领们。他命令徐达和常遇春撤庐州之围，要他们把军队重新在南京集结，并派胡德济走陆路从广信驰援南昌。

明军舰队把重新集合起来的主力军队在 8 月 15 日运离南京。如果根据一条史料说它大约是"千船载十万人马"（的确，多数材料说是 20 万），① 那么，它的人员大致与 1360 年的明军主力相当。可以假定，自从 1360 年以来，明军扩军的部分已经用于补充浙江的军队、南昌的戍军和加强南京的常备守卫部队。在这里，明军的情报和计划又一次出了问题。陈友谅甚至在被围之中兵员受到损失和他派部队进行江西中部战役以后，其兵员数量还大大超过明方远征军。此外，明军也不能和汉军的巨大战舰相抗衡：后者的高度虽然是为了攻城而设计的，在接近和攀登敌船的战斗时拥有巨大的优势。水位至少在下降，明军的水军领袖们相信这对他们有利。即便如此，他们还是要同时在两线作战，而且由于要驶向上游去打一支占优势的敌人（和1361 年时截然相反），明军已在进行一场殊死的赌博。

8 月 24 日，舰队开到了湖口。明军在长江北岸与鄱阳湖口相对的泾江口建筑了防御阵地，又在鄱阳湖湖面至长江上的湖口的狭窄水道上的南湖觜也建筑了防御阵地。他们希望这些阵地能阻止汉军船只离开鄱阳湖。如果说陈友谅已派巡逻船只到湖口的下游去，那么，它们未曾向他警告关于明军的到来，他现在已是在湖中陷入重围了。可是，明军此刻的主要目的是救援南昌，所以明军舰队不是仅仅驻守在湖口，而是向南行驶，于 28 日进了湖内。同一天，陈友谅解除了南昌之围，让他的军队上了船，也北驶入湖。8 月 29 日很晚的时候两支舰队相遇于康郎山。它们等到日出时开战。

经过四天的水上鏖战，明军给了敌人以重创，但没有能够摧毁汉军舰队，也没有在数量上取得优势；明军最后还是放弃了鄱阳湖。8月 30 日晨，朱元璋把自己的水军分成 11 队。重型舰只摆在中央，由徐达和常遇春及他本人统率，轻型舰只摆在两翼，由俞通海和廖永忠率领；后者是两位明军领导层中出身于巢湖的有经验的水军将领。明军阵线向前推进并发动攻击；俞通海的舰队占了上风，用石弩发射火

---

① 德雷尔：《1363 年的鄱阳湖之战》[147]，第 217 页，以及第 6 章注 30。

药筒，摧毁 20 多艘汉军舰只。可是在中央部分，高大的汉军舰船把明军阵线逼向后退。朱元璋的旗舰几次受攻击，徐达的舰只则严重受损。明军舰队退到一个浅水区域，使汉舰不能追击，因此得以脱离战区，虽然有几只船已经搁浅。第一天的战果使明水军士兵都感到气馁。夜里，朱元璋命徐达把受损的战舰带回了南京。

次日晨，明军将领很不愿意与"屹立如山岳"的汉军战舰作战。朱元璋果断地处决了几个下属之后阵线有所推进，但明军舰队再一次被迫后退，而且损失了几个重要的人物。在此以前，明军不能打赢那种以舰只对舰只的仗。由于受到前一天俞通海用火炮攻击而取胜的鼓舞，又由于看到了汉军舰队的阵形非常密集，朱元璋命令常遇春准备一些小船只，故意用做火攻船只。常遇春准备了七只渔船，上面装满了一捆捆填充了火药的芦苇。当下午风势转变而从明方吹向汉军的时候，这些由特别挑选的"敢死队"水手操纵的小船驶进密集的汉军舰队，放起火来。密集的汉军队形使它的巨舰能在近战和攀登船只之战斗中发挥最大的效果，但是也使它们容易遭受火攻。纵火的结果，几百条汉军大小船只被毁，死亡士兵约 6 万人，相比之下，据说明军的损失为 7000 人。陈友谅的两个兄弟以及另外几名水军将领均被杀，这就证明了汉军损失的惨重。但是明军也损失不小，双方舰队在次日略作休息和修补。

9 月 2 日早晨，战事又起。汉军舰队尽管遭受了损失而仍比对方强大，虽然它的相对优势已大为减小。这一次汉军的队形是散开的，足以防止对方再用火攻，但一股股明军小船却可以包围和摧毁孤立的汉军船只。忽然间有一支六条船的明军小舰队插入汉军阵线，绕过了它的一端，并重新与明军舰队会合在一起。可是，这个突发性的行动显然不能招致任何决定性的结果，因此在中午前后，朱元璋迫于他的将领们的压力而下令脱离接触，退出湖面。主张撤退的俞通海说，湖中的浅水妨碍了明军船只的活动。跟强大的汉军打一场旷日持久的消耗战，不仅不大可能使明军有获胜的前景，甚至大有被打败的危险。很显然，明军不能指望再用火攻搞战术性的奇袭了。明军最初驶入湖内的目的是解救南昌，但是到了此时朱元璋似乎已经听到，胡德济的军队已经自广信从陆路解了南昌之围。这一发展使明军决定放弃战斗，改而采用把汉军舰队困在湖内的战略。

9月2日夜，每只船尾上都挂起一盏灯笼，明军舰只成单行纵队开向鄱阳湖的湖口。汉军舰队在天亮以后跟踪而至。由于没有在湖面战斗中歼灭明军，陈友谅因早先未能守住该湖湖口而落入了陷阱。汉军领袖们互相争吵：到底是用船只夺取湖的出口处呢，还是改取陆路径趋武昌。陈友谅的左、右两名金吾将军投降了朱元璋；后者送了一些侮辱人的信来刺激以性情暴烈出名的陈友谅出战，但同时也静待陈友谅弹尽粮绝。在这个时候，某些明军将领们却变得紧张起来，想返回南京，但是常遇春这一次又竭力支持了朱元璋的权威。明军舰队一直留在一起，没有再犯1362年那样的错误，那时明军曾被迫在第11个时辰给陈友谅让开了一个口子。

陈友谅等了一个月的时间才突围。他的舰队凭借南湖觜的地位很容易发动攻击，10月30日便出现在湖口，然后沿江上驶，希望开抵武昌。朱元璋早已在湖口上游摆下了舰只专等这样的机会到来，并且还准备了火攻船。当这些火攻船放出漂泊时，汉军舰只马上向下游散开，明军船只紧追不舍。到了下午很晚的时候，一簇簇互相咬住战斗的船只漂流到了泾江口，埋伏在这里的明军又投入战斗。陈友谅在战斗的这个节骨眼上被杀；当他在一叶小舟上穿行于船只中间时被箭射穿了眼睛。他的死讯迅速传遍战斗中的船只，明军大奋，打击了汉军仅存的一点点士气。入夜，汉军舰队土崩瓦解。张定边率领他的小舰队逃走，把陈友谅的幼子陈理也携带而去，在逃回武昌时让他登了汉帝之位。次日晨，其余的汉军舰队——总数有5万人——就投降了。10月8日，朱元璋率舰队和俘房一起回到了南京。

明—汉之战的决战阶段就这样结束了，它本身是导致明王朝建立的一系列发展中的关键性事件。陈友谅之死和他的大部分舰队的被毁或被俘，使朱元璋取得了他在1362年的挫折中未曾得到的完全的胜利。在此以前，明军一直在与在事实上或潜力上占优势的汉军作战，同时还要对付东面吴军进攻的危险。现在，由于陈友谅已被消灭，明军能够马上着手吞并江西，并最后拿下湖南和湖北。明的人口因此扩大了两倍，长江地区在 1360 年的那种长期的势均力敌的局面就被排除了。

从 1364 年起，明军控制下的人口数量使得它能征集到两倍于吴的军队，所以明军就以并灭吴为下一个目标。明军在事实上已经变成了中国最强大的地区性力量，它的军队可以在几条战线上作战，其结果甚至又加强了它的力量。另外，鄱阳湖之战使朱元璋在他的政权内部也增加了权力。有些文人仍不太心甘情愿地给他服务，士兵们仍然温情脉脉地看待韩林儿，但是，这两种人现在都把朱元璋俨然当做未来的皇帝。1363 年 9 月的企图是明军军官们藐视朱元璋的意愿的最后一次；后来，他以他提高了的威望和他在被征服领土上分配俘虏部队和分配指挥任务的权力，再加上其他因素，使他终于叫他的将军们俯首听命了。到了 1364 年，明政权已经变成了元帝国明显的继承者，当然，要确认这种继承权还得有几年仗要打。[①]

明军在全中国的胜利,1364—1368 年

当明—汉之战的决定性阶段正要见分晓的时候，张士诚仍然是明军的死敌，但是在明军主力部队在别处作战之际，他却没有充分利用一再出现的天赐良机。1362 年和 1363 年吴的半心半意的攻势没有给对方造成重大的伤害。不清楚张士诚在什么时候才认识到明军在鄱阳湖的胜利的规模，但从他后来的行动中显然可知，他认为陈友谅的垮台是他和朱元璋摊牌的序幕。现在，和 1356 年大不相同，张士诚无意要和朱元璋搞好关系。张士诚终止了向元大都输送粮食的漕运，声言他自己需要这些粮食，同时在 11 月 5 日他自称吴王，这是直接向朱元璋挑战，所以朱元璋的回答是在新年（1364 年 2 月 4 日）也自称吴王。

其他二流的地方割据者对明军胜利的反应则各不相同。陈友定很积极地与朱元璋作对，并且从福建入侵浙江；明玉珍则从四川来信，

---

① 德雷尔：《1363 年的鄱阳湖之战》[147]，特别是第 202、239—240 页。

建议与朱元璋缔盟。方国珍对于胜利者是礼让三分，给他进贡，但朱元璋接受贡品时却有条件：在明军夺取杭州以后，他应在规定的日子内俯首称臣。

明之并灭汉（1364—1365 年）

在 1364—1365 年之间，朱元璋主要致力于逐一吞并陈友谅以前在江西和湖广的土地。他之所以能达到这个目的主要是因为扩廓帖木儿和张士诚这两个最强大的地方割据人物不能有效地联合起来反对他。新土地被并入他的权力基地，使得朱元璋控制的人口约两倍于任何其他对手所控制的人口。仅仅是这种数量上的优势而并非质量上的优势，就是明军以后赢得一系列胜利的主要因素，它终于像滚雪球那样使它最后征服了全中国。

1363 年 10 月 23 日，在鄱阳湖之战胜利结束两个星期之后，朱元璋又把他的水军开向上游，这一次是开向武昌。他围困武昌两个月而迄无成效，于是返回南京，把兵权交给常遇春。这是系统地征服汉军从前领土的开端。1364 年 3 月 22 日张定边投降的前两天他回到了武昌。此后，湖南、湖北余下的州府望风归降。朱元璋这时并未占领它们，他留下杨靖守武昌，自己率余军驶向下游。5 月 15 日，徐达和常遇春重新围攻庐州；左君弼逃往安丰，和扩廓帖木儿合兵一处，但是庐州在左君弼部下的防守下顶到 8 月 15 日。庐州和武昌曾经是态度鲜明地抗拒明军的两个中心，拿下了它们，就是进行下一阶段实际占领江西和湖广已经投降或正在动摇的重要城市的开端。

徐达进军湖广。徐达严于治军，他的名声可以说服汉军从前城市的守将们和平地打开城门归顺明军。很显然，只要此时明军有一个地方失控，其余城市便会相率反抗。1364 年 10 月末，徐达的军队势如破竹就进入了江陵、夷陵和长沙。自此以后，汉军的多数将领和土著酋长都开门迎降，毫无抵抗，因此他在 1365 年 4 月回到南京的时候能够报告说，湖广已经平定。

常遇春的军队首先开进南昌，他在这里与邓俞的部队和一部分守军会合。常遇春的任务是征服江西的中部和南部。最南端的那些城防守备无一人投降；其他地方的守备已在 1361 年屈服，但他们在 1363年对明军并没有什么帮助。常遇春和邓俞在 1364 年 9 月 3 日攻破了吉安，然后溯赣江而上，包围了熊天瑞控制下的赣州。熊天瑞从来没有真正受制于汉军，但他一直在利用他的继续附汉作为他进攻那些在1361 年投降明军的城防守将的借口。当明—汉打完主力战的时候，他把他的控制从江西南部扩大到了广东北部。他现在顽强地抗拒明军，赣州直到 1365 年 2 月才落入明军之手。使朱元璋大感吃惊的是，常遇春占领赣州时是兵不血刃，秩序良好。

与此同时，江西中部爆发了一次亲汉军的叛乱，朱文正已从南昌派兵去进行镇压。这一事件为明军进行大改组提供了机会。朱元璋命令自 1357 年就守备常州的、他所信任的汤和带领他自己的某些部队开往江西，帮助镇压叛乱。1365 年 2 月 16 日当汤和的军队抵达南昌时，朱元璋也突然出现在南昌，马上罢免了他的侄子朱文正的一切军事职务。朱文正被指控强抢和奸污妇女，用龙凤装饰他的内室，并且企图投降张士诚。这些指责有些是生活细节，有些是莫须有的罪名。朱文正很得军心，其他将领代为求情，最后被处以监管流放。朱元璋显然对他的侄儿有所畏忌，这从他精心准备的这次突发行动可以看出，但他究竟真正关心的是什么，却不见于现存的史料。邓俞接手担任南昌守将（江西行省参政）。

朱元璋携徐达和常遇春于 4 月 23 日返抵南京，他们计划下一阶段的战役。常遇春在 6 月中旬攻克了汉水上的安陆和襄阳。由于汉水源出陕西南部，明军现在能够与陕西省内扩廓帖木儿的敌人合作了。扩廓由于企图重新组合察罕帖木儿的一切权力结构而未果，所以他没有能力阻止明军的进一步扩张。这一次明军的扩张就要以张士诚为目标了。

到了 1365 年夏末，所有从前汉军的土地都已被明军所控制，余下的汉军士兵也已被明军收编。各地城防部队都被忠实可靠的明军所取代，同时也把汉军中投降的士兵作为预备队，以便将来组成远征军。军队做出这样的调整需要改组明的军事制度，每个部队还必须查点士兵名额，这个过程便进一步加强了明军的集权化管理，同时也增加了朱元璋在军队中的权力。1363年末，朱元璋在阅兵中发现有一位将领不知道他究竟统辖了多少人马，所以他发了脾气。其实，这位将领不知其情的这种情况在当时是很自然的：每个部队由若干忠于其直接上司的小部队组成，每个部队的大小和命名法又不规范化，上面的指挥官不易干预下属部队的行政事项。

1364年，朱元璋在自称吴王之后不久便推行一种标准的军队编制表。以前主要野战军部队的各翼元帅府被改名为"卫"，定额兵力（最初）为5000人。每个卫分为5个1000人的千户所，其下又分为10个100人的百户所。更小一些的野战军总部——总管府——改称为"守御"，也是1000人，分10个百户所。给武官制定了新的军阶以确定新的兵制；部队指挥官此后便必须计算他的士兵的人数，放弃他们原先的军阶和爵位，而按照他们现在所指挥的人马接受新的军阶。朱元璋通过这种措施对各部队取得了内部行政的控制以后，他又准许军官们的职位可以世袭。卫以下的职位明确规定可以世袭，其传承办法须经王的批准，这就使这一由来已久的做法正规化了，它像卫的10个下属部队那样，是元代兵制中的常规。

这次改编是借机重新划分军队，它一方面意在特别奖赏明军的将领使之能拥有更大的兵力，一方面又让新降附的士兵调离本乡本土和原来的部队。在明军中服役最久的士兵——即朱元璋在1360—1363年间亲自带领的主力——被分为17个卫。这个集团的老兵准许完全退休，其余人则转到卫里去，在南京地区搞军屯。朱元璋本人不再负责实际的军事指挥工作，留在南京树立传统的圣君形象。京卫的一个不公开但却是主要的任务是，如果在朱元璋最后称帝而野战军内部有人反对的时候，它充当对付这种反对者的最后手段。其他虽然可靠但在明军中服役时间较短的士兵（例如那些在明军征服安徽南部和浙江中部时加入明军的士兵）则被派往守卫湖南、湖北和江西的城市，或者被派在以南昌和武昌为基地的地区野战军内服役。从前的汉军士兵和新从原来汉属土地招募来的军队则被调到南京来，把他们和明军老兵混合编队，形成后来由徐达和常遇春率领伐吴的军队。在1363年以前，向明军投降的将领们能够坚持自己统带这些原来的部队；但自此以后，投降的军队能保住性命或受到不论什么样的优遇就会感恩戴德不尽了。[①]

明军战胜吴军（1365—1367 年）

朱元璋的军队在 1365—1367 年之间以破竹之势征服了张士诚的领土；这些战役从吴的外围地区打起，其高潮是胜利地包围了苏州。1367 年苏州的陷落并未中断明军扩张的势头；朱元璋在这一年的年底以前还派了远征军连续南征北战。

1367 年以后张士诚的唯一希望是要赶在明政权充分利用新征服给予它的军事潜力之前发动一次破釜沉舟的攻势。张士诚有此心愿，但是吴军力不从心。1364 年 11 月张士信想夺取长兴，但在 12 月他被汤和从常州发来的兵赶走，损失惨重。1365 年 3 月，原先未能夺取长兴的吴将李伯升率军 20 万径趋浙江的诸全，并从这里出发去围攻新城，这是谢再兴 1363 年投吴后明军为屏障诸全所筑的堡垒。李文忠带着明政权的浙江军去解了围。1365 年 3 月 12 日晨他亲率骑兵冲锋，打败了吴军。当吴军撤退经过新城门时，成兵的一次突袭打垮了他们。这次惨败标志着吴军的攻势企图已经终结。除了打败张士诚的一个尚存的兄弟张士信之外，明军还打败了李伯升和吕珍。后来，吴军的第三个"爪牙"徐义干脆拒不打仗了。

明军领导层采取了对吴"剪除两翼"的战略方针，这就是说，先攻取长江以北的吴军领土，再夺取浙江的吴军控制部分，然后再攻击吴的心脏地带苏州地区。1365 年 12 月，徐达的军队攻下了泰州（属江苏扬州府），然后奔大运河，于 1366 年 4 月 24 日克高邮。徐达再迅速移师沿运河北上，突袭并摧毁了徐义的舰队。这使得淮安的吴军守将梅思祖投降，紧接着是濠州、宿州和徐州的诸守将纷纷起而效

---

① 泰勒：《卫所制的元代渊源》［507］；德雷尔：《俞本的〈记事录〉》［145］以及他的《明初政治史》［146］，第 76—80 页。它们都想把 1364 年的军队改编放在当时的背景下来考察。

尤。徐达本人西行，于 5 月 29 日夺取了安丰。扩廓帖木儿奉命加以干预，但他又一次受到察罕帖木儿从前部下的掣肘。经历叛乱后的元王朝“勤王军”仍然不懂得明军势力的增长会马上消灭他们，因而不能协力自卫。像通常那样，投降的吴军也归并入在夏天的耕种季节不参加战斗活动的明军。

当战事重新开始的时候，朱元璋坚持继续“剪除两翼”的战略方针，那意味着下一步要打浙江北部的湖州和杭州。徐达和常遇春的 20 万主力军包围了湖州，李文忠的浙江军队封锁了杭州。当湖州在 1366 年 12 月 8 日投降的时候，杭州的吴军平章潘元明看清了形势，在一个星期后投降。明军然后直趋苏州，在 12 月 27 日完成了包围态势。

苏州之围延续了 10 个月。苏州作为大要塞并不出名，但它的城墙已被重建得很坚厚。另外，张士诚经过十年蛰伏之后正在为自己的生存而斗争，同时给他以支持的绅士阶层又认为这是一场捍卫社会正统和文化正统的战斗。张士诚拒绝所有要他投降的劝告，虽然这时明军领袖们已给了他足够的保证，指天誓日，决不背约。张士诚亲自带领军队，企图从城内杀出一条血路突围。明军方面由徐达统筹全局，常遇春和后来封为公爵和侯爵的其他八名将军分别封锁一段城墙。在围城期间明军筑起了连绵不断的土工事把苏州团团困住。他们从特别建造的土台上把割下的人头、腐烂的尸体和其他东西都投向城内。燃烧的箭头和火箭都用来搞火攻，更标准的火炮则用来轰打城墙。

1367 年 10 月 1 日城墙被攻破，明军蜂拥进入苏州城。张士诚退入内城。他想在宫内自缢身死，但明军砍断了他的绳索。他拒绝进食，拒绝屈服，最后在被带往南京后，显然是自杀身死的。1393 年，苏州是明帝国人口最稠密的一个府，对它的赋税征收得特别高，这反映了朱元璋对这个地区的绅士怀有的深仇大恨。1367 年苏州的失陷结束了吴军的抵抗，给明军增加了 25 万久经战阵的士兵，这就使得明军可准备进一步南征北伐了。

明军征伐前夕的华北

当长江流域各政权在南方互争雄长之时，中国北方经历的事变则是察罕帖木儿的兴起和被害，以及他的继承者扩廓帖木儿想把他的统治机器重新捏合在一起的企图。如前所述，察罕创办民兵是作为脱脱罢官以后应付红巾军"宋"帝国的再度突然兴起的措施。直到1357年年中为止，察罕和李思齐在答失八都鲁这位河南民兵的主要组织者的指挥下带领他们的地方民兵队伍作战。

当红巾军在1357年侵入河南并夺取开封时，答失八都鲁的组织瓦解了。察罕和李思齐在河南难于立足，所以当叛乱者侵入陕西时，察罕和李思齐接受了元政府的邀请，转到陕西作战。他们把叛军赶出了渭水流域，元朝廷便授予他们相当高的爵位。他们于是利用朝廷的承认夺取对行政和驻陕西的正规军的控制。到了1358年末，察罕在击败了汾河流域的叛乱者以后又在山西南部和中部取得了相同的地位。

和脱脱以后时期的民兵元帅们一样，察罕也主要是一个地方割据的武人，尽管他一贯摆出忠于元王朝的姿态。元朝廷给他封官，给他在山西和河南的正式权力，勉强地默认他的领土扩张，这样做的目的是希望利用察罕愿意再提升的心理来控制他于股掌之中。李思齐仍然留在陕西。察罕同时也主管河南的科举。1359年夏他拿下了开封，给了北方红巾军帝国的主体以致命的一击。

元朝廷再一次面对着一个因镇压死不回头的叛乱者而变得权倾人主的大臣，它于是想削弱察罕的权势而维护自己的权力。要做到这一点就只能依靠另一个地方割据者，即答失八都鲁之子孛罗帖木儿，他的根据地在河北和山西北部。察罕受命应把他给养的主要供应地陕西中部移交给孛罗。察罕直截了当地拒绝并且举兵反抗，直至孛罗和朝廷都打消原意。这次很公开的争执表明察罕是一个地方割据者，而不是一个真正的保皇派；而且其他亲元朝的将领们实际上也莫不如此。朝廷在几年以前还能够凭一纸命令就罢了脱脱的官，但是现在当南方已完成英雄割据称帝的局面而中国北方又在重复这一瓦解过程时，它却受到指责而干瞪眼，毫无办法。

察罕现在转而对付山东，这里的城市是红巾军在华北最后剩下的据点。山东之役演变成一系列持久的围困战。后来，在1362年7月

7 日围益都城时，察罕被两个新近投降的部下所杀害，其中一个部下是前红巾军领袖，一个部下是前元朝的将军。谋害者揭穿了察罕的假面具，说他实际上只顾自己的割据势力而所谓忠于元王朝只不过是假话——以此证明他们谋杀行为的正确。不管这两人的动机究竟是怎样的，察罕的死妨碍了华北统一大局的形成。

元朝廷当时命察罕的侄子扩廓帖木儿继承他的爵位和官职。但是，察罕在其他地区的心腹们（特别是李思齐）以及别处自治割据者们（特别是孛罗帖木儿）都拒不承认扩廓有指挥他们的权力，所以当明军在 1367 年入侵北方时，扩廓还在为争夺控制权而斗争。总而言之，当时全中国的人士没有人能理解 1363 年以来明军势力崛起的重大意义。不管是中华帝国时期或帝国以前的历史上，南方从无征服——也很少侵入——北方的事，所以给人们留下强烈印象的是，红巾军运动被粉碎以后，北方武人们都颇有洋洋得意的感觉。

1364 年 5 月，孛罗帖木儿控制了北京，这部分是对元太子爱猷识里达腊想控制孛罗的军队作出的反应。爱猷识里达腊于是逃往扩廓帖木儿的营地。1365 年 8 月，皇帝妥懽贴睦尔原想刺杀孛罗帖木儿，然后让扩廓掌握全华北的兵权，并命他镇压南方的叛乱。这种想以皇帝一纸诏令就强使完成统一的企图，当然结果适得其反。孛罗原先在山西和陕西的支持者跟李思齐和察罕的其他旧部联合起来，他们一起用暴力反对扩廓的矫制行为。皇帝或许是比较了解明军所造成的危险的人，因为明军对切断南方的一切漕运毕竟得负直接的或间接的责任。他因此命令扩廓放下北方的战争，而攻击明军。自然，扩廓又是把自己的地区利益摆在前面，而把皇帝的命令置之脑后。1368 年 2 月，妥懽贴睦尔被大大地激怒了，他罢了扩廓的一切官职，免除了他对一切城市的控制，并命令其他北方军人来消灭他。可是扩廓打赢了一系列战争，仍然是分裂的北方一支最强大的力量。

明帝国的形成（1367—1368 年）

1367 年 11 月，朱元璋派了一支军队侵入华北平原。到了 1368

年年中，这支军队攻占了北京，把元朝廷赶到了内蒙古。与此同时，在陆地入侵的配合下，一支水军讨伐队降服了广东、福建和浙江沿海。正当这些战役进行的时候，朱元璋宣布在 1368 年新年之初建立他的新王朝。

在计划北伐的过程中，看得出朱元璋和他的将军们之间有些意见不一致的地方。常遇春一向有些爱冲动和过分自信，他主张直取北京；明军可以"破竹之势"摧毁任何反抗。朱元璋没有批准，而是强制执行一个分四阶段的作战计划，即只有在每一片新占领区被充分巩固以后才能使明军开向下一个目标战区。首先应攻克山东，次及河南（包括通向陕西的潼关要隘），然后再拿下北京地区，最后则拿下山西和陕西。从军事方面讲，打击主要敌人本来更有意义，但对于朱元璋和他的同时代人来说获得领土被放在第一位，而朱元璋在征服吴时已经遵循这样的战略。可是就这一次来说，结局是明军摧毁了扩廓帖木儿的对手们，并且把元朝皇帝赶入扩廓手中；扩廓幸运地保住了自己，又带着他未受损伤的军队退入了蒙古：他在这里构成了对 14 世纪 70 年代明帝国的严重的威胁。

可是，在发动他们的主要军事战斗之前，明军首先攻打方国珍。后者失信，不肯在杭州陷落以后投降。朱亮祖率领一支军队从陆上进军，于 10 月攻下了浙江的台州，又于 11 月攻下了温州。在这同时，汤和也带了一支强大的水军把方国珍本人赶出宁波，迫使他逃往海上，在此之前方国珍的下属都已奉汤和之命投降。方国珍本人也在 12 月份投降了。

1367 年 11 月 13 日朱元璋正式发布明军同时南征与北伐的命令。徐达和常遇春照常统领 25 万人的主力军去征服北方；同时胡美由陆路进入福建，汤和和廖永忠所带的水军则沿中国海岸南驶，从海上进攻福建和广东。

此情此景真是"势如破竹"。胡美的军队拿下了绍武（12 月 28 日）。水军开抵福州（1368 年 1 月 18 日）并攻下该城，然后沿闽江上驶去接受陈友定的投降（2 月 17 日），这样就完全拿下了福建。随后廖永忠和朱亮祖把大部分水军再向南开进。他们在 4 月 18 日到达广州，然后，为元朝据守广州十余年的何真也迅速投降。明军沿西江而上，在 5 月 26 日攻占了梧州。在这以后，广西的命运是不言而喻的了，虽然明军还必须再打两个月的仗——包括杨靖从湖广发动的陆上进攻在内——才能最后占领全省。

在北方，徐达和常遇春在 1367 年 12 月 28 日拿下了济南，然后又花了两个月的时间一步步地减少山东的抵抗，这个过程到 1368 年 3 月 1 日东昌的攻克而宣告完成。然后，当邓俞从南方侵入河南并拿下南阳时，徐达和常遇春也从东边进军。他们包围了开封，使开封在 4 月 16 日投降。扩廓于 25 日在洛阳附近的野战中战败之后就撤退了，洛阳也因此易手。元军的抵抗往往很顽强，但无甚效果，因为他们的抵抗不能相互协调。冯胜于 5 月 13 日拿下潼关，这样就按计划结束了他们第二阶段的北伐。

明军在春天的耕种季节里进行休整或者劳动。已经称帝的朱元璋此时北上开封，给他的将领们交代了下一阶段北伐的任务。可是，他并没有改变计划，而元军在战事停顿时期也并无意于反攻。在 8 月份的收获之后，明军跨过了黄河。徐达在 9 月 20 日进入北京，军纪严明，城市无恙，所以像通常那样受到了朱元璋的表彰。妥懽贴睦尔、爱猷识里达腊和一些朝臣仅能及时免于被俘，逃到了内蒙古。朱元璋把大都的名字改为北平，以象征这个以南方为基地的明政权的永久胜利。两个星期以后，明军进入山西。

在此期间，朱元璋在阴历正月初四（1368 年 1 月 23 日）已正式被拥戴为明王朝的开国皇帝。在异乎寻常地偏离沿用了 1500 多年的历法的情况下，1367 年被称为“吴元年”。由于在中国人的世界体系中，采用某种历法是政治效忠的最明显的表示，朱元璋这一步骤的效果就是向他的同时代人表示，此时需要出现一位新皇帝。显然，朱元璋此刻已别无其他选择，他在他的文官们的劝进之下，搞了一系列仪式之后登极。他的大多数士兵还远离南京。他定 1368 年为洪武元年，这个名称暗示开国之前的盛大的武功。

到了 1368 年年中，明帝国已成了有权继承中华帝国悠久传统的值得信赖的政体。当然，还有待于将蒙古人赶出陕西和甘肃，四川要到 1371 年才能被征服，另外，云南——前元帝国的非汉族组成部分——也要到 1382 年才被征服。明王朝的势力要到很久以后才扩张到满洲，而且，尽管明朝作了种种尝试，其势力从未扩大到蒙古。可是，中国本部的大部分都承认明朝的统治，这表现在整个明领土上的行枢密院使和也是军人编制的同佥们也都是拥戴它的。虽然还要打一些仗，但武力统一的主要阶段已经完结，而且明朝处于奇特的状态：已经征服了中国，但尚未建立起明确的实体。它从一个叛乱运动中产生，这个叛乱运动的基础是中国的秘密会社传统和外来的宗教形式。在反叛元帝国的时候，它在某种程度上采用了世袭的和穷兵黩武的蒙古人和色目人统治阶级的世界观。只是在后来它才想到要争取文人学士，才对儒家传统让步。这三个传统之间的紧张关系仍需要时间来加以解决。[1]

军队与边疆，1368—1372 年

1368 年元大都的被攻占和明帝国的宣布成立，标志着朱元璋从 1352 年作战以来又一个重大的战争变化。他不再是要为争取政治生存和个人性命而战争了（像在 1363 年以前那样），也不再需要拼全力来征服中国本部的土地了。战事虽然仍旧很重要，但它越来越多地限于在边境作战，而其他与军事有关的问题都突出起来了。它们包括这样一些问题：使朱元璋的帝位能得到他的军队的完全承认；建立一个允许经济运转的和平时期的军事体制，但要避免大规模复员所带来的社会紧张。自然，新皇帝这个时期最关心组织一个有效的文官政府的许多复杂的问题（像第三章所讨论的那样）。

尽管有这些要关心的其他事情，可是在 1368—1372 年之间仍有军事行动，它将大大地影响明朝未来历史的进程。有三个省已被征服：山西、陕西（包括甘肃走廊）和四川。在反对蒙古人的斗争中，明朝在被打败之后被迫接受军事对峙和接受建立一个永久的边境卫戍

---

[1] 德雷尔：《明初政治史》[146]，第 52—64 页。

制度的必要性。的确出现了军人们在和平时期的姿态：军事贵族和军官阶级开始向日益增长的文官体系发挥他们的文职作用。

山西和陕西的征服（1368—1370 年）

攻占北京以后，明军的第一个目标就是清除元人在山西、陕西及其附近地区的存在。新登极的明朝皇帝在 1368 年 9 月命令明军进军山西。为了保证后方的安全，常遇春首先攻克了保定和真定（在今河北省，北京的西南），冯胜和汤和则拿下了怀庆（开封之西），从南方进军山西。1369 年 1 月，徐达从东面进入山西，在 3 月间攻取了太原。4 月份，明朝的将军们横扫了渭水流域。扩廓帖木儿没有能够有效地抵抗明军对山西的进犯，于是带领他的军队退入了甘肃北部。山西的军人们至死拒绝与扩廓合作，因此他们一个个地被徐达歼灭。大多数陕西的府城都在年底以前被徐达所攻破。

明军的战斗行动又一次得天之助，因为名义上都是元朝的军队此时仍然不能彼此协同作战。扩廓帖木儿在秋冬之时猛烈地进犯明朝的边境，但是尽管如此努力，明军对山西和陕西的征服使得逃亡去内蒙应昌路（在达来诺尔附近，位于北京正北 230 英里处）的元朝廷更加容易受到攻击。它也使得元朝的残余分子更难增援四川和云南的独立政权，如果明军一旦想要来征服它们的话。

1370 年，明军从两个方向对元军发动了大攻势。李文忠（1369年 8 月常遇春死后他接手了常遇春军队的指挥权）和冯胜率领一支军队从北京经过长城上的居庸关去攻打元帝，另一支由徐达、邓俞和汤和带领的军队则从西安攻打扩廓帖木儿。

李文忠的军队占领了兴和并由此奔察罕湖，他们又在此打败并俘虏了大量的蒙古军队。元帝妥懽贴睦尔在 1370 年 5 月 23 日死于应昌路，他的儿子爱猷识里达腊继位。正在这时，李文忠率军以他通常的速度和战术抵达应昌，给它以突袭，并在 6 月 10 日发起猛攻。爱猷识里达腊逃掉，经过戈壁逃往外蒙古，仅有一小股随从陪侍。他的儿子买的里八剌和 5000 多勇士一起被俘。李文忠在捷报奏折中的骄慢语气使他做皇帝的舅舅很不痛快，但是李文忠对自己的胜利的高度评价是对的，因为它使明朝因此在内蒙古东部占有 30 多年的军事优势。

徐达的军队在搜寻扩廓帖木儿，并于 5 月 3 日在今天甘肃东部的巩昌附近的定西发现了他。蒙古军队的人数比预料的多，明军采取了守势，即他们的阵地一部分以河流作屏障，一部分则有士兵构筑的野战工事做掩护。蒙古人猛烈进攻，并包围了明军的西南翼。那里的明军左丞相胡德济失去了控制人马的能力。在徐达个人干预之后才制止了士兵的恐惧和混乱：他免去了胡德济的指挥职务，还给他戴上了镣铐。次日，明军反攻得手，大获全胜。扩廓逃跑了，但据说损失了8.6 万名士兵。正像徐达在 1372 年所惋惜地意识到的那样，扩廓后来成了沙漠上的霸王，但定西之战确立了明朝对陕西和甘肃走廊农业地区的统治。徐达利用那一季的其余时间打扫战场。

四川的征服（1370—1371 年）

1370 年的胜利使明军能在第二年征服四川，而不怕蒙古人的干扰。明玉珍控制了四川之后未能如愿地扩张新领土——特别是进犯云南，因此也就心甘情愿地坐守四川了。他曾在 1360 年拒绝拥戴陈友谅为帝，反而拒陈友谅之兵于三峡之外；后来他又自己称帝，国号夏。朱元璋 1363 年鄱阳湖之战胜利以后，两个政权之间曾互派使节，他们两人在信函中必然把自己比做 3 世纪的刘备和孙权。这位四川领袖以此为喻是又一次证明，他没有能够看清明军的胜利所具有的决定性意义。

1366 年明玉珍死了——也可能是被杀害的，他的幼子明昇继位，充当夏国的傀儡皇帝，而由母后听政。摇摇欲坠的夏国开始分崩离析，因为各地方的将领试图自治。与此同时，朱元璋的明军正把蒙古人赶出华北，所以他在 1370 年才计划既从北面、又从东面的天险三峡侵入四川。明朝皇帝派了自从 1365 年起就做湖广行省平章的杨璟入川，并随身携带了一道有优厚条件的招降诏书，但是夏政府一直未答复。

朱元璋在部署 1371 年战役的时候，命令徐达本人留驻北京，指挥所留下的部队以守卫北方边境。邓俞被派往襄阳办理沿汉水而上进入陕西的军需运输问题；在陕西，傅友德正调兵准备从北面进入四川。汤和和廖永忠则计划率领水军通过长江三峡进入四川。

北面的入侵事实上进行得比较容易，但是，长江地区的进军受挫。夏初，傅友德进军迅速；他拿下了阶州（今甘肃东南）和几处地方，然后南下至嘉陵江流域。夏军大部分集中在长江前线，他们希望会在这里打主力战。尽管他们在最后一分钟还在重新部署兵力，傅友德的军队在 7 月 13 日攻下了汉州（成都以北 25 英里处）。在长江方面，夏军在四川东部边境的瞿塘峡上安了吊桥，吊桥上又装了石弩，可以攻打企图通过的船只（以及拉纤的水手）。夏军的抵抗如此激烈，以致汤和在头一次攻击不顺利的情况下就拒绝再发动攻击了。廖永忠最后终于用炮火摧毁了吊桥，然后强攻瞿塘峡阵地，再西上攻占了附近的夔州。当明朝的联合水军于 8 月 3 日到达重庆时，明昇的政府便投降了。一个月以后，傅友德完成了北路作战任务，占领了成都。四川变成了明王朝的一个省。明昇则被送往南京，和陈友谅的幼子陈理一起同过寓公生活，他们两人后来都被放逐到朝鲜。

和蒙古人的战争（1370—1372 年）

平定四川后，明军便能转过身来重新对付蒙古人了。明军在 1370 年对蒙古人的胜利特别具有决定性意义，它使中国人自 10 世纪初以来第一次恢复了直至长城的统治。此后，明政府即对蒙古的元军残余势力采取外交攻势。其目标是要蒙古人承认明朝继承了天命，言外之意是元朝曾经合法地承受过天命。在这方面的最初步骤是马上准备编纂《元史》（1369 年），它对察罕帖木儿的阿谀之辞显然是说给仍然强大的扩廓听的。俘获爱猷识里达腊的嗣子买的里八剌之举，使得明政府有可能把他当作反对元朝新帝的有用的杠杆。明朝廷在 1370 年有两次送信给爱猷识里达腊劝他归顺新皇朝，并威胁说，如果他不听话就要侵入蒙古。这两次外交活动都没有取得成效。扩廓过去就瞧不起爱猷识里达腊，但是他不想背弃对元王朝本身的忠诚，因此爱猷识里达腊甚至没有给予答复。在拿下四川以后，明帝于 1372 年发动了一系列军事行动，以期摧毁蒙古人。

　　号称有 10 万人的扩廓帖木儿的军队这一次成了主要的攻击目标。令人望而生畏的、从来没有打过败仗的徐达调集了 15 万骑兵，并且奉皇帝之命出山西之雁门关，再向西北行军 750 英里跨越戈壁沙漠径趋哈尔和林。另有两支较小的军队交给了冯胜和李文忠带领。冯胜的任务是去平息至今尚未归顺的甘肃走廊西部诸府。李文忠则是从应昌前去降服还留在内蒙古和满洲的更多的蒙古人。为了支持李文忠的军事行动，吴祯被派负责经海路运给养到辽东半岛。

　　徐达的军队在初春季节横穿了戈壁，在外蒙古搜寻扩廓帖木儿的部队。1372 年 4 月 23 日，青年英俊的都督蓝玉的部队在土剌河附近找到了一部分蒙古军队，并打败了他们。扩廓在以后一个多月避免作战。当两军在 6 月 7 日相遇决战时，徐达遭到惨败，损失军队"无虑数千万"。史料未细谈这次战斗或准备这次战斗的部队调动情况，但是按情况可以知道，蒙古人的取胜是照他们的传统打法打的：即让敌人搞无效果的行军来消耗敌人，然后在自己选择的时间和地点打响战斗。徐达匆匆忙忙地从外蒙古撤退了他的残余军队。

　　李文忠的远征也进行得不顺利，虽然不那么引人注意。李文忠在 7 月初到达外蒙古。明军在土剌河附近与蛮子哈剌章的蒙古军遭遇，明军追至鄂尔浑河时，蒙古人突然掉头抗击，并且出奇兵迎战。明军士兵屠宰了他们带来作为口粮的牲口，在临时筑起的防御工事中抵抗了三天。后来蒙古人撤退了，李文忠才把他的部队撤回中国。李文忠照样大言不惭地吹嘘他的胜利，但他舅父对他甚至比 1370 年时更不感兴趣了。到 8 月份，作为李文忠部下的汤和也被打败了。

　　在甘肃，冯胜进军远至敦煌，打了许多胜仗，俘获了许多牲口。甘肃走廊从此一直归明王朝统治。

　　虽然在永乐时期，明帝曾率领规模大得多的远征军进入外蒙古，但 1372 年的这次失败的战役在明朝这方面的努力中实在是最重要的一次。从外交意义上看很明显的是，朱元璋在 1372 年企图使自己成为整个元朝政治传统的继承人，即他既要继承游牧区，也要继承汉人聚居地区。可以这样认为，这是保护中国本部不受草原攻击的唯一办法。后来的清王朝诸帝便很成功地实现了这一目标。1372 年的失败使朱元璋的雄心受到抑制，放弃了吞并外蒙古的目标。在后来的 15 年中，明朝对北方边境的政策是在当地取守势，偶尔在长城附近搞点报复活动。甚至在 1387 年重新挑起大规模战斗时，也并无迹象表明它要永久统治外蒙古。1374 年，朱元璋把买的里八剌王子从他备受优遇的南京遣回到了他父亲身边。可是，当爱猷识里达腊 1378 年死去以后，继承人却是他的兄弟脱忽思帖木儿，而不是这位颇具亲明倾向的年轻王子。元朝统治者一直坚持他们是中国蒙尘的皇帝，但是在此期间，他们对外蒙古部落社会的实际控制正在不断地削弱。[①]

军事体制的稳定

尽管 14 世纪 70 年代大规模的军事行动持续不断，但这 10 年明朝军事制度却出现了很明显的"草创后"的态势；这时军队事实上不再是与明政权平起平坐的结构，而是变成了它的组成部分，虽然它仍是非常重要的组成部分。通过分析，可以说这个过程有三个突出的方面。在基层的卫所方面，由于精心地兴办了军屯制，军队越来越能自给自足了。在行省一级和地方政府方面，随着文官职能的扩大，军队支配一切的状况走到了尽头。在最高层方面，军事指挥精英阶层因建立了贵族继承制而正式形成。

在王朝的建国战争时期，明军因吸收战败敌人的军队而得到扩大。1364 年改编军队时建立了卫所制度，这是因为需要建立一种正常的制度来处理这种来源的大量军队。由于明军吞并的领土越来越多，新军事单位的建立是为了戍守的目的，所以卫所的总数据称在 1393 年有 326 个卫和 65 个独立所。1368 年以后明帝国可能拥有超过需要的士兵，但是，要复员这么大量丧失了原来生计的士兵从社会意义上说是不适宜的。朱元璋在整个内战的危急时期曾经试验过用屯田来解决兵食的问题。城市的戍守部队甚至在战争进行时也能用部分时间经营屯田，有些部队能够既供应自己的需要，也生产些剩余粮食。

1364 年改编以后，每一个新卫所在建制时都分配有军用农田。

---

① 德雷尔：《明初政治史》[146]，第 71—76 页。

在正常情况下，每支军队约 70％的士兵应该搞耕种，其余 30％则执行军事任务。在汉唐时代，士兵耕种的军屯是边防的重要因素，但在辽、金、元时代，被一般农民耕种的国有农地则为其成员一般是非汉人的军事部队提供给养。明代的军事体制借鉴了这两种传统，但又大大不同于其中的任何一种。在 14 世纪 70 年代及其以后的时期，军队是由服现役的各种不同的卫所部队组成，让其余的部队放手耕种。士兵有世袭的服兵役义务。他们单独立军籍，其中每家每户必须由每一代出一个壮丁服兵役。这种把世袭军官、世袭士兵和军事管理下的农田结合起来的办法是不适合中国社会的性质的，而且在军事上也是无效率的。它到头来摧毁了这整个制度的军事性质，但它在 15 世纪 30 年代以前一直运行得相当好。

今天中国本部的省区地图仍然保持着 14 世纪 60 年代明王朝建国时的模样。它以元代为范本，每一次重大征服之后就建一个行省，并将其置于高级将领的控制之下。从理论上说，每一个行省拥有全省的军事指挥机构，称为行枢密院，它在 1369 年改名为都卫。可是在实际上，军人在整个明王朝建国时期的省政府内都拥有最高级的名义上的文职职务。这种情况在 14 世纪 70 年代有了变化，那时正常的办法是把南京六部的尚书提升到行省政府的领导职务。这就让都卫指挥使变成了每一省的最高军职，他们的时间就越来越多地用来处理卫所的行政工作，而不是用来指挥实际的野战。1380 年，都卫改名为都指挥使司，但职能方面毫无变动。

1370 年，明政权的 34 名主要将领被授予世袭的公爵或侯爵，这些爵位都在正制九品之上，拥有这些爵位的人有在战时指挥军队的专门任务。这些人之所以这样受尊崇是因为他们是朱元璋在内战时期的主要合作者。名次最高的 6 公和 14 侯都是朱元璋最初 24 名兵士中的幸存者，或者是在这第一批人之后不久的归附者。它下面的 5 侯是巢湖海盗集团的领袖，由于他们在 1355 年的投顺才使得明军有渡江的可能。剩下的 9 侯原来都是敌方将领，他们投降于关键时刻，因此有助于明王朝的事业。1380 年以前又加封了 14 名侯爵，其出身与上面所叙述的相同。公爵和侯爵都接受了与其地位相当的土地（但不实际控制）和俸禄，但不像汉代初期那样拥有分封的采邑。当命将出征时，以一名贵族统领全军而以其余诸人协助，通常还要另派一人来负责给养的运输事宜。打了胜仗的将军们都指望能以战功跻身于贵族之林。[①]

1372 年虽然不是明代历史上最有戏剧性转折的一年，但是确切地说，它标志着王朝建立时期军事阶段的结束。在北方边境上尤其如此。在 1372 年的战败以前，朱元璋似乎要进而征服整个元帝国，其中包括长城以北的大草原和沙漠地带。1372 年以后，明王朝对内蒙古主要是在其变化不大的边境取守势，而以新整修的长城为依托。中国人的优越火器技术使得明朝永远地利刃在手——至少在防守方面是这样——来对付还在拘守 13 世纪骑兵战术的蒙古军队。在长城的北面，边境防御体系还辅之以境外的戍守部队和外交活动：这两者都是为了防止蒙古人结成敌对的联盟。1387 年恢复对蒙古人的进攻并不意味着又打算达到把蒙古置于明王朝统治之下的目的，永乐初期撤销了境外的指挥所，结果是大大地缩小了中国人在那里的势力。

在中国的南部和西部，征服四川使明朝获得最后一块领土，此事可以正确地理解为收回了中国文化地区的一部分。对四川的征服并没有在南部和西部开创一个新的和平时代，相反的，明军马上对该地区的非汉族诸民族发动了一系列绥靖战役。云南在 1381—1382 年被明军攻占时的人口主要是非汉族，但明朝统治下的广大汉人殖民区是把云南永久并入中国的重要因素。反之，越南在永乐时期被征服以后又于 1427 年最终予以放弃。这两件事，再加上在南部和西部的一些地方性小规模战争应该看作是确定与东南亚诸非汉族民族接壤的中国边疆的过程的一部分努力，这个过程是一个长期的历史过程，如果加以分析，它与明王朝的建立是不同的。

1372 年以后，军事问题已不是朱元璋主要关心的所在，而吸收和扩大文职官员就为发挥政策的主动性创建了一个新的主要制度。在创建明王朝阶段中曾经推动明政权工作的军事领袖们逐渐降低了作

---

① 德雷尔：《明初政治史》[146]，第 76—87 页。

用，虽然还处于重要的地位。很久以后，明王朝可能变成中国历史上文官最占统治地位的政权之一。这一发展和其他的发展之所以成为可能，是由于1355—1372年朱元璋和他的将军们在战胜他们的对手们和建立巩固的边境方面取得了重要的成就。

第 三 章

洪武之治，1368—1398 年

引　言

　　当朱元璋①在 1368 年 1 月在中央王国称帝的时候，他在朝廷的主要顾问和支持者包括他在前一年封的三个公爵：即徐达将军和常遇春将军，以及文官李善长。② 徐达是安徽濠州人，1353 年投效朱元璋军营。他和其他因饥馑和疾疫而无家可归的几千人一起开始反抗元政权的当局。常遇春也是濠州人，原为一介武夫，于 1355 年归附了朱元璋。李善长为安徽定远人，出身于地主，于 1354 年跟从了朱元璋。这三个人是朱元璋在开国之后不久最受宠信的助手。他们三人组成了开创新王朝的安徽帮核心。

　　在这个安徽帮形成以后的年代，朱元璋也吸引了其他许多人物到他的麾下，其中有文武两方面的人物。在文人方面，没有人得到像朱元璋给予武人那样的赏识、身份和俸禄。虽然他致力于建立以传统的礼仪和天命为基础的可靠的文官政权，但在开国的初年军人还拥有比文人更重要的地位。这种情况之所以出现，是因为明王朝的建立是以下几方面的结果：它用武力赶走了蒙古统治者；它要在中国本部建立

---

① 关于朱元璋的传记，见吴晗《朱元璋传》[587]（1949 年；修订版，1965 年；1979 年北京重印）；富路特、房兆楹编：《明人传记辞典》[191]（纽约与伦敦，1976 年），第 381—392 页。

② 分别见于《明人传记辞典》[191] 中他们各自的传记，第 602—608 页；见张廷玉等编《明史》[41]（1736 年；1974 年北京重印），125，第 3723—3732 页；《明人传记辞典》，第 115—120 页；《明史》，125，第 3732—3738 页；以及《明人传记辞典》，第 850—854 页；《明史》，127，第 3769—3773 页。

一个新的政权结构；它要统一汉族对由敌对的非汉族居住的中国西部、西南部和南方广大领土的统治。

1368 年，中国被一群互争雄长的军人们弄得扰攘不宁。元帝妥懽贴睦尔仍然作为可汗稳坐在大都（今北京）的天子宝座上。占据四川国号夏的小明王明昇仍未被打败，同时，另外一些次要的割据自雄的人物也准备用武力抗拒国家的统一。朱元璋不顾这些地方割据政权的继续存在，他在 1367 年，即吴元年，开始为建立大一统的帝国打下基础。他的选择这个新年号清楚地表明他要摆脱红巾军的叛乱背景，以及使之作为建立全中央王国的统一政权的准备步骤。在 1367 年，主要的学者们也帮他仔细地起草了治国的礼仪活动的规定。宫殿已有所规划，并且有些已经建立起来；律令已草就并已印行；制定了文武科取士之法；设立了翰林院和国子监。城外则修建了天坛和地坛——这是联系王朝命运的主要宗教中心；在起兵征讨华北平原、山东和湖广的同时为皇帝以前的四代祖先兴建了太庙；拟定了大统历，颁行了法典的通俗的解释。

称为吴王的朱元璋这时给江河神灵奉献了祭礼，后来又祭祀了上帝。吴元年（1367 年）阴历的最后一个月在祭祀上帝时，朱元璋恳求神明昭示祭祀之日是晴明还是阴霾之天，以便据以看他配不配做全帝国的统治者。他说，大臣们都竭力劝进，让他即天子位，他只得勉强同意。祀天之日选在新年初四。

朱元璋——现在称为洪武帝——登极的礼仪预先拟定了细节，并记载于洪武朝的实录中。它们包含这些活动的几个阶段，意在给统治者树立威严高大的形象。皇帝的态度据说是叫学者们不要拘泥于古代模式，其措施应该因时制宜。可是，学者们在拟定登极礼仪时总是走繁文缛礼的路子。

登极大典于 1368 年 1 月 23 日举行。① 礼仪的开始是由皇帝在郊区的祭坛分别向天地献祭。登极的文告上达给神明，然后宣布王朝的

---

① 关于登极仪式的详细情况，见《明实录·太祖实录》[380]（1418 年；1961 年台北重印），28 上，第 433—438 页；29，第 477—482 页。

国号为大明。皇帝接着登上宝座。李善长率领着百官和国宾敬献正式的贺辞，接着是皇帝率亲随前往太庙献上表文和玉玺，追尊他的前四代祖先。①

当时，穿着皇帝长袍和戴着帽子的皇帝前往他新的禁城内的奉天殿接受文武百官的朝贺，经过精心安排，形式非常隆重。

登极典礼把皇帝的两种身份在一次正式仪式中结合了起来。皇帝是皇族的头目，他凭着这一身份要统治皇族到亿万世。因此，他要为此目的而特别建造太庙给祖先们上祭和表示孝道。他同时又是官僚政制的头目和对天地而言的帝国的代表。这个典礼可以让官员和皇帝象征性地体现出他们各自的关系。象征帝权合法性的这些方面在登极文告中自始至终均细心地记录在案，登基以后又往东亚诸邻邦发送这道文告。这份皇帝的诏书说：

> 朕惟中国之君，自宋运既终，天命真人于沙漠，入中国为天下主，传及子孙，百有余年，今运亦终。海内土疆，豪杰分争。朕本淮右[即安徽]庶民，荷上天眷顾，祖宗之灵，遂乘逐鹿之秋，致英贤于左右。凡两淮、两浙、江东、江西、湖、湘、汉、沔、闽、广、山东及西南诸郡蛮夷，各处寇攘，屡命大将军与诸将校奋扬威武，四方戡定，民安田里。
>
> 今文武大臣百司众庶合辞劝进，尊朕为皇帝，以主黔黎。
>
> 勉循众请，于吴二年正月四日[1368年1月23日]告祭天地于钟山之阳，即皇帝位于南郊。定有天下之号曰大明，建元洪武。恭诣太庙，追尊四代考妣为皇帝皇后。立大社大稷于京师。册封马氏为皇后，立世子标为皇太子。
>
> 布告天下，咸使闻知。②

---

① 他们的真实名字他是不知道的，因为他出身于一个贫寒和无文化的家庭。他往后就前往社稷坛献祭。

② 王崇武：《明本纪校注》[542]（上海，1948年；摹印本，香港，1967年），第107—108页。这一篇更早的文告应该与《明实录》[380]上的文字作一参校，见《太祖实录》，29，第482—483页。

在这篇文告中，皇帝首先被刻画为全体人民的最高祭司，由他祭告万物创造者的天和地。第二，他被加冕为地上的世俗君王。第三，他是按照最高尚的人的方式来崇祀他的祖先的孝子。第四，即他是人民生计来源的护卫者，因为他祭告了农业之神。

在这篇文告及其相伴随的礼仪中我们可看到这样的证据，即是自觉地利用合法化的象征以提高新统治者的地位。礼仪必须搞得这么隆重，部分原因是要抵消那些尚忠于大都的元蒙政权的人们的疑虑。这样做的效果远远不是立竿见影的。比如，朝鲜人就有十多年之久继续认为元朝是中央王国的合法统治者。

皇帝登上宝座以后，他封他的妻子为皇后，封他的长子朱标（1355—1392 年）为皇太子。[①] 朱标还很年轻，所以已经给他选派了几个最好的儒家学者做他的老师和顾问。其中最著名的是浙江金华的饱学的儒家学者宋濂（1310—1381 年），他是在 1360 年参加朱元璋的队伍的。[②] 皇帝不惜用很高代价来使太子受教育和培养他为人之君，因此他即位不久就派了他最重要的伙伴们来监管太子的称之为东宫的王府的家务。徐达、李善长和常遇春被任命为教师。这只是名义上的任命，因为徐达和常遇春那时正在北方搞军事活动，即准备对大都的蒙古人发动进攻。但是，这表明皇帝很重视让太子能得到诱导，至少在象征性的意义上是这样的。

1368 年初春，常遇春和徐达率军进入山东以巩固北方的领土。皇帝的幼年朋友汤和（1326—1395 年）[③] 和另一个安徽老乡廖永忠（1323—1375 年）[④]，在这一年的早些时候已经率水军从宁波开往福建，此时奉命折回宁波，以监督这次北伐战争中的海上供应线。1368

---

① 关于皇后和太子的传记，分见《明人传记辞典》[191]，第 1023—1026 页，以及《明史》[41]，113，第 3505—3508 页；另见《明人传记辞典》，第 346—348 页。

② 他们的传记见《明人传记辞典》[191]，第 1225—1231 页；《明史》[41]，128，第 3784—3788 页。

③ 见《明人传记辞典》[191] 中的传记，第 1248—1251 页；《明史》[41]，126，第 3751—3756 页。

④ 见《明人传记辞典》[191] 中的传记，第 909—910 页；《明史》[41]，129，第 3804—3808 页。

年3月1日，常遇春拿下了山东西北运河岸上的东昌（今聊城），两个星期以后徐达又拿下了山东中部的乐安（今广饶）。在往后的两个月中，整个山东都归明军所掌握，5月10日在山东建立了行中书省。江苏北部的学者汪广洋（1380年死）曾举元朝进士，他于1355年参加了朱元璋的队伍，这时他从江西调来，短暂地受理山东行省方面的职务。① 在此期间，常遇春和徐达又进军河南，在4月16日攻下了汴梁（今开封）。到了5月8日，河南已告平定，因此皇帝准备视察开封，以便制定最后制服北方的计划。

4月11日，皇帝从应天（南京）出发，留李善长和学者刘基（1311—1375年）看守京师。刘基是皇帝第一批学者—顾问中的一个，他在1360年和宋濂及其他重要文人一起投奔了朱元璋的营垒。② 他在这个时候官任儒学提举，同时兼任东宫顾问。他是浙江人，在元代任过职，直到他认为蒙古人在中国的统治注定要垮台时为止。从他1360年进入朱元璋幕府时起，他作为学者—顾问、预言者和谋略家，是成绩卓著的。从刘基那个时代直到本世纪，他的业绩在民间著作中被夸张地神化了。

经过了26天的旅程，皇帝于6月6日到达汴梁。他把汴梁改名为开封，又召集他的将领徐达、常遇春和冯宗异（约1300—1395年）开会商讨战略。冯宗异后名冯胜（人们常用他后来的名字），本籍安徽定远，在1355年参加了朱元璋部队。③ 他在平定河南和于5月13日拿下潼关的战斗中是徐达和常遇春的助手。6月9日，皇帝宣布设行中书省于开封，并以山西太原人杨宪主管其事（杨宪后来在1370年被处死）。徐达和皇帝一起花了三天时间来检查北伐计划。作战方案完全是皇帝制定的，他在开封一直逗留到8月11日。与此同时，他命令浙江、江西和江南诸城市备粮300万担来支持这次讨伐蒙古人的战争。8月6日，当皇帝准备返回南京时，徐达在开封最后见了他一面。皇帝对于大

---

① 见《明人传记辞典》[191]，第1389—1392页；《明史》[41]，127，第3773—3774页。
② 见《明人传记辞典》[191]，第932—938页；《明史》[41]，128，第3777—3783页。
③ 见《明人传记辞典》[191]，第453—455页；《明史》[41]，129，第3795—3799页。

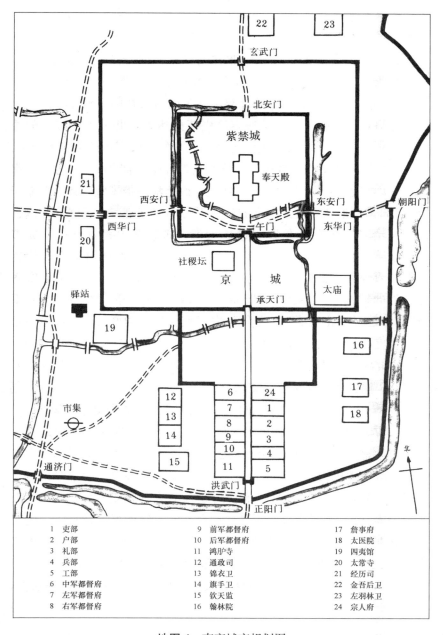

地图 4　南京城市规划图

1　吏部	9　前军都督府	17　詹事府
2　户部	10　后军都督府	18　太医院
3　礼部	11　鸿胪寺	19　四夷馆
4　兵部	12　通政司	20　太常寺
5　工部	13　锦衣卫	21　经历司
6　中军都督府	14　旗手卫	22　金吾后卫
7　左军都督府	15　钦天监	23　左羽林卫
8　右军都督府	16　翰林院	24　宗人府

111

都城破之日如何对待大都人民的问题作了指示。徐达于 8 月 15 日离开开封，率军北上。

8 月 18 日，彰德（今河南北部的安阳）向徐达的军队投降了，这是向北进军大都的第一个大胜利。徐达沿着这条路线稳步前进：8 月 21 日他攻占了河北南部的邯郸，三天以后又在山东西北运河岸上的临清与其他部队会师。常遇春已先期抵达更往北的运河线上的德州，并于 8 月 27 日占领了它。徐达已经开始沿运河运送给养和士卒，并在第二天到达德州。抵达大都前的主要目标是通州城，它位于大都的正东，在通向元朝京师的运河线上。徐达随身带了数百条给养船于 9 月 7 日来到通州，使元大都的守将不得不应战守城。守军被击败，元朝统治者妥懽贴睦尔即日逃离大都，希望在上都（开平，或多伦，在蒙古自治区境内）的离宫避难。9 月 10 日通州失守，徐达的军队直逼元朝的京城。他们在 9 月 14 日开抵大都，开始堵塞齐化门外的护城河，并攀登城墙而上。大都迅速陷落，并易名为北平（即北方已经平定之意）；这个名称一直保持到永乐帝在 50 年后把它正式定为帝国的首都时为止。

当北伐正在进行时，在南方进行的军事活动使明朝的力量扩大到了广西。福建也在这时被李文忠（1339—1384 年）——朱元璋的外甥和养子[1]——所平定；汤和先前的战斗为李文忠的胜利奠定了基础。

在应天（皇帝已给它更名为南京）和开封（现时被称为北京），皇帝着手整顿道教和佛教组织。在他登极的第一个月内，他就建立了两个宗教管理机构。这就是善世院和玄教院，每院由一名有学问的僧人或道士掌管。9 月 18 日，他新封原来的天师张正常（1335—1378 年）为大真人。[2] 皇帝显然不喜欢一个宗教的领袖拥有超过天子的名号，现在这个封号实际上是把他贬损了。他坚持认为，"天师"的名字意指"上天的师傅"，所以这个称号被认为是目无君长的。

据认为，实际上有一个时期有人曾经想把开封当做北方的京都，

---

[1] 《明人传记辞典》[191]，第 881—887 页；《明史》[41]，126，第 3741—3746 页。

[2] 《明人传记辞典》[191]，第 44—45 页；《明史》[41]，299，第 7654—7656 页。

所以关于明代的建都于何处的问题一直争论了 20 年。① 1368 年他第二次出巡到此地，于 9 月 26 日离开南京，10 月 7 日到达开封。他在此地一直呆到 11 月 11 日，然后南返。他往后的北方之行没有越过开封，因此他生平也从未涉足于中国北方。这次开封之行是因为他要协调他的主要将领们征讨山西、陕西和蒙古的军事行动。他们的直接军事目标是山西的太原和大同：这个地区主要尚在忠于元室的扩廓帖木儿的统治之下。② 扩廓帖木儿实际上是一个汉人，名王保保（1375 年死），他由显赫的乃蛮家族当作蒙古人抚养长大，这时统带着大兵，足以威胁北京的安全。③ 由于他是元朝勤王军中最有威势的军人，他必须尽早被明军消灭。这是 1368 年皇帝开封之行的主要目的。

在皇帝离开南京的时候，有人在南京城外钟山上的大禅宗佛寺举行了法事活动。高僧梵琦（1296—1370 年）参加了这项法事活动，其目的主要是超度在历次征战中归天的亡灵。这时也向活着的人们散发钱财。对于忠贞不屈的军人和一般平民因战祸所受的冲击，皇帝是感同身受的。这是在洪武之年由皇帝倡导的几次大规模佛教法事活动的第一次；须知，皇帝本人原来就当过小行童。④

徐达和常遇春在 1368 年末积极投入战斗。常遇春在 11 月攻下了保定（今河北中部的新镇）和真定（今河北西部的正定）。同时，另一员安徽骁将傅友德（1394 年死）于 12 月在徐达和常遇春的指挥之下也率军攻占了平定，它恰恰位于山西境内通往太原的干线上。虽然傅友德也是安徽人，但他从来不是圈子里面的人物，因为他从前为朱元璋的对手明玉珍和陈友谅出过力。⑤ 但是，他确实给皇帝立过很卓著的军功。这一次的战斗就是为了征服扩廓帖木儿尚在盘踞中的太原创造条件。徐达本人于 12 月 13 日离开北平前往保定，以监督入侵山

---

① 见法默《明初两京制的演变》[156]（马萨诸塞，坎布里奇，1976 年），第 40—42 页以下。

② 《明人传记辞典》[191]，第 724—728 页。

③ 又见本书第一章有关段落。

④ 见《明人传记辞典》[191]，第 423—425 页。

⑤ 见《明人传记辞典》[191]，第 466—471 页；《明史》[41]，129，第 3799—3803 页。

西的军事活动。到了 12 月 26 日，他已通过真定并拿下了赵州（今石家庄东南之赵县）。两天以后，他派傅友德带兵前往平定。太原在 1369 年 1 月 9 日陷落，扩廓帖木儿逃往甘肃。山西被认为不久即可被平定，因为傅友德已派一支军队前往石州（今山西西部之离石），同时冯胜也向南开进了平阳。可是，山西北部的重镇大同直到 1369 年 3 月 3 日才被常遇春所攻占。

1369 年初，皇帝采取步骤把皇帝的权力扩展到精神领域内。2 月 7 日，他封赠了全帝国境内的所有城隍神灵。① 这些被称为"城市之神"的神灵们都由皇帝授予封号，也有正式的朝廷品级。各地县令们都应该向这些神灵定期上供，以期能得到神明佑护，趋于繁荣昌盛。

在蒙古人的大都陷落时被明军俘获的元朝官员都被带到南京来朝见新主人，皇帝亲自接见了他们。这些官员中有在 1364 年做过元朝翰林学士的江西人危素（1303—1372 年）② 和也是翰林学士的福建人张以宁（1301—1370 年）。③ 这两个人都被安置在南京的翰林院内。危素在抢救濒于湮没的元朝实录和把它们保存下来用于将来编修元史方面发挥了作用。作为一个文人，他很被洪武帝看重，所以皇帝要他给凤阳的皇陵撰写碑文。④ 与此同时，他又被轻蔑地看做是元朝的变节者，所以在 1370 年屈辱地被罢了官。他的情况表明，维持明朝的开国之君同知识分子的关系有时是困难的。

1368 年末，皇帝命令宋濂和金华的另一名文人王袆（1323—1374 年）带领一些官员纂修元史，他们在 1369 年 3 月开始工作。⑤ 危素也参加了这个班子。这项工作匆忙地于 1370 年完成，其间有过短暂的停顿，因为编修者要等待把蒙古最后的统治者妥懽贴睦尔的完

① 泰勒：《明太祖和城隍神》[504]，载《明代研究》，4（1977 年），第 31—49 页。
② 见《明人传记辞典》[191]，第 1464—1467 页；《明史》[41]，第 7314—7315 页。
③ 见《明史》[41] 本传，285，第 7315—7316 页。
④ 危素的《皇陵碑》，见郎瑛（1487 年生）的《七修类稿》[304]（1566 年以后撰；重印本，北京，1961 年），第 114—116 页。皇帝后来不喜欢这篇碑文，把它重新改写了一遍。后一种碑文见《七修类稿》，第 117—119 页。
⑤ 关于王袆的传记，见《明人传记辞典》[191]，第 1444—1447 页；《明史》[41]，129，第 7414—7415 页。

整的实录送来。

为了表示他的真诚，皇帝在 1369 年 3 月 25 日亲自去先农坛行籍田的祭典；先农是一位传说中的古代皇帝，被认为是农神。这个礼仪的程序和内容都是经过官员们详细讨论后制定的。犁地时用两把包裹着天青色粗丝织品的犁和四头披着天青色布的牛。此后在他再度举行籍田礼时，他已经登上宝座 20 年了。这个礼仪在 1369 年举行时之所以这样受重视，部分原因是它曾在蒙古人统治时期被废弃过。①

1369 年春，徐达仍留在北方统带准备进入陕西的部队，这个省在明代包括今天的甘肃在内。平凉、庆阳和宁州周围的地区位于今甘肃东部，在它和今西安以北的陕西地区的战事都打得很激烈，终洪武之世迄未完全平息。为了到达这两个地区，徐达在 4 月初统兵越黄河在蒲州（在今永济附近）进入陕西。他派常遇春和冯胜先进入西安，他本人则于 4 月 12 日抵达。尽管元朝勤王军在城破之时还进行着顽强的抵抗，但陕西从技术意义上说被认为已经平定。元朝在陕西的主要军事领袖是河南人李思齐（1323—1374 年），他最后也归顺了明朝。皇帝写了一封信劝李思齐不要保卫蒙古异族。但是，李思齐最初对此置之不理，仍然效忠于元朝。他从西安逃到了陕西首府正西面的凤翔，但在这里被常遇春和冯胜所追击。4 月 18 日他被赶出凤翔，他的军队撤往临洮（在今甘肃甘州之南）。

徐达此时离开西安前往凤翔，把指挥权交给了耿炳文（约 1335—1404 年）；耿也是一个濠州老乡，很久以来一直是朱元璋安徽帮中的一员。② 耿炳文在 1390 年以前一直做陕西的秦王左相都督佥事，徐达沿渭水移师到巩昌（今陇西），所需粮秣由耿炳文从西安发送。巩昌正在临洮的东南，李思齐已在这里集中了他的军队。同时，冯胜军围临洮，在 5 月 21 日终于迫使李思齐投降。5 月 23 日兰州也被徐达的一名部将所攻破，使徐达能放手改攻靖宁州（今平凉）。靖宁于 6 月 8 日失陷。在此后三个月时间中，徐达在今平凉附近的许多

---

① 龙文彬：《明会要》［364］（1887 年；重印本，北京，1956 年），1，第 122—123 页。
② 传记见《明人传记辞典》［191］，第 713—718 页；《明史》［41］，130，第 3818—3820 页。

重要城市转战不休，其中包括北面环河河畔的庆阳。几座城市已被攻下，但它们后来都变成了已"投降"明朝的原来元朝官员的叛乱策源地。因此，它们又必须重新被攻取。但是到了 9 月 22 日，当徐达降伏了庆阳的时候，陕西大部分（包括今甘肃在内）已在某种形式下全归明朝所统治。

在徐达在陕西取得上述胜利之前，常遇春将军已经奉旨北进，参加攻打开平之役。开平是元朝夏宫上都的所在地，位于蒙古。1369 年 7 月 20 日常遇春攻克上都，但不久他于 8 月 9 日去世，这使皇帝极感伤痛。常遇春没有捉住元朝统治者，后者逃往更远的北方，即蒙古旧都哈尔和林。但是，常遇春一直深入蒙古内地，后来率军往东追到后来被称为满洲的地方。他的死使皇帝很伤心，以致在 8 月 25 日闻讯后为之辍朝。当常遇春的遗体运往南京实行国葬时，皇帝出城去龙江——长江上的船坞和京师的军港——以会合送葬的行列。10 月 10 日，皇帝召唤徐达和汤和两位将军回南京参加常遇春的备极哀荣的丧礼。

扩廓帖木儿仍然是使朝廷十分关切陕西和山西的原因，因此当徐达和其他主要将领奉召回南京参加常遇春的葬礼时，扩廓帖木儿乘机骚扰平凉和兰州。兰州顶住了 1370 年 1 月末对它的围攻，因此扩廓帖木儿未收复寸土之地。但是，这个地区还是极其不稳定。其结果是，皇帝在 1370 年不惜花费大量资财去摧毁扩廓帖木儿和元朝在西北的其他捍卫者。

在皇帝关于皇权的观念中，血缘亲王可以起关键性的作用。早在 1369 年他就命令编订一套节制诸亲王权力的条令，并指派他们在帝国的周边担任军事要职。这些条令称为《祖训录》①，是按照 1369 年 5 月皇帝的训谕制定出来的。这样做是为了 1370 年册封诸王子做准备，虽然《祖训录》本文要到 1373 年才予以颁行。

1369 年对明王朝建都于何地的问题进行了大辩论。10 月中旬，决定应以皇帝的故乡临濠县（今安徽北部的凤阳）为帝国的中都。它位于淮河南侧，据说它可以成为主要能从长江下游吸取财富的帝国的

---

① 依字面上说，这就是开国皇帝的训示的记录。

要地。南京位于它南面约 100 英里。大规模的建设施工在临濠进行，以使这个城市能够成为一个合格的都城，但在 1375 年把它定为中都的计划被放弃了，建筑工程也因而停止。从此以后直到永乐皇帝迁都北方为止，南京是明代中国唯一的真正首都。

1369 年秋，皇帝想劝说云南的元朝统治者和四川夏国国君投降于他。他发出劝谕公文，由特选的使节分送各该领袖。[①] 事实证明这种努力未取得成效，对这两个政权的征讨势在必行。

1369 年 12 月皇帝叫他的学者—专家们修订皇帝祭告天地的礼仪，从而表现了他对礼仪加以革新和变通的态度。他决定在那一年阴历十一月十四日行祭天之礼，这一天是月圆的前夕，即阳历十二月十三日。在这个仪式上，皇帝的父亲——庙号仁祖——被尊为配享者。这在历史上还是第一次这样尊崇皇帝的父亲，因此这个礼仪实际上把皇帝的家族抬高到了空前的地位。在这些传统的重要仪式之外，另给皇帝在坛的正南方建了一座特殊殿堂，使他在恶劣天气下能躲避风雨。礼部尚书崔亮是湖北中部的人，从前是元朝官吏，约在 1360 年时投降了明朝。是他援引了宋元时代的前例为证，虽然似有出典，但未必令人信服。[②]

1370 年初，皇帝草拟了最后北伐的计划，目的在清除蒙古政权。1370 年 1 月 30 日，他任命徐达为征虏大将军，即讨伐部队的最高指挥官。汤和、李文忠、冯胜和邓俞（1337—1377 年）——邓俞也是安徽帮的军事领袖之一[③]——等将领均是徐达的部将。北伐的主要目的是要清除扩廓帖木儿在陕西的军事威胁，并歼灭草原上的元朝皇帝。

皇帝的策略是兵分两路。一路大军由徐达和邓俞率领，从西安出发，经过今甘肃巩昌之北的定西，直趋扩廓帖木儿在陕西的部队。另

---

① 谈迁编：《国榷》[489]（约在 1653 年；重印本，北京，1958 年），1、3，第 39—40、401 页。

② 龙文彬：《明会要》[364]，1，第 90—91 页。

③ 关于邓俞的传记，见《明人传记辞典》[191]，第 1277—1280 页；《明史》[41]，126，第 3748—3751 页。

一路大军由李文忠率领北上，通过北京附近长城上的居庸关，准备横跨戈壁沙漠，追击元朝统治者。用这种办法，很可能使元朝君主与扩廓帖木儿彼此不能相救。邓俞因此直接开向在巩昌附近扎营的扩廓帖木儿的部队，并一举击溃了他们。扩廓帖木儿未被抓获，他逃到了沙漠以北之地，但是据说邓俞军队俘获了约 84000 人；这次胜利大大减少了西北地区亲元部队的潜在威胁。邓俞于是更向西进，沿黄河上游地区显示明军的威力。

在这同时，李文忠也北上，直趋山西之北的蒙古境内的兴和。他然后进兵远至开平，即从前的元朝北都——元上都——的旧址。但是，元朝统治者已北遁至应昌，并于 1370 年 5 月 23 日在应昌死去，他的 32 岁的儿子爱猷识里达腊继位。[①] 李文忠终于追上了元朝朝廷，并在 6 月 10 日拿下了应昌城。爱猷识里达腊已设法逃走，但是李文忠捕获了他的皇后、他的儿子买的里八剌、许多蒙古贵族以及元帝的玉玺。爱猷识里达腊逃往漠北，仍被李文忠的部队紧追不舍。他设法摆脱追兵，到了哈尔和林才感到比较安全，他在这里跟扩廓帖木儿的军队会合了。

皇帝是笃信道教的。1370 年，他征召江西龙虎山的道教祖师张正常和道教法师周元真到南京，向他们询问鬼神之理。张正常和周元真在光禄寺受到隆重的接待。对皇帝来说，另一个重要的道教法师和占卜者为张中，此人在 1363 年对陈友谅的大战中的关键时刻曾经帮助过朱元璋。皇帝的学者顾问宋濂此时在翰林院供职，1370 年应皇帝之请写了一篇张中的传记，他利用了 1364 年以来被皇帝保存的札记。[②] 皇帝很重视周元真的情况，我们也是从宋濂给这个道士写的传记中了解到的。[③]

---

① 关于妥懽贴睦尔和爱猷识里达腊的传记，分见《明人传记辞典》[191]，第 1290—1293 页，以及《明人传记辞典》，第 15—17 页。

② 宋濂：《宋文宪公全集》[488]（明初版；重印本载《四部备要》，台北，1970 年），3，第 16—17 页。陈学霖：《张中和他的预言：一位明初道士的传奇的传播》[21]，载《远东》，20，1（1973 年 7 月），第 65—102 页。

③ 宋濂：《宋文宪公全集》[488]，9，第 14—15 页。

1370 年 5 月，皇帝授予他的 10 个儿子中的 9 个儿子——太子除外——以亲王的头衔和藩国。虽然诸王子有几年没有就国，但朱元璋要使他们担负重大的国防责任的计划已是日益清楚的了。他的诸子中主要的是次子、三子和四子：即秦王朱樉（1356—1395 年）、晋王朱棡（1358—1398 年）和燕王朱棣（1360—1424 年）；他们的首府分别在西安、太原和北京。[①] 10 年以后当这些王子成年之后，他们奉父皇之命镇守边疆，与蒙古人相持以兵。他们都是很有本事的人。

1370 年 6 月，皇帝命令重开文官的科举考试。在这一年以前，主要吸收文官的途径是由政府中的个别官员加以荐举。但是，这个制度为政府举用合格人才的人数显然是太少了，因此皇帝要恢复传统的科举制度，以便为公职提供有才之士。1370 年 6 月 5 日的一道诏旨宣布，是年阴历八月将开征科考。[②] 皇帝指示，考试应该包括开始的三场：（1）经义和《四书》一道；（2）论一道；（3）策一道。考试后之第五天，中试者还要经过箭术、马术、书法、算术以及律的知识的测试。皇帝显然强烈地坚持箭术的重要性，因为他在发布诏旨的几天以后又命令国子学生和州县学生都应该对它勤加练习。[③]

皇帝把他作为天子这一角色的精神义务看得非常严肃认真。1370年的大旱使他采取了斋戒沐浴三天的非常措施求神灵降雨。1370 年 6月 24 日，他命令太子朱标及其他王子也斋戒尽礼。正好在黎明前之第四更时候，皇帝穿着素色长袍和草鞋步行去宫外的岳渎坛。他铺上一张席子坐下，然后在烈日中暴晒一整天。皇后和妃子在这一活动中准备了农民的粗粝之食，她们还亲自为此目的下厨。皇帝搞了三天的暴晒仪式，后来又回宫继续斋戒。据记载，五天以后，即 6 月 29 日，阴云密布，次日便需然降雨了。[④]

---

① 《明史》[41]，116，第 3560—3565 页有关于朱樉和朱棡的记述。关于朱棣，见《明人传记辞典》[191]，第 355—365 页。关于诸王在洪武受封的情况，见后文表 1（《蓝玉案件》节内）。

② 《国榷》[498]，4，第 415—416 页。

③ 夏燮编：《明通鉴》[210]（约 1870 年；重印本，北京，1959 年），1，第 247 页。

④ 《明实录·太祖实录》[380]，53，第 1033 页。

皇帝虽然自己表演了祈雨师的角色，但他又采取步骤限制人民的宗教活动。1370 年末，他下令禁止一切非正统的宗教教门，尤其严禁白莲教和明教（摩尼教）。他甚至禁止帝国境内所有人民祭告天地，宣布人民的这种活动为“非法”。他说，只有天子本人才能奉祀天地。平民百姓只准在年终祭拜祖先和灶神，农村中的农民则只准在春秋两季拜土地神。①

当前元朝统治者的孙子买的里八刺于 1370 年 7 月到达南京时，明太祖给了他祖父一个庙号，称为顺帝，这是指这样一个事实：已故中国的元朝君主已顺从天命离开了中国。在正式入宫朝见皇帝时，买的里八刺也被授予封号，并赐第于南京。1370 年 7 月 12 日，皇帝在南郊郊坛把他战胜元朝之事祭告于天。次日，他又在太庙祭告此事。

1370 年夏，旨在恢复受严重战祸之害的地区的经济政策正在贯彻之中。这时推行了开中法，把粮食分配到山西这个萧条和贫困的地区。这是一种颁发凭证的制度，给商人提供了利润的刺激，它诱使商人用自己的资财运粮食到西北去。为了酬报商人水运的粮食，商人们被授以盐引，从而能从政府处买回食盐，然后又在零售市场销售获利。经营积极性很高的商人们发现，他们可以雇佣农民在边境地区种植粮食，因此节省了从内地运输粮食的费用。他们照旧收取盐引：盐引是按照距离边境的远近和交纳谷物的质量来计算的。这个制度刺激了边境的农业生产，也为洪武时期提供了平稳的粮价。②

1370 年政府还采取了另一个措施来整顿帝国的资源。皇帝命令户部要求全国所有户口在当地政府注籍并领取官方的户帖，户帖上面开列成年男子的名字、年龄以及财产。安徽徽州祁门县在 1371 年的一份现存户帖就载明，该户主有耕地 0．854 亩，一间草屋和一头黄牛。因此，户帖制度要求提供和记录国家为制订财政计划而感兴趣的详细的资料。③

---

① 《明实录·太祖实录》[380]，53，第 1037 页；塚本俊孝：《洪武帝与佛道二教》[515]，载《岐阜大学研究报告（人文科学）》，14（1966 年 3 月），第 36 页。
② 见王崇武《明代的商屯制度》[543]，载《禹贡》，5，12（1936 年 8 月），第 1—15 页。
③ 韦庆远：《明代黄册制度》[560]（北京，1961 年），第 19 页。

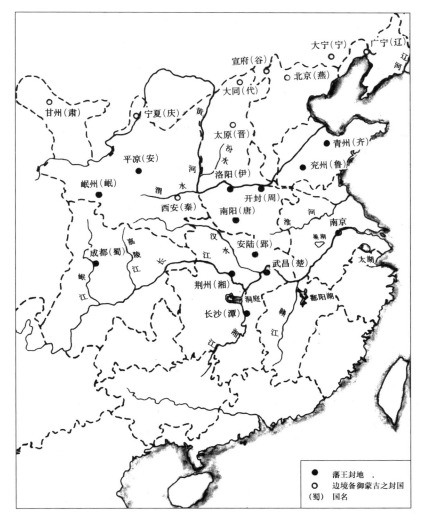

地图 5　明代诸王封地图

　　为了重新搞活他的家乡——安徽凤阳——的经济，1370 年 7
月皇帝命令长江下游地区的苏州、松江、杭州、湖州和嘉兴等县
的约 4000 户迁移到那里去。这些户在本籍都无田地，他们在凤
阳分配到了田地。凤阳在 14 世纪 40 年代曾遭受一系列时疫的打
击，本已人口凋零，在其后的 20 年中又因红巾军的战争而使人

口继续下降。

1370 年秋，北伐胜利军的将领们班师回南京受封。徐达和李文忠于 11 月 25 日抵达南京，皇帝亲迎于城外的龙江地方，以示极大的尊宠。皇帝在南郊按惯例把凯旋之事告天之后，他要宋濂等文人学士详细讨论以一种新贵族制度来酬庸报功；这是皇帝所希望建立的制度。宋濂和皇帝在大本堂——这是举行礼仪和教导太子的殿堂——对这个新制度商讨了一个通宵。① 11 月 29 日，皇帝细心地给徐达、李善长、李文忠、冯胜、邓俞和其他许多领袖们颁授了贵族爵衔。② 位列第三的李文忠负责大都督府，这个职位在南京拥有很大的权势。

或许，皇帝在 1370 年最重要的创举是在皇城东边的宫门内建造了奉先殿。皇帝曾经询问他的学者—顾问们关于皇族奉祀的问题，同时指明已为此目的建立了太庙。但是他认为，在太庙献祭得严格遵守前人的先例，这就不可能每天作家祭活动。他询问，怎样能在阴历每月朔望之际的晨昏行祭拜之礼。他要当时在礼部供职的临海（浙江）学者陶凯找出能做这种祭祀活动的古代先例。陶凯只能找到宋代有此先例，那时曾经修建了一个钦先孝思殿。根据这一点点微不足道的出处，皇帝就命令兴建了这个奉先殿。这个新殿里供奉着明太祖的四世祖考。除每天烧香之外，每月朔望还要给祖先的神灵换上新祭品。在祖先们的生日和忌日都要上供，一切"如家人礼"地办理。有些礼仪从太庙移到了奉先殿履行。③

皇帝很有决心在祭祀之日实行斋戒，作为表率。为了推动这种努力，他命令陶凯铸造一个铜人，手执竹笏，上面刻有"斋戒"二字。他告诉臣下，这个铜像要在他斋戒之日展示在他面前，使之起到提示者的作用。④

---

① 陈鹤：《明纪》[53]（1871 年；重印本见《四部备要》，台北，1965 年），3，第 134 页。
② 《明人传记辞典》[191]，第 885 页；《国榷》[498]，4，第 428—431 页；泰勒：《明太祖与勋贵》[505]，载《明代研究》，2（1976 年），第 57—69 页。
③ 《明会要》[364]，1，第 152—153 页。关于陶凯的传记，见《明史》[41]，136，第 3954—3955 页。
④ 《国榷》[498]，4，第 436 页。

1371—1380 年:帝国的巩固和稳定

四川在 1371 年并入了明帝国。1 月 19 日，皇帝任命汤和率军讨伐夏国；这个夏国在 1366 年以前一直为明教领袖明玉珍所统治，现在掌控在一批控制他儿子朝廷的政治阴谋家手中。[①] 四川忽然间提到明军议事日程的最前面，因为夏国拒绝皇帝假道伐滇的要求。云南这时仍在蒙古统治之下，夏国也有它自己吞并云南的计划。邓俞因此在 1371 年 1 月 20 日奉派领兵前往今湖北汉水上游的襄阳地区，准备在那里为进兵四川之役囤积粮草。

准备工作在 5 月完成，傅友德从北面的陕西进攻夏国的防军。傅友德在 5 月 18 日拿下文州（今甘肃南部的文县，靠近四川边境），并续继南下又拿下龙州（今四川涪江上的龙安）。傅友德从这里再挥兵南下进入四川，最后抵达成都东北 80 英里处的绵州。他的部将蓝玉（1393 年死）与守军进行夜战，迫使他们逃过雒水。[②] 雒水被认为是夏国的主要屏障，所以傅友德带来的威胁引起位于成都的夏国首都极大的关注。傅友德命编造数以百计的木排，准备用它们渡过涨水的河道。这些木排在几个星期内造成，同时军队还建成了一个安全的渡口。与此同时，夏国也从瞿塘调兵来增加防守力量；此瞿塘位于东南 200 英里之处，在今长江上的奉节附近的峡口那里。此举是为了防御傅友德对成都的意料中的进攻，因为傅友德军现在正在汉州（今光汉县）集结，这是位于成都东北 30 英里的主要防御阵地。1371 年 7 月，傅友德军在与瞿塘调来的水军激战之后攻占了汉州。甚至在这些部队从瞿塘撤退以后，汤和的部队也不能跨越三峡以东长江江边的大溪口前进。只有当廖永忠的水军到达以后，明军才能经由此路线突入四川。形成了这样的军事态势以后，两位指挥官分途急趋重庆，廖永忠走水路，汤和走陆路。

[①]　见第一、二章各有关段落。

[②]　他的传记见《明人传记辞典》[191]，第 788—791 页；《明史》[41]，132，第 3863—3866 页。

1371 年 8 月 3 日，廖永忠和汤和到达夏都重庆。15 岁的夏君明昇及其母彭氏投降了。廖永忠于是命令几个战败将领的儿子们送信给夏政府的某些领袖仍在坚守之中的成都。博友德要他们献城投降。在信被送到以前，成都的防卫者希望击败明军，便决定放出他们的受过训练的战象。不料这些动物受惊，践踏了许多夏军士卒。成都守军一听到明昇已在重庆投降，便大开城门也向明军投降了。与此同时，明昇被押送至南京，于 8 月 25 日抵达。

那年秋天，明在成都设立了四川行中书省。明太祖在南京公开处决了夏国的吴友仁将军；在此之前，其余夏军将领则宁愿投水自尽，也不愿被活捉。皇帝的外甥李文忠受命在成都周围监造新城墙。修完了城墙，李文忠返回南京，把戍守的任务留给了皇帝的一个养子何文辉。[①]

1371 年，明政府在制定政治制度的工作方面有了长足的进展。2 月份，皇帝命令每三年举行一次县考和乡试。乡试在 3 月举行，此前不久，皇帝曾去中都凤阳——在淮水流域他出生地的附近——旅行。他只在那里停留了几天，几乎立即折回了南京。凤阳显然无资格做一个令人满意的行政中心。

在这一年的后来日子里，皇帝召道教法师周元真入宫询问雷电的意义。和蒙古人一样，皇帝很怕打雷，这位法师能够解释打雷的本质，认为它是上天和人类之间普遍存在的关系的表现。宋濂记录了他们讨论的某些细节，因为他本人也对道家的思想和道教的传说深感兴趣。[②]

和日本人的关系在 1371 年也有了可喜的转变。皇帝在 1370 年已派遣赵秩为使去访问日本人；日本人在当时的中国文书中被称为"倭"。北九州的日本南朝朝廷的主子怀良亲王差点儿把赵秩杀了。但是，怀良终于同意向明君称臣，并且派了祖来和尚为报聘使，跟赵秩和其他中国被囚者同返南京。为了酬答祖来的聘问，皇帝特派

---

① 《明史》[41]，134，第 3897—3898 页。

② 宋濂：《宋文宪公全集》[488]，9，第 15 页。

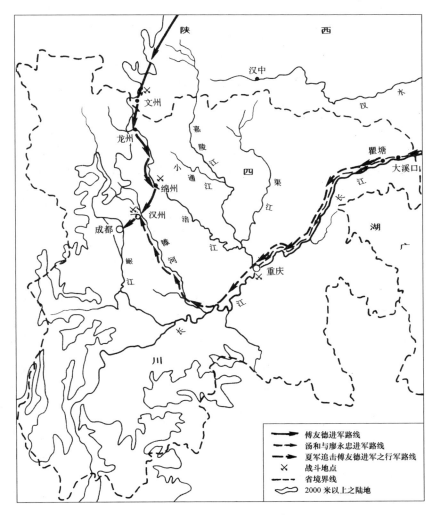

地图 6　四川之役（1371 年）

佛僧祖阐（盛年期 1360—1373 年）于 1372 年率使团到日本。[①]
1371 年为此做了准备工作，1372 年春在南京天界寺举行了盛大
的佛教法事普度会。此会延续了三天，参加的僧众千人，皇帝也

---

① 传记见《明人传记辞典》[191]，第 1314—1318 页。

亲临参与盛会。①

这年 3 月举行的法事并不是洪武帝在 1372 年举行的唯一佛教礼仪活动。从阴历新年正月的十三到十五日（1372 年 2 月 17—19 日）皇帝驾临南京城外蒋山的太平兴国寺参加了一个大规模法会，他本人在佛像前礼佛如仪，听和尚宗泐（1318—1391 年）的说法，并接受天台宗和尚慧日的戒律。②

专门对付蒙古人的军事行动在 14 世纪 70 年代一直在继续进行。一个领袖被制服了，另一个人又顶了上来，所以在北京和山西的明军始终在移动之中。1372 年 3 月，徐达被任命为征虏大将军以征讨扩廓帖木儿（王保保），意在深入蒙古，攻击蒙古首都哈尔和林。虽然扩廓帖木儿的妹妹已在 1371 年 10 月嫁给了皇帝的次子朱樉，但他在 1375 年死去以前迄为明朝的边患。1372 年 4 月，蓝玉将军作为徐达 40 万征讨大军的前锋，败扩廓帖木儿于蒙古土剌河的附近。但是，徐达和李文忠后来进攻哈尔和林时却被蒙古人彻底打败；这时蒙古人已在他们的旧都重整了部队。李文忠这一支人马因蒙古骑兵的攻击和戈壁沙漠的艰苦地形而受创极重。明朝廷就再也没有派军深入草原了。

但在这同时，在甘肃的傅友德和冯胜却战胜了蒙古人。兰州和西凉（今甘肃武威附近）都被傅友德和冯胜清除了亲元的军队，然后他们两人于 7 月进兵甘肃西北的永昌和戈壁边沿上的亦集乃（即居延）。

冯胜的军队是三支主力军中唯一深入蒙古人的老家并在那里取得了军事胜利的部队。他俘获了十余名蒙古军官和 1 万多头牲口（马匹、驼骆和羊群），而且他的部队没有严重的伤亡。

冯胜、徐达和李文忠于 1372 年末奉召回南京，另外，皇帝在 1373 年初决定把当时在位的元君的儿子买的里八剌送回哈尔和林他父亲处。1373 年 1 月 23 日发出了与此有关的一封信。1373 年春，徐

---

① 其中可能有印度僧人班迪达（1381 年死），他率领 12 名印度和尚也于 1371 年到达了南京。自 1364 年以来，他们即在中国的蒙古朝廷内。《明实录·太祖实录》[380]，68，第 1282 页；陈鹤：《明纪》[53]，3，第 18—19 页。

② 《国榷》[498]，5，第 460 页；宋濂：《宋文宪公全集》[488]，7，第 2—3 页。关于宗泐的传记，见《明人传记辞典》[191]，第 1319—1321 页。

达、李文忠和冯胜再受命统领北京的卫戍军。可是从此以后，这些卫戍军不再发挥主动进攻的作用了，他们的职责主要是戍边，以防止元军重新夺取中国的皇位。徐达在秋天返回北方，9 月间赴大同，把边塞地区的居民强行安置到北京附近来。11 月，扩廓帖木儿攻大同，徐达这时已经南移到太原。11 月 29 日，徐达在怀柔（北京东北 40英里处）打了一次漂亮的进攻战，他在风雪之中打败了扩廓帖木儿。

直到 1374 年买的里八剌才被送回蒙古。在这一年的早些时候，蓝玉就在兴和等地和蒙古人打了一系列胜仗，同时，李文忠也在大宁和高州（今承德地区）取得胜利，俘虏了一些元军军官和妃子以及骆驼马匹等等。最后，洪武帝于 10 月 20 日遣买的里八剌返回草原，由从前元朝的两名宦者护送。他给他父亲带回了一封信，皇帝在信中要求他父亲承认明王朝。这封信未被重视，蒙古的政策迄无改变：明政权在草原继续受到先后继任的蒙古领袖的考验。

当扩廓帖木儿于 1375 年 9 月死于蒙古的哈尔和林西北的哈剌那海以后，西部元军的势力削弱了。但是正当西部蒙古人的权力式微之际，前元朝的官员纳哈出（死于 1388 年）领导的东蒙古人在东北继续增加力量。[1] 纳哈出的根据地在松花江流域：他在 14 世纪 70 年代向南扩张到辽东，他在那里直到 1387 年前一直是挑起事端的根源。同时，在陕西北部地区另一位西部蒙古新兴领袖伯颜帖木儿再次形成了蒙古人的威胁——这种威胁自扩廓帖木儿死后本来已趋于缓和。1376 年 2 月，原在延安修建了前哨阵地的汤和奉旨对付伯颜帖木儿。汤和在 3 月份接受了这名蒙古领袖的投降，但是伯颜帖木儿没有就俘，他在 7 月份又再度叛变。留在延安守边的明军将领傅友德设法伏击了伯颜帖木儿，通过他的两名部下使他并非心甘情愿地投降了。

虽然不再有统一协调的蒙古政权威胁新的明王朝，但蒙古人还能在许多地方袭扰边境。因此，明军采取了守势，在 14 世纪 70 年代余下的几年中明军再也没有发动深入草原的重大军事远征了。相反，西藏和云南出现的军事问题吸引了南京政府的注意。

---

[1]　他的传记见《明人传记辞典》[191]，第 1083—1085 页。

127

1373 年 5 月，邓俞和皇帝一个养子沐英[1]（1345—1392 年）受命对西藏进行惩罚性的讨伐，目的在严惩拒不承认明朝统治的一位西藏酋长。讨伐军深入今青海湖地区，甚至西进远至昆仑山。邓俞拼命地追赶这个酋长和他的徒众，斩杀了数以千计的人，俘获了十余万头牲口。皇帝然后命邓俞从这个绝塞地区班师，并召他返回南京。可是，邓俞于 12 月在返回的途中死去，死时年仅 40 岁。沐英在这次战斗中表现出色，被封为侯爵，赐禄 2500 担。他不久又将在明朝建立云南的政权中起重要的作用。

在 14 世纪 70 年代，皇帝每年在不同场合和不同郊坛经常祭告天地。但是在朝廷，对礼仪的关注就让位于重建文官制度的活动了。这位明朝的开国皇帝在他整个在位年间大兴制度，也修改制度。他企图规定政府各不同职位之间的关系。为了达到这个目的，他命令编修条令，使政府官员、皇室宗族和将军们各知怎样行其所事。他计划使王朝避免因不听话的妇女干政而引起的国内问题，作为这计划的一部分，他在 1372 年 7 月设立了一套机构来管理宫廷的女人。[2] 皇帝定下了许多清规戒律，制定了禁止奢侈浪费方面的法令，以限制皇后和其他嫔妃所能起的作用。这个月的晚些时候，他还颁布了《六部职掌》，后来它并入了《诸司职掌》，从而给官员每年的考绩立下了严格的标准。[3]

洪武帝认为皇太子必须习知一些实际的政事，所以他在 1373 年 1 月命令所有官员在上疏言事时都要把意见送到太子之处。1373 年 10 月，皇帝采取了更进一步的步骤。他要求官员们上奏折给太子，以请示最后的决定。他指出，太子长于深宫之中，只有这样办，他死后才会善于治理国家。可是，这个方针为时不长，因为皇帝不久就不

---

① 他的传记见《明人传记辞典》［191］，第 1079—1083 页；《明史》［41］，126，第 3756—3759 页。

② 《明纪》［53］，3，第 22 页。

③ 《明纪》［53］，3，第 22 页，《六部职掌》现已不存。关于它的最初文本，见翟善编《诸司职掌》［17］（1380 年；重印本载《玄览堂丛书》，第 43—50 卷，1940—1941 年；台北重印本，1981 年）；傅吾康：《明史资料介绍》［172］（吉隆坡与新加坡，1963 年），第 178 页。

喜欢他的太子所作的决定了，因此撤销了这个办法。①

　　皇帝一方面抓紧训练太子的问题，一方面他又试图给政府选贤任能。但是，他对科举考试的结果感到不快。三年一试的科考没有产生足够数量的贤才；他认为这只能产生一些书呆子，不能从政。因此，他在 1373 年 3 月废除了科举制，又下令回头改用荐举制。在以后的10 年里再没有举行科考。② 但是，由于国子监在 14 世纪 70 年代拥有数千学子，人才济济，为许多行政职务提供了能员。

　　皇帝也很注意培养诸血族亲王的问题。他设计了这样一种制度：即让诸藩王统率自己的军事部队的古代模式和汉代以来所用的皇权官僚行政体制结合在一起。由于诸藩王在新秩序下拥有这么重要的地位，他不厌其烦地给每个王子配备儒士做师傅，教授他们以忠诚孝顺之道和屏藩皇室之理。但是他不久就知道，这些王子都骄狂无礼，不服管束。朱文正——皇帝之侄——之子朱守谦在 1370 年被提升为王。但朱守谦和他的父亲一样傲慢自大和不守法纪，因此在 1373 年被皇帝贬为庶民。虽然他后来恢复了王爵，但日后有两次被拘禁在家，在押于凤阳。③

　　鉴于王子们的品行不端已如此显露，皇帝在 1373 年命令宋濂和他的礼部尚节陶凯独立地编纂一部关于从前时代亲王的历史教训的教材。宋濂花了 22 天时间搞这本书，并邀集了五六个王府师傅参与其事。于是，陶凯的文本和宋濂等人的文本拼合在一起，构成了《宗藩昭鉴录》；这本书被颁发给诸王子。正像宋濂所解释的那样，"天子如首，诸王如手足，故可称为同气一体。"④

　　另一件名为《祖训录》的更重要的文件于 1373 年颁发，这是皇帝努力了六年的成果。⑤ 它概括了诸藩王的权力和责任。皇帝不断地修改和润饰《祖训录》，它的条文因而时时有所更改。它现存

---

① 《明纪》[53]，3，第 23 页；《明通鉴》[210]，1，第 296 页。

② 《明通鉴》[210]，1，第 303 页。

③ 关于他们的传记，见《明史》[41]，118，第 3612—3613 页。

④ 宋濂：《宋文宪公全集》[488]，8，第 1—2 页；《明通鉴》[210]，1，第 305 页；《国权》[498]，5，第 482 页。

⑤ 正如下面所示，现存的最早文本是 1381 年颁行的修订本。

的最早文本是一篇手稿，日期显然是 1381 年，因此我们不能肯定 1373 年的条款究竟如何。不管怎样，1373 年的条令对诸王府的行政无甚影响；诸王府这时还没有单独设立，王子们尚未离开京师。可是，从《昭鉴祖训录》1381 年初的文本看，皇子们都被授予了他们各自封国的实权。他们拥有相当大的兵权，并且有权审理和判处自己封国内居住在市镇和农村中的平民百姓所犯有的普通刑事和大不敬的案件。可是，像钱财和粮食纠纷这种基本上是民事的案件则由王朝的正式司法机关审理。

藩王们也有权为自己的司署征聘文武官员，而且他们对这些下属的行为也能行使完全的司法权。王子们可以按照训示使用粗暴的刑罚，迫使人民执行他们的命令。在宫内，王子们在朝见皇上时可以就座；他们还可以参加宫廷的盛大宴会；他们也被获准不时地互相拜会。从传统的皇家制度来看，这些特权大多数是危险的和过分的。它们当然不能垂法千年或者千年以上。所以在它们充分实施以前，后来的《祖训录》的文本就砍掉了其中重要的内容。[①]

不仅皇子的教育问题是皇帝这时面临的事情，因为那些新的功臣中间也有不法的和骄慢的人。1373 年，皇帝命令工部起草章程对付这些勋贵的渎职行为。这些条令是以铁券形式公布的：凡涉及这些功臣、他们的家属以及他们庄田的管事有危及管辖下人民的生活或损害王朝财政和徭役事项的行为，有特别惩罚条例来处理。例如，如果这些勋贵的庄园管事仗势欺压当地百姓，那么，他们就要被刺面，割去鼻子，财产要充公，他们的妻儿则要充军到南宁（今广西壮族自治区的南宁）去受监禁劳役的处分。

按照这些条令，任何勋贵之家凡以不义手法或不履行契约而从平民那里取得土地、房产和牲畜，再犯者（无初犯的惩罚）应罚该功臣

---

① 《明通鉴》[210]，1，第 306 页；《国榷》[498]，5，第 485 页；黄彰健：《论〈皇明祖训录〉颁行年代并论明初封建诸王制度》[240]，载《中央研究院历史语言研究所集刊》，32（1961 年），第 119—137 页；重印于他的《明清史研究丛稿》[242]（台北，1977 年），第 31—56 页。

俸禄之半。若三犯,应停发其全部俸禄,而在犯第四次时则应将他削爵为民。任何勋贵之家如果强占山林、池塘、茶园、芦苇沙洲、金、银、铜矿或铁工场,不论它们是属于皇帝的或私人的,犯案两次的均可宽宥。犯第三次可判死缓。犯第四次的,那就要真正判死刑了。①

这种法令事实上是准许功臣们可以犯数量有限的凶残罪行而不受任何处罚。但是,它们也确实限制了"功臣"们的不守法纪的行为。这些功臣们都为皇帝的建立王朝立过功,但皇帝这时几乎不能承担宽恕他们的责任了。在洪武之治的末年,许多这样的功臣被粗暴地清除,只是在1373年这类清洗还不普遍而已。

洪武帝颁布的第一批官方文告之一是在1368年发布的《大明律令》。这部法典包含285条律和145条令,按政府的六部予以排列。②但是,皇帝不久就对律的条文感到不满意,花了几年时间逐条加以修改。③他又命令编纂一部《律令直解》,于1368年刊行。④到了1373年皇帝已经完成了修改此律令的工作,它的修订版颁布于1374年。这次的排列法大大不同于第一版,因为它仿效《唐律疏义》分为12篇。1374年的律令包含606条,其中288条直接移自初版;128条称为"续款",可能是对初期条款的补充;36条称为令,原先已合并在律中;余31条是新增加部分。1376年又做了一次修订,把全部条文压缩为446条。1383年和1389年又修改两次,最后一版共460条,于1397年颁行。⑤

---

① 吴晗:《朱元璋传》[58],第246—247页;《明实录·太祖实录》[480],74,第1379—1380页;泰勒:《明太祖与勋贵》[505],第62—63页。
② 内藤乾吉:《大明令解说》[403],重印于他的《中国法制史考证》(东京,1963年),第91页;《明史》[41],93,第2280—2281页。
③ 《明实录·太祖实录》[380],第1534—1535页。
④ 内藤乾吉:《大明令解说》[403],第98页;《明实录·太祖实录》[380],第431—432页。
⑤ 1389年版本据说保存在朝鲜的1395年版《大明律直解》[286]中,高土褧和金祗编(1395年;重印本,汉城,1936年和1964年)。实际上这个文本包含442条,而1389年版应为460条。1397年版也与此数相同。《直解》在朝鲜文本中是用中朝官体书法——吏读——写的。此种文本于1936年由朝鲜总督府中枢院在汉城重印。它的现代版本是1964年在汉城由法制处出版。在这一版中,吏读字体的《直解》也被翻译成了现代朝鲜文。

洪武帝的文化成就给人印象最深刻之一是他自己注疏了《道德经》，他花了 10 天的工夫写成，其时在 1375 年 1 月 5 日至 15 日。①正像他在此书的序中所说，他曾经在以前读过《道德经》，但他很难掌握它的全部意义。他竭力搜求注疏和关于此书的专门名家，但这些都未能使他感到满意。最后，他花了一段时间深入细致地研习了它的文字，形成了他自己的关于该书意义的结论。他指出，他很关心重刑的效验。它能不能防止人民犯罪呢？他亲眼目睹许许多多证据表明，它不能防止人们犯罪，因为严刑重罚没有使他得到他所希望取得的任何无可置疑的权威。《道德经》说："民不畏死，奈何以死惧之？"②这句话深深打动了皇帝，因为它触及了他的统治方法的根子。在他统治的开始年代，他处死过许多的人。因此他说道："当是时，天下初定，民顽吏弊。虽朝有十人弃市，暮有百人而仍为之。"③

也许皇帝已真正感到胆战心寒，因为大批地处以极刑之举并没有阻止他所认为的胡作非为。1376 年他处死了数以百计的人，因为这些人为了简化申报手续而犯下预先在财政文件上盖印的罪行。这个案件被称为"空印案"。地方官员一直用的是一种方便的老办法，使用盖有钤印的空白的申报表册来上报运送给南京的岁入；在南京则在扣除了运送途中的折耗之后登录实际总数。这样就会消除财政申报中不符合实际的差额，因为地方官员不能预先知道运送的损失究竟会有多大。但是，皇帝对这种办法极为敌视。它的部分原因是，他非常不喜欢蒙古元朝时代已经出现的官僚们的舞弊行为。他严厉地对付带有这种意味的行为。使用空印会给贪污大开方便之门。他不仅严厉禁止使用空印，他甚至把所有在空印表册上有了姓名的官员一律处死。有些

① 《国榷》[498]，5，第 513 页；明太祖：《高皇帝御制文集》[387]，徐九皋编（1535年；重印本，台北，1965 年；重印本，京都，1973 年），15，第 1—2 页。关于对皇帝御注的详细研究，见柳存仁《道藏本三圣注道德经会笺》[352]，载《和风堂读书记》（香港，1977 年），1，第 59—224 页。又见小郎洛瓦《三教合一论与明太祖的思想》[307]，载《哈佛亚洲研究学报》，43，1（1983 年 6 月），第 97—139 页。
② 陈荣捷译：《道德经》（据说是老子所作），第 74 章，载陈荣捷译编《中国哲学资料》（普林斯顿，1963 年），第 173 页。
③ 明太祖：《高皇帝御制文集》[387]，15，第 1 页。

材料说，在空印案中有数以百计的官员被处死。①

皇帝本人对于粗暴地对待空印案中的官员一事请求批评。由于日月星辰发生异样的凶兆，按照传统办法，他在 1376 年 10 月 22 日下诏求官员们直言切谏。叶伯巨的上书是最详细和最具毁灭性的。②叶伯巨当时在山西平遥（太原西南）供职。当皇帝读了叶伯巨的批评以后，盛怒之下下令用枷锁把叶伯巨押解到南京。叶伯巨不久便饿死在狱中。他的批评讨论了明朝统治的三个大问题：分封血亲诸王及其掌管兵权的问题；皇帝信赖严刑重罚的问题；皇帝建立统治的制度过于匆忙的问题。

叶伯巨说，过分热心地分封诸王可能为将来某一亲王僭位创造条件。他剀切地预言燕王终将有争位之举（见第四章）。关于第二点叶伯巨指出，当时的文人认为他们最大的幸运就是没有被招去给皇帝供职。他说，他们之所以那样想，是因为他们确知他们会因自己的努力而被罚作苦役或受笞杖之苦。叶伯巨含蓄地援引空印案为例，他批评皇帝过分地和不近人情地强调单纯的官僚集团的诚实而牺牲了效率，同时他责备皇帝没有能够劝说官员们更加努力地提高公众的道德和风尚。

对空印案展开最详尽批评的是另一位学者郑士利，他也是响应皇帝号召直言极谏而呈上奏章的。③ 他也引起了皇帝的勃然大怒，因而被判处苦役。郑士利争辩说，皇帝对使用空印表册所发的脾气是不讲道理的。这种表册之所以被使用，是因为不用这个办法，对边远县份来说，要申报准确数字得花上一年时间。他还指出，原来并没有反对空印办法的法律，所以皇帝利用有追溯效力的法律来惩办人民是不公正的。但是，他的任何论据都没有受到皇帝重视——总之，皇帝对任

---

① 《明人传记辞典》[191]，第 1575 页；檀上宽：《明王朝成立期之轨迹——围绕洪武朝之疑狱事件与京师问题》[132]，载《东洋史研究》，37，3（1978 年 12 月），第 12—13 页；《国榷》[498]，6，第 542 页。吴晗在他的《朱元璋传》[587]中（第 256—257 页）把"空印案"的日期错误地定在 1382 年。

② 他的传记见《明人传记辞典》[191]，第 1572—1576 页；《明史》[41]，139，第 3990—3996 页。

③ 见《明人传记辞典》[191]，第 1575—1576 页，以及《明史》[41]中的本传，139，第 3996—3997 页。

何不忠的表现都是极其敏感的。

1376—1377 年，皇帝在行政和礼仪方面作了许多重要的改进。其中最重要的改变是建立了 12 个省一级政府，用它们取代了元代的行中书省。这种新的省一级行政被称为承宣布政司；它与 1357 年创立的都指挥使司相平行。①

1376年，两年一度分别举行的郊祀天、地之礼在施行了九年之后，皇帝感到需要加以简化。他坚持说，分别祭祀天和地是不合乎自然的，正如把祖母和祖父分开祭祀一样的不合人情。所以他命令官员们给他找出合祀的历史根据，他同时又要求另造一特殊享殿用于新的"大祀"。第一次这样的祭祀举行于1377年阴历十一月，后来它每年在阴历正月举行。1377年和1378年这种祭祀必须行之于奉天殿，因为新起的大祀殿尚未完工。②

皇帝也改了祭祀社稷神灵的许多细节。他有一般常人的想法，不愿淋雨；1368年他询问官员，如果天气恶劣时在户外进行祭祀，造一个建筑物来保护他是否可行和正确。1369年他建起嘹望祭殿，当他主持社稷坛的祭祀时他就可以在这里暂避了。但是，他在1377年又再做了改动：他得出结论认为，像分开祭祀天和地那样，分开祭祀社和稷也是完全不合情理的。有一名学者马上建议在皇城的午门外建一个合祀之坛。这位学者还建议，社稷坛的祭祀本来属于第二等祭祀，可以提高它的等级为大祀。他进一步提出，合祀的神灵(这里指勾龙和周弃)的位置应该由已故的皇考来顶替。③

这样一来，皇帝的祖先们也在皇帝的祭典中被抬到了重要的地位。皇帝的父亲早已配享了天地。1369 年，皇帝的父亲已配享天于方丘；1370年又使他配享于圜丘。这些步骤把皇族抬到了空前的高度。

---

① 见杨联陞《明代的地方行政》[608]，载《明代政府研究的七篇论文》[263]，贺凯编(纽约和伦敦，1969年)，第1—21页；贺凯：《明王朝的起源及其制度的演变》[267]，载《密歇根中国研究论文集》，34(安阿伯，1978年)，第38—39页。

② 《明会要》[364]，1，第 87 页；《明通鉴》[210]，1，第 180 页。

③ 《明会要》[364]，1，第 87—89 页以下；《明通搽》[210]，1，第 179 页。

胡惟庸的权力在 1376 年和 1377 年开始增长。胡惟庸是安徽定远人，1355 年参加朱元璋幕府，从 1357 年以来便赢得了他的领袖的尊敬。[1] 在 1373 年和 1377 年之间，他是中书省的参知政事；李善长和李文忠在这时的地位比他的更重要。但是，胡惟庸在 1377 年开始得到皇帝越来越多的恩眷。1376 年李善长在他扩大权势的过程中受了一点小挫折，因为他作为左丞相，被汪广洋弹劾为傲慢和不忠。汪广洋是高邮（在今江苏）人，自 1355 年以来即给朱元璋服务。他可能嗜酒，肯定对他的对手李善长怀有嫉妒心理。总而言之，当李善长的跟从者之一胡惟庸升为丞相时，汪广洋就成了胡惟庸的下级助手。派系斗争和官场中的紧张情况开始影响政府的工作。

在面对派系纷争和情报被切断的情况下，皇帝开始扩展权力到情报的搜集和传递程序方面。大约就在这个时候，他设立了一个官署来处理所有的行政的要件；这就是通政司，它应该审查一切命令，并且让"实封直达御前"。[2] 他也第一次命令御史们开始巡行全帝国的地方政府，这样做是想要促进地方上的下情得以上达。[3]

已知的第一次对胡惟庸的攻击是在 1377 年 8 月发动的。胡惟庸已经把他的亲密盟友提到了高级职位上，并且开始驱逐他认为不太会支持他的人。这促使浙江人御史韩宜可在御前当面攻击胡惟庸及其两个盟友。他告发胡惟庸等人不忠于皇上，僭越皇帝权力；他要求皇帝把他们斩首。皇帝对此很愤怒，命把韩宜可交付有司并下狱。但是，这位御史并未被处死。尽管他的行为莽撞，他却活到了为下一代皇帝出力的时期。[4] 这次事件发人深省，因为仅在三年以后皇帝察觉到了胡惟庸的不忠，并且因听说胡惟庸有夺权阴谋而作出强烈的反应。

1378 年，皇帝的次子朱樉和三子朱棡奉命分别前往西安和太原就国。同时，其他四个王子——包括燕王朱棣在内——也奉命前往中

---

① 传记见《明人传记辞典》[191]，第 638—641 页；《明史》[41]，308，第 7906—7908 页。
② 《明纪》[53]，4，第 9 页；《国榷》[498]，6，第 552 页；《明通鉴》[210]，1，第 354 页。
③ 《明通鉴》[210]，1，第 354 页。
④ 《明通鉴》[210]，1，第 354 页。韩宜可的传记见《明史》[41]，139，第 3982—3983 页。

都凤阳居住。凤阳作为皇族的老家在这些年内用作皇子们习武之地，以使他们将来能捍卫帝国境内的各战略要点。

1378年重新开启战端了。当元朝统治者爱猷识里达腊在1378年死的时候，继位者不是在明朝羁留多年而于1374年被送回的他的儿子买的里八剌，而是爱猷识里达腊自己的弟弟脱忽思帖木儿。[①] 虽然明帝遣使赉玺书及谥号，但蒙古人的威胁实际依然存在。可是，蒙古人并不是1378年大规模征讨的对象，这次征讨旨在对付西藏。

1378年11月，已经封侯且有大量俸禄的沐英被任命带领讨伐军去平定西藏和西川。西藏诸教派和明朝廷有联系，因为皇帝在12月派宗泐为使，去求取已在中国佚失的佛经经典。但是，极西部形形色色敌对的集团挑起了事端，因此皇帝决定进兵征讨。沐英于1379年2月在今甘肃洮州打了第一次大胜仗。这时沐英设立了洮州卫；虽然洮州早就被明军拿下来了，但是，直到沐英在1379年在这里的一次胜利才使这个地区完全归于明朝统治之下。深得皇帝信任的李文忠被任命来经管洮州卫。1379年大部分时间都留在那里。他在征讨"藏族十八部"时战绩卓著，但是，这也是他最后的军旅生涯了。他在西行任务结束后回到南京，兼管了大都督府和国子监的工作。到了1379年10月，沐英接连在西藏打了几次大胜仗，俘获敌人3万名和20万头家畜。

1380年：过渡和改组之年

1380年，即洪武十三年，丞相胡惟庸和他的党羽陈宁和涂节以及几千名忠实的追随者都一起被处死。[②] 中书省被废除，同时被废除的还有御史台和大都督府。权力和责任都集中到了皇帝手里：他现在

---

① 传记见《明人传记辞典》[191]，第1293—1294页。

② 关于此案文献的研究，见吴晗《胡惟庸党案考》[588]，载《燕京学报》，15（1934年6月），第163—205页。

既是首辅，又是主要的军官了。胡惟庸的所谓的政变企图的细节仍然是不清楚的，因为围绕着这事件的故事和神秘传说是不可信的和矛盾百出的。皇帝本人承认，在处死胡惟庸以后所发生的可怕的清洗中总共处死了约 1.5 万人。

除了说胡惟庸想搞政变之外，有人举出了各种不同的理由来解释这次大清洗。一个理由是经济方面的。在 1380 年后的 14 年中，有 4 万多人可能丧失了生命。大多数人是有产者，他们的田地可被国家轻易地没收。大清洗还使皇帝削弱了南方人在政府中所施加的影响。[①]但是，搞这种大清洗的主要原因似乎是皇帝的脾性所致。从空印案可知，他深深地厌恶哪怕是不忠和贪污的表现；胡惟庸一案在这方面显示得更清楚不过了。

在 17 世纪所编的"官方"版明王朝的历史中概括了明初的这样一种观点，即胡惟庸等人意在弑君。为了达到这个目的，他们派遣明州（今宁波）卫指挥与日本人勾结。与此同时，有个名叫封绩的人——学者们对于到底有无此人甚表怀疑——据说曾被派到元朝统治者脱忽思帖木儿处传递消息，要求元君出兵支持政变。可是，正是由于胡惟庸本人傲慢自大，阴谋败露。有一天，胡惟庸的儿子在南京坠马，死于路过的马车轮下。胡惟庸杀了马车夫以泄愤。当此事上闻于皇帝时，他大怒，命胡惟庸赔偿马车夫的家属。可是，当胡惟庸请求向马车夫的家属赔偿黄金和绸缎时，皇帝又不许他这样做。这使得胡惟庸害怕起来，因此他和御史大夫陈宁以及中丞涂节阴谋发动兵变。

1379 年末，占城国派使来南京进贡。但是胡惟庸没有将使节的到来奏闻，作为丞相这是失职行为。当皇帝最后终于得知占城国使团抵达南京时，他被激怒了，训斥了胡惟庸及其同僚左都御史汪广洋。胡惟庸和汪广洋透过于中书省。皇帝此时大为震怒，命令处死汪广洋，并囚禁了其他有责任的官员。1380 年初，涂节把胡惟庸的阴谋上报给皇帝。经过了一番调查，皇帝命令处死胡惟庸、陈

---

① 檀上宽：《明王朝成立期之轨迹》[132]，第 6 页。

宁和涂节，哪怕涂节曾禀奏了这个阴谋案件也未被免于一死。这一调查断断续续地进行了十来年；最后，甚至连皇帝最信任的安徽籍顾问李善长也被牵连了进去。

还有一些材料说，胡惟庸以观赏他家中的醴泉为借口，曾约请皇帝驾临他家。胡惟庸准备刺杀君主，但是他的计划受挫，因为宦者云奇跳出来阻挡皇帝临幸与皇宫相距不远的胡惟庸的宅第。这名宦官风闻这个阴谋，以致他激动得讲不出话来，皇帝发了脾气，命人当场痛加责打，但是纵然他被打得几乎臂折，他也拼死地指着胡家住处。这使得洪武帝警觉起来，他登上宫墙看望胡家的地面。他隐隐地看见了胡惟庸暗藏的准备行刺的军队，于是他认识到几乎踏进了陷阱。在这以后不久，胡惟庸便被公开处死了。

尽管这些故事矛盾百出，但最有可能的是，胡惟庸曾经利用权力把自己的党羽安插进官僚体制中，而且实际上已从内部接管了行政大权。[1] 胡惟庸究竟是否超越了他的合法权力而要纠集一个听命于他的文官死党集团并实际上想谋逆，像日益猜疑的皇帝所指称的那样，这一点至今还是不清楚的。皇帝对这一觉察到的威胁的反应是撤销了曾经是胡惟庸权力基地的中书省，同时也撤销了其他一些最高行政机构。这些机构包括大都督府和御史台。所剩下的就是它们下面的一些支离破碎的行政统治机构。军事方面现在改归较低级的五军都督府领导，它们均直接向皇帝负责。御史制度在1382年设立都察院以前一直缺乏统一领导。另外，皇帝在1380年一度撤销过按察司。经过这些改动之后，监察工作中有些未动部分便由新设立的谏院担当起来，但是我们对这个机构知之甚少；它在1382年又被取消了。[2]

取消了中书省之后，皇帝变成了他自己的宰相。这就使他自己肩

---

[1] 明太祖：《御制文集》[392]（明版日期不详；重印于《中国史学丛书》，台北，1965年），2，第13页；山根幸夫：《"元末之反乱"与明朝支配之确立》[601]，载《岩波讲座世界历史》，12（东京，1971年），第50页。

[2] 关于这些变化的讨论，见贺凯《明王朝的起源及其制度的演变》[267]，第42—43页；贺凯：《明王朝的政府组织》[265]，载《哈佛亚洲研究学报》，21（1958年），第27—29、48—49、57—58页；以及他在《剑桥中国史》第8卷中的一章，即将出书。

上的工作量大大增加，这种情况对充满干劲的洪武帝来说也许是合意的，但对以后那些更冷漠的诸帝来说则并非如此。皇帝被这种所谓的阴谋所震动，于是命令他的儿子燕王朱棣住在从前元朝的京师（今北京）。朱棣是一个很能干的人，因此皇帝希望这样安排可以保证帝国北部边疆的安全。为了减少官员和地主之间可能的互相勾结，他采用了一项政策，即让南方人在北方做官，又让北方人去当南方的官。①

后来他显然是对以前的历次清洗感到内疚，就发布大赦诏令，同时为以前使用过坏人、最后别无选择而不得不处死他们的事承担责任。② 可是不久以后，他又编撰了一系列皇谕钦训，以使官员对他的愤怒知所畏惧。它们包括：《臣诫录》，它记录了 212 名违背君命的亲王、高官、皇族和宦者的名氏；③《相鉴》，上面有 82 名历史上的"贤"相和 26 名"奸"相。④ 这两部书在 1380 年印出并颁行全国。在后来的年代中，皇帝又费了很大的劲出版他关于 1380 年事件的看法的著作。1388 年出的《昭示奸党录》公布了皇帝对付据说与胡惟庸有牵连的官员的真情。《清教录》则公布了他对付 64 名与这一阴谋有牵扯的和尚的真情。⑤

为了取代被清洗的官员，皇帝在 1380 年下令要地方官员推荐硕德重望之人来供职。到了这一年的年底，860 名人员被推举和委以官职。与此同时，在官僚的最上层皇帝任命了几名官员特别组成他所谓的"四辅官"。⑥

这个"四"字指四季，这是古代《周礼》上的组织成规，即每一

---

① 《明通鉴》[210]，1，第 373 页。

② 《国榷》[498]，7，第 588 页。

③ 《国榷》[498]，7，第 591 页；《明通鉴》[210]，1，第 378 页。见李晋华《明代敕撰书考》[320]，《哈佛—燕京国学引得丛书补编》，3（北平，1932 年），第 12 页。《臣诫录》[382]原为 10 卷。不全的 5 卷本照相平版印刷本见于明太祖：《明朝开国文献》[388]（明初本；重印本见《中国史学丛书》，34，吴相湘编，台北，1996 年），1，第 415—524 页。

④ 见李晋华《明代敕撰书考》[320]，12；明太祖：《高皇帝御制文集》[387]（1535 年编），15，第 13—15 页，见有关序言；又见明太祖《明朝开国文献》[388]，Ⅱ，第 585—1218 页和Ⅲ，第 1219—1278 页，见洪武版重印本。

⑤ 《明人传记辞典》[191]，第 640 页；李晋华：《明代敕撰书考》[320]，第 12 页。

⑥ 关于四辅官，见《明纪》[53]，4，第 18 页；黄章健：《论明初的四辅官》[239]，重印于他的《明清史研究丛稿》[242]（台北，1977 年），第 57—119 页。

季得任用三名官员。但是，他只为春官和夏官任命了六名官员，这六个人同时兼管余下的秋官和冬官之责。按照皇帝的说法，他们的职责是"协调四时［的工作］"。但是，他们也帮助处理他作为国家首脑的司法工作，并处理一般行政上的文牍事务。当设立这些职位的两年所任命的 9 名官员中，除一人外都是些年长而无任何重要政治和行政经验的学者；有几个人出身于卑微的农家。这使日益感到不安全的皇帝无受威胁之感。此外，关于司法的奏章都直接上达宸听而不必经过此六名官员之手。因此在这个重要方面，这个特别的"内阁"并无多大实权，它绝不能等同于中书省。

总而言之，这六名官员权力只限于给刑事判决翻案，在儒家所讲究的治国平天下方面向皇帝提出建议，对政府各机关所荐举的人的前程作出评价。在一件案子中，当官员们真的推翻了司法判决时，其中四个人迅速被迫辞职，这四个人的某一个人还最终被处了死刑。[①]1380 年取消中书省之后的大改组完全是急不暇择之举，它是通过颁发未考虑行政细节的诏令而逐步实行的。满足平时行政需要的取代办法只能逐步地找到，而且这些办法从来没有完全而合理地形成过。

虽然明朝中央政府有这些实际的问题，但在 14 世纪 80 年代之初皇帝还是能够胜利地结束西南的多次战役。1372 年，皇帝派学者王祎（1323—1374 年）[②]出使云南招降统治云南的蒙古的梁王把匝剌瓦尔密（死于 1382 年）。这个地区主要住的是非汉人的土著——藏缅语系的诸民族，现在仍是忠于元朝的一个行省。王祎 1374 年在这里被杀，这种想用和平手段兼并此地区的外交努力后来被用另一种方式取代，但它在 1375 年也同样没有取得成功。因此在 1381 年皇帝改组了政府之后，他想诉诸兵力来降服云南诸民族，消灭蒙古人对他们西南根据地区的控制。那时，云南的主要城市一为昆明，即梁王宫廷所在地；一为大理，即古代大理王国遗址。虽然它名义上是一个行省并且有血族梁王坐镇于此，但云南地区不像元朝其他行省那样由元朝统一

---

① 四辅官于 1382 年 8 月取消。见《明纪》[53]，4，第 22 页。
② 传记见《明人传记辞典》[91]，第 1444—1447 页；《明史》[41]，289，第 7414—7415 页。

的文武官署统治，而是由梁王松散地统一起来的一些部落组织治理。除了梁王自己的一套统治机构外，还有一个以大理段氏为首的土著的统治机构。必须得战胜这两套组织，才能使云南归并于明帝国。

1381 年 9 月，傅友德被任命为征南将军，蓝玉和沐英两人为副将军。和北伐之战一样，这一次也是皇帝指授征讨的大政方略，而把细节留给将军们自己处理。讨伐军人数达 30 万。皇帝命令主力军应通过湖广省之辰州和沅州（分别为今湖南之沅陵和芷江）接近云南，并指向普定（在贵州省安顺附近）。他们从普定准备直下"云南咽喉"而趋曲靖，此地在云南省昆明之东北约 125 公里。另一支小部队则要从永宁（今四川叙永县附近）前往乌撒（今贵州西部之威宁）。据皇帝计算，当北面的小部队在吸引防军的注意力时，主力军会轻易地攻克昆明。昆明拿下以后，主力军应派兵立即驰援乌撒方面的小部队，但主力军的主体仍应直趋西北 150 英里处的大理。[1]

计划实现了。他亲自给将军们在京师城外的龙江送行。傅友德的军队在 10 月份抵达湖广。12 月，他派遣一支小部队前往永宁和乌撒，他本人则亲统大军按计划开进云南。把匝剌瓦尔密以 10 万人守曲靖，但傅友德和沐英生擒敌将，俘获其众 2 万人。傅友德于是马上率领一支偏师去乌撒，同时，蓝玉和沐英急趋昆明。1382 年 1 月 6 日，把匝剌瓦尔密已逃离昆明城，焚毁了他的龙衣，把他的妻子赶入湖中淹死，他自己和大臣们也都自杀身亡。蓝玉和沐英再移师大理，此城于 1382 年 4 月归降。段氏王朝的头目和他的亲属均被押至南京。

与此同时，麓川（今云南西南部腾冲附近）掸邦土著酋长思伦发（死于 1399 年或 1400 年）被立为平缅宣慰司土司。[2] "土司"是元、明两代在中国南部和西部任命的本地酋长，他们在那些汉民农业人口尚少而不足以为地方政府提供税收基础的地区实施土著人的行政权力。思伦发于 1386 年叛变，因此必须用武力平叛。云南历洪武朝一直是一个军事

---

① 见《明通鉴》[210]，1，第 396 页。
② 关于思伦发，见《明人传记辞典》[19] 中他儿子思任发（1400—1445 年）的传记，第 1208—1214 页。

难题。事实上，沐英以其余年不断举兵征伐撣族和那里的其他少数民族，特别是征讨汉—藏人种的罗罗族（即彝族的旧称——译者）。1383年4月，傅友德和蓝玉从云南被召还，只留沐英在那里镇守，让他做世袭的军事长官，以监督与其他地方省级政府平行的文职行政机构。

1382年，皇帝显然偏施恩宠于佛教，但受到高级官员李仕鲁①的攻击。李仕鲁，山东人，是一位朱熹（1130—1200年）学派的学者。1382年他被任命为大理寺卿。大理寺自1368年以来第一次又开始办公。李仕鲁强烈地认为，皇帝对佛教僧徒尊崇过当。许多和尚被授予政府中的重要职位，还有一些和尚则享有宫中特权。1382年，皇帝改组了监督全国佛教和道教活动的帝国的两个机构，给它们命以不那么刺眼的新名称——僧录司和道录司。

1382年，皇帝命令全帝国崇祀孔子——或许他是把这当做对付儒士批评的一个打狗的肉包子。1369年的政策是只准山东曲阜孔府族长祭孔，现在皇帝一改前辙，要全帝国的一切孔庙都在秋、春两季祀孔。②1382年6月，在他向孔子致敬以后，据说他又亲往国子监讲《尚书》三篇。③后来在9月份，他又重开在前10年已经停止举行的科举。④

不仅是李仕鲁一个人反对皇帝偏爱佛教。他的大理寺下属、学者陈文辉也正式上疏责备皇帝把佛教徒提升到关键职位上。皇帝没有听从他的批评，陈文辉本人因害怕皇帝震怒，就在南京一个桥头跳水自杀了。⑤李仕鲁攻击皇帝弃"圣贤之学而崇外夷之教"。他当着皇帝的面指责他亲近佛教道教；目中无人地掷笏于殿阶的地下，请求退隐。皇帝果然大怒，立命军官们徒手把李仕鲁捶打致死。李仕鲁死于殿陛之下。

李仕鲁和陈文辉的观点是对的，皇帝确实是偏宠佛教僧徒。但是，皇帝之所以如此是因为他有一个把三教（释、道、儒三教）合为一个伦理教义的观点。1382年，福建学者沈世荣被招来南京。他给皇帝讲

① 本传见《明史》[41]，139，第3988—3989页。
② 《明通鉴》[210]，1，第396页。
③ 《国榷》[498]，7，第620页。
④ 《明通鉴》[210]，1，第402页。
⑤ 同上书，第398页。

了许多关于三教合一的道理。① 1375 年，沈世荣曾经请皇帝给《道德经》作注疏，现在做了翰林待诏。皇帝在撤销中书省之后因为急需一些文人学士做顾问，所以翰林院重新充实了起来。

洪武帝的马皇后于 1382 年 9 月 17 日去世。她死之后，皇帝和诸王子更加依赖和尚们参加意见。这些亲骨肉王子都奉旨来南京奔丧。葬礼在 10 月 31 日举行，这时她的遗体被埋葬在孝陵，即皇帝命令在京师东郊兴建的陵墓。皇帝指示每一个王子须选择一个和尚做宗教事务上的顾问，并在返回各自王国时把和尚随身带走。刚从西藏回京的宗泐和尚就皇后葬礼的细节给皇帝出了些主意，并介绍一些有学问的高僧来哗经。其中有陪伴燕王朱棣的道衍参加这些活动。② 当燕王在丧礼过后返回北京时，道衍作为宗教顾问也跟着来到北京。他卜居在一个庙内，不管在燕王夺权以前或以后，他都在各种问题上出谋献计。③ 朱棣后来在叫他还俗和从政时给他赐名为"广孝"。

洪武帝的第一次内阁制试验在 1382 年 8 月结束，那时他废除了四辅官。但是，他马上设立了另外的组织来更加专业化地实施内阁的职责。11 月，在废除了统一的御史台之后，紧接着他又废除了他在 1380 年 7 月建立起来的谏院。然后又设立了都察院，有监察御史 8 人，分巡 12 道。第一批监察御史中有一个学者名叫詹徽（1393 年死），安徽婺源人，是安徽著名文人詹同之子。④ 在几个月以前的 1382 年 10 月，南京吏部曾举行特科考试，詹徽被推荐来应试。通过这次考试，约 3700 名秀才进政府做了官。许多人被任以极其重要的行政职务，其中也有人做了尚书。这次特科选拔的士子论其才干有以下 6

---

① 《明通鉴》[210]，1，第 405—406 页。关于沈世荣，见明太祖《谕翰林待诏沈世荣》，载《御制文集》[392]，（台北重印本，1965 年），8，第 17—18 页。沈世荣著有《续原教论》[467]，其序为 1385 年（出版地点不详，1875 年木刻本）。

② 道衍的传记可见之于《明人传记辞典》[191] 中的姚广孝条，第 1561—1565 页；《明史》[41]，145，第 4079—4082 页。

③ 《明纪》[53]，4，第 23 页；《明通鉴》[210]，1，第 405 页。

④ 关于詹同的传记，见《明人传记辞典》[191]，第 43—44 页，及《明史》[41]，136，第 3927—3929 页；詹徽的传记见《明人传记辞典》，第 35—36 页，及《明史》，136，第 3929 页。

个方面:(1)经明而行修者;(2)擅长书法者;(3)对经书意义有深入了解者;(4)人品俊秀者;(5)有治国才具者;(6)语言有条理者。

但是在关于日常行政的咨询方面,洪武帝没有切实可行的其他途径,而不得不又来依靠特殊的学者—顾问集团——这些人最终组成了非正式的内阁。1382 年 12 月,他设置了大学士之职,其职责是提出建议和批阅国家的公文。大学士们被任命为紫禁城内各宫殿中随时应召的官员:最典型的一个职称便是文华殿大学士。1382 年,皇帝从翰林学士中提升了四名大学士。由于大学士分散在各宫各殿,不聚集在一处,因此不能向皇帝的旨意提出统一的挑战。[①]

1383—1392 年:监视和恐怖加剧的年代

洪武帝显然在 14 世纪 80 年代越来越从他的高级追随者中间发现不顺心的纪律问题,经过了 10 年时间他蛮横地消灭了他们。他的外甥李文忠(1339—1384 年)在 1370 年被封以公爵,年俸高得不同寻常,为 3000 担禄米,1383 年被任命为国子监祭酒。他的这一项特殊任命是要恢复学校中的纪律,因为皇帝得出结论,认为纪律已经极端松弛了。李文忠是皇帝至亲中唯一有点儿学识的人,曾在 1358—1362 年从浙江金华学者胡翰(1307—1381 年)和范祖干学习过。但是从很早时候起,他对他舅父的忠诚就有些不肯定。可是,皇帝还是把他安放在极重要的位置上。1383 年,当他被要求兼任国子监祭酒时,他已经做了大都督。但是到了这一年年终之时,他开始越来越对皇帝持批评态度,并纠集了一些认为他有可能成为皇帝而追随他的人。[②]

当刑部尚书洛阳人开济被捕入狱,而其侍郎和主事在 1384 年 1 月被处死时,这可能给李文忠发出了一个警告。开济在 1381 年中式明经科后就登上了仕途。[③] 他是个极有才干的行政官员。根据史籍所

① 《国榷》[498],7,第 630 页。
② 《明人传记辞典》[191],第 886 页;《明通鉴》[210],1,第 424 页。
③ 他的传记见《明史》[41],138,第 3977—3978 页;又见《明纪》[53],4,第 22 页。

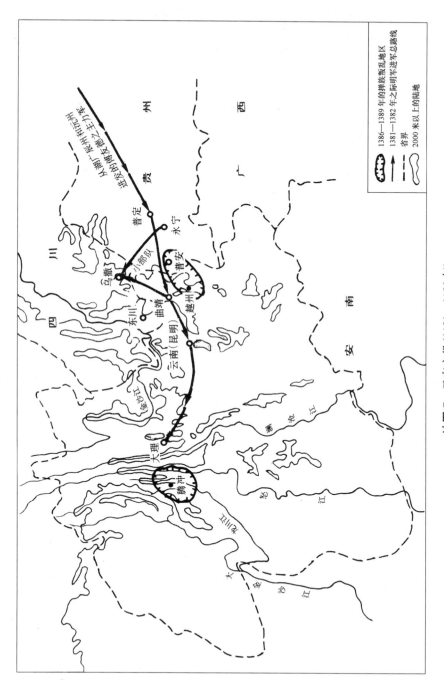

地图 7　云南之役（1381—1382 年）

图例：
- 1386—1389 年的掸族叛乱地区
- 1381—1382 年之际明军进军总路线
- 省界
- 2000 米以上的陆地

（地图上标注地名）：
四川
贵州
广西
安南
云南（昆明）
大理
腾冲
普定
永宁
曲靖
乌撒
东川
越州
普安
从湖广辰州和沅州
进发的博友德之主力军
小部队
金沙江
澜沧江
怒江
大金沙江

载，他擅长搞钱粮和刑名事务，也善于搞大项目公共工程。但是在1384年秋开济被弹劾，说他恶意而残忍地利用刑法制度加害他的敌人。[1] 他曾经很得皇帝的信任；1382年，正是开济给在南京举行的特科考试制定了程式。[2] 但是在1384年，一位御史指责他窜改臣下上报的奏章以诱使皇帝做出错误判断。这些指控马上导致他的垮台。

李文忠也在1384年因为失宠而倒台，并在可疑的情况下死去。据正史中李文忠的传记的作者所说，他曾因皇帝在处理重要政治事务时过于依赖宦官方面，以及因在处死官员和处理其他事项方面批评过皇帝。或许正是这种批评引起了他的事变，虽然他的批评比起从前其他学者们所提出的批评似乎要和缓一些。史料还提出，皇帝可能命令处死李文忠的许多随从者，因为显然他已在他的京师府第中网罗了一大批党羽。[3]

李文忠的指责可能是有事实根据的，因为洪武帝本人最后认定宦官已经取得过大的权势。1384年7月，他下令禁止宦官干政。[4] 可是，作为协助皇帝处理政府文牍的官员，他们是不可或缺的，并且其地位也越来越重要。

尽管皇帝声称要尊重正统做法和力求处事公允，但还是有人批评他方法粗暴。1384年，江西泰和学者萧岐（1325—1396年）呈上了一份长篇奏疏谈为政的10个要点；在奏疏中他指出皇帝用刑过重。[5] 他要求终止这种专断和不正规的刑罚，并且敦促应按照法典来量刑。1385年，另一位江西新淦的学者练子宁（1402年死）也提出了同样是指责性的和直率的批评。[6] 练子宁在1385年通过了会试，然后进

---

① 《明通鉴》[210]，1，第421页；《国榷》[498]，第638页。

② 《明通鉴》[210]，1，第403页。

③ 《明通鉴》[210]，1，第424页。

④ 《明纪》[53]，5，第2页。宦官在洪武年间确实被委以很重要的任务，见黄章健《论〈皇明祖训录〉所记明初宦官制度》[241]，载《中央研究院历史语言研究所集刊》，32（1961年），第77—98页，重印于他的《明清研究丛稿》[242]（台北，1977年），第1—30页。

⑤ 《明史》[41]，139，第3874页；《明通鉴》[201]，1，第431页。

⑥ 他的传记见《明人传记辞典》[191]，第911—912页；《明史》[41]，141，第4022—4023页。

入殿试。他在殿试文章中说，帝国的人才资源是有限的，因此皇帝不应该以琐琐细故便置大批人于死地。他明显地暗示，这在事实上就是皇帝在此时的所作所为。两人都没有因为公开批评皇帝的粗暴统治而受到处罚。

在这些谏议之后不久，皇帝严惩了户部侍郎郭桓。郭于 1385 年 5 月被处死，因为他被指控贪污了 700 万担谷子。数以百计的人受到连累，并被处死。① 这些人包括许多高级官员，例如礼部和刑部尚书以及兵部和工部侍郎。1385 年 11 月，皇帝透露郭桓贪污的数字要多得多。皇帝的《大诰》宣称，郭桓实际上贪污了 2400 万担谷米。原先之所以只宣布 700 万担，是因为怕人们不相信这个实际数字。皇帝指出，腐化的仓库吏员使得这一贪污案件成为可能，他们均已被置之重典。② 到了后来，在 1387 年发布的《大诰三编》中皇帝也承认，他曾经使用过下列大刑，诸如断指、刖足，髡首和黥面等。同时他还承认，"无数之人"已被杀死。③

皇帝在 14 世纪 80 年代就摒弃了他建国初年司法行政的做法。1384 年 4 月，所有查办刑事案件的政府部门都应该迁出宫外，在北面的城墙外建造办公处；北方，乃取其含有严冬、死和刑罚之义。他让刑部、都察院和大理寺重新选址于皇城太平门外名为贯城的新院落里。这是取名于北冕座九星（贯索）。传统上被认为是天上的牢狱。这三个司法机构在 12 月移往贯城，在搬迁的同时还对刑事案件全面进行审议，其中的死刑这时已经判决。④

如果说三法司移址办公意味着对司法机关要从严控制，那么，1385 年春对几名高级官员的处死则加强了这个印象。这年 5 月，皇

① 《国榷》[498]，8，第 653 页。谈迁把这种粗暴办法归因于洪武帝历久不衰地痛恨元代法度和政府纲纪的废弛。
② 明太祖：《大诰》[389]（1385 年）；重印于《明朝开国文献》[388]，1，第 55—56、77 页。
③ 明太祖：《大诰三编》[391]（1387 年）；重印于《明朝开国文献》[388]，1，第 347 页。
④ 见明太祖《谕刑官》，载《御制文集》[392]（1965 年编），8，第 14 页；《国榷》[498]，8，第 641 页。

帝处死了吏部尚书余炕和国子监助教金文征，说他们诽谤了国子监祭酒宋讷的名誉。[1] 审刑院（司）之右审刑吴庸也被处死，因为他被指控在郭桓的案件中使用逼供信的办法。他因此得对许多无辜的人之冤死负有责任。[2]

1385 年春在京师举行了会试，接着在 4 月 10 月举行了殿试。皇帝授予 472 名士子及第；其中便有练子宁，即对他直言无隐的批评者。[3] 皇帝想把这些士子安排在权威的位置上，使他们本人能够效忠于他，能够帮他同既得利益集团的腐化作斗争。在殿试中高第的人们第一次被派往翰林院授职。除了有派任翰林院检讨的人外，其他几个特别有出息和名列前茅的称为庶吉士的士子也被派来翰林院。这就开始了一个在明清两代一直是很重要的做法。[4] 还有一些中式士子则被派往南京各部门去"观政"。在 9 月份，有 67 名以上的进士被派做给事中，分到负责检查事宜的六科和六部工作。他们在这些官署作见习秘书。

1387 年初，皇帝又公开表现了他要改变心意，重新关心司法问题。已拥有特别大的权力的执掌宫禁警卫的锦衣卫奉旨焚毁了它的酷刑刑具。[5] 它对政治犯的残酷讯问早已恶名昭著，而且引起了官员们的不满。

皇帝通过颁布著名的《大诰三编》，继续公开搞他的这种运动以恢复他的威望和权力。他在《大诰三编》中明确地说，他深深关怀他的人民，并且想以仁政治民，但是，为了终止危害帝国利益和安全的活动，他也必须最严厉地惩治不贷。

"大诰"暗指《尚书》中所收古代圣王所作的告示。用这个词来称呼他的公告，这是洪武帝把自己与古代伟大的统治者并列。这些文告中的初编发布于 1385 年 11 月 3 日。帝国的所有学校都得以它的内容考

---

[1] 《明通鉴》[210]，1，第 436 页；宋讷的传记见《明史》[41]，137，第 3952—2953 页。

[2] 《明通鉴》[210]，1，第 436 页。

[3] 《明通鉴》[201]，第 432 页；富路德：《谁是 1385 年的探花?》[190]，载《明史研究》，3（1976 年），第 9—10 页。

[4] 见杜联喆《明朝馆选录》[516]，序，载《清华学报》，新版 5，2（1966 年 12 月），第 30—119 页。

[5] 《明纪》[53]，5，第 7 页。

试学生。它指出了 10 类罪行，并特别指出：如果刑事诉讼中的被告能够背诵它的条文，可以自动地减刑。第二编《大诰》发布于 1386 年 12 月，与第一编的一个再版本一起问世。第三编则问世于 1387 年初。①

三编《大诰》的内容或者是洪武帝自己写的，或者是由他监督官员们写出的。它们表达了皇帝对于帝国内腐败问题的关心，并详细描述了在根除它时准备使用的方法。重点是要惩治地方衙署中的官员和吏胥所犯的罪行，其中包括官僚中这样一些罪行，例如在税款收据上作弊；衙役敲诈勒索；办事无效率，以及简单的办事无能。贿赂可能是最常见的罪行，因此皇帝指出了对付它的四种办法：（1）令贿赂各方负连坐之责；（2）禁止私人和地方官员互相沟通和在他们之间交换所偷之物品；（3）对贿赂双方同样严厉处置；（4）制定条款准许私人径送贪官至京师受审，而无须经过正常的司法程序。②

《大诰》初编授权农村中的长老在地方官贪污腐化和不胜任职务时可直接向皇帝申诉。③ 皇帝在这里指出，地方官员经常利用社学肥己，危害人民。他指责说，只有富人才能使子弟上学。官员们也从家有三四口纳税男子之户敲诈钱财，强迫他们为自己的子弟购买豁免徭役的凭证。④ 皇帝也详细胪举了粮长种种违法的事端，这些人是被委任从农家集运粮课的富户。⑤ 他然后指名攻击了某些官员，如户部尚书茹太素。他批评茹太素蓄意地夸大他的文牍工作的分量。茹太素是泽州（山西）人，1371 年入仕。1375 年他上了一本长篇奏疏，严厉

① 三编《大诰》的序所记的日期分别为 1385 年 11 月 3 日、1386 年 4 月 14 日和 1387 年 1 月 5 日。第二编附有 1386 年 12 月 16 日的一篇题记，皇帝在这里指出头、二编是在这一天一起发布的。第三编之序注明的日期为 1386 年 12 月 22 日，第三编包含有一个内部提到的日期为 1387 年 2 月 17 日（见《大诰三编》[391]，载明太祖《开国文献》[388]，第 400 页），所以它可能在此以前尚未刊印。见昌彼得：《御制大诰前、续、三编叙录》[44]，载他的《蟫庵群书题识》（台北，1972 年），第 45—48 页。
② 邓嗣禹：《明大诰与明初政治社会》[509]，载《燕京学报》，20（1936 年），重印于明太祖：《明朝开国文献》[388]，1，正文前的材料，第 1—26 页，特别是第 11—12 页。
③ 《大诰》[389]，第 42、49—50 页。
④ 同上书，第 48 页。
⑤ 同上书，第 63 页。

地批评了皇帝的行政工作。他指责说，政府中只有百分之一二的能员还活着，其余人都在历次清洗中丢了性命。茹太素指责说，剩下的在政府中工作的人都是不值一提的无能之辈。1385 年，皇帝又同样指责茹太素为无能之辈。[①]

皇帝在《大诰二编》中谈论了安全部队和衙门官员中的腐败问题，并且显示了他对全国各县的情形了解得很详细。他表扬了一个名叫陈寿六的人：他和另外三个当地的人一起抓了一名衙门胥吏，并且把他送到南京受审。他们随身带了一本《大诰》初编作根据。皇帝嘉勉了他们，复其户三年，并警告说：将来如有人胆敢侵扰陈寿六及其同伙者，将灭其族。[②] 皇帝批评了嘉定县（今江苏）的粮长们，说他们别出心裁地发明了 18 种名目的苛捐杂税。[③] 他指出，不计其数的地方巡捕曾经拒不准许乡村长老把犯罪的胥吏扭送到南京来受审。他下令砍了一个这样的巡捕的头，并将他的头在市场上示众；对有问题的胥吏则剁了他的脚。[④] 总的说来，皇帝对监狱的管理和大辟中应该进行的验尸工作都给予高度的重视。[⑤]

从《大诰续编》可以看出，皇帝对他的严刑峻法也是有些悔意的。重刑并不能完全把人民吓得不敢去做错事。他反复强调他在注释《道德经》中的话："吾为政愈严，犯法者愈众。"于是他不无遗憾地指出："朕如宽厚行仁，人将谓朕不明于事；朕如加严，人又指之为暴矣。"[⑥] 因此到了这个时候，他敏锐地意识到他的权力再大也是有局限性的。

《大诰三编》包含了一份"坏"进士和"坏"监生的名单。[⑦] 他

---

① 《大诰》［389］，第 73—74 页。关于茹太素的传记，见《明史》［41］，139，第3986—3987 页。

② 明太祖：《大诰续编》［390］，1386 年，重印于《明朝开国文献》［388］，1，第 112—113 页。

③ 《大诰续编》［390］，第 123—124 页。

④ 同上书，第 163—164 页。

⑤ 同上书，第 152—154、161—162 页。

⑥ 同上书，第 219 页。

⑦ 《大诰三编》［391］，第 276—314 页。

下令将 68 名进士和 53 名监生处以死刑；5 名进士和两名监生被判处流放；70 名进士和 12 名监生被判服苦役。在这件事情以后他怕读书人会为之胆落，皇帝便附发了一道诏令。如有才之士拒不奉召来给政府服务，则应处死。他指出，"率土之滨，莫非王臣……寰中士夫有不为君用者即有背[孔子之]教，杀而籍没之不为不公。"[①] 他又指出，为了处理郭桓的贪污案件，他不得不使用法典上无明文规定的严厉刑罚。[②]

这样严厉的词句必然使那些可能为皇帝服务的文人们感到胆战心惊。4 名御史的被判凌迟处死和 14 名御史戴上枷锁（包括不幸的茹太素在内，他已在《大诰初编》予以提及）的详尽的案情，必定加强了他们逃避来政府服务的决心。[③] 皇帝绘声绘色地谈到了一个特别令人产生憎恶心理的故事，此即关于一个已被锦衣卫带入宫内的贩毒商人的案件。皇帝命令他把他所卖的毒品服下，并在毒性发作时询问他这种毒品的成分。皇帝又问他关于解毒药的事情，在听取了它的制造详情后及时制出。他一直静观，直到这个商贩极度痛苦时才让他吞服解毒药。第二天，这商贩已从毒性中恢复过来，皇帝才把他杀头，并把头悬于杆上示众。[④] 皇帝还利用《大诰三编》继续指责胡惟庸的支持者，如林贤。[⑤]

我们不能肯定洪武帝的《大诰》流传有多广，但从当时的一首诗知道它广为人知。武进（今江苏）人谢应芳（1296—1392 年）在洪武朝一直是一位隐居的学者，[⑥] 他写了一首题名为《读大诰作巷歌》的诗。据这首诗说，连农夫也熟悉《大诰》的文字：

> 天语谆谆祸福灵，
> 风飞雷厉鬼神（惊）听。
> 挂书牛角田头读，

① 《大诰三编》[391]，第 343—344 页。
② 同上书，第 347 页。
③ 同上书，第 403—407 页。
④ 同上书，第 360—363 页。
⑤ 同上书，第 327—330 页。
⑥ 传记见《明史》[41]，282，第 7224—7225 页。

且喜农夫也识丁。[1]

尽管皇帝在对待他认为不忠的人时采取粗暴办法，但批评者还是不断地涌现。1388年，最雄辩的才子出现了，他就是年方20的青年人解缙（1369—1415年）。这位才华横溢而勇敢的人在1388年中了进士。[2] 皇帝对这个早慧的年轻人感到很奇怪，约他上朝陛见。解缙利用这个机会尖锐地批评了皇帝的统治作风。

解缙一方面承认皇帝在统一国家、恢复经济和消除一些浪费和颓废的习俗方面取得了明显的成就，同时也批评了司法制度。特别是解缙批评皇帝无休止地和无法预料地修改法典，他说道：

> 臣闻令数改则民疑，刑太繁则民玩。乃国初至今二十载，无几时无不变之法，无一日无无过之人……尝闻陛下震怒，诛锄奸逆矣，未闻诏书褒一大善……或朝赏而暮戮，或忽死而忽赦。

解缙接着说，没有人敢批评皇帝这些错误统治的方式，因为大家都怕皇帝会勃然大怒：“谁不愿父母妻子安荣哉！”

他对这一点还发挥说：

> 所以谏诤固难，总缘祸衍不测。入人之罪，或谓无私；出人之罪，必疑受贿。逢迎甚易而或蒙奖，营救甚难而多得祸。祸不止于一身，刑必延乎亲友。谁肯舍父母，捐妻子，批龙鳞，以犯天怒者哉！

解缙要求皇帝在许多方面改革他的统治，停止使用“胁迫及法外之刑”。他坚持皇帝应该废除刑事犯罪的连坐法。[3]

---

[1] 谢应芳：《龟巢稿》[229]（约在元末；重印于《四部丛刊》第3集第37卷，上海，1936年），8，第13页；见罗炳绵《明太祖的文学统制术》[361]，载《中国学人》，3(1971年)，第40页。

[2] 传记见《明人传记辞典》[191]，第554—558页；《明史》[41]，147，第4115—4122页。

[3] 《国榷》[498]，第684—686页。

解缙可能由于年轻而免了一死。皇帝对他的陈情置之不理,解缙最后在永乐皇帝手下做了重要的士大夫。但解缙的批评概括了当时士人对洪武之治的看法。一位现代的历史学者曾经指出:正是在 1385—1387 年之间皇帝重新思考着制度的形式并着重指出了法律的至上地位的时候,他使用了最无情的法外诸刑罚。[①]

当 1385 年 9 月开始准备对蒙古领袖纳哈出发动最后攻击时,高级将领冯胜、傅友德和蓝玉奉命掌管北京的卫戍事宜。但是因其他军事优先事项的插入,反对纳哈出的决定性军事行动推迟了一年半。云南西部的掸族和缅甸的阿瓦邦"土司"思伦发在 1386 年 1 月兴兵叛乱,冯胜被派率 10 万人前往镇压这次叛乱。云南越州地区的罗罗人在 3 月间叛乱,傅友德必须被派往予以平定。1386 年夏,傅友德进入云南西部,帮助沐英平息东川的一起骚乱。因此,要到 1386 年 12 月皇帝才能实际上命冯胜率大军 20 万去对付蒙古人。冯胜的部队在 1387 年 1 月与副将傅友德和蓝玉一起出发,首先驻兵于北京之东的通州。他们的最终目的地是纳哈出的金山大本营,此地在今沈阳之北约 70 英里处。这次征讨的方略也是皇帝自己制定的。

冯胜把大军暂时留驻通州,他派蓝玉和一支骑兵部队突袭扎营在庆州(今辽宁林西附近)的蒙古部队。蓝玉乘下雪之时进行了这一战斗行动,擒获蒙古人的太尉和许多马匹以及俘虏。快到 3 月底的时候,冯胜领兵出关外,加强了大宁(今辽宁凌源之西北)和这个地区其他前哨阵地的防务。他们留 5 万军队驻守大宁,主力部队继续向东北前进。7 月间,冯胜宿营于金山之西。他于是把纳哈出从前的裨将乃剌儿送还给纳哈出,此人是明军在 1376 年俘虏的。乃剌儿被俘后,他在明军中做了一名低级军官,被赐以妻妾和田地住宅。1387 年冯胜送他回纳哈出处时还附有一信,他敦促这位蒙古太尉投降明军,并拥戴中国的新王朝。乃剌儿的外交辞令使纳哈出在 10 月投降了蓝玉。纳哈出及其 6500 多名军官和家属被送往南京;纳哈出本人被封以侯爵、禄米 2000

---

① 黄章健:《大明律诰》[245],载《中央研究院历史语言研究所集刊》,24(1935 年 6 月),第 77—101 页;重印于他的《明清史研究丛稿》[242](台北,1977 年),第 155—207 页。

担，并在江西赐以公地作为庄园和在南京赐有宅第。他在 1388 年 8 月 31 日死于武昌，可能是醉酒而死；他被埋葬在南京城外。①

这次胜利之后，冯胜似乎正处在他荣誉的顶峰时期，但不久就被皇帝所抛弃。或许洪武帝认为冯胜是他权力和威望的对手，但是也有可能皇帝确实不喜欢人们认为的冯胜的那种骄傲自大和不端行为。关于冯胜行为不轨的报告于 10 月份送达皇帝。皇帝把他召回了南京，并收回了他的象征权力的印信。② 冯胜到达南京时护送着纳哈出和一批蒙古投降人员，皇帝在 11 月就命他去中都凤阳居住。他被削去兵权，同时又被剥夺了河南的封地。这一调动有效地切断了他和住在开封河南的周王朱橚（1361—1425 年）的密切联系。③ 周王的妻子是冯胜的一个女儿，他们已在 1378 年结婚，那时冯胜驻兵于此，为当地的守备。朱橚和冯胜之间不同寻常的密切接触可见之于下面的事实：1389 年，皇帝严厉惩戒了周王去凤阳秘密会见冯胜。因此，冯胜的被疏斥可能是皇帝疑心这名王子与这位将军之间存在着危险的军事联盟。

冯胜还不是 1387 年以凤阳为安全居住地方的唯一将军。甚至皇帝的童年伙伴汤和也在 12 月从浙江沿海——他在沿海筑城和戍守以防备海盗——回到凤阳，自动地隐退。④ 很清楚，他是想退出现役。他在 1390 年中风，后来一直在凤阳不问世事。以迄 1395 年去世。

蓝玉却仍在服现役。1387 年 12 月，他奉命追击蒙古统治者脱忽思帖木儿和他的将军们。⑤ 蓝玉是当时明朝在北方位高权重的将军。1388 年 5 月，他率领大军 15 万横跨戈壁至北京以北约 500 英里处的捕鱼儿海，打垮了蒙古军队。脱忽思帖木儿和他的长子天保奴逃走，但

---

① 《明通鉴》[210]，1，第 451 页；司律思：《〈明代的中蒙关系，Ⅰ〉洪武时代（1368—1398 年）在中国的蒙古人》[457]，载《中国和佛教文集》，11（布鲁塞尔，1956—1959 年），第 77、115 页；《国榷》[498]，9，第 673 页。

② 《国榷》[498]，9，第 673 页。

③ 传记见《明人传记辞典》[191]，第 350—354 页。

④ 《国榷》[498]，9，第 688 页。

⑤ 《国榷》[498]，8，第 676 页；司律思：《洪武时代在中国的蒙古人》[457]，第 81 页。

是蓝玉设法捉到了他的幼子地保奴。脱忽思帖木儿后来被一个亲属所杀害。在这一次胜利中蓝玉俘虏了蒙古统治者 100 名家族和随从、约 3000 名王子及其部属、蒙古营帐中的 7.7 万名男人和妇女、各种不同的关防印信，以及 15 万头牲口。

蓝玉在蒙古取得殊勋之后即被召回南京。他在 1388 年 9 月 25 日抵达南京，次日陛见时接受皇帝所赐的荣誉。但是，皇帝的褒赏之词中也略寓儆戒之意。皇帝曾经听说蓝玉纳某些原来元朝的公主和宫女为妾；脱忽思帖木儿的儿子地保奴事实上为此事抱怨过。有一个这样的妇女后来自缢而死，或许她是遵照蒙古习俗，即君主之妻在君主死时应自杀而亡。皇帝听到这些报告后很不高兴，因此拖延了几个月，直到 1389 年 1 月才把蓝玉晋升为公。虽然皇帝不喜欢蓝玉的个人品行，但他很看重他的军事成就。他对蓝玉和他的某些下属大加赏赐，并且在奉天殿隆重赐宴。①

正在这时，皇帝颁行了《武臣大诰》。和他的其他《大诰》一样，这份《大诰》列举了皇帝已经审理和判决的个别贪污官员的罪行。它和从前发布的《大诰》不同之处在于，它是用汉语白话文写的。据皇帝解释说，他之所以这样做，是要让所有的军职人员都能读懂它的内容。他尽量避免使用"秀才之文"，即文人学士所用之古文。据这份《大诰》所记，皇帝治狱的对象是在各不同的卫中服役的中、下级军官，因为他们利用权势欺压当地的人民和士卒。②

为了对付中国西南部的叛乱，傅友德已在 1386 年夏天被调到东川。但是在 1388 年之初，反对掸族的边境战争在麓川变得恶化起来。思伦发在 2 月间发起攻击，但被沐英的军队打退。但他在 4 月又投入更多的兵力进攻，这一次有 30 万军队和 100 头战象。沐英用大炮和连

---

① 《国榷》[498]，9，第 690 页。

② 叙的日期是洪武二十年阴历十二月(1388 年 1 月 10 日至 2 月 7 日)；《武臣大诰》重印于《明朝开国文献》[388]，1，附录，第 1—44 页，这个文本显然是北京图书馆所藏的印刷版的 20 世纪初的手抄本。见张伟仁编《中国法制史书目》[43](台北，1976 年)，1，第 134 页。《明朝开国文献》的编者关于此文本的出处并未提供任何信息。谈迁定此《大诰》的日期为 1388 年 8 月 16 日。见《国榷》[498]，9，第 689 页。

弩还击,用三个纵队的士兵来进攻。掸族叛乱者在 5 月间的大战中被遏制住了。思伦发损失了 4 万余人和 37 头象,但这位掸族领袖却未被抓获。① 快到 7 月底之时,傅友德统兵进击东川的罗罗叛乱者。这次遭遇战没有取得决定性胜利,沐英不得不在 9 月份增派援军。10 月份,沐英与傅友德合兵一处来打阿资——即刚刚死去的越州"土司"的儿子。1389 年 1 月,阿资攻下了普安,并且成功地顶住了傅友德的一次想收复它的尝试。在重新调集了军队之后,傅友德设法从普安赶走了阿资,俘获了约 1300 名叛乱分子。阿资逃回了越州,但是他在下个月终于投降了。

沐英请求朝廷在越州置卫,以作为明朝在云南那一地区的防御堡垒。傅友德在 8 月份从云南召回了他的军队,让沐英指挥当地的战事。沐英本人在 11 月奉旨晋京。皇帝赐宴于宫中,赏给他黄金、纸钞和丝绸。皇帝奖誉他说:"使我高枕无南顾忧者,尔也。"②

掸族酋长思伦发在 1389 年 12 月初投降,麓川因此平定。1390 年 1 月,皇帝大封 57 名有功的将领和官员,傅友德也在其中。③ 以后不久,傅友德被派往北京协助燕王进行即将来临的征伐蒙古之役。

燕王朱棣和晋王朱棡尚未在边境的实际战阵中经受过考验。1390 年初,皇帝下令他们合兵一处,以消灭前元丞相咬住和他的军官乃儿不花。傅友德奉指示随朱棣统率北京的军队,另一将领王弼则被派往协助朱棡和山西军队。④ 王弼是安徽临淮人,曾随傅友德和沐英在 1381 年远征云南;还曾随冯胜进行促使纳哈出投降的 1387 年之战。⑤ 1388 年当蓝玉出色地向捕鱼儿海挺进时,王弼是他的前锋。他的女儿嫁给了楚王朱桢(1364—1424 年);楚王是 1381 年去

---

① 《明纪》[53],5,第 10 页。
② 《明通鉴》[210],1,第 467 页;《明纪》[53],5,第 16 页;《明通鉴》[210],1,第 474 页;《明人传记辞典》[191],第 1081 页。
③ 《国榷》[498],9,第 700 页。
④ 《明纪》[53],5,第 18 页;《明通鉴》[210],1,第 476 页。
⑤ 传记见《明史》[41],132,第 3862—3863 页。

武昌就国的。^① 傅友德和王弼这两员身经百战的将领此时受命听两位王子的节制。在 2 月份，另一位王子，即皇帝的第七子齐王朱榑（1364—1428 年）——他在 1382 年就国于山东青州——也奉命率亲兵北上驰援朱棣。^②

当这三名王子在北方边境执行军事任务时，第四位王子朱椿（1371—1423 年）也开始过问他封国的事务。蜀王朱椿在成都。他为人很有文学才能，并且喜爱文事。他 1385—1390 年住凤阳，至此才被皇帝派驻成都。当西藏人在 1390 年侵袭四川时，蜀王请求皇帝派四川地区的左军都督、合肥（安徽）人瞿能去讨平他们。瞿能的派遣很及时，他在蓝玉的指挥下在春天开始行动。^③ 因此，虽然蜀王并未亲理军务（事实上他主要还是一位学者王子），但是，他也正在获得一些指挥上的知识。明朝几个第一代的王子正到成年期，这一代的成员们开始在帝国的生活中取得重要的个人地位。

1390 年 4 月，朱棣和朱桐跨过边境，进入蒙古，搜寻乃儿不花。当朱棣得知乃儿不花扎营在迤都山的时候，便挥师顶风冒雪急进，使乃儿不花和咬住同时投降。乃儿不花后来再度叛明，但朱棣在这次战役中的表现显然给了他父皇以深刻的印象。皇帝把这次胜利和确保戈壁沙漠的安全都归功于朱棣。皇帝批准朱棣把蒙古降兵收入他自己的屯卫编制之中，这就大大地增加了燕王的兵权，也使得他在 1399—1402 年的内战中占有战略上的优势。据史料所说，乃儿不花和咬住投降时带领的部下有 1 万人。^④

可是，并不是诸王子都很得意。1390 年 4 月，皇帝的八子朱梓

---

① 《明史》[41]，116，第 3570 页。

② 《明纪》[53]，5，第 18 页；《明史》[41]，116，第 3573 页。

③ 《明史》[41]，117，第 3579 页。当他于 1385 年和 1390 年间在凤阳时，他聘请了金华学者苏伯衡（1329—1392 年？）为顾问；当他就国于成都时便与苏伯衡的朋友和宋濂的弟子方孝孺（1357—1402 年）有往来。关于苏伯衡，见《明人传记辞典》[191]，第 1214—1216 页，《明史》，285，第 7310—7311 页；关于方孝孺，见《明人传记辞典》，第 426—433 页；以及《明史》，141，第 4017—4020 页。

④ 《明通鉴》[210]，1，第 479 页；《明纪》[53]，5，第 19 页；司律思：《洪武时代在中国的蒙古人》[457]，第 116 页。

（1369 年生）和他的妻子於妃都自杀身死。朱梓的妻子是一位军官的女儿，这个军官被牵连进了胡惟庸的案件中。对胡党的清洗在 1390 年又恢复了；许多人受审和被杀。朱梓在 1385 年就国于长沙，这时皇帝召他们夫妇从封地来南京禀报事宜。他们两人害怕皇帝的狂怒，自杀于长沙，皇帝也就趁势废除了这个王国。[①]

对胡惟庸党的第二次清洗甚至把为洪武帝长期担任文官的李善长卷了进去。[②] 李善长的侄儿娶了胡惟庸的姐姐，当胡惟庸叛逆案于 1380 年被告发时，就有人控告李善长也不干净。那时皇帝对这些控告尚未有所举动，因为他显然认为它们查无实据。1385 年又有人重新掀起对李善长的控告，但是又和上次一样，皇帝仍不愿对此有所行动。可是在 1390 年 6 月，一名御史弹劾李善长，说他在 1379 年曾派使者以胡惟庸的名义送了一封信给蒙古人。根据这份弹章所说，蓝玉在 1385 年在北方征讨蒙古人的战斗中曾捉到了这个信使。但是御史说，蓝玉关于此事的奏报被李善长暗中扣下了。揭发材料还涉及李善长的一个弟弟和他的两个儿子。主审此案的官员是詹徽：此人原是李善长的宿敌，他很快做了刑部尚书兼左都御史，这两项官职兼于一身使他在法庭上权力很大。

李善长在 1390 年 7 月被迫自杀。他的妻子、亲属和家中的 70 余口均被处死。在许多不利的揭发被公开和许多证人都证实他有罪以后，李善长"供出"了自己的罪行。在对胡惟庸案清洗扩大化的时候，与李善长一起丢掉性命的人中有许多侯爵。皇帝在总结这件案子时，亲笔写下了《奸党昭示录》的第三个版本。[③]

对于李善长的审理，还是免不了有某些文人学士的批评。解缙从前曾上书严厉批评皇帝治理国家的方法，现在他又上条陈，严词切责对李善长的不公正做法。他代工部郎中起草了这篇奏章，并且即以工部尚书的名义上报。但是，它是解缙实际执笔的，这件事并未被隐瞒下

① 《国榷》[498]，9，第 705 页；《明纪》[53]，5，第 19 页；《明史》[41]，116，第 3574—3575 页。
② 《国榷》[498]，9，第 707 页；《明纪》[53]，5，第 20 页。
③ 《国榷》[498]，9，第 708 页。

来。皇帝没有怪罪解缙的说法,它主要是讲李善长一案很难服众。解缙指出,李善长决无犯他坐之以罪的那些罪状的动机;他不能从这些罪行中获益,因此李善长案于理不通。但是,正如明朝历史学家朱国祯(1557—1632 年?)所指出的那样,胡惟庸犯的是叛逆罪,其志在搞政变。朱国祯进一步指出,李善长想保留有选择余地的自由;这在实质上并且自然而然地是一种罪行。①

对于胡惟庸党羽的迫害接着继续了几年。1392 年,出身于安徽的一位军事领袖周德兴因他儿子行为不谨而被处死;他的儿子可能也与胡惟庸事件有牵连。② 取得很大军功的合肥(安徽)人叶昇也被处死。③ 1392 年,工部尚书秦逵因被连累进了胡惟庸案而自杀。④ 除了卷入胡惟庸案中而被处死的人之外,还有许多高级而显赫的人物也在 14 世纪 90 年代被杀掉。

政治生活中这些残酷的方面在 1392 年曾被一名山东籍的国子监监生周敬心所批评;他在奏疏中批评皇帝以粗暴手段治理政府。他说,除非皇帝改弦更张,明王朝不会长治久安。他指出了实施大镇压的几个年份:1371 年,帝国的所有官员和吏胥都受到调查;1381 年,胡惟庸党被宣判有罪;1386 年,被认为是长期为害人民的祸首的官员们被逮捕;1390 年,以莫须有的罪名大批屠杀官员和平民。⑤ 据说,皇帝同意周的看法,这又一次表现了他的不可捉摸的脾性。

太子朱标在短期生病之后于 1392 年 5 月 17 日猝然死去。他在 1391 年被派往陕西,"宣抚"那里的人民,并决定西安是否可作为明朝的京师。皇帝曾经认为,陕西是帝国最安全的地带,因此作为首都可能远比南京更适合。政府中至少有一位御史持这种意见。太子于 12 月回到南京,呈上了陕西的地图和一份关于西安或其他正在考虑的城市

① 《国榷》[498],9,第 716 页。
② 传记见《明史》[41],132,第 3361—3862 页。
③ 传记见《明史》[41],131,第 3855—3856 页。
④ 传记见《明史》[41],138,第 3974 页。
⑤ 《明纪》[53],6,第 7 页;《国榷》[498],第 734—735 页;传记见《明史》[41],149,第 3998—3999 页。

的意见的奏疏；他的建议，如果有的话，未为人所知。1月间他生了病，春天就死了。皇帝因哀痛而辍朝12天，在这期间他和他的主要顾问们讨论了谁可入承大统的问题。①

一个皇位继承的天然竞争者可能就是马后的次子朱樉。但是，1384年就已进入翰林院的湖广人刘三五（1312—1399年）建议说，朱标的儿子应该继承帝位。② 因为这样做就可以使朱标的统绪不致中断。争论的实质是君主的性质问题。朱标的教养是文人型的和"右文"的君主，但朱樉跟他兄弟朱棣一样是个赳赳武夫。朱樉和朱棣现在都在北方边境上，雇用了许多蒙古人；朱棣本人可能还是皇帝的一个蒙古妃子所生。另一方面，朱标受饱学之士教育最多，其中包括明初的大学者宋濂在内。朱标的儿子朱允炆（1377—1402年）极像他的父亲——显然也是个文人，这种人治理国家可能用"文明"德化之治，而不是用以粗暴镇压为能事的"军事"之治。③ 1392年9月28日，即在他父亲死去以后的5个月，朱允炆被立为皇嗣。

1391年2月，傅友德将军已被派往北京加强燕王麾下的卫戍兵力。他到那里不久，从前元朝的辽王阿札失里叛变了。阿札失里曾于1388年10月向明朝投降，并和其他投降的蒙古军官一起被送往南京。1389年夏，他被任命为兀良哈地区（或许在今吉林满洲平原的洮南附近）泰宁卫的指挥使。阿札失里在泰宁重新恢复了他对他的人民的权力，虽然此时是以明王朝的名义行事的。可是，他在1391年5月举兵反明，因而迫使朱棣和傅友德不得不向他进兵。他们显然对阿札失里取得了胜利，因为他再一次又承认了明王朝的权力。④

当洪武帝在1385—1387年之间迭次颁行《大诰》的时候，他把它们看做与《大明律》中的法律具有同等约束力。《大明律》在1389年做过大修改，但它的最后定本到1397年才完成。与此同时，《大诰》却起着

---

① 《明纪》[53]，6，第2、3页；法默：《明初两京制的演变》[156]，第93—94页。

② 《明纪》[53]，6，第5页。

③ 传记见《明人传记辞典》[191]，第397—404页。

④ 《明通鉴》[210]，第486页；司律思：《洪武时代在中国的蒙古人》[457]，第285页。

重要的司法功能。因此，皇帝不时地采取步骤务必使他的几编《大诰》广泛流传，使它们家喻户晓。1391 年 11 月他重申前令，全帝国都必须学习《大诰》和当时正在推广的《大明律令》。也就是在这个时候，约 19.34 万人因他们能背诵这几编《大诰》的全文而在南京受到褒奖。①

几年来朝鲜在酝酿着麻烦，它的政治事件在 1392 年发展到了紧急关头。李成桂推翻了高丽的君主王瑶，建立了李氏王朝。这个李氏王朝的统治一直延到 1910 年。由于李氏王朝的建立，朝鲜中国的关系进入了相对稳定的时期。②

1372 年，洪武帝曾给高丽王颁发了一道敕书，盛称朝鲜人娴熟中国历史和经典，以及他们习染于中国文化。他命令高丽王遵循中国古代的惯例，每三年来中国一朝天子，贡献方物。③ 就在这个时候，他又命中书省向来朝使臣解释朝贡关系的条例，其中包括占城国、安南、爪哇国、渤泥、三弗齐国、暹罗国和柬埔寨的使节。

在即帝位的初期，洪武帝就已宣布对东方和南方诸国实行不干涉政策。他坚持说，所有这些域外诸邦彼此之间是一律平等的，但与中央王国不完全平等。因此，明朝廷不要去攻打它们，除非是为了自卫。与此同时朝廷对接壤的朝鲜和安南的稳定显然很关注。洪武朝的基本对外关系被皇帝概括为下面一句话："彼[外国]既不为中国患，而我兴兵轻犯，亦不祥也。"他认识到蒙古人构成了来自域外的唯一的实实在在的威胁。④

① 《国榷》[498]，9，第 724 页。关于《大明律诰》是出诸多手编纂的问题，见黄章健《〈大明律诰〉考》[245]，第 77—101 页；杨一凡：《洪武三十年大明律考》[606]，载《学习与思考》，5（1981 年），第 50—54 页。

② 关于这个问题的彻底讨论，见克拉克《自治、合法性与朝贡式的政治：高丽灭亡和李氏王朝建立后的中朝关系》[125]，哈佛大学博士论文，1978 年。又李成桂的传记见《明人传记辞典》[191]，第 1598—1603 页。

③ 《明实录·太祖实录》[380]，76，第 1401 页；吴缉华：《明代建国对外的基本态度及决策》[578]，载《东方文化》，16，1—2（1978 年），第 184—193 页，特别是第 187 页。

④ 明太祖：《皇明祖训录》[386]（1373 年）；重印于《明朝开国文献》[388]，Ⅲ，第 1686 页；《明实录·太祖实录》[330]，68，第 1278 页；王赓武：《明初与东南亚的关系一篇背景研究短论》[547]，载《中国人的世界秩序：中国传统的对外关系》，费正清编（马萨诸塞，坎布里奇，1968 年），第 34—62 页，特别是第 52—53 页，译载了《明太祖实录》[380]。

14 世纪 70 年代之初,朝鲜贡使频频前来南京,它的使节比明朝廷派往朝鲜首都平壤的使节的次数多得多。[①] 1373 年,皇帝采取步骤减少这种使臣的次数,或许他是想压朝鲜君主让步,以期加强明军在东北的安全。皇帝限制每三年派一次使节,他这样做使两国间的关系稍稍拉开了距离。

蒙古人仍旧是东北的严重威胁。东部蒙古权力的基础集中于沈阳,它横跨在通往朝鲜首都的陆路上。1374 年高丽王被刺以后,朝鲜人仍然既和南京保持外交关系,又和哈尔和林的元蒙统治者保持外交关系。中国人是不能接受这种状态的,他们拘系了在 1375 年和 1377 年之间派到南京来的所有高丽使臣。朝鲜人还在奉元朝正朔以表示他们对元朝统治者的忠诚,他们仍然认为元君是天子。但是在 1377 年,朝鲜国君以明君年号取代了元君年号,并在他的正式的公文往来中使用明朝皇帝的年号。这个重要的象征性姿态使洪武帝得到某些宽慰,但他对朝鲜君主的忠诚度仍然心中无数。

在 1379—1385 年之间,朝鲜人派了 18 次费用浩大的使团到南京。他们坚持不懈地要与中国人修好,并要求正式册封他们的国王。一经明王朝正式册封,朝鲜统治者微弱的合法地位就可以得到加强。可是,明朝对朝贡的要价是很高的,许多使团干脆被中国人拒绝,因为无论就数量和品种说,所进的贡品都被认为不足。只是到了 1385 年,洪武帝才俯顺其请册封了朝鲜王,并给他的前朝国王颁赐了谥号,尽管这个国王仅仅是地方各军阀手中的傀儡。

在东部蒙古领袖纳哈出在 1387 年投降之后,东北方面的蒙古人的威胁就不那么严重了。皇帝开始采取步骤稳定明—朝鲜在鸭绿江附近地区的边境。1388 年,朝鲜人声称他们对辽东境内东江的北面的土地享有权利,错误地理解了中国人在那里的意图。朝鲜人的错误的处理和朝鲜军人李成桂发动的兵变使这次努力归于失败。李成桂向高丽京城开京(今开城)进军,攻占了这座城市,自封为该国右丞相。与此同时,明朝对鸭绿江流域这片有争议的地方的控制却得到了保证。

---

① 这里的讨论系根据克拉克《自治、合法性与朝贡式的政治》[125]一文。

四年以后,即 1392 年,李成桂篡夺了朝鲜王位,结束了高丽王朝。就在这次篡位之前几年,李成桂搞了一次土地改革计划,并且采取行动,尊儒术为国教,从而削弱了朝鲜的佛教势力。这两项措施都希望最终获得明朝统治者的批准。李成桂篡位后之次日就派使来南京请求册封。此后不久,他请求明朝皇帝为朝鲜新国家两个拟议的名字中选用一个,其中有一个即古汉文的名字——朝鲜。洪武帝选择了这个名称,它在 1393 年 3 月被正式采用。

在 1392—1394 年之间,朝鲜人一再想和洪武朝廷建立正式的朝贡关系。但是,明朝皇帝对这些请求采取专横的态度。派来的使臣们被拒之门外;有一名使臣甚至因他不能正确实行叩头礼节而被廷杖。中国人一般地很少费神去搞朝鲜首都汉城的政治情报。只是在 1394 年朝鲜来南京的一个使团极尽巴结之能事之后(在这一次明朝廷正式被通知朝鲜国家已在朝鲜建立了新的道德秩序),明帝才允许它建立正式的朝贡关系。甚至在这以后朝鲜人也几次触怒了他们的中国对手们,因为据说他们在上奏中国皇帝的正式公文中恭维得不够,而且他们公文的文风有所谓的缺点。中国人的立场是,不干预朝鲜的政治和社会事务,但这两国的关系应完全按照中国的方式进行,否则就拉倒。

明朝的外交政策在 1395 年由皇帝正式宣布过,他此时发布了一篇《祖训》,其中包括明朝的一份"不征之国"的国家的名单。[①]《祖训》还限制了名单内的三个国家的朝贡关系:大琉球、柬埔寨和暹罗。这反映了洪武帝越来越希望限制对外关系,这种情绪在他发现了胡惟庸曾想借日本人兵力来实现他的政变计划后更加强烈了。它也表明了皇帝总的态度是不喜欢发展海外的联系。

---

① 这些国家在文内是按地区排列的:东北方面:朝鲜。东方和略偏北方面:日本。南方和略偏东方面:大琉球、小琉球。西南方面:安南、柬埔寨(真腊国)、暹罗、占城国、苏门答腊、西洋(西洋国、东印度海岸和霍尔木兹)、爪哇国、淡亨国(在马来半岛上)、白花国(具体所指不详)、室利佛逝(三佛齐国)、浡泥国。见明太祖《祖训》[385](1395 年);重印于《明朝开国文献》[388],Ⅲ,第 1588—1591 页。又见罗香林《明代对东南亚各国之演变》[357],载《南洋大学学报》(1967 年),1(1967 年),第 119—125 页。关于室利佛逝,见沃尔特斯《马来历史中室利佛逝的灭亡》[569](依塞加,1970 年)。

吴祯（1328—1379 年）[1]和廖永忠（1323—1375 年）[2]所带领的水军，在使明朝建立陆上力量的战斗中曾起过重要的作用。[3] 但是，这些水军从来没有想凭借自己是水军而去建立海上的力量。这不是说，水上部队是被忽视的。从 1370—1394 年，皇帝下过多次命令增加水军部队的吨位。例如 1370 年，他在沿海创立了 24 个水军卫，每个卫可能拥有 50 只船和 350 名水手。1372 年，他命令浙江和福建的 9 个水军卫建造 660 艘远洋船只，以加强对沿海海盗袭击的防御力量。但是，这些行动是防御政策中的几个组成部分，而这种防御政策则是要优先建造抵抗海盗的陆上堡垒。朝廷也奖赏生俘海盗或献上海盗死尸的人，同时也发动过几次捕逐海盗的讨伐行动。廖永忠在 1373 年被派去进行过这样的讨伐，吴祯也在 1374 年率领过一支水军舰队从长江下游的四个卫开赴琉球群岛。

明朝的海防政策的基础是 1372 年 2 月 2 日所发布的禁止海上贸易的命令；或许它的试行更早于此时。但是，以限制朝鲜朝贡关系为典型的这种控制政策，还没有实施到海上事务中来。因此，1394 年关于禁止中国人使用"外域香料和外域货物"的禁令，大部分未付诸实行。[4]皇帝之所以实行这种种政策，是因为他害怕他的臣民会勾结中国以外的人民来向他的统治挑战。他相信，室利佛逝国曾派遣间谍来到中国，所以就在朝贡名单中把它勾销。这种禁令由市舶司所实施的管制办法来加以贯彻。[5]

市舶司原是皇帝按照宋、元两代的成例建立起来的。1367 年他在太仓和黄渡（今江苏）设立了衙署。它们在 1370 年被关闭而改设在宁波（浙江）、泉州（福建）和广州（广东）；但是，就是这几处衙门也在 1374 年被撤销了。在这些港口中，贸易官员和地方官员一起共同检验标明官方朝贡

① 传记见《明史》[41]，131，第 3840—3842 页。
② 传记见《明人传记辞典》[191]，第 909—910 页；《明史》[41]，129，第 3804—3808 页。
③ 关于这个问题的探讨，可见陈文石《明洪武嘉靖间的海禁政策》[59]（台北，1966 年），第 27—34 页及以下。
④ 张维华：《明代海外贸易简论》[42]（1955 年；重印本，上海，1956 年），第 17 页。
⑤ 下面的讨论据张维华《明代海外贸易简论》[42]，以及《明史》[41]，75，第 1848 页。

使团的正式骑缝文书(勘合)。然后他们就检查船上的货物。官方的"贡品"应清出以备起驳转运,其余私人贩卖的货物则要课税。官员有权优先挑选这些货物。非官方人员也可以购买货物,只是在指定官员的严密监视之下进行;纯私人的不受监督的贸易被视为非法的走私活动。

在元代,港口的市舶司官员并不负责运送外国的贡物。是洪武帝第一次把贸易系统和进贡体制结合了起来。这种新制度的实质是消极的,因为它的基础是禁止一切贸易的禁令,只有那种明显地置于朝贡体制内的贸易除外。这种政策颇难贯彻,因此人们有理由怀疑,它把许多商人都赶入了秘密活动之中。在某些压制得很厉害的沿海地区的商人们因受到实际的经济压力而终于被迫去搞走私活动。15 世纪海盗活动之所以盛行,它的部分原因应归之于洪武帝对海上贸易和国家间的关系采取了消极的政策。[1]

蓝玉案件

在 1393 年和 1394 年之间,又搞了一次权力的再分配。促使权力进行再分配的事件,或者简单地说这次权力再分配的最明显的标志,便是 1393 年 3 月 22 日对蓝玉的处死。在此同时发生的事是,在北方边境上任命了几名王子驻守北方边境的要冲,以及免除了自 14 世纪 60 年代以来参加建立王朝的其他有功将领的职务。

蓝玉案件的细节至今尚不清楚,因为现存的记录不完全。[2] 1392 年 12 月蓝玉赢得了对月鲁帖木儿——此人是西部的建昌和甘肃一批叛乱分子的领袖——的一次重要军事胜利。蓝玉捉到了这个蒙古人领袖并把他送往南京,皇帝即下令将其处以死刑。在这时,蓝玉施加压力要皇帝授权他在四川边境地区设立军事卫所,并且开办军屯事务。这件事被批准以后,蓝玉再进一步请求准他招募当地农民,以便为向更远的西部的军事侵袭作准备。但是皇帝批驳了这项建议,所批驳的理由不详,或许是他相信这样的讨伐行动得需要一支很多人马的队伍。这

---

[1] 苏均炜:《16 世纪明代中国的日本海盗》[474](密歇根,东蓝辛,1975 年)。

[2] 见《明人传记辞典》[191],第 790—791 页。

是他不容许做的事。皇帝反而命令蓝玉从战场上撤回他的军队，并解除了他的指挥权。[①]

1393 年 1 月初，皇帝任命蓝玉、冯胜、傅友德和其他重要人士担任辅弼新太子——朱允炆——的正式职务。史料中没有交代这样做的理由。也许皇帝是想给这些将军们以显赫的地位，同时使他们在东宫官属的监视之下不能为患。也许他是想建立东宫对于其余诸王子的军事优势。黄子澄和其他著名文人正是在这时被任命为未来皇帝的侍读等官。[②]

此后不久，即 1393 年 2 月 28 日，皇帝命令他的另外四个儿子去北方就国。第一次任命的王子已于 1378 年和 1380 年派遣前往（见表 1）。在这一次，诸王子被遣去监督在某些将军被解除兵柄后无人负责的各个卫。其中三个王子在府第完工之前得使用临时住宅，但是他们都分道就国。[③] 三个王子赶在府第完工前就要被派去就国，这一事实就表明了他们离京的安排是一次急匆匆的行动。这四个王子的名字如下：肃王朱楧（1419 年死），他的王府在甘州，但他临时住平凉；[④]辽王朱植（1424 年死），他的王府在广宁（今辽宁北镇县），而临时住在大凌河正北之地；[⑤]庆王朱㮵（1378—1438 年），他的王府在宁夏，但他临时住在韦州的附近地方；[⑥]宁王朱权，他的王府在大宁。[⑦]

3 月 14 日，洪武帝命令以太原为基地的晋王朱棡率山西和河南的军队出长城去今内蒙古地方加强防御工事和建设屯田。[⑧] 在蓝玉死后不久的 4 月 17 日，王府在大同的代王朱桂（1374—1446 年）奉命带领亲兵出

---

① 《国榷》[498]，9，第 735 页。
② 《明通鉴》[210]，1，第 502 页；《国榷》[498]，9，第 736 页。关于黄子澄的传记，见《明史》[41]，141，第 4015—4017 页。
③ 《国榷》[498]，10，第 738 页。
④ 《明史》[41]，117，第 3585 页。
⑤ 同上书，第 3586—3587 页。
⑥ 《明史》[41]，117，第 3588—3589 页。
⑦ 《明史》[41]，117，第 3591—3592 页；传记见《明人传记辞典》[191]，第 305—307 页。
⑧ 《明通鉴》[210]，第 506 页。

长城去会合晋王,并受后者的节制。① 由此可见,诸皇子被调派到边境防御紧要地方和罢免大部分有成就的将领都发生在蓝玉被审理的时候。

表 1 洪武时期就国的明代诸王子

儿子次序	王子名字	封号	就国之地与时间(洪武之年)	
2	樉(1356—1395 年)	秦	西安	11(1378 年)
3	棡(1358—1398 年)	晋	太原	11(1378 年)
4	棣(1360—1424 年)	燕	北京	13(1380 年)
5	橚(1631—1423 年)	周	开封	14(1381 年)
6	桢(1364—1424 年)	楚	武昌	14(1381 年)
7	榑(1364—1428 年)	齐	青州(山东)	15(1382 年)
8	梓(1369—1390 年)	潭	长沙	18(1385 年)
10	檀(1370—1390 年)	鲁	兖州(山东)	18(1385 年)
11	椿(1371—1423 年)	蜀	成都	23(1390 年)
12	柏(1371—1399 年)	湘	荆州	18(1385 年)
13	桂(1374—1446 年)	代	大同	25(1392 年)
14	楧(1419 年死)	肃	甘州	26(1393 年)
			(初就国于平凉)	
15	植(1424 年死)	辽	广宁	26(1393 年)
			(初就国于大凌河)	
16	㮵(1378—1438 年)	庆	宁夏	26(1393 年)
			(初就国于韦州)	
17	权(1378—1448 年)	宁	大宁	26(1393 年)
18	楩(1379—1450 年)	岷	云南	28(1395 年)
			(初就国于岷州)	
19	橞(1379—1427 年)	谷	宣府	28(1395 年)
			(今河北宣化)	

蓝玉案件由锦衣卫指挥蒋瓛举发,据蒋瓛报告,蓝玉一直在阴谋策划兵变。同时还提出了对蓝玉的其他一些不满。它们包括:他作为军官滥用了他的官员特权;他非法地用纪律制裁他的官兵;家中过多地蓄养奴仆和家臣。据史料所示,蓝玉由于自认为他在东宫的职位不

---

① 朱桂、朱楧和朱植在 1392 年 4 月 1 日重新安排了新领地,他们原先的任命不在这些重要的边境地区。《明史》[41],3,第 40 页。关于朱桂的出兵长城以外,见《国榷》[498],10,第 741 页。

够高而发了脾气，因此他决定冲击皇帝的权力。

　　蓝玉在受审时据称对他的叛逆罪供认不讳，同时，在他的招供过程中他把许多侯爵以及吏部尚书詹徽都拉扯在内。詹徽在 1390 年曾主持审理李善长，现在又奉旨来受理蓝玉一案。但是，蓝玉的供词把詹徽也拉进他的阴谋之内。最后，这两个人都丢了性命。蓝玉在 1393 年 3 月 22 日被公开肢解，其他许多人——也许其数多达 2 万人——也是在那一年春天被处决的。当时任职于东宫并且正在南京的冯胜和傅友德两位将军可能去观察了行刑。[①] 一个月后的 4 月 22 日，这两位将军被派离开南京，前往北京受朱棣的节制，[②] 在蓝玉被清洗的一案中许多功臣性命不保。这使得人们有理由猜测，之所以要实行这种清洗，就是要消除可能威胁皇位继承人的那些有权有势的人们。为了证明他的行为的正确性和为了站在他的立场说明经过，皇帝发布了《逆臣录》，它记述了蓝玉案中所涉及的 16 名勋贵。他们包括一个公爵、13 个侯爵以及两个伯爵。[③] 皇帝想给蓝玉和胡惟庸两件清洗案做个了结，他在 1390 年 9 月 7 日给胡党和蓝党的所有幸存者发布了大赦令。[④] 10 月 15 日当他发布这方面的一道赦令时又重申了这一大赦令，承认仅在蓝玉清洗行动中就有约 1.5 万人丧失了生命。[⑤]

　　10 名最重要的王子在 1393 年冬天来到南京，或许是同他们的父皇商量南京的政治形势。他们是五人一批来的，秦王（朱樉）、晋王（朱㭎），燕王（朱棣）、周王（朱橚）和齐王（朱榑）于 9 月朝觐南京；代王（朱桂）、肃王（朱楧）、辽王（朱植）、庆王（朱㮵）和宁王（朱权）在 10 月上朝。[⑥] 显然是针对着有一名王子可能会发动政变，1394 年 1 月初皇帝给诸王子发布了一部《永鉴录》，它里面记叙

① 《明人传记辞典》[191]，第 454 页；《国榷》[498]，10，第 739 页。
② 《国榷》[498]，19，第 741 页。
③ 《明纪》[53]，6，第 9 页；《明史》[41]，3，第 51 页。公布日期是 1393 年 3 月 26 日，仅在四天以后。关于《逆臣录》的书目说明，见李晋华《明代敕撰书考》[320]，第 18 页。
④ 《国榷》[498]，10，第 744 页。
⑤ 《国榷》[498]，10，第 757 页；《明人传记辞典》[191]，第 791 页。
⑥ 《明纪》[53]，6，第 10 页。

了那些曾因反对君上而遭受国灭处分的王子们的历史。①

除了上面所述的两种著作之外，② 皇帝还编纂了其他几部作品，它们都是直接由蓝玉的清洗案件所促成的。《稽制录》编于1393年而发布于三年之后，它的编成是因为皇帝发现蓝玉没有遵守有功贵族禁止过奢侈生活的规定。这一著作详细规定了功臣们的住宅的大小，轿子的装饰，等等。③《世臣总录》在1393年编纂成功并分发给了官员们，它收集了奸佞和贤能大臣们的言行记录，寓有劝诫之意。④ 最后，皇帝命令刘三五监修洁本《孟子》。有些传播所谓的"犯上作乱"的话语都经删削。总起来说，大约有85段被删掉，只留下了170节。皇帝禁止学校或考场用那些删除的段落考试士子。但是，足本《孟子》并未禁止流通。⑤

帝国的三位最重要的将领在1394年和1395年被清除掉了。第一位是出身于安徽北部的傅友德将军，他从1361年以来就给洪武帝效力。他死于1394年12月20日，但不知是被处死抑或是他遵旨自尽的；史料记事有矛盾之处。他的儿子曾娶公主，他的女儿又是晋王嗣子之妃。⑥

第二位是王弼，他死于1395年1月1日。他是安徽临淮人，自14世纪50年代就在皇帝手下做事。1388年他曾随蓝玉远征捕鱼儿海，勇敢善战，战绩卓著。1392年，他配合傅友德和冯胜练兵于山西和河南，次年又和傅、冯两将军一同被召回南京。王弼或者是在被处死、或者是奉旨自裁之时已被封侯。⑦ 没有材料说明皇帝为什么不喜欢他。

---

① 《明通鉴》[210]，第512页。关于《永鉴录》的书目说明，见李晋华《明代敕撰书考》[320]，第18页。

② 即《逆臣录》和《永鉴录》。

③ 《国榷》[489]，10，第742页。关于《稽制录》的书目说明，见李晋华《明代敕撰书考》[320]，第18页。

④ 《国榷》[498]，10，第747页。关于《世臣总录》的目录说明，见李晋华《明代敕撰书考》[320]，第18页。

⑤ 李晋华：《明代敕撰书考》[320]，第19—20页。

⑥ 《明纪》[53]，6，第12页；《国榷》[498]，10，第752页；《明人传记辞典》[191]，第470页。

⑦ 《国榷》[498]，10，第754页；《明史》[41]，132，第3862页。

第三位是冯胜，死于 1395 年 2 月 22 日。[①] 他的死具体情况不清楚：有些材料说他是自杀身亡，有些材料又说他是被处死的。所有观察家们都同意一点：即皇帝消灭这些人可能是为了确保他自己——以及他的嗣君——对于军队的控制权。有一位他不必担心的将军就是汤和；他已于 1388 年退休，在 1390 年又患了使他衰弱不堪的中风症。他是在 1395 年 8 月 22 日在凤阳寿终正寝的。[②]

洪武帝虽然能够很轻易地消除这些将领，但要管理好王子们却是一件要棘手得多的事。他早在 1369 年就已经开始考虑这个问题，同时他还考虑让他的王子们代皇帝管理后备军事力量和在边境上做保卫国土的封建领主。1395 年 10 月 3 日他把《祖训录》的修改本分发给了官员们，又在 11 月 12 日把最后的定本分发给诸王子。与此同时，他宣布削减王子们每年的俸禄。[③] 最高的俸米从 5 万担削减到 1 万担（不包括补助的津贴在内）。《祖训录》在管理诸王子的条例方面有重大的改动。在皇帝的 26 个儿子当中，17 个儿子在皇帝生前纷纷出而就国，两个死于 1390 年——一个是自杀的，另一个死于道教的丹药（见第 167 页表 1）。[④]

---

① 《明人传记辞典》[191]，第 454 页；《国榷》[498]，第 755 页。

② 《国榷》[498]，10，第 759 页。

③ 《国榷》[498]，10，第 761 页；李晋华：《明代敕撰书考》[320]，第 5 页。

④ 关于洪武时期被送往封国的明代诸王子的个人传记性材料，见下面的史料（诸子名字前面的编号为按生日排列的长幼次序）：2. 朱樉：《明史》[41]，100，第 2502—2506 页；116，第 3560 页。3. 朱棡：《明史》，100，第 2521 页；116，第 3562 页。4. 朱棣：《明史》，5，第 69—70、105 页；《明人传记辞典》[191]，第 355—365 页。5. 朱橚：《明史》，100，第 2546—2547 页；116，第 3565—3566 页；《明人传记辞典》，第 350—354 页。6. 朱桢：《明史》，101，第 2607—2608 页；116，第 3570 页。7. 朱榑：《明史》，101，第 2620 页；116，第 3573—3574 页。8. 朱梓：《明史》，101，第 2622—2623 页；116，第 3574—3575 页。10. 朱檀：《明史》，101，第 2623—2624 页；116，第 3575 页。11. 朱椿：《明史》，101，第 2643—2644 页；117，第 3579—3580 页。12. 朱柏：《明史》，101，第 2659—2660 页；117，第 3581 页。13. 朱桂：《明史》，101，第 2660—2661 页；117，第 3581—3582 页。14. 朱楧：《明史》，101，第 2685—2686 页；117，第 3585 页。15. 朱植：《明史》，101，第 2694—2695 页；117，第 3586—3587 页。16. 朱栴：《明史》，102，第 2715—2716 页；117，第 3588 页。17. 朱权：《明史》，102，第 2727—2728 页；117，第 3591—3592 页；《明人传记辞典》，第 305—307 页。18. 朱楩：《明史》，102，第 2737—2738 页；118，第 3602 页。19. 朱橞：《明史》，102，第 2755—2756 页；118，第 3603—3604 页。

在《祖训录》的叙中皇帝特别强调，它里面所包含的法律乃国家万世不变之大法，子子孙孙世守勿失。据皇帝所说，鉴于他在动乱时代中 20 年的经验，他和他的官员们都懂得必须实行"国法"，这主要是指"律"。可是他以《祖训录》发表皇帝之家的"家法"。他指出，这一部家法子子孙孙都必须遵守；他们不得"轻佻，乱我家法"。他写道："任何法律不得擅改。"他还宣称：凡遵守开国者的训示的，天、地和祖宗神明都将降福于他。[①] 在以往历代王朝的历史中，这样精心设计的"家法"可说是无先例的。

诸王子最初在他们的封地内都享有实际的主权。但是，他们的独立程度在《祖训录》的后来版本中已大为削减。皇帝已经认识到，诸王子可能会变得过分强大和不服管教，从而使他们有时会向皇帝权力挑战。学者叶伯巨在 1376 年就已经对这种可能性提出了警告。叶伯巨在他批评建立拥有武装的诸王国的政策时就已指出，皇帝已经走得太远了，因此已经造成了会形成"尾大不掉"的局势。[②]

按照 1381 年版本的《祖训录》，藩王们有权对居住在市镇或农村的平民在一般刑事违法案件或犯大不敬的罪行时进行审理和判决，[③] 但属于钱粮事项的案件则必须交帝国的司法机关审理。但是，藩王们享有征召王府文武官员和吏胥的权力，而且对他们府第的官吏享有完全的司法权。

这些权力在往后的年代中大大地削减了，这在 1395 年版本的《祖训录》中就有所反映。到了 1395 年，他们被剥夺了随意征召王府人员的权力。反之，所有任命都必须经过皇帝的批准。藩王们对他们的文武员属还保留有司法权，但是所有判决必须按照《大明律》作出

---

① 《祖训》[385]，叙，载明太祖《明朝开国文献》[388]，Ⅲ，第 1579—1581 页。

② 《国榷》[498]，6，第 540—542 页；《明人传记辞典》[191]，第 1573—1575 页；《明史》[41]，139，第 3990 页。关于"尾大不掉"这一术语，见《左传·昭公十一年》，译文载李雅各《英译七经》[310]（1870 年；重印本，1960 年；重印本，台北，1969 年），Ⅴ，第 635 页。

③ 关于它的日期和分析，见黄章健《论〈皇明祖训录〉颁行年代》[204]，载他的《明清史研究丛稿》[242]，第 31—56 页。

和实施。① 像黥墨、断肢、削鼻、去势等酷刑在 1395 年的文本中均被禁止。② 这一版的《祖训录》还规定，官民人等无论什么时候犯了罪行，都必须公开和公正地处刑，不允许施毒药加害他们。③ 这项规定未见于 1381 年文本中。相反的，早期的文本却鼓励王子们行使严厉的刑罚，以使人们服从他们的命令。④ 除此之外，在 1395 年的文本中，王子们没有对他们所属的犯有大不敬罪的任何个人实行判决的权力。这类案件必须移送帝国法庭审讯，事实确凿才能处罚。⑤

其余一些较次要的改动减少了血亲王子们的权力和特权。在 1381 年文本中，一个王子在朝见皇帝时可获准在宫内就座；而且如果他的朝见正巧碰上皇帝的宴会，他也可以赴宴。1395 年的修改禁止了这些做法。⑥ 根据 1381 年文本，一个藩王可以召唤医生去王府看病；1395 年的文本就不许这样做了。⑦

尽管对于藩王们的权利做了这些改动，但从 1381—1395 年他们仍然是仅有的一些不完全在朝廷控制下的军事权力中心。一次别出心裁的制度上的安排给每一个王国提供了两支军队：这就是守镇兵和护卫兵。⑧ 藩王自己统率护卫兵，但是守镇兵有自己的正式的指挥官，是从京师派来的。藩王对守镇兵无直接统率权。事实上，守镇兵的指挥官得上报该藩王给他发出的任何秘密命令。皇帝之所以设计这样一种制度，是为了防止朝廷的军官或其他任何人篡夺权力。通过这套办法，皇帝在有人试图窃夺权力时能纠合支持者的力量。正像他所叙述的那样：一旦朝廷内有不轨［即不忠诚］之大臣，宫内有奸幸［即宦

---

① 黄章健：《论〈皇明祖训录〉颁行年代》[240]，第 34—35 页；《祖训》[385]，第 1628 页。
② 《祖训》[385]，第 1585 页。
③ 同上书，第 1631 页。
④ 《祖训录》[386]，第 1680 页。
⑤ 《祖训》[385]，第 1629 页。
⑥ 同上书，第 1617 页。
⑦ 同上书，第 1636 页。
⑧ 《祖训录》[386]，第 157 页；《祖训》[385]，第 1658 页。

者]……天子即可秘密命令亲王率领守镇兵给以严惩。①

根据 1395 年的《祖训录》,如果朝廷要调动某王的守镇兵,它必须以盖有御玺的一封信送达该藩王,同时以完全相同的另一信函送达守镇兵的指挥官。只有当指挥官同时收到皇帝的信件和藩王的命令之时他才能发兵。没有藩王的命令,仅有皇帝的信函便没有充分的权力出兵。

《实录》1392 年 10 月 16 日的条目记的一道敕令更明白无误地表明,皇帝要抑制藩王们的权力。② 这道敕令是发给右军都督府的,它说道:

> 盖王府置护卫,又设都司,正为彼此防闲。都司乃朝廷方面,
> 凡奉敕调兵,不启王知,不得辄行。有王令旨而无朝命,亦不擅发。
> 如有密旨,不令王知,亦须详审覆而行。此国家体统如此。

许多王子利用他们的护卫兵做攻击部队,而且在建立进攻部队时没有得到皇帝的授权。1392 年,秦王仅有亲兵 500 人,他并未被授予真正的护卫兵组织。但是,他事实上从都指挥使司那里扩充他的亲兵队伍,而都指挥使司之设正是为了要抑制某个王子的护卫兵部队的力量。③

秦王、晋王和燕王多次使用他们的护卫兵在边境前线练兵,而让他们的守镇兵在他离家时去守卫他们的王封。结果,诸王子——特别是燕王朱棣——得以加强他们的护卫兵和守镇兵的力量。

藩王的地位是世袭的;继嗣的原则是长子继承,而且限于嫡妻所生。这种规定,作为管理皇帝宗族的家法之一,自然也适用于帝位的继承。《祖训录》特别指出,嫔妃的儿子一概没有继承的资格。④ 这些"家法"也用别的办法歧视庶出之子——例如,关于王子每年前往南京朝廷朝觐的规定就是如此。⑤ 因此,《祖训》排除了燕王在 1392

① 《祖训录》[386],第 1718 页;《祖训》[385],第 1635 页。
② 黄章健的《论〈皇明祖训录〉颁行年代》[240]第 43 页说它的日期是 10 月 14 日,但据《明实录·太祖实录》[380]第 3236 页则为本文内所说的日期。
③ 出自上述 1392 年 10 月 16 日的敕令;黄章健未引用。
④ 《祖训》[385],第 1633—1634 页。
⑤ 《祖训》[385],第 1615 页。

年太子去世时作为皇位继承人的候选人的资格，因为燕王是庶出。朱棣成功地篡夺了皇位以后，他消灭了他出生的记录，另外编造了一套新的说词，把他说成是洪武帝的嫡妻马皇后之子。①

朱棣从 1396—1398 年屡次兴兵塞外，他和他的哥哥朱棡都变成了北方最主要的实力派。1396 年 4 月，他奉命巡察大宁地区，在巡察期间与孛林帖木儿所率领的忠于元朝的军队打了一仗。他捉住了孛林，而且在班师之前他挥师北上直抵兀良哈地界。②

秦王朱樉在 1395 年死去。虽然他由他的世子继位，但这位世子没有他父亲的那种经验和才能。辽王和宁王都很年轻，也都在边防指挥线上占有重要的位置。1397 年 2 月，这两位藩王都奉命在长城以北的大草原上牧马和练兵，以此来向游牧民显示大明之威力。③ 但是，这两个藩王都不能和在北方占统治地位的朱棣分庭抗礼。

为了提醒诸藩王关于他们的地位应次于未来皇储的地位，1396年 9 月皇帝又发出了关于诸藩王在南京晋见东宫时的行为举止的严格规定。正式规定由皇帝的官员们提出而经皇帝批准，它要求亲王们奉召晋见未来的储君时应该遵守严格的礼仪。因为许多藩王都年长于1377 年生的太孙，所以新的规定引起了某些不满情绪。④

当 1397 年皇帝颁布《大明律》的最后定本时，他对政府细节的注意再一次表达了出来。这个最后的定本据说里面吸收了他的嗣君朱允炆要求作出的修改意见。按照太孙关于有些条文过于苛刻的陈情，大约有 73 条条文做了修改。⑤ 1397 年的《大明律》颁行之时，还有选择地发布了《大诰》中的某些条款，因为皇帝相信，《大明律》和《大诰》应该成为明王朝国内法律的主体。⑥

---

① 《明人传记辞典》[191]，第 356 页，以及下面第六章有关宦官的叙述所引的材料。
② 《国榷》[498]，10，第 765 页。
③ 《明纪》[53]，6，第 15 页。
④ 《国榷》[498]，10，第 767 页。
⑤ 《明史》[41]，93，第 2283—2284 页。
⑥ 《国榷》[498]，10，第 773 页；见黄章健的《〈大明律诰〉考》[245] 对于这个问题的讨论。

1397 年秋，关于吸收文官的科举考试引起了一场争论。刘三五主持过南京的会试，他被人指责，竟然没有一名北方士子被录取。皇帝得知此事后大为震怒，他命令一位官员复查了这些考卷。这位官员并未查出可以据以控告刘三五的理由，皇帝却指责这名官员故意作伪。他自己来阅卷，把 61 名士子点为进士，统统是北方人。他因此惩戒了他认为应对最初的弊病负责的那些官员。刘三五没有被处死，仅被判处流放。但是，其他官员却被处以公开肢解的酷刑。刘三五和那些被指控为他的同党的人被说成是与蓝玉的党羽有关，这部分原因是要证明对他们处以严刑是有道理的。①

皇帝在这时还下令处死了其他一些人：这种种事件表明了一个长期的偏执狂是什么心理状态。他的女婿欧阳伦只不过因为一件比较小的犯法行为——包括私贩茶叶——而被他下令自尽。② 7 月份，左都御史杨靖（1385 年进士）被赐死。杨靖还不到 40 岁，是很优秀和公正的法官，享有盛誉。但是，有人认为自己受到不公正待遇，散布了关于他的流言蜚语，因而一名御史指控了他。皇帝被这一指控所激怒，因而下令赐死。③

很难详细了解皇帝此时的心理状态。1398 年初他展示了一种颇创新意的榜文，它显示出他在某些方面能完全控制他自己的官能。《教民榜文》刻画出了在他的开明统治之下农村生活的一幅颇为理想的景象。④

皇帝原先就曾建立过一个制度，通过村长（里老）来解决农村中的纠纷。⑤ 在《教民榜文》中，这个制度被皇帝的命令正式肯定了下来。这个制度是要重新调整农村中的权力的关系。这篇榜文里还包含

---

① 《国榷》［498］，10，第 774 页；《明纪》［53］，6，第 16 页。

② 《国榷》［498］，10，第 776 页；《明史》［41］，121，第 3664—3665 页。

③ 《国榷》［498］，10，第 777 页；《明纪》［53］，6，第 16 页；传记见《明史》［41］，138，第 3969—3970 页。

④ 原文见明太祖《教民榜文》［383］（1398 年），重印于《皇明制书》［37］，张卤（1523—1598 年）编（1579；重印本，东京，1966—1967 年）。关于它的英译文，见张哲朗（音）所译，载《明朝初年的里老制》［30］，载《明代研究》，7（1978 年），第 63—72 页。

⑤ 见张哲朗《明朝初年的里老制》［30］，第 63—72 页，以及该书所引用的史料。

有皇帝的"六谕"，并要求每一个里准备一种特殊的铃（木铎），以备里老或其他被挑选的人在巡行于乡里道路时用来晓谕皇帝的"六谕"。

在《教民榜文》中，皇帝痛惜正式的司法制度由于腐败的吏胥和不诚实的士大夫的行为而被破坏了。人民对这种贪污行为有时不得不上达帝听。为了纠正这个局面，曾经发布过附属的律令作为临时措施。这些律令规定，一些次要的司法事务，例如家务、喜庆、田地、吵架和斗殴等纠纷都可由老人和里甲来审断。可是，严重的案件，像通奸、偷盗、诈骗、仿冒和人命大案则应报告当局来审理。有人胆敢破坏这种美妙的社会秩序，皇帝是要给他以严厉惩处的。任何破坏这个社会秩序的官员或吏胥都应处以极刑；而任何有此行为的平民，则应连同他（她）的家属一起被发配到四裔。

皇帝相信，这一解决乡里争端的制度是切实可行的，而且也可以相对地免除一些弊病。这是因为老人和里甲行政人员的住所都和普通村民的住所在一起，田土相连。他写道："凡人民邻里互相知丁，互知业务，俱在里甲"，因此他们的裁决就会是公正的。乡老里长应该参加听讼。在审讯时准许用轻刑具；这包括打竹板和轻杖。如果老人也犯下罪行，他应由其他老人和里长审理。如果罪行比较轻，他们可以自行宣判。如果罪行严重，他们应该将犯罪事实报告给地方官，并且将该老人押送到京师。官员们不许干预诉讼过程，也不许接管判决事宜。如果地方当局干预了关于老人的案件，其他老人可以直接奏报给皇帝，那么，官员们可能自动地被牵连进这名受审的老人的罪行中去。

《教民榜文》要求乡里长老们按期把他们乡里中道德高尚的人的姓名及其行事奏报给皇帝，同时以相同内容另外报告给地方政府的官员。地方政府的官员接着也应该把这些情况上转给朝廷。这样就建立了上报的双轨制。按照《教民榜文》的规定，如果地方政府的官员不上报情况而老人们自己却禀报了，这些官员就要受到处分。

《教民榜文》又要求每个村每个里应该选派一名老人在街道上吟诵皇帝的"六谕"。这个人物可能是残疾人，或者上了年纪，或者是个盲人，或者是官能有障碍的人。他可能被一名幼童牵着手走路，也可能摇动一个装有木舌的铜铃（木铎）并且大声朗诵"六谕"：要孝敬父母；要敬重尊长；要友爱邻里；要教育好子孙；让每个人都安居乐业；勿为非作歹。①

晋王朱棡病死于 1398 年 3 月 30 日，在北方只剩年长的王子朱棣。皇帝在 1397 年 12 月第一次身染重病，他在 1398 年 4 月 20 日给朱棣发出一道诏旨，详细指授了他的边境防御的方略。他告诫朱棣不要被蒙古人的战争烽火所迷惑，要他与辽、代、宁、谷诸王（分别以广宁、大同、大宁和宣府为基地）一起，协同守备，形成首尾相救的环形防御。② 另一道于 4 月 29 日发出的给燕王的敕令指出了一件明显的事实：在朱棣的哥哥朱樉和朱棡死去以后，只有他是现存诸王子中最年长和最聪明的人。皇帝在这道诏敕中要朱棣负起指挥北方军事之责，并守卫帝国。他写道："攘外安内，非汝而谁？"③

皇帝在 5 月 24 日再度犯病，6 月 22 日病势加剧。他在 1398 年 6 月 24 日驾崩于西宫。他死后发布的遗诏中，命令诸藩主各留本藩，不得来京奔丧，同时他还指示，全帝国都应该拥戴朱允炆为合法的嗣皇。他又命令，所有护卫兵部队均应严格听从诸藩王的节制。④

鉴于洪武帝痛恨蒙古人败坏中国人的行为准则，令人不解的是皇帝的 40 个妃子中竟有 38 人殉节，这显然是学蒙古人的那一套，即国君死时他的众多妻妾均应随之而死。

朱允炆在 1398 年 6 月 30 日登极，对全国发布大赦令。他宣布，随着阴历新年的开始（1399 年 2 月 6 日），他将以建文为年号。

---

① 清朝顺治皇帝也有同样的六句名言。萧公权已译成英文，见他的《中国农村：19 世纪帝国的控制》[212]（西雅图，1960 年），第 186 页；这篇译文被张哲朗（音）所引用，但未注明来源，见他的《里老制》[30]，第 66 页。

② 《国榷》[498]，10，第 782 页。

③ 同上。

④ 全文见皇帝诏敕手稿汇编，即明太祖《孝陵诏敕》[384]（1398 年以后），重印于《明朝开国文献》[388]，Ⅳ，第 1939—1941 页。参见《国榷》[498]，第 783—784 页。

第四章

建文、永乐、洪熙和宣德之治，1399—1435 年

引　言

　　1399—1436 年经历了开国皇帝之后四代人的统治。短命的建文之治（1399—1402 年）因篡夺而急遽地中断；其后是永乐之治（1403—1425 年），这是帝国一个加强和扩张的时期；再就是为时仅九个月的洪熙之治（1425—1426 年）；最后是稳定和紧缩时期的宣德之治（1426—1436 年）。因此，两个短暂的间歇时期把明初三个主要皇帝的统治期分隔了开来。

　　尽管 1399—1402 年的内战带来了一些混乱，可是，和过去的联系却多于这 37 年中所发生的政治、社会、经济、思想和文化上发展的中断的情况。这就是说，这四位明代皇帝时期的制度安排和政策主要是开国皇帝的设想和靠他实现这种设想的政策形成的。早期也曾在政策和制度上做过一些改变，特别是在永乐帝的时候进行了改变。但是在他的后继者时期，某些内容被省略了或放弃了，而凡是的确发生的进一步的改变，大部分都是在原有的制度和传统的框架内所进行的适度的调整。这种政府的工作作风奠定了明代初年朝廷的保守主义传统；与此同时它也促进了王朝的安定，并且完整无损地保留了开国皇帝所遗留下来的土地和精神面貌。

　　永乐帝把帝国的首都从南京迁到北京，这依然是这个时期最重要的制度上的变化。虽然洪熙皇帝曾想把朝廷搬回南京，但北京在下一个皇帝统治时期再次成为帝国首都，而且自此以后它就一直是明帝国的京师。另一个大变动是大学士官职的设立：它填补了皇帝和帝国官

僚体制之间的空白——这个空白是开国皇帝在 1380 年废除中书省以后所形成的；大学士开始在政策问题上备皇帝顾问。这些措施都没有背离明太祖建国的任何基本制度上的设想，相反的，它们倒是弥补了现存制度的缺陷，使之适应了新的政治现实。但是，它们在发挥新出现的皇帝的内廷助手内阁的职能时制度化了。它变成了后来帝国政府的一个重要的新机构。

在永乐皇帝时期，明太祖的咄咄逼人的姿态在他采取保障帝国北部边境安全和扩大它的政治霸权的措施中仍然是显而易见的。它表现在反对蒙古游牧部落的几次大战役中，表现在重建长城防御线中，表现在恢复与日本和朝鲜的朝贡关系和并吞安南的事件中，也表现在郑和通过南洋和印度洋而到达非洲与波斯湾的多次远征中。永乐帝进行的这些活动中，有的事实上表明他已和明太祖定下的对外姿态和政策分了手。除此之外，这些活动的规模给帝国的财政资源增加了很大的负担。因此，他的更加扩张的行动在他继任的几个皇帝手中大大地被削减了，而在往后的明朝统治者时代更是如此。但是，以遏制北方的游牧部落和利用朝贡关系维持帝国对海外的影响为目的的政策，仍在继续付诸实施。

明朝开国者的最初几位继任者还继续实施太祖的社会和经济的政策——这些政策就是要建立一个广大的农业经济的和平与安定的秩序。在文、武的两大分类下，全国人民都按职业归了口。在广大的民籍户口——农民、工匠和商人——方面各有具体的义务，即他们都适当地履行各自的纳税和服徭役的义务；同时，至少在名义上说，军事义务是某些被选定的户的固定的和世袭的义务。实行土地登记和户籍制度及征税和征用劳役的制度，利用军事屯田使军队自给自足，政府对某些商品实行专卖，以及禁止私人从事海外贸易——所有这一切都仍旧是帝国的国策。

为了减轻明初几位统治者因采取扩张政策而引起的财政负担，明王朝采取了某些措施，因为这些政策引起了物价上涨和增加了军政开支。这些措施包括扩大帝国总的纳税耕地面积，给贫困民众减税或免税，在粮食歉收和自然灾害时期采用各种不同的救济措施和福利计划。

这些新措施都不外乎是在既成的财政结构内做些调整工作，有时也做出一些改进工作。所有这一切都和原来的办法及过去的政策是相一致的。

这些皇帝们在私生活中虽然都花费不少时间和精力崇拜佛教和道教，但在公开场合他们都是有意识地提倡正统的新儒学（理学）传统。例如，它表现为在永乐皇帝主持下编纂和出版了某些新儒学综合性著作（几种"大全"）和选集，在科举考试中必须按规定用标准的程颐和朱熹的经义注疏，同时普遍推行这些教义作为道德价值和伦理行为的基础。他们认为促进新儒学的教义会获得某些好处，因为它强调社会的和谐而反对社会的各行其是，它主张敬重皇帝的权威甚于敬重所有其他的权威。

皇帝大力倡导注意面狭窄的新儒学学识，这不仅形成了明王朝的政治意识形态，而且影响了所有那些通过这种倡导对教育和科举的影响而取得高等文化教养的人们的思想和文化背景，同时还酝酿成了一个对某些明代知识分子中潜在批评的衡量尺寸。直到 15 世纪末以前，没有出现新的思想学派向这个正统学说挑战。人们坚持在学术上与正统注疏合拍，在诗歌和散文上向古典模式看齐；作家们和教师们虽然不完全缺乏新意和创见，但也没有在他们的思想和作品中显示出任何令人瞩目的非正统的和个人主义的倾向。

建文统治时期

建文帝的即位

明代的第二个皇帝朱允炆生于 1377 年 12 月 5 日，即他祖父时代的洪武十年。这个年幼的皇孙被描述为早慧、孝顺和正直，据说他的祖父很钟爱他。如果不是遇到意想不到的事变，他可能会一直默默无闻地下去。1368 年 2 月，洪武帝开始为王朝定下传统，即立朱允炆的父亲朱标为太子，因为朱标在名义上，也许事实上是他的嫡妻马皇后所生之子。洪武帝的目标是为皇位的合法继承树立一个正式的原则，希望以此杜绝将来在皇位继承问题上的纷争。朱标在许多方面都不像他的父亲：他是一个性情温和而有教养的人，但不很勇武。明太祖虽然对他的第四子朱棣的军事才能有很深的印象，但为了王朝的利益，他仍把朱标看作他恰当的继任人选。[1]

使皇帝震悼不已的是，朱标在他的盛年 37 岁时即于 1392 年 5 月 17 日死去。可是，接班的次序是很清楚的：朱标的嫡妻所生的长子已在 10 年前死去。因此，皇帝只好找朱标一系的次孙朱允炆——即朱标的活着的最年长的合法儿子——为储君。这个未经过考验的男孩被立为皇嗣时不足 15 岁，他绝不能与他的祖父或他的叔辈相比肩，对他的指定只不过是长子继承制原则的体现而已。虽然朱棣后来声称，他本人可能被入选为嗣君，只是因为那些儒士们的横加干预才未成功，但洪武帝事实上没有考虑把他的其他儿子立为太子。

在他的祖父死去几天后，朱允炆于 1398 年 6 月 30 日在南京即位，时年 21 岁。他确定下一年为建文元年，并尊封他的母亲——二皇妃吕氏（1402 年死）——为皇太后。[2] 关予朱允炆的个性和他在位时的国内发展情况现已无可信材料，因为在他死后，他那一朝的记录都被窜改或销毁殆尽。建文帝时期的档案文献和起居注全遭毁灭，而幸存的私家记述又概遭禁止。

在建文帝继任者在位的时期，朝廷史官关于建文帝的行事写了一些歪曲真象的、极尽批判之能事的报道，想以此证明永乐帝夺权是有理由的。他们谴责建文帝和他的顾问们行为放荡和品行不端，把建文帝形容为不孝、奸恶和邪淫的人，指责他玩忽职守并犯有大不敬罪。后世同情这位被废黜皇帝的学者们关于建文之治则写出了一些与此截然相反的谀词，说这位皇帝又是孝子，又是仁君，称之为遵循儒士劝

---

① 孟森：《明代史》[375]（1957 年；重印本，台北，1967 年），第 89—90 页；吴晗：《朱元璋传》[587]（1948 年；修订本，1965 年；重印本，北京，1979 年），第 297—298 页；富路德、房兆楹编：《明人传记辞典》[191]（纽约和伦敦，1976 年），第 346、397 页；陈大卫（音）：《燕王的篡位，1398—1402 年》[20]（旧金山，1976 年），第 1—2 页。

② 王崇武编：《奉天靖难记注》[536]（上海，1948 年），第 11—16 页；王崇武：《明靖难史事考证稿》[540]（上海，1945 年），第 46—48 页；陈大卫（音）：《燕王的篡位》[20]，第 6—8、4—21 页；《明人传记辞典》[191]，第 347、397—398 页。

告和缓和明太祖苛烈行政的一位完美无缺的人物。他们谴责燕王大逆不道的篡弑罪行。[①] 这些残缺不全的、互相矛盾的材料要求人们必须进行最细心的审查。建文时期许多方面的事实真相将始终弄不清楚了。

年轻的建文皇帝书生气十足而又温文尔雅，他继承了他父亲的温和和好思考的脾性。他腼腆，且又毫无国政经验；且不说和他的前皇祖考相比，甚至比起他的雄才大略的叔父们，他也没有那种自信心和坚强的性格，甚至没有那种能力。这位年轻皇帝的温顺性格和儒家风范，使得他真正关心他祖父的高压行政措施对平民百姓的影响，因此他衷心向往的是实行理想的仁政。因此，他在政府的言论和行事上努力实行一些较大的变革，但这些变革却招致了灾难性的后果。

建文帝把三位儒家师傅引为心腹，他们是黄子澄、齐泰和方孝孺。这几位老者对建文帝关于君之为君的概念起了强有力的作用。黄子澄（1402 年死）是一个很受人尊敬的儒家学者，他在 1385 年举进士第一名。他在明太祖时代担任过很多官职，后被建文帝任命为翰林学士，并参与国家政事。齐泰（1402 年死）也是 1385 年的进士，是一位对经书学有大成的学者，特别精于礼和兵法。他在洪武帝弥留之际受顾命，以护卫皇太孙和嗣君，被新皇帝任命为兵部尚书，参与国政。方孝孺（1357—1404 年）早在四十来岁的初年就已经是声名卓著的学者，以文章家和政治思想家闻名，未中过举，在他很晚的岁月才开始进入仕宦生涯。建文帝即位以后被召为翰林侍讲。[②]

这三位儒家学者以各自不同的方式影响皇帝。黄子澄和齐泰变成了皇帝的心腹，用儒家的修齐治平理论教育他。他们负责研究一些新

---

① 关于这方面历史编纂学的修改问题的彻底的讨论，见王崇武《奉天靖难记注》[536]，《引言》和第 16—22 页；王崇武：《明靖难史事考证稿》[540]，第 28—42 页。又见陈学霖《篡位的合法性：永乐帝时期历史编纂学的修改》[23]，"关于中华帝国合法性会议"上的论文（美国加州，1975 年），第 3 节。

② 关于这几位卓越的儒家顾问的简略传记，见吴缉华《论建文时的宰辅及其对明代政局的影响》[571]，载他的《明代制度史论丛》[580]（台北，1971 年），I，第 159—166 页；《明人传记辞典》[191]，第 224、426、911 页。

政策并付诸实施，目的在改组帝国的行政和加强皇帝的权威。方孝孺是《周礼》——一部关于乌托邦式政府的经典著作——专家，他发觉他所看到的是个人专制统治的缺点，因此他建议皇帝应该根据古代经典所提出的理想和形式来实行仁政。这三个人都勇敢、正直和满怀理想。但是，他们都是书呆子，缺乏实践意识和从事公共事务的经验，也没有领导才能；他们对问题的分析往往限于纸上谈兵，不切实际。①

政治的发展和制度的革新

建文帝即位以后，他对这几位儒家师傅言听计从，发起了一些政治上和制度上的改革，看来其意图是大大背离了太祖高皇帝所做的安排。1380 年因裁撤中书省而使中央一些行政机关被取消，它们在此时已部分地有所恢复；制度被修改，以加强文职行政功能和减轻政府的专制作风。

为了贯彻这些改革，皇帝把黄子澄、齐泰和方孝孺都提升为行政负责官员。1380 年裁掉中书省以后，明太祖曾经决定，国家一切事务都必须由他一人作为行政首脑来裁决。因此之故，翰林学士们和六部尚书只有建议权和在政府中执行命令之权。当新皇帝召集这三位士大夫来"参国政"时，这种局面就结束了。如果这些重建活动或多或少地不是虚构的话，这些皇帝的顾问们就不是只领干薪了，而是实际地在管理政府。这样做就大大地离开了第一位皇帝所定下的制度，因为皇帝的顾问们现在被置于在六部之上施政的地位。他们现在又制定政策，又执行政策，极像从前某些王朝中的丞相的所作所为；他们仅仅缺少丞相的头衔。没有这个头衔只是形式上尊重明太祖的《祖训录》，因为《祖训录》是严格禁止任命丞相的。

皇帝还做了一些改革，对帝国政府内部的权力进行重新分配，也

---

① 关于方孝孺的政治思想，见克劳福德等编《根据明初社会来看方孝孺》[129]，载《华裔学志》，15（1956 年），第 308—318 页；沈刚伯：《方孝孺的政治学说》[464]，载《大陆杂志》，22，5（1961 年 3 月），第 1—6 页。

使他自己能实施他的新政策。这些发展变化的确切性质至今很难说得清楚，因为大多数改革的记载已被销毁。但是，例如《皇明典礼》这种关于建文时代典章制度的书（1400 年），以及此后另外编订的几种书至今仍可见到，它们可以帮助我们大致了解到这个时期政府中已实行和计划要实行的革新的梗概，并对它们的意义作出评价。①

1398 年末，新皇帝听了方孝孺的话把六部尚书从二品提到了一品，又在尚书和侍郎之间加了一个侍中之职。这种制度上的改变把六部尚书提到了与都司同级的地位；自从废除丞相之后都司比任何文官的品级都高。因此，在他有意识地把政府牢牢控制在文官手中时，六部尚书的地位和权威提高了。

在政府官署的大小和数目方面以及在一整套官员的设置上，也都有了改变。户部和刑部的所属司从 12 个减为 4 个；都察院中的两个都御史合并成了一个；同时，国子监和翰林院的各项职责和人员编制大为提高和扩大。这最后两项改革表明，重点放在儒家教育上和翰林学士在政府中的顾问作用的加强上。在詹事府也设立了某些新职位，使翰林学士在教育和训练太子及诸年幼王子方面能发挥更大的作用。②

对六部及其下属司的组织所作的各种改动中，对官员和皇帝侍从的头衔所作的变动，以及对南京各官署的名称所作的改革，都是本着古代的《周礼》行事的。这些变易不单是象征性地恢复古代的模式，也不像朱棣和他的历史学家们所说的那样是任意变更祖制。它们都是有目的的变革，意在搞一套新的建制，使权力归到皇帝信任的顾问的名下，加强文官之治，以削弱将军们和皇子们的权势。

为了贯彻他们设计出来的这些政策，黄子澄、齐泰和方孝孺都被擢升，握有空前大权，这就大大地背离了明太祖所定下的制度的模式。他们在国事中起着特殊的作用，简直就是皇帝的化身。他们即使

---

① 黄章健：《读〈皇明典礼〉》［246］，载他的《明清史研究论丛》［242］（台北，1977年），第 120—141 页。

② 阪仓笃秀：《建文帝的政策》［444］，载《人文研究》，27，3—4（1978 年），第 10—14页；毛佩琦：《建文新政和永乐"继统"》［373］，载《中国史研究》，2（1982 年 4月），第 41—42 页。

不对内战负主要的责任，也要负直接的责任，因为他们对朝廷的控制和他们正在推行的变革给了燕王以发起叛乱的口实。燕王说，对建文的顾问们发动的惩罚性战役是忠于王朝的行动。[1] 随着建文朝廷的消亡，所有这一切政治改变和制度上的革新都付之流水，它们只是作为复古和反动的背离祖制的失败的尝试留在人们的记忆中——是书呆子皇帝和他的不通世故而迂疏阔大和抱负不凡的，或心怀野心而又有煽动性的顾问们的一个愚不可及的消遣之作。

国内政策和内部危机

建文朝廷还有一些国内政策和措施值得注意；它们都偏离了洪武时代的既定安排。第一个措施是改进了明太祖所实行的严厉的法律制度。洪武帝曾经颁行了一整套法典，使之成为全帝国的法律准则。他有时用"诰"的形式来给法典做补充，有时又用"榜文"的形式来发布典型的案例。榜文第一次出现在《大诰》中；这种《大诰》在1385 年和 1387 年之间曾经编纂、修订和扩充。它们出现在 1397 年版的《大明律》中；《大明律》把这些诰和榜文都收在它的附录中。建文帝认为他祖父的律令法典的某些部分过于苛严，特别是那些在诰和榜文中所定下的惩罚条款更是如此。据说，他在他祖父生前即已敦促洪武帝从他的法典中取消 73 条这样的条款。在他即位以后，他禁止以诰文为根据来进行审理和判案，同时停止张贴榜文，这就使他用正式遵守律令的手法，巧妙地掩盖了他事实上对他祖父的指令的否定。这些变革后来被永乐帝一扫而光；他恢复了太祖的所有严厉的诰文和榜文中的法律效力。[2]

在财政方面，建文朝廷也制定了一些新措施，以减轻前朝某些过重的税收。其中最重要的是减少了江南的过度的土地税，尤其是减少

---

[1] 王崇武：《明靖难史事考证稿》[540]，第 8—27 页。

[2] 黄章健：《〈大明律诰〉考》[245]，又《明洪武永乐朝的榜文峻岭》[243]，分别见于他的《明清史研究丛稿》[242]，第 187—190、258—259 页；毛佩琦：《建文新政》[373]，第 38—41 页。

了富庶的苏州和松江这两个府的土地重税。这些减税措施是继续了洪武朝即已开始的减免政策，但是它们大大超过了以前的办法。富庶而人口稠密的江南地区自王朝开国以来就被课以重税，从而使这里提供了主要的财源。原来的税款意在实行惩戒。1380 年 4 月洪武帝曾下令减税 20％，但是即令如此，这里的土地税仍然过于沉重。例如在 1393 年，仅苏州一地全年就得交纳 281 万石粮米，这就是帝国 2940 万石全部土地赋税的 9.5％。这样太不平等了：苏州仅占帝国登记在册的耕地的八十八分之一。由于这样过重的苛索，当地人民往往不能交足规定的税额，特别在凶荒年代更是如此；他们抛荒了土地，变成了游民，从而更加加重了纳税居民的负担，同时也减少了每年的税收。[①]

1400 年初，建文帝因有人申诉南直隶和浙江等地区赋税不公而采取了行动。他下令按每亩地收一石粮的统一标准在这些府里收土地税。洪武帝曾经禁止苏州或松江人氏被任命为户部尚书，借此防范出身于这些富庶州府的人们把持财政，偏私家乡，从而牺牲了国库的利益——现在建文帝也解除了这种禁令。很可疑的是，这些新措施是否得到了贯彻。到了 1400 年，建文朝廷已经深深地卷入了和燕王对阵的军事行动之中。

另外一项财政改革是限制佛、道二教寺观所能拥有的免税土地的数量。这项政策是特别针对佛、道僧道们在江南富庶州府的情况而发的，因为在洪武帝的庇护下僧道们都攫夺了大量的肥田沃土，从而变成了有权有势的地主。他们的财富激起了人们的不满，因为宗教界的僧侣职事们不仅享有免除土地赋税和徭役的权力，甚至还把不法负担强加给当地居民，即占用他们的土地，强迫他们为自己服劳役。朝中的官员上了两份奏疏，请求限制佛教和道教界人士的土地占有数量，建文帝在 1401 年 8 月发出的一道诏旨中批准了他们的建议。这一新命令只准每一名僧道拥有不超过五亩免除赋税的土地；多余土地应分

---

① 吴缉华：《论明代前期税粮重心之减税背景及影响》[572]，载他的《明代社会经济史论丛》[583]，1（台北，1970 年），第 76—81 页；周良霄：《明代苏松地区的官田与重赋问题》[95]，载《历史研究》，10（1957 年 10 月），第 63—75 页。

给需要土地的人民。这个政策又使得燕王找到了另一口实,说他的侄子如何违犯了《祖训录》;它进一步为他提供了对皇帝进行"惩戒行动"的理由。[1]

这些命令未必都曾经付诸实施,因为建文朝廷此后不久就夭折了。但是,由于它们侵犯了佛教和道教僧侣们的既得利益,这些政策无疑地疏远了宗教界,特别是得罪了佛教徒。因此,许多佛教僧人都为燕王叛军效劳是不足为奇的:他们的领袖是这位僭主的顾问,即和尚道衍,此人自 1382 年以来即已为燕王服务(他后来名姚广孝,1335—1418 年)。[2]

削夺诸藩王的权力

建文帝对诸藩王国度里的行政也进行了一些改革:设置了宾辅和伴读,并让翰林学士以儒家的为政传统教育和辅导诸幼年王子。王子们还进一步不准参与文、武政事;这个命令显然与《祖训录》中的规定大相径庭。这些加强了皇帝对藩王控制的新条令是意在取消半自治性质的封国的总战略的一部分。[3]

削夺世袭封国的政策的产生是由于担心几个有野心的皇叔可能要发难,特别是担心燕王朱棣。1370 年以后,明太祖陆续分封了他年长的九个儿子(其中包括朱棣),把他们封在西北边境和长江中部,王位世袭;这些藩属王国都是用来作为抗击蒙古侵略和镇压叛乱的支柱。王子们都享有巨额年俸和广泛的特权;虽然他们在法律上对境内平民百姓不享有直接的行政权力,但他们每人都节制三支辅助部队,其人数在 3000 到 1.5 万之间。[4]

---

[1] 王崇武:《奉天靖难记注》[536],第 22—23 页。

[2] 这一点是陈大卫(音)提出来的,见他的《燕王的篡位,1398—1402 年》[20],第 36—38 页。关于姚广孝的传记,见《明人传记辞典》[191],第 1561 页。

[3] 黄章健:《读〈皇明典礼〉》[246],载《明清史研究丛稿》[242],第 122—127 页。

[4] 吴晗:《朱元璋传》[587],第 160—162 页;陈大卫(音):《燕王的篡位》[20],第 9—11 页;德雷尔:《明初政治史,1355—1435 年》[146](斯坦福,1982 年),第 148—152 页;又见张奕善《夺国后的明成祖与诸藩王关系考》[35],载《文史哲学报》,31(1982 年 12 月),第 44—51 页。

为了确保他对分封诸王国的控制，开国皇帝在他的《祖训录》中曾定下了一系列条令规章来管束诸藩王的行为。《祖训录》首次发布于 1381 年，后来又在 1395 年做了修改。其中有一条规定：在新皇登极以后的三年时间内藩王们不许来朝廷，只能留守藩封。可是，如果有"奸臣"在朝廷当道，诸王得准备他们的兵力，听候新皇帝召他们来"拨乱反正"，而在完成了他们的任务和驱逐了奸佞以后，他们仍应返回封地。

对于合法的继承原则定下了一条重要的规矩；它既适用于藩封王子的继承，也适用皇位的继承。其中主要的一条原则是继承人应该是长子，并为嫡妻所生。如果这一点已不可能，嫡妻所生的第二个儿子将成为合法继承人。① 为了使这些家法垂诸久远，明太祖对后嗣下了严厉的警告，禁止他们对他的训示有一丝一毫的改动；而且他告诫诸王，对任何违犯者，甚至皇帝本人，他们都可以群起而攻之。② 这位开国皇帝的想法是很不现实的。制度上的调整总是不可避免的。新皇帝当时企图削夺诸王的权力，这就使他与他的叔父们——特别是燕王朱棣——发生了公开的冲突。然而可以理解的是，在这些藩王看来，他想削夺分封诸王一向享有的权力和特权的行动严重地违反了《祖训录》。

人们向来认为削藩的政策是黄子澄和齐泰的主意，但是，它也可以说是出自皇帝的圣裁。黄子澄是这一政策最积极的拥护者，据说他使皇帝对采取这项政策的重要性获得了很深的印象，因为他向皇帝讲述了公元前 154 年汉代的七国之乱反对汉景帝（公元前 157—前 141 年在位）的故事，而且也一般地提示了这些强大而又拥有半自治权力的藩封所特有的潜在危险性。③ 他们曾经考虑了两种行动路线：一是

---

① 关于在《祖训》[386] 中对诸藩王加以管束的条令和法规，见王崇武的《明靖难史事考证稿》[540] 中所引用的文章，第 105—107、110—111 页。关于《祖训录》中对藩王分封问题的详细研究，见黄章健《论〈皇明祖训录〉颁行年代并论明初封建诸王制度》[240]，载《明清史研究丛稿》[242]，第 31—56 页。

② 关于这一点，又可见本书下面第八章有关择君与君位继承问题的部分。

③ 王崇武：《奉天靖难记注》[536]，第 26—28 页；以及《明靖难史事考证稿》[510]，第 100—102 页。

彻底废除藩封诸王国；一是减少他们的政治和军事大权。主要的目标是燕王。到了这个时候，洪武帝的二子和三子均已故去，只剩下燕王是现在健在的最年长而又权势最大的藩王，同时他也是皇家礼仪上的尊长。几经斟酌之后，建文帝决定走完全废藩的道路。这样便激起燕王举兵反对皇帝，他表面上是要恢复王朝原来的制度，实际上却是要保持他自己的权力和影响。[①]

燕王的叛乱

令人难以对付的燕王朱棣生于 1360 年 5 月 2 日，他的生母也许是洪武帝的一位贡妃，据说她或者是蒙古人，或者是朝鲜人。他不像他自己后来所说的那样为马皇后所生；他的这种说法是想在他从他侄子手中夺取了帝位以后按照嫡长子继承原则使他的即位合法化。他长得强壮有力，同时也精通武艺，而且据说在学习儒家经典和文学方面也是出色在行的。他的文学功底在正史中有所表述，因为这种成就符合一个儒家君主的公开的形象。[②] 1370 年 5 月，洪武帝把他封为燕王，定他的封地在北平（今北京），让他坐镇北方边境，以保证国内的安全和抵御蒙古人的入侵。

那时的燕王只有 10 岁，直到他成年以后才于 1380 年 4 月去北京就国。到了这时，他在宫廷已经接受了优秀学者和佛教和尚们的最好

---

① 吴缉华：《论建文时的宰辅》［571］，载《明代制度史论丛》［580］，I，第 166—169 页；吴缉华：《明代皇室中的洽和与对立》［582］，载《明代制度史论丛》［580］，Ⅱ，第 231—283 页；陈大卫（音）：《燕王的篡位》［20］，第 16—19 页；阪仓笃秀：《建文帝的政策》［444］，第 6—10 页。

② 关于永乐帝生母问题的彻底讨论，见以下各种著作：傅斯年：《明成祖生母记疑》［183］，载《中央研究院历史语言研究所集刊》，2，3（1931 年 4 月），第 406—414 页；李晋华：《明成祖生母问题汇证》［318］，载《中央研究院历史语言研究所集刊》，6，1（1936 年 3 月），第 55—57 页；吴晗：《明成祖生母考》［590］，载《清华学报》，10，3（1935 年 7 月），第 631—646 页；S. J. 萧：《明朝诸帝有蒙古人血统这一奇异理论的历史意义》［462］，载《中国社会与政治科学评论》，20（1937 年），第 492—498 页；司律思：《关于永乐帝有蒙古先世之传说的手抄稿本》［451］，载《蒙古学会临时会议论文集》，8，《拉铁摩尔教授七十寿辰蒙文纪念论文集》（印第安纳，布鲁明顿，1972 年），第 19—61 页。

的通才教育。他在明王朝头等将领们的辅导之下也已经开始表现出军事领导才能；特别是徐达（1332—1385 年）对他的教导更有效，因为 1376 年他在皇帝的意旨下娶了徐达的长女。[1] 在往后的数十年中燕王守卫他的藩封时，他经常指挥对蒙古人的战斗，在老将们的辅弼之下很会打仗。他的功绩赢得了他父亲的好评，但也引起了后者的烦恼，因为他越来越变得心志不凡、目中无人和闹独立性。当 1392 年洪武帝册封他长兄的儿子朱允炆而不是指派他为皇嗣的时候，燕王显然是异常失望的。[2]

1398 年末，即建文帝即位之初的几个月中，皇帝开始考虑怎样增强自己的权力而同时削弱诸封建王国的权力，并且利用或有或无的罪名对那些较小较弱的藩王采取激烈的行动。周王朱橚（1361—1425 年）是第一个倒台的，接着另外四个王子也垮了下来：代王朱桂（1374—1446 年）；湘王朱柏（1371—1399 年）；齐王朱榑（1364—1428 年）；以及岷王朱楩（1379—1400 年）。一年之内在五个举足轻重的藩封被废之后，燕王便成了下一个目标。朝廷承认他是最棘手的敌人，因此在行动上很小心谨慎；可是，这样一来反而给了燕王集结部队和作准备的时间。[3]

现在不能肯定，燕王何时才开始下定决心对抗朝廷。据有些材料说，他在道衍和尚（后名姚广孝）的影响下很早就有和朝廷对着干的意思；按，道衍是明太祖派到他的王府里来任事的，并博得了他的信任。道衍据说在朱允炆被封为储君以后曾向燕王进言，说他注定会有九五之尊；他并且鼓励燕王谋划进一步实现他的雄心壮志。当建文朝廷开始清洗他的兄弟们的时候，燕王马上觉察到他的地位危殆，因而

---

[1] 王崇武：《奉天靖难记注》[536]，第 1—4 页；寺田隆信：《永乐帝》[510]（东京，1966 年），第 33—36 页；《明人传记辞典》[191]，第 356 页；关于徐达的传记，见《明人传记辞典》，第 602 页。

[2] 关于洪武帝任命朱允炆为储君（在 1392 年）之事，见寺田隆信《永乐帝》[510]，第 44—46 页。

[3] 王崇武：《奉天靖难记注》[536]，第 17—20 页；陈大卫（音）：《燕王的篡位》[20]，第 19—21 页。关于这些藩王的命运，详见张奕善《夺国后的明成祖与诸藩王关系考》[35]，第 51—55 页。

他就商于道衍（这时道衍已是他的主要顾问和谋略家），应该采取什么步骤来对付这一威胁。[1] 燕王已经用招降蒙古士兵的办法扩充了他的部队，同时他又和那些对新皇帝已不再抱幻想的宦官内外勾结起来。可是他还无意立即行事，因为他的三个儿子正在南京作为人质，以保证他不乱说乱动。与此同时，双方的间谍和代理人来回打报告。燕王在1398年和1399年搞了许许多多鬼把戏，又是装病，又是装疯，请求遣返他的儿子们。直到1399年6月建文帝才准许他的几个儿子回到他们父亲身边——历史学家们把这一决定称为愚不可及。燕王这才决心用军事行动抗命朝廷了。

敌对行动爆发于1399年7月末。那时有个忠于建文朝的军官抓到了属于燕王藩国的两名下级官员，并把他们送往南京以煽惑罪处死。燕王抓到了把柄，利用这个机会在8月5日向邻近几个州县发动军事进攻，借口要清除朝廷里的奸佞官员。这标志着在朝廷和燕王之间开始了一场血腥的、持续三年的军事对抗。后来这场战争被掩饰而说成是"靖难"之役。[2]

为了给他的叛乱设词辩解，燕王在后来几个月内精心策划了几篇文告：它们包括在1399年8月和12月致朝廷的两封信，以及后来给官民一体知照的宣言。这位藩王坚持说，他正在进行的是终止内乱的正义行动，而且无论衡之以儒家的孝道，还是衡之以规定诸藩王义务的《祖训录》中的条款，他的行为都是对的。[3] 他指责皇帝，特别是指责皇帝没有把他父皇的病情告知他，没有让他奔丧；另外，还指责皇帝毁坏先皇所居之宫室，从而背弃了洪武帝的祖训。

---

① 弗里斯：《姚广孝和尚（1335—1418年）与一个时代》[1783]，载《远东》，7，1（1960年），第158—184页；陈大卫（音）：《燕王的篡位》[20]，第25—39页。

② 王崇武：《奉天靖难记注》[536]，第2809、33—48页；王崇武：《明靖难史事考证稿》[540]，第53—58页。按，"靖难"之名来源于事后的一份关于内战问题的官方文件，它的标题就是《奉天靖难记》。这文件在燕王登极后不久就编了出来，目的在说明他之反抗朝廷和他之即位都是合法的。关于对这份文件的简明评价，见王崇武《奉天靖难记注》中的序，以及王崇武《奉天靖难史事考证稿》，第6—18页。

③ 这些文件见于王崇武《奉天靖难记注》[536]，第41—48、74—78、86—92页。关于详细的分析，见王崇武《明靖难史事考证稿》[540]，第8—22页。

他还指责皇帝受齐泰、黄子澄等宵小之臣的诱惑，对诸皇子进行了迫害，并且错误地指控他在做军事准备来反对皇帝。他争辩说，他所采取的行动是正当的自卫，同时他要求皇帝去掉左右的奸诈顾问们，恢复太祖皇帝的法律和制度。除此之外他还声称，他有义务来执行这次惩戒使命，因为他是马皇后所生的最年长的健在儿子，执行使命责无旁贷；他指天誓日地否认他对帝位感兴趣，只是说他是本着《祖训录》中的规定而开始清除朝廷中的小人官员的。

根据现代历史学家所提供的材料，他的任何指责是否有充分的事实根据，或者他是否真正能够在当时就把这些论点公之于世，是值得怀疑的。可是，这些指责对燕王来说却是关系成败的问题；最终地它们要使他对抗朝廷的行动站得住脚，并且还可帮助他纠集能够抗命的人马。这就是为什么这位藩王在篡夺皇位以后要窜改历史记述，把那些和他的言论相矛盾的记载统统去掉，换上支持他的合法继承权力的一些历史说辞。①

内战（1399 年 8 月至 1402 年 7 月）

在叛乱开始的时期，燕王尚不占兵力上的优势。他的军队只有10 万人。除了他的封地北京之外他也没有能够控制任何其他领土。南京的建文朝廷有一支三倍于燕王军队的常备军，拥有丰富的资源，并且已经废除了几个封建藩国。但是，这种简单的比较会把人引入歧途。燕王的强大表现在这样几个方面：他自己有领导能力；他的军队素质高——包括来自兀良哈诸卫的蒙古骑兵大队人马；他的战略高超；他又有不可动摇的必胜的决心。反之，皇帝的军队因指挥上无决断和协同作战不力而大受损害；同时朝廷又分散精力去搞那些甚非急务的政府改组工作，这当然也影响了战局。②

---

① 这问题的详细讨论见陈学霖 《篡位的合法性》[23]，第 3 节。

② 我们这里关于内战的叙述是据王崇武著作的评价中关于此时的更具批评性的记载综合写成的，见王崇武《奉天靖难记注》[536]；王崇武《明靖难史事考证稿》[540]，特别是第 53—102 页；寺田隆信：《永乐帝》[510]，第 71—127 页；陈大卫（音）：《燕王的篡位》[20]，第 5—8 章；德雷尔：《明初政治史》[146]，第 5 章。

从 1399 年末到 1401 年中叶是战争的开始阶段，它主要限于北京（北平）府的附近州县和山东济南附近的据点。战争正式开始于 8 月末，那时建文帝派遣耿炳文（约 1339—1404 年）这位退休的高级军官为大将军去平定叛乱。9 月 11 日，耿炳文想把叛军限制在北京附近，便在北京西南的真定部署了 13 万人的大军，但在两个星期之后便受了重创，被打败了。[①] 于是已故的将军李文忠（1139—1184 年）之长子李景隆接过了指挥权，但是，他也同样无能。10 月中旬，燕王离开他的封地去寻求新兵，李景隆便乘他不在北京的机会率领讨伐军从南京地区开往北京。他在 11 月 12 日合围北京，但是燕王马上回师并击败了李景隆；因为李景隆的士卒大多数是南方人，不耐北方的苦寒，因此他被迫在三个星期以后退兵到山东西北的德州。[②]

12 月 6 日，燕王又送了一封信给朝廷，指责齐泰和黄子澄。作为战略上的姿态，皇帝正式罢免了他们两人的官职，用茹瑺（1409 年死）代替了齐泰。可是，事实上他继续依靠他们出谋划策。在 1400 年 1 月月中，燕王又在西北发动了攻势，攻入山西。他在山西攻取了一个关键的府城之后就直趋首府大同。李景隆拖延了时日。当他的援兵在 3 月份到达大同时，燕王已经回师北京，李景隆便带着疲惫和深受北方寒冻之害的军队返回德州。[③]

1400 年 5 月，双方在北直隶中部保定附近的白沟河岸上展开了一场大战。李景隆这一次想用钳形攻势一举粉碎燕王的军队，但是他在 5 月 14 日因大暴雨和洪水而失败了。四天以后，两军约 60 万人马打了一场对阵战。李景隆的军队拥有火器装备。但是他再一次受重创而溃败，在 5 月 30 日先退到德州，然后又退到济南。燕王却受到平安将军（1409 年死）部下一支帝国骑兵队伍的威胁，幸而他的次子朱高煦从北京率援军来到才救他脱离了险境。

---

① 关于耿炳文的传记，见《明人传记辞典》[191]，第 718 页。
② 关于李景隆的传记，见《明人传记辞典》[191]，第 886 页。
③ 关于茹瑺的传记，见《明人传记辞典》[191]，第 686 页。

6月1日，燕王恢复了攻势，第一步进攻德州。在开赴德州的途中他击败了李景隆劳顿不堪的军队，并于6月8日围困了该城。德州由平安和盛庸（1403年死）防守；后者是帝国最能征善战的将领之一。燕王对守军的攻势没有取得什么进展，而且在帝国军队手下连吃几次败仗，因为皇帝的部队有时出城袭击他的后方。9月4日，当燕王得知从南京正在开来一支救援部队时，他解围而去，退回了北京。皇帝的军队再次控制了德州。朝廷对李景隆的表现不佳感到沮丧，就在6月后期免了他的职，而以盛庸为大将军来负责平定叛军。[1] 在1400年秋天到1401年春天之间，燕王从逃离南京的宦官和将军们那里得了些消息，便借此机会决定打一场消耗战。他采用游击战术，在北直隶的南部和山东西部进行一些牵制战和佯攻战，同时他找出了能绕过许多设防据点的南进路线。这就揭开了内战的新的一页。

1401年1月9日和10日，燕王进攻山东境内运河之西的东昌，但遭受了重大的失败。帝国的大将军盛庸这一次又使用了火器，打死了燕王军队中的几名将领和数万士兵。燕王在撤退回北京的时候，几乎被平安的骑兵所生擒。皇帝被这次捷报所鼓舞，在1月31日又恢复了齐泰和黄子澄的职务。燕王下决心要控制北直隶的南部，他在2月28日恢复了攻势。4月·5日和6日，他的军队重创了德州附近滹沱河以北夹河上的盛庸的军队。这个月的晚些时候，燕王又击溃了平安的援兵。皇帝在失望之中于4月17日重新罢免了齐泰和黄子澄，而以茹瑺取代齐泰——茹瑺和遭贬的李景隆当时是朝廷里的主和派领袖人物。

这种重新组合的方式形成了人们熟悉的格局。当胜利似乎在望时，齐泰和黄子澄被官复原职；当战局不利时，他们又被罢了官。这不仅是意在安抚燕王的一种只有象征意义的人事变动；它表现了皇帝周围存在着严重的派系斗争。在政府新班子的领导下，皇帝向燕王做了一些最后遭到夭折的和平试探。但是，他继续支持他的这两位主要

---

[1] 关于盛庸的传记，见《明人传记辞典》[191]，第1196页。

的顾问，而且委托他们去长江中游组织民兵队伍，以取得对他的帝业的支持。

在整个这个夏天，燕王不断袭击通往真定和德州的运河供应线，捣毁了从北直隶南部到山东南部的仓库和运输设施。1401 年 7 月初，盛庸未能切断燕王沿运河的供应线；这条线路使山东北部的帝国部队面临很大危险。8 月末，平安从真定对北京发动一次胜利的反击，迫使燕王又一次回师北上。但是，平安和他的僚属们在 10 月末又被遏阻，燕王则在 11 月底回到了北京。与此同时，建文朝廷从朝鲜输入战马，想以此增强它的战斗力，因为朝鲜国王李芳远（1400—1418 年在位）公开表示支持皇帝打燕王。但是这些办法未能影响战争的结局，因为军事领导太无能了。[①]

1402 年 1 月，燕王离开他的封国，开始对南京发动一次新攻势。他听了给他当间谍的皇宫内太监们的劝告，绕过了运河沿岸、安徽和南直隶的淮河沿岸的设防堡垒，集中进攻那些防御甚差的城市和县。他的部队绕过了德州，渡过了黄河，并在一个月之内拿下了山东西北部的几个咽喉据点，完全切断了帝国政府通往北方的供应线。朝廷马上派已故徐达将军的长子、同时又是燕王妃的兄弟徐辉祖带兵增援山东。但是他没有能够挡住燕王的军队。燕王一直南进，在 3 月 3 日拿下了南直隶西北部的徐州。这时，皇帝的军队从北京地区和德州撤回，想保住南京畿辅地区。

1402 年 4 月初，燕王进入安徽北部的宿州，打败了平安的骑兵，后者是被派来拦截他的。但是，5 月 23 日燕王在安徽灵璧南面的祁门山受到严重挫折，被徐辉祖所率皇帝方面的优势兵力打败。燕王在这次战事失利中幸免于难，在 5 天以后，他利用徐辉祖突然被召回和援军到来的机会，对在灵璧驻兵的平安发动突袭，抓获了平安本人和其他几个重要将官。他的军队在 6 月 7 日攻破了淮河上盛庸的防线，

---

① 吴晗：《朝鲜李朝实录中的中国史料》［585］（北京，1980 年），第 161—169 页。又见王崇武《读明史朝鲜传》［545］，载《中央研究院历史语言研究所集刊》，12（1947 年），第 6—10 页；王崇武：《明靖难史事考证稿》［540］，第 130—132 页。

并在绕过了淮河附近的凤阳和运河上的淮安（在洪泽湖附近）这两座坚固设防城市之后，以闪电的速度直下淮河，于 6 月 17 日攻占了扬州。7 月 1 日，燕王的部队被盛庸的水军挡在南京对岸的浦子口。两天以后，指挥长江舟师的都督佥事陈瑄（1365—1433 年）叛投燕王，因此燕王的军队有了渡过长江的船只。他们马上过了江，未遇抵抗就直抵南京城郊。①

在此以前，建文帝曾经把他的军队从北方召还，并纠集南京附近的新兵来保卫京师，但是朝廷的政策迄至最后一刻也没有定下来。6 月 20 日被召回的齐泰和黄子澄力主不惜一切代价保卫京师；李景隆和茹瑺则倾向于通过谈判解决问题。7 月 9 日，皇帝派李景隆和洪武帝的第 19 子朱橞（1379—1417 年）到南京城外的龙潭向燕王提出议和。他们回来报告说谈判失败，但是他们显然利用这次使命想用别的办法终止战争。5 天以后，即 7 月 13 日，李景隆和当时防守金川门的朱橞私下密谋。他们不经战斗，大开城门，欢迎燕王入城。

在燕王军队抵达后的一场混战中，南京城内的皇宫大院起了火。当火势扑灭后发现了几具烧焦了的尸体，据说它们是皇帝、马皇后（于 1395 年结婚）和他的长子朱文奎（1396 年生）的尸体。皇帝最后的真正命运仍然是一个谜。不能肯定他是否真的被烧死了；后来对他的帝业抱同情心的历史学家们都说他乔装成和尚逃离南京。官方历史学家当然只能说皇帝及其长子已死于难中；否则，燕王就不可能称帝了。皇帝的第二个儿子朱文圭当时只有两岁，他和皇帝家中其余幸存的成员一起被生擒。他被免于一死，但和其他家人一起被长期监禁，直到 1457 年他 56 岁时才重获自由。②

燕王在礼仪上拒绝了他的支持者们反复劝进之后的几天，于 1402 年 7 月 17 日即皇帝位，但不是继承建文帝的帝位，而是继承太祖高皇帝的帝位。次日，他下令给据说是建文帝及其家属的遗体安葬

---

① 关于陈瑄的传记，见《明人传记辞典》[191]，第 157 页。
② 关于朱文圭的命运，见《明人传记辞典》[191]，第 403 页。

如仪，但是，他没有给这位死去的皇帝以谥号。接着他发了几道文告，把他的登极遍告国内和国外。1402 年剩下的几个月被称为洪武三十五年。新皇帝用这种办法明确地否定了建文帝的合法性。他把次年称为永乐元年。开国皇帝的所有法律和制度一概予以恢复。另外，新皇帝命令销毁建文时期的档案，只留下关于财政和军事问题的档案，同时他又禁止关于这个时期的事件的一切论述。①

新皇帝专门用最暴烈的手段对待忠于建文帝的官员们——像齐泰、黄子澄和方孝孺。他曾经希望那个不易收买的方孝孺现在会俯首承认他的胜利并给他效命，以此操纵士大夫阶级来支持他的事业。方孝孺对他破口大骂，因此方和另外一些人一起被残酷地处死，并被说成是曾经错误地引导皇帝的大奸臣。这是一次恐吓中国有独立思想的知识分子的血腥行动。在此期间，和从前建文皇帝的官员有牵连的成千上万无辜的人或者被处死，或者被监押，或者被流放。这一次血腥清洗的猛烈程度只有明太祖所实行的暴政可与之相比。

建文帝的遗产

不管建文帝是被焚而死还是为了逃避而乔装成和尚，他的结局很凄惨，失掉了九五之尊。为了实行报复，永乐时期的官方历史掩盖了建文的年号而人为地把明太祖的统治时期延长了 4 年，即从洪武三十二年延长到洪武三十五年（1399—1402 年）：这个时期曾经被历史学家称之为"革除"时期。② 建文的年号迟至 1595 年 10 月才被万历皇帝恢复，那是作为编纂明王朝历史的流产的计划的一部分提出来的。可是，要到 242 年以后的 1644 年 7 月，南明君主福王朱由崧（1646 年死）才定建文帝的庙号为"惠宗"，谥号为"让皇帝"。这后一个尊号之所以被选用是为了适应民间传说，即建文帝并未死于宫中大火，

---

① 关于废除建文帝年号的问题，见吴缉华 《明代建文帝在传统皇位上的问题》［579］和《明代纪年问题》［577］，均载他的《明代制度史论丛》［580］，II，分别见第 350—355 页和 366—371 页。

② 见上注所引吴缉华的著作。

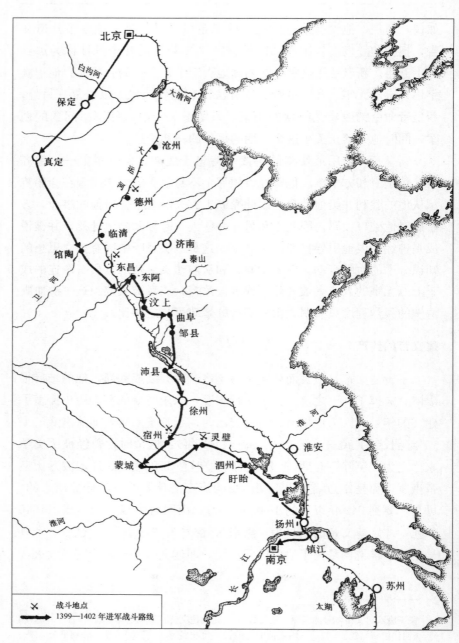

白沟河

北京

保定

真定

沧州

大清河

德州

临清

馆陶

东昌

东阿

济南

▲泰山

汶上

曲阜

邹县

沛县

徐州

宿州

灵璧

蒙城

泗州

盱眙

淮安

淮河

扬州

镇江

南京

苏州

太湖

长江

淮河

✕　战斗地点
➤　1399—1402 年进军战斗路线

地图 8　南京之役（1402 年）

而是为了解除内战的普遍苦难而自愿逊位给他的叔父的。

福王的统治不过一年，这个统治及其敕令均未被清政权所承认。只是到了 1736 年 9 月当乾隆帝（1736—1796 年在位）封建文帝为"恭愍惠帝"时，他的皇帝地位才完全恢复。由于这种种情况，他在明王朝的正史（《明史》，1736 年）中被称为"恭愍惠帝"，但在由王鸿绪（1645—1723 年）在 1723 年完成的更早一些的《明史稿》中还是直截了当地被称为"建文帝"。[①]

建文皇帝和他的顾问们在他们的真诚而勇敢地致力于提倡仁慈的文官统治和推进群众福利方面，留下了一笔重要的遗产。他们放弃了明太祖的政策，并且与燕王发生了冲突，因为他们是在不同的背景下掌权的，同时又公开承认有不同的统治概念。燕王的权力是建立在北方边境上，而且依靠的是军官们的支持；建文帝及其左右与此不同，他们是以南京为基地，他们依靠的是长江下游的儒家精英阶层。他们认为搞像洪武帝时期那样的极权主义的和军国主义的统治，会大大地危及王朝，因此他们相信只有提高儒家价值观和文官的权威，去掉有权势的和半自治的诸藩封王子，才能使之得到纠正。他们没有成功，倒不是因为他们在兵力上次于燕王，而是因为他们没有多少实际经验，在战场上缺乏果断的领导、周密的计划和首尾一贯的战略方针。[②]

这次内战对于明王朝所产生的结果已经超出了争夺帝位的阋墙之争。洪武帝封建半自治的藩王已经对王朝的稳定造成了严重的威胁；同时，用军事势力压过文官制度的办法来支撑独裁统治，这就在无意中挖了皇帝权力的墙脚。燕王的胜利不仅是一个藩王对皇帝朝廷的胜利，它也是军人权力对文官政府的胜利。燕王——即永乐帝——无限期地延续了开国皇帝的军事遗产。这份遗产使文官政府黯然失色，还

---

① 关于此事的历史编纂学问题，见李晋华《明史纂修考》［319］（北京，1933 年），第 68、95、101 页；又见卡恩《皇帝眼中的君主制：乾隆时期的幻象和现实》［280］（马萨诸塞，坎布里奇，1971 年），第 44—46 页。

② 关于对建文皇帝的评价，见孟森《明代史》［375］，第 83—88 页；《明人传记辞典》［191］，第 398—401 页；德雷尔：《明初政治史》［146］，第 170—172 页；毛佩琦：《建文新政和永乐"继统"》［373］，第 42—45 页。

使帝国达到了权力和影响的顶峰。可是，建文帝的文官之治的理想并未丧失殆尽，它仍被继续在永乐帝手下供职的前洪武帝和建文帝时期的官员们所珍惜。而且当永乐帝死后，他们再一次提倡儒家关于文官政府的原则，并在洪熙和宣德两朝取得了具体结果。

在通俗性的历史著作中，建文之治通过关于这位命途多舛的皇帝的大量传奇故事而受到人们的怀念——这些传奇之所以产生是由于人们同情他的苦难遭遇，以及被他的有神秘色彩的命运所吸引。这一传统最初之所以形成，是因为人们天真地相信，在南京陷落时皇帝并没有死于宫中之火，而是乔装成和尚设法逃离了京师。后来情节变得越来越复杂了。① 1440 年末的一个稀奇古怪的事件表明了这个传说有多少人信以为真。有一个 90 岁的老和尚利用这个传说来到了正统皇帝的朝廷，自称他是从前的皇帝。这个骗子后来被揭露并处死了，但这个事件却助长了人们的幻想，也激发了其他相关传说的产生。

在 16 世纪以后关于这个题材的小说演义中，建文帝和他的殉难的随从人士都逐渐变成了悲剧式的英雄人物。② 这些作品都把这位皇帝描写成为一位勤于政事的和仁慈的君主，对他的叔父慷慨大度，并自动地提出把皇位让给了后者。它们还渲染一个故事，说在京师失守之日他逃脱了叛变者的耳目，当了一位高寿的和尚，死后仍然留有后代。它们也同情地描述建文的殉节者，如齐泰、黄子澄和方孝孺，说他们是忠臣义士，声称他们的身后也仍有许多后嗣，尽管他们受到迫害。这些无奇不有的传奇故事不仅反映了人们对建文帝及其所信奉的理想的同情，它们还表明了对于永乐皇帝的不公正所要倾泻的被压抑

① 关于在明末私家文学作品和各种著述中所流传下来的种种不同传说的描述，见赵士喆《建文年谱》[49]，第 2 编（序 1636 年；重印本，上海，1935 年）；伦明：《建文逊国考疑》[363]，载《辅仁学志》，73，2（1932 年 7 月），第 1—62 页；王崇武：《明靖难史事考证稿》[540]，第 31—42 页；铃木正：《建文帝出亡说考证》[493]，载《史观》，65，6—7（1962 年 10 月），第 160—185 页，和 68（1963 年 5 月），第 50—69页。

② 赵士喆：《建文年谱》[49]，第 139—143 页。详见铃木正《建文帝出亡说考证》[493]，第 169—179 页；陈万鼐：《明惠帝出亡考证》[58]（高雄，1960 年），第 59—71 页。

的愤怒以及对他的暴虐政策的不满情绪，同时也是对他篡夺合法继承权的否定。

说建文帝自动地让位给燕王，这种故事越来越受到人们的欢迎。此说甚至被郑晓（1499—1566 年）认为有可信的历史真实性，并把它收于他的《建文逊国记》（约 1566 年）中。它因此助长了人们给建文帝重新树立形象的心理，并导致在 1595 年正式恢复了他的年号的行动。① 关于建文朝代的幻想故事和传闻轶事在下一个世纪仍然不断地出现。这些传说变成了人们发泄压抑情绪的通风口，是他们在极权统治下对要求仁慈和正义的呼吁。它们不仅戏剧化了这位皇帝的英雄业绩，使他成了悲剧式的人物。由于它们进而想纠正不公正，它们谴责永乐皇帝及其支持者们是一伙叛贼和恶棍。人民群众对这位先前的皇帝的同情是如此普遍，致使它被明末清初的许多叛乱领袖所利用，他们都伪称自己是他的合法的后代。在学者精英阶层中，从明代中叶和末叶起，也一直增长着这种谴责永乐皇帝的倾向（虽然只是用掩盖的词句来写的），因为他们把社会问题看成是他的专制政策的后果；所以在这种倾向中也存在着类似的对他的同情心。乾隆皇帝在 1736 年决定恢复建文帝的合法地位，其部分原因便是人民和士大夫精英怀有这样的情绪。

永乐统治时期

永乐皇帝通常被人们称为明王朝的第二位创立者。这个称号暗指他恢复了祖先的制度，否定前一朝代的统治；它还暗示这位皇帝采取新的主动行动扩充了帝国的版图。旧的制度和法令经过修改使得适合时代的需要，同时在一系列空前的帝国战斗中，明王朝的军事力量远逾中国本土以外。

---

① 王崇武：《明靖难史事考证稿》[540]，第 31—34 页；吴缉华：《明代建文帝在传统皇位上的问题》[579]，载《明代制度史论丛》[580]，Ⅱ，第 357—359 页。关于郑晓的《建文逊国记》，见傅吾康《明史资料介绍》[172]（吉隆坡与新加坡，1968 年），2.1.1。

永乐时代的特点反映了这位新皇帝的政治和军事背景，也反映了他个人对于帝国制度的看法。他是作为职业军人上的台，他对打仗有很大的兴趣，无疑受他的追随者的拥护。赫赫武功、北方边境的安全和政治霸权——这些形成了他对帝王形象的憧憬。但是，他也受过完全的经典教育，并且继承了一个足以很好地管理这个国家并支持他的范围广泛的军事活动的文官政府。出于实际的以及意识形态的理由，他强化了文官政府和一个有效率的及稳定的官僚政制。如果不是这样，他就不可能进行足以夸耀的军事冒险。在他统治的时期，几乎在军、政两方面的所有部门都进行了革新和改动，甚至帝国的都城也迁移到了新址。

文官政府的这些发展与皇帝的全神贯注于战斗和建立巩固的政治霸权等方面的活动是并行不悖的，有时被这些活动所压倒。他讨伐蒙古人，并吞安南，和某些中亚国家建立外交关系，实现和日本及其他海上邻国的贸易关系的正常化，以及去南洋和西洋进行伟大的探险——这一切都大大扩大了明国家的影响。

不可避免的是，皇帝理想中的帝国政府和军事扩张这两个互相纠缠在一起的憧憬会发生冲突。因此，永乐的统治过程中充满了矛盾。另外，虽然永乐帝在生前兼收并蓄地容纳了对立的理想和纲领，但是，他的这种处理也给后人留下了很多严重的问题。明朝各利益集团的这些互相冲突的想法给我们提供了理解永乐之治和估价它在明代历史中的地位的线索。[①]

政治的结构和政府的行政

军事贵族

永乐帝即位以后，他需要很快地巩固他的权力。他最初改组了军事领导，用创立一个新的军事贵族阶层并大量封赠爵赏的办法来支撑那些追随他反对建文朝廷的军人们的忠诚。后来他也把这些特权同样

---

① 关于它的简明的叙述，见寺田隆信《永乐帝》[510]，书中各处；德雷尔：《明初政治史》[146]，第6章。

封赏给了那些在远征蒙古和安南作战中有功绩的指挥官们。

1402 年 10 月，在皇帝追封在内战中死去的他的几位将军之后，他开始创立这一新的军事贵族阶层。他封丘福（1409 年死）和朱能为公（1406 年死）；封张武（1403 年死）、陈珪（1420 年死）和 11 位其他的人为侯；封徐祥（1404 年死）、徐理（1408 年死）和其他 7 人为伯。火真（火里火真，1349—1409 年）原为蒙古的许多降将之一，后来参加了明军，他也被封为侯。除此之外，在南京陷落之时或陷落后不久即投向永乐帝的官吏中也有一人封公，三人封伯，这就是李景隆、茹瑺、王佐（1405 年死）和陈瑄。1403 年 6 月，又给其他九名品级较低的将军封了侯爵与伯爵，以酬报他们在内战中的劳绩。①

永乐帝在他的统治时期继续对积有军功的军官封以同样的贵族称号。1408 年 8 月，他封张辅将军（1375—1449 年）为公，又封柳升（1437 年死）为侯，因为他们平定安南有功；另外，他在 1409、1412、1419、1421 和 1422 年又分别对在对蒙古作战中有功的一些将军们封了侯爵和伯爵。后者包括某些蒙古的将军，如吴允诚（把都帖木儿，1417 年死）在 1412 年封了侯爵；薛斌（脱懂台，1421 年死）在 1412 年封了伯爵；以及薛贵（脱火赤，1440 年死）在 1422 年封了伯爵。这些封赏表示，皇帝并不歧视他的蒙古族将领，认为他们也一样应该根据功绩得到奖赏。②

就这样，皇帝建立了一个世袭的军事贵族阶层，让他们成为他的军事建制的基础，同时成为他的征战中的主要军事领袖。这些贵族们并未得到特别高的俸禄：公爵每人 2200—2500 石禄米，侯爵每人 800—1500 石禄米，伯爵则为 1000 石；但是他们占据着有特权的品级，这种社会地位的重要意义远远超过了他们所能得到的物质福利。他们享有皇帝的信任；他们作为皇帝的代表节制着最重要的部队；他

---

① 关于这些人中某些人的传记，可见《明人传记辞典》［191］，第 686、886、1127、1436 页。

② 关于张辅的传记，见《明人传记辞典》［191］，第 64 页。关于这些蒙古族将领，见司律思《明初受封的蒙古人》［453］，载《哈佛亚洲研究学报》，22（1959 年 12 月），第 215、224 页。

们没有诸王子与之竞争，因为后者已被建文帝不费力地从军政职务上撤换了下来；同时，他们还不受文官的限制。[①]

乍看起来，这种大封军事贵族之风很像洪武帝所推行的政策，但它们之间却有重大的不同。洪武帝所封的贵族大多数是他原来的战友们，他们享有很高的社会特权，自有一帮追随者，因此他们拥有很大的自治权。他们最终被开国皇帝视为对王朝长治久安的严重威胁，从而被无情地加以清洗。永乐皇帝所加封的将军们在 1399 年时的社会地位本来很低，而他们之所以得受封赏是因为他们在内战中给燕王出了力。为了防范他们抗命，皇帝不把正规军交给他们指挥，而是让他们节制原在建文朝廷中那些带兵的将领们所带的部队，或者为了特殊任务让他们带领从全国各卫所抽调来准备搞军事屯田的那些部队。因此，这些将军们不能轻而易举地同他们所带的部队加强个人关系，还不得把自己树立为能向皇权挑战或破坏皇权的独立的权势者。[②]

除了上面所说的以外，皇帝还经常御驾亲征，跟他的下级军官们一起战斗。这就加强了他和他的军事贵族们之间的关系，提高了他们的士气，并且促进了他们对他的个人忠诚。在 1410 年和 1414 年的头两次对蒙作战中，他使用了 1402 年册封的几名将军作为他的副手，而且终他之世他总是给那些在这种战争中有功的人以封赠。因此，这些军事贵族和皇帝都亲如一体，同时，由于他们依靠君王的恩宠，所以都表现得极忠诚，打仗极勇敢，他们中的有几个人在讨伐蒙古的战斗中还以身殉职。只有一两次对军事贵族的指控，但这些指控都起因于他们行为上有过失而不是因为不尊重朝廷，并且没有导致清洗扩大化的案件，像太祖当年的所为那样。总而言之，军事贵族大大地加强了皇帝的权威和权力；他们也大大地增长了军方的特权，同时也大大

---

① 关于诸王子在永乐帝时代的社会政治地位问题，见吴缉华《明代皇室中的洽和与对立》[582]，载他的《明代制度史论丛》[580]，Ⅱ，第 282—285 页；张奕善：《夺国后的明成祖与诸藩王关系考》[35]，第 60—126 页。

② 吴晗：《明代的军兵》[593]，载《读史札记》[594]（北京，1956 年；重印于 1961 年），第 90—100 页；德雷尔：《明初政治史》[146]，第 174—175 页。

地有助于在永乐帝时代在反对外国民族的战斗中取得各种各样的胜利。

文官之治

在改组文官政府的时候，皇帝首先重建了在动乱的内战中陷于混乱的帝国的官僚体制。他通过重建帝国的官僚政制取得了士大夫的支持，其中有些人曾在前朝服务，另外有许多人可能仍然心怀不满，把他视为篡夺者。他在历次战役中作出的争取他们支持的努力大大地牵扯了皇帝的注意力和精力。但是，这些努力给永乐朝的文治武功打下了坚实的基础。

永乐帝认为他的首要任务是恢复他父亲的制度，这些祖制已被建文帝放弃了。一方面他保留了洪武帝的基本行政结构，一方面他的改组又注入了革新的内容，以矫正从前时代安排上的失误和适应变化中的需要。第一步是先组建新的内阁，使之作为皇帝和官员之间的联系桥梁而在内廷发挥作用。这样就弥补了 1380 年取消外廷的中书省之后所引起的结构上的缺点。内阁马上变成了官僚政制的主宰，并且作为文官政府中的主要执行机构来进行工作。

永乐皇帝即位后不久就着手组织新的内阁。他任命七位学者到翰林院的高级岗位上来，然后让他们担当国家事务的主要顾问。开始时是在 1402 年 8 月和 9 月分别任命解缙（1369—1415 年）和黄淮（1367—1449 年）做翰林学士。不久又任命了胡俨（1361—1431 年）、胡广（1370—1481 年）、杨荣（1371—1440 年）、杨士奇（1365—1444 年）和金幼孜（1368—1431 年）。这些人都很年轻，又都来自中国南方和东南方，都是因他们优异的文学才能和行政经验才入选的，尽管他们几乎都在建文朝廷服务过。除了胡俨、解缙和杨士奇以外，其余的人都在建文时代中了进士。[①] 在洪武朝，这种翰林学士马上会加大学士衔。现在在新皇帝统治之下要到晚些时候才能加这个衔。但是，虽然他们享有很大权力和势力，他们的品级却比较低，高不过正

---

① 关于其中某些人的传记，见《明人传记辞典》[191]，第 554、627、641、665、1535页。

五品。他们全都任职于皇宫内的文渊阁（1421年以前是在南京，以后是在北京），所以他们能随时待诏。这种办法也和洪武时代的不同，在洪武帝时期这些大学士都在禁城内的四殿二阁供职。①

这些步骤导致内阁起越来越大的作用；这些炙手可热的翰林学士开始成为皇帝的主要顾问和作为皇帝与官僚政制之间的承上启下的人。在洪武朝代，大学士主要是在内廷起草制诰。现在这些新翰林学士则能够与皇帝进行个人接触，决定国家事务，参与制定政策。他们常常和六部主管官员开联席会议审议国事，但是他们逐渐地左右了外廷的六部，因为他们很容易接近皇帝。皇帝无论驻跸在什么地方，也都一般地要把大学士召到身边：1402—1409年在南京时是如此，1409—1417年在南京和北京两地时是如此；以后定都北京时也是如此。

皇帝甚至在1410、1414、1422、1423和1424年几次讨伐蒙古的战役中也随身带着几位大学士。在这些情况下，皇帝让太子朱高炽（1378—1425年）——即后来的洪熙皇帝——先是在南京，后来是在北京留守，看管政府，并且指派他的秘书班子的成员做太子的顾问。这种安排在他后来的统治年代中变得司空见惯了，因为皇帝这时经常离开京师，内阁就变成了一种政府的内阁。这种办法使得太子和大学士更加密切了关系，它在永乐帝死后对稳定政府起了作用，因为这些人一如既往地继续为皇帝服务。

皇帝在1402年挑选了那七名翰林学士之后再没有选用新的大学士。除了胡俨在1404年另就国子监祭酒外，其余的人都任此职许多年，其中有四个人一直到死。在永乐之治的初年，解缙是这些人中的首席学士；但是他在1411年被囚禁，并在四年之后死于狱中，因为他得罪了想取代朱高炽为太子的皇帝的次子朱高煦。解缙曾经竭力支

---

① 详细情况见杜乃济《明代内阁制度》［517］（台北，1967年），第20、24、44、49、54、64页；吴缉华：《明仁宣时内阁制度之变与宦官僭越相权之祸》［576］，载《明代制度史论丛》［580］，1，第181—188页。又见格里姆《从明初到1506年的明代内阁》［194］，载《远东》，1（1954年），第139—177页；以及贺凯《明王朝的政府组织》［265］，载《哈佛亚洲研究学报》，21（1958年），第8—10页。

持朱高炽为太子，而强烈反对另换朱高煦。[1]

皇子争嫡的斗争的卷入也使得黄淮和杨士奇失宠并于 1414 年被拘禁，因为他们也捍卫太子朱高炽，反对朱高煦的指责，即所谓朱高炽在皇帝离京远征蒙古时在南京处理国事中未能恪尽职守。杨士奇马上被释放，但是黄淮一直被囚禁到 1424 年，在永乐帝去世后立即官复原职。[2] 在解缙于 1411 年倒台以后，胡广变成了首辅；胡广在 1418 年死后，杨荣接了他的位置。胡广和杨荣——同金幼孜一起——有一两次跟随皇帝讨伐过蒙古部族。杨士奇一直跟随太子，终于在 1424 年上升为首辅，迄 1444 年他去世时都未离开过这个职位。[3] 这个大学士集团终永乐之世一直在职，并一直献身于皇帝的各项政策，他们是永乐帝重建文官政府中的柱石。

皇帝用专门知识的标准仔细地挑选六部首脑。和大学士的情况一样，他也让他们长期任职，让行政官员酌情处理行政细节，比明太祖放手得多。这种办法保证了文官政府的连续性和稳定性。这些长期任职的尚书包括吏部尚书蹇义（1363—1435 年），在 1402—1421 年任户部尚书的夏元吉（1366—1430 年），从 1409 年到 1424 年任礼部尚书的吕珍（1365—1426 年），分别在 1404—1415 年和 1409—1421 年任兵部尚书的金忠（1335—1415 年）和方宾（1421 年死），分别在 1405—1422 年和 1407—1416 年任工部尚书的宋礼（1422 年死）和吴中（1372—1422 年）。[4]

和新任命的大学士一样，这些关键性的尚书都是少壮派，四十来岁。事实证明，他们全都是很优秀的尚书：在永乐帝整个统治时期任吏部尚书的蹇义是文官制度的设计师；一直到 1421 年被囚时为止同样地担任户部尚书的夏元吉是一位理财能手；1422 年去世之前一直任工部尚书的宋礼负责监督迁都至北京的工作。政治的连续性只有一

① 见《明人传记辞典》[191] 中他的传记条目，第 556—557 页。
② 《明人传记辞典》[191]，第 666、1536 页。
③ 杜乃济：《明代内阁制度》[517]，第 207—218 页；《明人传记辞典》[191]，第 627—628、1537 页。
④ 关于其中某些人的传记，见《明人传记辞典》[191]，第 234、531、1224、1483 页。

次严重地中断过，那是 1421 年当夏元吉、吴中和方宾因反对第三次
征讨蒙古之议而使他们的宦途经受危险，因为他们主张减轻人民的财
政负担比出兵更重要，这便激怒了皇帝。方宾自杀了，夏元吉和吴中
被囚禁，直到皇帝驾崩以后才官复原职。

不幸的任命只发生在刑部和都察院。原任刑部尚书（1405—
1408 年）的吕珍在 1409 年改任礼部尚书，后又被刘观（1385 年进
士）接替，刘观一直干到 1415 年。1403 年被任命为都御史的陈瑛
在 1411 年因滥用权力被处死。刘观在 1415 年接手做左都御史，直
至永乐帝宾天之时。他最后也被指责有贪污行为，可是他直到
1428 年才垮台。刘观的刑部尚书的后任是吴中，他被认为是一个
好尚书，但也在 1421 年因抗议皇帝第三次出兵讨伐蒙古而被下狱。
自此以后，刑部尚书一职一直虚悬以迄永乐帝之死。[①] 由此看来，
六个部中有四个部（吏、户、礼、工部）在整个永乐帝时期或其大
部分时期是只有一个尚书主持部务，其中某些尚书继续在后来的君
主下面任同样的职务。整个 15 世纪中在主要尚书之中存在这样异
常稳定的情况，这与洪武时期权力被肢解和任期短暂的特点相比是
刚好相反的。它保证了永乐帝时期和永乐帝以后的时期文官政府中
行政上的连续性。

下级文官行政的稳定性在很大程度上有赖于通过科举考试贮积知
识分子人才，并选拔他们充任各级政府的官吏。全帝国的考试在
1404 年和 1406 年已经恢复，但是，廷试由于皇帝出征蒙古而长期在
外，因而拖了五年，直到 1411 年才恢复。1412 年以后科举均按期举
行，永乐朝共有 1833 人进士及第。比之从前时代，有更多的进士立
即实授了官职。到了 1424 年，已经有足够的进士去担任直至县一级
的大部分负责的文官。在这些年中科举几乎变成了获取高官的唯一途
径，而关于任命、升迁、贬黜和考绩的规定逐渐严格起来。许多进士
变成了能干的行政官员，而且他们在永乐朝和以后朝代中在保持文官

---

① 见贺凯《明代中国的监察制度》[262]（斯坦福，1966 年），第 260—262 页；《明人
传记辞典》[191]，第 1484 页。

政府总的品质和稳定性上起着主要作用。[①]

宦官与锦衣卫

皇帝在揭示了变节行为如何能够颠覆皇上之后，便重新组织了他的监视网，以确保他的地位的安全，同时用它来监察弊政。为了获取情报，他不仅依靠文官政制中的监察和司法官员，他也依赖自己的宦官和锦衣卫。

宦官们作为皇帝的私人仆役又直接听命于皇帝，对皇帝公开表示绝对的忠诚，并且准备随时执行交给他们的任何任务。皇帝给宦官们的信任大于对其他人的信任，因此让他们广泛地从事监视工作，这是不足为奇的。宦官们由于在建文朝时已经忠实地履行各种不同的特殊使命而显示了他们的价值，而且正是在南京的宦官们泄漏机密，才使得建文朝廷打了败仗。其结果是皇帝把曾为建文帝服役的许多宦官倚为心腹（其中有几个人还是蒙古、中亚、女真或朝鲜人），并且经常使用他们。最著名的宦官有率领船队远航东南亚和印度洋的郑和（1371—1433 年?），还有李达、侯显（活跃在 1403—1427 年）和亦失哈（1409—1451 年），这三个人都曾奉旨出使到某些外国去。

另外还有许多不怎么知名的宦官也给皇帝执行了不同寻常的任务。[②] 这些宦官被派去刺探各种不同人物的情报，其中包括官员、皇族宗室成员以至平民百姓；作为给紫禁城内庞大的皇室负责采办的官员，他们被任命为特派员，为皇宫的建筑工程去获取稀世珍宝和稀有材料；另外，他们也被派去进行征战或执行外交使命。可是，他们因职在刺探文武官员的言行而臭名昭著，不得人心。宦官们在搞调查和执行判决时拥有绝对的权力；另外，虽然他们确实揭露了某些贪污和背叛分子，又往往伪造罪名，而且侵权妄为，从而常常造成悲剧性后果。1420 年，在北京设了特殊的调查机构——东厂；这个机构交给

---

① 见杨启樵《明初人才培养与登进制度及其演变》[604]，载《新亚学报》，6，2（1964 年 3 月），第 365—372、384—390 页。

② 丁易：《明代特务政治》[551]（北京，1950 年），第 338—345 页；克劳福德：《明代宦官的权力》[128]，载《通报》，49，3（1961 年），第 126—131 页。关于这些宦官的传记，见《明人传记辞典》[191]，第 194、522、685 页。

宦官掌管，从来不受正规司法当局的辖制。它是一个声名狼藉的治安保卫机关的牢狱，而且，关于东厂实行的非法监禁、严刑拷打和不明不白地致人于死地的传说一直在公众中流传不息，直至明朝的灭亡。[①]

为了加强帝位的安全程度，皇帝又重建锦衣卫来协助宦官搞调查工作。锦衣卫最初由洪武帝在 1382 年通过重建他的个人卫队而创立，但是它的警察职能在 1387 年被撤销，因为那时发现了锦衣卫的某些军官有越权和滥用权力的行为。为了在即位之初就恢复锦衣卫的那些功能，永乐帝征调了他信任的许多军官做它的指挥使。这些人中有非汉人的指挥使——特别是已经赢得了他的信任的蒙古人和女真人。他授予这些指挥使以各种秘密调查之权，还授权让他们拘捕和处罚一切被怀疑向他的权力进行挑战的人。[②]

锦衣卫的指挥使不仅调查文武百官和平民百姓，还要调查内廷和皇室的成员。比如，皇帝利用锦衣卫暗中监视他的异母弟宁王朱权（1378—1448 年），甚至他还刺探他的长子朱高炽，即后来的洪熙帝。不但如此，锦衣卫的成员还常常滥用手中的权力并玩忽法律，收受贿赂和迫害无辜。最臭名远扬的违法乱纪的指挥使名为纪纲（1416 年死），他因在内战中效命有功而受到皇帝的恩宠。他被委以最秘密的安全保卫工作，但是他滥用了这种信任，因贪渎和压榨而使自己声名狼藉。据说他还阴谋反对皇帝，所以他终于被捕并被处死。结果皇帝因此对他给予锦衣卫的广泛权力警惕起来，也认识到了专门依赖锦衣卫搞调查工作的危险性。他于是更转向被委派负责东厂的宦官们；他们在秘密工作中终于超过锦衣卫，有时甚至也直接调查锦衣卫本身。

在永乐帝时期，宦官和锦衣卫对皇帝的安全来说是不可或缺的。但是，只有他们能被紧紧地控制住，他们才能为一位君主工作，像他

---

① 关于东厂，见吴晗《明代的锦衣卫和东西厂》[592]，载《灯下集》（北京，1961 年），第 81—86 页。
② 又见司律思《15 世纪京畿警察中的外国人》[448]，载《远东》，8，1（1961 年 8 月），第 59—62 页；格雷纳：《自明初至天顺末年明代的锦衣卫（1368—1464 年）》[193]（威斯巴登，1975 年），第 25—34 页。

们在刚强的永乐帝和他的父亲手下工作时那样。没有这种制约，他们的广泛而不受限制的权力使得他们在后世君主手下能轻易地滥用自己的权力而损害皇帝的利益，因此为祸于百官，瓦解他们的士气。永乐帝在使用这些权力的手段时创造了明朝专制主义的一种最可鄙的形式。

帝位的合法性和正统意识形态

皇帝受命的合法性

皇帝一直关心巩固他的权力，他同样倾注全力来使他受命进行的统治合法化。他是在对建文皇帝进行暴力的造反以后才坐上皇帝宝座的。在那次战役中，未来的永乐帝对他的侄儿提出了一系列指控来证明自己的行动是正义的。他即位以后就履行他"拨乱反正"的誓言，处死了许多"奸臣"，恢复了被建文帝所违异的祖宗制度。[①] 这些行为无疑地支持了永乐帝的要求取得合法性的权力，但是，他的反建文帝朝廷的许多说法是与历史记载上的材料截然相反的。这些历史材料暴露了他的指责是何等的虚伪，以致它们严重地破坏了他的合法身份，除非它们和他早先的一些说法能调和起来。

在他做了皇帝的最初 10 年中，永乐帝和他的顾问们在编订朝廷的实录中搞了一系列历史编纂学上的修改，以确保他受命的合法性。他们的势力不仅导致了对政变的有偏见的相反的叙述，使之能对永乐帝有利。它们还把从洪武帝时代起的记录大肆删削和窜改，砍掉了和永乐帝的声明相冲突的一切材料。[②] 《奉天靖难记》（约在 1403 年）、《天潢玉牒》（约在 1403 年）和《太祖实录》（它第一次修订于 1402 年，在成于 1418 年的现在仅存的版本中再次加以修订）——这些著

---

① 王崇武：《奉天靖难记注》［536］，第 214 页以下；王崇武：《明靖难史事考证稿》［540］，第 8、18 页以下。
② 王崇武：《奉天靖难记注》［536］，引言；陈学霖：《明太祖的兴起（1368—1398 年）：明初官方历史编纂学中的事实与虚构》［24］，载《美国东方学会学报》，95，4（1975 年 10—12 月），第 686—691 页。

作都是旨在重写建文朝历史的这种努力的一部分成果。看来是永乐帝的主要顾问姚广孝和他宠爱的翰林学士解缙两人在编写和完成头两部著作以及在修改太祖的《实录》中出了大力。[1]

在所编的用来支撑永乐帝的权力的合法性的著作中，第一部便是《奉天靖难记》。宫廷史学家们写这本书时把未经证明的武断之词和谎言都写进了事件的叙述中去，以丑诋建文皇帝。它们指责他是一个卑鄙堕落的君主；他使用了"奸臣"；他因废除了他祖父的法律和制度而犯了背叛罪以及他用撤销藩封的办法来迫害各藩王。这部书谎称永乐帝为马皇后所生，因此他作为健在的最年长的嫡子应该在1392年被指定为太子，但因某些儒士顾问的干预而未果。它还说，他不情愿地对建文朝廷采取惩戒行动不是为了夺取皇位，只不过在履行《祖训录》中的训示而已。[2]

最后，这些历史学家们说他从来不想伤害建文皇帝，同时断言他的侄子在南京陷落时在宫中是偶然被烧死的。它不说永乐帝是已死之侄的合法继承人。相反，这些历史学家们却说他是按照嫡长继承的原则直接接洪武帝的班，建文朝却是非法的虚君位时期。这个论点很重要，因为虽然建文帝已死，他的子嗣还健在，他的最年长的儿子应该有权继位为皇帝。这些谎言和捏造对永乐皇帝自称的合法权力来说是不可或缺的。由于与这些谎言和捏造相矛盾的原始材料已被系统地销毁，它们就成了记述事件的无可辩驳的材料了。[3]

谎言和虚假情节也窜入了明太祖时代的记录中。解缙大约在1402年所编的《天潢玉牒》中把洪武帝描述为皇族的先祖，又说

---

[1] 关于《明实录·太祖实录》[380] 的修订以及姚广孝和解缙所起的作用的问题，见李晋华《明代敕撰书考》 [320] （北京，1932年），第26页以下；吴晗：《记明实录》 [586]，载《读史札记》 [594]，第180页以下；以及间野潜龙《明实录之研究》 [370]，载田村实造编《明代满蒙史研究》（京都，1963年），第11—21页。又见本书第十二章。

[2] 王崇武：《奉天靖难记注》[536]，第1—5页；王崇武：《明靖难史事考证稿》[540]，第6—27页。

[3] 王崇武：《明靖难史事考证稿》 [540]，第103—116页。其详见陈学霖《篡位的合法性》[23]，第3节。

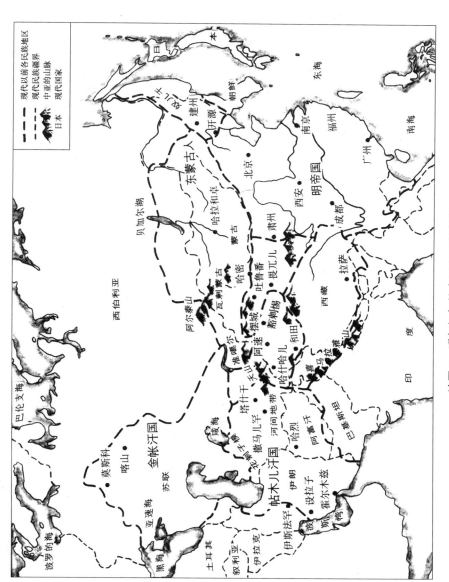

地图 9　明朝初年的中国和亚洲内陆

图例：
- ━ ━ ━　现代以前各民族地区
- ━ ━ ━　现代民族疆界
- ⛰　现代的山脉
- ━━━　现代国家

地名（图中标注）：
日本　朝鲜　建州　开源　北京　南京　福州　广州　南海　东海

东蒙古人　哈拉和卓　蒙古　西安　明帝国　成都　拉萨　西藏

贝加尔湖　西伯利亚　阿尔泰山　瓦剌蒙古　哈密　吐鲁番　肃州　畏兀儿

准噶尔　天山　阿速　喀剌喀　摆城　和田　哈什哈儿　喜马拉雅山　印度

巴伦支海　莫斯科　喀山　金帐汗国　咸海　塔什干　撒马儿罕　河间地带　哈烈　阿鲁汗　巴基斯坦

波罗的海　黑海　土耳其　叙利亚　伊拉克　伊斯法罕　设拉子　波斯　霍尔木兹　波斯湾　亚速海　苏联　帖木儿汗国　花剌子模　伊明

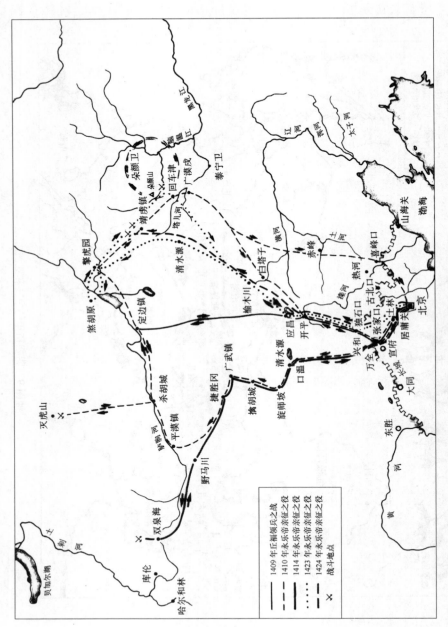

地图 10　永乐帝的几次蒙古之役

他是儒教传统的圣君哲皇。① 可是，官方历史学者不得不谎称永乐帝是明太祖的原配马皇后所生：这对证明他的合法继承权来说是必须的。现存两种不同的谱系版本却对他的出身有极不相同的说法。

较早的一种本子说马皇后只生了两个儿子：朱棣和朱橚；另一种本子说她生了五个儿子：朱标、朱樉、朱棡、朱棣和朱橚。不论是哪一种本子都有证据表明，永乐帝是他父亲的嫡妻所生。第一种本子似乎后来经过修改，因为它说马皇后只生了两个儿子，其中没有一个是在明太祖生前被封为太子的，可见它是弥天大谎。② 谱牒的改订本后来散发给了皇族的成员。永乐帝的继承权在一开始恐怕就受到怀疑，但是要公开表示这种怀疑，那就要命了。随着人们对此事的淡忘，这些捏造也就作为支持他的合法性的证据而被人们接受了。

他们齐心协力窜改和伪造历史记录的高潮，出现在两次对太祖朝的实录的修订上。实录是记录皇帝活动的权威材料，它要传到后世，并且用为后来修王朝史的主要资料。因此它必须能够证明日后永乐帝继位的合法性的一切说法是对的。现存的实录是在建文帝时代的1402 年初编订的，因此它自然而然地有与永乐帝的主张相矛盾的材料，这种材料必须删除。第一次修订开始于 1402 年末，即紧接在永乐帝登极之后，而成于 1403 年 7 月。这些编订者们曾在建文朝供职，工作时间又匆匆忙忙，因此这一版不得永乐帝之心而在后来销毁了。1411 年末，皇帝下令再改一次。它成于 1418 年 6 月，这就是流传至今的明太祖的实录的文本。

---

① 关于《天潢玉牒》（2.3.7）的传记材料，见李晋华《明史纂修考》[319]，第 37 页，以及王崇武《明本纪校注》[542]（上海，1948 年；重印本，香港，1967 年），序，第 1—10 页。

② 《天潢玉牒》的"二子"本保存于下面两种材料：《金声玉振集》，袁褧辑（1550—1561 年；影印本，北京，1959 年）[见傅吾康《明史资料介绍》[172]（9.4.1.）]和《国朝典故》版。"五子"说的本子由下面两种材料流传下来《纪录汇编》，沈节甫编（1617 年，上海商务印书馆再版，1938 年）[见傅吾康：《介绍》（9.4.3）]和《胜朝遗事》，吴弥光编（1883 年）[见傅吾康《介绍》（9.4.11.）]。又见李晋华《明成祖生母问题汇证》，第 55—77 页和《明靖难史事考证稿》，第 103—104 页。

这次修订大加删汰、歪曲和伪造了实录原文，把永乐帝既说成是王朝开创之君的爱子，又说成是一位合法的帝位继承人。第一次修改的目的或许在于根除与这些说法相反的材料，而且要提供有利于永乐皇帝的历史说法。最后的修订本则对这种比较粗糙的说法做了修饰，对事件的叙述比较首尾一贯，使之能传到后世。有几位现代历史学者详细指出了那些宫廷史家怎样改变了重要的史实，怎样在第二次修改中窜入假材料。这些歪曲包括下面一些说法：永乐帝是马后所生；洪武帝原本想封燕王为太子；开国皇帝在 1398 年曾劝告燕王要他像古代的周公曾经辅佐周王那样做建文帝的摄政；以及洪武帝在弥留之际曾想绕过他的孙子而属意于燕王。[①] 明太祖还被形容为天纵之圣的领袖，有神奇的力量，命中注定要君临天下；燕王也有这同样的禀赋，联系到他的非凡的军事领导才能来说，更足以表明他是继承他父亲的最恰当的人选。另一方面，编造出来的一些情节说明，被废黜的建文帝及其子嗣是皇室中最不受欢迎的成员，他们没有得到洪武帝的信任。这种说法就把在逐鹿帝位的斗争中的胜利者和失败者做了最鲜明不过的对比。[②]

正统意识形态的形成

和关心他的合法地位一样，皇帝也很关心他有一个儒家君主的形象。他早年在翰林学士顾问手下所受的儒家经典教育也使他对这种身份很敏感。像元代那样，他在 1404 年把程朱的儒家经典的注疏传统规定为科举的正统的标准程式，承认学者们早就给予这个学派的至高无上的地位。

加强这一个正统学派一直是他倾全力关注的事情。皇帝为了确保他的圣君形象，他在 1409 年发布了一篇训谕式短文，即《圣学心法》。这篇文章是皇帝自己写的，翰林学士顾问们给了某些帮助，它把这种正统传统界说为"正统的"宋儒首先加以阐明的"心学"，并

---

① 王崇武：《奉天靖难记注》[536]，第 1—5、11—15 页；王崇武：《明靖难史事考证稿》[540]，第 46—48、96—99 页。
② 陈学霖：《明太祖的兴起》[24]，第 689—707 页。

且给他的臣民和后嗣定下了伦常日用的规范。① 此文在形式和风格上都借鉴了宋代的两种性质相似的书，即范祖禹（1041—1098 年）的《帝学》和真德秀（1178—1235 年）的《大学衍义》。这两种著作都收有为帝王讲学作准备的材料，它们成了帝王作圣君的指南。特别是后一种书被广泛地认为是阐发"心学"的优秀作品，是理想政府的基础。明太祖对它极为重视。

这两种著作明确地表达了朱熹所定下的正统学说，在元代被视为为人君上的指南；现在正在致力于把这种意识形态定为帝王权力和文官政府的正统的基础，所以它们很有用。

永乐帝在编写他的这篇作品时，广泛地引用了早期儒家经典中的文字和宋儒的哲学著作，其中有些话直接抄自范祖禹和真德秀。他仿照宋人的办法，也对许多段落附上自己的评论以便进一步阐明"心学"。虽然它主要强调为君之道，但是他的教言也旨在使所有臣民受到教益。它的第一部分是讨论一个君主应该以身作则的道德品质和原则：这就是言行一致的原则、克制私欲、敬天法祖、正心诚意。第二部分讨论的是教育皇帝的问题，并且强调了上述的德行和通过学习、实践和自我约束去培养这些德行的义务。皇帝要他的臣民们敬畏和顺从上天，同时他也强调个人自觉的重要作用；这表明他虽然明白宣布要恢复祖宗的传统，但他也不认为自己应受它们的限制。

皇帝在此文的第三部分中强调皇帝极端需要有智慧的进言、正确的教导和忠直不偏的劝告。虽然皇帝很重视大臣们无私的和诚实的谏诤，并且强调需要他们有正直的性格，但他又绝对清楚地指出了君主的无可置疑的权力和他为此目的而培养自己心理素质的重要性。最后，他在关于为臣之道的这一部分中着重指出了忠诚的意义，并强调说：人臣若不能与君上一心一德，就不能为之服务——即他应该对君上全心全意，敞开胸怀而无所隐讳。永乐皇帝不坚持盲目的忠诚，强调君臣之间应该互相交换意见，以使每一件事都能得到自由的讨论。

---

① 李晋华：《明代敕撰书考》[320]，第 32—35 页；狄百瑞：《新儒学正统和心学》[136]（纽约，1981 年），第 91、106 页以下、158—168 页，并散见于本书各处。

这篇著作生动地显示了永乐帝为自己所树立的圣君形象，显示了他所设想的君臣之间尽可能有的鱼水深情——这种深情是以具有共同的伦理认识和共同的目标为基础，又是通过"心学"的体验而获致的。它不仅说明了皇帝关于为君之道的看法，也给他的臣民和后代指出了指导性的原则。这篇著作大大地提高了皇帝作为圣哲之君的形象，同时又阐明了渊源于宋儒学说的主要传统——它被宣布为明王朝的正统学说的——帝王思想体系。

1414 年末，皇帝命令一批翰林学士汇编朱熹和朱子学派其他宋代大师所写关于《四书》、《五经》的注疏，并且摘编他们关于人性问题的哲学论述。这些汇编著作在 1415 年 10 月完成并呈报朝廷，用《五经四书大全》和《性理大全》为书名，在 1417 年 4 月予以颁行。这个做法正式承认它们是熟悉儒家学说的法定的捷径。

编订这些著作的背后有几种原因。首先是需要有一种标准的《五经》、《四书》注疏本，以便在学校和科举中使用。虽然朱熹对于经籍的注释长期以来被视为在这种课题上的定论，但他的注释有不同的版本，学生必须知道哪一种版本被规定在正式场合使用。就《四书》来说，朱熹认为《大学》是对儒家学说的基本的综合，它变成了在帝国学校课程中使用的首要的课本。

可是，也还有其他同样重要的理由来编订这些著作，特别是编订《性理大全》。皇帝认为，宋代哲学家做出了新贡献，他倾向于把他们的著作本身也看作是经典著作。因此，他在给编订者的指示中强调宋代大师们的"发明"，并且要求把他们的观点融合进经书和注疏中去。皇帝用这种办法含蓄地承认，正统传统并不是固定在遥远的古代而停步不前，它给后来的扩充，甚至于革新留下了活动的余地。

他个人对这项计划表现出浓厚的兴趣，认为《大全》已囊括了所有真正的学识，从而使他义不容辞地把这些真正的学识普及到平民百姓中去，正像古代圣哲之君过去做过的那样。也可以这样说，通过指导帝国的学生用集中精力来学习钦定精选的经书和新儒学学识的方法以准备科举考试，他能够运用一种巧妙的思想控制方式，以保证学生符合他的标准。这种办法产生了压制自由研讨和限制有创造性的及广泛的学术活动的后果，因为要在科场得意，这一切已经没有必要了。①

皇帝还支持汇编几种经书和文献的大部头集子，这一方面使他获得了作为经书遗产和学者精英阶层的庇护人的美誉，一方面又为文官和宗室提供了指针和伦理标准。他的一个庞大无比的文献计划是要总括无遗地收进一切现存的经典文献。1402 年 9 月，皇帝任名翰林学士解缙和其他一些人负责这项工作。他们在 1403 年 12 月便完工了。皇帝给这部完成的总集命名为《文献大成》，但是他并不满意它所包揽的范围，因此又下令大规模地予以修改。这项计划于是交由姚广孝和解缙承担：有 2169 名学者从翰林院和国子监抽调出来担任此书的编修。

这项工作全部完成于 1407 年 12 月，它被称为《永乐大典》。它包括 22277 卷，仅目录就达 60 卷。② 此书从未公开印行，仅在皇家图书馆保存了几部手稿，至今只存留 700 卷。但是从这些剩下的卷数来看，就可以意识到它的范围之广泛、材料之丰富和用于搜集与准备的时间与工夫。它包括的材料有下列各种门类，即：经籍、历史、典章制度、礼仪、法典、军事、哲学、佛教、道教、天文、算学、地理、医药、动物、植物、文学、长篇和短篇小说以及戏剧。这部著作还收了整个元代的类书《经世大典》。这部巨著不是没有它的政治实惠的，但是，这部类书汇编对于中国的文献文化来说，其重要性是不可估量的。经典著作久远遗产的丰富材料现在被收集在一起，有易于查阅的分类，并且被传给了后代。仅仅这一点就足以使 17 世纪编纂更加宏伟的《四库全书》目录学的编者们有可能在当时还大量存在的《永乐大典》中，挑选散见于书中各处的许多引文而恢复了已经遗失的几百种著作。19 世纪的纷纷扰扰对

---

① 狄百瑞：《新儒学正统和心学》[136]，散见于书中各处；陈荣捷：《性理精义和程朱学派》[27]，载《新儒学的演变》，狄百瑞编（纽约，1975 年），第 543 页以下、566 页以下。

② 郭伯恭：《永乐大典考》[298]（长沙，1933 年；重印本，台北，1962 年），第 1—3 章。

此书的最后消失是负有责任的。[①]

由这些学术著作所培养起来的意识形态的一致性，使得皇帝俨然变成了一位圣君，一位人民的导师，一位学识的庇护人。它们也使一种经籍和文献的集成广为传布，这个集成对于学术研究，对于阐述伦理和权威问题上的正统观念，对于科举考试，对于定出公共行为的官方法典来说，都是有用的。除了《永乐大典》外，其余几种小型汇编都曾在官员、帝国的学校和应科举试的士子中散发，有几种甚至送到了日本、朝鲜这样的藩属国家，从而在国外也促进了正统的儒家意识形态。总之，它们形成了士人阶级的理智观和文化观，同时又为帝国政府奠定了意识形态的原理。

对外扩张的军事战役

永乐帝想成为历史上一位伟大的君主，他倾心于用军事征服来达到这个目的。他四面出击：出击北方、西北和东北的边境地区；深入亚洲内陆；通过亚洲海路远至波斯湾以西的各地。他想方设法到处扩张他帝国的政治的、文化的和经济的影响。不是所有这些行动都需要军事对抗或公开的侵略。皇帝也力求用外交使节和给予贸易特权来达到他的目的；这些贸易特权是在洪武帝建立的朝贡制度下给予外国的。然而当局势许可时，皇帝也毫不迟疑地要动用武力。[②]

北方边境的局势在他即位的初年是相对地平静的。在中国北方和西方的大草原上，成吉思汗后人中的蒙古帝位觊觎者们主要已被非成吉思汗子孙的部落领袖们所取代。满洲西北部的几个蒙古部落已向明

① 郭伯恭：《永乐大典考》[298]，第6—9章；富路特：《再谈永乐大典》[188]，载《不列颠和爱尔兰皇家亚洲学会香港分会学报》，10（1970年），第17—23页。
② 关于对蒙古的诸战役，见寺田隆信《永乐帝》[501]，第5—8、11页；司律思：《（明代的中蒙关系，Ⅱ）朝贡制度和外交使节，1400—1600年》[458]（布鲁塞尔，1967年），第1章；王赓武：《明初与东南亚的关系：一篇背景研究短论》[547]，载《社区和国家：关于东南亚和中国人论文集》[547]，安东尼·里德选（新加坡，1981年），第47—55页；罗塞比：《从1368年迄今的中国与内亚》[433]（纽约，1973年），第28—44页；德雷尔：《明初政治史》[146]，第6章各处，以及傅吾康《15世纪初期中国对蒙古的远征》[170]，载《汉学》，3（1951—1953年），第81—88页。

朝投降，现在并入了明帝国的军事结构中，成为它的兀良哈卫，也称
为三卫；有些部落在内战中跟随皇帝一起打仗，并赢得了他的信任。
它们一直很友好，并继续它们的朝贡关系而未发生意外。其他蒙古人
已归顺汉人统治，并已迁入华北；许多人服帝国的兵役或者做各种其
他工作，对新的统治者继续效忠。[1]

　　这些发展促使皇帝把这些忠诚的蒙古部落也计算在北方边境的
一个 1403 年 4 月付诸实行的新的防御计划之内。他把忠诚的兀良
哈蒙古人再南迁到今天的热河（从前宁王的藩封）的大宁附近，希
望他们的存在会加强边境的防御。为了减少军事开支，他把洪武帝
建于长城以北各卫所的防御部队南移到北京正北的地区。与此同
时，皇帝又把位于内蒙大宁的北京都指挥使司南撤到北京西南的保
定。除了在满洲女真人住地所建立的卫所部队之外，没有正规的中
国卫再设立在长城沿线之北了。这些新措施在当时不能说没有好
处，但它们是以目光短浅的假设为基础的，即假定蒙古各部落会永
矢其忠诚。但是，防御方针上的这些改变给后来北方边境上的防御
带来了有害无益的影响。[2]

　　在西面，皇帝尽量与绿洲上的诸穆斯林国家和城镇建立友谊；这
些国家和城镇位于从中国土耳其斯坦境内的哈密和吐鲁番往西远至撒
马儿罕和哈烈的商路上，撒马儿罕和哈烈当时在帖木儿帝国的统治之
下。明朝廷派出的使节给这些国家和城市的统治者们送上了礼物和封
号，并邀请他们以朝贡国身份和中国做生意。许多这种国家都起而响
应。1404 年 7 月，哈密的统治者安克帖木儿受明朝廷的王的封号；
1409 年 6 月，瓦剌的三个酋长——远在准噶尔的西部蒙古的主要集
团——也学了样。帖木儿帝国的强大君主帖木儿仍然是皇帝在极西部
的唯一的敌手。从未喜欢过中国人的帖木儿曾经处死了洪武帝和永乐

---

[1]　从《太宗实录》[380] 中所见关于永乐时期与蒙古诸部落的关系的官方记述，见羽田
　　亨和田村实造编　《明实录抄：蒙古编》[198]，载《明代满蒙史料》[496]（京都，
　　1943—1959 年），第 261—557 页。
[2]　田村实造：《明代的北边防卫体制》[497]，载《明代满蒙史研究》，第 82—84 页。

帝两人派来的使臣。1404 年 12 月，他对中国发动了全面的侵袭。但是中国人很幸运，他在离最近的明朝前哨几百英里的路途中死去，因此避免了一场血腥的对抗。①

蒙古人仍然是明帝国的最大威胁。在兀良哈诸卫的西方和北方，外蒙古的蒙古人一直拒绝承认明王朝的权力。在西方，卫拉特诸部落的领袖们虽然已接受了中国的封号，但经常既打明人，又打东部蒙古人。东部蒙古人也一般地敌视明朝的统治，他们常常侵犯明朝边境，掳掠边境地区的粮食和畜群。由雄心勃勃的酋长马合木（1416 年死）率领的瓦剌蒙古人也同样受经济的和政治的不稳定之苦，他们不仅和东部蒙古人世为仇敌，也经常进犯明朝边境抢劫粮食和其他日用品。② 皇帝在这种艰难复杂的情况下于 1410—1424 年之间发动了五次战役来惩罚东部蒙古人和瓦剌蒙古人诸部落，以稳定中国与兀良哈三卫的关系，并且防止出现有雄才大略的蒙古领袖重新控制整个蒙古民族。

蒙古之役

第一次蒙古之役的发动是实行报复，因为 1409 年东部蒙古的本雅失里汗处决了中国人派出的一个使节，其后丘福所统领的大规模讨伐又被打败。在 1409 年 9 月胪朐河的战斗中，丘福和其他几名高级将领都在蒙古知院阿鲁台手下丧生。经过悉心的计划之后，1410 年 3 月，皇帝率领逾 30 万的大军从北京出发，通过宣府北向兴和，直抵胪朐河。他及时抵达位于斡难河畔本雅失里汗的大帐，按照中国人的记载他在 6 月 15 日把它摧毁。但是，本雅失里汗并未丧生，而是向西逃去。7 月份，明军追赶本雅失里的知院阿鲁台东至分隔蒙古和满洲的兴安岭，并在一次大战中打败了他。但是，帝国的军队又一次没有能完全使他屈服。正在这个时候皇帝从大草原撤兵，于 8 月中旬回

---

① 弗莱彻：《中国和中亚，1368—1884 年》[165]，载《传统中国的对外关系》，费正清编（马萨诸塞，坎布里奇，1968 年），第 209—210 页。

② 波科梯洛夫：《明代的东蒙古人史料》[427]，洛温塔尔英译，载《研究丛刊》，A 集，1（成都，1947 年），第 23—29 页。关于在这个时期与瓦剌蒙古人的关系的官方材料，又见白翠琴《明实录瓦剌资料摘编》[413]（乌鲁木齐，1982 年），第 17—42 页。

到了南京，他宣布取得了胜利。[1]

　　1410 年的战役未能给北方边境带来安全。在西北的瓦剌蒙古人此时构成了新的威胁。1409 年，被明朝册封为王的强大的酋长马哈木在他逃避中国军队时于 1412 年春刺杀了本雅失里。他然后在蒙古的旧都哈尔和林立了一个傀儡君主，并且开始向东进军去对付阿鲁台，其明显的目的是要统一蒙古民族。明朝廷试图在这两个对手之间进行挑拨。阿鲁台在 1413 年 7 月被封为和宁王，并被授予朝贡制度下的贸易特权。1413 年末阿鲁台告知明朝廷，马哈木的军队已跨过胪朐河，这件事促使皇帝发动了第二次蒙古之役。[2]

　　经过几个月的准备之后，第二次蒙古之役在 1414 年 4 月开始。皇帝这一次又亲统大军，在西蒙古人向东蒙古迁移时力图集中力量把他们歼灭。明军深入到蒙古，与马哈木的大帐交战于土剌河上游。在接下来的战斗中，明军使用了大炮攻击瓦剌人。虽然明军遭受重大损失，他们仍迫使瓦剌人退却，马哈木率众溃退，兵力锐减。这次战役打了不足五个月，皇帝于 8 月份凯旋回到北京。他在班师途中想与东蒙古人的阿鲁台会见一面，但阿鲁台假装生病，避而不见。可是，阿鲁台继续进贡了几年。

　　马哈木死于 1416 年，他的大帐随之而来的解体暂时解除了西部很不服节制的瓦剌蒙古人的威胁。这就使得皇帝能够转移注意力来建设新都北京。这也促使阿鲁台向西把他的影响扩展到瓦剌诸部，他开始就明朝接受他的使节和他的津贴的数额与明朝廷发生争执。到了1421 年阿鲁台停止了进贡，他的徒众们也时不时地越境进行零星的袭击。皇帝的反应是准备再进行一次战役，但是这一次他在朝廷内遇

----

①　傅吾康：《15 世纪初期中国对蒙古的远征》[170]，第 83—85 页。关于阿鲁台的传记，见《明人传记辞典》[191]，第 22 页。关于综述当时明人对于这第一次蒙古之役和第二次战役的记述，见李素英《明成祖北征记行初编》[330]，载《禹贡》，3，8（1935 年 6 月），第 14—22 页，以及《明成祖北征记行二编》[331]，载《禹贡》，3，9（1935 年 7 月），第 36—42 页。

②　司律思：《朝贡制度与外交使节，1400—1600 年》[458]，第 26—127、163—165 页。关于马哈木的传记，见《明人传记辞典》[191]，第 1035 页。

到户部尚书夏元吉及其他高级官员以军费为理由的顽强的反对。最后，皇帝占了上风：夏元吉被囚禁，他的副手方宾自杀。

1422 年 4 月皇帝离开北京，亲统大军去讨伐阿鲁台。此时阿鲁台已经占领了张家口之北的兴和要塞，并且降服了屏障明朝东北边境的兀良哈三卫；他计划在长城附近阻止中国军队，使之不能靠近他的基地。皇帝却是直趋多伦（在开平卫）附近的阿鲁台的营地，同时派了 2 万人马进攻兀良哈三卫，终于在 7 月使之降服。等到明军抵达多伦时，阿鲁台携人马远遁至外蒙古。皇帝不想穷追不舍，在 9 月末返回了北京。①

1423 年，皇帝发动了第四次反对阿鲁台的战役，以阻挡他们对北方边境的迫在眼前的进攻。这是一次小规模的远征行动，皇帝直到 8 月末才离开北京。明军在通过了兴和和万全以后尚未能与阿鲁台的人马接触。皇帝在 10 月份才知道阿鲁台已被瓦剌人打败，他的部队也已溃散。所以皇帝在 12 月返回北京，这次战役是无功而还。

1424 年，皇帝发起了他的最后的第五次蒙古之役。皇帝对阿鲁台的党羽侵入开平并南下进逼大同作出反应，在北京和宣府集结了大军。4 月初，他在视察了军队之后便统率远征部队离京作最后一战。在以后两个月时间内，明军通过土木进抵开平之北，但是又没有能够遇上阿鲁台的大帐。有些将官请求给一个月粮饷以便深入敌人领土，但永乐帝担心他自己已经过分地深入敌境，就拒绝了这些建议，并撤回了他的军队。1424 年 8 月 12 日，他病逝于多伦之北的榆木川，留下的蒙古问题和他登极初年一样悬而未决。

在这些战役中，皇帝既没有摧毁蒙古人的诸帐部落，也没有能够限制他们对北方边境的进犯，这就造成了一个政策上的大难题。永乐帝放弃了明太祖的战略方针，他不再在长城塞外的设防卫所内部署兵力。这种部署兵力的方式在补给上会花费很大，同

---

① 关于夏元吉的反对意见和他的被放逐，见《明人传记辞典》[191]，第 532 页。

时把戍守部队长期束缚在防守阵地上。结果，他把几个关键性的前沿卫所撤到了长城以南，按保卫新京师的需要重新部署了兵力。在撤退的卫中，有一个卫是在大同西北的东胜，它变成了明军内线防御工事的象征。但是，当皇帝采取主动，并尽力搜寻敌人的时候，又当他执行一个分而战胜之的政策以使蒙古领袖们自己互相残杀的时候，他的这些计划都要落空。他很难追踪到蒙古那些飘忽不定的诸帐部落并与他们作战，分而治之的政策在最后疏远了蒙古人的各个派系。这些不起决定性作用的战役也大大损耗了帝国的财力，伤害了军队的士气。

他的政策在无意之间削弱了北方沿边的安全。在永乐帝死后，除了1449年的一次惨败之外，再也没有组织讨伐了。中国人丧失了对塞外地区的控制，只有组织长城以内的防御线。这肯定是永乐帝咄咄逼人的边境政策的最严重的负效果。在这些讨伐中大量浪费的精力和物力，并没有取得长远的效益。[1]

干涉安南

不管永乐帝在蒙古的战略方针设想得多么不周到，北方边境确实是引起关心的原因。但在极南方的问题上就不能这么说了。安南是今天越南的北部，它本是一个受中国文化强烈影响的藩属国家。但它自10世纪以来在政治上一直是独立的，并且顽强地反对中国的政治干涉。早期的中国统治者们充分注意到了安南的战略重要意义，曾经想间接通过外交和文化压力来迫使它就范。明太祖1395年的《祖训录》曾把安南以及占城国和柬埔寨一起都包括进不许中国人入侵的外国之列。永乐帝不顾这种祖训，错误地认为安南的内部事件威胁着明帝国的安全，于是他想把安南并入帝国的版图。这一决定造成了明代初年

① 对永乐帝的北方政策的有价值的叙述，见吴晗《明代靖难之役与国都北迁》[591]，载《清华学报》，10，4（1935年10月），第937—939页；傅吾康：《永乐帝对蒙古的远征》[177]，3（1945年），第50—54页；田村实造：《明代的北边防卫体制》[497]，第82—84页；吴缉华：《明代东胜的设防与弃防》[584]，载《明代制度史论丛》[580]，Ⅱ，第339—342页。

政治上和军事上最大的灾祸。[①]

陈氏王朝在 14 世纪 90 年代失去了对安南的控制，有位有野心的朝臣黎季犛（约 1335—1407 年）逐渐获得了权力。他侵占广西边境上的思明县城，并且向南侵入了占城国的边境，从而打破了现状。黎季犛在 1400 年废黜了陈氏君主，杀害了他的大部分家族成员，自封为王，并且改姓胡氏。1402 年他逊位给他的儿子黎汉苍（胡查），不过他仍在继续进行统治。1403 年 5 月，他派使臣到明廷请求册封胡（黎）汉苍，其理由是陈氏家族已经死绝，而他的儿子又是陈氏之甥。皇帝由于不知已经发生的事件，就及时地答应了他的请求。

后来在 1404 年 10 月，有个叫陈天平的安南难民来到南京，声称他是陈氏家族的一个王子。他一一缕述了黎季犛的背主变节和一切暴行，请求明朝廷恢复他的王位。皇帝没有立即采取行动，直到 1405 年初来了一名安南使节证实了这位王子的指控。皇帝于是发布诏旨谴责篡权者，并且要求恢复这个陈氏王子的王位。黎季犛怀疑这位王子要求复位的权力；但是他宁可不予辩驳，派使节到南京来认罪，并答应接纳这位新王。1406 年初，永乐帝派使节率领兵丁护送陈天平返回安南。4 月 4 日正当这一队人马越境进入安南谅山的时候，他们遭到安南人的伏击，大部分中国护送官兵和这位王位觊觎者被斩杀。当这件事的消息传到南京时，已经因安南人的侵犯占城、广西和云南而发了脾气的皇帝更加怒不可遏，他马上计划要痛惩安南和报这次受辱之仇。

1406 年 5 月 11 日，皇帝任命成国公朱能带兵远征，以申儆戒，而以两员宿将张辅和云南的主要指挥官沐晟（1368—1439 年）为他的两名副将军。朱能在抵达安南之前在 11 月份猝死于军中，所以由

---

① 详见山本达朗 《安南史研究》[600]（东京，1950 年），1，散见书内各处，以及罗荣邦 《对安南的干涉：明初政府对外政策的个案研究》[359]，载《清华学报中国研究》8，1—2（1970 年 8 月），第 154—182 页；简单的论述见寺田隆信《永乐帝》[510]，第 162—170 页；德雷尔：《明初政治史》[146]，第 206—212 页。关于黎季犛的传记，见《明人传记辞典》[191]，第 797 页，以及加斯巴登《关于安南人传记的两篇文章》[185]，载《汉学》，11，3—4（1970 年），第 101—113 页。

张辅和沐晟两人共同负指挥之责。他们带领 21.5 万人马，从广西和云南发动钳形攻势。这场战斗又快速，又成功。11 月 19 日，中国军队攻下了安南的两个都城以及红河三角洲上的几座其他重要城镇。但是，黎氏领袖们遁入海上，并在南方各省重新举兵。这场战争拖延达半年多之久，直到黎季犛和他的儿子在 1407 年 6 月 16 日被俘并送往了南京。

永乐帝因他轻易得来的胜利而喜形于色，但他现在做出了一个灾难性的决定。根据张辅的建议，7 月 5 日安南被并入明帝国的版图，设立交阯布政司，这个地区的名称一如唐代。给这个新布政司任命了都指挥使，张辅则逗留到第二年以监视它的平定工作。

安南的平定工作是一个难于处理的重大问题。中国行政机构的强行建立马上引起了安南人的反感。他们开始到处反抗明军。张辅的军队粉碎了这种地方性的反抗，在 1408 年他和他的主力部队返回了中国。1408 年 9 月，原陈氏官员陈颙（1420 年死）首先举起了有组织的反叛的旗帜。他建立了大越王国，并攻占了义安府城和其他几个城镇。曾经在征服安南中起过重要作用的沐晟，这时又受命带领云南军队来平定这场叛乱。可是，陈颙的军队熟悉当地的地形，又得到人民的支持。因此他一再打败沐晟的军队。1409 年秋，张辅又被派回安南来挽救局势。经过了一次周密计划的进攻之后，1409 年 12 月张辅打败了陈颙，并捉到了他。张辅在 1410 年初被召回后随驾出征北方边境的阿鲁台，留下沐晟再一次负责交阯的事务。

陈颙的一个侄儿陈季扩现在登上了陈氏的王位，他一直未被抓住，因而变成了越南人抗战的领袖。沐晟对他的进攻没有什么进展。明廷想安抚陈季扩和他的支持者，把他封为交阯右布政使。他拒不接受，战事仍在继续。1411 年初，张辅再次被派往安南，随带 2.4 万人。他连胜两仗，夺回了于 1408 年失陷的义安府城。但是，叛军回避打阵地战，叛乱继续拖延了三年，直到陈季扩在 1414 年 3 月 30 日最后被俘为止。张辅在 1415 年暂时被召回南京，但又不得不返回交阯以扑灭另外几次叛乱。可是，这时的抵抗很轻微，到了 1416 年底他和他的大部分中国军队都被召回国。

安南的和平是短暂的。当李彬在 1417 年 2 月取代张辅的时候，局势已经恶化了。安南人不满情绪的加剧是由于被派到安南来为建造新都北京而搜集材料的臭名昭著的宦官马骐，增加了对安南的税收和木材的要求。1417 年末和 1418 年初发生了几起暴乱。叛乱分子聚集在黎利（约 1385—1433 年）手下：此人是清化的一名起起武夫，曾经追随过陈季扩，现时已自封为王。他在 1419 年和 1420 年都和明军打仗，但两次都失利。他于是用游击战继续抗争，并且赢得了乡村人民对他的忠诚，他在乡村中被视为抵抗运动的象征。尽管投入了大量的作战军队和行政支持，中国人发现不可能把叛乱运动镇压下去，安南战争一直消耗着朝廷的财力。在永乐末年中国人也仍然未能镇伏叛乱。这种失败引起了永乐帝诸继位者的许多严重问题。1427 年，朝廷承认其安南政策已经失败，并且决计撤兵，放弃了 22 年以来在那里建立交趾布政司的努力。

海上远征

永乐帝还力图把他的影响远远扩大到南海、印度洋和极东地方的国家和王国中去。为了达到这个目的，他分别在 1405、1407、1409、1413、1417 和 1421 年对当时所谓的"西洋"进行了六次壮观的海上远征。所有这些远征由宦官郑和和他的副手王景弘（后来官方名字为王贵通，约 1434 年死）及侯显指挥。这些远征都由从事外事活动和为皇帝求宝的宦官组织。远征的开销不仅来自皇帝的私囊和皇帝的代理机构，而且也由沿海各布政司负担。[①] 远洋航船是在南京龙江船坞建造的，水手招自福建，远征从福建的港口起航。船队所包括的船只，大者为九桅的中国平底帆船，长 444 英尺，宽 186 英尺；小者为五桅中国平底帆船，长 180 英尺，宽 68 英尺。船队由约 2.7 万名水手操纵，所载的货物包括上等丝绸、刺绣和其他奢侈品，作为在航程

---

① 关于简明的叙述，见德雷尔《明初政治史》[146]，第 194—203 页。那里有关于郑和远征的重要文献目录。关于某些最近的条目，见《明人传记辞典》[191] 第 200 页中的"郑和"条。下面的著作是最近新发表的出版物：郑鹤声和郑一钧《郑和下西洋资料汇编》[62]（山东济南，1980 年），以及徐玉虎《郑和评传》[235]（台湾高雄，1980 年）。

中赠送给当地的统治者的礼物。[①]

今天不清楚的是，永乐帝为什么要进行这些花费巨大的海上远航。它们被组织起来或许不是像某些人所说的那样是为了寻找被废黜的、或许逃亡在外的建文帝；皇帝似乎更像要寻找盟邦，或许是要探查备征服的新土地，虽然这些远航不具有军事目的。他进行这些远航实际上有很多理由：寻宝——郑和的船只叫"宝船"；显示他的权力和财富；了解帖木儿的和其他西亚蒙古人的计划；扩大朝贡制度；满足他的虚荣心和他对荣誉的渴求以及使用他的宦官队伍。不管怎样，这些活动反映了这位喜动不喜静的皇帝对帝国的世界秩序所持的看法和它应用于南洋的对外关系的看法。[②]

第一次远征由郑和率领，在 1405 年 7 月起航，包括各种型号的大船 62 只，小船 255 只，配备了 27870 人。船队在苏州附近的刘家港集合，向南沿福建海岸航行，然后越中国海到占城、爪哇、满剌加、苏门答腊以及苏门答腊以北之南渤利，然后再前往印度西南岸的重要商港锡兰、葛兰和古里。古里、苏门答腊、葛兰、满剌加以及其他许多国家的使节都随返航船队来到南京，进献方物。船队在 1407 年的回程中抵达苏门答腊沿海时，遭到强大的华人海盗陈祖义（1407 年死）的对抗。此人攻占了旧港，并控制了满剌加海峡。郑和的船队轻易地打败了陈祖义，杀死了他的 5000 人，摧毁了他的许多船只，俘虏了他本人并把他带回南京，他于 1407 年 10 月在南京就刑。这一胜利保证了中国船队能安全地通过满剌加海峡，给了这地区一些国家的首脑们以深刻的印象。[③]

---

① 见包遵彭《郑和下西洋之宝船考》[416]（台北，1961 年），第 11—63 页；米尔斯英译马欢著《瀛涯胜览》[377]（英国牛津，1970 年），第 27—32 页。

② 关于这些论点，见张维华《明代海外贸易简论》[42]（1955 年；重印本，上海，1956 年），第 32—34 页；朱偰：《郑和》[102]（北京，1956 年），第 28—34 页；徐玉虎：《郑和评传》[235]（台北，1958 年），第 16—17 页；米尔斯英译马欢著作，第 1—5 页；王赓武：《中国与东南亚，1402—1424 年》[546]，重印于《社区与国家：关于东南亚和中国人论文集》，里德选（新加坡，1981 年），第 59—61 页；罗塞比：《郑和与帖木儿有关系吗?》[431]，载《远东》，20，2（1973 年 12 月），第 129—136 页。

③ 米尔斯英译马欢著作，第 10—11 页；徐玉虎：《郑和评传》[235]，第 28—39 页。

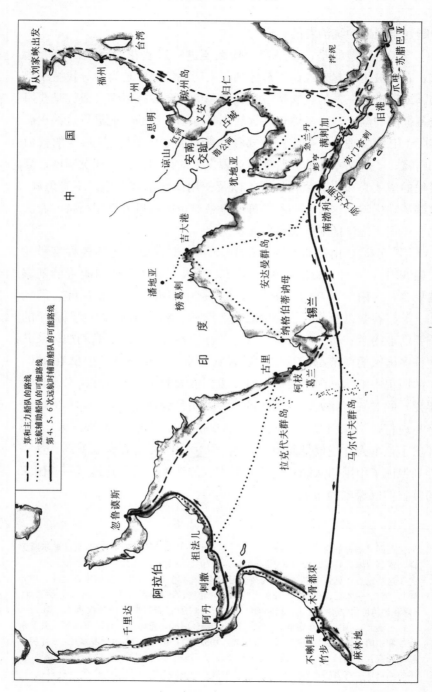

地图 11　郑和的海上远航

图例：
- ‑‑‑‑ 郑和主力船队的路线
- ········ 远航辅助船队的可能路线
- ——— 第 4、5、6 次远航时辅助船队的可能路线

从刘家港出发

台湾

福州
广州
思明
琼山　红河
安南（交趾）
义安
乍城
渭公河
湴池亚

占城

盂兰丹
彭亨
满刺加

苏门答剌
旧港
爪哇‑苏腊巴亚
淳泥

吉大港

潘地亚
榜葛刺
安达曼群岛
纳格伯蒂讷母
锡兰

古里
柯枝
葛兰
拉克代夫群岛
马尔代夫群岛

南渤利‑鲁来
帽山

中　国

印　度

忽鲁谟斯
祖法儿
刺撒
阿拉伯
千里达
阿丹
不刺哇
竹步
木骨都束
麻林地

　　第二次远航的规模要小得多，在 1407 年奉命出发，船队在 1408 年初开航，访问了暹罗、爪哇和苏门答腊北部，然后再一次驶往印度洋，以柯枝和古里为目的地。使节们正式册封了古里王，在那里刻石立碑以纪念这一盛事。中国使节给予古里王及其侍从的封号和礼物，便成了后来航行中对待许多其他国家的先例。这次的回国途中有一部分船队访问了暹罗和爪哇。郑和在这里被卷入了两个对立的土著统治者的权力斗争之中。① 船队于 1409 年夏末返回南京。

　　郑和率领的第三次远航始于 1409 年 10 月，止于 1411 年 7 月。据说这次船队拥有 48 条船，3 万人。它在 1410 年初从福建海岸开驶，沿着上一次的远航路线前进，访问了占城、爪哇、满剌加和苏门答腊，后来又向西驶往锡兰、葛兰、柯枝和印度马拉巴尔海岸上的古里。但是，他们几次绕道而行。王景弘和侯显短暂地访问了暹罗、满剌加、苏门答腊和锡兰。郑和在锡兰给一座佛教寺院上了供物；这件事又刻在 1409 年 2 月 15 日的碑上，作为纪念；它用了中文、波斯文和泰米尔文三种文字。可是，当他在 1411 年从古里返回时，锡兰王亚烈苦奈儿想劫掠船队。经过一番大战，郑和的军队战胜了僧伽罗人的军队。国王被囚禁，他和他的家属于 1411 年 7 月被带回南京。永乐帝释放了他们，并准许他们返回锡兰。②

　　第四次远征从 1413 年秋延至 1415 年 8 月止。这一次的船队有 63 艘大船，27670 人，航程比前几次都远。在访问了占城、急兰丹、彭亨、爪哇、旧港、满剌加、须文达那（苏门答腊）和南渤利以后，它又越过印度洋到了锡兰、柯枝和古里，然后又继续到波斯湾的忽鲁谟斯以及其他许多新地方，其中包括马尔代夫群岛。它的一部分船队

① 米尔斯英译马欢著作，第 11 页。关于在爪哇的一段情节，见赵令扬《明初的中国—爪哇关系》[90]，载《关于华南、东南亚和香港地区之历史、考古及语言研究讨论会刊》（香港，1967 年），第 215—219 页。

② 威勒茨：《郑和太监的海上冒险活动》[567]，载《东南亚历史学报》，5，2（1964 年 9 月），第 31—35 页；苏中仁（音）：《锡兰之战，1411 年》[482]，载《寿罗香林教授论文集》，香港大学中文系编（香港，1970 年），第 291—296 页。威勒茨的叙述不如苏中仁的叙述详尽，但是，后者有一些错误。

可能驶往哈德毛海岸和亚丁。一部分船队又驶往榜葛刺。归途中在苏门答腊停留时,郑和又一次卷入了当地的权力斗争中去。他的命令包括讨伐当地的僭位者,这位僭位者杀害了合法的国王。僭位者被打败和俘获,并被带回南京处死。在这次远征返航之后,自占城至非洲东岸的木骨都束和麻林等共 18 个国家遣使到明朝廷并纳贡。这一事实标志着永乐帝在国外的影响达到了顶峰。①

第五次远征在 1417 年秋天启程。郑和受命把上面 18 个国家的使臣护送回国,他在 1419 年 8 月返航。这一次航程甚至走得更远。中国船队第一次访问了东非海岸。郑和再次带回了许多外国使节;他们在 1419 年 8 月受到皇帝的接见。他也带回了中国船队访问时各国统治者向明朝皇帝进献的各种奇珍异宝。它们包括狮子、豹、单峰骆驼、鸵鸟、斑马、犀牛、羚羊、长颈鹿以及其他怪兽。看来,那些正回国的使节们目睹了皇帝初睹长颈鹿时的喜悦心情,已经把他爱好异国情调的言词传扬了出去。②

第六次远航的命令在 1421 年 3 月发布,为的是送回那些在中国羁旅多年的外国使节。这次船队包括 41 条船。和前几次一样,这一次的远航在抵达苏门答腊以后也分两路。郑和在 1422 年 9 月回到了南京。一部分船队访问了忽鲁谟斯、祖法儿、阿丹、木骨都束和不剌哇(在索马里沿岸),还访问了马尔代夫群岛以及锡兰、古里和柯枝。这一次又有许多使节随船队来到中国。1424 年初皇帝下令郑和再次泛海,这次是去旧港,在这里设一名中国官员,但是皇帝死了,这个使命改交给了另一个人。在以后的七年内,中国水军提督中最大的为南京的守备,水军政策被搁置一旁。

郑和的这些远航背后的目的实现到什么程度?如果它们是要寻访建文帝,那么,它们猎取的是一个虚幻的目标,并且失败了。如果这些壮举是意在扬永乐帝的声威于殊方异域,在于显示中国的兵力,在于增长中国人对世界的认识,在于保护华人的利益,或者在于再找些

---

① 米尔斯英译马欢著作,第 12—13 页;徐玉虎:《郑和评传》[235],第 44—53 页。
② 见朱偰《郑和》[102],第 53—60 页;米尔斯英译马欢著作,第 13—14 页。

新的民族参加朝贡系统，那么，它们的目的当然都已实现，尽管明朝政府此后没有继续为实现这些目的而充分加以利用。他们的旗帜飘扬在整个东南亚和印度洋，清楚地显示了明帝国的政治和军事优势。在朝贡的名义下做发财的生意，这机会使得外国使节们以空前的规模从各个地方带了贡品来到中国。

这些远航带回中国的不仅是各种各样的异国产品，而且还有大量的更加世俗的产品，首先是香料。对这几次远征的经济影响很难做出估价，主要是因为它们是由宦官组织的，而且由宦官机构出资，没有留下总开销的记录；尽管一些认真的士大夫反对这种做法。[①] 虽然明朝廷能够从这些远航中得到大量珍宝和异国奢侈品，它们也只有皇帝和他的朝臣能亲眼一见；它们很少进入市场。这些派朝贡使团的外国不仅得到高价，而且有机会在京师出卖私人的货物，图个厚利。但是就朝廷而言，在这种交往中政治利益高于经济利益。郑和在不到 20 年的时间内跨越了半个地球，把明帝国的声威最大限度地远播到海外。在这个过程中，他进行了 15 世纪末欧洲的地理大发现的航行以前世界历史上规模最大的一系列海上探险。[②]

新的京师及其行政

作为这些战争和外交使命基础的战略考虑还导致永乐皇帝承担起另一个庞大的任务：逐步地把他以前为王子时的封地和一度为元朝大都的北京改造成明帝国的新的京师。这项改造工作包括在北京进行巨大的重新规划和建设，以及影响整个中央政府的全面的制度

---

① 见朱偰《郑和》[102]，第 98—103 页；徐玉虎：《郑和评传》[235]，第 110—114 页，以及他的另一著作《明郑和之研究》[236]，第 525 页以下、549 页；罗荣邦：《明朝水军的衰落》[358]，载《远东》，5（1958 年），第 152—155 页。

② 见张维华《明代海外贸易简论》[42]，第 32—34 页；朱偰：《郑和》[102]，第 98—111 页，米尔斯英译马欢著作，第 33—34 页；王赓武：《中国与东南亚，1402—1424 年》[546]，第 66—67 页；以及徐玉虎《明郑和之研究》[236]，第 525 页以下、549 页以下。

调整。①

　　明帝在北京建立新都的动机只在皇帝的文告和朝廷官员的陈述和奏议中含糊地暗示过。这些动机肯定与他登基时的政治和军事形势有关。洪武帝对其南京的京城已表示过不满；它离帝国边境太远，在他统治末年，他已在考虑迁都北方。在这一方面，永乐帝定都北京的决定可以被视为解决了他父亲的困境。但是这项决定也反映了永乐帝的认识，即北方是他个人的权力基地，他在叛乱和登极之前已经为保卫东北边境或征讨蒙古人而经营了多年。②

　　他的权力和取得支持的基地位于北方而不在南京，他对南京颇为陌生。所以他自然需要一个便于巩固其帝国的国都。南京位于长江下游，作为一个经济中心，它具有压倒的优势。而它远离北方和西部边陲，永乐帝认为那里是最易遭受攻击之地。这些考虑曾促使他父亲想迁都北方，也同样为永乐帝自己的决定提供了依据。

　　最后，出于政治和军事的原因，北京优于其他一切地方。它既可充当对付北方入侵中国的堡垒，又可以作为支持皇帝在北方执行扩张性政策的一切活动的中心。另外，在历史上的这一时刻，北京似乎是能够充分供养大批戍军和大量平民的北方的唯一大城市，通过把北京定为京师，永乐帝就能够部分地实现他建立一个扩张的和外向型的帝国的幻想，这个帝国包括边陲和内地，既有汉族人，又有非汉族人。因此，地处战略要冲和曾为两个非汉族帝国首都的北京就明的新都来说似乎是实际的和顺理成章的选择。③

　　对永乐帝及其辅弼大臣来说，改造北京是一个非常艰巨的任务，

---

① 华绘：《明代定都南北京的经过》[238]，《禹贡》，2，11（1935年2月），第37—41页；吴缉华：《明成祖向北方的发展与南北转运的建立》[575]，载《明代社会经济史论丛》[583]，I，第152—162页；爱德华·法默：《明初两京制的演变》[156]（坎布里奇，马萨诸塞州），第114—117页。关于作为正式国都的北京的兴建详情，见侯仁之《北京史话》[208]（北京，1980年），第6章；谢敏聪：《明清北京的城垣与宫阙之研究》[227]（台北，1980年），第3章。

② 吴晗：《明代靖难之役》[591]，第912—923、933—936页；法默：《明初两京制演变》[156]，第134—140页。

③ 德雷尔：《明初政治史》[146]，第182—186页。

同时也给黎民百姓增加了沉重的负担。元朝的某些城墙和宫殿虽然完整无损，但是城市的总格局必须变动，大部分兴建的新工程都要满足永乐帝的具体要求。由于这个区域缺乏一个能满足需要的经济基地，北京城就得依靠从东南各省用船运输大量粮食和供应。军事组织必须改组，以处理经济资源的这一全面的再分配。机构的安排尤其需要改变，这样就影响了南京和帝国其他各地的官署。迁都北京之举肯定是明代进行的最复杂和意义最为深远的帝国计划。

在 1403—1416 年期间，某些机构已开始作适度的调整，重大建设的初步计划已在制定。1403 年 2 月，永乐帝正式授给此城以北方京都（北京）的地位。他派他的长子朱高炽（即后来的洪熙帝）去治理新都。他还在北京设行部，以监督六部新分支官署、国子监和大都督府分署的工作。他把北京的京畿府改名为顺天府。这一变动具有重大的象征性意义，因为它把永乐帝与他父亲联系起来，后者早在他崛起时已把南京的京畿府命名为应天府。这样，这个篡位者重申了他合法继承皇位的权力。[①]

1404 年，永乐帝迁山西九个府的一万户至北京，以增加京畿的人口。1405 年，他派三子朱高燧负责北京的军事，并下令顺天府及邻近两个府免缴田赋两年。同时，新宫殿的兴建也在进行之中。在 1408—1409 年期间，在未来的首都建立了一个负责本地事务的官署、一座外国使者的宾馆和一个印钞局。永乐帝仍住在南京，通过皇太子在新都发号施令。他直到 1409 年 4 月才巡幸北京，在那里逗留至 1410 年第一次征蒙古之役结束时为止。可是，这些耗费巨大的工程表明，永乐帝从一开始就想把帝国的京城迁到北京，尽管朝廷官员反对。

在此期间，新都的物质和经济基础被奠定了。虽然在 1416 年之前没有真正地进行巨大的建设，但建造新宫殿和修复城墙的准备工作在 1406 年就开始了。在 8 月份，永乐帝已命令陈珪伯爵、工部尚书宋礼、副都御史刘观等人把人力物力集中在北京。表面上他是应高级官员的要求，这些人认为应为他即将进行的巡幸建造一座皇宫。官员

① 　法默：《明初两京制的演变》[156]，第 115—131 页。

们奉命在江西、湖广、浙江、山西和四川诸林区组织伐木。另一些人则在北直隶组织制砖。1407 年，在全国各地征集了一支由工匠、士兵和普通劳工组成的劳动大军，其中包括 7000 余名被张辅俘获并押送到北京的安南工匠。但建设因不充分的供应体系和缺乏严密的监督而受阻。工程进展缓慢，几年没有重大的建筑物竣工。

为了减轻这个地区对南方来的漕粮的依赖和加强地方的经济，在 1412—1416 年期间，皇太子朱高炽给北京地区诸府和山东、河南受自然灾害的那些地方的居民减免田赋或发放救济粮。在 1415 年 6 月大运河工程完成后，从盛产稻米的长江下游（即江南诸省）漕运粮食至北方就更加迅速了，从此粮食就可以直接从这些省运至北京。新都的经济状况于是有了好转。①

1414 年对蒙古人远征以后，永乐帝驻跸北京达三年以上，只在 1416 年晚期离北京巡幸南京一次。由于大运河已被重建，人力和物资已经北移，永乐帝显然已经决定常住北京。在 1417 和 1418 年，对北京的护城河、城墙和桥梁作了改进，永乐帝的居住地西宫也在兴建之中。1417 年 3 月，在永乐帝最后一次离开南京后不久，他又命陈珪负责北京的一切御用的建筑工程；陈珪还控制着那里的军务。

在此以前，永乐帝还要求就建设他的新都一事展开廷议，并取得了高级官员的支持。也有一些反对的意见，但无关紧要。建设北京需要大规模地动员工匠和劳工，这些人往往从部队的士兵中，或从判处苦役的囚犯中抽调，而且从全帝国（甚至从远至新近吞并的安南）征用建筑材料。劳动大军的规模不详，但人数一定高达几十万。主要的建筑师为一名安南血统的宦官阮安（死于 1453 年），他还在正统帝统治时期重建北京时起了主要作用。②

到 1417 年晚期大部分宫殿已经竣工。元朝建造的南城墙的某些

---

① 吴缉华：《明代海运及运河的研究》[581]（台北，1961 年），第 40—42、76—82 页；星斌夫：《明代漕运研究》[207]（东京，1963 年），第 26—31 页。

② 关于阮安在建设京城中的作用，见张秀民《明代交趾人在中国之贡献》，载《禹贡》，3，1（1950 年），第 53—57 页；转载于包遵彭编《明史论丛》第 7 卷，《明代国际关系》（台北，1968 年），第 63—69 页；《明人传记辞典》[191]，第 687 页。

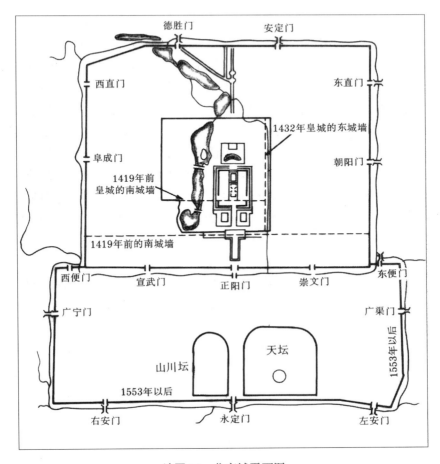

地图 12 北京城平面图

部分已经失修。这些部分在 1420 年修复，这时钟楼和天坛也已完工。到 1420 年，北京已经有足够的主要建筑工程竣工，以致可以把朝廷迁来。新城略小于蒙古人统治时的城。它的北部小于南部。城门从 11 个减至 9 个。永乐帝对建设的成绩颇为高兴，于是厚赏负责建设的官员。1421 年 2 月，工部郎中蔡信被提升为工部侍郎，对低级官员和所有各类建设劳工也给以适当的提升和奖赏。①

---

① 法默：《明初两京制的演变》[156]，第 22—23 页。

1420 年 10 月 28 日，北京正式被定为帝国的主要都城。从 1421 年 2 月起，所有的文献都称北京而不称南京为帝国的京师。在其间的 3 个月中，中央政府被彻底改组。但是在 1421 年，一场大火烧毁了紫禁城中三个主要朝觐大殿，永乐帝为了遵守古代的先例，不得不号召对他的统治进行直率的批评。有些御史和翰林学士——有名的有李时勉（1374—1450 年）和邹缉（死于 1422 年）——谴责了经济困难、时弊和迁都北京引起的巨大不便等情况。最为直言不讳的批评者为主事萧仪，他的陈述甚至很刻薄，以致永乐帝把他处死。[①] 这使所有的批评者为之震惊，于是都缄口不言。当然，永乐帝在此之前早就对这件事下了决心。主要建设工程已经完成，所有机构的重新调整已经作出，一切准备已就绪，此时再也没有任何反对意见能改变他的决定了。

中央政府的改组影响了北京和南京的文武编制。首先，政府的官印要重新铸造。在 1421 年之前，北京的官署印鉴上有"行在"二字，但当北京被正式定为帝国首都时，这两个前缀字被取消了。南京所有的官署都被发给上有"南京"这两个前缀字的印鉴，以表示它们此时的从属地位。[②] 这些命名的变化旨在反映政治现实。但是，当永乐帝的继承者在 1425 年决定把首都迁回南京时，所有新名称都被废除，他恢复了以前的名称。但在 1425 年后期他去世时，迁回南京的活动停止。事情依然悬而未决。当宣德帝再次确定北京为京师时，它的官署继续使用"行在"二字。直到 1441 年，"行在"二字才最后从北京所有的政府机构的名称中抹掉。

南京的官署成了它们北京的对应官署的分支机构。例如，设在北京的南京后军都督府分署将档案移交给北京的后军都督府，并将其印鉴送礼部销毁。有关新首都安全的一切活动改由中军都督府负责。就军队而言，统一的指挥结构一分为二：13 个卫归南京指挥，13 个则

---

① 李时勉结果被囚禁，但是在 1423 年获释。见《明人传记辞典》[191]，第 865 页。
② 贺凯：《明王朝的政府组织》[265]，第 6 页；法默：《明初两京制的演变》，第 123—124 页。

归北京。归五军都督府管辖的五个卫同样被平分，在两京各组成五个新卫。

文官的组织也经历了类似的、但更加复杂的改组。处理北京事务的各部被撤销，其人员被重新分配，户部和刑部的北京分署被并入户部和刑部。同样，都察院分院也并入都察院的北京道。另一方面，兵部和工部则北迁，而国子监则干脆去掉了"北京"二字。同时，原归一个部的分署管辖的北直隶各州府，此时则直接受京师各部节制。1425年，明帝重新设置了各部的北京分署和后军都督府分府。于是地方官府与中央各部或都督府打交道时必须通过这些机构的渠道。但是，这个程序证明过于麻烦，所以这些分署在1428年解散，管辖权于是又转归正规的部和都督府。

皇帝已在北京建了一个雄伟的首都，这个首都远比元代的首都豪华，甚至与南京一样壮观。"两京制"的时期——在此期间北京和南京充当了相辅相成的行政中心——在1441年结束，当时北直隶和南直隶的行政划归中央政府统一管辖。从此，作为留都的南京大大地丧失了它的政治重要性；它再也不归皇室控制，它的宫殿和宗庙被废弃。它的主要行政职能保持不变，但是除了洪熙帝统治时一段短暂和未遂的返都期外，它的各部通常只由有职无权的侍郎任职。

迁都北京之举在军事和经济组织方面产生了意义深远的变化，这些变化与新的行政要求以及边境各地区的防务有关。这一宏伟的都市远离供应它的经济源泉，迁都和维持这一中心所用的人力和物力在明代灭亡和在帝国时代结束之前，一直消耗着政府的收入和人民的财富。

军事和经济的改组

军队的调动和新机构

永乐帝统治时期军事组织在武装力量的结构方面经历了四大变化。第一个变化是取消了护卫。第二个变化是把大部分驻在南京的京卫调到北方，并把某些北方的部队提到亲军的地位，这就使驻北京的京卫成为帝国中最大的一支部队。第三个是在京师设营，士兵们通过营定期从地方部队轮换去边境防线服役或进行征战，并在营中操练和

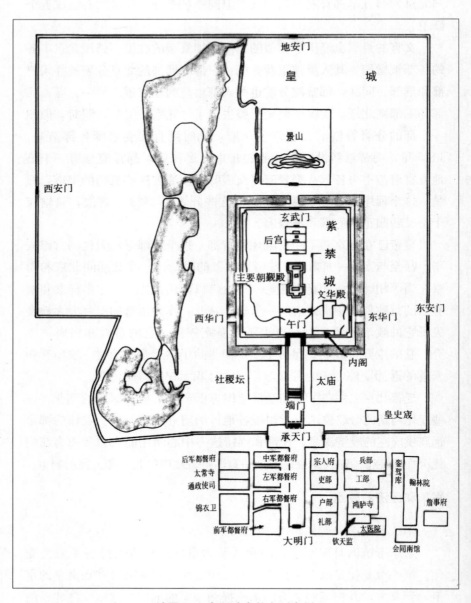

地图 13　帝国政府的主要官署

受训。第四个大变化包括在长城沿线组织边防的镇，这个措施是永乐帝对付这条边界以北的游牧入侵者的新战略的组成部分。①

永乐帝取消藩王护卫的愿望是很容易理解的。在洪武统治时期建立的分封制下，亲王具有广泛的权力。永乐帝曾经利用这种权力建立了自己的军队，这个经验促使他解散护卫，并让他自己的儿子们离开军镇。在内战期间，他的长子和次子都参加过战役。但是在他登基后，当他在外征战时，他让长子当摄政，次子则因策划反对其兄长而在1417年被捕。②同时，像建文帝做过的那样，永乐帝也感到非削弱其他亲王——都是他的弟兄——的权力不可，许多亲王被指控有罪而遭到清洗，他们的护卫被解散。

因此，到永乐帝统治结束时，在原来洪武帝建立的30支藩王护卫部队中，只有4支完整地保留下来。③永乐帝原来为燕王时属于他的3支护卫部队，即燕山卫，被并入组成北京皇帝私人军队的亲军之中。剩下的23支护卫部队中，有的被调驻不同的地点，其他的则被解散，它们的部队被改编成京师的新的卫。从此，授给新王的封地很少设护卫，到明朝末年，属于军事编制的藩王卫队不到12支。④

把军事卫队调往北直隶之举是永乐年间进行的意义最为深远的一项军事改组。在洪武帝统治下，南京的41支卫队合称为京卫。这些部队包括皇帝私人的12支亲军和29支隶属于五个都督府的护卫部队。⑤当永乐帝以北京为京师时，他把南京的许多这些护卫部队调到北方。到1420年或1421年，北京的卫包括以下三个部分：原属北京都督府的卫；原来的南京京卫；原属诸王的护卫部队。少数已解散的

---

① 关于这方面的简明论述，见德雷尔《明初政治史》[146]，第182—194页。关于军事组织，见吴晗《明代的军兵》[593]，第94—111页；王毓铨：《明代的军屯》[558]（北京，1965年），第42—44页；又见贺凯《明王朝的政府组织》[265]，第57—63页。

② 《明人传记辞典》[191]，第338、341页。

③ 见吴缉华《明代皇室中的洽和与对立》[582]，载《明代制度史论丛》[580] Ⅱ，第283—286、321—322页。

④ 王毓铨：《明代的军屯》[558]，第33、50页。

⑤ 见吴晗《朱元璋传》[587]，第198—200页。

其他部队也从其他省调到北京。

京卫的核心是由构成皇帝亲军的 22 支护卫部队组成。它们包括 3 支燕山护卫部队、原属北京都指挥使司的 16 支护卫部队中的 7 支，以及曾隶属于南京皇帝禁军的 12 支部队。这 22 支护卫部队包括 159 个所；这些部队号称共有 190800 人（一卫包括 1200 人），但是实际人数很可能大大少于此数，因为到洪武时期末年，各地区的卫大致只有它们足额兵力的八分之五。① 其他 6 支部队并入皇帝亲军的部队依然归他直接调遣，其中 3 支原属前北京都督府，3 支由各解散部队的士兵组成。这些部队提供了进行建设工程的大部分士兵。

南京的军事编制包括 29 支其他的护卫部队，每支部队分归前京师的各军都督府之一指挥。到 1420 年，这些部队中大约 19 支已调往北京，剩下的则是专事水上作战的部队。1420 年以后，南京的军事编制由 17 支隶属于皇帝私人军队的护卫部队和 32 支由南京五个都督府联合指挥的部队组成。同时，南直隶外围城市原属南京中军都督府管辖的部队则改由北京的中军都督府管辖，这进一步削弱了南京行政的权力。1421 年随着北京周围的地区成为北直隶，北京的后军都督府开始对该地区进行指挥。从此以后，北京的后军都督府统辖了 16 支护卫部队，其中 11 支后来负责守卫皇陵。

到宣德年代之末，北京的京卫包括 74 支部队。22 支由皇帝亲自指挥；4 支从事养马；6 支正式被用作建筑工人；两支被指定护卫永乐帝和洪熙帝的陵墓。19 支部队已从南京调到北京，6 支则从北方其他地区（主要是大宁）调到北京，15 支新部队则由各支已解散的部队的士兵组成。永乐年间帝国军队总兵力看来远远超过 200 万。

---

① 见德雷尔《明初政治史》[146]，第 187—188 页。德雷尔估算明初部队实际兵力的根据分别是记载在《明实录》的《太祖实录》[380]（1418 年；1961—1966 年台北再版），223，第 3270 页和张廷玉等人编的《明史》[41]（1736 年；1972 年北京再版），90，第 2193 页中的 1392 年和 1393 年的军队总人数数字。见吴晗《朱元璋传》[587]，第 79、81 页。吴晗在《明代的军兵》[593] 第 101 页估计军队总人数在 1393 年以后约为 120 万，在永乐年间约为 280 万。但是王毓铨在《明代的军屯》[558] 第 51 页中则说以上洪武统治时期的数字有点儿保守。

在改组过程中，大批人民搬迁至北京及其周围的地区。至少有 435 个所，即帝国全部部队的 25%—30% 驻扎在北京地区，其中 335 个所原从帝国的其他地方迁来。如果我们采用前面的计算，这些部队的实际总兵力约为 25.1 万人，但是真正的数字可能略高。另外，许多士兵有家眷。1393 年的人口统计数字表明，北京地区有定居人口 1926595 人。因此，有理由认为 15 世纪初期北京省（1403 年以后之称）的人口很可能大大地超过 200 万。总之，在 1422 年以后，长期驻在北京的部队形成了首都居民的相当大的一部分，这样就大大地加剧了基本上是依附人口的供养问题。①

这些驻军的军事指挥结构和训练程序也重新作了规划。京营被设立，以提高此时把时间分别用于耕田和卫戍的部队的战斗准备。京营（以"三大营"著称）的组织工作在第二次对蒙古的远征以后开始，当时皇帝决定扩大这些征战的规模和提高它们的有效程度。1415 年，他下令命北方诸省和南直隶的卫各派一支分遣队至北京接受训练。北京的守军当时分成步、骑、火器三个营。每个营受一名宦官和两名贵族或高级将领的联合监督，其他军官则协助他们工作。

三个营的组织相同，但它们负有不同的任务。五军营之名来源于五个都督府或帝国讨伐军的五支分队，它训练来自地方护卫部队的无战斗经验的新兵。此营负责组织和训练战斗部队，这个任务缘由卫所部队承担。结果，帝国各地的守军——他们不再有军事任务——的素质和斗志都下降了。三千营围绕 3000 名作为核心的蒙古骑兵组成，这些骑兵在内战期间曾与皇帝一起作战。神机营训练士兵使用火器。中国军队在 15 世纪以前已使用火器，但他们在 15 世纪初期征讨安南时才从安南获得优质的兵器。他们还俘虏了一个名叫黎澄（1374—1446 年）的安南第一流的火器专家，此人为黎季犛的长子，被委任

---

① 见德雷尔《明初政治史》［146］，第 191 页。关于北平省的人口，见《明史》［41］，40，第 884—885 页。关于迁移到北京的情况，见法默《明初两京制的演变》［156］，第 148—152 页。

负责为中国军队制造优质火枪和爆炸武器。神机营就是以安南火器专家为核心建立起来的，这些人在宫廷宦官的监督下教明代士兵。[1]

由于所有帝国远征军都包括骑兵以及配有火器的士兵，所以三个营的内部组织大致相同。还有一个京营值得一提，这就是四卫营。之所以这样称呼，是因为其士兵来自专门养马的四个卫。它的主要任务是为骑兵训练战马，驯马人中包括许多投降的蒙古骑手。

最后，从满洲至甘肃的长城沿线设立了一系列的边镇。这个新战略与洪武帝提出的战略迥然不同。开国皇帝远在长城以外的战略要地设立卫，这样，中国守军就能在蒙古袭扰者抵达长城之前与他们抗衡。永乐帝在他登基后不久就撤回了大部分守军，这既是为了缩短防线，又是为了削减军费。他于是在长城附近或以南的辽东、蓟州（北京之东）、宣府、大同、山西、延绥、固原（陕西）、宁夏和甘肃的战略要地设立一批边防重镇。这些边镇归这些地区的都指挥使司节制。[2] 在洪武年间，戍守长城以外的部队只从附近的卫所部队中抽调；在永乐年间，已在京营受训的士兵则要在这些卫服完他们的兵役。这些士兵的服役期比预期的要长。他们最后成为长期职业军队的核心。

指挥边卫的军官选自正规的军官队伍。这些指挥官被授予通常只给进攻部队指挥官的权力，虽然他们的任务只限于防卫他们管辖的地区。人们逐渐以他们管辖地的名称相称——如某某地区总兵官。每个指挥官由一两个副手或职位较低的具有参将、游击将军这样头衔的军官协助。[3] 这类委任的期限通常以一次战役为限。官阶和官俸仍取决于他们在卫中或在地方都指挥使司或大都督府中的等级地位。但是随着时间的推移，这些委任被固定下来，它们形成了战术指挥的一级。

---

① 关于黎澄制造火器的作用，见张秀民《明代交趾人在中国之贡献》[31]，第70—75页；埃米尔·加斯巴登：《关于安南人传记的两篇文章》[185]，第111—113页。

② 关于永乐年间北方的边防，见田村实造《明代的北边防卫体制》[497]，第78—85页；吴缉华：《明成祖向北方的发展与南北转运的建立》[575]，载《明代社会经济史论丛》[533]，I，第162—166页。

③ 关于指挥官的名单，见贺凯《明王朝的政府组织》[265]，第62—63页。

到宣德末年,这些边镇已经形成北方边境九个固定的防御编制（九边）。设立在蓟州、延绥和宁夏的边镇监督长城的指定的地段,而其他六个则行使它们的地区的都指挥使司职能。从此,指挥的等级制度或边防军的结构都很少变动。①

粮食的供应和运输体系

远征的战役、建设工程和行政管理的变动是很花钱的。此外,把政府迁到北京造成了一个大问题,因为首都以及它的官僚机器和戍守部队都处于一个穷苦而贫瘠的区域,需要各地的供应。北方各地创收很少,虽然部队在理论上应该能够通过军垦来自给,但这种情况从未发生过。在洪武年间,已经定期通过海运从盛产大米的长江三角洲诸府运送粮食供应北京政府和辽东及沿北方边境的各守卫部队。为了满足北方对粮食的不断增长的要求,永乐帝的朝廷设想了三个涉及大规模重新分配人力和物力的规划。

第一个规划试图把实物的官俸改成以通货和白银支付的官俸,以及扩大前一代皇帝设立的军屯,以此来减少官方对粮食的要求。在1402 年,最高级官员的官俸的六成为粮食,而最低级的官员只收到两成。后来在都督府和都指挥使司、各省和诸王的封地的完全领取稻米作为薪俸的官员部分地接受通货和钱币。这一措施在通货价值稳定的时候执行得很顺利,但是在出现通货膨胀的时候,整个官俸制度就败坏了,官员们就转而去追求非法的收入。②

军屯的设立旨在使军队能自给自足和减少运粮至北方的需要。1404 年以后,对每个军屯规定了生产定额。指挥官的成绩根据它们的产量来评定,御史们被派去核实产量的数字。为了确定平均产量,建立了试验田,它们的产量每年上报。但是生产经常遭到破坏,因为

---

① 在后来几代明帝治下,长城被建成或重建成现在我们所知的形式,但在明代初年,长城与其说是一个永久性的物质屏障,也许不如说是一条划定中国本部和亚洲内陆草原的防线。见阿瑟·沃尔德伦《长城的问题》[529],载《哈佛亚洲研究杂志》,43,2（1983 年 12 月）,第 660—661 页。

② 见法默《明初两京制的演变》[156],第 53—54 页。关于明初期的官俸,见彭信威《中国货币史》[421]（1954 年;1958 年上海再版）,第 463—466 页。

士兵们被抽调而不能承担耕作任务。在 1413 年，皇帝采取了制止这种抽调人力做法的措施，并且对除受自然灾害的军屯以外的所有军屯恢复了原来的定额，但是产量依然落后于定额。[①]

第二个规划是通过向商人出售盐引来增加对北方的粮食供应。商人向边防部队送交固定数量的粮食，以购买出售一定数量的盐的权力。这种制度称开中法，在洪武统治的初期已被采用，在永乐年间它又被扩大使用。在 1403 年，皇帝命令所有为取得盐引而送交的稻米除少数例外外，应送交北京地区。粮盐的交换比率并不固定，取决于供求情况。例如在 1412 年，北京很少发盐引，因为当时缺盐而米有富裕。但总的说来，盐商继续既交粮给北方诸府，也交粮给西南，在西南他们供应被派到那里去镇压部落起义和平息安南之乱的军队。[②]

北京成为京师以后，产米的中国南方各地的纳税者必须运送粮食到北方，并另外负担运输费用，这些费用以各种名目的附加税征收。在缺粮时，还要强使负担大量额外的征收。例如在 1412 年，湖广、浙江和江西的省政府和都指挥使司不得不用船装运近 300 万担大米到北方。采取了几种减轻这种沉重负担的方法。南方的税收获准折成现金上缴，这样就可以在北方购买粮食；上缴的定额可以转交到上缴点附近的地区；接受单位必须支付运输费用。这些新措施最后正式成为粮食运输制度。[③]

这一提供大量北方所需的粮食的制度在洪武统治时期建立。在最初，通过水陆两路把粮食运往北方；这个制度称"海陆兼运"。

海运仿照元朝建立的模式。从 1403—1415 年，政府的军队在总督海运陈瑄和副总督海运宣信的率领下把粮食从长江下游诸府运到北方各省。从湖广、浙江、江西和南直隶订做了几百条大运输船，地方

---

① 见孙媛贞《现代屯田之研究》[487]，转载于包遵彭编《明史论丛》，8（台北，1968年），第 15—20 页；王毓铨：《明代的军屯》[558]，第 39—44 页。

② 见李龙华《明代的开中法》[329]，载《香港中文大学中国文化研究所学报》，4，2（1971 年），第 373—375、384—386 页。

③ 参见吴缉华《明代海运》[581] 第 3 章。

当局和守卫部队被指定要对建造这些运输船作出贡献。[①] 运粮船从长江江口附近的太仓粮仓出发，绕山东半岛北上，到白河河畔的主要卸货口直沽，准备再运往北京。在直沽，稻米转装在较小的船只上，然后驶向上游的天津和通州。直沽、天津和通州建立了粮仓，同时还派守卫部队专门守护。一部分粮食用船继续被运往辽东。在实施的第一年运了两次，船队共运粮 100 万担。此后运输量在 48 担至 80 万担之间徘徊，每年没有固定的运输定额。

同时，在户部尚书郁信（死于 1405 年）在 1403 年上报的一项计划中，粮食还通过水陆并用的路线进行运送。一条西行的迂回路线绕过了淮河和黄河之间艰险的水路。能载运 300 担稻米的大船沿淮河而上驶入沙河，然后驶向陈州。粮食在陈州再转装进稍小的船只，准备往北驶进黄河流域。粮食再次转装进沿黄河驶向河南各港口的大船中。然后地方部队在陆路把粮食拉至渭河，由此再用船运至北京。在 1403 年，在陈瑄的监督下北运粮食 150 万担。一系列运输官署和粮仓沿渭河和在京师周围建立起来，以管理运粮工作。在 1409 年用海陆兼运法运粮总量达 180 万担，在 1410—1414 年间增加到 200 万至 240 万担之间。有一史料记载，在 1415 年，即运行的最后一年，运粮总数达到 640 万担，不过其他史料则说是 300 万担。

海陆兼运法远不能令人满意。海路危险，黄土平原地势很高，河道和陆路漫长而辛苦。随着运河的开辟，这个制度逐渐发生了变化。元朝在 1289 年已经完成了连接北京和长江下游的运河体系，不过由于河渠经常淤塞和维持水源的困难，工程拖延到 1325 年才完成。运河体系在元朝始终没有有效地发挥作用，于是沿海运输逐步取代了它而成为粮运的主要形式。在 15 世纪初期，元代的大运河已经大段大段地损坏、淤塞，不能通航了。

永乐帝决定修复大运河和重开运河运输，使之成为另一条供应北京的南粮运输路线，因为首都迁往北京后粮食的需要大大地增加了。大运河分两个阶段进行治理。北段的疏浚和修复工作在宋礼的监督下

---

① 星斌夫：《明代漕运研究》[207]，第 15—34 页。

开始于 1411 年 7 月，这项工作包括疏浚河渠 130 英里和建造 38 座船闸。这项工程使用了 30 万名服徭役 100 天的劳工。从黄河到长江的南段在 1415 年 7 月开放。陈瑄在淮安之西建造了四座船闸，以提供通向淮河的入口。运河体系这时能从长江下游流域直通北京，它成了南北之间商业的主要动脉。[①]

1415 年当运河体系已经完成通向北京的工程时，海陆兼运法被放弃。3000 多艘平底船建成，以把税粮通过运河北运至北京。于是运至北方的粮食显著增加，它从 1416 年的 280 万担增至 1417 年的 500 万担和 1418 年的 460 万担，然后降至 1421 年的 300 万担左右和 1423 年的 250 万担。1417 年和 1418 年的巨大数字表明，皇帝因进行大规模的军事冒险活动和建设工程，需要大量的粮食。

实施新的运输制度大大地增加了对军民劳动力的需要，从而增加了支出。建于 1415 年的新制度称作支运制，它要求纳税人负责第一阶段的运输。例如，住在江南各地区的人民必须把税粮缴到淮安粮仓；住在淮安和长江之间的人民要把税粮缴到沿运河建立的许多粮仓。粮食由政府军队从粮仓一年四次用船运至北京。1415 年，这个制度被调整以减少运粮的军队，因为迫切需要把军队用于建设项目和军事远征。

1418 年，民运制被采用。此时纳税人必须自费把粮食一直运送至北京。1423 年陈瑄提出减少每年向北京的运粮；8 年以后，即在永乐帝死后，他实行了兑运制。纳税人把粮食缴到运河畔各粮仓并缴纳一笔运费，军队再从这些粮仓把粮食运到京城。这个制度在宣德年间正式被采用，从而大大地减轻了纳税人的负担。[②]

供应北方朝廷粮食的持久要求当然使人民背上沉重的负担。田赋是国家最大的单项收入。洪武年间全帝国已定下了税收定额。1393 年全国各地的定额总计为 2940 万担。田赋的分担是不平均的：几个

① 关于运河的简明的论述，见朱偰《中国运河史料选辑》［103］（北京，1962 年），第 71—77 页。
② 吴缉华：《明代海运》［581］第 4 章，第 1 节。

大省的定额在 200 万到 300 万担之间，而江南的 10 个富饶的府的定额几乎达到 600 万担，约为全帝国定额的 20％。在保留支付地方行政费用和供应南京皇室的规定部分的税收以后，各区要把其余部分通过不同的运输方式运往北方。在这种安排下，纳税者必须缴足他们的税的定额，并另外负担运输的费用和劳力。

在整个永乐年间，国家每年所收田赋的粮食在 3100 万至 3400 万担之间，平均每年定额超过 3200 万担，因此至少比其父皇治下的定额高 10％。这使人民背上了沉重的负担，特别是在洪武年间每年已经缴纳特高比例的田赋的江南 10 个府的纳税者更是如此。对苏州和松江两地的搜刮最为厉害，它们几乎缴纳了全部田赋的 14％。

根据黄仁宇的说法，以粮食的担为单位的田赋定额事实上不过是一个相对的标准。这是因为明代的制度要求纳税者把他们的粮食缴到指定的国家粮仓，但事实上由于这种办法并不总是行得通的，于是政府加征额外费用和另外名目的税收，以抵偿保管和运输的费用。由于折换，情况就更加复杂了，因为当时缴纳的粮食得折成银、棉布和其他商品。国家在决定折换率时很少考虑商品价格，结果就出现了随心所欲的波动。这从黄仁宇对 16 世纪晚期苏、松两府各种缴纳的田赋的估算中可以看出。根据这些估算，原来税额中的同样一担粮食可以分成许多缴纳的等级，以致纳税人的纯支出从最高到最低竟相差了7.3 倍！①

在歉收和自然灾害以后，这种负担变得不堪承受了。为了确保今后的生产，皇帝不得不经常减免税赋和分发救济粮给旱涝灾区的人民。例如，1422 年任户部尚书的郭资（1361—1433 年）报告说，在 1419—1421 年的几个财政年度应缴的田赋中，已入帝国粮仓的税粮不到 2300 万担（平均每年的定额为 3200 万担）。松江在 1422—1428

---

① 关于详细情况，见吴缉华《论明代税粮重心的地域及其重税之由来》[574]，载《明代社会经济史论丛》[583]，I，第 37—45 页；黄仁宇：《〈明太宗实录〉中的行政统计数字：李约瑟博士对中国官僚主义的批评的一个例证》[249]，载《明史研究》，16（1983 年春季号），第 51—54 页；又见黄仁宇《16 世纪明代的税收和政府财政》[254]（剑桥，1974 年），第 101 页。

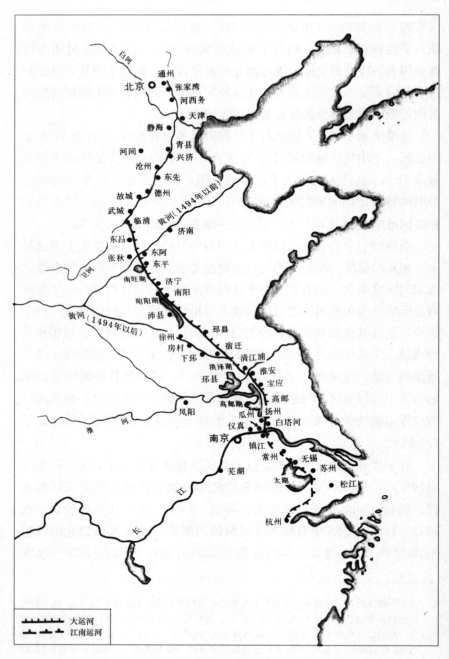

白河

通州
北京　張家湾
　　　河西务
　　　天津
静海
河间　青县
　　　兴济
沧州　东先
故城　德州
武城　　黄河(1494年以前)
　临清
东昌　　　济南
张秋　东阿
　　　东平
南旺湖　济宁
卫河　昭阳湖　南阳
黄河(1494年以后)
　　沛县
　徐州　邳县
　房村　宿迁
　下邳　清江浦
洪泽湖　淮安
邳县　　宝应
　　高邮湖　高邮
凤阳　　瓜州　扬州
淮　　仪真　白塔河
　河　南京
　　　镇江
　　　常州　无锡
芜湖　太湖　苏州
　　　　　　松江
长
江　　杭州

大运河
江南运河

地图 14　大运河

250

年间拖欠的税粮达几百万担。苏州在永乐年间无可资比较的数字，但在 1431—1433 年期间拖欠的税几乎达 800 万担。这种情况引起了财政官员的不安，以致在宣德年间导致了对过高税收定额的削减。[①]

对外关系

前面已经叙述过，在御驾亲征蒙古和对安南危机的急躁的反应中，永乐帝作为一个积极主动的统治者，倾向于在外交事务中进行扩张主义的干预。在外交和国际贸易的不那么好战的领域中，从郑和规模宏大的海外远航中可以看出，他同样是进行扩张的，同样不会因没有先例或没有以往明代实践的依据而畏缩不前。的确，他在这些领域中的活动在以后的全部帝国历史中实际上是独一无二的。以后的明代统治者远比他消极和保守，他们不再维护他的主动性，并让明代国家的外交事务处于停滞和收缩状态。私人的和往往是非法的海上贸易以及面向东南亚的海外商业殖民在明朝的后半期的确开始迅速发展，虽然没有政府的批准或保护。

在永乐帝时代为以后的大部分私人发展开辟道路的意义方面，以及在后来明代诸帝如果继续采取扩张的政策会发生什么情况方面，产生了一些让人感兴趣的问题。明代国家的外交关系是《剑桥中国史》第 8 卷中的几章的主题。这里叙述以下几个内容就够了：评述一下永乐帝对明帝国在处理其对外事务时所作出的个人贡献；阐述他的统治意识和他对明帝国在亚洲内陆、东亚和东南亚邻邦中扩大影响的观念。

亚洲内陆和中亚

明朝初期，中国认识到把贸易和外交扩展到中亚（河中地带［外索克萨尼亚］及以远地区，当时在帖木儿的帝国统治下）的含意，因为那里是敌对的蒙古人统治的部分天地。但是，蒙古帝国内部的分裂

---

① 见吴缉华《论明代前期税粮重心之减税及影响》［572］，载《明代社会经济史论丛》［583］，第 83—85 页。关于郭资的报告和分析，见黄仁宇《16 世纪明代的税收和政府财政》［254］，第 50 页。

已使那个地区变得可望而不可即和比较不重要了。明朝廷对帖木儿的崛起和巨大的野心了解甚少。

与亚洲内陆的关系，特别是与今新疆的塔里木盆地诸绿洲的关系，具有更重要的意义。在较近的地方，主要是诸如哈密、吐鲁番和别失八里诸绿洲，在蒙古崩溃之后都急于想重新树立它们的独立地位，而永乐帝也鼓励它们这样做，这部分地是因为它们能够帮助对付更北边的准噶尔的瓦剌蒙古人，以保证中国西北的安全，还有是因为它们控制着通向西边的贸易路线。尽管有洪武统治时期的军事试探和1393年中国人劫掠哈密之事，但明朝并不想对如此远离供应来源的地方进行长期的征服，或者想像汉、唐两朝那样在塔里木和准噶尔两盆地重新建立军事存在。它充其量只是想把那个区域的一些非汉族民族组成名义上的、但不能进行有效控制的戍守的卫。①

永乐帝选择了积极的和主张干涉的外交。他在1403年派使者去哈密宣布他登基之事，哈密的统治者在1404年12月回派了一个使团向中国朝廷呈献马匹。永乐帝赐给他及其使者们以精美的丝袍、丝绸、白银和钱钞，并在哈密边境设立一个卫，以确保稳定的关系。从这个时候起，哈密在永乐统治期以后的时期中几乎每年都派朝贡使团到中国朝廷，有时一年几次。这些使团带来十分需要的马匹，有时还带来骆驼、羊以及诸如硇砂、玉和硫磺等矿产品；作为回报，使者则收到丝绸和可用于购买中国货物的钱钞。与哈密的密切关系打开了互利的贸易，并使中国人取得了跨越塔里木盆地到中亚的北部商队贸易路线的东端。中国政府试图把这项贸易牢牢地掌握在官方的手中，并且在1408年在甘肃两次颁布禁令，禁止私人与外国商人进行贸易。可是中国人的非法贸易继续进行。有报告说，中国商人到达了别失八里以远的阿克苏。

一旦与哈密建立了良好的关系，永乐帝还派一个使团带了丝绸礼

---

① 见莫里斯·罗塞比《明代中国和吐鲁番，1406—1517年》［435］，载《中亚评论》，16，3（1972年），第206—222页；罗塞比：《1368年迄今的中国和内亚》［433］，第23—31页。

品去见吐鲁番的统治者，吐鲁番是北塔里木商路上的一个绿洲国家，
控制着往北（向今之乌鲁木齐）进入准噶尔和瓦剌蒙古国的一个要
隘。吐鲁番统治者则回派了一个带着玉作为贡礼的使团，于是正规的
朝贡关系又继续到了永乐统治末年，不过没有哈密的使团那样频繁。
别失八里位于更远的通往中亚的北塔里木商路上，是另一个十分重要
的贸易城市，它在洪武年间与中国有过纠纷，最后它扣押了中国的使
者宽彻并与帖木儿共命运。永乐帝登基后就立刻送礼品给别失八里
王，后者希望得到中国的支持，以便在帖木儿死后在与帖木儿帝国的
纠纷中能够得益，所以心甘情愿地接受纳贡关系。永乐帝在别失八里
有足够的影响以阻止它的统治者在 1411 年和 1412 年入侵瓦剌的领
土。但是在 1418 年，别失八里王的一个堂兄弟篡夺了王位。永乐帝
默认了政权的更替，不打算重立他原来承认的统治者。但是明朝再一
次能够阻止新王对吐鲁番的一次进攻。[1]

在以上各个事例中，这些统治者都接受明朝属国的象征性的地
位，以便从与中国紧密的商业联系中得益。他们愿因这种特权而接受
低人一等的地位。他们知道明朝朝廷不能有力地干涉他们的内部事
务，因为他们离明朝太远，明朝不能对他们进行大规模的军事入侵。

帖木儿帝国

当永乐帝登上皇位时，中国面临着来自中亚的一个新的外国的威
胁，如果不是一次好运气，这个威胁很可能使它与非华夏世界发生一
次大冲突。新威胁来自帖木儿（1336—1405 年）的崛起，他自 14 世
纪 60 年代以来，在他的撒马儿罕的根据地建立了一个包括河中地带、
今之霍拉桑、伊朗、伊拉克、阿富汗、花剌子模、阿塞拜疆、格鲁吉
亚和亚美尼亚的帝国。除了这些征服地外，他曾发动破坏性的入侵，
进入叙利亚、奥斯曼土耳其、印度和南俄罗斯。对中东和中亚各民族
来说，他看起来一定像一个新的成吉思汗。

在 1389 年和 1394 年，来自帖木儿的首都撒马儿罕的"朝贡使

---

[1]　见罗塞比《两名出使内亚的明朝使者》[438]，载《通报》，62，3（1976 年），第 15—
　　31 页。

团”到达北京，后一次带来号称帖木儿所发但几乎可以肯定是伪造的一封信，信的内容是承认明帝的突出的地位。明帝在此以前已经把数百名在他与蒙古人交战时俘获的商人遣还撒马儿罕，此时派了一个由傅安和宦官刘惟率领的有 1500 人的使团，以表示对帖木儿的“效忠”的谢意。使团于 1397 年抵达撒马儿罕。傅安所带去的信函称帖木儿为臣属，他因此大怒，于是扣押了这些中国的使者。[1]

随着洪武帝之死和在 1399—1402 年的内战时期，中国朝廷的注意力集中在其他方面。但是帖木儿开始计划对中国发动一次入侵并使它皈依伊斯兰教。1404 年，一支有 20 万人的军队在兀答剌儿集结，准备通过别失八里向中国进军。消息直到 1405 年 3 月才传至南京，于是朝廷下达命令准备边防，但命令把此事看成是部落的劫掠。对中国人来说幸运的是，他们的西北前哨从未受到考验，因为帖木儿已在 2 月 18 日死于兀答剌儿，入侵已被取消。帖木儿之死引起了一场继位的斗争。在一开始，年轻的孙子哈里苏丹在 1405 年 3 月 18 日在撒马儿罕夺得王位。他释放了傅安和使团中的幸存者，他们被护送返回中国，并于 1407 年 7 月 25 日抵达南京。另一名被拘留的使者已在此前的某个时候回到中国。

永乐帝派了一名使者与哈里的使者一起到撒马儿罕去吊唁帖木儿之死，但在使团抵达撒马儿罕时，哈里已被几个敌对的亲王废黜而被帖木儿的四子沙合鲁取代，他将从 1407 年统治到 1447 年，并证明是一个与帖木儿迥然不同的统治者。他是一个开明的君主和高尚的文化赞助者。在他统治的大部分时期中，他被卷进统治帖木儿帝国西部的帖木儿诸子经常发生的阋墙之争中。结果，他迁都哈烈，让他的儿子兀鲁黑伯格任撒马儿罕总督。帖木儿帝国向东扩张的一切威胁已经消失。

1408 年和 1409 年，沙合鲁派使者去南京，1409 年和 1410 年，傅安等人带了中国朝廷的礼品前往哈烈。1410 年 3 月，哈烈的又一个使团来到，而回派到哈烈的几名中国使者又带去了一封皇帝的信，信中声称与沙合鲁是君臣关系，沙合鲁复信的措辞同样傲慢，他劝皇帝信奉伊斯兰

---

[1] 见 J. 弗莱彻《中国和中亚》[165]，第 209—215 页。

教，并拒绝中国的宗主权。但这一意外事故并没有中断使团的往来，并且有趣的是，尽管两位统治者有分歧，他们的信件都强调商业的需要，明统治者于 1416 年 7 月又送去的一封信的内容也是如此。

带来沙合鲁措辞尖刻的复信的使者们由明帝主要的外事专家陈诚（死于 1457 年）、李贤和宦官李达护送回国，他们还护送这一年早些时候来到中国的中亚使者回各自的国家。这个使团的出使具有很重要的意义。它于 1414 年 2 月 3 日离开中国，随带了送给各地统治者的丰厚的精美纺织品礼物，并于 10 月后期抵达哈烈。从哈密和吐鲁番到撒马儿罕和哈烈，使团访问了 17 国。回国后，陈诚和李贤随即呈上了他们行程的记述，其中详述了有关他们访问地的地形、物产和风俗。这些文献提供了 15 世纪关于中亚和亚洲内陆情况的可利用的最详细的材料，并使明朝廷取得了关于西域的新情报来源。①

1416 年 7 月，陈诚又被派遣与另一名宦官护送失剌思、撒马儿罕和哈烈的使者回国，同时带了送给沙合鲁及其子兀鲁黑伯格的丰厚的礼物。这个使团在 1418 年 1 月回国。同年 10 月，明帝又派宦官李达出使哈烈，李达带了皇帝私人的信函，以及例行的珍贵礼物。根据现存的波斯文材料，此信对沙合鲁以政治上平等的人相待，称他是一个开明的和有洞察力的统治者，并放弃了明帝是沙合鲁的宗主的姿态。沙合鲁欣喜之余，回派了来自中亚的最精心安排的使团，使团于 1420 年 12 月 14 日抵达北京。②

使团受到隆重的接待，不过它在京城履行了纳贡制度下应该履行的对中国皇帝致敬的一切正常仪式。在与帖木儿帝国统治者通信时不论皇帝作了什么让步，但在中国朝廷上，君臣关系的门面则是不能妥

---

① 关于陈诚的出使，见罗塞比《两名出使内亚的明朝使者》[438]，第 17—25 页。陈的两个行纪名为《西域行程记》[523] 和《西域番国志》[51]，都写于 15 世纪早期；载曹溶辑《学海类编》，1831 年；《四部丛刊三编》，33，影印本，台北，1975 年。后一个行纪已被罗塞比译成英文《陈诚的〈西域番国志〉英译文》[437]，载《明史研究》，17（1983 年秋季号），第 49—53 页。

② 关于沙合鲁的宫廷史学家所写的波斯文记载，见 K. M. 梅特拉译《一个出使中国的使团的记录摘录》[367]（纽约，1934 年；1970 年再版）。

协的。使团留在北京几乎达 6 个月。它受到皇帝的几次接见，并参加了宣布北京为新明都的仪式。波斯使者之一吉亚斯丁·纳加什对使团作了详细的、即使偶尔也有谬误的记载，它至今犹存。

陈诚未在场目睹这一盛典，因为在 1420 年 7 月，他又被派率一使团前往中亚。但人们对这最后一次出使西域的情况了解得很少。

因此，我们看到永乐帝大力培植了与中亚各国的关系，甚至大力促进了与它们的贸易。在他统治时期，朝廷接待了撒马儿罕和哈烈的 20 个使团、32 个中亚绿洲国家的使团、13 个吐鲁番的使团和 44 个哈密的使团。这些使团都需要丰厚的礼物和贸易。它们给朝廷带来了诸如贵金属、玉、马、骆驼、羊、狮和豹；它们得到的赏赐是精美的丝绸和其他织品、白银以及纸钞（它们可以此购买中国货物）及其他贵重物品。[①] 从双方的通信中可以明显地看出，维护商业关系是这些交流的最主要的动机。中国的政府和皇帝因急于促进贸易，愿意对冒牌的"纳贡使团"故作不知，甚至放弃了天朝大国的姿态。对中亚各国来说，它们愿意通过纳贡制度的各种形式前来北京，以便保持它们的贸易特权。

西藏

早在 1207 年，成吉思汗的使者已经到过西藏，蒙古人与西藏发展了一种关系，即西藏人接受蒙古的保护和承认其宗主权，同时给蒙古的统治者们提供精神指导。西藏的喇嘛在元朝的朝廷中一直很有影响。在忽必烈统治下，蒙古人与萨迦派教团的领袖们谈判，并承认后者为西藏 13 省的帝师。他们的地位受到一个敌对教团止贡派的挑战，后者得到了伊朗的伊尔罕蒙古人的支持。止贡派在 1290 年才被彻底击败。同时另一个西藏宗教教团噶玛派在元朝宫廷继续拥有强烈的宗教影响。元代诸帝试图把西藏置于一个集权的政府之下，但是实权仍掌握在提供世袭的教（族）长的寺院和贵族门第手中。

内部的权力斗争继续进行。随着蒙古力量的衰落，萨迦派的势力

---

① 关于这些朝贡使团的一份名单，见罗塞比《明代中国和吐鲁番》[435]，第 221—222 页，和罗塞比《两名出使内亚的明朝使者》[438]，附录，第 29—34 页。

也随之变弱。主要的反对力量来自绛曲坚赞，此人原为萨迦派僧人，又是雅鲁的地方领主。从 1332 年起经过许多征战后，这个僧人逐渐控制了西藏。1351 年元朝承认他为帝师以取代萨迦派的大教长。绛曲坚赞不仅仅是另一个宗教教长，他的目的是要重建唐代的前吐蕃王国，重新树立西藏人的民族主义和消灭蒙古宗主权的一切痕迹。他和他的继承者们（即帕木主巴诸王）试图维持一个君临全西藏之王的思想，并且在 15 世纪 80 年代之前一直是西藏主要的世俗力量。[①]

在明朝掌握政权时，西藏寺院教团之间的宗教对立常常导致公开的战争；宗教和政治权威之间出现了严重的分裂。还不清楚南京对这种事态的了解程度。据说明代的开国皇帝急于想阻止唐代与吐蕃人发生的那种纠纷的再现。但他并不去与帕木主巴诸王建立联系，而是与控制较近的康区和东南藏的噶玛派大住持们接触。皇帝派一使者前往，要元代时任官职的人来南京，以便重新授职，第一个使团于 1372—1373 年间的冬季抵达。当时教团的教长为黑帽教派的乳必多吉四世活佛（1340—1483 年），他在 1359—1363 年曾在元朝朝廷。他从未应皇帝的邀请去南京，但一直派使者前往，直到他死前不久为止。[②]

他的继承者得银协巴（中国人称哈立麻，1384—1415 年）以善行法术著称于世，永乐帝在为燕王时已闻其名。新帝在 1403 年登基时，派了一个由以后多次被用作外交官的宦官侯显和著名印度僧人班的达的弟子智光（他在南京已深受开国皇帝的礼遇）率领的使团去西藏。使团邀请得银协巴去南京。得银协巴在一开始派出一个纳贡使团后，在 1407 年 4 月亲自去明廷，受到隆重的接待。他应请求为皇帝死去的双亲举行宗教仪式，据记载他施展了许多魔法，如使许多神祇显形，制造鹤、狮、花雨、甘露的幻象等等，时间长达 22 天。他和

---

① 可扼要参阅黎吉生《西藏简史》[429]（纽约，1962 年），第 33—41 页；约瑟夫·科尔马斯：《西藏和中华帝国：1912 年满族王朝灭亡前中藏关系概述》[289]（堪培拉，1967 年），第 18—30 页；石泰安：《西藏的文明》[478]（斯坦福，1972 年），第 77—79 页。

② 关于这类接触的中国官方记载，见罗香林编《明清实录中之西藏史料》[356]（香港，1981 年），第 5—8、19—22、23—43 页。

他的随行人员受到重赏，取得了显赫的官衔，并前往山西省重要的中国佛教中心，在那里又举行了仪式，然后返回西藏。他在以后至少与明朝廷交换了三次礼品。[①]

他的继承者通哇顿丹（1416—1453 年）到 15 世纪 40 年代末一直派使团前来。明朝朝廷显然不知道得银协巴之死，所以认为这些使团都是他派出的。1446 年以后，与噶玛派诸教长的关系破裂。根据西藏的史料，得银协巴在他逗留南京期间曾劝说永乐帝不要试图重建对西藏的统治。没有什么证据能证明永乐帝曾有此意图。一切迹象表明，得银协巴是作为一个具有巨大实力的宗教人物而被邀请的。但他的访问促使永乐帝与西藏的其他各方面的宗教领袖建立关系。1413 年，萨迦派的教长（关于他的法力，皇帝也已有所闻）应邀来北京。他也受到隆重接待，并于 1414 年由宦官护送回藏。此后萨迦派的住持继续派使团来中国，直至 15 世纪 30 年代。

明帝还试图把当时最伟大的宗教人物，即格鲁派（黄教）的创始人宗喀巴（1357—1419 年）请到明廷。到 15 世纪初，宗喀巴主张的一种新的和更严格的寺院生活很受人注意，所以在 1407 年，永乐帝请他来朝廷，他拒绝了。1413 年再次发出邀请，宗喀巴派了他的主要弟子之一释迦也失代替他前往南京。释迦也失 1414—1416 年留在南京，随即获准带了丰厚的礼物回藏。格鲁派继续与明朝朝廷交换礼物并派去使团，直至 15 世纪 30 年代。[②]

其他西藏的宗教领袖也受到推动而与帝国朝廷发生联系。情况似乎是，虽然永乐帝无疑部分地是出于对这些引人注目的宗教领袖的好奇心，但他也有意识地拒绝给任何可能因此会建立政治霸权的西藏领袖以唯一的中国庇护。这样，情况如同中国边境的其他地方那样，他鼓励政治的分裂。在这种背景下，他没有承认该国名义上的世俗统治者帕木主巴王或与他建立关系，这很可能是精心策划的让西藏人分裂的政策的一部分。

---

① 见哈立麻传，载《明人传记辞典》［191］，第 481—482 页。
② 见《明人传记辞典》［191］第 1308—1309 页宗喀巴的传记。

蒙古

明帝通过搞分裂、赏赐及平定外蒙古的不听命于他的东蒙古人和瓦剌（西）蒙古人以及在其南面住在东内蒙古的兀良哈诸部落，想方设法在北方边境取得和平。在他征剿叛逆的阿鲁台和马哈木部落领袖的同时（见前文），他还派使团带着礼物邀请所有人在纳贡制度下进行贸易。明朝廷利用这一制度出于几个目的：它提高了朝廷的威信；它能不求助于武力而使游牧民安分；它为明朝骑兵提供马匹的来源。蒙古诸部落接受这样的安排，因为它们需要取得中国的货物，虽然当它们的需要不能通过贸易得到满足时经常袭掠边境。

为了控制蒙古纳贡使团的次数和规模，它们来华的路线和入境点、它们在朝廷呈献时的礼仪、朝贡品应付的价格，以及送给部落领袖及其使者的礼品，明朝廷都制定了细致的规定。例如，兀良哈诸卫获准每年派使团两次，每次 300 人。一次在皇帝生日时，一次在中国的元旦。但是这类规定从来没有严格实施过，也没有用于更远的东蒙古人和瓦剌蒙古人。① 蒙古使团一般呈献马、家畜作为贡品，要求报酬、礼品、官职和贸易特权。朝廷以钱钞、白银、丝绸、纺织品、官品和官衔赏赐给部落领袖及其使者，以高价收取贡品，并准许蒙古人在指定的地点进行贸易。例如，在 1404 年和 1406 年为女真和兀良哈诸部落在开平和广宁设立两个马市。但是朝廷派的官员（通常为宦官）出于私利，经常改变赐给蒙古人的礼物的规格和他们贡品的价值。这样就常常引起纠纷和对边境的劫掠。②

---

① 这个题目的权威著作是司律思的《（明代的中蒙关系，I）洪武时代（1368—1398 年）在中国的蒙古人》[457]（布鲁塞尔，1959 年）；《（明代的中蒙关系，Ⅱ）朝贡制度和外交使节，1400—1600 年》[458]（布鲁塞尔，1967 年）；《（明代的中蒙关系，Ⅲ）贸易关系：马市，1400—1600 年》[459]（布鲁塞尔，1975 年）。关于更简明的论述，见同一作者的《明代的蒙古朝贡使团》[452]，载《中亚评论》，11，1（1966 年 3 月），第 1—83 页；《明代的中蒙贸易》[460]，载《亚洲史杂志》，9，1（1975 年），第 34—56 页。它们广泛地取材于《太宗实录》[380] 的摘要，这些材料收于羽田亨等编《明实录抄：蒙古编》[198]，第 1 卷，载《明代满蒙史料》[496]，第 261—557 页。

② 见司律思《朝贡制度和外交使节，1400—1600 年》[458]，第 119—120、152—157 页；司律思《明代的蒙古朝贡使团》[452]，第 16—22 页。

已在辽东半岛定居的来自泰宁、朵颜和福余三个卫的蒙古人在永乐年间派出了最正规的纳贡使团。这是因为他们靠中国的礼品、补助和定期贸易为生，而朝廷则需要与他们保持良好的关系，以确保北方边境的安全。根据《明实录》，兀良哈部在某些年份（如 1403、1406、1413 和 1416 年。）作为一个正式的集体前来朝廷，但一般地说，这些使者被认定是代表个人的，呈献的贡品也多于容许的数量。他们的贡品主要是马匹；1414 年的一次纳贡他们带来了约 3000 匹马。他们的纳贡使团在 1410、1411、1418 和 1422—1424 年这些年份停止来华。中断出现在他们参加了阿鲁台或瓦剌人的叛乱的时期，如 1422 年，这一次他们被阿鲁台征服，被迫参加他的事业。但是，当和平恢复，明廷继续接受兀良哈的使团，甚至为了保持和平，还容忍偶尔发生的边境劫掠事件。[①]

在阿鲁台统治下，东蒙古人继续与永乐帝朝廷保持纳贡关系。明统治者容忍经常爆发的小的敌对行动，因为他谋求维持边境的和平。已知阿鲁台早在 1408 年就派过一个使团，但在 1410 年征蒙战役中他战败后，他才开始定期派出使团。在 1410—1424 年期间，阿鲁台派了 27 个使团至明朝廷，此数超过了规定，而且在连续两年（1413 和 1414 年）中他连续派了 11 个使团。贡品主要为马匹。作为回报，明朝廷赐给他和他的使者纸钞、白银、丝织品和各种生活用品，授予他们官衔并慷慨地酬答他们的贡品。在 1421、1422、1423 或 1424 年明帝征讨阿鲁台时期，没有纳贡使团来朝。但一旦战争结束，朝廷又不加指责地接纳他的使团，其中两个使团在 1424 年 8 月皇帝死后不久到达。[②]

瓦剌蒙古人也与永乐帝朝廷保持纳贡关系，在此同时又几次袭扰边疆进行劫掠。1408 年 10 月，马哈木派第一个纳贡使团携马匹前来明朝廷。他得到了封地并被赐给一枚王的印玺。1409 年其他两个瓦

---

①　司律思：《朝贡制度和外交使团，1400—1600 年》[458]，第 9、10 章各处；《明代的中蒙贸易》[460]，第 38—43 页。关于设马市的情况《贸易关系：马市，1400—1600 年》[459]，第 92—93 页。

②　见司律思《明代的蒙古朝贡使团》[452] 第 16—22 页中的概述。

剌部落领袖也得到类似的封赏。除了 1414、1416、1420 和 1422 年,瓦剌人每年派正规的使团来华。这些使团一般来自马哈木,但也有少数是其他部落领袖派出的。贡品主要为马匹。瓦剌使团在 1414 年中断来朝,当时马哈木造反;但在 1415 年瓦剌人恢复进贡。1418 年 4 月,在马哈木死后两年,他的儿子脱懽与其他两个部落的领袖来到朝廷,要求继承他父亲的品位。这一请求被批准,于是脱懽派使团几乎岁岁来朝,一直到了永乐统治的末年。①

这种纳贡制度旨在解决蒙古问题,但是问题真的解决了吗?如果说纳贡制度旨在安抚蒙古人和防止边境的动乱,那么明朝廷只取得有限的成就。尽管中国朝廷付出昂贵的礼品和费用,但纳贡贸易仍不能满足蒙古人更大的需要。因此,这个制度并没有阻止蒙古人的袭击,但对明朝廷来说,它似乎是取代甚至更花钱的连年战争的唯一选择。它暴露了中国根本不能合理地处理这一长期存在的问题。永乐帝既不能通过战争,也不能通过贸易和外交手段去解决明初主要的国防问题,尽管这个问题已占用了他的大部分精力。虽然这个制度有一些缺点,但它的确给北方边境带来了若干年的安宁。当然,只有在存在强大的军事防御以阻止袭击和战争时,它才有效。

女真族

皇帝想方设法要把满洲诸女真部落纳入纳贡制度之中。女真诸部落包括定居在鸭绿江西北和长白山之南的建州和毛怜部落;住在松花江和阿什河附近的半务农的海西女真;沿鸭绿江和乌苏里江靠渔猎为生的好战的生女真。皇帝有四大目标:保持满洲的安宁,以便他能集中精力对付蒙古的威胁;不让朝鲜成为在满洲支配一切的力量;促进诸如马匹和裘皮等产品的交易;在较为发达的女真部落民中传布中国

---

① 见戴维·M. 法夸尔《瓦剌—中国的纳贡关系,1408—1446 年》[157],载《阿尔泰研究,尼古拉斯教皇诞辰纪念文集》,尤利乌斯·冯·法卡斯、奥梅尔简·普里特沙克编(威斯巴登,1957 年),第 60—62 页;罗塞比:《1368 年迄今的中国和内亚》[433],第 50—55 页。关于官方记载,见白翠琴编《明实录瓦剌资料摘编》[413],第 19—42 页。

的文化和价值观念。[1]

朝廷在建立与女真人的关系方面采取了主动行动，其措施是派遣外交使团，送礼品给他们的部落领袖，邀请他们进行纳贡制度下的贸易。早在 1403 年，皇帝开始派一个使团出使建州女真的统治者阿哈出以进行笼络，使团受到很好的接待。12 月，皇帝在建州设一女真卫，并赐官印以及钱钞、丝绸、袍服和生活用品等礼物给建州使者。不到五年，另外五个卫在女真领土上建立。在永乐在位的以后时期，在满洲设立 179 个卫和 20 个所，以确保女真人的臣服和纳贡贸易的顺利进行。许多在适当时机得到官衔、官品和贸易特权的女真部落领袖放弃了与朝鲜的联系，宣布他们效忠于明朝朝廷。[2]

生女真对 1403 年中国使团的反应是回派了一个使团，但他们依然是靠不住的。1409 年初期，永乐帝派宦官亦失哈率一专门使团前往生女真的领地。亦失哈为海西女真人，被俘后为明朝效劳。1411年，他率 25 艘船和千余人驶往位于北满边远地区的奴儿干，在那里几乎没有遇到反抗。他厚赏地方部落领袖，设立了一个都指挥使司，并说服部落领袖们派一朝贡使团与他一起返回。此后，亦失哈又三次率领使团去奴儿干，最后一次在 1432 年。明朝廷设立了一系列的驿站，以便与住在偏远的北方的女真人联系。为女真人设立了边境集市，少数集团获准在辽东的中国边境境内或邻近之地和在北京之北定居。定居者得到了礼物和粮食，有些部落领袖还接受了低官阶的武职和官衔。他们则报之以向明朝廷进贡土产品。[3]

因此永乐帝能够不诉诸武力而与女真诸部落建立令人满意的关系。在与几个主要的女真集团建立了良好关系后，他就能集结其武装力量去征讨蒙古。同时，通过设置防御性的卫和运用纳贡制度，他满足了女真部落领袖的某些经济的和身份的要求，因为这些部落领袖派

---

[1] 见司律思《永乐时期中国—女真的关系，1403—1424 年》[456]（威斯巴登，1955 年）第 3 章；又见罗塞比《元明时期的女真人》[434]（伊萨卡，1982 年），第 16—36 页。

[2] 司律思：《永乐时期中国—女真的关系》[456]，第 25—28、42—71 页。

[3] 关于亦失哈几次出使的简明叙述，见罗塞比《两名出使内亚的明朝使者》[438]，第6—12 页；关于他的传记，见《明人传记辞典》[191]，第 685 页。

遣纳贡使团来到中国，为的是取得金银、丝绸、粮食和其他用品的礼物，和享有在中国进行贸易的机会。就明朝廷而言，它能取得诸如马匹、优质裘皮等商品，还能得到诸如在帝国内不能搞到的人参等药材。

朝鲜

建于 1392 年的新的李氏王朝的朝鲜国取代了长期衰落的高丽王国，它的几个国王证明是易于接受新事物和听话的。明朝对朝鲜的政策为几个目的服务。朝廷谋求破坏朝鲜在女真族中的影响和确保中国边境的安全以对付蒙古的入侵。朝鲜统治者不但重视对北方的诸部落的防卫，而且珍惜他们与明帝国的政治和文化的联系，因为他们认为，这类联系会带给统治王室以权威和正统性。

1402 年 9 月，永乐帝派俞士吉（死于 1435 年）去通知朝鲜王李芳远（1400—1422 年在位）他登基之事。11 月，国王派使者请求新的印玺和敕封；1403 年他又派一个使团，要求取得医治其父疾病的药材。这两个要求都被批准，它们标志着定期互派使节的开始，使节的交流有时一年两三次。朝鲜人进贡土产品，如人参、漆器、豹和海豹皮；但在 1429 年之前，最重的负担是年贡 150 两黄金和 700 两白银。作为回报，皇帝赐给朝鲜王及其使者丰厚的礼物——丝绸、精美的衣服、药材、书籍和乐器，还授予朝鲜王及其太子以荣誉的称号。①

但是，明朝廷常常对朝鲜人提出过分的要求。这些要求在中国史料中只是一笔带过，但在朝鲜的记载中却有详细的论述。例如，永乐帝经常索取马和牛以供军用，而朝鲜王便应命在 1403 年送去 1000 多匹马，1404 年送去 1 万头牛，1407 年送去 3000 匹马，以及 1410 年送去另外一大批马，以支援对蒙古的第一次征讨。此外还有特殊的要求。在 1403、1406、1407 和 1411 年，永乐帝派他的高级宦官黄俨前

---

① 吴晗：《朝鲜李朝实录中的中国史料》[585]，第 176 页以下、187 页以下、237 页以下；《明人传记辞典》[191]，第 1595—1597 页。

往朝鲜索要铜佛像、佛骨（舍利）和印佛经的纸张。[①] 最为声名狼藉的要求是要朝鲜的美女，以充实皇帝的后宫。1408 年，黄俨被派去为后宫选处女，朝鲜王勉勉强强地照办了。送往北京的 300 名处女当中有五个人当选，其中的一个即权美人（死于 1410 年）。她成了永乐帝所宠爱的妃子，她的家属得到丰厚的礼物和很高的荣誉。1409 年再次向朝鲜索要处女。朝鲜人背着沉重的财政负担和忍受着一定的耻辱去满足这些持续的要求，但是朝鲜王为了他认为的迫切的政治原因，不得不答应明朝皇帝的要求。[②]

日本

与日本的外交关系在 1380 年已经中断，因为洪武帝怀疑日本人与他的失宠的大臣胡惟庸相勾结，企图篡夺皇位。关系在 1399 年首先被足利将军三世义满（1358—1408 年）恢复，他刚在西日本建立起他的权威。这位挥霍的将军对中国文化的爱慕是由他周围的禅宗僧人培养起来的，他急于恢复与中国的外交关系，这部分地是为了从有厚利可图的对华贸易中获益。1399 年，他派一个使团带了一封颂扬的信件和贡品到建文帝的朝廷，使团受到良好的接待。义满的第二个使团在 1403 年晚期抵达南京，在随带的信中，将军自称"臣日本王"，此事在日本史上是一件非同寻常和有争议的事件。这是来朝新帝的第一个外国使团。[③]

永乐帝敏锐地看到了一个难得的机会并作出了积极的反应。他高兴的是，日本的将军表现出承认他的宗主权的姿态，并且已同意控制相互间的贸易和在结束日本在中国沿海的海盗行为方面进行合作。1403 年 9 月，朝廷向日本商人重开宁波、泉州和广州的市舶司，并

---

① 吴晗：《朝鲜李朝实录中的中国史料》[585]，第 185、187、199、218、224、227、242、251 页。

② 吴晗：《朝鲜李朝实录中的中国史料》[585]，第 232—234、237—241 页；又见王崇武《明成祖朝鲜选妃考》[538]，载《中央研究院历史语言研究所集刊》，17（1948 年），第 165—176 页。

③ 木宫泰彦：《日华交通史》[285]（东京，1926—1927 年），Ⅱ，第 287—296 页；王伊同：《中日之间的官方关系（1368—1549 年）》[549]（坎布里奇，1953 年），第 21—24、34—53 页；郑梁生：《明史日本传正补》[66]（台北，1981 年），第 228—266 页。

派大臣赵居任（死于 1409 年）去日本缔结商业协定。该协定规定，在建立了称之为勘合制的公认的和有节制的贸易形式后，将军的代表获准在宁波贸易，同时要递交与市舶司的中国官员所持的勘合相合的特定的勘合。贸易使团不得超过两艘船和 200 人，不得携带武器，应每十年派出一次，不过最后一条规定在以后繁忙而正规的贸易中被忽视了。

在 1404—1410 年期间，中国和日本经常互派贸易和外交使团。这种真诚的关系因义满的善意而得到促进。他履行了逮捕日本海盗并把他们送往明朝廷的诺言。当义满于 1408 年去世时，明帝告诫他的继承者义持继续镇压海盗。但在 1411 年，义持拒绝接待中国的使团，并在以后六年中中断与明朝廷的关系。新将军摆脱了他父亲周围的禅宗僧人，采取了一种孤立主义的政策。1417 年 11 月，在中国沿海抓获了一些日本海盗以后，中国皇帝又试图与义持建立外交关系。但是，将军宣称，日本诸神禁止与外国来往，他的父亲已经被他的顾问引入歧途。这样，官方的大门再次对中国关闭，不过私人的贸易通过日本南部的诸港口仍在继续进行。

东南亚

在永乐年间，明朝在东南亚的影响达到了最高峰。这个区域是皇帝主要关注之处。郑和的探险性远航把最重要的东南亚诸国划入了明朝政治势力范围之内。进行这些远航是为了通过和平方式扩大明帝国的影响，加强其南部边境的安全，和通过阻止私人控制航海活动以垄断海外贸易。外国响应这些主动行动，这不但因为它们担心拒绝会遭到军事报复，而且因为它们看到了与中国建立关系会带来巨大的商业利益。①

1402—1424 年期间，明朝廷派了 62 个使团至东南亚各国，并接

---

① 关于永乐帝采取官方垄断海上贸易和禁止私人航海活动的情况，见张维华《明代海外贸易简论》[42]，第 22—24 页；陈文石：《明洪武嘉靖间的海禁政策》[59]（台北，1966 年），第 93—95 页。关于《太祖实录》[380] 中有关与东南亚关系的官方记载，见赵令扬等编《明实录中之东南亚史料》[48]，Ⅰ（香港，1968 年），第 67—249 页。

待了 95 个回访的使团；这不算派至安南和从安南派来的使团，因为安南在 1406—1427 年期间是在明朝的统治之下。这些使团建立了与大部分重要国家——从菲律宾至印度洋、波斯湾和非洲东岸——的联系。① 皇帝派使者携带宣布他登基的诏书至东南亚各国去建立关系。当这些国家作出反应时，他就经常派使团向它们的统治者赠送礼品，礼品包括历法、丝缎织品、瓷器和铜钱。皇帝还为两个东南亚国家撰写铭文并赋诗，一次是在 1405 年为马六甲王写的；一次是在 1408 年为浡泥王写的。这些文字都刻在石碑上，以证明皇帝在这些国家的影响及与其统治者的特殊关系。② 外国统治者则回派正规的纳贡使团来华，并随带诸如贵金属、香料、异国动物等土产。支付这些物品的代价都很高。③

可以从占城、暹罗、马六甲、爪哇和浡泥的事例中看到比较重要和持久的各种关系的不同类型。在这个时期，中国公开宣称与占城有一种特殊的关系，因为它们在安南互有牵连。但在 1414 年以后，当中国人拒绝归还安南夺取的占城领土时，关系开始紧张。占城人经常攻击派往他们国家的外交使团和骚扰在安南的中国人，可是一直没有脱离正规的纳贡制度。暹罗是东南亚半岛最强大的国家和中国的最老的朝贡国之一。中国的兴趣在于限制暹罗去侵犯马六甲，而暹罗的朝廷则注意到中国的压力，因为它几乎每年派纳贡使团到中国而从中得益。

马六甲之所以重要，是因为它位于香料贸易路线上。永乐帝在

---

① 中国派出和迎来的使团包括：派往占城国的 14 个，回访的 18 个；派往柬埔寨的 3 个，回访的 7 个；派往暹罗的 11 个，回访的 21 个；派往爪哇国的 9 个，回访的 7 个；派往浡泥国的 3 个，回访的 9 个；派往马六甲的 11 个，回访的 12 个；派往苏门答腊的 9 个，回访的 11 个；有帮助的背景材料，见王赓武《明初与东南亚的关系：一篇背景研究短论》[547]，第 48—55 页；王赓武：《中国与东南亚》[546]，转载于《社区和国家：关于东南亚和中国人论文集》，第 70、74 页。

② 关于这些铭文，见赵令扬等编《明实录之东南亚史料》[48]，I，第 67—249 页。关于它们的重要意义，见王赓武《中国与东南亚》[546]，第 67—69 页。

③ 见王赓武《中国与东南亚》[546]，第 76—78 页；刘子政：《明代中国与汶莱交往考》[354]，载《明史研究专刊》，5（1982 年 12 月），第 7—9 页。

1403 年 10 月派一个使团到那里去建立关系，并授予它特殊的地位。有三个马六甲王率领他们的国家代表团到中国，使永乐帝大为高兴。在与爪哇的关系方面，永乐帝设法阻止它向马六甲内部扩张和保持南洋和印度洋之间的贸易畅通。可是中国不可避免地介入了东爪哇王与西爪哇王之间的战争。在 1408—1409 年郑和第二次远航期间，当他手下的 170 人登上了他的对手西爪哇王声称拥有的海岸时，被后者所杀，从而迫使郑和进行军事干涉。中国人接受了赔偿和道歉，并与其恢复了外交关系，但中国人利用连续的几次航行，把爪哇置于监视之下。淳泥在当时相对来说并不重要。但淳泥王是访问永乐朝廷的第一个统治者，从而给皇帝留下了深刻的印象。它被给予比凭借它的国土面积和力量应得的更大方的待遇。[①]

永乐帝在他与东南亚各国的关系中表现出灵活性，他愿意利用各种方式去达到他的政治、军事、文化和商业的目的。外国的反应取决于以下的几种情况：明朝外交主动行动的性质；它们与明朝的权力中心的距离；它们对安全和贸易机会的关心。从 1405—1421 年的十多年中郑和巨大舰队的威严的阵容，在整个这一区域中扩大了强大的中国的形象，并给贸易和外交带来了持久的影响。但事实也很清楚，随着 1413 年以后中国在这一区域的外交活动的放松，当朝廷的力量专注于北方的事务时，这些国家能够在纳贡制度建立的规定的宗主—属国关系中便宜行事。

永乐帝的遗产

1424 年 8 月 12 日，当皇帝最后一次征讨蒙古返回时，在多伦以外的榆木川去世，终年 64 岁。他去世的确切情况正史没有记载，只是简单地说他病故。私人的和外国的记载说皇帝在他晚年时已经得过几次中风，并死于此症。一个学者提出，皇帝自 1417 年以来已部分瘫痪，他偶尔不能临朝，有时长达一个多月。他瘫痪的性质不详，

---

① 见王赓武《明初与东南亚的关系》[547]，各处；徐玉虎：《明郑和之研究》[236]，第 525—544 页。

但要减轻病症，皇帝习惯性地服用麝香或樟脑制成的刺激性药剂，以及他的几个随从处方的道教的丹药。这种丹药能暂时地减轻他的瘫痪程度，但证明对身体有害，并会上瘾；它会导致间歇性地大发脾气。[①]

当皇帝惩处几名劝阻他征讨蒙古和迁都北京的官员时，他可能已在受这种丹药的影响。丹药的作用是积累性的，皇帝可能中化学毒性已有好几年了，因为丹药还含砷、铅和其他金属。因此，当他筋疲力尽地穿过严酷的蒙古平原而又得了一次中风时，他的健康状况已经很差，所以他的死亡是意料之中的事。皇帝的尸体立刻装进灵柩运回北京，准备安葬。他的长子朱高炽随后登基成为洪熙帝。尊奉永乐帝的谥号为文皇帝，庙号太宗。他的陵墓称长陵，建造得极为豪华宏伟，以证明他的丰功伟绩。[②] 1538 年 10 月，嘉靖帝把永乐帝的庙号改为更显赫的称号：成祖。

嘉靖帝想抬高从未登上皇位的父亲朱祐杬（1476—1519 年）的地位而使他进入帝王的行列，从而使自己成为新的一支皇位继承世系的始祖。[③] 因此，把永乐帝的庙号从"宗"改为"祖"，这意味着永乐帝在推翻他的侄子时也开创了一支新的继位世系，这显然旨在支持嘉靖帝自己父亲的正统性。选用"成"一字，表明在其继承人的眼中，他是明统治的巩固者，应该被承认是王朝的第二个创建人，因为他完成了洪武帝的未竟之业。

皇帝先娶徐达将军之长女，她就是徐后（1362—1407 年），因提倡儒家德行和制定妇女的道德箴言而深被怀念。皇帝又封两名宫女为贵妃，一是朝鲜美女权氏，一为苏州的王妃（死于 1420 年）。权妃死后，王妃就成了皇帝的专宠。她又成了皇室的监护人，但她的寿命没

---

① 关于永乐帝之死，见吴晗《明成祖仁宗景帝之死及其他》[589]，载《文史杂志》，2，2（1942 年 3 月），第 76 页；王崇武：《明成祖与文士》[539]，载《中国社会经济史集刊》，8，1（1949 年），第 12—16 页；寺田隆信：《永乐帝》[510]，第 152—154 页；《明人传记辞典》[191]，第 360 页。

② 寺田隆信：《永乐帝》[510]，第 271 页；《明人传记辞典》[191]，第 355 页。

③ 关于这一称之为"大礼议"的情节，见以下第八章。

有皇帝长。① 皇帝有四个儿子五个女儿。长子朱高炽后来成为洪熙帝；次子朱高煦（汉王），三子朱高燧（赵王）都为徐后所生；幼子朱高爔幼年夭折，其母姓名不详。还知道皇后养育了五个公主当中的四个；她们都下嫁给有贵族封号的将军或其子。这些驸马中有的因行为不轨而受到弹劾，有的在军事征战中丧生。②

回顾起来，1538 年追赠给皇帝的最后的谥号成祖似乎是一个恰如其分的称誉。它集中体现了与传统的治国之道的贤君理想地联系起来的文治武功。永乐帝被公认为一个多智多谋和精力充沛的征战者，通过他的征剿和对外的远征，他完善了开国皇帝的丰功伟绩，并使明朝的力量和影响达到了顶峰。他被誉为一个有干劲和献身精神的统治者，他恢复了儒家的治国之术和重新建立起古代的政制；他又被誉为一个把帝国南北两部分统一起来从而为王朝奠定新基础的人。

但是，他的政策也受到批评。他废除建文帝的年号和残酷地清洗建文帝时代的官员的措施受到知识分子的激烈反对，而在黎民百姓中普遍存在的不满情绪则以关于被废皇帝的种种传说的形式表现出来；这些传说提到他没有死，他的后裔最后使王朝不光彩地灭亡，以此向篡位者报仇。他国内的各种计划和对外的冒险行动所引起的巨大花费也引起了官僚集团的强烈不满。当时的批评者不是明确地谴责他的篡位；认为这件事并不是永乐帝一个人的过错，这种看法是适当的。对他国内政策的批评则比较直截了当。他远征蒙古的几次战役和迁都北京之举不断遭到攻击。但是后来的明代史学家一般原谅了这些过分的行为，认为是建立一个大帝国的必由之路。因此当时的舆论强调皇帝的积极成就和缩小它们的消极后果。但是一股强烈的批评暗流由后世的明代学者，特别是由那些责备他为了降低学术水平和知识活力而削弱经典教育的人表达了出来。总的来说，这是一种有褒有贬的评价，

---

① 关于徐后之传，见《明人传记辞典》[191]，第 566 页；王崇武：《明成祖朝鲜选妃考》[538]，第 166 页。
② 《明人传记辞典》[191]，第 338—341、332、568 页。

其中官方对一位雄武之君的赞誉支配了明代和清代的历史编纂学。[1]

传统的评价并不是对这个时期的公正评价。对评价更有帮助的是应该问一下，永乐时期的一些事件是怎样发展和为什么这样发展的；实现皇帝宏伟事业的费用到底有多大；他统治时期制定的政策对以后明代的历史发展进程产生什么影响。

最重要的是，皇帝本人对帝国的认识形成了他统治时期的特征。他作为一个军事统帅而取得了权力，并用武力夺取了皇位，所以他并不认为自己应受任何约束，甚至不受他父亲制定的《祖训》的约束。他不受约束地行使皇权，以实现他的目的。他与北方边境蒙古诸部打交道的经验给他灌输了一种远远超过他父亲认识的对帝国的新看法，但从长期看，由此形成的战略决策证明并不是成功的。他不但试图由北至南实施统一的统治，以此使边境领土与内地一体化，而且把目光放在本土的边境以外，把他的霸权扩向四面八方——从真正的世界中心睥睨世界。对世界的这种新看法指导着皇帝的对外政策和国内政策。他一旦执行这些政策，就决不后退。尽管永乐帝的国内政策和对外政策存在着种种矛盾，但他仍决心完成他的目标，并把各种没有解决的困难留给了他的那些不那么有活力的继承者们。

永乐帝的国内计划和对外征战的花费是巨大和浪费的；它们给国家和黎民百姓造成了异常沉重的财政负担。这些计划的耗费引起了诸如夏元吉和李时勉等朝廷官员的批评，前者反对对蒙古的第三次征讨和郑和的几次远航，后者反对在北京建都。还有人对征剿安南而造成人力和物力的紧张状况，对漕运制度以及其他国内计划和对外的冒险行动发表了反对的意见。

不可能确定用于这些活动的金钱的数额，因为史籍没有记载准确的或完整的数字。明政府并不编制综合的预算；它对国家财政和财政

---

[1] 关于称颂永乐帝及其统治的著作，见孟森《明代史》[375]，第105—114页；寺田隆信：《永乐帝》[510]，第9—12页；法默：《明初两京制的演变》[156]，第128—133页；德雷尔：《明初政治史》[146]，第173、180、200、211、220页；林仁川：《论永乐帝》[343]，载《北方论丛》，4（1982年12月），第96—100页。

管理采取零敲碎打的方法。某一项目的收入指定用于某一项目的支出。此外，不同税赋份额的数字不过是相对的指数，因为除了这些税收外，国家还得到征用劳动力和军屯形式的无偿服务，还不定期地向平民索要粮食和建筑材料。平民以不同的方式弥补进行中的项目的任何经营亏损。

因此，虽然朝廷表面上收大于支，但这是一种假象。实际上，如同黄仁宇的推测，永乐帝进行的一切事业的费用（这些在史籍中很少透露）可能超过国家正常收入的两倍或三倍。这些财政需要无疑使国库空虚（国库通常只保持一年的储备），而且确实削弱了国家的财政管理。它们还使人民负担增加，使人民为了偿还欠税而负债累累。从长期看，由于使越来越多的纳税人陷于贫困，这些政策减少了国家的收入。为了帝国的建设和霸权，这种代价的确是昂贵的。[①]

永乐帝留给明代后来的君主们一项复杂的遗产。他们继承了一个对远方诸国负有义务的帝国，一条沿着北方边境的漫长的防线，一个具有许多非常规形式的复杂的文官官僚机构和军事组织，一个需要大规模的漕运体制以供它生存的宏伟的北京。这只有在一个被建立帝国的理想所推动的朝气蓬勃的领袖领导下才能够维持，这个领袖能够不惜一切代价，并愿意把权力交给文官，以保持政府的日常职能。永乐帝的直接继承者都不具备这种英勇的品质，但是他们仍然坚持他关于帝国的远见和他所奠定的政制基础。

以后的几代皇帝并没有他那种对帝国的认识，并且也认识到维持他的政策的代价，开始收缩和重新巩固帝国的行政。但是，他们不能解决他们采纳的国家政策和必须赖以进行统治的制度之间的内在矛盾。虽然文官政府得到加强，政府的开支也减少了，但耗费巨大的军事组织、北方的京城和漕运制度仍必须维持。军事收缩无意地削弱了边防，从而给以后的统治者们造成了许多问题。在所有这些方面，永

[①] 关于明代财政管理这些方面的进一步讨论，见黄仁宇《明代财政管理》[250]，载《剑桥中国史》第8卷；更详尽的论述见黄仁宇《16世纪明代的税收和政府财政》[254]，第1、2章。

乐帝比明朝的开国皇帝对以后明代历史的进程具有更大的影响。

洪熙统治时期

1424 年 8 月永乐帝在最后一次远征蒙古之役后回朝时死去，这标志着强有力的军事扩张的结束和一个内部改造的时代的开始。这些新的为政的态度被继位的洪熙帝之治制度化了。虽然他在位不到一年，他的儒家理想主义的影响在以后整整一个世纪中仍能感觉得到。

洪熙帝（朱高炽）是永乐帝与其嫡妻徐氏所生的长子。他生于 1378 年 8 月 16 日，当时他父亲为燕王，年仅 18 岁。在他儿童时代，他接受武术和儒家学术的正规教育。虽然他在一定程度上学会了箭术，但总的说他很少表现出从武的资质。相反，使他的老师们十分欣喜的是，他专心致志于经籍和文学——事实上，这可能使他体质单薄，健康不佳。①

朱高炽的祖父洪武帝亲自关心燕王的几个儿子，为这位未来皇帝的温和性格和他对政治的强烈兴趣而感到高兴。一次，洪武帝派这个少年在破晓时去检阅军队，后者回来报告之快令人吃惊，他解释说，清晨太冷，检阅应等到士兵们吃完早餐以后。另一次，洪武帝要他审阅几份官员的奏章。他有条不紊地把文武两类分开，并相应地作了报告。他的祖父不断地被他的文才和行政能力所打动。

但是他的父亲对他却不相同。由于永乐帝本人是一个受过锻炼的指挥将领，他偏爱他的两个较年幼和更好武的儿子朱高燧和朱高煦，并常常带他们去参加征战，② 使其长子接受一种不同类型的教育。这样，朱高炽在早年把大部分时间用于儒术研究上，并接受他父亲挑选的学者的指导。他们之中有杨士奇、杨荣、杨溥和黄淮等人，他们都

---

① 见孟森《明代史》[375]，第 119 页以下；《明人传记辞典》[191]，第 338 页；德雷尔：《明初政治史》[146]，第 221 页以下。

② 关于朱高煦和朱高燧的论述，见孟森《明代史》[375]，第 121—124 页；《明人传记辞典》[191]，第 340—343 页。

培植了与他的友谊，并在他登基后担任了重要的行政职务。①

1399—1402 年，朱高炽逐渐直接介入地方政治，并且在必要时他不只会咬文嚼字。当他父亲率军起事反对建文帝时，朱高炽和他的顾问们负责燕王的封地北京的事务。1399 年 11 月，他手下只有 1 万士兵，却巧妙地组织了城防，并挫败了帝国将领李景隆的一次攻击。这一次他表现的责任感和正确的判断力，有助于改变人们对他的看法，② 1404 年 5 月，他的已成为永乐帝的父亲在大学士解缙和黄淮的极力要求下立他为皇太子，这当然引起了他的几个弟弟的不快。从此，朱高炽不管是住在南京，或是住在北京，在皇帝离开时就担任监国。他在此职务上的表现赢得了他的老师们——大部分为翰林学士——的尊敬，并得到了宝贵的实际行政经验。

可是在以后几年中，他成了他几个兄弟的支持者发动的旨在反对他的阴谋的受害者。1414 年 9 月，永乐帝刚从征蒙之役返回北京，朱高煦诽谤他的兄长未能为皇帝完成某些任务。皇帝申斥了朱高炽，并囚禁了他的两名最亲密的顾问，即大学士杨溥和黄淮。朱高煦最后在 1417 年被放逐，他作为一个直接威胁而被清除。最后，朱高炽对他并不怀恨在心；朱高炽登基后不久就增加了这个亲王的俸禄，并授予他的几个儿子爵位。不幸的是，朱高煦始终未认错。

朱高炽直到 1424 年 8 月 25 日才得知永乐帝之死，这时皇帝的代表带着传位的遗诏到达北京。他立刻与吏部尚书蹇义、大学士杨士奇和杨荣商量。他下令加强京城的治安，并派大太监王贵通（原名王景弘）去南京任镇守。次日，他释放了前户部尚书夏元吉。夏因反对第三次远征蒙古而在 1422 年 4 月被永乐帝囚禁。9 月 7 日他正式登基，颁布了大赦令，并定次年为洪熙元年。同一天，他采纳夏元吉的建议，取消了郑和预定的海上远航，取消了边境的茶、马贸易，并停派

---

① 他们的传记分别见《明人传记辞典》[191]，第 1535、1519、234、665 页；又见贺凯《明代中国的监察制度》[262]，第 115—117 页。这个集团的前三人人称"三杨"，见下文。

② 王崇武：《奉天靖难记注》[536]，第 67 页；《明人传记辞典》[191]，第 338—341 页；德雷尔：《明初政治史》[146]，第 221—226 页。

去云南和交趾（安南）的采办黄金和珍珠的使团。他重新命夏元吉和另一名被贬的官员吴中分别任户部尚书和工部尚书。洪熙帝以这些行动开始取消或调整他父亲的行政政策。[1]

洪熙帝通过改组内阁，授予他的某些心腹顾问显贵的品位，以著名的翰林学士和干练的官员充实行政官署，来开始他组织新政府的工作。在他新任命的官员中，许多人在他在南京或北京摄政时已经为他效劳，有的人在他与永乐帝有分歧时支持过他，为此受到了惩处。因此，在1414年事件中被撤职的黄淮和在同一时期被监禁的杨溥被任命为翰林学士兼大学士，他原来的老师及最亲密的顾问杨士奇成了首辅大学士和少傅；杨荣和金幼孜也留任大学士。

为了补偿他们以前所受的屈辱，每个人被封为一品的高官，并有兼职。例如杨士奇兼任兵部尚书，杨荣兼工部尚书，黄淮兼户部尚书。这样，他们就能直接过问在职大臣们的行政事务和施加政治影响。[2] 洪熙帝由于他的背景，与这些重要的朝廷官员有一种亲密的关系。他与其后继者们不同，经常召见他们进行正式会议，要求在他对重要事务作出决定前在密封的奏章中提出意见或建议。这样，内阁不再是像以前明代统治者之下的不能负责的咨询机构，大学士亲自参加了决策。对洪熙帝大力取消他父亲的不得人心的计划和在全帝国建立正规的文官政府的行动来说，这种集体领导是必不可少的。

在1424年的余下的几个月中，洪熙帝把大部分时间用在改革行政方面。可有可无的官员被解职，其他的官员在70岁就奉命退隐；失职的官员降职，有突出才能的官员升任更重要的职务。为了取得直率的评价和揭露贪污腐化，皇帝在10月18日给予杨士奇、杨荣、金幼孜，稍后还有夏元吉每人一颗银印，上刻"绳愆纠谬"的格言。他命令他们用此印密奏关于贵族，甚至皇族胡作非为的案件。监察御史

---

① 《明人传记辞典》[191]，第 197、338—340、533、1365、1483 页。

② 见吴缉华《明仁宗时内阁制度之变与宦官僭越相权之祸》[576]，载《中央研究院历史语言研究所集刊》，I，第 184—185、187 页；杜乃济：《明代内阁制度》[517]，第 22、218—219 页；贺凯：《明王朝的起源及其制度的演变》[267]（安阿伯，1978 年），第 89—90 页；贺凯：《明代中国的监察制度》[262]，第 148—149 页。

被派往全国各地去调查官员的政绩，并为官僚机构的任命寻求合适的人选。皇帝常常要求他的大臣们直言不讳，不必担心报复，虽然他有时在激动之下训斥或惩处少数官员，但常常后悔并要求原谅。

在任命官员时，皇帝特别重视儒家道德和个人品德，权谨便是一例。他是一名低级官员，在 1425 年进入内阁完全是因为他极为孝顺。同样，皇帝任命有才能和守纪律的人担任地方的行政和司法职务。[①]但是，务实的人也不被冷落。1425 年 2 月，不久前刚被免去指挥职务的宦官操江提督郑和被任命为南京守备，历史学家已经认定，此举标志着宦官势力的崛起，但是在整个洪熙统治时期，宦官实际上被置于严密的监视之下。[②] 为了使官僚机器更有效率，皇帝对文官科举制度作了一些改变。他认为这个制度偏袒南方人，于是他规定了份额，以保证北方人占全部进士的 40％。这个政策经稍加修改，在明、清两朝一直贯彻执行。

作为这同一改革的一部分，洪熙帝试图纠正永乐时期司法的弊病。他关心的是，许多被判死刑的人可能是捏造的罪名的受害者。1424 年 11 月，他命令内阁会同司法官员复查案件。后来，他宣称在有些刑事案件中，甚至他本人的判决也可以不顾或推翻，如果它们是在愤怒或不知情的情况下作出的。[③] 此外，在他统治时期，他两次恕免诸如齐泰、黄子澄等官员的家属，这些官员因忠于建文帝而在1402 年被处死。[④] 恕免令免除其家属为奴，并发还没收的财产。1425年 4 月在皇帝死前不久，曾颁布一道诏令，进一步告诫司法当局要根据法律判决，并在宣判前，特别在宣判死刑前要复查对犯人的指控。此外，他禁止对犯人滥用肉刑和在惩处时株连犯人的亲属（重大的叛逆罪除外）。他断言，这些做法严重地违背了儒家的仁爱原则和孝道伦理。

---

① 关于权谨，可简要地参阅杜乃济《明代内阁制度》[517]，第 69、218 页。

② 《明人传记辞典》[191]，第 197、340 页；杜乃济：《明代内阁制度》[517]，第 161 页以下。

③ 杜乃济：《明代内阁制度》[517]，第 106 页。

④ 见孟森《明代史》[375]，第 104 页。

洪熙帝最关心的是他父亲耗费巨大的种种计划所引起的黎民百姓的财政困境。在他短暂的统治时期，他颁布了几道诏令，取消皇帝征用木材和金银等商品的做法，代之以一种公平购买的制度。他还免除受自然灾害的人的田赋，并供给他们免费粮食和其他救济物品。① 特别使他苦恼的是人民的频繁逃亡，这种情况是农民无力付税和应付各种征用引起的——这是永乐统治晚期的一个严重问题。流浪在永乐晚期使国家丧失大量收入。1425 年 2 月，皇帝专门颁布一道诏令，要逃亡者重返故里，答应免除他们所欠的税，在他们所在地登记后另外还免除两年同样的税和劳役。

此外，洪熙帝还派了一个以广西布政使周干为首的专门小组去调查某几个府的纳税负担。它们包括应天、苏州、松江、嘉兴和南直隶及浙江的另外四个府。皇帝生前未看到调查报告，但它成了宣德帝实施的减税计划的基础。皇帝还非常关心提供直接的救济，他几次因他的大臣们对此反应迟缓而大发雷霆。在一次地方的饥荒中，他批驳了户部官员们的提议，即只借粮给百姓而不是免费分发。另一次，他愤怒地驳回了一些大学士请他先与户部和工部商议的要求，下令立即对一些受灾区分发救济粮和减免税收。

这些事件证实了这个时期加在人民身上的沉重的负担，这种负担在很大程度上是以前代价高昂的对外政策的必然结果。洪熙帝采取各种措施以限制明朝的扩张主义。当他登基后随即取消郑和的远航时，他已表现出了收缩和巩固外事活动的倾向。在他在位期间，他满足于让精干的军事将领守卫北方诸前哨，以防东蒙古人的入侵和继续保持与中亚和南洋各国的纳贡关系。但他主要关心的是安南，虽然安南已被合并了几年，但仍没有平定。他渴望和平，提出一有可能就承认黎利的政权；但因为这样做时机不成熟，他就继续执行其父诱降黎利的政策。他断定黄福为人过于谨慎，不能继续在安南任布政按察使，于

---

① 见吴缉华《论明代前期税粮重心之减税背景及影响》[572]，载《明代社会经济史论丛》[583]，I，第 87—88 页；贺凯：《明代中国的监察制度》[262]，第 112—113 页。

是以荣昌伯陈智接替他。但是明军未得到加强，[①] 在洪熙末年，这种情况仍未改变。历史学家认为召回黄福是中国在安南失败的主要原因，并委过于皇帝，因为黄福对当地的行政有丰富的经验，并得到当地人的尊敬。

最后，在他死前的一个月，洪熙帝在扭转其父政策方面采取了一个最激烈的措施，即把京师迁回南京。据说此举是夏元吉和其他高级朝廷官员作为把资源从北方边境转移出来的策略的部分行动而强烈要求的。洪熙帝自他登基时起，显然已有此意；这时他已设南京守备，并派他信任的将军和宦官去指挥。洪熙帝对先帝侵略性的北征不感兴趣，也不喜欢北京；此外，他在南京当过监国，熟悉南京的情况，感到那里更为舒适。另外他还关心维持北方首都的费用，这项费用不但大大地增加了中国东南的负担，也使各政府部门难以应付。

1425 年 4 月 16 日，他定北京所有政府部门为行在，如同 1403—1420 年这段时期那样。两星期后，他派皇太子朱瞻基到南京去拜谒洪武帝的皇陵，并留在那里负责。尽管南京地区有地震的报告，但皇帝的返回和他朝廷的南迁势在必行。然而皇帝在实施这一行动前死去。此外，他的继承者宣德帝并未参与这一计划，宣德帝与永乐帝更亲近，对偏向北方的政策不那么讨厌。北京依然是京师，南京又成了辅助性的都城。[②]

洪熙帝于 1425 年 5 月 29 日在北京突然死去，终年 47 岁。对他突然死亡的原因有种种猜测：雷击、中毒，甚至过度纵欲。后一种猜测的根据可能是，在他死前几天，皇帝严惩翰林李时勉，因为他上奏提出批评，其中一条是他在服永乐帝之丧时与其妃子有性关系。但是一名大太监报告说他死于心脏病发作。考虑到皇帝的肥胖和足疾，这

---

① 山本达朗：《安南史研究》［600］，第 678—686 页；罗荣邦：《和战问题政策的制订和决定》［360］，载贺凯 《明代政府研究的七篇论文》［263］（纽约，1969 年），第 57 页。

② 见法默《明初两京制的演变》［156］，第 123、130—131、175 页。

种说法更为可信。[①]

洪熙帝被尊为昭皇帝，庙号仁宗。其陵墓称献陵，建造得庄严简朴，象征着他的统治作风。皇帝有 10 子 7 女；其中 9 子 4 女成年。长子朱瞻基为他与张后所生。他在 1424 年 11 月已被立为皇太子，最后继其父而为宣德帝。

张后在这整个时期是皇室和宫廷的政治网络中的关键人物。她活到 1442 年，寿命超过了她丈夫和儿子，在儿子在位时期，她成了皇太后。后来她在她孙子正统帝时期为摄政，在幼帝在位的第一个 10 年中在政治中发挥了极重要的作用。张后的弟兄张昶（1374—1428 年）和张昇（1379—1444 年）被封为可以世袭的伯爵。张昶本人积功而为著名的将领，张昇则凭升迁而成为一名将领。

历史盛赞洪熙帝是一个开明的儒家君主，他像他模仿的古代圣王那样，坚持简朴、仁爱和诚挚的理想。他因大力巩固帝国和纠正永乐时期的严酷和不得人心的经济计划而受到一致的赞誉。他的许多政策和措施反映了一种对为君之道的理想主义的和儒家的认识，但是它们也是他对前几代皇帝的一些倾向的反应。[②] 皇帝有时因性情暴躁和容易冲动而受到批评，如他偶尔申斥和惩处那些表现得优柔寡断或讲话太惹人恼火的官员。可是他有足够的度量认识自己的缺点和向人道歉。不管他有什么错误，它们都可以被他的仁爱和一心为公的热诚所弥补。[③]

过早的死亡阻碍了洪熙帝去实现一切目标，但尽管如此，他留下来的遗产仍是一清二楚的。除了人道主义的社会活动外，他对儒家的政治理想——一个道德上坚毅的皇帝采纳学识渊博的大臣们的忠告统

---

① 吴晗：《明成祖仁宗景帝之死及其他》[589]，第 194 页。关于李时勉一案，见《明人传记辞典》[191]，第 340、866 页；《明代中国的监察制度》[262]，第 148—149 页。

② 见孟森：《明代史》[375]，第 127—128 页；王崇武：《明仁宗宣宗事迹旁证》[542]，载《真理杂志》，I，2（1944 年 3—4 月），第 194 页；《明人传记辞典》[191]，第 340 页。

③ 贺凯：《明代中国的监察制度》[262]，第 113、148 页。

治天下——也作出了贡献。在他统治时期，他十分信任翰林学士，把他们提升到负有很大责任和有很大权力的职位上。这使人回忆起他的堂兄弟，即倒霉的建文帝来，但以后几代皇帝却没有把这个先例维持下去。可是，内阁的三杨领导在他死后的若干年中继续保持稳定；而内阁虽然有某些缺点，在维持文官政府方面，其作用仍是举足轻重的。因此，洪熙之治经历了明代政府的重点发生重大变化的早期阶段。

宣德统治时期

洪熙帝长子的登基并没有引起任何强烈的政治和政府的反应：在性格上，他与其父相似，也具有他父亲那种对皇帝作用的理想主义的、然而是保守的想法。宣德帝是文人和艺术的庇护人，他的统治的特点是其政治和文化方面的成就。

在最初两年，宣德帝面临其叔父朱高煦的叛乱和安南人继续反抗中国占领的沉重压力。问题很快得到解决——前者用军事镇压解决，后者用外交方式解决。在他统治的其余时期，北方边境异常安宁，因为蒙古人及其同盟已经四分五裂，同时明朝又继续与中亚、东亚和东南亚各国保持良好的关系。相对地说，由于没有内乱和外来威胁，帝国得以免去不必要的财政负担，朝廷能够从永乐时期所承受的耗费恢复元气和实现自己的政治改革。这些改革包括改变政治和军事制度，重新组织财政和扩大社会救济计划。

宣德帝的登基

宣德帝朱瞻基生于 1399 年 3 月 16 日，是朱高炽（当时是燕王封地的继承人）与其嫡妻张氏所生的长子。朱瞻基习武，又在翰林学士的指导下学习儒家学术。虽然他也有他父亲的那种学习经籍和文学的天资，但作为一个青年，他尤其是一个杰出的武士。他的早慧引起了永乐帝的注意。永乐帝尚武，常带朱瞻基离开京城和他的家庭去狩猎和进行军事视察。①

他的父亲在 1411 年后期被指定为皇太子，朱瞻基就立刻被永乐帝正式立为皇太孙。他进一步攻读儒家的经籍和为政之道，此时主要由胡广进行指导。这些课程深受重视，以至在他与其祖父公出时也不中断。他父亲为健康不佳所苦，而朱瞻基则长得健壮，生气勃勃。他在 15 岁时，被永乐帝带去参加第二次远征蒙古的战役。他除了与其祖父关系密切外，还深深地敬慕他父亲，常常保护他父亲使其免遭两个叔叔朱高煦和朱高燧的打击。这一切引起了其他几个叔父的警觉，他们对他的坚强的性格和他受永乐帝的宠爱有很深的印象。

洪熙帝登基不久，在 1424 年 11 月 1 日立朱瞻基为皇太子。在以后几个月，朱瞻基的大部分时间在北京度过，但在次年 4 月，他父亲派他到南京去帮助完成迁都的准备工作。当洪熙帝在 5 月 28 日患病时，皇太子被召回北京，但当他抵达时，皇帝已死去。于是他在 26 岁时成了新皇帝。他在 1425 年 6 月 27 日正式登基，开始了宣德统治时期。他放弃了他父亲把朝廷迁回南京的计划，仍保留北京为帝国的首都，这多半是因为他成长在此地，因而与永乐帝一样深切地关心北方的边境。

政府结构和人员

宣德帝保留了原来的政府结构，让许多杰出的官员继续效劳。但是他在政治制度方面和行政实践中的确作了某些变动。这在内阁作用的改变和宦官参与行使行政权方面表现得很明显。

由于洪熙帝的改组，由翰林学士任职的内阁此时享有崇高的威望。自永乐在位时起，人们所称的内阁原来是一个咨询机构，这时开始行使更大的行政和审议实权。三杨、金幼孜、黄淮分别在内阁中重新任职。他们不但官居一品，具有特殊的宫廷官衔，而且在外廷兼任

---

① 见孟森《明代史》[375]，第 120 页；《明人传记辞典》[191]，第 279—280 页；德雷尔：《明初政治史》[146]，第 178、223、226 页。

尚书。[1] 例如，杨士奇保留了兵部尚书的官衔，黄淮和金幼孜分别保留户部尚书和礼部尚书的头衔。他们都得到新皇帝的尊敬和信任，这不但是因为他们曾是他的老师，而且他们还是前一代皇帝的有功之臣。他们由像吏部尚书蹇义和户部尚书夏元吉等高级官员协助工作，夏元吉虽不是内阁成员，却能参与决策。但除了这些人外，在宣德年间内阁很少添人。[2] 开国皇帝禁止给予这类顾问丞相头衔的命令并不能阻止他们势力的稳步发展，特别在他们得到皇帝坚定的支持后更是如此。

内阁的突出地位还因新的行政程序而得到加强：定期上朝觐见皇帝以讨论较为迫切的政府事务。遵循洪熙帝的先例，皇帝要他们直接向他呈递密封的奏议以确定适当的行动。此外，皇帝采用了一种称之为条旨或票拟的正规的办事程序，程序规定大学士们审议官员呈递的奏议，并提出适当答复贴在每道草拟的诏令上以供御批。皇帝一般采纳他们的建议，并将诏令分送给主管的部去贯彻；他并不再召他的顾问们进行复议，除非主要内容出现了争议。[3] 这样，内阁就成了皇帝和六部之间的桥梁，与以往相比，更成了决策的力量。它的领导人这时可以不与主管的部商议就提出建议，每当皇帝感到应该默认他们的决定时，这些决定就自动生效。

虽然这种做法在一定程度上使办事更加迅速和有效率，但也促进了宦官势力的崛起。自明朝建立以来，他们作为皇帝的个人代表，一直在执行紧要的任务。洪武帝在位时，负责皇帝文书的司礼监太监不准与外廷的官署接触，以防止宦官参与政事。建文帝和永乐帝也意识

---

[1] 见吴缉华《明仁宣时内阁制度之变与宦官僭越相权之祸》[576]，载《明代制度史论丛》[580]，I，第 186—197 页；杜乃济：《明代内阁制度》[517]，第 22—24、86—87、219—223 页。又可简略地参看格里姆《从明初到 1506 年的明代内阁》[194]，第 139—177 页；贺凯：《明王朝的政府组织》[265]，第 28—30 页。

[2] 见《明人传记辞典》[191]，第 235、533、666、1537 页；贺凯：《明王朝的起源及其制度的演变》[267]，第 89—90 页；德雷尔：《明初政治史》[146]，第 234—235 页。

[3] 见孟森《明代史》[375]，第 127—128 页；贺凯：《明王朝的政府组织》，第 64—65 页；贺凯：《明王朝的起源及其制度的演变》[267]，第 89—90 页。

到可能出现的弊病，都遵循这一做法，严密地监视着宦官的活动。[①]

宣德帝也持同样态度，但他一改以往的方式，而是在宫内为宦官提供正规的书本教育。1426 年，后来又在 1428 年，皇帝指定翰林学士在内书堂教宦官，以使他们能够处理文件和正式与朝廷官员联系。虽然对宦官的正规教育从没有像某些非官方史料断言的那样真正被禁止过，但这种做法仍是一反常规。主要的原因是皇帝需要信得过的奴仆去处理他私人的文件。其他的集团都不能提供这样的忠诚和机密性。[②] 每当皇帝并不简单地采纳大学士们提出的决定，他们关键性的作用就突出起来；这时司礼监的宦官被指望代表皇帝采取适当的行动。此外，各部一般不能与皇帝一起讨论和复审宦官的建议，那些转递文件的宦官就能在皇帝不知情的情况下上下其手。结果是，他们取得空前的机会去滥用皇帝的特权。

宣德年间宦官的崛起是以前行政发展的结果。三杨因未能警告皇帝不要以他那种方式使用宦官而受到现代历史学家的批评，但是宦官篡夺皇帝权力的能力归根结底取决于皇帝本人的脾性。就宣德帝而言，这位君主似乎能够控制他们。他不但屡次下令减少宦官的采购和诸如伐木和造船等宦官的指导活动，而且他处决和严惩了那些犯有重罪的宦官。但是，由于提供了正规教育和使用他们处理公文，他无意地为他们滥用权力开辟了道路。当某个皇帝宁愿怠忽职守或不问政事时，宦官滥用权力的情况变得最为严重。在这种情况下，宦官最后便高踞在一个无强有力的领导和其权力体系也处于混乱状态的官僚体制的顶点。结果，他们为后来明政府的败坏而承受了大部分的责难。[③]

内乱和外来危机

宣德帝登基不久，他就面临对他权威的一次严重挑战。他的叔

---

① 丁易：《明代特务政治》[511]，第 334—336、338—341 页；克劳福德：《明代宦官的权力》[128]，第 119—120、130—132 页。
② 丁易：《明代特务政治》[511]，第 6—11 页；贺凯：《明代中国的监察制度》[262]，第 111—112、115—117 页。
③ 杜乃济：《明代内阁制度》[517]，第 60—61 页。

父、当时的汉王朱高煦设法通过武装叛乱来推翻他。这次起事除了迅速被镇压外,在许多方面与燕王反对建文帝的起事相似。朱高煦曾因他的战功而受到永乐帝的宠爱。但是,在 1404 年他的兄长、未来的洪熙帝被定为皇太子时,他深为失望。朱高煦屡次违背皇帝的训示,最后在 1417 年他引起了父亲的愤怒而被流放到山东的一块小封地乐安。当他兄长最后登上皇位时,虽然他被待之以诚,但随着他侄子的登基,他的愤怒心情沸腾了起来。[①]

1425 年 9 月 2 日朱高煦首先发难,他设置了帝国才能设置的军队番号与官衔。五天后,他派一名助手去朝廷,列举了他的不满以说明他的行动事出有因。他指责皇帝把贵族头衔封给文官,从而违背了永乐帝和洪熙帝定下的规矩。他还指责皇帝在选用官员时判断不当。这些指控似乎基本上就是以前燕王对建文帝的指控的翻版。但这一次,它们没有得到响应。[②]

在听到起事时,新帝一开始犹豫不决。但在 9 月 9 日,在大学士杨荣等人的强烈要求下,宣德帝御驾亲征。在沙场老将薛禄(1358—1430 年)的率领下,一支有两万士兵的先锋队于 9 月 21 日围攻乐安。在劝诱叛王投降未成后,他们于次日猛烈攻城。朱高煦向皇帝投降,与他的随从一起被带到北京。他被夺爵,死于可怕的酷刑,时间或是在这一年年底,或是在以后某个日期——史料没有明确肯定。追随叛王的 600 多名文武官员被处死,另外 2200 名官员被发配边陲。以后的调查表明,朱高煦之弟赵王朱高燧和另一个王也与这一阴谋有牵连。但皇帝因关心王朝的稳定,下令不予追究。这场叛乱的悲惨的失败表明了帝国诸王的权力已经下降的程度。

宣德帝还面临另一个严重问题,一个历经几代皇帝拖延下来的问题:安南人继续抵制中国人吞并的企图。在开始时皇帝在撤军和继续平定的努力之间举棋不定,但最后经过认真的考虑后,他下令撤出全

---

① 见孟森《明代史》[375],第 121—124 页;《明人传记辞典》[191],第 341—342 页;德雷尔:《明初政治史》[146],第 232 页。

② 关于朱高煦不实的指控,见王崇武《明靖难史事考证稿》[540],第 135—140 页。

部中国的占领军。这样就结束了中国对安南的占领和使安南经过 27 年的中国干涉后恢复了独立。

中国在安南的地位在皇帝登基的前夕就已经恶化了，当时陈智的军队因缺乏给养和不熟悉当地的情况而被打败。1426 年 5 月 8 日，宣德帝调整了指挥结构，任命王通为统帅，但仍不能决定行动方针。最后，在次日，他召集其亲密顾问，表达了他想结束战争和让安南自治的愿望。皇帝提到了祖训中不要进行扩张战争的告诫和永乐帝原来的冠冕堂皇的目的，即不吞并，而是恢复陈王朝的统治。他得到了不同的反应。大臣蹇义和夏元吉主张进一步的军事行动，而杨士奇和杨荣则主张撤军。皇帝的愿望至少得到一部分人的支持，但做最后决定的时机尚未来临。①

1425 年冬，黎利向中国的戍军发动了一次次的大规模攻击，给王通的军队造成了 2 万人或 3 万人的伤亡。1427 年 1 月 23 日皇帝派柳升率领一支远征军前往解救。同时，经过与大学士们商讨后，皇帝恢复了退休的布政按察使黄福以前在安南的职位，以试探停战的可能性。1427 年 9 月 30 日，当柳升的军队到达边境时，黎利出人意料地给他一封信，要他转呈朝廷。信的内容是，他已找到一个名叫陈高的陈氏后裔，如果中国人让安南自治，他就承认陈高为王。几天后柳升大败，在谅山附近损失了 7 万人。当听到这场灾难时，王通自作主张，同意黎利的条件；11 月 12 日，在没有等待北京指令的情况下，他撤出了军队。虽然他的行动没有得到正式的批准，但事实证明这是中国占领安南的最后的转折点。②

明朝廷直到 11 月 16 日，即在柳升惨败以后一个多月才收到黎利的信。次日，皇帝召见大臣们，但意见依然不一。三天后皇帝宣布他将接受黎利的建议，并指定一个代表团去商谈停战事宜。但在抵达安南时，代表们被黎利所拒，他因胜利而洋洋得意，这时拒绝让步，并

---

① 见山本达朗《安南史研究》[600]，第 721—758 页；罗荣邦：《和战问题政策的制订和决定》[360]，第 57—60 页；德雷尔：《明初政治史》[146]，第 226—229 页。
② 《明人传记辞典》[191]，第 794—795 页。

声称陈高已死。他还拒绝了提出的遣返中国行政官员和部队的建议。皇帝试图坚持原来的条件；在 1428 年，后来又在 1429 年，他派使者前往要求恢复陈氏的统治。此事没有成功，但在 1431 年 7 月 15 日收到了一封措辞显然谦虚的信后，宣德帝勉强地授予黎利以委任诏书和印玺，让他"权署安南国事"，但没有封他为王。只是到 1436 年 11 月，即在黎利死后两年，正统帝才授予其子以安南王的称号，承认他为安南的合法统治者。

从安南撤军是在面对一项已经证明是灾难性的政策时出于对民族利益的现实主义考虑。明朝政府已经从比它小得多的邻国那里遭受了军事和外交的屈辱。对中国人来说，受损害的民族尊严已因消除了这些劳而无功的军事行动强加在帝国身上的沉重的财政和军事负担而得到了补偿。但对安南人来说，明朝 20 年的占领在他们与中国统治者的关系和他们对中国文明的态度方面，留下了不可磨灭的伤痕。[①]

行政变化和制度发展

作为他的国内政治和社会改革的一部分，宣德帝在政府的三个主要领域作出改变，它们是都察院、地方行政和军事。皇帝继承了一个贪污成风的都察院。后来他制定了几项改造，并为它定下了新的任务。1428 年 8 月，诚实清廉的顾佐（死于 1446 年）被任命为都御史，以取代臭名昭著的刘观，刘因任职期间（1415—1428 年）犯下许多罪行而被判刑。在以后的几个月，北京和南京都察院的 43 名官员因不胜任而被罢官，接替的人都要经过严格的考查。总的办事程序和组织都加以规定，都察院的职责也被扩大。[②] 新增的两个主要任务是重建兵员花名册和视察边境各省。1424—1434 年期间，专门规定了一些御史监察的任务，并在以后加以制度化。它们包括视察军屯、

---

① 可简略地参看约翰·K. 惠特莫尔《交趾和新儒家：明朝改造安南的企图》[562]，载《明史研究》，4（1977 年春季号），第 71—72 页。

② 见贺凯《明代中国的监察制度》[262]，第 113—119、147—151 页。顾佐的传记见《明人传记辞典》[191]，第 747 页。关于刘观的罪行和惩处，见贺凯《明代中国的监察制度》，第 63、117、118 页。

建设项目和京营的情况，以及监督南直隶的征税和通过大运河至北京的漕运。

监察工作渗透到明代中央和地方各级行政以及外廷和内廷的所有领域；它的活动遍及民事、军事、财政和司法几个方面。它在监督行政工作的运转和向皇帝进行政策进谏方面发挥了极重要的作用。1424—1434 年期间，御史们使 240 名以上的官员降职，并使其他一些官员任职、复职或得到提升。他们还呈上 247 份弹劾奏折，至少揭发 659 名官员和其他 17 人，同时还呈上 251 份其他内容的奏议，向皇帝提出忠告和劝谏。

一般地说，经过 1428 年的清洗，御史们变得更加干练，在批评时更加直言无忌。他们还提出直率的忠告，不过在触及皇帝私人行为的案件时，他们也会迟疑不决，因为担心会带来相应的处罚。虽然皇帝对他们表示尊敬，但他对玩忽职守和滥用职权的御史也是严厉的。这些人被降职、关押或流放，对他们不处死刑。在地方行政中，宣德时期最重要的制度发展是地方治理开始从半正式向正式的体制过渡。在这个体制中，官员们被任命到各省担任巡抚，其意义为"巡视安抚"；这个头衔在英语中通常被译作"总协调人"（grand coordinator），因为这类官员的职责是协调省的三司——按察司、布政司、都指挥使司——的职能。这种省的行政体制的设立体现了以前几代皇帝统治时期为了临时任务由中央政府任命特任"巡抚"这一做法的变化。"巡抚"这一名称已被洪武帝于 1391 年在较为一般的意义上使用过，当时他派太子朱标去陕西执行类似的任务。永乐帝在 1421 年也派 26 名高级朝廷官员进行安抚军民的工作。不但著名的官员曾被专门授予巡抚或安抚的官衔，而且有些亲王——包括登基前的洪熙帝和宣德帝——也被委任过。①

关心民间疾苦和地方行政工作的宣德帝遵循这些先例，在 1425 年 9 月派两名高级官员到南直隶和浙江省去进行"巡抚"。当 1430 年，任期不限定的高级官员被委派去"巡抚"河南、陕西和四川的民

---

① 贺凯：《明王朝的政府组织》[265]，第 39—41 页。

政、司法和军事工作时，体制的定形化过程仍在继续。5 年以后，这类委派的任务被扩大而包括了从甘肃至辽东的北方边境的主要边防地区。在承担长期管辖这样大的地区的任务时，这些专使实际上已把后来称之为巡抚的职务制度化了。[①]

但巡抚从未被承认为实质性的任命，而是把职权委诸同时在中央政府任正式官职的官员的一种专门的委任。这类官员通常是六部的侍郎，特别是兵部侍郎。后来他们被加授高级监察官员的空衔。此外，巡抚还被指定为兼提督军务或参理军务。当军事在行政管理中日趋重要时这种情况变得更加普遍了，并且标志着随着军事组织本身的退化，文官逐渐地控制了军事。巡抚制逐渐演变成后来称之为总督的管理方式，总督意即被委任去处理涉及一个以上辖区的文职协调人。

1430 年 10 月当工部右侍郎周忱（1381—1452 年）被指定去监督征收和运输从长江流域解往北京的漕粮时，"总督"这一官职名称开始被使用，意即"监督"。这一先例在下一代皇帝统治时被制度化了，这时这些专使之一担任了巡抚和总督，具有明确的军事责任。[②] 巡抚制和总督制都在正统帝时期趋于成熟，它们成了明代行政等级体制中的重要组成部分，满洲的统治者为了加强对中国的控制，也继而加以采用。

宣德帝试图清除军事的腐败现象，以大力建立文官统治。在历次征战中，贪污的军官只动员穷人而向富人出售免征券，在征用物资时，向黎民百姓过分勒索。他们非法地使用士兵作为自己的私人奴仆，侵吞他们的军饷和口粮，扣发他们的冬装。这样的非法勒索和苛刻待遇败坏了士兵的士气，助长了开小差，进而破坏了整个军事组织和严重地降低了部队的战斗力。[③]

为了清除这些弊病和恢复军事组织的纪律，皇帝在 1426 年和

① 德雷尔：《明初政治史》[146]，第 230—231 页。
② 关于周忱的使命，见吴缉华《论明代前期税粮重心之减税及影响》[572]，载《明代社会经济史论丛》[583]，I，第 91 页。
③ 见贺凯《明代中国的监察制度》[262]，第 126—128 页；《明人传记辞典》[191]，第 284 页。

1428 年派出一批批的监察官员去视察和改进各省的军事状况。这些调查的一个目的是清查兵员花名册,以确定各军事单位实际的士兵人数和所需的军饷和口粮,从而清除贪污的主要根源。这类使命称之为清军,从此成了御史们的正常任务。[1] 另外,皇帝在 1428 年 3 月颁布了关于征兵和扣押逃兵的新规定,条款从 8 条增至 19 条;1429 年 10 月,他又增加了旨在清除营私舞弊的条款 22 条。后来在 1429 年,他为了表示对军事和提高军队士气的关心,在北京郊外举行了一次王朝最令人难忘的公开军事检阅。京师在训的部队定期随御驾巡视北方边境和进行大规模的狩猎活动。[2]

尽管这样关注,军事组织继续受到管理不当、士气下降和缺乏战斗力等问题的损害。根本的原因似乎是军屯未能给部队提供粮食以及世袭的军事制度中存在种种不正常的现象(对中国社会来说)。军队不再像在永乐帝时代那样经常征战,战斗经验很少。皇帝老是对犯罪军官宽大处理,这是促成以上通病的一个因素。他断言,他们缺乏教育,因而不能用正常的标准去衡量他们。[3] 明代军队的无能更趋严重,这在 1449 年在土木惨败于人数远远少于明军的瓦剌蒙古人之手这件事中暴露无遗。尽管以后作了种种改革,明代军事制度的基本弱点到明朝灭亡时仍未得到纠正。

财政改革

宣德时期第三个重要的国内发展是重新组织财政和特别在长江下游诸如苏州和松江等府采取救济措施。如前所述,这些府负担着很不公平的税赋。有意在这个地区征收惩罚性税赋的洪武帝后来已下令进行减免,但甚至晚至 1393 年,苏州一地的份额依然高达 281 万担,几乎是全帝国田赋估计总数的十分之一。松江的耕地只有苏州的四分

---

① 贺凯:《明代中国的监察制度》[262],第 75—77、111、253 页。
② 同上书,第 140—143 页。
③ 吴晗:《明代的军兵》[593],第 112、114、119、134 页;王毓铨:《明代的军屯》[558],第 217、231、235、238 页。

之一,但征收的田赋几乎为后者的一半,占帝国田赋收入的
4.14％。① 永乐帝在位时,平均每年的田赋收入提高约 10％,以满足
迁都北京以及历次对外征战和海外远航的巨额支出的需要。史籍没有
记载苏州和松江的新的田赋份额,但可以合理地假定,它们的份额也
相应地提高了。这些沉重的税赋要求引起了积累的巨额欠税和债务,
从而导致大量人口出逃和农民的贫困,特别是在永乐晚期自然灾害打
击这一区域时更是如此。

在 1422—1428 年期间,松江的欠税每年高达几百万担。宣德帝的
北京朝廷既依靠田赋作为岁入,又依靠从长江流域运送的粮食来供养
北京。这些运送的粮食 1426 年估计达 239 万担。正好两年以后,运粮
翻了一番以上,达 548 万担。② 因此造成这一极为重要的区域减产的欠
税和农户出逃,成了一件越来越受到关心的大事。在这些府采用各种
减税免税的计划具有双重目的:保持收入流入国库,粮食运往北京。
它们的实施还基于这样的信念:帝国的富强取决于其农业人口的富足。

钦差大臣周干的报告使皇帝对长江三角洲区域税赋负担的严重性
有了清晰的认识,周干是奉命去那里调查财政状况的。他的 1426 年
8 月的奏疏描绘了农民的逃亡、过多的欠税以及由此造成的对当地居
民和征税工作的严重影响。他提议减少官田的税赋份额,清除税吏的
贪污行为,消灭当地官员的弊政。他请求朝廷指派干练的官员去管理
这些府的财政事务,并派专使去监督他们的工作。

皇帝的注意力被这种情况所吸引,朝廷在以后四年进行了讨论。
大学士们支持减税,而户部的官员则反对,因为担心减税后的影响。
1430 年 5 月,皇帝下令在全帝国减税。然后在 10 月,皇帝派几个财
政官员作为巡抚到各地总督税粮征收工作。当时的工部右侍郎周忱受
权管理南直隶,其中包括苏州府和松江府。在以后几年他和况钟

---

① 见周良霄《明代苏松地区的官田与重赋问题》[95],第 64—65 页;吴缉华:《论明代
税粮重心的地域及其重税之由来》[574],载《明代社会经济史论丛》[583],I,第
41—45 页。
② 关于这些数字及其重要意义,见吴缉华《明代海运及运河的研究》[581],第 102—104
页。

（1383—1443 年）在宣德期间的改革方面发挥了重要作用。况钟是一名同样干练的行政官和财政专家，在 1430 年 6 月任苏州府知府。①

周忱和况钟在承担新的责任时面临艰巨的任务。特别在苏州和松江，他们发现不但有巨额的欠税以及官地和私地之间税赋份额的差异，而且发现大规模逃亡以逃避沉重的税赋负担。例如，周忱注意到，苏州府太仓县在 1391—1432 年的 40 年中，纳税户减少了 90%，只有 738 个纳税单位，而该县负担的税赋份额则保持不变。但况钟和周忱并不仅仅是不顾户部的不断阻挠而奉皇帝命令进行减税。他们还开始实行旨在消灭税吏征税中的不法行为和贪污腐化的一系列措施。

周忱在他的治地推行了至少 5 项重要的财政改革措施，因而受到称赞:②

1. 征粮的衡量单位的标准化。这个措施防止税吏欺骗和多收粮食。

2. 每个县设粮仓以贮藏地方行政官员监督下征收的税粮。这样就能防止粮长在自己的私宅内囤积粮食。

3. 对官田和私田的税粮采用一种称之为平米法的附加税。这项附加税用于运输溯运河而上直达京师的粮食，附加税的一切结余都储存起来用作紧急储备。百姓可在运河河畔的方便地点缴纳税粮，另外缴纳一种特定的附加税，作为士兵们把粮食用船运至目的地的报偿。这样就能解除那些需要自己运输的人的负担。

4. 在这些府的每个县设济农仓。它将储藏地方官在丰年通过平粜法收集的余粮，以便在自然灾害或歉收时分发。

---

① 见吴缉华《论明代前期税粮重心之减税背景及影响》[572]，载《明代社会经济史论丛》[583]，I，第 88—92 页；伍丹戈：《明代中叶的赋税改革和社会矛盾》[597]，载《社会科学战线》，4（1979 年 11 月），第 168—171 页。关于周忱和况钟事迹的详情，见蒋星煜《况钟》[72]（上海，1981 年），第 34—42、72—76 页及各处；关于况钟，还可简要地看看《明人传记辞典》[191]，第 751 页。

② 关于周忱和况钟在苏州和松江财政改革的简明论述，见周良霄《明代苏松地区的官田》[95]，第 69—71 页；吴缉华：《论明代前期税粮重心之减税背景及影响》[572]，载《明代社会经济史论丛》[583]，I，第 98—105 页。

5. 设立以"金花银"或棉布缴纳税粮的制度，其特定的折换率定期调整。这个制度对平民和官府都大为方便，还直接刺激了南方各府货币经济和纺织业的发展。

朝廷批准了其中的大部分建议，但它们的贯彻常常受到户部和地方行政官员的阻挠。直到 1433 年，周忱和况钟关于不折不扣地给苏州减税的要求才得到皇帝的批准，减免数相当于以前份额的四分之一以上。对其他的府也相应地进行减税，但周忱的其他大部分建议却被户部成功地否定了。[①]

可是，周忱的改革在他死后仍在进行。他的其他计划在正统帝1436 年初期登基后被采用。还有一些计划后来给张居正（1525—1582 年）在长江下游诸省的财政改革提供了样板。[②] 记录表明，宣德统治时期田赋年平均收入已下降到 30182233 担，比洪熙统治时期少8％，比永乐时期少 5％。在正统时期，此数又进一步降低了 10％至15％，在以后明朝各代皇帝统治下，年平均征收的税粮始终在 2500万至 2800 万担之间。[③]

要解释这些数字不是一件简单的事，因为我们没有关于耕地面积和纳税户实际数的可靠材料。此外，也不存在分项目列出的国家收支数。的确，明代不存在国家"预算"。但是一般地说，在宣德期间农民似乎从全面的减税中得到了益处，而国家由于大量减少支出，也能够经得住收入的减少。但在以后几代统治时期，情况有了变化。由于直线上升的行政和军事支出，政府被迫加征附加税以补充税收的不足。这些附加税转过来造成了严重的新财政问题，这些问题使 16 世纪晚期张居正主持下的一条鞭法

① 见吴缉华《论明代前期税粮重心之减税背景及影响》［572］，载《明代社会经济史论丛》［583］，I，第 100—101、106—111 页。
② 吴缉华：《论明代前期税粮重心之减税背景及影响》［572］，载《明代社会经济史论丛》［583］，I，第 94—95 页；关于周忱的财政措施对万历年间一条鞭法改革的影响，见黄仁宇《16 世纪明代的税收和政府财政》［254］，第 101—104 页。
③ 吴缉华：《论明代前期税粮重心之减税背景及影响》［572］，载《明代社会经济史论丛》［583］，I，第 113 页。

改革势在必行。①

救济措施

宣德皇帝对影响中国大部分地区的旱涝和蝗虫灾害的报告的反应是迅速的。在正常的制度范围内,他对受灾区采用各种各样的救灾措施,诸如免税一至二年,减收田赋二至四成,分发免费的粮食和其他生活用品以吸引难民重返家园。为了保证取得理想的结果,皇帝鼓励地方官员履行自己的职责,并常常派钦差大臣去各受灾区监督工作的进行。历史学家一般都盛赞宣德帝全心全意地关心人民的福利。②

对外关系和纳贡制度

蒙古人

虽然在以前几十年明朝经常遭受蒙古诸部落的骚扰,但宣德在位时期的北方边境还是比较平静的。这种暂时平静之所以出现是因为阿鲁台对东蒙古人的无可争辩的领导已被永乐帝的无情征讨所破坏。结果,部落领袖之间存在着严重的对立。到永乐帝去世时,阿鲁台已经江河直下,因为重新振兴的瓦剌人在脱懽(死于1439或1440年)的领导下屡次侵入他的领地,迫使他东移。这样,蒙古联盟一分为二:阿鲁台领导东蒙古人,脱懽领导西面的瓦剌诸部落。双方战争不断。③

阿鲁台的领导权还受到在他控制下的兀良哈惕各卫的蒙古人的挑

---

① 关于张居正的一条鞭法改革简明背景,见黄仁宇《16世纪明代的税收和政府财政》[254],第294—305页。

② 根据《明实录·宣宗实录》[380]这些措施以这种或那种形式在诸如以下各地的受灾区加以推行:1427、1428、1432、1433和1434年在北直隶;1427、1432、1433和1434年在南直隶;1426、1433和1434年在山东;1427、1428、1430、1432和1434年在山西;1427、1433和1434年在河南;1427和1433年在陕西;1433和1434年在湖广;1432和1434年在浙江;1433和1434年在江西。见《明人传记辞典》[191],第282—283页。

③ 关于《明实录·宣宗实录》[380]中这一时期中蒙关系的官方记载,见羽田亨等编《明代满蒙史料:蒙古编》[198],Ⅱ,第41—336页。可简略地参看波科梯洛夫《明代的东蒙古人史料》[427],第35—39页。

战。在洪熙统治时期，他们曾经徒劳地寻求中国人的援助去反对阿鲁台。在这些威胁面前，阿鲁台再次争取与明朝廷和睦相处，他的提议得到热情的回报。宣德帝登基以后不久，阿鲁台开始每年派遣纳贡使团携带马匹和其他礼品去北京，而中国人则以珍贵的丝绸、缎子和其他的礼品回赠。明朝廷希望瓦剌万一进攻的时候他会帮助他们，但阿鲁台仍然十分虚弱，不能成为一个有力的盟友。由于阿鲁台的无能，兀良哈惕蒙古人受到鼓舞，不时威胁中国边境。1428 年 10 月，当这伙人袭击中国领土时，恰好皇帝率领 3000 名骑兵视察这个地区的边境，他亲自击退了侵犯者。

后来对边防作了一些变动。在战略要地开平卫之南，中国军队在薛禄将军的率领下在一些城市构筑防御工事。1430 年 5 月工事完成后，薛禄建议把边境防务集中在那里，放弃开平的前沿戍区，以便缩短供应线。这个决定后来被认为是一个严重的战略错误，因为它把几百英里的地方暴露在蒙古人面前，同时又限制了中国军队，使他们越来越采取守势。[1]

同时，在西面，瓦剌已经强大，并在 1431 年初期击败阿鲁台。此事又促使兀良哈惕再次造反，但没有成功。最后，在 1434 年 9 月的母纳山之战中，脱懽领导下的瓦剌部击溃了阿鲁台并把他杀死。瓦剌这时无可争辩地成了蒙古的支配力量。这次胜利后，脱懽保持着与明朝廷的友好关系。当他的野心勃勃的儿子也先（死于 1455 年）在 1440 年继任瓦剌的领导权后，立即试图在蒙古腹地建立瓦剌部落的霸权时，局势就完全改变了。[2]

日本和朝鲜

宣德在位期间，明朝廷积极设法改善与日本的和朝鲜的关系。宣

---

[1]　在薛禄指导下构筑的防御工事是在赤城、雕鹗、云州、独石口和团山。见波科梯洛夫《明代的东蒙古人史料》[427]，第 36—37 页。开平位于前蒙古首府上都。关于放弃开平卫的意义，见田村实造《明代的北边防卫体制》[497]，第 82—85 页。

[2]　关于 1440 年前与瓦剌蒙古人关系的中国官方记载，见白翠琴《明实录瓦剌资料摘编》[413]，第 46—77 页。关于也先事迹，见他的传记，载《明人传记辞典》[191]，第 416 页。

德帝恢复了与日本的正式关系，由于日本将军义持的敌意，这种关系在永乐时期已经处于衰落状态。1426年和1427年，皇帝单方面取消了关于纳贡使团的1404年协定，作为改善关系的措施。他增加了每10年准许来华贸易的船只和人员。但义持继续阻碍任何协定的达成。

但义持的继承者义教（统治期1429—1432年）则对恢复关系表现了很大的兴趣。1432年2月，宣德帝派宦官柴山携带一份给义教的诏书去琉球，建议恢复关系和增加批准的贸易量。诏书是通过琉球王的斡旋而转到日本的。义教对所提的内容感到欣慰，就在9月派了一名具有中国血统的僧人龙室道渊带领一个使团于1433年6月抵达北京，同时随带马匹、甲胄、刀剑和其他土产等贡品。7月，中国皇帝回派一个使团护送日本使团回国，明朝的使团在日本受到热烈的接待。①

这些互相往来的活动恢复了中日之间的官方关系，其间关系虽然偶尔发生破裂，但是一直维持到了1549年。原因是双方各为自己的利益打算。将军及其继承者愿意合作，是因为日本人热衷于在新的和更有利的制度下进行贸易，并且获得了厚利，尽管双方不时发生争执。明朝廷则希望在镇压中国沿海的日本海盗（倭寇）方面取得将军的帮助。中国人认为，他们未能达到这方面的目的是因为对方对他们的慷慨大方的反应采取了半心半意的态度。但实际上将军对海盗的控制程度是很小的。

宣德帝和李裪王（1418—1450年在位）都在位期间，中国和朝鲜的关系一直是密切的。双方定期互派使团和互赠礼物，1426年2月，皇帝命一名宦官率第一个使团去朝鲜。他赠朝鲜王丝绸，以回报这一年早些时候朝鲜王派使团带礼物访华的行动。第二年，另一个携带礼物的使团被派往朝鲜。这一次，皇帝要求5000匹马以供军用。要求很快被满足。1429年晚期，明帝两次知照朝鲜王，劝告他不要

---

① 见木宫泰彦《日华交通史》[285]，Ⅱ，第319—327页及第9、11两章；王伊同：《中日之间的官方关系，1368—1549年》[549]，第60—64页，及第4、5章各处；郑梁生：《明史日本传正补》[66]，第367—381页。

再用他本国不生产的金银器皿作为贡品，并且还要求不要再送除要求以外的任何珍奇动物——这个劝告在 1432 年又被重申。1433 年末，皇帝婉言谢绝了朝鲜王要求派学生来国子监攻读的请求后，赐给他一套儒家的经史著作。这是宣德时期最后一个派往朝鲜的官方使团。[①]

根据明代史料，宣德帝改善与朝鲜关系的愿望，似乎是出于扩大中国的影响和取得战马的明确目的。但是朝鲜的记载《李朝实录》透露，皇帝与其祖父永乐帝一样，常常有除此以外的个人目的。1426 年，明朝要求处女和宦官以充实皇帝的后宫，还要求女厨师以满足皇帝对朝鲜佳肴的爱好。后来，中国人要求猎鹰、猎犬和豹，供皇帝玩赏。李裪王亲自选 7 名处女，并随带 10 名厨师、16 名侍女和 10 名年轻的太监于 1427 年 8 月离开汉城，两星期后抵达北京。11 月，应明朝廷的要求，另一名著名的美女也被送至中国。1429 年，皇帝要求并收纳了另 11 名厨师以及大量的鱼和泡菜。类似的要求一直继续到 1434 年，直到 1435 年 4 月，即宣德帝死后两个月，53 名已在中国住了 10 年并希望离开的朝鲜妇女才被送回国。这些事件反映了明朝对外关系的另一面，这一面引起了朝鲜的强烈不满。[②]

东南亚

宣德帝在继续他父亲的收缩政策时，只和永乐帝时期定期前来纳贡的南亚和东南亚诸国保持例行的接触，按来朝次数多寡排列，它们包括：占城（8 次）、爪哇（6 次）、暹罗（6 次）、苏门答腊（4 次）；来朝一次的有浡泥、榜葛剌、南渤利、柯枝、锡兰、古里、阿丹和阿拉伯等国。[③] 在维持这些关系的同时，皇帝还继续执行不准中国人出海到国外定居或经商的更早时期的禁令。其目的是加强沿海的治安，

---

① 吴晗：《朝鲜李朝实录中的中国史料》［585］，第 330、334、343、365 页；又见王崇武《明仁宗宣宗事迹旁证》［541］，各处。

② 吴晗：《朝鲜李朝实录中的中国史料》［585］，第 329、331、335、348、383、386 页；又见王崇武《明成祖朝鲜选妃考》［538］，第 171—176 页；《明人传记辞典》［191］，第 288 页。

③ 这个估计数根据《明实录·宣宗实录》［380］中论述东南亚各国的有关条目，材料收于赵令扬等编《明实录中之东南亚史料》［48］，II，第 263—340 页。

使之不受海盗的骚扰，以及保持一切对外贸易的官方垄断。这些不现实的禁令失败了，因为在执行时存在不可克服的困难。[①]

在这些有节制的关系中，一度短暂地恢复了皇帝主办的海上航行。1430 年 6 月，宣德帝命郑和指挥第七次、事实上也是最后一次南洋的航行。重新集结的舰队直到一年半以后才离开福建。按照皇帝的设想，它们的使命是恢复永乐帝促进的纳贡关系。舰队沿着熟悉的航线重新访问了约 20 个国家，航行远及阿拉伯半岛以及东北非洲沿岸。如同以往那样，它们带回了携带宝石和异国动物等礼品的外国使团。这时已 60 多岁的郑和于 1433 年 6 月回国，没有亲自访问每个国家。有些次要的使命交由他的助手去完成。宦官洪保从古里前往麦加，王景弘在郑和本人带领舰队主力回国后于 1434 年带了一部分舰队驶往苏门答腊和爪哇。1433 年出现了海外使团前往北京的另一个高潮，其中 15 个使团来自南洋、波斯湾和东北非洲。[②]

皇帝为什么重新推动、然后又中断郑和的远航，其原因至今不清楚。对此曾作出过种种解释：国家资源的大量耗费、杨士奇和夏元吉的起作用的反对、对北方边境防御的日益增加的关心、永乐帝死后明朝海军力量的衰落。这些因素的综合肯定造成了这样的结果。很显然，当宣德帝下令恢复远航时，他不顾朝廷的反对。在反对远航最为激烈的杨士奇死后不久，他作出这一决定的目的可能是抵消在安南大败的影响和恢复中国在纳贡属国中的威信。但是这些冒险行动引起的反对依然存在，他以后几代皇帝就没有认真考虑进一步的远航了。[③]

虽然明朝廷有充分理由中断海外扩张，但其影响是深远的。这项

---

① 见张维华《明代海外贸易简论》[42]，第 23—24 页；陈文石：《明洪武嘉靖间的海禁政策》[51]，第 94—95 页。

② 见朱偰《郑和》[102]，第 62—66 页；徐玉虎：《郑和评传》[235]，第 63—74 页；J. V. G. 米尔斯译：《马欢〈瀛涯胜览〉》[377]，第 14—19 页。

③ 关于详细情况，见徐玉虎《郑和评传》[235]，第 118—119 页；陈文石：《明洪武嘉靖间的海禁政策》[51]，第 85—86 页；罗荣邦：《明朝水军的衰落》[358]，第 151—154 页；德雷尔：《明初政治史》[146]，第 232—233 页。

决定严重地影响海军建制的力量和士气，削弱了它的沿海防御能力，从而促成了日本海盗在下一个世纪的进一步的掠夺。最后，明朝从印度洋和南洋的撤退切断了中国与世界其他地方的联系，而此时欧洲列强正开始进入印度洋。宣德统治时期不但标志着中国在欧洲水域的统治地位的结束，而且是明帝国孤立于国际事务的开始。

宣德帝的遗产

宣德帝在短期患病后于 1435 年 1 月 31 日意外地死去，终年 36 岁。他在位只有 10 年。他被尊为章皇帝，庙号宣宗。他留下二子二女及原配妻子胡氏（死于 1443 年）、妃子孙夫人（死于 1462 年）和他母亲张太后（死于 1442 年）。在临终时，宣德帝指定已在 1428 年 5 月被定为皇太子的 8 岁的朱祁镇为他的继承人：这名儿童作为英宗进行统治。张太皇太后领导一个摄政团，一直统治到 1442 年她死去时为止。[①]

由三杨监修的这个时期的官方记载相当理想主义地把宣德帝描绘成一个擅长文艺和献身于仁政的儒家君主。这似乎言之有理。他不但试图实践儒家的原则，而且通过编写为帝的指南《帝训》（1428 年）和类似的教诲官员的手册《官箴》（1432 年）而把儒家的原则留给后世。[②]

在施政时，宣德帝既懂得怎样授权，也知道如何行使领导权。他在作出一项决定前常常采纳三杨的意见，而且倾向于接受或支持大学士和大臣们的建议。可是，他在强化行政制度和皇帝权威方面，表现了强有力的领导才能。当出现危机时，宣德帝的行动是果断和负责的，如在朱高煦的起事和需要作出从安南撤军的最后决定时就是如此。此外，他深切地关心公正的施政。虽然他在对待失职的官员时是严厉的，但除了惩罚宦官外，他很少判处死刑。他常常主持重要的审判。他一贯命令复审重大的刑事案件，而这样的再审理在他统治时期

---

① 《明人传记辞典》[191]、第 279、287 页；德雷尔：《明初政治史》[146]，第 236 页。
② 这两部著作全文收于《明实录·宣宗实录》[380]。关于书目评论，见李晋华《明代敕撰书考》[320]，第 41—42 页。

使数千名无辜者获释。[①]

总之，宣德的统治是明史中一个了不起的时期，那时没有压倒一切的外来的或内部的危机，没有党派之争，也没有国家政策方面的重大争论。政府有效地进行工作，尽管宦官日益参与了决策过程。及时的制度改革提高了国家行使职能的能力和改善了人民的生活，这两者是贤明政治的基本要求。后世把宣德之治作为明代的黄金时代来怀念，这是不足为奇的。[②]

[①] 关于宣德帝关心公正的行政，见贺凯《明代中国的监察制度》[262]，第114—115、132—134、260—261页。又见黄章健的《〈大明律诰〉考》[245]中所引的官方记载，载《明清史研究丛稿》[242]，第195—198页。

[②] 关于近代史学家对宣德帝的评价，见孟森《明代史》[375]，第125—157页；王崇武：《明仁宗宣宗事迹旁证》[541]，第201—203页；吴缉华：《明仁宣时内阁之变与宦官僭越相权之祸》[576]，载《明代制度史论丛》[580]，第193—197页；《明人传记辞典》[191]，第279—288页；德雷尔：《明初政治史》[146]，第226—236页。

第 五 章

正统、景泰和天顺统治时期，
1436—1464 年

英宗第一次统治期，1435—1449 年

权力中心

1435 年 1 月，宣德帝在他 37 虚岁时早死，由年仅 8 岁的幼帝朱祁镇（庙号英宗，1427—1464 年）继位，这就暴露了明初建立的政治制度中固有的许多问题。虽然继位是完全合乎规定的，而且宣德帝两个儿子中的长子朱祁镇已经被立为太子，但是继承明朝皇帝宝座之事已经引起了种种问题。已经发生了朱棣进行的一次成功的篡位，而另一次宣德帝之叔朱高煦的篡位企图则在 1426 年以失败告终。

幼帝之登上宝座产生了新的问题和紧张因素，因为明代开国皇帝建立的制度规定，一切权力都归于皇帝，他必须在大学士和大臣们的协助下决定国家大事。对未成年的人的继位没有订出正式的条文。一个幼帝使这个专制的君主国处于群龙无首的状态。虽然没有人能正式成为摄政，但一个事实上的摄政集体必须建立起来，去处理国家大事。这样一种情况，如同王朝以后时期重新发生的那样，容易导致不合法的独裁权力的建立和不可避免地破坏中央领导的稳定。

宣德帝在短期患病后出人意外地死去，张太皇太后就领导了一个事实上的摄政团。她在朝廷中，不论在礼仪上和事实上都取得了最受人尊敬的地位。此外，在前一代皇帝统治时期，她作为皇太后已在一定程度上参与了政治的决策。她原是一个平民，而作为永乐帝的儿媳、洪熙帝之妻和宣德帝之母，她代表了和维持着王朝的延续性和合法性的某种门面。有一种史料认为，她最初提出让先帝之弟，即她自

己的儿子襄王朱瞻墡（1406—1478 年）作为皇族中的成年人登基，而不要她的孙子——那个儿童朱祁镇——继承皇位。但是正式的记载则说，她在后者的登基中发挥了作用。不论是何种情况，她都能保证取得强有力的地位。制定她在 1442 年近 60 岁时死去之前，一直很有影响。

与太皇太后同在摄政团的有大学士和宦官各三人。这三名大学士与张太皇太后一样，也体现了明代早年政权的延续性。他们是三杨，即杨士奇（1365—1444 年）、杨荣（1371—1440 年）和杨溥（1372—1446 年），他们虽然都是南方人，但无亲戚关系。自从宣德帝在 1426 年登基以来，他们就在一起任职，而杨士奇和杨荣自永乐朝起，已为几代皇帝效过劳。他们都经验丰富，精明强干，掌握大权。

摄政团中的宦官都是司礼监的主要官员，而司礼监又在宫内宦官等级中具有最高的威信。他们是王瑾（活至 1451 年）和范弘（活至 1449 年），两人与金英（约活至 1450 年）一样，在前一代皇帝统治下已经牢固地树立起自己的权力。但是不久王振（？—1449 年）就成了举足轻重的人物，他是在内书堂受过严格书本教育和行政训练的最早的大太监之一；内书堂在 1426 年设立，它的成立直接违反了开国皇帝防止宦官受教育和参政的政策。

根据一份晚明的史料，为了给宫内妇女教课，永乐帝曾说服一批儒家的老师自愿净身，而王振就是其中之一，因此，王振进入内书堂就具有很大的有利条件；这就能说明他的权势迅速上升的原因。王振是北方人（山西人），与太皇太后同乡。他还年轻，在 1435 年秋季他被任命在司礼监工作时很可能才三十四五岁，比摄政团的其他成员要年轻得多。他还是幼帝的启蒙老师，对幼帝具有很强的个人支配力量。

当时摄政团的状况就是如此，其中大学士和司礼监宦官的人数为 3∶3，张太皇太后则为仲裁者。从新帝统治一开始，《英宗实录》经常提到少师、名誉兵部尚书、大学士杨士奇和其他人在制定政策时所发生的政治分歧的陈述，其语气好像一个完全有活动能力的皇帝控制着朝廷和政府。

另外一个体现了王朝延续性的有影响的人物是英国公张辅
(1375—1449 年),当时的一位资深军人。他是永乐帝一个妃子的弟
兄（与太皇太后无亲戚关系）和永乐帝在篡夺皇位时的一个支持者之
子,出身于一个显赫的武将的门第。他在 1406—1408 年曾率军入侵
安南,在那里任职直至 1416 年,曾随永乐帝进行皇帝的最后三次远
征蒙古的战役。永乐帝在遗诏中委以重任,要他确保皇太子继位。
1426 年他又是镇压朱高煦未遂的叛乱的关键人物。在 15 世纪 30 年
代晚期和 40 年代的朝廷中,他虽然不过是一个挂名的头面人物,却
是深受信赖和尊敬的元老政治家,一名幼帝的曾祖父的辉煌时代的活
见证人,当时中国驱赶蒙古人和占领了安南。

随着太皇太后在 1442 年 11 月 20 日的死亡,政治形势发生了激
烈的变化。这时皇帝已满 16 虚岁,已在 6 月 8 日与钱妃结婚,并已
在太皇太后死前两天,即 11 月 18 日亲自上朝听政。杨荣已死于
1440 年,只剩下其他两名大学士,杨士奇这时 75 岁,杨溥将近 70
岁。重大政治变化的条件已经具备,正处于壮年时代的 40 岁的王振
开始完全左右政治。太皇太后已经预见王振取得政治权力的危险性,
所以在 1437 年晚期曾考虑命王振自尽,但她的年轻的孙子——英宗
——和几名朝廷官员为之说情,使王振幸免于死。考察一下王振建立
一种新型权力结构的步骤,对研究以后的明朝历史是相当重要的。

首先,他建立了对皇帝的个人控制。这名宦官曾是皇帝登基前的
启蒙老师。后来,当年逾古稀的端庄的杨士奇负责新帝学习经典的工
作并在讲课时肯定向新帝讲解国家和帝国的重大事情时,这个机智的
宦官作为新帝的启蒙老师,继续施加影响对他进行控制,领这个儿童
去观看更有兴趣的北京守军的训练场地。对幼帝来说,这个宦官依然
不折不扣地是他的先生。

其次,他需要盟友。这名司礼监的宦官能够争取到一批政治上的
追随者,其中有兵部尚书徐晞、锦衣卫指挥马顺和他的外甥副指挥王
山,以及工部侍郎王祐。后来,他又能争取到拥有大权的兵部尚书王
冀(1378—1460 年),此人在幼帝登基前与幼帝有联系,当时他接受
宣德帝的命令,曾组织一支儿童"军",由年轻的太子指挥。由于军

人在明朝起了如此重要的作用，而锦衣卫因从事军事以及情报和司法工作，也许又是皇帝权力中最有效最得力的工具之一，所以不难看出，以传统方式兼把政治权力和行政权力控制在手的王振，是多么容易地左右一切了。

当太皇太后在世并能使他毁灭时，王振是谨慎行事的，并能听从资深大学士的意见。但她死后，他说服年迈的大学士们不要积极参政而把起草诏令的沉重负担转给他人，其企图是把内阁的职责集中在他自己之手。在 40 年代初期，唯一积极活动的大学士是年轻的曹鼐（1402—1409 年），他因其坚强的性格而著称。他的同僚马愉（1395—1447 年）虽然是一个出色的进士，却依然是一般的官僚。在杨士奇于 1444 年和杨溥于 1446 年死后，其他三名在 40 年代后期参与起草诏书的大学士为高穀（1391—1460 年）、陈循（1385—1462 年）和苗衷（1370—1450 年?）。他们都是杨士奇严格挑选的门生，但又都是平庸的人，在帝国问题迅速发展时毫不得力地在内阁任职。他们都不能对付这名不久将成为一个有力独裁者的司礼太监操纵权力的巧妙的手段。

朝廷尊敬他，听从他，奉承他，主要是因为年轻的皇帝仍敬慕和尊重自己以前的老师。但是年长的朝廷官员一定因他是一个能干的（即使是缺乏经验的）官员而敬重他。据说他聪明机敏，具有相当强的个人魅力。他们也一定把他看成一个政治操纵者而害怕他。经过了一段时期，肯定是在 15 世纪 40 年代中期，他显然开始发展了某种妄自尊大（在当时的情况下是难以避免的），自认为是周公第二，独断地决定国家的重大问题，压制批判，甚至滥杀他的对手。

如同明代宫廷政治中经常发生的情况那样，一名突然发迹的宦官迟早会把皇帝的权力当作自己的权力来利用，即使在他完全依附于皇帝的意志和喜怒时也是如此。王振就是这类人的第一个例子：他甚至威胁恫吓最高级的官员，把妨碍他的人投入监狱，有时还把他们处死。天子本人、他的宦官助手和顾问们以及锦衣卫三者的联盟在明代即将成为一种典型的权力结合，而它在这时开始形成了。

民间动乱

因此，摄政团似乎已经建立起一种可行的政府制度，它使中央的权威至少顺利地行使到 15 世纪 40 年代以前，尽管缺乏一个成年的皇帝。但在全国，出现了许多事态发展不妙的迹象。宣德帝以真心地关心人民的福利和有效率的行政而著称于世。但他的忧国忧民的心情未能防止自然原因引起的社会动乱，也不能消除大大地加剧动乱的独断专行的政府政策。对 15 世纪 20 年代数千名武装造反者与官府对抗的山东叛乱，朝廷仍记忆犹新。

动乱的主要原因之一是实行徭役制度的方式。最初南京需要大规模的徭役劳动，因为那里许多建设仍在继续，但是特别在北京随着此城被改造成"世界中心"，大规模的建设不断在进行。此外徭役劳动提供了政府和皇宫所需要的大批货物和物品以及用于许多重要劳务的人力。这类劳务的履行不仅仅难以负担；而且它们的实施非常苛刻，以致引起了一个更有效率和对人民情绪更加敏感的政府本来可以避免的愤怒。

过分要求的结果是普遍逃避徭役。例如在 1438 年，几千名工匠——手工业者要么是逃避劳役，要么是被武力围捕去履行他们的义务。在有些地区，大批人民干脆逃离故土而成为逃亡者。1438 年，山西省的繁峙有一半以上的登记人口干脆不知去向，而同省的翼城据说已有一千多人潜逃，而任其土地荒芜下去。1440 年，据说有人看到一伙伙数以百计的流浪占地者沿路扎营，企图以野果和树皮为生。1445 年，在陕西省渭南和富平的饥荒地区，据说人民关门闭户，四出寻找食物。这种成批的出走并不仅仅发生在西北的贫困区。据说 1441 年浙江的金华已经丧失了它登记人口的 40%，而在邻近的泰州的有些地方，只有三分之一的户留下。类似的情况也影响到福建，1449 年此省的延平和沿途千里的一些内地的府都被遗弃，人民躲藏，土地荒芜，税赋不收。

勉强糊口的生活水平使人们没有余力去度过和解决由地主或税吏的需要以及徭役制度所加剧的艰难日子和匮乏，由此引起的这类社会动乱对农村秩序的稳定是一种经常的、不断出现的威胁。但是，把所有这种苦难都归咎于政府的苛政也是很不公平的。英宗统治初期是屡次发生自然灾害的时期。西北的山西和陕西两省在 1437 年以后连续遭受严重的干旱，最后导致 1444 年和 1445 年的大饥荒。大量粮食不得不从河南的粮仓调出，以救济苦难。1448 年，又一次旱灾和蝗灾打击了西北。另一个经常容易受灾的地区是从徐州往南直至淮河流域和长江的江北。1434 年这里受饥荒的打击。1436、1437 年和 1444 年发生了严重的水灾，1447 年又发生了大范围的饥荒。

华北平原和山东在 1435 年遭受旱灾和蝗灾。1436 年和 1439 年黄河和大运河决口，引起大洪水和使许多人丧生，1440 年黄河又发洪水，接着在 1441 年又发生了水灾。1442 年，旱灾和蝗灾打击了山东和河南，使山东的许多人放弃其田地。另一次始于 1448 年的严重水灾将在下面叙述。长江中游的一个主要产粮区湖广省在 1434 年、1436 年、1441 年、1444 年、1446 年和 1448 年遭受局部的饥荒。甚至富饶和多产的江南区和浙江也受灾：1440 年严重的水灾打击了江南的苏州及邻近的城市。1440 年和 1441 年浙江发生了饥荒。1445 年，浙江发生了严重的旱灾和一次很可能是流行的瘟疫，造成了很高的死亡率。1446—1447 年洪水侵袭江南，在 1448 年旱灾又接着发生。

政府并不仅仅是消极地袖手旁观，它批准大规模地减免税赋——在 1447 年饥荒中，仅江南就减免了 150 万担税粮。此外，特别在关心这些事情的太皇太后死前的时期，政府常常以很高的代价迅速救济受灾者。

1448 年，政府面临一场大规模的自然灾害。开封东北的黄河堤坝决口，河水往东流入今东海不远的黄海。1449 年的另一次堤坝决口使部分黄河河水流入涡水，然后进淮河再向南流入海。除了淹没大片土地并造成大面积的破坏、高死亡率和人民流离失所外，这次洪水还严重地影响大运河在山东的一段。沙湾堤坝连续几次决口，那里是黄河和运河在山东西部汇合之处，运河丧失了大部分水源。

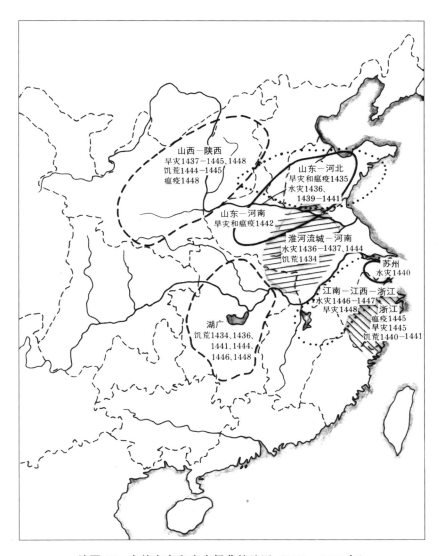

地图 15　自然灾害和瘟疫侵袭的地区（1430—1450 年）

　　由于北京深深地依赖运河运输的货物和粮食，京师处于其南方的供应来源被切断的危险之中。这些洪水和泛滥在 15 世纪 50 年代继续发生，需要一项将持续多年的水土保持工作的有力的计划。这些将在下面详细叙述。虽然此后多年没有关于再发生大灾害的报告，但黄河的泛滥和制服泛滥所需的经常水土保持工作，将一直是明朝灭亡以前的一件令人关心的大事。

中国东南部的一场大起义

民众的不满、贫困、过重的税赋、沉重的徭役和对佃农的过度剥削，这些不同的因素结合起来，造成了 15 世纪 40 年代福建山区及邻近的浙江和江西一些地区两次独立的而又互相联系的起义。

在这两次互有关系的起义中，有一次最初是在浙江福建交界的山区劳动的银矿矿工的动乱。对明朝政府来说，白银当然是非常重要的，银矿的开采由政府控制。控制一般由地方官员来实施，他们要求过高的生产定额，并对偷盗银矿产品的人处以死刑。约在 1444 年，浙江南部处州衙门的一名前下级官员叶宗留已经转而去偷盗官办的银矿，这时开始率领一伙日益扩大的有不满情绪的矿工，并在福建浙江交界处非法地"采"矿。三年后，即在 1447 年，叶宗留公开造反，在矿工和周围地区的村民中吸引了大批追随者，并开始按军事方式把他们组织起来进行训练。

在稍后的 1448 年 3 月，一批福建西北和江西交界处的佃农——原属于新建的地方治安部队——也造反了。起事的主要原因是当地的地主对佃农过度的剥削，他们除了正式的地租外，还迫使佃农送季节性礼物。邓茂七和邓茂八兄弟二人拒绝照办，并鼓动他们的村民伙伴们拒付这些额外的花费。与地方民兵冲突的结果是造反者轻易地取胜，因为造反者除了熟悉本地的地形和情况外，已经接受了军事训练和掌握了本地的武器库。

在 1448 年下半年和 1449 年初期，两起起义的人数都有增加，它们所影响的地区也比以往更大。叶宗留自封为其造反的追随者之王，而邓茂七则自称闽王。据说左道旁门的经卷已在流传，两个集团的造反者则歃血为盟——这些是一个严重的大起义开始阶段的典型行动。虽然这两个运动始终没有结合，但它们有着联系，有时还协同行动。

战斗和劫掠集中在福建北部的内地。邓茂七的起义始于沙县周围地区，然后向东北扩大到延平。省的官军在寻找造反者并进行打击时有一定的困难。起义者依靠艰险的地形进行战斗，他们的领袖很有战术头脑，并且在初期多次取得胜利，6 个月后，当朝廷在 1448 年 9 月下令征剿时，它任命金都御史张楷（1398—1460 年）为指挥官，此人胆小无能，事实证明是一个最不称职的将领。在一开始，由于已经盘踞在铅山矿镇之南的江西福建交界处的叶宗留叛乱团伙的阻挠，集结在江西东北的张楷的军队不能打击邓茂七的部队。经过了长期的犹豫后，官军打败了叶的部队，在 1448 年 12 月把叶杀死（有一种史料则说叶死于造反者的内讧）。但在新领导的率领下，他的造反者退入山区，打败了追逐者，然后撤至浙江南部的老根据地，在 1449 年 8 月最后被打垮之前，他们还在那里围攻过处州。

与此同时，邓茂七的造反者发现形势对他们不利。1449 年 1 月，他们在建阳惨败。2 月，邓氏弟兄被一倒戈的叛乱头目出卖，遭到伏击而被捕。他们被解往北京公开处决。但是新的领袖们——其中最重要的是邓伯孙——接管了仍在福建西北流窜的起义者残部。1449 年 5 月，官军在沙县附近抓获了这些新领袖，但是叛乱团伙继续在这些地形艰险的交界地区不时地劫掠，直至 1452 年。叶宗留的造反者残部还继续活动了几年。

尽管两起叛乱在心怀不满的矿工和贫困的佃农中吸引追随者时起初取得一些成就，它们始终未能集结大批追随者。起义者从未达到控制地盘或夺取县城的阶段，尽管他们的领袖自封响亮的称号，他们依然是成伙的流窜盗寇。他们不能成功的一个基本原因是，这个区域的地方官员答应给村民免除徭役三年。由于对采矿章程作了改革，降低了过高的生产定额，取消了盗矿者的死刑，矿工的不满情绪也缓和了。这说明了一个事实，虽然土地分配的不均以及土地主和耕作者之间的紧张关系引起的长期问题在农村地区产生了各种弊病和压力，但只要官员的贪污行为和错误的行政能够消除，政府的苛刻的政策能够缓和，政府是不难平息这类农村动乱的。

西南边界：麓川之战

在 15 世纪 40 年代期间，明军在偏远的西南屡次卷进了引人注目而情况多少不明的战役，作战地点在古缅甸路一带：这条路从大理经永昌至今之八莫，然后或顺伊洛瓦底江而下进入缅甸，或往西经亲敦江河谷进入印度东北。蒙古人曾在 1253 年征服云南高原，又在大约 30 年后入侵缅甸盆地。但他们的征服是有限的和一时的。在元末时期，居住在四川西部和缅甸北部的掸族成了这个地区的统治力量。掸人统治了缅甸主要的国家阿瓦；其他北缅甸的独立国家包括孟养和麓川，这块地区大致相当于现在云南西南的德宏自治州及其邻近的几个地方。在元末明初，麓川在缅甸北部巩固了它的领土；1385—1387 年它入侵云南没有得逞。最后达成一个协议，协议规定它的统治者接受中国人的保护。

1413 年，麓川国由有野心和侵略心的统治者思任发统治，他逐渐扩大他的领土，并袭击中国的领土。尽管云南几次要求征剿他，但中国朝廷认为征剿花费太大，在 1436 年他威胁金齿（永昌）之前拒绝行动。1439 年云南总督沐升奉命率领征自贵州和湖广的部队向他进攻。经过了一场激烈而难分胜负的战斗后，思任发在 1440 年派一纳贡使团来朝廷。但战斗继续进行，1440 年中国军队大败。

朝廷这时被迫采取更激烈的措施。云南军被建立起来，并得到四川、贵州和湖广军队的增援。1441 年初期，这些军队由司礼监的宦官王振的亲密助手王骥统率。1441—1442 年，王骥的军队大败掸族部落民并占领了思任发的大本营，虽然它也遭受严重的损失。思任发逃至阿瓦。1442 年晚期，王骥回到云南，试图与阿瓦和其他几个掸族王国——特别是木邦（兴威），它要求取得麓川地区——谈判一项协议。他的尝试失败了，1443—1444 年，王骥进攻阿瓦的领土，但未取得决定性的结果。1444 年，朝廷威胁说，如果阿瓦不交出思任发，就要把它摧毁。1445 年，阿瓦向王骥的军队投降，但思任发已经自杀。

思任发之子思机发在此期间已经控制孟养，并派纳贡使团前来朝廷。但他拒绝亲自来北京。阿瓦王要求中国人与他联合讨伐孟养。王骥在 1448—1449 年率大军进行了这次新战役。他与阿瓦和木邦的军队一起跨过伊洛瓦底江，思机发被击溃。有些史料声称王骥已经占领孟养。但结果思机发之弟思卜发获准继续控制孟养，王冀还与他商定，掸人决不再越过伊洛瓦底江。思卜发及其继承者仍控制伊洛瓦底江以西的领土，并继续向北京纳贡，直至 16 世纪。1454 年，作为阿瓦自己、木邦和中国人之间总的领土协议的一部分，阿瓦终于把思机发交出，思机发在北京被处决。

如同有些史料所说，这些漫长和耗费巨大的战役可能给缅甸北部的本地民族留下深刻的印象。但这个地区没有长期平定。1474 年，掸族内部的部落战争再次爆发，在缅甸北部，动乱一直持续到 16 世纪中期。但是王冀进行的这些代价很高的战役确实达到了一个目的。它们在明朝以后的时期巩固了中国人的控制，而且也的确巩固到如今。

这次"向热带进军"的幕后人物无疑是王振，他出于个人自我膨胀而去煽动和继续进行西南的战役，正当地遭到了指责。大批军队投入了战斗。但是他们是西南的地方军队，对这个时期的首要防御战略——在华北防御蒙古人——来说无关紧要。的确，这几次战役一定耗费了大量资金，而且像宦官曹吉祥和蒋贵等有经验的将领本应更充分地在北方受到重用。但是北方的边防暂时还完整无损，并且能够击退来自草原的任何威胁。对王振这一朝廷的中心人物来说，边远西南的捷报有助于支撑他作为政治家的声誉，而胜利又可以用帝国防御的少量实际代价取得。当时的和后世的历史学家一样，都用他卷进西南这些战役的错误的经历来帮助解释他后来在北方边境所犯的严重得无法比拟的错误（这次错误造成了巨大的损失和皇帝的被俘）。但是如同下文所述，二者完全是两回事。

"蒙古威胁"的老问题

在整个明代，中国人和朝廷一直十分担心蒙古的"威胁"，这种担心是中国人经历了蒙古人的征服和元朝统治的后遗症。蒙古人的威胁依然是这个时期对外关系的首要问题，并且在 16 世纪后半期之前继续使防御思想蒙上了阴影。已经回到其草原游牧地的蒙古部落在中国留下了大批同胞，其中有几千人成了新的明朝军队的军官。这些人自己还在怀念过去的光辉业绩，并且模糊地希望蒙古人的大汗国可能以某种方式得以重建。但是在永乐帝在他们的故土几次击溃蒙古军队或至少把他们驱散以后，三个独立的蒙古人集团逐渐在中国边境一带定居下来：它们是东北的兀良哈、后来在中部组成察哈尔汗国的鞑靼人或东蒙古人，以及生活在远至蒙古西北的瓦剌人。

三个集团经常对立，它们的力量对比也不断变化。只要永乐帝未能降服的蒙古主要领袖阿鲁台仍在活动，他就能指望去征服和重新统一各个蒙古部落，虽然他与各种集团经常交战。但是在1434年，他在一次征讨瓦剌人的阋墙之争中被杀。他的儿子向明朝投降，瓦剌人很快成了各部落中最强大的集团，并且开始把蒙古人重新统一在他们自己的领导之下。他们的领袖、曾经打败阿鲁台的脱懽已经把瓦剌诸部落团结在一起，并将他的女儿嫁给东蒙古人的年轻的汗王。在他死后，他的儿子也先开始侵犯明朝的领土。1443年和1445年，他攻打哈密，到1448年已在那里进行有力的统治。他还屡次试图策反守卫甘肃西部的沙州和赤斤的蒙古卫。在东北，他把势力扩大到满洲的兀良哈诸卫，这样，他的势力从今之新疆一直扩展到了朝鲜边境。

中蒙关系中的社会经济因素

不论在不同部落之间，或是在中国人和蒙古人之间，经常发生的对立和内部乱动中存在着明显的经济因素，即不断地寻求和保有水源、牧地，以及希望在贸易时得到庇护。与明帝国建立能够顺利进行交往的动力也受经济的制约——沿北方边境各地的茶市马市，特别是在山西大同的这类集市发挥了这种作用。吸引蒙古使者的物品不仅仅有茶，而且有各种丝绸、贵重器皿以及种类繁多的商品，特别是铁器。蒙古人派遣越来越多的使者到这些边境集市：到15世纪40年代后期，一年派来的使节超过2000人。由于中国东道主除了付款购买他们带来交易的马匹外，还不得不向众多的武装骑士供应食宿，这种"纳贡使团"终于成为一种几乎不加掩饰的胁迫形式，并且除了对中国边境的安全造成一种长期存在的威胁外，还给国库增加了沉重的负担。

中国人和蒙古人之间的关系是密切的。在洪武帝和永乐帝程度不同地降伏了不安分的蒙古部落以后，关系起初在邻邦往来的基础上正常化了。大批蒙古人居住在中国人的国土上，成了中国军队的重要组成部分，并且与中国的家庭通婚和取中国的姓名。另一方面，中国的商人深入草原区与蒙古的部落领袖交易，他们发现后者有接受能力，并且急于获利和享受个人安乐。

居住在靠近中国定居社会边境的蒙古人变得更加依靠获取中国的农产品为生。他们甚至开始种植荞麦和大麦，以改善主要来源于羊群的另外一种不安定的生活。时常发生这种情况：某个蒙古部落领袖会不时请求中国政府给予土地，以给其人民提供比广袤但靠不住的草原游牧生活更安定的生活。蒙古人与他们高度机动的好战部落，一直试图取得中国的定居社会所生产的财富，其方式不是通过多少有利可图的屈服或称臣，就是采用粗暴的武力。蒙古人与明朝建立关系的主要目的不再是去征服世界，而完全是为了生存和巩固脆弱的草原经济。

茶市和马市

中国人最重要的战略需要是为庞大的常备军取得充分供应的马匹。中国本身产马很少，而且马的品种不佳。14 世纪 60 年代后期元蒙军队被赶出中国以后，明军对马匹的迫切而经常的需要最初是在中国西南的四川、云南和贵州通过以各种专卖的商品——如茶、盐和纺织品——换取马匹来解决的。但是对西南的依赖是短暂的，大约只维持到 1387 年，这时北方诸省——特别是山西省——成了购买马匹的更重要的来源。政策的变化部分地是中国与草原民族恢复贸易的结果，但因帝国首都在 15 世纪 20 年代从南方北迁到北京而加快了。此外，在永乐时期对蒙古的几次征讨中，中国的军队经过几次胜利的战斗后，并且由于夺取了边境的牧马场地，能够增加其战马的数量。

但是，这些都是非固定的收获。北方边境的固定和正规的马匹收购主要通过专卖的茶与马匹的易货贸易进行，而且政府的明确的政策是把这项茶马贸易置于它的严格的控制之下。易货贸易不是在蒙古边境而是在陕西西北（今之甘肃）的西宁、河州和洮州进行，那里设有专门的茶马贸易司。易货贸易每三年进行一次，规模很大。官方的贸易定额规定，在每个茶马市场，100万斤（150万磅）茶将换得1.4万匹马。大部分的马由青海地区的游牧部落饲养，它们的酋长被授予金牌形式的纹章。纹章的一半由朝廷保存，相配的一半由各该部落长持有，以表示他们有进行这项贸易的资格。

1449年的土木事变（见下文）使这项官方的边境贸易中断了一段时期。它在天顺年间（1457—1464年）以后才恢复。在此间歇期间，马匹通过与其他国家——朝鲜、日本甚至琉球群岛——的易货贸易取得。与朝鲜的规模较小的官方马匹交易在这个世纪的初期已在进行，而在1407—1427年的20年中，朝鲜已提供了1.8万匹马。1450年以后，这项贸易重新恢复，提供了两千多匹马；朝鲜的纳贡使团每匹马收5匹丝绸，再加上数量不定的白银和薄纱。琉球政府偶尔也以马换取丝绸、瓷器和铁器。

1470年以后，边境的马匹交易得以恢复，但它日益落入私商之手。新的茶区已在汉中（陕西南部）发展起来，这个地区的产品由私商在直接交易中开价收购。到1500年，约60％的茶马易货贸易由私商进行。这种状况容许在整个16世纪继续下去，这说明马匹交易在保持中国军队成为一支打击力量方面的重要性。解决缺乏马匹的一个长期办法是最后在中国农业经济中发展一种新的养马制度。

军事形势

根据15世纪初期中国对外关系的总格局及由这些对外关系产生的战略问题，15世纪30和40年代的防御政策，特别是在关键的北方边境地带，显然是远远不够完善的。洪武帝和永乐帝征讨蒙古人的几次战役取得的巨大胜利使国家在一定程度上筋疲力尽和不愿在国境外进行干涉主义的行动，也许最为危险的是，使国家对已取得的成就产生很不现实的自满情绪。在永乐帝死去之前，政府已开始把边境的守卫部队集中在新的首都北京的周围，似乎军事领导层对未来的危险已有某种预感。永乐帝死后，边将和内阁的大学士都就边防的缺陷提出过警告，但他们的抗议被置之不理。1435年和1438年，对边防作了小的变动——关闭一个战略要隘和加强警卫哨所。但在其他方面一切听之任之，继续不予改变，直至 1449 年。

不但缺乏任何新的战略思想，而且明初期建立的军事建制自永乐帝统治时期起已经严重地缩减。地方军队的卫所兵制到 1433 年已经丧失了原来的约 250 万兵力的一半，125 万士兵已经脱离世袭的行伍而没有得到补充。同时，旨在供养军队的边境一带的整个屯田制度已经任其变质。粮食被私人售出，土地被侵吞或出售。军官往往变成土地主，他们的士兵则沦为农场的劳工。这使地方供养军队建制的整个制度陷于混乱，需要把大批粮食从内地省份运到边境，从而给经济带来严重的影响。到 15 世纪中期，这个制度既不能充分提供军队所需的人力，也不能充分提供军队的后勤支援及部队的训练和军事技能。

但是，不应把永乐帝统治以后的这种总的退化看成王朝开始全面衰落的迹象。它不如说是一种古老的中国传统造成的结果，这种传统的根子是国家的农业结构；也不如说是特殊类型的军队——农民军队——造成的结果，它们的士兵更多地被视为徭役劳动者而不是当作职业士兵，更多地被视为征募兵而不是当作志愿兵，而且在这种军队中甚至包括被判去服兵役的罪犯。这样的士兵从全国各地轮流调往北方边境，在条件很差的环境中生活，以致丧失了战斗意志。一有机会，他们宁愿开小差而返回故乡，或者逃往南方各省去寻找新的生活，甚至到中国官府势力所不能及的蒙古人定居地去避难。他们的军官也一样。他们十分热衷于贪污应付给那些开小差或潜逃的士兵的饷银和口粮，从中大饱私囊。整个军事体系产生于对待军队的一种主要的官僚主义态度。因此，15 世纪中期的形势不是产生于王朝的衰落，而是产生于中国的社会组织结构和经济状况中的根深蒂固的思想和实践。

快到永乐统治期末年时，当时华北的实际防御设施已经形成。几次深入蒙古的征讨虽然取得胜利，却不是决定性的，蒙古军队没有被消灭。因此，中国撤去长城一线之北的守军并把防御体系集中在北京周围是有充分的理由的。必须记住，当时的边境本身只是以一系列自永乐时代起已经熄灭的烽火台作为标志，仅仅由中国的骑兵巡逻。在 15 世纪 70 年代以前没有长城，保卫北京的唯一坚固地建造的城墙是北京城本身的砖面墙，它有九个要塞化的城门，在 1445 年刚竣工。

北京北部的防御体系是以山西北部的两大卫戍城市宣府和大同为基础。宣府是主要的卫戍中心，驻有 9 万名士兵。大约 3.5 万这样的士兵承担实际的防御任务，5.5 万士兵则在训练之中。这些士兵中有 2.5 万为骑兵。宣府的守卫有充分供应的火器：除了约 9 万支轻型手操纵火箭外，各配备了 3000 件重臼炮、轻型的手雷和信号炮。宣府基本上是一个挡住从西北向北京进逼的固定的要塞。大同的自然防御设施远不如宣府的设施可靠。它的军队以骑兵较强。它的指挥集团包括两名游击将军。它的兵力中有 3.5 万匹马，其中 1 万匹马留在城内。大同一直是山西边境的一个危险地点，在一个生产力极低的区域维持这样一支军队的后勤费用是很高的。为要塞提供足够粮食和为如此众多的战马提供饲料，意味着源源不断的供应车辆要进入这一人烟稀少的区域。这个防御三角形的第三条边是北京本身，它的附近驻守着约 16 万名士兵。再往南，中国东北其他地方（山东、北直隶和河南）的守军则作为后备部队。

第一条防线是一连串的边境卫所，根据设想，这些卫所应该在主要卫戍部队大本营之一派出打击力量以前牵制敌人和推迟他们的前进。在洪武时期，长城一线以外的东胜、万全、广宁和大宁的驻守地，作为一条防御的外线和对收集情报来说，都是极有价值的。但是，这些边境哨所已被撤回。例如，多伦的边境指挥部到 15 世纪 40 年代已被撤至今之张家口附近的独石口。边境的缓冲区被放弃。外沿的东段和中段的总指挥部宣府离京师只有 100 英里。整个防御体系缺乏纵深，而实际的边境守卫哨所事实上兵员远不足额，战斗力比宣府指挥部或北京想象的要弱得多（其原因已如上述）。整个战略依靠的是在敌人进攻时所作的迅速而有力的反击，这个方案在有效率的指挥结构和有能力的领导下也许是可行的，但是如果没有这种条件，则充满了危险性。

当 1446 年真的进攻发生时，这些必要条件都没有具备。

土木之灾

前面谈过也先已经重新统一蒙古各旗和在沿满洲到哈密的整个中国边境区建立其权威的过程。明朝廷没有对他采取有力的措施，并且肯定低估了他在蒙古人中的权威和他的军事力量，而仍把东蒙古的脱脱不花汗当作真正的统治者。1448 年，明朝廷接纳了一个瓦剌纳贡使团，当它试图索取过高的款项以偿付他带来的马匹时，被王振所拒。根据某些记载，有些通译为突出这种侮辱，曾未经官方批准而提出建议：也先可以把其子入赘明朝的皇室。当也先试图为王朝通婚进行一次谈判时，对上述的非官方建议毫不知情的朝廷断然加以拒绝。

不管这些报道的真实性如何，也先在 1449 年 7 月大举入侵中国。他兵分三路发动进攻：脱脱不花率兀良哈各旗进入辽东袭击；他的部将知院阿剌围攻宣府；他本人向大同进军。他的军队在大同东北的阳和击溃了供应很差和领导无能的中国军队，并且直逼大同。这时朝廷采取了一个反常和完全荒谬的决定。年仅 22 岁的皇帝在王振鼓动下要亲自率军与也先的部队交战。也许是西南的胜利和在福建镇压叛乱者成功的捷报的结果，皇帝本人及其顾问们同样都过高估计了军队的力量。也许是皇帝受到了在幼时与其卫兵玩军事演习游戏的鼓励，相信自己能够在战地指挥一支军队。也许是其声誉因南方诸战役而提高了的王振认为明军是所向无敌的。

朝廷对这个决定大为震惊，并提出抗议，力劝皇帝不应亲自冒险。但这些抗议在王振的鼓动面前被置之不理。8 月 3 日，皇帝指定他的异母兄弟朱祁钰在他亲征期间摄政，一支大军（有的说有 50 万士兵）匆忙组成。以皇帝为首的指挥部包括 20 个有战斗经验的将军和一大批高级文官，由王振担任战地统帅。这支大军准备不足，供应很差，领导无能。这次征讨即将成为明代最大的一次军事惨败。

皇帝于 8 月 4 日离开北京。其目标是穿过居庸关的内部城墙前往宣府，再向西进军直奔大同。然后计划从大同出发率军深入草原征

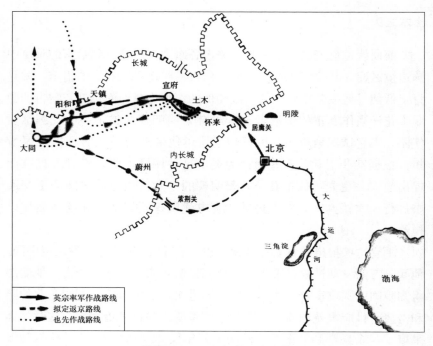

地图 16 1449 年的土木之战

讨，再通过蔚州和紫荆关沿南面一条较少暴露的路线返回北京（见地图）。返回路线之所以这样计划，部分地是为了避免在一个季度内因大军两次穿行而骚扰农村，部分地是因为宦官统帅王振的家乡和产业在蔚州附近。据说军队带有一个月征战的口粮，所以深入草原进行的打击必须是短暂而猛烈的。

从一开始一切都出了问题。行进的军队因大雨不断而陷入泥潭。那些希望先在居庸关然后在宣府停止进军和把皇帝送回北京的文官武将不断提出反对的意见。王振则报之以更加傲慢狂暴的专横态度。8月 12 日，有些朝臣认真讨论了暗杀王振、让御驾回銮北京和让武将们率军前往大同的可能性；但是密谋者缺乏勇气去实现他们的计划。8月 16 日，军队踏上了布满尸体的阳和战场，也先率领的蒙古人已在那里屠杀了由王振的宦官门徒之一带领的一支大同部队。当皇帝在8月 18 日抵达大同时，这名宦官和其他守卫指挥官的报告使王振相信，深入草原的战役实在太危险。因此决定班师，并且宣称"远征"已取得了胜利。

8月20日，军队向蔚州前进，但这时士兵们变得越加不安分和不守军纪。王振担心如果他们通过他的家乡，他们将对他的庄田造成不可弥补的破坏，于是这时他又采取了一个灾难性的决定：向东北进击，沿原来的路线返京，这样当然就会暴露在蒙古人的攻击之下。到8月27日，混乱不堪的军队抵达宣府。8月30日蒙古人攻击宣府东部的后卫部队并将其消灭。一支强大的新的后卫骑兵被派遣去保卫皇帝一行。它的指挥将领是年迈无能的朱勇，他把部队直接领入鹞儿岭的蒙古人伏击圈：这支部队也被消灭。蒙古人在主力军后面只有15英里。8月31日，军队扎营于土木驿站。有城墙的怀来镇只在前面八英里之处，距离很近，官员们力促皇帝进城避难。但王振再次拒绝，因为这样将意味着放弃他自己的大批行李，于是把群臣压制了下去。

士兵们在土木的扎营地无供应人马的水源。也先派一队人马阻止他们接近营南的一条河流，并且逐渐地包围了中国军队。9月1日清晨，蒙古人开始阻止明军毁营前往怀来，然后提议谈判。王振不理睬他们的主动表示，仍然命令军队向河靠近。这时中国军队处于极度的混乱之中。蒙古人于是大举进攻，中国的士兵惊慌失措。军队被击溃：共丧失了约原来兵力的一半，无数的兵器、甲胄和战争物资被遗弃在战场上。所有中国的高级将领和朝臣（包括宿将张辅和两名大学士曹鼐和张益）被杀。根据有些记载，王振被自己的军官杀死。皇帝于9月3日被俘，被送往宣府附近的也先的大营。

王振和皇帝的美梦就此破灭。整个远征本来没有必要，而且考虑不周，准备不足，而王振不负责任的决定更把它变成了一次十足的灾难。对也先来说，他对这次胜利的规模（据有些史料，土木之战是由只有两万名蒙古骑兵的先锋部队打赢的）和皇帝十分意外地被俘在思想上毫无准备。这时北京在他面前已经门户洞开，毫无防卫。如果他充分利用他的优势，那么他的收获是无法估量的。事实上，他决定把被俘的皇帝作为讨价还价的筹码，带着他的士兵及能够携带的战利品回师，再去集结他的人马。[1]

北京的防御和新帝的即位

也先起先试图利用被俘的皇帝从明廷或边防戍军那里索取赎金，并且试图取得宣府或大同，从而取得控制边境的要塞。虽然朝廷和大同筹措了赎金，但也先仍决定扣留他的俘虏，即使边境要塞坚决拒绝向他敞开大门也在所不惜。

似乎可以不必怀疑，就皇帝而言，他愿意与也先谈判王朝联姻之事——不过他机敏地拖延结婚日期，直到他被送回北京为止。与他一起被俘的宦官助手喜宁显然完全投到了也先一边，他在政治上和策略上为也先出谋划策，并且为后者拟定目标。

在北京，土木之灾和皇帝被俘的消息使朝廷陷入一片混乱。皇帝的生母孙太后和他的钱皇后，立刻筹措一批珍宝作为赎金送出，以使皇帝获释。朝廷在开始时倾向于听取以精通战略闻名于世的徐有贞（1407—1472 年）的劝告：由于北京周围的守军这时已减少到不足 10万，同时大同和宣府的命运仍吉凶未卜，他极力主张朝廷应该南迁。当 1127 年女真人攻取宋朝的京都汴梁（开封）时，宋朝已经这样做了。他以有权威的星象显示应该撤退的理由来支持他的论点。有的官员已将家眷和财产迁往南方。

但他的论据遭到兵部侍郎于谦的反驳，后者回答说，应把那些主张撤退的人处死。由于于谦是北京的高级军事人物（兵部尚书已在土木阵亡），他的言论是有分量的，他得到朝廷的金英、兴安和李永昌三个宦官以及大学士陈循、吏部尚书王直和礼部尚书韩雍的支持。李永昌把孙太后争取了过来，于谦一派胜利了。

一旦作出了留在北京进行抵抗的决定，王朝的继承就成了迫切的问题。必须有一个新皇帝登基，以体现明王朝实现稳定局势和鼓舞军

---

[1] 关于更详细的论述，见牟复礼《1419 年的土木之变》[400]，载《中国的兵法》，小弗兰克·A. 基尔曼、费正清编（坎布里奇，1974 年），第 243—272 页。

民的天命。由于皇帝的长子还是婴儿，明显的人选必然是皇弟郕王朱祁钰，他是皇帝的异母兄弟，在皇帝率军亲征时已被指定为居守。一旦于谦一派明显地取得了优势，孙皇太后就立刻命郕王以监国的身份负责政务，同时皇帝一岁的儿子被立为太子。

在郕王担任监国后不久，形势立刻变得一清二楚，即朝廷需要更稳定的控制。都御史对王振及其追随者提出了长长而无法逃避的指控。当监国表现得犹豫不决时，官员们群起把矛头指向王振的几个宦官同伙，并把他们打死。这时蒙古人正以俘获的皇帝的名义与边将打交道，因此这些边将得到指令，内容是以后的谈判只能以"国家为重"，以皇帝名义发出的命令应予拒绝。一个边境将领这时报告说，也先打算将他的妹妹嫁给皇帝，并护送皇帝回北京重登宝座。

9 月 15 日，经皇太后同意，群臣力促郕王亲自登基，因为皇帝被俘，而他的尚为婴儿的儿子又不能治理国家。郕王最初拒绝了，因为他认为这样会搞乱王朝的继承顺序。只是在皇太后的批准和于谦关于国家亟须领导的主张的推动下，他才最后被说服。在他登基的前一天，南京的一个翰林学士上奏，建议他继续任监国——试图搞一个妥协，以保持规定的皇位继承顺序。但是一个新皇帝的登基势在必行，因为这样立刻会降低也先把皇帝做人质的价值。郕王不得不让步。9 月 23 日，皇帝被俘后刚三个星期，郕王在最简单的礼仪下登基，并宣布在次年（1450 年）采用新年号景泰。被俘的皇帝得到了太上皇帝的称号。对这一不合宪制的行动颁文作了简单的解释，说被俘的皇帝已经亲自促进了这一变动。只有一名朝臣敢于提出抗议，他立刻被处死。给各卫颁布了命令，蒙古人通过被废的皇帝下"令"的任何企图都应不予理睬。使者被派遣去把所做的一切通知原来的皇帝。后者同意了，同时要使者警惕也先再次发动进攻的意图。

统治者的这一变动立刻减低了原来的皇帝在蒙古俘获者手中的价值，同时给了北京政府一个更大的回旋余地和喘息时间。但它仍造成了一个有若干问题的后果。在一次危机中，国家的政治和策略的需要在继位问题方面可以压倒礼仪顺序和礼节，但这在一定程度上打乱了王朝的稳定性和成为正统世系的权力。由于原来的皇帝仍在世，这个事实又使情况更为严重了。在皇室两兄弟之间久不消失并毒化了 15 世纪 50 年代中期的朝廷的皇位危机，其根源就是这个十分必要的决定。

由于这些事件都因军事的发展和防御的迫切需要而发生，新政体不可避免地将是一个军事化的政体。原来的兵部侍郎于谦（1398—1457 年）被提升为尚书，而且在年轻皇帝的充分支持下对所有文武官员行使权力。最紧迫的需要是加强北京的防御。约 8 万名由杨洪率领的宣府军撤至京师，其他的部队则从辽东召回。为了使北京的军队达到编制的人数，凡在训的兵员、沿海的守军和运输部队都被派往北京，并且受到严格的训练。北直隶、山西、山东和河南的后备军被动员起来。到敌人在 10 月份迫近北京时，土木所受的损失基本上已得到补充，守军又达到了 22 万人左右，同时，兵器的制造逐步增加，城内的粮食有了储存，对北京所依赖的几个通州大粮仓也采取了防卫措施。

北京城内的指挥按照不同的城门进行改组，以西北的德胜门的指挥官石亨（死于 1460 年）为总指挥。他和兵部尚书于谦都指挥突击部队，它们由在城外迎击迫近的敌人的久经沙场的将领率领。一名骑兵校尉奉命护卫皇宫，一名都御史被授予行政权力，以治理城内的居民和军人。总的来说，武将负责城外的士兵，而文官则指挥驻守北京城本身的部队。

大批主张稳妥的改革政策的奏疏接踵而来。户部尚书金濂和河南的税务专使年富一起工作，为北京的防务提供了足够的资金。全城出现了同仇敌忾的情绪、信心和高昂的士气。这时也许是北京最美好的时刻。

在此期间也先已在集结军队，而他集结的部落首领们决心要让英宗重登宝座。他们首先袭击大同。皇帝再次被带到城门前，蒙古人说明了他们要把他重新扶上皇位的目的。但守城者拒绝了，而英宗本人则告诉守军的密使，要他们不要屈服。在又遭到阳和守军的断然拒绝后，也先放弃了通过居庸关攻击北京的计划，而采取了通过京师西南的紫荆关的另一条路线。在这里，守军能够阻止蒙古人的推进达数日之久，但最后仍被打垮了。两天后，即在 10 月 27 日，蒙古部队已出现在北京城外。最初，也先重申了他的"外交"解决方式，但是他派出的使者遭到中国人的攻击。军事行动开始了。蒙古人被击退，在土木被俘而变节的宦官喜宁的怂恿下，也先请明朝政府派重要的官员前来护送英宗回京，以期取得更多的高级人质。但明政府只派了两名低级官员，他们立刻证实蒙古人的提议是一个圈套。

随之展开了一系列战斗，有的规模很大，而且动用了火炮。也先的军队有 7 万人，而守卫者的人数以三与一之比超过了他们，而且他的东部纵队已被居庸关的守卫者罗通成功地挡住而不能通过此关前来支援他，所以在包围北京仅仅五天后，也先明白他已没有成功的机会，于是撤军，一路上劫掠农村，但未攻取城池。明军迅速肃清了华北的蒙古人残部。

对中国人来说，这场危机已经过去，但对也先来说，它标志着末日的开始，他受了喜宁的煽动，去追求至少征服华北的一部分和在北京立一傀儡皇帝那样的不切合实际的目标；但是他失败的迹象一旦显示出来，他对一贯不安分的蒙古部落的控制便开始逐渐消失。在他从北京撤军后不到几天，他的君主，即蒙古的脱脱不花汗正在向明朝廷派出纳贡使团。可是也先的部队依然强大和完整无损，喜宁仍继续向也先提出一个又一个新的浮夸的计划。他提议通过西北发起进攻去夺取南京，然后另立英宗为皇帝；另外还提出一些同样不切合实际的计划。也先的部队继续出击，有时在京师以北和西北的边境以相当大的规模进行。为了对付这种袭击，中国人逐步加强战略要隘，同时骑兵又开始定期地从大同和宣府出发，深入草原进行扫荡，不过这一积极主动的政策效果甚微，并使后勤工作非常紧张，因为这一地区在前一个秋季已被蒙古人的入侵搞得一片荒凉。于谦亲自计划这些措施，他有力地压制住了一切抗议。

1450 年，也先派喜宁出使中国。他立刻被中国人抓获，审讯并处死。也先于是失去了他的中国事务的专家和他的宏伟的入侵计划的制定者，退入草原。边境一带仍时断时续地发生战争。

原先专注于存亡问题和紧迫的防御工作的朝廷，这时开始认真地考虑英宗的未来了。英宗这时正处于严重的困境，他的大部分随从在进攻北京时期已经把他抛弃。蒙古人屡次试图谈判，但是中国人也许不无理由地怀疑，也先会利用英宗回京的问题作为发动一次新进攻的借口。有些朝臣提出抗议，要求采取措施以保证他的返回，但朝廷拒绝进行争论。新皇帝也在逐渐巩固他在朝廷的地位。英宗的母亲被抬至显赫但无实权的至尊的皇太后的地位，他的皇后则迁至一座离宫，而景帝的母亲和妻子则成为皇太后和皇后。事情变得很明显，这时的景帝，即原来十分勉强地登上宝座和在最初的日子里证明是十分优柔寡断的朱祁钰，此时决定保持他的权力，而他的前任皇帝的返回作为一个潜在的难题，越来越明显地呈现在他面前。

结果在 1450 年 8 月，当一个使团终于被派往蒙古的大帐时，使者礼部侍郎李实（1413—1485 年）因发现委托他带去的信中竟只字不提英宗而大为惊奇。景帝显然不急于让他的异母兄长返回北京。李实发现这位从前的皇帝的生活条件很糟，并且甚至希望作为一个平民或皇陵的看护人回到中国，李实劝他写一封信，表示他对以前执行的政策的悔恨，并保证他不对皇位提出任何要求。此后不久，当以前曾为英宗效劳并在土木得以逃脱的都御史杨善（1384—1458 年）率领的一个使团奉命出使时，指示中又没有就前帝返回进行谈判的命令。但是，也先显然看出再扣押他的俘虏已捞不到好处：杨善不得不亲自负责赎出英宗。只要纳贡关系尽快地恢复，即使给他少得可怜的礼品（杨善不得不自己出钱购买），也先也同意释放他的俘虏。

也先为他的人质安排了一次盛大的送别活动，杨善把英宗带回，仍由一支瓦剌的护卫队严密地护送到中国领土。景帝仍吝啬而又猜疑地对待被废黜的皇帝。已经放弃一切皇位要求的英宗在返回的途中因皇帝的命令和迎接他的礼仪细节的争吵而引起了几次耽搁以后，终于在 9 月 19 日回到北京。他受到皇帝的欢迎，并且很快被护送到南宫中的新居。三天后，他安然返回的消息在太庙宣布，一道颁布的诏书确定在位的皇帝为君主。至少从表面看，土木之灾得到了圆满的结局。

土木危机的后果

土木事件的后果在中文中常用"土木之变"来表示。"变"这个词指的是中国历史中一些事件的某种重要转折，不论它是中央的政变，或是具有全国意义的农民骚乱的突然爆发，或是一次大规模的外国入侵。上述的第一种和第三种肯定与在土木发生的事件相关联。蒙古领袖对北京的攻击已经使正统皇帝沦为俘虏，从而导致了中国的行政和军事组织的全面整顿。至少就这方面来说，传统的"土木之变"的说法是恰当的。但尽管边境防御体系受到严重冲击，北京派出的战斗部队已被打败，而且损失惨重，许多部队被歼，但大力加固的北京城却依然固若金汤。

明朝廷没有被赶出它的新首都，并且表现了它要保持它在华北的地位的决心。从其他更早发生的事件看，这种反应就显得更加坚定和果敢。明朝刚刚结束在麓川的旷日持久的征战，福建、江西和浙江交界地区的大规模的农村起义刚刚被镇压下去，开封附近的黄河决堤引起了大洪水并切断了大运河。除了这些祸灾外，还有瓦剌的入侵和皇帝被俘引起的围绕皇位的危机。但是这一多方面的危机似乎对明代的政治制度和政治信念起了激励的作用。坚定而果断的政治和军事领导出现了。有大量的证据证明，甚至在发生这些主要事件的京城，官僚体制依然稳定，文武官员决心要进行必要的改革。各省本身几乎没有卷入这些事件。明朝在 15 世纪余下的时期中的相对稳定，在很大程度上是由于土木事件的震动和北京的新领导为了应付危机而采取了大胆和有效的措施。

应该记住，土木危机应该从敌人的虚弱这一角度来评价。也先不是成吉思汗，瓦剌在任何方面都不能构成相当于 13 世纪初期蒙古人的那种威胁。在也先的时期，蒙古人的真正利益不是领土征服，而是维持与中华帝国的紧密和有利的经济关系，他们的领袖也很清楚这一事实。也先未能扩大他的战果，他在释放原来的皇帝之后又与明朝廷保持一般的友好关系，部分地是出于这种考虑，部分地则是由于他自己的虚弱和在蒙古人中的不稳定的地位。当 1453 年他最后自立为汗时，内部冲突立刻爆发，并导致了他在 1455 年的死亡。

但是蒙古人的虚弱和内部分裂并非完满的解释。在 15 世纪，中国保持了比较有效的行政，它的良好的政治和经济制度能够顺利地应付各种各样的内部的和外部的问题。

景泰政体

景泰时期，即景帝统治时期（1450—1457 年），普遍地被人们判定为恢复了稳定、由干练的大臣们卓有成效地治理、进行合理的改革以及为北京和北方边境制定正确的防御政策的时期。传统的历史学家也判定，与前 10 年邪恶无能的宦官不幸地把国事搞得一团糟的情况相比，它的政府要受到赞誉，但是新政体不仅仅是一个从宦官统治向官僚恢复权力的过渡。至少在景帝统治的初年，新的改革受到以兴安为首的高级宦官的支持，而且是与任何官僚或将领一样热诚的支持。更确切地说，新政体的力量必须被看成是"民族觉醒"的结果，即在土木灾祸之后人们对国家需要进行彻底重建的普遍认识。

新政体与 15 世纪 30 年代王振取得权力前由三位大学士负责的前政体有某些共同点，这种延续性尤其在年长的王直（1379—1462 年）身上体现了出来。1443 年王直被杨士奇任命，从此他是与王振抗衡的主要人物之一，皇帝征讨也先的主要反对者之一，又是土木灾祸后处理北京危机时于谦的主要合作者之一。1450 年当讨论英宗返回的问题时，王直是主张派使团前往蒙古人那里的主要人物之一。1451 年当他已 72 岁和希望退隐时，他作为一个元老政治家，仍留在朝廷担任吏部尚书，但这时多添了一位尚书与他共事。从 1451—1453 年，何文渊（1418—1457 年）也担任吏部尚书，然后在 1453 年由王翱（1384—1467 年）接任，王是都御史，他先在辽东，后在广东、广西负责防务时成绩卓著，这时还得到于谦的支持。

王直和王翱都在关键的吏部留任了很长时间（分别为 1443—1457 年和 1453—1467 年），他们识别和选拔官员的能力可从 15 世纪第三个 25 年的总的行政质量中看出。高级官员的稳定性是景泰政府的特点。户部尚书金濂、礼部尚书胡濙（1375—1463 年）、刑部尚书俞士悦、工部尚书石璞以及兵部尚书于谦本人（从1455年起石璞也任兵部尚书）都在整个景帝在位时期任职。都察院的主要官员陈镒（1445年被任命，1454年退隐）、杨善、王文、萧维慎和李实也都留任而没有变动；军队的高级指挥机构也是如此，它包括了像石亨和宦官将领曹吉祥（死于1461年）和刘永诚（1391—1472年）那样一些有很高素质的人。

虽然王振已在土木被杀，尽管在1449—1450年人们进行了大量不利于他死后名声的批判，但新政体决不意味着宦官权力的消失。在土木灾难以后，于谦在集结朝廷力量保卫北京时最重要的支持者中就有主要的宦官金英和兴安。金英在15世纪30年代已经很有权势，但在宦官的集团中丧失了原来的支配地位而被王振取代。这时他又成为司礼监的负责人。但是他经常支持被俘的英宗的活动使他在1450年后期受到审讯并被关押。他被兴安所接替，兴安在1449年以前相对地说是一个次要人物，但这时成了宦官集团中的无可争议的首领，在关于释放英宗的谈判和在1452年5月指定新皇太子中起了主要的作用。他还以对佛门慷慨布施而闻名于世。他在整个景泰统治时期一直左右着朝廷。宦官在军界也保持着强大的势力，主要人物有曹吉祥和刘永诚，前者在麓川之役中和在镇压福建叛乱者时曾率军作战，后者曾长期在北方边境任职。两人在1453年的军事组织改革中都起了作用。

这个稳定的统治集团可与后来在嘉靖初期或万历初期控制政府的那些杰出的文武官员的集团相比，但是不论在人事和政策方面，它与更早的三杨政体之间的延续性也同样是明显的。不过在一个重要的方面，景泰的政体却很不相同。大学士陈循和高穀是平庸之辈，虽然内阁成员在1457年以前几乎保持不变，但内阁在制定政策时没有发挥主要作用。

不幸的是，新政体没有长期保持真正的统一。英宗在南宫的存在经常给新政体投下阴影。1451—1452年，新政体中不容置疑的领袖于谦与他原来最亲密和最重要的合作者，即有野心的石亨发生了一系列的争吵，因为石亨及其家族滥用职权，贪污腐化。皇帝退回了石、于二人的辞呈，从而失去了解决这场争吵的良机。1454—1455年，于谦得了重病，再也没有恢复他个人特有的冲劲。这种紧张状态明显地影响了朝廷和政府的气氛。使官员们日益感到不安的另一个因素是负责司礼监的兴安开始越权行事的方式。正如下面将要谈到的那样，原来的皇帝的继续存在和尚未消失的继位问题也在政策问题方面破坏了朝廷的团结。

防务的改革

很明显，在经受了土木之变的影响后，当务之急是明代军队的彻底改组。当永乐帝在北京建立帝国的首都时，他从全帝国的戍军抽调战斗部队，并把他们集结在北京地区，组成了五军营、三千营和神机营，他再从这三大营抽调他的征战军队的核心。以后某个皇帝总是从这些部队中抽调人马以支持亲征。因此，英宗率领征讨也先的军队，即1449年在土木被彻底击溃的那支军队，是由这三大营抽调的士兵组成的。1451年，当时的兵部尚书于谦开始重新组织新的戍军，他先从所剩的部队选拔10万名战士，并把他们组成五个团营；1452年，戍军的兵力增加了5万人，并被改组成10个团营。在征募戍军的过程中于谦还彻底改组了京师卫戍部队的指挥机构。①

对戍军的控制权原来由贵族和宫廷宦官分掌。戍军中的每个营完全自主，分别受训，并各由它自己的战地将领统率。当来自各营的士兵必须共同作战时，这种情况在战场上会造成很大的混乱。在于谦计划的安排下，每个团营由一个战地将领统率，整个戍军由一名从将领中选出的战地统帅控制。对戍军的监督到那时为止只由宦官负责，这时扩大到京师的官僚集团。总之，他建立了统一的指挥，并且加强了

---

① 张廷玉等编：《明史》[41]（1736年；1974年北京再版），170，第4545页；夏燮编：《明通鉴》[210]（约1870年；1959年北京再版），26，第1049—1050页。《明史》兵志提供的数字是错的；参见《明史》，89，第2177页；又见富路特、房兆楹合编《明人传记辞典》[191]（纽约和伦敦，1976年），第1609页。

京师武将监督戌军的作用。①

水利的兴修和黄河的治理

景泰统治时期另一个突出的成就是有效地进行了治理 1448 年秋造成的黄河堤坝决口的工作。自前一个世纪末以来，黄河的治理屡次出现问题，黄河的河道明显地不稳定。② 1448 年的洪水使黄河下游的河道一分为二，南面的主河道通过颖水和淮河在山东半岛以南入海，它的北支流冲垮了两岸，淹没了山东西部的地区，在那里与大运河会合。1448 年的洪水不但像以前无数次洪水那样淹没了大片农田，而且这一次更加严重，因为它夺去了大运河主要河段的水源，常常引起堵塞和停航。1449 年，被派去进行治理的工部侍郎发现他无法治理，于是就把一部分河水引入山东以北的大海。每年都有水灾。1452 年工部尚书石璞重建了堤坝，但一旦秋汛开始，它们又崩溃了。

1449 年因主张朝廷撤出北京而失宠和此后担任次要职务的徐有贞在 1453 年提出了一份治水的详细计划，他被任命为金都御史，被派去进行修复工作。在处理影响广大地区的非常复杂的问题时，证明他具有非凡的行政才能。

他乘小船四处考察，以确定主要的出事地点，然后制定一项复杂的施工计划，让许多独立的劳动队在不同地点和不同的时间施工，结果他雇了 5.8 万名劳工劳动 500 天以上，他的计划不仅仅是修复破损的堤坝；一条几乎长达 100 英里的河渠被凿成。这样，黄河的河水就可引入大清河，进而通过济南府入海。为了保存大运河，他沿运河建成几个集水池和水库，它们装有新式的水闸，以维持正常的供水。此外，他组成一个灌溉体系，使山东北部约 200 万英亩的土地得到水源。整个体系在 1455 年完成，并取得完全的成功。它在 1456 年经受

---

① 吴晗：《明代的军兵》[593]，《读史劄记》[594]（1956 年；1961 年北京再版），第 106—107 页；《明史》[41]，89，第 2178 页。
② 关于这个问题及以下的内容，见岑仲勉《黄河变迁史》[514]（北京，1957 年），第 468 页以下。

了灾难性的洪水，并维持了 34 年。徐有贞受到厚赏，在 1457 年被任命为副都御史。

民众骚乱和自然灾害

虽然传统的历史学家倾向于认为景泰时期本质上是以两帝间尚未消失的冲突为基础的政治紧张时期，但是马克思主义的历史学家则敏锐地强调，15 世纪中期和晚期潜在的阶级的紧张对立则是更基本的问题。这一时期的官方记载满是关于地主所有制的发展、徭役问题、农民骚乱和起义以及宦官专横跋扈方面的材料，有的学者主张，这种紧张状况显示了明代专制政治即将来临的危险。

但是至少从北京来看，景泰时期的基本问题是恢复稳定。前面已经谈到，军队的改革已经恢复了边境的稳定。但是，边境不稳只是对中国领土完整的一个威胁。15 世纪 50 年代在内地省份出现了一连串的军事行动。在长期受盗匪活动和地方非汉族居民动乱困扰的广东和广西，首先建立了一个由王翱领导的统一的指挥机构，在此以前，王翱先巩固了东北边境的防御设施，后来成了吏部尚书。1449 年和 1450 年，福建发生了大规模的起义，贵州也出现了问题。从 1450—1452 年，对贵州和湖广省的瑶、苗少数民族必须进行镇压，广东出现了严重的动荡，福建和浙江交界区不断发生农民骚乱。1453 年，福建和湖广又发生起义，1454 年四川南部发生起义，1455 年广东和浙江发生起义。1456 年，湖广的苗族是征剿的目标。

这种骚乱大部分限于南方的土著居住地区。它一方面是被剥夺生计的汉族农民及矿工的起义，另一方面是少数民族的起义，两者有着明显的区分。20 世纪的历史学家可能会把"平定"这些不安分的少数民族和反当局集团描绘为"无情的镇压"，而从中央政府的观点看，这种"平定"却是巩固帝国以及建立有秩序的行政和汉族人统治的一个必要行动。作为对那些认为 15 世纪 50 年代的叛乱是农村动乱大爆发的人的一个反驳，值得指出的是，尽管景泰时期是一个出现严重自然灾害的时期，但有关华北和华中的人烟稠密地区存在广泛的不满情绪的证据却很少。

1450 年,山东发生饥荒。1452 年,大雨和大洪水使河南的黄河和淮河流域、北直隶、南直隶以及山东受灾,必须采取特别的措施救济江北。潮湿的天气持续到 1453 年和 1454 年,1453—1454 年出现了异常的酷寒,山东、河南、南直隶和浙江下了很大的雪,从而使灾情更加严重。淮河河口的海出现冰封,淮河流域所受影响特别严重,数万人在这个地区冻死。1454 年初,江南下了一场长达 40 余天的大雪,苏州和杭州有无数人因冻饿而死。往南甚至远至湖南南部的衡州也不断下雪,许多牲畜被冻死。1455 年,出现了大范围的干旱,使南直隶、湖广、江西、河南、山东、山西和陕西受灾。第二年,即1456 年,又是一个反常的潮湿之年,夏秋两季阴雨连绵,使北直隶、山东、河南、南直隶粮食歉收和受到巨大的损失,与此同时,长江流域、浙江和江西遭受严重的旱灾。所有这些灾害不但有破坏性和造成死亡和苦难,而且使国家因减少收入和要拨出巨额救济款而受到了严重的影响。

皇位继承问题和"夺门"

几乎不用怀疑,由继位引起的各种问题继续给朝廷投下阴影。由于景帝不愿就原来的皇帝的问题与蒙古人谈判和勉强接受他的兄长返京,以及在他兄长返京后他所采取的一连串的小动作(如不让英宗过自己的生日,不让他接待瓦剌的使者或参加新年的庆典),使本来就很难处理的局势更趋于恶化。虽然皇帝成功地把原来的皇帝英宗排斥在一切公众事务之外,并逐步地把他孤立起来,但是有些著名的官员(其中主要的是长期任礼部尚书的胡濙)在英宗返京之前和以后都公开地为他说话。同时,景帝接受皇位的条件已经含蓄地规定,他的即位是暂时性的,因为英宗的长子(朱见深,未来的宪宗)在景帝任监国的同时已公开地被定为皇太子,而且在景帝登上皇位以后仍继续为皇太子。这就确保皇位的继承权最后将回到英宗的正统世系之手。

但是景帝不但决心继续留在宝座上,而且要使自己的一系保持继承权。1452 年 5 月 20 日,皇帝采纳了指定新皇太子的奏议,而不顾他的大学士(提升他们是为了要他们服从)和许多重要官员的反对。

英宗之子被贬为沂王，而景帝的独生子朱见济（1440？—1453 年）则取而代之，被立为太子。同时，新太子之母杭妃被立为皇后，以取代景帝的正妻汪后，后者在 1450 年已被立为皇后。

这一赤裸裸地出于私利的行动对提高景帝的名望和威信毫无帮助。不论他可能得到什么好处，当一年多以后新太子去世时这些好处也随之丧失。新皇后也在 1456 年死去。再也没有皇子可以定为太子，所以景帝没有指定继承人。当有些官员提出重立前太子朱见深时，他们被关押并受到残酷的对待，有几人被鞭笞致死。

这些事件似乎使对皇帝的不满情绪转变成直接的反抗。在缺乏坚强领导的情况下，朝廷分裂成派系，取代景帝的密谋开始形成。不用说，密谋者的动机并不是崇高的理想，也不是对皇帝行为的道德上的不安。自 1452 年以来与于谦的关系不断恶化的石亨将军不但有野心，而且为人爱抓权，又贪得无厌。他与于谦的纠纷从一开始既是他自己的贪污行为造成的，更是他的亲戚和食客们的这类行为引起的。京师卫戍部队的都督张𫐐是石亨的助手。宦官将军曹吉祥也有类似的野心，他自认为是一个新的王振，在以后的年代中证明是一个极为腐化和不值得信赖的人。他的周围也是一些贪污腐化的亲戚和助手。徐有贞从没有忘记他在土木之变以后所受的冷落，他野心勃勃，希望利用朝廷的不安气氛，试图取得最高的权力。还有都御史杨善，他曾把被监禁的英宗带回，却从没有得到应得的封赏。

他们的机会在 1457 年初期来临了，当时皇帝得了重病，不能上朝听政，新年的庆贺被取消。以兴安为首的宦官们试图掩盖皇帝病情的严重性，但消息泄露而让密谋者知道了。密谋者既掌握了石亨、张𫐐和曹吉祥控制的军事机器，又得到了徐有贞、杨善控制的都察院的支持，于是集合了约 400 名禁军，赶到北京南城原来的皇帝的居住地，让惊讶的英宗坐上轿子进入皇宫，他们在这里"夺门"，让他登上皇位，并召集了高级官员。在官员们平静下来以后，新登基的皇帝就上朝了。

这次"夺门"行动将成为明代历史上的一次典型的政变，将被认为是另一次严重地违背礼仪的事件。当然，"夺门"行动远比 1449 年景帝的登基更为严重地违背礼仪。那次登基取决于土木灾难后危急的军事危机，而 1457 年统治者的变动是一次纯粹的政变。立景帝为帝，使处于混乱和极度危险的国家趋于稳定，而 1457 年的政变则是一次引起大量牟取私利和追求官职的政治机会主义的行动。数千文武官员从提升中获益，其中的主要人物将在下一代皇帝时期形成统治小集团。

与此同时，原来的景帝被贬为郕王，死于 1457 年 3 月 14 日，按照某些记载的说法，他被宫中的一名太监勒死。政权的接管在一开始被得意地称为"夺门"，不出几年又重新称为"复辟"，即真正合法的世系恢复了皇位继承权。

英宗的第二次统治：天顺时期，1457—1464 年

很少统治时期的事件能像天顺（顺从天命）时期的事件那样使人对其年号产生如此彻底的误解。在发动了一场精心策划和迅速完成的政变以后，第一件要办的事情就是算旧账。报复和仇恨似乎是新政体的主要动机。在前一皇帝统治时期已有牢固根基的领导集团遭到彻底而残酷的清洗。中国历史学家有充分理由赞美为明朝救世主的于谦被指控为严重叛逆，这一指控体现了其政敌的仇恨和恐惧心理，这些人甚至要他受凌迟处死之苦。但是，皇帝最后减轻了对他的判决；他与大学士兼吏部尚书王文及四名大太监（王诚、王瑾、张永和舒良）一起在 2 月 16 日被公开斩首。资深的大学士陈循、刑部尚书俞士悦、工部尚书江渊、大学士萧鎡和商辂及其他人被削夺官职，有的人被判去戍边。户部尚书张凤和其他大臣被调任无实权的职务，或者像礼部尚书胡濙、兵部尚书石璞、剩下的最后一名大学士高穀及大太监兴安在不久以后被迫退隐。曾经反对另立皇太子和在景帝朝廷作为元老留任的王直最后获准退隐。唯一留任的大臣是吏部尚书王翱。

即使在那个时候，人们对于谦和王文之死的那种赤裸裸的不公正现象普遍地惊讶不已：整个中国也承认他们为先烈。只过了九年，于谦被追封了原来的官衔，并取消了对他的一切不实之词。几个世纪以后，参加进士考试的士子要到北京东部为纪念他而建立的祠庙中祈求

于谦在天之灵给予他们能否中举的某种征兆。

重建另一个"新政体"

经过对高级官员这样广泛的清洗以后，政变导致了职务的大量提升和变动。政变的主要策划者徐有贞被任命为首席大学士，兼任兵部尚书，同时封为武功伯；为首的将军石亨被封为忠国公，他的臭名昭著的腐化的侄子石彪被封为侯；宦官将军曹吉祥被提升为司礼监提督太监，这样就成了宦官集团的首脑和北京京师卫戍部队的总指挥。他的养子曹钦被封为伯爵，几个侄子都担任了高级军事指挥。其他的政变参与者也得到预期的封赏。御史杨善被任命为礼部尚书；王翼被封为世袭食邑的侯，并在退隐前短时期地任兵部尚书；张轨也得到封邑。除了这些有名的人物外，一批次要的合作者和追随者也要求并得到了爵位或职位，其滥封的程度甚至引起了朝廷和整个官场的普遍不满。

反作用很快来临。徐有贞不久就到处伸手。政变后只有四个月，即在 1457 年 6 月 28 日，他因被控"滥用权力"而被捕，最后由于他的同谋（主要的是曹吉祥）的阴谋，他被发配外地。三年以后，在 1459 年 11 月，个人的骄奢淫逸已成为公开丑闻和其专横终于使他失去了皇帝支持的石亨，因在一件贪污案子中与石彪有牵连而被命令退隐。但是随着更多的犯法行为的暴露，他被审讯并在 1460 年 3 月 8 日死于狱中。他的侄子石彪和其他的亲戚被处死。在 1457 年的一件臭名昭著的侵吞土地的案子中与石亨有牵连、但已设法使此案变得对自己有利的曹吉祥，这时开始感到自己的地位受到威胁——尤其是因为负责调查罪行的锦衣卫指挥逯杲是一个敌对集团的成员。1461 年他和他的几个侄子和养子曹钦——曹钦处于这些人之间，控制着北京的全部卫戍部队系统——计划谋反。

起事定在 8 月 7 日，由曹钦带头，但是阴谋被忠君的将领孙镗和吴瑾得知，他们向皇帝禀报了。曹吉祥被捕。曹钦杀死了逯杲，试图猛攻皇城，但是虽然他的士兵杀死了吴瑾并攻破了一座城门，他们却失败了。到拂晓时刻忠君的士兵打败了叛乱者，叛乱就此结束。曹钦自杀。曹吉祥与他的几个侄子和支持者一起被处死，他的大量财产被充公。随着曹吉祥之死，1457 年带头发动政变的那个集团彻底地被消灭了。

皇帝对他的复辟和复辟后的事件的无情的反应在一定程度上表现了那种以自我为中心的为所欲为的强烈特征，这一特征在明代的几个统治者身上经常表现了出来。但是，当政变出人意料地把他重新扶上皇位时仍不过 30 岁的英宗所经历的人世沧桑，却足以解释他的专制的行动。他登基时毕竟是一个儿童，并且经历了被俘、被废黜以及他的老师王振和他的支持者之死和死后被人唾骂等事件。然后他又在他兄弟统治下蒙受被排除在公共事务以外之耻。所以他采取强硬的措施以确保稳定和巩固自己的权力就不足为奇了。一旦他兄弟的支持者被当作国家的敌人而被肃清，英宗似乎已采取行动，把一些能重新稳定朝廷和政府的干练官员安排到政府的重要职位上，而那些在 1457 年为他策划政变的人一旦表现出超越他们权力的举动，就立刻被除掉。

在他复辟的最初几个月以后，他的大臣和主要朝廷官员竟不同寻常地很少变动。在他统治时期，1458 年以后，没有重要的大臣被罢官，重要的部的一切人事变动都是退隐或自然死亡的结果。内阁的情况也是如此，内阁中多才的三人小组李贤（1408—1467 年）、彭时（1416—1475 年）和吕原（1418—1462 年）在整个英宗统治时期一直任职（吕原在 1462 年他去世前在职）。英宗逐渐依靠以下三人来指导行政：李贤，主要的大学士；王翱，老资格的吏部尚书，英宗对他特别敬重和有感情；马昂（1400—1476 年），1460 年被任命的兵部尚书。此外，几个户部尚书，特别是 1460 年任此职的年富，都颇有政绩。

石亨和曹吉祥流产谋反的失败，对正常的施政没有什么干扰。受影响最大的却是这两名将军在军界中的亲戚和他们的许多追随者。

第 六 章

成化和弘治统治时期,1465—1505 年

两 位 皇 帝

朱见深,谥号宪宗,生于 1447 年 12 月 9 日,在其父,即复辟的英宗于 1464 年 2 月 23 日去世时登上皇位;他宣布在下一个新年(几乎整整一年以后)开始使用新的年号成化。他死于 1487 年 9 月 9 日,即在他满 40 周岁前三个月,共统治了 23 年。他的在世的长子朱祐樘于是在 17 岁时登基。朱祐樘生于 1470 年 7 月 30 日,以弘治为年号统治了 18 年,死于 1505 年 6 月,那时他刚差一个月 35 岁。在历史上,他死后的庙号为孝宗。

在 1368—1644 年期间进行统治的 16 位明朝皇帝,只有五人活过 40 岁,而在 1425—1521 年这个世纪中在位的皇帝都不满 40 岁。可是这些短命的统治者并非死于战场或意外的原因——除非我们接受一种似乎很有理的推测,即几个明朝皇帝因服用如内含汞合成物有毒成分的长生药而意外地早死。不管这种推测是否属实,在 15 世纪和 16 世纪的大部分时期中,一种不健康的气氛笼罩着明代的帝制。在明朝中叶,中国一直被一些不中用的年轻人所统治,他们短暂的一生往往被他们的后妃、母亲、祖母及侍候他们的宦官所控制。宦官中最臭名昭著的大致与所侍候的皇帝同年。相比之下,在朝廷和中央政府任职的士大夫却大都是老人。那些从他们开始教导统治者一直到他几年后在皇位上死去时仍能够与他保持正常接触的地位显赫的人,几乎都是皇帝的父亲和祖父一代的人。疏远和不信任越来越成为明代中期皇帝与官员的关系的特点。

本文论述的成化和弘治这两代皇帝统治期反映了以上概括的几个

方面。一般地说，它们代表了一段平静的间歇期，没有发生重大的民族危机。的确，弘治时期在传统上被人认为是君臣之间有良好感情与和谐关系的一个时代。更周密的考察可以看出在这种理想化的关系中有许多缺陷，并且暴露出两个统治期的某些倾向的开始，这些倾向后来激化，进而产生了明晚期特有的政治弊病。

这两个皇帝的统治期标志着明代政治史的形式上的里程碑。明代皇帝在职能上是行政的中心，他们虽然不是 15 世纪和 16 世纪的欧洲君主那样的知名人士，但是在中国特有的环境的范围内，他们的个性和个人素质，是说明每个统治期特有的气氛和许多行政活动具体内容的终极原因。因此，这两个皇帝的个性是应当注意的焦点。但是他们不过是中国政治史中的中心人物。而整个明代中期的政治舞台却表现了许多思想活力和认真地献身于公众生活的精神。

尽管有这些政治制度的缺陷和弊病，多才的和有个人成就的士大夫精英对政治事业的大力追求，反映了这样一个社会：它在形式和物质手段方面越加丰富，而且随着 15 世纪进入更加蓬勃发展的 16 世纪（采用我们的时代里程碑的概念，而不是中国人标志历史时代的里程碑的概念），它也呈现这种前景。在进入 16 世纪之际，我们发现许多中国作者评述了社会的有力扩张和并非尽如人意的社会变化的后果。这里我们将考察这两位 15 世纪后期的统治者、他们的朝廷和政府，以及在 1465—1505 年期间东亚环境中的更为广大的明代社会。

宪宗朱见深

这个明朝第八代皇帝在他幼儿时期已经经受了给他的性格留下伤痕的各种痛苦经历。当他父亲英宗皇帝于 1449 年被瓦剌蒙古人在土木俘获时，他不到两岁。在随之而来的国家的严重危机中，英宗被他的异母兄弟景泰皇帝接替。一年后英宗被遣回北京，但在七年中被幽禁在皇城中与外界隔绝和严密防卫的地方，不能享受一切荣誉和安逸的生活。他的儿子在 1452 年被废除皇太子的身份，而由景泰皇帝的儿子代替；他然后与被废的皇后（不是他的生母）在皇城的另一部分生活，生活条件艰难困苦。当 1457 年一次政变使他的父亲重登宝座和消灭他的叔父时，他九岁。他又成为皇太子，以后的七年他在这样一个朝廷中长大：在那里冲突造成了迟迟不会消失的忌妒和报复心理，冲突的一方是他父亲的支持者，另一方则是通过支持他叔父当皇帝在 1449 年危机中拯救王朝的人。

作为一个十来岁的少年，他显得很结实，大脸蛋，反应迟钝，说话严重口吃。据说他父亲怀疑他的智力和治国的能力，但被一些大学士所说服，他们认为如果合法的继承受到干扰，王朝的稳定会遭到损害。当他在 1464 年登基时，他已把原来侍候他祖母的宫女万氏纳为宠妃。当时她 35 岁，年龄比他大一倍。她控制着他，操纵皇室和内廷的成员，并随心所欲和无原则地对行政施加影响。

但是，事实证明他是一个心胸宽大的人，没有保持过去的派系仇恨或寻求报复。在一定程度上他重视朝廷中的正直和干练的官员，但是他也几乎不加鉴别地使用为人卑鄙的侍从，在决策方面优柔寡断，对待朝臣（不论是好是坏）的好恶也是任性的。他尤其不愿意对后妃及通过她们抓权的外戚、卑鄙的宦官、谄媚者和冒险家的事务严加控制。不能说他们控制了他，可是也不能说他尽力对他们严加约束。

我们可能会想，这个皇帝有点反常地与他们一样贪婪。于是，他为了增加自己收入的微不足道的利益，就让他们比以往更加肆无忌惮地放手进行贪污活动。早期明代国家的健全的财政基础已经被英宗皇帝的愚蠢的军事闹剧和建设计划所削弱。到他儿子的统治时期，皇帝及皇室需要更多的钱。从没收阴谋反对过他父亲的一个宦官的巨额财产开始，他把土地充公以建立巨大的皇庄，从中收取的沉重的地租直接入了他的私囊。一名御史指责道：四海之内皆陛下所有，奈何与民争利？他对这种指责置之不理，于是使这种做法变本加厉。朝廷的一些奉承者从统治者的贪婪中得到了启示，把免税的皇庄或（皇帝赏赐的）庄园骗到手中。

明朝政府面临的日益严重的问题之一是这个平庸之君引起的，他在财政管理方面不去请教政府的专门人才，或者交有关各部和司署处理。万氏的腐化的追随者为她想出了一套办法，在封官、发准许证和赏赐皇恩时绕过行政活动的正常渠道，但不论朝中的政治家们多么有力地谴责，皇帝却拒绝干涉。有无限权力的天朝统治者为了分享不应有的利益，竟助长自己的官员集团的堕落，这是明代政府明显的反常现象之一。

一个明代皇帝的私人生活当然会直接影响行政。就宪宗而言，这种情况可以从他与皇室妇女的关系中看得最为清楚。他的母亲周氏是一个爱吵架的悍妇。她原来不过是英宗皇帝的妃子，地位低于钱皇后，但她生了未来的皇帝。当他登基时，她大吵大闹地要求取得与钱皇后相等的皇太后地位。宪宗在这两名争夺地位的遗孀之间左右为难，于是他把难题交给了主要的大学士李贤，要他想一个礼仪上恰当同时又能满足她们的妥协办法。两人都被封为皇太后，而钱皇后的正式称号表明她资历深，品位在前，但是周妃却不顾这个解决办法的细枝末节，经常为了更多的利益而给皇帝施加压力。

年轻的皇帝设法避开这两个激烈争吵的妇女，而与他以前的保姆万氏厮混，后者是他的祖母孙皇太后（死于 1462 年）在他幼年时给他的。她喜欢穿武士服装和在宫中的庭院内领头进行军事操练以供他娱乐，如果这不能说明她是一个悍妇，那么她至少是一个比他大 17 岁的机智和有坚强意志的妇女，不论是作为他儿童时代的保姆，或是后来作为他的配偶，她懂得如何去使他高兴。她在 1466 年 36 岁时给他生下一个儿子，为此她升为贵妃。幼儿不到一年就死去，她再也没有怀孕，但是她严密地监视宫中的其他妇女，在 10 年中通过她的宦官代理人，务必使其他怀孕的妇女流产，如果做不到这点，就务必使男婴及其母亲都死亡。在这两方面，她几乎完全成功了。

年轻的皇帝在 1464 年登基后不久，就娶不到 20 岁的吴氏为正式皇后，她立刻流露出对万氏的不满，并因后者表现无礼而予以鞭笞。不到一个月，皇帝找到了一个废黜吴后的理由，这就向整个朝廷和政府显示了万氏控制他的事实。吴后住在皇城偏僻的后院中，一直到45 年后她死去时为止；从她协助拯救皇帝的长子（即未来的孝宗）以阻挠万贵妃的野心所起的作用这一点来说，她一定得到了几分安慰。王皇后在 1464 年晚些时候作为吴后的继承人被立为后，她受到合乎分寸的恫吓；她没有儿女。她之能够活下来，是因为她一切都听从万氏，直至后者在 1487 年皇帝去世前几个月死去时为止。

朝廷对皇帝未能生育一个后嗣深为关切；京师和各省的政治家们纷纷上奏，力请他疏远万氏，以便与宫中的其他妇女生育子女。对这种请求，他的答复是："此乃朕之私事"；而万氏则又表现了她的凶残。但这个问题也使他萦绕于怀。1475 年的一天，当宦官侍从为他梳头时，当时快到 28 岁的皇帝照着镜子，不禁惨然叹气，说他正在变老，但仍无子。一个宦官侍从下跪激动地说："陛下有子。"皇帝惊讶之余，便问他的儿子的下落，于是纪氏在 1470 年生下一子的真相便大白于天下。

据推测纪氏，是一个年轻的瑶族土著，1467 年征讨广西的瑶民时随军的一名宦官把她带进宫内。她被分配掌管宫中的库房，1469 年的某一天皇帝遇见了她。他问她一个问题，被她的应答的仪态所迷住。按照委婉的说法，他于是对她"宠幸"，她怀了孕，而他一直不知道，但万氏不是没有发觉此事。向皇帝透露那个儿童下落的宦官声称，万氏曾派他给纪氏服引起流产的药，但是他知道皇帝渴望一个子嗣，反而把纪氏隐藏起来，直到她能安然怀有胎儿。婴儿生下后被废的吴后知道了他的下落，就提出把他及其母亲藏在她的偏僻的住所，他就这样已经活到 5 岁。

皇帝这时非常激动，前去看他的儿子，并把他放在膝上，在激动人心的场面中承认他是自己的儿子和继承人。朝廷立刻正式得到通知，整个皇城除了万氏的居住地外，笼罩在欢乐气氛之中。她因生气而得病，并发誓不肯罢休。皇帝把儿童安置在安全的周太后的宫中。但是儿童的母亲纪氏不到一个月就被万氏的一个爪牙毒死了。

在整个这些事件和在以后的几年中，皇帝的作用是最为令人不解的。他的确与万氏疏远了，不再定期住在她的宫中，并在以后的十年中成功地使宫内的一些妇女生了其他 17 个子女。与万氏勾结的朝臣给他阅读性交指南和淫书；记载暗示，他的私生活变得有点放荡了。他认识到必须对她进行防备，以保护他的后代。他的母亲甚至警告她的孙儿，即她保护的幼年太子，要他去万氏的住地时，千万要拒绝一切饮食。

尽管皇帝已完全认识万氏的个性，他依然喜欢她。他并不想惩罚或约束她。相反，他常常惩处那些抱怨她非法交易、兜售权势、贪污公款和浪费国库的官员，这样就给了她明确的信号，让她继续这些活动。所以即使她不能再控制他私生活的各个方面，但两人在 1437 年死去之前的 11 年的余年中，她对行政仍施加越来越大的影响。

几乎一切可以追根溯源到成化时期的以后明代政府的堕落倾向必须归因于万氏的影响。两种堕落倾向前面已经提过：（1）通过没收普通耕作者劳动的土地去建立皇庄，使这些人成为佃农，并把这些土地从税册上去掉；（2）从宫内颁布诏令直接封官（称传奉官），而不是通过吏部的正常的任命和批准手续。后一种倾向值得进一步评论。这位年轻的皇帝本人在他登基后几个星期内首先搞这种活动，当时他命令一名宦官起草任命一名工匠为文思院的副使，这个机构隶属于工部，负责制造供宫内使用的金银餐具。

这个职位虽然很低，但通常需要有文官品级和官衔的资格，外廷的部本来不会批准任命一名来自宦官管理的宫廷机构的工匠担任有品位的文官。很明显，这样做违反了正常的手续，为的是去满足万氏或她随从中的某个人一时的念头。虽然这件事本身并不重要，但所有的传统历史都指出，这为后来以同样方式对大部分工匠、军人、佛僧道士和为皇室服务的形形色色的食客所作的几千个任命开了先例。它成了这一代和以后几代皇帝统治时期滥用任命权的陋习。被信任但常常又不值得信任的宦官接触御玺，能够背着皇帝以他的名义起草任命诏书。他们还能接受贿赂，把某个人列入这种诏书中，这实际上等于卖官鬻爵，兜售特权。

成化时期出现了在朝廷和整个政府中大量宦官滥用权力的情况，而这个时期的汪直是传统中所称的明朝四奸佞之一。可是他从没有像 15 世纪 40 年代的王振和 1506—1510 年的刘瑾那样完全控制政府。一方面，皇帝的谨慎和不易激动的性格使他不能完全被人操纵。16 世纪的历史学家郑晓在写他时说，他的性格宽宏大量而且通情达理，有洞察力而且能理解人：

> 临权茬人，不刚不柔，有张有弛。进贤不骤，而任之必专；
> 远邪不亟，而御之有法。①

这段文字为王朝的史臣所写，它受到了约束，即必须颂扬一切能认定的德行，掩盖一切批评。由于这一统治时期的稳定和某些方面扎实的成就，这种赞誉看来很可能是有道理的，但它也暴露了宪宗对那些他并不很急于疏远的奸佞之徒的非法活动的矛盾心情。他的几个高级宦官和他们的最坏的同伙在他们的滥用职权方面是臭名昭著的。

他的最为臭名昭著的宦官汪直是瑶族人，在 15 世纪 60 年代征讨广西的瑶族时他还是青年，净身后被送进宫去伺候人。他属于万氏的扈从，在她的庇护下其经历相当顺利。但他仍处于宦官等级体制之外，从未掌握司礼监太监的那种权力。代替这种权力的是，1477 年当皇帝命令按照当时存在的东厂的模式建立称之为西厂的警察组织时汪直任提督西厂。他很快使西厂比东厂更加令人生畏。

一名善演喜剧并在朝廷受宠的宦官俳优在皇帝面前演出一出滑稽短剧，它幽默地提示汪直在通过京城的街道时所引起的恐惧更甚于对天子本人的恐惧。皇帝对此似乎并不很在意，最后一笑置之，使所有在场的人松了一口气。这件发生在 1481 年晚期的事表明，在宦官的官僚集团中存在着一股反对汪直的有力的力量。可是，明代在此以前从没有人像他那样使京师和地方的官员陷入如此恐怖之中，他行使可怕的权力达六七年之久。1483 年，他最后降到守卫南京明太祖陵墓的宦官部队中的一个低下的职位。行动迟缓的皇帝在 1482 年的大部分时间已经把汪直拒之于朝廷之外，最后才收回他的恩宠和支持，而在当时，只是在东厂的一名宦官对汪提出了控诉，并且表现得更加得力以后，他才这样做的。

弘治时期另一个臭名昭著的宦官为梁芳，他在宦官集团中的生涯比较正常，在 15 世纪 70 年代起发迹，一直升至为宫中制造家具和木制品、偶尔还印书的一个机构的负责人。在万氏的庇护下，他集合了

---

① 引自谈迁编《国榷》[498]（约 1653 年；1958 年，北京再版），40，第 2544 页。

一批制造春药和把有趣的口头传说编写成书以供皇帝消遣的专家。梁
芳把他的服务扩大，控制了一部分对珍奇物品的采购，进而又控制了
对外贸易，并垄断了给西藏和其他外来僧人以及医药和异国技术方面
的外国专家颁发执照的权力。他代表万氏和皇帝的利益，有着许多有
利可图的投机机会，但他本人似乎没有发大财。他的事业直到皇帝死
后才中止，而在当时，他也不过受降职的处分。

其他的宦官取得了种种任命去监督征收特种税，同时利用他们的
权力去掠夺华中和华南的一些富庶的府。还有一些宦官主持京师和各
省的寺庙的建造。这些宦官专权的弊病有助于建立宦官及其卑鄙的同
伙能够延续到以后几代皇帝统治期的一些模式和定制。因此，成化皇
帝由于不注意这些不正当的行为，就让种种积累性地威胁王朝利益的
邪恶风气得以产生。这些弊病把有些能干的政治家赶出政府，并在有
些情况下迫使人们在行政中在一定程度上采取消极的态度，但它们并
没有破坏国家和政府。这个庞大的国家机器能够缓冲沉重的震动。

孝宗皇帝朱祐樘

1487 年 7 月 3 日，万氏突然患病死去，终年 57 岁。皇帝取消了
朝廷的一切会议，整整志哀七天，这是一个不同寻常的姿态。9 月 1
日，皇帝本人患病。4 日，他命 17 岁的子嗣朱祐樘去主持文华殿中
大学士集会的议政。9 日朱见深去世。朱祐樘于 9 月 17 日正式登基，
宣布新年号为弘治，于下一个新年 1488 年开始使用。

年轻的弘治最初采取的一些行动反映了必须整饬腐败的朝廷和扬
弃他父亲的个性（他父亲以前容忍了，甚至助长了这种腐败现象）这
两方面的紧迫感。声名狼藉的道教术士兼春药专家李孜省被揭露和流
放，然后被关押，死于狱中。同样贪婪的和尚继晓及其他几个人被处
死。万氏家族成员和她的几个主要的宦官同谋者也被夺官，但是其中
突出的作恶者很少被处死，尽管愤怒的官员们此时提出大批性质严重
的指控。朝廷被禁止传布万氏本人的经历。2000 名不合法任命的官
员被断然罢官，另外还有近千名原来受朝廷庇护的佛僧和道士也落得
同样的下场。

年轻的皇帝在他父亲的寝宫中发现了一本特别使他震惊的性书，上面刻有"臣万安呈上"几个字。万安是一名善于奉承的官员，伪称与万氏有亲戚关系，并利用她的恩宠在朝廷建立了他的权力地位。最后，他已成为权位较高的大学士，并以此身份起草了新帝登基的诏书。在统治的第一个月内，年轻的皇帝用尽心机，让一名非常笃实的大太监把此书带进殿内，在那里召集一些大学士以此书质询万安；那个老人在羞辱之下匍匐在地，无言以对，最后不得不奉命退隐。他再也没有被召回朝廷，并在一年内死去。朱祐樘正在向人们发出信号，情况即将不同了。

他们父子二人在体质、心理和智力这几方面有明显的区别。朱祐樘是一个瘦小和胆小的人，长有明亮的眼睛和飘逸而稀疏的胡须。几幅皇帝的画像表明，从朱祐樘起的几个皇帝有着不同的、更像南方人的外表；他和他的儿子武宗（1505—1521 年在位）是少数民族纪氏的后代。这大概可以从他们的外表的长相看出，不过这与武宗以后的世系并无关系。

从心理上看，孝宗似乎与他父亲完全相反。在他登基前几个月，他已娶张氏；这时他宣布立她为皇后。他对她十分宠爱。她生下二子三女；尽管谣传武宗之母曾是一名侍女，但他显然与其他妇女未发生过关系。房兆楹推测，他很可能是整个中华帝国史上唯一的实行一夫一妻制的皇帝。[①] 他曾在万氏控制他父亲和皇室的不祥气氛中被他的爱吵架的祖母周太后抚养；他自己的母亲已成了万氏的受害者。他一定因失去她而深感悲痛。他登基后，宣布早已不在人世的母亲为皇太后，并派官员到广西去寻找出她的家族。出现了冒名顶替者，但被揭露，没有发现她的亲属。他命令在广西和京师建造纪念她的祠庙，并以强烈的虔诚心照料京师的祠庙。

在思想上，这个认真的年轻人完全信奉儒家学说和伦理价值。在明代，也许在历史上，再也没有其他皇帝像他那样一心一意地接受关于君主身负重任的传统主张。再也没有其他皇帝如此努力去履行那些

---

① 富路特、房兆楹合编：《明人传记辞典》[191]（纽约和伦敦，1976 年），第 376 页。

要求做到的义务。他在上朝听政，执行各种规定的礼仪活动，重新制定和认真举行经筵，特别是任命那些值得尊敬和体现儒家行为的模范人物为朝廷官员并倾听他们的意见等方面，都是一丝不苟的。他深切地关心人民的福利。他探索执法的办法，组织对刑法及贯彻刑法不力的一次研究。这就导致一部钦定的关于刑律及其案例的重要著作《问刑条例》的问世。

虽然声名狼藉的西厂重新开设，但他把它及其地位相当的东厂的工作限制在正当的调查活动方面。他任命领导这两个机构的人大部分是正直的官员（在这些部门中这种官员确实很少），他们受到整个政府的尊重。锦衣卫的情况也是如此，他们在过去也是政府实行恐怖活动的工具。他削减朝廷的奢侈品消费，撤掉许多宦官管理的采购机构。儒家思想的政治家们从未碰到如此温顺的统治者，对他的报答是在他们写的历史中把他描写为一个完美的模范人物。他给官僚们灌注了一种充满巨大希望的精神，明朝早期的某些活力和责任感也得以恢复。

可是事实上他当一个完美的模范人物还不够格。他很注意帝国的问题，但是他既不能向国家展示一种开阔的前景，也不能给它提供雄才大略的领导。此外，完全可以理解，对他感恩戴德的官僚们掩盖了他的一些错误，其中包括他过分地宠爱和依赖他的张皇后。她是一个愚蠢和爱提要求的妇女，易犯小错误，而这些小错误也包括需要贵重物品，轻信最善花言巧语的和尚道士的教义，以及对她家族，特别是她的两个极为贪财的兄弟的无限溺爱。

这两人就是张鹤龄和张延龄，他们得到了他们的姐姐张皇后和她的母亲金氏的持久不衰的支持，靠着肆无忌惮地滥用他们幸运地取得的高官的职权而青云直上。他们的父亲张峦在他女儿选进宫时，原来不过是国子监的监生，在 1490 年已被封为寿宁伯。次年秋季，他的女儿生下了在 1492 年春季被宣布为皇太子的儿子，使张氏家族取得了有特权的地位。不久，在 1492 年春季，国丈呈交一份不得体的奏疏，要求提升为侯；虽然许多高级朝廷官员因没有先例和不适宜而加以反对，但皇帝仍提高了他的爵位。三年后，当此时已为寿宁侯的张峦死去时，其爵位被他长子张鹤龄继承。他本人又被追封为地位更高的昌国公。尽管官员们指责，他的一座豪华的陵墓是以公帑建造的，按照他的品位，这违反了礼仪的规定。次子张延龄当时还是十来岁的青年，在以后的某个时候被封为伯，最后封为建昌侯。

张氏家族的许多堂兄弟、叔伯、养子和结拜弟兄以及形形色色机会主义的食客都得到了官衔、官职，最后取得了土地和参与贪污腐化的机会。整个明代没有其他外戚享受这样的待遇。这既证明皇帝对他妻子的依赖，又证明他对最接近他的那些人不能采取坚定立场。他的外戚屡次因具体和严重的不法行为而受到指控，但是皇后和她的母亲，以及一个阉党和其他投靠张氏以从中取利的心腹朝臣始终为之辩护。虽然他们不能操纵皇帝去恫吓他们的政敌，他们却一直能向他求情，以致使他干脆对这些指控置之不理。他统治时期以后年代发生的两件事清楚地说明他的进退两难的心情。

《明史》中张氏两兄弟及其父亲的本传告诉我们，皇帝听到张氏兄弟在北京南部的故乡强夺周围农户的田地时，在 1497 年[①]派高级官员中一名调查坏事的无所畏惧的人，即刑部侍郎屠勋和另一同样大胆而正直的宦官萧敬前去调查。他们带了一份指责二张的报告回京，报告中包括关于皇后家乡的民众对她家族的行为的不满给皇帝造成损害的大胆的评论。他们坚决要求将田地归还所有的受害者，以及以后限制再发生这类行为。皇后大怒，而据《明史》记载，"帝亦佯怒"。但是他同意报告中的主要内容。后来他私下对萧敬说："汝言是也"，并赐给他一件金质的礼物。[②]

1505 年皇帝去世前的两个月，著名的学者和文人李梦阳——当时是一名年轻的户部郎中——呈上一份很长的奏议，批评了朝廷和政府的许多方面的现象；他特别指出了容忍张鹤龄的赤裸裸的滥用职权

[①] 这个时间及某些细节系根据屠勋的讣告，见焦竑《国朝献征录》[76]（约 1594—1616 年）；《中国史学丛书》，6（台北，1965 年），44，第 71 页。关于萧敬，见张廷玉等编《明史》[41]（1736 年；北京，1976 年再版），304，第 7784 页。

[②] 《明史》[41]，300，第 7676 页。

给王朝造成的长期损害。张鹤龄本人、他的姐姐张皇后和她的母亲都愤怒地提出要李梦阳脑袋的要求。皇帝真的不知所措了。作为与他妻子和岳母妥协的第一步，他下令把李梦阳投入狱中，然后私下认真地垂询几个大学士。一个大学士提出李梦阳的言词"狂妄"，但另一个则说李所写的都是"赤心为国"。①

皇帝倾向于后一种意见，经过了一阵犹豫后，他甚至不愿鞭笞李梦阳以取悦于他的几个女眷。他代之以罚李三个月的官俸，把李释放，于是李成了朝廷和京城的一个英雄。后来皇帝又问另一个权位较高的官员关于老百姓对此事的议论。答复是人民因皇帝的宽宏大量而非常高兴，并大受鼓舞。皇帝说道："朕知之。方朕询及宦者时，其所答反乎此。若辈欲以杖毙梦阳耳，我宁杀直臣快左右心乎！"②

总之，官员们能够信任这个皇帝，因为明朝再也没有其他皇帝能像他那样采取正确的态度，克制他的愤怒，和一心一意地去尽为君之道的更重的责任。但是他们不能总是依赖他采取这些态度含蓄地体现出来的行动。不管他们多么严厉地批评时政，并且以明确的暗示批评他，他愿意耐心地聆听，并且至少要对他们的关心报之以感谢的赞许。有几次他下令作出所请求的纠正行动；但是他常常评论说，他们如此令人钦佩地陈述的高明的主意此时不宜用，以此把事情搁置起来。人们逐月地阅读他的统治的《实录》时会得到这样的印象：所有那些有抱负的官员，不管是出于真心或是仅仅为了出风头，要求他没完没了地温习儒家的伦理道德、经典的和历史的先例和考虑他们详尽地陈述的各自的政策观念。他的政府官员对他纠缠不休。在他的统治时期，风险是小的，所以这样的机会不容错过。在明代各代皇帝治下，有勇气的，偶尔是有洞察力的官员得负担起往往是以死相谏的责任。在宽厚的孝宗皇帝治下，这种情况是很个别的，他的性格引起了大量批评性的忠告。

他并不强壮，在他统治的后期，他不得不常常称病而不上朝。甚

---

① 夏燮编：《明通鉴》（约 1876 年；北京，1959 年再版），40，第 1530 页。
② 《明史》[41]，286，第 7346—7347 页。

至在那时，他也不能摆脱朝政，例如在 1502 年阴历十二月（实际上是 1503 年 1 月），他的大学士们责备他耽误了关于采取措施以救济受洪水灾害的南京的决定。他们劝他应孜孜不倦地注意决策问题，以便在政府中激励更高昂的士气。这位一向谦恭的（虽然是筋疲力尽的）年轻皇帝因他们良言相劝而表示感谢。

但是他自有主见。他与他的妻子一起，看来也虔诚地信奉道教。在皇帝的赞助下，道士们定期在朝廷举行斋醮。这些活动可能像当时存在的医药实践那样是一种合法形式，但它们并没有使皇帝放弃对儒家价值观念的信仰。可是他的士大夫们却不能掩盖他们的藐视和不满；他们在报告自然灾害时常常威胁说，这类背离理想帝王准则的行为，会造成表现为旱、涝、瘟疫和饥荒的宇宙运行的失调，使他的统治陷入困境。1504 年当他封道士崔知端为太常寺卿时，引起了一片喧闹。这个职务是兼职的（即无实权的）礼部尚书的荣誉官衔。在朝廷看来，礼部这一以儒家准则纠偏的堡垒被这一任命所玷污。但是皇帝坚定地不顾所有的抗议。崔知端在成化时期曾是万氏小集团不合法地任命的僧侣之一，在弘治时期，他曾受"奸"阉李广的庇护（李强烈地偏爱道教，已不光彩地被迫自尽）。我们应当假定，崔知端（关于此人的材料甚少）与李广一样也是张皇后的宠幸。

在这个不幸的皇帝统治的 18 年期间，自然灾害显得异常频繁和严重，尤其从 15 世纪 90 年代后期至 1505 年他去世时更是如此。他多次批准对这些受灾地区减免税赋和采取救济措施，史籍证明他对黎民的苦难深为不安。但这里我们在解释记载时又必须留意，因为全国的官员不断利用他们自己及其他官员的关于自然灾害的报告，作为促使这位最易接受意见和谨慎的统治者承担改革他政府的某些方面的责任，以便恢复宇宙的和谐。他越是肩负起儒家的责任，他们越是把问题堆到他的身上。

一种不断发生的灾害是完全真实的。那就是位于山东的黄河堤坝每年决口引起的洪水，那里正是黄河和大运河相交之处。在堤坝失修时已经形成的黄河的几条支流之一越过了位于章丘（约在济南西南 80 英里处）的运河，危及大批人的生命并中断了运河的运输。这里邻近徐有贞在 1453—1455 年进行大规模修复工程的沙湾。这时似乎需要更根本地解决这个问题。1493 年，当时在地方上任职的高级官员刘大夏经吏部尚书王恕推荐，负责这项工作。

刘大夏绝对不是一个有水利工程专长的人，他作为一个文人和通才，是一个经得起检验的执行巨大任务的行政官员。他研究了河流管理工程的历史，招收了地方上所能找到的最有经验和技术最佳的人，采取了著名的前辈特别是 14 世纪中叶伟大的水利工程学家贾鲁使用过的技术。从离裂口很远的上流（几乎远及河南的开封）开始，刘大夏堵塞了通过今河北南部和山东西部流向东北的黄河的几条支流。这样就使主河道转向东南，流向江苏北部的徐州，进而流向淮河的主渠道入海。这样就改变了黄河的主流，使它在山东半岛南部流动，这一改变一直延续至 19 世纪中叶。在进行堵塞、开渠和筑坝的大工程时，一次使用多达 12 万人从事长达两年多的劳动。刘大夏成功地计划和管理这一工程，这使他在历史上赢得了名声，并深得皇帝的宠爱。他历任高级职务，最后在 1501 年晚期至 1506 年中期担任兵部尚书，然后退隐。他在最后的这几年中成了皇帝最亲近的心腹，而这时这位年轻的统治者的精力和治国的注意力衰退了。

前一个皇帝统治期间新出现的行政弊病在他的后期又任其重新出现。这表现在设立皇庄，绕过主管的部直接封官，贪污盐业专卖款，朝廷官员接受贿赂。以上弊病没有一项达到成化时期那样的腐化程度。这些他并不知情的失误在一定程度上有损于这位善良、谨慎、勤奋和由于某些原因劳而无功的年轻统治者的历史记录。他给王朝留下的最坏的遗产就是他的继承人。1505 年夏当尚未满 35 岁的朱祐樘临终时，在病床上召见最受尊敬的大学士们，把他的当时只有 13 岁的儿子托付给他们，并对他们说："东宫聪明，好逸乐……"[1] 他的儿子，即统治期短暂的正德皇帝，浮夸和玩世不恭地藐视他父亲的一切真挚的儒家理想主义，抛弃了他父亲树立的样板，其方式比 18 年前朱祐樘苦恼地摆脱其父亲的榜样更为直截了当。明代后半期的开始并

---

① 《明史》[41]，181，第 4813 页。

不吉利，但根据所有的传统史书来判断，回想起来，弘治之治是一个值得怀念的时代。

成化和弘治时期文官政府中的问题

内阁的地位

人们经常注意到，明代的开国皇帝并不十分信任他的官员，所以不让一个负责任的内阁制度发挥作用。所以当他在 1380 年取消了宰相之职时，他实际上不过是使制度的现实与他的理想的观念以及他作为皇帝的活动相一致。在他统治时期之后的一个世纪中，他的几代继承者更愿意把权力委托给别人，但是机构的变化则没有形成，所以不能提供一种宪制的基础而把负责任的行政权力委托给宰相或任何高级的顾问集团。明太祖留给其继承者的《皇明祖训》明确地禁止这样做。结果，每一代在位的皇帝不得不参与无数的日常行政活动，这样做需要他掌握情报的详情，然后相应地作出决断。这种情况当然是不现实的。

永乐皇帝精力充沛，有高度理性，并且只对行政中的某些方面（特别是北方边境的军事问题）感兴趣；他已经开始了把行政权力正式委托给受信任的文官的过程，这些官员包括主要的部（吏部和户部）的尚书，特别是委托给翰林院的七名年轻翰林学士组成的集团，他们因自己的学识和机敏而被他选中。他还承认他对宦官（他皇室的奴仆）的依赖，这些人中有的通文识字，并且专门受过行政的文牍工作的训练。经过了已形成的明初政治的黄金时代，在 1425—1435 年的十年中，他的儿子和孙子继续组织内廷顾问的这一精选的集团。依赖这些人（这时他们是权位较高的翰林院官员）的格局很明显地形成了；他们最后都拥有内廷大学士的头衔，而且他们在外廷各部同时拥有较高的官阶。担任高级职务的任期从这个世纪第二个十年一直延续到第五个十年的三杨（死于 1440、1444、1446 年），集中体现了这种发展，并且成为后来明代政府出现的一种非正规的内阁制度的象征。

就在他们任职的时期，高级的顾问大臣——大学士及其翰林院的助手——开始使用在皇帝进行考虑的每份奏议的封面上贴纸条的办法,纸条上概括了奏议的内容,并提出答复奏议的诏书应采用的形式。1435 年作为一个八岁的儿童登上皇位的英宗继承了他父亲和祖父的一批年迈和受人尊敬的顾问。在他未成年时(这种情况《皇明祖训》没有提到),对奏议起草答复的制度由内阁全力实行;于是在咨询官员进行讨论和确定如何起草命令之前不提交政府实行就成了定制。

问题的关键在于,是官员提议的对奏折的反应——即皇帝颁发的批准一切行政活动的诏令——占了上风,还是懒散、堕落或者有独立意志的皇帝容许其他的方式——也许是他们口头上把答复下达给他们的担任秘书工作的宦官侍从,也许是由这些侍从主动拟定其他的答复——以代替这些官员们的答复,还是到头来干脆不采取行动或根本就置之不理。把准备好的命令草稿贴在那些要求皇帝采取行动的文件上的制度,其后果是皇帝不必再直接与他的大臣们商讨。明朝最初几代皇帝的统治是通过廷议进行治理,这种方法在 1435 年以后英宗未成年时肯定被中断了。

建议皇帝如何作出反应的纸条是一个代替面对面商量的日益被接受的方法。他和他的宦官们宁愿采用这一方式,而舍弃统治者及其最高级的政策顾问们通过对问题的一致理解而作出决定的办法。因此这一方法使统治者与他的朝廷容易相互疏远。最后,这个制度可能败坏到要求皇帝采取行动的奏议始终没有让皇帝研究的程度。皇帝及其做秘书工作的宦官可以简单地把它们埋在堆积如山的大量送来的文件之中,而不作任何反应,虽然通政司在收到不断送来的奏议时保存和分发了案卷。或者皇帝在答复时可以不给内阁或执行的部以研究有关的事项和提出合适的答复的机会。

使有条不紊的行政程序趋于崩溃的全部潜力来源于明太祖坚持他的继承者必须发挥自己的宰相的作用的这种态度。那些不能或不愿发挥作用的继承者可能就简单地放弃了治国的大权而交给了见风使舵的人,而身处君侧的宦官往往更有条件来抓住这种机会。

追溯到 1435 年关键的转折时期,年轻的英宗甚至在十五六岁直接进行统治之前，已经处于明朝第一个臭名昭著的宦官独裁者王振的影响之下。王振非常乐意地看到一些受人尊敬和权位较高的大学士——一去世，从而使他能够把咨询大权从内阁转到与易受影响的年轻皇帝最为接近的宦官手中。王振于 1449 年在土木之战的溃败中被杀。以兵部侍郎于谦为首的强大的外廷官员们接过了权力，有力地进行治理而度过了危机，他们作出了取代英宗的皇帝（他们的工具）正式批准的一切决定。但是在被俘的英宗在 1450 年返京和在 1457 年最后复辟的同时，于谦承担了强有力的行政权，这使他容易遭到渎职的指控，其他几百人，特别是那些在反对王振及其同伙时集结起来的人，也受到猛烈的攻击。一种造成严重分裂的派系活动盛行起来了。

土木事件的后果不仅仅是军事危机，它带来了考验帝国政府的时期。到那个时候，以前顺利发展的以翰林院为基地的高级士大夫的责任咨询制度已因王振的把持朝政而陷入一片混乱。其年轻无知曾引起 1449 年危机的皇帝在 1457 年的复辟、皇帝对朝臣的不信任，以及派系活动产生的敌意，都预示着内阁制度的不稳定性会继续延长下去。在英宗于 1464 年死前的最后几年，有些内廷的高级人士力图诱导统治者去注意制度化的劝谏，并取得了一些成绩。但是明代内阁制度的发展的第二个阶段还必须等待宪宗和孝宗皇帝统治下出现的朝廷和统治者之间的相互作用。到 1505 年孝宗去世时，内阁制度可以说已达到了发展的新高峰。

前面已经指出，宪宗尽管有种种缺点，却是生性宽厚的人。他很快成功地消除了长时期相互间耿耿于怀的不满情绪，或者至少使人们知道机会主义的朝臣们再也不能利用那些老问题上下其手了。在他统治的最初几年，他与其朝廷的官员合作得很好。只有一个派系活动的基础在当时似乎没有消除，那就是北方人与南方人对立的潜在的派系活动。虽然他偏爱北方人，却没有成为排斥南方人的集团的一员。事实上，南方人的势力在他统治期间增强了。当他登上皇位时有三名大学士：李贤（死于 1467 年）、陈文（死于 1468 年）和彭时（死于 1475 年）。李贤是北方人；陈、彭二人都是江西人。在所有负责协助年轻的皇帝保持皇位的人中，李贤无疑是最有影响的。他在英宗的最后几年中曾经真正地左右过政府，而在成化统治期的最初三年又是朝廷中压倒一切的人物。

李贤让他提名的有才干和良好名声的人在政府中担任重要职务。虽然父子两代皇帝对他的恩宠超过了所有其他的士大夫，但李贤始终极力主张集体讨论，尤其坚持一切未决定的文武官员的任命要与吏部尚书和兵部尚书讨论后作出。因此人们对他的权力并无不满。但是他与年轻的宪宗相处时并不一直能够按其意愿行事。例如，他在打消皇帝对门达的信任这一方面就没有成功，门达是一个无耻的锦衣卫都指挥佥事，又是李贤在朝廷的死对头。李贤几次要求退隐，但皇帝都没有批准；李贤的父亲在 1466 年去世时，事实上皇帝甚至没有批准李去服丧。皇帝对李贤的信任很可能部分地产生于一件事：李曾经说服垂死的英宗必须让他的正式的继承人继承皇位，并且在皇帝临终时使父子两人在一起充满感情地和解了。

在当时，李贤及其周围的高级官员出于许多原因，正处于能影响新皇帝统治的强有力的地位。尤其是李贤，他决定施加最强烈的可能起指导作用的影响。有一次，在 1464 年夏天，还不满 17 岁的皇帝登基后不久，老祖父似的 55 岁的李贤就一次袭击京师并把太庙的树连根拔起的带冰雹的风暴的含意与皇帝认真地谈了一次话。李贤告诉这个青年："天威可畏，陛下当凛然加省，无狎左右近幸，崇信老成，共图国是。"[1] 历史学家评论说，在一切可能的情况下庄重地提出这样直率的私人劝导，对这个年轻皇帝及其统治初期具有约束性的影响，并且把内阁提到更加突出的地位。

也许是这样。但是宪宗也表现了超脱的不偏不倚的品质；他似乎从不为任何官员集团或任何中心政策所左右。当他统治初期的三名权位较高的大学士被人接替和其他人被增补时，他把一些像刘定之（死于 1469 年）和商辂（1477 年退隐）那样的杰出的士大夫安排到内阁中来。但他也任命了不道德的万安（死于 1489 年）和刘吉（死于 1493 年）及其他一些名声不佳的人。从 15 世纪 70 年代

---

[1] 《明史》[41]，176，第 4676 页。

起，他对声名狼藉的宦官汪直（1476—1482 年掌权）和梁芳（1476—1487 年掌权）以及对万氏庇护下的一批无耻之徒的依赖，危及了正直官员的影响和削弱了他内阁的审议作用。更糟糕的是，他发展了不顾他的朝廷的毛病。他不必直接与朝廷官员商讨，所以长达几年没有答应他们提出的私下商讨的请求。

对比之下，孝宗皇帝实际上在处理一切事务时尊重他内阁的判断，而只保留小范围内对本人有重要意义的事务的个人处理权。他顽强地抓住这个独立行动的狭小的回旋余地，并且后来在他的皇后和她的家族的影响下，独立行动的范围略有扩大。这个范围包括庇护宗教，任命受宠的人，封赏财富和地位以及少数人的一些比较次要的事情。它并没有严重地削弱他的内阁的影响，也没有破坏他政府的高昂的士气。

为了总结在这两位皇帝统治下发展起来的内阁的地位，人们必须先确定与它有关的政治问题。在明代的大部分时期，控制政府决策权的主要斗争是在皇帝的两套顾问班子之间进行的。一套班子来自士大夫集团。他们的组织基础是翰林院及它对内阁职务任命的垄断。这个集团容易产生派系活动和正当的政策分歧，但是在大部分士大夫心目中，这类分歧不过是伦理和思想价值观念总的一致下的一个枝节部分。与之竞争的一个集团是皇帝的私人的官僚机器——宦官——连同他们管理皇宫的以司礼监为首的 24 个宦官机构。

明代制度规定，自从 1380 年取消宰相的职务以后，这两个集团都没有行使咨询职能的明确的宪制基础。它们都属于内廷，都是皇帝亲密的私人随从，它们的权力都来自它们与皇帝的关系。两个集团都寻求先例，以使它们的职能正规化和扩大它们的权力基础。翰林学士似乎拥有压倒的优势：他们取得了社会能给予的最高声望。他们是履行正确礼仪和寻求先例及传统的学术根据的专家。那些人是中华文明中理论权威的最高源泉。因此，他们十分自然地加强了外廷官员的力量，并且维护着全社会的社会精英的价值观念。他们的社会根基、思想上的世界观以及伦理道德的信仰，这些因素结合起来，就使他们成了全社会公认的代表。

在 15 世纪后期，一万名或一万多名在职的宦官中，大部分似乎可能与士大夫们持有同样的价值观念，并且还与他们合作。但是，那些并非如此的所谓的奸阉，则是我们更容易在历史上看到的那些人。得益于接近和了解内情，并利用成为他们与皇室成员之间关系的特征的各方面的互相依赖，他们知道谁容易听从他们和受他们的诱惑。他们能够利用皇帝和皇后、妃子以及外戚，去支持他们反对高级官员，因为作为报答，他们可以给这些皇室成员提供至关重要的个人恩惠和奉承，为这些人采办物品，支持这些人去反对士大夫规范的压制性的和束缚人的控制，提供许多我们认为可以使一个被严密禁锢的皇室集团中受限制的成员取得"自由"的许多形式——总之，提供使个人取得满足的一切形式。当然，这样就能够影响皇帝及其政府对政策的实施，但是，当宦官集团的领袖努力想进而控制某个皇帝时，生死攸关的问题就很少是国家政策本身的事情了。如果说真正的政策分歧常常破坏官员集团的和谐关系，那么有野心的宦官则对统治者及皇室成员好恶的变化更为敏感。

有一些含糊的暗示，说有些臭名昭著的宦官独裁者对治国之道有新颖的想法，或者说有些皇帝之所以宁用其宦官侍从而不用他们的内阁，是因为他选择了官员们所反对的政策。但是这些问题似乎从来没有成为内阁和宦官为了引起皇帝注意而产生的冲突的核心。皇帝在不同程度上可以听从这一类或另一类顾问，也可以冷静地扶植这两类集团，使之互相倾轧。迟钝的宪宗表现为后一种类型的统治者，虽然他更多的是通过不问不闻而不是通过计谋做到这一点。还不清楚他用心计和有目的地进行操纵的程度；他可能只是缺少怎样进行统治的明确的意识。但是他的儿子孝宗皇帝则是明代统治者中最完美的榜样，即他完全听从他的儒家顾问，并认为他的内阁和朝廷机制是与他本人的皇帝威严相当的负有重任的组织。这就是在 15 世纪终了时内阁权威大为增强的根本原因。它提供了一个有价值的先例，但却不能提供一个使这种现象持久不衰的宪制基础。

宦官官僚政治的成长

　　孝宗完全和真诚地接受士大夫的咨询作用，特别是由三至五名大学士组成的他的内阁的审议职能。反过来，他们得到了通过每三年的考试直接选入翰林院任职的最佳学者的补充。一旦进入这个精选的集团，他们就作为幕僚助手开始其前程，所有未来的大学士将在他们之中指定。虽然诚心诚意地喜爱士大夫代表的价值观念，可是孝宗像他的前几代皇帝和直至明朝灭亡之前的他的继承人那样，甚至也完全接受宦官官僚政治的思想，宦官政治不但已在宫内发挥作用，而且在全帝国的文、武行政职务中也是如此。

　　成化和弘治两朝出现了宦官官僚政治进一步发展的情况。这是以前的宋、元两朝无法相比的。虽然 15 世纪后期的心情不安的官员喜欢引用汉、唐宦官滥用权力的例子，但是明代把庞大的宦官行政编制正规化的情况，甚至在以前宦官肆虐的朝代也确实是没有的。《明史》过于虔诚地宣称，明太祖曾经打算让他的皇室只使用约一百名宦官，不准他们识字，不准他们以任何方式与士大夫们私下交往，而且以任何方式参与行政活动就要处死。一块上面写有以上最后一条禁令的铁牌被认为曾经立在宫内，只是在 15 世纪 40 年代第一个声名狼藉的宦官独裁者王振使用了奸诈的手段，它才被搬掉。

　　《明史》谴责永乐皇帝，因为他背离了开国皇帝的意愿，在 15 世纪的第一个 25 年中不论在宫内还是宫外，都指定宦官去执行其范围大为扩大的任务。一位现代的学者已经论证过，《明史》无非重复了关于宦官这一题目的流行而不实的传说；对于这个题目，大部分明代史学者都未加注意，而且这方面的系统材料现在仍难以收集。[①] 他明确地指出，明太祖使用识字的宦官并在宫外的政府中委以重任；而《明史》中最令人厌烦地反复提出的传说之一，即立铁牌的传说是根本不存在的。不错，永乐帝大大地扩大了使用宦官的范围。他不但是

---

① 黄章健：《论〈皇明祖训录〉所记明初宦官制度》[241]，载《中央研究院历史语言研究所集刊》，32（1961 年），第 77—98 页。

在开国皇帝原来实行的基础上实行，而且在求助宦官侍从去处理大量要求皇帝注意的文件中，他是屈从于他无法控制的现实。这个现实是，开国皇帝取消宰相的事实留下了一个严重受损伤的政府结构。对皇帝来说，宦官侍从是一个针对外廷领导遭到破坏的临时性的反应，在以前的朝代中，这种领导给统治者提供了可靠的行政协助。

许多历史学家认为这是明代开国皇帝最严重的判断错误。它影响行政的许多方面，特别是它造成了内阁和主要的宦官之间棘手的关系，因为两者都被要求去填补这个空缺。宦官能够不费劲地把这种局势转化为适合他卑鄙目的的情况，在明朝大部分皇帝的统治中真是太明显了。历史学家的注意力大部分已经转到在最高层公开滥用权力这一方面；一个同样重要但尚未研究的问题是在宫外被委任文武官职的宦官编制的扩大。

1485 年，一名都察院的官员抱怨说，宦官的人数已经超过 1 万大关，并已成了一个财政负担。在 1644 年李自成的乱军灭亡明朝时，京师的宦官也许多达 7 万人，而且还有其他许多宦官在全国各地任职。不论这些数字是否十分精确，它们却正确地反映了这种趋势。它们说明到成化和弘治两个时期，宦官的编制已经发展到帝国政府中全部有品位的文官官职的数字，而且很快就超过了这个数字。

文官官僚集团和宦官官僚集团在治理帝国时协同发挥作用。这两个等级组织的最高领导人在竞相控制皇帝和来自皇帝的各方面的权力时势不两立，但在大部分情况中，他们常常不得不合作。这两个官僚集团都被高度组织起来，凡加入各该集团的人都各需要特定的和客观地评定的条件。它们都有自己的管理制度，以及既定的办事程序，承认考核功绩原则的晋升阶梯，细致地分成有固定收入和地位的等级、规定和先例。二者中的宦官官僚集团相对地说很不稳定，因为任何一个皇帝都能大大地限制它的作用，缩小它的规模，并且为此而赢得赞誉。事实上在 16 世纪第二个 25 年嘉靖统治时就发生过这种情况。可是总的说来，宦官官僚集团积累性的发展却远远超过文官集团的发展。

在制度方面，宦官注意扩大他们负责的官僚集团，并且注意使它取得不断加大的重要活动范围，以使统治者和政府比以往更加依赖他们。在病态性多疑的明太祖立下的传统中，一些皇帝也有兴趣让他们的宦官发挥遏抑官员的监视作用和充当抵消官员势力的一种力量。只有一个以身负明确的重任的宰相为首的强有力的外廷才能阻止宦官力量的发展。17世纪的历史学家，即那些反思明代历史上出现过什么问题的同情明代的人，曾提出一种观点，即大学士不得不作为不能拥有宰相官衔的实际上的宰相而发挥作用，因此他们不能完全履行他们的职能。他们还提出一种看法，即这样行使的宰相的权力是分散的；内阁的这种临时性的权力基础可以很容易地被司礼监的宦官所拥有的与之竞争的权力基础所压倒。宦官的制度方面基础的扩大，使得宦官官僚集团的领袖们成为越来越可怕的竞争者。

汪直，这名万氏的宦官，宪宗在1477年让他独揽新建的西厂大权，已被人称为明代四大声名狼藉的宦官独裁者之一。可是在宪宗和孝宗的统治下，比在最高层滥用宦官权力更为严重的情况无疑是宦官官僚集团扩大的职能的正规化。在15世纪的后半期，在军事，监督马匹的采购和兵器及其他军需品的生产，控制纳贡制度下的大部分对外贸易，管理皇家的丝绸及瓷器工厂，为朝廷采购和运输国内的产品，管理大部分皇宫、皇陵和寺庙的建造等方面，以及在执行众所周知的全国性秘密警察的调查、审讯和惩罚的任务方面，宦官们终于负起越来越大的责任。虽然宦官的官阶不得高于正四品，但主要的宦官们终于被承认为是与他们一起执行特殊任务和从事正规工作的首要文武官员地位相当的人。

例如，大学士彭时（1416—1475年）曾在他的著名的回忆录中写道，在1464年2月24日，即在英宗死后的一天，一个由12名高级武将、文官和宦官——宦官占12人中的4人——组成的特别委员会奉命成立，以审议政策和向新皇帝提出建议。① 虽然官方史料都没

---

① 见彭时《彭文宪公笔记》［423］（15世纪后期；重印，《纪录汇编》，126号，1617年；重印，《丛书集成》，2796号，上海，1936年），第14页。《明人传记辞典》［191］第299页把它说成是"摄政委员会"，这夸大了它的法律地位。

有记录此事，但彭时本人是这 12 人之一，所以似乎没有理由去怀疑这样一个集团的组成。他说，这个顾问集团是按照宣宗皇帝在 1435 年去世时提供的前例组成的，当时明朝第一次由一个未成年的人继承皇位。这样就造成了一个问题，因为明太祖留给后代的使他们受宪制安排约束的《皇明祖训》并没有提供为未成年的或无能的统治者摄政的任何形式。于是经皇太后的批准，一项让权位较高的官员（主要为三杨）审议和建议的安排被制定出来。但是，没有记载写明 1435 年宦官已正式被任命参加这一高级咨询大臣的集团，虽然他们对年仅七岁的英宗的日常生活的控制使他们有机会去影响事态的发展，从而到 15 世纪 40 年代使王振能完全左右政府。到 30 年以后英宗去世和需要另一个这样的组织时，司礼监四名为首的宦官被正式任命参加。

另一个例子可以在司法行政工作中找到。都察院、刑部和两京的独立的司法复审机构大理寺在一起被称为三法司。它们在每年秋季审查判决，以确定哪个案件可疑，哪个可以减免，哪个严重得需要皇帝批准处以最严厉的判决（肉刑或流放）。自 15 世纪 40 年代以来，宦官们偶尔代表皇帝参加这些复审。复审在非常严肃的气氛中进行，大学士和三法司的负责官员在这种场合表现出他们的司法知识。1459 年以后，有功勋的贵族在最后的朝审中参加这些官员的工作。

1481 年，成化皇帝作了改变。每年例行的复审（录囚）仍继续进行。但是他规定每五年一次的大审来代替每年的朝审。这时大审正式由京师负责司礼监的宦官（或南京的内守备）召开，三法司的首脑参加。[①] 在他统治时期，他的宦官代理人在年度复审中已在发挥日益积极的作用，他们常常不同意大学士们的决定，并把自己的意见强加给内阁和朝廷中学识渊博的专家。这时大部分被排斥在复审活动以外的那个集团恰恰包括了那些内阁的官员，于是司法复审活动成了宦官

---

① 《明实录》[380] 的条目中没有明确说明。见《明实录·宪宗实录》（1491 年；台北再版，1961—1966 年），214，或申时行编《大明会典》[265]（1587 年；上海重印，1964 年），177、211 和 214；本文解释根据《明史》[41]，94，第 2307 页，和《明通鉴》[210]，34，第 1307 页。

行使权力的另一个方面。

从以上两个事例可以看出，15 世纪后半期宦官官僚集团变化的特征恰恰是他们从实际权力的增强转化为对他们作用的正式承认及其作用的制度化。有人也许会争辩说，宦官行使他们的行政和监督的职能会与一般士大夫一样出色，也许还不会给社会增加更多的费用。但是说到费用，它肯定不会少于维持一般文官的支出。宦官取得的品位越高，他们越是像大官那样生活。他们建造华丽的宅第，资助寺院，取得土地，有私人的奴仆和随从，而且像那个社会所冀求的那样也想供养家庭。许多宦官收养义子（一般为其侄子），并力图为他们优先取得朝廷中最易受他们影响的官职的任命——在锦衣卫或其他京师军事单位中任百户或千户之职。

但是，士大夫——宦官的竞争者以及社会的道德维护人——却不认为宦官是权力和地位的合适的拥有者。这种偏见在一定程度上是有充分根据的。的确，他们之中的历史学家热情地记载一些杰出的好宦官，这指的是那些生活简朴、忠于皇帝，在频繁的宦官派别活动中反对坏宦官以及与好的官员合作的宦官。《明史》指出，这类品德高尚的宦官在孝宗统治时期为数非常之多。除去这种值得注意的偶尔出现的例子，士大夫明确地贬低宦官和不断地指责他们。他们接二连三地上奏，要求惩处那些唆使青年男子自阉（通常由其父母强制阉割）以期这些人万一被接纳入宫而使自己能免税和致富的人。他们要求减少招收宦官的人数。他们揭露这些人为非作歹的罪恶昭彰的例子。他们还要求减弱这些人在治理国家中的作用。

在分析整个中国历史——尤其是集中分析明代经验——的宦官弊病的文章中，最有力的论证文章是 17 世纪的学者顾炎武的两篇批判性研究论文。[①] 他在第一篇论文中相当详细地引了 1464 年呈给新登基的皇帝宪宗的一份奏疏，以加强他的论点。奏疏来自以王徽（约 1407—约 1489 年）为首的一批南京的都察院官员，是他们呈上的两

---

① 顾炎武：《宦官》和《禁自宫》，载黄汝成编《日知录集释》［292］（1872 年；《国学基本丛书》，17—18 转载，上海，1935 年），9。

份要求改善宦官待遇的奏疏之一，但是从上下文看它却要求严格地限制宦官，只让他们执行宫内的不重要的任务。1464 年夏初呈上的第一份奏疏的最后部分简明而有力地阐明了这个问题：

> 自古宦官贤良者少，奸邪者多。若授以大权，致令败坏，然后加刑，是始爱而终杀之，非所以保全之也。愿法高皇帝旧制，毋令预政典兵，置产立业。家人义子，悉编原籍为民。严令官吏与之交接。惟厚其赏赉，使得丰足，无复他望。此国家之福，亦宦官之福也。[①]

这份奏疏没有立刻得到答复，但在这一年晚些时候皇帝降了大太监牛玉的级并予以惩罚（因为牛要对他不幸地选中第一个而后又很快予以废黜的皇后负责）以后，王徽及其助手被抓和投入监狱。在狱中，他们呈上了第二份奏疏，大意是：臣等早就言之，同时以牛玉的失宠垮台为例重申他们的论点，这一次对这些论点的陈述更为生动详细。其中的一段特别是针对朝廷官员和宦官之间的棘手的关系：

> 内官在帝左右，大臣不识廉耻，多与交结。馈献珍奇，伊优取媚，即以为贤，而朝夕誉之。有方正不阿者，即以为不肖，而朝夕谗谤之，日加浸润，未免致疑。由是称誉者获显，谗谤者被斥。恩出于内侍，怨归于朝廷，此所以不可许其交结也。

皇帝被激怒了。他说这份奏疏的作者们完全是为了沽名钓誉，甚至不顾许多政府官员对他们的大胆而坚定的支持，把他们全部流放到偏远地区担任低贱而艰苦的职务。在宪宗统治的以后的时期里，宦官们对他们紧追不放，阻挠对他们的宽恕和不让他们担任较好的职务。王徽活到 1488 年孝宗登上皇位，当时他经杰出的吏部尚书王恕荐举

---

① 两份奏议部分地引用于《明史》[41]，180，第 4767—4768 页，王徽传；及《明通鉴》[210]，29，第 1160、1163 页。正文中的英译文系根据前者。

而担任朝廷中一个高级职务；他不久去世，终年 82 岁，虽没有得到补偿，却得到了昭雪。

这些抗议者不过是因反对宦官而毁了自己前程的几百人中的一小批。他们提醒我们，作为宦官政治发展的另一个后果，我们必须考虑到它对官员们士气的消极的影响，特别是对两京中其前程必然与宦官活动交织在一起的官员的士气的影响。宦官们造成的局势常常使与他们合作的"卑鄙的"机会主义官员与"正直"清廉的官员发生对立。可是没有一个高级官员能使工作卓有成效，除非他能取得与宦官领导集团的良好的工作关系。易接受士大夫指导的孝宗大大地改善了这种恶化的气氛，但是他没有作出结构的变革，并留下了隐患，使宦官的弊病在他的不寻常的儿子兼继承者统治下又迅速达到无以复加的程度。

军 事 问 题

政府的军事力量

成化皇帝统治的 23 年和弘治统治的 18 年，不但在它们面临的国内和边境的军事问题的性质方面，而且在它们作出的反应方面都互不相同。简而言之，朱见深与他的有军事头脑的祖父和父亲〔宣宗皇帝（1425—1435 年在位）和英宗皇帝（1435—1449 年和 1457—1464 年在位）〕相同，向往他们的生气勃勃的，甚至具有侵略性的军事姿态，并且厚赏有成就的军事将领。与之相反，朱祐樘尊奉儒家的和平主义理想，不鼓励那些采取侵略性政策的人。在成化帝在位期间，共封了九个伯爵和一个侯爵，作为对军功的报偿；在弘治帝在位期间，只封了一个授给有功勋的贵族的爵号，而这个爵号是追封一个在 1504 年于北方边境战死的英勇而顽强的老将。虽然在这两代皇帝统治下，北方边境是明朝军事上主要和持续的关心点（这是不易摆脱和一直存在的一些根本原因所造成的），但那里出现了不断变化的形形色色的敌对领袖和联盟。（那里的形势将在以下的《北方的边境战争》一节讨论）

成化统治的更带侵略性的军事姿态反映了三个因素：（1）军事威胁来自更强有力的敌人；（2）皇帝的态度保证了中国人作出积极的反应；（3）爱搞权术的官员——像宦官汪直——认识到可以从凯旋或报捷中获取个人利益，就在成化统治时期为这类行径制造更多的机会。不像他们的大部分前辈，这两个皇帝都没有亲自出征，以后的明代皇帝除了喜欢模仿英雄的正德皇帝（1506—1521 年）外，也没有这样干过。

宪宗虽然喜爱武功，本人却不壮健；温和和主张和平的孝宗在整个明代的皇室中是最不可能成为战地统帅的人。可是他有一次相当含糊地提出，也许他要义不容辞地率军对其北方的敌人进行一次讨伐。1504 年夏季，快到他的统治结束之时，大同的边防区又遭受了几乎是每年发生的袭击。他召集他的一批大学士私下讨论了这个他似乎认为会使人们怀疑他统治的正义性的永无休止的问题，也许他还想起了公元前 12 世纪周武王向商代的暴君发泄的那种令人钦佩的义愤，结果他便去考虑如何制服桀骜不驯的蒙古人的种种办法。在认真思考后，他的儒家的责任感明显地克服了他对战争的厌恶，同时一名勇猛的指挥及他率领的一支所的人马在敌我人数悬殊的情况下英勇殉国的消息又进而激发了这种责任感，于是一向谨慎的孝宗经过长期的犹豫之后就提出："太宗频出塞，今何不可？"这一与他性格不一致的提议一定引起了众人的惊奇，他信赖的兵部尚书刘大夏克制了这种情绪，以完美的朝臣的机敏答道："陛下神武固不后太宗，而将领士马远不逮。"他引了永乐帝时期的一件事以证实他的论点，最后他下结论说："度今上策惟守耳。"

对于刘大夏对明初帝国的军事形势与一个世纪以后的军事形势的比较，我们完全可以做更深入的发挥，前后形势已发生了深刻的变化。历史学家已经注意到在明初几代皇帝时期造就的勋贵的衰落以及职业军人和皇帝之间紧密关系的减弱。到 15 世纪中期，对军事的控制和对封赏的垄断，正在从以往英雄人物的第二和第三代有爵号的、但往往是无能的后裔转到了文职官僚和从事军事的宦官手中。军事政策日益由文职官僚来决定。15 世纪后期几个最能干的军事领袖——

像16世纪初期最著名的王守仁（哲学家王阳明）那样，都是科举出身和从其他行政职务转任军事领导的人。突出的例子有：韩雍（1422—1478年）、王越（1426—1499年）、项忠（1421—1502年）和马文升（1426—1510年）①。对比之下，与他们同时的一些最高级的世袭军事将领却大都无能而不值一提。此外，在位的皇帝已不再是擅长军事和能够亲自严密监督整个中国军事制度去执行任务的人，优秀领导人的出现和使用都带有偶然性，支持军事的结构再也得不到严格的维护。这种变化是逐步的，在暂时的更有利的条件下在一定程度上还可向好的方面转化。但是总的说来，刘大夏关于明中叶诸帝掌握的军事手段"远不逮"以前几代皇帝掌握的手段这一判断是很深刻和正确的。

摆在宪宗和孝宗时期的明政府面前的军事问题是组织问题——如征兵、训练、部署、后勤支援及军队领导——和在国内及国际上必须使用武力的那些紧迫的问题。这些问题将按以下顺序在下面作简要的论述：组织问题，盗寇和叛乱引起的国内大事，与其他国家——这里是指亚洲内陆——在边境上进行的战争。

中国兵制的组织结构在这两个统治时期没有大的变动。它的基本部分是驻守在全帝国的大约500个卫及组成它们的所；每个卫名义上有官兵5600人，他们理论上来自世袭的军户，而实际上往往由雇佣的人代替。帝国所有的卫名义上的兵力应该接近300万名官兵，但到明中叶，可能略少于此数的一半。它们由五个大都督府指挥，而不是由中央统一调动。此外，还有以类似方式组织起来的专门的禁卫军，其数超过70个卫，分别驻于北京及其附近。名义上，这些卫又可提供将近100万士兵，但它们的人员严重不足，事实上其士兵大部分不带武器，而是作为劳工从事劳动。它们有其数以千以万计的超编军官，这些职务不加区别地授给那些与朝廷有关系的人的亲属。

京卫独立于五个都督府而不受其节制。还为北方边境的九边设置一个专门的指挥机构，九边为长城沿线保卫中国不受亚洲内陆侵袭的

① 这一段所列的人及本章所列的其他大部分人在《明人传记辞典》[191] 中都有传记。

几个地区。这种军事力量得到较为适当的维持。这时它的实际兵力约
30 万人，它的供应和训练都优于各省的卫，不过也有领导素质差的
问题。不论是镇压国内的骚乱，或是保卫边境，为大规模的战役建立
专门的指挥机构成了定制。到成化和弘治时期，这类紧要事件一般需
要专门征募民兵，或者专门集结专业的战斗部队，因为旧的卫的建置
在军事上已不再是举足轻重的了。背上了一个早已衰败的制度的包
袱，这两个皇帝及其军事顾问只能试图改造和零星地改进。

　　一个旨在改进京师防御的这种组织改造就是统一训练的做法，它
在 1464 年由精力旺盛的兵部尚书于谦在 1449 年危机时提出，然后又
被放弃了。宪宗登基后最初采取的行动之一是下令恢复这个制度。各
有 1 万人的 12 个"团营"从 30 多万士兵精选出来，这 30 万名士兵
原先组成了三个专门轮换训练步兵、骑兵（主要是蒙古人）和火器兵
的京营。三个营的士兵名义上是从北京附近各省的卫轮换送来，他们
之中的大部分都超龄而合法或非法地被留下作为仆人或劳工从事劳
动。在新制度规定下，选拔出 12 万名最优秀的士兵；不合格者再分
配任务或退役。这样组成的 12 支训练部队之所以称为"团营"，是因
为它们的训练把步兵、骑兵和炮兵的职能合在一起，并且把这三个组
成的兵种的指挥统一起来，以便形成更大的战斗力。

　　宣宗皇后的兄弟孙继宗因他在 1457 年英宗复辟时所起的作用而
被封为会昌侯，这时被任命为 12 个团营的指挥，由此可见朝廷对改
革的重视。但是与这项工作有关的最重要的军事人物却是杰出的宦官
将领刘永诚，他当时已经 73 岁，是一个从永乐皇帝时期起的久经沙
场的老将，这时负起了指导新的训练活动的实际责任。12 个团营也
各有一名宦官监军，作为指挥的第二把手。

　　恢复的制度后来经历了若干修正，并且一度显得很有成效。汪直
于 15 世纪 70 年代中期掌权以后，团营完全变成由宦官指挥和领导的
事业。常常有一半以上在编的兵力不知去向，他们非法地充当了高级
军事领导人和宦官的劳动力。宪宗于 1487 年登基后不久，把 12 个团
营的领导权重新转交给文官。他挑的指挥官的人选是新任命为都御史
（后任工部尚书，继而又任兵部尚书）的马文升，他作为一名军事行

政长官的非凡能力已在北方边境的长期和杰出的工作中得到了证明。这个制度从此历经变迁，直到它在 1550 年被废除为止，当时重新出现的蒙古入侵再次要求朝廷进行组织改革。

1494 年，一道诏令为征募和利用民兵确立了全国性的准则，这些民兵名义上是百姓中志愿服兵役的人。在边境，这些人称土兵，在各省，他们称为民壮。自 1449 年的危机以来，紧急时期在百姓中征募志愿民兵的做法已经非正规地发展起来；而现在，在使这一做法正规化的同时，卫所制度的缺点也进一步被人们认识到。1502 年，据说有 30 万民壮已被吸收进卫所，这样有助于填补卫所兵员的缺额。又经过了 50 年，专门征募的部队当出现紧急情况时在全国许多地方有完全代替卫所驻守部队的倾向。

1496 年夏，兵部尚书马文升呈上一份长篇的奏折，详细陈述了自开国皇帝和永乐帝统治以来中国军事建置衰落的各个方面。在一道显然与马文升商讨后起草的批复诏令中，皇帝接受了若干改革，其中最引人注目的是大力招收“将才”的活动。他提出自宪宗设武举——与文官科举考试相对应的考试，在 1464 年晚期宣布开科，在 15 世纪 70 年代加以扩大，已经造就了能充任日益增多的武职的人，但是那些具有杰出将才的人却没有被吸收。他极力主张地方官员应该物色精通战术战略和具有领导素质的人，并根据武举规定的程序吸收他们。以后不久，他授权通过更体面地直接任命这些具有卓越才能的人担任应该担任的工作来召集他们。[①] 但是历史学家沮丧地指出，没有人曾经应皇帝之召。

在中国军队中，除了高级将领外奖赏和晋升都根据各个战士俘获或杀死敌人的记录，并通过交出的俘虏或其首级来核实。以首级核实的办法更为方便，并更普遍地被采用。奖赏的规格取决于发生战斗行动的战区。也就是说，奖赏根据战斗带来危险的大小和敌人的凶猛程度分为几等。在战斗中抓获一名敌军将领或其他指挥官会得到特殊的

---

① 《明实录·孝宗实录》［380］（1509 年；1964 年台北再版），114，第 7 页；《明通鉴》［210］，38，第 1450 页。

奖赏。另外，在北方和东北边境砍下敌人首级带来最高奖赏，从西边（西藏）边境和在与西南土著战斗中得到首级次之，而在与盗寇或叛乱者作战时取得汉人首级的奖赏则属于末等。在特别危急的时期，奖赏制度有了变动，对当时最危险的新敌人的首级给予更高的奖赏。这个制度受到许多人的批评，特别是有和平思想的儒家政治家的批评，他们认识到这样会牺牲无辜者——凶残的将领常常被指责在战区，甚至远在战线后方斩杀不幸的非战斗人员，以便扩大他们的战果，反黩武主义的御史们也常常揭露一些将领的虚假战报。他们与个别的战士不同，当他们宣布"胜利"时可以从他们的部队获得的首级的总数中得益，并要求奖赏。但是这个制度虽然常遭批评，却没有变动。

　　总之，在成化和弘治统治时期，中国的军事制度没有发生实质性的结构变化，尽管人们日益认识到它的缺点。一个值得注意的积累性的变化是宦官的地位越来越突出；他们正式行使"监军"的职能，监军即使不是在名义上指挥驻守战略要地的部队和战地的军队，也是指挥机构的第二把手。他们的权力结构的最高等级是宦官官僚集团的领导（司礼监）而不是兵部或五个都督府。这并不能提高军事专业的声望。在这两代皇帝治下进行改革的最雄心勃勃的企图是在京师 12 个团营中恢复训练活动，这项改进能短期地提高京师防卫士兵的战斗力，加强对他们的支援体制和提高士气。但是，这样拼拼凑凑的改进不能实质性地改变更多的现实情况。

　　在明代中叶，战争是国家政策的一个不得力的手段，它本身在这个时期对国家的存在并没有关键性的影响。军事机构虽然在明代政府是最庞大和最花钱的组成部分，却是建立在一盘散沙之上。作为一个在注重功勋的社会环境中的名义上的世袭制度，它在明代社会中没有稳固的位置，在公众的心目中也不处于受尊敬的地位。除了把军事当作他们所偏爱的用以控制社会的标准道德手段中的一种极端制裁手段外，大部分文职官僚并不信赖它。军队中的职业领导人，不论是世袭和处于最高层的贵族军人，或是从武的宦官，一般几乎得不到威望，更不受人尊敬。军队是这样一个政府的军事力量，它越来越面向和平，除了保卫边疆和维持国内安宁外，没有其他军事目标。因此在明代中叶，许多人已看到了军事上带根本性的组织缺陷，但只有少数非凡的政治家才认真注意这些缺陷。

盗寇和叛乱者

在中国人对社会动乱的分类中，盗寇与叛乱的区别有点像传统中国动物学分类中家鼠和老鼠的区别——它们属于同一类，但后者大于前者。名称的内容是部分重合的，行政官员不得不辨别的一个重要区别是，盗寇行为对地方秩序和安全构成威胁，而叛乱则对国家提出挑战，可能危及它的安全。成化统治的初期受到了更大规模和更具威胁性的一类动乱以及边境战争的折磨。这几年的地方盗寇活动也多于往常。当爆发的应称之为叛乱的一类事件属于非汉族的土著——当时仍支配着南方和西南各省大部分领土的部落民——的动乱时，就增加了问题的严重性。如同北方边境问题和中国与亚洲内陆各国的关系，在中国的官员中也存在着关于正确地解决这些问题的许多争论。作出的反应在严厉的军事镇压和各种政治及文化诱导的形式之间交替变化。这个时期可以使我们对一个长期存在的历史问题作一些有价值的初步探索。

大藤峡之战（1465 — 1466 年）和针对非汉族民族的其他国内战争

广西瑶族人民的叛乱由一个能干的首领侯大狗——瑶族四"大族"之一的头人——领导。这个叛乱自 15 世纪 50 年代以来已经在酝酿之中。它在 1464 年正当宪宗登基时全面爆发。对这个区域的几个行政长官来说，危机更因邻近的苗族和壮族同时发动的起义而加剧。受影响的中心区位于广西中部（今广西壮族自治区）的浔州城（今桂平）西北长达 75 或 100 英里的浔江（黔江）流域。浔江的这一段迂回曲折，穿过森林覆盖的陡峭山岭，它的峡谷既深又隘，土人靠在那里生长的大藤越过峡谷。悬挂的大藤宛如吊桥，因而给峡谷起名为大藤峡。历史上的这一事件也以此命名。

叛乱和镇压活动波及包括邻近的今湖南、贵州、江西和广东四个省的区域，在广东，它一直蔓延到珠江江口的新会，直达省府广州的门口。当这次土著的起事发生在偏远的边境区而侵入了具有大城市和经济、政治权力中心的人烟稠密的沿海地带时，整个华南大为震动。经过远征军不到半年的征讨后，侯大狗在 1466 年被俘，但要平定这个区域还需要好几年，而且以后叛乱屡次发生，一直持续到 16 世纪。事实上，广西部落零星的叛乱延续到了近代。因此，15 世纪 60 年代的所谓平定叛乱必须放在漫长的历史背景中去考察，但是它至少解决了当时的危机。

地方部队在 1464 年对最初叛乱的反应未取得成功。在 1465 年初期，兵部尚书王竑分析了形势，认为需要迅速和果断的军事行动。他认为省级官员由于想用大赦和奖赏的办法争取瑶族的叛乱者，已经把问题搞糟了。王竑认为，这种办法就像对待宠坏的孩子那样，而且给人的印象是，国家不准备采取果断的措施。他提出，新任广东副使韩雍具有这个任务所需要的文武才能。在都督赵辅的麾下设一个战地指挥部；赵来自世袭的军官集团，能力不强但地位很高。赵被任命为这次战役的总兵，而韩雍则为第二把手，此外还有两名高级宦官担任的监军，以及核实向上呈递的奖赏要求的御史和其他文、武官员。但是作战的指挥权完全操在韩雍手中，由他作出所有的决定。幸而赵辅和两名高级宦官把他当作领袖并与他合作。这在明代中叶的军事行动中是不多见的。

韩雍在 2 月份被任命，到 7 月初期已经赶往南京，去完成集结他将率领南下到广西省的野战军的工作，并与他的参谋军官商讨战略。一个文人政治家，广东人丘濬在一封给首辅大学士李贤的信中，递呈了一项作战的计划，李贤随即转呈给皇帝，并附上赞赏的评语。韩雍在南京接到了要他采纳丘濬的战略的命令，战略提出要兵分两路：一路进入广东，扑灭已在那里蔓延的所有叛乱，另一路进入广西的峡谷区，以压住在其根据地的瑶人，然后等待他们投降。韩雍究竟采纳了这项计划，还是认为它过于胆怯而予以拒绝，记载所述不一。但是可以肯定，他在战地现场作出一切决定。

3 万名士兵，其中包括 1000 名其勇猛残忍使人畏惧的蒙古骑兵弓箭手，到夏末浩浩荡荡前往广西，在那里据说有 16 万名本地士兵

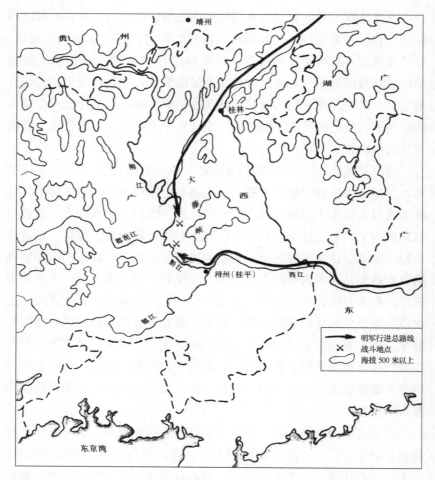

地图 17　大藤峡之战（1465—1466 年）

与之会合。韩雍在峡谷区边缘很快向瑶人进攻，赢得了斩首六七千人
的初步胜利，并诱使一些瑶人投降和加入官军。韩雍不顾所有眼光狭
隘的建议，决定直接攻打峡谷区中央瑶人的栅寨。在 1465 年 12 月和
1466 年 1 月的一系列激战中，两路大军在大藤峡会合，攻进峡中，
焚烧了部分峡谷，并击溃了敌人。侯大狗和他的近 800 名追随者被生
俘和解往京师斩首。许多栅寨被毁，所获首级超过 3200 个。中国的
军队在此以前从未能深入瑶人的居于心腹要地的堡垒。

　　厚密达数英尺的大藤被砍掉，同时为了加深人的印象，其名改为断藤峡。这之后的斗争进行得非常严酷残忍，为的是恫吓瑶族人民。军队被调往邻近各省，以镇压叛乱的外沿区。为了更好地控制这个区域，韩雍设想的军事和政治调整方案送呈朝廷并被采纳。这些方案包括在峡谷入口处设立一个新的州，加强治安，强化广东广西这两个最受直接影响的省份的文武事务的协调，任命一批瑶族部落首领为这个地区的负责官员。韩雍本人被指定留在那里进行监督，直至 1468 年后期。

　　最后将成为广西主要部落民族的壮族单独地受到特别的注意。他们是凶猛的战士，因其毒箭而使人非常畏惧，这种毒箭能"立即致人死地"。官兵用他们去对付瑶人，征募他们之中最优秀的战士为设在峡谷区中央的一个所的士兵，并且"根据习俗"由劝诱他们投降的中国军官率领。到这个世纪结束之前，这些壮人还两次叛乱。

　　瑶族的大藤峡起义是 15 世纪后期最震撼大地的一次部落起义，但只是这个时期许多起义中的一次。在这次起义的余波中，有苗族人民发动的大规模动乱，苗人在 1464 年已与瑶人一起叛乱，而在次年与他们一起遭到镇压。但是遍布中国西南的苗族在他们的几个中心之间保持一定的联系。其中的一个中心是湖南西南位于与贵州交界处的靖州，广西的动乱似乎已蔓延到那里。李震率领的一支大军不得不在 1467 年初期镇压 1466 年后期在那里爆发的一次起义。李震出身于世袭的军官阶级，并继承了卫指挥使的官位。15 世纪 40 年代以来，他已在与西南的土著交战，他的英名使他们胆战心惊。他这时已成为贵州都指挥使和西南防御结构中的中流砥柱。他代表了明代控制部落民族的力量中的一股势力，即主张单纯使用武力的一派。他通常迅猛地获得成果，但这些结果很少能持久下去。他宣布 1467 年在靖州平定了苗族，杀死数千人。他们在 1475 年再次造反，他在 1476 年初期又宣布平定了他们和杀死数千人。

　　一次据推测也是苗族的山都掌部落民发动的严重叛乱在位于播州、泸州和叙州的四川和贵州两省交界处同时爆发。虽然发生在贵州省的对面，但它可能与李震征剿的几次叛乱有关系。一支新任兵部尚书程信也参加的远征军在 1466 和 1467 年的大部分时期中在那里征讨。他们报告说，叛乱在 1468 年的仲夏被决定性地镇压下去，当时程信被召回京。但是苗族和其他民族于 15 世纪 70 年代又在那里叛乱，这需要进行直到 1480 年才结束的三年战争。

中国人强加给土著人民的真正苦难（虽然这不是中央政府的本意）看来引起了许多动乱。但是，有的动乱仅仅是土著更加好武的生活方式的产物。后一种类型的最令人注意的例子是弘治统治快结束时发生在与云南交界的西南贵州。许多西南的部落民族有女性领袖；明朝朝廷完全承认那些社会的女权思想的合法性，并且批准一批妇女的世袭领导权。其中之一是贵州省普安府一位名叫米鲁的妇女，她领导了 1499—1502 年的众所周知的叛乱。叛乱蔓延到云南省"罗罗"族（今彝族）的据点曲靖府，她可能也属于"罗罗"族。她谋害了一批可能与她争夺领导权的她丈夫的家族成员，与她丈夫的一个下属发生关系，然后与此人成婚，一起公开叛乱。

她的追随者日益增加，并且威胁两省的一些重要的府，最后政府组成大军去镇压她的叛乱。征剿需要四个省的官军，再加上 8 万地方军（可能大部分是部落士兵），其中一支经过五个月的追剿，最后把她俘获并斩首。这次战斗破坏了几百个部落栅寨，造成数千人死亡。这一次叛乱不同于许多部落叛乱，似乎不是出于某种政治目的的叛乱，而不过是米鲁生涯中的特别无法无天的行动。

在以后的整个 15 世纪，如同整个明朝的大部分时期，官员们就如何处理经常发生的非汉族人民动乱这些朝廷面临的政治问题争论不休。来自有大批非汉族部落民的区域的官员常常极力主张采用本地部落领袖领导的形式，以取代强加给本地人的不论是否有部落民任职的中国组织形式。促使表达这种思想的两个事例值得作进一步的讨论。

1500—1503 年期间，广东省海南岛发生了一次相当严重但有地理局限性的部落叛乱，这是一次该省黎族的起事。他们对一批批贪婪而残酷的州府官员的虐待非常不满，就组织了一次以该省内地可靠的山区为基地的抵抗运动。他们由一个受尊敬和能干的部落领袖领导，他集结了武装的团伙以反击沿海的华人社区。在危机发展到高潮时，朝廷收到户部主事冯颙的奏疏，冯颙本人也是海南岛的汉人。他陈述的观点得到朝廷的认可。

他的计划是吸收过去有世袭职务的黎族部落领袖的儿孙担任负责任的部落土司，这些职务由朝廷批准，并具有朝廷授予的治理黎族部落的权力。这些职务原先已被取消而代之以正规的汉族官职。冯颙极力主张，这些黎族的天然领袖这时应被容许去组织负责维持安宁的军事部队，在那些取得成效的地方，这些人将如以前的成化时期那样，可以世世代代拥有其祖先的土司的地位。这表示从把土著吸收到汉族统治的中国社会之中的这一措施后退了一步。但是冯颙认为，这样将把对黎族交战的责任交给黎族人民，免去了中国的统治者这一艰难的任务。他争辩说，这样将保护黎族不受剥削和消除汉黎两族社区之间冲突的根源，这一点也许在冯颙心目中是更加重要的。虽然冯颙的分析得到赞同，并被命令采纳，但是海南的危急局势即将出现，更强硬的措施也被采用，其结果是迅速赢得胜利。黎族的起义在 1503 年被镇压下去，从大陆开来的汉、蒙士兵伤亡惨重。[1] 海南岛的黎族周期性的造反持续到 20 世纪。

在有的地方，骚乱的部落民占领了省际交通运输的战略要地，或者直接威胁汉族统治者的利益，他们的起事就直接引起当局的注意，通常受到武力镇压。在 15 世纪 60 和 70 年代四川南部爆发的如上所述播州、泸州和叙州叛乱的一连串起事中可以看到一个例子。重庆西南的这个区域横跨贵州、云南和四川三省交界的长江。当李震于 15 世纪 70 年代后期在毗邻的贵州省镇压苗族时，四川巡抚张瓒也在此区域内进行征剿。他在呈给皇帝的报告中称主要的叛乱集团为"生"苗；在 1476 年宣布他们被"平定"以后，他奉命前往四川省西北角镇压一次藏人的起事，这项任务使他忙碌到 1478 年。1479 年，苗人又操起武器，这时他们反对的是已经强加给他们的新的地方行政机构。张巡抚急忙赶回这个旧战场，并报告朝廷，他必须再次与他们交战。

---

[1] 《明实录·孝宗实录》[380]，193 和 201 页。

在这场危机中，礼部右侍郎周洪谟在 1479 年年末呈上一份奏疏，其中生动而深入细致地讨论了四川的土著民。[①] 其部分内容如下：

> 臣叙人也，叙之夷情，臣固知之。戎、珙、筠、高四县在宋元时皆立土官，以夷治夷。羁縻而已。国朝代以流官，不通夷语，不谙夷情。其下因得肆行苛刻，激变其党。洪武、永乐、宣德、正统年间四命大将徂征，随服随叛。景泰初年，势益滋蔓。得汉人缚之于树乱射之，曰："尔害我亦已久矣。"天顺、成化间，累出为恶。臣于是时尝言，剿之不能，抚之不从，唯立土官治之，为久远之利。诸夷欣然悦服。都御史汪浩缴倖边功，诬杀所保土官及寨之二百七十余人。诸夷怨入骨髓，以为官军诱杀之，转肆掳掠。后兵部尚书程信统大兵，仅能克之。臣谓虽不能如前代（宋、元）设总管府长官司，亦合设冠带把事，分抚各寨。令夷人自推公平宽厚者一人为大寨主，许以世袭。其有不任，别选贤者代之。如此则汉不扰夷，夷不仇汉，可相安于永久矣。

这个建议在最高层被批准，但没有得到贯彻。和平是通过军事手段而恢复的，维持了 10 年左右。但西南各省苗族人总的不安分的情况，像大部分臣服民族的情况那样，是当局不断关注的原因。的确，在许多地方，土司之职在明朝一直存在，并且延续到下一个王朝，但是它们大部分存在于最边远的边缘区域。在明代的国家战略考虑被视为至关重要的那些地方，当时非汉族少数民族的相对的自治和以后一样就被置之不顾。在明代中叶，土著的部落和民族仍有余地，可以让出地盘而迁往更远和更偏僻的边区。不幸的是，中国的史籍记载倾向于——这完全可以理解——用地理的而不是种族的名称去认定它们。因此，有关控制它们的军事和政治措施的大量记载使学者仍难以对华

---

① 实际日期是 1480 年 1 月 29 日；关于以下所引的奏疏的部分内容，见《明实录·宪宗实录》[38]，198，第 2 页。

南的人种学理出头绪。它的复杂性和流动性向明史学者提出了许多挑战性的问题。

荆襄叛乱（1465—1476 年）

15 世纪中国人反对明朝的最大一次叛乱，及 1399 年至 1402 年的内战和 17 世纪初期的最后的混乱之间在某些方面最为严重的社会动乱，是以湖广（湖北北部）西北的荆州和襄阳两个府命名的叛乱。它又称郧阳之乱，其名来自 1476 年末为了加强这个不安宁地区的治理而设立的一个新府。这是对几十年来一直未消失的一个社会问题所作出的几种政治反应之一；在这里，姑且以 1476 年标志这次叛乱的结束。但是，只有在最大的历史范围内进行考察，才能最清楚地了解荆襄叛乱。

荆襄地区面积大致为 200 平方英里：新的郧阳府地处中央，南北 150 英里，东西超过 100 英里。因此，郧阳府约相当于美国弗蒙特和新罕布什尔两个州的总面积，而荆襄区的大小相当于苏格兰。虽然多山，这个地区有几条大河流过，土地肥沃。在唐宋时代，这个地区人烟稠密，秩序井然，当时它更靠近帝国的政治中心。从 10 世纪起，特别在元代，外国的入侵引起了一定程度的破坏，以致到 14 世纪这个区域已变成实际上无人居住的荒芜之地，战争和遭受饥荒的难民纷纷从其他地方逃到这里，以摆脱正规的管制。背井离乡的擅自占住的居民桀骜不驯，容易接受盗寇的领导。

在明朝建国之际，当时的杰出将领之一邓俞奉命在 1369 年和 1370 年去清除这些目无法纪的人口，并且令人费解地不让那些流离失所的人进一步渗入此地。也许是因为全国秩序全面恢复，明初的政府不可能预见到促使走投无路的人民逃离其华北故土的未来的压力，但是到 15 世纪 30 年代后期，有人注意到河南为饥饿所迫的人又向西迁移，进入荆州和襄阳。荆襄区正西面陕西南部的汉中的一名军事将领当时警告说，严重的动乱肯定又要在那里爆发，因为在日益增长的人口中，既然官府没有正式形成权威，各种不正当的权力网络就在形成，以便剥削他们的劳动力和产品。但是朝廷决定对值得怜悯的流离失所的人民进行温和的说服，所以没有采取坚定的措施。

到 15 世纪 50 和 60 年代，已在这个区域居住而没有登记的流亡人口已达数十万人。15 世纪 60 年代出现了一个名刘通的领袖；他得到了象征一个有凝聚力的叛乱运动的一批宗教和民间顾问的帮助。刘通曾举起放在他故乡河南中部西华县县衙门入口处的一个据说重达1000 斤的石狻猊，因而出了名。由于这次挑战性的显示力量的举动，人称他为"刘千斤"，他也拥有有助于领导叛乱的超人法术。

这个区域一些小股盗寇领袖逐渐活跃起来，他们在藐视法律和领导团伙进行袭掠的能力方面互争高低。刘通向他们之中的一批人建议，要他们都当他的副手，共举大事。他们占领一个小城，扯起一面称帝称王的黄旗，举刘通为汉王，宣布年号为德胜。设立了大部分为武职的官职，以与他合作的各种人选充任。刘通的几个儿子领导左和右的主力军，据说它们的人数达数万人。后来成为孝宗时期著名的吏部尚书的陕西人王恕，当时正任副都御史兼西北湖广的巡抚，专门负责这个区域游移不定的人口。他就起义之事上报皇帝并评论说，虽然一般困苦的人可加以关怀和照顾，但是奸民和制造混乱的人非动用武力不足以使之慑服。关于采取什么适当方式的争论，与土著起义引起的争论相似。

经过几个月的拖延后，朝廷作出了使用武力的反应。如同同时期的大藤峡事件和其他的起义，一支由资深的职业军官率领的野战军组成了，这一次由抚宁伯朱勇率领，他后来在北方边境有突出的表现。工部尚书和后来任兵部尚书的白圭（1467—1474 年）作为实际上是第二指挥的提督军务与宦官监军和核实请赏要求的御史等一批通常的编制人员一起前往。邻省军事领导人，特别是当时的湖广军事指挥官和新近因战胜苗族而抽出身来的李震，把守卫他们本省的部队调来，组成一支庞大的野战军。它在 1465 年后期出发，所向披靡，直捣叛乱的中心，在 1466 年仲夏，抓获刘通及其 40 名主要的助手；他们被解往京师斩首。在这一年的以后时期，其他的领袖和叛军残余被迫逐至四川境内。

这个区域的主要问题并没有因胜利的军事行动而有所改变。数万

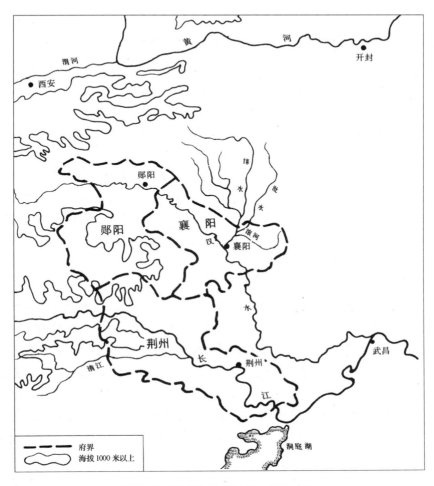

地图 18　荆襄之乱（1465—1476 年）

名居无定所的人继续住在那里。朝廷派官员去提供有限的和表面的救济和照顾，但是一旦叛乱被打垮，看来当局并没有认识到做进一步工作的必要性。当 1470 年刘通的几名以前助手又从隐藏的地点露面领导一次新的叛乱时，人们才认识到真正的问题继续存在。这一年整个华北出现自然灾害。据报道，多达 90 万名新难民已从邻近区域逃荒而聚集在荆襄。新的叛乱领袖自称太平王，这是对灾难形势的一个吸引人的反应。

375

1470 年末，当时在京的右都御史和这个时期士大夫出身的最卓越的军事领袖之一项忠被调遣去镇压新的叛乱。他在 1471 年初期到省，得到湖广的李震的帮助，到这一年年末又完成了军事行动。据报道，他们的联军多达 25 万人，官方记载声称，除了处决几百名叛乱领袖外，他们把将近 150 万人强制遣返原籍，把被认为与叛乱有牵连的人发配边境。在 1474 年担任刑部尚书，然后又任兵部尚书之前，项忠很快被调到更重要的北方边境执行任务。

七年中的第二次荆襄叛乱已被镇压，这个区域被"平定"。在战役结束后，项忠的捷报立刻受到质疑，他被指控为滥杀无辜。这些指控不论是否属实，却反映了当时朝廷的政治。他和李震可能不比其他将领更加涂炭生灵，他们虐待难民的行动与既定的政策也不背道而驰。他为他的行动呈上一份有力的辩护词，皇帝不顾对他的弹劾，仍提升了他。

由于项忠强制驱散这个区域的非法居民，荆襄的问题已经有所变化。除了这个行动外，他在呈上的最后一份报告中提出并被政府采纳的关于稳定这个区域的建议无非是军事改组和警察活动的内容。甚至驱赶居民也只暂时起了变化。1476 年 6 月，回流的流动人口再次叛乱。这一次，都察院的文官原杰奉命前往调查和提出解决问题的政治和社会的手段。在上报新的社会动乱时，朝廷进行了一次争论；士大夫们在呈上的奏疏中提出建议和论点，并写出专题文章，在京师散发。

周洪谟作为一个熟悉该省土著问题的四川人，在 1480 年所写的一份奏疏，其部分内容已载在上一节，这一次他和别人一起表达了他的看法。他写的《流民说》极力主张以社会的措施去代替到那时一直在试行的军事解决办法。他提出给荆襄区难民以土地，并把他们安置在更完善的、行政更具同情心的地方政府治理下的地方。其他官员也以类似的语气上书言事，朝廷为他们所动。总之，新叛乱的规模并不大。原杰的使命是去寻找贯彻这种政策的手段，从而使有儒家思想的政治家有机会显示其基本原则的真理——利民即利国。

有的历史学家把原杰视为整个荆襄事件的真正英雄。他一到荆襄，就四出彻底调查情况，并向人民解释朝廷的仁慈用心。他告诉他们，他们可以要求取得他们在某些情况下已经耕种好几年的空地；现在可以而且应该登记而成为这个区域的合法居民；在新地能够生产之前将得到减税待遇；在选挑村长时有发言权。立刻受他影响的户超过11.3 万，登记的人口达 43.8 万。在他的建议下，有一些县脱离了遥远的府治之地，在 1476 年后期另外成立一个新的郧阳府，从而在这个地区的中央建立了一级重要的行政机构。另外，组成一个以这个府城为基地的新的湖广行都使司；它受权控制郧阳府及其邻近的县，其中有的县位于其他省份。几个世纪以来，就这样第一次给这个区域迅速带来了一项保证社会秩序的实质性的稳定措施。

在郧阳一年多以后，竭尽全力的原杰被调走。1477 年晚些时候，他在赴新任的途中，死于一个路边的驿站。传统的历史学家告诉我们：“荆襄之民闻之，无不流泣者。”[①]

其威胁性可以称得上达到真正叛乱的程度的其他地方动乱和盗寇活动的事例，在这两代皇帝的治下相对地说是很少的。长期存在的军事问题是北方边境一带无休止的战争。

亚洲内陆关系

在成化统治时期，以及程度稍小地在弘治时期，明朝试图在北方边境一带采取强有力的防御态势。它成功地与一批批蒙古人交战，从1470—1480 年的 10 年中赢得了几次大胜利，这是 1449 年土木惨败以来的最初的几次胜利。明朝还大规模地建造和重建防御性的长城，特别是穿过陕西和在山西边境的几段，同时还扩大了以这几段城墙为基础的整体防御体系。明朝还与朝鲜联合，共同与在今之东满洲的建州三大女真部落联盟交战。它们至少暂时成功地在那里限制了女真族势力的扩大。这是有历史意义的，因为那些建州的女真人将在一个世纪或更多的时间内取代蒙古人而成为中国人北方的最具威胁性的敌

---

① 例如谷应泰《明史记事本末》［293］（1658 年；重印于《国学基本丛书简编》，上海，1936 年；台北影印，1956 年），第 38 页。

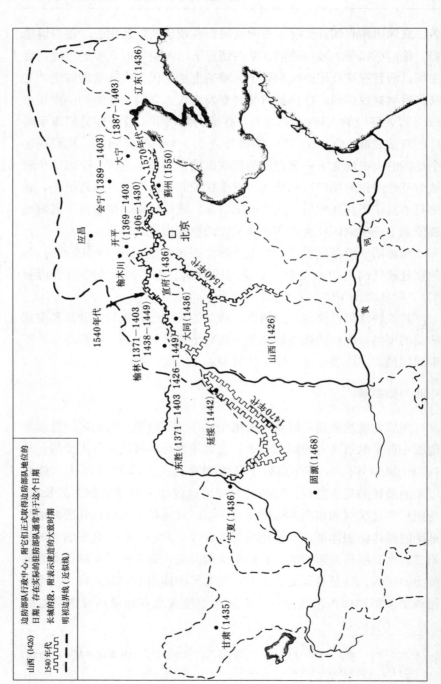

山西 (1426)　　边防部队行政中心，附它们正式取得边防部队地位的
　　　　　　　日期，存在实际的驻防部队通常早于这个日期

1540年代　　长城的段，附表示建造的大致时期

　　　　　　　明初边界线（近似线）

应昌 •

会宁 (1389－1403)

开平 (1387－1403)
　　1369－1403
　　1406－1430

大宁

辽东 (1436)

蓟州 (1550)

1570年代

榆木川 •

宣府 (1436)

北京 口

1540年代

榆林 (1371－1403
　　1438－1449)

大同 (1436)

山西 (1426)

东胜 (1371－1403
1426－1449)

1426－1449

1470年代

延绥 (1442)

黄 河

固原 (1468)

宁夏 (1436)

甘肃 (1435)

地图 19　北方边防部队及长城

人。在 1644 年，作为满族建立的清王朝，他们将侵入中国灭掉明朝。15 世纪后期与蒙古人的几次战争将在下一节讨论。这里讨论的重点更为广泛，把明朝与亚洲内陆各国关系的更广泛的内容包括在内。

在整个这一时期内，蒙古民族分裂成若干国家和部落，它们分布于西起新疆，东至满洲的地区。如此众多的单位，以及女真、维吾尔、西藏及其他民族的其他单位，通过纳贡制度而与中国人进行正规的交往。进贡活动容许每个得到承认的单位——民族、国家、部落和更小的实体——派代表团前来，代表团大部分由商人及其军事护送队组成，人数有时达数千，他们来到边境的过境地点，即位于长城沿线易于防守的少数指定的关隘。在很多情况下，规模略小但大部分仍由商人组成的代表团获准前往北京，作为中国皇帝的客人住在宾馆达数周至数月之久。

这个时期来自亚洲内陆的纳贡者，一般地说试图扩大他们的志愿使团的规模和增加来华的次数。他们迫切关心的是要取得亚洲内陆得不到的贸易货物，这些货物即使不是他们生活的必需品，也至少是他们向往的生活方式的必需品。在整个这一时期，特别是蒙古人常常不得不袭击边境哨所，狂热地要求更多的贸易特权，以便取得铁、粮食、手工产品以及奢侈用品，他们恫吓中国人，有时迫使他们作出军事反应。常常出现这样的情况：中国人在边境与之作战的一批批使团，却作为纳贡者在北京出现，一年中的某个月指挥边境袭掠的领袖在同年的另一个月又带着贡品来到北京。

从现代的观点看，这些边境关系中存在着一种虚假内容，当时的中国官员也发现蒙古人像谜那样不可捉摸。在当地和从历史上了解亚洲内陆的司律思在论述中国人对这个时期亚洲内陆发展情况的知识时写道：

> 不论明朝政府多么强烈地感到需要关于蒙古发展情况的情报，有时他们似乎了解得非常不够。在 15 世纪后半期，他们只有关于在蒙古谁继承谁和谁影响最大的模糊的概念。这个时期明朝往往不知道诸"小王子"的名字。这是一个多事之秋，甚至蒙

古的年代史编写者也记述得很不确切，甚至很不准确，而且这些年代史是在以后很晚时期才编成的。这里的问题是，明朝对同时期的事件了解得很不够。一般地说，我们得到的印象是，1550年仇鸾作出的关于蒙古人对中国的了解远远多于中国人对蒙古的了解的论断，适用于明朝的大部分时期。[①]

由于材料的不完整和不准确，当时如同现在，明朝和蒙古的关系之谜对现代历史学家来说绝不是易于看清楚的。他们面临一种不完整的记载。他们还必须处理双方的虚构的事实。最持久的虚构之一是出于当时和现在政治的需要，对明帝国在亚洲内陆存在的范围和意义作了大量错误的报道。事实是，总的说来中国的行政到长城沿线为止；越过这条线，中国的官署和官衔，以及他们在那里设立的行政结构，与其说是实际存在的东西，不如说是公认的虚幻，而且是离北京越远，情况越是如此。

一个例外是西南辽宁的沿海区。它在明代称为山东北道或辽东都司。它与受其节制的山东（今山东省）并不毗邻。它从京畿区（今河北省）向东延伸到位于山海关的长城东端。从山东通过海路渡过渤海湾的狭窄的航道很容易到那里，这就成了行政上它依附于山东的根据。这条狭窄的沿海地带从中华帝国的早期就由中国人居住，经历了许多世纪的漫长岁月，在 10 世纪中国的力量衰落前，它一直由中国治理。辽东都司意味着恢复了对长城外的沿海中国居民的统治，但它治理的范围大大地向北方延伸而超过了旧的中国行政区，所以作为一个中国的直接治理分区，它一部分是事实，一部分是假象。

反映载于明代史料中职官表的中国地图并分不清假象和现实。中国最佳的这个时期的历史地图显然使人产生一个虚假的印象，即明朝

---

① 司律思：《（明代的中蒙关系，Ⅱ）朝贡制度和外交使节，1400—1600 年》[458]（布鲁塞尔，1967 年），第 526 页。小王子是成吉思汗的一代代的继承人，他们声称有权统治蒙古民族。

的北方和西方边疆甚至比同一个地图声称的版图最大的清帝国的边境更为广袤，也远比今日中国的边境更为辽阔。[①] 不管是出于什么原因，它是通过以下的办法做到这一点的：模糊了中国本土的各个区域与主要在亚洲内陆和满洲的北方和西方的更加辽阔的领土之间的区别，前者直接由中国的地方和省的政府文武官署治理，而在北方和西方的领土上，中国和当地的掌权者之间存在着一种表面的联系纽带——基本上是名义上的纽带。也就是说，抱有期待心理的中国朝廷封给较小的部落首领以王、都司直至卫指挥的头衔。这种做法由来已久，但在明代，它的使用的范围却是前所未有的。

受朝廷封赐了中国官衔的人，把那些官衔加到他们以其他的方式所取得的本民族的有实权的官衔上。但是，中国的官衔不是没有意义的。在有些情况下，拥有中国的官衔有助于加强几个敌对的争权者之一的合法性，而中国人也感到不得不通过外交的或军事的手段去帮助有中国官衔的人。在其他情况下，除了保证给有中国官衔的人以重要的经济特权——参加纳贡贸易的权力——以外，中国的官衔和行使权力毫不相干。但是，无论如何，在中国人居住区以外，这类官衔就丧失了在中国境内的那种重要意义，在中国境内，它们表示完全受中央政府控制的官僚结构中的职务。

当独立的国家和部落的非汉族领袖们争取到承认他们已经担任的职务的证书时，其结果将有利于他们参加贸易和得到源源而来的朝廷的丰厚的礼节性礼品。为了给边缘区普遍地赐予恩泽（从中国人的观点看），中国的朝廷承受了很大的压力。朝廷并没有幻想通过这些手段去真正地管理这些边缘区，而是，可以这样说，它通过在遥远的领土上飘扬中国的旗帜，来施加一定程度的限制性的影响。

在极西的蒙古民族的几个部已经皈依伊斯兰教，并且深深地卷进

---

① 中国历史地图集编辑组编制：《元明时期》[114]（《中国历史地图集》[114]，第 7 卷，上海，1975 年），第 38—39 页。这部地图集一般地来说反映了历史学和地图学的杰出成就。更早的舆地图，像艾伯特·赫尔曼的《中国的历史和商业地图》（坎布里奇，1935 年；诺顿金斯堡编，芝加哥，1966 年），即使没有那样夸大，也同样未能把真实的和名义的边界区别开来。

了中亚和西亚的政治事务之中。瓦剌（准噶尔、喀耳木）蒙古族的征服者也先力图把从亚洲内陆偏远的西北直至东面满洲的所有非伊斯兰化的民族统一起来；随着他在 1455 年死亡，这一努力也成为泡影。过了一个世纪，才又出了一个蒙古领袖，即来自鄂尔多斯的俺答王（1507—1582 年），他的业绩可以与也先的短暂的成就相比，甚至还超过了后者。在成化和弘治时期，一度令人生畏的瓦剌人由于已远远地向西撤退，很少与中国接触，只是他们屡次与以河中地带为基地、但一直朝中国方向延伸到吐鲁番的莫卧儿斯坦的察合台蒙古国进行的战争，才明显地促使中国人力图保留他们在中突厥斯坦（今新疆）的一定的影响。在成化统治时期，中国对中突厥斯坦的兴趣转到对其首都位于现在的同名城市的古维吾尔国哈密的控制方面；哈密城在甘肃西部最后一个中国驻守地西北约 500 英里之处。①

哈密连续地被一批信伊斯兰教的维吾尔王所统治，中国人封他们以"王"的爵号，而赐给一枚金质的官印；它定期地向中国纳贡并与中国进行贸易。维吾尔王与社会的上层很可能使用蒙古文（它以他们的维吾尔文书写，与维吾尔文属同一语系），作为重要的第二种政治语言。进行统治的哈密王处于莫卧儿斯坦蒙古王的影响之下，最后被后者所杀害，后者自称吐鲁番苏丹，他的领土紧邻哈密的西面。这位蒙古王在其西北的伊犁河谷还与仍为"异教徒"的瓦剌蒙古人交战。这样在 15 世纪 70 年代初期，接着又在 1489 年直到 15 世纪 90 年代连续地发生动乱，在动乱中，中国试图进行军事干涉。

在以上两起动乱中，可以预料得到朝廷的争论转到了中国是应求助于武力，还是用文的措施来解决问题，也就是说在这种情况下断绝一切贸易往来。1473 年，首先试用武力。一名中国将军及作战幕僚，连同一支小分队被派到哈密和西甘肃的中国边境之间的两个最大的蒙古军事行政区。中国人已给它们起名为赤斤卫和罕东卫，它们的卫指挥实际上是其部落王子，拥有中国朝廷发给的委任状。这两名靠近中

---

① 《明史》[41]，329，第 8511 页记载，哈密离嘉峪关 1600 里，嘉峪关标志着长城防御体系的西端。

国边境和受中国影响的蒙古领袖愿意帮助中国保持穿过他们领土的商路一直畅通到哈密及更远的地方。他们把据说兵力达 3 万人的部队置于中国人的麾下，一起向哈密进军。这支中国人领导的蒙古军队快要攻取哈密城和实现中国人恢复维吾尔王系的目的时，他们得知来自吐鲁番的强大的蒙古部队正在计划的行动不是在哈密正面进攻，而是直趋此时无兵力守卫的赤斤和罕东基地。蒙古的指挥放弃了他们对中国将领的诺言，赶回故土保卫自己的国家。人数不多的中国军队这时失去了主力军，被迫不光彩地撤退；哈密被敌对的吐鲁番蒙古人所占，直到 15 世纪 90 年代初期。

当时突厥斯坦不断的夺权斗争似乎又给中国人提供了干涉的机会，从 1489 年起是外交干涉，1495 年又进行军事干涉。一支又由大部分愿意合作的蒙古人组成的中国部队从甘肃向西北进军。这一次吐鲁番人后撤，同时带走了维吾尔王和他的金质官印。哈密被中国人占领，但为期短暂，又毫无意义；在年末前，吐鲁番军队重新进城。这时中国人求助于另一种更有威力的武器。这一切发生在非常能干的马文升任兵部尚书的孝宗统治期的中叶。国策由有经验和有创见的大臣来执行。中国人禁止通过丝绸北路的一切贸易。到 1497 年，禁止贸易给正常地参加这一重要贸易的亚洲内陆诸政治实体造成的困难，促使吐鲁番人作出妥协。他们释放了维吾尔王，归还他的官印，1499年中国人护送他回哈密重登王位。不幸的是，这个王颟顸无能，本国的人民痛恨他，因此政治局势依然很不稳定。

中国和吐鲁番争夺控制哈密的斗争在 16 世纪的头几十年中呈拉锯战形势，但以后中国的地位逐渐削弱。[①] 马文升在他仕宦生涯早期曾多年在西北边境任职，也许是出于这种经验，他对蒙古政治的洞察力，多于其他中国政治家通常所具备的。他在 15 世纪 90 年代预言，蒙古人最终会在突厥斯坦占上风。他说，那里不同民族的居民早就适应了蒙古的霸权，而不会加以抵制，特别是在成吉思汗的一名真正的

① 见莫里斯·罗塞比所写的阿黑马、哈只阿里和满速儿的传记，分别载于《明人传记辞典》[191]，第 1—2、479—481、1037—1038 页，及《辞典》所引的书目。

后裔出现时更是如此。总之，在这种环境中，蒙古的皇权象征比与之竞争的中国的皇权象征更有力量。

哈密的例子是很说明问题的。前往哈密的中国使者和军队在离开长城西端中国行政领土中最后一个前哨嘉峪关时，一直被描述为出塞，这说明中国和亚洲内陆的分界线并不是现代地图显示的那一条。越过长城，就是离开了中国。但是这条界线以外的中国影响并不是无关紧要的。与中国的关系对哈密的王公和哈密与甘肃边境之间的蒙古首领们是重要的；这一事实就成了迤西诸国关系中的一种力量。中国可以结盟，有时成功地让内亚诸国为中国而战和把亲中国的首领扶上台。另外在少数情况下，中国会使用一种更加强有力的武器，即贸易，去努力压制遥远的首领们，这种手法与它通常利用贸易去诱使四面八方的国家忍受中国纳贡制度的约束完全一样。

使现代的读者难以理解的是，中国没有一贯地和合理地利用它相当强的经济实力去支持它的外交目标。司律思和其他学者争辩说，如果它这样做了，它完全可能清除造成北方边境的冲突和紧张局势的主要根源。这个时期的中国不能更充分地做到这点，可以用以下的事实来解释：明代的贸易是作为纳贡制度的一个方面，而不是作为国家对它有兴趣的一种独立的活动来管理的（这个解释适用于整个明代，但不适用于它以前的朝代）。因此，贸易不受财政思想和经济管理的制约；它的形式是作为普天之下的君主与四海的礼仪关系的一个方面而由礼部制定的。

容许与纳贡相结合的贸易——也就是说一切陆上的对外贸易在法律上应由国家进行和经营——是作为皇室的一种特权进行的。（一切法定的贸易绝不是只在陆地边境上存在。在沿海边境，政策同样有限制性，而且在 1567 年海禁解禁以前都知道是行不通的）礼仪性的礼物交换以外的各种贸易和交换，至少在名义上是为了取得供皇室使用和享受的物品而进行的（军马和兵器则是例外，它们的采购由兵部负责）。这样，一切对外贸易都掌握在宦官手中，以皇帝私人利害关系的名义来经营，一般不受制于朝廷所制定的政策。蒙古人认为明朝是一个被腐化和贪权的宦官所控制的国家，他们就伴随纳贡活动的很不合心意的贸易而不断地与中国争吵、摩擦和交战，由此积累的经验很容易说明，他们为什么会产生这种错误的看法。

总之，中国试图通过外交去保持它在整个亚洲内陆的利益。可是，如同司律思注意到的那样，中国在成化统治时期似乎已经停止向所有不同的蒙古国家派出使团，以后也没有再派出。因此中国的外交变得依靠来到北京的使团和使者的单方面的活动。在蒙古人眼中，这样做主要是要求赏赐和从贸易中取利的机会。中国用来支持其外交活动的制裁有两种：一是军事惩罚，主要依靠蒙古人去与其他蒙古人交战；一是利用贸易。但是中国人不能充分地利用后者，把它当作一种资源或者一种武器，因为不合常情的和不像商业经营的管理操在为自己和为内廷服务的宦官手中。明朝与亚洲内陆抗衡的地位，既不像许多优越条件使它应有的那样强大，也不是高度合理的，也不能在不断变化的条件下灵活地调整，以便为中国的持久利益服务。

北方的边境战争

在整个明代中叶，蒙古人是中国的民族敌人。在北方边境与蒙古人的战争是最持久、费用最大和最危险的战争。北方边境战争的一个重要的发展可以定在成化统治时期，这就是新建长城和改组利用长城的防御体系。

从 15 世纪后期的中国史料中可以认定的蒙古集团从东到西依次如下：所谓的兀良哈三卫；山西北部的土默特部；鄂尔多斯和陕西北部的鄂尔多斯部；在旧蒙古故土（今外蒙古）并向南延伸到从今之热河往西直至陕西和甘肃的中国北方防区的、明代中国人称为鞑靼王国的虽然并非一贯团结却是庞大的蒙古部落集团；西北长城内外的不同的蒙古领地，其中上述的赤斤和罕东两卫是其代表。

兀良哈是一个笼统使用的蒙古部落名称。在兀良哈三卫治理下的人民并不都是这个部落出身的蒙古人，甚至也许不全是蒙古人。三卫在洪武时期已经设立，为的是给那些试图逃避当时整个蒙古普遍存在的内部纷争和接受强大的新的明王朝的庇护以保持其自治的蒙古人提供一定程度的安全和稳定。它们的基地是在两满洲沿西辽河（西拉木伦河）的大兴安岭的东麓，正好是 10 世纪建立辽帝国的契丹族的故土。

契丹人又发生了什么变化呢？他们多半已被吸收到蒙古民族之中。他们的肥沃的牧地已被赠给有世袭卫指挥头衔的朵颜、泰宁和福余的王公们。在中国的史料中，这三个卫被视为中国在东北的防御联盟中的中流砥柱。中国人授予三卫以有纳贡国特权的保护领地的地位，以期促使它们脱离其西面的所有蒙古人和充当防备其东面跃跃欲试的女真人的屏障。但是也先在 15 世纪 40 年代已经成功地压制住它们，使它们在 15 世纪 40 年代至少是半心半意地与他的统一蒙古的运动合作，而中国人一直担心新的大蒙古运动将破坏它们与中国的关系。但无论如何，在明代的大部分时期内，它们是蒙古人社会中最稳定的部分，中国的对蒙政策在那里执行得比任何其他地方都好。

在行政上，整个东北，从大兴安岭西麓往东穿过满洲直至海滨，从辽东往北直至在北极地方的一条模糊的界线，被称为奴儿干都指挥使司。根据《明史》，奴儿干与三卫一起，共包括难以置信的 384 个卫，其中大部分是授予小的女真部落首领的空头衔。[①] 当时的战略思想是，必须使三卫的蒙古人继续成为该区域稳定的核心。但是在奴儿干以西，变动的形势使蒙古社会的其余部分在 15 世纪较晚的时期处于流动的状态。在它的中心部分，即中国人所称的鞑靼王国，它的所谓的小王子们（他们作为成吉思汗的直系后裔有权要求领导全部蒙古人，而中国人对他们的了解则很少）的命运正在好转。

这个时期出现了杰出的巴图蒙克（约 1464—约 1532 年），他蔑视明朝皇帝，自称大元可汗。他的 11 个儿子将成为以后几个世纪重要的蒙古领袖的前辈，而他正在促使统一的蒙古的力量重新强大。在他的孙子俺答的统治下，这个运动将在 16 世纪中叶达到高潮。从 1483 年起，当巴图蒙克成为中国史料中记载的小王子时，蒙古人正向南进逼长城的防线，并且肆意袭击。巴图蒙克诸子成了土默特部和鄂尔多斯部的可汗，即王公。一个全部东蒙古人的强大联盟正在

---

① 《明史》[41]，90，第 2222 页以下。

形成。

以这种形势作为背景,我们也许比当时的中国政治家和将军更容易了解中国人为何能在 15 世纪 70 年代整个十年中连续地在与蒙古大军作战时赢得重大的胜利,可是在平定不断发生的边境袭击时却没有进展。一个有关的,有时是合理的担心是,越来越坚持不懈地南下向山西、陕西和甘肃进逼的蒙古集团的袭击将与定居在长城南面从而从内部威胁北方边境防御的蒙古人联合起来。这种担心在 1468 和 1469 年强化了朝廷对固原起义的反应,并且无疑地促使它采用了在以后十年中明显地表现出来的咄咄逼人的反蒙姿态。

固原是北方的九边之一。当时明朝把它当作陕西西部的一部分来治理,但是后来它被包括在甘肃省东南的突出地带内。它大致位于兰州和西安中间,按直线计,在九边中的另一个边,即黄河河畔的宁夏以南将近 200 英里之处。明代史料称固原的蒙古人为土鞑,这个名称用来称呼北方几个省的蒙古人,这些人在元王朝灭亡后已远在中国本土内部定居,并且保留了某些自治权。固原起事的蒙古领袖在中国的史料中音译作满四(有时作满俊)。他是世袭的部落领袖,又是把丹之孙或曾孙;把丹是一个杰出的蒙古领袖,在 1378 年已向明朝的开国皇帝投降,并获准与他的部落在当时汉人很少的一个区域——固原——定居。

明朝希望,这些蒙古人将接受和平的和定居的生活方式。但是,在拥有肥沃的牧地的情况下,他们通过牧马、练习箭术和狩猎,保留了他们的武艺;他们生活得很好,不必被迫去务农,所以他们在文化上依然保留蒙古的传统。现在还难以断定满四造反的原因。有种种迹象表明,鞑靼小王子的太师,即刚健的字来,煽动了"土鞑"去响应其边境以北的蒙古同胞。还有一些证据证明,一些道德败坏的当地中国军官正在进行盗匪活动,并且用谴责本地蒙古人的办法以掩盖自己的不法行为。不管是什么压力促使满四在 1468 年 5 月造反,他把大批追随者带进固原北部崎岖的山区中的一个严密加固的要塞。地方的官员轻率地进攻,在整个夏季笨拙地作战,最后惨败,损失重大。当战果上报朝廷时,一个以项忠(上面已经谈过他是在 15 世纪 70 年代初期战胜荆襄叛乱者的将领）为首的战地指挥部成立，它得到了当时任陕西巡抚的都御史马文升的协助。这支军队在1468年晚期开进固原，包围了满四的山区要塞，断其粮食，在1469年初期攻占了它。

在军事上，这次叛乱相对地说是一件小事，但它的政治影响却是深远的。危言耸听者不但认为蒙古民族可能联合起来，而且认为它可能与西面的西藏人联合起来，这种观点引起了朝廷的一些严肃认真的政治家的不安。叛乱还鼓励了一个机会主义的主战派，他们想寻找机会去率领新组合的京营卫戍军，以便追求晋升、战利品和进行掠夺。这一次，大学士彭时和商辂不得不就西北的危机而与谣言散布者进行斗争。他们争辩说，已在战场的项忠和部队完全有能力战胜固原的叛乱者。彭、商二人不惜危及自己的前程，打赌说项忠会取得胜利，以便阻止不必要地扩大军事反应。但是在以后十年的边境危机中，皇帝常常支持主战派。因此，固原事件可以看成是15世纪70年代在鄂尔多斯进行的几次战争的前奏。

鄂尔多斯，中文称河套，与陕西的西部、北部和东部接壤，长期以来已是中国和草原互相影响之地。自明代开始以来，陕西北半部这一块贫瘠多岩的丘陵及沙漠平原的杳无人烟的地区，与较肥沃的南半部之间的往来已被一系列军事战略要隘所切断。这些重兵防守的要隘旨在保护南部的中国居民不受从边远北部通过鄂尔多斯这块不毛之地进入的掳掠者（即蒙古人）的袭扰。这一系列把该省一分为二的防守要地成为北方边境的九边之一，根据陕西东北边缘的要隘而得名，称为榆林；或者根据那里的两个最重要的府称为延（安）绥（德）。山西和大同两边镇位于其东，宁夏和固原两边镇位于其西。

蒙古人在自己的内部压力下，在这几十年中正在逐步南移而进入长城边境区。小王子麻儿可儿吉斯及其太师孛来在1468年从满洲的辽东袭击榆林，次年再次袭击，这时大同的总兵官王越在1469年末被派去迎击。王越虽然科举出身，却是军人集团中最能干的人；尽管与宦官和声名狼藉的朝臣有联系，他却是一个杰出的战地指挥官和军事行政长官。他在1470年初期宣布一次胜利，这是他和其他将领在这一年夏季声称的一系列胜利中的第一次。虽然这些胜利总的说没有宣告有大批敌人被杀，但它们是对大规模和顽强的蒙古人进攻的决定性的打击。据说它们大大地提高了居住在边境区内的人民的士气。

但是，由于敌人想长期居住在以往杳无人烟的鄂尔多斯的意图日益明显，朝廷充满着危机感。主战派的反对者和对战地指挥将领不满的兵部尚书白圭，派余子俊（1429—1489 年）作为副都御史和总兵官前往那里。余子俊是一名能干的行政官员，因监督大工程而政绩卓著。在以后十年中鄂尔多斯稳定之得以实现，主要归功于两名比较年轻的文官，他们虽然在朝廷代表对立的两派，却出色地完成了互补不足的任务。王越（1426—1499 年）是明朝仅有的四名因军功而被封为伯爵的文官之一。余子俊在 21 岁时就早年得志而中了进士，在 41 岁被指定在鄂尔多斯任职时，已因在福建监督一项大水利工程而赢得了名声。王越征战虽然残酷无情，却打得很出色；余子俊计划和执行把鄂尔多斯与南面隔开的 600 英里城墙的建造工作。当时他任该省巡抚，直至 1477 年，在此期间巩固了以城墙为基础的一个新防御体系。

1475 年前在那里指挥军事行动的王越在 1471 年和 1473 年又宣布了几次大胜利，但是蒙古人又回来发动新的进攻。1472 年，余子俊又呈上一份奏疏（以前的一份已在 1471 年被驳回），为他的城防体系概括地陈述了一个全面的计划。朝廷最初因费用而犹豫不决，但最后在 1474 年初期批准。据说一支有 4 万名士兵的劳动大军在几个月内建造了 1770 里（约 600 英里）的平均高度为 30 英尺的城墙，另外还有数百个大小不一的支援性要塞、烽火台和栅栏。城墙建于最后一条丘陵之顶，然后群山随着它们伸入其北面的沙漠而逐渐平坦。城墙改变了防御战的性质，从此导致更广泛的筑城建设。其最后结果是今天我们所知道的长城，它大部分建于 16 世纪。

在 1482 年严厉地考验城防体系的一次大规模进攻以后，鄂尔多斯的防御被认为已经稳定。一个后世的历史学家写道：

　　　　方余子俊之筑边墙也，或疑沙土易倾，寇至未可恃；至是寇入犯，被扼于墙堑，不得出，遂大衄。于是边人益思子俊功云。[1]

　　余子俊在榆林边镇建造的城墙远远没有解决成化和弘治时期的整个北方边境的防御问题。蒙古人不断地考验城防体系，并且在防区的其他八个边镇向南进逼。1475 年以后，任何一方都没有赢得大规模的胜利，但是袭击和讨伐战在这个时期连续不断。如果说北方边境战争没有真正地威胁中国的存在，它们仍占用了越来越多的防御预算的资金，并成为皇帝、政治家、将军和北方边塞内外长期受苦难的人民的一个始终存在的问题。

---

[1] 《明通鉴》[210]，34，第 1316 页。

第 七 章

正德时期,1506—1521 年

正 德 初 叶

1505 年 9 月 19 日，在弘治皇帝死后 11 天，他的 13 岁儿子朱厚照登上皇位，成为明代的第 10 个皇帝。在三代之中，在位皇后嫡出的儿子（实际上是唯一的儿子）第一次继承了皇位。虽然谣传这个孩子是皇后的一个近侍宫女所生，但这从未得到证实，很可能是不确实的。他的父亲非常疼爱他，1492 年立他为太子。据说他是一个优秀学生，专心，勤奋，对他的师傅们彬彬有礼。他在他的父亲面前表现很好，小心谨慎地亲自履行给他规定的职责。他喜爱的娱乐是骑马和射箭。①

年轻的皇帝一继位就得处理他父亲遗留下来的三个难题。第一，没有足够的收入；第二，西北诸卫不能击退蒙古人；第三，太监和文官们在应当如何解决这些问题上常持不同意见。靠太监即位的皇帝偏祖太监。他的大学士们很难向他说明他们对于太监掌权的忧虑。

皇帝从他父亲那里接受了三个大学士，他们当中最年轻的 56 岁。他并不特别喜欢他们或他们为他设想的职责。他从执政之初就不听他们的劝告。1505 年晚期他开始派太监担任军事和财政监督人，尽管

---

① 朱厚照或以其年号称为正德皇帝，或以其谥号称为武宗（字面的意思是"勇武的祖先"）。正德年号出于《书经·大禹谟》（关于传说中的圣王禹［公元前 2205—公元前 2197 年在位］所行善政的格言集）的一段话："禹曰：'于，帝念哉。德惟善政，政在养民。水、火、金、木、土、谷，惟修。正德，利用，厚生，唯和……'"见李雅各《英译七经》［309］（1870 年；第 2 版，牛津，1893 年；重印，香港，1960 年；重印，台北，1969 年），Ⅲ，第 55—56 页。

这种职位在大学士们以他名义颁布的即位诏书中已经予以废除。

在他的妻子于 1506 年 8 月立为皇后以后不久，他就不再和她住在一起。他反而宁愿和他的太监伙伴们四处走动，他们起初以骑马、射箭、角牴和音乐使他总是高高兴兴。1506 年夏季期间，他还开始化装离开皇城，在北京的街道上闲逛。他借口他的母亲或祖母正在探望他而照例取消他每天的学习时间。他常常醉酒。

很快就弄清楚，他不想亲自处理国家事务，他宁愿把这些事务托付给太监，而不是托付给文官。1506 年 10 月，他陷入和他的大学士们的一场争论，因为他已经同意让一个太监用盐引采购纺织品。盐引准许持有人从一个指定的帝国盐专利机构中认领盐斤。拥有的盐斤超过引上规定的数额是严重的罪行。[1] 大学士李东阳（1447—1516 年）尽力说明这个问题。他说，太监无疑将为他自己的利益而取得额外的盐斤去出卖。如果他在飘扬着绣有"皇盐"大字黄旗的御船中在运河上扬帆行驶，没有一个官吏或商人将敢于和他冲突。皇帝没有被说服，他反而反驳说："国家事岂专是内官坏了？文官十人中仅有三四好人耳，坏事者十常六七，先生辈亦自知之。"[2] 尽管在这一事例中，他终于同意给这个太监一些采购的银锭，他却从没有改变对文官们的看法。

在他统治的初期，横阻在他面前的最紧迫的事情是收入不足。1506 年 5 月他命令户部调查国库的情况。户部尚书报告说，岁入银两定额定为每年 150 万两，而支出银两定额定为 100 万两左右。当这两种定额都实际达到时，保存银锭的太仓藏有的结余应在 200 万两到 400 万两之间。但是，由于拖欠和免征，预期的税收很少能收足。而到 16 世纪初年年度支出银两已达每年 500 万两。

当皇帝拒绝用他的任何个人收入偿付任何支出时，情况变得更糟

---

[1]　关于盐政，见黄仁宇《16 世纪明代的税收和政府财政》[254]，剑桥，英国，1974 年，第 189—224 页。

[2]　王士贞：《中官考》[554]，载《弇山堂别集》[555] 第 90—100 卷（1590 年；重印，载《中国历史丛书》，16，台北，1965 年），94，第 4153—4154 页。参见《明实录·武宗实录》[380]（1525 年；重印，台北，1961—1966 年），第 515 页。

了。明代皇帝的惯例是用他们自己的款项支付赠品和奖品。1506 年 7 月，户部尚书韩文（1441—1526 年）抱怨说，皇帝的父亲为了他即位时的赏赐，只从户部库中动用了 30 万两银子，而这位年轻皇帝只这一项用途就已花费了 140 多万两，全部是从户部库中支付的。

朝廷官员们除了提出节约的办法外，没有提出增加收入的其他建议。相反，太监们提出了许多常例之外的增加资财的方案。皇帝由于需要更多的钱财，乐意实施它们，而不顾他的大学士们和尚书们的反对。这些方案大多数涉及新的租税、通常的运输税、牲畜饲养和荒地税，以及皇庄土地的附加税。他照例批准这类方案，但仍然感到缺少资金。

刘瑾控制下的朝廷

1506 年早期，太监刘瑾（约 1452—1510 年）开始提出许多增加收入的办法，而皇帝给了他实施它们的自由。刘瑾认为，收入下降是文官们严重管理不善和贪污所造成的。他提出一项对负责财政事务的官员进行普遍审查的建议，对那些已被发现玩忽职守的官员处以罚金。

刘瑾和另外七个太监在皇帝即位后不久，便成了他个人的工作人员，他们在他还是太子的时候就侍奉他。刘瑾被委负责宫廷音乐，也就是说他对皇帝的娱乐全面负责。他擅长这个方面，筹办了舞蹈、角牴、珍稀动物的动物园，当然还有乐队。就是他首先向皇帝提出，皇帝说不定会乐意化了装去北京街头闲逛，而皇帝的确喜爱这种活动。所有这些娱乐使年轻的皇帝对国家事务不感兴趣，他渐渐把国事的安排托付给了刘瑾。

1506 年 6 月，刘瑾受命负责皇室事务，并被授予检查监督京师守军的职权。大学士对刘瑾的迅速提升感到忧虑，对这一任命提出异议，但被置之不理。清除刘瑾的第一个实际的计划是由大太监们提出的，他们因刘正在增长的权势和对皇帝的影响而感到直接的威胁。他们想把他驱逐到南京去。但是，大学士们坚持他应被处决，尽管很明显，皇帝更可能驱逐他，而不是处决他。终于对计划达成了一致意见。大学士们和各部的高级官员将共同要求处决刘瑾，大太监们则将呈递这份请愿书并劝说皇帝照此办理。

1506 年 10 月 27 日，户部尚书韩文呈递了一份请愿书，恳求皇帝处决他个人的工作人员中的全部八个太监。这不是商定的意见，商定的意见是只处决刘瑾一人，而不是皇帝所有的八个亲信。皇帝情愿考虑驱逐他们，但不是处决他们。大学士们仍不让步；他们要求处以死刑，尽管吏部尚书许进（1437—1510 年）曾经警告，这一行动方针失之过急，不大可能成功。大太监们勉强同意敦促皇帝批准这一请求。所有朝廷的官员于是请求皇帝在 10 月 28 日早朝时执行这一判决。

但是，刘瑾在朝廷的一个代理人得到了这一密谋的消息并告诉了他。10 月 27 日夜刘瑾带领其余七个太监到皇帝面前。他们又是下跪又是哭诉又是乞求。刘瑾于是告诉这个孩子，整个事件是一个限制他行动的预定阴谋，掌司礼监的大太监在这个阴谋中和大学士们合谋。皇帝信了他的话，大发脾气。他立即让刘瑾执掌司礼监。其余的七个太监取代了在各个重要宦官机构和军事职位上的刘瑾的敌人。曾经反对刘瑾的大太监们被免职、驱逐，后来在去南京的路上被暗杀。

1506 年 10 月 28 日晨，当官员们正为朝见而集合时，显然有什么事情出了差错。京师的官员们因某种原因而受到特别召唤。一个大太监很快露面。他通知大学士们和朝廷官员们，皇帝将慢慢亲自决定八个太监的命运。事情就结束了。除了李东阳以外的所有大学士立即提出辞呈，而刘瑾接受了他们的辞职。把反对刘瑾的密谋告诉刘瑾的焦芳（1436—1517 年）在四天以后成了大学士。

刘瑾随即打击反对过他的官员。1506 年 12 月 13 日，韩文因渎职罪而被解除职务；刘瑾诬陷他和一件舞弊案有牵连。1507 年 2 月，21 个对辅政的大学士们的免职提出过异议的官员受到责打并被贬黜为民。照直声言反对刘瑾的官员们接着照例被责打，拷问，免职。1507 年 3 月，他开始给那些不听从他的官员带上沉重的枷——只是由于轻微的触犯，例如未经允许而坐轿。在此以前枷只用于严重的罪行，而且按照惯例是从不用于官员的。但是刘瑾现在对于任何冒犯的行为却想用就用。

到了 1507 年夏，刘瑾已经能够控制京师和各省的行政管理工作。1507 年 3 月，他发布命令，让镇守太监实际上在级别和职权方面和各省最高级的文官们相当，并且给予这些监督人员审查任何行政或司法事务的权力。所有重要公文这时都要首先送给他，在他认可后才能发各部和内阁。

刘瑾的主要工作和以前一样，仍然是为挥霍无度的皇帝增加收入。在 1507 年 9 月的时候，他从太仓金库提取了 35 万两巨额银子为灯节买灯。还拿其他的款项去支付北京以南的一座皇家庭园的房屋修缮工程。与此同时，皇帝开始在紫禁城的外面修建一座私邸。① 这座私邸和附近其他宫殿及庙宇的修建继续了多年。所有这些都得开销，刘瑾当然知道，必不可少的钱无论如何是增加了。

1508 年 1 月，向福建和四川的银矿摊派每年 2 万两银子的定额，尽管地方官员们曾经上报矿脉已经耗尽。这实际上是对两省的附加税。刘瑾的一些代理人还插手食盐专卖，超过规定的限额进行销售以筹集款项。一个官员在 1508 年 4 月逮捕了他们，这个官员就被关押起来。6 月，刘瑾批准向任何一个人出售军职，只要这个人向西北某些戍军交付规定数额的粮食。

1508 年夏，刘瑾开始对在任何方面触犯过他的官员们科以大量罚款。并不富有的韩文被命令向大同戍军交付 1000 石粮食，这使他家陷于贫困。为了供应这些戍军的粮食，对其他官员也科以类似的罚款，朝廷官员们这时都被刘瑾吓住了。连那些普遍被认为很有节操的人也开始贿赂他，以便避免这种罚款。

尽管刘瑾在 1507 和 1510 年之间把持了朝廷，但他并不是没有遭

---

① 皇帝把这座位于紫禁城西北的宫殿叫做"新宅"。这座宫殿也叫做"豹房"。见毛奇龄编《武宗外纪》［371］（清初；重印，载《艺海珠尘》，嘉庆时期［1796—1820 年］；重印，载《百部丛书集成》，38，台北，1968 年），第 3—4 页。

到反对或遭到挑战。皇帝当太子时也侍奉过他的太监张永（1465—1529年），和刘瑾关系不好。他们两人至少有一次当着皇帝的面打了起来。张在军事事务方面的技能使他保持了皇帝对他的宠爱，刘瑾不能免去他的军事指挥权。当刘瑾开始指望张和另外六个太监服从时，他们开始憎恨他。

1508年7月23日早朝时，一份由反对刘瑾的一些太监起草的匿名书被投放在御道上。匿名书详细地列出了刘瑾的罪行。它被一个御史拾起并被呈送给皇帝。刘瑾知道它的内容后，命令所有的朝廷官员跪在紫禁城主要庭院的朝觐大殿前面。刘以为这事是某个官员干的，在他查明他是谁之前，所有官员都要受苦。过了几个小时以后，他让官阶最高的尚书们退出。他上午晚些时候才露面。翰林官们立即为他们所受的虐待而提出抗议，指明他们向来没有受过太监们如此的虐待。刘瑾让他们退出。后来一个御史抱怨这种处理的办法违背了王朝既定的律令。刘瑾反驳说，正是他和他这种人把帝国的事情办糟了，他对王朝创建者的法令实际上一无所知。留下的官员们被命令站到他们朝见时占有的位置上，以便刘能查出谁靠近文件被发现的地点。

这时一个大珰提出反对的理由说，四品以下的官员在朝见时并不是按次序站立。谁会傻到返回那个地点去？刘命令他们重新跪下。为了找到草稿，派了卫士去搜查他们的宅第。同一个大珰又反对。他问道，这样一个官员是否会傻到在家里留下一份草稿。

这时已快到中午。这天天热，无云也无风。几个官员已经在他们的位置上倒下并被拖走。另外一个司礼监的太监把冰过的瓜送出来给官员们。刘瑾马上伪造了一道敕令迫使两个大珰离开。下午过半，所有官员都被捕，并被带到锦衣卫监狱。第二天，当他发现匿名书是一个太监所拟，他才下令释放官员。

这种恐怖统治仍在继续。1508年9月，刘瑾在宫中设立了一个新的保安机构以审查太监们，接着几十个太监被驱逐到南京。在这几个月里他继续下令清查粮仓和金库的账目。如果发现即使是最少量的损耗，或者即使是一丁点数量短缺，曾经负责它们的高级官员们也要被罚款。刘瑾认为，惩处平民和主管的低级官员既不适当也不实际。

首先他们没有钱财缴纳罚款；其次，负责的官员们应当受到责问。1509 年，西部边境一些管区的好几百名官员因不能达到分派给他们的定额而被罚 300 石至 500 石粮。

1509 年夏，刘瑾开始审查东南的盐政。又有几十个官员被罚款，并被命令把他们的罚款解往北京皇帝的私库。1509 年 8 月，他提高了西部边境一些管区注册为军田的土地的税额，以便补足当时的收入。1508 年他已废除了每年从皇帝私人所得中拿出补助金来补足这些戍军的收入的惯例。这种收入的减少必须补上，但新的税额引起很大不满。

1509 年，为了供应陕西、湖广、辽东和宁夏的戍军，刘瑾的代理人被派往这些地区去筹集更多的地方收入。他的代理人首先提高税额，然后利用其他不合常规的勒索方法以获取所需的收入，但不是没有引起当地军户的反抗。骚乱爆发了。1509 年 8 月，辽东的两支戍军不服而造反，这次反抗只是在发给不满的部队 2500 两白银后才平息下来。帝国对偏远西部和帝国北方周边的控制是无力的。任何干扰现状的尝试都将导致不稳，而不稳常常导致暴乱。安化王朱寘鐇（死于 1510 年）正是利用这种对刘瑾控制下的帝国施政的普遍不满作为他 1510 年 5 月叛乱的一种托词。

安化王的叛乱

1492 年朱寘鐇承袭了陕西中部安化（今庆阳县）的封地。很长时间以来他认为自己是皇位的一个适当的候补人，并且聚集了一个杂凑起来的具有这种看法的心腹人的集团：几个军队的指挥官、一个学者、一个萨满教女巫和一小批士兵。1510 年以前他的愿望没有引出什么事，而在这一年，刘瑾派到陕西的朝廷官员开始对军田实施新的税率，并下令逮捕和责打欠税的人。欠税人当然也是隶属于戍军的士兵。他们愤怒，容易被煽动。情况适宜于骚动，安化王于是决定起事。

1510 年 5 月 12 日夜，这个地区的所有高级官员都被邀请到安化王府赴宴。宴会当中，叛乱的士兵被领了进来，他们把几个军官、官员和镇守太监杀死在他们的座位上。另外一些士兵被派去杀害那些拒绝赴宴的官员。他们的衙署随后被洗劫和焚烧。

这时，安化王发布了一篇檄文。他宣称，他集结了一支军队，要为朝廷清除太监刘瑾，然后他列举了刘瑾的罪行。这篇檄文被送给许多地区的指挥官，安化王希望从他们那里得到支援。这些地区的指挥官害怕刘瑾的权势，拒绝响应。他们当中的一个人向朝廷呈交了安化王的檄文。尽管刘瑾隐瞒了这篇檄文，但他不能掩盖这次事变。

一支军队被召集起来去惩罚安化王。杨一清（1507 年 4 月刘瑾曾迫使他去职）受命为最高统帅，太监张永被任命为监军。但是在他们到达陕西以前，暴动已被镇压下去。安化王于 1510 年 5 月 30 日被捕获。一个曾经假装归顺他的事业的骑兵指挥官用计捉住了叛乱的首领们，然后抓获了安化王本人。这次流产的暴乱仅仅持续了 19 天，张永只不过押送安化王回北京处决而已。

张永和杨一清在征途中议论过刘瑾。张并不感到受刘瑾的威胁。皇帝为张永这次出征送行，并赏赐他很多表示尊重的物品。他说他什么也不怕。但是，杨说服了张，刘瑾很快就要叛乱，张本人处于致命的危险当中。他劝他把这次暴乱归咎于刘瑾，并且请求处决他。张并不情愿。如果计划没有成功那将如何？杨让他放心，并补充说，一旦处决刘瑾的请求得到批准，他定将立即执行判决。杨还指出，张因刘瑾处死必定大有所获。张同意了这个计划，并立即动身返回北京。

表面看来，刘瑾想暗杀皇帝，并立他自己的从孙为帝。据传的暴乱将在 1510 年 9 月 10 日发生。刘瑾的兄长刚死，他的葬礼择定在那一天。表面看来，刘打算在所有官员去吊丧时进行攻击。张永已经请求在同一天朝见时将安化王献给皇帝，当刘瑾将献俘的日子推后时，张怀疑暴乱已迫在眉睫。他不理刘的指示，突然赶进北京。

1510 年 9 月 13 日，张永在早朝时献上安化王和其他俘虏。那天晚上他和另外七个太监被邀与皇帝一道参加宴会。在刘瑾退出以后，张把危及皇帝生命的阴谋告诉了皇帝，并且告诉他必须马上把刘瑾抓起来。已经沉醉的皇帝最初并不相信他的亲信已经背叛了他。但是张和另外的几个太监力劝他采取行动，他终于勉强同意了。四个卫士奉派把刘瑾拘留在宫内他的寓所里，他的财产被抄没。

第二天皇帝把张对刘瑾的告发告诉大学士们，命令他们起草一道敕令。刘瑾将被驱逐到南京，他派出的监督人将被召回，他的新税额被废除，他的其他行政方面的改革作废。皇帝决定要在他检视了刘的财产，亲眼看过密藏的金银财宝、甲胄武器和通往宫内的通道，以及藏在刘瑾扇子里的匕首——据说是图谋他的匕首——之后才处决刘。

刘瑾于 9 月 16 日被捕。皇帝命令在紫禁城主要城门——午门前面公开审问他。当刘到场时，朝廷官员们都保持沉默。刘质问他们当中有谁没受过他的某种恩惠，谁胆敢审问他。他们都向后退缩。最后，一个皇帝的亲属开始严厉地责问他。为什么他有那么多盔甲？如果是为了保护皇帝，为什么要把它们藏在他的住所里？皇帝确信他有罪，诉讼便结束了。

他受磔刑而死，从 9 月 27 日开始，持续了三天。在帝国各地榜示了这一诉讼结果以及他的一系列罪行的说明。在他死后一个月内，他的改革都被废除。10 月，他的党羽大部分不是被处死就是被撤职。他的被没收的财产解交给了皇帝的私库，暂时减少了这个君主对收入的需求。

刘瑾是否真的想要暗杀皇帝仍不清楚。这场斗争的胜利者所编纂的记载以确定的措辞说，刘计划篡夺皇位，但除了午门前的简短质询外并没有正式审理，而刑部现存的文件只包括旁证。刘瑾没有承认他的罪行，尽管在谋叛案件中一般都要求这样的招供。而且执行他的死刑判决异常迅速，因此没有机会上诉或复审罪行。确定无疑的是，刘瑾之死结束了改革帝国行政管理的任何尝试。

实际上，刘瑾试图改革帝国的行政管理，以便文武官员无论在什么地方都将从属于中官或和中官平等，并且在所有财政事务中都对中官负有责任。在中华帝国的历史上这是没有先例的安排，同时由于刘瑾的过激改革受到大多数文官成功的反对，因而也就不可能充分了解他的行政改革的详情。在他死后几天之内，所有他所施行的法令的痕迹都从记载中被抹掉。改革王朝制度和通过太监代理人扩大皇帝直接控制权力的唯一具有实质性的尝试完全失败了。

1510 年后的帝国行政

刘瑾筹集款项的尝试失败了，但必须找到别的办法。皇帝仍然需要更多的钱财，他仍旧依靠太监为他筹款。既然文官们在任何行政改革中都不会合作，皇帝便完全采取征用的办法。于是太监被给予了索取他们所需供应和劳力的权力，而拒绝和他们合作的文官当局要受到粗暴的惩罚。

刘瑾死后，另一个在皇帝当太子时侍奉过他的太监魏彬受命执掌司礼监。皇帝个人的工作人员中的其他太监和亲信仍然负责监视机构和京师戍军，他们也都仍然在紫禁城外的他的宫中侍奉他。皇帝就是通过这些随从人员中的一人结识了一批新的好友——一批西北戍军军官，他们在对北京以南的盗匪活动进行镇压。

1509 年晚期，北京以南地区爆发了多次骚乱。刘瑾试图提高摊派给军户的定额，这引起士兵离开他们的防地。这些逃兵很快和盗匪结合在一起，开始在农村任意抢劫。到了 1510 年，他们当中的很多人已在文安（北京以南约 80 英里的一个城市）一个想要暴动的匪首的领导下组织起来。这个匪首在 1510 年晚期被捕获，但是他的部下逃走了，重新聚集，并发动叛乱。到 1511 年 2 月，他们已经聚集了一支几千名骑兵的部队，并正在攻打一些行政城市。3 月，朝廷委派了一个指挥官去剿灭这些匪军，同时派了来自京师一些戍军的一支部队巡逻皇城附近地区。

这些部队被证明是不起作用的。军纪和防御松弛。帝国的各支军队宁愿避战，而负责这次军事行动的文官则想招降。1511 年 8 月，几股匪军围攻文安。京师各戍军紧急待命，兵部尚书在这次战役期间要求把 2500 名骑兵从遥远的西部边境的一些防区调到内地。这为随后的多次调动开了先例。同时，负责这次军事行动的官员因渎职而被召回。盗匪投降了，但又再次反叛。这时，关心这次战役的皇帝需要帝国的军队去打仗。胜利并没有到来，而匪军于 1511 年 10 月烧了在往北京的运输途中的上千艘皇粮船。情况非常严重。

　　1511 年 11 月朝廷任命了几个新指挥官，但是他们的部队没有取得多少成绩。1512 年 1 月匪军攻打北京以南只有 60 英里的行政城市霸州。官员们担心这些匪军甚至可能试图在祭天时袭击皇帝本人，祭天必须在北京的城墙外面举行。京师地区的防御增强了。这次战役延续了整整一春，帝国军队没有取得一次决定性的胜利。1512 年夏，河南的几支匪军分裂，有几股向南移动，渡过长江进入江西，另外几股向东进入山东，最大的部队向西南到了长江沿岸的武昌。

　　这支最大的匪军（只由大约 800 人组成）在长江上向东航行，没有受到认真的抵抗，沿途进行抢劫。8 月 28 日，船队在靠近江口的行政大城市通州停泊，但当地部队阻止他们上岸。当天晚上，他们的大部分船只、给养和战利品在一次台风中都损失了。活过这一夜的那些人向东南逃到狼山，这是一个险要的高地，他们希望在这里自卫。1512 年 9 月 7 日，帝国军队包围了他们，把他们逼上山头，终于在那里把他们屠杀了。这次战役就此结束。上报了胜利，帝国各支军队奉命返回北京。

　　向南逃入江西的由多股组成的几大支匪军，到下一个 10 年仍然是一个问题。盗匪活动仍在河南蔓延，尽管规模大大缩小了；在四川中部也仍然是一个严重的问题。但是，对北京和运河漕运设施的威胁排除了。帝国其他地区的盗匪活动现在可以依次对付了。

　　当得胜的帝国军队在 1512 年秋天回到北京时，来自隶属于宣府成军一个军户的骑兵军官江彬（死于 1521 年），设法得到了一次觐见皇帝的机会。为了得到这一恩宠，他收买了皇帝当时的亲信锦衣卫的指挥官钱宁（死于 1521 年）。钱宁曾经讨好刘瑾，并通过这种关系得到了皇帝的青睐。他娴于箭术（能用两手开弓），很快由于他的军事技术而受到宠爱。他应邀住在皇帝的住所，常常和他一起喝醉酒。他终于受命主管诏狱，成为一个很有权势的人。他靠迎合皇帝保持这种恩宠。他给皇帝介绍合意的乐师，为皇帝的后宫搜罗穆斯林妇女，引见擅长黄教的秘教巫术的西藏僧侣。他总在寻找新的娱乐，他答应引见江彬，因为他知道皇帝想见江彬。

皇帝最早听说江彬是在 1511 年。江在淮河流域对盗匪的一次战斗中，中了三箭，其中一箭射在脸上，射穿了耳朵。他拔出箭继续战斗。皇帝听说这事以后很受感动。他在朝见时看见江彬脸上的伤疤，知道这事是真的。江是一个健壮的仪表堂堂的勇士。长于击技，爱讲战斗故事。皇帝喜欢听他讲，因而邀江住在他的私邸里。钱宁很快发觉自己在和江彬争夺皇帝的青睐。钱试图说他的坏话，但为时已晚。江已经代替他成了 21 岁的皇帝宠信的伙伴。

江彬这时想确保他的地位。他利用皇帝着迷于战争，建议把北方四支戍军的部队轮换到北京，由他统率。江争辩说，京师戍军没有战斗经验，而且在京师地区防御盗匪的活动中已经证明是没用的。边境军队受过战斗和艰苦生活的锻炼，是更好的战士，他们能够保卫京师。从另一方面说，京师戍军需要某些实际的战斗经验，而在边疆他们无疑能够获得这种经验。皇帝觉得这种主张是有说服力的，在 1512 年 12 月发布命令照此办理。

从边境调 3000 人的军队到北京的命令当即遭到反对。大学士李东阳提出 10 条反对的理由。但是，即使是他也不得不承认，他反对这样做主要是因为京师戍军缺乏战斗经验，不能胜任边境的勤务。他们可能没有能力抵挡蒙古人。他进一步反对的理由是，边境军队可能难以管束，可能干扰皇城的秩序。他坚决反对这种意见，拒绝起草所需的敕令。皇帝的主意已定，他颁布了诏书。1513 年 2 月，侍奉过皇帝母亲的最后一位大学士李东阳辞去职务以示抗议。

1513 年 2 月，边境军队到达北京。江彬和许泰两人受命统领京师戍军和边境部队。宣府戍军的指挥官许泰是江彬的主要伙伴和顾问，江后来的许多奸计事实上都是许泰想出来的。边境军队组编成四营，由为江、许设立的两个新的官署掌管。邻近皇城西墙的一些地区的房屋被拆毁，以修建操练场地和兵营。戍军部队此后便驻扎在北京城内，在皇城内操练。1513 年 3 月，靠近皇城的一个仓库区和一些马厩又被接管，以便为宣府部队提供房屋，皇帝开始把这支部队看作他个人的军队。

这时他把自己想象成和王朝第二个奠基者永乐皇帝（1403—

1424 年在位）一样的伟大的将军皇帝,他想当好这个角色。他的行为并不只是可笑的;他对蒙古人抱有一种不同的态度。他父亲在位的时候,大学士们曾经认为明军不再有能力和蒙古骑兵对抗。唯一可行的办法是后撤和隔离,只能和蒙古人保持一定的距离,尽可能不予理睬。这位皇帝却想表现他自己的军事威风,作为一种警告和实力的显示。他要让这个游牧民族懂得,大明皇帝是和巴图蒙克一样伟大的军事领袖,巴图蒙克这时已经赢得了大部分蒙古人的忠诚,并且占领了黄河河套干旱的草原鄂尔多斯。这至少是他持续地对军事事务感兴趣和几次巡幸西北这两者后面的动机之一。他的大多数高级官员都厌恶这种想法,不愿和他合作,但他发现江彬是一个自愿的合作者。

皇帝的军事冒险最初限于在皇城中进行打猎和战斗演习。他和江彬穿着同样的盔甲,一块儿骑马,在演习场上实际上是很难区别的。1514 年 9 月,皇帝在一次这样的狩猎中被一只老虎严重伤害,他在休养时有一个多月不能上朝。有个官员劝他多保重身体,当即被贬到远离北京的一个次要职位上。皇帝无疑想继续打猎,尽管有危险。

他的军事游戏引出了另外一次事故,结果是紫禁城中一些主要寝宫被毁。皇帝从幼年起就喜欢花灯。他常常为了灯节(新年庆祝活动的组成部分)花费大量款项去采购新奇的、装饰精巧的品种,悬挂在宫殿的庭院中。宁王朱宸濠(1478—1521 年)知道他爱好花灯,为 1514 年的庆祝活动送去大批精致新颖的花灯。宁王的侍从奉派安装花灯;这些花灯之所以新颖,在某种程度上是因为它们是被固定在房屋和走廊的圆柱上,而不是悬挂起来。给人的印象是很壮观的。主要寝宫前的庭院光明如同白昼。

在此之前皇帝已在宫殿庭院的边上搭起帐篷,有些帐篷被用来存放在紫禁城中进行战斗演习的火药。事故发生在 1514 年 2 月 10 日,也就是灯节的晚上。火药爆炸,烧着了居住区的所有宫殿和朝觐大殿。大火延续了整整一夜,几座寝宫完全焚毁。起火以后不久皇帝就撤到他的新居。路上,他回头看着照亮了整个天空的火光,只是开玩笑地说，这是"好一棚大烟火也"。[①]

这场火后大约八个月，他命令陕西的镇守太监购置按照他的详细说明而制造的 162 顶帐篷的帐篷宫殿。这些帐篷于 1515 年晚期送到北京。这些帐篷组成了一个宫殿区，有全套的大门、居住区、庭院、厨房、马厩和厕所，最初设置在紫禁城内，后来皇帝每次巡幸时也开始利用它们。尽管他这时宁愿住在帐篷里，几座宫殿仍然必须重建。1515 年 1 月，工部上报，重建这几座宫殿将耗费 100 多万两银子。这将在五年中以一种普遍附加税的形式按一年 20% 的比率征收。当这个部请求皇帝从他私人的储备中借用这一总额的一半时，他拒绝了。1515 年夏，从京师戍军和锦衣卫调了 3 万军队营建这项工程，工程最后于 1521 年完工，也就是在火灾七年之后。

皇帝这时完全不顾朝廷的礼仪，一切事情都是在他方便时去做。1515 年 1 月，一个给事中抱怨，新年献祭太庙是在下午晚些时候举行的，祭天开始得很晚，以致皇帝的侍从半夜才回到北京。两种典礼都应该在黎明开始。2 月，大学士杨一清抱怨皇帝很少视朝；如果视朝，是在下午晚些时候，而不是按惯例和礼仪在黎明开始。所有朝臣从清早直到下午很晚的时候守候在午门外；紫禁城的入口好像一个市场；官员们在黑暗中散开时，一片混乱。

1515 年 7 月大学士梁储（1451—1527 年）报告，他和其余的大学士们在街上听说皇帝常常潜出皇城，并在北京的什么地方过夜。他希望知道这是否真实。1516 年 1 月，另一个给事中庆贺皇帝，因为皇帝按时到达祭天，但这个官员同时指出，朝见是在傍晚举行，而且常常是在御宴时举行。同时，朝见时没有纪律。官员们在新年朝见后散开时，一个将军竟然在混乱的人群中被践踏而死，当时外国使臣都在观看。

就皇帝来说，他想尽可能少和他的官员们发生关系，对有关他的行为的抱怨充耳不闻。几乎所有帝国的事务这时都交付给了太监们。太监们从不怀疑皇帝的命令，或批评皇帝的行为，不管它们有什么缺

---

① 《明实录·武宗实录》[380]，第 2204 页。

点，而缺点是很多的。他们唯命是听。

喇嘛们的事例是典型的。这些来自西藏的术士—僧侣由钱宁引见给皇帝，皇帝觉得他们很有魅力。1514 年，一个御史批评他和喇嘛们交往，御史说，连其他的佛教徒也避免与他们来往。他建议派这些身着赭袍耳戴铜环的人去吓跑来自极西边境的妖精。皇帝并不觉得有趣，喇嘛们留下了。

1515 年晚期，他决定派一个太监到西藏去请回这些喇嘛推荐的一个"活佛"。这个人实际上是噶玛派教派的一个领袖，他的保护人仁帮王于 1498 年占领了拉萨（西藏的主要宗教中心），同时他从幼年起就被当作奇迹的创造者而受到称赞。噶玛派僧侣和他们的同盟者这时正企图压制他们的主要对手，政治形势不稳定。在这种情况下，这个"活佛"不大可能离开西藏。

然而皇帝还是想见他。他指出前几朝曾经派太监去西藏，他说，这有先例。宫廷办事机构的太监刘允奉命负责这项任务，并被授予征发他在途中所需任何供应和勤务的权力。大学士梁储立即提出异议。向外地宗教领袖派遣使节，这是没有先例的。出使人员必经的四川多年遭受匪患，只在最近才安定下来。他担心不正当和不受控制的征发将引起当地的骚乱和可能的普遍暴动。他拒绝起草所需的命令。皇帝颁发了他自己的命令，太监刘允动身走了。

梁储是正确的。刘沿长江一路征用了几百艘船，并征发几千人拖曳他的船队通过上游峡谷的险滩。到他抵达四川省城成都的时候，他的随行人员单是食品每天就需要 100 石米和 100 两银子。他为这次出使购买礼物而在四川逗留了一年，最后动身时带了上千骑兵的护卫部队。这次出使以灾难收场。当"活佛"拒绝离开西藏时，明的护卫部队试图胁迫他。这个喇嘛的保护人对明营发动了出其不意的袭击，抢了所有礼物和贵重物品，并在这一过程中杀死和打伤了一半以上的护卫者。太监刘允为保命而逃走了。当他几年以后终于到达成都时，皇帝已经死了。

1515 年，这时二十三四岁的皇帝对在北京生活已经感到厌烦，同时被朝廷官员们连续不断的批评所激怒。1516 年早期，他开始考

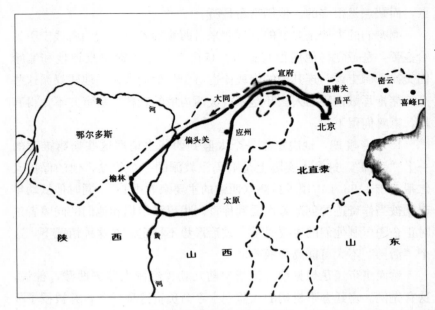

地图 20 正德皇帝巡幸西北

虑离开北京，到西北大约 90 英里的宣府定居。这个主意最初由江彬
提出，他想把皇帝和他的主要对手钱宁隔开。江彬告诉皇帝，那里有
比北京多得多的乐师和标致女人。而且，他在那里能够看到真实的边
境的小规模战斗，比起皇城中的模拟战要让人激动得多。1516 年 4
月，负责京师地区的御史报告，他曾经听到有关皇帝在宣府的行宫的
传闻。刚过一年，皇帝便第一次到那里巡幸。

皇帝的巡幸

　　皇帝从短途游览开始他的巡幸。1517 年 1 月他通知朝廷，他想
在祭天以后在北京以南的南海子皇家庭园里打猎。大学士们表示异
议。这样的事以前从来没有过。要是他碰上什么麻烦的事该怎么办？
2 月 3 日，这次祭祀以后不久，他让朝廷官员们陪伴他到北京以南的
皇家庭园，他们在那里一直等候到下午很晚的时候。然后他们被打发

走，并被告知在北京的城门等候皇帝的銮驾。皇帝半夜前后到达，并接受朝见。第二天，他把猎获物分赐挑选出来的朝廷官员们。几天以后，他再次在这个皇家庭园里打猎。当不再有异议提出时，他开始计划一次远一些的巡幸。

1517 年夏，他作了到宣府镇城（今宣化）的第一次尝试。1517 年 8 月 17 日，他化装离开北京往北边大约 20 英里的昌平城。第二天，大学士们（他们已经听说他在北京的街上启程，这样的新闻在那里传播很快）在路上赶上他，请求他返回。他拒绝了。五天以后，他抵达北京以北约 30 英里的居庸关。负责居庸关的御史下令锁上南门，然后带走了钥匙。

御史拒绝开关。当皇帝下令负责居庸关的太监开关时，御史威胁要把太监当场斩首，如果他试图打开关门。御史然后进呈了一份报告，他在报告中说，一定有什么人伪造了一道诏令；只有接到用了皇后和皇太后印玺的命令，他才会打开关门。同时，他威胁要杀死皇帝的一个使者。皇帝不能到达关外，决定返回北京。

1517 年 9 月 8 日，他再次微服离开北京，赶到居庸关。这次他成功了。他在四天内到达，在一个农民家里过夜，并在主管御史不在时，于 9 月 13 日赶快通过。他留下他的一个亲信，太监谷大用，执行不许朝廷官员们出关的明确的命令。9 月 16 日，他到达宣府，住进他的新宫。他在行动中完全不自检束。为了自己在晚上消遣，他可能闯进有钱人家，抢夺妇女以充后宫。1517 年 10 月，他开始自称军事指挥官和将军，把他的宣府住所叫作军事指挥部。他的命令和征用文书都用将军印章，他不愿用他的皇帝的印玺和尊号。

大学士们表示反对。他们怎么能够知道这样的命令实际上是皇帝颁发的？他们请求他用御玺。他不顾这些请求，反而命令户部从它的库中调拨 100 万两银子到他的宣府宫中。大学士梁储反对。他不知道应该从哪里得到这笔钱。户部现有银子只有 20 万两，而太仓金库只有 15 万两储备。户部尚书在多次反对以后，最后同意送去要求金额的半数。皇帝觉得他的官员们表现出来的这种态度是难以忍受的。怀疑他的命令的究竟是些什么人？1518 年 1 月，他实际上把在北京的朝臣监禁了起来。主管城门的官员被告知：朝廷官员们不得离开这座城。

在这期间，1517 年 10 月他看到了他来边地所要看的事情。10 月 15 日，他在宣府西南大约 40 英里的一个小要塞里。几天以前，蒙古的一支大突击部队在巴图蒙克的率领下已经穿越边界。他最初听说这次入侵时，便把它看作施展他的军事才能的一个机会，并开始为一次大战作准备。每支戍军的兵力增强了，并为一次战役而任命了指挥官。

这次侵袭于 10 月 16 日开始。第二天有几次小接触，但蒙古人在每次遭受伤亡之后都撤退了。10 月 18 日，在大同以南大约 40 英里的一个戍军驻防城市应州附近，一场大战开始了。10 月 19 日，皇帝带着增援部队赶到。10 月 20 日，他指挥了这次战斗，战斗持续了一整天。黄昏时刻，蒙古人撤退了。皇帝命令他的部队追击他们到边界，只是由于一场猛烈的尘暴而不可能进一步追击，才结束了这次战役。尽管在这次战斗中他几乎被俘，他却把它看作一次胜利。这实际上是 16 世纪明军唯一一次赶走蒙古一支大突击部队，而皇帝亲临战场无疑影响了这个结局。

1517 年 11 月，他回到他的宣府宫。他派一个太监通知朝廷，由于边境局势不稳定，他将不能按时回北京举行祭天大典。大学士们反对，理由是以前从没有这样的事。他们试图去朝见他，但在居庸关被赶了回来。最后，由于他自己的原因，他决定返回。他在他离开刚过五个月之后，于 1518 年 2 月 15 日抵达北京。

朝廷官员们奉命在北京西北城门以外等候他。他们在暴风雪中等了一整天。他于黄昏将尽的时候到达，戎装跨马，带着一队骑兵护卫。在接受了他的官员们的致敬（他们在这种情况下被迫在泥中下跪）以后，他下马并向一顶帐篷走去，大学士们在那里给他献上酒和果品。他告诉他们，他真的亲手杀了一个蒙古人，然后离开，到他个人的宫里去。在朝廷官员们回到北京以前，已经过了午夜。

三天以后他主持了祭天大典，在这以后他到皇家庭园去打猎。他在京师住了不到 20 天，1518 年 3 月又离开北京到他的宣府宫。他于

3 月 22 日返回，只是因为他的祖母王皇后在三天前去世，他想看看为她下葬所作的安排。5 月他又离开去视察皇陵，然后继续往东视察密云（北京东北约 40 英里）和喜峰口的戍军，在喜峰口他召见了几个东蒙古人的首领。他返回京师参加王皇后的葬礼。她的灵柩于 7 月 22 日离京，他骑马跟随在后；他在墓地附近的一顶帐篷喝酒，度过了下葬前的夜晚。

1518 年 8 月 7 日，他命令大学士们起草一份奇怪的诏书。他告诉他们，边境军纪松弛，将派某个将军朱寿所统率的一支作战部队视察边境，他们应该起草所需的诏书。这个将军不是别人，就是这位皇帝。他给自己取了一个新的名字。朱是这个皇帝的姓，寿字的意思是活得长，因此是，活得长的姓朱的人。在他这一朝的余下时间里，他继续假装，说这个将军是某一个人，而不是皇帝。作为皇帝，他也命令兵部授予这位将军一个崇高的爵位，因为他在抵御巴图蒙克的战役中立下了功勋。大学士们被激怒了，但是无法阻拦他。1518 年 10 月，朱寿被正式授予公爵，每年的俸禄是 5000 石米。

9 月，他返回他的宣府宫（他开始把这里叫做他的"家"），准备巡幸西北边境。9 月晚期他动身前往大同防地，然后向西南前进，经过偏头关到紧靠蒙古疆域的榆林防地。他这时离北京差不多有 400 英里。大学士们不再知道，是否就是他批阅送到他的指挥部的朝廷文书，或者谁发布将军朱寿的命令。是皇帝还是他的副手江彬在发号施令？

从 1518 年 11 月至 1519 年 1 月，他留在榆林，拒绝返回北京过冬至，也就是拒绝为献祭上天而挑选牲畜。命令是从他的指挥部以军令的形式发布。他不肯利用内阁或宫廷办事机构。1519 年 1 月 13 日，他离开榆林，到山西省首府太原去访问晋王。他这次访问有一个特殊的原因。1518 年 10 月他在偏头关停留时，见到一个歌女，他很喜欢。她被带来和他一起喝酒和唱歌，他发觉自己被她迷住了。他弄清她是晋王府的一个乐工的眷属。当他回北京途中路过太原时，他召见她，并留下她和他在一起。她成了他心爱的伴侣，其后他和她一起消磨了他的大部分时间。江彬和皇帝的其他亲信对她十分敬重，把她叫做"刘娘娘"(通常专用于皇后的一种称呼),因为他们知道皇帝现在听她的话。

应当在 1519 年 2 月 11 日举行的祭天典礼,在皇帝返回北京的路上的时候,不得不展期一个多月。这次他带着骑兵护卫队骑马到祭坛,身着戎装举行仪式,接着到京师以南的南海子皇家庭园去打猎。他回来后不到 20 天就命令朝廷官员们开始为巡幸南直隶和山东作准备。他想去看看帝国的南都南京。大学士们不赞成;礼部尚书反对;进谏者们请求他放弃这个想法。他不顾这一切,仍然计划在 4 月 18 日离开。

4 月 13 日,官员们开始呈递以各种理由反对他巡幸的奏章。这种情况延续了几天,到这时已有 100 多官员请求他放弃这个想法。但是他不想被迫停止。4 月 18 日他让锦衣卫逮捕了为首的进谏者,又命令卷入的 100 多名官员在午门前从早到晚跪五天。两天以后,其余的官员仍然继续抗议。他们立即被捕,并被迫加入午门前的行列。4 月 23 日,他下令公开杖责所有反对过他的官员。

然而抗议仍在继续。更多的官员被捕和受到杖责;到 1519 年 6 月,至少有 12 名官员因伤致死。有个官员当着他幼小儿子的面被打死。连皇帝也被打动了。无论由于什么原因,他决定推迟巡幸。

朝廷官员们这次反对巡幸,不是根据典章,而是因为他们担心,这次巡幸是把皇帝扣留在江西宁王府或在途中暗杀他的阴谋的一部分。官员们几年来竭力告发宁王的谋反活动,但是他们的告发不知何故从未打动皇帝,或者至少从未使他相信。然而他们的担忧是有根据的。1519 年 7 月,宁王反叛了。

宁王的叛乱

宁王朱宸濠从正德统治时期的初年起就对皇位怀有野心,尽管最初他想靠奸诈而不是靠武力得到它。宁王是这个朝代创建者的第 17 子的远代子孙。第一代宁王,以优秀的野战指挥官而闻名,得到了大宁的封地,这是北京以北草原地带的一个军事上的重要前哨基地。但是在 1399—1402 年的内战中，他被这场冲突的胜利者永乐皇帝迁移到了北京，永乐皇帝怀疑这位亲王对他的事业的忠诚。他原来的封地赐给了三个蒙古王（兀良哈部族的首领们），他稍后又被重新安置在江西省。天顺统治时期（1457—1464 年）在位的宁王牵连进一桩谋反案以后，被褫夺了维持一支卫队的权力，而且后来再也没有恢复。

朱宸濠不是一个军人。据传他有几分文学才能，也以文艺爱好者和追求享乐的人而闻名。但是，他奸诈而有野心。他逐步拟定了策略，直到最后，他依靠的是诡计和阴谋，而不是军事力量。然而他很需要某种军事支持，所以他首先努力设法恢复他的王府卫队。1507 年夏，他派了他府里的一个太监带着给刘瑾的巨额私礼到北京。太监转送了礼物，转达了宁王的要求。宁王希望有卫队，并有维持给他恢复了的卫队的收入。刘瑾同意了。尽管兵部反对，宁王的卫队还是恢复了。1510 年 9 月刘瑾伏诛的前一日，卫队又被取消。

宁王不怕受挫折。1514 年他再次努力。这次他是通过陆完（1458—1526 年），陆完在 1513 年 12 月当了兵部尚书。宁王第一次见到陆完是在几年以前，当时陆是江西的提刑按察使，已经成为他的庇护人和支持者。现在他需要支持。他向陆完提出同样的要求。陆完答应去办，但这事说起来比做起来容易。大学士费宏（1468—1535 年）拒绝起草，也就是说拒绝批准这道命令。他了解宁王要干什么。但是，宁王这时已经得到许多皇帝亲信的协助：钱宁（他刚刚把陪伴皇帝的地位丧失给了江彬）、皇帝喜欢的乐师藏贤，以及皇帝个人工作人员中的几个太监。他们共同制定了一个避开费宏的计划。

他们知道，1514 年 4 月 9 日费宏要将廷试答卷分出等级，定出入选考生的最后名单，将不能到内阁去。已经安排好，宁王恢复卫队的要求将在那天提出，并立即转给司礼监。这样，大学士们在诏令颁布之前连文件也看不到。钱宁已贿赂办事机构的太监准备所需的诏令，到时作为中旨颁布。4 月 28 日，皇帝的命令恢复了宁王的卫队和维持卫队的收入。朝廷官员们提出了反对的理由，但皇帝并不在意，把对宁王的指控当作毫无根据的谣言，不予考虑。

这时江西的一些地方官员和南京的一些御史经常控告宁王。1514

年1月，南京的一些御史报告，宁王把肥沃的土地据为己有，科敛富户，恐吓地方当局，他们不敢抱怨一个亲王的作为。御史们希望向江西臣民发布一份公告，所有被宁王掠夺的财产应当归还；他的爪牙闹的任何乱子可由民政当局予以惩处；地方官员不应交结宁王。皇帝没有对这一请求作出反应。

1514年4月，一个负责在江西镇压盗匪活动的官员报告，主要由于宁王，土匪仍是一个问题。他既保护现存的土匪团伙，有时利用他们当他的爪牙，由于抢夺财产而把许多百姓驱而为匪，除此而外，又干预这一地区的贸易和商业。兵部尚书把这些指控当作不实之词，搁置不问。

1514年6月，宁王在卫队终于到手以后，不但为他的卫队请求衙署的印信，而且也请求给予他管辖当地监军和他所在地区守卫部队军官的权力的印信。这一请求被批准。同时，他又招募了大约100名盗匪的私人卫队，作为他本人的心腹。

1514年8月，他要求准许他审讯并惩处他管辖范围内的皇族。这个要求也靠兵部尚书陆完的建议而被认可。皇帝由于听到宁王专心致志于他职责的细节而感到高兴，仍然把反对他的报告当作诽谤而置之不理。可是这时宁王已经开始把自己叫做君主，把他的卫队叫做皇帝侍从，把他的命令叫作皇帝的敕令。有一次他实际上试图让这个地区的文官们穿戴正式朝服随侍他，好像他的确是一个皇帝。巡抚代表他的部属说，这不合礼仪，并拒绝这样做。甚至这种荒谬的行为也没有受到北京朝廷的指责。

宁王由于某种原因仍然没有受怀疑，对于其他诸王被认为不忠的行为，但他却被宽容。1514年晚期，鲁王的孙子（他是一个熟练的射手）错误地被牵连进一桩谋反案，被定罪并废为庶人。他的罪过是熟谙箭术和有野战指挥官的才能。可是，把自己的命令当作皇帝敕令颁发的宁王却仍然未受触动。

1515年初期，宁王开始为他的事业招募战略家和谋士。他的主要谋士是一个通晓军事策略的举人。匪首们依旧寻求他的保护，他则利用他们去威吓他的敌人。公开反对他的官员要冒生命危险。1514

年，大学士费宏在到江西的回家路上，差点被他设法杀害。当江西的提刑按察使于 1515 年上报宁王谋反时，也几乎丢了命。宁王试图毒死他。其后又设法使他被抓了起来，几乎被拷打致死。在这种情况下，大部分地方当局要么和宁王合作，要么默不作声。

尽管宁王在为一次可能发生的军事行动做准备，他仍然希望通过其他手段得到皇位。1516 年春，他贿赂钱宁和其他几个受宠信的人，求他们建议把他的长子送到北京。他想让他的儿子在太庙举行的仪式中承担太子的任务。1516 年 6 月，他提出移居紫禁城，但省里的官员们阻止了他。1517 年 5 月，他府里的几个大太监秘密到北京报告他的不法行为。宁王暴怒。他让他的同盟者，掌锦衣卫的钱宁，伪造诏书，命令将这几个太监逮系锦衣卫狱，加以责打并予放逐。他不可能太久地掩盖他的计划。他开始组织他的武装力量，到西南土著居民中招募了更多的军队，并贮存盔甲和包括火器在内的武器。

1517 年秋，他派密探到北京，以便向他报告那里的情况。同时他设立了一个驿传系统给他传递消息。他的谋士们警告他不要谋反。他应当等到皇帝去世，届时在随着发生的混乱中，起而宣布他自己是皇帝。1517 年 10 月，皇帝差一点被蒙古人俘虏；他很少在紫禁城里，总是去冒险。可是宁王不能无限期地等待他的死亡，他有理由首先考虑在这时暗杀皇帝。

与此同时，他保护下的土匪部队事实上正在和省及地方当局作战，抢劫粮仓和金库以充实他的库藏。他们还为他报仇。1518 年 10 月，他开始袭击在江西东部过退隐生活的费宏。费氏家族的人在县城里躲避他的一支土匪部队，但土匪捣毁城门，抢劫了县城，并将费宏的亲戚肢解。费宏只身逃脱。朝廷没有正式调查这一事件。只在费宏直接向朝廷请求帮助以后，才从北京派来一个高级官员调查此事。

江西的新巡抚孙燧（1493 年中试）奉派对费宏的请求作出反应。他负责镇压土匪活动，可是还要为一次可能发生的暴动事件作好准备。1518 年晚期，他捕获几个宁王保护下的匪首，把他们关在南康府城的监狱里。宁王怕他们在拷问下泄露他的计划，派他的军队袭击这座城市以营救他们。在其后的严重水灾中，盗匪活动更加蔓延，地方当局几乎不能控制农村的大部分地区。

到 1519 年春，孙燧已递送了七份关于宁王谋反的报告，再三再四地说，宁王的确将要反叛。但都不起作用。不过宁王却渐渐变得不安起来。皇帝能够被蒙蔽多久？皇帝原来想在 1519 年春季和夏季巡幸长江以南，宁王可以指望在途中的什么地方要么把他暗杀，要么把他扣押。但是这次巡幸由于朝廷官员们反对而被推迟了，因为即使皇帝对宁王的意图仍不觉察，他的官员们也是看得很清楚的。宁王还没有反叛，这只有一个原因。皇帝不理睬他的后妃，人们普遍认为他不会生下后嗣，所以宁王仍然希望通过他的儿子被指定为太子而得到皇位。这样他就能避免被指为叛逆者和篡位者，至少装出合法继位的样子。

据说，在朝臣提出异议以后，只是由于江彬把这种情况看成永远推倒他的对手钱宁的一条门路，皇帝才在 1519 年夏终于注意到了这种情况。钱宁至迟从 1513 年起就和宁王勾结。在皇帝于 1517 年开始巡幸以后，钱（他留在北京）很容易拦截和销毁敌视宁王的奏疏。

在皇帝的銮驾于 1519 年 2 月返回北京以后，江彬及其同伙看出形势已经变得非常危险。1519 年春宁王收到了他所等待的对他的请求的答复。钱宁蒙骗了皇帝，他要皇帝批准宁王的请求，允许他的长子参与太庙的献祭，并将诏令写在一种特殊的纸上。这种"异色龙戋"依照惯例是专用于与监国的联系的。如果没有太子，监国就代皇帝行事。如此，如果皇帝去世，宁王就将被召到北京监督帝国的行政。这不符合江彬的利益。

江彬同太监张永勾结，决定首先下手，并迫使宁王摊牌。他们先在皇帝的心中引起对钱宁的动机的怀疑。为什么他总是称赞宁王孝顺和勤谨？这不是在嘲笑皇帝？为什么钱宁胆敢这样做？皇帝很快改变了对宁王的看法，而钱宁在朝廷的主要同伙太监张锐（他掌管北京的监视和保卫系统）了解到阴谋已被揭穿时，马上就反对钱。张锐已弄清楚，某个御史知道了宁王犯罪的详情，呈递了一份关于宁王谋反的奏疏。

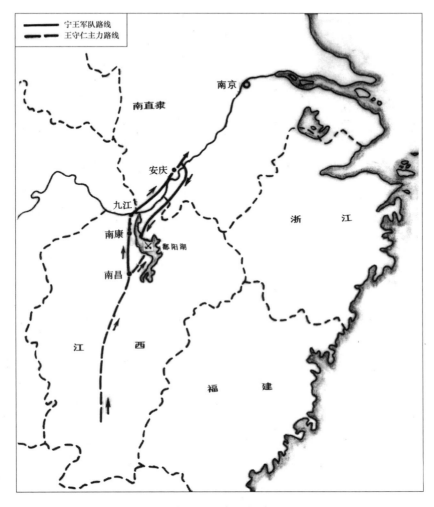

地图 21 宁王叛乱

钱宁这次不能隐瞒文件。当他面对皇帝的时候,他控告这个御史在皇室中进行挑拨。但是皇帝已起疑心,他说,真相总会查明。御史无路可走,如果他诬告宁王谋反,他将反而受罚。

皇帝将奏疏送给大学士们,要求提出建议。大学士杨廷和(1459—1529 年)建议他仿效宣德皇帝所树立的先例。1426 年,当宣德皇帝的叔父朱高煦(约 1380—1429 年?)公开反叛时,皇帝率领一支军队去把他的暴动镇压下去。朱高煦没有挣扎就投降了，而皇帝饶了他的命。另一个叔父朱高燧（死于 1431 年）承认自己牵连进了这一阴谋，但没有采取不利于他的行动；把不利于他的陈述的副本交付给他，作为对未来罪行的一种警告，就算完事。杨建议像处置朱高燧那样处置宁王。可以派几个高级官员和皇亲去告诫他，并且夺去他的护卫。就宁王几乎要公开反叛来说，这是一种非常宽大的惩戒。连他自己也弄错了皇帝派遣使者的目的。

1519 年 7 月 9 日，当宁王出席祝贺他的生日的宴会时，一个从北京来的密探带来了已经派出一些高级官员来逮捕他的消息，因为这是北京所谣传的。宁王突然离开宴会，召集他的谋士的紧急会议。他们一致认为，他的密谋已经泄露，他不能再延迟。一致同意一个计划：第二天，当所有文官来答谢他的宴会时，他要宣布他的意图，并将任何拒绝支持他的事业的人杀死。

7 月 10 日，宁王在聚集在一起的官员面前露面，他们被他的几百名卫兵包围着。他发布了一份难以置信的通告。他声称，太监李广欺骗弘治皇帝，使他认为正德皇帝是他的儿子。据他说，皇位上的这个人是一个平民的孩子。然后他问这些官员是否知道，他曾经接到皇后的诏书；又告诉他们，他曾奉命惩罚这个恶棍——所指当是皇帝。江西巡抚孙燧要求看皇后的诏书。孙燧被拒绝时，就指控宁王谋反。孙燧和其他几个不愿合作的高级官员马上被处决。其余的许多人被捕，随后被迫顺从宁王。

为了确保通往长江的道路，军队立刻从宁王在南昌的总部出发。九江于 7 月 13 日陷落，府城安庆（离南京 150 多英里）于 7 月 23 日被包围。但是，宁王和军队的主力直到 7 月 26 日才向南京出发。当时江西南部的巡抚王守仁（1472—1529 年）用计使宁王延迟出发。王守仁听说 7 月 14 日的叛乱时，开始集合一支军队。同时，王传播假报道说，北京来的一支很大的帝国军队正向南昌前进。只是在宁王探知这些报道是假的以后，才敢于离开他的总部。

战役从一开始就不利。第一天，当宁王为他的事业的成功而献祭时，祭坛坍塌，祭品掉到了地上。最先起航的一些船在一场暴风雨中被毁。1519 年 8 月 9 日，主力部队抵达安庆，安庆被围已有 10 多天。宁王的军队在袭击这座城市时，人员伤亡很多。在攻占它的最后尝试失败以后，他下令撤围。他很着急。要是他的军队不能拿下这座府城，他怎么能够指望拿下南都南京？

与此同时，王守仁已经集结了一支帝国军队，并已定下了抵御宁王的战略。南昌的总部守军不多；宁王带走了大部分军队。王守仁计划首先攻占南昌，然后在长江与宁王的主力交战。他推断宁王将赶回去保卫他的总部，但到那时他的部队将是虚弱而疲惫的，在激战中他将处于不利地位。

王守仁军的先头部队在 1519 年 8 月 13 日晚抵达南昌，次日猛攻这座城市。两天以后，进攻部队伏击了预料要赶回来保卫南昌的宁王的军队。帝国军队的主力于 8 月 20 日晨，正当宁王上朝时，赶上了宁王的船队。小船被烧着，让其漂流入宁王船队。宁王在他自己的船着火时，被迫逃走，随即被俘。他的军队完全被击溃。叛乱只持续了 43 天。

南　　巡

叛乱的消息于 1519 年 8 月 7 日传到北京。皇帝想率军南征，因为这将给他提供一个巡幸长江三角洲的极好机会。他颁布一道诏令，命令他化名的镇国公朱寿集合边境部队，镇压宁王。大学士们、兵部尚书和其他高级官员反对，但皇帝以必死无疑威胁任何敢于再反对的人。

皇帝率领他的军队于 1519 年 9 月 15 日离开北京。第二天他接到王守仁的一份报告，王在报告中告诉他，宁王已经被俘。王守仁恳求他返回北京。据王所说，宁王始终希望皇帝亲自率领军队。曾经沿南行路线布置刺客。即使宁王已经被俘，皇帝仍然不安全。皇帝将这份报告作为秘密保守，继续南行，他早已发觉他是处于危险之中。1519 年 8 月，在他离开北京以前，他曾布置江彬监视钱宁和太监张锐的活动，他已经怀疑他们两人都牵连进了宁王的叛变。在这种情况下，他在北

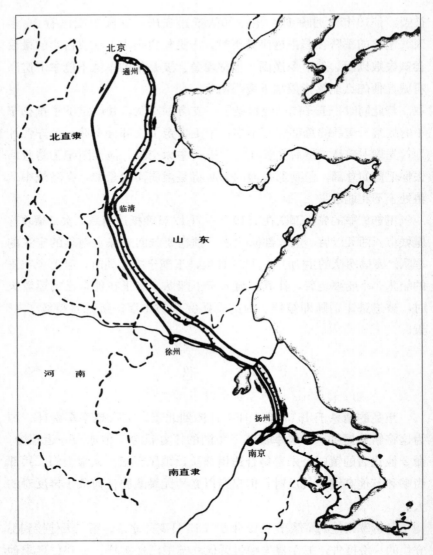

地图 22　正德皇帝南巡

京并不比他在其他任何地方安全。

　　1519 年 9 月晚期，皇帝銮驾抵达州城临清，这是大运河岸的一座重要城市，在北京以南大约 150 英里。皇帝离开北京时，他宠幸的妃子刘娘娘生病，不能随行。他答应稍后派人去接她。她把她的一支玉簪给他，作为识别接她的使者确是由他所派的凭证。他刚到北京以南就把这支玉簪丢了，再也找不到。刚到临清，他就派遣几个使者去接刘娘娘到南边来；但他们到了却没带来这支玉簪，她不肯和他们同行。皇帝知道以后，便秘密地带了一小队骑兵护卫队亲自出发去接她。朝廷官员们发现他不在时已经过了几天，这时阻拦他已经太晚了。他离开差不多有一个月。

皇帝平安无事地回到临清，继续向东南的扬州进发。他从徐州起便悠闲地走水路，路上停下来打猎、捕鱼、拜访致仕的官员和太监。他习惯于把猎获物赏赐给各级官员和随从；但是他指望得到精巧的银或丝绸的礼物，作为哪怕是一羽一禽的回报。何时何地合他的心意，他便接见朝臣。冬至的朝觐是在一个致仕的太监的住所举行的，在此之前不久，他曾在御船上接受对他生日的祝贺。

皇帝于 1520 年 1 月到达南京，此后的八个月他都留在那里。他过得很愉快。他从即位最初的日子起就喝酒，从没有戒除这一嗜好。这时他变得嗜酒成瘾。他的一个侍从专门负责带着一坛热酒和一把勺到处跟随着他，以便他在任何地方都能喝上酒。相对来说，喝酒是他的一种无害的消遣。顶多只不过为了取乐，让官员们当着他的面喝醉酒罢了。他的荒谬的诏令和蛮横的勒索诡计后果更为严重。

皇帝到南京前不久，颁布了一道非常古怪的诏令。他禁止饲养和屠宰猪。他这样做，表面上是因为他认为猪不洁净，是疾病的一个来源。在皇帝巡幸过的西北部，穆斯林广泛地怀有这种信念。但是，据说他颁布这道诏令，还因为"杀猪"一语发音和"杀（姓）朱（的人）"相同。这是一道非常不受欢迎的诏令。在长江三角洲，肉就是猪肉，人人都养猪。猪肉在皇帝的大多数献祭中是主要的供品，也是大多数荤菜的主要成分。然而面临被永远放逐到帝国最遥远的边疆，许多人还是服从了命令。

最蛮横的勒索诡计涉及强取民间人家的女子以充后宫。从 1517 年起就一直这样做，可能是江彬出的一个主意。皇帝在南巡时试图以更大的规模进行。强夺女子有两个目的。第一，她们可以实际上被收入后宫；第二，如果不收入后宫，她们的亲属可能尽力用钱赎回她们。许多殷实人家开始贿赂他的伙伴，以求避免这种皇帝恩宠的殊荣。那些没钱的人家则忍受悲惨的结局。许许多多的年轻女子被送往北京的浣衣局（宫廷妇女年老退居或被送往受惩罚的院落，位于皇城外），等待皇帝返回。1520年早期，朝廷官员们就抱怨，没有更多的房间安置她们，供应不足，有些妇女已经饿死。

皇帝途经南京附近精耕细作地区的狩猎旅行也引起巨大骚动，因为銮舆所经之地实际上都被踩躏。为了抚慰刘娘娘，他终于削减了这类活动，但已经造成了巨大损害。

正是在这种情况下，一个欧洲王国的第一个使臣来到了帝国朝廷。里斯本一个药剂师的儿子比利（约1468—1524年）在1516年被任命为葡萄牙到中国的使节，带着国王曼纽尔一世（1495—1521年在位）的一封书信于1517年晚期抵达广州。广州的文职官员们以为是葡萄牙海盗，总督请求准许调集一支舰队把他们赶走。

这种反应并不十分奇怪，葡萄牙人在中国名声不好。1511年，一支葡萄牙舰队侵入马来半岛的满剌加苏丹的领土（一个名义上在明朝廷保护之下的王国），迫使苏丹逃走。他立即派使者把这次入侵告知中国，葡萄牙人就这样第一次引起朝廷官员们的注意。他们被认为来自马来亚以南的什么地方，并没有被看作欧洲人。而且，既然这样一种人从来没有入贡的记载，北京的礼部便拒绝接待1517年的使节。1518年2月，礼部建议命令比利离开广州。

在此期间，有人贿赂负责广州海上事务的太监，获准让这个使节继续北上。1520年5月，使节及其一行到达南京，并设法得到皇帝的允许赴北京朝见。比利一行中的穆斯林商人火者亚三可能靠贿赂江彬把他引荐给朝廷而作出了这一安排。比利在得到这难以得到的准许后就不走运了。尽管他到了北京，却始终未能朝见。皇帝于1521年1月回到北京时，已经病重。他于三个月后去世，第二天比利及其一行便被赶出北京。①

---

① 关于葡萄牙人到达中国的更多资料，见伯希和《明代历史的火者和写亦虎仙》［419］，《通报》，2，38（1948年），第81—292页。

　　1520 年春季和夏季，皇帝留在南京，部分地是因为他在等待江彬和太监张忠统率的边军从江西返回。王守仁俘获宁王以后，请求准许在北京向皇帝献俘，但是皇帝及其亲信不愿放弃他们的军事行动。王奉命与宁王留在江西。江彬想让皇帝在鄱阳湖的一次模拟战中捕获宁王，在此之后，他和其他亲信指望由于他们在这次军事行动中的作用而获得大量赏赐。王守仁拒绝和他们合作。他带着宁王离开江西向南京进发，他想在那里亲自把宁王交给皇帝。他既不信任省的官员们，也不信任皇帝的亲信们，怀疑仍然存在释放宁王和杀害皇帝的阴谋。

　　王守仁抵达杭州时见到了太监张永，张永负责这个地区的军务。由于致仕大学士杨一清的建议，王守仁同意将宁王移交给张永，杨一清认为张永可以信赖。王还告诉张永，江西的局势不稳定。如果允许边军进入江西，他担心他们的需求将导致一场暴动，比宁王的暴动还要严重得多。

　　在此期间，他的计划已经受到阻挠，江彬开始在皇帝面前诋毁他。江彬暗示，王守仁其实与宁王相互勾结。张永设法为王守仁说情，这种指控才得以清除。但是，江及其密友不愿失去他们的赏赐。1519 年晚期，边军奉命到江西扫灭宁王残余的徒众。同时，王守仁奉命回江西当这个地区的巡抚。1520 年夏季期间，他千方百计地努力控制边军造成的损害，而且终于赢得了他们的敬重和顺从。江彬看到他自己作为他们指挥官的地位正受到损害，决定终止军事行动，返回南京。

　　1520 年 9 月，皇帝命令王守仁呈递平定宁王之役的另一份报告，在这份报告中，江和皇帝的其他亲信对俘获宁王都有功绩。1520 年初期，张永已带着宁王返回南京。整个夏季，这次战役的所有战俘都被关押在碇泊于长江的船上，而不顾大学士们的反对，他们仍然担心可能发生某种事变。皇帝仍然希望他的亲信们因这次战役的胜利而立功，在这个问题处理好以前，他不肯承认宁王已成战俘。在王守仁呈上他修改过的报告以后，皇帝正式接受了这次战役的战俘，开始准备返回北京。

1520 年 9 月 23 日，皇帝带着宁王从南京出发，坐船沿运河向北行进，沿途又停下来去钓鱼和拜访致仕的官员、太监。他仍然过得很快乐，总是喝醉酒。这次快乐的旅行于 10 月 25 日突然结束。他正在一只小船上独自捕鱼（很可能喝醉了酒），船翻了。在他的惊慌的亲信把他从水中拽出来以前，他差一点就淹死了。因为他嗜酒成癖，他已经很不健康；由于这次事件，他病得很厉害。他感到好些又能上路时，马上就不停顿地向北进发，于 1520 年 12 月抵达北京正东的通州。

皇帝决定亲自审问宁王，就在通州，而不是在北京审问。按照江彬的建议，他开始了一项调查，旨在惩办任何曾与宁王交往的人。王守仁正好预料到会有这样一次清洗，因而在他于 1519 年攻占南昌时，已经把大部分证据（宁王馈赠当地、省和朝廷许多官员的礼品的清单）销毁。派往搜集证据的太监张永，只拿到宁王原始档案的一小部分。主要的共谋者都因留下的证据而受到牵连。钱宁已于 1519 年 12 月被捕。吏部尚书陆完在 1520 年 12 月 15 日被捕，并与许多太监和锦衣卫的军官一起被带到通州。

皇帝这时一心想要雪恨。他特别恨钱宁和陆完，他们辜负他的信任，以谋反来回报他的恩惠。他命令将他们两人剥光衣服，反绑两手，推到为了他凯旋入城而即将向北京进发的囚犯们的前面。他们和其余的共谋者将受谋反的刑罚——凌迟处死。1521 年 1 月 13 日，宁王被允准自尽，然后皇帝命令将他的尸体焚烧。宁王谋反一案结束，而皇帝在江彬的怂恿下不是计划返回北京，而是到他的宣府宫去。

江彬和朝廷官员们都很清楚，皇帝病重，他可能很快就死，还没有为继位作准备。他去世时，谁在他的身边都可以提名他的继承人，因此江彬想让他离开帝国的朝廷。但是皇帝感到虚弱，他的医生终于能够说服他，在他再次旅行以前暂时返回北京休养。

1521 年 1 月 18 日皇帝进入北京。几千捆绑着的俘虏排列在皇城正门通道的两边，每一名都用标帜予以识别。他打扮成一个将军，耀武扬威地骑马穿过俘虏间的通道进入皇城。这是他最后的表演。三天以后，当他在北京正南的天坛献祭时病倒了，被送回城里。

空　位　期

整个 1521 年春天，皇帝仍然病重，不能上朝或主持帝国的祭祀；他仍旧没有为继位作准备。江彬有他自己的打算。他将占据皇城，拥立住在大同镇城的代王。江彬只需要皇帝死时在他的身边。谁能对他所说的皇帝的最后命令提出质疑？为了保证他能用武力作他的言词的后盾，1521 年 4 月 15 日，他伪造了一道任命他指挥在北京的边军的命令。这个计划差一点就成功了，但是 29 岁的皇帝在 1521 年 4 月 19 日夜死于他个人的宫中时，江不在他的身边。只有两个司礼监太监在场，他们记下了他最后的话：

> 朕疾至此，已不可救了。可将朕意传达太后〔张太后〕，此后国事，当请太后宣谕阁臣，妥为商议便了。从前政事，都由朕一人所误，与你等无涉。[①]

当管事的太监们来到时，他已经死了。

首辅杨廷和是最先知道皇帝去世的人当中的一个。他也已为这一可能发生的事件作了安排。4 月 20 日晨，当官员们从司礼监给他带来皇帝的最后指示时，他已经作好了行动的准备。皇帝在临终时把一切事情都托付给了大学士们，但没有实际指定继位人。一段时间以来杨心中已有一个候选人：皇帝的堂弟，兴王的 13 岁的儿子。

---

① 杨廷和：《视草余录》[611]，载《杨文忠三录》（1607 年；重印，京都），1972 年，第 1 页。关于正德皇帝之死的这一记载，《御批历代通鉴辑览》[89]（1767 年）的编者们收入了乾隆皇帝的看法，这份文件是伪造的："当时豹房寝疾，左右无人，其言仅出自中涓之口，安知非其辈恐朝臣论其前罪，故矫传此命，以托为解免之由。固未足尽为凭信耳。"很可能由于这个缘故增添了后两句，但是把继位之事托付给大学士们，太监们从中是得不到好处的，因此至少文件的那一部分可能是真的。语言很像口语，可能反映了皇帝实际说话的情态。见清高宗　《御批历代通鉴辑览》，杨述曾编（1767 年；重印，上海，1883 年；摹印本，台北，1959 年），108，第 3 页（第 3524 页）。

他起草了一道遗诏,他在遗诏中指定这个孩子为合法的继位人,吩咐司礼监太监把遗诏送呈太后批准。到中午这件事情就已办妥,尽管不是每一个人都满意。吏部尚书王琼(1459—1532年)反对杨的专横的决定。他想向整个朝廷提出这件事,但已太晚。4月21日清晨,已有一批人出发去护送这个亲王来北京。只留下一个严重的威胁——江彬。

4月22日,江彬进紫禁城去听宣读皇帝的遗诏。杨廷和在遗诏中命令边军返回他们各自的防地,这实际上剥夺了江彬的指挥权。江的同谋者怂恿他采取行动,但他犹豫不决。他派他的主要顾问许泰暗中监视大学士们。杨设法使许相信,他并不想对江彬采取任何行动,那是由继位皇帝决定的事情。江听到这些话以后,决定仍然退居住所。尽管许多朝廷官员想马上逮捕他,杨廷和却反对。他担心,此事如果处理不慎,可能随即发生一场血腥的战争。

4月24日,杨说服掌司礼监的太监们请求太后下令逮捕江彬。他发现很难得到他们的合作。主要的掌权太监魏彬因婚姻而与江彬有亲戚关系;张锐(他曾在江彬的帮助下设法掩盖了他和宁王谋反的牵连)也尽力包庇他。杨最后对他们两人进行了威胁。他说,要是发生了什么事情,他将以他们拒绝请旨逮捕江彬为理由使他们牵连进去。魏彬同意拘留江,但不让他个人承担任何特定的罪行。杨则同意不把任何太监牵连进这一案件,只有江在军事上的同伙将同他一起被捕。

1521年4月24日,江彬再次进紫禁城,参加坤宁宫落成的庆典,坤宁宫是寝宫之一,在1514年的大火中被焚毁。杨廷和已经得到逮捕江彬的意旨,命令皇城守门卫兵们在江彬试图离开时将他拘留。杨只担心张锐可能在卫兵们接到他们的命令之前,已把这个计划告知江彬。在典礼进行当中,有一个太监走近江彬,向他低声说了什么,于是他向北门逃走。他试图虚张声势地夺路而出,质问死皇帝怎么能够发布命令,但是卫兵们逮捕了他和他的护卫。稍后他的主要同谋者也被逮捕,和江一道被送往锦衣卫监狱。继位不再有危险。

在正德皇帝去世到他的继位人来到之间的35天中,杨廷和实际上统治着明帝国。他立即动手拆散已故皇帝的朝廷。从边防驻军召回镇军太监们,将京师的部队交还他们原来的指挥官们,边军则返回他们原来的防地。遣还外国贡使,让皇帝私人宫中的僧侣返回他们的寺庙。在北京待召的工匠、乐人、船工被准许返家,浣衣局的妇女们被送回她们的家庭。所有这些措施都被当作正德皇帝遗诏的条款来执行,遗诏实际上是杨廷和写的。

与此同时,朝廷官员和太监们正就谁应迎接并在何处、何时、按何顺序迎接新皇帝不停地争吵。他们全都担心未来会带来什么,都想最先得到新皇帝的恩宠。无论谁,即使是安排继位的杨廷和,都不能确定前途如何。

对本朝的评价

16 世纪和 17 世纪初期进行著述的明史学家们普遍认为,正德皇帝有其特点,是一个机警、聪明的人,精于诗歌、音乐和技击。这类评论也许透露,这些史学家不得不找出某些方面来赞扬,却不能找出其他的话来说,但是他们的评论也可能包含某些真实情况。即使他不聪明,至少他也狡猾而粗暴,足以保存他自己和维持他个人的权力达 16 年。

18 世纪官修《明史》的编者们称道他的尚武精神和他制止明代军事力量下降的成就,按照他们的意见,军事力量从 15 世纪中叶以来就在下降。他们认为他统治时期的特点是大体上稳定,他的功劳在于在政府高级机构任用能干的文官们;他们断定,如果他喝酒不是那么多,他可能成为一个中常的君主。

他总是因他对待他的地位的态度,因他不肯像君主的权力把他置于高于一切的位置上那样发挥作用,而受到非难。正德皇帝把自己想象成军人一统治者,这与礼仪以及他的官员们期望他实行的官僚政治的准则是不相容的。他自身的行为,他对朋友的选择,他对文官们的无礼,以及他的酗酒,都被认为是应当受到谴责的,和皇帝的身份是不相称的。即使唐代和后来北方一些王朝的皇帝(还有明代早期的皇帝）也常常骑马、打猎、参加战役，到了 16 世纪大多数文官却觉得这类事情在一个皇帝来说是不能被接受的。然而有关正德皇帝纵情享乐的态度和对礼仪、习俗、规矩的蔑视的故事仍然很受欢迎，到 20世纪已以多种书名出版。①

① 例如，见《正德游江南》[67]（无日期；重印，载《中国历史通俗小说——三种》，台北，1976 年），《白牡丹》[412]（无日期；重印，载《中国通俗章回小说丛刊》，9，台北，1971 年）。

第八章

嘉靖时期，1522—1566 年

皇帝的选择和继位

明代的第 11 个皇帝朱厚熜 1507 年 9 月 16 日生于湖广省安陆（今湖北钟祥县）他父亲的庄园里。他的父亲兴王朱祐杬（1476—1519 年）是成化皇帝（1465—1487 年在位）的第四子，邵贵妃三个儿子中年纪最大的。他爱好诗歌和书法，不肯参与他同辈的其他许多消闲活动，而是纵情于艺术和文学的消遣。未来皇帝的祖母邵贵妃被她的父亲卖给杭州的镇守太监，他训练她写字和吟诵唐代诗歌，然后把她当作礼物献给成化皇帝。她的孙子于 1521 年即位时，她已是一个失明的老妇，退居于浣衣局，这是位于皇城以外的安置退居或失宠宫廷妇女的院子。未来皇帝的母亲蒋氏妃是北京卫军一个军官的女儿。她于 1492 年与兴王成亲，1494 年随他到他的安陆庄园。①

这个朝代的史学家们照例记载了与标志这个未来皇帝这样显要人物的诞生相伴随的奇异的吉祥征兆。例如，他们写道，他诞生的这一年黄河水清五日，紫色祥云布满天空，因为这类奇迹标志真命天子的出世。

---

① 朱厚熜一般或以其年号称为嘉靖皇帝，或以其追谥的庙号称为世宗。这个年号出于《尚书》的一段话。周公（周代创建者武王［公元前 1027—公元前 1025 年在位］的兄弟）在他的《无逸》中引述商殷统治者武丁（公元前 1324—公元前 1266 年在位）的范例：“无敢荒宁，嘉靖殷邦，至于小大，无时或怨。”“嘉靖”一语被选用来批评前代的普遍状况，也表示对新皇帝及其朝廷的期望。见李雅各《英译七经》［309］（1870 年；第 2 版，牛津，1893 年；重印，香港，1960 年；重印，台北，1969 年），Ⅲ，第 466—467 页。

这个孩子被认为是非凡的。在他很小的时候，他父亲就教他吟诵唐诗，他经过几次尝试便常常能够准确地背诵诗句。他稍稍大点以后，在他父亲的直接指导下，开始学习古籍。他爱学习，证明是一个聪明而勤奋的学生。[①]

这个孩子和他的父亲似乎很亲密。兴王除了亲自辅导他的独子以外，还让他参加他自己王府的一切例行仪式和典礼，并且当他到北京觐见皇帝时，也把他带到北京的皇帝的朝廷去。因此，这个未来的皇帝还是孩子的时候，便已熟悉仪式和典礼的规矩，这种知识在他统治的最初几年里对他很有用。

兴王生病于 1519 年 7 月死去时，他的儿子接手管理王府。王府长史袁宗皋（1453—1521 年）帮助他做这项工作，后来随他到北京。袁从 1491 年起就为王府效力，立下殊勋，证明是一个正直而能干的管理人。在嘉靖朝的最初几个月里，他成了新皇帝最信任的顾问和知己。

1520 年 10 月，正德皇帝在他从南京返回北京的路上，在一次乘船游玩的事故中几乎淹死，他的健康状况从此不断恶化。到了 1521 年春，他已不能上朝，他的医生报告说，他已不能治愈。他既没有生下一个后嗣，也没有过继一个。1521 年 4 月 19 日他去世时，没有留下关于继位的明确指示。一切事情都交托给了他的大学士们。

首辅杨廷和已经预料到皇帝死后随之而来的困难，并已作好迎接困难的计划。皇帝死前五天，以皇帝的名义专门颁布了一项诏令，命令皇帝年幼的堂弟朱厚熜缩短为他父亲服丧的时间，并承袭他的兴献王爵位。皇帝死的当天，杨命令掌司礼监的大珰们请求太后的懿旨，指定这个 13 岁的孩子作已故皇帝的合法继承人。他告诉大珰们，依照《皇明祖训》中规定的"兄终弟及"的条款，皇位理应传给兴王，他是弘治皇帝（1488—1505 年在位）弟弟的独子、已故皇帝的堂弟。他并没有指出这条规定只适用于正妻的儿子，也没有指出，任何相反

的解释都要受到砍头的惩罚。他要把这个幼小的孩子推上皇位，并且找到了做到这一点的办法。①

大学士杨廷和这时处于巨大压力之下。不确定的继承顺序是王朝稳定的最大威胁之一，而已故皇帝并没有选定太子或继位人。此外，已故皇帝亲信之一的江彬将军（死于 1521 年）所统率的边防驻军的部队驻扎在京师，杨担心他任何时候都可能试图发动政变。朝廷本身充满了已故皇帝的图谋私利的亲信，以及急于保持其地位的有力人物。在北京街头居民传播着即将发生一场暴乱的流言。在这样一些情况下，草拟一份继位的诏书似乎是一桩小事，对于这件事情杨并没有花费许多的时间或进行思考。在他削减已故皇帝亲信的权势的巨大努力中，朱厚熜的继位只不过是部署之一。②

继位诏书只说兴献王的长子"来京嗣皇帝位"③。这一安排的详情没有记载，因为在杨看来只可能有一种安排。这个孩子和他的家属都没有任何合法继位的要求。他的父亲是一个妃子的儿子，她始终没有晋封为帝后，而这样的妃子们的儿子及其后代依据其自身应有的权力是不能继承帝系的。因此，杨冒称，这个孩子可以根据他是过继来的已故皇帝的弟弟的身份，作为皇帝延续帝系；这样，为了礼仪他将把他的已故伯父弘治皇帝和他的伯母张皇后当作他的父母亲对待；他也将把他的亲生父母当作他的叔婶来对待。尽管这种安排在普通人家和皇室中是常见的，新皇帝及其亲属却没有接受这种做法，因为诏书没有提到这样的安排。他们认为，孩子从未立为太子，他对已故君主或他的世系就不负礼仪上的那种义务。他下令登基继位而不及其余。

① 在规定皇帝诸王子正当行为的一个条款中出现的《皇明祖训》[385] 的这段文字，原文如下："凡朝廷无皇子，必兄终弟及，须立嫡母所生者。庶母所生，虽长不得立。若奸臣弃嫡立庶，庶者必当守分勿动，遣信报嫡之当立者，务以嫡临君位。朝廷应即斩奸臣。其三年朝觐，并如前代。"这段文字明显地指同母所生兄弟，而不是指异母兄弟或堂兄弟。见明太祖《皇明祖训》（1395 年；重印于《明朝开国文献》[388]，台北，1966 年），Ⅲ，第 1633—1634 页。
② 参见本书第七章的《正德时期》，《空位期》。
③ 《明实录·武宗实录》[380]（1525 年；重印，台北，1961—1966 年），第 3681 页。太后诏书措辞相同。

总之，他们是以一种与大学士杨廷和的意图完全相反的方式解释诏书，这种利害关系的不一致在新君抵达北京城外的那一天变得明显了。

1521 年 4 月 21 日，即在正德皇帝死去两天以后，一个由司礼监、勋贵、皇室、内阁及帝国朝廷代表组成的使团前往湖广省的安陆。年轻的兴王在他们到达时迎接他们，接受了太后的诏书，在他的藩邸即皇帝位，作为新皇帝接受这些官员的朝贺。1521 年 5 月 7 日，一行约 40 人簇拥着皇帝从安陆出发，不间断地旅行了 20 天。在向北京行进时，年轻的皇帝表现极好，拒绝了官员和勋贵们的礼物，吃住节俭，不顾他旅途的困难。

大学士杨廷和曾经指示负责仪式的官员们，用适合于太子的而不是那种适合于皇帝的仪式迎接这个孩子。当皇帝就在北京西南的良乡被告知这种安排时，他的长史建议他不管这个大学士，像一个皇帝要做的那样经过礼仪上的主要城门进入京师，在主要的朝觐大殿上即位，在那里接受他的朝臣的朝贺。1521 年 5 月 26 日傍晚，皇帝抵达就在北京城门外的临时住处，当晚他发布了他自己拟定的登基方案。5 月 27 日一大清早他进入宫殿，在黎明前的朝见中接受他的朝臣们的祝贺。新皇帝在和大学士们的较量中获胜，这是一场权力、威信和正统性的长期斗争的第一个回合。

权 力 斗 争

关于大礼的争论

1521 年 6 月 1 日，皇帝继位以后的第五天，他命令礼部的负责官员们提出适合于他父亲的大礼和称号的意见。大学士杨廷和指示礼部尚书依据两个先例作出他的回答：汉代定陶王和宋代濮王的继位。他又说，谁不同意谁就是奸贼，应被处死。

杨廷和挑选了两个不寻常而又有争论的事例。公元前 7 年汉成帝（公元前 32—公元前 7 年在位）去世，前此二年，他安排让他的侄子定陶王继承他，延续他的世系。但是，这个孩子一掌权便不顾已故皇帝亲属的反对开始给予他的家庭成员以封号、俸禄以及其他恩惠。公元前 4 年，在两个朝臣的请求下，皇帝把他的两个祖先提到更高的地位，并提出建立家庙，这项提议得到了绝大多数人的赞成。这在某些方面来说，是一个一心想尊崇他亲生父母的皇帝也不大可能开的先例，因为这只不过证明皇帝最终能够为所欲为。

作为英宗皇帝（1064—1067 年在位）而掌权的赵曙，是濮王的第 13 个儿子，宋代第一位皇帝的远代子孙。没有男性后代的仁宗皇帝（1023—1063 年在位）于 1036 年收养了这个孩子，随后又将他立为太子。1064 年他一即位，朝廷关于他父母的封号的争论就开始了。朝廷上高级官员们有两年忙于有关这个问题的激烈争论。一批人认为皇帝应当给他的父母上尊号，并继续称他们为父母；另一批人认为他只应当承认他的前任的世系。这场争论很快恶化成一场主要以皇帝权力的适当限度为中心的派系争吵。皇帝和他的顾问们终于达到了他们的目的；皇帝承认他的亲生父母，并制定了对他们的祭祀制度。但是，南宋的思想家们强烈反对这种安排，并写了反对的意见。哲学家程颐（1033—1107 年）草拟了最有影响的反对意见，大学士杨廷和向皇帝送呈这个先例供他考虑时，附上了程颐对这个事例的议论。[①]

明代朝廷上的这次争论的焦点在于辨别"统"（王朝世系的合法继承）和"嗣"（家族惯例的血统继承或过继继承）。大学士们为之辩护的观点，认为继承某人的人应是某人之子，这是家族惯例的一个基本原则。因此，年幼的嘉靖皇帝受到敦促，要把他的伯母和伯父当作他的父母对待，把父母当作叔、婶对待。但是对方指出，在这个事件中皇帝从未继或被他的前任立为太子，进行统治的家族的合法继承和家族惯例的平常的常规有明显的区别，过去从未制定皇帝继承的规定和条款。

---

① 程颐写道："为人后者，谓所后为父母，而谓所生为伯、叔父母，此人生之大伦也。然所生之义，至尊至大，宜别立殊称。曰皇伯、叔父某国大王，则正统既明，而所生亦尊崇极矣。"《明实录·世宗实录》[380]（1577 年；重印，台北，1961—1966 年），第 80—81 页。宋代历史著作中有关程颐论点的议论见刘子健《欧阳修的治学与从政》[355]（九龙，香港，1963 年），第 235 页以下各页。

　　明代继位的历史已经由于篡位和一系列的叛逆而被弄得很糟，最晚的一次叛逆发生在 1519 年，当时宁王试图废黜正德皇帝。关于正当的大礼的争论围绕着一种没有说出的忧虑：嘉靖皇帝谋求创立的礼仪准则将开危险的先例。这种准则认可在继位的合法顺序中建立皇室的一个旁支，这个旁支在其他情况下是无入选资格的。这种准则因而形成了一个前所未有的嫡系的气氛。就大学士们而言，1519 年的宁王谋反仍然是令人不安的往事。争论的不是孝道和君权；争论的问题是皇帝世系的稳定性。

　　可是在皇帝即位以后，国家的这个重大问题变得可以讨论了。大多数官员已经承认皇帝，既不想废黜他，也不想接受他的退位；大学士们在事情发生以后也绝不可能对他适合当皇帝或他的合法性提出怀疑，因为他们已经挑选了他。既然他能够不被迫接受大学士们的主张，既然他能够不被废黜，大学士们就只能对他施加压力，说服他接受他们的观点。大学士杨廷和直到他 1524 年被迫离职为止，随意利用一切手段把他的看法既强加于朝臣，也强加于皇帝。但是在这个孩子和他母亲的身上，这位大学士却遇到了对手。

　　杨廷和利用这一争端巩固他自己在朝廷的权力，扩大大学士们的权限，提高翰林院及其成员的威信。他需要依附他的人的支持，他无情地排斥高级机构中反对他的人。1521 年 5 月，他使他最有势力的敌人吏部尚书王琼（1459—1532 年）被革职、关押，放逐到帝国遥远的西部边境，同样的策略也应用于较低级别的其他几百名官员。他尤其排斥所有在大礼上反对他的主张的人。

　　皇帝因杨的专横而苦恼，但他的手是被捆着的。1521 年 6 月殿试时他再次提出这个问题，他出了一道追荣本生父母以何为宜的文章题目，目的是要诱导出对他的立场的某种支持。[①] 但是，没有一个文章的作者敢于反驳大学士们的主张。在此后几个月中，礼部三次呈递它有关大礼的建议，皇帝每次都反对。

---

① 范守己：《皇明肃皇外史》[154]（未标页码的抄本；格斯特东方图书馆，普林斯顿大学），1。

在相持了三个月之后，皇帝终于接到了一项投合他心意的建议。提建议的张璁（后来名叫张孚敬，1475—1539 年）来北京参加会试，他在七次失败之后于 46 岁时才考中。大学士们发表他们的主张之后不久，张告诉他在礼部的一个朋友，挑选的先例不适用于当今皇帝的情况，他建议他的朋友在他的同僚中传播这种主张。张的朋友紧接着调任南京的一个职位，而张决定不声张。但是，当他看到皇帝继续驳回大学士们的主张时，他渐渐改变了主意。

1521 年 8 月张向皇帝表明了他的主张。他认为遗诏本文只说兴献王长子，而没有提到杨廷和所提出的任何安排。汉、宋继位的事并没有提供据以作为先例的历史的相同之点，因为在这两个事例中，继位者都曾嗣养于皇宫，然后才被立为太子。皇帝把张的奏疏转给大学士杨廷和，杨送还奏疏，加上这样的评论："书生晓得什么大体?"[①]但是，皇帝看出了在这场争论中达到他的目的的办法。他继续迫使大学士们接受他的意见，他们也继续封还他关于这件事的诏令。这时这个问题已经变成朝廷上争论的一个题目。其他的几个官员发表意见支持张的主张，到了 10 月，情况迫使大学士们缓和了下来。

1521 年 4 月 30 日，也就是皇帝继位后的第三天，他派了一批人去护送他的母亲从安陆来北京。1521 年 10 月 4 日，当她到达北京正东的通州时，危机扩大了。她听说她将被当作王妃而不是当作皇后受到迎接，他的儿子正被迫要称她为叔母，她拒绝进入京城，并威胁要即刻返回安陆。皇帝听到此事时，告诉太后，他想避位，和母亲一道返回安陆。这种威胁迫使大学士们采取礼部尚书毛澄（1461—1523 年）所提出的妥协立场。盖有太后印玺的一道懿旨给予皇帝的父亲、母亲和祖母以帝、后的称号。此外，朝廷被迫接受了皇帝为迎接他的母亲而提出的礼仪，这种礼仪给予她最高的尊荣。这时她才同意进入京城。

但是，张太后仍旧把皇帝的母亲当作一般的王妃看待，用适用于皇妃的礼节接待她，尽管她的称号是皇后。张太后的态度激怒了皇帝

---

① 张廷玉等撰：《明史》[41]（1736 年；重印，北京，1974 年），第 5037 页。

的母亲，也同样激怒了皇帝。从此以后他利用一切方法随意羞辱和威逼太后以及她的亲属。

1522 年 2 月，在皇帝祭天的那天，皇帝母亲居住的宫殿院落中发生了一场起因不明的火灾。大学士杨廷和把这一事件看作皇帝祖先不满于祭祀的安排，尤其是不满于这些新的称号的明显朕兆——火是主宰所有礼仪事务的自然力。他逼迫皇帝至少暂时撤销他双亲的帝、后称号。

就杨来说，大礼问题终归是次要事情。本朝的开头几年，他主持帝国的行政，把他的精力主要用于制度和人事的改革。其中，他试图恢复那些在前一个皇帝统治时被占作皇庄的地产的税收登记；遣散几千名多余的锦衣卫成员；禁止帝国教育机构中的异端学说以及限制太监的权力和势力，太监们妄自霸占了许多民政职务。

但是，大礼的争议仍然是一个严重的问题，它只能激起皇帝对杨和他一伙人的怨恨。当皇帝的祖母于 1522 年 12 月去世时，杨建议她的丧期只用一天，对她的葬礼的细节进行争论，在这一过程中他使自己和皇帝更加疏远了。所有对杨的态度专横傲慢的批评就这样被皇帝自身的感受证实了。

1523 年 6 月 30 日，皇帝命令大学士们到他跟前非正式地觐见他。他亲自指示他们给他的家庭成员的称号加上帝、后的尊称，大学士们当他的面不能拒绝他。他们一退出就立即声明反对这一敕令，拒绝奉行，结尾还问道：陛下何能仍避而不顾正理以任一己之私情？①在杨的指挥下，大学士们实际上像丞相那样行事，向皇帝口授方针。

1524 年 1 月，皇帝开始得到对他的立场的更广泛的支持。南京的一个次要官员桂萼（死于 1530 年）收集了几份支持皇帝立场的奏疏上呈皇帝。其中一份是当时的湖广巡抚席书（1461—1527 年）写的，那时他不敢上呈。他在奏疏中非难大学士们，批评朝臣毫不犹豫地接受他们的指令，同时完全支持皇帝关于大礼的立场。席书长期以来是大思想家和政治家王守仁（1472—1529 年）的一个奖掖者，他

---

① 范守己：《皇明肃皇外史》[154]，3。

的看法大量地吸收了王的学说。席的奖掖者杨一清（1454—1530 年）是他那个时代的资深政治家，在 1521 年已经非公开地反对大学士们。由于这份奏疏，变成公开而正式地反对杨廷和了。大学士杨廷和不能实现他的方针或影响皇帝，于 1524 年 3 月致仕。

在随后的五个月期间，关于这个问题的争论变得非常激烈。双方都激烈地提出派系性的指控，设下阴谋要致皇帝的支持者于非命或撤去他的反对者的职务。到了 1524 年 8 月，反对皇帝的最直言不讳的人都已被迫去职，由可望支持皇帝及其方针的人接任。朝臣们以种种理由有力地反对这些任命，但都不起作用。

1524 年 8 月 11 日，皇帝诏令礼部恢复他母亲原来的皇后尊号。这道诏令立即遭到对立的翰林学士们、在京的御史们、朝廷郎官们的抗议。皇帝命令锦衣卫逮捕、关押抗议的首领们。他盛怒地训斥三个阻挠他的愿望的在职的大学士。毛纪（1463—1545 年）因而向朝廷宣布将在四天之内上帝、后尊号。

三天以后，8 月 14 日，两百多个朝廷官员在早朝以后拒绝散去，仍然跪伏阙下，抗议皇帝的诏令。皇帝于朝见后在靠近朝堂的文华殿开始斋戒，发觉有骚动。他派几个太监去让官员们散去，但是他们没有书面的诏令便拒绝离开。当诏书随要随有时，他们仍然拒绝走开。快到中午时，皇帝索要抗议者的名单，然后把为首的人投入锦衣卫监狱。这时，他们当中的一些人开始呼喊并敲打朝堂的门。

皇帝迅速作出反应。所有低级官员都被投入监狱，其余的被命令等候判决。五天以后，180 多名官员在朝廷上受到责打；17 人受伤致死，其余的人被谪戍。皇帝于第二天奉立他父亲的神主，并给他上了皇帝的尊号。[①]

开始时的不和在三年之中变成了影响几百名官员的前途和整个政府施政的权力之争。杨廷和与皇帝之间的冲突也变成了两个敌对官僚

---

① 关于这些事件的更充分的说明，见卡尼·T. 费希尔《明代中国的大礼之争》[163]（安阿伯，1978 年）和中山八郎《再论嘉靖朝大礼问题之起源》[405]，载《清水博士追悼纪念明代史论丛》（东京，1962 年），第 37—84 页。

集团之间的斗争。对大学士们的抨击由杨一清和席书领头，他们两人是在省里发迹的有影响的官员。他们谋求削弱杨廷和与他的翰林同僚们所已掌握的过大权力。就他们来说，关于大礼的争论对实现其他的目的是有用的。

这场争论还有超出朝廷政治的后果。因为争论在发展，双方的论证变得更老练、更明晰、更复杂。官方文献中所记载的朝廷实际做法的历史成了注意的一个中心。这久而久之促成了研究历史先例（掌故）和研究本朝历史的广泛兴趣。

这场争论也引起了对语言学和文句分析的兴趣，这开了晚明和清代严密的、批判的学问的先河，因为争论在很多方面集中在礼仪用语和古代礼仪的含义以及经典文献所记述的传统上。对这些原文的解释最终是以两种对立的哲学上的假定为基础，一种与 12 世纪程颐和朱熹所发扬的儒家传统的解释（明代朝廷承认它是正统的解释）有联系；另一种与王守仁（1472—1529 年）所领导的当代学派的解释有联系。因为对原文的解释和哲学有非常密切的联系，这种交流在一定程度上成了对翰林院的守旧传统——程朱传统——的批判，这种批判从王守仁的学说引导出来，由他的许多弟子予以表达。各地的官员在所有细节上都紧跟朝廷的争论。因此，王的学说在很短时间内就闻名于整个帝国，到 17 世纪仍然是一个人们极感兴趣和有争论的问题。

最后，这场争论的解决标志了专制皇权的复兴。和大学士们商讨政策然后才付诸实施，这已经成为明代皇帝的惯常做法。大学士毛纪在 1524 年 8 月提出他的辞呈的时候，批评皇帝的统治作风说：

> 迩者大礼之议，平台召对，司礼传谕。不知其几似乎商榷矣。而皆断自圣心，不蒙允纳。何可否之有？至于笞罚廷臣，动至数百，乃祖宗来所未有者；亦皆出自中旨。臣等不得与闻。①

---

① 《明史》[41]，第 5046 页。照英译文标点。——译者

他并非完全公正。1519 年正德皇帝曾经责打 100 多名官员，因为他们反对他南巡的计划，他也很少和他的大学士们商讨任何事情。毛纪的话适用于嘉靖皇帝的伯父弘治皇帝（1488—1505 年在位）时的一般情况；在较小的程度上适用于更早的几个皇帝的统治时期，他们中的大多数对待高级文官有某种程度的尊重。

嘉靖皇帝仍然按照他的堂兄的粗暴而专横的作风进行统治。为了达到他的欲求，他蔑视所有的忠告和惯例；他不能容忍冒犯，不能容忍对他本人和他的政策的批评。他的臣子们在毫不怀疑地实现他的愿望时，保有他们的职位，而当他们没有或不能实现他的愿望时，便很快丢掉职位。

1524 年的大同叛乱

从 16 世纪初期起，对边境戍军的控制能力就已衰退。当骚乱发生时，朝廷实行一种姑息的政策，暂时使士兵平静下来，但纪律渐渐变得松弛，军队更加不服从命令。1510 年宁夏的新任巡抚被愤懑不平的军队杀害，1521 年甘肃省的巡抚遭到同样的命运。当没有严重的报复临近时，已经变得很明显，朝廷不能或不愿干预这类事情，而这类消息在军队中引起了一种危险的看法——他们可以放手屠杀。①

1524 年 8 月，大同戍军的士兵杀害了大同的巡抚和戍军的参将，放火烧了许多官署，然后逃离这座城市。发生这一切是因为巡抚试图将 2500 人的军队调到位于这座城市以北大约 30 英里的五个新堡。军队拒绝调动，巡抚于是命令他的卫兵到这些堡去。卫兵军官尤其怠惰，非常舒适地住在城里。当他们拒绝服从命令时，参将便责打他们。戍军部队受他们军官的煽动而骚乱，袭击总兵公署，将他杀死，并将他分尸，然后他们用同样方式处置巡抚。这次事件上报到朝廷，朝廷下令进行了例行公事的调查，为空下来的一些职位任命了新的官员。但是那个地方的骚动并没有结束。

---

① 1510 年的暴动是因太监刘瑾试图从这些戍军所控制的军田得到更多的税收而发生的。见本书第七章《正德时期》。

　　朝廷在边境政策问题上暂时出现分歧。一种看法认为，管理边境应当宽大，并采取守势；另一种看法则认为，朝廷应当对所有边境事务的积极而可靠的部署感兴趣。持第一种看法的人们认为军事行动费用大，而且往往是徒劳无益的。军事力量顶多只能威吓军队中难以管束的分子，而且只是暂时的，可是平民百姓却要忍受无休止的征发。当京师地区的安全没有受到直接威胁时，这批人主张通过赠予和宽恕保持平静。另一批人则认为，这样的态度玷污了朝廷的威信和声誉，最终导致整个防御体系的衰退。军人和他们的支持者也宣扬侵略政策和征伐，部分原因是这样的政策给予他们提升和受赏的机会。

　　负责调查的官员赞成宽大政策。两个辅政的大学士持相反的意见。皇帝本人认为，巡抚对动乱负有责任。他希望只逮捕领头人而宽恕参与这次叛乱的士兵。一支从北京到甘州出征的大部队碰巧途经大同，这被错误地看成是来讨伐的。叛乱的士兵再次占领这座城市，并将城门关闭。这样的行动是向朝廷权威的明显挑战，不能不予以制止。因而从锦衣卫火速派了一支 3000 人的骑兵队伍去解决大同事件。在这支队伍到达前，士兵已将当地知县杀死，不久以后他们又包围了代王府，代王被迫逃往邻近的宣府防区以求保护。

　　骑兵指挥接近大同时，定下了偷偷捕捉叛乱领头人的计划，但他只获得有限的成功。许多叛乱的首领逃脱，稍后又因他们的伙伴被捕，返回来进行报复，焚烧并洗劫官署。骑兵指挥于是请求处决所有曾经与领头人共谋的人。面临贬黜的负责调查的官员最后于 1525 年4 月诱捕并处决了余下的叛乱首领，事件就被认为是解决了。[①]

　　大同戍军仍然难于管束。1533 年发生了另一起较大的暴动，戍军的总兵官在暴动中被杀；1545 年那里又在酝酿一起牵涉皇室成员的不成功的政变。蒙古人卷入了这两次事件，或者是作为潜在的帮手，或者是作为策划者，他们常常利用叛逃的戍军在明防线的后方当

---

① 　这五个堡于 1539 年建立并派兵驻守，但此后不久于 1540 年又被放弃。见富路特、房兆楹编《明人传记辞典》[191]（纽约和伦敦，1976 年），词条"梁震"。

间谍和向导。戍军官兵和许多蒙古首领之间的不正当交易使管理更加困难，因为人们继续不断地来来往往穿过防线，交换货物，也交换信息。但是遥远西部的更为严重的纠纷妨碍了对大同问题的任何进一步的注意。[①]

1513 年，吐鲁番的苏丹满速儿（1484/5—1545/6 年）占据丝绸之路东端的绿洲战略城市哈密。14 世纪晚期起中国人控制了这座城市，并于 15 世纪晚期派兵保护它，但是这次朝廷只派了一个文官去交涉归还这座城市的帝国印信问题。交涉没有成功。满速儿继续向更远的东方袭击和抢掠中国领土。满速儿在帝国朝廷的奸细写亦虎仙终于安排好一个和解办法，让满速儿控制哈密并允许他照旧通贡明廷。

1521 年，写亦虎仙因叛逆罪被处决，满速儿的使者被扣留在北京。皇帝应杨廷和的请求，批准了对吐鲁番的敌对政策。这随即导致进一步的入侵，最后造成 1524 年对甘州的袭击。主要由征集的蒙古人组成的明军奉派进行反击，他们获得相当的成功。但是，零星的战斗一直继续到 1528 年，这时满速儿放弃了他的大规模军事行动，满足于突然袭击。他已经能确保对哈密的控制，明朝廷承认了他在这一地区的权力。这时朝廷的政治倾向已经改变，杨廷和六年前所提倡的政策受到了抨击。[②]

李福达案

张璁和桂萼这时成了皇帝最亲密的顾问，他们好几年以来尽力排除杨廷和在官僚机构中的坚决支持者。斗争在一连串抨击和清洗中于 1527 年达到顶点。对峙于 1526 年夏天从一件叛逆案开始。

1526 年，桂的支持者侯爵郭勋（1475—1524 年）被某些官员牵

---

① 见司律思《16 世纪在南蒙古的中国人》[447]，《华裔学志》，18（1959 年），第 1—95 页。

② 关于这一时期明与中亚诸王国的关系的资料，见伯希和《明代历史的火者和写亦虎仙》[419]，《通报》，2，38（1948 年），第 81—292 页。

连进一件叛逆案，这些官员反对皇帝的政府和他所任命的人。这是一件奇怪的案件，连被告发的人的姓名也不可靠。据说他是一个叫李福达，或李午，或张寅的人。根据 40 多年以后的 1569 年获得的证据，有某个姓李的人曾经反叛，被充军，脱逃，又于 1512 年再次反叛。那时据说这个人于 1526 年以化名露面，在太原戍军里当军官。他受到郭勋的关照，因为他的一个儿子被侯爵选作侍童。但是这桩案件关于他的说法是多年以后根据新的证据推想的，是可疑的。法庭的审讯把注意力集中于郭勋家里的这个人是否的确就是很晚才在 1512 年被打败的那个叛逆者。

这桩案件最初于 1526 年 8 月引起了皇帝的注意。据说被告发的人曾经一度被带往侯爵家，侯爵看重他炮制春药的技术。后来他在回到他的家里时，被一个仇人认出就是在山西领导过一次暴动的那个叛逆者，他也是一个声名狼藉的术士。当这个人在地方当局出庭时，他被辨明无罪，而告发他的人则被充军。但是在这期间，当时在北京的他的儿子曾经恳请侯爵求负责的那个御史放过这一案件。御史拒绝了，反而在诉状中加上了郭勋的名字。

这个人在他的儿子被捕后，向当局自首。他被控叛逆，稍后郭勋也被加上了同样的罪名。1526 年 9 月，郭被进一步告发，占用预定给京师戍军的大量银谷。皇帝只命令他说明关于叛逆的指控，郭因此指明他曾多次被司法当局指控卷入了种种案件，原因是他在本朝最初的几年中支持过皇帝。

1527 年，当这个案子移送北京再审时，刑部把诉状改成施行巫术。所有共谋者仍有被砍头的连坐罪。但是皇帝在诉状改变后渐渐起了疑心。他最后站到了郭的一边。1527 年 10 月，他将所有涉及这个案子的官员逮捕，命令他的谋臣们再次重审。他们按照他的指示撤销了对被告的指控，并开始审查那些支持诉状的朝廷官员们。有 10 个官员被打致死，40 多个官员被谪戍边。当事情结束时，都察院和各部与杨廷和及翰林集团有过联系的那些官员都被清除了。

这桩案件的真相从未弄清。最后的裁决认为，被指控的实际上是一个叫张寅的人，认为原来不利于他的证据是互相矛盾的，既说他是名叫李午的术士，又说他是名叫李福达的叛逆者，尽管他实际上只是逃离本土的一个无籍匠人。同时，在有关年纪和日期的细节上还有其他的不符之处。皇帝确信朝廷官员们串通起来攻击郭勋，并有证据证实他的这种确信。他还担心官员中有一派人反对他和他的支持者，他要坚决肃清他们。这桩案件最终和被指控叛逆的人没有什么关系；它是政府里的翰林集团对皇帝的支持者的攻击，它以对他们的灾祸而告终。[①]

皇帝于是集中注意力于翰林院本身。张璁猛烈地进行了这次清洗。自 1524 年他成为翰林院的学士时起，他蒙受了出自翰林院学者们之手的欺凌和屈辱。连翰林院最低级的成员也拒绝向他致意，对待他像对待一个无赖。

1527 年 11 月他进行反击。他建议对翰林官进行考察，那些被认为不合要求的人到地方上任职。20 多名官员被贬黜，所有翰林院资历最浅的成员，即庶吉士，被任命为知县或各部的属员。重新给翰林院调配的人员是以前和它并无关系的一些京师官员，与此同时翰林学者的选拔放宽到包括翰林院以外的高级官员。这种安排的目的在于杜绝别的翰林派系的兴起。对翰林院的任命不再限于它的人员，或受它的官员们控制。[②]

与此同时，张璁和桂萼想方设法控制内阁。他们尤其讨厌首辅费宏（1468—1535 年），费宏鄙视他们，并且抑制他们参与内廷事务。为了抵消费的影响，他们策动让杨一清回来。由于杨年资深，他接替费当了首辅。杨起初愿意听从他们，他们依靠杨而在学士中有了更大的影响。1526 年 12 月他们开始在皇帝面前说费的坏话。但是皇帝喜

---

① 这桩案件于 1569 年再次复审，这时提出了新的证据，裁决被推翻。这样做主要是要让 1527 年被贬黜的官员在身后或生前恢复他们的官职、俸禄和特权。16 世纪史学家们的著作对于这些新证据的重要性看法不一，有的认为彻底理清了这一事件，有的认为并不可靠，有的认为这桩案件的详情绝不可能完全了解。参看《明人传记辞典》[191]，第 68 页。

② 1529 年，因为大学士杨一清抱怨内阁制敕机构的人员不足，挑选了一些庶吉士在翰林院培训，1532 年后他们再次正式地被委以内阁职务。

欢费，不注意他们的话。可是他们继续攻击他，费宏终于在 1527 年离职。六个月以后，张璁成了大学士，1529 年 3 月桂萼也得到了同样的职位。

张璁入阁后不久，便发动了对杨廷和及其支持者的最后清洗，这次清洗于 1527 年晚期开始，首先逮捕了杨所任命的管理西部边境事务的陈九畴。有 40 多个官员牵连进这个案子。陈曾上报满速儿于 1523 年的战斗中死去。当弄清他仍然活着时，桂萼指控陈虚报满速儿死亡的功劳。这引起皇帝怀疑管辖边务的所有高级官员串通一气。陈被谪戍边境，其余卷入的官员被免职。只有杨廷和仍然未受触动。

1528 年 6 月，皇帝惩处了所有在朝廷关于大礼的争论中反对过他的官员。杨廷和被正式判处死刑，但是皇帝减轻了他的刑罚；他的官阶和特权被褫夺，他被贬黜为平民。他的长子杨慎（1488—1559 年）已经被谪戍云南的一个偏远的边境哨所，他在那里度过了他的余生。所有卷入的高级朝廷官员都丢掉了他们的职位，所有年资浅的官员都被褫夺官阶，贬黜为民。他们的刑罚从来没有被减免。在其后的每次大赦中，皇帝都把这些官员特别排除在外，任何为他们说话的人都立刻受到惩罚。[①]

紧接这次清洗的最后阶段，关于帝国对吐鲁番的政策的争论又重新开始。1528 年晚期，满速儿的一个将领牙兰要求在明的地区内避难，他的要求得到允准。满速儿提出，如果朝廷同意将牙兰交还给他惩处，他便交还哈密城。同时，他请求恢复互市，1524 年当他入侵甘州时，互市中断了。再次出任兵部尚书、负责西部边境事务的王琼谋求恢复互市，得到皇帝的亲信张璁和桂萼的支持。他的反对者认为，我宽恕而彼不正式赔不是，这只能助长这些西部民族的傲慢，引起更多的麻烦。王反对说，蒙古部落已集中力量袭击北部边境。在这种情况下，他认为立即稳定西部边境的事态是明智的。尽管皇帝怀疑满速儿的意图，他还是被说服，恢复了他的通贡权力。因此，西部边

---

① 例如，在 1533 年 9 月 13 日宣布的祝贺皇帝长子诞生的大赦中，大礼争论中反对过皇帝的官员们都被特别排除在外。

境的战况多少平静了些，朝廷腾出了手来对付蒙古人，1528 年以后蒙古人开始沿着北部边界更加频繁地进行袭击。

在 1528 年和 1529 年期间，大学士们继续争夺权力。首辅杨一清在一切问题上都不肯听从张璁的指挥，他们之间的裂痕扩大了。张和桂受到滥用权力的指控。1529 年 9 月，两人都被免职，但是他们在朝中的支持者继续攻击杨。霍韬（1487—1540 年）指控杨收取他举荐在皇室任职的太监们的贿赂，并说他勾结朝廷官员们诬告桂萼。当这些陈述被证实时，张和桂恢复了职务，而杨被允准致仕。

张和桂于 1530 年控制了内阁几个月，但他们得意的时间不长。在严酷的夺权斗争中，桂萼疏远了他的同僚，既失去了皇帝的信任，也丧失了他自己对政治的兴趣。他于 1531 年 2 月致仕，死于第二年。当张璁婉言拒绝为皇帝实行朝廷仪礼的种种改革时，皇帝很快找到了一个愿意这样做的人。1531 年以后，张把皇帝的恩宠丧失给了夏言（1482—1548 年）。但是，在张因身体不好于 1535 年致仕以前，仍然断断续续地执政，仍然能够影响朝廷的政策。

大礼的变化

尽管皇帝在 1524 年结束了关于他双亲尊号的一切争论，但有关他们的礼仪的争论仍在继续。年已接近 20 岁的皇帝用种种计谋试图提高他父亲的身份。1524 年春，他提出为他父亲的神主立庙。这个想法最初于 1522 年提出，当时国子监的一个监生提议，应当在北京建立这样一座庙。1525 年，同一个人响应皇帝的建议，提出皇帝父亲的庙应当建在太庙内。这两次，皇帝一点也没有得到对建议的支持。当他在 1525 年坚持这个论点时，礼部提出一个折中方案，应当在邻近太庙的地方为他父亲建立一座单独的庙。这个方案得到了他的赞同。1525 年夏，这座庙已在建造中。礼部甚至没有尽力去找一个合乎正统的先例来支持这项建议。选取的一个先例并不合适，只不过是为了装装门面。

1525 年 5 月，皇帝威胁着要就请求把他父亲的神主安放在太庙的一份奏疏自己作出决定，即使整个朝廷都反对。他没有得到一点支持，便转向另外的计谋。10月，他坚持要改变刚刚完工的他父亲的庙的神道。他要求通过太庙院落的正门出入，而不是通过侧面的入口。1526年11月，他命令他父亲庙里的献祭要在太庙献祭的同一天进行。每一次他都一意孤行。朝廷在次要的事情上对他让步，但在把他父亲的神主安放在太庙这个问题上，舆论却坚决反对他。他让事情停顿下来，改而注意其他的朝廷礼仪。

在1527—1531年之间，他常常由皇后陪同亲自主持每一次大礼。开始的时候，大学士张璁使他对朝廷礼仪不会造成损害的细节发生了兴趣。1528年，皇帝重新颁布并分发了关于官员正式服饰的有说明的手册，1529年，他改变了朝臣的正式服饰。1530年他仍然提出要改定主要的大礼。大学士张璁以及以前支持他的其他官员都不愿贯彻他的建议，并提出相反的忠告。皇帝坚持要进一步讨论，并在朝廷发现夏言是一个代言人。夏从理论上把皇帝的宏大计划解释成王朝复兴的一个方面，表示赞成。以前支持皇帝的霍韬仍然反对，在几个方面批评了夏。夏驳斥了这些反对的理由，再次赞成皇帝的建议。

1530年4月6日，皇帝赞扬了夏的看法，命他就朝廷事务直接上报皇帝。4月7日，他逮捕了霍韬。4月8日，礼部上报了朝廷的舆论：192名官员赞成某种形式的分别献祭；206名反对；198名完全没有意见。皇帝立刻批准了夏言对天、地、日、月的四种单独献祭的建议，命令有关的尚书们与夏商议细节。

1530年12月，皇帝在南郊新的圆形祭坛主持了首次对天的献祭；1531年6月，在北郊新的方形祭坛主持了对地的献祭。1531年8月张璁被免职。他由于不肯在这个方案中合作，失去了皇帝的恩宠。

对孔子（他于738年获得了王的身份）的献祭和封号于1530年11月改定。皇帝要停止用帝王对天献祭的礼仪来献祭孔子，他还要废除所有曾经授予孔子及其门徒的贵族的荣誉和称号。他不喜欢当他在孔庙主持仪式时，不得不在孔子像前行礼；他认为皇帝在王前下跪是不适当的。他再次一意孤行。对孔子的献祭简化了，完全和帝王的献祭分开，孔子的爵位被取消。1530年晚期，他把对以前的帝王的献祭和皇帝对天的献祭分开，并为这种典礼建立了专庙。这些以及其他的改变，由于使皇帝的献祭和其他一切典礼在性质上有了差别，全都提高了皇帝的身份。

皇帝于 1532 年停止主持对地的献祭，于 1533 年停止主持对天的献祭。在他统治的随后 33 年中，他再也没有参加这两种献祭。他对朝廷礼仪的兴趣和使他的父亲身后成为正统皇帝的计谋始终联系在一起。在重定大礼中，他不能为他的父亲获得其中的一个位置，他因而失去了兴趣。

1534 年 9 月，他又提出了重新布置北京的太庙问题。南京的太庙在 8 月焚毁，接着朝廷奉命讨论应办事宜。夏言知道皇帝想的是什么。他建议重新安排和太庙有关的所有位次，放弃重建南京太庙的想法，在北京举行所有重要的祖先献祭。① 在这个新的安排中，每个皇帝都将有一座单独的庙。新建筑群的工程于 1535 年春开始，九个新庙于 1536 年 12 月完工。开国皇帝和他的祖先的神主留在中央向南的庙里，而其他皇帝的神主被安放在较小的庙里，这些庙排列在中央那座庙的前面，向东和向西。他在 10 月已经更改了他父亲的庙的名称，他父亲的庙仍然和这些庙分开，以便符合用于新的太庙建筑群的名称。他现在只需把他父亲的神主送入太庙了。

1538 年 7 月，他在一个退职的地位较低的官员的建议下，恢复了一种古老的仪式，以便他父亲能够在一种对上帝的献祭中祔祭，就像本朝最早的两个皇帝在皇帝对天、地的献祭中祔祭一样。这个建议的提出者是丰熙（1468—1537 年）之子丰坊（1523 年中试），丰熙领导了 1524 年 8 月朝臣的抗议，此前一年在谪戍中死去。只有属于皇帝世系的人才能在这种对天的献祭仪式中配享。自古以来已故的皇帝就作为配享的人包括在最重要的献祭仪式中，以敦促受祭者享用祭品。这种新的仪式也应当每年秋季在所有帝国的行政地区中举行，在那里，皇帝的臣民都将供奉他；正像他供奉上帝一样。

---

① 皇帝曾经于 1531 年批准停止南京的皇帝献祭，这样就确定了此后大礼只能在北京，在他的监督下进行。

1542 年，他干脆以这种新的仪式代替在南边祭坛举行的皇帝的献祭，又制定另外一种对天神的献祭，这种献祭代替在北边祭坛举行的献祭。在皇城的西苑内修建了两座新殿以举行这些新仪式，自此以后他便在这两座殿内献祭，他已故的父亲配享。皇帝借助于恢复这些仪式，实现了他的两个目的。第一，他给予他的父亲一种只给予已故皇帝的礼仪方面的职分，由此确立了一种把他父亲包括进皇帝世系的托词；第二，他制定了一种对皇帝的崇拜仪式，这有利于提高他自己在整个帝国的威望和权力。

皇帝使他的父亲这样暗暗地挤进了皇帝世系，于 1538 年 10 月给予他通常留给一个朝代的次要的或辅助创业的皇帝的谥号。为了做到这一点，他首先必须给予永乐皇帝一个新谥号。他通过把永乐皇帝的谥号由太宗改为成祖，给予他以给予开国皇帝的相同的礼仪身份，开国皇帝也具有“祖”的谥号。他这样做，便暗暗地认可了本朝的另一个皇帝在和他所具有的同样基础上（弟接替兄），在名义上继承了皇位，并建立了在位皇室的一个并列的支系。他用这种方式把他自己和永乐皇帝相比，借以避免对他的行为的一切批评，因为那时没有人会怀疑永乐皇帝的正统性。[1]

他父亲作为皇帝世系的一个成员，他的神主便应入太庙。皇帝让它安放在他的伯父弘治皇帝的庙中，并排列在他的堂兄正德皇帝的神主之上，尽管他的父亲事实上曾是正德皇帝的臣子。他在 17 年之后终于让他的父亲像太庙中所有其他皇帝一样成了一个皇帝，除了一个细节——他父亲的庙仍和其他的庙分开。

1541 年 4 月 30 日，在一场凶猛的暴风期间，太庙院内发生了一场火灾，所有九座新的祖庙都被烧毁。只有分开的皇帝父亲的庙未被波及。他的下一个策略的舞台布置好了。1543 年 12 月，他下令依照原来的布局（1535 年他改变了原来的布局）重建太庙，以便包括他父亲神主在内的所有神主都能一起竖立在一个庙里。新建筑群于 1545 年 7 月竣工，他于 8 月 7 日规定了神主的排列顺序。第一个皇

---

[1] 参见本书第四章的《永乐统治时期》。

帝的神主被安放在庙的中央，向南，其余的在它前面排列左右，向东和向西。他再次把他父亲的神主排在正德皇帝的神主之上，仿佛他的父亲在他之前确曾统治帝国，现在，在他最初掀起大礼的争端 24 年之后，他终于对排列顺序满意了。

皇　室

皇帝有三个主要配偶。他的第一个配偶娘家姓陈，是他的伯母为他挑选的，于 1522 年立为皇后。皇帝对她的父亲陈万言（死于 1535 年）很好，有几个朝廷官员批评过他的宽宏大量。但在 1528 年，当进讲《诗经》时，皇后因嫉妒其他两个妃子而发了脾气。皇帝被激怒，皇后（她已怀孕）变得非常焦急，以致流产，不久以后于 10 月 21 日死去。

他的第二个配偶娘家姓张，是锦衣卫一个军官的女儿，于 1526 年进宫。她满足皇帝对精心制定的朝廷礼仪的爱好，到处陪伴着他。当两个皇太后指示皇帝从后宫中选一个新配偶时，他挑选了她。她于 1529 年 2 月 8 日立为皇后，并到 1534 年她被废为止，一直是皇后。她在那个期间参加了所有重要的朝廷仪式，1530 年 1 月在崇尚养蚕的新仪式中扮演了主要角色。在北京北郊建了一座祭坛，1530 年 4 月 24 日在那里举行了一种精心制定的仪式，这是第一次，也是唯一的一次。5000 名太监仪仗队排列在行进的路线上，还有 5000 名环绕祭坛。所有皇帝的嫔妃和宫女陪伴着皇后，仪式之后举行了盛大的宴会。皇帝觉得她在这次和其他仪式中的举止非常动人。

但是，这位皇后不能生育后嗣。1531 年，在大学士张璁的建议下，他额外选了九个嫔，希望由此增加生育的可能性。张皇后于 1534 年颇为突然地被废，可能是由于她曾试图为皇帝的伯母说情。她于 1536 年去世，埋葬时没有举行仪式。

前两个配偶是北京附近地区的北方人，第三个主要的配偶却是南京附近地区的南方人，娘家姓方。她于 1530 年入宫，在皇帝母亲的建议下于 1531 年被选为嫔。1534 年 1 月 28 日，在张皇后被废后的第九天，她立为皇后。据说她入选是因为她举止彬彬有礼，她也在朝廷仪式中设法使皇帝感到高兴。

1542 年，她阻挠了一次谋杀皇帝的企图，但在这一过程中处决了他宠幸的一个妃子。皇帝后来认为她对他爱妃的死负有责任。1547 年她的宫着火时，他不肯营救她，她在大火中丧生。但是，因他对她深感负疚，他为她的下葬精心地安排了仪式。

在皇帝的八个儿子中，只有两个长到成年。他的第一个儿子在他 26 岁生日的前一个星期，即 1533 年 9 月 7 日出生，两个月后于 10 月 27 日死去。他的第二个儿子朱载壑（1536—1549 年）于 1539 年三岁时立为太子，在 12 岁举行冠礼后两天死去。他的第三个儿子朱载坖（1537—1572 年）继承了皇位。1539 年，当第二个儿子立为太子时，第三个儿子成了裕王，第四个儿子朱载圳成了景王。由于太子于 1549 年死去，裕王应立为太子，但皇帝认为不吉利，把这件事搁置了起来。这两个王子之间展开了一场竞争，但谁也不能使对方退出，所以竞争没有结果。1561 年景王离开北京到他的封地去，他在那里死于 1565 年。但是在 50 年代，宫里公开争夺继位，景王想要取代他的兄长，这在宫中是众所周知的。

皇帝和在北京的皇帝的亲属们的关系是紧张的。他特别讨厌他的伯母张太后，他认为她在 1521 年他母亲初到北京时对她很坏。1524 年春，他拒绝了张太后在她生日时的正式朝贺，而几星期以前，他曾精心安排仪式以庆贺他母亲的诞辰。提出抗议的官员们被逮捕，皇帝让大家知道他不能容忍对他个人生活的更多的批评。他显然要在各种朝廷仪式中，尊崇他的母亲以奚落他的伯母。

1525 年 4 月 15 日，一场火灾烧毁了他伯母的寝宫。她和她的侍从在重建旧宫期间不得不移居一座较小的宫。皇帝起初同意以较小规模重建这座旧宫的方案，因为那时正在建造中的他父亲的庙需要材料。但是在 8 月晚期，他却提出停止这座宫的工程，表面上说是要减轻他的臣民的负担。大学士费宏指出太后因住所而感到不快，但皇帝不为所动。10 月，当工部尚书建议停止几项皇帝的建筑工程时，他在太后这座宫的工程也予停止这样一个条件下，表示同意。

1533 年 10 月，他把张太后的兄弟张延龄逮捕入狱。张于 1515

年杀害了一个人，但已通过一个有势力的太监的调解，设法了结了这宗告发他的案子。一个卫指挥想敲诈一些钱，威胁要重开这一案子时，张也把他杀害了。但是卫指挥的儿子坚持把他父亲的诉状上呈皇帝。皇帝把这一控告看成是向他伯母进行报复的一种手段。起初他想使张承担谋反的罪名，这种罪名当坐族诛。当他的伯母要求进见以恳求宽恕她的兄弟时，他拒绝了她。大学士张璁指出，张太后是张姓一族的成员，也将被处死，只是在这之后，谋反的罪名才被去掉。皇帝改而褫夺张延龄的爵位，判处他死刑，命令将他关进监狱等候处决。

1534 年，当一个军官恳求宽大处理这起案件时，他被逮捕，拷问，责打，剥夺官阶，并被贬为平民。1536 年，一个在押囚犯提交了张亲笔书写的讥刺皇帝的证件，他的刑罚由于这一功劳而被减轻。皇帝倾向于相信所有种种指控，批准了张的死刑判决，这一判决终于在 1546 年执行。

1537 年 12 月，他关押了张太后的另一个兄弟张鹤龄。张前此已被削爵并贬为南京卫军中的一个指挥官。他后来被诬告用巫术反对皇帝，连张皇后也受到这一指控的牵连。皇帝还是将张鹤龄逮捕。他饿死于狱中，死于这当月的月末。同时原告也被终身遣戍边境。

总之，皇帝抓住不管怎样微不足道的每一事件去折磨皇帝的亲属们。1529 年 11 月，当一个皇亲的儿子请求继承他父亲的爵位时，他回答的诏书宣布，皇亲具有的一切爵位今后将不能世袭。11 月他还亲自干预北京的一桩谋杀案，推翻判决，以致原告——他守寡的堂嫂夏皇后家的一个侍从——将被处死。1535 年 2 月夏皇后死时，他拒绝穿孝服，声称她不是他家的人。当他的伯母张太后最后在 1541 年死去时，他以可以允许的规格最低的仪式埋葬了她。

据说张太后在她的兄弟于 1537 年死后，图谋亲自报复皇帝。当皇帝的母亲于 1538 年 11 月因服用某种药物而死去时，他认为她是被他的伯母毒死的。1539 年，他亲自出巡以前在湖广的他的王的封地，以便决定他的母亲应否安葬在那里。1539 年 3 月 18 日，在这一行人出发后的第 12 天，他的行宫发生了火灾，他差点死去。他的工作人员无一幸免。他被陆炳（1510—1560 年）救出，陆炳是他的卫队的一个指挥的儿子，这个指挥是 1522 年和皇帝的随从一起到北京的。在皇帝的銮舆启程后，皇帝的行宫前此已经两次着火，而另一次行宫着火是在第二天。这不是偶然事件。即使在他的伯母于 1541 年死去后，他在紫禁城里也并不安全。他的急躁脾气和苛刻作风招致许多人的怨恨，连他的嫔妃也渐渐害怕他的来临。很多人都乐意摆脱他，想和他拼命的尝试并不只有一次。1542 年，一批宫女差一点就成功了。

1542 年 11 月 27 日晚，皇帝回到他宠妃的住处去喝酒和休息。当他睡着时，妃子和她的侍从退出，留下沉醉的他一个人。不久以后，侍从妃子的一个侍女领了几个宫女进入他的卧室。她们拿了一条系床帷的丝带，打上结，偷偷地绕到他脖子上，同时用她们有尖的发夹刺他的鼠蹊。

这时一个宫女看到他没死，惊恐而告急。一个值班太监注意到发生的事情，赶紧到方皇后住处报告。皇后跑到妃子的住处，松开了绕在她丈夫脖子上的圈套。宫女们在慌乱中打了一个死结。她们没能拉紧圈套，皇帝虽然不省人事但还活着。当即被召来的御医开了一付猛烈的药方。大约八个小时皇帝仍然不省人事，直到下午过半他才终于坐起来，开始咯出已经凝结的血块。

皇帝仍然不能说话。方皇后以他的名义颁布诏书，命令将牵连进这次阴谋的所有妇女即时而可怕地处死，包括皇帝的宠妃在内。她因前一天侍候皇帝的另外一个宫女而被牵连；这个宫女说他的宠妃必定知道这个阴谋。到这天结束时，她的证言已经成为无法辩驳的了；所有目击者都已死去。

在这次谋杀未遂罪行以后，皇帝（这时他刚 30 多岁）完全退出了朝廷和紫禁城的正常生活。他和他的配偶和嫔妃住进皇城西苑的永寿宫，再也没有在他的紫禁城内的寝宫里居住。他于 1534 年已停止出席惯常的朝觐。除了一小批被信赖的谋臣外，他和帝国的官僚没有直接的接触。可是他拒绝放弃他的任何权力，继续通过这个核心小集团进行统治，逐渐组成一个朝廷中的朝廷。在以后的 30 年中，他继续着迷于通过药物、宗教仪式和秘教的养生之道追求长生不死。

宦官施政

当皇帝最初于 1521 年到北京时，他任用在他的王的封地侍从过他的太监们担任紫禁城中的主要职务，同时他赞成杨廷和消除前朝宦官施政的方案。京师和各省监督仓场的太监半数于 1522 年召回，其余的于 1535 年免职。1527 年，负责浙江海上贸易的太监被免职，1529 年废除了这一职务。1530 年 9 月云南的镇守太监被撤回；1531 年 4 月四川的镇守太监因非法行为和腐化被免职，还有七个镇守太监于 1531 年 7 月被免职。但是这些行动并没有缩小宦官管理的权限。皇帝只是把他继位前被任命的和不忠于他的皇帝的代理人免职。

有权势的太监们仍然保有他们的势力，并设法获得皇帝的任命。1526 年一个太监监督被派遣到陕西去监视纺织品的征购，另一个于 1527 年被派遣到南京，尽管朝廷强烈反对。1533 年 1 月，一个太监被派遣到真定去征收木材运输税；1538 年，在郭勋的劝告下（郭勋受贿而在皇帝面前提出此事），所有在 30 年代初被免职或召回的镇守太监又都复职。但是，1539 年早期他们又全都被免职，因为高级文官们仍然反对这类任命。在这之后，没有其他的镇守太监被派遣，就这一点来说，太监在各省的权势下降了。

在整个嘉靖统治时期，宫里有权势的太监们的权力在继续增加，渐渐地他们甚至使大学士们相形失色。1548 年或 1549 年，在宦官施政方面发生了一个重要的变化：掌司礼监的太监被委负责皇帝的安全和监视机构东厂。在此之前，负责东厂的太监和掌司礼监的太监是平等的，两者都能直接向皇帝提出秘密的报告，当其中一人报告或被询问时，另一人都得退出。在这种安排下，这两个太监官僚机构中的最有权势的官员保持互相监视。1549 年以后，掌司礼监的太监在太监官僚机构中掌握了绝对权力。1552 年设立的内武府也是在他的管辖之下。[1]

这种变化也可以在大学士们日益尊重司礼监的太监们这个方面看

---

[1]　见下文《1550 年后的局面》。

出。20 年代张璁掌权时，他为司礼监的太监们所尊重。30 年代夏言掌权时，这些太监把他当作地位相等的人对待。他的继任人，40 年代和 50 年代一直掌权的严嵩（1480—1565 年）实际上顺从他们。

对外政策和防御

蒙古的政治情况

15 世纪前半期，西蒙古的瓦剌诸部控制了草原地带，并把他们的政策强加于居住在他们南方和东南方的成吉思汗的王朝的后代蒙古游牧民族。15 世纪末叶前后，在几十年自相残杀的战争以后，蒙古游牧民族开始聚集在新的军事领袖巴图蒙克（1464—1524 年）的周围。

在巴图蒙克的领导下，蒙古人开始向瓦剌诸部的霸权挑战。瓦剌诸部在 15 世纪早期逐渐把他们的控制扩大到蒙古游牧民族，他们的势力和影响在也先（死于 1455 年）的领导下，达到了顶峰，也先于 1543 年自称蒙古可汗，尽管他和成吉思汗的家族决无关系。两年以前，即 1451 年，因为蒙古可汗脱脱不花不称呼他的孙子为太子，他把他赶走并杀死。在这次冲突中，巴图蒙克的父亲，当时的一个孤儿，和他的母亲一起被带到东蒙古，被置于兀良哈一个指挥官的保护之下。

也先成为蒙古可汗的计划失败了；他因僭称可汗而于 1454 年被他的一个部属推翻并杀死。在这之后，蒙古的继位权在 1486 年别的可能继位者多数被杀以前被争夺而依然不能定一。巴图蒙克的父亲成为一个适当的入选者而被拥立。他于 1487 年被杀，由他的儿子继位，他的儿子在以后的 38 年中继续掌权。

在 1508 年和 1510 年之间，巴图蒙克征服了山西以西的河套的鄂尔多斯地区，1512 年他任命他的次子巴尔斯博罗特为吉囊，亦即统治那个地区人民的副王。巴尔斯博罗特的两个儿子，继承鄂尔多斯和吉囊称号的究弼哩克（1505—1542/3 年）和继承山西以北地方的俺答（1507—1582 年）对嘉靖时期大多数对明的入侵负有责任。

当巴图蒙克于 1524 年去世的时候，他得到了所有帕米尔以东的蒙古人的效忠。他的称号传给了那时只有 21 岁的他的孙子。但是，这个孩子的从父巴尔斯博罗特试图篡位。又一次自相残杀的冲突随即发生，这次冲突导致巴图蒙克所创立的蒙古人联盟的瓦解。巴图蒙克的孙子继续统治东蒙古人，而巴尔斯博罗特直到他于 1531 年去世的时候，事实上对鄂尔多斯和西蒙古人实行统治。当巴图蒙克的孙子于 1547 年去世时，他的继位者为俺答所迫，迁移到了蒙古的东部，俺答于是逐渐控制了整个蒙古南部和鄂尔多斯。[①]

当巴图蒙克于 1510 年占领鄂尔多斯时，他赶走了西蒙古人的主要首领亦不剌因，亦不剌因逃亡到西南靠近山西边境的地方。亦不剌因于是和吐鲁番（莫卧儿斯坦的蒙古—突厥王国的东部首府）苏丹满速儿结盟，并于 10 年代和 20 年代与他勾结起来开始抢掠和入侵山西西部。他对巴图蒙克仍然是一个威胁，巴图蒙克不成功地指挥了几次抵御他的战役。他在 1533 年终于被究弼哩克击溃。

在本朝的头 10 年中，因为蒙古人专注于内部的斗争，他们的袭击是分散的，一般限于获取军事行动的供应物资。在巴图蒙克的后继者们得到鄂尔多斯和山西以北的地区后，他们开始每年入侵明的疆土，通常是在春天和初秋。边境戍军的军纪非常松弛，以致指挥官们常常不能集结有战斗力的军队去抵御入侵的部队。入侵因而成为一种有吸引力的代替贸易的办法，因为事实上必能取得成功而损失通常是轻微的。

边境戍军

正是在这种情况下，大同戍军于 1533 年 10 月再次叛乱。仅仅两年以前，在 1531 年，这个地区最近一次遭受了一支有 6 万名蒙古骑兵部队的袭击，新任总兵着手建造壕堑和其他防御工事以增强防御地区的北边防线。他规定的工程完工的限期使惯于什么也不干的官兵负担很重。这次叛乱的直接起因是一件小事。监督工程的军官要求在驻

---

① 冈田英弘：《大元可汗传》[408]，《亚洲传记》，11（1966 年），第 46—55 页。

防城市休息一天，这个要求被拒绝了。10月24日，这些军官唆使他们的士兵洗劫这座城市，而他们自己则杀死了总兵。叛乱的士兵在黎明时散去。

新任命的这个地区的巡抚被事情的变化吓住了，由于没有更好的办法，他上报说总兵激变了部队。巡抚的报告送达朝廷时，他被控与叛乱士兵相互勾结，一场关于朝廷对戍军的政策的争论开始了。这支戍军10年前于1523年曾经叛乱，那次朝廷以给每个士兵三两银子和普遍赦免予以安抚，事实既然是这样，争论就复杂了。那种政策的批评者要求这次坚持武力解决的办法，最初并批准了军事解决的方案。

朝廷最有影响的两个大学士持对立的态度，主要是由于政治的而不是战略上的原因。张璁（他于1532年失去皇帝的宠信）希望通过对这个问题提出成功的解决办法而恢复他的权势。他要派一个总督带领一支军队去扑灭叛乱者。他的主要对手夏言发觉皇帝并不是真的赞成军事解决的办法，因此他暗中支持提出宽大处理办法的礼部侍郎。

总督的使命责成总督处决主要的谋反者而宽恕那些被迫追随他们的人。他却不顾他的使命的目的，带领帝国军队接近这座城市，帝国军队开始在城郊洗劫和抢掠。这时城中的士兵确信他们注定要死，关了城门。总督于是围攻城市，试图淹城，发起猛攻，挖掘地道进入城市，用烟熏出守城的人，骗他们出降，但都没有成功。围攻拖了整整一冬，到1534年2月，总督在朝廷已失去支持。他被解除了指挥权，另外几个官员奉派调查此事，事情很快平静下来。皇帝在他最后的诏令中总结说：“岂非官多事扰乎？”[1]

1535年，由于类似的原因，东北的几支戍军发生了几起暴乱。在每一次事件中，都有一个帝国官员受到惹起骚乱的责备。辽东戍军当新任巡抚试图整顿当地的防御机构时，叛变了。在现行制度下，每个士兵被给予三个余丁的劳役和每匹马牧地50亩，巡抚退还三丁之

---

[1] 《明实录·世宗实录》[380]，第3560—3561页。关于这次叛乱的更充分的说明，见盖杰民《明统治下的北京，1368—1644年》[186]（安阿伯，1979年），第120—137页。

一(《明史·吕经传》作"余丁之二"——译者),编入均徭册,并将所有牧场充公;同时他下令紧靠一条严格的逾越即杀的界限修建防御工事。当戍军军官们来对此叫屈时,巡抚准备逮捕并责打他们。他们开始攻击他,他被迫翻墙逃离衙门。

不出一个月,这个巡抚便被召回。他的所有改革都被废除。调查的官员上报说,这次事变是由巡抚的指示挑起的,请求赦免部队。都察院反对任何赦免,但皇帝这次拒绝支持军事行动,准许予以赦免。

当失宠的巡抚返回北京时,他在广宁卫停下来收集他的财物。戍军的指挥送给他一份临别的礼物,这是他用拨作士兵饲料补助的款项买的。当这事被发现时,不平的士兵袭击了巡抚和指挥。两人都被剥去衣服,挨打,被赤身裸体地反捆着,在城中游街示众,最后被关进牢里。士兵们强迫负责供应的官员把钱分给他们,迫使镇军太监告发已被他们关进牢里的这两个官员。

皇帝再次拒绝批准军事行动。一个官员照直表明他赞成更加依靠权力的处理办法,当即被锦衣卫逮捕。朝廷随后的一致意见认为,辽东最近发生的暴乱是苛刻的政策、士兵寻衅闹事和部队久不经战等诸种原因引起的。几次暴乱的领头人必须处决以示儆戒,其余的可以赦免。这是皇帝希望听到的,迅速执行了这个方针。这些领头人的首级不出一个月便用高竿挂在他们叛乱的那些驻防城市的城门外。这个方针代价小而容易奏效。直到 1539 年,没有再发生事变,而那次暴乱只牵涉 40 来个士兵,他们全被立即斩首。在这之后,这个地区很少发生骚乱。

安南之战

1537 年,朝廷方面由武定侯郭勋和几个有权势的太监领头的黩武集团,在他们试图在东北发动军事行动受到挫折以后,又争取得到批准以发动一场反对安南的、代价很高的战役。出现这一情况,与通告皇帝的一个儿子于 1536 年 11 月诞生有关。大学士夏言反对派使臣向安南人通告皇嗣的诞生,理由是安南已有 20 年没有朝贡,同时,现在的统治者事实上是不合法的。兵部尚书建议派兵讨伐以惩戒安南人不入贡，郭勋支持他。这项建议立即受到批评，被认为是一种过分而不必要的花钱的事，将从负担已经过重的南方几省征集士兵和供应物资。

1537 年 3 月，一个安南使者意外地来到朝廷，请求支持合法的统治者，使者声称他已被他的主要大臣废黜。使者被留下，几个官员被派遣去调查他所说的情况。几个锦衣卫的军官还被提前派遣去为一次战役作准备。皇帝起初赞成一次军事行动，因为他把停止朝贡理解为对他的尊严的一种冒犯。但是，广东的一些地方官员认为，既然安南并未试图侵犯帝国疆土，既然这个国家的内战还未决出胜负，因而应当慎重，等待它的结局，然后迫使入贡。5 月，全体朝臣请求发动军事行动，皇帝同意了。但是，当其他地区和其他当地官员开始说出反对的意见时，皇帝突然改变他的主意，于 6 月宣告停止这次军事行动。9 月，当别的一些当地官员仍然提出一个新的策略时，他又下令开始进行准备。

1538 年 4 月，终于任命了一些指挥官。可是皇帝觉得互相矛盾的劝告令人不安。当邻近安南的地区的总督于 5 月上报这次战役耗费的银子将超过 200 万两，而且只能在不熟悉地形的困难情况下进行时，他命令兵部再次就是否进行这次战役作出决定。兵部再次建议把问题提交全体朝臣。皇帝虽然明知多数文官私下反对这次战役，仍然反对由兵部决定这个问题，不过兵部显然不能这么办。他厌恶地终止了这次战役。他从没有真正赞成一种军事解决的办法。当安南的王位觊觎者于 1540 年向明的官员交出他的版图时，他作结论说，他反对赞成军事行动的建议是正确的。

皇帝在关于大礼的争论期间第一次对朝廷官员们的行为感到不满，那次争论留给他的印象是，他们是一帮共谋而图私利的人，不把他的利益放在心上。在诸如这次军事行动这类事情上不能提出适当的策略，这进一步证实了他的印象。到了 1540 年 9 月，他已渐渐变得和他的朝廷非常疏远。以致他完全赞成一种说法，这种说法因帝国管理的可悲状况而谴责他的官吏见利忘义。

对蒙古人的政策

只有一个地区皇帝从始至终迫切要求军事解决。他讨厌蒙古人，认为他们冒犯了他的威风和尊严，难以容忍。他们必须受到惩罚。他拒绝考虑关于互市的请求，即使他的能干的指挥官们大多数反复建议这样做。为了表示他的轻蔑，他在晚年甚至要求把他用来指蒙古人为北方野蛮人的字样在所有诏书和奏章中写得非常小。这种不让步的态度只能导致灾难。当俺答关于互市的请求被拒绝时，他便入侵。

俺答王希望达成与明廷的互市协议，以便推动他自己的政治目标。诸如茶、金属器皿、精致织物和草药之类的货物在草原上被视作珍宝，在结盟和结婚时可能有用。俺答的牧场比鄂尔多斯的牧场要差一些，更易受到变幻莫测的天气的影响。没有明货物的输入，他便不能达到他的更宏大的政治目的，或者在困难时期保证他的臣民的生活。

俺答在40年代保住了他作为戈壁以西、以南的蒙古人的主要领袖的地位。1551年，他和东蒙古人的领袖、1547年被他赶走的小王子（1520—1557年）达成了协议。他在达成这个联盟后，于1552年成功地发动了反对西北的瓦剌诸部的战役，这次战役把准噶尔（天山山脉以北的地区）纳入了蒙古人的控制之下。反对瓦剌诸部的零星战斗继续到60年代，征服它们一直是俺答的主要军事目标。对明疆土多次较大的入侵是要确保这许多次军事行动的供应物资，或者要在40年代和50年代持续而普遍的干旱和饥荒时期，为他的臣民提供救济。[1]

明军在老练的指挥官们的率领下击退了多次入侵，并使蒙古人蒙受了伤亡。在1536年对陕西的一次入侵期间，蒙古指挥官的军旗被夺走。但是，即使某一地区的防御是坚强的，蒙古骑兵却攻击别的什么地方。1537年，当据说有4万人的一支大的入侵部队攻击大同管

---

[1] 冈田英弘：《16和17世纪的外蒙古》[409]，《亚洲语言和文化研究》，5（1972年），第69—85页。

区时，整个管区连同它所有的卫所只能调集 1.4 万名士兵。到增援部队到了时，入侵的部队才离去。这是一个多年存在的问题。没有一支戍军强大到足以打退一支入侵的大部队，是部队调动的后方勤务工作妨碍了快速增援。而且，指挥官们通常只巡逻直接在他管辖下的地区，不肯参加别处的战斗。

有些官员，如 1542—1550 年负责大同和宣府一带战略地区的翁万达（1498—1552 年），推行切合实际的防御方针，尤其是修建边墙，加强军纪，利用侦察手段以查清游牧部落中的情况。皇帝一般赞成修建边墙和防御工事，愿意将大笔款项拨给这类项目。这些措施顶多不过使蒙古人的入侵更加困难和代价更大，但它们不能消除入侵的原因。

到 1541 年 8 月，华北和蒙古南部已经几乎一年很少下雨。不得不从帝国的粮仓中发放粮食供北京的居民食用，饥荒遍及北方几省。正是在这种情况下，俺答王派了一个使者到大同管区的边境要求互市的权力。兵部以三个理由予以拒绝。蒙古人已有 40 年没有入贡；他们每年入侵，不能信赖；他们的目的可疑。反而悬赏购俺答的头。10 月，几支入侵部队抢掠山西北部和西部，没有遇到抵抗，用武力抢走了他们所需要的供应物资。

1542 年 1 月，朝廷不得不运送 25090 石粮食到宣府、大同赈饥。赈灾需要更多的款项，供应物资仍然不足，旱灾仍在继续。7 月，俺答又派了一个使者要求互市的权力。这个使者原是一个被蒙古人俘虏的明的臣民。大同巡抚上报说他用计擒获了他，并将他送到北京，在北京他被当作卖国贼处决。俺答大怒，进行了一次深入山西的惩罚性攻击以作报复。

7 月 24 日，3 万多骑兵在山西西北边界以内扎营。8 月 4 日，帝国的军队在山西管区的指挥部所在地广武被击溃。8 月 8 日，省的首府太原城郊被焚烧和抢掠。蒙古人没有阻碍地继续南进。8 月晚期延绥巡抚上奏，蒙古入侵部队打算往东向北京郊区前进。皇帝很惊慌。他命令各部作出决定而无需先上奏，并委派一个最高统帅以协调受攻击地区的所有部队的行动。蒙古人到这时已抢掠了山西最南部的一些府，没有受到袭击地正在后撤。山西遭受了蹂躏。作为救济的措施，免征田租两年，并发放 10 万两银子。明军没有打赢一仗。

1543 年整个夏季，蒙古骑兵入侵山西，并且就在黄河以西扎营，以便整个冬季也同样能够进行袭击。这时俺答的兄长究弼哩克已死，他的儿子们瓜分了他的领土。这就使俺答成了蒙古南部年长的、最有势力的王，因为他现在控制了鄂尔多斯和山西北部地区。

旱灾延续到了 1545 年。1 月，据报时疫在边境地区和北京突然蔓延。4 月，尘暴毁坏了大部分冬小麦和大麦作物。6 月，俺答又遣使到大同以北的边境要求互市的权力。他因一个被俘的中国军官的劝说而求和。他的使者们刚到边界便被扣留，被一个地区指挥官的仆从所杀害，这个仆从以为他将像别人在 1542 年那样为此而受到重赏。

这个地区当时地位最高的官员翁万达上报了这一事件，他建议把仆从立即处决，并把他的首级当作诚意的一种标志在边界以外示众。他劝告皇帝不要把这个机会放过。他的劝告被置之不理。皇帝要惩治蒙古人，他需要一种进攻性的策略。

鄂尔多斯的军事行动

大学士夏言自 1539 年他第一次被免职以来，失去了他对皇帝的影响。1545 年他被召回，并于 1546 年 1 月再次成为首辅，但他的地位并不稳固。他以前的下属严嵩（1480—1582 年）和他争相控制内阁。夏看出皇帝赞成军事行动，便支持收回鄂尔多斯的军事行动。这个想法最初由兵部尚书白圭（1419—1475 年）于 1472 年提出，但由于费用太大，按一种估计每年要投入 900 万两以上的银子，而被放弃。

这时曾铣（1498—1548 年）提出了一个计划，曾铣是镇压 1535 年辽东叛乱的一个能干的指挥官。他于 1544 年被任命为山西巡抚，并于 1546 年受命负责西北所有的边境事务。1547 年 1 月，他提出两种防止蒙古人入侵陕西东部和山西的策略：在陕西修筑一条从宁夏向东到山西边界的防御工事线；连续三年在暮春发动进攻鄂尔多斯的战役。皇帝立即发放 20 万两银子以做准备，并命令曾铣征求边境地区的官员们关于这些军事行动的意见。

好几个巡抚不肯响应。一个巡抚当受到催促时，便以有病为由请求致仕。皇帝谴责他无能，将他贬黜为民。皇帝定要进行一场战役。当曾铣于 1547 年 6 月上报他已将蒙古人从边境赶走时，皇帝认为这个策略是有效的。他再次拒绝考虑俺答的互市要求。夏季晚期，当俺答建议与明联合反对小王子和东蒙古人时，没有人敢于上报。

但是，1548 年 2 月，皇帝突然收回了他对这次军事行动的支持。在曾经上报饥荒的山西和陕西，征发引起了骚乱。又谣传曾铣曾经克扣军饷。严嵩确知皇帝知道这种传言。当皇帝谕令作出估计以弄清这次军事行动的后果，并断定是灾难性的结果时，他开始批评这整个计划是不切实际的。严嵩否认对这些军事行动有任何了解，说这件事是由首辅处理的。朝廷完全改变了以前支持进攻性策略的一致意见。曾铣于 4 月、夏言于 10 月被处决。直到 1551 年为止，出征蒙古人的念头被放弃了。[①]

1550 年入侵北京

1548 年 6 月蒙古人袭击宣府，打败了帝国的军队。10 月他们又入侵，劫掠和屠杀远到南边的怀来，怀来距北京只有骑马一天的路程。严嵩把入侵归咎于他的对手夏言的进攻性策略，但他自己提不出对抗这些策略的作战方针。11 月，入侵的一些部队突入了保卫北京的内部防线，接近皇陵。

1549 年 3 月，当俺答再次袭击宣府时，他击溃了帝国的军队，但明军设法堵住了他的退路，打胜了几次遭遇战。在这次入侵期间，明的几个指挥官受到警告说，要是不准互市，北京将在秋天受到袭击。皇帝在被告知这一情况后，他命令采取措施以挫败这种计划。

到 1550 年 3 月，已有 150 多天没有下雨雪。谍者报告说，游牧部落正在为一次较大的袭击而集结。在大同附近的几次小接触后，蒙

---

① 关于鄂尔多斯军事行动的更充分的说明，见阿瑟·N. 沃尔德伦《鄂尔多斯的收复：明代的一次战略争论》[530]，（学位论文，哈佛，1981 年）。

古人被这个地区的总兵官收买而到别处去，于 7 月东驰。9 月 26 日，整个入侵部队突破北京东北仅仅 40 英里的古北口的防线，向南到达通州（大运河北方的终点，北京以东约 15 英里），在那里建立了营寨。9 月 30 日，一支先头部队抵达北京城门。10 月 1 日，这座城市受到围攻，郊区遭到洗劫。

在 1550 年，京师诸戍军的军籍簿登记了约 14 万个人名，但只有 5 万或 6 万人派给了军事任务；其余的人在建筑工程上干活。当能找到的士兵集合起来被迫到城墙外并作战时，他们不肯动一动。到来的保卫这座城市的增援部队没有粮食，而且没有人能够为他们找到。他们正饿着肚子，不能胜任打仗，但有能力洗劫。兵部尚书狼狈不堪。他只能等待蒙古人撤退。他因严嵩的建议而命令各总兵官不要追击，因而入侵部队能够在几天以后，带着他们掠夺来的东西一无损失地撤走了。

1550 年后的局面

1550 年 10 月 6 日，兵部尚书因不能保卫北京而被处死。太监们在这座城市东北的财产被洗劫，他们抱怨文官们使军队退缩不前，因而蒙古人到处抢掠。皇帝非常愤怒。10 月 2 日，他举行了自 1539 年以来的第一次朝觐，但不肯向朝臣讲话。他的谕旨是在午门上宣读的。所有文武官员都不负责，玩忽他们的职守，只此而已。严嵩曾劝告兵部尚书不要派出军队，理由是，在京师附近地区战败是不能掩盖的。但是，当皇帝要这个尚书的命时，严却不愿为他说情。

皇帝这时把北京的军务委托给仇鸾（1505—1552 年），他就是在 7 月贿赂蒙古人从大同旁边过去的总兵官。仇的部队在靠近北京的居庸关扎营，他们到来保卫京师在 10 月 2 日，皇帝因而十分感谢。可是当仇鸾于 10 月 6 日与蒙古人交战时，失去了千余人，他仅仅保住他的命逃了回来。然而报了捷，他得到的奖赏是统率北京周围的所有戍军和京营的职位。严嵩也因导致 1548 年夏言被处决的证言而感谢他，安排了这一任命。

1551 年 1 月，仇从边境戍军调了 6 万名士兵到北京训练。兵部反对，理由是这使边境地区易受攻击。但是，仇打算出征蒙古，尽管他在战场上有过损失惨重的经历，他需要一支可以开出北京城门的军队。

1551年4月，俺答派他的养子托托（死于1591年）来要求互市权力，尤其是开设马市。仇和严嵩两人都力请皇帝允准这一要求，以便拖延时间作进一步的准备。达成的一致意见是，俺答手下的蒙古人，作为对两个每年一次的马市的回报，将停止入侵边境。实际上仇鸾害怕蒙古人，不想和他们对抗。

蒙古人有六个月停止入侵。后来他们希望用牛羊交换粟豆。他们的这种要求被拒绝，他们在1551—1552年的冬季便又开始入侵。俺答这时坚持这一要求，答复说，他的比较贫穷的臣民没有其他东西交换，正在挨饿；要是这种交易被拒绝，他不能对其后果承担责任。当俺答接着谋求适合于他的交易时，他遭到拒绝，他的使者被逮捕。马市就此收场，尽管直到1552年10月马市并没有正式停止。

仇鸾于是不得不和蒙古人交战。1552年4月，他的部队在大同以北的草原上被伏击并遭受严重失败。仇又报捷，但皇帝不相信。既然沿边的入侵仍未减少，仇的命运便已注定。他的权谋受到抨击，他于8月31日死于溃疡恶化。在死后被定为谋叛罪以后，他的尸体于9月13日被掘出并肢解，他的首级在边界以外示众。这一点也没有阻止蒙古人入侵，入侵继续到了冬季。

1550年以后，入侵的性质有了变化。以前的入侵限于陕西和山西，由俺答发动，只包括他自己的臣民和鄂尔多斯的游牧部落。东蒙古人参加了1550年的入侵，证明非常成功，以致此后他们开始在辽东和沿东北边境入侵。在其后的20年中，入侵事件沿整个北方边境发生，某些范围较大的入侵是相互配合的。这使边境戍军承受了大得多的负担。不再能够调动军队去抵挡一个地区所受的攻击，每支戍军的力量都必须增强，因为入侵部队的规模加大了。已经变得很明显，不可能把蒙古人从边疆赶走。

1553年4月，明朝廷开始修建一道土墙以防止北京南郊再遭劫掠。1541年曾提出类似的建议，但没有任何结果。在1550年的大范围劫掠之后，需要这样一道墙是显而易见的，修建的建议立即获得批准。这道墙在七个月内便完工，部分原因是许多人逃荒到北京，因而有大量劳动力可用于完成这项工程。

1550 年的事件使皇帝确信他不能依靠京师的戍军保卫紫禁城。1552 年，他建立了在皇城内训练的由太监组成的内武府。没有人敢于反对。皇帝是正确的，他不能依靠京师戍军。内武府成了一个有权势的机构，一个完全由太监组成的军事官僚机构，不受朝廷官员们的节制。

从 1550—1566 年，蒙古人每年都入侵。在 1557—1558 年的冬季期间，大同附近一个被围攻了六个月的要塞，这时几乎弃守。发生这一事件是由于俺答长子辛爱（死于 1586 年）的一个妾和与她有私情的一个被俘的中国人逃到大同边境，被收容。辛爱想索回这个妾，迅即发动袭击。被吓住了的总兵官归还了这个妾，她此后不久便被处决。辛爱在此以前已确定中国不会开仗，便继续围攻，同时在山西劫掠。到 1558 年 4 月，这个要塞已陷于绝粮境地，严嵩建议予以放弃。皇帝拒绝了。相反，皇帝下令向这个要塞运送给养，保卫这个要塞。粮饷没有到来，但当增援部队抵达时，蒙古人撤退了。

到了 1558 年，保卫北方边境的费用已经常不能如期支付。1552 年早期户部和工部已上报，1550 年 10 月以后计划用来保卫边境的总收入总计约为 1000 万两银子，而总支出超过 1300 万两银子。皇帝于 1553 年下令筹钱时，他被告知，太仓所有不足以支付边境费用。1556 年 1 月，一次大地震破坏了山西大部和陕西东部。只渭河流域据报就死了 80 多万人。此后几年不能征税。1557 年，紫禁城内的三个主要朝觐大殿和南边的门楼全被焚毁，必须立即为修建费用支付款项。当皇帝于 1558 年向大同附近被围困的要塞运送给养时，户部上报说，太仓所有不足 20 万两银子，不能供应这个要塞。

这种情况从未改善。在 1550 年和 1560 年之间，许多戍军的粮饷倍增，而朝廷可得到的收入仍然是固定的。差额只能从北京的太仓支付，太仓常常是空空如也。

在这个 10 年里，明军只赢得了一次较大的胜利。1560 年，大同总兵官在大同西北 80 英里的归化（今呼和浩特）指挥了一次对蒙古据点的袭击，并放火烧了它。这证明只不过是一次小小的挫折。入侵仍在继续，蒙古人并没有从边境地区撤退。只能指望各支戍军在各个具有战略重要性的关口打退入侵的部队，这些关口通向华北平原和京师。没有提出或者实施进一步的进攻性的战略。1550 年以后，皇帝自己对军事部署很少关心，他沉溺于对长生不死的追求。

道教和朝廷政治

皇帝对道教的兴趣最初集中于据说将导致或增强生育能力的仪式和实践。早在 1523 年，朝廷官员们就抱怨他因他从不离开嫔妃而不听进讲，以及他为道教仪式的献礼而花钱过多。这类为生育能力而祈祷的仪式前一朝已经在举行，因一个太监的推荐而在皇室中继续了下来；这个太监可能也向皇帝介绍了道教的春药（被称为"不死药"）。皇帝在其统治的头 10 年没有孩子降生，他对生育能力的关心增加了。在他能够立嗣以前，他自己的地位是不够有力的。

1524 年，他从江西征召一个叫邵元节（1459—1539 年）的道教名人到朝廷，他是他的师傅———一个有势力的道教大师———推荐的。到 1526 年，邵因求雨和禳灾已博得皇帝的恩宠。1521 年以来，整个帝国上报的水灾、旱灾和地震的次数异常多，1525 年尤其是一个坏年头。1526 年 3 月当邵的地位提升并被委以全部道教事务时，北京仍然受到一次严重饥荒的控制。他禳灾似乎是不灵验的。1527 年，洪水横扫皇帝从前在湖广的封地，而北京或北京附近不下雨。被看作不祥之兆的彗星于 1529 年、1531 年和 1532 年出现，最后一次历时 115 天。这几年，皇帝的政策仍然受到怀疑，这些朕兆被认为是上天对他不满的表示。

皇帝拒绝接受这种解释。1532 年 11 月，当一个御史认为最近的彗星是需要削减修建项目的一种警告时，他没有被理睬。相反，皇帝想找到吉祥的兆头。他需要在某种程度上证实他是受命进行统治，而不需要对他的一切措施和决断的无休无止的批评。因此，当像白兔、白鹿之类的吉祥物作为善政的证据而被呈进时，他通过祭告皇室祖宗而吸引人们对它们的注意，并吩咐朝臣向他祝贺。

不管怎样，他似乎对邵祈祷生育能力的功效更感兴趣，把 1533 年以后生了几个孩子归功于这种祈祷。1536 年 10 月，他的第二个儿子诞生，几个月后邵再次被加恩。在 1533 年他的第一个儿子幼年即死之后，皇帝渐渐为立嗣并加以保护而感到烦扰。这次他甚至不肯把孩子托付给嫔从们，改而从平民中征召了一批保姆。

邵这时已有 70 多岁，身体又不好。当皇帝于 1539 年 3 月巡幸他以前的封地时，邵病重以致不能陪伴他，不出一月便去世。受邵保护的陶仲文（约 1481—1560 年）接替了他。

陶开始时是一个小官。他在 30 年代后期到北京以前，曾经在辽东管理仓库。他年轻时在江西见到过邵元节，当他因官员们考绩而到北京呈报时，找到了邵。邵这时生病，他告诉皇帝，这个门徒能够除掉在宫廷院落中看到过的"黑眚"妖魔。表面看来，陶成功了。在皇帝 1539 年巡幸湖广期间，陶准确地预告了一次在大火中暗杀皇帝的企图。这给了皇帝非常深刻的印象，他很快把陶当作心腹，让他负责所有道教事务。

陶仲文擅长配制春药和扶乩。在他的引导下，皇帝开始相当详尽地探索道教的这些方面。春药一般由铅丹（四氧化铅）和砒霜（天然存在的三氧化砷）组成，配以其他物质，做成丸子或小颗粒。这些"不死药"据说使人感到轻快、强壮，增强一切欲望，并导致强烈的性冲动。1540 年 9 月，皇帝告知朝廷，他想隐退几年以求长生。当一个朝廷官员断言这是无稽之谈而春药危险时，他被逮捕并杖死。

皇帝应当注意到这个警告。相反，他却变得嗜爱这类兴奋剂，并在整个帝国内搜寻。他使自己在 20 多年中渐渐中毒致死。小剂量铅和砷的中毒作用是慢慢表现出来的。长生不老药的中毒症状包括皮肤和胃的疾病、无缘无故地发怒、痴呆，所有这些皇帝在他接近 60 岁时都表现了出来。

到了 1540 年，他坚定地信奉道教，连受了骗子们的骗也不能动摇他的信仰。他曾决定隐居，部分原因是一个自称能够将不值钱的物质变成银子的方士向他保证，要是他隐居并用这种银子的器皿进食，他将变成一个不死的人。1543 年，这个方士被揭露，是一个骗子，并被处决。陶仲文由于最先推荐他，担心自己也将被牵连进欺骗行为。当他提出辩解时，皇帝只是说：烧炼术行之已久，但只有真正的行家才能精通。他最初也受了骗。

到 1545 年，皇帝已开始依靠扶乩决定国家事务。扶乩所用的工具是悬挂在沙盘上的一个 T 字形物件。从 T 字的长臂吊下一个锥子，两个降神者扶着短臂的两个末端。锥子在沙上写下对祈祷和请求的事情的答复；祈祷和请求的事用金色墨汁精心地写在暗青色的纸上，向某个道教的神致意，然后焚化，假定烟将把信息飘送给这位神。既然陶仲文指导扶乩仪式，控制了降神者，并解释这些答案，他就能够影响有关政策的决定和人事安排。1548 年 2 月，皇帝在这样一次扶乩之后，突然改变了关于鄂尔多斯军事行动的主意。严嵩明白这种决策的办法以前给了他什么样的好处，他乐意参加道教仪式，尽力讨好陶仲文。

陶在 50 年代继续向皇帝提供获致长生和不死的新方法，皇帝的反应是热诚的。道教徒的想法是，为这样一种转化而自我修炼能够达到肉体的永生不朽。这种修炼需要提炼内、外丹。外丹包括植物和矿物的合成物，笼统地称为“不死药”。提炼内丹靠增强“阳”，也就是生命要素。这种观念认为，这可以靠和 14 岁以后第一次来月经的处女交媾而达到目的，据说这时“阴”（隐秘的力量）中的“阳”（生命力）最旺盛，这时交媾它可以被吸收。

陶仲文建议皇帝为此目的而征集年轻的姑娘。1552 年他为宫廷机构选了 800 个 8—14 岁的女孩，第二年他又选了 180 个，都在 10 岁以下，用来提炼内丹。尽管这种做法受到一些官员的批评，但事实上，在较小的规模上，在富有而有文化的家庭中，尤其是在南方，这种做法是并不少见的。

1556 年，皇帝要求礼部查明现在何处生长古代所用的神奇植物“灵芝”，以及如何加以炮制，因为道教典籍中提到这类能够延年并使人变成神仙的植物。尚书回复说，他不知道是否存在这类植物，也不知道何处可以找到。他仅仅呈上从有关神奇植物的古典著作中选摘的引文。皇帝不满意，命令所有地方官员在偏远和多山地区寻找这类植物，和在百姓中打听这类植物。这类植物显然是存在的。1558 年礼部呈献了从整个帝国收集来的 1860 株新鲜样品，此后又数以百计地呈献。这类植物准确地包括哪些品种并不清楚，但皇帝的确服用了，并继续寻找。它们的炮制被当作特殊的恩宠只托付给大学士们。

在陶仲文于 1560 年 11 月去世之后，皇帝开始寻找接替的人，但他没有找到任何合意的其他道教名家。

严 嵩 掌 权

皇帝在 1539 年 6 月第一次免除夏言的职务之前不久，开始批评夏怠慢不恭，指出他原来是从低级职位被举荐提升的，他是随皇帝之意而取得高级地位的。为了表明这一点，夏立即被解职。尽管他很快又受到恩宠，他还是一再因为在执行他的职务中不够灵活而受到批评。

严嵩利用夏言和武定侯郭勋之间的长期敌视而获得他在内阁中的最初的职位。1541 年 8 月，郭勋拒绝接受皇帝的一道诏令。他的傲慢激怒了皇帝，皇帝从这时起便有意缩小他的权力。郭以前曾因非法行为和贪赃而被弹劾，但皇帝总是原谅他。这次他却不这样。10 月郭被弹劾并被捕。因为郭在皇帝统治的最初几年里是皇帝极少几个助手之一，他不肯下令把他处死。郭在他 1542 年 11 月去世之前一直留在牢里。夏言在病床上指挥了这次弹劾行动。

尽管夏言在 30 年代参加了各式各样的道教仪式，1540 年以后他却开始反对这类做法。1542 年 7 月在他随侍皇帝时，他率直地不肯穿戴道教的冠袍，因为它不是官员的服装。皇帝把夏的态度看作对他的权威的一种冒犯和对他本人不恭的一种表示。严嵩利用皇帝一心树立他本人的权威和尊严而迫使夏言致仕。

严嵩是在夏言的赞助下晋升到礼部尚书的高级职位的，他从 1537—1542 年担任这个职务。不过夏对他不以礼相待，尤其认为他没有能力，天赋不高。在这方面他是错了，因为严嵩又机智又狡猾。严穿上皇帝赐给他的道教冠服，并毫不走样地执行他的命令。当他终于被问及关于夏的缺点时，他强调了一点：夏言主管言官。郭勋是在他的指导下被弹劾的。虽然关于夏本人，什么也没有说。他盗用了皇帝的特权。皇帝于 1542 年 8 月免除夏的职务时，强调了这一点。在 1545 年 10 月之前夏一直没有职务，严嵩在这期间达到了控制内阁的目的。

严嵩在 1542 年 9 月成为大学士时，已经 60 多岁。他知道他完全是靠皇帝的恩宠而任职，起初他非常小心谨慎，在所有事情上满足他，又把一切事情呈请他裁决。同时，他利用他的新职务把他的那些敌人免职。

1543 年他首次耍了一次手腕，这使他后来得了一个坏名声。他使皇帝不知不觉地为他报了仇。严早些时候因接受两个想提高俸禄的王的贿赂而被一个御史弹劾。他好不容易才设法避开了责任，开始怨恨这个御史。10 月，他告诉皇帝，1543 年山东乡试关于边境政策的讽刺性策问实际上是这个御史拟的。皇帝觉得这种行为是令人难以忍受的妄自尊大。他将这个御史逮捕，并下令予以杖责，谪戍边卫。这个御史没有被谪戍，他因异常猛烈的杖责而死。在京官考绩期间，依照严的命令，出现了更多的例行降级事例。

1545 年 10 月，为了抵消严嵩日益增长的权势，皇帝将夏言召回内阁。夏刚回内阁便不理严嵩，不肯和他商议事情，将严任命的人免职，让支持他自己的人接任。夏还攻击像陆炳这样有权势的皇帝的宠信者，陆炳于 1539 年救过皇帝的命。陆炳被控贪赃，夏只是在陆向他行贿、下跪、乞求宽恕以后，才撤销了控告。严嵩也曾经蒙受类似的羞辱，终于和这样的人勾结起来除掉了夏言。

最后的对抗发生于 1548 年 2 月，表面上是关于在鄂尔多斯地区讨伐蒙古人的一项建议。夏言曾经支持并指导实施这项建议，而没有和严嵩商议。他对发生的事情单独负有责任。皇帝曾听到关于陕西骚乱的传言；扶乩预告了不祥的结果。他改变主意，收回他对这项建议的支持，不过他无意处死夏言。但是，既然陆炳提出了夏言牵连进掩盖战败的一次密谋并在别的方面保护其下属的证件，严嵩提出了夏言曾经受贿的罪状，皇帝怀疑他是受了欺骗而赞成军事行动的。这些罪行从未得到证实。实际上使皇帝不安的是夏言的傲慢。尽管夏言表面上受到参与密谋的指控，他却是因不服从而被处死的。皇帝再次于不知不觉中处死了严嵩的一个敌人。

严嵩控制下的朝廷

严嵩自 1549 年直至 1562 年他去位时为止，控制了内阁。他清楚，他的同僚们没有多大权力。即使在最琐碎的事情上，他也顺从皇帝的心意。例如，1549 年 3 月他把其他大学士的人选问题提交皇帝，说他不敢作出决定。皇帝赏识这种姿态，而严在任何时候，只要有可能就尽力使自己迎合皇帝。

他在整个存在危机的 10 年当中，靠让别人，要么是尚书们要么是皇帝本人作出决定而设法保住他的位置。当 1550 年俺答包围北京，要求互市权力时，严把这件事交付专管入贡事务的礼部尚书。在蒙古人撤退以后，他让灾难的责任落在兵部尚书头上，其实兵部尚书是按照他的指示而行事的。

虽然他装出要把行政权力归还给尚书们的样子，他却暗中努力以求掌管政策和人事事务。1550 年 11 月，在蒙古人撤退以后不久，严因保证升任和任命令人艳羡的职位而接受作为报酬的贿赂，因压下奏议，因纵容他的儿子严世蕃（1513—1565 年）滥用职权，以及因胁迫朝臣以致无人敢于反驳他而受到弹劾。皇帝最初因这种揭发而不安，但陶仲文暗中为严说情。陶利用皇帝不信任他的官员们的心理，说对严嵩的所有攻击是由朋党性质的嫉妒引发的。皇帝倾向于把他的官员们想得很坏，接受了这种解释。严嵩在整个 50 年代期间因种种罪状而被弹劾，但他利用这种策略而避开了谴责。他利用皇帝的猜疑和疑心，一再表明对他的攻击要么是朋党性质的嫉妒，要么是想通过皇帝的主要大臣批评皇帝而引发的。

在他担任大学士期间，他从未使自己陷入他那个时代最紧迫的行政问题——财政管理。正如他将其他的困难问题留给礼部和兵部尚书一样，他把财政管理这个难于处理的问题留给户部和工部尚书。

财 政 危 机

尽管在 1522—1524 年间当杨廷和任首辅时，制定了经济制度，1525 年兵部尚书还是上奏说，主要的帝国粮仓只拥有相当于三年支出的结余，而粮食的需求正在增加。例如，他指出皇城里的染织作坊（这只是北京许多皇家制造业中的一种）·雇用了 1.1 万多人，每年消耗粮食超过 15 万石。由于运河运输的物质条件的限制，每年只能船运 400 万石粮食到北京，这些粮食必须用来养活帝国机构和朝廷的人员、北京戍军、建筑队伍和边军。[①]

当 30 年代任户部尚书的梁材（1470—1540 年）因拒绝增加派到修建工程去做工的人数，而于 1540 年被解职时，有 4 万多人在各种修建工程中做工。工部尚书上报说，他只有 6 万两银子可用，而应付而未付的物料和劳务的款项有 27 万两。他指出从这一统治时期开始时起，用于修建宫殿、祭坛和庙宇的全部费用已经超过 600 万两银子。他断定不能再照现在这样供应工程的经费。皇帝同意除他自己在皇城西苑的建筑工程外，停止所有工程，而西苑工程是所有工程中最费钱的。

30 年代期间，国库的银锭储备有时因支付特殊的修建工程而耗费一空。发生这种情况的部分原因是，和传统的徭役制度相比，朝廷已经开始更加依靠银两去购买货物和支付劳务，徭役制度不能满足皇帝的特殊要求。对银锭的需求很快超过了可以得到的补充量。为了改善这种情况，户部于 1544 年建议，每年运往北京的漕粮 30％折银缴纳，这项建议被批准。1540 年以后，实物税折银和用银偿付徭役变得普遍了，尽管税种表面上保持不变，折银率以及用现金缴纳和用实物缴纳的比例各地都不相同。

---

① 对这个时期财政管理问题的全面讨论，见黄仁宇《16 世纪明代的税收和政府财政》[254]（剑桥，英国，1974 年），第 44—81 页。

面对连续不断的亏欠和缺额，皇帝于 1549 年下令对这一统治时期开始时起的帝国财政进行一次全面清算。户部上报说，从 1522—1532 年京师粮仓平均每年收粮 370 万石，其中 280 万石分配给军队、工役和工匠。粮仓通常拥有相当于 8 年或 9 年开支的结余。1532 年以后，平均每年的支出增加到 530 万石，结余下降大约一半。储存银锭的太仓金库平均每年收纳 200 万两银子，其中的 130 万两拨作边境防御之用。1529 年北京的国库拥有 400 万两结余，各省省库一共拥有约 100 万两。但是 40 年代期间，每年的常规支出增加到 347 万两银子，每年留下超过 140 万两的亏空，结余很快消失。

户部提出，通过经济和财政的整顿能够实现节约。它建议建立一种整顿账目的制度，账目划分为四类：年税额，年收入，年支出和年储备。各部、朝廷、军事管区和文官衙署年终应上报这种账目。户部尚书希望用这种方法，对当时常见的不协调的现金和实物收付制度求得某种全面的写照。这一方案被批准并付诸实施，但财政状况仍然继续恶化。

1543 年，皇帝同意拿出他个人收入的一部分以支付边境防御费用，直到 1558 年仍然生效的这一办法给太仓金库每年的收入增加了大约 100 万两银子。1551 年两淮盐政转卖余盐每年获得 30 万两银子的利润，这一办法直到 1565 年仍然有效。这些措施以及其他的办法使金库预期的岁入银两达每年 500 万两左右，但很少能够征足这个总额。

1552 年户部上报，用于帝国和边境防卫的费用每年总计支付银子已达 595 万两，而每年收入的银两，由于免征和拖欠税款，总计不足这个总额的一半。为了达到收支平衡，户部尚书建议在长江三角洲的富裕各府征收 200 万两附加税。皇帝批准了他的建议，此后这成了征收用银子缴纳的附加税以偿付特殊费用的普遍方法。但是，在 50 年代期间，东南的富裕各府受遍布的海盗和盗匪之害，又遭受了异常多的自然灾害，许多地区连正常的税也不能征收，根本不可能考虑附加税。

1553 年，南京的官员们抱怨，省库储备经常耗尽，没有留下可用于赈济淮河流域的天灾的款项；但是户部没有款项可以提供，也没有现存的救济物资。在接踵而来的严重旱灾和洪水泛滥中，几千人成群结队地来到北京求食。米价上涨了一倍多，饿死是常见的，街头堆积着尸体。到了1554年春天，这座城市发生了严重的时疫。不得不分发现有的无论什么款项和物资以养活北京的居民。

50年代期间，每年支出的银两在300万两至600万两之间波动，每年都有亏空。必须依靠种种额外税收和附加费，依靠直接征用物资，依靠行政方面的节约来弥补这些亏空。50年代期间东南进行的军事行动，是靠遭受袭击的地区的巡抚征收附加税和派款提供资金。由于这些军事行动拖长，通常是靠对所有负担徭役的家庭摊派附加税，提前征收以支付军队给养。而且，当需要的款项增加时，还要强派一连串无穷无尽的、五花八门的特别税，其中的许多种此后再也没有撤销。1562年以前就这样征收了40万到50万两银子；1562年停征了一些税。但是，尽管这些费钱的军事行动正在进行，皇帝仍然把省的款项拨作己用，让地方的行政官员们想办法偿付一切费用。

在紫禁城的几座主要朝觐大殿和南边的门楼于1557年5月被焚毁以后，情况变得更加严重。它们必须马上重建，而宫殿的修建费用很大。（1596年至1598年间重建紫禁城内两座主要寝宫花费的银子超过73万两。）这次，工程进行了五年，宫殿和大门1562年才完工。而在1561年，当这项大规模的建筑工程正在进行时，皇帝在皇城西苑的寝宫又被焚毁。

12月31日，皇帝在喝了一夜酒之后，和他当时的亲信到在宫中建立的一个貂皮衬里的小帐篷里就寝。当他们嬉戏的时候，一盏油灯不慎被打翻；火立即从寝具蔓延到帐篷，然后延及整个寝宫。没能救出任何东西。皇帝的全部服饰和珍藏的无法弥补的贵重物品全都毁于火灾。这座寝宫也必须立即重建。由于利用搜集来的修建皇帝朝觐大殿的物料，这座寝宫只用四个月便完工了。所有这些工程都是在建筑师徐杲的指导下完成的，徐杲在名义上拥有工部尚书的身份。

南京戍军的反叛

这些费钱的修建工程引起了对银锭的更大需求，各种各样的方案和节约办法被提了出来以增加银两的收入，有时带来了灾难性的结果。大多数的建议涉及利用粮银比价的波动，以便换算的比率和市价可以更紧密地结合起来。这样就能控制换算的比率和价钱，使之有利于政府，能够赚得少量利润。

这些节约办法很多是以牺牲南京戍军的利益而实现的。这支戍军是在 50 年代期间招募来保卫南京以防大群海盗的劫掠的。这支戍军的粮食定额最初在 1558 年被削减，并连续不断地进行审查以保证把死亡士兵从名单中去掉。当这些节约办法证明还不够时，南京的户部尚书提出，通过降低一年两个月的换算比率（支付的银两每石从 0.5 两降到 0.4 两），能够可靠地省下一笔钱。1560 年，南京负责粮仓的户部侍郎建议，停发新兵每年 12 石名为"妻粮"的补贴。[①]

这是一项不合时宜而欠考虑的措施。1559 年，长江三角洲发生了一场严重的旱灾，到 1560 年春，南京的米价涨到每石 0.8 两银子，为上述新换算率的两倍。1560 年 3 月，当南京戍军的士兵们发现上述口粮补贴最近被削减时，他们怕这种办法很快便会用到他们身上，他们暴动了。户部侍郎被从他的衙署拖了出来，杀掉，并被赤身裸体地从一座牌楼悬挂出来，士兵们在那里向他的尸体射箭。

南京的所有高级官员在守备衙署集会以便决定怎么办，但是，当暴动的士兵包围了院子时，他们被迫逃命。在户部发给他们 4 万两银子后，部队终于平静下来。局势非常不稳，以致朝廷甚至拒绝调查这

---

① 15 世纪期间每石米用银两计算的平均价格在 0.4—0.5 两之间。在 16 世纪前半叶，平均价格稍有提高，约为每石 0.6 两，但高低米价的涨落远远超过以前的记录。许多地区这个时期的价格一般不很稳定。见彭信威《中国货币史》[421]（1954 年；重印，上海，1958 年），第 495—502 页。

一事变，戍军没有受处罚。

这些问题还和对省库的经常而不断增长的另一种需求——皇族成员的俸禄——掺和在一起。到 1562 年，当一个御史提出这一问题时，被王侯之家占用来支付皇族族人俸禄的粮食超过了 850 万石（或所值银两）。这个数量还不够，需要支付的俸禄逐代增多。没有一个明智的官员在没有支持的情况下，想过问这样一个微妙的问题。但是，皇帝仍然只同意这个问题需要加以讨论。在 1564 年以前没有发生什么事情，在这一年，100 多个皇族族人包围了陕西巡抚府第，要求付给他们这时欠下的 60 万石俸禄。省里的官员只能筹措到 78000 两银子，不能使这些皇族族人满意。最后皇帝只好把所有皇族族人降为平民，并警告他们的亲王不要让这类事件再度发生。这件事就这样平息了，而俸禄问题仍然没有得到解决。

70 年代以前，帝国的岁入没有增加。朝廷官员们没有提出革新的政策，南京的叛乱突出地表明，行政上的节约措施能实际付诸实施而无麻烦后果的是多么少。这些年对银两的不断需求确是酿成了税收制度方面持续时间很长的改革，这些改革后来整理成为"一条鞭法"。在这种制度下，从前按户摊派的徭役和其他杂役负担被折算成银两缴纳，同时在许多情况下逐渐并入田赋。这种改革最先在东南沿海省份开始，那里银子充裕，同时由于大规模的贸易和商业，在商业事务中长期以来都愿用银两。

贸易和海上抢劫

在 20 年代和 30 年代期间，小群海盗沿着从浙江到广东的东南海岸到处袭击。这些袭击由隶属于不同首领的帮伙进行，他们和当地民兵打仗，也同样多地互相交战。海盗帮伙常常包括因各种原因而被迫过非法生活的平民和没有自己的计划或抱负的百姓。当他们能够依靠贸易赚钱时，他们便从事贸易或为其他的商人和海盗当捎客；当他们不能做买卖时，他们便抢劫；他们常常既做买卖，又进行抢劫。为了减少这种非法行为，朝廷再三颁布海外贸易的禁令。但是这种禁令不易推行，因为当地行政和军事当局本身都卷入了这种违法贸易的行为。[1]

沿海戍军的纪律已经变得松弛，多数军官（他们保有世袭的职位）没有战斗经验。应该查禁海外贸易的军队的官员们反而充当海盗、外国商人和当地商人之间的掮客。1529 年，福建的几个指挥官由于这样干而被谪戍。其后皇帝命令地方当局扣押并毁坏这个地区有权势的家族用于海外贸易的所有大船。当地的同业者拒不合作。当地社会大部分都在某些方面和这种非法贸易有联系。富有之家为船舶（常常装有大炮）和货物提供资金；军官们在交易中充当掮客；平民百姓在商船船队中做工，出卖他们能够在内地买到的货物。海外贸易构成了许多人的生计的一个重要部分，因而查禁海外贸易对谁也没有好处。

地方当局根本不理皇帝的敕令。1532 年，广东巡抚被召回，因为他不能扑灭当地入侵沿海地区几近 10 年的海盗。1533 年，兵部抱怨已经颁布的禁令没有予以实施，武装的船队沿着海岸任意抢掠。1534 年捕获的一个海盗有 50 多艘大船听他的指挥。他入侵浙江沿海地区已有好几年，最后在一场血战中被捕，血战期间死了许多帝国的士兵。当地方的司法当局在这一案件中从轻判刑时，皇帝命令他们改变他们的判决，还派了一个朝廷的官员去指导他们重审此案。他希望判处所有卷入的人死刑。地方的当权者必须受到警告，这已不是小的罪过。

40 年代期间，这些根本不同的海盗和商人的帮伙变得更有组织了。他们在浙江和福建海岸以外的岛屿上聚集，在那里为进行海外贸易而会合成大的船队。他们在浙江的主要据点是宁波府海岸以外的许多岛屿。他们可以在安全的港口卸下货物并将它们分散，会见外国商人，储备武器和物资，准备在岸上买卖货物。这种海外贸易最初是在靠近宁波的双屿锚地进行，最晚从 1525 年起这里就被用来作为交易

---

[1]　关于这个问题的总的基本情况以及文献的讨论，见苏均炜《16 世纪明代中国的日本海盗》[474]（东兰辛，密歇根，1975 年）。

地。1539 年，葡萄牙商人（他们于 1522 年被禁止在广州进行交易）被带领到这个岛子，1545 年日本来的贸易船队首次被带领到这里。

1545 年日本人的来到使一切事情都起了变化。在此之前，和日本人没有大量的民间海外贸易。尽管福建商人早在 1537 年就在博多港开业，同时从 16 世纪初以来小股日本武士就断断续续地入侵中国海岸，但大部分接触都是在朝贡制度的框架之内进行的。直到 15 世纪末，这种安排都使日本人感到满足。但是 1496 年，日本贡使在从北京回国的路上杀死了几个人，在这之后，每个使团被允许的人数从 400 人减少到了 50 人。这时，三个有权势的家族（伊势、细川和大内）为了控制与中国的贸易认真地开始了竞争。因为只有一个由 50 个使者组成的使团被允许到北京去，在这些家族之间便为得到这种允许而展开了激烈的竞争。1510 年和 1511 年来了两个朝贡的使团，每一次大内家族的代表都威胁，要是他的一方得不到进行贸易的许可，便要采用海盗手段。

朝廷对海外贸易的政策

1523 年，日本的两个朝贡使团再次到达宁波，一个代表细川，一个代表大内。细川使团先到（但在规定的时间之前）。大内的使团收买负责宁波海上事务的太监给予他的使团以优待。当细川使团发现大内的船只将先被检查时，他们便攻击大内使团。代表大内的使者（一个中国人）逃走，细川使团于是在宁波抢劫，抢了许多船只，然后扬帆而去。派去追击他们的明的指挥官在一场海战中被杀死。

在这一事件之后，几个朝廷官员指责地方当局所作出的反应，他们指责地方当局处理失当，玩忽职守。浙江负责海上事务的太监被控受贿和首先引起纠纷。但不起什么作用。1525 年，那个太监事实上被给予了更广泛的权力，统辖负责海上事务和沿海防御的地方官员。这种情况之所以发生，部分地是由于 1524 年攻击太监们处理海上事务不当的许多官员也在大礼问题上反对过皇帝的方针。[①] 由于这个原

---

① 参见本章前文《关于大礼的争论》。

因，他们的请求和奏疏总是立刻被驳回，而有利于那些支持过皇帝和赞成贸易的官员的请求。在 1527 年以前，并没有在浙江采取进一步的措施，这一年负责海上事务的太监在一次对正德时期的镇守太监的普遍清洗中才被解职。1529 年，市舶司被撤销，理由是浙江只需要一个太监官员。海上事务的职责改归镇军太监，镇军太监一般负责地区的防务。总的来说，沿海海盗和贸易的问题在朝廷上仍然不受重视。

1527 年，又允许日本的朝贡使团每 10 年贸易一次，条件是其中没有武士；使团不超过 100 人和 3 艘船。但是，以前组织这种正式使团的那些家族已不再有足够的权势以垄断和中国的贸易。30 年代和40 年代期间，日本的小规模贸易船队开始沿中国海岸扩大接触，而中国商人建立了接待他们的靠近海岸的贸易中心。1523 年以后，很少交易是在朝贡制度的框架之内进行的；在浙江的市舶司于 1529 年撤销之后，帝国当局对海外贸易的控制能力甚至比以前更小了。

在 1524 年的宁波纠纷之后，首次提出了任命一个对有关海岸防御一切事务有管辖权限的巡抚的建议。这种方针的支持者认为，日本人的威胁和蒙古人一样大，因此在北方边境行之有效的管理方法也应当应用于沿海地区。应当派遣一个有权自主行事的高级官员去协调和审查地方官员们。浙江负责海上事务的太监于 1525 年建议让他担任类似的职务。1526 年，朝廷官员们反对，提出另外的建议，批评太监当权，再次强调有必要任命一个文官。尽管这个负责海上事务的太监终于在 1527 年被撤回，但没有任命一个文官来代替他，这件事就此了结。

1529 年，在沿海地区一支戍军暴动并逃走参加海盗帮伙以后，夏言（他于 1537 年成为首辅）再次提出这个问题。派了一个御史去检查沿海防务，协调镇压海盗的行动，惩办暴动的首领。但是，派去办这事的两个官员都不能制止海外贸易或扑灭海盗。1531 年，负责防务的御史被调走而没有任命接任的人。局面仍和以前一样。大学士张璁（他来自浙江沿海地区的一个府）反对任何这种干预，并且在他1535 年离职之前能够拖延或阻挠所有推行防止海外贸易的禁令的努力。30 年代期间，朝廷的监察官们反复抱怨地方官员们放任海外贸易，不肯推行皇帝的敕令，置海盗的骚扰于不顾。关于此事有 16 年没有得出什么结果。

在这期间，朝贡制度完全中断。1539 年，当 1523 年以来的第一个日本使团抵达宁波时，地方当局收缴了使者们的武器，并将他们置于严密的监督之下。他们没有机会和中国商人交易，因而没能从这次出使中赚到钱。因为下一个使团不应在 1549 年以前来到，1544 年当另一个使团到来贸易时，官员们拒绝和使者们打交道。组织这个使团的日本人于是求助于中国的商人。一个中国商人王直随这个使团返回日本。1545 年，他带领一个私人的贸易代表团回到双屿锚地。此后，这类私人代表团变得很常见，而往返航行日本的船队的规模每年都在扩大。

由于贸易额增加，与之有联系的暴行也在增加。在许多情况下都发生了激烈的争吵，因为和非法贸易有关的富有之家拒不向海外贸易团伙偿付他们的欠款。这些富有之家有时威胁要用他们的权势迫使地方官员们采取行动反对他们的债权人。商人们则以抢劫和焚烧违约的富有之家的财产进行报复。绍兴府一个谢姓的庄园在 1547 年夏就因这种缘故而被抢劫和焚烧。这份产业属于谢迁（1450—1531 年）的弟弟，谢迁在三个皇帝下面当过大学士。

朱纨

1547 年，一个御史再次上奏说，整个东南沿海地区的海盗活动失去控制。他建议派一个有权自主行事的高级官员到这个地区去几年，以便根除海盗活动的根源——海外贸易。1547 年 7 月，朱纨（1494—1550 年）被委以浙江和福建的沿海防务，他从 1546 年起曾经负责镇压江西南部和福建边境地区的盗匪活动。

朱于 1547 年 11 月就任，在福建海外贸易的主要中心漳州设立指挥部。在他压制海外贸易的军事行动中，地方官员们不肯和他合作，所以他招募了自己的人员。1547 年年末，他离开漳州往北去巡查沿海地区的防务。1548 年 2 月，他再次建议严厉而有力地推行海外贸易的禁令。在他提出这一建议之后不久，一大帮海盗侵入浙江沿海的宁波、台州等府，杀人，放火，抢劫，而没有遇到帝国军队的任何有效抵抗。到这时为止，这是规模最大、破坏性最烈的一次入侵。扑灭海盗活动的必要性看来是一清二楚的。但是在 1548 年 2 月，起草朱的委任令、支持朱的政策性建议的大学士夏言因不忠罪而被解职并被判处死刑。① 朱纨于 1548 年 4 月抵达宁波时，他在朝中已经没有一个有权势的支持者。

此后不久，朱纨拟定了攻击双屿和九山贸易地的计划。这两个地方是浙江海岸外的主要海外贸易中心。对双屿的攻击在暴风期间的夜晚发起，港里的许多船只逃走，然后在更南的小岛的海面上重新聚集。在这些商船船队随后的重新聚集中，出现了一个新首领——王直。王于 1544 年在双屿参加了这个集团，他也就是 1545 年带领第一支贸易船队到日本去的同一个人。他在一次奇袭中杀死了他的主要对手，逐渐控制了残存的船队。海外贸易在继续。1549 年和 1550 年，王组织船队往返航行日本。双屿被浙江和福建海岸以外的一些小岛上的安全港口所取代。

朱纨严格行使他的职权，这导致了他的毁灭。他不顾地方官员们的强烈反对，处死了 1548 年 4 月突击中捕获的每一个人。被处死的人中有一个是宁波的司法官员的父辈，这个官员仅仅是许多想要阻遏朱纨的浙江和福建籍的官员中的一个。1548 年 8 月，朱的权力被削减。福建籍的一个御史认为，一个官员不能独自管理这样一个大辖区。然而朱继续推行海外贸易的禁令，带领他的部队和战船沿着海岸向南行动。1549 年 3 月，他进攻停泊在福建南部海岸以外的一支大商船船队，捉了许多俘虏，其中的 96 人经朱许可立即处决。

正当朱纨的军事行动看来有把握成功时，他被解除了职务。一个御史指控他不经应有的批准便杀人。他未能等到执行判决的许可从北京来到。弹劾他的事项是由都御史指导的，他也是宁波人。朱已病了很长一段时间。面临某种耻辱，也许是被处死刑，他于 1550 年 1 月

---

① 参见本章前文《鄂尔多斯的军事行动》、《严嵩掌权》。

自杀了。他的做法大多很快被废除。他的保卫海岸的舰队被遣散，1550 年早期，浙江的地方官员们请求放松海外贸易的禁令。①

50 年代的贸易和海盗活动

像王直这样的中国商人正是在这种情况下，谋求影响朝廷对海外贸易的政策。王直这时已经组织了一个大型贸易共同体，并统率一支武装良好的船队，配备了能够保卫它的水手和士兵。一旦有事，这支贸易船队能够改变成为一支私人海军。但是王直和他的同行们首先是商人。减少沿海海上抢劫的发生率（要么迫使海盗船队参加共同体，要么摧毁它们）也是他们的利益所在。

在 1549 年和 1552 年之间，王直有几次和地方军事长官们合作，至少捕获了两个海盗头子，他把他们交给了当局。他指望地方官员们作为回报，放松海外贸易的禁令。但是禁令反而严了。1551 年，连渔船（以前的禁令把渔船除外）也禁止出海。一切海外贸易都被取缔。王在通过妥协和合作不能达到目的之后，开始使用武力。1551年以后，突击变成了组织得很好的对官署、粮仓、府库和县库，偶尔也对周围的农村的大规模攻击，它们被洗劫一空。

在 1552 年和 1556 年之间，连续几年天灾和普遍骚乱以后，发生了大规模的入侵。据报浙江在 1543 年和 1544 年发生了饥荒，而在1545 年和 1546 年夏季长江流域出现了严重的旱灾。成千上万丧失生计而到处流浪以求食的人成了入侵团伙和匪帮的理想的新成员。到了1550 年，浙江沿海地区的盗匪活动非常普遍，以致城镇和村庄都不得不为了安全而设置栅栏。

起初，以海为基地的入侵者进行快速袭击，随即撤回他们的船只。1552 年春，一些几百人的入侵团伙袭击整个浙江沿海地区。1553 年夏，王直集合一支几百艘船只的大船队袭击台州以北的浙江沿海地区。几个要塞暂时被占领，几个县城被包围。在这次入侵以

---

① 关于更充分的说明，见罗兰·L．希金斯《明代的海上劫掠和沿海防御，政府对沿海骚乱的反应，1523—1594 年》[202]（安阿伯，1981 年）。

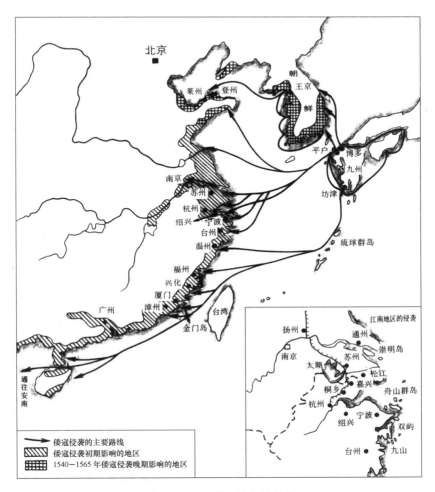

地图 23　16 世纪倭寇的侵袭

后，已经变得很明显，有可能建立沿岸的陆上基地。

　　1554 年早期，浙江沿岸建立了设防基地。由水手、海盗、日本武士、外国冒险家、中国盗匪和流浪者组成的较大的入侵团伙，从这些营地出发进行深入内地的军事活动。到了 1555 年，这样一些入侵团伙逼近了杭州、苏州和南京等大城市；到了 1556 年，从南京以南到杭州的整个地区都失去了控制。

扑灭海盗和盗匪活动的努力

1552年，山东巡抚王忬（1507—1560年）被委以浙江和福建沿海几个府的军务（自朱纨于1549年被撤职后，这个职位一直空缺）。王立即把曾在朱纨手下任职的指挥官们释放出狱，组织了一支军队。在1553年和1554年，这支帝国军队屡次遭受失败。一些入侵团伙接管了20多个行政城市或防区。1554年3月，松江城遭受袭击，知府被杀；5月，嘉兴失陷，通州被围，崇明岛被占；6月，苏州附近的一些城市受到袭击。王只有一个有效的方案。他建议在遭受过抢劫的众多城市周围修建城墙。[①]

1554年11月，南京兵部尚书张经（死于1555年）被委负责东南的所有军队，被给予便宜行事的权力，全面负责镇压海盗行为。这时入侵者已在浙江沿海地区的许多城镇和市集建立了设防基地，以联合起来的2万人的武装力量戍守这些基地。张首先发兵扑灭占据这些陆上设防基地的入侵者。为此他需要一支大得多的军队，因此他从广西和湖广招募约11000名狼土兵以补充已在浙江的帝国军队。但是在1555年春季以前，这些增援部队没有到达，在这期间，帝国军队只控制着有围墙的城市和粮食仓库，听任其余一切地方遭受劫掠。1555年早期杭州遭受袭击，周围农村里的几千人被屠杀。这些帝国部队留在杭州和嘉兴，因为张经在他所需要的全部狼土兵到达之前，不肯发动攻势。

1555年3月，严嵩的一个代理人，御史赵文华（死于1557年）奉派考察浙江的军事情况。一些入侵的团伙这时对南京以北的皇陵，对通过长江三角洲的皇粮船构成了一种威胁。这种情况不能再不予理会。在赵抵达以后不久，他便强要张经发动攻击。张的官阶比他高，张不愿这样办，拒绝讨论他的作战方针。赵于是秘密上报说，张经乱

---

① 关于地方对这些袭击的反应的详尽研究，见梅里林·菲茨帕特里克《浙江北部的地方政府与对1553—1556年海盗入侵的反应》[164]，（学位论文，国立澳大利亚大学，1976年）。

用款项，不能保卫这个地区。在严嵩证实这一报告后，皇帝下令逮捕张经。

在这期间，张经的联合部队于 1555 年 5 月包围了嘉兴以北的一个入侵的大团伙，斩首 1900 余名。一些帝国军队能够打败抢劫者的一支大部队，这是第一次。皇帝得知张的胜利后，开始询问严嵩。严嵩告诉他，张经只是在他听说了赵的奏疏后才进军，这次胜利的功劳应归于赵文华和胡宗宪（1511—1565 年），又说胡实际上是戎装前往战场；其实胡当时远在南方的杭州。张经恳求宽恕，被置之不理，严嵩把张的名字列入秋季处决的监候名单。张于 1555 年 11 月被斩首，朝中普遍认为，严嵩为了包庇他的门徒赵文华而安排了张的死刑。

赵文华（他也是宁波人）从来不赞成海外贸易的禁令。1549 年，他曾试图以升迁诱使朱纨离开浙江，但朱拒绝了他的提议。张经在 1555 年拒绝和赵商讨他的作战方针，部分地是因为他怕赵可能泄露作战计划。尽管皇帝在 1554 年曾拒绝考虑宽大和安抚的策略，赵仍希望招降王直并作为既成事实而提出这一策略，借以改变皇帝的主意。胡宗宪与王直是安徽同一个地方的人，他同意在这个方案中进行合作。

胡宗宪与徐海

胡宗宪于 1554 年开始和赵文华发生联系时，是考察浙江军务的御史。1556 年，他是东南地区最有权势的文官和武官。在这三年中，他尽力执行赵的方案，常常面临他的那些反对宽大和安抚的直属部下的直言不讳的对抗。1555 年 5 月，胡请求允许派遣使者去日本，名义上是在与海盗行为的斗争中要求日本国王的帮助，实际上是要引诱王直投降。7 月，在他受命巡抚浙江后不久，他使王直的家属从狱中释放出来，移送到他在杭州的指挥部。但是，正在使者离开之前，皇帝又悬赏缉拿王直，不论死活。胡当然知道，他执行的是赵文华所提倡的政策，这一政策违背了皇帝的敕令。

1556 年春，胡的使者带着王直的养子返回，报告说，王愿意扫除浙江的海盗帮伙，以之作为赦免和允许从事海外贸易的回报。王直还发来一个警告。他的共同体中的一个商人徐海计划入侵浙江，已经来不及对此采取什么行动了。这个消息打乱了赵的计划，因为他现在面临一个严重的军事上的危险局面。

1556 年，胡宗宪成为南直隶、浙江和福建部队的总督。在 1555 年最后几个月期间，帝国军队受到严重挫折。张经从西南地区招募来的狼土兵袭击帝国军队，并在乡下抢劫；军事情况恶化，袭击连续不断。1556 年 1 月，赵返回朝廷设法提升胡宗宪。他完全知道他不能因镇压海盗活动而立功，他不想承担失败的后果。杨宜（他任职只有六个多月）因不能对入侵者发动进攻而被弹劾，胡宗宪于 1556 年 4 月接替了他。胡任总督的头六个月是用于努力对付徐海对浙江的进攻，徐海的进攻于 4 月 19 日开始。

徐海的经历开始是当和尚，但在 1551 年他离开杭州的寺庙，去为他的一个父辈（王直的共同体中的一个商人）干活。在 1551 年和 1554 年之间，他参加了每一次到日本的航行，逐渐赚得了一小笔财产。但是在 1555 年，当他的这个长辈未能从到广东的航行中返回时，大隅岛主（他是他的长辈的庇护人和债权人）吩咐徐海以指挥一次对浙江的大规模袭击来补偿他的长辈的债务。他的船队于 1556 年早期起航。这次军事行动的目的是抢劫杭州、苏州和南京等城市。

胡宗宪知道自己不能打赢抵御徐海部队的对阵战，便争取通过谈判使徐海投降。由于这个缘故，他不肯自己投入或指挥他的部下进攻。所有可以利用的部队都被用来戍守胡在杭州的指挥部。但是，浙江的新任巡抚阮鹗（1509—1567 年）决定主动出击。阮被打得大败，被迫进入被包围的城市桐乡，他和他的部队在那里被围困了一个月。在这期间，胡宗宪（他在南方只有 60 英里的杭州）拒绝派遣增援部队去解围。他认为，只有和徐海以及其他首领达成某种协议才能解桐乡之围。胡告诉徐海，王直已经接受投降条件，要求他也这样做。徐海同意投降以求得赦免，于 1556 年 6 月自桐乡撤退，作为真诚的一种表示。

在这期间，赵文华在朝中遇到了麻烦。1556 年早期他上奏过他在扑灭海盗活动方面取得的成功，但在 6 月，皇帝读了关于徐海入侵，要求增援的报告后，命令严嵩说明发生了什么事。赵不得不自动请求返回东南地区。他被命令采取进攻的作战方针并根除海盗。此时已很明显，皇帝决不会赦免徐海。

徐海于6月自桐乡撤退，赵文华于8月抵达浙江，在其间的六个星期中，徐海和胡宗宪专心一意地商谈投降或撤退入侵部队中的各种各样帮伙。在入侵者中，徐海本人只是几个首领中的一个，同时整个集团的组织和配合是松散的。尽管徐海指挥围攻桐乡，但有许多入侵部队参加。当胡宗宪派出人员向包围这座城市的几个海盗首领表示愿意赦免时，只有徐海响应并撤走。其他的帮伙那时离开是因为包围延续的时间太长，同时农村已被抢劫一空。这些帮伙继续抢劫，仍然是一个问题。

入侵各部队的首领们对于投降的问题有争论。许多首领不信任帝国的官员们，拒绝考虑投降的提议。胡宗宪和徐海商定一个协议。那些要返回日本的，将为他们提供船只；那些要留下的，将被授予军事职位。同时，徐海的部队在苏州至海之间沿吴淞江参加清扫海盗的军事行动，这次军事行动与王直养子所开展的对沿岸海盗据点的攻击相配合。胡的策略似乎正在顺利执行。来往海外的商人正在做帝国军队所不能做的事情。徐海如果能够得到足够的钱去偿还大隅岛主，他愿意撤走他的部队，而胡表示他能够对此作出安排。但是，赵文华于1556年8月到达时，一切事情都起了变化。

赵文华抵达浙江后不久，就公开地否定胡宗宪的安抚政策。他拒绝表明，如果不选择投降，危机将如何解决；那是胡宗宪的问题。胡这时知道，在能够做别的什么事情之前，他必须利用撤退的提议拖住入侵者。这时入侵集团中的许多帮伙开始内部争斗，胡便利用他们的内讧，通过种种诡计和谋略除掉某些首领。徐海继续与胡合作，仍然指望被允许撤走。他于1556年9月，在赵文华返回三个星期以后，正式向胡宗宪投降。

徐海是被迫投降的。赵文华曾派人告诉入侵者，他们可以撤走，但另一方面他却秘密地命令一个反对安抚的官员，当他们撤退到海岸时伏击他们。徐海逃脱，撤退到附近的一个庄园。他不再信任赵，但他无路可逃。他不得不争取商定某种协议，他和他的部下借此可以撤走。胡宗宪仍然给予他援助，但赵定要消灭他。帝国军队开始包围他的营地，而徐为应付这次进攻做了准备，加强了他的阵地。最后的战斗持续了一个星期，直到最后一天，结局还没有确定。徐海被发现溺水而死。包括他兄弟在内的几个首领被俘，随后被处决，他的部队被追击并被歼灭。[①]

王直投降

赵文华仍然认为他能够设法赦免王直。首辅严嵩赞同他对沿海形势的分析。通过赦免参加贸易的人，通过招募他们去攻击海盗，通过允许他们经营他们的生计，迫不得已而进行海盗活动的人数将下降，而愿意去镇压海盗活动的人数将增加。王直将被吸收进当地的军事机构，并奉命去镇压海盗活动。

但是，1557年9月，在王直到达浙江之前的几个星期，赵被免职。他冒犯了严嵩，又触怒了皇帝。在紫禁城主要的门楼于1557年5月焚毁以后，皇帝下令立即重建。赵作为工部尚书，在专业上对此负责，尽管他已在南方任职。当皇帝看到工程在进度上仍然晚了四个月时，他吩咐严嵩告诉赵，他应请求退职。随后他把赵贬黜为民，并让他和他的儿子一起戍边，但在判决被执行之前赵便死了。没有一个人敢于弹劾过他。皇帝不得不亲自在专门事项上贬黜他，皇帝还责备严嵩没有上报赵的任何罪行。他开始怀疑严嵩也不完全可靠，尽管任职时间很长。在这样的情况下，严嵩不可能劝说皇帝完全改变他的扑灭海盗的政策，或敢于请求赦免王直。

1557年10月，王直带领一支贸易的大船队抵达浙江海岸以外的舟山岛。他立即派使者到胡的指挥部去告知他来投降，并要求允许贸易。胡让使者返回，王依约等候他的命令。胡宗宪这时面临困境。他

[①] 有关双方战术和策略的详细说明，见贺凯《胡宗宪对徐海的战役，1556年》[266]，载小弗兰克·A.基尔曼和费正清编《中国的兵法》（坎布里奇，1974年），第273—307页。

不能让王直走，但是，如果他接受他的投降并保证他的安全，他可能被迫处决他。他决定接受王的投降。王于 11 月来见，随即被拘留于狱中，尽管胡努力寻求某种解决办法。胡最初上报王被捕获时，补充说，王可以被处死，或被流放到一个岛上的防区去。他的部属激烈地反对这一建议。胡怕他的计划暴露，收回了他最初的报告，最后只是说，王直的命运由皇帝裁决。

把王直看做妖匪的皇帝暂时把这事交给胡决断，王被诱相信仍然会安排好某种形式的赦免。他在狱中日渐衰弱，直到 1559 年 12 月，胡才终于执行皇帝的命令将他处决。

王直入狱以后，他的养子和他的部下退回他们在舟山岛的据点，确信他们受了陷害。他们不想再从事贸易。1558 年 4 月，另一支入侵的日本大部队和他们结合起来，这支合并成的部队开始进攻浙江和福建北部的城市。7 月晚期皇帝免去了胡宗宪的主要将领戚继光（1528—1588 年）和俞大猷（1503—1579 年）的统帅地位，命令他们在一个月内扑灭浙江的海盗活动。如果他们不能做到，他们和他们的上司胡宗宪将被逮捕并被带往北京。

胡针对朝廷上对他的策略日益增多的批评，早些时候曾上奏说，可以在一个月之内把浙江的局势置于控制之下。他的敌人认为他对此负有责任。但是，舟山岛不能攻下，帝国军队在他们几次攻击主要港口时又遭受了重大损失。与他的作战报告一起，胡呈献了在岛上捉到的一头白鹿。皇帝因这一吉祥的兆头而感到高兴，宁愿宽容他的失败，抨击了批评他的人，命令胡照旧任职。

胡的将领们没有这样走运。1559 年 4 月，俞大猷由于胡宗宪的命令而被捕，因为他没有追击 1558 年 12 月放弃舟山岛的海盗船队。尽管帝国军队未能夺回这个岛子，但海盗被包围，受到多次袭击，为时将近一年。当弄清楚他们打算撤走时，俞和其他的将领想追击他们，反而就是胡宗宪让他们扬帆而去。1559 年早期，一个福建籍的御史指控胡放海盗到福建去，为的是他不必再和他们打交道。胡怀疑俞（他也是福建人）向这个御史透露了这种情况，所以他反过来以同样的罪状告发俞，设法使他被免职。

戚继光也在 1559 年夏被免职，但他奉命训练一支军队，并在战斗中赎罪。戚从杭州以南的农村（这是一个以农民难以管束而闻名的地区）招募了 3000 人，用设计来与日本武士作战的专门战术训练他们，戚认为他们是优秀的战士。这支军队后来以戚家军而闻名，证明是很有成就的，在 1567 年以前被用来镇压海盗和盗匪活动。

1560 年以后的海盗活动

在残余的王直船队于 1558 年放弃舟山岛之后，只有一些小股海盗留在长江三角洲地区，大部分是在沿长江北岸的扬州府。这些帮伙在 1559 年夏逐渐被消灭。在 60 年代期间，南京以南地区的多数动乱由遣散的部队引起，这些部队是 50 年代中期招募来镇压海盗活动的。

1559 年，一场可怕的旱灾毁坏了长江三角洲地区的夏季作物。在多年的盗匪活动之后，当地农民被迫艰难地活过另一个季节。饿死的事很普遍，又不能得到救济。盗匪活动的报告很快开始送达朝廷。1559 年 12 月，南直隶巡抚在几百人一伙的当地恶棍攻击他以后，被迫逃离苏州。这伙人在海盗入侵的高峰时期被招募来保卫这座城市，后来不肯解散。在这一事件之后，他们逃离这座城市，跑到太湖的船上，在那里继续为盗。1560 年 1 月，类似的被遣散的士兵团伙攻击了长江以北的一些城市。这些团伙没有给地方当局引起真正的困难。他们没有海外帮手，能够被孤立起来逐个消灭。1560 年以后，从南京往南到杭州湾这个地区继续保持平静。大规模的入侵和盗匪活动这时限于福建、广东和江西南部。

在 1560—1563 年之间，剩下的海盗帮伙聚集在福建海岸以外的岛屿上。残余的王直部队于 1559 年拿下金门岛，和广东的海盗船队联合，主要开始袭击福建南部和广东北部。1562 年 12 月，一支入侵的大部队在围攻一月之久以后，占领了兴化府城；周围多数行政城市也被占领。朝廷的监察官们报告说，局势失去了控制。

1563 年早期，戚继光和他的部队奉命到福建。他与当地部队合作夺回兴化，到 5 月已摧毁了海盗在福建海滨的最后主要基地。1564 年和 1566 年之间在江西南部和广东进行的一连串战役中，那些设法逃走并扬帆驶往更南地区的海盗逐渐战死或被俘。在这些战役中，以前掌握在盗匪手中的许多地方和许多人回到了帝国的控制之下。在这样一次对广东北部一伙盗匪的战役期间，夺还的人有 8 万多。从 16 世纪初年起即为盗匪渊薮的广东、福建和江西南部之间的多山地区又被置于帝国的控制之下。

到了 1567 年，海盗活动已不再是东南海滨的严重问题。对海外贸易的政策仍然是一个争端，主要因为皇帝拒绝改变他的主张。但是，在他于 1567 年 1 月去世之后不久，福建巡抚就请求撤销海上贸易的禁令，建立海运关税机构。由于严嵩的继任者大学士徐阶（1503—1583 年）的建议，这一请求被批准。40 年以前开始的朝廷对海外贸易政策的争论终于结束。

在 1565 年占领菲律宾的西班牙人最初了解这个其他方面差一些的殖民地可以作为与中国进行大量贸易的基地的同时，东南滨海地区意外地开放了海外贸易。最先到这个群岛的舰队指挥官于 1569 年写道：“我们将得以和中国贸易，从那里得到丝绸、瓷器、安息香、麝香，以及其他商品。”这种贸易实际上始于 1573 年，当时有两艘西班牙大帆船——马尼拉西班牙大帆船——装载着中国丝绸和瓷器回到阿卡普尔科。到了 1567 年，中国和美洲之间的贸易关系已经很好地建立起来，并不间断地继续到了下一个世纪。[①]

严　嵩　之　死

1560 年，严嵩已有 80 岁。他的心力和身体都已衰弱，不能再像他从前那样勤恳地侍奉皇帝。一些年来皇帝的多数敕令事实上是由他的儿子严世蕃草拟的，当他入值时，严世蕃陪伴着他。在严的妻子于 1561 年去世之后，他的儿子必须在家里伺候他，这是严能够让他的儿子避免离开北京去照料他母亲葬礼的唯一办法。这时戴孝的他的儿

① 见威廉·莱特尔·舒尔茨《马尼拉的西班牙大帆船》[445]（纽约，1939 年），第 27 页。

子不能再和他一道到皇城的西苑去侍奉皇帝。严这时甚至不能看懂皇帝的手诏,他为了回奏,必须把皇帝的诏令带回家中给他的儿子。他的儿子常常喝醉或者干些其他放荡的事,因而什么东西也不能及时准备。当皇帝派太监去催要答复时,严不得不自己起草点什么,而他草拟的东西却被发现原来是不合格的。继续干这种工作,他的确是太老了;他毕竟不是道教的神仙,而是一个有病的老人。他容易受到责难,很快就倒了霉。

严嵩在内阁的副手大学士徐阶,最初是夏言在朝廷上推荐的,夏言于 1548 年被严嵩处死。徐阶和严嵩从来不和,在他于 1552 年成为大学士之后,他努力削弱严在皇帝面前的有利地位,反对他的政策,提出相反的建议,暗中指挥对严和他的代理人的弹劾活动。严怀疑徐以某种方式背地支持弹劾他的各种企图,但他什么也不能证实。他有几次试图使徐被免职,但每次都失败了。徐继续在政策问题上向皇帝提出建议,他终于被允许筹办不死药和草药,这项工作以前是只交给严嵩的。

皇帝从未完全信任严嵩。他有时会干脆不理或拒绝严的建议,以便行使他裁决事情的绝对权力。当严不能再侍奉他时,他开始寻找一个代替的人。徐阶等待这个机会已有八年。他知道皇帝觉得严嵩已不再有用,知道他瞧不上严的儿子。无论什么时候,只要有可能他就加深皇帝的不满。1562 年,他亲自照管 1561 年 12 月焚毁的皇帝寝宫的重建工程。严嵩反对重建这座宫,另外建议皇帝移居到上世纪 50 年代被废黜的英宗皇帝实际上被当作囚徒时住过的另一座宫里去。皇帝拒绝考虑这个建议。他的宫只不过四个月便复原,1562 年 6 月,在他重新定居以后不到两月时,严嵩便被免职。

在皇帝的知己和顾问陶仲文得病而于 1559 年从朝廷告退以后,他只好重新挑选一个道教名家来指导扶乩仪式。他的新的扶乩者最初只是焚化交给他的密封的问题,而皇帝很少能够得到一个满意的答复。这种情况不能继续下去。扶乩者和送交包封的太监开始在焚化包封之前阅读所提的问题。他们因而能够按照皇帝的意愿而占卜答案。

徐阶和这个扶乩者联合,开始攻击严嵩。在严被免职之前不久,他是一连串扶乩所得答复中的话题。当皇帝按惯例询问帝国为什么没有治理好时，他被告知，那是因为好人没被任用而不孝顺的人没有退职。问及谁孝顺和忠诚，谁不孝顺不忠诚时，他被告知，徐阶忠诚而严嵩不忠诚。当这个答复随后在别的占卜中得到证实时，皇帝变得非常不安。有关这件事的消息被一个太监非正式地传给了一个御史，这个御史立即弹劾了严嵩的儿子。当严试图代他的儿子说情时，皇帝指责了他。很明显，他已经不再受宠，他于 1562 年 6 月被迫去职。

皇帝这时信任徐阶。1560 年，当陶仲文和陆炳在几星期之内相继去世时，皇帝失去了仅有的亲密伙伴。他把陶当作同等的人对待，把陆炳（陆在 1539 年救过他的命）当作兄弟对待。严嵩走了。只有徐阶仍然受宠。徐小心谨慎，没有立即攻击严嵩和他的党羽；他反而显得很和解。当 1562 年晚期接到弹劾胡宗宪的奏疏时，皇帝说胡不是严党中人，而徐也没有催逼这个问题。

他不能冒险批评皇帝。过去每一次贬黜严嵩的尝试都因为上奏的人不能把他们的批评限制在严嵩身上而失败了；他们常常也攻击了皇帝的某些政策和决定。立太子的事已经搁置了 10 多年，而皇帝不想讨论这件事。可是上奏的人认为不得不联系严嵩的罪恶而提出这个问题。皇帝有可能终于对上奏者非常生气，以致他可能忽略他的奏疏的主旨，反而惩罚他。徐阶记住了这一点。

1562 年，严世蕃在他父亲去职时，被谪戍瘴疠之地。他不前往他的戍地，反而回到他在江西的祖居，他在那里开始招募一支大的卫队。1564 年 9 月，在皇帝生日的时候，严嵩进呈一篇如何召鹤（道教神仙的使者）的文字，同时请求允许他的儿子从戍地回来照顾他。这个请求被拒绝了。1564 年 12 月，一个御史上奏说，严世蕃实际上住在江西，并且招募了 4000 多人。严世蕃和他的同伙被控谋反，被捕，并被带到北京受审。

对严世蕃的最初的控告书，其中也指控他和几个官员的死有牵连，这几个官员是按照皇帝的命令被处决的。当有人把控告书的草稿给徐阶看时，徐把有关谋反罪行的材料之外的一切事情都删去了。皇帝立即批准了判决。他长期以来就瞧不上严嵩的儿子。1565年4月，严世蕃被处死，他的父亲被贬为平民，严家的财产被没收。严嵩，一个在朝廷上无人可求的无家可归的人，死于这一年的晚些时候。

皇帝的晚年

皇帝至少从1560年起就患失眠症（金石药中毒的一种症状）。他常常彻夜工作，批阅奏疏和案卷。1564年早期，徐阶请求皇帝选拔更多的大学士，部分地是因为他不能独自处理工作。这时皇帝的情绪还常常容易波动，变得时而抑郁，时而激怒。随侍他的太监只要可能就尽力顺着他。1564年夏，他们开始在他睡着时把桃子放进他的床里，过后告诉他是从天上落下来的，是神仙所赐。他很高兴。

到了1565年，他的脑力无疑减弱了。1566年3月，他告诉徐阶他大病了14个月。他想回到他的出生地去增强他的生命力。尽管他一再提出此事，徐阶每次都劝阻他，认为在他当前的健康状况下，他经不起旅途的艰苦。1566年11月以后没有颁布过手诏。皇帝挨过了两个月，1567年1月23日，他的健康状况恶化。他从他的西苑宫被移到他在紫禁城里的寝宫，正午前后死在那里。

18世纪的《明史》的编者们认为嘉靖皇帝是"中材之主"。明代史学家谈迁（1594—1658年）说，嘉靖皇帝比许多依靠道教的灵丹妙药追求长生的汉、唐和宋的皇帝多少要好一些，但从整体来看并无区别。他作为君主的主要缺点是常见的，弗朗西斯·培根（1561—1626年）的评论适当地总结了这种缺点：

> 君王工作的障碍多而且大，但最大的障碍常常是他们自己的意向。因为〔泰西塔斯说〕向对立的一方行使意志力，Sunt plerumque regumvoluntates vehementes，et inter se contrariae（君主的愿望多半是强烈而前后矛盾的），这在君王们是常见的。

因为想左右结局但却不容忍中庸，这是权力的误用。①

16 世纪早期的明帝国

16 世纪前半叶一般认为是一个经济非常活跃的、农业技术和生产发展的、纺织品和手工业生产大规模发展的时代。它还被认为是一个皇帝的专制权力增强、帝国的控制能力强大的时期，可是这些看法似乎是矛盾的，因为如果帝国的控制是牢固的，那么税收，尤其是新开垦土地与商业和手工业生产的税收，理论上应当提供岁入的新来源。事实上却渐渐不能按一个多世纪前制定的定额征税了。按照上述标准，控制至少不像它从前那样牢固了。

尽管正德和嘉靖两个皇帝以不同的方式尽力维护他们的君权，像专制君主那样进行统治，但结果都失败了。每一个都不得不以消极的方式来维护他的权力。分享特殊利益的官员们能够把皇帝的政策引向他们自己的目的，而不顾皇帝的愿望。

官员们和这两个皇帝之间的主要对抗涉及君主应起的作用，两个皇帝虽然方式很不相同，却都使官员们失望。这些对抗所显示的对皇帝职责的想象是从新儒家的治国之术的学说引导出来的，这是一套在南宋（1127—1279 年）朝廷形成的思想。这种对皇帝职责的想象推崇像周代的创建者武王（公元前 1067—公元前 1065 年在位）那样的古代贤明君主，他们"垂拱而天下治"②。理想的皇帝行事要像一个不偏不倚的官僚政治的争论的仲裁者，一个躬行礼仪的没有七情六欲的人。连在其统治初年要求伸张君主职责的优良传统的嘉靖皇帝，也觉得这种想象是太压抑人了。不过，这对约束、牵制皇帝为坚持自己的权力而作的种种努力是有用的。尽管在这个时期进行了预定的，而且有时是粗暴的尝试以推行皇帝的意愿，但总的来说，它们证明是无

① 弗朗西斯·培根：《关于帝王统治》，载《弗朗西斯·培根文集》［3］（纽约，1908年），第 84—85 页。
② 见李雅各《英译七经》［309］，Ⅲ，第 316 页。

效的。收回已经落入私人手中的租税收入的尝试一再失败，这是最好不过的证据。

到了 16 世纪早期，许多应征税的田地通过这种或那种手段已经从赋税登记簿中消失，而许多已开垦的新田地从来没有登记过。刘瑾对原来摊派给军户及其田地的税收定额恢复管理的努力终成泡影。嘉靖统治初年对地产和荒地恢复管理的尝试同样终成泡影。官员们分享了这种新的恩赐。官员们免税的情况在 1512 年、1531 年和 1545 年增加了很多。①

海外贸易的禁令从未有效地强制施行，朝廷还是不能从商业税中获得任何大量的收入。从农业技术和生产进步，从贸易和商业，从手工业品和纺织品生产得到的利润，落入了别人手中。尽管明帝国的经济繁荣，有些臣民从中得到了好处，但帝国的国库并未受益。

---

① 关于这个论题的更详尽的论述，见王毓铨《莱芜集》［557］（北京，1983 年），第110—341 页。

第 九 章

隆庆和万历时期，1567—1620 年

二帝及其前辈

在本章研究的时期之前的两个世纪中，明代君主政体的特征已经显著地发生了变化。早期的皇帝指挥战役，颁布法令，创设国家机构，管理官吏。在制度安排已定，行政机构设置齐全以后，皇帝在处理帝国事务中不再起积极的作用。官员们只希望皇帝成为他们道德和才智的典范，因此，作为人世间的最高权威，他在争端中的仲裁被视为决定性的和不容置疑的。这种作出决断的方式很少提供对于问题的合理解决办法；但是，由此而得出的解决办法当受到皇帝绝对权威的支持时，是不可改变的。

皇帝为了保持他的绝对权威，避免使自己卷入提请他注意的问题。他逐渐变得更加与外界隔绝，他的权力表现出一种消极的特征。他能够轻易地解除任何官员的职务或惩处任何官员，下令免征赋税，给予赦免。但是，他要主动地提出议案却是非常困难的，时期较早的皇帝不放弃他们的皇权的任何部分，但是当从皇位掌管国家事务显然不再可行时，朝廷官员们开始把早期的施政安排恭敬地说成"祖宗之制"，以此暗指破坏现存制度就是不孝。事实上，他们是借助于口头恭维这些初期制度上的安排，告诫所有的人——即使是皇帝——不要进行影响深远的改革。

弘治皇帝（1488—1505 年在位）符合官僚们的期望。在没有作出重大决定的同时，他使他的朝廷保持了和睦、协调；以传统标准衡量，他的私人生活也无瑕疵，虽然是枯燥无趣的。相反，他的儿子正德皇帝（1506—1521 年在位）却在各个可能的方面抵制朝政生活的

束缚。他亲自掌管军队，随意游览、视察各地，并让太监和军官们接管应当属于文官的职责。这个享乐的皇帝对于礼仪活动是完全藐视的。当他被他的官僚们以他不能反对的"纲纪"逼紧的时候，他就想办法把自己当作个人而与作为制度的君主政体分开。

嘉靖皇帝（1522—1566 年在位）部分地恢复了早期君主政体的格局，但他迷恋道术，不理国事，引起了官员们的批评。不过，他和外廷的隔绝，他的亲自行使皇帝的委任权，他对礼仪细节的关注，甚至他给予他的亲信和批评者的残酷而专横的惩罚，这些和传统的治国之术并不矛盾。

皇帝的绝对权力之所以被容忍，是因为它在理论上和特定的个人无关。皇帝在最高一级以专横的决断解决任何问题，不可避免地要使一些个人不公正地受到伤害。但是，他的不公正的行为并非出于本人的恶意。当嘉靖皇帝和他的首辅的派系发生了亲密的私人关系时，他的与个人无关的统治的能力削弱了。这一事态不但为无休止的勾结和阴谋开了方便之门，大学士严嵩还给帝国朝廷投下了恐怖和猜疑的阴影，延续了几十年。这种状况在严嵩死后并未改善：嘉靖皇帝的后继者们的一些顾问仍旧仿效他的依靠告密，甚至依靠背信行为的统治方式，尽管程度没有那么严重。

有关隆庆皇帝（1567—1572 年在位）朱载垕的资料是笼统而相互矛盾的。他不参与朝政，但他对官僚的权力名义上仍然存在。史官们称颂他节俭和仁厚的记述，证明是不真实的，或无实际内容；更多的有损于他的性格和品格的记载，实际上却可以得到证实。[①]

隆庆皇帝设法回避了争论，因为他从未作出任何重要的政治决

---

① 对隆庆皇帝节俭和仁厚的驳斥，见孟森《明代史》［375］（1957 年；重印，台北，1967 年）。隆庆皇帝不能当众讲话的最有力的证据得自高拱 1572 年在万历皇帝继位后不久所上的一份奏疏，其中据说，隆庆皇帝早朝时甚至让大学士代他从宝座上作例行公事的回答。高拱强调，这种做法损害了公众的信任。这一情节参见下文。这份奏疏见于陈子龙等编 《皇明经世文编》［57］（平露堂，1638 年；摹印本，台北，1964 年），301，第 8 页。这一资料也见于《病榻遗言》［282］（16 世纪后半期；重印于《纪录汇编》，1617 年；影印本，上海，1938 年）有关隆庆皇帝的话中，该书被认为是高拱所作，但真实性可疑。

断。在大学士高拱的回忆录中，他让读者得到皇帝智力非常有限的印象。他笨口拙舌，怜惜自己，不能维护自己作为个人的权力，更不用说作为君主的权力了。尽管高拱著作本身的真实性和可靠性可疑，但他对缺乏个性和力量、对国事没有兴趣乃至好奇心的皇帝的描述与社会上的传闻是一致的。

隆庆皇帝曾被他的父亲长期压抑。即使作为皇帝还在世的最年长的儿子，他也没有被给予太子的头衔，当他终于被立为太子时，他也没有被给予合乎他的身份的荣誉和待遇。嘉靖皇帝坚持，他和他的异母弟景王要被同等对待。事实上，当有必要在奏疏中提到这两个王子时，朝臣们总是小心谨慎地对待他们，仿佛他们是孪生兄弟。当这种姿态含有深远意义的年纪到来时，这种安排促成了这样的推测：隆庆皇帝将被废黜，他的弟弟将被宣布为太子。在未来皇帝正好于他 29 岁生日前一个月登上皇位之前，这种怠慢和不安全的状态给他的生活投下了暗影。

虽然隆庆皇帝接受过正规的儒家教育，可是他没有受过他那个时代的治国之术的特殊训练。没有证据表明，他对他周围的情况和他自己作为皇帝的任务的真正意义有过了解。另一方面，也没有确凿的证据表明，他确实是精神失常或智力迟钝。奇怪的是，与他有关的最值得注意的公务是他参加国家典礼，这些典礼在盛大和壮观方面超过了以前的朝代。场面最盛大的典礼中有两次是 1569 年对京师戍军的大检阅和 1570 年的冬至庆典。有理由相信这种盛典是他的富有事业心的大学士们安排的，以皇帝的到场来使公众获得深刻印象。根据记载，似乎皇帝甚至不能把他早朝的程式化的谈话继续下去，而由大学士们代他讲话。

这位皇帝因他过度沉溺于个人的享乐而只能受到责备。总之，标志他统治时期的这五年半的相对稳定和繁荣证明，国家事务可以没有皇帝的亲自指导而继续进行。他的无能或不愿干预国家事务，实际上使得有能力的大臣和大学士们干得更好。但是他所造成的损害是制度上的，而且长期起作用，因为他需要一个其决策要由皇帝显然予以支持的主要行政官员。某种形式的掩饰是需要的，因为将皇帝权力托付于人是违反王朝传统的。既然皇帝不能完成执掌政务的主要工作，内阁内部的权力之争就加剧了。此后，地位最高的大臣们要保持公众的信任变得甚至更加困难了。

万 历 时 期

隆庆皇帝的儿子万历皇帝朱翊钧（1573—1620 年在位）的统治时期不应当作为一个怠惰和不负责任的朝代而概括地草草带过。这种过分简单化的做法勾勒出一个历史人物的不全面的画像，模糊了他失败的体制上的原因，因而使得随后的事件难于理解。

万历皇帝聪明而敏锐，他自称早慧似乎是有根据的。他博览群书，甚至在他最后的日子里，在他已深居宫廷几十年，并已完全和他的官吏们疏远了时，按照他时代的标准，他仍然博闻广识。有关他青年时期的故事描绘出一个创造的活力经常受到阻挠的不肯安静的青年。他被迫承担一个与世隔绝的君主的任务。除了因夜间与太监们一起喝醉而受到他母亲和大学士张居正的训导外，他还因时常练习书法，因骑马，因主持射箭比赛而受到批评，所有这些消遣被认为是与他当皇帝的职分不相容的。他在其统治的早年关怀百姓的福利和他关心官吏的腐化及边疆防御的恶化，常常被批评他的人所忽略。

由于他母亲（虔诚的佛教徒）的影响，他通常不判死刑。鹿善继为向军队紧急交付一笔未经批准的款项而从内库提款，因而曾被皇帝降级，他在皇帝死后评论说，皇帝的主要缺点是过于宽厚。即使是对万历皇帝或多或少持批评态度的现代史学家，也特别提到他不让厂卫骚扰他的官吏和百姓。可是他手下的大太监刘若愚说，皇帝有时想让进谏的官员们被打死，但他不是一贯残忍。

但是皇帝可能报复心切。他容易感到伤心，当出现这种情况时，他的宽宏大量很快就被他的防卫心理压倒。身为大学士和皇帝讲官的张居正，在他努力引导冲龄皇帝成为道德模范的过程中，曾得到他母亲同意，强使他接受一种严格的个人品行准则，包括俭朴生活的某些标准。皇帝绝没有忘记他受张居正威压的那些日子的屈辱。在这位大学士死后，皇帝发现他的讲官自己过着浪费的生活时，在他找到逼使服从的时机以前，暂时期待着报复的机会。张居正死了两年以后，一个王妃告发他非法接管她的家产，皇帝乘机下令籍没张居正的财产，并把他的几个儿子发戍边疆。同时，他下诏公开指责张的罪恶。张的"罪恶"于死后揭发对年轻的皇帝有深远影响。他发觉了他的高级官员们的双重标准，变得愤世嫉俗。他自己还变成了财物的收藏者。这个天之子所表现出的极度贪婪，在他的统治期结束之前一直使财政发生困难。

皇帝刚想掌管帝国事务，其结果就是灾难性的。这发生在张居正死后不久，这时皇帝大约 20 岁。在使政府摆脱张的追随者的运动期间，监察官员们发现，他们可以安然无恙地告发地位很高的朝臣。掀起的论战性辩论是如此之多，以致皇帝最终也变得吃惊了。他愤怒地质问御史们：如果他自己任命的人他们都不中意，照他们看，还有别的什么人更有条件补充官员的空额？这个问题暴露了皇帝的孤立无援，同时于无意中承认了政府中根本的体制方面的缺陷。没有井然有序的办法就任何有关政策和任命的事项在官僚中达成一致意见。因此消极的批评总有胜过积极建议的趋势。官员在任何时候都可以批评和指责负责的人，但是，如果他推荐适当的人或提出建设性的方案，他将遇到很大的困难。

1585 年以后，皇帝本人变成了批评的主要对象。进谏的官员们批评他怠惰，对他私生活是否适当提出疑问。被触怒了的皇帝下令责打进谏的官员们和泄露消息的宫廷人员，进行报复。但这无济于事。皇权的神秘性必须保持非个人的性质。皇帝由于卷进他的官僚们的阴谋，不但损害了他个人的声誉，而且削弱了他的政府的效力。此外，君主的惩罚权必须保留以解决重要的争端。在以前的几朝，皇帝公正无私的严正性及其不可预测性平息了反对的意见。可是，当万历皇帝依照惯例却又优柔寡断地行使这种君权时，这一切都已丧失。批评他的人远没有气馁。用皇帝自己的话来说，他们不顾惩罚以博取当前的名声。在大学士申时行的劝告下，皇帝才决定不批复令人烦恼的谏章。但是已经造成了损害。而不理睬令人不快的诤谏的做法使皇帝走上了被动抵抗的道路——在他统治时期的全部剩余时间里，他开展一场反对他的官僚们的运动，给帝国施政的效率带来了严重的后果。

皇帝的继任问题 1586 年早期就已提出。皇帝通过授予他宠爱的郑妃以贵妃称号，把她提升到所有他的嫔妃之上，让她在等级上仅次于皇后。朝臣们了解他的意图并不困难。他想利用子以母贵的原则，把他的第三子朱常洵提升到高于他的长子的品级（他的次子夭亡）。这一步骤引起了造成分裂的争端，没有朝臣能够置身事外。有些官僚在原则上维护长子继承权，他们把它看成天理的主要部分。可是其他的人卷入了"国本"的争论，因为他们必须选择两个王子中的一个作为他们未来的主人。他们从过去的经验中知道，错误的一步，即使这时无声无息，当继位问题最终确定以后，也可能断送他们自己的生命，并给他们的家庭带来灾难和耻辱。

已经引起了如此重大的争论，可是皇帝却缺乏实现他的计划的决心。他没有透露，为了讨好他所爱的女人，他已提升了他的幼子。他自己反而空口承认长子继承权的原则不可违背。他没有在官僚中谋取一个心腹的帮助以推进他的事情。他在选定继承人方面的拖延仍然引起了他的最高级的官员们，特别是首辅申时行（1534—1614 年）和王锡爵（1534—1611 年）对他的怀疑。在一个派别活动已经有减弱行政机构施政能力危险的时代，皇帝不采取行动为党派性的论战提供了一个焦点，这种论战在他死后延续了很长时间。

这一连串事件揭示了万历皇帝无力满足晚明存在的君主政体的需要。可是，这些事件也揭示了强加于君主的无法忍受的状况，这种状况是由情势而不是由阴谋偶然形成的。尽管是专制君主，万历皇帝却没有立法的权力。尽管是最后的裁决者，他却不得不在合法的迷雾中行事。而当他要朝廷承认他的人性需要时，他发现他什么也不能得到。在处理继任问题中，万历皇帝处境孤立。1601 年，在来自他的顾问们的难以承受的压力下，他才同意立他的长子朱常洛为太子。过了 13 年之后，如王朝的则例所要求的，他打发他的第三子之藩。在其间的年代里，他变得完全和他的官员们疏远了。

这位统治者和他的朝臣们之间的这种对抗性关系由来已久。早在

1588 年当皇帝的继位问题还未成为争端时，这一朝的实录记载，一份谴责他从太监张经接受私礼的谏章已经使皇帝对他的公职职分的热情减弱了。此后，他减少了公开露面，并终于无限期地暂停朝廷的早朝。将近 16 世纪末，他只出席成功的战役之后的祝捷庆典。帝国朝廷的事务全部以书面形式处理，这给了皇帝留下一些公文不予批阅的选择权，而万历皇帝常常予以利用。

到了他统治时期之末，他已不补京师和省的许多重要职位的空缺，高级官员们的辞呈也不予答复。这些官员中的一些人擅自离开他们的职位，皇帝仍然不对他们采取行动。这种僵局是全面的：皇帝谋求使帝国的官僚们气馁，官僚们反过来谋求约束皇帝，支配他的行动，即使是他私生活的细节。

万历皇帝的聪明促成了他不尽君主之责。尽管他从未明白说明，但他似乎了解，他不能改革作为制度的帝国官僚机构。① 他无力革新，和对皇帝一样，这对王朝也是不幸的。他不得不实行并不治理的统治达 48 年，闭居宫中，像是他的官僚们的事实上的囚徒。

张居正的 10 年：耀眼的暮光

权力斗争

一场权力斗争在嘉靖皇帝死后立即开始。1567 年早期，在隆庆皇帝即位之前，首辅徐阶主动为已故皇帝准备了一份"遗诏"，并秘密送呈当时的太子以便得到他的同意。这份文件表达了已故皇帝对于在他统治时期因各种原因而给予进谏官员们的严厉惩罚的懊悔。他盼咐他的继位人给予补偿。一旦公布，便不会有人怀疑这份文件的真

① 这样一种理解的最有力的根据是 1590 年 8 月 25 日皇帝和申时行的谈话。这一记录见《明实录·神宗实录》[380]（1630 年；重印，台北，1961—1966 年），第 4186—4191 页。英译文见笔者《1587，无关紧要的一年：衰落中的明王朝》[251]（纽黑文，1981 年），第 230—234 页。

伪；推翻以前的判决也就无可非议。但是，这份遗诏的制造者的意图却受到了批评。通过采取主动，徐不但和前一皇帝的不受欢迎的政策无关（他曾担任他的主要顾问），而且还装出一副被召回的官员们的庇护人的姿态。当有些被贬谪的朝臣重新被任命为御史和给事中时，大学士徐阶在官僚机构内获得了可靠的权力基础，此后能够容易地使人感受到他的影响。他的谋略受到他的一个同僚高拱的批评。

作为政治家，高拱属于不同的集团。在政府的编撰—教育部门度过多年以后，他看透了高层的手段，并切望运用他的学识。他也已聚集了一批追随者，一个官员的小团体，这些官员由于以前的交往尊重并遵从他，当作他们的指导人。而且，在被任命为大学士之前，高拱曾经担任太子即现在的皇帝的侍讲。这个背景使他能够与徐阶争夺对内廷的控制。

高拱性情急躁而有闯劲。他对官场的惯技有清晰的了解，并从不隐瞒他对其程式化的守旧作风的藐视。在贯彻政策中，如果一种方法有效，高拱情愿不去理睬官样文章，即使严格地说他的方法与法令的文字抵触，他也不担忧。由于这些原因，他是科道人员的当然敌人。他认为他们小心眼儿，碍事，各自抱住职位去甚至保护某个集团的利益，往往利用弹劾手段报复那些威胁他们利益的人。

1567 年春，高拱被几个御史弹劾。他合乎情理地怀疑弹劾是徐阶策划的，并怂恿他自己的一个追随者控告徐阶在担任嘉靖皇帝的顾问时，曾经阻挠选定隆庆皇帝为太子，显然希望在皇帝和他的首辅之间煽起怨恨。于是两人都受到批评。如在这种情况下的惯例那样，徐和高同时以健康不佳为借口退居在家。实际上，他们是把他们的争端交给皇帝仲裁。但是，皇帝随后的诏书并没有表现出任何偏心。两位大学士都被敦促恢复视事。

在这个案件最终了结以前，有许多指责高拱的文件呈递上来。这位皇帝以前的讲臣据说"奸险"、"不忠"。比较温和的控告要求他去职，更加敌对的控告要求将他处死。控告者不但包括科道官员，而且包括北京六部的官员和南京机关的一些官员。总计上呈了 28 份控告他各种罪行的奏疏。1567 年 6 月，高拱被迫告退。

一年以后高对徐阶进行了报复，而张居正在这一密谋中起了重要作用。张是次辅，是高拱多年来的密友。和高一样，他在政府的编撰—教育部门有长期经历。和高一样，他也当过隆庆皇帝的讲臣。而且在应当如何指导帝国行政方面，他和高拱有某些相同的看法。但是当高急切从事而直言不讳时，张却以沉着谨慎而闻名。他情愿等待时机。

1568 年夏，高的机会来了。徐阶遭到一个给事中指责。主要的指控和边境防务有关，但也重新提到嘉靖皇帝的遗诏。徐阶被控利用遗诏暴露已故皇帝的缺点。因为指控者与徐有私怨，而不是代高拱行事，这位大学士不很警惕。他当然请求皇帝辩明自己无罪，同时他提出辞职，满心希望皇帝将要求他留在他现在的职位上。但是张居正指示票拟隆庆皇帝诏书的官员接受他的辞职。

徐阶刚退职，态度温和的李春芳就成为首辅。张居正又等了一年半才采取他的下一步骤。1570 年早期，一场朝廷的争论迫使吏部尚书去职。张与皇帝亲近的太监们商议，商定召回高拱当次辅并兼任刚空出来的尚书职务，这是一个临时的步骤。张与皇帝私人工作班子的紧密联系这时很少引起注意。

高拱回朝以后，做了一些后来玷污了他的声誉的事。他立即惩罚那些反对过他的御史和给事中。他们当中的许多人悄悄离去，而高拱以他作为吏部尚书所掌握的权力在重新安排其余的人方面并无困难。这时，司礼监的太监们成了皇帝的代表，张居正与他们保持着紧密的联系。高和张已经形成的合作关系把帝国政府最高层的几个部门结合了起来：内阁和各部，政府的科道部门以及编撰—教育部门都在这两位大学士的控制之下。

李春芳于 1571 年夏退职，使高拱当了首辅。但是即使在这以前，高也已经脱颖而出，成为隆庆皇帝朝廷中的支配人物。

朝廷非常需要一个领袖。几年以来这两位大学士竭力填补这个空缺，并竭力使被动的官僚们有一种管理的意识。当杨博被任命为兵部尚书时，宣布了一项普遍适用的政策。从此以后，兵部的高级职位只给予有军事经验的官员，他们不参加一般职务的轮换。此外，边境地区今后由中央政府定期视察。当黄河泛滥并使大运河上的运输中断时，研究了建造一条向东的平行水道的建议。同时，进行了把从南方船运粮食转到海路的航程试验。在为地方职务选拔有才能的人方面，高拱和张居正是最擅长的。

已经镇守苏州的戚继光，受到鼓励为其他防御基地提供样板。任命张学颜为辽东巡抚和李成梁为他下面的总兵，对不肯安静的东蒙古人准备了一个有力的答复。调能干的将领王崇古总督宣府、大同和山西军务，证明是一个更大的成就。正是王崇古诱导俺答接受了一种和平的解决办法。同时，殷正茂当广东提督，一再打败了他地区内的造反者，还有海盗和土著居民。虽然不引人注意，这些行动却在几十年的失败和挫折之后带来了某种程度的满足和希望。高拱管理政府时，使用特殊的方法来达到他的目的；他从来没有试图系统地改革官僚政治。本朝的官修史书引述了他的话："吾捐百万金予正茂，纵干没者半，然事可立办。"高拱和张居正之间的分裂是不可避免的。两人都有才华，两人在同一竞技场内为个人的权势而竞争。张是否打算利用高为自己扫清场地仍然不能断定。但是，尽管他们有相同的见地，他们在气质方面的差别非常明显也是不能不予以考虑的。同样，高拱易于让暂时的成功吸引住他的注意力，而张居正的眼光是深远的。因此，张最终占了上风。

当时的资料列举徐阶事件的后果作为导致这两个人之间的分裂的主要原因。高拱回朝以后，任命一个心腹为苏州和松江府的监司，辖区包括徐阶的家乡，专门告发这位退职的首辅和他的亲属。高拱的代理人在搜集不利于徐的亲属的证据方面没有碰到困难，他们大规模地放高利贷，并通过欺诈和恫吓兼并农民土地。他逮捕了徐阶的三个儿子，并建议籍没徐家的财产（据说包括6万亩土地）。徐阶只能预料，也必将给予他某种惩罚，死刑也并非不可能。这时张居正居中代为说情，因此高拱同意减轻惩罚。但是他后来相信了谣言，张因为接受了3万两银子的贿赂才代徐恳求。这种说法出现在他们的交谈中，对这种说法的争论把他们永久地分开了。

正在这时，在1576年夏，隆庆皇帝死了。徐阶和他儿子的案件暂时被搁置一边。高拱和张居正之间的对抗的时机成熟了。有一种记载说,高当首辅时,一个太监带着继位的冲龄皇帝的口信走近他,他以一个问题作出反应:十岁幼童何能尽理天下事?[①] 这句话反映了他对于通过太监接到的口头命令的真实性的怀疑态度,但也可以被解释成对皇帝的诽谤。他的话的含糊性给了掌司礼监的大珰冯保方便,冯是高拱的敌人,却是张居正的亲密朋友。冯在和张商量后,把高的失礼的口气夸大到了煽动性的乃至谋反的程度,并将其向年轻的皇帝的嫡母和生母告发了,她们在这一事件后将很快成为太后。

京师官员们立刻被召集到宫门。在他们面前宣读了据称是万历皇帝和他的两位母亲共同署名的诏书。高拱被控妨碍皇帝行使其权力和威逼皇室。他被剥夺了官秩,并被命令返回故里,他在那里终身被置于地方长官的监视之下。

这样,张居正在 47 岁时成了首辅。他就要开始他 10 年的施政,他这 10 年的施政可以被看作明王朝暮色中的最后的耀眼光辉。

10　年

1572—1582 年的张居正施政时期是晚明历史中的一个特殊阶段;张居正在这一时期所积累的国库储备方面成就很显著。在他死前不久,北京粮仓有足够的存粮以满足此后九年的需要。不到紧急时刻不能支取的太仓库古老储藏室里的存款增加到 600 多万两银子。太仆寺保存另外 400 万两,南京的库房也藏有 250 万两储备。广西、浙江和四川的省库平均存款在 15 万—80 万两之间。这和 16 世纪平常的情况形成了似乎是不可能的对比,那时完全没有储备。

更值得注意的是,这是在现行财政制度没有任何结构上的改革的情况下做到的。张的个人权势,代替实现结构上的改革所需要的立法

---

① 不管怎样,这段情节似乎有坚实根据。举一个例来说,申时行:《赐闲堂集》[466](序,1616 年;缩微胶片第 865—866 号,国会图书馆),40,第 22 页提到了这一情节,包括这里引述的话。王世贞:《嘉靖以来内阁首辅传》[553](16 世纪晚期;重印,《明清史料汇编初集》,1,台北,1967 年),6,第 24 页指出,冯保向太后报告说,高拱想以周王取代万历皇帝。

程序，起了作用。但是，他的成功既博得了后世史家的赞赏，也受到了他们的责备，他们称赞他的功绩而批判他的方法。改革本身从未宣布，张只声称他的目的是恢复王朝创建者们的制度上的安排。这种姿态给了他一种合乎正统的气派，使他能够以万历皇帝的名义对官僚机构施加压力以推动他的方案。实际上，由他主持的实现这一方案的办法基本上限于人事安排和靠公文进行管理。此外，张可以见到厂卫的报告，当他需要时，他随时可以利用只属于皇帝的惩罚权力。

张居正有大珰冯保和万历皇帝的生母慈圣太后的支持，在指导年轻皇帝方面并无困难，他把他从首辅提升为元辅。次辅们（他们全由元辅提名）接到皇帝的命令，明确地让他们服从张。同时，虽然从没有得到正式承认，张居正还对吏部和都察院进行控制。在这10年的大部分时间里任职的两位吏部尚书张瀚和王国光受他的指挥。都御史陈玠更是一味顺从。在他延续了将近六年的整个任职期间，陈只弹劾了一个省级官员，这个官员在张居正告假住在他的湖广省故里时没有露面，因而冒犯了这位学士。张能够选拔他个人的亲信任尚书、侍郎、总督、巡抚。除已提及的几个官员，他派凌云翼去广东，张家胤去浙江，梁梦龙去辽东代替成了户部尚书的张学颜。同时，潘季驯被委总理河道。才干已被证明的军事领袖们，尤其是戚继光和李成梁，仍然得到这位大学士的信赖。他们留在他们的职位上足足有十多年，这在晚明是不多见的。所有这些人都有事业心，有革新精神，并知道他们处于高位的支持者。

张居正作为大学士并没有权力提出政策，只容许他发布命令。但是他通过私人的交往避开了这种约束。这位大学士给他那些在帝国政府中身居要职的下属主管官员们写长信，敦促他们提出他所赞成的提案。然后，他作为皇帝的主要顾问，代替皇帝草拟诏书批准那些就是他所提出的政策。他在信中利用笼络、劝告、抱怨以及温和的谴责等手段以达到他的意愿。他有时预先告知接受者随之而来的任命或晋级，让人明白他对接受者的擢升负责。

信中讨论的事情涉及种种问题。张在详细阐述细节的时候，谈论的题目多种多样，诸如引起麻烦的部族首领的个性、铸造铜币的物资来源、大运河的漕粮船年中及早出发的好处，和沿北方城墙修建望楼的规格等等。这些详尽的书信透露，为了补救帝国官僚机构体制上的缺点，他不得不注意没完没了的琐细小事。在官僚政治的体制中没有关于低层的独立自主办事的条令，新问题必须上达上层以求得解决。因此，上层有才华的人不得不自己处理所有的行政琐碎小事。

根据这一事实，张在国家事务中小心谨慎，这并不令人惊奇。作为与俺答和平解决的一个早期倡导者，他驳回了好战的兵部尚书谭纶提出的建议：在草原上对蒙古游牧部落发动先发制人的攻击。他给有能力发动这样一次进攻的戚继光以明确的指示，他的主要目的是保持武装和平，而不是进行进攻性的军事行动。

毫无疑问，对国家财政的关心决定性地影响了张的政策。在 16 世纪的最后 25 年，帝国处于财政混乱的状态，造成这种状况的原因是：粮食定额不等地、不正规地换算成银子缴纳，徭役折成银子缴纳，以及每当需要军需款项时在基本税额之上增加各种各样的附加费。要是这类各行其是的更改继续下去而不受抑制，它们可能导致无政府状态。因为张没有能力重新制定帝国政府的财政结构或使财源的分配一体化，他便着手检查账目；同时，他实行影响政府所有机构的严格的财政紧缩。

在这位大学士的指导下，所有不必要的和不重要的政府活动不是中止就是延期。由政府给予定期津贴的学生的人数被减少，宫廷太监的采购任务受到严格监督。地方官员们奉命减少他们的徭役需要量，一般减至现有水平的三分之一。帝国邮传系统提供的驿站设施也削减到最低限度。进行这些削减并没有同时相应地减轻向人民征收的赋税，由此而节省的钱完全收归帝国国库。由罚款、没收、减刑而得的收入要查账。拖欠租税者受到有力的法办，作出了真正努力以征收欠税。

这种经济紧缩方案还扩大到军队。因为已与蒙古人讲和，边军和边境巡逻部队现在可以减少。这使全面节约成为可能，并使更多的人解脱出来到军队的农场干活。负责边营的总督们被要求减少他们的开销，以便把他们每年财政援助的五分之一储存起来。军队的种马由民户饲养以充他们的部分徭役义务，这些民户的服役义务还折银缴纳。

地区账目的复查于 1572 年开始，但在 1579 年以后，县和府必须将它们徭役征发的账簿上呈户部复查。山东和湖广的账簿已知是张居正亲自检查的。在复查审核并完成以后，账簿被交还，而地方政府奉命要将它们公布，作为半永久性的预算方案。虽然仍不够整齐划一，不过这些报表还是抑制了地方官员在财政管理方面的自治权，这种自治权随着 16 世纪中叶的军事紧急情况而增大了。这类账簿的公布同时，最后在整个帝国正式规定了一条鞭法。按照这一制度，所有各种徭役征发、附加费以及五花八门的征用都合并成单一的银两缴款额。原来形容这一制度的用语"一条边"和"一条鞭"同音，因此这一制度被纳税者叫做一条鞭法。

张居正利用政府的科道部门以加强行政纪律。他要求科道官员们运用他们的弹劾权力支持他的计划，而不要在琐碎而肤浅的问题上互相攻击。通过检查公文的去向，他确保在报告中一度提及的任何问题都必须在适当的时期内予以解决。这位孜孜不倦的大学士制定了一种方案，给事中们由此要将欠税和帝国各府县的盗匪案件造册。所有欠税必须全部征收，所有盗匪必须捕获。中央政府每月和每半年要总结任何未了事务。一个长官除非由给谏官署辨明无罪，他便不能被提升或调职。在某些未清情况下，官员们甚至于退职后被召回以回答有关未尽责任的问题。

很明显，从 1572 年年中到 1582 年年中帝国官僚政治的效率达到了它的顶点。这个顶点还标志着那个时代在中国社会的政治传统的束缚下人力所能做到的极限。张居正的施政没有依靠镇压行动，能够和一般在新王朝建立后不久而为人所知的那种声名赫赫的施政相比。

张的方案的缺陷及其失败

在缺乏结构改革和调整的情况下，这位大学士加于现存政府机构的负担也是空前的。从整体来看，张居正谋求的是效果。他不处于可以改变帝国官僚政治结构的地位。他没有立法权，不能创设或撤销任何机构，改造指挥系统，甚至修改不切合实际的官员薪俸的安排。他横向地对所有单位施加压力，无疑在许多方面导致困难。例如，强制减少经费在某些机构比在其他机构导致效率更差。税额在某些地区比在其他地区更难如期收齐。他所委托的副手的成绩也不能吹毛求疵地予以分析，因为他们也必须用他们所能有的任何手段去达到派给他们的定额。因此，从他的反对者的观点看，这位大学士只是滥用权力以提升他自己的人，他们责备他牺牲有真正品德和正直的人来建立施政效率的假象。由于以他这一方的不过是虚假的合法性攻击既得利益，张居正使自己容易受到有组织的挑战。

张以前在 1575 年和 1576 年曾受到两个御史个别的攻击，他们单独地说出了他们自己心里的话。1577 年，张父亲去世。王朝的律令和礼仪准则要求他放弃他的职守，并遵守在家 27 个月的服丧期。有人提议召回张居正负责内阁。这时，或者是照张居正自己的建议或者是得到他的默许，他在宫廷中的支持者说服这时只有 14 岁的万历皇帝，以皇帝的诏书答复这位大学士的丧假请求，说他的工作是不可缺少的，在这种特殊情况下，应该免除他服满全部丧期。虽然并不是没有先例，皇帝的决定仍然在朝廷上引起一片喧嚣。部级官员们要求张去职。政府的编撰—教育部门的成员，作为一个集体，在张居正自己的住所访问他，在这个伦理—礼仪问题上质问他。

即使几个进谏者根据皇帝的命令受到责打，对抗停止了，张居正也从没有恢复他在同事中的威信。此外，这一年年终之前张在一次不惜冒险的恢复控制的努力中，组织了一次不在计划中的人员考核，命令所有四品以上京官提交自我鉴定。这一部署是除去政敌的一个巧妙计谋，也把人事安排改变成了党派政治斗争———一种将使明朝廷继续遭受几十年灾祸的新手段。

可是，张居正的最大弱点却在于他没有能力摆脱王朝统治方式的模式，这反过来意味着他改革帝国官僚政治的努力不可能系统化。他赞助戚继光建立一支新模范军（“戚家军”），他却不能制定一种方法向其他军镇扩大戚的招募办法、训练和战术。他在帝国国库中积聚了巨额银锭，可是他找不到投资的办法，甚至找不到利用它作为基金以创立管理国家财政的帝国金库的办法。他把政府的各个部门置于他个人的控制之下；可是他的权力仍然依靠个人的政治关系。在明朝的制度下，他没有政府承认的权力以制定政策或进行统治。同时，他扩大内阁对于吏部的影响并没有得到他的同僚们的同意，而他和接近皇帝的中官，皇帝的私人办事人员的非正式联系，完全构成了对王朝皇室法令的违犯。由于张的严格说来是"违制"的应变措施，以许多职能上分离的行政部门为特征的洪武皇帝型的政府又再次成为可以运转的了。但是，当其协调人，这位大学士，一旦去职，整个事业就又不存在了。

在这10年快要结束时，张居正进行了一次改革帝国税收管理的重要尝试。他以皇帝的命令安排了一次土地测量。皇帝的命令于1580年12月颁布。当这位大学士大约一年半以后去世时，统计表还没有完成。

这次测量不能认为是成功的。河南省用了一年半时间才提出统计报表，后来发现是重新提出的旧资料。这正是张试图克服的歪风邪气。省的官员们受到申斥，并被命令再次进行测量；在第一次报表被驳回之后六个月内上交了另外一套簿册。虽然大亩〔240步（每步5英尺）长1步宽〕被指定为全帝国的标准测量单位，但据说在许多地区都出现了与此不合的事例。张居正死后，人们普遍抱怨从事土地测量的地方官员们被迫多报他们地区的耕地面积以邀功。局面变得很难控制。帝国朝廷不得不宣布1581—1582年的测量统计表没有约束力，各地区有权选择接受它们作为征粮根据，或者利用这次新测量之前存在的资料。如果张活得更长并把这事进行到底，土地税制度上的合理化可以得到保证也是有疑义的。但是，这样一种可能性仅仅是由实际出现的情况联想到的。

后 果

1582年7月9日张居正之死结束了一个时代。大约过了几个月，这位大学士本人于死后被控接受贿赂，生活奢侈，安插不胜任的党羽于要职，滥用权力，设法使他的儿子们在文官考试中得中并进入翰林院，勾结太监冯保，压制舆论，蒙蔽皇帝，甚至试图篡夺皇位。虽然有些指责有事实根据，但这些罪状大部分是由张执政时受过害的和急切希望以牺牲他为代价来为自己辩护的朝臣们提出的。总之，他们试图完全改变他的政策，停止他在办事手续上的改革，同时一有可能就根除他的势力。

张居正受到公开指责，他的财产被没收。此后政府的最高层保持没有领导的状态。内阁里的权力斗争实际上受到了抑制，任何个人这时都不再可能对这个机构进行控制。但是另一方面，具有张居正这样才干的政治家在明代再也没有出现第二个。没有人具有张的早期对手高拱和徐阶的才干，或者即使是像 15 世纪 40 年代和 50 年代严嵩那样得力。

张居正死后，他的被保护人张四维担任这个职务约一年。他正确地弄清了公众意见和万历皇帝的意向。因此他对职务的主要关心是使自己与他前任所主张的严厉控制脱离关系。他情愿清除张居正的做法。这在他立即停止土地测量的建议中表示得很明白。他的继任者申时行是另一个接受过张居正保护的人，迈出了更远的一步。他说服皇帝停止张对公文的检查，提出有说服力的论点：政府的地方机构没有配备人员像所要求的那样有效地去进行管理。申任职超过八年，可是他的调停和折中的工作没有进展。皇帝在亲自统治方面的努力也是不成功的。1591 年，申时行在他代表朝臣在继位问题上充当斡旋者时，由于大多数朝臣表示对他不够信任而被迫去职。在他之后，万历皇帝的几个首辅没有一个处境稍好一些。

中央施政的衰落

但是，继位和张居正的政策并不是 1590 年以后分裂帝国朝廷的仅有的两个问题。申时行以后在万历皇帝手下任职的八个首辅中，没有一个和张居正有过交往。事实上，前三个王家屏、王锡爵和赵志皋是以反对过他而为人所知。朱赓从退居生活中被召回；他远离朝政被认为是有利的。李廷机、沈一贯和叶向高由高级廷臣们推荐。可是，与第八个方从哲一道，他们任职全都是不愉快的。只有王家屏在他呈递辞呈时，没有受到御史的弹劾。他只任职六个月，获得盛名是由于他干脆避开与皇帝争执的问题所引起的党派争论。赵志皋和朱赓都死于任内，激烈的指责伴随他们到死。关于李廷机的事迹甚至更为荒谬。

在他任有名无实首辅三年零九个月的几乎全部时间里，他自称有病，不肯料理他的公务。可是皇帝不肯免去他的职务，虽然监察官员们不肯停止因他失职而对他进行的攻击。他受到各方面的憎恶，逃到一座荒庙去躲避这种攻击。只是在他呈递了 120 多次辞呈，并在 1613 年迁出北京城以表示他决意割断他和朝政的关系后，万历皇帝才终于批准他退职。

回顾起来似乎是，主要依靠思想控制、只略微依靠专门技能的明代官僚政治的程式化管理，已被原来为之拟定这种程式化管理的社会和经济状况的变化所倾覆。从这种观点看，张居正试图以个人管理代替彻底的制度上的改革，是帝国统治问题在没有达到改朝换代地步时的唯一可行的解决办法。但是，当这位果敢的大学士声称他身非己有时，他的方案加于社会机构下部基础的难以忍受的负担，是他的同僚们所不欢迎的。和承认他的政策中的基本原理相比，他们更多地注意这个要人私人生活的"违法"和"不道德"方面。张居正的做法一旦被废除，朝廷对其广布的官僚机构的控制就更进一步衰落了。科道官员、编撰—教育部门的官员和吏部官员的一些小党派这时不受大学士们的控制，并意识到他们自己在朝廷中的影响。他们忙于争论和尽力清洗张的党羽，而不是忙于恢复和复兴的尝试。皇帝不够果断无疑无益于这种局面。他不能达到他的官僚们的有德之君的理想，但他也缺乏个人才干像有力的专制君主或暴君那样行事。

他笨拙地处理时间拖得很长的继位问题，排除了内阁作为复兴帝国施政根基的可以性——已由高拱和张居正着手的一项工作。为了促成他个人所希求的事，万历皇帝试图把几个大学士引为心腹，但没有成功。更糟的是，他这样做在其他官僚眼中玷污了他们，其他官僚怀疑他们与皇帝共谋，反对他们的愿望。当这几个大学士不能在文官和皇帝之间充当斡旋者时，便再也没有任何办法利用他们的机构来监督整个帝国的行政。

税矿中使

当皇帝于 1569 年派遣一些太监到各省当税使和矿监时，他进一步疏远了官僚们。皇帝委派太监们去监督各省的行政工作到这时已成惯例。这些中使自己接办行政工作，把原来主管的文官降到机构属员的地位，这也是常见的。而且，在 16 世纪末年，城市工业、内地贸易和矿业无疑被看作可能的税收来源。因此，这种政策既有实效，又是有例可援的。

在 1569 年第一批督察太监被派遣时，他们与文官们协力工作，同时他们的工作限于局部地区。1599 年，规模扩大了。到了这时，所有重要的口岸都有大珰驻守，他们逐渐扩展权力，终于开始和当地文官政府的正常职责发生了冲突。没有商事法规和周到的检查程序，文官们本身在工商资源的税收管理方面过去是以马虎和腐败出名。[①]
地方官员们习惯于按照不变的定额掌握收入和支出，总的来说，在按变动的数额予以管理方面却是无能的和未经训练的。有效的查账实际上是不可能的。官僚们认识到他们自己管理的技术上的限制，对营业税按不变定额实行控制。预定的收入来自由商业行会首领办理并征收的某种形式的摊派份额。如果地方官员们不能强使商业税以定得很高的定额缴纳，收入就将减少而不是增加，那么整个工作和他们自己的仕途都将陷入危险。他们对采矿工作的厌恶甚至叫嚷得更凶，因为采矿企业的倒闭，除了极少数例外，使处于困境的采矿工人变成了盗匪。

官僚们办坏了的事太监们也没有希望办得好一些。他们不能补法定的空缺职位。他们因他们的同事们而负较小的责任。并且没有设立正式工作班子的先例和传统的做法，他们只能把一伙伙地方上的恶棍和投机分子搜罗在他们的周围。在许多情况下他们的活动受到文官对手的阻挠，他们还引起了很多城市骚乱事件。矿税实际上常常是一种敲诈的形式。太监管事们威胁要在房屋和祖坟下挖地采矿，只有他们

---

① 见黄仁宇《16 世纪明代的税收和政府财政》[254]（剑桥，1974 年），第 226—244 页。

从业主勒索到若干报酬后才发善心。

1606 年，一伙军官联合骚乱者杀了云南的矿监杨荣。这个消息令人不安，甚至足以使得肥胖的、放纵的万历皇帝倒了胃口。可是这样做已经延续了很长时间，他不能完全废除他的政策。当受到催逼时，他在这个问题上作了让步。尽管在太监管理之下的税矿工作以信誉的极大损失为代价，只带来极少的收入，然而整个万历统治时期都在继续。这个问题分裂了官僚们。产生了一个毫不变通的英雄李三才，他作为淮安巡抚逮捕了他地区内许多太监的追随者，并将其中的一些人处死。这还使加之于大学士沈一贯的责骂增多了。这位大学士被他的同僚们认为，他曾有机会要求皇帝停止矿税使的活动，但他敦促皇帝不够卖力。

东林书院和朋党之争

东林党

东林党不是这个用语的现代意义的政治党派。翻译为"党派"的"党"字有贬义，在意义上更接近诸如"派系"、"宗派"或"帮伙"一类的词。成员的身份没有固定的标准：开始时，"党人"从他们的敌人那里得到这个称号。东林书院的主要人物始终包括在这个集团内，但是这个党从来没有一种排他的成员资格。因为朋党之争在发展，任何知名人物仅仅由于他政治上的同感乃至他的社会联系，就能取得成员资格，有时是在死后。最后，这个称号终于被看作一种光荣的标记。

作为一个集团，东林党人以他们坚持儒家正统和他们严格遵守真正的道德行为而闻名。当张居正谋求义务性质的服丧期的一个例外时，他在他们的眼中被评定为一个没有原则的人。在他们看来，万历皇帝对他长子的偏见（这种偏见导致他偏袒他的第三子继位）也是不合乎道德，不合乎礼仪的。他们不能说服皇帝同意他们的看法，便支持那些敢于在这个问题上毫无顾忌地表示意见的人，并以很深的猜疑看待那些有矛盾心理的人。这种态度有时简直成了深仇大恨的挑剔。

　　开创东林运动的人是地位低下的年轻官员们。他们当中的许多人是以这种身份公然反对皇帝的权威，并因这种反对遭受酷烈的惩罚而赢得了正直的名声。快到明末时，在押的和被放逐的东林支持者比在职的多。因为他们把个人品德置于其他一切事物之上，他们也就容易因个人的行为而出名。作为一个集团，他们逐渐在攻击下互相援助，并在任职时采取一致行动清洗官僚机构中的他们的敌人。由于这个缘故，对有些人来说，他们显得好争论和起破坏性作用。张居正预料到他们的敌对行动，于 1579 年 2 月 17 日发布命令关闭所有私人书院。万历皇帝本人对东林党人强烈反感。当东林支持者的朋友上疏皇帝为他们辩护时，他照例将给予他们的不重的惩罚改成较重的惩罚。皇帝一点也不了解，他自己感情上的憎恶有助于激起这场运动的狂潮，而不是使它平息下去。

　　东林运动的成员有一种共同的思想上的假定：一个学者—官员真正的毕生事业是修养他的品性。简洁地表现这种观点的《大学》的教导，在个人道德和公共道德之间没有做出区分。自我修养始于自心，扩大到家庭，然后到社会交往，最后到公共事业。这种生活方式由高攀龙（1562—1626 年）作出了最好的范例。在禅宗式的顿悟中找到一种个人自由（如许多著名的明代新儒家那样）之后，高从未期待一种平静的退隐生活。几十年中无论在职或去职，他始终都深深地卷入了北京的朝廷政治斗争中。东林党人在被放逐中从来没有想组织一个"忠君的反对党"。正是他们被迫去职的事实意味着邪恶势力在进行统治，他们必须想办法通过谋略和发表议论以"救正"局势和恢复职位。这种不实际的态度使他们不能被叫做"自由主义者"（他们有时被贴以这样的标签），当然，他们也不是革命者。

　　尽管对政府机构中的合乎道德的行为的宣扬代替了任何特定的政治原理本身，东林运动在比较实际的一些问题上并不是完全没有影响。东林的代言人有力地说出了关于内阁机构中"擅权"的担忧。徐阶和高拱的不法行为以及张居正的失败无疑加强了这种确信。为了抵消内阁的权势，他们维护科道人员的独立性，科道人员能够抑制政府中的编撰—教育人员的势力和吏部的自主权，并对太监的活动限制在宫廷范围进行检查。从他们的观点看，这些制约的实现将意味着一种"清明"之治，比较接近于王朝建立时所树立的榜样。

这些改革的方案并不图谋改进帝国行政的体制或改变其权力的结构，它们完全是以道德的考虑为基础。新近的经验使他们确信，以集权机构（如张居正当政时的内阁）的命令为基础的行政管理，没有以牺牲正直的人为代价而使无节操的投机分子得利的卑劣的个人行为，是不能实现的。

他们向往一种组织上松散的政府（具有向皇帝直接报告的各自独立的各种机关，并具有独立的报告途径），有时达到了不切实际的程度。1583 年，后来都和东林发生了联系的魏允贞和李三才，冒着触怒皇帝的风险争论说，应当规定大学士们的儿子没有资格参加文官考试。这个建议的两个发起人想使内阁这个机构减少吸引力而降低其权势。10 年以后，东林运动的主要创始人顾宪成（1550—1612 年），作为吏部的高级官员，成功地阻挠了任命一个翰林学士来领导他自己的部，理由是，所有大学士已是翰林成员，由这样一个排他的内廷集团控制外廷的一些主要职位将有损于健全的政府的利益。

东林党人保持一种组织相对松散的文职官僚等级制度的倾向，对现代的读者来说是不易看出的。了解这一点的关键在于这样的事实：16 世纪晚期，帝国的官僚机构已经用尽它的技术能量通过系统的、有条不紊的方法以解决行政问题。它对太大的领土和太多的人民负有责任；它的活动太程式化，也太表面。此外，东林支持者抵制任何基本制度上的或财政上的改革观点：他们认为技术性的解决办法过去不成功，也不可能成功。因为他们偏爱行政改革的空想，他们的运动在体制意义上可以被认为是倒退了一大步，是从高拱和张居正所采取的立场的重大的退却。

但是在 16 世纪晚期，正统的儒家道德价值具有的吸引力比我们可能或乐意了解的要大得多。在注重实行方面，它们弥补了体制上的缺陷。孔子本人曾经详细阐明这样的原则，一个有修养的君子应当为了仁爱随时准备献出生命。孟子曾经要求个人放弃自身利益以服从公共福利。经史中不懈地提出的、农村塾师和更高层次的学官不断重复的对于自我牺牲和坚毅的号召，被这些正统的儒家认为提供了令人畏惧的蓄积起来的精神力量，比任何体制的或正在使用的力量都强。热心公益的精神，当其由承担了领导任务的学者—官员的核心指导时，就会做出惊人的成就。它保证黄河溃决的堤堰将被修复，边境游牧部落的入侵将被击退，无论有无所需的人力和财政资源。在皇帝面前苦谏的官员们的拼死的正直，是明代所特有的，表明了对人生目的的同样理想化了的态度。宋代的新儒家学者已经解释过，所有这种道德上的训导和实践都和他们所认为的天理是一致的。赴义所隐含的吸引力满足了那些东林追随者，他们喜欢这个在失败和挫折的时代不公正地被迫害的高尚的运动。

此外，儒家对亲属关系和家长权威的崇敬已被吸收进法典，把明代的国家和社会紧密地结合在一起。东林支持者对这些原则的紧密依附，带来了这样的希望：统治方式的实践和理论彼此可能更接近一些——这种一致是张居正执政以来所缺少的。地方政府直到这时是作为间接的、防范性的管理机构而发挥作用。农村精英在引导未受教育的群众在社会习俗的范围内谋生方面，其有效性对于这种最低限度的管理的成功是必不可少的。在这样一种体制下，技术的效力是不相干的；法律和命令必须植根于男人的无上权威、对长者的尊敬，以及对社会差别的严格遵守。整个行政机构都建立在这些前提上。当中央政府将其重点转移到征税和刑事诉讼时，它造成了一种不能再被简单地叫做儒家和法家之间的学术争论的局面。倒不如说是，上层建筑以一种下部基础不能跟上的方式重新认定它的活动方向。农村村社从来不能提供所需人员和专门技术的支持来实现像张居正当政时所宣布的那种改革。

张试图严格管理帝国的徒劳无益，东林领袖们甚至在他们把注意力转向道德和精神问题之前已经预见到。1581 年，当仍在张的管理之下时，户部尚书张学颜曾上呈皇帝《万历会计录》，这是到那时为止关于帝国资源的最全面的会计概要，编辑这部概要占用了 14 个工作人员，费时两年多。可是它表明，承认了很多有所改变的财务单位和特殊的会计手续，暴露出可悲的现实，即整个帝国普遍存在的差异绝不可能全部并入一种统一的管理制度。这一著作的编辑者中有顾宪成、赵南星和李三才，他们当时都是户部资历不深的成员，但后来都是著名的东林党人。在他们生涯的这样一个早期阶段曾被给予这样一个少有的观察高层管理的机会，这就很难理解为什么他们在后来的年代里行事如此不同。看来他们似乎已经确信，通过抽象的道德劝勉比依靠所有层次上的查账，更能符合帝国的利益。[①]

从 1593 年京察到东林书院的建立

研究这段时期的学者面临难以克服的困难，因为这个范围的原始资料都偏向东林集团。道德问题在很大程度上扭曲了同时代作者的观察力，以致他们的记述变成了为各自的目的而利用事实和争端的评论、辩解和攻击。在这些记述中能够发现某些错误和矛盾。例如，《实录》无疑认定万历皇帝大约在 1587 年之前曾试图实施他的个人统治，朝廷那时做出的重大决定都出自他自己，包括贬谪未来的东林创始人顾宪成在内。但是《明史》却明确地谴责申时行干了这件事。据说这位大学士以他个人的好恶支配朝廷的选择。

把个人道德等同于行政才能的习惯，由于过分强调官吏的品性而流行开来。赞成这种看法的较早的历史学家们，倾向于把那些比关心道德的纯洁性更关心政府正常发挥作用的人评述为品格低下，乃至邪恶和无耻。大学士王锡爵当他断言后来成为东林集团一个最受尊崇的领导人邹元标是"朴愿书生，无他奇略"时，无疑损害了他在道德方面的名声。[②] 同样，给事中刘道隆（1586 年前后）不能洗清他那谄媚者的形象，因为他讥讽地评论说，靠反对首辅（张居正）可以博得盛名和令誉；靠拥护他，即使他说的只是不加渲染的实情，也会赢得不

---

① 编辑者的名单见于《万历会计录》[550] 正文前的书页，该书由王国光辑，张学颜编（版本不详，约 1582 年），其微缩胶片可以在几个图书馆找到，其中有芝加哥大学和普林斯顿大学图书馆。也见富路特和房兆楹编《明人传记辞典》[191]（纽约和伦敦，1976 年），第 82 页。

② 见《明实录·神宗实录》[380]，第 4806 页。

朽的恶名。①

当东林运动的成员决意卷入朝廷的人员考核过程时，他们明显地暴露了他们运动的狭隘而有偏见的性质。他们只希望除去那些在他们心目中品性有缺陷的官员。张居正早已利用考核过程来实现他的个人目的。1557 年，由于他没有为他的父亲服表，面临朝中有组织的反对，他以皇帝的名义发布了一道命令，要求在常例六年一次检查之外进行一次额外的人员考核。结果，51 名官员被解除职务。预定的下一次考核于 1581 年进行，以京师的 264 名官员和南京的 67 名官员降级或免职而结束。这两次清洗据说引起了许多朝臣的对抗。

1587 年，当首辅申时行应当进行张居正去位后的第一次考核时，他进行得很谨慎。在他的指导下，只有 33 名进士被降级或免职，同时没有一人属于吏部、翰林院或科道机构——通常引起党派性争论的三个部门。但是在编制了名单以后，科道官员还是按传统被给予权力在考察拾遗名目下提出另外的批评案件。这时他们乘机要求曾和张居正保持密切关系的工部尚书何起鸣去职。批评显然是党派性的。皇帝被激怒，因为他只在一个月前委任何这个职务。因此，当何从行政机构被罢免时，都御史也被命令退职。四个对这起诉讼负有责任的御史被调任地方职务。

两个给事中以御史职务的黜免权力受到侵犯为理由上疏皇帝，表面上为御史说话，实际上却提出各自的抗议。皇帝的诏书反过来在短期停俸之外又给予他们每一人以申斥。没有卷入考核过程的吏部司官顾宪成，由于进一步为御史们和都御史辩护向皇帝上疏而出了名。万历皇帝很烦恼，召来三个大学士面谈。商谈以后，顾在调任地方职务以前被贬三级。这一事件实际上标志了最高的制度上的权力和威信斗争中的一个僵局。当皇帝和官僚们双方各自维护其权力——给予惩罚的皇权和御史弹劾的职权——时，并不存在能够阻止这种带来消极影响的有害论争的制度化了的机制。

六年以后，在 1593 年的考核期间，这种冲突以更激烈的程度再

①　见《明实录·神宗实录》[380]，第 4790、4812 页。关于刘道隆的话见第 4812 页。

次开始。到了这时，内阁直接受到了牵连；而当骚动平静下来时，东林党人的命运也是如此，因为 1593 年的检查过程被利用来消除内阁在人事安排上的影响。这一过程计划得很好。当吏部尚书孙鑨负责时，他的主要助手正是顾宪成，他在六年期间设法从放逐中回到了吏部考功员外郎的职位。此外，考功郎中是顾的亲密的老友赵南星。为了突出这次检查公正无私，孙鑨指定免去他自己侄子的职务。考功郎中赵南星也牺牲了因婚姻关系而和他有联系的一个给事中。但是名单中指定从行政机构中免职的官员大多是那些与大学士们保持关系的人，包括次辅赵志皋的兄弟。

这份名单有一个深一层的目的。1593 年早期，王锡爵刚被召回，成为首辅。在他到达时，皇帝向他透露，他打算同等地授予他的三个儿子以王的称号。王锡爵相信任何情况也要比继位问题上的僵局好，不适当地表示愿意接受这一安排，虽然他强调必须加上一个正式的声明：指导皇位继承的长子继承原则不因这一行动而受到损害。这受到皇帝和王锡爵的同僚们的拒绝。皇帝撤回了提议。在此期间，朝臣推测王锡爵一定是把这一新的职位当作一种贿赂来接受的；同时授予三个皇子以王的称号被看作一种巧妙的摒弃长子资格的办法。于是在舆论反对他的同时，他的追随者的免职此刻便意味着，既可作为对皇帝的抗议，也可作为对王锡爵的警告。

王锡爵不能完全改变考核过程，要安排或指导这一过程，他自己回朝太晚。但是没有什么能阻止他进行报复。据说他曾策划考察拾遗调查。吏部的确曾把对三个官员提出的批评搁置起来，他们和考核官们接近。当这个案件重新提出时，吏部的答复只能使情况更加恶化。当都御史为考核官们进行调解时，皇帝在他的奏疏上写道，这三个被批评的官员，和考功郎中赵南星一道，都应免职。几个中、低级朝臣针对皇帝裁决的规谏使规谏者遭到了贬黜。他们当中有些是江苏太湖周围地区的人，包括顾宪成的兄弟顾允成。所有这些人后来都成了东林书院的共同创立者。

顾宪成本人经受住了这次争论。他于 1594 年由于另外的原因被免去行政机构的职务，并再也没有担任官职。高攀龙（一个低级官员，他后来终于成为东林书院的领袖）也因这个争端而被降级。高与赵南星和顾宪成都接近，又是顾的家乡无锡人，他于 1593 年晚期返回京师。他立即为他的朋友的案件辩解。他被贬到一个县政府的添注典史的职位上，在他返回家乡参加东林集团之前，在这个职位上供职三个月。在顾宪成于 1612 年去世后，他成为东林书院的山长。

这样，在 1594 年夏季之前，所有具有这个运动的特点的要素都已经显露出来：可能的成员，领导人物，蔑视迫害的高尚理想和思想论战的才干。富饶的长江三角洲为学者的聚集提供了极好的环境。有几个上面提到的人物出身于富裕家庭。他们无疑并不缺少敬慕者和赞助者。原始资料除了提到顾宪成在他被迫退职的第一年病重以外，从没有清楚地解释为什么他们在建立这个书院之前等待了 10 年。但是官方记载表明，1594 年早期一份报告引起了皇帝的警惕，报告说："江南豪荡之子暗相号召，包藏祸心。"① 似乎这种公开的攻击足以威胁顾和他的支持者，使他们延缓他们的更大的计划。

同时，北京的领导能力继续降低。1593 年以后，中低级官职的委派由掣签决定。高级职位（包括内阁）的补缺人选通常是在朝廷上由公开推荐决定，实际上是要出席外廷的最高机构九卿会议的每一个人提名一人来决定。皇帝然后从他们的名单中挑选一人。由于那些对行政自主叫得最凶的鼓动者已经离开朝廷，1599 年的人员考核没有引起任何严重的派系争论便结束了。但是由于继位顺序未定和被贬谪的东林支持者集团势不两立，那种坏人在北京当权的确信并没有减弱。相反，当万历皇帝派遣太监到各地当税监时这种确信增强了。

1604 年东林书院的建立标志了朝廷上持续很久的权力斗争的另一个阶段，这种权力斗争其组织者从未放弃。这种权力斗争还集中注意力于根本不同的一些地方的讲学团体，在此期间，这些团体已经吸引了顾宪成等人。所有长江下游地区的学者都被邀请的三天集会标志了东林书院的建立。这次集会采纳了支持儒家正统的政纲。集会的学者按协议保证通过修养、正直的生活和正确的研究支持这个政纲。他

---

① 见《明实录·神宗实录》[380]，第 5017 页。

们没有虚伪地说他们论及的问题与政治无关，他们的最终目的是救世。因为书院的创立人被赶出帝国朝廷以来已经过去了 10 年，这次集会这时没有被看作是颠覆性的。事实上，知县和当地知府以公款资助了书院房屋的建造。后来巡抚还莅临了一次这样的集会。

这个书院事实上起学术机构的作用，但它也充当公开的讲坛。每月为期三天的讲会吸引了广大地区感兴趣的学者们。此外，顾宪成在附属的学校中经常讲课。年度的集会通常在秋季举行，其记录是公开的。哲学方面的讲演很少不触及当时的事件。顾作为主要的讲演者，习惯于评介个别官员的品性。他在北京朝廷的年轻官员中尤其有影响。回顾起来，20 年以后对领导书院的人物的控告并不意外。顾宪成和他的友人们进行的直率而公开的批评，对于皇帝和他的顾问们的确是难以忍受的。

政治斗争中的东林

直到万历统治时期结束，一直没有与东林书院有联系的主要人物曾经重新进入政府机关。1608 年曾提出给予顾宪成一个在南京的荣誉职务，他拒绝了。但是在多年讲学和写作之后，他已在政府中聚集了一批支持者。他们和其他支持者一道被看作东林党人，即使他们和书院没有直接联系。他们终于和反东林的势力进行了一系列激烈的斗争。

斗争于 1605 年从一次关于人员考核结果的小对抗开始。首辅沈一贯是独立自主的，但独立自主还不足以公然反抗皇帝到东林党人所希望的程度。因此，他被认为是一个敌人。这次考核由吏部侍郎杨时乔和都御史温纯掌握，两人都是东林支持者。温与沈一贯由于以前的一次争吵尤其有矛盾。[①] 考核者们的不公开的会议提出了记载上最苛刻的一系列建议：207 名京师官员和 73 名南京官员被免职和降级。此外，这份名单包括几名对沈一贯很好的御史和给事中。皇帝知道这次考核的实质，把报告留在宫中，不肯加盖他的印鉴予以发布，因而

---

① 参见下文《次要争端和根本原因》。

违反了这种考核自动地得到正式认可的王朝的传统。为了减轻被批评官员中的两人的压力，一份皇帝的诏书明确要求他们继续工作。

抗议连同控告和反控告（其中有些反对考核者们），开始塞满官方渠道。这次争论从冬末拖延到夏季。凑巧 6 月的一个落雷击倒了天坛的旗杆。这个兆头迫使一些官员辞职。接着全部京官开始提出他们的辞呈，使帝国行政陷于瘫痪。经过大量争论以后，决定曾被控告不公正的都御史应当退职。在争论中讲话最大胆的两个官员被允许"引疾归"，而不是被免职。名单上的其他人照考核建议的那样予以处理。最后，使得沈一贯的地位很难维持，以致他在第二年被迫辞职。

这向东林党人表明，他们控制了朝廷中相当多的反对势力。但是他们要找到一个领导中央行政机构的人却有困难。1610 年，他们似乎发现李三才是这样一个人。李任淮安巡抚超过 13 年，是顾宪成的密友。他对待中使们的态度使他赢得了无畏的名声。他慷慨地花钱，在很多地方结交了朋友。最初认为可以给他推荐一个内阁中的职务。如果被任命，他将是长时期以来第一个非翰林成员的大学士。这种前景对早期的东林组织者具有特殊的吸引力。他们自己不是翰林成员，看到那种独占被打破会感到高兴。但是当李的候选提名不得不被搁置时，又提议使他成为都御史，或者可以考虑他当辽东总督。辽东军事上的成就无疑将提高他的威望，使他成为一个引人注目的晋级候选人。

反东林集团并非没有看出这一着给他们造成的威胁。他们揭露李和顾宪成的联系来强调使帝国朝廷被一个贬黜的官员遥控的危险。东林党首次被叫做朝廷政治斗争中的一种恶势力。同时，李三才财务上的廉正也成了一个激烈争论的问题。突然提出了 12 条奸诈和贪污的罪状来反对他，其中之一具体指明了他曾接受的贵重财物，并指出了赠送人的名字。李三才陷入窘境，呈上辞呈，被政治争吵弄得厌烦了的皇帝没有回复。李未经批准便放弃了职务。

另外一个可能的大学士候选人王图受到两个集团的奉承。1606 年，王的地位特别重要。作为吏部侍郎并主持翰林院，他取得了反东林的政府编撰—教育部门的支持，也取得了吏部尚书孙丕扬的信任。

后一关系在六年一次的人员考核再次到期的这个时候特别重要。孙尚书年近 80 岁，不能指望他照管所有琐碎事情。[①]

事实表明，王图耍了两面派手法。他赞成东林集团，可是他没有拒绝这时以宣城汤宾尹和昆山顾天埈为首的那些反东林集团的建议。汤刚升任南京国子监祭酒，而顾新近免去了他的喻德的头衔。两人因此在政府编撰—教育部门内有相当多的支持者。他们还将科道人员集合成叫做宣—昆党的集团，这是按照这两个首领的故乡命名的。

不管是否由于王图的策动，1611 年的考核给了这两个反东林集团致命的打击。皇帝再次看出这次考核的实质，不肯公布考核的报告，并再次将它们留在宫中以达到搁置提案的目的。但是 1611 年这次考核有一个罕有的特点：报告附有一份访单，具体说明了七个被批评著名人物的声名狼藉的个人品格，打头的是汤宾尹。皇帝扣下这份报告，但其内容泄露了出去。更糟的是，不太克制地宣扬被批评者的家丑的伪造弹章这时在京报上披露。在这种情况下，皇帝不得不公布这一考核报告。名单中打头的汤宾尹被控"不谨"，顾天埈被控"无行"。两人都被列入行政机构停用的名单。

可是 1611 年考核的结果王图不是没受损伤。他在考察拾遗中受到了批评，因为他的当知县的儿子从事不法的财政事务。由于这个原因，据说王图不宜委以要职。他自己和著名的东林党人李三才的关系也被揭露。但是，王随后的辞呈却被皇帝再三拒绝。他没有再任职，一年以后才被允许"引疾归"。他的离职使东林党人在万历统治时期可能获得高级职务的任何希望成为泡影。此外，虽然孙丕扬主持的北京的考核一般被认为有利于东林党人，南都南京的同一事项却不这样。南京考核中被免职的官员大部分是东林党人。

事实上，所有这一切并没有产生多大影响，因为 1611 年以后朝廷仍然进一步渐渐趋于瘫痪。两年以后，方从哲就任首辅，他担任这

---

① 但是王图的吏部侍郎头衔没有得到吏部内的实权。1611 年考核期间在孙丕扬手下实际负责的吏部侍郎是萧云举。不过王图接近孙丕扬，并被认为对他有相当大的影响，因为两人都是陕西人，且被他们的敌人叫做"秦党"。

个职务（大部分时间没有副手）直到万历皇帝于 1620 年去世。他一般被认为是一个优柔寡断的官僚。皇帝对论战性的奏疏无意作出任何反应，在高级职位出缺时又习惯于让它们空缺。官僚机构的减员因科道部门的作用而扩大。御史报告中提到的人写出他们的辞呈，屈从于这种文件，未经批准便离开了职务，这类现象已经变得很常见。御史和给事中们意识到他们自己的权力，形成了几个地方性的集团，被叫做齐（山东）党、浙（浙江）党和楚（湖广）党，这三个党有反东林的共同倾向。1617 年的人员考核大体上反映了这种倾向，这种倾向有时波及停用名单上的官员们。

次要争端和根本原因

东林运动只实现了一个政治目标。它彻底阻挠了万历皇帝改变继位顺序的企图。这证明皇帝没有他的官僚们的同意，绝不可能改变他们认为的王朝的根本法则。在职或被贬谪的对立的领袖们能够给皇帝，或者在做不到时，给他的主要顾问首辅，再做不到时，给下一级的官僚们施加压力。科道部门是朝廷反应灵敏的机构，掌握大部分的信息。许多批评和弹劾与这个根本的冲突有关，寻求个人满足或报复也能包括在这一冲突内。如果东林集团没有积极卷入这场权力斗争，定期人员考核所揭示的重要人物的不端行为绝不可能暴露。

上述政治结构似乎有可能将君主专制政体改变成某种形式的提供参加机会的议会的政体。非常明显，在 16 世纪晚期，皇权没有保持一支它自己的部队，也没有由之获得经济实力的坚实的土地基础。这个王朝创建者们的军事征服者的作用已经消失于幕后。皇帝此时仍然是皇帝，只是因为所有文官承认他是皇帝。文职官僚也经历了变化。表面上，文职官僚是通过公开的竞争考试被吸收进行政机构的。可是作为一个集团，它在很大程度上最终代表帝国的中上层地主。这些因素，连同有地方精英支持的东林领导人这时已在帝国经济最发达的地区建立了一个联系基地这一事实，使得一些学者把这个运动和西方世界大约同一时期民主和代议制政体的兴起同等看待。

但是形式的类似决不能掩盖实质的不同。在西方，形成民主的中心从来没有和财产权的概念分离，财产权是可以流通的，可以分割的，可以让与的，还有可能提交法院审理。东林党人鼓吹他们所认为的道德问题；按照他们的新儒家解释，道德问题等于天理。他们和皇帝相持不下，因为万历皇帝天生是上天（宇宙秩序）的代理人，不过，他改变继位顺序的企图，根据他们的意见，将打乱万物的根本自然秩序。按照他们的观点，这是一场伦理的，而不是一场制度上或法制上的斗争。

经济确实加入了总的斗争，但在道德的绝对权力面前，分散而难以划分的经济利益不够重要。万历皇帝能够反对公众利益而保留他的税监矿监，却不能够在他更改继位顺序的努力方面成功，这表明了这些问题的相对重要性。同样，尽管李三才因遏制那些税矿使而赢得了声望，但他从来没有获得足够的党派性的影响来和顾宪成、赵南星以及邹元标相比，他们通过道德上的争论树立了他们的社会形象。这场斗争的道德气氛由于人员考核过程而进一步增强。由于这一过程而被免职的所有东林或反东林的主要人物，都被想方设法地贴上不道德和没有节操的标签，没有一人被说成在职务的本分方面不够坚毅或缺乏专门技能。

按照社会学家的看法，所有这些观点都可以看作农业社会的特征。主张人类行为的复杂情况可以分为绝对好和彻底坏两种道德上的典型，这反映了官僚政治中缺乏结构上的深度，官僚政治是以它所统治的村社的准则为模型。（换句话说，也就是上层建筑仿效下部基础的结构）这种官僚政治不能更精密地管理它自己的成员，不懂得掌握任何类似立法的权力以制定可以调节背道而驰的经济利益的法律，而对参与关于法律的议会式辩论的权力听之任之。东林运动绝没有改变这种状况。反之，如果这时能够改变这种状况，这个运动可能采取完全不同的路线。任何变更都可能等于采用一种新结构的推理方法。相反，这个运动只是捞取从个人道德的没有变化的修辞水槽中汲取来的抗辩的论战术。

这种统治类型的保持产生了特殊的社会性后果，这种社会性后果反过来又反作用于官员集团，影响他们的行为方式。东林运动演戏似的表现了这种反作用过程。晚明的上层阶级职业上的出路很少。没有证据表明，国家经济已变得多样化，足以诱使最好的人才去经商，和以可观的资力去积累财富。另一方面，汤显祖作为剧作家，冯梦龙作为故事作者，吴承恩作为小说家，王世贞作为散文作者，李贽作为独立不羁的思想家，以及董其昌作为画家和书法家所表现的一切富有创造力的独特性，和他们作为职业官僚的“正常”经历无关，都得到了发展。在政府任职，就受过教育的精英的抱负来说，仍然是唯一的出路（注意到这批富有创造力的人物并不置身于论争之外，也是饶有兴趣的：汤显祖被看成东林成员，董其昌被看成东林分子，而李贽受到了东林的指责）。

在文职官僚机构这个巨大的文人—官员会集的部门内，由他们著作中无数次提到的他们闲暇生活的范围看，未加利用的精力其总量一定是相当大的，这在袁宏道的著作中尤其明显。在张居正以后，大部分官僚再次处于没有多少事可做的状态。他们很少有机会通过行政机构的经历获得成就和声誉。

这样，虽然有些政府官员认真地担任他们的职务，其他的人通过了文官考试，便以冷淡和不够关心的态度从事他们的职业。可是仍然热切地追求社会的认可。在这种情况下，给予受迫害者的褒扬有其不平常的吸引力量。

和这种才能的浪费一道，存在没有投资的财富。出售珍品如象牙和犀牛角的过高价格，以及铸造用具和埋在地下的贵金属（同时代的人常常报道的一种现象）的总量，作为例子证明了资金可能被冻结而不能产生经济价值的习俗。所有这些因素结合起来便产生了一个过于讲究的、虚饰的时代，这可以从有些学者在他们自己身上挥霍他们的财富的方式略窥一斑。在那个时代，一锭珍贵的墨在价值上可能超过一个农民家庭一年的收入；一个富裕人家庆贺生日可能延续 10 天，有从远方来的客人；简单的祝贺短文变成了冗长的精巧的歌颂文章。同时，乡绅们让他们的轿子为随从所环绕；捐得官阶的人在他们的住宅前竖立旗杆。换句话说，当社会不能引导它的成员面向目标时，他们便转而面向身份地位。历史上的正直的知名之士被给予最高一等的地位。这种名声，如果持续不替，不但比纪念有德之士而建立的石碑更长久，而且保证这种荣誉能伴随一个家庭几代人之久。

皇帝的悲剧是他为东林运动提供了制度上的根据。如果没有关于继位的事端和关于矿税使的争论，[1] 党人持续他们几十年的斗争可能是有困难的。碰巧，小问题和小事件纠缠进了关于继位问题的普遍争论的更大框架；继位问题的争论由于与皇帝政策的可疑的和隐含的联系，在帝国的政治词藻中被叫作关于"国本"的争论。下述表面上不足道、但对东林运动的历史却很紧要的一些事例，能够说明问题。

1603年，还在东林书院建立以前，楚王（年长的皇帝的族人，受封于楚的王朝创建者的第六子的直系后代）被30个男亲属对他的继承权力提出异议。他的合法性受到怀疑；据说被说成是他父亲的前一位王长期无性交能力。尽管这事发生在这位父亲去世32年之后，并在批准这位王的爵位25年之后，署礼部尚书郭正域仍然请求公开查勘。想把这一案件的影响减少到最低限度的首辅沈一贯，主张调查应秘密进行。正巧郭以前是太子的主要讲官，他的同事们公认他是顺序地继承帝位的主要维护者。他还公开声言反对派遣矿税中使。另一方面，沈一贯被认为是皇帝的一个工具。这个涉及楚王合法性的案件就这样无意中导致了朝廷上所谓好人与恶势力的冲突。

在郭的坚持下，省的官员们进行了公开调查。证据大体上有利于楚王。但是，郭再次请求皇帝让证据在最高级的朝廷官员中传阅，以便详细调查他们的意见。这一请求被接受，37个领导官僚提出了他们各自的意见。这些意见不但彼此矛盾，而且有时包含了自相矛盾的

---

[1] 这个问题的经济含义不应被夸大。许多不赞成派遣中使的人利用了孟子的论点，国家决不应当与民争利，这种考虑是道德的而不是经济的。他们反对开矿还出于风水的考虑。另一方面，强调东林党人代表商人利益的现代学者们过分依靠1613年亓诗教上呈的一份反东林的奏疏，转载于《明实录·神宗实录》[380] 第9691—9693页。这份文件在揭暴"富商"出席东林会议时，绝没有表明党人采取了一种亲商人的政纲。正相反，富商是和其他不受欢迎的社会分子一道列入名单的。上奏疏的人以这种方式通过坚持正统的儒家态度为他自己在东林党人被认为优于他人的领域内博取声誉。

和躲躲闪闪地陈述，透露出派性的考虑妨害了他们对于在其他情况下应是一个技术性问题的思考。按照礼部另一个侍郎（他在这期间受命接过了郭正域的职责）的建议行事的万历皇帝这时赞同楚王的合法性，并宣告这个案件结束。

这事刚一发生，皇帝就因弹劾过多而不胜其扰。支持沈一贯的科道官员们没有耽误时间。他们声称，郭正域为了报私怨，曾和一个不满的皇帝的族人勾结。郭以控告首辅欺骗进行反击。沈一贯和另一个礼部侍郎据说曾压制反对意见。郭更进一步揭发说，当这个案子还悬而未决时，楚王的一个代理人曾和他本人接洽，愿出 1 万两银子以换取有利的裁决，但他拒绝了。他暗示，楚王很可能以高得多的代价取得了他的合法性。万历皇帝对这样的争论很厌恶，对它们置若罔闻。当皇帝对这些弹章不作回答时，官僚们之间的控告和反控告逐渐使整个朝廷卷入了这个案件。其中，户部尚书和国子监祭酒因他们的意见有利于楚王的合法性而受到攻击。但是都御史和次辅支持郭正域。划出了派系界限。

最后皇帝接受了郭的辞职，显然希望这样做可以结束这个案子。但是它对皇帝继位问题的含义是所有人都清楚的，这个事件也没有就此结束。到这位前礼部侍郎已整装离京时，北京的街头发现了一种神秘的小册子，有的被投入一些高级官员的门内。这一印刷品宣告，一个废黜当今太子、以皇帝的第三个儿子取代他的阴谋正在进行中。它接着说，如果这个阴谋成功，大约有 12 个武官和文官将受到奖赏，他们的姓名列成了清单。然后它预言，最高的功勋无疑属于像首辅沈一贯那样的人。

看到这一印刷品，皇帝被激怒了。厂卫逮捕了几个嫌疑犯，但嫌疑集中于郭正域。一个给事中上疏皇帝，他把郭对楚王案件的处理和这一煽动性的印刷品联系了起来。但是，郭的朋友们怀疑，他是遭到了沈一贯的党羽的陷害。最后，两方的嫌疑都消除了。一个和官员集团没有关系的朝廷随从被定了印刷小册子的罪，并被处死。但这个案件拖延了六个月，提醒每一个人，有一个支持皇帝和首辅的党派，还有一个支持太子的党派。他们相互之间的仇恨和猜疑是强烈的。最细小的偶发事件，不管怎样无足轻重或并不相干，都可能在任何时候逐步升级为重大的对抗。

1603—1604年的事件只和东林党人沾点儿边。在搜查神秘小册子的作者时，有一个叫于玉立的人牵连进了这个案件。他的书信被发现为一个嫌疑犯所持有。于玉立是刑部的外郎，随后被免除了行政机构中的职务。他后来在京师和东林党人的一些组织者保持密切的联系。

这些事件，不管它们显得多么琐细，却有深远的影响，因为它们影响了随后例行的文官考核的结果和做法。1605年的人员考核是在关于楚王的合法性的争论和小册子引起的骚乱之后不久到来的。主持这一事项的官员正是都御史温纯，[1] 他曾是侍郎郭正域的后盾，和大学士沈一贯意见不合。在考核期间他指名免职的主要人物大多数是在上述两起事件中颇为沈一贯尽力的科道人员。另外一个人以不同的方式成了这一连串事件的牺牲品。礼部侍郎李廷机曾建议万历皇帝承认楚王的合法性，自此以后被东林党人看做不受欢迎的人。他最后面对正在增长的反对，只好推卸了首辅职位。他反东林的态度是明显的，因为他偏袒沈一贯。[2]

万历皇帝在处理这两起事件时，在这种情况下似乎做得很好。他能自由使用的权力很少，在涉及楚王的事件中，他允许朝臣们说话，但一旦作了决定便拒绝重新讨论这一案件。在处理神秘小册子时，他一再嘱咐涉及的高级官员们保持镇静。在派厂卫去逮捕搞阴谋的人时，他避免使这一案件损害那些嫌疑犯。由于京师被小册子中的说法所震动，他把太子叫来面谈，有宫里一些太监在场的他们的谈话，被送交内阁的机关公布。不过，尽管有这一切骚乱，他并没有通过选定太子来解决继位争端，因而没有消除侵扰外廷的猜疑的根本原因。

当小册子最初在北京街头发现时，他已授予福王称号的他的第三个儿子，将近18岁。已经持续了两个世纪的王朝惯例要求他离开北京，到一个遥远的地方去住。但是皇帝固执地拖延他心爱的儿子的行

---

① 参见前《政治斗争中的东林》。

② 参见前《后果》和本节前文。

期。既然皇帝没有实行这个对于保证顺序继位至为重要的惯例，局外人推测皇帝的继承人问题并未最后确定就只能是自然的事情。在此后一些年里，这种猜疑将引起更多不可避免的争论。1614 年，在福王 28 岁时，他才终于离开京师。但下一年发生了"梃击"事件，这一事件被认为是福王支持的党派杀害太子的一次不成功的尝试。随着这次据说是暗杀的尝试，东林党人聚集在了太子周围，太子就是未来的泰昌皇帝，他在位只有 30 天。

在万历皇帝统治期间，东林运动从对道德律的狭隘解释得出它的伦理的优越性。在对张居正不肯请丧假的指责中和在东林党人积极参与关于楚王的合法性的争论中，这是显而易见的。经受了多次考核过程以后，东林党人后来只好把他们权力的基础放在继位问题上。他们希望在太子继承皇位时，在他下面实现他们的政策。当"国本"（继位制）看来真受到威胁时，他们的关心被证明是有道理的。[①]

衰落期中的思想状况

统治能力的衰落

传统的中国历史学家一向把万历统治时期的中叶当作明帝国历史中的一个转折点，在此以后王朝的局面变得难以维持，它的崩溃不可避免。在得出这个结论的过程中，他们把他们的注意力集中在皇帝的性格上。朝臣之间的派系争论也受到了谴责。这种解释倾向于掩盖一个认识还不很清楚的基本事实。一个其公开承认的目的是保存农村村社的农业单纯性的相对松散的政府，是没有能力应付新的时代的难题的。

可是在王朝政体的框架内，上述历史学家的论点不是没有真实意义的。也就是说，如果政府的改组和财政及法律的改革是不可能的，这些评论家在把皇帝和他的官吏之间的拖长了的僵局以及官吏本身之间的争论，当作王朝不能保持其政权的主要原因方面（如果不是唯一

[①]　关于东林党人在随后国家事务中的作用的论述，见后《"梃击"案》及其以下的文字。

的原因），证明是有道理的。

在这种僵局以前，那个时代有头脑的人已经试图减轻这个高度程式化了的政权结构在行政工作中所保持的思想控制。当全面改革不可能时，就主要的行政官员来说，已在谋求某些行动的自由。例如，张居正曾经打算吸取反对传统观念的王艮（1483—1541年）所提倡的儒家类型的功利主义。王艮认为，利他主义不过是自我保存的一种行为，犹如以一己之舍对换他人之舍。① 他的"左翼王阳明学派"的思想似乎包含了更多唯物主义的，因而也是实用主义的对社会问题的观点。② 但是，在沿着这条路线的什么地方张很可能得出结论，他自己对一个特定的思想学派的赞助将不可避免地要树立一个坏的先例。最后，他成了下令关闭帝国中所有私人书院的人。③

李贽，一般被认为是这个时代最杰出的反对传统思想的人，提出了一个前所未有的建议。包含在当时社会准则内的对个人自由的限制，仍然应当适用于普通群众，但有异常才能的男人和女人，当他们的成就比他们对准则的违犯更有价值时，应当不受传统要求的限制。证明这种例外有道理不是根据法律上的理由，而是根据哲学上的理由。李贽是王阳明的心学学派的追随者，他认为，因为终极的实在只存于心中，具有胜过邪恶的天生能力的卓越的心，应当被给予更大的行动自由，即使牺牲社会道德。④ 他的给予杰出大臣和将领更大便宜行事权力的有限目标，不能被认为是"激进主义"。但是，他的建议

---

① like trading one's own room for that of another，据此翻译。——译者
② 见黄宗羲《明儒学案》[259]（1667年；重印，《四部备要》C79—82，台北，1970年），32，第2、11页。
③ 参见前《东林党》。
④ 在许多当代中国著作中，李贽要么是平等主义的维护者，要么是一个放荡不羁的人。尽管关于他已经写了很多文章，但他的主旨并没被充分了解，缺乏了解部分地是由于李自己没有写一篇系统的论文造成的。他的随笔和历史评论以旁注的形式出现，没有用推理方法来予以加强。许多语义学上的陷阱很容易引起误解。但是，如果读者全面地、批判地研究他的著作，包括《焚书》[315]（1590年；重印，北京，1961年）、《续焚书》[316]（1611年；重印，北京，1959年）和《藏书》[317]（1599年；重印，北京，1959年），他的论证还是不难概括地论述的。他的传记材料也常解释了他的个别观点，见《明人传记辞典》[191]，第807—818页。

的激进方面在于他所寻求的赖以达到这一目标的方法。在一个法学不发达而哲学说教至高无上的时代，李贽提出，包含在有关法令的法律中的传统行为准则可以被思想认识取而代之，因而迈出了更远的一步。由于这种观点含蓄地怀疑道德律的超越地位，李因拥护这种不符合传统规范的思想而不得不死于狱中。他于 1602 年自杀。即使是通过间接的、善意的手段来改变王朝高度程式化的政体及与之伴随的道德准则的任何尝试，也就到此结束。

不过，涉及万历皇帝和他的官吏的法制上的僵局没有发展成为危机。的确，需要皇帝出席的礼仪活动是被放弃了。和关于皇帝职责的争论一道，有些关于实际问题的建议被留在宫中未予答复，实际上被皇帝否决。然而其他的事务继续进行，这些文件显然受到了皇帝本人的注意。（1620 年，在他死前约三个月，他向首辅方从哲抱怨说，大量公文仍然需要他考虑）当高级政府职位仍未补缺时，副职和职位较低的官僚照常处理工作。饥荒的救济品分发了，国内的叛乱被制服了，边境游牧部落的入侵处理了，虽然这些事件的解决往往引起了批评。

万历时期晚期最实在的成就是迦河的完工。在大运河反复因黄河被淤塞和泛滥以后，打算建造一条在东边与之平行的代替的河道，以完全避开徐州附近的急流。这项建议曾经吸引了张居正的注意力。但是，工程于 1593 年才开始，而且这个项目很快陷入困境。必须清除的石头比预料的多，工程由于经费短缺几次停止。然后工程于 1603 年重新着力地开始。这条新河道长 110 英里，最后于 1609 年开通运输。

政府继续衰落，虽然不那么令人注目：衰落是逐渐的，但是是继续不断的。官僚机构只能依靠它的成员的忠诚和信念以正常地发挥作用。[1] 东林运动的道德上的狂热只是那种信仰的一种表现，在社会各阶层的作用中这种信仰仍然是一种强大的力量。万历皇帝没有对维护社会道德做出什么贡献。相反，他的私事进一步打击了那些希望重振

---

[1]　参要前文《东林党》、后文《"梃击"案》。

皇权的人的情绪。

他对中央官僚机构中的派系冲突（这种冲突常常由他的荒谬行为和报复态度引起）的反应是，堵塞得以正常领导政府的官僚政治的渠道。他对内廷和外廷的日常工作都干脆不理。最显著的是，他不肯对要求任命或辞职的奏疏表示承认或作出所需要的行政上的答复。一个现代的历史学家在他分析皇帝这方面的态度所造成的最高官僚机构中职位大量空缺的事实时，断定这种现象表示了大约从 1600 年起皇帝作为政府首脑所起作用的变化的几个有关的要点。第一，他曾一再受挫于他的官吏，屈从他们的意愿，他心怀怨恨地拒绝合作，作为报复他们的一种办法。第二，当他满足于让政府的许多部门在人员配备过少和无领导人的情况下竭力支持时，他显然把所有那些与积累财富有关的文官机构排除在这种处置之外。第三，他满足于让人员减少，是因为没有付给那些不值一谈的官僚的薪俸可以转入他的内库。[①]

为了说明这种僵局的范围，我们可以引证首辅沈一贯 1603 年早期的悲观失望的奏疏，他在其中向皇帝报告说，都察院的 13 道监察御史中有 9 道仍然长期空缺，尽管再三推荐了补缺的候选人。所有这些推荐都被置之不理。1604 年，吏部尚书急切地报告说，国内几乎有一半知府的职位空缺，在南京和北京都有一多半尚书和左、右侍郎的职位仍未补缺，任凭一再努力以求补上这些空缺，皇帝干脆不理这些请求。京师仍然在职的官员们在皇帝（他这时如果有过的话，也是极少上朝）不想上朝时，好几次想出了接近皇帝的特殊办法来恳求他批准政府例行的任命，和允许那些没有得到正式批准便已长期离职的官员退职。有几次他们一起跪在宫殿的院子里，齐声呼号以引起他的注意。但都徒劳无益，任凭没有答复的奏疏一年又一年地堆积起来。

太监机构中的许多空缺职位，尤其是像司礼监的那些主要职位（在正常情况下，这些职位的补缺需要外廷或大学士们共同认可），也没有补人。这表现出皇帝看不起这个太监官僚机构的主要部门，在他看来，这个部门是京师官僚机构在对他强加约束方面的一个听话的代

---

① 孟森：《明代史》[375]，第 282 及以下各页。

理机构。只有那些直接从事税收和开创新财源的太监（矿税使）的和外廷的官僚行政机构的部门才受到他的密切注意。这些部门保持满员或扩大，并被责成有效地发挥作用。这个君主得到了（无论他应否得到）历史上最爱财、最贪婪的皇位占有者这个名声。他连续不断地想出不把税收给予政府和增加他自己的私人宝藏的办法。官僚们对这位皇帝所感到的轻蔑遍及政府各部门，并对官僚政治的道德有深远的影响，这更进一步降低了不但人手不足，而且还不给予职位升迁的行政机构的能力。最大的损害是在"梃击"事件的余波中造成的，这次事件充分暴露了万历皇帝不但不适宜当皇帝，而且也不适宜做他自己家属的领导人。

"梃击"案

夏初一天的傍晚，一个挥舞大棒的强壮青年在皇城内的太子住所被逮捕。他已经伤了一个侍从太监。刑部官员的审问确定这个闯入者的姓名是张差。法庭打算断定这个人精神错乱，想要了结他和两个宫廷太监的怨恨，他曾在城外碰上他们。这时这个案件可能以立即判处这个人死刑结案，因为法令对于甚至即使是用姿态威胁宫廷的罪犯也要求处以这种极刑。但是，这种判决被一个负责监狱的低级官员阻拦而没有最后定下来。这个官员，王之寀，对精神错乱的断定提出异议。在牢房的一次个人的讯问中，他已证实这个囚犯神志清楚而机警，他曾受指导以执行一个阴谋。由代表刑部所有各司的人员当众进行的对这个案件的复审由于说出了两个作为唆使者的宫廷太监，而进一步证实了这一讯问结果。他们与郑贵妃和她的兄弟接近，这似乎证实了普遍的怀疑，这个闯入者是被派去杀害太子，以便她的儿子福王可以最终登上皇位。张差据说曾被许以豁免和奖赏。[1]

在随后的抗议和批评中，万历皇帝采取了一个没有先例的措施：他把所有的官员召进宫里。正式的礼规被免除。皇帝在跪着的朝臣们和站在他下面一两级石头台阶上的太子及其三子一女的前面临时讲

---

[1]　关于郑贵妃，见前《万历时期》。

话。他有一会儿抓住太子的手以表示对他儿子的个人感情，并让官员们放心，继位制度是不能改变的。他然后要求把张差和两个牵连进这个案件的太监处决。这时刑部的几个高级官员表示反对皇帝对所有三个嫌疑犯给予死刑的裁决。随后大学士们进行了调停。张差被判决于第二天处死。但是这两个仍然收押在宫中的太监将被移交给文官们审判。皇帝同意这样办。[①]

可是这两个太监最后也没有移交。在张差执行死刑以后，他们被带到文华门由文官们审问，但他们仍然由内宫监禁。他们坚持他们无罪，因此不能拿出裁决的意见。这时太子出来为他们说话，声称他们实际上是受疯子张差的陷害。审问的行政官员们于是请求皇帝准许再次反复询问他们，但是没有得到准许。在皇帝接见后的第五天，两个可疑的太监据说监禁在宫内时已经死了。过了两年，在 1617 年的人员考核时，曾经审查此案的积极的官员王之寀以贪污而被撤职。[②] 几个以前主张迅速了结此案的官员这时被叫做浙党。派性的界限决定了这个案件的结果。

行政机关的自信被动摇了，它的管理观念消失了，变成了难以管理的机构。怀疑和不相信的态度逐渐地但却是不可逆转地蔓延到了低层行政机构。在明代的制度下，地方上的施政能力在很大程度上取决于各个地方长官的品格和廉正。在制止地方士绅对民众的剥削时，他们经常被迫单独地行动。现在，他们的美德很少被承认，他们的刚毅得不到支持。这种党派政治败坏风纪的影响因而扩展到了各级帝国行政机构。

---

① 西方著作中缺少关于这个案件的详细叙述，使笔者不得不对此花费些篇幅。提醒读者，多数中国作者由于受有关这个案件的道德含义的干扰，倾向于保持一种有选择性的眼光。最重要的第一手资料，《明实录·神宗实录》[380] 只是有选择地加以利用。第 10014、10016、10020、10026、10029、10031、10032、10041、10043、10047、10056、10061、10064、10067 页的记载和多数第二手资料有相当大的不同。顾秉谦等编撰的《三朝要典》[291]（1626 年；影印本，台北，1976 年）中的关于此案的反东林的不同看法也应查阅。
② 见前《政治斗争中的东林》。

没有选择余地

我们从 16 世纪晚期和 17 世纪早期游历过中国或从澳门对中国有过短暂观察的欧洲人的叙述可以了解，这个帝国被认为是一个安排合理的统一体，但是不能制止它行政机构中的许许多多违法行为和普遍的贪污腐化。这些作者还对许许多多的市镇和城市，对这个国家生产的种类很多的货物印象很深。这就产生了一种一致意见，中国非常富裕，但却虚弱。在这个航海和发现的时代，这种状况提供了不可抗拒的军事征服的诱惑。事实上，由于来自世俗，也同样来自宗教团体的热切恳求，西班牙腓力二世一再受到怂恿派遣一支远征队去征服中国。这个武力打开中国的建议，如果实现，要比鸦片战争早约两个半世纪。但是事实上腓力依然没有动心，这个建议没有什么结果。由几十年后对荷兰殖民者发生的事来看，马德里做出的决定不是不明智的。西方列强还没有获得它们技术的优势。只有在它们做到了这一点后，它们才能维持一支使中国的帝国体系结束所需的武力。

万历晚期的明王朝呈现出一种自相矛盾的状况。它的虚弱已暴露给欧洲，同样也暴露给本土的目击者，可是它能抵挡内、外两方面的攻击。明代的情况表明了天命说法的持久的效力。并不是中国民众生来对治理不善具有更大的忍受能力。但是农民（只在整体上能被操纵）是在同样分散的官僚的支配之下。[1] 除非学者—官员阶级同意或被迫改变它的忠诚，王朝的更迭就不会发生。换句话说，王朝不是靠它的实力，而是靠它的没有竞争的地位而延续。没有有力的竞争者足以保证它继续存在。

在 16 世纪将要结束之前，万历皇帝还曾庆祝他三次主要战役（"三大征"）的成功的结局。[2] 在他长期统治的最后 30 年中，很少有一年是在没有某种国内叛乱或边境危局中度过的，这样说就够了。

---

[1]　参见《东林党》、《次要争端和根本原因》及本节上文。

[2]　参见下文《万历朝晚期的三大征》。

社会动乱和边境危机

在这个时期，有几省发生了国内起义。最严重的起义中有白莲——弥勒教所支持的山东的起义，1587 年爆发，另一次在 1616 年。

在俺答于 1571 年受安抚以后，沿北京以北和以西的边境少有入侵事件。一度强大的蒙古联盟开始分裂；俺答的后继者撦力克和卜失兔不能控制所有的部落。但是，这并没有妨碍鄂尔多斯部入侵甘肃——青海边境地区。在随后防御鄂尔多斯游牧部落的战斗中，明军大体上是成功的，部分地是由于这一地区的藏族和维吾尔族部落的援助。但是在这整个时期，边境冲突和小的战役不断发生。同时，东蒙古人继续向南迁移进入辽东（在近代的满洲内），他们在那里时常袭击中国的边境前哨基地。1598 年，部族成员成功地伏击并杀死了明的总兵官李如松。直到满族人在女真（满族）领袖努尔哈赤领导下出现时，蒙古人仍旧在东北占据了明军的注意力。他们能够把 3 万—5 万骑兵投入一次战斗。

在西南，明军和缅甸人之间也在断断续续地打边境战争。1582—1583 年，刘綖率领的一支讨伐军深入缅甸；1584 年，刘再次打败缅甸人。尽管有这些胜利，边境仍然易受攻击。在 16 世纪的最后 10 年，缅甸人再次入侵云南边境。在这个混乱的时期，连越南人也变得不安定了，1607 年他们沿云南和广西边界进行袭击。

这些危机和起义没有一次能够倾覆明政权，尽管它们引起了够多的问题，有时还引起了担忧。它们没有对帝国的体系构成严重威胁：没有一个集团设法建立后勤基地或设法获得足够的领土以支持进一步的发展。要做到这点，它们需要受过教育的精英的支持。如果一个起义者不能团结地方士绅作为他的事业的后盾，他的救世主的使命就只能在来世提供救助。如果一个边疆的首领不能吸收足够的合作者按照中国的样式来创立一个国家（如俺答一度试图去做，如努尔哈赤及其子孙后来实际做到的那样），他就不能希望在中国建立一个王朝。这些事例再次使人明白了这一点，中国传统思想状况的代替物在中国是不存在的。明帝国的失败可以归因于它的成功。它构想的政治制度使它能够牢靠地依靠它的指令，只要这种状况仍然存在，就只能忍受它的错误的行政管理。

文化隔离

万历时期的明政权缺乏它早期的活力，自从王朝建立以后，朝贡制度便已衰落。不过这一制度绝没有被放弃，它仍然符合帝国的利益，对它很有用。但是条款现在是易于协商的，而在早期它们是由明朝廷提出的。俺答和他的部属曾经受到朝贡关系的一种有所修改的方式的对待，赠品和商品的交换是在边境贸易站而不是在京师进行。丰臣秀吉差点被说服作为承担纳贡义务的日本"王"而出现。1590 年，朝廷扣下给予撦力克的财政援助（与朝贡关系相联系的一种特殊照顾），这被认为是使蒙古人屈从的一种手段。1594 年，云南巡抚能够联合纳贡国暹罗发起对缅甸的攻击。1615 年，即努尔哈赤公开和明朝廷决裂的前一年，他派了他最后到北京的贡使。但是，把外援和接受者对天朝的自愿臣服联系起来的政策是有限度的。这类安排可能加强武装和平，但它不能代替武装力量。这一点被努尔哈赤所充分证明，而安南（越南）提供了另一个适当的例子。当明朝廷不能对黎和莫两个家族之间的争执进行仲裁时，它对安南的支配地位便消失了。

欧洲人的到来引起一个新问题。明帝国主要关心的事情是不让沿海贸易扰乱其农业社会的社会生活。葡萄牙人被允许在澳门继续居住。这个殖民地的合法地位从来没有提出，因为关于这个问题没有发生争执。实际上，葡萄牙人向香山县知县缴纳一笔规定的租金，而中国在澳门的市舶司征收进出口税和吨税，对葡萄牙人用特惠税率。1574 年，一道界墙被建立起来以封闭这个殖民地，把外国人限制在里面。但是，葡萄牙人在这个殖民地内享受自治。在腓力二世占有葡萄牙王位后，澳门居民决定在其本国所承认的市民权的基础上成立一种议院行政机构，最后是从印度总督获得批准的。因此，虽然口头承认腓力是他们的国王，殖民者设法使他们的港口城市摆脱了西班牙的干预。

这些详情和中国人无关。尽管官员们承认不能禁止对外贸易，他们却被指望制止中国人出洋，因为他们不能处理由混杂的中外人口造成的问题。按照外国法律管理的侨民区因而符合他们的意向。对外贸易的关税和吨税并不作为国家的收入。未经仔细稽核的收益用来支付地方的用项。中国的资料证明，在征收了他们自己交来的税以后，官吏们很少提出问题便让关税申报得到批准。

1567 年，明朝廷解除中国人参与对外贸易的禁令，还指定靠近现在厦门的月港为这种海上贸易应当通过的港口。这是对参加海盗活动和武装起义的福建居民的特殊让步。当地居民现在被允许出海。这项政策实际上支持移居国外，说明了许多福建人的村社这时在东南亚出现的原因。

贸易由澳门向上游转移到广州似乎已于 1578 年开始。在这一年澳门的葡萄牙人被允许到广东省的省会广州去购买中国货物。在整个 16 世纪，广州间断地禁止和开放对外贸易，决定其状况的主要原因是法律和秩序。广东的地方官员们拟定了一套详细办法来控制他们管辖之下的对外贸易。外国人必须在指定的地区内居住。他们由一个同业组织的管理人所指定的一些富有中国商人"担保"。贸易期限于一年一次（后来是两次）。中国人还发展了强制的方法。他们不给不遵守这些办法的外国人提供服务和生活用品。当征收关税从澳门移往广州时，所有 19 世纪公行制度（实际上这是朝贡制度的变体）的因素都已经有了适当的位置。

中国人在菲律宾群岛

在澳门葡萄牙人获得他的殖民地的同时，西班牙人也试图通过外交谈判在中国取得一个类似的立足点。这一计划的前景暂时似乎是良好的：中国官员们在肃清海盗首领林凤（在西方资料中也叫 Lin A-feng、Limahong〔林阿凤〕，或 Dim Mhon〔李马奔〕）方面也共享好处。

西班牙人于 1570 年到达一小批中国人已在那里长久居住的马尼拉，并建立了一个殖民地。1574 年晚期，林投降中国当局的提议被拒绝，他带领 62 艘船只进入马尼拉湾，装载着男人和妇女、武器、农具，目的显然在于开拓殖民地。林的士兵在他们的路上并不困难地打败了一艘西班牙船，但他们和西班牙人在陆地上的战斗却失败了。这伙海盗于是转向北方，最后在仁牙湾的邦阿西楠建造了一个要塞。1575 年 3 月西班牙人组织一支远征队，突然袭击这批中国人。他们摧毁大部分海盗船只后，围攻这个要塞。围攻继续了四个月。当战斗在继续进行时，正在寻找林凤的指挥两艘战舰的中国舟师军官王望高，也到了吕宋。他应邀到马尼拉，并受到热情接待。王反过来同意随他带回以这个传教区的创建者拉达修士为首的西班牙使团。

很明显，中国官员们这时想要西班牙人为他们打仗。而西班牙人，除了得到吕宋岛以外，为了贸易和传统事业还谋求打开中国大门。当西班牙使团到达福州时，它的成员受到热诚的招待，中国巡抚答应把他们的要求转呈北京。意外的是，当这个使团仍在福州的客馆时，林凤率领的海盗（西班牙人认为他们已被包围）已秘密地建造了 30 多艘船，并挖了一条水道逃到海里。把事情搞得更糟的是，一度在公海上自由行动的他们回到了台湾海峡，给福建官员们造成了一些问题。于是这些官员对促进西班牙人的事情的热情减低了。拉达使团空着手回去了。进一步的争论只能加剧双方的恶感。这些情况激起马尼拉的总督和拉达修士提出军事征服中国的建议。①

建议的这次远征没有具体化，因为腓力二世不接受这个建议。②但是大规模的流血还是发生了，遭难者是在吕宋海岸上的中国平民。在西班牙人于 1571 年在马尼拉立定脚跟以后，中国移民大批拥到这里，很使西班牙殖民者沮丧。1602 年，根据一个叫张嶷的人的建议，

---

① 福建省的官员们于 1575 年过早地上报林凤即将被捕获，这没有多少疑问。一份中国资料在 1575 年 11 月 1 日这个日子下记载了以下互相矛盾的两条："海盗林凤克吕宋国"和"吕宋献俘"。应当指明，这个时期许多中国人把新来的西班牙人和土著的菲律宾人混淆了。见谈迁撰《国榷》（约 1653 年；重印，北京，1958 年），第 4276 页。这两条未见于《明实录·神宗实录》。拉奇将"吕宋贡使"系于 1576 年。见唐纳德·F. 拉奇《欧洲发展过程中的亚洲》[302]（芝加哥，1965 年），第 789 页。这源于申时行：《大明会典》[465]（1587 年；重印，台北，1964 年），106，第 8 页。这一失真报道的创始者是福建巡抚刘尧晦。见《明实录·神宗实录》[380]，第 1264 页。

② 参见前文《没有选择余地》。

福建矿税使得到万历皇帝的准许在一个偏僻海上小岛的机易山上开采贵金属。没有证据表明，皇帝了解这个岛在哪里，或者他知道即将和西班牙人发生的冲突。他是不顾他的科道官员的强烈抗议而给予准许的。事实上，"机易"山很可能是吕宋岛上的甲米地城。

当一个中国代表团（包括张嶷）到来调查这种可能性时，西班牙当局被激怒，代表团被赶了回去。但是总督唐佩德·布拉沃·德阿库尼亚怀疑这是某种中国阴谋。就在九年以前，由西班牙人统率的新应征入伍的中国人的叛乱要了一个总督的命。谣传中国即将入侵，中国移民将帮助入侵者。当西班牙当局采取预防措施，搜查中国居民的武器甚至铁器时，恐慌蔓延开来。

中国人的村社马上开始设法自卫。跟着发生的1603年10月的大屠杀很可能因小冲突而被引发。但是，由于已经取得势头，它变成了一场西班牙军队和中国人村社之间的名副其实的战争。追击从马尼拉开始。被打败了的中国人被赶到八打雁，在那里土著的菲律宾人也袭击他们。据说，死亡总数按中国人的计算超过2万，据西班牙的记载是1.5万人。这一事件直到一年以后才上报皇帝。万历皇帝处死了张嶷，他的不实报告引起了西班牙的暴行。除此以外，什么也不能做。1605年，新任福建巡抚向西班牙人送去一份照会，只要求将寡妇和孤儿送回本国。兵部提出"逐内洋红夷"[①]，这个建议和自称天朝是一致的，却是完全做不到的。

在中国的耶稣会会士

这样大量的流血只能增加中国和西方之间的文化隔阂。建立联系的工作，通过一些非暴力的方法应当可以获得成功，耶稣会的会士们正朝这个方向前进。自从方济各·沙勿略于1551年在上川岛死后，在四分之一个世纪的时间里，人数日渐增多的基督教徒鼓吹有力地打开中国对基督教的大门。1557年，范礼安到达澳门时，给传教事业定了一个新方向。他作为东印度耶稣会布道团的新视察

---

① 见《明实录·神宗实录》[380]，第7536页；《国榷》[498]，第4934页。

员，制定了文化顺应的政策，他要求到中国的传教士首先中国化。范礼安自己从未涉足中国，他留在葡萄牙在澳门的殖民地。但是他的努力产生了效果。他的追随者罗明坚和利玛窦很起作用。从肇庆的小教堂（在今高要，广州以西 50 英里）于 1583 年建立起，利玛窦终于设法到了两个直隶地区，1595 年到南京，1598 年又到北京。在他 1602 年第二次到北京的时候，他在那里永久地定居下来。这使他能够把他生命最后的繁忙的 10 年，致力于在帝国朝廷的成员中宣讲基督教和传播西方科学知识。他在北京的成功使在其他城市的传教工作成为可能。

利玛窦赢得信任的才能是很出名的。他有无穷无尽的耐性和一种直接学会关于中国的东西的才能，他是一个理想的使节。他不但被中国受过教育的精英所接受，他实际上把他们吸引住了。尽管他获得了成功，他并没有消除文化的壁垒。他只在上面开了一个孔，从孔中挤了进去。这个耶稣会神父自己的日志透露，他没有把他的工作看成令人惊奇的成就，尽管他使一些人皈依，其中有几个中国的显贵。利玛窦抱怨说，上层阶级的中国人寻求自身的教化，而不是确定他们的信仰。另一方面，下层阶级又沉迷于偶像崇拜和迷信。这是不难理解的。他所描述的一分为二的情况实际上是中国社会结构的反映，为数众多的有文化的官僚统治着无数农民，两个集团都不是深切地关心一种外国宗教的争端和教义。在裁决者的作用因超越认识的原因而由国家首领承担的时代，真主和耶和华是没有多少余地的。这样，中国并不需要打一场宗教战争以解决争端。所有信条都由它们的相对价值来评价，但没有一种自以为是绝对真理，绝对真理只留给对国家的崇拜。在这种情况下，在 18 世纪终于使中国皇帝反对罗马教皇的"礼仪之争"是不足为怪的。

文化顺应的政策已经在教会内引起某些曲解。利玛窦的指定的继任者龙华民，在这位能人 1610 年死后没有等待多久便表示了不同意见。1617 年，在万历皇帝（他不是一个宗教上固执的人）的统治行将结束之前，在中国的新教会遭到第一次迫害，虽然是一次轻微的迫害。

万历朝晚期的三大征

"三大征"是晚明史学家们编史工作的一种杜撰说法。没有什么历史上的正当理由把在西南扑灭一个土著首领的战役、在西北镇压中国人—蒙古人兵变的战役和在朝鲜半岛上和日本的战争，当作具有同等重要性的事件而凑在一起。这三次战役，规模和范围不同，它们的历史根源也无相似之处。这三次战役也都不是像明代作家们所断言的那样以明显的胜利而结束。朝鲜战役是一次奇怪的战争，双方都处理不好，发展成了僵局。丰臣秀吉的意外死亡才导致了有利于明帝国的解决。举行了胜利庆典。战俘被献给皇帝，后来被处死。[1]

尽管它们之间存在这一切差异，这三次战役传统上都被当作相互关联的一组事件。明史学家谷应泰在他的条分缕析的明史中，用了连续三个部分来记这三次战役。这些事件的当代人冯梦龙，在万历朝结束后不出 10 年内发表的短篇小说集中，也在他的一个故事的引言中把这三次战役组合在一起。[2] 但是，我们应当知道这种组合的含义。历史学家们试图夸大晚明帝国的军事威力以颂扬一个衰落中的王朝，自觉或不自觉地赞许那样一种思想状态，即使是以牺牲真实性作为代价。

西南的播州战役

防御杨应龙的战役可以被看作少数民族集团居住的西南地区中国化的一个方面，这种中国化整个明代都在进行。杨本人以中国血统而

---

① 见《明实录·神宗实录》[380]，第 6168 页；朱国祯：《涌幢小品》[107]（1621 年；影印本，上海，1953 年），第 18—19 页；谷应泰：《明史纪事本末》[293]（1658 年；重印，台北，1956 年），第 62—64 页。

② 冯的短篇小说题为《杜十娘怒沉百宝箱》[161]，见于他的《警世通言》（序，1624 年；重印，北京，1956 年；第 2 版，北京，1981 年），是其中第 32 个故事。它被译为《妓女的宝箱》，载杨宪益和戴乃迭译《妓女的宝箱：10 至 16 世纪的中国短篇小说》[612]（北京，1981 年），第 246—271 页。

为人所知，尽管这实际上是说他出身于混血世家。他所控制的地区和时代是不合拍的。他的最早的知名的祖先，一个唐代的将军，征服了 9 世纪叫做播州这个地区的土著民族，能够把它当作这个国家之内的一个自主的国来控制，并在以后的七个世纪中传给他的子孙。几个朝代兴起又衰落，而杨氏接受了不同形式的分封和任命；但这个家族对于邻接湖广、四川和贵州三省多山地区（这个区域东西延伸 200 多英里，南北略短）的控制，在杨应龙死亡之前从未遭受一个帝国政府的破坏。

在这个土著居民社会特有的一种分封土地所有制的形式中，杨氏的封建领主权力是通过七个有势力的家庭行使的，这七个家庭还组成了他的议事机构。情况表明，这些附庸家庭在它们对中国人和对土著苗族的忠诚方面是有分歧的。杨应龙以支持苗族的事业著名，在他叛乱期间土著居民终于团结起来支持他的事业。

当时记载所描述的导致他叛乱的事件，似乎是不能说明问题的。据说杨于 1587 年和其妻张氏离异，以他的田姓的妾取而代之。接着他杀了他的前妻，她的亲属于是报告中国当局杨即将暴动。更可能的是，这一家庭纠纷打破了部族结构内的力量平衡，而中国人决定干预，因为张姓和田姓都属杨氏的附庸家庭，很可能导致一场自相残杀的战争。不能排除中国的税收作为叛乱的一个原因。明的官员们曾通过杨应龙设法从苗的部落得到人力和物资，主要是建造宫殿的木料。而且在杨"叛乱"的 10 年中，他两次主动地向明当局投降。每一次他都被判处暂缓执行的死刑。第一次他要求以 2 万两银子赎身；第二次判刑是以两倍于此数的罚款抵偿，再加上未说明数量的木材。两次他都没有缴纳。朝鲜战争使政府十分忙碌，官员们因而不能加强他们对他的压力。杨应龙一旦行动自由，他便对明军发动袭击和偷袭。可是他不敢像他的同伴所建议的那样，发动大胆攻击以占领四川。

政府于 1590 年处理他的问题。除了 1594 年谈判时暂时中止外，杨应龙的叛乱整个 90 年代都在继续。最后的解决发生在 1600 年。在朝鲜战争结束之后，北京朝廷立即任命李化龙为总督，命令他镇压杨应龙。1599 年晚期他到达重庆。他非常详细地计划了第二年春天的攻势。针对杨应龙四五万人的兵力，他动员了一支 20 万人的军队。部队远从陕西和浙江来到。朝鲜战役的老兵，一小批从朝鲜来的日本人也被征召。大部分军队是从地方的辅助部队和其他土著部族成员抽调的。部署了火器。每一支先头部队都由精锐部队带领。地形事先进行了研究。总督本人在心理战方面是内行，他有效地利用了告示和传单。

实际的战斗持续了 104 天。李上报说有 22687 名叛逆者被杀，1124 名被俘。这一比率表明了其残暴的程度。杨应龙自杀，他的尸体被送往北京予以污辱。随着杨氏氏族世袭的封建领主地位的消除，播州本地的酋长制被改成了直接治理的两个府。

鄂尔多斯战役

防御哱拜的战役的内容要少得多。现存的记载并未证实他打算造反的断言。在举起他的旗帜之前，他可能已和鄂尔多斯蒙古人达成了更好的谅解。有些记载表明，他是事件的受害者，后来被明的官员们挑选出来当作叛乱的首领。

哱拜是蒙古人，他的家庭曾长期服中国的兵役。1592 年他以都指挥的身份退职。他的军阶由他的儿子承袭，他的儿子用中国名字哱承恩。按照惯例，这个家庭保有 1000 多“家丁”，也就是受他们的指挥官主人指挥，常常被他雇用的经验丰富的战士。评论家曾经评论说，保留这样一支私人军队，和他们父子都被卷入的这次兵变相比，很可能使他们更不可避免地要被消灭。因为哱拜和他的儿子被安置在战略城市宁夏，他们和草原上的敌人蒙古首领们的可能联系终于使中国当局感到忧虑。

1592 年 3 月，一个中国军官刘东旸起来造反。他因欠薪而发怒，杀了这个地区的巡抚。在暴动的过程中，刘和他的部下还迫使这个军事地区的总兵官自杀。然后他宣布自己为总兵，让哱承恩和另外一个中国军官任他的左、右副职。哱拜在这一连串暴力事件中从来没有接受任何头衔，但他被确认为这次叛乱的幕后策划人。从一开始，负责西北边境的总督上呈皇帝的奏疏就大事渲染哱拜和他儿子的作用，而对中国人员的作用轻描淡写。通过夸大哱拜和蒙古人的联系，他希望使这一事件呈现出边境战争的特征，而不是由下级指挥官管理不当而造成的一次内部的暴动。

下几个月正与日本侵略朝鲜的时间巧合，是朝廷非常焦急的一段时期。叛乱者和政府军之间在宁夏周围的边境辅助哨所的较量加剧，叛乱者时时得到草原蒙古骑兵队的帮助。防线以内的中国指挥官们在待命中，奉命对蒙古人深入明疆袭击做好准备。从邻近地区调入了增援部队。注意了欠款问题，户部从陕西、河南和四川运送银子给战斗人员发饷。但是鄂尔多斯大部队在附近地区出现的传闻是不真实的。[①] 皇帝两次严责官员们给他提供虚假的报告和矛盾的建议。如果鄂尔多斯蒙古人投入了兵力，这次叛乱能否被镇压是难以预料的。但实质上，到了仲夏，政府军已经包围了宁夏镇城。

1592 年 7 月最后一天，李如松带领东部军区的援军到达。这标志着战役的转折点，可是围攻的军队又过了两月也未能攻占这座城。终于找到了一种解决的办法。修建了一道与城墙平行的堤堰，把中间的空地灌满水。这道堤堰完工时有 3.5 英里长，其中的水达到 9 英尺深。城墙的一些部分不久开始崩塌。从洪水中逃出来的叛乱者完全失去信心。1592 年 10 月 20 日，宁夏城被占领。哱承恩在城陷以前杀了刘东旸，并将刘的首级悬挂在城墙外面，显然希望因此而得以赎身。哱承恩没有被宽恕。他到政府军的大营时被扣押，后来在西安被处死。哱拜自焚。1578 年以来整个宁夏镇现役的花名册只有 27934 人，卷进叛乱的士兵数目不可能超过两万。宁夏城的人口当时的文献记载是 3 万。政府方面军队的总数不详，但它包括北方边境所有军区的部队。

---

① 有些资料指出，鄂尔多斯蒙古人提供了 3 万坐骑支援叛乱者。见谷应泰《明史纪事本末》[293]，63。发生的事情是，1592 年 9 月 12 日鄂尔多斯蒙古人和哱拜之间一封允诺大量援助的信，据说被中国人截获。这一消息传送到北京已经过时。见《明实录·神宗实录》[380]，第 4696、4700 页。

朝鲜战役

朝鲜战争和上述两个战役不同，是在外国土地上作战。丰臣秀吉在准备侵略时，据说动员了大约 30 万人。此数一半左右参加了 1592 年在朝鲜的战斗。1597 年的第二次侵略涉及差不多同样数目的人。这些数目使明军不可能具有它常有的那种数量上的优势。

因为丰臣秀吉的真实动机仍不清楚，历史学家们不可能十分肯定地论述这次国际冲突。他在宣告征服中国是他公开的目的后，甚至没有进入朝鲜以落实他野心勃勃的计划。他 1592 年的第一次突袭使朝鲜人大吃一惊。日军在 1592 年 5 月晚期在朝鲜半岛登陆，在两个月内便把汉城和平壤都占领了。到了 1592 年秋天，两支先头部队已抵达鸭绿江和图们江。没有做出努力越过这两条江前进，以至侵入中国境内。没有利用这最初的优势可以归因于朝鲜水军和朝鲜的非正规军，他们骚扰日本人，威胁他们的后方。但丰臣秀吉，和他愿意承认的或资料所透露的相比，可能持有不那么雄心勃勃的战争目标。乔治·桑塞姆怀疑他了解大陆战争的一些难题，或预料到严重的中国的介入。[1] 碰巧，统率一支 1.8 人的先头部队，并和中国人打了大部分的仗的小西行长这个日本的"基督大名（Christian daimyo）"也在战地上进行了大部分和谈。这种双重任务要求他时而战斗时而友好地拜访中国将领们。休战很可能起了对明军比对日本人更有利的作用。

中国人考虑到他们派往朝鲜的象征性军队在 1592 年被日本人消灭，在这年晚些时候开始动员。集合了一支规定兵力为 4.2 万人的远征军，部队由北方五个军区提供。一支精通火器用法的 3000 名士兵的部队来自南中国。整个帝国奉命战时警戒。所有沿东海岸的海港都被关闭，以免 16 世纪 50 年代的海盗入侵可能重演。东方的访问者证明了对外国人的普遍怀疑。既然事已至此，万历皇帝发布命令调集一支由 10 万人（有的来自遥远的暹罗和琉球群岛）组成的远征军以夺

---

[1] 见乔治·桑塞姆《日本史，1334—1615 年》[445]（斯坦福，1961 年），第 22 章；也见小西行长传记《明人传记辞典》[191]，第 728—733 页。

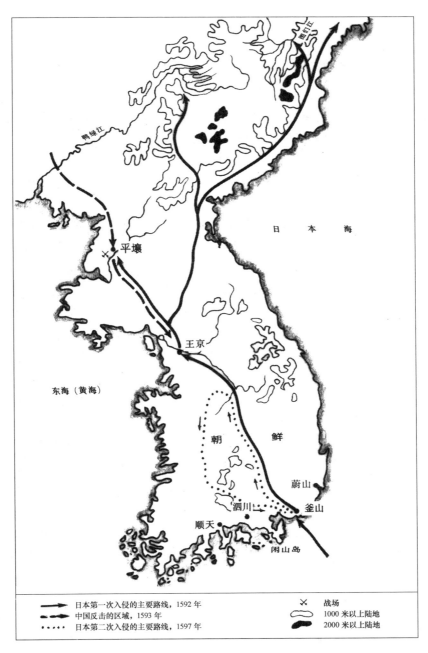

内文字说明：

图们江

日 本 海

鸭绿江

平壤

王京

东海（黄海）

朝　鲜

蔚山

泗川　　釜山

顺天

闲山岛

日本第一次入侵的主要路线，1592 年
中国反击的区域，1593 年
日本第二次入侵的主要路线，1597 年

战场
1000 米以上陆地
2000 米以上陆地

地图 24　朝鲜战役（1592—1598 年）

回朝鲜，并最后侵袭日本。[1] 和一般的做法一致，文官宋应昌被任命为经略，同时李如松被委任为提督。

这支远征军于 1593 年 1 月渡过鸭绿江。它的第一次战斗旨在收复平壤，是中国人的一次明显胜利。但 20 天以后，李如松在一次勇敢的追击中，亲自率领 1000 骑兵走在他的军队主力的前头，却遭到了灾祸。在汉城以北约 15 英里，他被一个三倍于他自己部队兵力的日本战斗队列所阻。中国人被击溃；提督本人好不容易才免于被俘。这次战斗结束了这次战争第一阶段的敌对行动，接着进行了和平谈判。

中国谈判代表团由沈惟敬率领。很奇怪，他既不是文官的一员，也不是一个军队的官员。他由兵部尚书推荐，轻率地被委以战斗的职责，作为游击去和日本的战地指挥官们面谈。他和敌方的谈判被认为为日本人于 5 月撤出汉城作好了准备。撤退背后的真实问题是，侵略者面临严重的后勤难题，他们已经遭受了一个大粮库的损失，它是被中国—朝鲜的代理人烧毁的。丰臣秀吉命令日本人在釜山附近建立他们的阵地。中国人没有所需的力量以摧毁这个桥头堡。僵局就这样出现，随之而来的休战持续了将近四年。

这种拖长了的解决难题的外交努力和处理谈判及其连带的礼仪的缓慢步调，在某种程度上可以说是文化因素造成的。但是，一个好奇的读者很可能怀疑在起作用的丰臣秀吉的心计。这个日本的新霸主知道，如果他过分坚持这个争端（他供应他的军队已经有困难），可能跟着发生严重后果；他愿意等待时机。此外，如果在朝鲜受到挫折，他在日本掌权就不可能仍然是牢固的。

1593 年夏天，一个中国代表团访问了日本，沈惟敬在代表团充当顾问。丰臣秀吉于 6 月接见了代表团，代表团在他的宫廷停留了一个多月。这一轮谈判毫无结果，但朝鲜局势的紧张程度减轻了。中国

---

[1] 这个布告很可能对朝鲜人比对日本人更有影响。关于原文，见国史编纂委员会编《朝鲜王朝实录》[93]（《李朝实录》）(1400—1445 年；第二次印刷，1603—1606 年，摹印本，汉城，1968—1970 年)，30，第 1—2 页。

人决定在半岛上保留 16000 人以维护这种武装休战，撤回了其余的远征军。证据表明，已先倾向于和平解决的日本人在他们自己之间不能就条件取得一致意见。丰臣秀吉到中国的使节小西如安（中国人叫小西飞）首先必须在釜山和代表侵略军的将领们讨论。① 他和中国谈判者的讨论也在北京引发了一次类似的争论。大多数意见赞成战争。结果是，这个使节在朝鲜和满洲滞留了一年多。但是，兵部尚书极力主张和平解决，列举了继续战争的财政困难。这得到皇帝的亲自干预以使他的论点占上风。一个低级官员被查明是吵嚷得最凶的应对阻挠和平解决负责的人，被免去了行政机构中的职务并被逮捕。这时这个使节小西飞才被护送到京师，他在那里停留了一个多月。

北京朝廷满足于日本的提议，派出一个使节去授予丰臣秀吉以日本王的称号。和解的一个先决条件是日本在朝鲜的军队完全撤退，这遇到了某些阻力。漫长的讨价还价随之出现。中国使节从 1595 年 5 月到 1596 年 7 月，先是滞留在汉城（在中国占领之下），然后是在釜山（在日本占领之下超过一年）。应该转交给日本那位霸主的皇帝的册文和绸袍变得很脏，以致都不再合用，必须从北京赶紧送来新的。在谈判期间，主要的中国使者担心他的性命，放弃使命并逃走了。他的职位只好由他的副手填补，只是在日本军的主力渡过朝鲜海峡以后，他才渡过朝鲜海峡到了日本。釜山的侵略者还是留下了一小支驻军。

1596 年 10 月丰臣秀吉应允的对明使节的接见，是所有时代最大的外交大错之一。这个日本霸主认为自己在战争中是胜利者，愤怒地发现他将被置于向中国皇帝承担纳贡义务的附庸地位，并将保证决不再进行对朝鲜的另一次侵略。他曾指望分割朝鲜，送来一个朝鲜王子作为人质，和与一个明公主结婚。只要这样说就够了：日本已经发展得不适合于中国的世界秩序观念，以及它的从天朝京师放射到边缘地区的突出的文化影响。不难理解，谁都不敢把这一新的发展上报万历皇帝。220 年以后，即使在一个异己的满族统治者之下，当英国国王

---

① 见《明人传记辞典》[191]，第 731 页。

的阿美士德使团于 1816 年被派往中国时，中国朝廷仍然紧紧地抱住它的世界帝国的特殊观念不放，这种观念对它的意识形态的基础是至关重要的。这一问题的费解方面是，丰臣秀吉见过沈惟敬不止一次，他的代表们也和中国人保持联系多年，直到册封的册文实际放在他的眼前时，他对争论的是什么仍然一无所知。

无论什么可能导致这一误会，其结果是和平谈判停止，而战争进入了它的第二阶段。1597 年早期，双方恢复了敌对行动。在中国使节被给予回国通行证之后不久，据报 200 艘运载军队的日本船已抵达朝鲜海岸。夏季期间，另外 1000 艘这种军队运输船停泊在釜山。北京朝廷任命杨镐为一支新军的经理。控制满洲和北京附近地区的总督担任后方梯队总部和后勤的指挥官。这个官员邢玠作为防御的协调者，最后行使了高于经理的权力。同时，那些先前主张和平解决的官员被贬黜。沈惟敬到死被搁置一边。早些时候很得皇帝信任的兵部尚书因皇帝坚持而被处死刑。在执行死刑前据报他死于狱中。

中国文献指出，为这第二次战役，起初调集了 3.8 万人的部队。它们由一支 2.1 万人的水师协助。邢玠说他计划了动用 10 万人的冬季攻势，但似乎是，他的军队的总数是这个数量的一半左右。一个近代日本学者认为，明的兵力和丰臣秀吉 14 万人的侵略军相等，但这似乎是太不可能了。[①] 中国军队是靠在全帝国调动现役部队和招募而组成的。涉及所有的边境地区，有些士兵还来自遥远的四川、浙江、湖广、福建和广东。一个现实的估计可能是把明在战役高峰期间的陆军和水师加起来的兵力估量为 7.5 万人。

第二次战役在几个方面和第一次不同。这一次，几乎整个战役都在北纬线 36°以南，而不是沿南北延伸的战线进行。1597 年 8 月，日本人推进到离汉城 50 英里以内；但是当明的援军到达时，战线变得

---

① 《日本在亚洲大陆的扩张：日本史研究，特别是关于它和中国、朝鲜和俄国的国际关系》[296]（伯克利，1937—1940 年），I，第 171 页。但是，使用这部著作必须慎重，因为它带有浓厚的第二次世界大战前日本国家主义的色彩。桑塞姆说，朝鲜国土上的全部侵略军接近 15 万的数量，都是"一级作战人员"。见桑塞姆《日本史》[445]，第 539 页注 19。

稳定了。当冬季到来时，侵略者不得不撤回南方。此后他们便取守势。在第一次战役中已经认为重要的水师的军事行动，对第二次战役的结果有决定性的影响。朝鲜人起初把水师将领李舜臣投入了监狱，并委任一个不胜任的军官指挥他的舰队。他们很快把闲山岛上的基地丢给了敌人。这个错误被纠正了。在这一年结束之前，水师将领李舜臣回来了，由于他的返回，朝鲜人很快恢复了对海峡水道的控制。他的成功迫使日本陆军沿东部蔚山到西部顺天海岸采取守势。

中国人也没有忽视海军力量的重要性。按照大学士沈一贯的建议，万历皇帝下令筹办一支舰队，并派往朝鲜领海。它被置于中国水师指挥官、炮术专家陈璘之下，于 1598 年 5 月到达朝鲜海域。① 天津的港口和山东半岛及辽东半岛的港口被利用来运送给养。这支水师最后在和朝鲜人的联合部署或者在和中国陆军的配合进攻中加入了战斗。

尽管有这些战略上的优势，陆上的军事行动也绝不是容易而顺利的。伤亡的巨大数字证实了战争的激烈。这次战役的中国一方还开始了党派性的争论，尤其是在战斗部队面临不利局面的时候。例如，1598 年 2 月围攻蔚山，据说已接近于成功的结局。但是一支日本 3000 人的救援部队在最后时刻的出现引起了中国攻击部队的溃逃。经理杨镐因这次失败而受到指责。他因制止最后的攻击和其后逃命而受到批评。虽然他承认几百中国士兵死于战斗，他的对手却坚决认为这次损失很可能超过 2 万人。他和有很多敌人的大学士沈一贯的密切接触和这次批评有联系。这导致了杨镐的免职。

1598 年春小西行长警告说，日本在朝鲜的阵地是守不住的。日本人依次下令撤退将近半数的侵略军，在朝鲜主要留下岛津氏族成员的指挥官们隶属的萨摩军人。这些人打仗很凶猛。在 10 月后期之前，丰臣秀吉于 1598 年 9 月 18 日死去的消息没有传到日本营地。那时，他们已在顺天和泗川打退了中国人的进攻。顺天之战是严重的失败，这在中国官员集团内是被承认的，虽然日本人声称他们斩首 38700 名，似乎是有意地夸大了。

---

① 见陈璘传记《明人传记辞典》[191]，第 167—174 页。

这最后的挫折将北京朝廷（它还不知道丰臣秀吉之死）置于困境。朝廷提出了停止攻击和采取守势的建议。皇帝已经召集了主要大臣的会议以商议这个问题。就在这时福建巡抚向朝廷报告了丰臣秀吉之死。这个消息作为谁也不想继续的七年战争（日本人认为这次战争是"龙头蛇尾"）事实上的结束而受到了欢迎。

满族的挑战

帝国的创建者努尔哈赤

努尔哈赤生于 1559 年，这使他比万历皇帝年长四岁。他的通古斯人的建州部属于女真族。1635 年以后他的后代才开始把他们自己叫做满族，这个词的起源不清楚。但是"建州卫"这个名称是明代新造的用语。永乐皇帝承认这些部落的作战能力，用这个名称于 1412 年设立了这个部族的卫，因而在理论上使这个部族成为中国帝国军队的一个附属部分。可是这种承认没有什么内容。明帝国从没有明确地划定这个卫的疆界；除了可能在最初的年代以外，没有证据表明，这个部族的首领的顺序继承是保持在帝国的严密监督之下。

在整个明代，满族人从他们靠近现今朝鲜和前苏联之间的边界地区的较早居住地，移居到西面大约 300 英里的满洲中心地带。在 16 世纪，他们沿着相当于现今辽河以东的南北铁路通道一线和中国人做买卖。和中国居民的冲突变得频繁了。努尔哈赤最终成了在腐败而专横的中国官员们手下受到恶劣对待的直率的满族人的维护者。实际上，满族部落之间的内部冲突是频繁的。其模式通常是以婚姻关系和联盟开始，而以背叛和吞并告终。中国的地方指挥官们毫不犹豫地利用这种对他们有利的情况。他们不能避开日益增长的满族人口的压力，常常在较弱的首领和较强的首领争夺权力中谋求给予前者以帮助。他们以这种方法改变力量对比，对局势保持某种控制。这样，到了 17 世纪第一个 10 年，明政府、它的军队和中国移居者都已长期参与了和满族人的各种关系。

努尔哈赤自己的亲属（他们对首领地位的要求，按照父系和母系血统似乎都被证明是正当的）成了异常情势的牺牲品，这种异常情势使他开始了作为满族人首领的生涯。1582 年晚期，这个未来清王朝的创建者的父亲和祖父都在阿台的要塞内，阿台是和明将李成梁交战的一个首领，这时他们因中国军队猛攻这个要塞而遭到杀害。后来才发现他们是李秘密联系的人。在这一事件以后，努尔哈赤去见李，李安慰他，待他很好。有的记载甚至说，这个未来的满族首领成了李成梁的义子。

1583 年，努尔哈赤 24 岁，开始创建他的帝国。他后来夸耀说，开始时，他的军队只有 13 副盔甲。他有李成梁的同情，并借口他是为他的先人之死报仇，他能够不受惩罚地采取行动。但是在 1587 年，当他开始加强他驻地的防卫时，辽阳巡抚断定努尔哈赤被纵容得过分了。他组织了一次先发制人的反对这个建州首领的战争，但他后来不得不予以放弃。如同当时典型的中国政治关系，对于如何处理这一局面存在不同意见。一个和辽东巡抚意见不合的下属地区的行政官员坚决认为，应当靠引导或"抚慰"把努尔哈赤争取过来。使得事情更加复杂的是，这个下级官员从北京监察官员们得到的支持比巡抚本人多。在努尔哈赤可能变得过分强大以前摧毁他的计划就这样被搁置了。

在这次事件之后，这位满族人的领袖还是以不太好战的办法向着他的目标前进。他已经控制了黑图阿拉（后来的兴京）河以南的地区，和四个女真后裔的主要部族政权保持真诚的关系，与其中一个首领的女儿和另一个首领的孙女结了亲。较小的部族被劝诱承认他为他们的领袖。他仍在等待时机，与明帝国同样和好。结果，万历皇帝于 1589 年授予他称号和军阶。第二年他以他自己的朝贡使团首领的身份到了北京，后来在 1597 年，他再次访问了中国京城。

中国和丰臣秀吉的战争给努尔哈赤提供了一个难得的机会。1593 年努尔哈赤击溃了他的叶赫部的内兄弟所组织的联合进攻，扩大了他对在满洲的蒙古人的影响。他提议率领他的部队参加明在朝鲜的远征，被婉言谢绝。尽管如此，北京朝廷还是不得不谦逊地对待他。他还从垄断与中国人的珍珠、貂皮和人参的交易中获利，这样获得的财源有利于他的扩张计划。几乎不能相信人人在这时都能看出努尔哈赤迟早将起而向明王朝挑战，可是也没有提出抑制他的办法。1592 年，在抵御丰臣秀吉的战役的前夕，来自满洲的一份中国公文表明，这位满族首领大约有了 3 万—4 万骑兵，加上大约 4 万—5 万步兵。努尔哈赤精锐部队的质量给人的印象甚至更为深刻，普遍认为它甚至胜过日本人。[①]

在这个世纪结束前后，努尔哈赤采取两种措施把他的机构提高到高过部族政权的水平。一种措施是在 1599 年研制一种独特的女真字母字体，代替以前所用的蒙古字体。另一种措施是在 1601 年创立"旗制"。在四个旗的每一旗下大概各有 25 个 300 户的牛录；1615 年又增加了四个旗。这些旗和牛录不只是作战的单位，还起军事行政区的作用。全部居民都在它们的下面登记，包括部族所有的男人和女人，以及他们的子女和奴隶。在和平时期，它们是行政和税收单位。在战争时期，登记在牛录的士兵很少同时被征召；它们奉命从每一牛录出规定数目的士兵，这取决于动员的程度。

1603 年，努尔哈赤与明在辽东的将领们达成一项协议以划分他们之间的疆界。此后满族人的土地便紧靠中国的移民。中国人没有实行这项协议，这种情况曾被努尔哈赤作为他的"七大恨"之一而提了出来。

努尔哈赤的战术的核心是由 1 万—5 万骑兵组成的骑兵兵团的灵活性和打击力量。由他的儿子和侄子们统率的各旗配合得很好。这些作战兵团行动的高速度使它们能够抵挡中国人和朝鲜人的火器。在 1619 年的战役中，努尔哈赤能够迫使中国在开阔的战场上（满洲人擅长于此作战），而不是在围攻和消耗战（中国人擅长这种作战）的一系列正面战斗中和他打仗。努尔哈赤于 1615 年派遣他的最后一个朝贡使团到北京，显然是为了分散朝廷对他真实意向的注意力和掩藏他的即将发动的叛乱。

[①] 《朝鲜王朝实录》[93]（《李朝实录》），30，第 16 页（97）；第 4—5 页（55—63）。

他看出明帝国的虚弱已有很长时间。例如，他告诉他的部下说，如果一个明的将领奉派来惩办他，这个将领只是形式上奉行调遣，然后谎报他的功劳。他把以鲁莽出名的明的山海关总兵官杜松说成是疯子。总之，他怀着仇恨和轻蔑对待中国人。但具有讽刺意义的是，他从不缺乏中国顾问，其中之一据说为他尽力达 30 年之久。

最后的迹象

到了 1618 年，除了叶赫和海西外，努尔哈赤已并吞了所有的满族部落；叶赫和海西在中国人保护之下，没有一次大规模的战争不能消灭它们。这一年春季时机成熟了。5 月 8 日满族人放出风声，第二天 3000 建州部族的人将到抚顺关做易货交易。在指定的时间，当城镇居民和戍军的士兵涌进城门外的市场极想做买卖时，努尔哈赤发动了他的攻击，杀死一个千总，并迫使一个游击投降。辽东镇的总兵官匆促出击。满族人于是撤出抚顺，向他们自己的地区撤退。但是，他们途中又折回并包围了中国人，这次杀死了这个总兵官。

努尔哈赤仍然声称希望和平解决，这时发布了他的"七大恨"，实际上强调了三个主要问题：他的父亲和祖父被明军杀死；明当局给予他的部族对手以帮助和支持；明的移居者蚕食他的疆土。这些恨只能以让与他疆土和以金、银、丝织品的年金——实际上是北京的贡品——来补偿。这些条件对于北京被认为是不能接受的。事实上，明朝廷深受派性斗争的困扰，以致它不得不鲁莽行事。除非努尔哈赤很快被彻底打败，应负责任的官员们没有一个能够希望避免指责和弹劾。在这种压力下，连万历皇帝也决定采取行动。有几个月，关于辽东的公文得到了他及时地注意。

计划于 1619 年春季讨伐。但是，在所有能胜任的官员中，又是有争论的杨镐被任命为经略。几个受到高度重视的将领——帝国能调的最好将领——也被派到辽东。边境戍军和远到浙江和四川这些内地省份的士兵、马匹和装备被集合起来以建立一支进攻的军队。当需要更多的人员时，便以新兵补充队伍。叶赫和朝鲜人也被要求参加这次战役。[①]

财政是一个主要问题。在张居正当首辅期间积聚的国库储备，在早一个 10 年已经全部耗尽以供给其他一些战役的资金。正常岁入绝不能抵补这种巨大开销。总是不愿放弃自己财产的万历皇帝，只为这次战役出了 10 万两银子，虽然在内库里他有几百万两。在户部尚书建议下，除贵州以外的所有省份，对于土地税都增加了银两附加费。在其他税收外，这项增加预期提供 300 万两银子，这笔款项在当时被认为足以使辽东事件获得圆满结局。到 1619 年 3 月，所有的准备工作都已完成。

杨镐的全部兵力在有些资料中说有 20 万人。实际上他可能只有此数的一半，其中大约有 83000 人的中国部队，包括那些派给勤务和供应职务的人。余数由朝鲜和叶赫援军组成。所有努尔哈赤的部队一到达战场就投入战斗。在这次战役的高峰时刻，他或许有 5 万至 6 万人。尽管记载中夸大和缩小了军队人数的数字，可以有把握地认为，总的来说中国人具有大约两三万人数上的优势。但是在战场上，数量上的优势却在满洲人一边，因为杨镐把他的兵力分成了四路，而努尔哈赤实际上在一切场合都保持了以他的全部兵力攻击的机会。

回顾起来，杨镐的作战方案应该受到它所受到的一切批评。可是，这个作战方案类似于在抵御杨应龙战役的末期中和在朝鲜战争第二阶段中所用的方案。这类方案通常是由文官而不是由战地指挥官提出的。文官按照惯例被任命为最高指挥官，但职业军事指挥官却不能指望高升到超过野战最高将领的地位。一个指挥一个军团的将官通常已经达到他的履历的顶点。这也是 1619 年战役四个指挥官的情况。他们的服役经历和他们的声望大致相等，谁也不能被指望从属于任何别的人；谁也没有专门的知识和技能以调动大于上述四个纵队的作战编制。

[①] 1619 年的这些军事活动，在我的论文《1619 年的辽东战役》［252］中作了充分的分析，《远东》，28（1981 年），第 30—54 页。加里·莱迪亚德教授曾建议我利用朝鲜资料。

由这种缺乏军事领导能力而产生的一些问题，更和缺乏专门技术和后勤的支持掺和在一起。军队由分散在许许多多行政单位中的各种来源提供资金。它的人员包括新兵，也包括世袭军户的成员。它的装备来自地方征集的比来自中央管理之下的合乎标准的工厂的要多，因此，不能指望质量检查。16 世纪晚期到中国的西方访问者几乎一致认为，中国军队在战斗中很脆弱；但是不管它质量怎样差，它在数量上却能弥补。在和丰臣秀吉作战期间，朝鲜人看到没有甲胄保护的中国士兵迎面攻击日本的火器部队并遭受巨大伤亡而感到惊骇。最重要的是，这样一支军队不能机动地调遣。它需要富有经验的战士组成的精锐部队打开攻击的道路，以便大批士兵因而能够在他们后面蜂拥而进，维持攻击的势头，开拓成果。不过这些作战兵团由勇敢的人指挥，他们本人精通技击，在勇敢的冲锋中亲自带领他们的士兵。

1619 年战役中的所有指挥官可以用以下的说法来评述：他们当中没有一个有资格叫做足智多谋的人，更不必说，战略家，但是他们在战斗中的英勇是被完全认定了的。在战斗中，他们被指望负责他们的"家丁"，即誓与他们的指挥将领们共生死的老兵的部队。例如，这四个野战指挥官之一的刘𬘩，是一个职业军事指挥官，他在1582—1583 年战役的缅甸前线指挥，从此开始发迹。1619 年他带着736 个这样的家丁到了辽东。既然次一级的将军们顶多不过担任大队的指挥官，最高指挥部的选择余地便受到限制。由于这个缘故，战略和战术只能老是简单的。

对杨镐应做到完全公平，其他可减轻错误的因素也促成了他的失败。在他派马林到北面，刘𬘩到南面以后，他显然保持着对已在辽东的明军的指挥，包括叶赫和朝鲜的援军在内。朝鲜人离开他们的本国基地不能被有效地使用。地形是另一个影响他的决断的因素；从西方通向赫图阿拉的路线受到限制。所有的进路都在浑河的北面相交，而在南面，高山终归是一个严重的障碍。

在作战方案已经决定时，杨镐作为经略，和在场的多数军官一起，于1619 年 3 月 26 日在辽阳主持仪式以发动这次战役。4 月 5 日

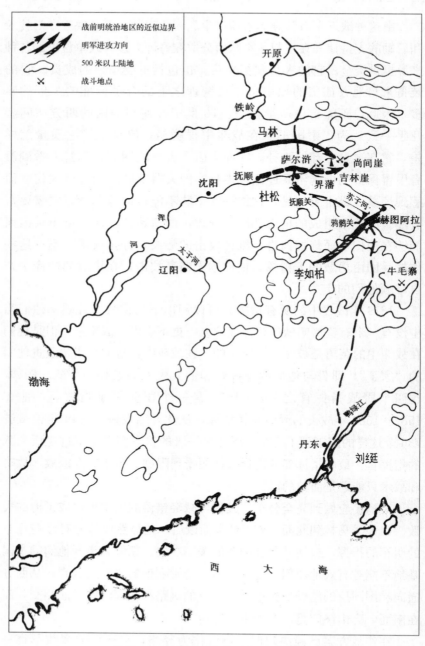

地图 25　杨镐进击努尔哈赤（1619 年）

以后在不同日子派出了几支部队，这取决于每支部队到达敌人都城必须行军多远。在举行仪式时，在前一年的战役中进攻不力的一个指挥当着集会的军官的面被处死。杨镐约定，自将领以下任何人在当前的战役中如果犯了类似的错误，都将施以同样的极刑。3 月 31 日下了一场大雪，这就必须重新安排这次战役于 4 月 9 日开始。

只要努尔哈赤专意保卫赫图阿拉，让明的几支纵队围攻他，或者把他的兵力分散在广阔的地区，因此明军可以保持数量上的优势，杨镐的方案便有某种成功的可能性。但是这个满族领袖没有做这些事情中的任何一件。对努尔哈赤的才能估计不足注定杨镐和他的军队要遭到不幸。

碰巧，带着估计有 2.5 万人兵力从抚顺关动身的指挥将领杜松因这次战役的失败而受到了责备。据说他在萨尔浒之战中两次遭到伏击。4 月 14 日一早，他渡过浑河，并在北岸放弃了他的装载着轻型炮的战车营。在南岸的小接触中他很快消灭两个堡垒，俘获了 14 个满族人。他受到这一成功的鼓舞而突进，正中努尔哈赤的埋伏。他的部队面对 3 万蒙古人。在激烈战斗期间，杜松试图占领一个山顶，不料又陷入另一次埋伏。日落之前，这个"疯子"将军和他的两个分队指挥官一起都已被杀，渡过浑河的人很少生还。

监察官员们谴责杜松"欲贪首功"。他的恶劣行为包括擅自把他的启程日期提前，放弃火器，反对他部下的建议而渡过浑河，以及背水而战。这次战役失败的严重责任最终落到杜的头上——这种判断为皇帝所接受。但是，这些批评完全以一个监察御史推敲出来的一份战地报告为根据，而他的报告又完全以四个士兵提供的口头叙述为根据，其中三个士兵执行侦察任务，只有一个士兵在这次战斗中实际作战。这些批评者不考虑最高统帅给指挥将领们添加的不适当压力，更少考虑大学士方从哲对整个战争工作所施加的压力，方从哲本人正面临不满的朝臣们的批评。

事实上，杜松的部队应当在 4 月 14 日出发。他实际上是在 4 月 13 日和 14 日之间的午夜启程的，这在技术上和他的命令并不是不符的。他战术上的错误可能是受缺乏充分侦察的限制。可是杜松的部队一旦投入战斗，便不得不靠占领一个突出的高地来保卫他的阵地。战车营被留在后面不是指挥决断的结果。仓促碰上敌人，杜松赶到了前线。后来战车营的指挥官证实，浑河的急流使得带着重型装备和黑色火药渡河很困难，所以他停止了前进。但是前线部队仍然有许多枪。对杜的指责因而基本上是不公正的，尤其是指责他没有使用火器。应当指明，对任何战争或这次战役的结果，火器都没有决定性的影响。在其后的尚间崖和牛毛寨的战斗中，中国和朝鲜的轻型炮都不能够快地射击以击退坚决进攻的骑兵大兵团。后来，在开原和铁岭战斗期间，也出现了同样的情况。

1619 年 4 月 15 日在尚间崖的战斗重演了前一天战斗的格局。中国人的战术指挥再次把自己分割开。努尔哈赤在攻击敌军主力之前，再次消灭了敌人派出的突击部队。当努尔哈赤重新部署他的各旗时，明军再次不能很快地行动以夺取战术优势。唯一的差别是，在这次战斗中明军有时间占据防御阵地。从另一方面来说，满族人后面还有一天成功的激烈的战斗。在尚间崖，中国的指挥将领马林没有死于这次战斗；他撤退到了安全地带。派到他指挥部的高级文官潘宗颜监督后方梯队，在战斗中被杀。因杜松在前一天战败的消息而感到沮丧的中国士兵，一看见敌人就溃逃，潘的致命创伤是射在他背上的一支箭造成的。

这两天的战斗彻底摧毁了明前线的北部防区。只剩下南面的李如柏和刘綎。努尔哈赤开始放下心来。他派出两支蒙古诸部组成的先头部队，一支由 1000 骑兵组成，在 4 月 15 日；另一支由 2000 骑兵组成，在 4 月 16 日。做完这些，他花时间为他的胜利而感谢上天，在界藩献祭了八头牛。4 月 16 日晚些时候他才动身往南去。他本人没有走出赫图阿拉，他在京城保留 4000 人的部队作为预防李如柏从鸦鹘关进攻的措施。对刘綎的军事行动由他的儿子大贝勒指挥；另一个儿子洪台吉和他的侄子阿敏台吉也参加了这次战役。按照满文资料，牛毛寨之战发生于作出向南行动决定之后的第四天，那就可以把它定在 4 月 20 日。朝鲜的记载注明的日期是 4 月 17 日，这事实上是不可能的，因为这时满族部队还在向南的途中。

最后的对抗

牛毛寨之战是在杨镐事先不知道，并且违反他的希望的情况下打的。在北方战线崩溃以后，这位经略马上命令南方的两支纵队停止前进。在极为困难的地区作战，并只和满族斥候接触的李如柏，及时撤出以避免更大的灾祸。但是刘𫄨没有接到这道命令。当满族人的袭击临头时，他的纵队仍处于行军队形。朝鲜资料说这时士兵们正在村庄中抢劫。中国通讯系统的低效率是太明显了。

可是按照满文资料，刘𫄨的部队能够顶住大贝勒进攻的最初浪潮。这位中国将领在他纵队的前面指挥明的各支队伍，带枪的朝鲜部队跟随在后。在他们后面更远一点是朝鲜步兵的余下部分。为了重新发起攻击，满族人派出骑兵队悄悄插入这些兵团，并占领了它们西边的一些高地。正面攻击得到了洪台吉指挥的对侧翼的向下冲锋的援助。当中国人被击溃时，他们的指挥将领也和他们一起丧生。中国人后来声称刘𫄨是在战斗中被杀的。满族人说他被俘并被处死。朝鲜人说他点燃他身下的黑色火药而自杀。

满族人在一个星期之内，在一次又一次的战斗中赢得了一连串辉煌的胜利。这次战役以后三个月，努尔哈赤占领开原，杀了马林。这之后七个星期，他洋洋得意地进入铁岭。余下的女真部落被吞并。北京最后不得不下令逮捕杨镐。他死刑临头达十多年之久；他在 1629 年才碰上了刽子手的大刀。原来四个战地指挥官中唯一活下来的李如柏，和他的经略一样，在他撤退之后的一年半被捕。他宁愿自杀，而不愿面对他和他的亲属曾和满族首领亲善的指责。

在辽东受挫的消息传到北京以后，京师的粮价因居民开始感觉到围城的可能性而突然飞涨。1620 年早期，军队报告说出现了空前比率的逃亡现象。有时团营规模的部队一夜之间便消散了；士兵们成千地逃走。原来指定只生效一年的土地税上的附加税不能停止，相反，却增加了。明朝廷还能找到一个可以代替杨镐的人熊廷弼，不过他受到他的党派性敌人的恶毒攻击。仍然勉强抗拒让出他私库中银锭的建议的万历皇帝，于 1620 年夏天去世。在他死前大约三个月，他告诉大学士方从哲，辽东文武官员们之间和之中的不和导致了这场灾难。

具有讽刺意味的是，给那么多别的人做出过判决的万历皇帝不知道历史家们将给他做出的判决就死了。虽然在他临终的日子里，他病得很厉害，头晕眼花，长期卧床不起，甚至不能阅读带给他的奏疏，但他作为天之子，仍然要对帝国内所有出了毛病的事负责。他生病和不能做什么以改变帝国体制，事实上并没有差别。总有人要承担最后的责任，这个人就是这位皇帝。

第 十 章

泰昌、天启、崇祯三朝，1620—1644 年

　　直到最近，大多数研究中国历史的学者仍然倾向于把明朝统治的最后 25 年看作是王朝衰落与最后崩溃的重演，这出古老的戏文以前已经演出过许多次了。然而，简单地用我们所知道的对汉、唐或宋王朝结局的看法，去套泰昌（1620 年 8 月 28 日至 9 月 26 日）、天启（1620 年 10 月 10 日至 1627 年 9 月 30 日）、崇祯（1627 年 10 月 2 日至1644 年 4 月 24 日）三朝，是忽视了它们的许多独特与具有重大意义之处，因为 17 世纪上半叶，中国在经济、社会、文化和政治生活等重要方面，是一个跟过去很不相同的国家。甚至从 16 世纪初期起，中国社会所发生的变化，不仅对目前研究的这个时期，而且对此后中国文明的发展，都是极为重要的。因此，任何企图把晚明的历史轻易地归结为朝代盛衰周期性的不可抗拒的结果，理当受到坚决果断的拒绝。

　　但是，明帝国是在 17 世纪 40 年代被数量上占巨大优势的满族入侵者及其联盟征服的，而本章的目的之一是探讨这一重大军事、政治事件如何发生。令人遗憾的是，这样的探讨必须同有时似乎是不可逾越的障碍作斗争。首先是明代中国的疆域之广与差异之大。譬如，从中国北方平原北部边缘的北京到亚热带的广州，距离差不多有 1200 英里，相当于从哥本哈根到巴勒莫，或从多伦多到迈阿密。从青葱的长江三角洲上的苏州（靠近现在的上海）到多山的西部省份四川的成都，有 1000 英里，这大致等于从伦敦到布达佩斯或从华盛顿特区到堪萨斯城的距离。

　　尽管在气候、地形、农业、人口密度、语言和地方风俗上有巨大的差异（更不必说运输和交通上的困难），明朝的官员做了一件令人

钦佩的工作：在该朝 276 年历史的许多时间里，保持了这片广袤领土上的和平与稳定。不过，同样明显的是，他们在有些地区比在其他地区更有成效，这个事实反映在关于这个帝国的有些部分的资料很丰富，关于其他部分的资料很贫乏。因此，要自信地概括诸如"明代的经济环境"之类的题目，或稍微精确地估计一下一个地区发生的事对另一个地区的发展产生的影响，如果不是不可能，也往往是困难的。

第二个困难来自对上面讲到的有些可变因素一直没有给予足够的注意。例如，我们公认的关于东亚气候史的基本知识表明，在 17 世纪中叶，中国跟北半球的其他许多国家一样，经历了几百年来最寒冷的冬天（也许还有格外凉爽与变化不定的夏天）。[①] 然而，这种变化对农业产量的影响，迄今都没有认真或详细的讨论，当考虑到在此后发生的许多事情中，"坏天气"和"歉收"将是两个循环不已的主题时，这个事实就特别令人感到遗憾。

对明代人口统计的研究，也基本上停留在初步阶段而无多大进展。在 14 世纪发生的在某些方面与欧洲相似的可怕灾害之后，中国人口明显地从大约 1.2 亿下降到 6500 万至 8000 万，[②] 此后，这个国家的人口在 15 世纪的大部分时期内似乎增加得很慢而且不均匀。16 世纪初是人口开始迅速增长的一个时期，这时经济上先进地区的城区显然在迅速扩大。[③] 到 16 世纪后期，中国的总人口也许已经达到 1.5 亿至 1.75 亿。然后，在 16 世纪末或 17 世纪初的某个时候，这种惊人的人口增长到了一个终点，在此后一个长时期内，人口总数或者不变，或者某些地方实际上下降。

这种人口统计上的突变，它发生的时间和它的地区性变化，刚开

---

① 竺可桢：《中国近五千年来气候变动的初步研究》 [106]，见《中国科学》，16，2（1973 年 5 月），第 240—245、252 页。

② 何炳棣：《中国人口研究，1368—1953 年》[205]（坎布里奇，1959 年），第 3—23 页；德怀特·H. 珀金斯：《中国的农业发展，1368—1968 年》[424]（芝加哥，1969 年），第 194—201 页。

③ 韩大成：《明代商品经济的发展与资本主义的萌芽》[197]，见《中国资本主义萌芽问题讨论集》（北京，1957 年），第 1048—1050 页。又见吉尔伯特·罗兹曼《中国清代和日本德川幕府时代的城市网》[440]（普林斯顿，1973 年），第 41—45 页。

始被了解。其中一个促成因素必定是气候。在 1586—1590 年间和 1637—1644 年间，伴同或者跟随洪水、干旱和其他摧毁收成、造成食物短缺的自然灾害而来的，是某些致命的时疫。不过，这类灾害有许多是地区性的。主要的粮食生产与出口地区，如湖广南部和江西中部，看来只受到轻微的影响。的确，除去北直隶、河南的某些地区和落后的西北部外，许多受灾地区是以商业化的农业、先进的手工业和众多的城市人口闻名，或者是位于重要的贸易路线如大运河、黄河和长江沿岸。① 这里面的一个含义是，像在欧洲那样，北部边缘地区较之南部富庶地区也许更加严重地受到气候变化特别是更冷的气温的影响。另一个含义是，这些灾害并不说明古典马尔萨斯人口论的正确，即人口的迅速增长剥夺了农业地区抵御灾害的能力。还不如说，它们似乎反映出（至少是部分地）某些经济先进和人口稠密的地区更容易受到巨大的内部和地区间谷物市场上哪怕是暂时的混乱的打击。的确，我们将在下面看到，即使在 17 世纪 40 年代初折磨长江三角洲的可怕的"饥馑"中，当地仍有大米可买。问题是本地的歉收和其他种种因素促使价格高涨，许多人根本买不起罢了。

　　但是，为什么在 17 世纪世界上最大的农业国里，对于食物的支付能力竟然成为问题，为什么明朝政府对缓和局势显然无能为力？要回答这些问题，需要简单扼要地考虑一下 16 世纪时中国经济生活中发生的某些重大变化。这些变化丝毫不是由于中国参与了有时被称为"欧洲的扩张"的开始阶段，而是有比那个术语所包含的意思复杂和有趣得多的原因，至少对研究亚洲历史的学者来说是这样。16 世纪前半叶，中国的经济有了虽不稳定然而是实质性的增长，这再次与欧洲的发展相平行，或者还以某种迄今尚不了解的微妙方式与其发生联系。然后，随着长崎和马尼拉在 16 世纪 70 年代成为主要的贸易中心，商业活动在东亚水域急剧增加。没有多久，中国的丝绸就在京都和利马的街上被人穿着，中国的棉花在菲律宾和墨西哥的市场上出售，中国

---

① 见海伦·邓斯坦《晚明的时疫：一个初步调查》[149]，见《清史问题》，3，3（1975年11月），第 9—10 页和第 52—59 页上的地图。

的瓷器成为从堺到伦敦的时髦家庭中的用品。

中国由于出口奢侈品而得到大量的日本白银和西班牙—美洲白银，这个事实明显地影响了 16 世纪后期中国某些经济部门的增长。这种增长证明它是件好处多于坏处的事。在积极方面，在这个国家的先进地区，如南直隶南部、江西，以及沿海省份浙江、福建和广东，已经是很快的经济发展速度变得更快了。商人、放债者和实业家趁此机会大发其财，奢侈品开支和个人劳务费用的增加证明了这个事实并在这个时期的通俗文学中有生动的描写，① 此外，会馆、当铺、银号和钱庄的激增也证明了这一点。②

明朝政府也从这种货币流通的增长中得到好处，因为这使它能够对复杂与过时的赋税制度进行早就需要的改革。③ 尽管复杂并受制于区域性甚至地方性的差异，改革把大多数田赋、徭役以及加派改为征银，从而使王朝立足于也许是从未有过的比较健全的财政上。军队的编制加强了，陆疆和海疆是安定的，这个帝国的绝大部分似乎沉浸在一种普遍的和平与繁荣的气氛中。

这种气氛没有维持多久，因为输入的白银不能解决晚明中国的所有难题。的确，它助长了这样一些新问题的产生，如严重的物价上涨，无控制的城市发展和投机生意，一些论者说，这些发展加大了贫富悬殊与社会紧张。④ 17 世纪初，当部分地由于政府改变了开支政策而导致经济增长放慢时，这种紧张加剧了。例如在 1570 年以后，岁

---

① 例如，在《金瓶梅》的几乎任何一章中都有这方面的描写，见克莱门特·埃杰顿译《金莲：译自小说〈金瓶梅〉的中文原文》[150]，4 卷（伦敦，1939 年）。

② 何炳棣：《中国会馆史论》[204]（台北，1966 年），第 40 页，彭信威：《中国货币史》[421]（1954 年；第 3 版，上海，1965 年），第 741—752 页。

③ 关于这些改革，见梁方中（音）《中国的一条鞭法税制》[337]，王毓铨译（坎布里奇，1956 年）；黄仁宇：《16 世纪明代的税收和政府财政》[254]（剑桥，1974 年），第 112—133 页；杰里·登纳林《财政改革与地方控制：官绅联盟经受住征服》[143]，见《中华帝国晚期的冲突与控制》[528]，小弗雷德里克·韦克曼、卡罗琳·格兰特编（伯克利和洛杉矶，1975 年），第 86—120 页。

④ 威拉德·J. 彼得森：《匏瓜：方以智与思想变革的动力》[425]（纽黑文和伦敦，1979 年），第 64—80 页，袁清（音）：《城市的暴乱和骚动》[623]，见《从明至清：17 世纪中国的征服、地域和连续性》[476]，乔纳塞恩·D. 斯彭斯、小约翰·E. 威尔斯编（纽黑文和伦敦，1979 年），第 280—320 页。

入白银虽有惊人的增加,但仍赶不上政府开支的迅速上升。[①]

军事开支猛增。16 世纪 90 年代在朝鲜对日本的两次花费很大的出征,在西南边疆与暹罗、缅甸以及土著居民之间不断发生的问题,在北方和西北方蒙古人恢复了的压力,在东北方满族力量的不祥的增长,这些都增长了防御费用。还有大笔的款项用在维修和改进大运河网,加固长城的某些部分,重建北京毁于 1596 年和 1597 年火灾的几座宫殿。[②]

万历皇帝的穷奢极侈,使帝国的财力更加紧张。在他的财政上稳健的首辅张居正 1582 年去世后,他就开始了挥霍,为自己、皇室,特别是他的儿子们的婚事和授职仪式任意花钱。[③] 这位皇帝除了每年大笔的金银收入外,还征收丝绸、瓷器、珠宝和其他奢侈品。他仍不感到满足,经常挪用国库银两,征收特别捐税,用来付账和填满他的内库。虽然皇帝的花费无疑刺激了明朝经济的某些部门,但万历皇帝的挥霍所造成的危害,远远超过它带来的好处。

除帝国的即官僚的控制外,其他一些因素也给晚明经济带来有害的影响。其中重要性不算小的是国家货币制度的性质。14 世纪末和 15 世纪初,随着本朝纸币的崩溃,一种基于用银两和政府发行的铜钱进行交易的货币结构发展起来。由于在本朝的许多时期质量好的铜钱供应不足,白银就在经济中起着愈来愈重要的作用,只要中国依靠国内的白银,国家对进入货币供应领域的金属数量就有所控制。但在 16 世纪后期外国银块大量流入后,这种控制就丧失了。

这样,虽然日本和西班牙—美洲的白银对刺激晚明经济有帮助,但银块的不平衡流动产生了某些危险。秘鲁、墨西哥和日本白银生产的波动,马德里和江户的保护主义情绪,海上掠夺和船舶失事,所有这些都使中国在 17 世纪的对外贸易自始至终很不稳定。在目前讨论的这个时期特别变幻莫测。在 17 世纪 30 年代末和 40 年代初,当这

---

① 全汉昇、李龙华:《明代中叶后太仓岁出银两的研究》[122],《中国文化研究所学报》,6,1(1973 年 12 月),第 169—242 页。

② 黄仁宇:《税收和政府财政》[254],第 279—286、301—305 页。

③ 贺凯:《朱翊钧》,见富路特、房兆楹编《明人传记辞典》[191](纽约和伦敦,1976 年),第 334 页。

种波动跟折磨中国和东亚其他部分的气候反常、洪水、干旱和歉收巧合时，影响就特别严重。

泰昌朝，1620 年 8—9 月

尽管万历朝的最后几年在政治、经济，特别是军事上造成了灾难，但 1620 年的大多数敏锐的观察家完全不相信王朝已经没有希望。不过他们知道面临严重的问题。例如，在 1620 年 4 月，自从 1618 年东北的军事情况变得严重以来，第三次增加了田赋。[①] 由于大家都知道万历皇帝的内库绝不是空的，他只不过拒绝用自己的钱财来保卫这个帝国，因此举国上下对这次增加田赋都很不高兴。1620 年夏，御史张铨代表他的许多同事率直地警告皇上说，继续加赋不能解救辽东，但能耗尽国家剩余的财力，从而为内乱创造条件。[②]

张铨在 1621 年慷慨就义，因其忠勇，死后受到朝廷追赠，他并不反对军事行动本身。他只是认为，中国人必须在充分认识本朝有限的物力、财力的条件下去抵抗满洲人。鉴于明朝军队前两年在东北蒙受的灾难，[③] 这种见解也许是有道理的。但这种见解在朝廷和军队中受到轻率分子有效的反对，最后给中国一方带来悲惨的结局。

虽然张铨的奏议对政府的政策没有直接的影响，他关于内乱危险的警告却不是没有根据，因为那时北京就接到报告，说中国北方出现了新的反政府活动的浪潮。许多这类活动是由所谓白莲教的成员带头的，白莲教是一个类似宗教的组织，在这个王朝的早期，它曾引起不小的麻烦，当万历朝后期山东和北直隶的经济情况开始恶化时，它再

---

① 黄仁宇：《明代财政管理》[250]，见贺凯编《明代政府研究的七篇论文》[263]（纽约和伦敦，1969 年），第 117—118 页。

② 夏燮编：《明通鉴》[210]（约 1870 年；重印，北京，1959 年），4，第 2953 页。张铨传，见张廷玉等编《明史》[41]（1736 年；重印，北京，1974 年），291，第 7454—7456 页，恒慕义：《清代名人传略》[271]（华盛顿特区，1943—1944 年），第 34 页。

③ 关于这些灾难，见本书第九章的《满族的挑战》。

度变得活跃起来。[①] 这样，明朝当局就受到双重的威胁，因为在万历皇帝于 1620 年 8 月 18 日去世之前不久，满洲军队继他们头年的惊人胜利之后，又在辽东各地对中国居民点和军队的前哨基地进行了毁灭性的袭击。

朱常洛登基

尽管有这些危险和困难，许多 1620 年住在北京的人（包括朝廷许可住在那里的少数耶稣会会士），把万历朝 48 年统治——其中许多年充满了争吵——的结果，看作是王朝从头开始的一个机会。许多人把希望寄托在太子朱常洛（1582—1620 年）身上，在经过万历皇帝和他的大臣们在继承问题上的长期激烈争论之后，他于 1601 年被指定为皇位继承人。[②] 部分地由于朱常洛不是他父亲的选择，部分地由于他们父子的关系从来不密切，新皇帝的支持者希望他能迅速地完全改变他父亲的一些不得人心的政策，进行他们认为必要的改革。他们没有失望。1620 年 8 月 19 日，在万历皇帝死后仅一天和朱常洛正式即位前 14 天，从内库中拿出了白银 100 万两供边防之用。同时，取消了自 16 世纪 90 年代以来一直引起争吵的矿税和商税，并召回万历皇帝派往各地督税的受人憎恨的太监。[③]

我们不知道朱常洛是否根据他父亲的遗诏发出这些命令，因为据说万历皇帝在临死时终于承认了他的错误。在中华帝国后期，"遗诏"常常被窜改，以适合新统治者或朝廷重臣的需要和愿望。十分清楚的是，朱常洛继续使他父亲从前的批评者高兴。8 月 21 日，他从皇室积蓄中又拿出 100 万两用于辽东。

---

① 关于白莲教的活动和教旨，见陈学霖《白莲教—弥勒佛教义和明清两代的人民起义》[25]，《汉学》，10，4（1969 年），第 211—233 页。

② 关于这一争论，见谷应泰《明史纪事本末》[293]（1658 年；重印，4 卷，载《国学基本丛书简编》，上海，1936 年；影印，台北，1956 年），4，第 24—36 页；朱常洛传，见《清代名人传略》[271]，第 176—177 页。

③ 《明史纪事本末》[293]，3，第 237—250 页；黄仁宇：《税收和政府财政》[254]，第 302—303 页。

新皇帝在 1620 年 8 月 28 日正式即位，按照惯例，在这种时候宣布下一个太阴年的第一天（1621 年 1 月 22 日）是他的统治正式开始的日子。朱常洛选择"泰昌"一词作他的年号，它使人想起和平与繁荣。皇帝和他的顾问们用这种方式表明他们决心扭转王朝衰落的命运，这种命运笼罩着万历皇帝在位的最后几年。

泰昌皇帝登基后，在他面临的所有问题中最需要他迫切注意的，也许就是给帝国的官僚机构配备人员了。因为万历皇帝在他去世之前的二十多年中，对大臣们恳请他任命已经空出的职位，一直不予理睬。结果，到 1620 年夏，北京和一些地方的许多部门和机构，人员严重不足，官纪不振，效率低下。新皇帝立即行动起来，恢复了许多人的官职，这些人有的是被他父亲革职的，有的是因对政府事务的处理不满愤而辞职的。在最先召回的人中有邹元标（1551—1624 年）和冯从吾（1556—1627 年?），两人都与开始为人所知的东林运动有联系。①

这个"运动"实际上包括两个相互间既有联系又有区别的组织。第一个组织由不满现实的学者和退职的官吏组成，他们聚集在无锡附近的东林书院，从事讲学和哲学讨论，致力于促进整个中国社会在道德上的复兴。他们深信当时的腐败和道德沦丧是由于传统的儒家教育和价值观念的衰落，认为只有当从事教育的老师们再次培养出正直不阿的官吏和学者时，才有可能恢复好的政府和一个功能正常的社会。

第二个组织更具有政治性，以卷入朝中持续的党派论争的人为代表，他们企图恢复政府人员的正直。② 这些人的确跟东林书院有联

---

① 关于这个运动，见贺凯《晚明时期的东林运动》［270］，载《中国的思想和制度》，费正清编（芝加哥，1957 年），第 132—162 页；海因里希·布希：《东林书院及其政治和哲学旨趣》［13］，载《华裔学志》，14（1949—1955 年），第 1—163 页；小弗雷德里克·韦克曼：《意志自由的代价：明清政治中的知识分子》［526］，载《代达罗斯》，101（1972 年春季），第 35—70 页；彼得森：《匏瓜》［425］，第 8—10、72—74 页和本书前一章的《东林书院和朋党之争》、《次要于端和根本原因》。邹、冯两人列传，见《明史》［41］，243，第 6301—6306、6315—6316 页，和《明人传记辞典》［191］，第 458—459、1312—1314 页。

② 贺凯：《东林运动》［270］，第 132 页。

系，但跟书院的许多成员不同，他们都是政治上的积极行动者。不论他们在具体问题上可能有多么大的分歧，他们在目标和理想上有足够的一致使他们的敌人把他们列为一"党"，在一个把忠诚、一致和政治上的团结看得很高的社会里，"党"是一个含有贬义的词。东林的积极分子以同样的方法回敬，他们在朝廷里同其他党派的斗争成为万历朝的一个突出的政治特点。[①] 在这里具有特别重要意义的事实是，后来参加到东林事业中去的人，在 16 世纪 80 年代和 90 年代关于皇位继承的争论中，曾支持过朱常洛。当朱常洛终于登上皇位，虽然不确切知道他的政治意图，但他似乎是乐意慷慨地报答他们的。的确，在 1620 年 8 月和 9 月的一个短时期中，邹元标、冯从吾和他们的朋友们很像是控制了政府。

红丸案

这时灾难突然发生——至少对那些指望泰昌皇帝完成政府改革的人来说是如此。9 月 6 日，在任命了几个东林党人担任政府要职后一天，38 岁的皇帝突然患了重病。京城几乎立即充满了关于一个暗杀阴谋和与此关联的宫廷密谋的谣言，据传这涉及万历和泰昌两个皇帝的后妃、太监和各种宫廷人员。

虽然不知道详情，但据说泰昌皇帝病后不久，一个同郑贵妃[②]（约 1568—1630 年，她的儿子在继承皇位上是泰昌皇帝的主要竞争者）相勾结的太监，给皇帝吃了什么药，引起无法控制的腹泻。皇帝暂时在床上继续做一些工作，但到 9 月 17 日，他衰弱下去，不久就开始公开谈到他的迫近的死亡。最后，在 9 月 25 日，他命令一个声称有灵丹妙药的次要官员将药送至寝宫。不顾人臣和御医们关于此药可疑的警告，泰昌皇帝服了两粒这个官员所进的红丸。他在第二天早晨黎明时死去，在此后好几年，称为红丸案的互相指控给政治辩论增加了党派色彩。[③]

---

① 见第九章的《东林书院和朋党之争》、《次要争端和根本原因》。
② 《明人传记辞典》[191]，第 208—211 页。
③ 关于此案，见《明史纪事本末》[293]，4，第 43—50 页。

移宫案

从泰昌皇帝生病的消息传开时起，朝廷的官员，包括忠于东林党的人如兵科右给事中杨涟（1571—1625 年）和御史左光斗（1575—1625 年），^① 就担心皇帝的权力落入宫中奸人之手。他们的担忧来自这样一个事实，即没有母亲的 14 岁的太子朱由校（1605—1627 年）^②据说处于泰昌皇帝的宠妃李氏的影响之下。李氏有政治野心，皇帝死前不久有一次接见大臣，她闯进来，要求封她为皇后，这个地位将使她对继承人有相当大的法定权力。皇帝拒绝了她，这表明皇帝也不信任她。

当 9 月 26 日早晨皇帝的死讯传出后，杨涟、礼部尚书刘一燝（1567—1635 年）^③ 和其他大臣去到乾清宫，要求见太子。起初，他们的要求遭到同情李选侍的太监的拒绝。以杨涟为首的大臣们强行入宫，并查问朱由校的下落。一个曾经在别的事情上与东林党人合作过的太监，这时护送太子出来见他们。他被带到附近的文华殿，群臣在那里正式叩见他们的下一个皇帝。

宫廷里的政治斗争是邪恶的。李选侍拒绝离开乾清宫，虽然朱由校已经脱离了她的控制，但她宣称，太子在个人生活和国家大事上都需要她的帮助和指点。但杨涟、左光斗和其他东林领袖不打算把太子交给一个他们根本不能信任的人，因为他们刚失去一个与他们志同道合的皇帝，为此他们曾等待了 20 多年。左光斗指出，一个未婚男子和一个既不是他母亲又不是他父亲的法定妻子的女人住在一起是非礼的，他实际上是指责李选侍图谋篡位，像唐朝的武后那样。^④ 这样的

---

① 杨和左的传记，见《明史》[41]，244，第 6319—6333 页；《清代名人传略》[271]，第 892—893 页；《明人传记辞典》[191]，第 1305—1308 页。
② 传记见《清代名人传略》[271]，第 190 页。
③ 传记见《明史》[41]，240，第 6238—6242 页。
④ 谈迁编：《国榷》[498]（约 1653 年；北京，1958 年重印），5，第 5177 页。关于武后，见崔瑞德《剑桥中国隋唐史，589—906 年》（即《剑桥中国史》[剑桥，1979 年]，第 3 卷），第 244—321 页及各处。

指责引起李选侍及其支持者的愤恨，但达到了预期的目的。9 月 30 日，她移居到紫禁城内的另一个住处。东林势力虽然赢得了一个重要胜利，但权力斗争并未缓和。实际上这桩移宫案只不过刚刚开始。

天启朝，1621—1627 年

1620 年 10 月 1 日，朱由校成了明朝的第 15 位皇帝。根据一个东林领袖的建议，决定将 8 月 28 日泰昌皇帝即位起到阴历年底（1621 年 1 月 21 日）这段时间称为泰昌朝。新皇帝的天启年号从 1621 年 1 月 22 日起开始使用，"天启"出自《左传》，意为"天开辟〔统治者之道〕"。[1]

天启朝是中国历史上的一个灾难时期，在明朝没出息的统治者中，天启皇帝的名声最坏。[2] 他父亲有 16 个孩子（只有 5 个活到成年），他是其中之一，体弱，教育不够，也许智力还有缺陷。鉴于晚明时期政府的高度集权性质，他显然是国家在危机时期经受不住的那类统治者。尽管他的一些顾问鼓励他学习并在政府事务中起积极作用，但这位皇帝对这类事情很快就失去兴趣，宁愿缩在深宫里过一种较少需求的生活。在那里他可以平静地寻乐和从事他的业余爱好，他的爱好之一是木工，据说他对此很擅长。当他在制造优美的家具和设计精致的宫殿模型时，万历时期的官僚战争正在朝中的党派之间继续进行，国家对重要问题的决策，愈来愈多地留给皇帝宠信的内廷仆从去自由处置。在这些仆从中有一个太监，他将成为中国历史上最臭名昭彰的人物之一。

---

① 阮元编：《十三经注疏》〔279〕（1815 年；台北，1971—1972 年重印），5，第 3874 页；李雅各：《英译七经》〔309〕（1870 年；香港，1960 年重印；第 2 版，台北，1969 年），第 124—125 页。

② 在写这一节时，我从贺凯的《明代中国的监察制度》〔262〕（斯坦福，1966 年）得益不少，书中有对天启朝政事的详尽叙述以及对某些机构的调整和明朝政府所独有的紧张状态的出色分析。

魏忠贤和客氏出场

这些年来，把太监看成邪恶化身的中国传统看法已经不那么盛行，而把他们仅仅看作参与宫廷里无休止的政治斗争的一个集团则已经被人们接受。因此有人提出，太监刘瑾（死于 1510 年）维护的一些政策是有远见的，应该得到官方的支持；张居正在万历朝初期的成功，则多亏他和太监冯保的良好关系；甚至东林领袖如杨涟、左光斗也要倚重像王安（死于 1621 年）这样的"好太监"在宫中宣传他们的观点。我不想反驳这些具体论断，并承认在现存资料中对太监有极大的偏见，但对于魏忠贤（1568—1627 年），[1] 很难有什么好话可说。

魏忠贤在家乡肃宁县（今河北省）度过名声不好的青少年时期，然后自愿当了太监，据说从那时起，他用 30 年时间爬上了一个影响宫廷政治的位置。尽管对他被描绘成一个老谋深算的阴谋家近来有所怀疑，但大家都知道他在 17 世纪初服侍过朱由校的生母。当然，那时未来的泰昌皇帝的长子朱由校还是个很小的孩子；但大多数资料暗示，魏忠贤已经在作长远打算。如果是这样，他就是非常成功的。多病的朱由校特别喜欢这个太监和一个叫做客氏的乳母（死于 1627 年）。他们成了他的心腹和经常的伴侣，传说他们引导他"淫乐"。

不论这些传说的真实性如何，它们无法得到证实，当泰昌皇帝死时，魏忠贤和客氏显然处于有利地位。新皇帝即位不到一月，两人都得到封赐，他们的几个亲戚也得以入锦衣卫任职。魏忠贤自己则从宫中一个相对来说比较次要的职位转到权力很大的司礼监，这个机构经过多年已成为京师和全国的宦官活动中心。魏忠贤不识字，照理不会考虑让他担任这样一个职务。但官修的《明史》指出，这是客氏通过她对皇帝的影响替他谋得的。[2] 总之，魏忠贤正是从司礼监指挥了 17

---

[1] 魏忠贤传见《明史》[41]，305，第 7816—7825 页，和《清代名人传略》[271]，第 846—847 页。又见乌尔里克·汉斯—理查德·马米特希《魏忠贤：对晚明太监与党争的重新评价》[368]（安阿伯，1968 年）。

[2] 《明史》[41]，305，第 7816 页。

世纪 20 年代中期的恐怖统治。

虽然我们不清楚朝廷里的东林党人从什么时候起觉察到魏忠贤和客氏是个政治威胁,但饱读诗书的杨涟、左光斗和他们的同盟者,对宦官的弊端和宫中肆无忌惮而又野心勃勃的女人造成的潜在危险是很担心的。自从最后一次宦官擅权以来,尽管已经过去一百多年,即使是一个不经心的观察家,也不难看出宦官的权势在万历朝有了发展。万历皇帝不仅在经济、政治和军事上委宦官以重任,而且在他将近 50 年的统治中,允许他们在人数上有相当大的增长。当时的耶稣会会士的记述指出,在 16 世纪末和 17 世纪初,按常规选入宫中的太监,一次就有 3000 人之多,宫中及别的地方所用太监的总数接近 16000 人,其他资料提供的数字还要大。①

与东林集团有联系的官员虽然他们自己也不得不常常跟像王安这样的太监打交道,但很明显,他们对皇室的情况感到不安,并及时把他们的看法公开说出来。在天启皇帝即位之前,就有一个与东林有联系的御史,上书要求惩治向泰昌皇帝进药从而导致皇帝病情恶化的太监。接着,与李选侍有联系的太监受到抨击,李选侍被控盗窃内府珍宝。在随后的调查中,有人想贿赂一个倾向东林的官员,要求他不要深究。这个官员向他的上司揭发此事后,他立即被从刑部调到工部。在新岗位上,他又立即卷入同魏忠贤控制下的太监的一连串争吵,问题涉及修建万历和泰昌皇帝陵墓时滥用款项与处置失当。②

1621 年 2 月,魏忠贤和客氏受到直接批评。御史王心一(1572—1645 年)对皇帝给予他们的封赐提出抗议,指出这种事传到辽东,将挫伤与满洲人作战的军队的士气。③ 他的上疏未被理睬,但

---

①　乔治·H. 邓恩(耶稣会)引用迪亚戈·德·潘托加的话,见《巨人的一代:明末几十年中在华耶稣会士的故事》[148](印度,诺特丹,1962 年),第 86 页。潘托加的传记见《明人传记词典》[191],第 1116—1117 页。又见贺凯《明朝时的传统中国(1368—1644 年)》[269](图森,1961 年),第 12、80 页,注 [9]、[10]。

②　陈子龙:《安雅堂稿》[56](崇祯 [1628—1644 年];台北,1977 年重印),3,第 968—971 页。

③　《明通鉴》[210],4,第 2975 页,和《明史》[41],246,第 6380 页。

那年晚些时候，王心一和其他一些东林集团的官员重新发动进攻。他们要求将客氏永远逐出宫门，因为她继续留在宫中可能引起政治分裂。皇帝犹豫不决，但王心一和其他几人终因他们的直言不讳受到惩罚，客氏仍旧保持她的影响。1621年夏，她和魏忠贤策划了一次宫中清洗，支持东林的王安被谋害，和他接近的人也被撤职。

朝廷中的党派斗争

在17世纪20年代初，无论是魏忠贤还是客氏还算不上是一股政治力量，尽管他们的名声愈来愈臭，在宫中的权力愈来愈大。要等几年后他们才强大到敢向他们在朝中的敌人挑战。与此同时，官僚们在自己中间进行着激烈的政治斗争。天启朝这些斗争的第一批牺牲者中有首辅方从哲（1583年进士，1628年去世），他是东林党的宿敌，由于对红丸案和移宫案的处理而受到攻击。① 使他的批评者特别气愤的是，他允许"非知脉知医者"向泰昌皇帝进药和没有强迫李选侍搬出乾清宫。尽管这些指责可能不公平，但在天启皇帝于10月1日即位后不久，方从哲请求辞职，并于1621年初告退。

方从哲的离去，无疑使朝中的东林党人感到高兴。对天启皇帝保留刘一燝、韩爌（约1558—约1637年）、叶向高（1562—1627年）②为首辅，也是这样。他们虽然不是积极的东林党人，但他们同情东林党，并在此后几年的许多次争论中援助过他们。当邹元标于1621年年中来到京师，并和一些同他意气相投的人如高攀龙（1562—1626年）、赵南星（1550—1628年）、刘宗周（1578—1645年）相结合时，东林党的影响就更大了。刘宗周几乎立即就使人感到他的存在。他到礼部任新职不久，就上疏指出，魏忠贤可能成为第二个赵高，赵高是秦朝声名狼藉的太监，被认为应对

---

① 贺凯：《监察制度》［262］，第185—186页；方从哲传见《明史》［41］，218，第5759—5766页。

② 韩爌和叶向高传分别见《明史》［41］，240，第6231—6238、6243—6249页，和《明人传记辞典》［191］，第483—485、1567—1570页。

秦二世的死和秦朝的崩溃负责。魏忠贤虽然气得暴跳如雷,但还没有力量奈何刘宗周。①

这样,在 17 世纪 20 年代初期,组织松散的东林集团成了朝中占优势的一派。不过他们的势力并非没有受到挑战,并经常受到重大的政治挫折。1622 年初,两个东林的同盟者周嘉谟（1546—1629 年）和刘一燝,在一再受到据说是听命于魏忠贤的官员的指责后,各自辞去了吏部尚书和首辅的官职,② 那个夏天,另一个东林的重要支持者礼部尚书孙慎行（1565—1636 年）,在同东林的宿敌、太监以至皇室成员进行了一系列激烈争论后,离开了政府。③

对东林运动最严重的打击发生在 1622 年秋。邹元标和冯从吾在北京建立的一个促进哲学讨论的书院引起了争论,他们两人在争论中辞职。由于大多数参与这些哲学讨论的人与东林有牢固联系,东林的反对者就指责这个书院的建立是为了党派性的目的。当皇帝下令关闭书院后,邹元标和冯从吾被迫提出辞职。邹的离去严重地影响到政府的稳定。他自复官以后,是东林领袖中最温和的,作为左都御史,他曾努力统一政见,并帮助政府集中注意国家所面临的问题。他离去后,双方的极端分子都上升到突出地位,带来的后果对几乎所有有关的人都是灾难性的。

东北边疆的事态发展（1620—1626 年）

文官控制军事是晚明中国的一个已经确立的原则,而万历和天启朝的党争不可避免地涉及军务。在天启朝,这类事件中最著名的,涉

---

① 《明史》[41],255,第 6574 页。高攀龙、赵南星、刘宗周传分别见《明史》,243,第 6297—6310、6311—6314 页和 255,第 6573—6592 页,和《明人传记辞典》[191],第 128—132、701—710 页和《清代名人传略》[271],第 532—533 页。
② 周嘉谟传见《明史》[41],241,第 6257—6259 页,和《明人传记辞典》[191],第 263—265 页。
③ 孙慎行传见《明史》[41],243,第 6306—6310 页,和《清代名人传略》[271],第 679—680 页。

及杰出的军事战略家熊廷弼（约 1598—1625 年）。① 在满洲人于 1619 年 4 月击败一支中国和朝鲜的联合远征军之后，② 熊曾被任命为辽东经略（明朝军队在东北地区的最高指挥官）。他在担任经略的第二年，逐渐改善了防务，恢复了军队的士气。然而，他的谨慎却被朝廷中的一些人视为怯懦，他的直率和傲慢又使他在长期和充满争论的官场生活中到处树敌。1620 年 10 月，他被撤去经略的官职，由他的一个部属袁应泰（约 1595—1621 年）代替。③

袁是一个杰出的文职人员，但缺少军事经验。他的致命错误是决定用蒙古部族成员补充辽东的中国军队，这些蒙古人是为了躲避饥荒和满洲人的进攻而逃到明朝边疆的。1621 年春，这些蒙古人中有一部分在紧要关头叛逃。由于他们的帮助，满洲军队在 1621 年 5 月 4 日占领了战略城市沈阳，几天以后又攻陷总部所在地辽阳。袁和几个官员宁愿自杀而不肯投降；他的其余的同事均战死。夺取辽阳后，满洲军队就控制了辽河以东的全部属于明朝的领土。

虽然新近的研究指出，在 17 世纪 20 年代初，满洲军队要比他们那时看起来弱小得多，④ 但中国军队的拙劣表现使朝廷陷入一种近乎惊慌的状态。1621 年 5 月 16 日，北京宣布戒严，援军被仓促派往前线。皇帝周围的人纷纷献策，特别是建议起用熊廷弼。皇帝不顾激烈的反对（其中许多来自反东林方面），同意了这个建议，熊于 7 月 24 日再次成为辽东经略。不过，这时他的总部设在山海关，这个战略要道在长城的东端终点，距京师仅有 175 英里。许多在上次参与促成熊的免职的官员被降级、调离，或者，像一个坚决反对东林的人那样，被削去了官僚的身份。

---

① 熊廷弼传见《明史》[41]，259，第 6691—6706 页，和《清代名人传略》[271]，第 308 页。
② 关于这次交战，见本书第九章的《满族的挑战》。
③ 袁应泰传见《明史》[41]，259，第 6689—6691 页，和《清代名人传略》[271]，第 957 页。
④ 格特劳德·罗思：《满汉关系，1618—1639 年》[439]，见乔纳森·D. 斯彭斯和约翰·E. 威尔斯编《从明至清：17 世纪中国的征服、地域和连续性》[476]（纽黑文和伦敦，1979 年），第 1—38 页。

不幸的是，熊廷弼与该地区的新巡抚王化贞（1613 年进士，1632 年去世）不能很好合作，王驻在山海关和辽河之间的广宁。[1] 这两人在战略上不一致：熊廷弼想采取一种谨慎的防御性战略；王化贞坚持要反攻。当王的一员将领毛文龙（1576—1629 年）[2] 9 月初在满洲人的后方进行一次大胆的袭击，占领了鸭绿江上的一座城镇时，王大为高兴，他使朝中的许多人相信，现在是进攻的时候了。熊廷弼坚决不同意，认为这种出击不会有任何益处。照他的说法，这些独立的、互不协调的行动有损他的威信。但是，朝廷极想从前线得到好消息，就不顾中国古典军事理论的告诫，而干涉战场上的指挥官。毛文龙得到提升，王化贞由于新任兵部尚书张鹤鸣（1551—1635 年）的支持，[3] 继续向辽河对岸出击，向满洲人挑战。

正如熊廷弼所担心的，这引起了努尔哈赤的注意。1621 年 12 月，他的侄儿阿敏率领的一支军队，从朝鲜西北部驱赶毛文龙，迫使他逃到靠近鸭绿江的一个小岛上。几个月后，王化贞在广宁遭到惨败，向山海关逃去。熊廷弼没有兵力反攻，把剩下的军队撤进山海关，封锁敌人直接进攻北京的通路。敌人没有直接进攻北京，但熊和王由于他们的"失败"被逮捕，并判了死刑。不顾朝中的许多抗议，其中一些是京师的东林分子组织的，三年后，在一些同魏忠贤有勾结的官员的支持下，熊廷弼被处死。王化贞直到 1632 年，在魏忠贤死后很久，才被处死。

对气馁和混乱的中国军队来说，幸运的是，满洲人不能利用他们在广宁取得的重大胜利。努尔哈赤从 1618—1621 年迅速而轻易地征服了辽东的许多地方，没有时间对这些地方进行巩固；他对辽河以西的领土就更少控制。虽然满洲人在 1623—1624 年企图实行进攻政策，但后勤问题、食物短缺和后方的人民起义，迫使他们暂时停止进攻。[4] 这给了明朝军

---

① 王化贞传见《明史》[41]，259，第 6695—6706 页，和《清代名人传略》[271]，第 823 页。
② 毛文龙传见《明史》[41]，259，第 6715—6717 页，和《清代名人传略》[271]，第 567—568 页。
③ 张鹤鸣传见《明史》[41]，257，第 6617—6619 页。
④ 罗思：《满汉关系》[439]，第 7—21 页。

队一个喘息机会，并利用了它。

经过几个月的混乱之后，孙承宗（1563—1638 年）[①] 被任命为蓟辽经略，驻山海关。他立即开始改善该地的防务，在以后几年中，他和他的有才能的部属袁崇焕（1584—1630 年）[②] 夺回了一些王化贞丧失的领土。甚至当孙承宗由于同魏忠贤的长期争吵而于 1625 年 11 月辞职后，袁崇焕仍能在山海关以北 120 英里的战略重镇宁远打退满洲人一次大的袭击。努尔哈赤在这次交战中受伤，并于 1626 年 9 月 30 日死于他的新京沈阳。他的死虽然并未解除东北边境的危险，但中国在那里的处境在 1626 年下半年不像 1622 年 3 月那么严峻，当时王化贞在广宁正被击溃，熊廷弼竭力想阻挡满洲人的前进。

帝国其他地方的军事问题

在 17 世纪 20 年代初，满洲人不是明朝唯一的威胁。在遥远的西南省份贵州和云南，苗族和其他民族经常闹事，1621 年秋，四川的一个罗罗族首领趁政府关注辽东之机，发动一次大的叛乱。包括重庆在内的许多城市被占领，省城成都被围 102 天。[③] 正当朝廷发兵前去平定时，四川、贵州、云南一些地方的土司起来反对政府。政府面对双重威胁。它拿不出人力物力在西南进行持续的战争，同时又丧失了这些地区的人力物力资源。由于四川从宋朝起就是一个主要的粮食出口省份，[④] 而贵州和云南有许多全国最富的银矿，[⑤] 那里的麻烦在经济

[①] 孙承宗传见《明史》[41]，250，第 6465—6477 页，和《清代名人传略》[271]，第 670—671 页。

[②] 袁崇焕传见《明史》[41]，259，第 6707—6719 页，和《清代名人传略》[271]，第 954—955 页。

[③] 《明史纪事本末》[293]，4，第 60—72 页。

[④] 全汉昇：《南宋稻米的生产与运销》[121]，《中央研究院历史语言研究所集刊》，10（1948 年 4 月），第 403—432 页；收入他的《中国经济史论丛》（香港，1972 年），I，第 278—279 页。

[⑤] 宋应星：《天工开物：中国十七世纪时的科技》，[492]，孙任以都（音）和孙绍全（音）译（大学公园和伦敦，1966 年），第 235—247 页；全汉昇：《明清时代云南的银课与银产额》[120]，《新亚学报》，11（1976 年），第 61—88 页。

上的影响是严重的。

1621 年 11 月开始的成都之围以后半年，东南沿海出现一个新的威胁。荷兰东印度公司的船只在东亚水域劫掠中国、葡萄牙和西班牙的船舶已有 20 年，对福建和广东的经济至关重要的海上贸易，不时受到严重的破坏。1622 年 6 月，一支有 8 只船的荷兰船队带了 1000 多人进攻葡萄牙殖民地澳门，企图接管那个城市同日本、东南亚和欧洲的有利可图的贸易。荷兰人在经历一场激烈的战斗并伤亡四分之一的人员之后被赶走，他们沿中国海岸向北驶去，至 7 月初在台湾海峡的澎湖列岛登陆。①

在一个较大的岛上匆忙筑城后，荷兰人派了一个代表到厦门地区，要求同中国进行直接贸易，并宣称要干扰和破坏中国同西班牙和葡萄牙的贸易。中国人立即拒绝了这些要求和恫吓。1622 年 9 月，福建巡抚派一名官员带信去澎湖列岛，命令荷兰人拆除他们的小城堡并立即离开。荷兰人拒绝接受，10 月中旬，他们的船只开始攻击中国船只和沿海易受攻击的地点。他们暂时得逞，但福建当局终于予以回击。1623 年 10 月，一个带有谈判者通行证的荷兰使者在厦门被俘，1624 年，一支庞大的中国舰队迫使荷兰殖民者从澎湖列岛撤退到台湾。他们留在台湾直到明亡，虽是一个麻烦，但不是严重威胁。

经济问题和民间的骚乱

天启朝的大部分时期，中国经济停滞不前或者下降。这种下降的一个原因是新大陆的白银出口水平急剧下降，这个事实差不多同时影响到世界上其他许多地方。② 在中国，这种下降可以归因于秘鲁白银

① 伦纳德·布卢塞：《荷兰人对澎湖列岛的占领（1622—1624 年）》[9]，载《在日本召开的东方学者国际会议记录》，18（1973 年），第 28—43 页。又见小约翰·E. 威尔斯 《从王直到施琅的海洋中国》[568]，载《从明至清》[476]，第 213—220 页。南居益传见《明人传记辞典》[191]，第 1085—1088 页。
② 关于从世界范围的角度去看这个时期的问题，见鲁吉罗·罗马诺《16、17 世纪之间：1619—1622 年的经济危机》[430]，载《17 世纪的总危机》，杰弗里·帕克和莱斯利·M. 史密斯编（伦敦和波士顿，1978 年），第 165—225 页。

生产的下降。① 白银产量的明显减少不仅影响到马尼拉,而且使中国和菲律宾之间的贸易下降,因为正是白银把中国商人吸引到这些岛上来的。中国商人害怕同菲律宾贸易,还因为南中国海有海盗的危险。中国同西班牙贸易的下降,对福建沿海地区的经济活力有严重的影响,② 而这些地区与明帝国的其他许多地区有着广泛的商业往来。

在1621—1627年间,明帝国的经济还受到其他因素的有害影响。杭州、北京和其他主要城市的火灾,烧毁了成千上万的人家和商家。1622年,现今甘肃省平凉地区的一次大地震,造成重大财物损失,据说死了1.2万多人。1623年,这个时期从山东半岛南部入海的黄河,在南直隶北部冲垮堤坝,淹没了徐州及其周围的大片土地。1624年8月,南直隶洪水泛滥成灾,徐州再次受到特别沉重的打击。由于广泛的军事行动、不断增加的赋税、政府的非必需品订货的减少,以及有些观察家所看到的官僚机构的极端腐化与低效率,已经使经济和社会陷入了混乱,而这些灾害使混乱加剧了。它们引起一连串单独的或结合在一起的农民起义、城市动乱、土匪和海盗袭击,以及军队中的兵变,所有这些使政府竭尽全力以维持法律和秩序。

有白莲教徒参加的最严重的起义发生在1622年。在万历朝,受白莲教教义影响的小团体在中国北方很活跃。当局通过拘捕受怀疑的领袖和不时进行镇压控制他们。1621年,为躲避满洲人的推进,难民从辽东涌入北直隶和山东,跟着发生的骚动使剩下的白莲教领袖有了他们盼望已久的机会。这时经济的衰退已经使大运河上的商业活动减少,给依靠运河为生的人造成困难。1622年6月,一次较大的白莲教起义在山东西南靠近运河的地方爆发,领导者是一个名叫徐鸿儒

① 彼得・J. 贝克韦尔:《波托西地区注册的白银生产,1550—1735年》[4],见《拉丁美洲国家经济和社会史年鉴》,12(1975年),第92—95页,哈里・E. 克罗斯:《南美的白银生产与出口,1550—1750年》[131],提交"近代前世界货币史讨论会"的论文,威斯康星大学,麦迪逊,1977年8月28日至9月1日。
② 小叶田淳:《金银贸易史之研究》(京都,1976年),第259—262页;威廉・莱特尔・舒尔茨:《马尼拉的西班牙大帆船》[446](纽约,1939年),第342—352页。

的人。①

徐鸿儒的军队得到从中国北方其他部分来的新兵的帮助,取得了最初的成功。7 月,他在山东的兖州占领了两座县城,8 月,他在山东和南直隶交界附近封锁了大运河,俘获 50 多只运皇粮的船。由于他的封锁同时切断了对北京和对北部及东北部边疆军队的供应,政府迅速地行动起来对付这种局势。这一努力起初遇到不利条件,因为通常驻在这个地带的军队有许多已被调往别处。但是,政府军队逐渐取得主动,1622 年 11 月下旬,他们从造反者手中夺回最后几座城市。

徐鸿儒在战役的最后阶段被俘,他和他的十几个亲信随后在北京被处死。徐鸿儒起义在其最高潮时,影响及于山东、北直隶、南直隶和至少其他五省的部分地区。自从将近一世纪前的宁王叛乱以来,②这可说是对国家安全最严重的一次内部威胁。因此,朝廷有充分理由赏赐那些把徐鸿儒缉拿归案的人。

东林的溃灭

然而,就在分发这些赏赐的时候,朝中东林集团与其对手的紧张关系有增无减,对这一事态,东林集团要负相当大的责任。1623 年初,东林领袖赵南星新任左都御史,他利用六年一次的京察算旧账。许多过去反对过东林集团的人被黜,有的甚至被削籍,从此失去做官的资格。同年晚些时候,赵南星作为吏部尚书,继续他的整顿。他立即开始从全国特别是从北京的政府中根除他和他的许多朋友认为是难以容忍的腐败。无论赵南星的观点有多正确,他的刚严使他很快就同宫中的太监和京师其他一些蛮有理由希望维持现状的人发生冲突。

虽然有不少东林党人及其同情者在北京身居高位,③ 但他们的权力经常受到挑战。1622 年,有几个著名的东林人物离去或被罢官,

---

① 徐鸿儒传见《明人传记辞典》[191],第 587—589 页。又见《明史纪事本末》[293],4,第 72—75 页。
② 关于这次造反见本书第七章的《宁王的叛乱》。
③ 《明史》[41],243,第 6299—6300 页。

1623年2月，顾秉谦（1595年进士）和魏广微（1604年进士）被任命为首辅。① 这两个人都和魏忠贤有密切联系，后来传说他们的任命确实是这个太监谋划的。东林集团对这个任命当然严重怀疑。

其他一些事件表明，东林的权力已经变得多么有限。1623年初，40多个中官被派往东北边疆视察边情。东林英雄、辽东最高统帅孙承宗，认为这种视察可能影响他的军队的实力和士气，并担心开一个讨厌的先例。他向皇帝上疏，用强烈的语言陈述他的疑惧。② 其他的东林人物也同样直言不讳地反对中官干涉军事事务。然而，由于魏忠贤在宫中影响的增长，他们的警告照例被置之不理。例如，尽管东林企图阻止，但从1622年春起，太监在紫禁城内进行军事训练。③

太监同朝中各派之间的小冲突，贯穿1623年始终，但争夺最高权力的真正斗争开始于1624年。2月，魏忠贤被任命为东厂提督，这是一个由太监管理的安全机构，负责肃清叛逆，并只对皇帝负责。④ 这个职位给魏忠贤以司法和惩罚的权力，他用这种权力打击他的敌人，这被看成是晚明政治史上的一个重要转折点。

尽管东林党人不断地间接批评魏忠贤，但直到1624年7月15日左副都御史杨涟才上疏公开攻击他。杨涟的奏疏从形式到内容都是1624年上半年在北京举行的东林秘密会议的产物。他还同左光斗和缪昌期（1562—1626年）讨论过他的意图，他们帮助他起草。⑤ 不过，在北京的东林集团的有些成员不支持在那时直接向魏忠贤挑战；缪昌期本人就有某些保留，东林御史黄尊素（1584—1626年）⑥ 直率地警告杨涟，如果他不能迅速剥夺这个太监的权力，后果就不堪设想。首辅叶向高因为不愿让他所建立的尚可忍受的同魏忠贤的工作关

---

① 顾秉谦、魏广微传见《明史》[41]，306，第7843—7846页。

② 《明通鉴》[210]，4，第3027—3028页。

③ 同上书，第3008页。

④ 关于东厂的简介，见贺凯《明王朝的政府组织》[265]，载《哈佛亚洲研究学报》，21（1958年），第25页。

⑤ 缪昌期传见《明史》[41]，245，第6351—6353页，和《明人传记辞典》[191]，第1067—1089页。

⑥ 黄尊素传见《明史》[41]，245，第6360—6364页。

系受到危害，也表示反对。

杨涟的刚烈性格在 1620 年的移宫案①中曾经受过考验，他毫不动摇。他的奏疏劾魏忠贤二十四大罪，包括"擅权，阴谋反对正直的大臣，操纵铨政，谋杀宫中异己，强迫皇后堕胎，绝帝［天启皇帝］嗣子"②。奏疏一出，京师为之震动。魏忠贤在朝中和宫中的支持者要皇帝严厉惩戒杨涟，但支持杨涟、谴责魏忠贤的奏疏源源不断地送进宫中。其中最能说明问题的是工部一个官员万燝（1616 年进士，死于 1624 年）的奏疏，它控告魏忠贤为自己建造宏伟的坟墓，而拒绝为皇帝父亲的陵墓提供建筑材料。③

由于万燝本人曾任职皇陵工程，他的证词是无法抵赖的。魏忠贤进行报复，矫旨廷杖，将万燝打得死去活来，几天后即死去。此后不久，就在政府中开始了对东林分子的全面清洗。最先被清洗的人之一是叶向高。由于牵连进另外一个官员得罪太监的案件，他在 8 月被批准辞去首辅的职务。那年冬，陆续去职的有赵南星、杨涟、左光斗和其他一些人，到 1625 年，这些人和他们的支持者的职位，有许多被同情魏忠贤或甘愿为他效劳的人所取代。

尽管形势看来对他们绝对有利，魏忠贤和他的党羽仍不满足。1625 年 1 月，不屈不挠的东林组织者汪文言④被捕，罪名是长时期支持现仍等待处死的前辽东经略熊廷弼。5 月初，汪文言在监禁中被折磨至死。他死后不久，魏忠贤下令逮捕杨涟、左光斗和另外四个对他辱骂最厉害的东林人物。10 月中旬，这六个被监禁在北京、在亲东林的资料中被称为六君子的人，通遭杀害。9 月下旬，在东林的敌人如新首辅冯铨（1595—1672 年）⑤ 的催促下，

---

① 见本章《移宫案》。

② 贺凯：《东林运动》[270]，第 132 页。关于这个奏疏的详细讨论，见贺凯《明代中国的监察制度》[262]，第 200—205 页。

③ 万燝传见《明史》[41]，245，第 6367—6368 页。

④ 赵翼：《廿二史劄记》[46]（序，1795 年和 1800 年；上海，1937 年重印；台北，1971年重印），第 514—515 页。

⑤ 冯铨传见《清代名人传略》[271]，第 240—241 页。

熊廷弼被斩首示众。

魏忠贤的恐怖统治到第二年春仍在继续，这时他下令逮捕另外七个政治上的反对者，他们并不全都与京师的东林集团有密切关系。其中之一的周顺昌（1584—1626 年），[①] 是一个德高望重的官员，从1622 年起就已退隐苏州，但他对魏忠贤及其党羽的轻蔑，是众所周知的。1626 年 4 月，当周顺昌被捕的消息传出来时，他在城中的许多友人和爱慕者展开了一个营救他的运动。他们的努力失败了，周被严密看管起来，准备送往北京受审。知道这种审问不会有好结果，愤怒的苏州士民掀起一次大规模的激烈示威，在示威中魏忠贤的代理人受到攻击，有几人丧生。暴动的消息很快传遍江南地区。看来这个太监是做过头了，一次反对他的武装起义可能在东南发生。但魏忠贤恢复了秩序。那年的 10 月下旬，周顺昌和同时被捕的另外六人或自杀，或被折磨至死。

魏忠贤掌权

魏忠贤一方面残暴地处置他的最直言不讳的批评者，一方面想方设法巩固自己的地位。1625 年 3 月，为庆祝泰昌皇帝陵墓竣工，他被授予大都督府都督同知的世袭官职。这一年晚些时候，他和客氏进一步得到加封；1626 年，魏忠贤的一个重孙被封为安平伯，一个从子被封为东安侯，11 月，他自己成了上公——一个特地为他创造的爵位。几个月前，浙江巡抚请建魏忠贤生祠并得到同意。不久，这样的生祠就在全国各地建立起来。[②] 在这期间，呈给皇帝的奏疏，常常充满了对这个太监的德行与才能的热烈揄扬。他甚至因离京师很远的军事胜利而受到称赞，归功于他的精通兵法，运筹有方。

只要魏忠贤在支配政府，阿谀奉承的官员就会得到好处。例如，

---

① 周顺昌传见《明史》[41]，245，第 6353—6355 页，和《明人传记辞典》[191]，第274—277 页。又见贺凯《苏州和魏忠贤的代理人：〈开读传信〉译文》[268]，见《人文科学研究所创立二十五周年纪念论文集》（京都，1954 年），第 224—256 页。
② 《国榷》[498]，6，第 5330 页；赵翼：《廿二史劄记》[46]，第 512—513 页。

1625 年初，御史崔呈秀（1613 年进士，死于 1627 年）[1] 因头年的贪污受贿被东林领袖揭发而被革职，就去请求魏忠贤保护，得以复官。据说这时他向魏忠贤提供亲东林和反东林的官员的名单。这些名单成了任命官员的参考，担任高官的东林党人尽遭排斥。1626 年担任宰辅的七人中，只有一人是 1624 年原来有的，而他是太监的支持者。[2]京师各部的上层也发生了类似的变化。[3]

党派斗争中得胜的一方根据自己的需要和目的撰写或重写刚刚过去的历史，这种事是屡见不鲜的。天启朝发生的也正是这样的事。例如，一本《泰昌朝实录》在 1623 年完成，它对这个时期有争论的问题采取的态度，显然使当时在朝廷处于支配地位的东林人物感到满意。然而，当东林的对头在 1624 年末和 1625 年初掌握了权力，他们就决定对它进行修改。[4] 当这个计划在进行中时，魏忠贤及其支持者围绕万历和泰昌朝的三大案（1615 年的梃击案，1620 年的红丸案和移宫案）炮制出他们自己的本子。书名《三朝要典》，由首辅顾秉谦主持编写，于 1626 年夏刊行，极意诋毁许多东林人物，把他们在党派争论中所起的作用追溯到 16 世纪末。[5]

魏忠贤及其同伙在这个时期还使用别的控制方法。一份扩大化的涉嫌东林同情者的黑名单，被刻印出来在全国散发。东林领袖邹元标和冯从吾在北京创办的首善书院，于 1625 年 8 月被毁。二十多天后，又下令毁全国的书院，虽然真正的目标是那些与东林运动有密切关系的书院。首先被毁的是东林书院，它从 17 世纪 20 年代起，就成了全国特别是它所在的长江三角洲反魏忠贤的象征。[6] 对于那些牵连进1624—1626 年清洗的人来说，伤害之外又加侮辱的是，在 1627 年，

---

① 崔呈秀传见《明史》[41]，306，第 7848—7850 页。

② 《明史》[41]，110，第 3379—3381 页。

③ 《明史》[41]，112，第 3492—3495 页。

④ 傅吾康：《明史资料介绍》[172]（吉隆坡和新加坡，1968 年），第 17、32 页。

⑤ 同上书，第 17—18、63—64 页。

⑥ 布希：《东林书院》[13]，第 57—66 页，约翰·梅斯基尔：《明代的书院与政治》[376]，见《明代政府研究的七篇论文》[263]，贺凯编（纽约和伦敦，1969 年），第 171—174 页。

有人提议以魏忠贤配祀孔子。当皇帝在 1627 年夏末生病时，魏忠贤竟让他的一个从子代替天子祭太庙。

天启末年的政治动荡

在 17 世纪 20 年代中期，明朝的军事指挥官如孙承宗和袁崇焕成功地挡住了满洲人。但从其他战线传来的消息却不怎么令人振奋。1626 年春，四川、贵州和湖广军务总理与苗族首领安邦彦战，兵败自杀，安邦彦自 1622 年起就在西南地区不断制造麻烦，并将继续到下一朝。[1] 1626 年，川陕边界还发生了一次较大的起义，这是魏忠贤派往该地区的官员的贪污腐化所激起的，另一个原因则是一个时期以来该地区经济情况的恶化。

1627 年，事情更糟了。从陕西到广西爆发了起义，海盗在东南沿海进行袭击，满洲人成功地完成了对中国驻朝鲜军队的进攻。满洲军队一旦巩固了他们的东南翼，就破坏他们同袁崇焕达成的停战协议，对宁远和辽河以西其他战略据点施加压力。不久，袁崇焕由于在许多有关边防的问题上同魏忠贤的党羽发生争执而感到绝望。他于 1627 年 8 月辞职，他的职务立即被一个他从前拒绝与之合作的官员顶替。

朝廷里也是充满了紧张和猜疑空气。魏忠贤的党羽一旦控制住政府，他们自己就起了内讧。1625 年，首辅魏广微对当时残酷惩治东林人物感到不安，上疏皇上（亦即建议魏忠贤），劝告加以制止和给予怜悯。[2] 魏忠贤对这种想限制他的清洗的企图，非常愤怒，魏广微担心自己的安全，几次请求辞职。1625 年 9 月下旬，他的辞职得到批准。此后不久，对魏忠贤的旨意更为顺从的人被任命为首辅。1626 年 7 月，冯铨在与崔呈秀发生争吵后离开了政府。不到四个月，首辅顾秉谦也辞职回家，显然这是由于他从前的盟友冯铨和魏广微不在跟前而感到不安全。

---

① 《明史纪事本末》[293]，4，第 68—71 页。
② 《明史》[41]，第 7845 页。

通过所有这些，魏忠贤和他的家族继续得到皇帝的赏赐和加封。例如，1627 年 9 月初，这个太监的两个亲属分别被加上太师和少师衔，但就在赐予这些头衔的时候，身体从来不好的天启皇帝的健康不行了；他死于 1627 年 9 月 30 日，时年 21 岁。由于他的五个孩子均在襁褓中，皇位就由他在世的长兄朱由检（1611—1644 年）继承。[①]

崇祯朝，1628—1644 年

天启皇帝死亡本来是朝廷庄严哀悼的时刻，但许多官员在听到这带来无穷灾难的一朝已经结束时，都感到欣慰。一些乐观的观察家甚至把朱由检的继位看成是进行深远改革和复兴明朝的机会。回想起来，在 1627 年秋，这种乐观主义是完全合理的，因为新皇帝就像他的差不多七年前即位时的兄弟一样的神秘。尽管朱由检后来成了一个比许多年来任何一个皇帝远为认真负责的统治者，但这不能弥补他的缺乏经验，多疑和刚愎自用——这些性格特点促成他的王朝的覆灭。[②] 无论将来的研究可能揭示出什么，朱由检都不大可能被看成是中国历史上的一个好统治者。留下的是一个悲剧事实。他是一个把自己吊死在御花园里的皇帝，这时造反的军队正拥过京城的郊区。

魏忠贤的垮台

朱由检很小的时候母亲就死了，他在发育时期受到好几个皇妃的照料，其中一个据说是在天启朝因冲犯了魏忠贤和客氏"愤郁"而死的。[③] 在当时的政治形势和皇宫中高死亡率的背景下，朱由检在他兄弟在位七年之后居然活了下来，单是这个事实就可能比一般所了解的更值得注意。他在 1627 年 10 月 2 日正式成为明朝的第 16 个皇帝，

---

① 朱由检传见《清代名人传略》[271]，第 191—192 页。
② 例如，见艾伯特·詹《明朝的衰亡：内因研究》[18]，哈佛大学学位论文，1953 年，第 10 页。
③ 《明史》[41]，114，第 3542 页。

年号崇祯。他死后有三个庙号（思宗，毅宗，怀宗），分别为明朝皇位的几个觊觎者所谥。他又称庄烈帝。

新皇帝还不到 17 岁，他上台时是个默默无闻的人，京城里没人知道他将对魏忠贤采取什么态度。最先知道的人之一就是这个太监。10 月 9 日，皇帝即位后七天，魏忠贤请求让他退休。[①] 虽然受到拒绝，但告发魏忠贤的一些最忠实的党羽的奏疏，很快如雪片般飞向皇帝。他们之中最突出的是崔呈秀，在经过相当犹豫之后，他被允许辞去兵部尚书的职务。12 月 8 日，魏忠贤自己也被命令离开京师，去南直隶北部明朝第一个皇帝的祖籍担任一个礼仪上的次要职务。

魏立即服从命令，几天之内，他和他的庞大的扈从队伍就从北京旅行 125 英里到了北直隶南部的阜城。他是在这里从他的效率很高的情报网知道皇帝下令逮治他的，他的罪名开列在那些源源不断送进宫中的奏疏中。他对等待着他的下场感到害怕，和一个关系亲密的太监在 12 月中旬一起缢死于阜城。此后不久，崔呈秀自杀。不管怎样，无论是他还是魏忠贤都没有得到好死。两个月后，他们受到公开的凌辱；他们的尸体被磔，他们的首级被分别悬挂在各自的家乡，以警告那些可能想步他们后尘的人。

魏忠贤死后，开始了对他的党羽的清洗。有 20 多人被处死或被迫自杀，其中有客氏、她的兄弟、儿子和魏忠贤的一个从子。其余的人被充军、戍边、削籍或受到别的惩治。[②] 在全国各地所建的魏忠贤生祠或被推倒，或被派作其他用场。下令重修泰昌朝实录，并在翰林院的倪元璐——一个年轻的东林同情者的恳切请求下，[③] 将魏忠贤的《三朝要典》的底版焚毁。同时，皇帝对魏忠贤弄权时被杀害或被处死的人的家属，公开表示关切。许多人作为烈士受到赠恤。他们的遗

① 《国榷》[498]，6，第 5387 页。
② 赵翼：《廿二史劄记》[46]，第 513 页。
③ 倪元璐传见《明史》[41]，265，第 6835—6841 页，和《清代名人传略》[271]，第 587 页。又见黄仁宇《倪元璐：一个新儒学学者和政治家的"现实主义"》[253]，载《明代思想中的自我与社会》[137]，狄百瑞编（纽约和伦敦，1970 年），第 415—449 页。

族受到馈赠并得荫官职。

残余的东林集团和他们的支持者,似乎必然能像他们在天启朝初年那样主宰朝政。1628 年末,韩𨌂回到北京并成为首辅。他立即联合其他新近任命的同情东林运动的官员,编一份魏忠贤党羽的名单,刊布全国。就在开始编辑这份名单之前,已有其他东林人物在京城担任了重要官职,袁崇焕则恢复了东北前线最高统帅的职务。袁崇焕与东林集团的确实关系不甚清楚,[①] 但东林成员同情他在魏忠贤掌权时的遭遇,力主将他召回。

尽管东林的命运有这种戏剧性的转变,但年轻的皇帝看够了万历和天启朝的政治,努力使他的政府不受任何派别的控制。[②] 1628 年末,东林的追随者钱谦益(1582—1684 年)[③] 被推为阁臣。他在此之前被魏忠贤罢黜,是刚召回北京的。按当时朝中普遍反对宦官的态度,他似乎是一个合适的人选。然而他的提名遭到礼部尚书温体仁(1598 年进士,死于 1638 年)的有力反对,温体仁在侍郎周延儒(1588—1644 年)的支持下,指控钱谦益在 1621 年典试浙江时结党受贿。[④] 皇帝相信了他们的话,认为钱谦益应受到惩处。他被罢官并被削籍;他的几个支持者也受到惩戒。温体仁和周延儒的企图得逞,崇祯朝遂失去免于党争的一线希望。

海上贸易的发展(约 1628—1634 年)

17 世纪 20 年代中期,中国东南沿海的贸易因荷兰人和中国海盗在台湾海峡和南中国海的活动而受到严重的干扰。但由于著名的海盗首领和走私犯郑芝龙(1604—1661 年)向新任福建巡抚熊文灿(1607 年进士,

---

① 刘伯涵:《论袁崇焕与东林党的关系》[351],《历史研究》,4(1958 年),第 11—27 页。

② 詹:《衰亡》[18],第 10—11 页;杰里·登纳林:《嘉定义士:中国 17 世纪的儒家领导阶层与社会变迁》[142](纽黑文和伦敦,1981 年),第 23—29 页。

③ 钱谦益传见《清代名人传略》[271],第 148—150 页。

④ 温体仁、周延儒传见《明史》[41],308,第 7923—7937 页,和《明人传记辞典》[191],第 277—279、1474—1478 页。

死于 1640 年)[1] 投降，情况有了戏剧性的改变。郑芝龙答应帮助政府控制他曾经参与过的非法活动。他结果很成功，三年内，福建和浙江沿海的情况得到很大的改善，熊文灿建议恢复这个地区正常的海上贸易。

不管菲律宾的海运、关税和其他记录是多么不完全，却都表明中国商人并没有等待政府的批准才做生意。在 17 世纪 20 年代末，他们再次开始了同西班牙的大规模贸易。[2] 到 1632 年，通过马尼拉流入中国人手中的白银数量，每年达 200 万比索，[3] 这是一个极大的数目。[4] 不完整的和有时是矛盾的贸易数字，使概括发生困难，但看来在 17 世纪 30 年代初，由于葡萄牙人通过澳门运入大量白银，中国同日本的商业活动也大有起色。[5] 这些发展似乎给明帝国的这些与海上贸易最直接有关的地区带来了暂时的繁荣。

经济衰退和西北的叛乱（1628—1631 年）

其他地区没有这么幸运。1628 年春，萧条的西北省份陕西受到严重干旱的打击；到冬天，一些地区的情况骇人听闻，卖儿卖女很平常，人相食的事时有所闻。当政府无能提供食物以减轻饥荒时，就爆发了叛乱，特别是在这个省的东部和中部。[6]

---

[1] 郑芝龙、熊文灿传见《清代名人传略》[271]，第 110—111 页；《明史》[41]，260，第 6733—6738 页；和《明人传记辞典》[191]，第 562—566 页。又见威尔斯《海洋中国》[568]，第 216—220 页。刘香的传记，见《明人传记辞典》，947—949 页。

[2] 皮埃尔·昌努：《古伊比利亚人的菲律宾和太平洋（16、17、18 世纪）：方法与活动迹象介绍》[50]（巴黎，1960 年），第 148—160 页；埃玛·海伦·布莱尔和詹姆斯·亚力山大·罗伯逊编：《菲律宾群岛，1493—1803 年》[8]（克利夫兰，1903—1909 年），23，第 29—92 页。

[3] 布莱尔、罗伯逊：《菲律宾群岛》[8]，24，第 254—255 页。

[4] 例如，这个时期输入欧洲的西班牙—美洲金银的估计，见厄尔·J. 汉密尔顿《美洲财富与西班牙的价格革命（1501—1650 年）》[196]（坎布里奇，1934 年），第 34、42 页；对这些数字的评论，见皮埃尔·维勒《黄金与货币史》[523]，朱迪思·怀特译（伦敦，1976 年），第 193—194 页。

[5] 查尔斯·R. 博克瑟：《从阿马康来的巨舶：澳门与古日本贸易史（1555—1640 年）》[10]（里斯本，1959 年），第 115—144 页。

[6] 下面一段大有赖于詹姆斯·B. 帕森斯的《明末的农民起义》[418]（图森，1970 年），第 1 章。也见李文治《晚明民变》[334]（上海，1948 年），第 15—51 页。

1629 年初，当皇帝为了削减政府开支而减裁驿站数目和人员时，局势恶化了。[①] 这壮大了造反队伍，因为被裁的人员无以为生。官军中的逃兵和叛变者加入了他们的行列，据报告，造反活动很快就蔓延到全省。1629 年 3 月，为了对付迅速恶化的局势，左副都御史杨鹤（约 1604—1635 年）[②] 奉命总督三边军务，管辖陕西的大部分。

杨鹤虽是一个尽职的文官，但不是一个使人鼓舞的军事统帅，他在陕西两年半导致的结果有好有坏。尽管他在劝说造反领袖投降方面取得一些成功，甚至使他们的军队为政府所用，但他未能消灭那些不能信任的造反者。批评者指出，许多已经投降的造反者一有机会又叛变了。其他一些造反者根本拒绝投降，有一伙人使杨鹤大伤脑筋，他们从 1630 年夏至初秋占领了陕西东北一个战略城镇。1630 年和 1631 年，陕西的造反者对邻省山西进行了毁灭性的袭击，这个事态发展在当地和北京都引起了惊恐。虽然杨鹤初期的绥靖政策曾受到热情的支持，但皇帝渐渐醒悟。1631 年 10 月，由于陕西的造反者愈来愈多，杨鹤被解除职务并被逮捕。

1629—1630 年的满族人入侵

1629 年 12 月，努尔哈赤第八子和继承人皇太极（1529—1643 年）[③] 率领军队出人意料地从山海关西边入长城，直捣北直隶。不几天，他们占领了遵化的重要铁厂，并迫使袁崇焕从边境驰援北京。在他 12 月 30 日到达之前，城里就流传满族人散布的谣言，说他密附满族将领。满族人害怕袁崇焕的军事才能，希望引起崇祯皇帝对他的怀疑。谣言容易被人相信，因为几年前袁崇焕曾与皇太极进行过暂时停战的谈判。1630 年 1 月 13 日，他以通敌罪被捕。

随后的几个月，明朝军队在北直隶遭到一连串失败。1630 年 1 月 14 日，满族人分兵占领北京以南 30 英里的固安。十几天后，受尊

---

① 《国榷》[498]，6，第 5469 页；李文治：《晚明民变》[334]，第 24—25 页。
② 杨鹤传见《明史》[41]，260，第 6725—6728 页。
③ 皇太极传见《清代名人传略》[271]，第 1—3 页。

重的将领满桂（死于 1630 年）[①] 在永定门外战死，2 月中旬，当满族人终于退出北京地区时，国门前真可说是尸横遍地。[②] 但是，满族人的出征并没有结束。他们接着扫荡了北直隶东部的几座城市，然后在山海关西南仅几英里的地方停下。

1630 年 4 月，皇太极回到盛京沈阳，派阿敏去巩固，并如可能就扩大四个月前意外获得的长城内的据点，阿敏是朝鲜战役的英雄，当皇太极不在沈阳时，由他摄政。5 月初，阿敏抵达北京以东 125 英里的永平（今卢龙），抵抗前辽东经略孙承宗指挥的一次进攻，孙复职才几个月。六月下旬，阿敏由于在几个方面受到中国军队的压力，他的供应线又有被切断的危险，被迫从山海关西边 50 英里的冷口退出长城。

对北京和王朝的直接威胁已经过去，但朝廷吓坏了，特别是皇帝，他相信了谣言，于 1630 年 9 月 22 日在北京杀了他最有才能的将领袁崇焕。阿敏的遭遇比他好一些。他一到沈阳就被捕，受审，被判了各种罪，其中包括从驻地逃走。更值得注意的一个罪名，是他从北直隶撤退时，允许在几座中国城市进行杀掠；这对皇太极想取明而代之的计划是一个严重打击。[③] 阿敏被免去死刑，于 1640 年在幽禁中死去。

大凌城之围及其余波

在 1631 年 9 月初皇太极包周新筑的大凌城之前，东北边境这时相当安静，大凌城是明要塞锦州北边的一个战略前哨，在山海关东北 125 英里。10 月，派去的救兵被满族人击溃；到 11 月中旬，大凌城守军粮尽，食马，甚至同伴的尸体。最后，在 11 月

---

① 满桂传见《明史》 [41]，271，第 6957—6960 页，和《清代名人传略》 [271]，第 561—562 页。
② 迈克尔·库珀（耶稣会）：《通译员罗德里格斯：一个在日本和中国的早期耶稣会士》 [126]（纽约，1974 年），第 342 页。
③ 罗思：《满汉关系》[439]，第 26 页。

21 日，总兵官祖大寿（死于 1656 年）[1] 投降，投降之前至少杀死一个希望继续战斗的将领。[2] 祖大寿接着说服皇太极让他回到锦州，设计诱降守者。他后来食言，但皇太极已经在心理和战略上赢得一个重要胜利，因为许多明朝将领，包括张存仁（死于 1652 年），[3] 这时投降了满族人。

这些事件也影响到山东的政治稳定。1631 年末，驻在山东登州的军队（他们许多来自辽东），奉命回东北抵抗满族人。当这些军队通过北直隶南部时，发生了兵变，叛军说服指挥官孔有德（死于 1632 年)[4] 参加造反。孔有德迅即率领他们一路杀回来，横穿山东北部，围登州；1632 年 2 月 22 日登州失陷。中军耿仲明（死于 1649 年）先叛降孔有德，为叛军开了登州城门。[5] 这次叛乱的意外受害者是登莱巡抚孙元化（死于 1632 年），[6] 他信天主教，善西洋炮法，登州陷落后被俘。叛军领袖后来释放了他，但皇帝不愿宥其"败"。这年晚些时候他在北京被处死。

同时，孔有德和耿仲明继续他们的叛乱。3 月，他们包围登州西南 60 英里的重要城市莱州；4 月，他们占领莱州和胶州湾之间的平度；8 月，他们用计抓住几个重要官员。然而他们的好时光完了。10 月初，六个月的莱州之围无功而解，10 月 10 日，孔有德在莱州东北受到严重打击，被迫退到登州。当官军开始长期围困这个叛军据点时，形势就改变了。孔有德和耿仲明几次企图突围都没有成功，于 1633 年 4 月乘船逃往辽东，他们在那里投靠了皇太极。不久，他们就帮助满族人攻占了辽东半岛尖端的战略城镇旅顺。这两人都在对明朝的征服中发迹。

① 祖大寿传见《清代名人传略》[271]，第 769—770 页。
② 《明史》[41]，271，第 6966 页。
③ 张存仁传见《清代名人传略》[211]，第 56—57 页。
④ 孔有德传见《清代名人传略》[271]，第 435—436 页。
⑤ 耿仲明传见《清代名人传略》[271]，第 416—417 页。
⑥ 孙元化传见《明史》[41]，248，第 6436—6437 页，和《清代名人传略》[271]，第 686 页。

温体仁和崇祯皇帝

这些军事挫折对朝廷有重要影响。1629 年 12 月开始的关内战役，不仅导致袁崇焕的被捕与被杀，而且导致他从前的几个支持者的辞职。第一个离职的是辅臣钱龙锡（1575—1645 年），[①] 他是东林的同情者，于 1630 年 2 月因受到政府中反东林分子猛烈批评而辞职。几星期后，首辅韩爌也辞职，部分原因是他与袁崇焕和钱龙锡的密切关系受到攻击，袁崇焕考进士时，韩为试官。其他倾向东林的官员在这时离职的有刑部尚书乔允升（1592 年进士）和左都御史曹于汴（1558—1634 年），他们两人在魏忠贤掌权时都因他们的政治关系受到牵连。[②]

这种逆转并不意味着东林集团在朝廷已经失去一切影响。在这个时期，崇祯皇帝显然想在真正的或传闻的东林支持者和他们的反对者之间搞平衡。1630 年 2 月，当北直隶的军事危机达到顶点时，皇帝任命了三名官员为辅臣，其中两人与东林有关系。第三个是周延儒，他在两年前曾帮助温体仁罢免东林党人钱谦益。[③] 温体仁则于 1630 年 6 月入阁。到年底，在 1629 年时曾经是亲东林的内阁，似乎由东林党人和他们的反对者平分秋色。

但是，这个平衡政策实际上把更多的东林党人赶出了政府。1631 年 7 月，间或支持东林运动的大学士钱象坤（1559—1640 年）[④] 在与周延儒争吵后去职。两个月后，大学士何如宠（1598 年进士，死于 1641 年）[⑤] 也辞职回家，他在 1625 年时因同坚定的东林成员左光斗的友谊而被罢官。他辞职是因为同周延儒和温体仁合不来。[⑥] 1631 年 12 月，坐镇山海关的孙承宗因东北新近的军事失利在朝廷受到猛烈

---

① 钱龙锡传见《明史》[451]，251，第 6484—6486 页。
② 乔允升、曹于汴传见《明史》[41]，254，第 6553—6557 页。
③ 见本章的《魏忠贤的垮台》。
④ 钱象坤传见《明史》[41]，251，第 6492—6493 页。
⑤ 何如宠传见《明史》[41]，251，第 6491—6492 页。
⑥ 《明通鉴》[210]，4，第 3165 页。

批评而引退，他是东林的英雄，也是内阁成员。

1631 年，发生了另一个政治上的不祥之兆。10 月初，中官再次被派往北部边境监视军队，这种做法在 1627 年崇祯皇帝即位时本已取消。皇帝的改变主意，反映出他对文武官员愈来愈不满意，并想有他自己的消息来源。朝廷里经常不断的勾心斗角，可能使他感到太监更有用，因为他们直接对他负责。

这并不是说皇帝想回到前朝的黑暗日子，那时太监控制了皇宫和政府。相反，他似乎下决心独自对政策作最后决定。不过，1631 年以后，太监的影响继续增长，尤其是充当皇帝的特别侦探，当时皇帝在北京和外地有一个庞大的侦察网，[1] 对那些怀着义愤和恐惧回想东林在 1625—1626 年的溃败的人，这种事态发展是很不愉快的。

大学士温体仁没有这种不愉快的感觉；他在 17 世纪 30 年代初的政治动荡中保住了自己的地位，增加了对皇帝的影响，他让皇帝相信他在政治上是中立的，对党派斗争不感兴趣，只为皇帝的利益服务。尽管在现存资料中有反对他的意见，尽管他建立了自己的党派，但他在将近 10 年中保持了一个聪明、多疑、勤勉的皇帝的信任，其中四年担任首辅。但是，温体仁从来也没有像张居正在 1572—1582 年支配万历皇帝那样支配过他的统治者。这表明，通常都归咎于温体仁的明朝政府在 17 世纪 30 年代中期的许多失败，其实应归咎于那个维护他的权力并向他下命令的人：崇祯皇帝本人。[2]

温体仁在 1630 年 7 月入阁后，利用他政治上的敏锐，整掉一个又一个反对者而未引起皇帝的怀疑。正如他以前对钱谦益的攻击所表明的，他最喜爱的靶子是与东林集团有联系的官员，在 17 世纪 30 年代的初期和中期，他们之中有几十人离开或被赶出了政府。其中著名的有大学士文震孟（1574—1636 年）、何吾驺（1619 年进士）、钱士升（1575—1652 年）、工部左侍郎刘宗周、国子监祭酒倪元璐、少詹

---

[1]　《明史》[41]，305，第 7827—7831 页；艾伯特·詹：《衰亡》[18]，第 56—57 页；邓恩：《巨人的一代》[148]，第 253 页。

[2]　例如，见《明人传记辞典》191 中的讨论，第 1477 页。

事姚希孟（1579—1636 年）。①

温体仁在看准时机时，也反对那些通常被视为东林运动的敌人的人，决不犹豫，特别是当他们妨碍了他的时候。1633 年上半年，曾在钱谦益一案中支持过他的首辅周延儒，被控犯了种种罪行，包括一条荒谬的指控，说他接受陕西一个造反领袖的贿赂。当周延儒向温体仁求援时，温体仁不理。他在那年 7 月被迫辞职，而代替他的不是别人，正是温体仁。

中国北部和中部的干旱、饥荒和叛乱（1632—1636 年）

虽然杨鹤在 1631 年 10 月罢官后陕西的军事形势有所改善，但这种改善基本上是一个假象。造反者不过是涌进别的省份以逃避官军或陕西恶劣的经济情况，因为那里的许多地区已经没有什么可以劫掠了。到 1632 年底，造反活动的中心转移到山西东南、北直隶西南和河南北部，那里的一些造反者得到相当大的成功。他们占领了山西和河南边界的城镇，杀掉官员和许多地方名流，很少遇上官军。从政府角度看，最可怕的情况是，造反者不仅证明他们有能力在山西中部汾河沿岸相对富庶的地区有效地作战，而且他们已经转向中国北部平原，能够进犯北京了。②

朝廷迅速行动起来应付这个威胁。1633 年初，官军在山西和河南边境对造反者取得一连串胜利。尽管他们在山西南部不时受到挫折，但到 12 月，他们已经迫使许多造反队伍退过黄河，进入河南中部、湖广北部和陕西南部。这些地区由于受到 1633 年的干旱与饥荒的影响，③ 当造反军不去他们的老巢，而向西部和南部推进时，就

---

① 文震孟、何吾驺、钱士升、姚希孟等人的传，见《明史》［41］，216，第 5718—5719 页；251，第 6487—6488、6495—6499 页；253，第 6532 页；《明人传记辞典》［191］，第 237—239、1467—1471 页。

② 关于这个时期一般情况的更详细的讨论，见帕森斯《农民起义》［418］，第 22—52 页，和李文治：《晚明民变》［334］，第 26—43 页。

③ 虽然其相互关系（如果有的话）尚待研究，但应指出在 17 世纪 30 年代初，印度北部的许多地区也遭受严重干旱。关于接着发生的经济灾难和人的困苦，见威廉·哈里森·莫兰《从爱克巴到奥伦寨：印度经济史研究》［394］（伦敦，1923 年），第 205—219 页。

给他们提供了补充兵源。12 月 27 日，河南西北的渑池陷落。四天后，渑池西南的卢氏受到攻击。到 1634 年，一些造反队伍在湖广北部的汉水沿岸自由来去。1634 年 3 月和 4 月，造反军对长江沿岸展开袭击，他们在那里穿过湖广和四川之间的巫山峡谷。

　　政府再次逐渐控制了局势。1634 年初，任命曾在陕西北部大胜造反军的陈奇瑜（1616 年进士，1648 年去世）[①] 总督河南山陕川湖五省军务，专办“流贼”。不出数月，陈奇瑜设计在河南西部靠近陕西边界一个偏僻的峡谷中，诱陷数千名造反军。然后，他在一个引起争论的行动中断送了自己前程。他接受李自成（1605？—1645 年）[②] 和其他几个造反领袖的投降，派人将他们及其部下遣送回陕北。但是造反者的投降是假的，他们杀掉护送的人，在陕西具有战略意义的渭水流域开始了一连串成功的袭击。这次灾难后，陈奇瑜继续留任了几个月，随后被逮捕，由洪承畴（1593—1695 年）[③] 和卢象昇（1600—1639 年）[④] 代替，他们有以前在西北作战的经验。

　　洪承畴和卢象昇用了两年时间同流动的造反者作战，同时努力驾驭他们手下难以驾驭的人员。1635—1636 年，造反活动扩大，[⑤] 使朝廷幸运的是，1635 年初造反领袖们在河南开的一次秘密会议，没有像它的策划者期望的那样，达到目的上和组织上的统一。[⑥] 不过，在 1635 年的 2 月和 3 月，仍有两股造反军在发动一次深入北直隶北部的战役中，设法尽量做到互相配合，他们蹂躏了汾阳，掠夺属于皇室的财产。但他们没有在那里站住脚，第二年，他们的活动集中在陕西、河南和湖广西北。1636 年他们第二次窜犯南直隶，被卢象昇击退。

---

① 陈奇瑜传见《明史》[41]，260，第 6729—6732 页，和《清代名人传略》[271]，第 85 页。
② 李自成传见《清代名人传略》[271]，第 491—493 页。
③ 洪承畴传见《清代名人传略》[271]，第 358—360 页。
④ 卢象昇传见《明史》[41]，261，第 6759—6765 页。
⑤ 见地图 26。
⑥ 关于这次秘密会议，见帕森斯《农民起义》[418]，第 38—40 页。

尽管造反者未能在帝国的经济腹地获得一个坚强立足点，但他们的人数却大大增加了，常常对派去镇压他们的官军造成重大损失。1635 年 8 月，名望很高的总兵官曹文诏（死于 1635 年）[1]和他的两千多人在甘肃东部遭到伏击，全部战死。9 月，已经成为重要的造反领袖之一的李自成，占领陕西中部的两座州城，杀了两地的州官。李自成因陕西缺食，欲渡河去邻省山西，被山西巡抚吴甡（1589—1644 年）[2]击退，被迫重新回到他的家乡陕西。虽然李自成继续逃避，但 1636 年 8 月，陕西的官员们设法在咸阳西南的周至县附近捉住了富有经验的造反领袖高迎祥（死于 1636 年）。高迎祥被送到北京，在当年晚些时候被处死。

即使有这些胜利，政府在 17 世纪 30 年代中期的工作仍有不少缺点。它的工作由于外地不断出现的军事紧急情况而大为复杂化。西北地区令人震惊的经济形势为造反领袖不断地提供补充兵源。此外，各地官军的素质一直在下降。中国的军事理论认为，恢复和保持民心对镇压造反活动是至关重要的。然而这个时期生活在陕西、河南和湖广许多地区的人民，认为某些政府将领和他们的不受约束的军队跟他们要去镇压的匪徒一样危险。北京当局深知这种局势内在的危险，但他们或者无能为力，或者不愿尽力。的确，朝廷很可能感到它需要一切它能调动的军事支援，而过多地讲求方法和忠诚会起反作用。

东南部的经济停滞和社会不稳定（约 1634—1638 年）

明朝辽阔的国土，使得一个地区发生的事件对另一个地区的影响很难作出估计。这方面的一个例子，是 1634 年初秋在南直隶的桐城县发生的一次武装起义。[3]一种资料说，桐城的谋反者计划在一支造反

---

① 曹文诏传见《明史》[41]，268，第 6893—6898 页。

② 吴甡传见《明史》 [41]，252，第 6521—6525 页，和《明人传记辞典》[191]，第 1494—1495 页。

③ 英文著作中关于这次起义的最新讨论，见彼得森《瓠瓜》[425]，第 36—37 页，希拉里·J. 贝蒂：《中国的土地与门第：明清两代的安徽桐城县研究》[6]（剑桥，1979 年），第 43—45 页。

军从西边到来时举行起义。这支造反军始终没有来，谋反者就潜伏下来等待时机。9 月 14 日晚时机来了，一伙"暴民"攻破桐城，大肆焚掠。一个当时的人记下了当时的情景：

> 乱民斩关、焚掠、结寨、扬旗、举火之夜，大姓俱走，此桐未有之变也。桐固鼎盛，而浇漓怨毒风俗久变，讵知遂变而刀兵哉？[1]

另外一些观察家对暴力不太感到意外，并认为这是富人自找的，因为他们蛮横地和经常非法地对待社会和经济的下层人。尽管桐城起义很快就平息了，但那里的富人和穷人之间的紧张关系也存在于 17 世纪 30 年代中国东南的其他地方，紧张关系的造成，除了别的原因外，是由于地方官、腐败的衙门和地主豪绅的勾结。许多地主豪绅多年来窜改赋税册以逃避大量赋税。[2] 由于中央政府不断催促地方完成定额，愈来愈重的负担就转嫁到小土地所有者身上，他们无财无势，无法保护自己不受勒索。

这类小土地所有者中的许多人最后面临两个不得已的选择。他们可以把土地送给有势力的豪绅，作为佃农耕种它，用高租换取保护；或者放弃他们的土地逃亡，希望别的地方的情况会好一点。不论他们作何选择，他们的土地或者荒芜，或者落入那些有能力逃避赋税的人之手。应交的赋税就压在剩下来的小土地所有者身上，这种恶性循环愈演愈烈。

许多纳税人的处境由于军费的增加而更加恶化，北京政府不得不减少不必要的开支。更重要的是增加赋税，在 1618—1637 年间估计增加了六倍。虽然关于过度的征税在很大程度上导致了明朝的灭亡这种传统说法，[3] 最近有一些学者表示保留，但不容置疑的是，赋税的

---

① 彼得森引方以智的话，《鲍瓜》[425]，第 36 页。
② 关于这些弊病和试图改革它们的详细讨论，见邓纳林《财政改革与地方控制》[143]。
③ 黄仁宇：《明代财政管理》[250]，第 121—122 页。

增加是"对一架已经是疲敝不堪的财政机器增加新的和额外的紧张……［并］把不能忍受的负担强加给一部分纳税人"①。赋税的负担变得不堪忍受，不是因为捐税高（以 17 世纪的标准看，可能是低的），而是因为许多捐税要用白银支付，这是一种难以得到的东西。②

在中国东南部，这种情况在 17 世纪 30 年代中期更加恶化，这是由于 1634—1636 年间西班牙当局在马德里和阿卡普尔科采取了一系列措施。他们决定减少从新大陆流入马尼拉的白银数量，从而减少了控制那里的中国—西班牙贸易的福建和葡萄牙商人的白银收入。③ 这种减少没有立即在中国引起财政危机，一方面因为它对经济的影响要经过一段时间才显示出来；一方面因为从日本继续流入大量白银。④ 不过当时东南最富庶的地区的记载，表明经济情况已经迅速恶化，一些官员和地方名流准备应付看来是不可避免的动乱。⑤他们的担心很快被证明是对的。

杨嗣昌的浮沉

北京的政治局势仍然不稳定。1634—1638 年间，在内阁任职的不下 19 人。⑥ 除此之外，虽然温体仁在这个时期的大部分时间保持首辅的职位，但当令人沮丧的报告几乎从全国各个角落向皇宫飞来时，他也感到很难安慰皇帝。令皇帝特别悲痛的事，是 1635 年 3 月

---

① 黄仁宇：《明代财政管理》［250］，第 119 页。
② 这时中国许多地方的情况似乎与法国在差不多同一时期的情况相似。简·德弗里斯：《危机时代的欧洲经济（1600—1750 年）》［141］（剑桥，1978 年），第 63—64 页。
③ 布莱尔和罗伯逊编：《菲律宾群岛》［8］，30，第 51、69—70 页。
④ 博克瑟：《从阿马康来的巨舶》［10］，第 145—158 页；小叶田淳：《日本 16、17 世纪的金银生产与使用》［288］，W. D. 伯顿译，《经济史评论》第 2 辑，18，2（1965 年 8 月），第 256 页。
⑤ 这些问题的讨论，见杰里·登纳林《许都和南京的教训：江南的政治一体化和地方防务（1634—1645）》［144］，见《从明至清》［476］，乔纳森·D. 斯彭斯、约翰·E. 威尔斯编（纽黑文和伦敦，1979 年），第 89—132 页。
⑥ 《明史》［41］，110，第 3386—3389 页。

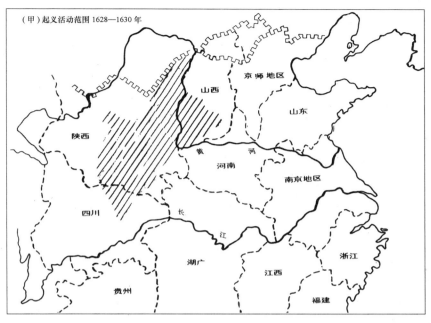

（甲）起义活动范围 1628—1630 年

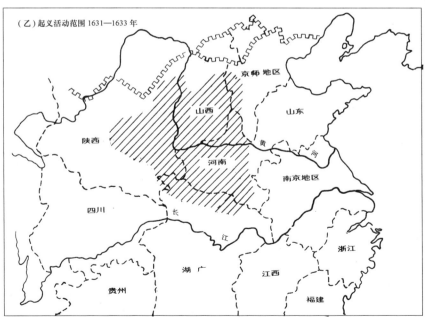

（乙）起义活动范围 1631—1633 年

地图 26 农民起义的扩展（1630—1638 年）（1）

605

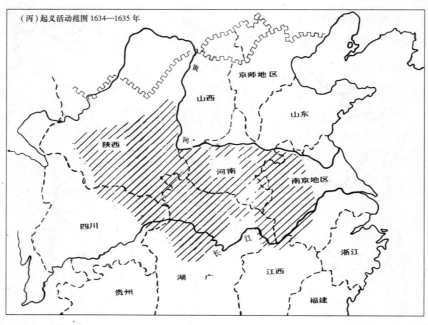

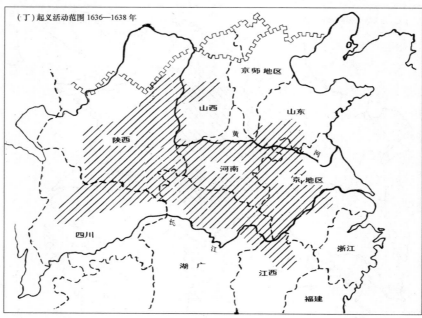

农民起义的扩展（1630—1638 年）（2）

造反者袭击凤阳时，皇室的陵庙被亵渎了。① 朝廷里与东林集团有联系的官员很快指出，温体仁的一些支持者应对凤阳的防守负责。他们的论据显然给皇帝留下了印象，在那年晚些时候，皇帝任命一个东林党人为内阁成员。

但温体仁仍然是朝中最有势力的人，以后两年里，在京师激烈的官僚斗争中，他通常是胜利者。不过，1637 年初，他走错了一步，诬告并逮捕了他的宿敌钱谦益和他的一个亲密同事。北京的东林势力发动一场猛烈的反攻，许多奏疏都指责他，最后迫使他请求告老回乡——显然认为他的请求会被拒绝。然而却得到批准；1637 年 8 月，他回到浙江，第二年死去。

温体仁的突然离开政府，并不标志东林在朝中重新得势。他在内阁中的替身之一是他的老助手薛国观（1619 年进士，死于 1641 年），② 他从天启朝起就反对东林集团。薛国观随即成为皇帝最信任的顾问之一，在以后几年中，与东林有联系的官员极难使他们的意见为朝廷所接受。1638 年夏，忠于东林的黄道周（1585—1646 年）③和他的几个支持者直言不讳地反对皇帝当时宠信的兵部尚书杨嗣昌（1588—1641 年），④ 就受到贬谪。

杨嗣昌是杨鹤的儿子，杨鹤在 1631 年因未能平息陕西的叛乱而被罢去总督之职。杨嗣昌在父亲失宠后，胜任地担任过西北的几个重要军事职务。到 1634 年，他成了京师西北一个关键地区的最高统帅，管辖宣府、大同和山西北部。1635 年他的父亲去世，他以丁忧去职。但 1636 年末，在规定的 27 个月的守丧期满期之前，他被召到北京任兵部尚书。在守丧期做官，在明朝始终是一个引起争论的问题，杨嗣昌也不例外。尽管皇帝坚持认为，当时国家所面临的军事危机需要杨

---

① 关于这次袭击，见帕森斯《农民起义》[418]，第 38—39 页。
② 薛国观传见《明史》[41]，253，第 6537—6541 页。
③ 黄道周传见《明史》[41]，255，第 6592—6601 页，和《清代名人传略》[271]，第 345—347 页。
④ 杨嗣昌传见《明史》[41]，252，第 6509—6521 页，和《明人传记辞典》[191]，第 1538—1542 页。

嗣昌的经验和专长，黄道周等人却不同意，认为由此引起的道德标准下降，其恶果远过于可能得到的利益。但皇帝不为所动，杨嗣昌的任命继续有效。

1637年春杨嗣昌担任新职务时，他面临的是个令人沮丧的局面。1636年，皇太极称帝，国号清，明确地表示要推翻明朝。在17世纪30年代中期，满族人继续对中国领土进行不时的袭击，并通过征服内蒙古最强悍的部族和派遣远征军深入黑龙江地区巩固了他们在长城外的势力。1636年夏，皇太极派异母兄弟阿济格（1605—1651年）[①]和其他人率军进入北直隶，在北京附近成功地作战一个多月才撤退。12月下旬，皇太极亲自领导对朝鲜的入侵，朝鲜长期以来是明朝最重要的盟国。不出两月，朝鲜军队投降，满族人在两翼和后方的安全得到保证之后，现在把全部注意力转向中国。

杨嗣昌对这个威胁的对策是讲和，目标是订一个条约，像1571年和蒙古人所订的那样。[②] 他想赢得一些时间，一劳永逸地解决西北的叛乱问题。杨嗣昌的讲和计划毫无结果，因为它在朝中遭到强烈的反对，而皇太极正在抢占大量领土，也看不出讲和对他有什么好处。1638年下半年，皇太极的军队在他们初期得手之后，紧接着在北直隶和山东进行了五个月的毁灭性战役，有60多座中国城市——其中包括济南和天津——受到进攻。满族军队回到沈阳时"带着无数战利品和许多俘虏"[③]。在这次战役中，宣府和大同地区的总督卢象昇战死。卢象昇在1636年造反军入侵南直隶时显示出他的才能，后来他是杨嗣昌与满族人讲和计划的最激烈的批评者之一。

17世纪30年代末和40年代初满洲人在东北取得的成功，影响了政府在西北同造反军的作战。[④] 杨嗣昌特别沮丧；在1637—1638年间，气氛本来很乐观，以为叛乱问题会很快解决。1637年，张献

---

① 阿济格传见《清代名人传略》[271]，第4—5页。
② 关于条约，见《明人传记辞典》[191]，第7、1372—1373页。
③ 《清代名人传略》[271]，第216页。
④ 例如，见李文治《晚明民变》[334]第124页关于这一点的简要讨论。

忠（1605—1647 年）[1] 和其他造反领袖在南直隶北部与官军的几个月战斗中，取得不大的胜利，但到秋天，大多数造反者回到河南南部或湖广北部，这里已经成了他们主要的中间集结地。不久以后，张献忠在河南西南受到官军的攻击。在以后几个月中他在汉水流域被赶来赶去，直到他终于在湖广西北的古城站住脚。

1638 年初，张献忠同新上任的五省军务总理熊文灿谈判，熊文灿由于 10 年前说服海盗头领郑芝龙投降并为明朝所用而著名于时。他不顾部下的强烈反对，深信这样做有助于平息叛乱。1638 年 5 月，熊文灿接受张献忠的投降，并将他安置在谷城任军事指挥。[2] 这个安排持续了将近一年，在这期间，官军给活动在陕西、河南和湖广的各造反军特别是给李自成以很大压力。1638 年末，李自成在陕西和河南边界遭受了一次严重失败，不得不在以后两年中用大部分时间重建他溃散了的队伍。

1638 年，正当平叛的胜利似乎唾手可得时，满洲军队又入侵了。由于北直隶和山东的城市一座接着一座落入侵略者手中，政府被迫从西北抽调人力物力。不出数月，它在西北的平叛努力便前功尽弃。1639 年 6 月，张献忠复叛，不到三个月，就在湖广的最西北部大败官军。这个灾难注定了熊文灿的命运。他被削官，逮捕，最后送到北京受审。他在官僚机构中有势力的朋友都撒手不管，他于 1639 年 11 月被处死。

在战场上代替熊文灿的是他从前的庇护人杨嗣昌，他受到强大的压力要兑现他的军事胜利的诺言。1639 年秋，他到达湖广北部，立即受到他的两个最重要的将领的敌视，他们不仅反对他的平叛战略，而且不喜欢他本人。尽管他在 1640 年初对造反者取得了某些胜利，但不能给他们以最后的打击；而到 1640 年夏，张献忠和其他几个造反领袖突破了杨嗣昌的长江防线，进入四川东部。那年和 1641 年，他们在四川造成很大的破坏，特别是张献忠。

---

① 张献忠传见《清代名人传略》[271]，第 37—38 页。
② 见《明人传记辞典》[191] 第 564—565 页关于这个决定的讨论。

1641 年，李自成在河南西部重新开始活动，杨嗣昌面临的问题恶化了。河南省的严重饥荒，为李自成的事业提供了志愿战士，1641 年的头三个月，李自成占领了许多城市，包括在 3 月初攻克的洛阳。在洛阳抓到的俘虏中，有一个臭名昭彰的放荡王子，他被处死、肢解，并被象征性地吃掉，以表示造反者对那些生活穷奢极侈、不顾百姓死活的人的憎恨。当河南北部发生这些事情时，张献忠突然从四川攻入湖广，在信阳俘虏并处死了另一个王子；张献忠的大胆行动，对杨嗣昌是一个出其不意的袭击。他无法对抗造反者，遂自杀。

经济危机（约 1639—1644 年）

1639 年，日本和菲律宾所发生的事情对明朝经济的关键部门造成严重困难。1639 年夏，德川幕府不允许澳门来的商人在长崎贸易。这样，这种近一个世纪以来有利可图的贸易就突然结束了，它曾从日本给广州和中国其他市场带来大量白银；尽管在整个 17 世纪 40 年代，荷兰和中国的商人继续从日本输入白银，但比起这个世纪初期中日贸易的全盛时期来，数量大为减少。[1] 葡萄牙人从日本被赶走后几个月，中国和西班牙在菲律宾已经大为减少的贸易，实际上停止了。在马尼拉，西班牙人和中国人之间的紧张关系爆发为暴力冲突，有两万多中国人死亡。结果，在随后几年中，只有很少的美洲白银流入中国。[2]

由于国内的银锭生产不敷需要，这些事态发展对已经问题成堆的经济具有强大的紧缩通货的影响。17 世纪 40 年代初，东南先进地区的银价猛涨，同时许多商品作物和制造品的价格直线下降，低到无法想象。这就导致货币收藏的增加，大量白银从流通中消失，人们把它存起来准备应付更坏的日子。1639 年夏，危机变得更加严重，因此

---

[1] 岩生成一：《朱印船贸易史之研究》[277]（东京，1958 年），第 327 页；奥斯卡·纳霍德：《十七世纪时荷属东印度公司与日本的关系》[402]（莱比锡，1897 年），增刊，63；博克瑟：《从阿马康来的巨舶》[10]，第 159 页以下各页。

[2] 布莱尔、罗伯逊编：《菲律宾群岛》[8]，29，第 208—258 页；昌努：《菲律宾》[50]，第 157、159 页。

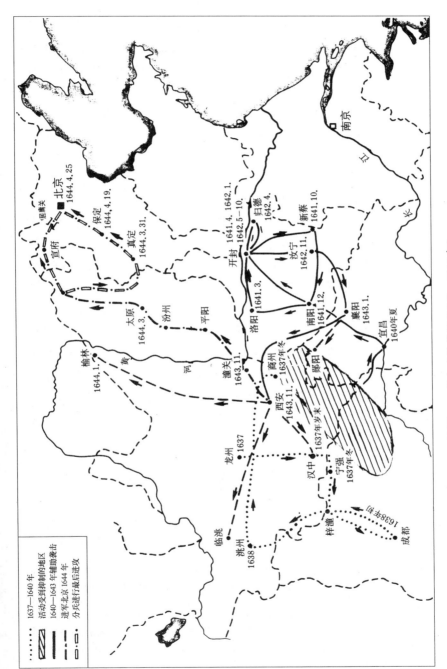

地图 27 李自成的战役（1641—1644 年）

崇祯皇帝同意再次增加税收，以实行杨嗣昌宏大的平叛计划。① 无论这次增税可能征收多少额外收入（许多人无法找到足够的白银付旧税，更不用说交新税了），政府为了应付军事需要从民间榨取更多的白银，使货币供应问题更加复杂化了。

紧接 1639 年增税之后，是一个坏天气时期，这种天气给这个国家的许多地区带来可怕的灾难，这些地区在 17 世纪 20 年代和 30 年代的自然灾害中未受到或只受到轻微的影响。1639—1640 年浙江北部洪水成灾，1641 年干旱和蝗虫成灾，1642—1643 年既有水灾又有旱灾。据目击者的记述，这个地区在 17 世纪 40 年代初饿死许多人，到处是乞丐，杀害婴孩，甚至人相食。② 在这个时期，类似的描述也见之于中国东部和东南部的其余地区，③ 在许多地区，紧接饥荒之后发生了时疫。④ 由于普遍的粮食囤积和投机，食物价格上涨，而流通的白银量急剧紧缩，情况更加恶化。在 17 世纪 40 年代，尽管水、旱、虫灾很严重，但在许多"饥馑"地区，显然仍可买到大米，问题是价钱太贵，许多人买不起。

这些自然灾害也给政府财政带来重大损失。江南、福建沿海和其他从前的富庶地区，纳税人拖欠税款，或抛弃他们的财产；佃户攻击地主和收租人；奴仆反对主人；城区工人闹事；盗匪活动增加；饥饿的农民在乡村到处流浪觅食。到 1642 年，大城市苏州明显衰落，许多住家"人去屋坍"⑤，而曾经是富裕的乡村，土地没有了主人，只有武装的人才

---

① 《明通鉴》[210]，4，第 3318—3320 页；《明史》[41]，21，第 6514—6515 页。又见《明人传记辞典》[191]，第 1540 页。

② 邓斯坦：《晚明的时疫》[149]，第 12 页。

③ 例如，见李文治《晚明民变》[334]，第 123 页；和居密：《明清棉纺织业与农村社会经济的变化》[563]，《中国文化研究所学报》，7，2（1974 年 12 月），第 525 页。

④ 见前地图 26。

⑤ 叶绍袁：《启祯记闻录》[615]，见乐天居士编《痛史》（顺治 [1644—1662] 初年；上海，1911 年重印），第 3 卷，ⅩⅧ，2，第 10 页。关于这个时期中国东南的这个地区和其他地区的社会动乱，见傅衣凌《明清农村社会经济》[181]（北京，1961 年），第 92—124 页，以及他的《明代江南市民经济试探》[182]（上海，1957 年），第 94—95 页；森正夫：《明清时代之土地制度》[397]，见岩波正典编《岩波世界历史讲座》（东京，1971 年），第 12 卷第 7 章，第 235—245 页，马克·埃尔文：《中国过去的模式》[151]（斯坦福，1973 年），第 245—247 页。

敢去。

政治和军事上的崩溃（约 1641—1644 年）

在杨嗣昌于 1641 年 4 月自杀五个月后，薛国观被崇祯皇帝赐死，他是东林的另一个重要政敌，以前的首辅。他在 1640 年因受贿罪被革职。虽然东林跟这件事的关系不甚清楚，但薛国观临死前的话牵涉到它的一个成员。[①] 10 月，刚好在一个月后，周延儒回到北京当首辅，东林集团对这个任命出了力。

由于周延儒在崇祯朝初期对钱谦益的削职起过作用，[②] 东林支持他似乎令人惊奇，但他的复职是朝中互相斗争的派别妥协的结果，他们试图解决他们之间的分歧，使政府能全力以赴地应付威胁着王朝生存的军事和财政困难。[③] 这个妥协失败了。它之所以失败，是因为某些理想主义的东林党人不能接受用以维持妥协的实用主义的做法。1643 年初，一些这样的理想主义者企图赶走周延儒；尽管他在以后几个月中继续受到皇帝的信任，但他的四分五裂的政府在重重困难面前不能有所作为。

1641 年初，张献忠在成功地侵入湖广之后受到一些暂时的挫折，但到年底他已恢复过来，能和其他造反领袖一起进攻南直隶的西部。[④] 1642 年，他攻下这个地区的庐州、桐城和另外几座城市。但每座城市都不能占据多久。1643 年初，张献忠把进攻南京的计划搁置起来，引军向西进入湖广，使那里的政府很快瓦解。一座城市接着一座城市向他投降，包括省城武昌，它是 1641 年 7 月 15 日在短时期的

---

① 到明史的这个时期，一个名为复社的东林附属组织深深地卷入了朝政中的勾心斗角。为了方便起见，在以后发生的事情中，东林一词将用于这个组织的成员。有一篇用英文写的文章，倾向于夸大复社在晚明政治史上的重要性，见威廉·S. 阿特韦尔：《从教育到政治：复社》[2]，载《新儒学的演变》[138]，狄百瑞编（纽约和伦敦，1875 年），第 333—367 页。又见登纳林 《嘉定义士》[142]，处处可见。

② 见本章的《魏忠贤的垮台》、《温体仁和崇祯皇帝》。

③ 登纳林：《嘉定义士》[142]。

④ 关于张献忠在 17 世纪 40 年代初的活动，详见帕森斯《农民起义》[418]，第 142—156 页；李文治：《晚明民变》[334]，第 78—89 页。

围攻之后陷落的。张献忠有在武昌建立政府的念头，但官军从东边迫使他向南转移。10月初，他夺取长沙和衡州，随后几个月，他进入广东北部和江西中部，官军再次迫使他后退，1644年初，他回到湖广西北，考虑再次入川。

同时，李自成在北方取得更大的成功。到1641年秋，许多独立的造反领袖归顺李自成，在这年最后三个月里，他袭击了河南东部和南部的大部分地区，没有遇到有力的抵抗。然后他向北移动，在1642年1月中旬包围开封，这座省城是他在1641年想夺取而未取得的。2月中旬，他把注意力转到这座城市南边和东边靠近山东的地区，在这里停留了几个月，击溃地方防御，积累力量，在5月再次包围开封。这次围攻持续了将近5个月，围攻结束时城中有几十万人死亡，有的死于饥饿或疾病，其余的死于穿城而过的洪水，因为造反者在10月初挖开了黄河上的几处关键堤防。由于开封破坏得很厉害，李自成没有在这里久留，便转向更有希望的地区。到11月，他回到开封西南60英里的南阳附近。

政府很快从陕西调来一支军队，这使李自成感到意外，他于是调头向东，歼灭了河南残余的少数官军，消除后顾之忧。然后进入湖广北部。1643年1月，他轻而易举地击败明将左良玉（1598—1645年）①指挥的纪律败坏和完全丧失士气的军队。左良玉和他的人马沿汉水流域溃退，李自成占领了战略城市襄阳。在随后几个月里，李自成除掉了造反队伍中潜在的竞争者，巩固了自己的势力，建立起政府的框架，代替明朝的统治。襄阳改称襄京，给这座城市增加了帝王气氛，在传统的官僚机构中任命了新的官员，李自成暂时忍住没有称帝，而是称新顺王。

但李一心一意要推翻明朝，1643年夏末，他回到河南，准备进攻北京。首先，他必须对付总督孙传庭（1619年进士，死于1643年），②

---

① 左良玉传见《明史》[41]，273，第6987—6998页，和《清代名人传略》[271]，第761—762页。
② 孙传庭传见《明史》[41]，262，第6785—6792页。

他曾在 1642 年在南阳打败过孙。自那时以来，孙传庭在陕西建立起一支可观的军队。虽然他怀疑实行进攻战术是否明智，但还是服从了京师来的命令，在秋末渡过黄河进入河南。在这次对造反军作战的初期，孙传庭相当成功，使北京的军事策划者很高兴。但后勤以及其他的问题，使他不能继续进攻，到 11 月初，他开始全面撤退。李自成追赶他，通过潼关进入陕西，11 月中旬，孙传庭在一次勇敢的最后抵抗中被杀。1643 年 11 月 22 日，李自成占领省城西安，并在两个月内控制了该省的绝大部分。他现在的事是向北京进军了。

李这次进军像过去许多次那样，得到满族人的威胁的帮助。满族人迫使明廷把人员和物资调往东北前线，而不能用来对付陕西和别的地方的造反者。1641 年 9 月，总督洪承畴（他是在 1638—1639 年冬从西北调来抵御满族人入侵北直隶和山东的）企图援助在锦州附近被围的明将祖大寿，但在山海关东北 100 英里的地方落入皇太极设下的圈套。一切救援的企图都失败了，在 1642 年的 3 月和 4 月，这两员明将先后投降。1642 年 4 月 8 日锦州陷落后，明朝在长城以北的防御实际上崩溃了。

1642 年夏末，皇太极在与明廷的秘密讲和失败之后，[①] 派他的哥哥阿巴泰（1589—1646 年）[②] 和其他将领乘胜进入中国东部，远至南直隶北部作战。这次战役持续了将近七个月。当它结束时，明廷在许多地方的控制受到严重削弱；无数官员和地方领袖在战斗中被杀或自杀。单是阿巴泰一人据说就攻下了 94 座城镇，俘虏 36 万人，夺得大量战利品。[③] 不管这些数字怎样被夸大，毋庸置疑的是，北直隶、山东和南直隶的破坏，使明朝丧失了免于失败的机会。

这次战役也导致了首辅周延儒政治生涯的突然而可耻的结束。1643 年 5 月，当满洲军队从山东北移，对北京构成威胁时，周延儒

---

① 罗荣邦：《和战政策问题政策的制订和决定》[360]，见《明代政府研究的七篇论文》[263]，贺凯编（纽约和伦敦，1969 年），第 68—69 页。

② 阿巴泰传见《清代名人传略》[271]，第 3—4 页。

③ 《明人传记辞典》[191]，第 4 页。

自请去京师东边几英里的通州督师。皇帝立刻接受了他的请求。他去通州显然是决定与敌人交战，如果情况变得绝对必要的话。但是由于满族军队撤到了长城以北，通州没有什么战斗。尽管这样，他仍然声称取得了重大的胜利，于 6 月下旬回到北京，大受奖劳。二十来天以后，皇帝知道了这次"胜利"的真情，将他罢官。这年的晚些时候，他以贪污罪被捕，于 1644 年 1 月 15 日赐死。

这时朝廷面临的形势非常暗淡。一位作者对此作了贴切的描述：

> 1644 年初，军饷欠款已经达到数百万两，而从南方来的税款只有几万两。国家的粮仓现在实际上空了。没有足够的大米充军粮，户部就买杂粮凑数。当北京被围时，驻军已有五个月没有发饷。执行任务的军队没有炊事用具。每个士兵领到 100 枚铜钱，由他们自己买吃的。士气和纪律涣散到这种地步，一个将军报告说："你鞭打一个士兵，他站起来；但与此同时，另一个又躺下了。"王朝快完了，这是不令人惊奇的；令人惊奇的倒是，它竟然直到那时还没有完。[①]

顺朝过渡时期

对当时生活在中国的许多人和以后的大多数历史学家来说，明王朝的结束是在 1644 年 4 月 25 日午夜刚过不久，当时崇祯皇帝在一个忠心的太监陪同下，爬上御花园里的一座小山，自缢于寿皇亭。[②]

49 天前，李自成在西安称王，国号顺。在这段时间里，他的军队横扫山西，进入北直隶北部，到 4 月 24 日，就在北京郊区扎营了。

---

① 黄仁宇：《明代财政管理》[250]，第 123 页。

② 这一段主要依据小弗雷德里克·韦克曼的《1644 年的顺朝过渡时期》[527]，见《从明至清》（476），乔纳森·D.斯彭斯、约翰·E.威尔斯编：（纽黑文和伦敦，1979 年），第 43—87 页。又见李文治《晚明民变》[334]，第 135—143 页；帕森斯：《农民起义》[418]，第 123 页以下各页。

崇祯皇帝拒绝逃往南方和以他的名义在那里组织抵抗运动，最后企图打扮成太监逃出皇宫。这个企图失败后，据说他就不太高贵地去寻死，临死前把眼前的这场灾难归咎于几乎每一个人，就是不归咎于他自己。他的一些大臣表现得要高贵一点，他们承担起自己的一份责任，以自杀来报答皇帝和王朝给予他们的恩惠。

1644 年 4 月 25 日早晨，李自成的士兵终于在京城的街道上出现，他们以值得注意的克制态度执行他们的任务。对老百姓施加暴力是不予宽恕的，抢劫者被立即处死；当李自成在午后到达皇宫时，城市已笼罩在一片平静气氛中。这种纪律和秩序主要归功于从前的明朝官员和儒生顾问，他们是在李自成在西北最后几年的战斗中参加进来的。这些人下决心帮助他建立一个名副其实的新王朝。任何有损于李自成威严而合乎情理（如他们所认为的）地接替皇位的事情，都在禁止之列。

当李自成知道崇祯皇帝死了时，他似乎真的感到悲伤。弗雷德里克·韦克曼认为，这是因为他"感觉到了在中国的政治看法中弑君者可怕的负担，他可能还认识到篡位者很少能长久在位，通常要被一个对推翻前皇室没有责任的人所接替"。[①] 这可能说明为什么李自成一再推迟他的登基仪式，而宁愿保持顺王的头衔，这是 1643 年他在咸阳自封的。

无论李自成对登基有什么疑惧，组织与充实他的官僚机构却不能等待。虽然大多数重要职位由 1644 年以前投奔他的人担任，但由于他自己的队伍中缺乏合格的人员，他不得不从一开始就从成千留在北京的明朝官吏中选用有才能和专长的人。这对双方来说都是一种使人困窘的安排。李自成从前的许多反政府宣传，曾直接指向北京的当权者，他和他的助手都不想原谅或忘记。由于这个原因，挑选出来为新政府工作的人，大多数是低级官僚，至少从理论上说，他们没有直接参与制定导致明朝覆灭的政策。

在没有在顺朝政府中得到职位的人当中，有一些人不久就面临比

---

① 韦克曼：《顺朝过渡时期》[527]，第 52—53 页。

失业更坏的命运。李自成进北京几天后，就面临崇祯皇帝在位的最后几个月所面临的同样问题：如何给他的军队发饷。李自成期望在国库里找到的大量财富并不存在。5月1日，他同意从拘留在城内各军营中的许多明朝官员身上筹措款项。知道要他们自愿捐输势必很难，负责这些军营的将领们就开始实行一套使人毛骨悚然的拷问，以便得到他们想要的东西。许多俘虏因此丧命。到5月12日，就连李自成也看出事情做得太过分而下令停止。但将领们对他们努力的效果感到很满意，当得到释放剩下的俘虏的指示时，他们很快把注意力转向北京的商界。

这种不正当的做法，导致军队纪律的松弛。不久，顺朝的士兵就在大白天抢劫商店和居民，使那些从"腐败残暴"的明朝政府统治下解放出来还不到一个月的人感到恐怖。李自成企图恢复秩序，但不成功，当他在5月18日骑马出京去指挥北直隶东部的一次战役时，他的王朝的命运看起来无疑是晦暗的。当他在东北受到最后一个明朝统帅吴三桂（1612—1678年）和满族将军多尔衮（1612—1650年）[1]的沉重打击，于14天后回到北京时，他的王朝的命运看起来就更加晦暗了。6月3日，在最后一次疯狂的抢劫和流血中，李自成终于在武英殿的一次匆匆组织的仪式上称帝。第二天，他放弃北京，去西安准备即将来临的许多次战斗。

1644年6月5日早晨，多尔衮的前锋到达京师郊区，当天下午，多尔衮和他的近侍住进了紫禁城。在近30年的公开战争之后，满族人终于开始统治中国。多尔衮立刻派兵追击向西逃窜的李自成。这事留待清史开头几章再讲。在那时以前，明史的最后一章正在北京以南很远的地方——在明朝原来的京城南京展开。

---

[1] 吴三桂、多尔衮传见《清代名人传略》[271]，第215—219、第877—880页。关于吴三桂究竟在何时投降满族人、何时与多尔衮联合将李自成赶出北直隶，仍有一些问题。关于这些问题的讨论，见安杰拉·席《吴三桂在1644年：重新评价》[209]，《亚洲研究杂志》，34，2（1975年2月），第443—453页。

第十一章

南明,1644—1662 年

弘 光 政 权

　　1644 年夏，当造反军在山西、北直隶和山东横冲直撞时，中国南北交通遭到严重破坏。黄河以南的明朝军事当局陷入混乱、拖拉与缺乏指挥的状态，邮传和运输路线上的在职人员大都放弃职守，道路上挤满了难民，他们把瘟疫、惊慌、敌探和关于北方情况的种种可怕的传闻带到南方。4 月 5 日，崇祯皇帝曾下诏天下勤王。但在造反者攻陷北京 21 天后，南京兵部尚书史可法仍未发兵。又过了 20 多天，崇祯皇帝自缢的可靠消息才到达南京。

　　这个消息不仅震动了南京和北直隶的官场和社会贤达，而且传遍南方，在晚明的社会动乱中掀起新浪潮——城市暴乱、佃户和奴仆反抗主人、工场和矿厂工人罢工、土匪袭击、各式各样地方武装集团造反——这股浪潮在许多地区几十年都没有平息。第一个南明朝廷正是在地方失去控制和整个社会缺乏有指导的、协调的军事化的情况下，企图建立一个恢复北方和明帝国的基础。

　　首先要考虑的是崇祯皇帝的继承者。当时谁也不知道皇太子（朱慈烺）或他的两个幸存的弟弟的下落，[①] 有些人出于这个理由，主张推迟新君主的选择。但更多的人感到及时拥立一个君主对于团结全国是迫切需要的。到 5 月 22 日，当留都南京职位最高的在职官员第一

---

① 定王（朱慈灿）和永王（朱慈焕）。关于这些藩王的名字、头衔和身份，标准资料有混淆和错误。见孟森《明清史论著集刊》［374］（1961 年；台北，1965 年重印），第 61—64 页。

次聚集来商讨这一问题时，几个从河南和山东的封地逃出来的明朝藩王已经到了淮河地区。其中最重要的是福王（朱由崧）和潞王（朱常淓）。①

严格从继承顺序考虑，在崇祯皇帝自己的几个儿子之后，显然就是福王，然后是另外三个藩王，他们这时还不知在南京附近的什么地方，潞王是第五位。但潞王得到一些有影响的人的支持，一则因他在品格和智力上被认为优于福王，再则因许多"耿直"派官员担心福王成为国君后对他们不利，甚至带来灾难。这种担心的缘由要往上推三朝。万历皇帝曾想越过他的第一个儿子，指定福王的父亲为皇太子。这个意图许多年受到激烈反对，最后为东林的拥护者所挫败，导致一系列派别斗争与不和，直到崇祯朝仍未停止。② 因此，福王一旦做了皇帝，他可能因为这个缘故而向"清流"报复。史可法由于知道福王名声不好，更容易受到那些心怀疑虑的东林党人的影响。

不过，绝大多数官员担心越过世系选择君主的潜在含糊性，大多数意见赞成福王。凤阳总督马士英看出这一点，开始了一个大胆的政治花招。他一方面赶忙把福王弄到南京郊区，一方面在镇守江北的将领中进行支持福王的活动，将来新朝廷的安全要依靠他们。史可法看到这种压力，当福王在 6 月初到达长江边时，他放弃了他的保留意见（如果找到皇太子将出现分裂），而接受了马士英的既成事实。

1644 年 6 月 5 日，福王以藩王仪制进入南京，第二天，他暂时即监国位，仿照 1449 年景泰皇帝的先例。6 月 7 日，他搬进皇宫，俨然就是一国之君了。作为监国或事实上的摄政，他在七天内正式任命了六部和内阁等文武百官，以图重振这奄奄一息的留都。

从 15 世纪初永乐皇帝定都北京起，南京作为南方的京城已名存实亡。这里有与中央的大多数部门相似的部门，不过这些职位人员较少，也没有声望，被看作是过渡性的，经常空缺。对王朝来说，南京

---

① 这个藩王的封号故意写作"Luh"，以别于下述在绍兴摄政的鲁（Lu）王。
② 见本书第十章的《天启末年的政治动荡》、《崇祯朝》、《魏忠贤的垮台》、《温体仁和崇祯皇帝》、《杨嗣昌的浮沉》、《政治和军事上的崩溃》、《顺朝过渡时期》。

主要有两个功能：首先是作为一个军事基地，保卫和管辖富饶的江南地区，特别是长江和大运河运输网；其次是作为最重要的行省南直隶实际上的省城，南直隶以产品或因转运而供养北直隶。因此，明末南京最重要的官员是南京的户部尚书和安全上的"三执政"——兵部尚书（他通常又是参赞机务）、五军都督（通常是一个太监）和操江提督。①

除去充实南京原有各部门的许多空缺外，这个新政权还必须重建北京的几乎全部政府机构，包括京城警卫系统；改变赋税和运输的流向；调整行政范围；重建或修复旧皇宫中的宫殿和住所。所有这些都是在相当大的混乱中开始的，缺乏胜任的或有经验的人手。但是，在明朝原来的国都复兴明朝，这里不仅有开国者而且有建文帝的陵墓，在心理上是一个不小的鼓舞。在万历朝，建文皇帝重新成为开国者合法的继承人，作为正统的象征和抵抗北方不道德的残暴势力的象征，他在南方恢复了声望。②

最初的高级官员选择，在大多数旁观者看来，似乎是既适当又公平的；尽管有少数几个知名人物拒绝参加，或勉强参加，或被迫参加，但许多有着耿直名声的人接受了重要职位，例如，史可法、高弘图和姜曰广都当了大学士。此外，明显出于对稳定的关心，大家认为监国福王有尽早择吉即帝位的必要。为他的登基草拟了 25 条施政纲领，以争取官僚、贵族和百姓的广泛支持。它们包括招纳贤士，审慎地任用被造反者驱逐或因党派斗争而离职的人，宽大处理那些曾"身陷"造反者手中的官员，反对随便征税，减少晚明加派的捐税，豁免特别困苦地区的赋税。尽管有这些充满希望的初步措施，仍然很快就出现了分歧，首先是文职与武职人员之间的冲突。

---

① 龙文彬编：《明会要》［364］（1887 年；北京，1956 年重印），I，第 541、566—567页，II，第 1230—1231 页；黄开华：《明史论集》［247］（九龙，1972 年），第 1 章。
② 王崇武：《明靖难史事考证稿》［540］，见《中央研究院历史语言研究所集刊》，特刊，25（1945 年；香港，1969 年影印本），第 38—41 页。又见本书第四章的《永乐统治时期》。

早期的问题与后果

起初，作为报酬，马士英得到作为兵部尚书和大学士的有名无实的职位，但实际上他仍是凤阳总督。因为是他使福王成了皇帝，所以他感到现在他不能被排除在国家的最高议事机构之外。他很快领着一支军队来到南京，催促监国福王赶快登基，并事实上胁迫朝廷委派他到南京任兵部尚书和大学士。6 月 19 日福王正式成为弘光皇帝时，马士英随侍左右。第二天，由于几个受马士英影响的有权势的将领的建议，史可法要求解除他在朝中的职务，去长江以北督师。他不久就在扬州设立了行辕。这一事态发展不仅震动了官场，而且在南京引起了反对的舆论，认为像史可法这样一位能干和得人心的大臣应当留在皇帝身边，而马士英作为一个在将领中闻名的军事战略家，应当到战场上去。但史可法没有鼓励这种抗议活动，这也许是因为他希望避免同马士英的冲突，以维护这时内阁中脆弱的团结。

初期调整的一个重要部分，是把当时在南直隶北部到处乱窜并造成破坏的各支军队编为四镇。各镇的领兵将领和防区如下：（1）高杰占据南直隶北部的黄淮地区，负责河南北部的战事；（2）刘良佐占据淮河以南的南直隶中西部地区，负责河南中部和南部的战事；（3）黄得功占据长江以北的南直隶中部地区，负责支援在他北面的高杰和刘良佐；（4）刘泽清占据淮安州，负责南直隶东北和山东南部的战事。每镇的士兵，要靠耕种被遗弃的或瘠薄的土地来取得粮食；武器、装备和其他物资则靠每个防区在本区征收的税款来购买。此外，每镇定员 3 万人，每个士兵每年由中央政府发给饷银 20 两。史可法和他的 3 万人的军队集中在扬州和徐州之间，作为他们的督师。

除此之外，来归顺弘光皇帝的还有一个重要的后来者，即湖广的左良玉和他的 5 万多散漫杂乱的军队，他将作为第五镇的统兵将领。在安庆和镇江各部署了一支军队，它们之间有几处驻扎着江防军，以保卫长江，它们中间的南京则另有一支 6 万人的应急军队。此外，还加强了操江提督在南京对岸浦口的军队。九江和凤阳的两个总督以及在安庆—芜湖、怀安—扬州和河南东部三地的巡抚，将部分地得到中央政府配给的支援。

这样一个军事部署的总开支预计要 700 多万两——就是说，至少超出南京户部当年预计的收入 100 多万两。而预计的收入还得用于薪俸、建设和朝廷的礼仪开支。由于豁免了遭受土匪劫掠地区的赋税；地方赋税被挪用来增加军事设施；失去了福建和两广①大部分地区的赋税，南京只能指望南直隶南部和浙江的赋税收入，而这些地区到晚明时在粮食上已不能自给自足和从地区间的贸易获取财富。此外，当年严重干旱。即使军队的数量不急速增加，即使有最好的财政官员和军需官员，供应也将不足，何况弘光皇帝两者都没有。

为了获得军队的忠诚（这是它非常缺乏的），朝廷用两种办法讨好他们。一是允许军队在各自的防区内有获取食物的完全自由，甚至可以自己任命管理人员，一是对带兵的将领滥予加官晋爵，不是为了赏功而是为了激励他们的军事才能。这种政策导致严重的冲突。文官看不惯武将的贪婪和自负，认为他们全是无功受禄；居民反对在他们的城镇驻扎军队，而军队则认为驻在城镇比乡下和军垦区舒服，因为这里更富足，货源更充分（而且有墙把各小队保护起来，互不干扰）。此外，各个防区在出产和收入上的不平均，加剧了将领之间的地方性对抗。

平民鄙视士兵，而一些士兵则鄙视另一些士兵，把他们看作吃皇粮的土匪。的确，许多部队原来就是叛乱的团伙。特别是在河南中部的大多数地区，那里布满了堡砦，其中一些就是由当地的叛乱者和刚得到弘光朝廷任命的人指挥的。② 但这种情况并不使他们与正规军有何不同。他们都是大伙武装起来的人，靠打、砸、抢为生，有的得到军官的庇护，有的则不。

朝廷本身从一开始就由于高级文官与勋臣之间的分歧而分裂。后者控制着南京周围的大部分军队。他们企图参与政府大计并得到民政官员更多的尊重。当时的操江提督刘孔昭就企图在内阁中谋一个职位。他受到吏部尚书张慎言的反对，理由是没有先例。其他的勋臣和

---

① 即广东和广西。

② 吴伟业：《绥寇纪略》[598]（清初；台北，1968 年重印），补遗，下，第 17—22 页。

刘孔昭联合起来指责张慎言在任命官职上轻视武将；文臣则反驳说，武官无权过问朝廷的事。这次争吵的结果是张慎言辞去官僚机构中这个最重要的职位。

这类争吵本身已够严重了，它们还同马士英的竭力增加个人权势和朝中"清流派"与"逆党"之间的斗争始终纠缠在一起，这些斗争始于 16 世纪末的东林党人。尽管马士英是一个有一定才干的人，胸怀宽大的人也可以与他共事，但文官都不喜欢他，东林党和复社的不妥协的追随者尤其不喜欢他。

马士英知道这一点，所以在文职机构以外，他拉拢那些不满分子：将领、勋臣和宗室中的野心家；在文职机构以内，则拉拢那些由于清流派的反对导致仕途受到阻挠的人。"清流派"前辈、左都御史刘宗周严厉的奏疏，使马士英更加感到需要这样一种策略。刘宗周常批评军人，对朝中的"小人"提出警告，强烈要求惩治某些不服从命令的将领，主张将马士英送回凤阳。[①] 马士英决定采取一切手段加强他的地位，同朝中反对他的这班文官进行斗争。这个决定启动了他无法控制的各种势力。

"清流派"不信任马士英，是因为他同阮大铖向来过从甚密，而阮大铖是复社深恶痛绝的人。据说在 17 世纪 20 年代，阮大铖为了争夺一个他垂涎的职位，曾与臭名昭彰的太监魏忠贤勾结，陷害东林的一个盟友。后来，崇祯朝将魏忠贤及其党羽定为"逆案"，阮大铖作为次要人物被列入"阉党"，削职夺官，永不叙用。但这还不足以抵消复社名士对阮大铖的憎恨，他们中间的一些人甚至公开辱骂他，把他排斥在官场和上层社会之外。[②] 阮大铖想当官的强烈欲望加上他的工于心计与报仇心切，使他在他们眼中成了邪恶的化身。弘光朝廷发生的事，似乎证实了这种担心，但从阮大铖受到党人过分的刺激与羞

---

① 刘宗周：《刘子全书》［353］（约 1821—1850 年；台北重印，无日期），18，第 3—5、13—15 页。
② 罗伯特·B. 克劳福德：《阮大铖传》［127］，见《中国文化》，6，2（1965 年 3 月），第 28—105 页。

辱来看，他们的担心也可能是主观臆断的。

"清流派"的反对激怒了马士英，他决定替阮大铖复官，明知这会引起一场风波。不仅因前朝对阮大铖有永不叙用的定案，更糟的是，这次任命出自中旨，不是按照惯例先行推荐，然后再经过朝廷大臣的审议。这种走捷径的办法，始于成化年间，此后常被滥用，在天启、崇祯两朝曾引起很大的争论并导致恶果。[①]阮大铖终于在 1644 年 9 月 30 日成了兵部右侍郎，这加速了高弘图、姜曰广和刘宗周的去职。第二年他升为兵部尚书兼右副都御史巡阅江防，他的高升给那些既想升官又想报仇的人指出一条途径，即依附马士英。

为了肃清政府中的反对派，马士英和一些过去受到排斥的人如通政使杨维垣等诡称，应当受到惩治的"邪党"不是那些与天启朝的太监有所谓联系的人，而是那些与北方的造反者有勾结的人。他们还企图为列入"逆案"的人翻案，甚至要求重新出版《三朝要典》——一本由阉党编辑的诬陷东林官员的书。[②]某些"清流派"官员在为南京朝廷定策时不赞成拥立福王，也作为一个重大问题被提了出来。政治迫害愈演愈烈，甚至超过马士英的初衷。最为世诟病的是，阮大铖诬陷他的仇人周镳通敌，因为周镳的一个远亲曾在北京的李自成政权中为官。周镳不像许多复社名士那样在阮大铖得势时被逮捕，但他也没有逃走，1645 年 5 月初他奉命自杀。

这种清洗可能加强了马阮集团，但大大削弱了政府。它转移了政府对更重要的问题的注意，把好人赶出朝廷，并对制定一项对于那些被怀疑对李自成抵抗不力或甚至予以帮助的人的明确政策增加了困难。这些人有的受到欢迎，有的受到恐吓。有的复官，有的被处死，基本上根据党派关系决定。因此毫不奇怪，许多人宁愿留在弘光朝廷的势力范围之外，即在造反者或满族人一边。

马士英为了巩固他的权力，还从政治目的出发任命将领。此外，他也怂恿某些明宗室干预朝廷事务，只要能利用他们攻击他的政敌。

① 贺凯：《明代中国的监察制度》[262]（斯坦福，1966 年），第 209—210 页。
② 见本书第十章的《魏忠贤掌权》、《魏忠贤的垮台》。

在谴责马士英的政敌的将领中，刘孔昭和刘泽清叫嚷得最响，在宗室中，朱统𨰿依附马阮集团迫害反对派，以期获得官职（宗室一般不得担任官职）。由此引起了宗室钻营官职之风，但这比起防御指挥的政治化来，还是个次要问题。史可法在驾驭江北四镇骄横的将领方面，一开始就遇到很大的困难，加之他们与南京兵部（受马、阮控制）有直接联系，史可法就更加为难。这个情况引起的严重后果是刺激了左良玉，他早先曾受到一个东林人物的很深的影响，憎恨马、阮。马士英为了防范他，故意克扣军饷，并企图在他和九江的总督之间制造不和，尽管马士英也担心左良玉的纪律极坏的军队可能叛变。御史黄澍利用这种情况竭力鼓动，首先检举马士英"十大罪状"，随后说服左良玉起兵反对马士英。

对马士英的成功和弘光朝廷的命运最重要的是他和皇帝的关系。朱由崧本来不愿继承帝位。他像所有的藩王一样，习于享乐，被禁止参加政治活动。他从来不曾显示出坚强的性格、决断，或对政府事务和统治权的知识，而这些都是他现在所需要的。不过，在他即位后的最初几个月，他确实作出很大的努力履行皇帝的职责，直率地承认他需要一个有能力的首辅的指导和帮助。虽然他起初选择了高弘图，但不久马士英就设法取代他成了首辅。

他利用皇帝的自卑感与不安全感，迎合他想把一团糟的朝廷事务委托给某个人的愿望，达到了这个目的。各种检举、清洗和政治花招所强调的，是"清流派"想拥立鲁王，是东林集团冤枉了朱由崧的父亲和祖母，是某些人竟然胆敢议论皇帝的亲族（突出的宗室）以及其他的人阻止太监想把部分税银解入内库的企图。虽然皇帝既未发动也未鼓励这种制造分裂的指责，但也缺乏加以制止的决心。他依靠伴随他从河南来的少数太监，而疏远先前驻在南京的政治上更机敏的太监。

皇帝逐渐缩入深宫，引起种种谣言，如关于他的好色、放荡、不理朝政，以及马士英和阮大铖助长这种荒淫的卑鄙手段。不论这些传说真实与否，马士英之获得有限制的权力主要不是靠赢得皇帝的信任，而是靠架空他。为了支付内廷的靡费，特别是选择皇后和举行结婚大礼，导致政府的财政支绌。

财政上的危急情况引出了各种对策，其中大多数是老一套办法，即增加赋税。除派出官员和太监催促赋税和食盐专卖收入的运送外，相当大的注意力是放在苛捐杂税上。有人提出开矿和取消海上贸易限制以取得更多的关税，同时政府在江南对酒和房地产征收新税，并铸造弘光钱币。政府标出价钱，卖官鬻爵，罪犯可以花钱减刑。

但对政府的名声影响最坏的，是任命一切官职都需要行贿。马、阮及其同伙公开这样做，表明这是他们筹措政府经费的一种公然手段。但这种意图从未正式说明过，它看起来更像是个人的腐败行为。在人民的眼里，则是"长官多如羊，小吏贱似狗……可叹江南钱，尽入马家手"。

敌人和战略

当时迫切需要的，是增进文武官员之间的团结，但谁是主要敌人，在弘光时期从未弄清楚或取得一致。是造反者还是满族人，应该在什么地方抵抗谁？如果主要威胁是造反者，那么是陕西的李自成还是四川的张献忠最有可能首先下江南？如果主要威胁是满族人，那么他们是在对付了造反者之前还是之后向江南进军并走哪条路线？在山东和北直隶的清军是仅仅想肃清造反者以准备对付西边的李自成呢，还是想伺机南下进一步侵犯和占领中国领土？他们是否可能同造反者联合起来进攻南方？

由于这种复杂性，这个财政上陷入困境的政权必须同时在四条战线上保卫自己：湖广中部，河南中部和东南部，河南东北部，南直隶北部。此外，从长江上游，长江以北的大运河和浙江来的叛军的接近，使南京经常处于惶惶不安之中。在弘光朝的头五个月，朝廷担心的是农民起义军；到冬天，它比较清楚地看到满族人的危险性；结果问题变成了是打清军还是打明朝内部的敌人。总的来说，朝廷以及所有的南明机构始终低估了满族"蛮子"的意图和能力。

起初，史可法和整个朝廷都希望满族人真像他们宣称的那样，帮助明朝主持正义——就是说，若不被激怒，他们愿意同南明朝廷合作，满足于某种报偿、让步和特殊利益。为了探索这种可能性和鼓励满族人的谈判态度，弘光朝廷在1644年7月开始计划派使节去北京。使节的目的规定为：（1）适当地安葬崇祯皇帝；（2）赠与吴三桂爵位和贺礼，[①] 对他的效忠满清，暗中加以破坏，吴三桂原是明朝北方的将领，曾有效地反对农民起义军；（3）向满洲人赠送谢礼（补偿），感谢他们把农民起义军赶出北京；（4）劝诱满族人撤军，条件是让与山海关以外的全部领土，每年纳10万两岁币，默许其统治者除"皇帝"之外的任何称号。他们不知道摄政王多尔衮为了取得"天下"的战略利益，这时正把年轻的顺治皇帝从沈阳接到北京。

1644年8月初，正式任命三个人担任这一使命，以新提升的兵部右侍郎兼右金都御史左懋第为首，左都督陈弘范和太仆少卿马绍愉随行。这不是最好的一组人选。三个都是次要人物，选择他们的主要原因是，只有他们似乎愿意去。左懋第决心在蛮子面前维护明朝的荣誉，不欲进行谈判。此外，他公开反对委派马绍愉，因为马在崇祯朝同满族人谈判时有讨好对手之嫌。[②] 陈弘范则是清廷这时所要找的一个中间人，希图通过他说服南方的将领归顺。

使节走走停停，由于供应和运输问题以及遇上土匪，沿大运河北上的进程很慢。他们进入济宁以北的满族人占领区后，受到很冷淡的接待，不提供住处，并加以许多限制，在10月的最后几天当他们接近北京时，这些限制越多。人家对待他们不像平等国家的使节，而像从一个属国来的进贡者，最后，他们由于企图同吴三桂联系而被拘留在鸿胪寺。在这里，满族大学士刚林见了他们两次，责骂他们和南方的政府，没收了他们带来的礼物，不许祭奠或重葬崇祯皇帝及其后妃，认为没什么可谈判的，因为清军已经发动了对南方的战役。最后，他们被允许在11月25日在严密监视下离开北京，但不久就有一

---

① 安杰拉·席：《吴三桂在1644年：重新评价》［209］，见《亚洲研究杂志》，34，2（1975年2月），第443—453页；陈生玺：《清兵入关与吴三桂降清问题》［55］，见《明清史国际学术讨论会论文集》（天津，1982年），特别是第723—735页。
② 赵翼：《廿二史劄记》［46］（1795年和1800年序；上海，1937年重印），35，第740页。

支清军赶来，将左懋第和马绍愉俘虏。陈弘范这时已与清廷合作，继续前进去向弘光朝廷报告即将来临的对南京的猛攻。

关于清廷的狂妄与好战的报告并不使史可法感到意外。8 月下旬，多尔衮曾给史可法送来一封信，信中对比了清廷的自我牺牲精神取得的成功和南方朝廷的自私自利导致的失败，敦促史可法投降。史可法在 10 月 15 日发出了他的著名的回信，[①] 雄辩地驳斥了多尔衮，坚决地拒绝了背叛，从那时起他就采取步骤增强防御，预备对付清兵可能的猛攻。早先，史可法纯正的人品和爱国心曾深深感动了土匪出身的高杰，在江北四镇的将领中他最强也最难驾驭。现在，史可法重新部署军队，就派高杰驻守咽喉之地徐州。11 月和 12 月，清军在南直隶东北边境被击退，于是人们希望明朝军队至少可以守住长江防线。

“三大疑案”

在南京，士气愈来愈低落，偏执狂和党争以及伴随而来的清洗和迫害，无可挽回地削弱了弘光政权。关于三大疑案的真假问题，从 1645 年 1 月起直到这个政权结束，始终占据了人们的注意，它们最好的揭示了这个时候弘光朝廷的党派活动。这些案件本来都是可以宽宏大量地或者圆滑地加以解决的，却被阮大铖及其党羽用来达到报复的目的，说这是他们的政敌在煽动叛乱。结果产生出种种谣言，使百姓疏远朝廷。

第一件是大悲案，大悲是个和尚，他在南京城外因形迹可疑被捕。官方的秘密审问报告说，大悲故作疯癫，先供称崇祯时封他为齐王，后来又说是吴王，这些说法显然都是假的。但是，一些人认为他

---

① 赫尔穆特·威廉：《多尔衮与史可法之间的通信》，见《中国》，7，5—6（1933 年），第 239—245 页。史可法答多尔衮书有不同的版本。见谈迁《枣林杂俎》[499]（17 世纪中叶；重印，载《笔记小说大观》；台北，1962 年重印），壬集，第 18 页；比较温睿临《南疆逸史》[561]（1711 年；上海，1960 年重印；重印，《晚明史料丛书》，第 1 卷，东京，1967 年），5，第 38—39 页，与史可法《史忠正公集》[470]（1784 年；台北，1968 年重印），2，第 23—25 页。

的陈述证明他了解包括福王在内的一些藩王的情况，而掌权的人不愿把这些情况暴露出来。不论大悲和尚是真疯还是装疯，负责审问的官员都想快些在暗中了结此案。只有阮大铖看出有追究的理由，他开了一份赞成潞王和挑唆大悲颠覆弘光朝廷的人的黑名单。但这时马士英制止了他，这个案件在1645年3月27日以公开处决疯和尚结束。

就在同一天，皇帝得到报告说，在浙江发现了一个自称是崇祯皇帝长子和太子的年轻人，于是派太监去把他请到南京。起初对他采取审慎的尊敬态度，官员们特别是崇祯诸子的讲读和熟悉北京宫廷生活的人聚在一起向他提出问题。尽管这个年轻人确实认出了一个讲读，并看来相当熟悉北京皇宫的布置，但他对许多问题未能作出正确的回答。一些记载说，在严密盘问下，他承认他叫王之明，是太子的近卫。另一些记载声称这个鉴定是伪造的，说这个年轻人虽然受到屈辱，但始终坚持他是真太子。

弘光皇帝似乎真诚欢迎找到太子，但他接受了这个年轻人是骗子的决定，并反复说明这一定罪，以回答前线将领的奏疏，他们对谣传太子受到朝廷中坏人的诽谤和折磨表示震惊。由于对"王之明"和三个所谓主谋者的严刑拷问，这种谣传更耸人听闻了。

使真太子命运这一历史问题变得复杂的，是这样一件事，三个月之前，另一个自称太子的人在北方出现，在清廷引起一桩公案，其微妙与政治影响在每一点上都与南京的案件相似。[①] 满族人最后处死了北方那个自称太子的人，但更大的意见分歧阻止南方采取这个办法，因为在南方，尽管缺乏证据，却普遍地并往往是狂热地相信"假太子"是真的。

就在审问"假太子"的同时，一个自称是弘光皇帝妃子童氏的人，正从河南被护送到南京。她一到南京就被打入冷宫，因为皇帝愤怒地一口咬定她的故事是编造的，拒绝再听到这件事。有些记述说她

---

① `钱𫄷：《甲申传信录》[81]（清初；重印，《中国内乱外祸历史丛书》，8，上海，1947年；台北，1964年重印），第149—153页；孟森：《明清史论著集刊》[374]，第29—43页。

是如何动人地诉说与写出她和福王的关系以及遭受的苦难，另一些记述则说她很快承认她的配偶是另一个藩王，她误以为他已经在南京登基。总之，从"假皇妃"在受刑时提到的一些人名，得出了她与某些人合谋推翻朝廷的结论。这些和其他有关她的性生活的指责，自然在政治人物中引起很大的不满；弘光皇帝让这个女人瘐死狱中这种明显的残酷行为，在他的不得人心之外又增加上一层怀疑：他自己才是骗子。①

供应短缺、清洗和"真伪太子案"加上逃出清军追击的李自成农民起义军有南下长江流域之势，终于引起南京久已担心的兵变：左良玉军以"清君侧"为名的东征。

弘光政权的结局

自从 1644 年 6 月占领没有防御和混乱的北京后，满族领袖即认识到必须给李自成起义军和中国北方的一般亡命之徒以决定性的打击。只有到那时才能考虑征讨南方的政权，因为当时满族人还不知道它在政治和军事上很脆弱。于是，在 1644 年夏和初秋，他们的领袖首先集中打击陕西南部的李自成军队，然后肃清山东北部和东部的零散起义军。清军逐渐在黄河（它从 1495 年起流向山东半岛之南）以北的平原上建立起一道薄弱的防线。到秋末，援军已经进入山东南部和南直隶北部，以对付从南方来的进攻。在北直隶南部和河南北部，他们肃清仍然活跃在这些地区的李自成残部。在这个时期中，明朝前线的一些军人提议合作；他们有的真的忠于南京，有的动摇不定，有的则真想背叛。最严重的背叛涉及驻守开封的总兵官许定国。

在后方得到一定程度的巩固并得知南明的情况后，清廷在 11 月中旬决定同时发动对西安和南京的战役。这两个战役分别由多尔衮之兄阿济格王、其弟多铎王指挥。但后来河南东北部出现的局势威胁着

① 钱秉镫：《南渡三疑案》，载《所知录》[82]（1651 年；台北，1970 年摹印本），3；林时对：《荷牐丛谈》[344]（17 世纪中叶；重印，《台湾文献丛刊》，153，台北，1962年），第 126—129 页。

这两个战役的成功。于是对战略作了修改：多铎在平定黄河以南洛阳至开封地区之后，转而进攻李自成在潼关的最坚固的防线，同时阿济格从北边进攻西安，对李自成的根据地形成两面夹攻。

多铎的任务执行得迅速而顺利。1645 年 1 月初，他的军队在河南西北部渡过黄河，占领洛阳及其以东直至开封的所有据点。他们击败起义军，俘虏或接受了几个明朝将领的投降。没有后顾之忧，多铎遂引兵向西，经过激烈战斗，于 2 月 9 日攻破潼关。这时李自成放弃了西安。在阿济格的追击下，他带着一支约 20 万人的军队向东南方向逃走，沿陕西、河南边界进入湖广北部。多铎留在后面完成在陕西和河南西北部的作战计划。但 3 月 11 日后不久，他接到进军江南的命令。

明廷的反应是把最好的军队派到前线，击退清军并沿黄河南岸标出新的防区。但有两件事严重地削弱了朝廷应付清军进一步挑战的能力：高杰的被害和左良玉的起义。高杰是江北四镇中最能打仗也是最骄悍强横的将领，他受命从驻地徐州向西进军以保卫洛阳和开封之间的战略要道，同时与总兵官许定国协同作战。

由于高杰与许定国从前有仇隙，两人素来互相嫉恨。现在两人都表示友好与宽宏。但是，1645 年 2 月 8 日夜，许定国在他的睢州驻地宴请高杰，将他杀害。随后他渡过黄河投奔清军，在他们眼中，他的杀害高杰大大提高了他的身价。同时这一行动使高杰的大军陷入愤怒与混乱之中。其他各镇将领对高杰的怨恨和南京的政治阴谋，挫败了史可法重建高杰军的领导的企图。当他们不受管束地进入南直隶向扬州溃退时，守住黄河防线的希望就破灭了。

清军在陕西击败李自成，增加了左良玉部下的担心；他们害怕他们给养和纪律都很差的军队将面临来自西北的起义军的猛攻。此外，关于可疑的太子和童妃的谣言传到湖广，增加了左良玉对马—阮集团的厌恶。年老、有病、精神不济的左良玉在部下祈求下，把一封假造的太子求援的书信当作真的接受，并以此作为移师向东清除马士英的借口。4 月 19 日，当清军向东穿过河南北部而李自成的溃军在阿济格追击下迫近武昌时，左良玉开始了他的"东征"。

　　左良玉在九江遇到江楚总督袁继咸时，才认识到自己受了愚弄，袁继咸拒绝支持他。他们两人的军队都不听命令，密谋劫掠九江城。左良玉因懊悔致使病情恶化，不几天死去。他的义子担任叛军的领导，继续东下，沿途"征集粮食"。马士英和阮大铖怕左良玉甚于怕满族人，他们以为可以通过谈判使后者缓和下来。因此，当清军迫近徐州和凤阳时，马士英命令长江以北的明朝将领包括史可法在内移师南京以西去阻止左良玉的军队。虽然荻港附近的驻军足能阻止现已成了一帮散兵游勇的挺进队，但在这紧急时刻，注意力和兵力被从淮河地区引开了。

　　多铎的军队于 4 月 1 日从潼关出发以后，分三路前进：一路经虎牢关；一路经洛阳地区，沿颍水而下；一路越过兰阳，从开封东边穿过。他们在归德会合后，再分兵渡淮河。一支指向临淮，另一支指向盱眙。后一支在徐州再分出一支精兵，在准塔王率领下沿黄河东北取淮安。直到清军在 5 月 13 日抵达扬州，他们沿途没有遇到抵抗。相反，许多明朝将领投降并为敌人效力。

　　史可法的军队不是大量被调走就是开了小差，留下守扬州的人很少。顽强的扬州人民回击清军的进攻，拒绝多铎反复的投降引诱。最后在 5 月 20 日，城墙被大炮攻破。也许为了做给其他可能想抵抗的城市看，满洲人下令屠城，可怕的大屠杀持续了 10 天。史可法自杀未遂被俘，在他拒绝顺从多铎后被杀。他成为中国历史上最著名的爱国义士之一。[①]

　　到 1645 年 5 月 30 日，清军主力集结在长江北岸仪真至瓜州之间。对岸，在大运河入长江处，有大量明朝军队保卫府城镇江和那里的运输站。6 月 1 日夜，清军利用黑夜和大雾，将扎有火炬的木筏送过江，引诱明守军开炮射击。同时，一支先头部队在西边偷渡过江。第二天早晨，当镇江守军发现清军就在附近时大为恐慌，弃城而逃。

　　阿济格追击李自成，经过左良玉放弃的武昌地区，进入江西西北

---

① 写史可法的书和文章很多。最新的是史元庆的《史可法先生年谱》[472]（台北，1979 年）。

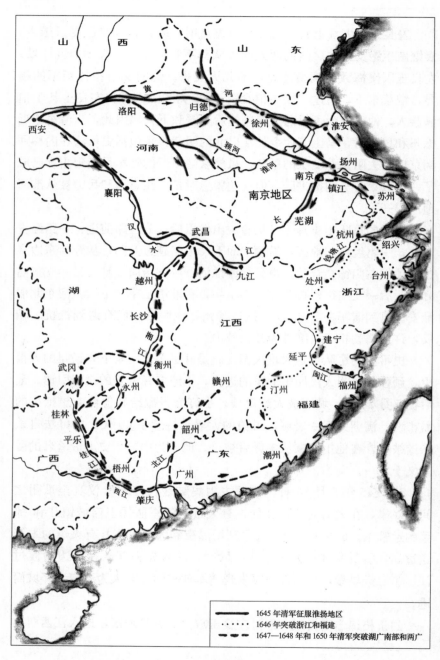

山 西

山 东

黄 河

洛阳　　归德　　徐州　　淮安

西安

河 南

颍河

襄阳

汉　　淮河

武昌

南京地区

南京　镇江　苏州

扬州

长　芜湖

杭州
钱塘江　绍兴

水

越州

九江

江

处州　　台州

湖

广

长沙

湘江

浙 江

武冈

衡州

江 西

永州

赣州

建宁

延平

闽江

福州

桂林

汀州

平乐

韶州

福 建

广 西

桂江

梧州

北江

广东

潮州

西江

广州

肇庆

地图 28　清军出征中国南方（1644—1650 年）

———— 1645 年清军征服淮扬地区

·········· 1646 年突破浙江和福建

- - - - 1647—1648 年和 1650 年清军突破湖广南部和两广

634

边境的山区，6月初，李自成也许在这里为村民所杀。[①] 一部分清军继续寻找李自成，其他的则尾随左良玉军沿江而下，计划从后面攻击它。但5月下旬，清军刚到九江，这支七零八落、走入迷途的明朝军队就来投降，未经任何战斗。

镇江陷落的消息使南京陷入一片混乱。1645年6月3日夜，弘光皇帝带着少数人秘密出城，向西南方向芜湖附近的黄得功驻地逃去。第二天，当发现皇帝不见了时，马士英带着一支庞大的卫队和一个据说是皇太后的女人向南边的杭州逃去。其余大多数官员也逃的逃，走的走，有的干脆闭门等候，老百姓则洗劫了皇宫和高官住宅。一个监生领着一伙暴民从狱中救出"太子"，让他穿上宫中的戏装"登基"，并在武英殿建立一个小朝廷。但总督京营圻城伯赵之龙这时站了出来，他想保持城内的平静并保护好这座城池。他容忍"太子"的支持者，同时向多铎作出和解姿态，直到他确信能以有利条件投降并把南京交给满族人。

6月7日和8日，清军到达南京城外，在直接通向皇宫的主要城门外扎营。在这里，在倾盆大雨和泥泞中，他们接受了明勋臣和文武官员头面人物的投降。多铎在他们的忠诚得到证实，和平占领这座城市有了保证之后，于6月16日从南门进城。同时，在芜湖的弘光皇帝和留下来的少数支持者打算去杭州，在南宋时这里曾是中国的国都。但他还没来得及动身，刘良佐就领着一支清军到了。黄得功由于部下的背叛和受了重伤而自杀，皇帝被刘良佐捉去。6月17日和18日，这个原来的皇帝穿着平民的衣服，被押送回南京，沿途受到人民的辱骂。到南京后他在一个有多铎和"太子"参加的宴会上受到羞辱，然后被关在南京附近一个地方。

另一支8万人的清军，沿大运河南下取苏州，然后继续向南，以粉碎效忠明室的人在杭州建立国都的计划。在那里，潞王起初拒绝然

---

① 彭普生：《李自成被害日期探考》［422］，《故宫博物院院刊》，3（1980年8月），第35—39页。

后同意就监国位，^①但并未采取任何实际措施，直到满族亲王博洛率领一支清军于 7 月 6 日突然出现在杭州城下。潞王开城门投降，这个地区的大部分明朝军队争先恐后渡过钱塘江，向东南退去，钱塘江和杭州湾这时就成了明、清军队的主要分界线。^②

长江下游地区的抗清活动

到目前为止，清廷采用的是军事手段，现在，在一个安定是征服者将来的成功所系的地区，清廷转而采取社会、经济和政治方面的绥靖手段。清廷相信长江三角洲地区贮藏着大量稻米，可用以缓和北直隶因长期干旱引起的粮食短缺，首先采取步骤恢复大运河的航运，这条河实际上已有两年不用，像黄河大堤一样需要维修。出于象征的与行政的理由，清廷派出它自己的官员到各州县（大多数明朝官员已弃职而去），征收当地的赋税和保护税册。

明朝的南京和南直隶，需要某种形式的政府。8 月中旬，清廷废除明朝的行政体制，改南京为江宁；从此它仅是江南（原南直隶）的省城。^③对南京的官僚机构因而进行了缩减与改组，勋臣和武将则被并入清军。多铎成功地完成了艰巨的征战后，清廷解除了他的职务，派他的侄子勒克德浑代镇江宁，命声名狼藉但非常能干的明降将洪承

---

① 几种权威资料说潞王没有正式就监国位。关于他 7 月 1 日就监国位的确实证据，见黄道周《黄漳浦文选》[256]，陈寿祺编（1830 年；重印，《台湾文献丛刊》，137，台北，1962 年），第 2 卷，第 161—163、282—283 页，祁彪佳（1602—1645 年）：《甲乙日历》[69]（第 1 版，绍兴，1937 年；重印，《台湾文献丛刊》，279，台北，1969 年），第 113 页。又见张道《临安旬制记》[40]（1885 年序；台北，1967 年重印），2。

② 福王、潞王和"太子"于 1645 年 10 月被多铎带到北京。清廷为绝后患，借口在京明朝诸王与外地明大臣勾结，蓄意谋反，下令将他们一概处死，其中好像有潞王，这事发生在 1646 年 6 月和 7 月；《大清世祖章皇帝实录》[494]（1672 年；1739 年修订；重印，台北，1964 年，载《大清历朝实录》），26，第 10—11 页，一个典型的错误，是将潞王的潞字写错。福王据说死于 1648 年春。谈迁：《国榷》[498]（约 1653 年；北京，1958 年重印），6，第 6217 页。

③ 江南从前是，现在仍然是长江下游地区的统称。从这个时候起到康熙朝初年，它也是省的名称，该省后来分为今天的江苏和安徽。

畴总督军务，掌管地方上的一切行政事宜。[①]

人民更关心的是将在 6 月 24 日开始实行的 38 条法令。与头年在北方颁布的相仿，它们包括：大赦；废除明朝的一切苛捐杂税及其拖欠；严惩贪赃枉法的官吏；豁免赋税，特别是豁免顺从清统治的地区的赋税；审慎地起用真心归附的文武官员，并广为延请前朝其他勋臣、官员和有才干的知名人士；恢复商业；关心穷人和家庭团聚；归还被地方豪强霸占的财产，让人民安居乐业；重建官学和科举制度以及其他收买人心的表示。对还不屈服的敌人，清廷提出种种劝诱：对投降的起义军宽大处理；对愿意投降的明朝抗清领袖，以同样的品级、头衔和俸禄任用；对向清当局自首的明朝诸王以礼相待，包括国家给予补助。

其中一条与前此的清政策很不一样。这就是 7 月 21 日在江宁颁布的薙发令。所有不是僧道的成年男人都要采用满族发式——剃去头部前面的头发，梳一条长辫子——和改穿满族服装以显示他们对清的忠心。法令规定，各地从它到达之日起，10 天内强制执行，违者处死，这条法令在北方曾被暂时取消，也许是因为它太伤中国人的民族感情。当多铎最初统制南京时曾明确表示，只有参加清军的中国武职人员才需要改变发式和服装。[②] 在江南颁布并严厉推行这条法令，比任何其他因素更加激起人民的抗清情绪。

在明朝的两座京城相继失陷后，江南的地方豪族和次要官员曾竭力压制各种不满与不法分子（主要是佃农、奴仆和秘密会党）的动乱，他们现在欢迎任何人来掌权，只要能恢复他们所习惯的社会秩序。因此，当汉族的清官吏最初出现时，在许多地方并未引起大的动荡，因为社会上的头面人物都采取等着瞧的态度。但是，当"留发不留头"的最后通牒到达各州县时，事情很明显，真正当家作主的是"蛮子"，

---

① 李光涛：《洪承畴背明始末》[325]，见《中央研究院历史语言研究所集刊》，17（1948 年 4 月），第 277—301 页。

② 中山八郎：《中国的发辫问题——清初薙发令的施行》[406]，见《中国史研究》，5（1968 年），第 1—24 页。

于是反清的共同事业把各种社会成分团结起来，若不是这样，他们就会吵作一团。

这种抵抗在四个地区变得最坚决：（1）苏松三角洲东北的高度商业化地区；（2）苏州西边和东南边的太湖和泖湖地区，这里便于行动与隐匿；（3）南京西南宁国与休宁之间的山区通道；（4）江西东北部，这里住有许多明宗室成员。

这些地区的抵抗采取许多形式：坚守城池抵御清军围攻；在乡村地区伏击清军或将他们逐出战略要地；袭击清军已占领的城市或军事据点；发动城市暴动，暗杀清官吏。支持并有时接替这种抵抗运动的，有各种各样的社会成分。他们包括在职与退职的明朝文武官员，地方衙门或自安机构的成员，明宗室，地方乡绅和商人，政治与文学团体的领袖，明朝官军，地方民团，民间军事专家，财主家的打手，农民自卫军，尚武的僧人，秘密帮会，反叛的佃农和"奴仆"，海盗和匪帮。

这帮奇特的共事者，他们的利益是如此不同与互相冲突，他们各人心向往之的秩序（如果有的话）是如此不确定，因此，坚强与持久的抵抗势难维持。此外，尽管许多抵抗领袖接受了设在浙江和福建的南明政府的正式委任，但明朝政府在南直隶任何有影响的存在已经消失，没有机构来协调各地的行动。甚至抵抗者所共有的对顺从蛮子习俗的反感也受到了破坏，因为攻击他们的几乎全由汉人组成的军队往往比他们的满族主子更加野蛮。对顽抗的城镇进行残酷屠杀的清政策，也吓住了抵抗者。总计起来，生命和财产的损失，数目大得惊人。

在已经成为清第二基地的地区普遍发生的抵抗运动，不是满族人没有立刻南进的唯一原因。八旗军和将领们需要轮换和休息。此外，清廷不仅要供应占领江南的军队，而且要供应荒芜了的湖广省的驻军，这个地区以往向东输出多余的粮食。南方新上任的要员洪承畴需要重新估计总的形势。也许这是真的：长江下游地区的抗清运动减慢了清军的势头，从而给南方其他地区明朝抵抗力量的组织和准备赢得了时间。但很难说这是明朝的转机。

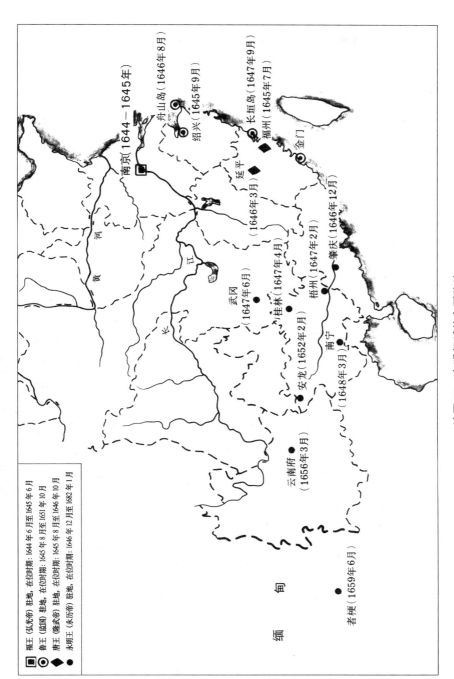

福王 (弘光帝) 驻地,在位时期:1644年6月至1645年6月
鲁王 (监国) 驻地,在位时期:1645年8月至1651年10月
唐王 (隆武帝) 驻地,在位时期:1645年8月至1646年10月
永明王 (永历帝) 驻地,在位时期:1646年12月至1682年1月

南京 (1644—1645年)

舟山岛 (1646年8月)
绍兴 (1645年9月)
长垣岛 (1647年9月)
福州 (1645年7月)
金门
延平 (1646年3月)
肇庆 (1646年12月)
桂林 (1647年4月)
梧州 (1647年2月)
武冈 (1647年6月)
南宁 (1648年3月)
安龙 (1652年2月)
云南府 (1656年3月)
者梗 (1659年6月)

黄 河
长 江
缅 甸

地图 29 南明朝廷的主要驻地

鲁王政权和隆武政权

两个朝廷的并存

弘光时期，给许多从北方到南方来避难的明藩王指定了新的居住地点。鲁王朱以海从山东迁到浙江东南部；唐王朱聿键的封地在河南，当南京陷落时，他正经过苏州去广西。[①] 唐王曾继续南行。当杭州陷落时，他在一个正在撤退的将领郑鸿逵的保护下，退到钱塘江上游。[②] 在连续接到礼部尚书黄道周的三封劝说信后，他于 1645 年 7 月 10 日在衢州宣布即监国位的决定。然后他继续沿浙江福建之间的陆路南行，穿过江西的东北角，翻越仙霞岭，沿途为建立他的朝廷制定具体计划。

唐王在 7 月 26 日到达福州郊外。三天后，他进城正式即监国位。这时发生了一次常见的争论，一些人认为唐王暂即监国位比较慎重，待他恢复了福建以外相当一部分疆土后再即皇帝位，而另一些人则认为，在如此混乱的情况下，只有皇帝的号召力才能振奋人民精神，组织起他们的支持。后一种意见占了上风，1645 年 8 月 18 日，唐王在福州成了隆武皇帝。

同时，清先遣人员和新派的地方官员已经迅速进入通常称为浙东的富庶地区。[③] 人民对这种霸占权力和当地许多掌权者轻易屈服的反感，7 月 31 日在余姚爆发成为起义。在乡绅领袖的领导下，撤换了地方官吏，几天内，明官军将领和邻近地区均起而响应。清的官员和

[①] 根据现存的世系档案推算，这两个藩王的祖先分别是太祖第 9 子和第 22 子。见理查德·C.鲁道夫《明监国鲁王之真墓》[441]，《华裔学志》，29（1970—1971 年），第 487—489 页；陈燕翼（1634 年进士）：《思文大纪》[60]（重印，《台湾文献丛刊》，111，台北，1967 年），2，第 2—3 页。这与《诸王世表》二、三中所记不同，见张廷玉等编：《明史》[41]（1736 年；北京，1974 年重印）。无论如何，朱聿键作为太祖的 9 世孙，被公认是太祖 10 世孙朱以海的长辈。

[②] 严格地说，这条江仅在流入杭州湾的尽头一段称为钱塘江，但为方便起见，在这里将直到江西东北部的整条江均称作钱塘江。

[③] 即浙江钱塘江以东和杭州湾以南地区。

与之勾结的人被处死或监禁;建立起各种民军;清军被赶回钱塘江西岸。这些起义的领袖立即支持台州的起义领袖们,他们正要求鲁王在浙东就监国位以鼓舞人民的抵抗。鲁王爽快地接受这个要求,于 8 月下旬在绍兴正式成为监国。①

虽然鲁王的支持者中有几个人当大臣颇有经验,但他的政权的主要人物实际上全是浙东本地人。还有一些人受到重视,是因为他们发起并领导地区的志愿组织和民军,激发他们的是对乡土的骄傲与关心。这种乡土观念有很大的作用。它说明这个地区人民对鲁王政权的支持为什么高于其他任何南明政权所得到的支持。它还使他们能够迅速部署战斗人员到关键性的防御地点;他们熟悉本地情况,因而占了上风。他们以值得称赞的敏捷,沿钱塘江东岸和杭州湾南岸建立起一条弧形防线。他们还努力与浙江北部、西部和长江三角洲河湖地区的抵抗活动取得联系。然而,他们很少考虑扩大朝廷的影响,使其超出这个小小的地区。

隆武政权的管辖范围比鲁王政权大,这本是福建即位者的优势所在。朝廷中最著名的人物大学士黄道周是福建人;在天启和崇祯朝,他作为"正义"事业直言不讳的辩护者远近闻名。此外,隆武皇帝特别注重从福建以外招徕人才。他很有抱负,想同浙江、江西、湖广以及大别山区几百个据点的抗清领袖取得联系并授予他们头衔。②他希望广东和广西的文武官员服从他,期待从四川那么远的地方来的报告。但是,福建在经济和地形上的限制,加上大多数隆武朝的重要支持者只图自保,阻挠了对其他省份的实际控制;持自保观点的代表人物是郑鸿逵和郑芝龙兄弟,他们的利益仅限于福建省。

郑芝龙(当时外国人称他为尼古拉斯·伊昆)起初在中日海外贸

① 关于在绍兴即监国位的日期,原始资料的说法很不一致。见杨云萍《南明鲁监国事迹的研究》[613],载《中国历史学会史学集刊》,8(1976 年 5 月),第 34—36 页。

② 王葆心:《蕲黄四十八砦纪事》[552](19 世纪后期;1906 年重印;1966 年台北重印),1。

易中充当翻译和助手。尽管两国政府有种种限制,他仍逐渐成为中国东南沿海港口和这一带水域的霸主。他最初以一个不寻常的强盗而著名,具有出色的组织与训练才能,极欲充当社会领袖,愿意不时地与政府当局合作。1628年,明朝政府争取到他的投降。此后,在明朝军事机构的庇护下,他扩大了势力,最后升到总兵的职位。[①]

。弘光皇帝封郑芝龙为伯爵;隆武皇帝封郑鸿逵和郑芝龙为侯爵,以报答他们帮助他建立朝廷。此外,鉴于郑芝龙实际上控制了福建的财政,皇帝授予他广泛的权力,让他兼户、工、兵三部尚书。起初,隆武皇帝庆幸得到这样一个人的支持,容许他把自己的许多亲戚朋友安插在重要部门。由于没有孩子,皇帝甚至过继郑芝龙的长子郑森为己子,赐姓朱,取名成功,号称"国姓爷",仪同驸马都尉。隆武皇帝和这位"国姓爷"(即中国历史上著名的郑成功)的亲密关系,对南明事业有深远的影响。

合作失败

直到1645年10月,隆武朝廷才知道在浙江建立了另一个朝廷。立即派出一个使臣带着隆武皇帝的诏书去绍兴。他在10月下旬到达,他的到来在鲁王的大臣中引起了分裂。起初,鲁王愿意退位,支持他在福建的"皇叔父"。几个素有重望的人也力劝他以大局为重,受隆武皇帝节制。但大学士兼兵部尚书张国维激烈反对,说福州"鞭长莫及";如果监国退位,浙东脆弱的抵抗运动就会瓦解;在这个时候改换朝廷,将使君臣之间失去信任。

鲁王听信了这些话。其他的官员被迫对抵制隆武朝廷表示一致同意,于是遣回使臣,并带去一封按照张国维的意见写的回书。结果,虽然鲁王的许多文武官员秘密地请求或接受了隆武皇帝的任命和封号,但鲁王朝廷根本不想与隆武朝廷合作,于是,两个朝廷之间的关系变成了"水火不相容"。

[①] 廖汉臣:《郑芝龙考》[338],见《台湾文献》,10,4(1959年12月),第63—72页和11,3(1960年9月),第1—15页。

1646年2月，隆武皇帝曾给他的"皇侄"送去一封令人感动的信，恳求他为了中兴事业进行合作，并发誓不同室操戈。他诚恳地说明他要求最高统治权并非出于自私，说明由于战略上的原因，他不能避免在鲁王的地区计划军事行动。[①] 但不知这封信是否送到了绍兴的鲁王朝廷。那年春末，隆武皇帝派一个御史带了许多银两去犒劳驻守在钱塘江的军队，但得不到鲁王当局的保护，结果被不受约束的军队杀害。夏初，鲁王派一个使臣去福建，被隆武皇帝监禁并处死，这也许是由于怀疑他与郑芝龙勾结。

要解释这一系列悲痛的事件，我们必须从地理、两位藩王的性格和当时恐惧的心情来看。福建和浙江的人口稠密地区之间，绵亘着几座大山，阻塞了直接的交往，即使在最好的时期，福州与绍兴之间也不可能有迅速的交通。

第二，唐王和鲁王以相反的性格特点保持他们的统治地位。鲁王监国仁慈温厚，他只做礼仪上需要他做的事，而让文臣武将发挥主动精神。但他下定决心并真心愿意充当那些想为明朝而战的人的傀儡领袖，也许他感到他不能抛弃他的支持者。

唐王此时40多岁，饱经忧患，在囚禁中度过半生。他在整个童年和部分成年时期都与被他祖父不公正地囚禁的父亲做伴。1636年当北京受到满族人的威胁时，他带兵勤王，违犯了明朝律令，被废为庶人，在1644年弘光帝登极大赦，释放他并恢复他的王位之前，他不过是在明朝囚禁罪宗的凤阳高墙内苟活而已。

此时，从禁锢中解放出来，他甚至表现出更大的决心与主动精神，这种决心和主动精神曾招致崇祯皇帝对他的非难。他俭朴、勤勉，只有一个10年来和他一起备尝辛苦的妻室曾氏，他不怕物质上的牺牲。他很有学问，特别是在历史和明朝的制度方面，他以他的继承权而骄傲，这是他历尽苦难得来的，他相信他的时机已经到来，他是唯一能中兴明朝的藩王。虽然他对待鲁王很审慎，但以完全不同的

① 《隆武遗事》 [365]，附录（清初；1911—1912年上海重印；1968年台北影印），第11—12页。

态度对待 1645 年秋在广西桂林称帝失败的靖江王朱亨嘉。这个不走运的藩王被押送到福建，废为庶人，死于狱中，以昭示这个地区其他明宗室成员。很明显，隆武皇帝具有一种强烈的、出自内心的使命感，不欲与别人分享领导权，即使是他自己的大臣们。

第三，对与另一个权力中心的合作两个政权都不够放心。紧张、敌意和党派偏见，使争取皇帝好感的对手均被指责为煽动叛乱。此外，许多得到鲁王和隆武政权双重任命的人，这样做只是为图私利，玷污了这种本来是高贵的行为。

内部问题和战略问题

鲁王政权和隆武政权起初都采取防御姿态。为什么它们都没有取得进攻的优势，原因大同小异：缺乏供应基地；后勤上的困难加上文武官员之间的敌视；依靠正义精神对待硬性的军事组织、纪律和训练问题；两位藩王不同的统治方法。对这些我们还可以加上福建普遍发生的各种社会动乱。两个政权都面对满族骑兵无可置疑的陆上优势。但这要到一年以后才成为现实，而在此期间，两个政权都不是变得更强而是更弱了。

鲁王的兵力约20万人，全靠钱塘江或杭州湾沿岸的浙东地区供应。由于支撑政权的基层的性质、鲁监国消极的统治方式和在财政及军队供应上普遍的分散倾向，没有建立起一个中央的税收部门。开始实行的是一个宽松的原则，即明朝官军的军饷出自他们所在的州县的赋税收入，而民兵和志愿兵（由各种"义士"领导的军队）则靠他们原来的地区自愿捐助。官军不满于这种安排，要求将所有为进行战事而增加的钱物，交由他们控制，根据战略需要进行分配。但是，"义军"领袖①不信任官军，不同意这个建议。折中方案是，所有的军队，包括官军和义军，应从最近的地点得到支援，可以是赋税收入，也可以是爱国捐献，这个方案主要不是出于原则，而是出于权宜之

---

① 在汉语中，志愿为事业而战称为"义"。在这里，"义"还增加了一层含义，即"义军"的领袖们与晚明政治中的"清流派"有联系。

计。没有一个后勤方案真正解决了在"分地和分饷"问题上的争吵。

1645 年和 1646 年之间的冬季，愈来愈严重的供应短缺，促使官军偷窃预定给志愿军的给养，导致一片混乱。当饥饿在鲁王的军队中成为普遍现象后，许多"义军"战士干脆拔腿回家，而官军则求助于抢劫和敲诈勒索。在没有中央的后勤管理的情况下，任何中央的指挥机构都是无能为力的。此外，当明水师在长江三角洲地区被清军击败后转移到鲁王地区，陷于走投无路的瓦解境地时，他们也不能做些什么。

战术问题上也同样存在分歧。在将领中，有的赞成迅速攻打杭州，有的提出应首先加强绍兴的防御。几次成功的跨过钱塘江的进攻对杭州造成了威胁；而且，明军队穿过浙江西部几乎到达太湖，暂时使这个地区的清军陷于孤立。但这类进攻失败的时候居多，原因是鲁王军队之间、鲁王军队与他们希望会合的清军后方的抵抗团体之间，配合与联络都很差。文人领导的"义军"喜欢独立行动，不考虑别人的计划和所冒的危险。在 1646 年 2 月的另一次进攻杭州失败后，这种情况仍在继续。鲁王的将领不得不把钱塘江以西的土地让给清军。寄希望于明军的水上优势以抵御清军水师的进攻，或横渡杭州湾，从海宁西北进入敌后，鼓动人民起来反抗。

隆武政权的兵源、财源和给养主要来自福建，其次来自广东和广西；但都不够充分。朝廷建立后不久，就认识到即使是最低限度的军事开支，也远远超过福建和两广目前赋税收入的总和。这个问题一方面试图以加紧搜刮来解决。从桥梁和港口征收五花八门的通行税；经常向店家和食盐专卖行业摊派各种费用；搜刮地方财政的盈余；卖官鬻爵；征收各种爱国捐助，如地主按照土地面积的"大户助"，绅士按照功名的"绅助"，官吏按照品级的"官助"。另一方面则希望逐渐缩小军队的部署。郑芝龙在 1646 年 5 月报告说，供应和武装当时驻守福建的所有军队，需要 156 万两白银——仍然远远超出政权的支付能力。

于是，皇帝同意将福建的赋税收入只用于支援福建。这个乐观的计划要招募 3 万人把守各关口，1 万人维护州县的自安，每年花费

86.2万两。浙江西南部、江西和湖广的军事行动，军费必须全部就地筹措。把守各关隘的军队实际人数，从未达到计划的数字，而部署在那里的少数几千人得到的配给，经常在标准以下。广东直接向江西南部和福建的隆武朝廷提供一些赋税收入。但数目只相当于正常税收的一个零头，根本不能满足朝廷的迫切需要。

有几个因素合起来限制了税收进入隆武朝廷和给养到达前线。一个是地理上的。福建主要河系的上游，地势崎岖，山关险要，这些地方的运输机构根本担负不起一场较大的战争的紧急任务。其他因素不是与普遍的社会动乱有关，就是与郑芝龙的人品和动机有关。

前面已经提到，明朝两个首都的相继陷落以及伴随而来的行省和地方政府的惊慌失措，使非法活动和潜在的社会冲突迅速表面化。在福建、江西、广东三省交界的山区地带，麻烦有增无减。由于这个地区的土匪很难控制，长期以来在赣南（江西南部赣州周围地区）驻有专门镇压土匪的军队，这里的居民也常在自卫中被杀害。现在，大批匪帮袭击广东东部和福建西南部的地区，不仅需要转移人力物力来对付他们，而且危及陆上的交通运输路线。邻近地点的佃农起来反对地主，因为他们在收租时"大斗进，小斗出"①。随着日月推移，在福建全境都发生了"山贼"的袭击，拦路抢劫成为常事，地方争斗不受约束，由于郑芝龙的注意力转向别处，甚至一些海盗也重操旧业了。在这种情况下，人民无法知道新派来的官吏和新增加的捐税是否合法，自然把他们所有的一切藏起来，以保证他们自己生存的需要。

此外，在福建的许多文官和士绅看来，从前的海盗郑芝龙现在不过是一个监守自盗者。他们怀疑他企图从他们的地区和他们身上榨取更多的钱财。许多人不但不响应爱国捐输的号召，甚至连正规的货物税也不交付。传统史学对郑芝龙有很大偏见，难以客观地评价这个人。的确，他能干、狡猾、野心勃勃，并在一定范围内很有权势。的

---

① 森正夫：《17世纪福建宁化县黄通的抗租叛乱》[396]，见《名古屋大学文学部研究论集》，史学系列，20（1973年），第1—31页；21（1974年），第13—25页；25（1978年），第25—65页。

确,他希望通过支持隆武皇帝扩大与深化他在福建的势力。但同样明显的是,他不愿削弱或牺牲他辛苦得来的赚钱的海事基地,去进行一场内陆战争,其结果可能是朝廷迁往别的省份。也许他一再以给养和准备不足为由而反对皇帝所热衷的"亲征",是根据对形势的正确判断。但郑芝龙的拖延(它引起朝廷里著名文臣对他的嘲笑以及皇帝不露声色的轻视),在很大程度上是由于他自己的长远打算与皇帝的长远打算产生根本冲突。

文臣一派希望把皇帝从福建及其土皇帝的限制中解救出来,所以他们辩论说,迅速的进攻将鼓舞浙江和江西人民的反抗精神,因为他们正受到征服者的蹂躏。武将一派(特别是郑氏兄弟,他们希望保住他们的既得利益)辩论说,需要谨慎,要慢慢来;他们反对走出福建的主要山口,到外面去作战。这个斗争集中表现在黄道周与郑芝龙的摩擦中。

为了反对郑芝龙的阻挠,黄道周在1645年11月自请督师北伐,去援助最近在江西东北部遭到失败的明朝义军。他没有得到郑氏兄弟任何帮助,就带着一小支全由热心的志愿者组成的乌合之众和一个月的口粮离开了福建。他相信沿路上他能全凭"忠义"的号召,得到他所需要的人员和给养。黄道周的出征在福建和江西得到热烈的响应,但他的军队太缺乏训练,与陈兵江南南端的清军根本不能匹敌。1646年2月初,黄道周在那里很容易地被清军击败了。两个月后,他和他最亲密的同事在南京被杀。这对隆武皇帝是一个可怕的打击,他一直依靠黄道周帮助他维持朝中文武官员的均势。

隆武皇帝坚强的性格表现出诸多矛盾的倾向,在平时,这些倾向可能得到调和,但在受到挫折时,就更加显露出来了。他希望以东汉的光武帝(统治时期为公元25—57年)为榜样,后者以杰出的将才使汉朝得到中兴,他喜欢大臣们鼓励他这样做。他在即皇帝位七天后,就宣布了他的亲征计划,指定他的弟弟新唐王朱聿鐭在他不在时处理福州的事务。由于上面谈到的各种原因,他一直不能离开福州,直到1646年1月,他进驻建宁,宣布他想直接从那里出发,前往长江下游地区的广大战场。

同时，他十分看重皇帝作为文学艺术的榜样和保护人所起的作用，经常亲自起草他的公告，写得又快又好，热情地接受作为礼物送给他的成百卷书籍，在十分困难的条件下固执地坚持科举制度。他反复告诫军队不要扰民；但他无可奈何地看到社会上充满武装冲突，慨叹政权不再能控制黩武主义和好斗精神了。

在用人上，隆武皇帝的态度也自相矛盾。他的热情使他欢迎任何看起来同他有共同目的的人。结果，许多只会吹牛的无能之辈被派出去担任重要职务，而在朝廷里，皇帝又想亲自做太多的事，而没有利用他清闲、臃肿的内阁中几个有真才的人。

隆武皇帝在战略问题上反复无常。部分原因是他急于对来自前沿省份（浙江、江西和湖广）的任何消息，不论是好的还是坏的，积极作出回答，于是就先下命令，然后才考虑命令的可行性。但在这种情况下，即使是最坚定的舵手也要和犹豫不决进行斗争。首先，是郑氏兄弟的态度，他们公开支持，暗中拖延。似乎他们的准备工作永远做不完，他们的给养永远不够充分，他们永远不会执行从杉关和分水关向西向北出击的任务。这样，皇帝只能走到建宁为止。其次，很难得到准确的情报：关于清军在钱塘江上游的实力，关于用水师成功地进攻杭州和苏州地区的可能性，关于江西千变万化的局势，关于遥远的湖广的复杂事态，等等。

这种情况打乱了皇帝的战略。起初，他计划沿钱塘江而下，在去南京的路上收复杭州。然后，他希望把福建、江西北部和湖广中部的明朝军队集合在他的领导下，从鄱阳湖以东的某处顺流而下直捣南京。最后，当清军对福建西北各关口的压力增加时，他考虑移跸赣州，从那里他可以收复江西北部，或把他的朝廷迁到相对说来防御较强的湖广南部。结果，他看来更可能前往江西或穿过江西，而不是进入浙江或江南，1646 年 3 月，他回驻延平，在这里他再次宣誓出关，决不回福州。

两个政权相继灭亡

隆武皇帝一直特别关心守住江西南部，因为如果清军完全占领该省，就会堵塞所有出入福建的主要陆上通道，并使广东易于受到进攻。他授予在那里积极进行抵抗的明朝官员以很高的官职，并派他的一些最得力的大臣，包括大学士苏观生和郭维经，去帮助保卫那个地区。1646 年 5 月下旬，传来赣州被围的消息，隆武朝廷面临真正的危险，他们尽一切努力挽救局势。

赣州的明军总数在 4 万人以上，但他们是一锅大杂烩：来自福建、江西、广东和湖广的明官军（许多是新近才招募的），来自江西和贵州的土著，出于利害关系而与明朝的事业相结合的山贼。尽管这时清军在江西的指挥混乱，而且士气低落，但明军的统帅却不能集中力量把清军从赣州赶走，使这座城市愈来愈孤立。

同时，浙江的清军逐渐巩固了他们在钱塘江以西的地位，尽管南京与杭州之间的地区并不完全安定。1646 年 4 月，清廷命贝勒博洛为征南大将军。6 月 14 日，他率师进驻杭州，准备从杭州南面的大堤渡过钱塘江。但东南持续的干旱使江水暴落，水流缓慢，泥沙淤积。从上游一些距离绍兴不太远的地方骑马渡江成为可能。7 月 10 日，当清军骑兵在桐庐渡过钱塘江时，防守军队立即向绍兴溃逃。清骑兵在后面追赶，并与另一支从杭州用船渡过钱塘江口的清军在绍兴地区会合。

鲁监国听说方国安和他的军队向绍兴撤退时，就逃出了绍兴。他显然害怕这支军队会洗劫这座城市，而他自己将被方国安劫留，作为投降的礼物。他很快从陆路逃往台州，但在那里他险些被方国安的一个朝同一方向撤退的部下所劫持。因此他从海门出海，得到水师提督张名振的保护，后者随即将他转移至舟山。

7 月末，在延平的隆武朝廷听到清军渡过钱塘江的消息。此后不久，郑芝龙借口对付海盗袭击，离开了延平。他手下驻守在西北各关口的少数军队，不久也随他而去。虽然隆武皇帝试图支援浙江东南并加强福建北部边界，但失败主义的看法充斥他的朝廷。重新激发他的支持者的效忠精神的努力，未能防止他的政府的解体。

仙霞关告急才终于促使皇帝踏上去赣州的道路，他的随行人员在1646 年 9 月 29—30 日依次离开延平。但两天后，清军占领延平的消息使他们感到惊慌。许多人星散，一些人试图追随皇帝，皇帝则带着少数侍卫向汀州急行。他在汀州被一小队清军赶上，随即于 10 月 6 日同皇后一起被杀。[①]

1646 年 10 月 17 日，当满族贵族不战而进入福州时，这座城市几乎空了。郑芝龙可能已同清方谈判了一些时候。投降条件仍未确定，他摧毁了他在福州的火药库，退到更南一些的主要基地。但一个月后，郑芝龙不顾他的儿子和部下许多将领的反对，在福州正式向清投降，对方答应他任福建和广东总督。但不久他就在去"朝见［新］皇帝"的借口下被带到北方，随即在北京被严密地监视起来。其他隆武朝廷投降清廷的文官武将，被允许帮助清军征服广东，以观后效。

两广和湖广南部的永历政权，1646—1652 年

永历与绍武的对立

1645 年，当弘光皇帝的死讯传到边远的南方时，那里的许多官员，包括广西巡抚瞿式耜和两广总督丁魁楚在内，都赞成拥立朱由榔，他是新近去世的桂王的儿子，按世系应继承福王。1643 年，当张献忠的队伍侵犯湖广南部时，朱由榔和他的父亲从他们的封地逃到广西梧州避难，1644 年，他父亲在那里死去。朱由榔和其他一些人把唐王看成一个专横跋扈的暴发户，认为他的称帝破坏了按次序继承的原则。但他们把他的登基作为既成事实接受下来，并作为隆武的臣属履行职责。但朱由榔在袭桂王王位之后不久突然死去。

这样就剩下他父亲最小的儿子永明王朱由榔。[②] 他 22 岁，生命的大部分在舒适的闲散中度过，直到张献忠的人马使他备受逃亡、被

---

① 关于隆武皇帝和皇后的最后命运有各种说法。这里的记述根据江日昇：《台湾外记》［74］（约 1708—1718 年；重印，《台湾文献丛刊》，60，台北，1960 年），2，第 94 页和《清实录·顺治实录》［494］，29，第 2 页（第 341 页）。

② 清代和 20 世纪的许多记述称朱由榔为桂王。这是不确切的，因为在隆武皇帝死前，他的承袭并未批准。

俘和差点被处死的惊吓。他好歹从湖广西南部逃到江西;后来被丁魁楚安置在肇庆。现在,由于他的兄长们一个接一个死去,他突然成了万历皇帝唯一活着的亲孙,明朝皇位的合法继承者。

当福建传来不祥的消息时,瞿式耜和其他官员试探出永明王愿意登基当皇帝。唯一表示坚决反对的,是永明王名义上的母亲王氏,她现在操纵她丈夫身后唯一继承人的全部事务。她认为永明王太年轻,没有经验,软弱,担负不起这乱世的重任,而广东现时又没有很多大臣,甚至连一支像样的军队也没有,无法组成一个政府并保卫它。

1646 年 11 月初,丁魁楚接到隆武皇帝殉国的确实消息,问题就变得紧迫了。瞿式耜和丁魁楚强调国不可以一日无君,说服永明王于 11 月中旬在肇庆即监国位,肇庆曾是明朝一处封地的所在地,广东巡抚和两广总督的行辕也设在这里。[①] 瞿式耜和丁魁楚成为新朝廷的大学士,湖广的主要官员被授以其他重要职位,各级武职则授予湖广、广西、四川和贵州的几十个将领。

先前,广东派出大部分有组织的武装力量去支援江西南部的防御。只留下少数难以控制的地方武装去对付(或参加)成群结队的土匪和海盗,自从 1644 年北京陷落的消息传到广东后,他们的活动就更加肆无忌惮了。接着在 11 月下旬,新监国得知赣州的义军已于 12 天前被清军击破,感到他和他的家室很不安全,就西去梧州。那里离清军的威胁较远而离广西忠于明室的军队较近。他不知道另一个威胁正在附近出现。

这个时候,一批隆武朝廷的官员陆续到达广州近郊。这些人中有几个曾与永明王的支持者有联系。但都感到他们不能全心全意参加那个政权,原因是个人的失意,他们做惯了大官,不屑做小官,或因肇庆集团对他们感恩戴德的隆武皇帝抱有成见。有的人还对这个新监国缺乏信心,特别是当他一看到危险,就那么轻易地离开广东之后。总之,当隆武皇帝的弟弟朱聿𨮁于 12 月 5 日从海路到达广州后,人们

---

① 江蕃等撰:《广东通志》[71],阮元等编 (1864 年;1934 年上海影印),18,第 1 页;83,第 28 页。

抱着热烈的期望迎接他。几天以后，根据弟弟可以继承哥哥的原则，他在广州称帝，即绍武皇帝。这个政权最重要的一些官职，几乎全由广州本地人担任。

梧州的永明朝廷得知朱聿鐭称帝的消息时，立即决定永明王应回肇庆即皇帝位，认为他的大臣们的较高的威望和较广泛的权力最终能使他的朝廷得到普遍的支持。于是，1646 年 12 月 24 日，监国永明王在肇庆成了永历皇帝，并匆忙在肇庆与广州之间的西江各战略地点设防。

武力较弱的永历朝廷企图进行谈判，结果他们的使者在绍武朝廷被杀。到目前为止，广州一直有广东土司的军队驻守，[1] 是一个易于防守的地区，这个情况增加了绍武集团的信心，尽管他们自己的军队主要由不可靠的山贼和海盗组成，是被说服在官方的旗号下作战的。永历和绍武两军之间接连发生两次战斗：第一次，在 1647 年 1 月 4日，被永历的兵部侍郎轻易赢了；但三天后的第二次，永历军队几乎全被歼灭。

两个朝廷的注意力和珍贵的人力物力，被用在这种自相残杀上，而双方更大的共同敌人却被暂时忘却了。正当绍武朝廷为庆祝他们对永历军队的胜利，在 1647 年 1 月 20 日举行正式的军事检阅时，广州却遭了浩劫：清军骑兵只遇到惊惶而无组织的抵抗。他们从福建的漳州一路赶来，没有被全神贯注于别的事情上的绍武朝廷所发觉。由于现在已不可能进行任何抵抗，首辅遂自杀；他的大多数同僚投降。绍武皇帝企图逃走但被抓住，跟当时聚集在广州的其他许多明藩王一样，后来被杀。[2]

当关于这场灾难的消息传到肇庆的永历朝廷时，最初的反应是怀疑。但接着而来的报告驱散了一切幻想。1 月下旬，永历皇帝匆忙离开肇庆去梧州。从那里，他继续前往桂林，形成了一种望风而逃的格

---

① 江蕃等撰：《广东通志》[71]，173，第 17 页。
② 朱希祖：《南明广州殉国诸王考》[100]，见《文史杂志》，2，7—8（1942 年 8 月），第 51—54 页。

局。这个格局有效地排除了西南各地真正的地区支持的发展，特别是使广东的人民永远地疏远了。

清军初次突破两广

如此神速地侵入广州的清军，是两支军队的典型结合：可靠，有纪律的八旗兵小部队和不太可靠、纪律较差的前明军的大部队——他们在清军进入北直隶后就投降了。这一次率领清军的是佟养甲，他原是辽东的汉人，出生于镶蓝旗，最近跟随博洛出征浙江和福建。率领前明军的是李成栋，他自从 1645 年在徐州投降后，几乎不停地替清军打仗，平定长江三角洲地区，征服福建。

广州平定后，佟养甲和几百人留下，李成栋继续取肇庆，他从那里派出两支小分队，一支沿北江而上，一支南下雷州半岛，后者后来渡过海峡到海南岛。同时，李成栋领着他的主力沿西江去梧州，于 3 月 5 日到达。他从这里派出侦察队到广西中部和西北方向的桂林，1647 年 4 月 15 日，清军小部队的一次突然袭击差点占领了桂林。

整个广东和半个广西在清军面前以惊人的速度沦陷。清军再次扩张得太快，这种局面在清征服过程的每一个阶段都重复发生。明朝政府的外部标志——官印、衙门、城墙、岗哨——是容易接管的，只要这些地区的明朝政府已经失去威信。清当局常常发现比这困难得多的事是恢复社会秩序，特别是因为各种破坏分子都与抗清复明的忠臣义士结盟，开始打出正统的旗号。

许多地方只是为了保存自己，自动武装和组织起来杀一切入侵者——满族人、北兵、义军、明官军、土匪或海盗。佟养甲知道，广东的平定有赖于恢复从广州经湖广至长江中游地区，特别是经江西至江南地区的贸易路线的畅通。那些现在在广东除了打斗和偷窃就无以为生的人，那时就可以找到建设性的工作。但这时佟养甲没有足够的人去完成这个任务。

由于李成栋驻在西边，三角洲地区的土匪和义军不久就看出广州的清军只能勉强守住城市，无法应付这个府其他部分的武装起义。于是，从 1647 年 3 月中旬直到 11 月底，著名的"广东三忠"（东莞的张家玉、顺德的陈邦彦、南海的陈子壮）领导了一系列短期的抗战。[①] 他们无论与永历或绍武政权都没有密切关系，因此他们在这个期间的所作所为应看成是一般地为了恢复明朝，而不是特别为了永历王朝，尽管这对后者有利。

当这些抗战活动一开始，佟养甲就命李成栋立即回到广州地区，他于 4 月初到达那里。从那时起直到秋天，他被迫疯狂地从一个地区赶到另一个地区，镇压一次又一次起义。最后，他的军队优越的实力和组织占了上风。10 月中旬，陈邦彦在清军围攻清远时被俘；11 月初，张家玉在增城与李成栋军的一次激烈战斗中被杀；11 月下旬，陈子壮在李成栋军占领高明时被俘。陈邦彦和陈子壮都在广州被公开地残酷处死。

这些爱国志士之所以未能恢复明朝对广东中部的控制，是因为他们招募了许多土匪和海盗参加他们的战斗队伍。结果，他们在自己的家乡不能得到其他社会贤达的广泛支持。但是，通过迫使李成栋从梧州回救广州，并留在广东中部，他们成功地解除了永历朝廷受到的直接压力，从而帮助这个朝廷度过 1647 年的许多磨难，并生存下来。

流亡朝廷在广西和湖广东南

3 月中旬，永历皇帝一行曾在桂林作短暂停留，广西巡抚瞿式耜的衙门即设在这里。鉴于离清军很近，朝廷继续往更远的地方迁移，于 3 月 20 日溯桂江至全州，这里是广西和湖广之间的门户。这次迁移也有正当理由。现在明朝人数最多的军队是在湖广南部和西部。如果能把长江中游地区（现今的湖北和湖南）从清廷手中夺回来，那么，这里比更南的任何位置更有利于进攻。

但是，湖广各部队的供应基地和他们之间的关系极不稳定。总督何腾蛟在逃出左良玉叛变引起的灾难后，面临一个压倒一切的任务，即把被搞乱了的湖广各部队组成一支军队：第一，张献忠进犯时，有

---

① 黎杰：《南明广东三忠史迹考》［314］，见《珠海学报》，3（1970 年 6 月），第 162—173 页。

五支明官军隐藏在偏僻地区，在这个过程中他们脱离了中央的指挥和供应；第二，有三支原左良玉的军队在江西向清军假投降后，反正回到湖广；第三，有一支从云南去支援南京的军队，但在途中弘光政权就垮台了；第四，李自成的残部，他们分裂成四支，每支都曾模棱两可地与清军进行谈判，后来接受了明朝方面的官职和头衔，先是从隆武朝廷，随后从永历朝廷。

湖广的政治和经济基础曾先后遭受张献忠和左良玉部队的破坏，不能承受这样大规模集中的军队，甚至在最好的情况下也不可能。现在，这些军队大多靠抢劫为生，甚至总督直接指挥下的军队也惯于用敲诈勒索的方式从已经一无所有的居民中榨取一点可怜的给养。各方面的镇将所关心的，主要是他们的指挥权不受侵犯，他们互相提防，只有在牺牲别人以加强自己的供应和防御的前提下，他们才听从何腾蛟的命令。

在朝廷，瞿式耜规劝说，皇帝一听到风声紧急就仓促走避，有失去民心的危险。但因为皇帝已经去了全州，瞿式耜就劝告他安心留在那儿，准备一次"亲征"，经过湖广南部到武汉，他的莅临，会使湖广的军队团结起来，一致对敌。

但是，永历皇帝即将表现出他的两面性，这是他整个在位时期的特点。一方面，他不喜欢他的心胸高贵的大臣们要他勇敢、坚毅、有远见的劝谏。他怀疑他们的豪言壮语，感到他们十分乐意让他置身于危险之中。另一方面，他心怀感激地投向任何一个军阀的怀抱，只要他看起来能保他和皇室的平安。唯一使他恼怒的，是这种保护常常强加给他种种限制。

这时，湖广最跋扈的镇将刘承胤说服皇帝于 5 月 19 日把朝廷从全州迁到湖广西南部他的驻地武冈。这样一来，皇帝不是去监督湖广的各镇将，而成了他们之中最受人憎恨的一个镇将的人质。在武冈，刘承胤和他的亲信大权在握，不可一世，用强硬手段把皇帝和他们所反对的大臣隔开。

整个 1647 年，清军在湖广的进展慢于广东。首先，为了与他们自己的宣传相一致，他们把进攻李自成残部列为首要任务，而李自成残部在何腾蛟的同意下，已经从洞庭湖向西和西北方向转移。其次，为了稳固武昌的后方，他们费了很大的气力平定义军和其他不顺从分子，这些人控制了湖广东北部的许多堡砦。因此，尽管北京在 1646 年 9 月就已宣布出征湖广南部，但孔有德直到 1647 年 3 月才占领长沙。尽管何腾蛟对清军这次进攻组织的抵抗十分无力，孔有德仍然感到情况令人沮丧。他没有立即打听出永历皇帝的下落，他的军队直到 9 月中旬才向武冈进发。

在武冈外围进行了几天保卫战后，刘承胤在 9 月 23 日准备投降，允许永历皇帝及皇室逃跑。带着少数互不团结的随行人员，主要在锦衣卫指挥使马吉翔的帮助下，永历皇帝一路历尽艰险，绕道逃回广西。1647 年，许多留在广西的大臣加入暂时留在象州的皇帝一行。

由于广东中部的抵抗增强，所有的清军均已撤出广西。但到 1647 年秋末，李成栋镇压了"三忠"，并于 12 月再次占领梧州，从而使肇庆的朝廷可能受到攻击。于是决定，皇室中的妇女应转移到相对安全的南宁，而皇帝则听从瞿式耜和其他人的劝谏返回桂林，他于 12 月 30 日到达那儿。

本来希望皇帝莅临桂林能促进几支湖广军队之间的合作，他们是在孔有德的推进面前退下来的，现在正忧心忡忡地挤在广西东北一隅。不幸的是，皇帝的到来只引来郝永忠的特殊请求，[①] 他对其他将领的战斗能力没有信心。为了给继续撤退找一个合法的借口，他企图说服皇帝在他的护送下深入广西内地。在瞿式耜的坚持下，皇帝留了下来。但在 1648 年 3 月 14 日，郝永忠带着他的军队退到桂林，引起极大的混乱，并扬言清军骑兵已在附近。结果，瞿式耜被不守纪律的军队劫持，皇帝则在混乱中与郝永忠失散。后来，他向西南去南宁和他的家室团聚，瞿式耜设法回到桂林。尽管那座城市已被军队掠夺一空，但瞿式耜与何腾蛟仍能集合足够的军队打退清军在 1648 年 4 月 14 日对桂林的第三次进攻。

---

① 原名郝摇旗。隆武皇帝赐予郝摇旗和李自成残部的其他将领新的名字，以表示他们从造反者转变为国家的忠仆。

这时，发生了完全出乎永历政权预料的事，解救了这个危局。

金声桓和李成栋反正

金声桓自从 1645 年夏随左良玉军在九江投降阿济格，到 1646 年秋攻克赣州，他在清军平定江西的战事中是一个关键人物。金声桓在这个时期的副手和亲密同事是副总兵王得仁，原李自成部下一个将领。金声桓、王得仁与清当局的关系，表面看来不错，其实是互相猜疑的。

清廷不久就知道金声桓喜欢夸大他的功劳，而且只报喜不报忧；王得仁由于以屠杀和抢劫著名，也在及早清除之列。因此，清廷觉得金声桓不加掩饰的非分要求是难以容忍的放肆。金声桓作为一个"发号施令"的将领，从暂时掌管文武大权中尝到了甜头。但是，清廷没有正式任命他担当这样的职务，使他感到非常失望。他发现他们不仅不想让他插手民政，而且还降低他在军事上的地位，使他同这个省的其他投降将领没有区别。作为对他的让步，他最后被授予总兵，提督江西军务事，但是清廷派到江西来的两个上司——傲慢的巡抚和巡按使他恼怒。

因此，金声桓决定归顺明朝。但他迟迟不行动，要等到同江西的义军和湖广的永历朝廷作好秘密安排。但王得仁得知一个清廷官员已经控告他在平定江西时的恶劣行为。于是，在他自己队伍中的义军分子的怂恿下，他逼使金声桓摊牌。1648 年 2 月 20—21 日，清廷的江西巡抚在南昌被执，巡按被杀。金声桓和王得仁打起明朝的旗号，派使者去找永历朝廷，报告他们反正的消息。

尽管金声桓的行动是出于个人动机，而且这个人也缺乏领袖的远见或才具，但他的反正产生了广泛的影响。不仅江西义军纷起，而且远在湖广西部和福建沿海的官员也重新归顺明朝。湖广北部结寨固守的抵抗者再度活跃起来，沿长江而下直到南京都有同情者攻击清军阵地。但在赣州这个要害地方，官员仍然忠于清廷。在讨论战略上的选择时，有人劝说金声桓趁清军不备，进攻南京。但在赣州和通往广东的关口仍受清军控制的情况下，金声桓担心他的后方不安全。他决定在进攻江南之前先攻下赣州。

但是，最重要的反应来自李成栋。他也是很久以来就对清廷没有慷慨报答他和他的部下而感到失望。（1648 年 6 月，佟养甲被任命为两广总督，而李成栋只得到广东的一个较低的官职。）传说李成栋的反正不仅由于受了许多被他屠杀的义军的赤诚的感化，而且他最后决定归顺明朝是受了他的爱妾自刎的激发。[①] 也许李成栋是一个天良未泯的人，我们只能猜测他心中想的是什么。最可靠的证据说明他的基本动机是，害怕金声桓和永历朝的将领在江西和湖广联合起来以后，他会陷于孤立，容易受到攻击。

总之，李成栋在 1648 年 5 月初同他最亲近的支持者商量好之后，胁迫佟养甲一起宣布归顺永历朝廷，也许曾威胁要杀掉佟养甲的八旗兵和所有采取满族生活方式的人。李成栋开始使用明两广总督的印信，又派人从梧州去南宁迎接永历皇帝还都肇庆。随后又送去一封书信，请求不要怀疑他是故设圈套。

但永历皇帝仍然没有尽快返回广东。朝廷起初曾考虑瞿式耜所坚持的回桂林的意见，但后来又同意了李成栋的理由，即皇帝若不莅临，他既不能安定广东的民心，又不能保证该省的安全。由于金声桓和李成栋如此明显地扭转了朝廷的命运，人们感到皇帝应回到肇庆以表示鼓励。这样，皇帝一行终于在 1648 年 9 月下旬到达肇庆；他们在经历了一年的艰苦与屈辱之后，高兴地看到李成栋待他们十分丰厚。

在北方，这些事态发展震动了清廷。一支完全由旗兵组成的军队，在满族和蒙古将领的带领下，从北京直奔金声桓而来。此时金声桓和王得仁尚未攻下赣州，不得不匆忙撤退，回救南昌。他们刚来得及在清军于 7 月 9 日对南昌发动第一次预定的进攻之前重新进入该城。但到 8 月下旬，清军的这种进攻并不成功，于是准备围困这座城市，用饥饿迫使它屈服。

---

① 简友文：《南明民族女英雄张玉桥考证》 [78]，见《大陆杂志》，41，6（1970 年 9 月），第 1—19 页。

与此同时，清军从湖广南部的前沿阵地往后撤；在 1648 年一年中，何腾蛟和几个原来被困在广西东北部的将领，因此得以收复湖广南部许多地方。金声桓和王得仁曾向何腾蛟求救。但由于何腾蛟对所部将领并无多大实际控制权，不能从湖广东南部发动一次有效的陆地攻势进入江西西北部，因此援军一直没有到达南昌。南昌被围八个月之后，久已人相食，这时一些士兵秘密同意投降，清军得以在 1649年 3 月 1 日攀登城墙入城。金声桓自尽，王得仁在战斗中被俘，并被处死。

同一天，在湖广中部，何腾蛟在湘潭被俘。六天后他在长沙被杀。接着在 4 月中旬，李成栋在江西南部涉水渡河时淹死。这是在一次收复赣州的艰苦战斗中被清军击败以后。何腾蛟的失败，是原左良玉部将领、李自成残部首领和他们名义上的上级浙广南部巡抚堵胤锡之间的一次争吵造成的。李成栋的失败，是因为清廷能接济与增援赣州，而李成栋一过梅关往北出了广东地界，永历朝廷就不能接济他。这样，三个几乎奇迹般地恢复了明朝的整个南方的人——金声桓、何腾蛟和李成栋，在 1649 年春一个月的时间之内，从历史舞台上消失了。

还都肇庆后的永历朝廷

回到广东后，朝廷的头一件事是封官晋爵。这件事的主要困难，是在分配官职和权力上要在两派人之间保持平衡，一派是在皇帝颠沛流离中的"护驾元勋"，一派是跟随李成栋从广州来的"反正功臣"。但是不久，旧臣与新贵之间的矛盾就被更加典型的由同乡、师生和同寅关系形成的党派之间的矛盾所代替。为了生存和取得支配地位，一个党派必须在内廷、外廷和地方政府（这在永历时期就是各地将领控制下的机构）都有得力的成员。党派竞争的目标是获取官职，特别是内阁中的高级官职，从而影响甚至控制皇帝的行动。

形成了两个大党。占优势的楚党的核心成员在都察院（外廷）。它在太监和锦衣卫（内廷）中也有拥护者和同情者。此外，它还得到了地方的军事领袖（主要是李成栋，他现在是整个东南的总督，和瞿式耜，他任兵部尚书，负责保卫桂林）以及宰辅的支持。这一党的领袖，左都御史袁彭年、吏科给事中丁时魁，加上御史刘湘客、蒙正发和金堡，以他们在政治上的跋扈，被称为"五虎"①。

较弱的吴党从内廷获取支持：太监、外戚，特别是马吉翔，他作为锦衣卫指挥使，成了皇帝身边有影响的随从和大臣。这一党在地方上的主要支持者是庆国公陈邦傅，他不断地并经常非法地扩张他在广西的势力。外廷的拥护者大多是各部的低级官员，在大学士中有两人被认为是吴党。

各党的名称，来自各党领袖的原籍，这至少说明了一点，即为什么在一个岌岌可危的政权里，有那么多人得到了官职。他们远离沦陷的家乡，除去俸禄、当官的特权和政府官职提供的贪污受贿的机会之外，没有别的收入。这一点对爱国义士和投机者都一样。前者可能很少想到个人利益；他们追求高官是为了对抵抗运动进行领导。后者追求高官是为了俸禄和可能收到的"遗赠"。他们还希望，当他们将来有一天向清廷投降时，清廷能承认他们从前的官品。但楚党绝非个个都是爱国义士，吴党也不都是投机者。

在朝廷留在肇庆的一年零四个月中，楚党始终保持优势。一部分原因是朝廷依赖李成栋，他手下的将领控制着广东，他的儿子控制着锦衣卫，他死后也如此。一部分原因是楚党植根于外廷的官僚机构，他们竭力评弹时政，参劾官吏。这种直言敢谏，特别是金堡严厉尖刻的言词，可能使皇帝和那些（特别是吴党中的）可以称之为"现实主义者"的人感到烦恼。但朝廷又需要以此来吸引大批真心实意的文官，因为可以通过他们在它名义上控制下的各省面前树立一个真诚政府的形象。换句话说，楚党代表了明朝的正统，而这是永历朝廷这时所最需要的。不幸的是，把太多的注意力集中在朝廷和高官身上，而

---

① 他们被公开地画成一只有五个部分的虎，五个人分别是虎头、虎牙、虎皮、虎脚、虎尾。何是非：《风倒梧桐记》［206］（顺治时期［1644—1661年］或康熙［1662—1722年］初期），见《荆驼逸史》（道光时期［1821—1850年］；上海1911年重印），2，第1页。

对省的管理注意得不够。

在早年的颠沛流离中,锦衣卫马吉翔和其他与内廷有关系的人,亲自负责皇帝的安全,从而权势日增。他们在肇庆时也是这样。这种情况是永历皇帝胆怯的性格造成的。他对明朝统治结构的无知,使他把太监和马吉翔当作挡箭牌。他在耿直的朝臣向他提出的要求面前退缩。此外,某些楚党的批评是虚伪的或空洞的,因为由于与军阀勾结以施加压力,由于提拔私人和收受贿赂,他们也变成了他们所悲叹的贪污腐化的一部分。

有一个问题特别说明这个时期统治与政策讨论的情形:张献忠义子孙可望由于宣布拥戴明朝,并听从朝廷要他把大军部署在云南的安排,要求封他为秦王。"现实主义者"主张迎合军阀的虚荣心甚至他们的领土野心,只要这些能增强朝廷的防卫;认为皇帝的封赐可以把潜在敌人化为有价值的盟友。

但是,以给事中金堡为首的明制度的限制原则和朝廷尊严的捍卫者,激烈反对这种做法。首先,正如金堡指出的,明朝"祖训"不允许对异姓封王。其次,朝廷因这件尴尬事情在百官心目中受到的威望上的损失,肯定超过从一个臭名昭彰的土匪头子的军事支持中可能得到的补偿。不论封王与否,朝廷都不可能实际控制孙可望。但如果朝廷的态度坚决,孙可望也许知难而止,会自愿效忠并且服从。[①] 金堡的奏疏博学雄辩,但也迂腐至极;它中止了对这个问题的公开辩论达一年之久,直到楚党失势。朝廷决定改封孙可望为景国公。

但有人在这件事情上采取越权行动。堵胤锡和陈邦傅出于不同的理由,主要是为了扩张自己的权势,各自伪造敕书,封孙可望为王。陈邦傅授他以他所贪图的秦王,堵胤锡授他以郡王的爵位。[②] 当孙可望接到这些互相矛盾的封号时,大为愤恨,派人去朝廷要求说明。于

① 金堡:《岭海焚余》[86](1645—1650 年;《台湾文献丛刊》,302,重印,台北,1972 年),第 51—54 页。

② 根据明朝成例,功臣封爵有公、侯、伯三等,不能封为王或郡王,只有公爵死后可以追赠为王。申时行编:《大明会典》[465](1587 年;台北影印,1964 年),6,第 1—2 页。

是舆论哗然,文章参劾,过了几个月,朝廷才决定批准堵胤锡的说法,但对这件事的处置失当,已经把与孙可望的关系引向灾难性的后果。

引人注目的是,在这件事上,对两种做法没有任何认真的批评,而这在四年前的弘光朝是会受到严厉谴责的。这就是广泛授予文武官员以便宜行事的权力,使一些人可以像土皇帝一样行事,对武将封官进爵不是出于奖励他的突出功劳,而是为了确保他的忠诚。只有像陈邦傅那样明目张胆的要求(赐封浔梧等地给他世守)才受到强烈反对。

在这里指出其他一些对官僚权力的侵占,也许是有用的。武将现在对各种政治问题向朝廷上疏或直接对话,几乎跟文官一样自由,而没有引起异议。皇室成员充任各种次要职务,有些被正式批准为军队领导,也许因为现在正规的官僚不再视他们为无能的闯入者而瞧不起,反之,他们相应的能力和忠诚与其他人相比,现在特别有价值。

我们还发现没有关于财政的讨论,偶尔的披露也限于州以下的。户部尚书的任命是走形式,他们极少行使职责。在永历朝廷和它下面的任何省份之间,没有正规的财政联系,也没有做任何事情来建立这种联系。没有集中的后勤管理,各个将领各自为政,有的尚诚实守法,但大多数横征暴敛。临时国都设在哪里,朝廷的物质生活就仰给予控制该地的军阀,没有一个朝臣把这当作问题。

1650年2月6日,肇庆得知明守军在听到清军靠近时,放弃了广东北方的屏障韶州。两天后,皇帝离开了肇庆,去广西东部的梧州。

朝廷的西逃

1649年,永历朝廷已经失去了对湖广和江西的控制。更早一些时候,在1648年10月,满族郑亲王济尔哈郎奉命消灭李自成残部中最大的一股李赤心部。[①] 但当他在1649年春在湖广南部开始进军时,发现推进他的军队并不难,难的是控制他已经通过的地方。而且,根

---

① 李赤心是李自成的侄子和养子,在与南明结盟之前用过两个名字:李过与李锦。

本找不到真正的李赤心，他已经离开湖广，去了广西。经过 1649 年夏季，济尔哈郎的军队控制了湖广最南部的所有主要城市，但他们对这片领土的控制很不牢靠。

不过，济尔哈郎实际上并未被授权入侵广东或广西，他也没准备这样做。江西清军也仅限于占领南昌，解救赣州和消灭该省义军的活动。李成栋的军队在赣州附近崩溃后，清军只是守住梅关，没有进入广东。此外，在北方，清廷正在镇压另一起反叛。1649 年 1 月 15 日，清军镇守山西大同的总兵姜瓖起兵反正，波及全省，包括靠近北京的一些地方。他最后被出卖，于 10 月 4 日被杀。

尽管如此，1649 年 6 月 28 日，北京的朝廷以隆重的形式命令三个藩王——都是投降满清的汉人——孔有德、耿仲明、尚可喜出师征服两广。中间发生了一些耽搁，原因是耿仲明受到揭发，他的部下在军中藏匿逃人，罪当死，他在江西自尽。他的儿子耿继茂代领其众，出征才按原定计划进行。1650 年 11 月，孔有德从长沙向南，致力于重新占领广西东北部，与此同时，耿继茂和尚可喜通过梅关进入广东北部。

这次进军，清军比以前审慎，集中在少数目标上。全州至桂林的通路仍有危险，在广东中西部，关键要地仍在永历军手中。1650 年 4 月间，孔有德在去全州的通路上巩固了自己的据点，但他直到秋天才向前推进。耿继茂和尚可喜则迅速前进，在 3 月向广州进攻。进攻失败后，他们在疟疾流行的夏天准备好进行一次艰难的围攻。

永历朝廷一到梧州，党争重新开始。皇帝以严厉惩治"五虎"中的四虎来发泄他的怒气和怨恨（袁彭年以策动李成栋反正有功得到赦免）。他们被锦衣卫逮捕并非刑拷打，金堡受刑尤酷，大腿折断。罪名是图谋不轨，其实都是捏造的。抗议的奏疏雪片般飞向朝廷，指出这不是惩治官吏的时候，一些朝廷所依靠的重臣向皇帝挑战，要求也惩治他们，因为他们与被关押的四人有联系。到仲夏，陈邦傅的一个军事上的对手把他的一部分军队开向梧州，支持那些想释放关在笼子里的"老虎"的人，迫害才告结束。金堡和丁时魁被谪戍贵州，刘湘客和蒙正发用钱赎罪，削籍为民。

同时，吴党有了取代楚党的机会，但未成功。虽然吴党的支持者重新入阁，许多吴党人士得到提升，但他们缺乏结成新的党派组织以进行统治所需要的才能和凝聚力。现在朝中没有为首的人，丧失了任何可称为目标或方向的东西，朝臣间的辩论降至极为琐屑的水平。湖广的军队自从何腾蛟死后便缺乏统领，朝廷就让他们各自为政。这样，当清军耐心地从北面和东面逼过来时，永历朝廷和军队统帅之间的事情都由于内部纷争和政治原因而更加恶化了。

一件有趣的事反映出此时内廷的焦虑，这便是王太后和司礼太监庞天寿请求罗马教皇英诺森十世在精神上（如果可能也在政治上）给予支援。庞天寿和瞿式耜曾接受耶稣教洗礼，也许是他们把德国耶稣会士安德烈亚斯·科夫勒介绍给皇室的。随后，科夫勒给两位太后、皇后和永历太子施行了洗礼，取了教名，并在葡萄牙殖民地澳门寻求对朝廷的军事援助。但是，尽管他同皇室关系密切，对永历在政治上却看不出有什么影响。

在朝廷新近的一次逃亡中，实际上不是科夫勒而是他的助手波兰耶稣会士米歇尔·博伊姆跟随朝廷从肇庆逃到梧州。接着，博伊姆同意把老太后和庞天寿的两封信（写信日期为 1650 年 11 月 1 日和 4 日）带往梵蒂冈。这些信真诚地请求教皇为他们的灵魂和明朝的中兴祈祷，请求派更多的天主教教士来中国。到 1658 年，当博伊姆终于带着教皇亚历山大七世的一封在精神上鼓励但政治上含糊的信回到东京湾时，老太后已经死去，而永历朝廷也已经被迫迁往西南他所不能到达的地方。[1]

1650 年秋末，清军突破明朝在广东和广西的防御。11 月 24 日，尚可喜终于攻克广州，他使这座城市（它顽强地坚持了八个半月）遭受一次可怕的大屠杀。孔有德利用明朝将领之间的一次普遍分裂和全

---

[1] 保罗·佩利奥特：《米歇尔·博伊姆》[420]，《通报》，第 2 辑，31，1—2（1935 年），第 95—151 页；弗里茨·耶格尔：《瞿式耜的晚年》[278]，《中国》，8，5—6（1933 年），第 197—207 页；桑原骘藏：《明朝庞天寿致书罗马教皇》[301]，见《史学杂志》，11，3（1900 年 3 月），第 338—349 页，和 11，5（1900 年 5 月），第 617—630 页。

州的一次兵变，在 11 月 27 日占领桂林。瞿式耜和一个忠心的助手一起被执，拒绝投降，遂于次年 1 月被杀。12 月 2 日，正当清军准备进入肇庆时，永历皇帝一行在仓皇逃往梧州的路上被抢劫，皇帝差一点被打算投降的明军所执。在西南 250 英里的南宁，重新组成一个缩小了许多的朝廷，进入它历史上的一个新阶段。

监国鲁王的海上政权，1646—1652 年

监国鲁王在海上漂泊的复杂情况，在时间和距离上可与永历朝廷在陆上的颠沛流离相比。但是，与永历皇帝和他的朝廷对照，监国鲁王，一个快 30 岁的人，始终如一地表示，为了他的支持者和明朝，愿意拿他自己和他的家庭去冒千难万险；他的政权，尽管从官员人数和版图上说都是最小的，却始终博得它的拥护者的最高度的忠诚。这一政权虽未受到思想或党派分歧的折磨，但也确实同样表现出削弱每一个南明政权的努力的互相倾轧。

明朝在失去沿海省份后重建据点

1646 年的夏天和秋天，虽有许多鲁王和隆武朝廷的官员逃进浙东和福建的山中，但幸存者中最重要的人物却奔向海滨，寻求各陆师和水师将领的援助。在浙江沿海，这些人中最强的是张名振和黄斌卿。在福建沿海，是溃散的郑芝龙部下的将领。不过，沿海地区还有其他武装力量——众多的海盗组织。实际上，许多明水师将领都是海盗出身，明朝在浙江和福建的政府垮台后，他们相互间常常为争夺好水手、基地和给养而争斗。不可否认，有些是忠于明朝的爱国志士；不过，支持朝廷的军阀之间的自相残杀，削弱了鲁王政权的抗清努力。

这时最重要的军阀是黄斌卿。1645 年，当隆武皇帝命他在杭州湾地区配合反攻行动时，他开始在浙江北部沿海的舟山岛上建立一个独立的基地。后来，他只在对他有利的前提下与其他明水师将领合作。不久，他就以更爱跟自己的同胞而不是跟清军打仗出了名，但由

于他的战略位置，这种态度被容忍了。

两件亲身经历的事似乎巩固了黄斌卿对基地的选择，即优先考虑海上基地而不是大陆基地。第一件事，1647 年春，清松江总兵吴胜兆准备反正，黄斌卿参加了从外面去支援的尝试。但是，支援的舰队被台风吹散，后来当它到达长江口时，被清军防守部队歼灭了不少人。吴胜兆军队中的爱国志士拒绝因此而放弃他们的计划，在 5 月 24 日企图举事，但没有成功。许多文武官员在这次事件后被处死。[①] 清当局于是决心制服湖"匪"、苏松军人中的叛逆和沿海的忠于鲁王分子这个煽动叛乱的渊薮。

第二件事，黄斌卿被说服带领一支水师去宁波，那里的爱国志士计划起义，把这个府从清的控制下夺过来。但密谋者被出卖，起义没有发生。接着又有许多人被捕和处死。[②] 在这两件事以后，黄斌卿再也不参与对大陆的进攻。他甚至更不愿意让监国鲁王在舟山建立朝廷。

郑芝龙不能说服他家族中最重要的战斗成员跟他一起降清。在他被带往北京后一个时期内，郑家在安平（靠近厦门）的老家没有受到清军的袭击。这种大度当然是清廷策略的一部分。但是，清廷以为只要郑芝龙活着并对他们有好感，他们就可以不用一兵一卒而得到郑家其他人的支持。因此，郑氏得以保持对福建南部沿海地区的控制，并在厦门和金门岛上建立基地。接替郑芝龙的主要人选是他的弟弟郑鸿逵、他的族人郑彩和他 22 岁的儿子郑成功。[③] 郑成功象征性地奉隆武正朔，并在时机到来时改用永历年号；他从不承认鲁王的监国地位。由于几乎没有自己的军队，他开始积蓄进攻泉州和漳州所必需的经验和他所需要的人员。

---

① 后来同情爱国志士的记载，指认只有十几岁的热情的抗清者夏完淳为文官密谋者中的主要人物。见查继佐：《东山国语》[16]，沈起增订（1669—1676 年间；重印，《台湾文献丛刊》，163，台北，1963 年），第 101—103 页。
② 高宇泰：《雪交亭正气录》[283]（1655 年；重印，《台湾文献丛刊》，163，台北，1963 年），第 101—103 页。
③ 见本章的《两个朝廷的并存》。

在拒绝承认监国鲁王上，郑成功是个别的。重新集合在鲁王旗帜下的人，大约有一半属于从前的隆武朝廷，他们差不多全是从浙江、福建乘船来的，此外，南直隶来的约占一半。现在在东南沿海形成的明朝抗清力量的党派之分，不是先前鲁王派与隆武派对抗的继续，而是监国鲁王的新政权与变化中的郑氏集团之间的党派之分，后者最后被郑成功控制。

郑彩比较矛盾。他似乎希望有机会仿效早先郑芝龙充当隆武皇帝的保护者的角色，成为监国鲁王的下一个主宰者和供养者。1646 年12 月，他驶船到舟山地区，把鲁王接回厦门。郑彩与郑成功的对立，使后者更有理由不理监国鲁王，但郑成功由于还无力对郑彩采取敌对行动，遂不作任何要把鲁王从郑氏基地赶走的尝试。

福建阶段

1647 年从春到秋，支持鲁王的军队进攻漳州府（在福建最南边）和福州府的清阵地，包括省治在内。进行这些进攻的，是郑彩与其他早先曾在鲁王和隆武政权下任职的水师将领。到 9 月初，为了更直接地鼓励对福州的进攻，监国鲁王已从厦门岛北移至长垣岛。[①] 从这时起到鲁王政权实际结束止，鲁王军队活动在从福州向东北到浙江一带，郑成功的军队活动在从泉州向西南到广东一带。这种划分不是正式商定的，而是情况使然。

11 月，监国鲁王开始在长垣岛重建一个正式朝廷，任命了许多大臣，他们中有的来自前绍兴朝廷，有的来自前福州朝廷。两个阵营的官员在一起工作得很融洽，当收复了福建东北部的几个地区时，精神都很振奋。福建山地的义军对鲁王在沿海的进攻作出的反应也是令人鼓舞的。1647 年的秋冬两季，福建中部山区到处都有明藩王和当地义军领导的暴动。第一次这样的暴动甚至威胁到清军对他们的山区重镇浦城的控制。不久，福建中北部的几乎每一个地区都起来反抗。

---

① 长垣是福州沿海一群岛屿的合称，其中最大的即今马祖岛。见盛成《沈光文与明思宗及南渡诸王》[469]，《学术季刊》，4，3（1956 年 3 月），第 51—52 页。

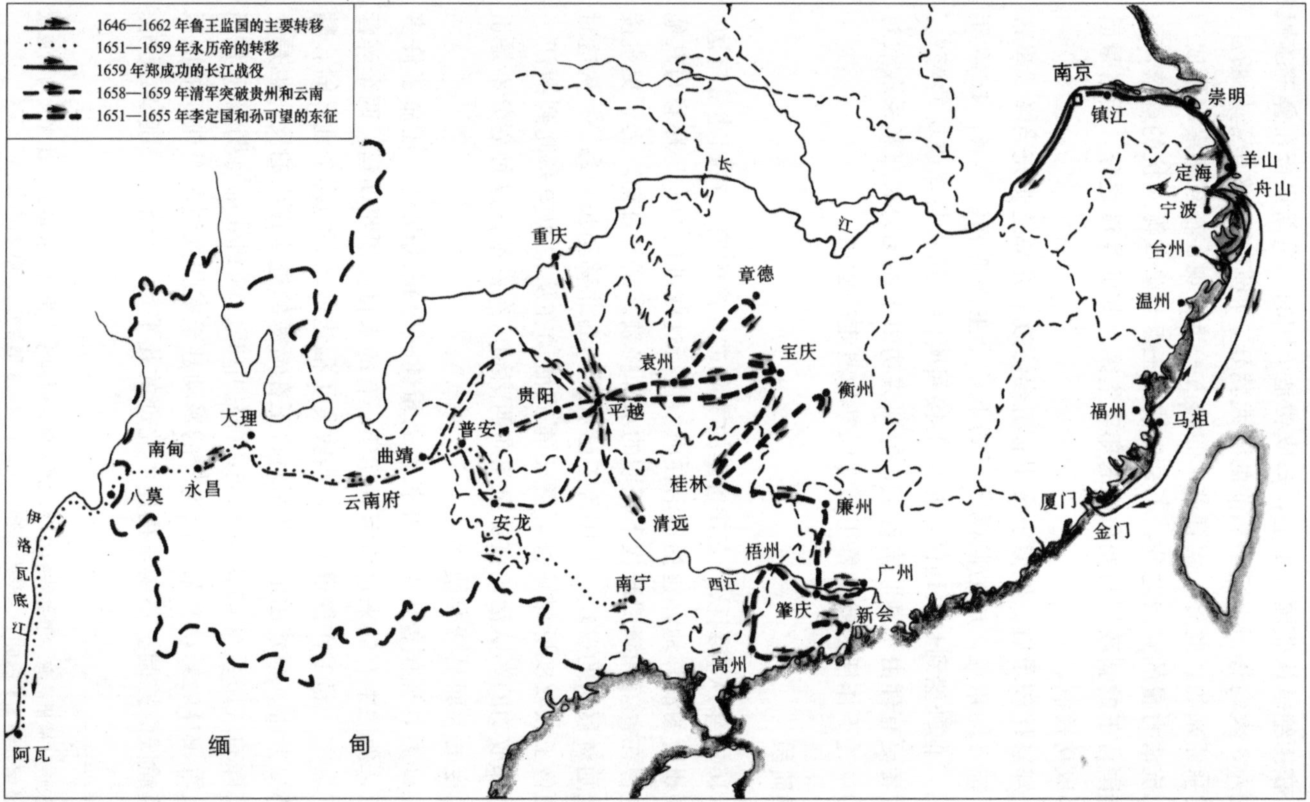

崇明
羊山
舟山
镇江
定海
宁波
台州
温州
马祖
南京
福州
金门
厦门

衢州
宝庆
常德
柳州
广州
新会
袁州
桂林
肇庆
梧州
西江
清远
南宁
高州

长江

重庆

平越
贵阳
安龙
普安
曲靖
云南府

缅

甸

大理
永昌
南甸
芒市
八莫

伊洛瓦底江

阿瓦

地图 30 南明的灭亡

尽管清军设法保住或夺回一些要害地点,但对这个地区的征剿一直持续到 1651 年。

这次在福建对清军的挑战,并非一切都始终顺利。最带来损害的,是郑彩与监国鲁王的某些其他支持者之间产生了不和。郑彩是个军人,他想把持朝政的企图看来引起对他极大的不满。但除去这个问题,鲁王政权也缺乏足够的人力与内地的义军联合行动。再有,在这里如同在别处一样,清军更擅长陆战,在战术上比明军有更大的灵活性。

到 1648 年春,清军重新占领了几乎全部鲁王军队在福州府的据点。一年后,福建东北部已经收复的地方重又丧失。这时候,郑彩失去了支持鲁王政权的兴趣,回到厦门,希望与郑成功和解。监国鲁王留在海滨,直到张名振再一次救了他。1649 年 7 月,张名振收复了海岸要塞健跳所,监国鲁王得以在那里重建他的朝廷。

浙江阶段

鲁王朝廷从健跳所很容易与浙东南山区的各武装组织取得联系,他们是从 1646 年清军侵入周围地区后就在那里坚持战斗的。他们包括爱国志士和投机的地方豪绅。此外,与福建东北部毗连的温州府的各支义军也得到鲁王朝廷的鼓励和帮助。监国鲁王现在有两个机会在浙江建立一个陆上基地,但都没抓住。一方面是因为清军能够坚持住。另一方面是因为鲁王政权缺少人力;而且,在新的执掌兵权者张名振和他的政治上的批评者之间,有相当大的摩擦。

在四明山依山结寨抵抗清军的人中,最强大与最得人心的是王翊,他是个倔强的战士,出身低微。他在 1648 年春被清军打败后,重新拉起队伍,当鲁王朝廷到达健跳所时,他正处在他的力量的顶峰。但是,尽管他坚决反清,却不愿对张名振丧失他的独立。在鲁王朝廷与各山寨之间没有达成协议。

到 1649 年秋,健跳所的供应严重短缺,事情很明显,监国鲁王的朝廷必须放弃它在大陆上的立足点。张名振和他的部下这时与心怀不平的将领密谋除掉黄斌卿,把舟山岛作为监国鲁王朝廷较安全的驻地。黄斌卿失败后,于 10 月 29 日在舟山自尽,鲁王朝廷于 11 月移至岛上。1649 年以后，鲁王政权处于孤立状态，并采取守势；它最关心的是生存下去。

清廷的战略是建立一支胜任的水师，与此同时镇压钱塘江东西两岸山中的明义军。除此之外，继续封锁与舟山的贸易，欢迎明军中的逃兵来归。1650 年 10 月，清军对四明山中的抵抗者发动一次有计划的进攻，有效地摧毁了王翊的组织。1651 年 3 月，由于琐屑的然而激烈的争吵，一个被暗杀的明将领的某些部下逃到清方，向敌人报告了舟山的情况。这样，到 1651 年秋，清军怀着相当的信心准备进攻这个岛屿。

从 10 月 4 日到 15 日，清军成功地完成了一次精心策划的夺取舟山的战役。这次战斗的主要冲击力量，是来自定海的一支清军，它在舟山海道上摧毁了明军的一支主要舰队。监国鲁王可能事先得到警告，同张名振离开舟山城，留在一艘船上。10 月 15 日，在坚守了 10 天之后，城墙终于被大炮攻破。鲁王的大多数亲属和朝臣壮烈牺牲，其中许多人自尽。

随后，张名振带着监国鲁王沿海岸南行。1652 年初，他们和朝中的少数幸存者在厦门被郑成功收留。这时郑成功或者已经消灭他在郑氏集团中的对手，或者已经将他们置于控制之下。此外，张名振现在力量很弱，不能不听从郑成功的统率。郑成功与两广的永历朝廷保持象征性的联系，接受永历的封爵，[①] 并对永历的求援作出了反应，尽管不成功。鉴于这些情况，郑成功很可能是以藩王之礼对待鲁王，而不承认他的监国地位。总之，监国鲁王在厦门岛定居下来，于 1653 年放弃监国地位。[②]

---

① 朱希祖：《郑延平王受明官爵考》[96]，《国立北平大学国学季刊》，3，1（1932 年 3 月），第 94—97 页。

② 没有任何原始资料令人满意地记载了监国鲁王的到达日期，或他在厦门被接待的情况。关于第二手研究，见庄金德《明监国鲁王以海纪事年表》[113]，载《台湾文献》，2，1（1951 年 3 月），第 30—31 页，和第 234—235 页、242 页的注释，以及张菼《郑成功纪事编年》[39]（台北，1965 年），第 46 页注释。

从日本求援

　　以水师支援监国鲁王的人，就是那些在晚明时期在中国和日本之间从事大规模非法贸易的人。郑氏集团不过是这种海盗贸易者中组织得最好的。郑成功在日本出生，他的母亲是日本人。像郑成功这样的人，长期以来就跟受益于中国贸易的日本地方贵族和官员关系密切。尽管明廷在一世纪前就禁止这种贸易，并在 16 世纪 90 年代断绝了与日本的外交关系，但日本人仍然坚持与中国贸易。甚至在 17 世纪 30 年代，为了消灭在日本的基督教和缩减并控制进入日本的欧洲贸易船只而实行一项排外政策时，这种情况仍然不变。此外，以建立德川幕府告终的 1600—1615 年之间的战争，使日本武士得到了勇猛的名声。因此，南明的海上支持者不断去日本招募兵士，取得武器和战争物资，是并不奇怪的。[①]

　　首先向日本请兵的是郑芝龙，1645 年 12 月，他的代表出现在日本指定的外事港口长崎。两个月后，隆武政权的一个将领来求兵和盔甲。对第一位使者的答复没有记载；对第二位使者的要求则根据明朝和日本都禁止出口武器的条文予以拒绝。隆武朝廷的下一个使者似乎对江户幕府感到兴趣。1646 年 10 月，黄徵明既作为郑芝龙个人的代表又作为朝廷的密使，想要获得一些日本最好的军队。这一次幕府的回答暂时是否定的，因为日本领导人显然正在考虑某种军事行动，需要知道更多的关于中国的情况。但是，在把回答传达给黄徵明之前，福建沦陷和郑芝龙降清的消息传到江户。所有进行军事援助的想法都被放弃了。接下来是 1647 年春由监国鲁王的追随者担任的正式使命，但这次被日本人用站不住的借口拒绝了。

　　于是企图绕过幕府，直接求助于有势力的岛津氏族，他们从萨摩岛上的领地与中国进行贸易，关系密切，对明朝抱同情态度。1647 年夏，黄斌卿允许他的弟弟陪伴热情的沿海抗清战士冯京第去萨摩

[①] 石源道博：《明末清初日本乞师之研究》[276]（东京，1945 年），第 1—187 页；林春斋编：《华夷变态》[199]（东京，1958—1959 年），I，1，第 11—45 页。

岛，也许是希望重提先前未达成的关于获得人员、粮食和武器的协议。据说岛津氏族的确送了大量明初的货币去舟山，但不是军事援助。

尽管接连失败，明朝爱国志士仍然希望通过贸易和文化渊源关系从日本得到某种形式的援助。郑氏尤其坚持谋求以中国药材、丝、白银和其他货物换取日本的武器和给养（特别是制造黑色火药的硝石）。在舟山时，鲁王政权曾企图赠送珍贵的佛物给长崎的一座庙宇以博得好感。虽然这个使者未被接见，但据说后来日本人为解救舟山的饥馑，送去大量谷物。而郑成功，通过恭维和通过透露他的日本血统，可能得到了一些大炮和武器。

虽然我们很少知道日本人对这些请求的具体答复，但看来他们大体上出于三个理由，不愿给明朝的爱国志士以直接军事援助：忙于国内问题；新近实行的排外政策（它除了排斥欧洲人外，也禁止日本人出国）；对南明的能力估计不高。渡过公海进入中国的军事冒险，可能严重破坏新的德川政府达到的脆弱均势。此外，这样的行动将增加在滨海地带与好战的欧洲人发生冲突的可能性；许多人还记得由于水师弱小，在1592—1598年的朝鲜战争中日本遭受的失败。但是，最明显的是日本文献中触目的对比：一方面是对明朝力量和爱国志士的希望的夸大描述，一方面是通过长崎、朝鲜和琉球感觉到明朝的不团结和爱国志士的虚弱。日本人丝毫也不同情清，也不把满族人征服中国看成必然。但他们确实看到了中国的混乱，可以理解，他们不愿卷进这样一种不确定的局势中。

西南和东南，1652—1662年

1652—1662年间，对明朝有组织的支持主要局限于帝国的南部边陲。清廷把镇压看作令人讨厌的杂务，但又是财政与政治稳定所必需的。

地处内陆、发展不充分的西南——贵州和云南——与广东、福建和浙江沿海青翠的东南海岛情况十分悬殊。在17世纪50年代，明朝的文职官僚机构在这两个地区都被军事组织所盖过，这些军事组织原来是在明朝控制之外发展起来的。由于新的领导人员来自造反者和海盗，帝国政府就逐渐失去了它一贯的基础。"明"愈来愈表示一种抵抗外国入侵与征服的无畏意志。

张献忠的遗产

从 1644 年夏天起，西南三省四川、贵州和云南发生了一系列次要的戏剧性事件，影响到永历朝廷最后 10 年的进程。主要起义领袖之一的张献忠，在崇祯时期没有被李自成消灭或吞并，1643 年在湖广中部第一个称王。1644 年，他率部入川，建立大西国，定都成都。他从这里控制了四川广大地区中最发达的部分①，继续进行了两年的恐怖统治，使人口和资源锐减。②

尽管四川与外界相对来说是隔绝的，但张献忠并不安全。他未能完全消灭明朝的将领，他们幸存下来，并在西部和南部重整旗鼓。在北面，他起初受到他的老对手李自成的威胁，然后是清军的威胁。1646 年底，在四川作为一个基地已被消耗殆尽后，张献忠开始向陕西进发，企图与清争夺西安。但当他在四川北部一个地点扎营时，于1647 年 1 月 2 日被一支清军所杀。

张献忠死后一个月，他的四个部下，其中最重要的是孙可望和李定国，③ 试图收拾和带领残部去比较安全的贵州。他们攻克重庆，接收了大部分防军，重新壮大了力量，1647 年初春，他们继续南行，通过遵义，占领贵阳。一路上很少遇到明朝文武官员的抵抗。但军队没有在贵州停留多久，因为张献忠的继承人共推的领袖孙可望不久就被一种非常情况吸引到云南去了。

有明一代，云南的治理很特殊。像西南其他省份一样，云南采用

---

① 明时四川包括今贵州北部的三分之一、今云南东北角和近代西康东部三分之一。

② 詹姆斯·B. 帕森斯：《一次中国农民起义的顶点：张献忠在四川，1644—1646 年》[417]，载《亚洲研究杂志》，16，3（1957 年 5 月），第 387—400 页。

③ 郭影秋：《李定国纪年》[300]（上海，1960 年）。他们都是张献忠的义子，并赐姓称王。

通常的省、府和州县的民政机构与世袭的土司（非汉族居民的地方政府）和宣威司（通常是在土著居民地区）相结合的治理办法。[①] 与这两种体制相平行的，是沐家的军事体制（和广大的庄园），沐家是明太祖义子沐英的后代，沐英封于云南。实际上是沐氏家族使云南成为明朝的一个省，并使其成为汉族文明的一个组成部分。这个家族的声望一直很高，它的权势是没有争议的，历代黔国公是明朝唯一持续掌握实际领土权力的勋臣。

但在崇祯朝，有两种情况削弱了沐家的控制。第一，现袭黔国公沐天波让事权落入一个腐败的下属之手，此人的傲慢态度既得罪了沐天波的汉族僚属，也惹恼了当地土司。第二，沐天波的某些僚属以及土司由于在外镇压湖广的汉族起义者和贵州的土著叛乱，逐渐滋长了野心。这些情况终于导致云南东南部土司沙定洲的叛乱，他于1646年1月攻占云南府（今昆明），企图取代沐天波为世袭的都督。沙定洲篡夺沐天波的职务，打败或合并了他的大部分军队，胁迫明朝的民政官员服从。但他不能消灭在云南西北部坚持不走的沐天波。这个僵局由于一个本地的将军邀请孙可望进入云南而被打破，孙可望则由于平定沙定洲叛乱而摆出不可一世的样子。

现在回到张献忠残部的首领的问题。1647年春，造反军借口为沐家复仇和恢复明朝的统治入侵云南。他们突破沙定洲的东部防线，将他赶出云南府，赶回他的老巢。整个夏季，李定国跟沙定洲的支持者作战，并镇压了云南东南部人民对造反者入侵的反抗，同时孙可望倾全力击败并俘虏了沐天波。沐天波怀疑孙可望自称的忠于明朝，但同意合作，条件是停止暴行和平定沙定洲。这一点由李定国在1648年秋完成了。

这时孙李之间出现不和。先前，李定国接受孙可望为领袖，因为孙是张献忠四个继承人中年龄较长的，可是他不喜欢孙可望，因为后者想抬高自己的权位，充当第二个张献忠。在孙可望这方面，则嫉妒李定国的将才和他在兵士中的声望。孙可望向永

---

① 余贻泽：《中国土司制度》[621]（重庆，1944年），第2章。

历朝廷要求秦王的封号，① 它将正式肯定他高于他的"兄弟伙"。这意味着他继承张献忠的遗产，并为他将来挟天子以令诸侯，甚至当皇帝铺平道路。当永历朝廷迟迟不给他封号，使他的计划受挫时，他就非常愤怒。

不过，造反者中间的一次公开分裂暂时被避免了。需要安定云南，重新占据贵州，进攻四川和湖广南部以阻止清军的推进。1650年9月，孙可望派他的军队回到贵州，从那里向北向东进攻。尽管在四川的战役相当成功，但孙可望的人不能得到在四川和湖广交界地区的李自成残部的合作。② 四川省仍处于无政府状态。③

1652年，李定国在湖广南部和广西东部发动了几次战役，他在这些战役中很好地发挥了晚明流寇的长处。这就是依靠行动迅速的大部队的突然袭击，使用地区性的资源，如这一次，使用了战象和土著战士。他们的短处是依赖个别领导人，不愿或不能坚守领土。李定国的战役包括对桂林的一次突然袭击。清军统帅孔有德没有料到造反者的这次突然进攻，他在李军于8月7日蜂拥进入这座城市时自尽。结果，清军在广西占领的所有地点尽归明朝版图，只有梧州还留在清军手里。此外，李定国占据衡州（今衡阳）时，他的军队伏击并杀死了北京派来救援的敬谨亲王尼堪。尽管有这些和其他一些快速的成功，李定国仍不能守住他所占领的城市。1653年初，当代替尼堪的人到达后，李定国被迫撤到广东北部。

李定国得胜的报告，使孙可望又喜又忧，他这时已在贵阳设立第二个行政中心，并侵入湖广南部的宝庆地区。这些行动，可以被李定国看成是对他的支援，也可以看成是对他的威胁。事实上，据说孙可望曾几次派人去拆李定国的台。总之，李定国留在两广，可能是因为他不能再忍受孙可望的节制。他避免公开破

---

① 见本章的《还都肇庆后的永历朝廷》。

② 赵俪生、高昭一编：《"夔东十三家"考》[47]，见《中国农民战争史论文集》（上海，1955年），第154—162页。

③ 黎光明：《明末清初之四川》[323]，《东方杂志》，31，1（1934年1月），第171—181页。

裂，也许是看在他从前与孙可望的亲密关系上，也许出于对孙可望的军事力量实际上的畏惧。

1653—1654 年，李定国两次出征广东西部。第一次，他进攻肇庆，威胁到广州。但他很快从这个试探性的袭击中撤退，去广西作某些休整，路上想重占桂林未成。第二年春，李定国开始一次更加深思熟虑的推进，经过广西南部和广东进入雷州半岛腹地，他在那里逗留了几个月，等到病愈。入秋，他继续推进到新会，这是他计划取广州的关键地点。由于在三角洲地区缺乏船只，李定国两次请求郑成功从福建给他的广东之役以支援，但由于各种原因，没有及时得到这种帮助。① 1655 年 1 月，李定国军队受到清援军的沉重打击，遭到严重损失，被逼入广西南部。当李定国的军队在南宁重新聚合时，只剩下几千人。

与此同时，孙可望在湖广西部的战役遇到同样的结果。1652—1653 年之间的冬天，他从沅州发动一次两路进攻。但在宝庆附近为清统帅屯齐所败，随即回到贵阳。1655 年春，孙可望的一支军队再次深入湖广中部。但这时总督洪承畴已掌管湖广事务，他止住了孙军的进一步侵入。战争行动暂时停止。清廷集中注意力加强他们对湖广、四川北部和两广的全面控制，此时永历朝廷仅有的支持者——张献忠从前的一些部下却卷入了自相残杀的斗争。

孙可望和李定国控制下的永历朝廷

当孙可望巩固他在云南和贵州的收获时，永历皇帝一行已于 1650 年 12 月到达南宁。第二年春，孙可望派人率兵"入卫"，并建议皇帝去云南。这些人随即杀掉反对封孙可望为秦王的大学士严起恒等人。完全慑于恐吓，皇帝正式封孙可望为王，赐国姓和一个新的名字。

与此同时，清军在广西取得进展，1651 年 10 月，永历朝廷被迫逃离南宁，这次走了一条经过广西西南极边的困难路线。第二年 3

---

① 见下《郑成功的崛起》。

月，孙可望派人护送皇帝一行到贵州西南的安隆，此地是万山丛中一个荒僻的戍所。于是，朝廷在非常简陋的条件下被隔绝在这里达四年之久，而孙可望则以王者的派头开府贵阳，设立六部，任命高官，并按他自己对于经书的解释开科取士，据说还阴谋废黜永历皇帝，建立他自己的"后明"。

李定国取得胜利和他疏远孙可望的消息传到朝廷后，皇帝两次密敕李定国救援。许封李定国为一等亲王，条件是让朝廷脱离孙可望的控制。但孙可望发现了这个密谋。1654 年春，他派他的亲信入朝查问，企图找出每一个参与策划与李定国联系的人。永历皇帝禀性难移，不愿承认他自己的责任，而让"安隆十八先生"[①] 被判处死刑。

在这个期间，李定国把全副精神放在湖广和广东战役上，不能照朝廷的要求去做。尽管他对永历皇帝和明朝的中兴事业忠心耿耿，但直到他在两广的战役中完全失败后，才把注意力转向安隆。到这时，李定国的运气虽然不好，他在孙可望的同僚和部下将领中的声望却增加了。部分原因是李定国待人诚恳，部分原因则是他们也厌恶孙可望的帝王派头和他对永历朝廷的无礼。因而，当李定国 1655 年秋从广西西部撤退，前往安隆时，他得到孙可望派去阻止他这一行动的某些人的暗中合作。

1656 年 2 月，李定国到达朝廷，几天后护送永历帝一行离开了安隆。随后，他在云南府显示了一次力量，吓得那里的将领们承认了他的权威。3 月下旬，永历皇帝被送到云南府，现在称为云南都城。为了努力显得像个政府，皇帝开始封官晋爵，对象大多是李定国的部下和伙伴。

这之后，无论是孙可望还是李定国都感到在自己的领土上不够安全，都行动起来反对对方。双方都发生了倒戈、变节和阴谋反叛的事。李定国几次想与孙可望和解，但他讲和的表示都被拒绝了。1657年夏末，孙可望被人说服发动一次对李定国的惩罚性战争，却不知道

---

① 朱希祖：《永历大狱十八先生史料评》[101]，《国学季刊》，2，2（1929 年 12 月），第 237—259 页。

劝他这样做的人是同他的对手商量好的。9月下旬，孙可望的军队越过贵州西部，10月，他的军队在云南东部与李定国军相遇，两军于是交战。孙可望的主要将领这时按事先商量好的计策，倒过来反对他，孙可望的图谋全部化为泡影。他退回贵州，军队受到很大损失，自尊心也大受伤害。

又羞又恼的孙可望前往湖广，于1657年12月向宝庆的清当局投降，以发泄他对背叛者的仇恨。他强烈要求满族人给他一个"雪耻"的机会，让他带领清军出征四川、贵州和云南。清军统帅对他不大信任，没有给他这样的任命，但他们确实待他不错。

朝廷逃入缅甸

1658年，在孙可望投降后一个月，清军分三路出兵，吴三桂从四川西北，洛託从湖广西南，卓布泰从广西东北进入贵州。1658年6月下旬，三支军队在贵阳会合。随后，他们与洪承畴共商下一步行动。

在云南，永历朝廷调集军队抵御贵州的清军，但行动缓慢。到8月，才在贵州西南部选定三个防御阵地防守各渡口。但这些防御工事顶不住清军的协力攻击。从12月底至1659年1月，清军沿三条路线推进：吴三桂经七星关向北；铎尼（他的军队刚换下洛託的军队）从北盘江上游渡河；卓布泰从北盘江下游渡河。李定国在中央阵地死命阻挡卓布泰的推进，但受到沉重打击，匆忙回云南府安排将朝廷迁移到较安全的地点。

这时可以考虑迁移到四川东部或广西南部，但朝廷除了继续向西撤退外，实际上别无选择。少数人希望考虑逃过中国的西南边界；朝廷仍希望保持对大理以西领土的控制。1659年1月7日，当清军进入云南，皇帝一行离开了云南府。护送他们的是沐天波，他在一路上遇到的土著官员中仍有影响。同时，李定国和他最好的将领们准备拖住清军的推进。

2月2日，吴三桂和卓布泰从昆明湖地区向西追击，摧毁所有的抵抗。3月10日，清军进入永昌，这时，一再遭到自己的护送军队抢劫的狼狈不堪的永历朝廷到达了中缅边界中国一侧的腾越。然后，李定国在怒江西边磨盘山中的羊肠小道上停下来，对清军进行最后一次顽强的抵抗。在那里，清军险些中了精心布置的埋伏，接着发生一场激烈的战斗，双方都伤亡惨重。李定国和他的残部设法南逃至边界地区。饱受兵变折磨的永历皇帝一行，在 3 月下旬通过一处边关进入缅甸领土，[①] 从腾越出发时有 4000 人，这时只剩下三分之一。磨盘山伏击削弱了清军并打击了他们的士气，他们的追踪，过腾越不远即止，没有穷追。

当李定国和他的伙伴白文选分别在缅甸东北地区恢复元气时，清廷在云南府周围和其他地点派兵驻守。在总督洪承畴的指引下，清廷暂时集中注意恢复农业，学习驾驭土著领袖，并向缅甸人施加外交压力。他们希望失败、饥饿和疟疾将最终毁灭李定国剩下的军队。

永历皇帝在缅甸的困境

在边界的缅甸一边，几乎已被所有的兵士抛弃的永历帝一行，在继续前进之前，被迫放下武器。几天后，皇帝和 646 个随行人员在大金沙江（伊洛瓦底江）岸的蛮莫上船。其余的人陆行，相约与皇帝一行会于缅京阿瓦。但皇帝一行在井梗被暂时扣留。陆行者也许被误认为入侵者，于 5 月初在阿瓦地区被杀，只有几十人逃进了荒野。1659年 6 月，永历皇帝一行到达阿瓦，被安置在京城对岸一处简陋的营地。皇帝一行长时间受到缅甸政府的冷遇。虽是粗茶淡饭，但还过得去，皇帝的随行人员努力适应主人的愿望和缅甸的风俗。

明代中国所称的缅甸，仅指这个地区的几个"蛮夷"国家和部落联盟之一。在洪武和永乐两朝，通过设置"宣慰使司"（指定宣慰使但不指定僚属）令其朝贡和配合军事行动，对这些政治实体建立了名

---

① 1659 年阴历头三个月的日期，不仅由于原始资料的错误，而且由于永历历与现在的清历之间的歧异而变得复杂。由于闰月的插入不同，清历与南明的各种历在这里涉及的下列各年不一致：1648 年，1650—1651 年，1653 年，1659 年和 1662 年。见黄典权《南明大统历》[257]（台南，1962 年），和傅以礼：《残明大统历》[180]，载《二十五史补编》，6（上海，1937 年），第 8841—8845 页。

义上的宗主权。缅甸各部人民之间的关系一直不好。有一个时期缅甸不复存在，到 16 世纪中叶才再度出现。万历时期，缅甸向北扩张的战争侵入了云南。特别是在 16 世纪的最后 10 年，缅甸和云南当局经常发生战斗，争夺边界上的小州县。17 世纪初，缅甸再次承认中国的宗主权；但关系紧张，在万历朝结束后没有来往。实际上，这时上缅甸各部屈服于缅甸，并开始接受阿瓦的缅甸政府的行政管理。①

现在的缅王他格利远比他具有革新精神的前辈软弱，出于人道考虑，允许永历皇帝避难，但他拿退入缅甸的中国军队没有办法。这主要是李定国和白文选的队伍，他们不仅在缅甸东北部造成很大的破坏，而且以煽动边境的部族叛乱相威胁。事实上，从 1660 年春开始，这些军队几次进逼阿瓦，要求迎归永历皇帝。这使缅甸人感到恼火，因为即使交出皇帝，也不能保证他及其难以驾驭的支持者愿意或者能够离开缅甸；而他格利控制下的阿瓦，没有能力将他们赶出去。遵照主人的要求，永历朝廷的一些人以皇帝的名义敕令入侵者离开，但两位中国将军干脆予以拒绝。

随着对缅京军事入侵可能性的增加，缅甸人对永历帝一行就不怎么客气了。到 1660 年中秋，朝廷处于极度匮乏的境地。所有值钱的东西都用来换了食物。1661 年 6 月，缅王弟猛白弑兄自立，情况就变得更坏。猛白比其兄有魄力，准备同中国入侵者开战。② 不久，永历的全体官员被邀请参加向新王效忠的典礼，并安排这个朝廷的最后解散。这件事变成了一次大屠杀，所有健壮的人均被杀害，其余许多人自尽。患严重气喘病的皇帝现在只有少数亲属和随从陪伴，虽然活着，但处境极坏。所有这些不仅是新的缅王表示决心而已，而且可能是在执行清廷的要求。

1659 年 12 月，北京命吴三桂总管云南事务。他建议采取坚决步

---

① 张诚孙：《中英滇缅疆界问题》［28］（北京，1937 年），第 19—23 页；维克托·B.利伯曼：《缅甸洞吾的地方改革》［342］，《东方和非洲研究学院学报》，43，3（1980年），第 548—549 页。

② 蒙亭昂：《缅甸史》（纽约，1967 年），第 149—150 页。

骤立即根除永历朝廷及其支持者，因为他们一直在煽动云南人抗清。
北京的朝廷纯粹出于财政上的原因，迟迟不批准这个行动。1660 年
的大部分时间都在考虑财政和后勤问题，直到 9 月才最后批准出征缅
甸。

从 1661 年 12 月下旬至第二年 1 月，吴三桂和内大臣爱星阿经木
邦入缅甸。他们击败了李定国最强的伙伴，迫使李定国向东撤退。1
月 20 日，清军到达阿瓦东南约 20 英里的地方，几天后永历皇帝被交
给吴三桂手下的人。不久，皇帝开始了三个月的跋涉，回到云南府。
1662 年 5 月下旬，他和他的十几岁的儿子被秘密处死，也许是因为
他们的出现引起了安全问题。① 李定国甚至被认为不值得追赶，大约
在 8 月，在云南和今老挝边界附近的某个地方，他在绝望中死去。②
大约就在这个时候，吴三桂被满洲人封为亲王。

郑成功的崛起

在中国和日本，郑成功是一个使历史家、剧作家和说书人着迷的
传奇人物。③ 他的名气来自几个因素，包括政治事件、生意才干和个
人魅力。

第一，郑成功仿效他的父亲，建立了一个强大的海上组织。尽管
有官方的禁令与阻挠，中国沿海与东亚和东南亚各货物集散地之间的
贸易额，到 16 世纪末一直在增长。这种增长受到西班牙、葡萄牙和
荷兰具侵略性的贸易和航运的影响。中国东南沿海的许多居民，直接
或间接依靠海外贸易和国内的沿海贸易为生。这些人似乎愿意服从任
何种类有组织的控制，只要它能保护他们不受到太大的干扰。明朝政

---

① 关于这次处死，官方资料没有记载。5 月 19 日和 25 日的日期，分别来自杨德泽的《杨
  监笔记》[610]（康熙时期 [1662—1722 年]；重印，上虞，1916 年），第 28 页，和邓
  凯的《也是录》[508]（晚明时期 [1368—1644 年]；上海重印，1896 和 1936 年），第
  351 页。
② 郭影秋：《李定国纪年》[300]，第 27—30、186 页。
③ 拉尔夫·C. 克罗采：《国姓爷与中国民族主义：历史，神话与英雄》[130]（坎布里
  奇，1977 年）；唐纳德·基恩：《国姓爷的战事：近松的木偶戏，其背景与影响》[284]
  （伦敦，1951 年）。

府留下的这个空白，就由像郑芝龙这样的人及其族人所填补了。

郑成功利用海上贸易的收益，加上他在商业上的一大部分人力、制造技术和商船的总吨数抗衡清廷。但是，一个人能在什么程度上领导松散的海事集团进行战争，是有限度的。事实上，这个时期有许多中国人逃避郑成功的勒索和军事化，而移居台湾、暹罗、吕宋甚至南美洲西海岸。

郑成功崛起的第二个因素，是他抓住了清廷在心理上和地理上的弱点。满族人以其骑战传统为最大骄傲，在陆上他们是杰出的。虽然他们很快适应了江河与湖泊上的战斗，但对于大海他们感到困惑和害怕。在陆上和内河战无不胜，使他们有能力完全征服中国（除去东南沿海一带），俘获明宗室的最后一个代表，并"剿灭"被指责毁灭了明朝的造反军。因此，满族人在一帮对海事同样无知的中国官员的劝告下，最后才选择消灭郑成功一途，是可以理解的。

即使清廷迅速克服了它对沿海地区的厌恶，财政上也受到阻碍。浙江东南部、福建和广东最东部的难以进入和有限的农业资源，使得运送军队到那里去和维持大量驻军费用太大。如果采取驻防的办法，那么就需要极大数目的兵士驻守海岸线上的每一座城市中心以对付"海盗"的进攻。实际上，与海上的造反者打交道，将需要一大笔投资——亦即建立一支水师。所以并不奇怪，清廷最初企图跟郑成功谈判，并且选择了依靠陆地（把居民迁往内地）的战略，[①]直到17世纪60年代他们才终于能够把注意力集中到海上的战场上来。在这样做时，清廷的目标不仅要夺取郑成功军队的一切陆上基地；更重要的是，他们想釜底抽薪，断绝一切日常供应：从居民得到产品和服务——粮食、食品、木材和造船技术。[②]

郑成功崛起的第三个因素，是他的自觉。从1646年他拒绝跟随

① 谢国桢：《清初东南沿海迁界考》[220]，见《明清之际党社运动考》[221]（上海，1934年），附录Ⅱ，第290—328页。
② 庄金德：《郑氏军粮问题的研讨》[112]，《台湾文献》，12，1（1961年3月），第55—66页；方豪：《由顺治八年福建武闱试题论郑氏抗清的主力》[155]，《大陆杂志》，22，6（1961年3月），第1—20页。

他的父亲降清起，他就开始训练他自己的小队战士。他对个人命运有一种不寻常的意识。此外，与这种意识相结合的，是相当的管理技巧、商人的精明和竞争性。他在军事上的战略战术才能以及他的超凡魅力，使他能用铁腕约束部下。他在招纳从前的对手上取得明显的成功，用这种方法得到几个最有价值的将领。但是，他对部下所犯的即使是比较小的错误进行过分严厉的惩罚，不论他们职位的高低与关系的亲疏，导致部下的变节，从而削弱了他的运动，损害了他的利益。

第四，也是最后一个因素，是郑成功聪明地打出明朝正统的旗号，尽管他离朝廷很远。他与隆武皇帝的亲密关系、他的接受国姓和他的殊荣，前面已经谈到了。同朝廷的这种直接联系对郑成功决定献身明朝的事业起了决定性的作用。当他领导下的机构逐渐壮大，他采用明朝的各种制度形式，只略作修改以适合他的情况。[①] 他以完美无缺的礼节和谦卑处理他同遥远的永历朝廷的关系；但他也学会只在符合他在东南战场的企图时服从命令。对他来说，献身于明朝的事业更多地出自抵抗异族征服的本性，而不是为了维护一种政治制度。这样，他从一个适合于他的个性的象征中得到力量，而又不受制于皇帝的官僚机构或一个真正的君主。最主要的是，他能够把他的集团的利益与朝廷的利益等同起来。

郑成功的崛起有三个阶段。在 1647—1651 年间，他以一个无可争论的海上领袖出现在中国东南沿海；从 1652—1655 年，他建立了一个强固的基地，并增加了人力；从 1655—1659 年，他试图把他所控制的范围从沿海扩大到中国腹地。

第一个阶段包括一系列家族内部的权力斗争。起初，当郑成功直接指挥下的兵士逐渐增加时，他和他的族人在漳州和泉州协力作战。清廷为了报复，于 1647 年春袭击了郑氏的老家安平，在这次行动中，郑成功的母亲自尽。随后，在 1648 年和 1649 年，郑成功在广东潮州

---

① 石万寿：《论郑成功北伐以前的兵镇》[471]，《幼师学志》，11，2（1973 年 6 月），第 10、18 页。

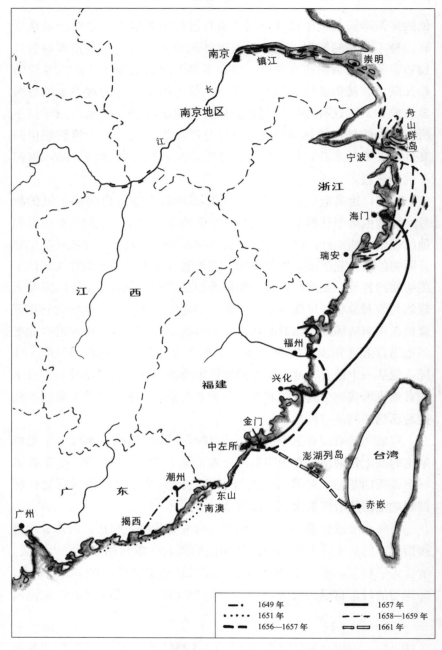

地图 **31** 郑成功的活动

独立作战，在后勤、战略和补充新兵方面取得宝贵经验。当他于 1650 年 9 月从这次出征回来时，他已经强大到能从他的族叔郑联和郑彩手中夺过控制权。[①] 两个月后，郑成功接到永历朝廷的请求，要他支援长期被围困的广州。1651 年 3 月，他为这个目的开始西征，但在海上为暴风雨所阻。4 月下旬，他听说清军趁他不在时对厦门进行了一次破坏性袭击。郑成功半途终止了西征广州，立即赶回。5 月底，他将负责厦门防务的族叔斩首，迫使另一个族叔隐退。

这样，到 1651 年夏，郑成功已经排除或完全制服了他在郑氏家族中所有的对手。此外，在这年年底，他合并了绍兴的鲁王朝廷失败后幸存的水师。这标志郑成功崛起的第一阶段的结束。他这时是 27 岁。

经过这些年，郑成功已经成为一个更加成熟的领袖。到 1654 年，他控制了整个漳州，轻易地击退清军的反扑。1655 年初，他北移至毗连的泉州。在这个时期，郑成功没有忽视训练和正规化问题。他照明朝的体制分军为五，自为中军，到 1655 年，共有军队 33 镇，[②] 大约 16.5 万人。在此时期他接到李定国求援的要求，当时李定国正企图夺取广州。但郑成功懂得，在他的基地周围有一条坚固的防护带之前，他不能离开。所以他只派去一个代表，而继续巩固漳州和泉州周围地区的防务。

1655 年以后，郑成功集中全部注意力于准备到目前为止的他的最富雄心的事业：“北伐”浙江和南直隶。他最后集合了 25 万多人（50 多镇）和至少 2300 只船。1655 年，他照明朝的样子建立他的行政机构，尽管大多数文职人员主要地管理军事事务。[③] 而且，他从永历朝廷接受了他此后最为人知的封号延平王，把他在厦门的主要基地

① 关于郑联和郑彩与郑芝龙的血缘关系，见郑喜文《明郑史事五则》[63]，《台北文物》，10，1（1961 年 3 月），第 81—84 页。
② 石万寿：《论郑成功北伐以前的兵镇》[471]，第 7 页。
③ 郑成功手下获得爵位和文武官职的人的详尽名单，见赖永祥《明郑藩下官爵表》[303]，《台湾研究》，1（1956 年），第 79—101 页，和 2（1957 年），第 47—78 页。

中左所更名为思明州。① 为了争取更广泛的支持，他开始教育他的军队洗去海盗的名声，以赢得外省人民的心。

同清廷谈判

从 1652 年起，郑成功对清廷来说有如芒刺在背，那年秋，顺治皇帝开始了一个历时两年的交涉，目的是软化他。在这里，我们看见郑成功一生中最狡诈的表演。他真的考虑降清吗？他对落在清廷手中的父亲和其他亲属的命运真的无动于衷吗？或者，他拖延谈判是为了筹集战争资金和保护他的父亲？这些是难以回答的问题，部分地是由于文献材料本身的模棱两可性质。但是，有几点是无可争论的。

第一，双方都抱有怀疑。清廷自然想用郑的父亲郑芝龙来使儿子顺从。但他们对郑芝龙很不信任，于 1652 年 9 月 1 日，以保护为名，将他软禁起来。1646 年他投降时，清廷答应任命他为"闽粤总督"，晋封为"三省王爵"，但被带到北京后，这些官爵都成了泡影。郑芝龙受到的这种对待，并未逃过他儿子的注意。1653 年 2 月，郑成功忽然接到郑芝龙的一封信，信中宽恕他对清军入侵的对抗，但力劝他停止敌对行动。郑成功直率地问他，他是不是真的期望他的儿子会那么天真，竟会步他的后尘，钻进同样的圈套。这个奚落在以后的通信中一再重复，表明当儿子的绝对不会在孝顺的名义下上当受骗。

第二，清廷是在他们的军队不能调动或无能为力时发起和议的。因此，尽管郑成功对郑芝龙的答复是否定的，清廷仍发现有乐观的理由，并于 1653 年 6 月提出一个具体建议：封他为海澄公，任泉州总兵，对沿海有广泛而明确的职权，清军从沿海地区撤退以示信。顺治皇帝还在一道表示和解的敕令中，谴责已死的摄政王多尔衮和某些作恶多端的地方官员过去给郑成功造成的不幸。郑成功的拒绝是傲慢的和轻蔑的，但清廷仍认为，四个州的地盘和将军的印信，可能会使他回心转意。

---

① 关于郑成功接受永历帝一系列爵位的日期，主要资料说法不一。对这个问题最好的解决，见朱希祖《郑延平王受明官爵考》[96]，第 87—112 页。

这些让步是在郑成功显示出他真正的力量并具有扩张到福建以外的能力时提出的。郑成功发现清廷急于讲和并迅速作出让步，就充分利用他们的这种姿态和需要与北京通信而拖延的时间。他在对清廷1653 年的第一次建议作出答复后，相信在谈判结束之前不会受到攻击，立即开始把军队转移到沿海地区。在郑成功的鼓动下，1653 年和 1654 年，张名振三次带领远征军进入长江口，在大运河与长江的会合处镇江骚扰运河上的交通。① 虽然郑成功后来声称他对自己的军队进行了约束，实际上却利用他们来加强自己的阵地并对清军保持尽可能大的压力，而没有导致谈判过早破裂。清廷使他有充分理由感到自己的优越。

第三，清当局和郑成功对谈判的看法相去很远。郑成功把"和议"看成是一种缓兵之计。而清廷的目的则是"招抚"，就是说，让郑成功心安理得地投降。这样，双方永远达不成协议。

总计，在 1654 年，郑成功同清廷的和议代表以及派来说服他的郑氏族人纠缠了差不多有八个月之久。清廷的官员抱怨他没有投降的诚意。1654 年 8 月，顺治皇帝要他表明态度，打定主意不允许郑成功所要求的沿海省份的特殊地位，并在需要时用武力平定福建。郑成功则指责清廷的官员傲慢无礼，对他进行威胁，威胁不成就欺骗。郑成功写给郑芝龙的最后一封信，在 1654 年 12 月 22 日被交给清廷，这封信排除了和议的任何可能性。

要理解郑成功的行动，需要考察他的意义含糊的陈述。他要求建立某种类似朝鲜或交趾那样的半独立或封建王国，由福建、浙江和广东组成。郑成功可能把这样一种安排正式通知了清廷，同时他不薙发，甚至可能仍奉明朝正朔。很难说他是把这个领地想象成清廷的一个永久同盟呢，还是一个策划明朝中兴的地方。当然，从清廷方面

---

① 关于很受称许的"三征长江"的日期和情况很难确定。这里根据的是李学智的推论和考证，见他的《重考李振华先生〈明末海师三征长江考〉》[322]，《大陆杂志》，7，11（1953 年 12 月 15 日），第 7—8 页，和 7，12（1953 年 12 月 30 日），第 21—27 页，附有《文献丛编》的补充证明，国立北平故宫博物院文献馆编（北平，1930—1937 年；台北，1964 年重印），I，第 426—428 页。

看，这样的要求是荒谬的。但郑成功了解他自己的力量和满族人的虚弱，所以他公开训斥清廷低估了他，并宣称要进攻他们所控制的长江地区。

当和议的希望逐渐消失，郑芝龙、他的族人和他在北京的家属相应地成了清廷的负担。现在要加给他们图谋不轨的罪名，证明是容易的。郑成功知道，如果和议破裂，他的家庭的未来将是悲惨的，但他仍然明白地回答他们的请求。由于选择政治上的忠诚作为更高的原则，他似乎对父亲缺乏同情。在郑成功给郑芝龙的最后一封信中，他指出，由于他父亲"自投虎口"，就必须承担后果。

北 伐

早在 1653 年，郑成功就开始认真考虑把战争推进到长江地区。同清廷议和，使他的计划耽搁了两年，但在 1655 年，他显出比以往更大的决心，要把计划付诸实行。为此可以举出几个理由。最根本的，也许是郑成功自视甚高，他感到他有义务把他的控制范围扩大到东南海岸之外。还有就是，处在西南一隅的永历朝廷，愈来愈与外界隔绝，因此，使明朝的存在在这个国家人口最稠密和政治上最重要的地区广为人知，是值得一试的。清廷议和在三方面鼓舞了郑成功北伐的雄心：使他得以增加粮食储备；在清廷能够对他的不妥协进行报复之前，使他得以增强他对浙江和南直隶进行先发制人的袭击的威力；使他更加急于显示他的杰出才能并使清廷对拒绝他的条件感到后悔。总之，在议和失败后，双方都急于一决雌雄。

1655 年 1 月，清帝命郑亲王世子济度为定远大将军，率师征讨郑成功。从仲夏至秋，郑成功拆除了大陆上邻近厦门的大多数城市和据点的城墙，连厦门本身也撤空了。同时，清廷颁布了第一道海禁命令。这样，就画出一条战争地带，增加了对附近人民或在海上工作的人的损害。济度于 1655 年 10 月到达福建，他的军队由于长途行军而疲惫不堪。直到 1656 年 5 月 9 日，他才能对金门岛发动一次进攻。随后的战斗被飓风打断，结果清军舰队全被摧毁。这证实了郑成功的看法，即清廷占领并守住福建的代价将高到它承受不起。

在海上失败后，清廷转而采取更有效的办法。扩大了沿海地区与敌人进行贸易的禁令，同时对投降的"海贼"实行特赦和其他引诱。这些政策取得成果，郑成功的一个将领降清，并交出海澄的军火库。这个据点的丧失，可能迫使郑成功提前开始他的北伐的第一个阶段。

实际上，北伐不是一个单一的行动，而是一系列中间有间断的行动，形成四个阶段：舟山和福建东北部，1655 年 11 月至 1657 年 4 月；浙江台州，1657 年 9 月至 11 月；浙江东南沿海，1658 年 6 月至 1659 年 6 月；长江下游地区，1659 年 6 月至 9 月。[①]

为了建立一个在战略上更适合的基地，郑成功在 1656 年秋占领了闽江的闽安城。他从这里对福州的邻近地区发动进攻并向北推进到三沙湾周围的地区。在那里，他于 1657 年 2 月歼灭了一支八旗兵有生力量并杀死三个著名的清军将领。这些轻易获得的成功增强了郑成功认为清军不是对手的看法。

1655 年 8 月，郑成功派他的一个福建水师将领随同张名振远征敌人的"心腹之地"——即进攻清军在浙江和南直隶的海岸设施。但由于天气不好，这次出征只到舟山为止，张名振于 1656 年 1 月在那里死去。[②] 此外，那年清军再克舟山时，另外两个重要的义师将领被杀，第三个投降。这样，到 1657 年秋，就再没有前鲁王的水师将领来引导郑成功进入杭州湾以北和以东他所不熟悉的水域了。因此，尽管郑成功在扩大他在福建的作战基地方面获得成功，他还是回到厦门，从而结束了他的北伐的第一个阶段。

第二阶段时间最短。1655 年夏末在福建为搜集给养进行袭击之后，郑成功直接扬帆北上，进入浙江的灵江口。他于 10 月初轻易攻下台州。但这时闽安为清军所袭。郑成功迅即回救，但为时已晚；11 月，

---

① 关于这一点和下面提到的见解，见廖汉臣《延平王北伐考评》［341］，《台湾文献》，15，2（1964 年 6 月），第 47—74 页。

② 关于张名振的死期，廖汉臣的有所根据的猜测（见他的《鲁王抗清与二张之武功》［340］，《台湾文献》，11，1（1960 年 3 月），第 102 页），在中央研究院历史语言研究所编的《明清史料》［118］（北平，1930 年）第一编第 4 卷第 576 页有明确的证实，即在 1 月 12 日至 25 日之间的某个时候。

他再度回到厦门，遣散了远征军，准备过冬。第二年春天，他开始一个新的训练计划，第一次创立了著名的"铁人"军——披铠的壮士。

1658年6月中旬，郑成功再度进入浙江。温州被围困了一些时日，但在搜集了足够的给养之后，郑成功即把舰队带往舟山，这时的舟山已被清军撤退一空。当他北去长江口的崇明岛时，他的舰队中途停在羊山岛，在这里遇上猛烈的台风，损失惨重。仅在一只船上，就有230名郑氏亲属和家人牺牲。战士的士气十分低落，舰队的残余部分回到浙江东南沿海休整。1658年12月，郑成功占据温州附近的瓯江口，把军队分散到沿岸的管辖地过冬。尽管郑成功这时处境不好，但清军未能将他逐出温州地区，使他能够驻在那里直到1659年6月。

然后，郑成功开始了他的第四次也是最后一个阶段的北伐。他首先在宁波取得物资，并使附近定海的清水师失去战斗力。7月7日，他的舰队到达崇明岛南面的沙岸。他让舰队把守长江宽阔的外口，在这个月剩下的时间里，对附近的乡村进行有限的但必要的劫掠。

郑成功通常对他的谋略守口如瓶，因此，他对这次出征长江毫无掩饰之意是值得注意的。从1653年起，他的水师就在他的命令下骚扰长江口，从1655年起，他不止一次直截了当地告诉清廷，他想进攻南京地区。现在，他在沿江而上之前拖延了21天，随后又采取了较慢的行动方针，似乎不在乎给清军以结集防御力量的时间。

这样做的原因，大概是郑成功太自信了。他想进行一场尽可能的大规模战斗，这样，他的胜利将在汉族人民和满族领导层中产生相应的心理影响。他在前几次征战中也都坚持这一战略；但将它用于江南时，由于过分自恃而遭到失败。首先，清廷在别处的控制并不像他所想的那样已经崩溃，而南京在任何情况下都驻有重兵，不像沿海的州县。此外，近几年来张名振和其他人一再威胁长江三角洲地带，使清军有了经验，促使他们采取特别的措施阻止敌船通过镇江。郑成功来得太晚，如在一年以前，当清军的主要力量在西南各省作战时，他可能获得成功。但当他在1659年夏天到达时，这些远征军的大部分正陆续回到南京。

然而郑成功拥有重要的军事手段以及广为传播的名声。他的兵力强大——约 2000 条大小船只，运载约 20 万名训练有素的战士——他的军官富有经验，如果对生疏的长江地区略感不安，那也是微不足道的。此外，在这次战役中郑成功依靠一个对长江具有宝贵经验的人，一个一心一意献身明朝中兴的人。张煌言在监国鲁王和永历两个朝廷都担任兵部尚书之职。自从 1646 年浙江和福建沦陷后，他就积极参加进沿海的抗清运动，他曾长期担任张名振的助手。[①]

因此，当郑成功终于进军长江时，张煌言率所部先行。他的英勇行动，使郑成功能在 1659 年 8 月 4 日占领瓜洲。然后张煌言带领一支水军沿江而上，郑成功则进攻镇江，这座城市在 8 月 10 日投降。接着他围南京，他的大军于 14 天后即 8 月 24 日到达。郑成功把他的军队驻扎在南京城外西北角，不去阻止清军增援部队进入城内。虽然有惊人之多的地方派代表向郑成功和张煌言表示拥护，[②] 但既无一个现成的政治计划又无一批行政官员去对这种表示作出任何有组织的回答。张煌言深信地方父老同仇敌忾的精神能够改变事件的进程，而郑成功只寄希望于他的战士和赢得胜利，这使张煌言十分惊愕。

郑成功的战略是等待敌人完全做好准备，然后给他们彻底一击。这明显地把主动权交给了对方，同时使郑成功的军队松弛下来。结果郑成功中了敌人的计谋，被优势的清骑兵和步兵击败。9 月 8 日清军开始进攻，接着在第二天发生激烈战斗，郑成功失去几个他最得力的将领。他的军队伤亡惨重。

幸好水师没有受到损伤，得以把郑成功和剩下的人运到镇江，然后去崇明。张煌言被困在上游，被一支清水师所败。郑成功进攻崇明驻军，同时向清廷提出新的和议。但他的军队士气太差，打得不好，而清廷拒绝了谈判。因此，当张煌言从江南西南部经陆路拼死逃至浙江沿海时，郑成功从海路回到厦门，时为 1659 年秋。

---

① 李振华：《张苍水传》[312]（台北，1967 年）；石源道博：《张煌言之江南江北经略》[275]，《台湾风物》，5，11—12（1955 年），第 7—53 页。

② 7 个州，3 个县和 32 个地区。这个数字是从各种资料推算出来的，大于通常所引用的张煌言《北征得失纪略》[34] 中的记载，见《张苍水诗文集》（1659 年；重印，《台湾文献丛刊》，142，卷 1，1967 年），第 3—4 页。

退到台湾

回到厦门不久，郑成功开始准备对付清军的一次大规模进攻。当
1659 年 8 月，他侵入江南的消息传到北京时，清廷遣将军达素率领
援军南下。当达素于 1660 年 2 月到达福州时，郑成功召集他的仍然
不算少的军队和水师保卫他家乡的岛屿。但是，尽管他的兵力仍很强
大，信心却因南京的失败而动摇了。

6 月，达素从泉州和漳州发动对厦门和金门岛的进攻。像以前那
样，清舰队被击败，但这时郑成功没有理由庆祝胜利。因为清军的准
备工作给他的印象太深了，而他自己的战士的表现则不能使他满意。
他还知道，清军此时已在其他各战场取得胜利，因此能够把更多的人
力物力投入福建，进行不断的进攻。的确，在 8 月和 9 月，清廷派靖
南王耿继茂镇福建，并派难以对付的安南将军洛託做他的助手。郑成
功要在强敌的反复进攻下保住这块弹丸之地，看来是不可能的。

于是，在 1661 年春初，郑成功要他的将领接受一个早先被否决
了的建议：把郑氏的主要基地移到台湾。有人反对说，台湾远在海
中，是一个疾病流行的蛮荒之地。但郑成功之意已决，因为他需要一
片比从前更大和更安全的领土，这片领土仍然要靠近东亚的贸易路
线。也许他这时轻信地回想起关于台湾是如何富饶的夸张描绘，这是
荷兰东印度公司的一个中国雇员告诉他的。

从 1624 年起，荷兰东印度公司在台湾（他们称为福摩萨）的西
南海岸保持一个贸易殖民地。他们同郑芝龙的关系一直不好，同郑成
功的关系更加不好，因为后者为了进行抗清的战争，经常干扰贸易。
公司的许多办事人员担心郑成功在沿海遭受挫折后会占领台湾。1652
年，在这个殖民地日益增加的中国移居者中发生过一次反抗，被认为
是郑成功派人煽动的。从那时起，厦门周围的每一次出征准备都引起
新的谣言，说郑成功将入侵台湾，特别是当他在南京失败以后。但设
在巴达维亚的公司总部无意在台湾投入更多的警戒部队，也不大相信
谣言，没有采取步骤加强殖民地的防务。

1661 年 3 月，郑成功下令出征台湾。4 月 21 日，他的舰队离开

金门，但在澎湖列岛因坏天气受阻七天。不幸的是，郑成功确信航行一定顺利，到了台湾就会有食物，因此舰队几乎没有携带给养。当郑成功的人于 4 月 30 日[①]终于到达荷兰殖民地附近的海岸时，他们饿得要死。不过，一支由为数可观的船只组成的舰队上的数千人，必定使台湾凭借破旧的城塞和两支战舰的几百个荷兰人完全气馁。

5 月 1 日，郑成功要求荷兰人的两个要塞投降。他答应让荷兰人安全离去，因为他对他们没有恶意，只需要他们"交还"他父亲允许他们使用的领土。他拒绝了该公司的福摩萨议事会和总督揆一提出的同那里的基督教徒和平共处的建议。赤嵌无法防守，首先被放弃，但安平城上升起"血的旗帜"，摆开了战场。

郑成功出于几个理由没有立即进攻安平。首先，他从来不喜欢代价很大的围攻。他认为夏季的季风将使向巴达维亚的呼救推迟好几个月，在这个期间饥饿将使荷兰抵抗者投降。此外，郑成功自己也面临食物短缺。预期从大陆来的供应船只没有来。大米几乎不可能得到，本地的谷物和芋头远远不够。结果，郑成功被迫把大多数战士投入农耕。他们中有许多人死去或染上当地的疾病。他完全没料到越过台湾海峡有这么困难，也没料到台湾是这样落后。要不是荷兰方面的颇为异常的举动，他也许根本不会成功。

8 月 12 日，出乎郑成功意料，一支荷兰"救援"舰队到达，并设法要将人员食物和物资运进安平。9 月，郑成功被迫恢复进攻，尽管现在他的军队实力大减，但舰队首领由于敌人的众多和安平的困难状况而感到气馁，遇到第一个机会就抛弃这个殖民地逃之夭夭。这自然使安平的守卫者丧气，12 月 16 日，有一些荷兰兵叛逃到郑成功这边来。领头的叛逃者向郑成功提出有价值的劝告，教他如何最有效地进攻这座要塞。1 月 27 日，总督揆一和议事会决定谈判投降，于

①　确定郑成功在台湾登陆的准确日期，一直是个问题。关于结论性的研究，见陈国强《郑成功收复台湾的时间问题》[54]，《厦门大学学报》，1（1962 年 4 月），第 158—164 页；田大熊：《国姓爷的登陆台湾》[512]，石万寿译：《台北文献》，44（1978 年 6 月），第 111—121 页（最初发表于 1938 年）。

1662年2月1日正式缔约，结束了历时九个月的苦难。[①]

在荷兰人离开之前，郑成功就已把他的这块地盘命名为东都。虽然他继续奉永历正朔，但开始像独立王国的统治者那样治理台湾，制定税制，规范渔猎，分配土地，并傲慢地要求吕宋的西班牙总督"进贡"。

当郑成功的个人要求同他的追随者的私利发生矛盾时，他对这个他精心培育起来的组织的权力开始瓦解。这在下述事情上表现得特别明显：1662年3月，他命他的长子郑经和留守厦门与金门的将领放弃这些岛屿，携家眷去台湾。由于知道台湾很艰苦，他们拒绝服从。郑成功愈来愈不顺心，他惩治部下的不道德行为，严厉到近乎疯狂。

1662年6月，当郑成功得知郑经与乳婢奸生一子，情况就变得危急起来。他立即下令处死郑经、乳婢、孩子，甚至他的妻子，因为她失于管教。当他部下的将领试图用乳婢母子的头来使他消气时，他愈加愤怒，下令把他们一同处死。这些稀奇古怪的事，在其他将领之中引起相互猜疑，于是开始叛变。清水师封锁的影响也显露出来，这导致更多的官员叛变。

这时郑成功还得知永历皇帝被俘，也许已被杀。他由此感到的绝望，加上他父亲在1661年11月24日被清廷处死的消息以及儿子的违抗，使他精神上受到严重打击，遂一病不起。他于1662年6月23日死于台湾，死因可能是精神错乱和它所引起的某种疾病的综合征。[②] 时年37岁。

张煌言和他的抗清战士在浙江福建沿海的骚扰活动失败。他几次请求监国鲁王复出，再给中国人民一个中兴明朝的机会。但是鲁王已经病重，于1662年12月23日死于气喘病。

厦门的将领拥戴郑经为他的父亲的继承人，在他和得到台湾文武

---

① C.K.S. ［弗雷德里克·揆一］：《被忽视的福摩萨》[14]，伊内兹·德·波克莱尔等编（台北，1975年）。

② 李腾狱：《郑成功的死因考》[332]，《文献专刊》，1，3（1950年8月），第35—44页。

官员支持的郑成功的弟弟郑袭①之间,展开了一场权力斗争。郑经暂时击败了他在台湾的反对者,并保住了福建的基地,但福建于1664年被清军接管。虽然他和他的儿子保持郑氏在台湾的统治有20年,但"明"作为复兴的号召,已完全失去力量,它只使人想起过去的伟大。

---

① 提到他的资料通常称他为郑世袭,因为除长子外,郑芝龙的其他儿子的名字都加了"世"字。关于安平郑氏宗谱,见廖汉臣《郑氏世系及人物考》[339],《文献专刊》,1,3(1950年),第54—64页。

第 十 二 章

明代的历史著述

引言　若干普遍趋势

明朝统治的将近 300 年，很难说是一个一成不变的时期，在这个时期中发生的变化，触及中国文化和思想的各个方面。历史编纂学就其最广泛的意义来说，也不例外。虽然革新是在一个长时期内逐渐发展的，但整个来看，明朝最后 100 年的历史著述与最初 100 年的区别相当大。区别明显地表现在质量和数量上。在这一章里，将对这些变化作详细的阐述。这里可以把它们概括为对原始资料的一种更为批判的态度，这在 16 世纪变得逐渐明显，并使后一时期区别于较早的时期。

16 世纪的经济发展，特别是长江下游地区的经济发展，使更多的人有能力接受文化教育。识字的人大量增加，对读物（包括历史著述）的需求也增加了。这个普遍趋势的一个方面，是科举考试录取名额的大量增加。这些人也是历史著述预期的读者。考中进士（他们构成历史出版物的作者和编者的大多数）的平均数从 1388—1448 年间每三年约 150 名增至 1451—1505 年间每三年 290 名和 1508—1643 年间每三年 330 名。[①] 在 16 世纪，跟书籍和知识的普及同样可喜的，是印刷术和出版事业的发展。据一位专家说，在明朝的后半期，印刷"达到了一个很高的水平，如果没有超过以前各个时期，也与之相等"。[②]

的确，明朝在文化思想上的突出成就不能与前此各个时期相提并

---

① 见《明清历科进士题名碑录》[379]（1732 年序；1969 年台北影印），1 和 2。

② K．T．吴：《明代的印刷和印刷业者》[595]，《哈佛亚洲研究杂志》，7，（1942—1943 年），第 203—260 页，引文在第 203 页。

论。在历史著述领域也是这样。历史著述方面的重要革新在这之前就出现了，到了明代成为历史著述的榜样。突出的例子是《史记》和《汉书》的纪传体之于正史；《资治通鉴》之于编年史；《通鉴纪事本末》之于记事史；《通典》和《文献通考》之于政书。以上仅举了最重要的类型中的少数几种。已故的吉川幸次郎教授论证，律诗无疑在唐代达到了发展的最高阶段，以后再也不能企及。[1]

　　但是，在唐宋时代只有相当少的能读会写的人具有欣赏以至模仿大诗人的能力，而在随后的时代，这种人的数目大大增加了。吉川幸次郎认为，更广泛的社会阶层对过去文化成就的分享的增长，这本身就是一个进步。他暗示他的这个看法并不只限于诗歌方面。看来这也适用于历史著述；有独创性的早期样范为愈来愈多的人所知，他们于是在自己的历史著述中也加以采用。

　　在这里对我们所说的历史著述作些说明，也许是适宜的。它包括按中国传统分类法中的史部所列入的著述：

1. 分为本纪、志、表和列传的纪传体官修史书或正史
2. 私人或半官方编写的与纪传体正史类似的别史
3. 官修的和私人撰述的编年史
4. 纪事本末体史书
5. 大多限于一个时期或某件事情的杂史
6. 皇帝和大臣的诏令奏议汇编
7. 传记
8. 职官志
9. 政书
10. 地理志，包括方志

---

[1]　吉川幸次郎：《进步的一种形式——关于宋以后中国的进步》，《朝日新闻》，1958 年 1 月 3 日，收入《吉川幸次郎全集》[619]（东京，1974 年），13，第 605—607 页。又见巴巴拉·克拉夫特的一篇有关的文章《关于中国其他文学形式的进步：吉川幸次郎的论文》[290]，载《亚洲博物学和民俗学会通信》，84（1958 年）；重印，载《吉川幸次郎全集》（东京，1969 年），13，第 617—622 页。

对以上著述，还应加上子部中的一些类目：

1. 大多分在兵家类的有关军事和边防的著述
2. 分在杂家或小说类的政书

这种分类法在各种目录中不尽相同。① 有许多在《四库全书总目》中列入子部的书或整批的书，在其他目录中列入史部，奏议集在《四库全书总目》中列入史部，而在别的地方列入集部。

除去这些严格意义上的历史著述之外，另有许多著作对历史研究可能很重要。某一作者的文集可能包含对奏议的补充和作者的友人们的传记材料；关于作者访问过的有趣的地方或作者参与过的事件的记述；有关历史或政治问题的志、论、说，以及与友人和同事的往来书信。作者的文集中有时甚至有短篇历史著作，而在任何书目或目录中均未提及。此外，有许多小说和剧本应当看成是它们所产生的时代的文化史和社会史的原始资料。最后，明代的诗歌也表现了那个时代的精神，应看成是历史研究的资料。②

明朝头 100 年的历史著述的特点，是政府编纂庞大的全集。进行这种汇编是继续元代和更早朝代的传统。第一部这类作品是《元史》，编于洪武年间，随即刊印。接着是永乐时期的主要汇编：朱熹和其他宋代学者注解的《四书大全》和《五经大全》，以及理学著作集《性理大全》。与历史有关的是《历代名臣奏议》，1416 年编，自商周以迄宋元，和著名的《永乐大典》，这是中国历史上最大的汇编工程。虽然它原有的 12000 册③到 18 世纪仅存十分之一（现存更少），但它收录了有关宋、元和明初历史的一些佚文秘籍，使其免于全部失传。含有元代驿站组织资料的《经世大典》（1331 年）和其他著作，使我

① 关于不同的历史著述分类体系，见郑鹤声《中国史部目录学》[61]（上海，1930 年）。
② 见吉川幸次郎《元明诗概说》(618)（东京，1963 年）。
③ 译者按：应为 11095 册。

们能够推想元代的驿站制度。①

这些汇编以其宏大的规模著称于世，它们反映出的永乐气派多于学术上的成就。② 在永乐朝以后，有一些对明朝历史十分重要的作品继续了庞大的官修汇编的传统，如 1456 年和 1461 年的官修地理学，1503 年和 1587 年的《大明会典》，和 1530 年的《大明集礼》。所有后来这些作品都是在司礼监的监督下刻印的。刻版保存在司礼监为此而设的称为经厂的仓库。因此，属于司礼监刻印的书称为经厂本。③经厂本是大开本，字体大，纸质洁白厚实，印刷考究。它们为清朝的"殿本"和不少朝鲜本中文书提供了样板。

明代在历史著述上最突出的进步，是对历史资料采取批判的态度。明朝的前半期，朱熹的理学派在思想中占统治地位。这一派对历史著述的影响是，它教人按照朱熹的《通鉴纲目》所传述的那样去接受传统及其价值，而不鼓励对历史记载的确实性与可靠性提出问题。

在 16 世纪中叶以前，历史作者通常不去对各种历史文献和来源可疑的记事甚至流言加以甄别。他们更不愿过问官方档案的可靠性。这种态度在正式著作、杂著和历史注释中都很明显。像刻于 1459—1566 年间的郑晓（1499—1566 年）的《吾学编》（2.1.1）或刻于 1574 年的薛应旂（生于 1500 年）的《宪章录》（2.3.1）就仍然按这种方式编纂，即部分基于官方文献资料，部分基于传闻或可靠性不同的记述。④ 例如，《吾学编》第十一章论述建文皇帝的死，作者写道，据说建文皇帝在他的南京宫殿中被烧死，但又把他逃往四川、云南和

---

① 见波得·奥尔布里希《13 和 14 世纪蒙古统治下的中国邮传》［410］（威斯巴登，1954年），第 12—20 页。

② 各种各样的"大全"后来甚至被戏称为"大不全"。见内藤虎次郎《支那史学史》［404］（东京，1961 年），第 340 页。

③ 吴：《明代的印刷和印刷业者》［595］，第 228—229 页，注 3。

④ 书名后括号中的三个数字，即（2.1.1）或（4.5.7）指傅吾康在其《明史资料介绍》［172］（吉隆坡和新加坡，1968 年）中讨论到的著作的索引号。

广西，以及他后来再度出现的故事当成可能的事实加以补充。① 在这类著作里，有时在官方档案中找不到的有价值的信息可能混杂在无法证实的故事传说中。

到 16 世纪初，历史学家在他们的著述中开始逐渐采用陈白沙和稍后的王守仁的新方法，他们愈来愈多地知道了文献资料和故事传说的根本区别，同时他们也认识到文献资料未必总是提供真实的信息，而各种故事传说也可能包含一些真实性。向新方法过渡的最早的代表之一是祝允明（1461—1527 年），他是一位反对朱熹学派的非正统思想家。他的各种杂记集（如 4.5.8）把有价值的信息与无法证实的传说结合在一起；但他 1499 年刊行的苏州杰出人物的传记集《苏材小纂》（3.5.1），基于墓志、履历和其他的文献资料，被看成是可信的著作而受到赏识。在他的最后一部著作《祝子罪知录》中，他对历史人物提出的见解往往与传统的看法大相径庭。据说他的著作对于李贽的《藏书》具有相当大的影响。②

但明代历史著述的这个新趋向，在王世贞（1526—1590 年）这样的作家的著作中才有了充分的表现，他也来自苏州地区。不像明代早期的作家，王世贞有机会接近实录，他 1590 年刊行的《弇山堂别集》（2.2.6）和 1614 年刊行的《弇州史料》（2.2.8）中发表的各种历史论文，就主要根据这些实录。他的论文《史乘考误》，清楚地显示出他对各种资料的相对价值和需要选择与批判性评价的理解。例如，他在这篇论文的前言中说：

> 国史之失职未有甚于我朝者也。故事有不讳，始命内阁翰林

---

① 郑晓：《吾学编》［65］（1567 年），11，第 42 页。关于建文帝的死见本书第四章。本章引证的著作和与傅吾康书中条目的对照，《剑桥中国史》这一卷的书目中未列入。更多的书目信息，见傅吾康的《明史资料介绍》［172］。

② 间野潜龙：《祝允明的史学》［369］，见《明代文化史研究》（京都，1979 年），第 211—241 页，和陈学霖的祝允明传，见富路特和房兆楹编《明人传记辞典》［191］（纽约和伦敦，1976 年），第 392—397 页。又见克里斯琴·墨克《祝允明（1461—1527 年）和苏州的文化义务》［401］（安阿伯，1978 年），第 202—444 页。关于《藏书》［317］，见本节下文及后《传记著述》。

臣纂修实录。六科取故奏，部院咨陈牍而已。其于左右史记言动
阙如也。是故无所考而不得书，国恤衮阙则有所避而不敢书。而
其甚者，当笔之士或有私好恶焉，则有所考无所避而不欲书。即
书，故无当也。史失求诸野乎？然而野史之弊三。一曰挟郄而多
诬，其著人非能称公平贤者，寄雌黄于睚眦，若《双溪杂记》、
《琐缀录》之类是也。二曰轻听而多舛，其人生长闾阎间，不复
知县官事，谬闻而遂述之，若《枝山野记》、《翦胜野闻》之类是
也。三曰好怪而多诞，或创为幽异可愕以媚其人之好，不核而遂
书之，若《客坐新闻》、《庚巳编》之类是也。无已，求之家乘铭
状乎？此谀枯骨谒金言耳。虽然，国史人恣而善蔽真，其叙章典
述文献不可废也。野史人臆而善失真，其征是非削讳忌不可废
也。家史人臾而善溢真，其赞宗阀表官绩不可废也。

在这篇文章里，王世贞把他对历史著作不加选择地引用其他著作
的一般批评具体化了。在 1594 年刊行的《国朝献征录》（3.1.2）中
也看到对原始文献资料的很大重视，此书是焦竑（1541—1620 年）[1]
编的一部由墓志铭、纪念碑和明代杰出人物的讣告组成的庞大的传记
性汇编。

焦竑大为称赞的李贽（1527—1602 年）是明代最独特的非正统
历史著作家。[2] 他的刊行于 1599 年的《藏书》，是一部上起周代下至
元代的杰出人物分类传记集，在这部著作里，李贽用全新的标准和观
点评价历史人物。《藏书》的《世纪列传总目前论》一开始就说："人
之是非，初无定质。人之是非人也，亦无定论。"[3] 照李贽的话，不

① 恒慕义：《清代名人传略》[271]（华盛顿特区，1943—1944 年），I，第 145—146 页。
② 《明人传记辞典》[191]，第 807—818 页。
③ 李贽：《藏书》[317]（1599 年；1959 年北京重印），两卷，第 7 页。《明人传记辞典》
[191]，第 811 页。下面是论李贽的两本重要新著——让·弗朗索瓦·比耶特：《李贽，
被诅咒的哲学家（1527—1602 年）：对明末中国官场社会学的贡献》[7]（日内瓦和巴
黎，1979 年）；陈学霖：《当代中国史评中的李贽》[22]（怀特普林，纽约州，1980
年）。

同的人在不同时间所持的意见和判断差异很大。他说，如果孔子复活，他的观点将与他在 2000 年前发表的观点很不相同。这些看法还不足以作为依据把李贽归入反儒家一流，但它们清楚地表明他反对朱熹学派所创立的官方的正统理学，照后者看来，孔子一旦作出判断（不论真是他作出的或据说是他作出的），就必定是一切时代的唯一准绳。

在历史和历史人物的评价方面，朱熹在他的《通鉴纲目》中立下一个榜样，在明朝至少受到官方无可争议的高度尊重。[①] 李贽坚持他的基本观点，对不少历史人物的评价必然与正统的评价相矛盾。例如，李贽尊秦始皇这个直到目前为止的一切儒家历史编纂学深恶痛绝的人为"千古一帝"。[②] 他的《藏书》只涉及明以前时期，但三年后，在 1602 年《续藏书》（3.3.15）刊行。在这部著作里，李贽对明朝人物同样作出独立的非正统的评价。虽然李贽不得不承受他在著作和公开谈话中发表的非正统思想的后果而在狱中自尽，但在清初，当他的书被禁时，他的著作却被重印并大为流行。

1676 年刊行的黄宗羲论明代思想史的伟大著作《明儒学案》（3.4.6），代表了历史著述另一类型的革新。[③]《明儒学案》实际上是第一部中国哲学史，一部激起了全国兴趣的著作。[④] 它是按照思想派别排列的。介绍的每位学者先有一篇小传，然后是对他的思想的陈述。这样，明代的思想趋向的过程就变得很清楚。在中国的目录中，这部著作通常被分在传记类，对它的特点估计不足。黄宗羲还开始编著一部关于宋元时期的类似著作《宋元学案》，他死后由其他人完成。

16 世纪时，政府部门也开始主要根据档案材料编纂关于他们自

① 奥托·弗兰克：《〈资治通鉴〉和〈通鉴纲目〉的本质、相互关系及资料价值》[168]，载《普鲁士科学院会议会刊》[柏林]，哲学—历史部，4（1930 年），第 103—144 页。
② 《明人传记辞典》[191]，第 811 页。
③ 《清代名人传略》[271]，第 351—354 页。
④ 埃蒂恩·巴拉日：《传统中国的政治理论与实际行政》[5]（伦敦，1965 年），第 19 页；又见朱莉娅·金《〈明儒学案〉介绍》[88]，《远东》，23，2（1976 年 12 月），第 191—211 页。

己的机构与活动的志书。它们保存了关于体制和行政事例的详细记载。1620 年刊行的《礼部志稿》（6.2.1），资料丰富，是这类著作的代表。

这种新出现的对文献资料的重视的另一个结果，是有关国家大事的著作（经世文或经济文）的收集。最重要的经世文是大都市或地区高级官员向皇帝报告实情并提出对策的奏议。除此之外，向皇帝提出的其他形式的建议、请求或报告，或对其他政府部门的咨文，也可以收入这类专集中。

有少数奏议集从宋甚至更早的朝代开始。刊行它们的主要动机可能是希望把杰出人物所写的奏议中表现出来的道德品质展示出来，以供仿效。只有在 16 世纪时，刊行奏议才流行起来，它们或者由作者自己，或死后由其子孙或友人整理刊行。这样做的动机，可能主要是为了把作者的政绩记载下来，并为后来的传记作者和史家保存文献资料。此外，奏议还可以被看成文学上的成就，因此跟其他散文作品一样值得出版。

除了那些价值在于作为政治品德的表率的奏议外，为实际用途而精选出的奏议汇编，确实是明代的一大发明。我们已经提到，早在永乐时期就出版了《历代名臣奏议》这部贯穿中国历史的由历代最主要的官员所写的奏议的庞大总集。明朝官员的奏议和其他经世文的集子，最早编于 16 世纪中叶。最突出的例子是 1638 年刊行的《皇明经世文编》（5.1.8），在任何时代这都是这类作品中最丰富的一部。正如这部书和大多数其他汇编的书名所表明的，它们的意图是提供在考虑国家大事时使用的文献资料。

政书论述的主要是国家大事。政书早在唐宋时期就已编纂。这个传统在 16 和 17 世纪得到继续。主要涉及明代往往有充分文献根据的新著作，补充了早期的政书。这些著作有陈仁锡刊行于 1630 年的《皇明世法录》（6.6.7），王圻刊行于 1586 年的《续文献通考》（6.6.2），冯应京刊行于 1604 年的《皇明经世实用编》（6.6.4）以及其他种种。"经世"和"经济"显然是当时的流行用语。

另一种文献资料的重要来源是邸报或塘报，这是一种在各大都市和各省政府部门中流传的包括命令和报道在内的政府公报。这种公报存在于更早的时期，但只有到了明朝后期才成为一种经常的制度。它起初以手抄本流传，但 1628 年后以活字版印刷。清朝采用了这一制度，后来称为京报。

从 16 世纪起，方志的编纂在质量和数量上都大有增进，对地区或地方史和历史地理学的研究变得很普遍。在 17 世纪初，学者开始把对书本资料的研究与实地考察中的体验结合起来。徐宏祖[①]的《徐霞客游记》（8.3.2）根据作者自己的体验对山川风物作了详细的历史与地理的描述，他在 1607—1640 年间，游历了明帝国除四川以外的所有行省。顾炎武[②]刊行于 1662 年的《天下郡国利病书》（8.1.10），根据的是书本资料，主要是方志，以及广泛的旅行记。顾炎武旅行的主要目的，很少是为了凭吊历史遗址和收集文物（就像他以前的大多数学者那样），而是为了"亲身视察农民战争的地区，估计其地势的战略价值，供今后抵抗之用"[③]。

在所谓历史的辅助科学如金石学或目录学方面，没有出现大的革新，但在明朝后半期，它们受到足够的重视并有进一步的发展。金石学是杨慎[④]涉及的许多领域之一，他是 16 世纪初一位杰出的多才多艺而富于创造力的学者。是第一个研究中国西南边疆的青铜鼓的人。[⑤] 焦竑编著的到他的时代为止的明代作家著作目录《国史经籍志》（1590 年），显示出他广泛的阅读和文献学才能，这是当时最重要的文献学著作之一。[⑥] 它后来被黄虞稷[⑦]的《千顷堂书目》（见本章第 720 页注③及有关正文）部分地取代，后者包括整个明代直到

---

① 《清代名人传略》[271]，第 314—316 页。

② 同上书，第 421—426 页。

③ 巴拉日：《传统中国的政治理论和实际行政》[5]，第 31—32 页。又见威拉德·彼得森 《顾炎武（1612—1682 年）生平》[426]，《哈佛亚洲研究杂志》，28（1963 年），第 114—156 页；和 29（1969 年），第 201—247 页。

④ 《明人传记辞典》[191]，第 1531—1535 页。

⑤ 内藤：《支那史学史》[404]，第 356—357、371—372 页。

⑥ 同上书，第 368—370 页。

⑦ 《清代名人传略》[271]，第 355—356 页。

1644 年。

总的来说，晚明时期的文化繁荣和思想多样化几乎在一切形式的历史著述中都是明显的。下面各节将详细讨论明代历史编纂的各个方面。

国 史 馆

从古时起，保存记录或档案就被看成是政府的一项重要职责，官方的历史编纂者（史或史官）就担任这一任务。[1] 这种思想体现在某些儒家经典中。不管这些经典中描述的政府机构实际存在与否，它成了后代的样范，像这样的段落"（天子）动则左史书之，言则右史书之"，在中国历史上联系到官修史书被一再地引证。[2]

7 世纪前半叶，建立了史馆，成为独立的政府机构。它的主要任务是写起居注和编实录，这是以后写前朝国史或正史的依据。[3] 这种史馆在以后的时代继续起作用。

在明朝第一个皇帝的统治下，没有建立独立的史馆机构，而是将它并入翰林院。早在 1367 年，即朱元璋正式登基前一年，就任命了修撰、典簿、编修等史官。[4] 1381 年，史官的人数和品级，确定为修撰 3 名，从六品，编修 4 名，正七品，检讨 4 名，从七品。[5] 明代自

[1] 奥托·弗兰克：《中国历史编纂学的起源》[169]，载《普鲁士科学院会议会刊》[柏林]，哲学—历史部，23（1925 年），第 276—309 页。
[2] 《礼记》[313]，郑玄注本（2 世纪；1936 年上海重印），1，第 5 页；李雅各译：《礼记》[310]，见《东方的经典》，27（牛津，1885 年），第 2 页。
[3] 威廉·洪：《公元 708 年前的唐史馆》[272]，《哈佛亚洲研究杂志》，23（1960—1961 年），第 92—107 页。
[4] 《明实录·太祖实录》[380]（1418 年；台北，1961—1966 年重印），第 338—339 页。张廷玉等编：《明史》[41]（1736 年；北京，1974 年重印），73，第 1787 页。
[5] 翟善编撰：《诸司职掌》[17]，（1380 年；重印，《玄览堂丛书》，第 43—50 卷；重印，台北，1981 年），第 19 页和第 56—57 页；申时行编：《大明会典》[465]（1587 年；台北，1964 年重印），2，第 34 页（第 79 页），和 10，第 8—10 页（第 196—197 页）；贺凯：《明王朝的政府组织》[265]，第 40 页。

始至终继续任命这些官员,但人数根据编纂的需要而定。① 例如,在1529年,编修和检讨定为各6名。② 但有时多出许多。任修撰的常为一甲进士,任编修和检讨的常为二甲进士。③

史官收集文献资料和编辑历史档案:

> 史官掌修国史。凡天文、地理、宗潢、礼、乐、兵、刑诸大政,上所下诏、敕、书、檄,谨籍而记之,以备实录。④

按照传统,写详细的起居注,被认为是收集文献资料最重要的方面之一。朱元璋在当皇帝前四年,即1364年,就设置了起居注给事中。⑤ 据说像宋濂、魏观和詹同这样一些杰出人物,都曾担任过这一职务,这表明朱元璋当初对它的重视。⑥

这个职务的重要性还表现在1367年给在职者以正五品的相当高的品级。⑦ 品级与当时的翰林院学士和六部郎中相同。不过,这只是暂时的。经过几次变动,在1381年起居注作者的官秩重新定为从七品。⑧ 若干年后,这个机构被撤销,这大概是在1393年之前,因为那年出的《诸司职掌》中没有提到它。

随着一篇由张四维(1526—1585年)起草、张居正(1525—1582年)呈递的奏议,1575年恢复了起居注的写作。这封奏议还包括关于如何指导史馆工作的详细建议,其中有些得到皇帝的批准,后

---

① 《大明会典》[465],2,第34页(第79页);《明史》,73,第1787—1788页。

② 《明史》[41],73,第1788页。

③ 《明史》[41],70,第1695页。

④ 孙承泽:《春明梦余录》[485](4.8.2)(清初;香港,1965年重印),32,第1页。

⑤ 《明实录·太祖实录》[380],14,第181页。关于明代的起居注,见今西春秋的有关文章《明季三代起居注考》[273],载《明代满蒙史研究》[496],田村实造编(京都,1963年),第587—662页。

⑥ 关于宋濂、魏观和詹同的传记及(或)介绍,分别见《明人传记辞典》[191],第1225—1231、698、43—44页。

⑦ 《明实录·太祖实录》[380],27,第412页。

⑧ 《明实录·太祖实录》[380],139,第2188页。

来编入《大明会典》。① 这篇文献提供了官修历史是如何进行的宝贵资料，应详细加以讨论。②

张居正的奏议，跟大多数这类建议一样，提到古代的左著作郎和右著作郎。他强调，没有起居注，就得不到关于皇帝言行的可靠资料来编纂实录。而这就是世宗实录和穆宗实录的实际情况，这两部实录是在张居正指导下编纂的。③ 张居正于是提出八点建议：

1. 保存记录的方法。在史官的任务中，最重要的是写起居注。如果没有可靠的起居注，修史工作势必陷入依靠无法证实的关于皇帝行为的谣传的危险。担任侍讲的官员是最接近皇帝的人，因此宜指定他们每天轮流担任起居注的作者。大学士在与皇帝秘密商议后，应立即将必要的情况告诉起居注作者。他们还应抄下所有的圣谕、诏、旨、策文，等等，以及大学士的题稿。除此之外，应指定六名有经验和有学问的史官，根据政府各部门的奏议编纂政纪。每一名官员应负责六部中一部的活动领域。这些官员不应担任其他任何职务，不允许以任何理由旷职。

2. 关于随侍皇帝的起居注作者在不同种类的召见中应选取的地方的规定。起居注作者应始终在靠近皇帝的地方，这样他才能清楚地

① 见《大明会典》〔465〕，221，第7—9页。

② 奏议的日期是1575年4月7日。李焯然新近发现〔见《焦竑之史学思想》〔321〕，《书目集刊》，15，4（台北，1982年），第42—43页，注51〕，这篇奏议确是张四维（《明人传记辞典》〔191〕，第103—105页）起草的，并收入他的《条麓堂集》〔38〕（跋于1596年；东京，1975年影印），8，第14—15页，和陈子龙等编《皇明经世文编》〔57〕（1638年；台北，1964年重印），373，第1—5页（见本章，《经世文》）。由于这篇奏议只作了小的修改就以张居正的名义呈给皇帝，后来的作者包括今天的作者在内，就把他的作者身份视为当然，并用他的文集《张文忠公全集》（晚明；重印，《国学基本丛书》，第309卷，台北，1968年）的原文，4，第53—56页。不十分全的原文，见《明实录·神宗实录》〔380〕，35，第825—831页；孙承泽：《春明梦余录》〔485〕，32，第25—29页。此外，吴晗的《读史劄记》〔594〕（北京，1956年；1961年重印）第165—166页作了部分引证，今西的《明季三代起居注考》〔273〕第611—620页引证了全文，并附解释。《大明会典》〔465〕中的有关章节，见211，第7—8页（第2040页）。

③ 间野潜龙：《明实录研究》〔370〕，重印，《明代文化史研究》，见《东洋史研究丛刊》，31（东京，1971年），第1—134页。

看见和听到正在进行的一切。当皇帝与大臣进行秘密商议时，史官也许不宜在场，但在召见结束后，该大臣应立即将圣谕和上述商议用密封信报告史馆。

3. 向史馆转送文献。大学士应命令将保存在内阁的内阁奏议和由"两房"①官员具稿缮写的圣谕、诏书、敕旨的副本送史馆。应复制其他政府部门的奏议和皇帝对该部门奏议的敕答。应将整个文献的副本送内阁，然后转送史馆。时政的讨论应编入各政府部门的奏议中。

4. 忠实记录的重要性。由于起居注将是据以编纂实录的唯一资料，准确性比优美的文笔更加重要。皇帝的言辞必须逐字逐句地记录，而不要做文章。奏议的原文，只有次要的无足轻重的问题可以省去。只有因表达不清而难以理解的地方，才可以稍加修改。否则应一字不易地记录原文。要弄清楚因果关系。在任何情况下都不能变更或修饰内容。必须严格禁止史官发表他个人的褒贬意见。

5. 这一段论述给史官提供工作的地方和设备，这里不讨论。

6. 妥善保管的处所。在古代，国史被称为石室金匮之书，②因为它被妥善保管以备传诸后世。明朝也是这样做的。每月有一小箱，每年有一大箱。它们应被放置在东阁③的左右房。史官每月编成的草稿，应装订成七册，一册为起居注，六册为来自六部的材料。每册的封面应注明年月和负责史官的姓名。完成的册子要送大学士审查，放进一只小箱，用文渊阁的印章加封。到了年底，内阁和史官要打开箱子，取出各月的草稿，将它们放进一只大箱子，用同样的方法加封，从此不再开启。

7. （这一段论述缮写者应遵守的规则，这里不讨论。）

---

① 这是指内阁东诰敕房和西制敕房，两房指派中书舍人（贺凯：《明王朝政府组织》[265]，第31页，注4）。见沈德符《两殿两房中书》，载《野获编》[468]（1619年；北京重印，1959，1980年），9，第247—248页；山本隆义：《明代内阁制度的建立与发展》[599]，《东方学》，21（1961年），第87—103页，特别是第95页。

② 见司马迁《史记》[477]（约公元前90年；北京重印，1959年），130，第8页；巴顿·沃森译：《中国伟大史家的记录：译自司马迁的〈史记〉》[559]（纽约，1961年），第50页。

③ 东阁也许指内阁的建筑，左右房也许指诰敕房和制敕房（见前，注①）。但这个推测不能证实。

8. 处理这篇奏议之前的事件。万历朝的头两年（1573 年和 1574 年）和第三年（1575 年）的头几个月，起居注和六部奏议的原文，应根据现有的文献材料按照事实记录下来。

这篇奏议说明，在恢复编撰起居注以后，这些文献仅构成为编撰实录而收集的材料的一小部分。大部分取自六部的奏议，它们也通称时政记。①

官方的时政记现在尚存一个残缺的样本，时期是 1127 年。明代有一种类似的著作不是官方文献，而是有接触政府档案机会的官员的私人著述。② 有许多万历、泰昌和天启时期的残缺不全的起居注抄本，保存在中国和日本的几个图书馆里。③ 起居注是后来编撰实录的基础。

但是，某些时期在起居注和实录之间有一个中间阶段。这就是日历，它只涉及几年。我们知道，在 1373 年曾命翰林院选出一个班子编纂《大明日历》。这项工作是在监督之下在宫中一个严格禁止外人进入的特殊部分进行。清晨，班子成员一起去到他们工作的屋子，吃饭也在那里，到傍晚才一起回到翰林院的集体宿舍，也是与外界小心地隔开的。从 1373 年 9 年 20 日至 1374 年 6 月 11 日差不多 9 个月中，当工作进行时，编纂者不许与外人接触。整个事情严格保密，这是为了防止有利害关系的人企图影响编纂者。要求他们只能把他们的编纂建立在可以得到的文字材料的基础上。这是根据皇帝颁布的规章，规章还说，著作完成后应受皇帝审查，保存在金匮中。然后把一个副本存放在秘书监。④

---

① 杨联陞：《中国官修史书的结构》[609]，见 W. G. 比斯利、E. G. 普利布兰克编《中国和日本的史家》（伦敦，1961 年），第 45 页。

② 沈德符：《野获编》[468]（1619 年；1869 年重印），8，第 25—26 页。

③ 见今西《明季三代起居注考》[273]，第 597—615 页；陶元珍：《万历起居注》[502]，《文史杂志》，4，7—8（重庆，1944 年），第 54—56 页。

④ 关于纂修"日历"的唯一详细的记述，是黄佐写于 1560—1566 年间的《翰林记》[258]（6.2.7），第 13 章；《修日历宝训》（重印，《丛书集成简编》，台北，1965—1966 年），第 159—160 页。《明实录·太祖实录》[380]，仅第 1507 页提及纂修的敕命，日期是洪武六年九月四日（1373 年 9 月 20 日），和第 1573 页提及完成的敕命，日期是洪武七年五月一日（1374 年 6 月 11 日）。又见宋濂《大明日历序》[489]，载《明文在》，薛熙编（1889 年；台北重印，1968 年），第 353—354 页。

史官的主要任务是编撰实录，其他工作只是为这一任务作准备。但是，掌管编撰工作不专属史官，还有一个广大得多的官员集团参与其事。根据《大明会典》[1]中制定的规章，大学士要担任总裁，翰林院学士担任副总裁。他们由皇帝任命，任务是规定纂修条例，检查纂修官[2]准备的草稿，纂修官是从内阁、翰林院、詹事府、春坊和司经局选出的。催纂和誊录则是诰敕房和制敕房选派的。

实际的纂修者名单表明，这些规章从 16 世纪初起就被严格遵循了。即使在更早的时期，做法也似乎大体上跟后来的规章一致。纂修官总是翰林院的居多。有时候，显然有 20 或 20 多个编修。只有很少的——有时没有——纂修官是从别的部门来的。此外，誊录和催纂主要选自品级较高的官员，或者，至少也是国子监的生员。总之，参加纂修工作的人的数目相当大。例如，纂修于 1522—1525 年间的《武宗实录》开头的名单，记录了参加纂修的 97 人的姓名和官职。[3] 此外，肯定还有许多职员、随从和仆人。

这项工作的挂名领袖是监修。名义上他是总裁的上级，但实际上对工作似乎无多大影响。他必须从世袭贵族的最高等级公或侯中选出。以《武宗实录》为例，监修是公。3 位总裁是大学士兼尚书（正二品）。[4] 2 个副总裁，一位是翰林学士（正五品），另一位是侍讲学士（从五品），40 个纂修，8 位是侍读（正六品），3 位是修撰（从六品），21 位是编修（正七品），8 位是检讨（从七品）。3 位催纂是太常寺卿（正三品），尚宝寺卿（正五品）和中书舍人（从七品）。47 个誊录，2 位是尚宝寺少卿（从五品），1 位是吏部员外郎（从五品），3 位是大礼寺右寺副（从六品），6 位是中书舍人（从七品），1 位是翰林院待诏（从九品），1 位是光禄寺署丞（从七品），3 位是鸿胪寺

---

[1] 《大明会典》[465]，221，第 3—4 页（第 2938 页）。

[2] 用 Compiling officer 译纂修官，是为了区别于 Compiler——史馆的修撰和编修。

[3] 这份名单在《明实录》[38] 的台湾新版（1961—1966 年）中有，但在南京版中没有。《实录》在纂修敕命的日期下有不完全的名单，各种《实录》研究中的名单均引自这里。特别见间野《明实录之研究》[370]。

[4] 不同官职的品级载《大明会典》[465]，第 10 章。

主簿（从八品），12 位是鸿胪寺序班（从九品），2 位是译字官（无品级），可能来自四夷馆，15 位是国子监生员，1 位是翰林院秀才。最后，有一个官员掌收一应文籍和一个尚宝寺少卿（从五品）。

对整个《明实录》来说，得不到像这样详细的参加纂修工作的官员的名单，但从《太宗实录》起，尚存的名单中开列的 60—100 个官员的名字，他们的官衔与纂修《武宗实录》的官员的官衔相似。因此，完全可以把它们看成是全部《明实录》的纂修班子的典型。指派数目相当多的高级官员参与纂修工作，也表明这项工作的重要性。在誊录中发现有品级高至从五品的官员是令人吃惊的，我们不得不怀疑他们是否真的做抄写工作。专门的史官只做小部分纂修工作，它主要是由翰林院和内阁在其他几个政府部门的官员的帮助下完成的。实录的纂修是在最有权势的政策制定官员——大学士的监督下进行，这一事实进一步证实了它的重要性。

实录的纂修主要是一件政治工作，而不是一种超然的学术活动。由于监督纂修的大学士往往卷入了前朝的政治争论，他们当然渴望将他们的个人观点注入原文而牺牲与之对立的观点。此外，他们有时候还可以表达地区或集团的观点。因此，《明实录》的政治偏见一直受到同时代学者的严厉批评。①

但是，大学士在规划当前的政策上有许多紧迫的事情要做，只能偶尔过问纂修工作。他们参加决定凡例的工作，但不得不把直接的监督任务留给副总裁，后者没有多少别的任务，从而在纂修工作的监督中处于关键地位，因为他们是纂修官的上级。崔纂的名字总是列在纂修官之后，他们的作用也许仅限于纂修的组织和技术方面。他们对内容没有影响。除去嘉靖和万历两个皇帝的实录（均用了 10 年）外，纂修工作通常用 3—5 年。

实录不是为了刊行。在一朝的实录纂修完成后，将正本在一个精心规定的仪式上呈给皇帝，仪式的规则最初是在 1403 年确定的，后

---

① 例如，见吴晗《读史劄记》[594]（第 156—161 页）和本文作者《明代（1368—1644年）的实录》[175]（载《中国和日本的历史家》，第 66—73 页）所引。

来在 1536 年和 1577 年作了修改。[①] 实录和宝训[②]在一个庄严的行列中从史馆送到奉天殿和华盖殿。纂修班子的全体官员身着朝服跟在后面。然后，在皇帝面前和礼乐声中，将实录和宝训置放于华盖殿。第二天，它们在另一个有皇帝参加的庄严行列中被送到皇史宬，在皇帝面前封存。

这些记录不允许再拿出来。它们是供后代纂修正史的主要资料来源。一两天后，设官宴邀请纂修领导班子成员参加，每人都得到赏赐，有时以升官的形式出之。[③]官宴上的菜肴和给予总裁、副总裁和纂修官等人的赏赐的数目均有严格规定。[④]

副本留作参考，对它的使用听命于皇帝、大学士和史官。它置放在内阁。为了保密，所有的草稿和初步的抄本均在太液池（紫禁城西边的一个人工湖）东边的椒园内销毁。销毁时参加纂修工作的全体官员都必须在场。[⑤]在纂修实录时，认为适于刊行的皇帝诏令被选出来，按题分类，另编成册，这就是皇帝的宝训。

实录原稿的保管是一件大事。1492 年，大学士丘濬（1420—1495 年）在一篇长篇奏议中建议——就所知，是第一次——实录应有一套新抄本保存在专门为保存实录而修建的建筑里。[⑥]他的建议没有实行。在过了 40 多年以后，皇帝才同意大学士张孚敬（1475—1539 年）的一个类似的建议，下令抄写以前诸帝的实录。[⑦]像任命纂修班子那样任了一个专门的班子负责抄写工作，也有监修、总裁

---

① 见俞汝楫 《礼部志稿》[622]（1602 年；重印，《四库全书珍本初集》，第 73 至 77 函，上海，1935 年），22，第 16—21 页；和《明实录·世宗实录》[380]，第 4004—4006 页。

② 关于宝训，见本节下文。

③ 例如，见《明实录·宪宗实录》[380]，第 935—939 页；《明实录·世宗实录》[380]，第 4015—4016 页；黄佐：《修书陞赏》，见《翰林记》[258]，13，第 168—174 页。

④ 《礼部志稿》[622]，39，第 10—11 页；37，第 5—6 页。

⑤ 见吴晗的引证《读史劄记》[594]，第 180 页。

⑥ 《明实录·孝宗实录》[380]，第 1209—1220 页，特别是第 1218—1219 页；《礼部志稿》[622]，46，第 8—9 页。

⑦ 《明实录·世宗实录》[380]，第 3635—3637 页。

等。同时，下令修建一座专门保存实录的建筑，正如丘濬原来所建议的那样。这座建筑于 1534—1536 年间建成，命名为皇史宬，通常将它译为帝国历史档案馆。

两年后抄写工作完成。新抄本在一个正式仪式上呈给皇帝，第二天当着皇帝的面在新的档案馆里封存。[①] 这座建筑在清代为同样的目的服务，并在 19 世纪初彻底翻修。这座建筑真是名副其实的"石室金匮"。[②] 它的厚墙是用坚固的砖头砌的，墙上只有很少的小窗口，原稿放在 100 多只金属箱子里。在 20 世纪 30 年代和 40 年代，这座建筑仍在那里，保持着它原来的样子。它坐落在皇宫东南，南池子南段路东。[③]

纂修正史——官修史书的最终产品，是史官的另一个任务。元朝的正史是设在南京一座佛寺里的一个史馆纂修的。[④] 1594 年，开始了纂修到这年为止的明朝正史的工作。像修实录那样，任命了一个班子，以王锡爵（1534—1610 年）和其他大学士为总裁，另外一些高官——大多数是翰林院以外的——为副总裁，和 19 个纂修官，多数是翰林院的修撰、编修或检讨。[⑤] 但 1597 年宫中失火，烧毁了所有的草稿和资料，这项工作就搁置起来，显然再也没有恢复。[⑥] 由于那时没有进行修实录的工作，实录的纂修未受到火灾的影响。

---

① 《明实录·世宗实录》[380]，第 4001—4010 页。

② 见本章注第 708 页注②的有关正文。

③ 《大明会典》[465]，221，第 4 页（第 2938 页）；孙承泽：《春明梦余录》[485]，13，第 1 页；神田信夫：《皇史宬》[281]，《历史辞典》，III，第 239 页。关于皇史宬的实际情况，见袁同礼《皇史宬记》[624]，《图书馆学集刊》，2，3（1928 年 9 月），第 443—444 页；今西春秋和小野胜年《文渊阁、寿皇殿、皇史宬参观记》[274]，《东洋史研究》，5，1（1939 年），第 78—79 页和第 81—82 页。皇史宬的照片见张国瑞编：（故宫博物院文献馆现存）《清代实录总目》[36]（北平，1934 年）。

④ 黄佐：《翰林记》[258]，13，第 165—166 页；李晋华：《明代敕撰书考》[320]，《哈佛燕京国学引得丛书补编》，3，第 3—4 页。又见牟复礼《诗人高启》[399]（普林斯顿，1962 年），第 147 页以下各页。

⑤ 《明实录·神宗实录》[380]，第 5038—5040 页；《明史》[41]，217，第 5731—5732 页。

⑥ 《明实录·神宗实录》[380]，第 5817 页。

有关历史或作为历史资料的
明代政府出版物

明朝官修史书最重要的产品是《明实录》。[①] 本来，实录是准备秘密保存于宫中而不是打算出版的。然而，有几种私人抄本保存下来，现在可以得到其中两种抄本的影印本。对所有的明史研究者，它们都是最重要的资料。[②] 只在有了一种与新版二十四史相类似的新的校点本后，才可能对这种资料作出更充分的评价。

在明朝的 16 个皇帝中，现存 13 个皇帝的官修实录。建文帝和景泰帝的实录，分别包括在《太宗（成祖）实录》和《英宗实录》中。由于明朝的灭亡，没有为最后一个皇帝修实录。包括在印出的实录中的所谓《崇祯实录》是私人纂修的。没有必要在这里对 13 部实录一一加以讨论，因为这个工作在别处已经做了。[③] 按照涉及的时间，篇幅的变化在 8—596 卷之间。它们总共将近 3000 卷，分为 500 册（1940 年版本），或 133 册（1963 年版本）。

在材料的安排上，实录遵循编年体。它严格按照年月日的顺序，记录皇帝或以皇帝的名义采取的行动，以及重要的政治事件。这些记录自然而然地包含了对帝国政府有用的信息。记录下来的事实大多以奏议摘录的形式出现，因为主管官员是以这种方式把事件向皇帝报告的，再有就是有关诏令的摘录。此外，高级官员的任命、调动或停职，跟惊人的自然现象一样，通常均有记述。

但是，没有必要把事件记录在它们实际发生的那个日期下，而是

---

① 论《明实录》[380] 的著作，见傅吾康：《介绍》[172]，第 8—23、30—33 页和列出的参考资料。最近的是间野的《明实录之研究》[370]，1963 年修订本，第 1—133 页。

② 傅吾康：《介绍》[172]，第 23 页。

③ 傅吾康：《介绍》[172]，第 30—32 页；更全的，见他的《明实录的纂修与传统》[171]，载《汉学研究》，1（北京，1943 年），第 12—33 页；新近的有间野《明实录之研究》[370]，第 6—69 页。

记录在向皇帝报告和在皇帝面前讨论的那个日期下。如果事情发生在很远的地方，那么，在事件发生之后和传到朝廷之前可能有相当长一段时间。在报道一个高官死亡的那个日期下，通常附有他的小传。每年年终，有关于人口、岁入和外国"进贡"使节等等的统计资料。

从明代实录的纂修组织来看，显然这是一件重大的政治任务。有些总裁和纂修官因表现出由于个人好恶而产生的偏见，受到后来作者的严厉谴责。由于实录的绝大部分是由官方文献的原文和有关政府活动的枯燥报告构成，作者表示个人意见的机会主要就在于选择某些文献和压下另一些文献。这样，事实和事件可能被大大地曲解。此外，也可以用压缩文献的方法来故意歪曲原意，即使这违反了规章。除了这些之外，就很少有机会塞进非常含蓄的褒贬暗示了。还从来没有过对任何故意伪造文献的指责。如果文献本身（如奏议）包含了错误的陈述，纂修者也没有责任去改正它。无心的错误在实录中决不在少数。

上面提到的偏见，不仅限于按照儒家政治伦理观的一般标准进行褒贬，就像一切中国历史家所普遍承认并运用的那样，而且与高层的许多集团和个人有密切联系，他们在日常政治生活中互相进行斗争。至少有一次皇帝本人也被卷入了。这不仅说明这样一个事实，即如果大学士之间发生了重要变动，正在纂修中的实录要修改，而且也说明这样一个事实，即在两个已知的例子中，已经完成并封存起来的实录，也一反惯例和常规，又拿出来重写。

第一个皇帝太祖的实录就是这样处理的。第一次纂修是在太祖的孙子和继承人建文皇帝统治时完成的。事情很明显，1402 年篡夺了王位的燕王，他是太祖的第四个儿子和建文皇帝的叔父，不能让他父亲朝的实录原封不动。因为它宣称他的侄子是皇位的合法继承人，从而给他打上叛逆的烙印，并把他篡位的事传给后代。所以他下令重修。

新稿完成后，据说旧稿被销毁。但即使这个在几个月内完成的新稿，也不能令皇帝满意。几年后他指出，纂修者没有用正确的态度对待他们的工作，他们完成得太快，因而不彻底。第三稿在工作了七年之后完成，这是唯一传下来的。到了明代中期，它已经是所知的仅存的一部。这最后一稿由于它的许多错误而一直受到严厉的批评。早在17世纪，钱谦益（1582—1664年）在一篇渊博的《太祖实录辨证》（1.1.1）中，即批判地讨论了它的可疑章节。

出于同样的理由，建文皇帝（统治时期1399—1402年）的实录的真实性是可疑的。据一些人说，这个时期的一些事迹在万历朝被补充进《太祖实录》。它们不包括在这些实录的现存抄本中，而构成了《太祖实录》的头九卷，有些抄本有副题《奉天靖难［事］迹》，在这个标题下叙述了燕王的篡位。由于这几卷用了建文皇帝的年号，而这个年号在万历朝之前没有正式用过，因此不清楚它们是同《太祖实录》的其他部分一起纂修的呢，还是后来补充进去的（见1.1.2）。

景帝朝的实录也有类似的问题，景帝是在他的哥哥于1449年被蒙古人俘虏后即位的。统治了八年之后，他被一次支持他哥哥的政变所废黜，这时他哥哥已被释放回来；他在几天后死去。《英宗实录》（1.1.5）包括从1436—1464年的三朝，景泰朝的实录（卷187—262）跟在它之前和之后的实录同样详细，但有一个特别的副题叫做《废帝郕戾王附录》，并分开立卷，即卷5—91。偶尔有一些明显反对景帝和这时起主要作用的于谦（1398—1457年)[①] 的偏见。正是他在这危急的日子里，在英宗皇帝被蒙古人俘获后，挽救了明朝，使其没有过早地灭亡。于谦在1457年的政变中，以莫须有的罪名被杀。

但是，早期的批评没有特别指责《英宗实录》的这一部分，像它们指责建文时期的实录那样。16世纪末，有一篇奏议要求为惠帝和景帝纂修单独的实录，奏议的作者沈鲤没有举出任何内容上的缺陷作为这个建议的根据，而只是从规格上强调，后来被承认为合法的皇帝的实录应单独纂修，而不应附在别的皇帝的实录中。[②]

---

① 《明人传记辞典》[191]，第1608—1612页。
② 《礼部志稿》 [622]，97，第8—11页；沈鲤（1551—1615年），《明人传记辞典》[191]，第616页。菲利普·德·希尔博士关照本文作者注意《实录》中的实际偏见。

最严重的争论是围绕《光宗实录》（1.1.12）的争论，光宗是明朝统治时期最短（仅一个月）的一个皇帝。这些争论是由东林党人及其同情者与他们的对手之间的政治斗争激发起来的。进入 17 世纪后，这个斗争愈演愈烈，《光宗实录》遂成为党派论争的牺牲品。这部实录最初是在接近东林集团的人士的主持下纂修的。但当反东林集团在臭名昭彰的宦官魏忠贤①周围团结起来以后，东林党人大都被从政府中清除了。于是发出了一道圣旨，纂修一部类似于"白皮书"的《三朝要典》（2.8.4）。它的主要目的是指责东林党，为反东林集团的政策辩护。这项工作在 1626 年完成。于是，已于 1623 年完成并保存在皇史宬的《光宗实录》被启封，按照《三朝要典》进行修改，尚未完成的万历朝实录的有关部分也一起进行了修改。② 这一不平常的做法，只有永乐朝修改《太祖实录》可与之相比，但后者的主使者是皇帝本人，而前者则是在官员中的一个党派集团和宦官的怂恿下进行的，皇帝只扮演一个被动的角色。

嘉靖时对《孝宗实录》（1.1.7）提出了类似的建议，它是在大学士焦芳③主持下纂修的。由于批评者一致谴责焦芳歪曲事实和诽谤他所不喜欢的人，建议修改实录并非没有理由。皇帝也承认这一点，但他仍然不愿照建议去做。④ 在《光宗实录》问题上，皇帝显然既无决心也无实权阻止有利害关系的集团进行别有用心的修改。

天启皇帝死后，当东林党人重新掌权时，《光宗实录》再次重写。先前的改写本连同《三朝要典》被销毁。现存的 1628 年本，偏见一点不比第二次稿本少。这些争论也涉及《宪宗实录》（1.1.11）的最后一部分，但全部修改在纂修完成之前就开始了。

除去这两桩官方重写已经完成并已保存在皇史宬中的实录的公案外，还应提到一桩私人干预实录的已知公案。在保存的《熹宗实录》

① 《清代名人传略》[271]，第 846—847 页。
② 孙承泽：《春明梦余录》[485]，13，第 18—26 页；刘心学：《四朝大政录》[348]（2.8.18）（17 世纪初；重印，《国学文库》，46，北京，1937 年），第 38—42 页。
③ 《明人传记辞典》[191]，第 233—234 页。
④ 沈德符：《补遗》，见《野获编》[468]（1619 年；1959 年重印），1，第 801 页。

（1.1.13）中，天启四年和七年（1624 年和 1627 年）有几个月的记录不见了。这一短缺早在清朝的最初几年就被注意到了，当时纂修《明史》的准备工作刚刚开始。

据当时的人朱彝尊（1629—1709 年）[1] 记述，这几部分据传是在顺治初期被明朝变节者冯铨删除的。冯铨曾是魏忠贤党羽，在纂修《三朝要典》和迫害东林党中都起过作用。早在 1644 年他就听命于满族人，1645 年被征服者任命为大学士。同年在为准备纂修正史而启封实录时，他趁机秘密消除了包含有不利于他的章节的部分。对《熹宗实录》失踪部分的这个解释，被后来的学者所接受，再未认真地提出过疑问。[2]

在纂修和对待实录时所持的政治偏见，很早就引起强烈的批评。明代的作家如王鏊（1450—1524 年），[3] 郑晓（1499—1566 年），[4] 郎瑛（1467—约 1566 年），[5] 沈德符（1578—1624 年）[6] 和其他一些人从总体上谴责《明实录》。《国榷》（1.3.7）的作者谈迁（1594—1658 年）[7] 的批评，可以看成是比较宽厚的。他写道：

> 史之所凭者，实录耳。实录见其表尚不见其里。况革除之事，杨文贞未免失实。泰陵之盛，焦泌阳又多丑正。神熹载笔者，皆逆奄舍之人。[8]

---

[1] 《清代名人传略》[271]，第 182—185 页；朱彝尊：《书两朝崇信录后》，见《曝书亭集》[105]（1714 年序；重印，《四部丛刊》，第 155—156 页，上海，1926 年），45，第 12 页。

[2] 《清代名人传略》[271]，第 240—241 页。

[3] 《明人传记辞典》[191]，第 1343—1347 页；王鏊：《震泽长语》[531]（4.5.10）（16 世纪初；《纪录汇编》，1617 年；上海重印，1938 年），125，第 12—13 页。

[4] 《明人传记辞典》[191]，第 200—204 页；郑晓：《今言》[64]（4.2.2）（1566 年；重印，《纪录汇编》，144—147，1617 年；上海重印，1938 年），145，第 2 页。

[5] 《明人传记辞典》[191]，第 791—793 页；郎瑛：《七修类稿》[304]（4.3.3）（1566 年或其后；北京重印，1961 年），13，第 190—192 页。

[6] 《明人传记辞典》[191]，第 1190—1191 页；沈德符：《野获编》[468]，8，第 223—234 页。

[7] 《明人传记辞典》[191]，第 1239—1242 页。

[8] 引自姚名达《邵念鲁年谱》[614]（上海，1930 年；1934 年重印），第 16—17 页。

最后一句话透露出，作为一个不同的阶级的成员，所有的官员都有对宦官的偏见。尽管有些宦官出身于上等人家，尽管有许多官员或甚至大多数官员同宦官合作，利用宦官达到自己的目的，但他们总是热心于为他们的干下坏事的同僚在宦官中找替罪羊。[①] 虽然某些宦官被认为是"好太监"，但总的来说，几乎在一切历史著述中，不论是官修的还是私修的，对宦官的强烈偏见是明显的，因为作者几乎无一例外都是官员，或至少也是绅士阶级的成员。他们中的极少数（例如沈德符）表现出某种比较宽宏大量的态度，企图做到公平，甚至超越了他们自己的阶级的限制。宦官写的书尚存少数。刘若愚的《酌中志》（约 1638 年）（4.2.7）是最重要的之一，其中包含有许多只有太监才知道的宫廷生活的细节。

明代作家在时间上离他们所写的事件仍然相当近，对它们有个人的看法。这样，他们更有可能强调《明实录》的消极方面而不是它的积极方面。清代历史家有一种更积极的态度。也许，他们生活的年代距离实录中涉及的事件越远，他们越能作出更客观和实事求是的判断。《明史》的主要纂修者之一徐乾学（1631—1694 年）[②] 写道：

> 明之实录，洪永两朝最为率略。莫详于弘治，而焦芳之笔，褒贬殊多颠倒。莫疏于万历，而顾秉谦之修纂，叙述一无足采。其叙事精明而详略适中者，嘉靖一朝而已。仁宣英宪胜于文皇，正德隆庆劣于世庙。此历朝实录之大概也。

直到万历中期（16 世纪末），实录似乎是不公开的。但 1588 年，

---

① 已故海因茨·弗赖斯在他未发表的论明代宦官的政治作用的资格论文中，详尽阐述了这个题目；又见乌尔里克·汉斯—理查德·马米特希《魏忠贤（1568—1628 年）：对晚明太监与党争的重新评价》[368]（安阿伯，1968 年）。

② 《清代名人传略》[271]。第 310—312 页。原文引自《修史条议》[231]，在刘承幹编的《明史例案》[347]（1915 年；复制重印，北京，1982 年）中，题为《徐健庵修史条议》，见该书卷 2，第 10 页。徐乾学为他的历史编纂评论写的序言，可以在下列书中找到：《明史例案》2，第 1 页和徐乾学的《憺园文集》[232]（1697 年；重印，《清名家集汇刊》，昌彼得编，台北，1979 年），19，第 20—21 页。

内阁中的副本由于经常使用而磨损破烂，下令重抄。只有当这件工作在 1591 年完成后，实录的稿本或它的有些部分才在皇宫之外流传。以后，富贵人家想拥有一部实录的抄本以显示门第，为抄写而付出的费用持续上升。由于这种需求，实录的原本经常被誊写。但因这些抄本主要是作为商品而不完全是为了学术目的，抄写往往粗心大意和不准确。在许多情况下，抄本拥有者把涉及他个人或他特别感到兴趣的事件，按照自己的爱好对原文进行修改、压缩或补充。出自原本的抄本就这样有了改变，当然就或多或少地背离了原本。这特别适用于嘉靖皇帝及其后的实录。① 在现存的实录抄本中经常并大量存在的不一致，也许就是这样产生的。②

值得注意的是黄虞稷③的《千顷堂书目》——这是明代所著的最完全的书目（它的分类法与《四库全书总目》的分类法有所不同）——在第二类（史部）的开头有名为"国史"的纲目。这个细目依次列出实录、《大明日历》（这在 17 世纪大约还在）、《宝训》、一些不再存在的《圣政记》和明朝早期的《年表》、《明伦大典》（6.4.2）、《三朝要典》、万历朝起居注和一种《内值日记》。④

明史馆的其他成果首先是 212 卷的《元史》。它是在 1369—1370 年间总共不到一年的时期内完成的，这部历史没有给明史馆增加声誉。它被认为是一部编得拙劣、不完善和不准确的作品，是官修史书

---

① 浅野忠允：《明实录杂考》[1]，《北亚细亚学报》，3（1944 年 10 月），第 254—285 页。
② 关于尚存手抄本的传播和两种刊本的起源，见傅吾康《介绍》[172]，第 22—23 页；间野：《明实录之研究》[370]，第 91—115 页。
③ 黄虞稷（1629—1691 年），见《清代名人传略》[271]，第 355—356 页；《千顷堂书目》[260]（17 世纪后期；重印，《适园堂丛书》，1，台北，1967 年），177，第 1—6 页。据编者张钧衡的跋，这个目录是《明史·艺文志》[41] 的主要资料来源。又见王遵通（音）《黄虞稷（1629—1691 年）〈千顷堂书目〉史部新校注本》[556]，学位论文，吉隆坡，马来亚大学，1968 年。
④ 关于《大明日历》，见本章第 709 页注④及有关正文；关于《宝训》，见本章注第 712 页注②的有关正文；关于《三朝要典》，见本章的《有关历史或作为历史资料的明代政府出版物》。关于万历朝起居注，见本章的《国史馆》。

中最差的一部。①

1473 年奉敕纂修、1476 年完成的《续资治通鉴纲目》，也不比《元史》好多少。它被看成是朱熹的《资治通鉴纲目》的续篇，根据的是他的著名的凡例，包括宋元两朝，大致上从 960—1367 年。它也跟朱熹的著作一样没有历史资料价值，不过可以看出它是怎样用官方的理学观点去评价宋元时期的，这种观点正盛行于当时。

另外许多与明史特别有关的官方出版物，是皇帝命令在史馆之外纂修的。其中最重要的有下列作品：皇帝有关明朝的基本政策和亲藩体制的指示，以及对子孙的告诫，初次刊印于 1373 年，此后经过反复修改（6.2.12）；②明朝第一个皇帝对臣民发表的公告（大诰），其中包括告诫、禁令和惩罚条款，分发给各级官吏，刊印于 1385 年至 1387 年（6.3.2）；1397 年的《大明律》及其前身 1368 年的《大明令》（6.3.3）；目的在于加强农村居民的组织和管理的《教民榜文》（6.1.5 和 6.1.6），以及其他许许多多用于教育目的的官方出版物。这些出版物是打算通过宣传正统理学"钦定儒学"来提高皇帝的威信，培养忠臣顺民——用孔子的话说就是"尊美屏恶"，所以它们属于"善书"一类。③所有这些皇帝倡议的出版物构成了解明朝特别是它的第一个皇帝的统治特点的基本资料。

1393 年，第一次编出 10 卷《诸司职掌》（6.1.1）的法规供中央政府各机构使用。这部作品后来为更为详细的《大明会典》所取代，分别出版于 1503 年和 1587 年，各有 180 卷和 228 卷（6.1.2）。各种正式仪式的规则包括召见和接待外国使节，单独出版于 1530 年，名为《大明集礼》，53 卷（6.4.3）。这部作品包括祭器和仪式安排等等

① 牟复礼：《诗人高启，1336—1374 年》［399］，第 162—165 页，和《明人传记辞典》［191］，第 697—698 页和第 1227 页。李晋华在 1932 年发表一篇《明代敕撰书考》［320］，见《哈佛燕京国学引得丛书补编》，3。

② 《皇明祖训录》［386］（6.1.12）（1373 年；重印，《明朝开国文献》，台北，1966 年），第 1686 页。

③ 酒井忠夫在他渊博的《中国善书研究》［443］（东京，1960 年）中，列出 56 种这类官方出版物的有注释的名单。

的具体说明。

这些作品与过去朝代的汇编相似，不过更为详尽。它们成为后来清代编纂类似作品的样范。1456 年的 24 卷《寰宇通志》（8.1.1）和 1461 年的 90 卷带地图的《大明一统志》（8.1.2）也是这样。

还应提到一类文献。明代出版了许多"白皮书"。"官报"包含为政府的政策提供根据的皇帝批准的文件。有一部作品是关于嘉靖皇帝的父亲的庙号的争论的，这就是 1528 年 24 卷的《明伦大典》（6.4.2）。另一部作品涉及天启时期采取的反东林党行动，这就是 1626 年 24 卷的《三朝要典》（2.8.4）。

关于个别政府机构的半官方著作

官方的汇编和出版物不限于由皇帝倡议并在翰林院的监督下完成的作品。到 16 世纪下半叶，个别政府部门开始编纂有关它们自己机构的组织与活动的专著。不幸的是，它们很少保存下来。它们中最重要的之一是 1620 年的《礼部志稿》（6.2.1）。它是在前任和现任礼部领导官员组成的纂修班子的指导下完成的。这是一部 100 卷的综合性著述，包括行政与礼仪规定、诏谕、奏议和其他有关礼部及其下属机构的文献。还有从开国至天启初在礼部任职的高级官员名单。此外，还提供这些官员的传记资料和在礼部历史上起过重要作用的人的传记。有专文谈到这样一些题目如典礼、仪式、祭品、考试、礼节，与外国人的关系，以及公共设施如庙宇和学校，只要是在礼部管辖范围之内，都包罗无遗。这部著作含有实录或《大明会典》，《大明集礼》所没有的重要材料。

有些关于其他部门的专著是私人主动撰写的。这些著作现存的有关于南京户部和刑部的（6.2.3 和 6.2.5）。其他的则论述主管作坊和仓库，或者南京城外的船厂的具体部门（6.2.2 和 6.5.1）。也有谈翰林院的专著（6.2.7 和 6.2.9）。所有这些著述都包含有官方文献，它们必定是作者在他们仕途中的某一时期曾经接触过的。

这种半官方类型的一部独特的著作，是《万历会记录》（6.5.1），这是一本政府收支的官方记录，特别提到来自明帝国不同地区的各种赋税收入。它是由户部的五个大臣编就呈送皇帝的，刊印于1582年。这部著作包含统计表，并对隆庆末年的岁入提供了精确的数字。它提出了其他著作包括实录在内所没有的资料，是最重要的明经济史资料。

正如明代最完全的书目《千顷堂书目》的有关部分所表明的，有一大批关于财政管理和政府经济事业的这种半官方汇编，它们在清初尚可得到，但今天其中只有极少数保存下来。除去上面提到的之外，还有论述关于食盐管理（6.5.12和6.5.13）、关于灌溉和航道特别是大运河以及通过运河和海道运送的漕粮（6.5.4—9）、关于官用马匹的供应与抚养的组织和管理（6.5.16）、关于预防和解救饥荒（6.5.17—19），以及关于少数其他问题的专著。

半私的和私人的综合体和编年体编史工作

除去明显的是奉敕纂修并在许多情况下也是奉敕刊行的官方著作外，半官、半私和完全是私人的汇编之间的界限，在许多情况下很难划分。绝大多数有关历史的著作，不是在朝就是在野的官员所写。在朝的官员通常有接触官方文献的机会，可能以他们的官员资格进行撰写。这类著作尽管有某种程度的个人或集团偏见，但总的来说表达了政府的观点。在野的官员难于或不可能有接触官方文献的机会，可能感到他们可以更自由地表达个人观点甚至批评政府。

有些著作可以相当清楚地归于在朝的或在野的官员的名下，但其他许多著作却难于清楚地分类。此外，尽管在个人或集团之间有敌意和斗争，但所有的官员都有强烈的阶级意识。他们都是以官员的身份来写他们的同僚，不论在朝或在野。如上面提到的，他们原则上都对宦官抱有偏见，总是迫不及待地想把他们的同僚所做坏事的责任推到宦官身上。①

---

① 见本章的《有关历史或作为历史资料的明代政府出版物》。

因此，"半私"这个词是用于那些不能清楚区分的情况。《千顷堂书目》的作者黄虞稷（1629—1691 年）也注意到一些这样的问题。①有许多历史著作是作者个人主动用综合体编纂的，②其中有些遵循正史的体裁，有些则不。然而黄虞稷不仅把《元史》，而且把几种非官修的汇编列入正史类。其中现存的有，16 世纪后期邓元锡的《皇明书》（2.1.2）和 1634 年左右尹守衡的《皇明史窃》（2.1.4），它们都有纪传；后者还有志和世家。这样，它们就接近于官修断代史的体例，列入目录的其他著作则不完全遵循这种体例，而是包含一些大都可以并入正史类著作的部分。这类著作有：1567 年郑晓的《吾学编》（2.1.1），它有纪、表、传、述、考；1640 年何乔远的《名山藏》（2.1.5），它由 35 篇"记"（应为 37 篇——译者注）组成，内容包括本纪、诸王、世家、列传和志，和 1632 年朱国祯的《皇明史概》（2.1.3），它有纪和传，纪分为三部分，按年代和题目编排；传分为两部分。

这类中最重要，形式上最接近正史的两部著作，是明亡后明遗民所著，故未列入《千顷堂书目》。它们是查继佐（1601—1676 年）的《罪惟录》（2.1.6），它有帝纪、志、传；傅维麟（死于 1667 年）的《明书》（2.1.7），它有本纪、记、志、世家和列传。《明史稿》和《明史》（2.1.9）分别完成于 1723 年和 1736 年，是清朝的官修史书，基本上反映了清人对明朝历史的看法。

明代有许多编年体著作涉及不同的时期。最流行的有《皇明通纪》（1555 年，1.2.1），据说是陈建所著。这部书在后来的版本中有许多增补（1.2.2—12）。这是第一部内容广泛的明朝历史，起 1351 年，终 1521 年，即正德末年。它很快就流传开来。跟其他写于 16 世纪中叶以后的历史著作一样，《皇明通纪》根据的材料相当冗杂，对文献和传闻不加区别。它出版后不久，就受到严厉的批评，说它包含了错误的叙述，有歪曲史实之嫌。皇帝甚至下令禁止并销毁印板。但

① 见本章注第 720 页注③。
② 关于"综合体"，见杨联陞《中国官修史书的结构》[609]，第 44—59 页。

像过去和现在经常发生的那样，禁书只不过增加了书的名声而已。

它被反复重印、增补、重编，直到 1627 年，即天启末年。有朝鲜版和日本版。沈国元的《皇明通纪从信录》（1620 年，1.2.6）是其中很流行的一种修订增补本，有批语和旁注。作者改正了《皇明通纪》中的一些错误，他的本子被认为是这部著作最好的版本，尽管这样，他仍然不加区别地收入了各种各样的资料。与此大不相同的是，同一作者关于泰昌和天启时期（1620—1627 年）的《两朝从信录》（1621 年，1.2.6），则主要依据实录。

其他一些流行的编年体明史是在清初出版的。一部是《通纪会纂》（1.3.8），被认为是（可能是骗人的）锺惺（1574—1625 年）所著，此书写明朝历史到 1646 年为止。锺惺是著名诗人。也许由于他的名气，编者和出版商在他死后用他的名字来替伪作做宣传，这种做法在 17 世纪的中国似乎是司空见惯。

一桩臭名昭著的公案涉及《史纲评要》，这是一部起自古代终于元末的编年史。这部著作包含被认为是李贽写的评语。它在“文化大革命”中被“发现”并重印，当时李贽作为一个“反对儒家和赞成法家”的人物享有盛名。但是，四人帮垮台后，李贽的作者身份证明是假的，《史纲评要》则是晚明的一部抄袭之作，根据的是姚舜牧（1563—1627 年）的《史纲要领》（1610 年）。[1]

另一部流行的历史著作是《通鉴明纪全载辑略》（1696 年，1.3.9），它的有些版本甚至包括了南明，这部著作被认为是清初学者朱璘所作。德马拉甚至利用它编著他的多卷本中国史。[2] 尽管这两部著作都有许多不同名字的版本并广为流传，但作为史料都没有多大价值。与真正的官修作品相比，这类作品可以认为是真正的野史。

不过，在编年体历史著作中，也有比较博学的。包括下列几种：

① 陈学霖：《当代中国史评中的李贽（1527—1602 年）》[22]，第 125—151 页；《明人传记辞典》[191]，第 1565—1567 页。

② A. J. M. 德穆瓦里亚克·德马拉：《中国通史，或这个帝国的编年史：〈通鉴纲目〉译文》[140]（巴黎，1779—1785 年），第 10 卷。

薛应旂的《宪章录》（1573 年，1.3.1），终 1521 年；黄光昇的《昭代典则》（1600 年，1.3.2），终 1527 年；谭希思的《明大政纂要》（1619 年，1.3.5），涉及同一时期。

这类著述中最突出的，是谈迁的《国榷》（约 1653 年，1.3.7），起 1328 年，终 1645 年，包括了整个明代。它根据文献资料，写明朝的最后 25 年最为详尽。最后这部分占整个著作的六分之一。第一次铅印本根据几种不同的抄本校勘，1958 年出版于北京。①

有几部编年体著作只涉及有限的时期。关于明初的，可以举出吴朴的《龙飞纪略》（1542 年，1.4.2），起 1352 年，终 1402 年。这类著作中的大多数写嘉靖和隆庆两朝。范守己的《皇明肃皇外史》（1582 年，1.4.4）写嘉靖时期，据说包含实录所没有的资料。清初万言等人编撰的《崇祯长编》（1.4.9）是崇祯时期（这个时期没有修纂实录）的编年史。台北中央研究院保存的 66 卷手抄本，可能是现存最完整的。这部著作中有少数几章印成了文集。

第一部新颖的按题目编排的重要历史著作，是谷应泰的《明史纪事本末》（1658 年，2.2.11），它模仿《通鉴纪事本末》，在体裁上是综合体的一种变体。但它又不同于将司马光《资治通鉴》的内容重新整理的《通鉴纪事本末》，它所根据的明代资料范围很广，其中有不少现在已经失传。它被认为是最有用和最可靠的早期明史著作之一，经常被翻印，日本早在 1843 年就翻印了。

还有一种综合体的变体，是同一作者限于某一时期历史的各种论文的合集。这类著作一方面在内容上不如本节第一部分谈到的著作那样广泛，另一方面又区别于一个作者著作的总集。在中国目录中，这些著作通常列入史部的别史类。这类著作包括王世贞的《弇山堂别集》（1590 年，2.2.6）和《弇州史料》（1614 年，2.2.8）。

第二部著作是在作者死后编成的。两部著作偶尔有重复。前者包含若干论文、系谱、研究和重要的《史乘考误》。② 后者增加几种志，

---

① 这个版本的翻印本，1978 年在台北出版。

② 关于这部著作见本章的《引言　若干普遍趋势》。

其中一些涉及中国与外国人和这样一些国家的关系，如安南、哈密和蒙古，以及传记和传记材料、有关明史话题的各种评论。王世贞（1526—1590 年）①是 16 世纪的杰出学者和批判的历史著作这个新趋势的富于创造力的代表。

传 记 著 述

传记著述在中国各个时代的历史编纂中占有突出地位。所有断代史的主要篇幅都分给了列传。《明史》（2.1.9，明朝的正史）的 332 卷中有 220 卷是传。在大多数综合体的私家或半私家著作中，比例都相似。关于中国传记著述的主要特点，在别的地方已有论述，不必在这里重复。②在传记作品中，往往不能在历史和文学之间划一条严格的界限。已经有人指出，在中国，传记著述的主要目的是对死者表示尊敬并对他们的一生作出结论，而在 18 世纪的中国，这被认为是一个君子的义务。③

在 16 和 17 世纪，大多数明代人物传记的写作也是为了这个目的。这样，传记作品往往起到一种社会作用。所以尼维森用"社会传记"这个词来形容墓志铭或墓表、神道碑、祭文和其他这类纪念性的作品。④人们不期望这种社会传记对死者的人品和成就作出批评性的评价，而要求它们是一个朋友或与死者家庭有某种直接或间接关系的学者所写的颂文。

社会传记是一个学者的文艺作品中的重要部分，并往往占据他的文集的一大部分。除去死者的近亲或朋友所准备并通常是印出的行状

① 《明人传记辞典》[191]，第 1399—1405 页。
② 彼得·奥尔布里希特：《中国的列传》，《时代》，8，2—3（1957 年），第 224—235 页；崔瑞德：《中国的传记著述》[520]，见《中国和日本的史家》，W. B. 比斯利、E. G. 晋利布兰克编（伦敦，1961 年），第 95—114 页，和《中国传记问题》[521]，见《儒家人物》，芮沃寿编（斯坦福，1962 年），第 24—39 页；戴维·S. 尼维森：《传统中国传记的诸方面》[407]，《亚洲研究杂志》，21，4（1962 年），第 457—463 页。
③ 尼维森：《传统中国传记的诸方面》[407]，第 459 页。
④ 同上书，第 457—459 页。

外，这种"社会传记"包含了可以得到的最基本和最详细的传记材料，由于它们是在一个人刚死后写的，根据的是当时可以得到的最好的资料，一般也是最可靠的资料。

这类资料的两大集成，焦竑的《国朝献征录》（1616 年，3.1.1）和顾嗣立的《皇明文海》（1693 年，3.1.6），可以看成是明代传记的两部最杰出的合集。前者（有现代的重印本）终万历初期。① 这部合集除社会传记和行状外，还包括从实录中整理的传记、家史和其他各种资料。后者只有手抄本，② 包括整个明代和范围相似的传记资料。尽管这两部作品在内容上有些重复，但包含的材料有时不同。不过，在明代作家的文集发表的大量传记材料中，它们只占了有限的一部分。

后来官方或私家编著的历史著作中的"列传"，不同于这些"社会传记"。编写它们的作者通常与传记的主人翁没有密切关系。写传记的目的与其说是称颂，不如说是根据流行的道德标准和时代背景对一个人的生平作出不偏不倚的评价。这种评价可以用评论的形式直接地说出，或者通过将传记分类的方法间接地表达，如孝友、忠义，循吏或良吏、酷吏，等等。最后一类在明代的传记著作中不再出现，但在官修的新旧唐书中却占有突出的位置。③

这些后来的列传在很大程度上必须依赖较早的"社会传记"，即使在能将"行状"与高级官员和负责编撰的官员可以利用的官方档案相核对时，也是这样。作为一个整体，传记著作在形式和内容上比较受到传统限制的约束。大多数传记提供主人翁仕途中的重要日期、他的政绩、他的奏议的摘录，也许还有文学作品选录。除去少许赞美之辞外，很少涉及主人翁的性格和个人生活。这样许多大大小小的明代传记汇编，通常只不过编辑观点不同罢了，在内容上很少有什么重大区别。

---

① 8 卷（台北，1965 年）。

② 藏京都大学人文科学研究所。

③ 刘仁开（音）：《〈新唐书〉中的奸臣、叛臣和逆臣》[350]，学位论文，汉堡，1975 年。

另有几种传记集与上述两种相像。这类传记集通常按下面的类目编次：宗室，京官（通常按官职再细分），地方官，武官，具有突出道德品质如忠义或孝义的人，儒林，文苑，隐逸，佛道，也许还有烈女和外国。在每一类中，大致按年代编次。但是有一类大型传记集如过廷训的《本朝分省人物考》（1622 年，3.1.5），是按照人物原籍所在的省份和州县编次的。① 这部著作的存在，说明明代学者知道乡土关系在政治史中的重要性。

许多传记著作局限于以某种道德品质著称的人，特别是为效忠明朝而牺牲生命的人（3.2.4，3.2.6），如为了建文皇帝（3.2.1，3.2.2），为了天启年间的政治斗争（3.2.3，3.2.5），或为了明末时反对内外敌人（3.2.7—10）。

还有一些传记著作是专门收官吏的。其中的几部仿照朱熹的《名臣言行录》，从别的著作中选择著名官吏的传记材料并加以分类（3.3.2—8）。这类著作中规模最大的是徐开任的《明名臣言行录》（1681 年，3.3.2）。这部作品包括整个明代。另一部这类著作是李贽的《藏书》及其续集《续藏书》（3.3.15）。这部著作的新颖之处不在于它所述的历史人物，而在于他对历史人物所作的评价。②

一种用不同的方法介绍官吏的传记材料的著作，以 16 世纪晚期雷礼的《国朝列卿纪》（3.3.12）为代表，它在形式上接近于论述政府机构的著作。③ 它包括引言性的论述各政府官员的文章、有任命日期的职官表和官员们的传记。职官表比其他著作中类似的表更加完备。这种形式的传记著作很稀罕，但却是非常有用的。④

有些传记集专收一个特定地区的人，如祝允明的《苏材小纂》（3.5.1），朱睦樫的《皇朝中州人物志》（1568 年，3.5.2）。有些限于一个特定时期，如王世贞的《嘉靖以来内阁首辅传》（3.6.6）。⑤

---

① 有重印本可利用，30 卷（台北，1971 年）。

② 关于这部作品，见本章的《引言 若干普遍趋势》。

③ 见本章的《有关历史或作为历史资料的明代政府出版物》。

④ 有重印本，25 卷（台北，1970 年）。

⑤ 见本章的《引言：若干普遍趋势》。

最后，还有分类人物传记，如学者、诗人、方伎（3.4.1—5），军事长官（3.7.4），宗室成员（3.7.3）。最杰出的学者传记集，黄宗羲的《明儒学案》（3.4.6），前面已经提到。[①]

各种历史评论

在传统的分类法中，评论集或笔记一般分在子部的杂家或小说类。不过很明显，大多数笔记提供了有关历史问题的重要资料：

> 在多数情况下，［笔记］作者的目的是想为学术性的和机智的谈话提供材料，这个目的在这类作品的序言中常有说明。但作者往往希望写下自己的体验和见闻以补充正史。另一个目的是举例说明传统道德，例子好坏都有。最后，还有一个动机，它经常伴随其他的动机出现，这就是为了娱乐。由于是学者为学者而写，不言而喻，它们也反映出士大夫阶级的意识形态，包括这个阶级的全部传统观念。我们很少能了解下层阶级；大多数事件的记载来自有学识的官僚阶级。[②]

这些笔记的范围和内容可说是无所不包。许多主要的是谈论儒家经典、文学和较早时期的历史。这种笔记对明代的思想和思想史很重要。它们也讲述各种惊人的或流行的故事，对某一时代的生活和思想的各个方面提供了有价值的资料。但这类著作跟小说一样，不能在谈历史资料的一章中充分讨论，尽管小说以至诗歌对了解明代的文化与社会有极大的重要性。

我们将把讨论限制在对明代的政治和社会史提供了直接资料的笔记的范围内。笔记较之其他任何历史著作更是个人的；在笔记里，作

---

① 见本章的《引言 若干普遍趋势》。
② 赫伯特·弗兰克：《13 和 14 世纪中国私家历史著述的某些方面》[167]，见《中国和日本的史家》，第 116—117 页。

者的主观的、个人的态度变得很明显。因此，它们是真正意义的
"野史"。

　　然而《四库全书总目》和其他大多数传统目录无一例外地将笔记
通通列入子部，《千顷堂书目》适当注意到许多笔记的历史著作性质，
而把它们比较合适地列入史部中的别史和杂史类。有些笔记包括到作
者在世时为止的整个明代，往往有正史中所没有的有价值的资料。

　　它们中间最突出的，是沈德符的《野获编》（1619 年，4.1.5）。
他的笔记主要谈论历史、政治和制度问题，根据的是从他曾任京官的
祖父和父亲那里得来的材料，他自己在北京和别处的经历，以及其他
各种资料。作者的不带偏见和往往是非传统的看法，提高了这部作品
的价值。虽然此书被禁，但清代学者认识到它的重要性。它重编于
1713 年，重印于 1827 年、1869 年和 1959 年。[①]

　　这类笔记中常被引用的另一部笔记，是朱国祯的《涌幢小品》
（1621 年，4.1.6），他也是一部大型综合体明史的作者。[②] 也许卷数
最多的笔记是张萱的《西院闻见录》（1632 年，4.1.7）。[③] 它包含的
传记材料是按不同的人在某种情况下表现出来的道德或其他品质分类
的，这些人主要是官员。它包含的引文是按政府部门和这些部门内的
官员的职能编排的。引文引自奏议和其他著作，其中有些已失传。最
后一小部分以民俗和宗教为特点，内容主要引自其他资料。它一方面
接近于传记著作，另一方面接近于经世文。它是有用而重要的资料。

　　其他笔记如焦竑的《玉堂丛语》（1618 年，4.2.6），[④] 或刘若愚
的《酌中志》（约 1638 年，4.2.7），主要谈政府体制和官宦生活。它
们往往在国家体制上对正史和别史作了补充。《酌中志》谈皇宫中的
事件与活动，特别是最后四朝。它是由宦官写作的少数作品之一，因
而是有关晚明时期内廷事件和生活的重要资料来源，因为它没有反映

---

① 中华书局的新式标点本（北京，1959 年；第 2 版，北京，1980 年）。
② 现代铅印本（上海，1935 年；北京，1959 年）。
③ 哈佛燕京学社 1940 年初印于北京。
④ 焦竑：《玉堂丛语》[77]（1618 年），北京 1981 年出版新式标点重印本，台湾 1982 年
　 翻印。

官吏对宦官的偏见。

被《千顷堂书目》归入子部的其他比较一般性的笔记，含有与明史有关的材料。其中最突出的出版于《千顷堂书目》包括的时期之后。这就是顾炎武写于1671—1695年间的《日知录》。它涉及的题目范围广泛。这些笔记不像其他许多作家的笔记那样是随便写的，而是基于顾炎武广泛的阅读和旅行观察。它含有有关明史许多方面的有价值的资料。

对研究明代有用的其他作品有，郎瑛的《七修类稿》（1566年或稍后，4.3.3），何良俊的《四友斋丛说》（1573年，4.3.5），谢肇淛的《五杂俎》（约1600年，4.3.11），① 和焦竑的《焦氏笔乘》（1606年，4.3.13）。有的笔记如田艺蘅的《留青日札》（1573年，4.3.6）含有文化史和民俗学资料。有的如徐祯卿的《剪胜野闻》（约1500年，4.5.7）涉及过去一个有限的时期。笔记更经常谈论的是作者在世时的事件。李贤的《古穰杂录》（1460年以后，4.5.3）涉及的时期从宣德到天顺朝，而张瀚的《松窗梦语》（1593年；4.6.4）涉及嘉靖、隆庆和万历初期。

另外一些作品只涉及某一地理区域。大多数目录把它们列入地理和方志，包括这样一些作品如周晖写南京的《金陵琐事》（1610年，4.9.5），② 陆粲写江苏南部的《庚巳编》（约1520年，4.9.2），和屈大均写广东的《广东新语》（约1680年，4.10.2）。③

有些作者（如沈德符和顾炎武）专门对一些问题发表相当客观的批评意见，这些问题是他们通过自己广泛的知识和阅历所真正理解的。另一些作者（如郎瑛）专门搜集各种奇闻轶事。还有一些作者热衷于对某个问题、某些人和他们的行动发表自己的个人意见（如徐祯卿），或叙述他们自己的经历（如谢肇淛和李贤）。其余的作者是比较

---

① 这三部作品都有加标点的重印本：《七修类稿》［304］和《四友斋丛说》［203］（北京，1961年），《五杂俎》［213］（北京，1959年）。
② 北京重印，1955年。
③ 屈大均：《广东新语》［119］，圈点印刷本（约1680年；香港，1974年重印）。

没有偏见、见解比较开明的民间学者（如沈德符和田艺蘅）。如此看来，王世贞的批评不是没有根据的。[1] 不过，笔记中包含着无比丰富的资料，必须仔细加以评价。

经 世 文

16 世纪后期历史著作新趋势的一部分是个人和多人的经世文的辑录。

经世文主要由题本组成。在报告事实并提出对策的限度内，它们与奏本有区别（奏本也称奏疏或奏议）。[2] 题本在许多情况下是解释政府的决定和政治行动并使之具体化。作为历史资料，题本并不由于皇帝没有批准它所建议的行动，或者——像经常发生的——由于皇帝根本没有见到它而减少其价值，因为它的价值在于它所提供的情况和发表的意见本身。

题本不仅常常提供作者管辖范围内有关情况的有价值的资料，而且帮助我们了解对某些问题的各种看法，恰当地估计政府中的摩擦和斗争。特别是各监察机构的御史，他们是皇帝的"耳目"，职责就是向皇帝报告一切，保证官僚执行法定的政策，公布官员的一切不适当的或违法的行为，批评政府的政策。因此，御史的题本特别多。

其他提供资料的文书包括建议、请愿，或者不归入奏议的向皇帝的报告（议、表、笺、策）；对其他政府部门的通知（揭、檄）；皇帝的命令（谕、诏、敕）；对下属的命令（牌）。但还有一种疏、义、表之类的著作纯属私人性质，必须将它们与官方文书区别开来。[3] 此

---

① 王世贞的批评，见本章的《引言 若干普遍趋势》。

② 关于明朝奏议的种类和传送，见赛拉斯·吴：《明代奏议的传送及对传送网的评价》[596]，《通报》，54（1968 年），第 275—287 页。

③ 明代官方文献的种类和它们的名称，显然同费正清和邓嗣禹在《清代文献的种类与使用》[153] 中所说的清代所使用的不完全相同，见《哈佛亚洲研究杂志》，5（1940年），第 1—71 页；也同费正清和邓嗣禹在《清代的行政：三项研究》[152]（坎布里奇，1960 年）中所说的不尽相同。

外，领导官员之间关于他们管辖范围内的问题的半官方通信，有时可能非常有启发。

关于政策的最重要的奏议，在实录和其他历史著述中通常都有摘录。此外，某个官员的最重要的奏议照例要在他的传记中提到。但通常只是摘录而不是全文。为了得到奏议的全文，差不多总是需要转向奏议总集或专集。

奏议和其他经世文的选编始于16世纪下半叶，并且是这个时期一项真正的新发明。这类作品中最早的，有万表的《皇明经济文录》（1554年，5.1.3），下限到嘉靖初年。几乎总是像这类辑录那样，材料是按题目编排的。其中最全面的要数陈子龙等人的《皇明经世文编》（1638年，5.1.8）。它包括从明初到编者所处时代为止的430人的奏议和其他政治著述，并有作者的小传。许多材料涉及边防。这部作品已经重印，是特别重要的明史资料。[①]

除去这些全面的辑录外，还有只限于一定时期的辑录，但这类辑录在嘉靖时才开始出现（5.2.1—6）。专门的辑录通常包括所有可以得到的奏议或奏稿的未经删节的全文，它们或是作者在他整个仕宦生涯中写的，或是在任某一官职时写的，或是在某一时期写的。这些辑录中最早的文献从宣德和正统时起，但大部分是从明朝后半期起。尚存100多种这类辑录。

在许多情况下，某一作者的奏议并不单独出版，而是包括在他的文集中。有时一个作者文集中的一部分或大部分由一种比较带个人性质的奏议组成，它们或者是对皇帝的恩宠表示感谢，或者是一份辞职书，等等。一般来说，一个作者的文集中包含的奏议，不是被看成历史文献，而是被看成文学作品。尽管如此，文集中的奏议仍然含有别处找不到的大量有价值的材料。

经世文也被辑录进各种有关政治机构和政府管理的作品。这类作品不限于官方和半官方出版物，而往往是由私家编纂的。不过，私家作品的作者或编纂者必须有接触官方材料的机会。典型

---

① 30卷（1638年；台北，1964年重印）。

的关于政府机构的私家著作，有王世贞的《锦衣志》（6.2.10）①和各种关于翰林院的志（6.2.6—9），均写于 16 世纪中期或稍后时期。

《官制大全》在 16 世纪有各种版本，构成一个新的类别。它们列出所有京师和地方政府及其下属部门的文武官员名单以及各部门负责官员的品级。名单按省、府编排，有关于行政区的地理介绍，包括关于北部边疆地区和关于外国人的章节，还有少数地图。这些参考手册在它们出版的时代可能十分流行，但其中只有极少数留存下来。《大明官制大全》（6.1.6）是留存下来的这类手册中最突出的例子。为了帮助官吏处理诉讼案件，出版了许多注释本的《大明律》，载有法律条文和条例，时间主要在 16 世纪和 17 世纪初（6.3.3—7）。②

第三种经世文是政书。虽然大多数类书包含一些政治问题的材料，但政书是专用于论述政府组织和经济问题的。大多数中国目录将它们列入史部的"政书"类。这些政书遵循并丰富了一个较早的传统。王圻的《续文献通考》（1568 年，6.6.2）是马端临著名的《文献通考》的续篇，包括辽、金、元、明四朝，明朝至万历初年。它遵循前人的分类法，但增加了一些新的部门和项目。它关于明朝的某些领域的资料，被认为比《钦定续文献通考》（1749 年，6.6.9）更丰富。一位多产的政书编者是陈仁锡（1579—1634 年），他编了两部政书巨著《皇明世法录》（1630 年，6.6.7）和《经世八编类纂》（1626 年，6.6.6）。后者是将明代的其他八部政书中的有关材料重新加以编排而成。这一部和另外几部政书的书名，说明它们被看作经世文的汇编。

---

① 有彼德·格雷纳的德译本：《从明初至天顺末年（1368—1464 年）的明代锦衣卫》[193]（威斯巴登，1975 年），和同一作者的《王世贞关于锦衣卫的笔记，二部》[192]，见《中国，文化、政治和经济：艾尔弗雷德·霍夫曼诞辰六十五周年纪念论文集》，汉斯·林克、彼德·莱姆比格勒和沃尔夫冈·库宾编（蒂宾根和巴塞尔，1976 年），第 130—163 页。
② 又见黄章健《明代律例汇编》[244]，两卷（台北，1979 年），开列了他所知道的尚存 72 种版本的名称。

关于外事和军事组织的著作

依照不分国内外政策的传统中国政治思想，传统分类体系没有将对外关系单独列为一类。与其他民族的和平关系属于礼部的管辖范围。边防和军事则是兵部的事。虽然与亚洲内陆的民族特别是蒙古人和后来的满族人的关系，是明代中国外交政策的焦点，但海外关系也变得很重要。15 世纪初中国舰队远征东南亚、印度洋直到东非，被列为那个时代最伟大的航海业绩。后来，欧洲海军力量向东扩张，终于成为清代中国发展的魔障。因此，单立一节概括地谈谈中国历史著作如何反映这些对外关系，是适当的。

除去实录、[①] 其他一般历史著作和政书中有关于对外关系的章节外，有许多著作专门论述与明帝国有交往的外国和外国人。这些著作中的大部分写于明朝后半期，基本上可以归入经世文。虽然着重在军事，但在大多数作品中也有关于潜在敌人的习性的资料。这类作品的例子有严从简的《殊域周咨录》(1574 年，7.1.4)，这是一部全面论述外国和它们与中国的陆上和海上关系的专著，下限到嘉靖时期，和慎懋赏的《四夷广记》（万历后期，7.1.10)。它涉及 17 世纪初期，分为四部分。第一部分论述朝鲜、日本和琉球；第二部分论述蒙古人、兀良哈人和汝真（女真）人；第三部分论述西藏和中亚；第四部分论述海外国家安南、爪哇、满剌加、三佛齐、柬埔寨和欧洲国家（佛郎机）。除去描述不同的民族、他们的制度和习俗外，还增加了简短的词汇汇编，包括日语、琉球语、蒙古语、阿拉伯语、越南语和其他语种。这些词汇汇编可能是《华夷译语》（7.1.1）的缩编，它是 14 世纪后期首次为公务之用而编纂的。它们是汉语以及有关语种的

---

① 《明实录》[380] 中有关蒙古和满洲的章节，田村实造摘录出来单独出版，书名《明代满蒙史料》[496]，18 卷（京都，1954—1959 年）(7.3.27)；有关东南亚的章节，赵令扬等编成《明实录中之东南亚史料》[48]，两卷（香港，1968 和 1976 年）；有关云南历史的章节，全国人民代表大会民族委员会云南民族调查组编成《明实录有关云南历史资料摘抄》[123]（昆明，1959 年）(7.5.13)。

历史语言学的重要资料，并在一个多世纪以前就受到西方学者的注意。

在论述军事的著作中，有两部杰出作品。王鸣鹤的《登坛必究》（1599 年，7.2.6）论述军事科学，有地图和关于地理、军事组织与准备、战略、战术和装备的具体说明；还有明代有关军事问题的重要奏议。茅元仪[①]的《武备志》（1621 年，7.2.7）也有地图，它是一部关于军事战略战术、装备与战争手段、军事组织与边防的百科全书。这部著作关于明代至 17 世纪初的论述特别有力。论述装备和边防的部分之所以使人感到兴趣，是由于有许多例证。这部著作最好的体现了晚明时期军事科学知识的状况。

还有许多关于军事计划、边界问题，或外国人的专题著作。它们包含所谈事件的参与者或目击者的叙述，以及有文献根据的论文。最多的是关于蒙古和北部边界包括满洲在内的作品。

现尚存一些关于永乐皇帝出征蒙古的个人记述，是皇帝身边的高级官员写的（7.3.2—3）。还有以个人的经历为依据的专题著作，作者是边疆的官员如马文升、[②] 王琼[③]和萧大亨。[④] 萧大亨的著作提供了关于蒙古人的习俗和他们与中国的关系的第一手资料。[⑤] 其他作品附有边疆地区和边塞的珍贵地图。作者大多是兵部的高级官员或边疆地区的行政长官，他们有机会接触有关的材料。这类作品的例子有许论[⑥]的《九边图论》（1534 年，7.8.7），它包括地图和对全部北部边境地区的描述；杨时宁的《宣大山西三镇图说》（1605 年，7.3.21），只述及宣府、大同、山西三镇；冯瑗的《开原图说》（约 1618 年，7.10.3），所述的开原地区在今沈阳东北。

① 《明人传记辞典》[191]，第 1053—1054 页。
② （7.3.5，7.10.2）；《明人传记辞典》[191]，第 1027—1029 页。
③ （7.3.6）；《明人传记辞典》[191]，第 1367—1368 页。
④ （7.3.20）；《明人传记辞典》[191]，第 544—546 页。
⑤ 有亨利·塞鲁斯的法译本《萧大亨的〈北路风俗〉》[455]，载《华裔学志》，10（1945 年），第 117—208 页。
⑥ 《明人传记辞典》[191]，第 593—595 页。

　　还有关于某些边疆地区的地方志，类似中国的府志和县志。这类作品的例子有刘效祖的《四镇三关志》（1576 年，7.3.18），述及蓟州、昌平、保定、辽东戍区和紫荆关、山海关；郑汝璧的《延绥镇志》（1607 年，7.3.22），延绥戍区在今陕西北部；毕恭的《辽东志》（1443 年，7.10.1）是记述南满的；郭造卿的《卢龙塞略》（1610 年，7.3.23），是一部关于卢龙关周围的边境地区的内容广泛的志书，卢龙关在今河北东部。最后这部作品有从洪武至万历朝的编年纪，有负责这个地区防务的杰出官员的传记，有关于边防的军事组织、装备、运输和战略地志的论述；还有关于蒙古人的资料，包括蒙古语词汇汇编。

　　有些著作是对边政的调查研究：它们是魏焕的《九边考》（1541 年，7.3.8）和张雨的《边政考》（1547 年，7.3.10）。王在晋的《三朝辽事实录》（1638 年，7.10.9）是万历后期、泰昌和天启时期在满洲边境上发生的事件的编年史。颜季亨的《九十九筹》（天启时期，7.10.6）是最后谈论这个题目的明代书籍之一。[①]

　　还有类似的著作，是关于其他边境地区包括"第三"或海上边界的。[②] 只有少数关于中亚的个人旅行记，其中最著名的是陈诚的《西域行程记》（7.4.1），它是作者在 1414 年和 1415 年间经中亚出使撒马儿罕和哈烈时所记。这是有关明初中亚情况的重要资料来源。有几个驻守中国西南靠近土著地区的官员，写下了他们在这个地区的和平的或战争的经历。只有少数较全面的专著。无名作者的《南诏野史》（7.5.8）包含到晚明时为止的关于云南非汉族人民的历史和人种史的记述。[③] 田汝成的《炎徼纪闻》（1560 年，7.5.9）记述了到嘉靖时为止与广西、贵州和云南土著的斗争。少数作品论述中国与安南的关

---

① 见富路特《打败满族人的九十九种方法》［189］，载《天下月刊》，6，5（1933 年），第 418—424 页。
② "第三边界"这种说法是博多·维特霍夫创造的《中国的第三边界：传统的中国国家与沿海地带》［565］（威斯巴登，1969 年），特别是第 1—5 页。
③ 有卡米耶·圣桑的法译本《〈南诏野史〉：一部古云南史的译文，附地图和历史地名词汇》［442］（巴黎，1904 年）。

系，其中最详细的是张镜心的编年体《驭交记》（写于 1638 年至 1641 年间，7.6.8)，它的大部分下限到 1637 年。

15 世纪初伟大的海上远征不像我们可能期望的那样在历史著作中受到重视。虽然它们在许多方面比得上西方航海家著名的地理发现，但后来的中国作家从未把它们看成是光荣的成就，从未对它们产生认真的兴趣。这些远征被看成是一个讨厌的太监的浪费而受到轻视。士大夫对所有宦官的偏见（远征领袖郑和是个宦官）确实在这里起了作用。民间传说进一步歪曲了远征的种种事实，加进许多杜撰的故事，使外国人特别显得可笑。

因此，传下来的少数真实材料就特别可贵。关于这些远征最杰出的作品是马欢①的《瀛涯胜览》（1451 年，7.7.2)。马欢参加了几次航行，描述了他到过的地方。他的记述是用口语写的，这就为近代前的中国学者的不予理睬增加了一个借口。马欢的记述成了关于这些远征的最重要的资料。② 一部对马欢的记述作出补充的同样珍贵的记述，是费信③的《星槎胜览》（1436 年，7.7.1)，费信也参加了几次远征。其他全面考察中唯一值得一提的，是张燮的《东西洋考》。这部作品描述了东南亚国家和日本、它们与中国的关系，以及航线和海上贸易。它也含有文献材料和引自早期著作中有关这类题目的长篇引文。

与琉球、日本和朝鲜的关系，以及一般海防问题，都是明朝官员所直接关心的，有相应的著作论及这些问题。它们包括个人经历的记述，如在 1533—1534 年间奉使琉球的陈侃④的《使琉球录》（7.8.2)和龚用卿⑤在 1536—1537 年间出使朝鲜的报告《使朝鲜录》（7.9.4)。负责海防的官员所写的经历有这样一些作品

①　《明人传记辞典》[191]，第 1026—1027 页。
②　最新附有注释的译本是 J. V. G. 米尔斯的《马欢〈瀛涯胜览〉：大洋沿岸的全面考察（1433 年)》[377]（剑桥，1970 年)。
③　《明人传记辞典》[191]，第 440—441 页。
④　同上书，第 165—167 页。
⑤　同上书，第 762—765 页。

如俞大猷①的《洗海近事》，写1568—1569年间在福建广东沿海镇压海盗的事。

两部有插图的海防著作，其学术上的成就也值得注意。郑若曾②的《筹海图编》（1561—1562年，7.8.10）论述从满洲到广东的海防，有船只和兵器的插图。同一作者大约同一时期的《郑开阳杂著》（7.8.11）是10篇海防论文的合集，有地图。郑若曾被看成第一个把注意力特别集中于沿海地区的地理学家，并对这个时期的海上贸易和海盗的新发展引起的问题进行了调查研究。此外，还有许多专题著作。刘宗岱的《两浙海防类考》（1575年，7.8.14）和经过几个作者修订增补的《两浙海防类考续编》（1602年，7.8.20）论述浙江的海防；王在晋的《海防纂要》（1613年，7.8.21）论述从广东到朝鲜的海上防御。

类书和地理、经济、科技著作

本节提到的类书和其他作品不能说是严格意义上的历史著作。类书的编纂在明朝的最后50年达到全盛时期。在《四库全书总目》所列的包括一切时代，其中也包括清朝头100年的282部类书中，几乎有一半（139部）是明代编纂的。③这些类书也包括经世文材料，但范围有限，只收入整个作品的一小部分。这类作品中只有两部最突出的作品需要提及。《三才图会》（1609年，9.2.2）④是王圻⑤编纂的，他也是一部重要政书的编纂者。这部有图像说明的类书分为14门，包括天文、地理、人物、时令、宫室、器用、身体、衣服、人事（音乐、游戏、书法、绘画、舞蹈、气功、体育、斗鸡）、仪制、珍宝、文史、鸟

---

① 《明人传记辞典》[191]，第1616—1618页。
② 同上书，第204—208页。
③ 见裘开明《哈佛大学哈佛燕京学社图书馆藏明代类书概述（上）》，《清华学报》，新版，2，2（1961年），第93—115页。
④ 有现代重印本，6卷（台北，1970年）。
⑤ 《明人传记辞典》[191]，第1355—1357页。

兽、草木。

另一部是章潢①的《图书编》（1613年，9.2.3），②也包括这样一些类目如易象、天文、历算、明帝国和外国的地理、边防、人道、中国历史上的帝王和著名人物，以及政治、社会和宗教机构。章潢认识利玛窦，他在他的类书中收入后者著名的《万国舆图》。除了这些供学者使用的学术性类书外，还有许多通俗性类书，它们反映了16世纪末和17世纪初一般知书识字的人的知识水平。③

区别于地方志、地方手册和帝国行政地理的两部最重要的地理著作，是以作者的实地考察为基础，前面已经提到。④徐宏祖有许多新的地理发现，最值得注意的是他查明金沙江是长江的上游和指出澜沧江和怒江的上游是不同的河流。⑤徐宏祖的地图提供了有价值的资料。出版于17世纪之前的其他地图，有罗洪先的《广舆图》（1541年，8.1.3），⑥它主要是根据朱思本（1273—约1338年）的所谓"蒙古地图"，而加以补充。

在15世纪初和随后的海上远征中新得到的地理知识，在郑若曾著作中的地图中和《武备志》⑦里得到体现。精心绘制的中国及其邻国的详图，附有文字说明，出现在陈组绶的《皇明职方地图》（1635年，8.1.8）中。

前面提到的关于水利、河道和交通的作品，是从管理的角度写的。还有别的许多关于地理和经济的作品，是从其他角度写

---

① 《明人传记辞典》[191]，第83—85页。
② 有现代重印本，30卷（台北，1971年）。
③ 见傅吾康《介绍》，第310—320页。
④ 见本章的《引言 若干普遍趋势》。
⑤ 谢交敏（音）：《徐霞客：中国近代地理学的先驱》[214]，载《美国地理学家协会年刊》，48（1958年），第73—82页。
⑥ 《明人传记辞典》[191]，第980—984页；沃尔特·富克斯：《朱思本的中国的"蒙古地图"和〈广舆图〉》[184]（北京，1947年）。
⑦ 见本章的《关于外事和军事组织的著作》。

的。其中之一是潘季驯①的《河防一览》（1590年，8.2.6），②这是一部专论治理黄河、淮河和河南、安徽、江苏和浙江的其他河道的著作，论述防洪的预防措施。另一部类似的作品是张国维的《吴中水利全书》（1636年，8.2.8），这是一部全面论述江苏南部河道的治理与灌溉的专著，根据的是作者本人的经验和有据可查的文献，包括地图和文献材料。另外一些规模较小的著作（8.2.1—5），论述有限的地区或题目。万历时期的《商程一览》（8.2.7）对明代的交通路线作了富于见识的概述，这是一本旅行指南，全面描述明帝国的陆路、水路、歇息处和路程，特别注意边疆地区。③

前面已经谈到关于财政管理和政府经济事业的半官方著作。除此之外，还有论述农业各方面的。其中最突出的是徐光启（1562—1633年）④的《农政全书》（1640年，9.1.3），这是一部关于农业历史和晚明农业实际状况的大型类书，附有插图。这部作品谈到这样一些题目如田制、农事、水利、农器、树艺、蚕桑、蚕桑广类、种植、牧养、荒政、野菜等，最后一项是讲遇荒年时可以食用的野生植物。

一部最值得注意的科学著作是李时珍⑤著名的药典《本草纲目》（1593年）。它包括对前人有关这个题目的所有可以得到的著作的详细研究，以及他本人行医几十年所作的试验和诊察的成果。李时珍的著作立即出了名，特别是在最近几十年吸引了药物学家的注意。

宋应星⑥著名的《天工开物》（1637年，9.1.2）是一部杰出的科学技术著作，附有插图，述及农村和城市的各种生产行业，广泛介绍那个时代的工艺和制造技术，包括灌溉、织布、磨坊、抽水、打井、

---

① 《明人传记辞典》[191]，第1107—1111页。
② 有明代初版和稍后版本的两种重印本，一为3卷本（台北，1965年），一为2卷本（台北，1969年）。
③ 详见蒂莫西·布鲁克：《苦恼的旅行家的指南：明清时代的路程记录》[12]，载《清史问题》，4，5（1981年6月），第32—76页；4，6（1981年12月），第130—140页。
④ 《清代名人传略》[271]，第316—319页。
⑤ 《明人传记辞典》[191]，第859—865页。
⑥ 《清代名人传略》[271]，第690—691页。

烧窑、舟车、锻造、开矿，等等。

本节提到的著作在某种程度上展示了晚明时期中国在物质文明上的成就。

方　　志

除了数量有限的传记、笔记和关于边防与军事组织的著作外，几乎所有在前面几节中提到的作品都涉及整个中国，并且是从中央的角度写的。一个幅员辽阔、人口众多、地区之间差异很大的中央集权国家，有其特殊问题。向心力与离心力之间的紧张状态同中国的历史一样古老并持续到今天。中央政府能对地方势力实施它的权力到什么程度，因时而异。不过，政治理论总是支持中央集权的理想而不给地方的特殊权益留有余地，更不必说主权了。因此，作为整体来看的中国制度史的作者，倾向于强调帝国行政一致的方面，而将他们的陈述普遍化。他们必须在明帝国的地方差异中找出一个共同的标准来描述土地制度、赋税或乡村行政。

这样，一般的资料可能经常描述一种实际上根本不存在的划一的局面。某一地区的特殊性很少受到注意。福建沿海居民依靠在公海捕鱼和海外贸易为生，早在明代就因此导致移居海外，这个特点被忽视了。在20世纪之前，少数民间学者如顾炎武开始注意到独特的地理和地区特点对中国历史发展的重要性。只有在最近几十年里人们才明白，为了更清楚地观察中国总的发展，就有必要进一步认真研究地区的特殊性和发展。

应当从这一点去理解对方志资料日益增加的注意。这些资料中最重要的是各级行政区如省、府、州、县的志或方志。在中国目录中，它们分在史部的地理类。但它们既非地理也非历史，而是近于政书。它们与地理和历史的区别在于它们只描述一个行政区。它们的主要用途是作为地方官员的参考手册，因为地方官员通常是外地人，需要它们提供有关该地区行政的一切情况。此外，编辑和出版这类手册，提高了一个地区的声望。赞同方志的出版，被看成是一种促进地方上的自我认同和团结的行动。

虽然方志详略不同，但大体上包括同样的题目。[①] 它们是该地区的地图或全景图，指出该地的一些重要场所；它相对于星座的位置和它在中国的位置；该地区作为一个行政单位的历史及其后来的演变；自然地理；四周的边界和地区内的划分；街道、广场、桥梁、津渡；公共建筑如衙门、学堂和书院、佛寺和道观；有关历史发展、灌溉、河道、军事防御、人口和赋税的资料；历任官员、乡试和会试的中试者和保举为官者的名单；杰出官员和本地人中的著名官员、学者、藏书家、艺术家或孝子烈女的传记；涉及本地区的各种文章，包括奏议和其他文献、论文和碑铭材料。有时也包括本地作家的诗文和其他文学作品的选录。

在分类上差别很大。有的府志以县为单位，尽可能将所有的材料加以分类，但大多数不这样做。各种方志对题目的论述常常详略不一。嘉靖之前编纂的方志相当简略。但在方志中仍可看出总的趋势的影响，即提供更多的文献证据和强调经世文，它们在 16 世纪中逐渐变得详细，资料更加丰富。

方志包含了丰富的资料，到目前为止利用得还很有限。不过它们不总是不带偏见的。虽然在明代通常是中央当局命令地方官收集当地的资料，从而开始修纂方志，但他们始终需要地方绅士的合作，同时方志也为地方绅士的利益服务。由中央政府任命并向中央政府负责的地方官员，为了执行行政任务在一切事情上都必须依靠当地的绅士。在修纂方志上也不例外。为方志收集资料的绅士阶级成员，必定会避免把有损他们利益的材料包括进去。这可能涉及这样一些问题如人口数字、田产、确定的赋税定额、徭役，或甚至立传官员的选择。根据绅士阶级成员影响负责官员的程度，他们可以设法取消那些企图约束

---

① 博多·维特霍夫：《论方志的意义》［564］，载《远东》，15（1968 年），第 149—168 页。本文作者感谢普林斯顿大学格斯特东方图书馆的杰杭·班为本节主旨提出的一些宝贵建议。

绅士活动的人的传记，突出那些与绅士合作得好的人。[①]

根据各种目录特别是《千顷堂书目》所提供的资料，足以推定在明代修纂的方志有 2000 多部，其中有近 1000 部保存下来。它们之中只有大约 6% 是在 16 世纪以前修纂的，在嘉靖时期（1522—1566 年）修纂的不超过 15%。数量的增加与质量的提高相一致有如上述，并可能出于同样的原因。明代方志以北直隶、南直隶和浙江这些财富、教育和政权中心为最多；最少的是广西、云南和贵州，这些地方在明代仍是发展不充分的边远地区。

方志的编纂不限于各种行政区域。还有专门写山岳、湖泊、寺院、道观和书院的。它们一般仿照其他方志的写法。

除通志（省志）外，有少数杰出的关于某些较大地区的作品。它们包括何乔远的《闽书》（1630 年，8.13.4），这是一部内容广泛的关于福建的专著，起自古代终于 1620 年，特别着重于明代。是书分 22 门，包括地志、建置、风俗、版籍、在福建任职的文武官员、考试、福建的知名男女，还有关于琉球群岛、植物、动物和本地出产的描述。每一门的材料按府、县排列。内容的范围和材料的编排严格遵照通志。然而，没有一部明代的通志像《闽书》那样详尽与全面。曹学佺的《蜀中广记》（晚明，8.16.2）是一部大文集，包括 12 篇专论，涉及四川的各个方面，采用一种稍微不同的格式。大多数材料选自较早的文献，下限至明以前。与明代有部分关系的五篇专论是谈名胜、边防、州府、风俗和方物的。

除方志外，有少数作品论述一个具体的府或县。其中有几部是由在该行政区任职的官员写的，这些地方长官通常也是方志编纂的负责人，他们从一府之长或一县之长的角度谈论该地区的管理问题。他们的观点与绅士的观点不同，前面已经谈到，绅士常常影响方志的内容。这些重要论著一般都收在作者的文集中，很少能单独得到。1570—1573 年任福建泉州府惠安县令的叶春及写的《惠安政书》

---

① 维特霍夫：《论方志的意义》[564]，特别是第 163—165 页。

（8.13.3）和 1558—1562 年任浙江严州府淳安县令的海瑞①根据他在淳安的经验写的《兴革条例》，就是两种这样的作品。② 两位作者，特别是海瑞，是严峻守法的官员，热心保护老百姓，制止绅士的非法行为。因此，他们的说明对了解中国 16 世纪时的地方状况特别重要。

另一类材料，比方志的范围更小，只包括家族或氏族，名称很多，有家谱、家乘、宗谱、族谱等。虽然许多平民家庭早在宋代就已经编写家谱，但到 16 世纪才变成一种普遍的习俗。③ 王世贞在评论明代历史编纂工作④时特别提到作为史料的家谱，表明明代史家知道它们的重要。然而，《千顷堂书目》的作者显然没有特别注意这类著作。在这个目录的谱系类，⑤ 开列了约 120 个书名，其中只有 70 部显赫家庭的家谱，排除了宗室。我们可以推测，编成但未出版的族谱、宗谱或家谱的实际数字要大得多。

结　束　语

早在 1645 年，在清朝刚建立以后，编纂明朝正史的准备工作就开始了。这件工作拖延了几十年。直到 1723 年《明史稿》（2.1.8）才完成，直到 1739 年定本《明史》（2.1.9）才刊印。在二十四史中，《明史》被列为编纂得最仔细因而也是最可靠的史书之一。正史编纂者可以得到的许多资料如今已不复存在。另一方面也很明显，正史对明朝历史所作的解释，是根据清朝政府官方的新儒学正统观念。在这方面某种偏见是可以预料的。凡是涉及晚明时期明帝国与满洲和蒙古

---

① 《明人传记辞典》[191]，第 474—479 页。
② 米歇尔·卡蒂埃对海瑞的作品作了评价《中国 16 世纪的一次地方改革：海瑞在淳安，1558—1562 年》[15]（巴黎和海牙，1973 年）；又见傅吾康《作为方志原始资料的笔记材料：评米歇尔·卡蒂埃的调查》[173]，载《远东》，21（1974 年），第 191—198 页。
③ 见林天外（音）《与方志有关的族谱》[345]，载《中国文化》，22，1（台北，1981 年），第 33—55 页。
④ 见本章的《引言　若干普遍趋势》。
⑤ 黄虞稷：《千顷堂书目》[260]，10，第 43—48 页。

的关系的题目，其论述必然是偏颇的。不过，作为一种资料，这部官修史书最严重的不利在于，在很大程度上代替它的明代原始资料尽管有所遗失，许多仍然存在。就此而论，值得在这里指出，清代文字狱中禁止的大多数作品一直被保存下来，而大多数遗失的作品不在被禁之列。① 这可能是直到今天在许多国家看到的现象的又一种说明。一本被列入禁书名单的书，被认为有特殊价值，从而被小心地保存下来。禁令实际上是最有效的广告形式。

不过，18 世纪的文字狱的确阻抑了对明史的兴趣。学者不敢发表任何有关明史的著述。只是到了 19 世纪晚期政府的控制松弛下来时，有关明史的书才再度出现。这时几乎同时出现了两部至今仍然有用的编年体著作：夏燮（1799—1875 年？）的《明通鉴》（约 1870 年，1.3.11）② 和陈鹤（1757—1811 年）的《明纪》（1871 年，1.3.12）。随后在 1887 年，龙文彬（1821—1893 年）的《明会要》出版。③ 它仿照 961 年的《唐会要》，收入有关明代政治和社会制度的材料，选自正史和 200 多种其他资料，分 15 门，近 500 子目。

一般来说，明史研究在清代遭受的挫折，其影响几乎一直持续到 20 世纪中叶。只是在最近数十年，明史作为中国历史上的一个关键时期才在中国、日本和西方引起应有的注意。

---

① 富路特：《乾隆朝的文字狱》[187]（巴尔的摩，1935 年）；林恩·安·斯特鲁夫：《历史在传统中国社会中的用途：清代编史工作中的南明》[481]（安阿伯，1974 年）。
② 有中华书局的新式标点四卷本（北京，1959 年）；翻印本分成六卷（台北，1978 年）。
③ 有新式标点的两卷本（北京，1956 年）。

参考文献介绍

各章的作者和本书编者在这里提出一般性的书目资料以补充涉及具体问题的有限的脚注，让读者了解他们的研究范围，并对在学识和思想上对各章内容提供的重要帮助表示感谢。

在前一章里，傅吾康对有明一代的历史著述提出了给人以深刻印象的说明和很有见识的评价，并系统地联系到他的不可缺少的著作《明史资料介绍》（吉隆坡，1968 年）。中国刚出版的一本目录列出1900—1978 年在各地出版的论明史的 9400 篇文章和 600 本书。[①]1960 年出版的一本现代中国和日本论明史的著作的更加精选的目录，当时列出的文章和书即有 2500 种之多。[②] 这些书目展示出这个领域的范围有多么广大；同时也证明，专题研究所期望的详尽的文献材料，在这里不能也确实不需要提供。下面既不是书目提要，也不是书目论文，而是构成这部明代政治史的 11 章中每一章的书目评注，传达作者们对学识专门问题的见识。

第一章　明王朝的兴起，1330—1367 年

虽然在明代和一些历史著作（除正史外，注意傅吾康在他的《介绍》中谈到的著作，编号 1.4.1—1.4.3 和 2.3.1—2.3.16）中对朱元璋的早期经历有很大的兴趣，但只有到了 17 世纪，批判地考察明

---

① 中国社会科学院历史研究所明史研究室编：《中国近八十年明史论著目录》[115]（镇江，1981 年）。
② 山根幸夫编：《明代史研究文献目录》[602]（东京，1960 年）。

朝奠基时的事件才显出了重要性，并在 18 和 19 世纪继续成为考据学的焦点。也同有关中国其他领域的学术成就一样，20 世纪最好的近代学术成就虽然使用了一种扩大了范围的概念论和方法论手段并在某种程度上指向新的目标，但仍然坚实地置基于那个传统的成果上。其中对目前的作者对目前这章的研究最直接有关的，有下面三部：（1）钱谦益（1582—1664 年）：《国初群雄事略》，12 卷，著于 17 世纪20—30 年代（2.3.17；新版本和标点本，北京，1982 年）。（2）他随后（但在 1644 年之前）著的《太祖实录辨证》，5 卷（傅吾康在《介绍》中提到，编号 1.1.1）。（3）一部有关的重要著作是钱谦益的追随者潘柽章（1628—1663 年）的《国史考异》（2.3.18）（仅存包括前三朝的 6 卷）。

18 和 19 世纪清代考据学发展方面的范围极广的著作，跟这里特别有关系的有：（1）赵翼（1727—1814 年）的《陔余丛考》，43 卷，和他的（2）《廿二史劄记》，36 卷。（后者应使用杜维运的批注本，台北，1977 年；杜维运还著有《赵翼传》，1983 年。）（3）钱大昕（1728—1804 年）的《十驾斋养新录》，20 卷，又附编 3 卷。（4）夏燮（1799—1875 年?）的《明通鉴》，90 卷，又前编 4 卷，附编 6 卷（1.3.11）。后者有现代排印的标点本（4 卷，北京，1959 年，被广泛地重印），是最方便的，除官修《明史》（2.1.9，1736 年呈给皇帝）外，也许是最广泛使用的明史。20 世纪的学者尚未着手对它进行分析与综合的巨大工作。

在专门研究明朝开国和早期历史的新近的学者中，正如脚注所表明的，本章作者大大有赖于王崇武（死于 1959 年?）的历史学识。他在 20 世纪 40 年代出版的许多专门研究，把细致的研究、训练有素的想象力和健全的历史判断最好地结合起来。在他的同时代人中，吴晗（死于 1967 年?）是最重要的一位。他的《朱元璋传》出版于 1948年，1965 年的版本作了广泛的修订，这是从 1979 年的重印本知道的，这部作品作为现代传记著作的开路之作以及作为研究明朝奠基者生平的学术成就都很有影响。在学识上，吴晗的作品在判断上常常是主观的和自觉地"政治的"，尽管很渊博和富于想象力。王、吴一代的第三位学者邓嗣禹已经用中文和英文发表了大量论朱元璋的著作，尽管更多地是谈他的统治时期而非发迹时期。

在 20 世纪的第三个 25 年中，对明代的研究繁荣起来，特别是在西方。除傅吾康外，六位学者在这个时期第一次发表的作品值得注目地扩大了明初研究的领域。他们是贺凯、罗梅因·泰勒、约翰·W·达迪斯和本书随后三章的作者爱德华·L·德雷尔、小约翰·D·郎瓦洛和陈学霖。本文作者十分仰仗他们的学识，从本书前四章的脚注可以明显看出他们对明初研究的影响，在那里他们的主要著作一再被引用。

现在回到用中文发表的中国历史研究成果，关于明朝的兴起的研究，20 世纪前半期的学术成就不大。一个奇怪的例外，是对张士诚一生的很有用但始终不完全可靠的研究，其中强调了他作为苏州地区的地方英雄的地位。这就是《吴王张士诚载记》，线装五卷，上海，1932 年。这部著作似乎是一些人合著的，主编是支伟成。这部著作和最近几十年出现的一些材料说明，对朱元璋的竞争者，特别是张士诚、察罕帖木儿以及扩廓帖木儿政权，很有必要进行一次认真的考察。

西方人或日本人的学术成就在这里没有什么需要特别指出的。中国人最近的学术成就值得再说几句。在 20 世纪的第三个 25 年中，在用中文写作的学者中，自从王崇武和吴晗去世后，对明朝建国时期的研究没有明显的新建树。中国新的社会主义史学对 14 世纪中期的研究，正如日本人最近的学术成就一样，把最大的注意力集中在元末伴随蒙古人统治的腐化而兴起的农民起义上，反映出对历史上的农民运动的关心。其中有代表性的是邱树森（1977 年）纪念彭莹玉的文章（第 1 章第 21 页注①引证）。邱树森教授领导南京大学的一个元史研究中心，那里对元末社会史的物证表现出特别强烈的兴趣。不管它对自己立下的限制，这种研究在收集有用的资料上还是成功的。元末的社会和政治史（明朝从中脱颖而出）中比较广泛的问题，将在即将出版的第 6 卷中谈到。对朱元璋生平的说明的争论，主要是关于他的社会背景和"阶级成分"与 14 世纪中叶恶化的社会情况的关系问题。

这些问题似乎未有定论。

承认新的社会主义史学但并非它的产品的，是中国两位不甚知名的老学者最近的著作。已故黄云眉的四卷《明史考证》出现于1979—1984年。它涉及《明史》332卷中的头158卷，可看成钱大昕的《廿二史考异》的现代续篇，后者共100卷，包括《元史》往上的二十二史，完成于1782年。孙正容的《朱元璋系年要录》出版于1983年，该书出版后不久作者即过世。这部著作从范围广大的传统资料中收集必要的材料，涉及明朝奠基者的一生，此外还有编者的考证和史评。序言说，这是初版本，它的最后修订本将构成《新明纪》的第一部分，但未提到这部汇编其余部分的情况。这是一部有用的书，特别因为它在对有争论的事实问题作出仔细判断的同时，叙述了有关的历史，这是黄云眉的考证没有企图做的事。即使这两部著作没有显示出传统的高标准考据在中国的统治地位，也显示出它的连续性。

第二章　明代的军事起源

本章所述事件最重要的资料来源，是朱元璋的崛起和他的洪武之治的实录。这部实录——《太祖高皇帝实录》，在我的《明初政治史》中引用时写作 HWSL（洪武实录）——仅存大学士胡广主持的1418年修订本。两个较早的版本，一是在朱元璋死后不久编写的；一是数年后在朱元璋的孙子明朝的第二个皇帝统治时编写的，都受到禁止。正史（《明史》，1739年）以及可与之相比的非官修史书（《罪惟录》、《国榷》、《明史纪事本末》及其他）都十分依靠《太祖高皇帝实录》，常常不仅在帝纪中，而且也在列传中严格遵循它的用语。此外，大多数方志在提到这个时期与当地有关的事件时，就照抄《太祖高皇帝实录》。

我们永远不能肯定，但看来很可能是，《太祖高皇帝实录》的修订是出于建文和永乐时期特殊的政治需要，因此，如果原来的《太祖高皇帝实录》幸存下来，它对朱元璋早年经历的叙述可能与现存版本

没有本质区别。从现代历史学家的观点来看,《太祖高皇帝实录》的
主要问题是,从一开始就给朱元璋加上真命天子的光环。事实上,朱
元璋早期政治生涯中的血腥味是从红巾军带来的,在他同时代人的眼
里,他属于这个运动,至少直到韩林儿之死。《太祖高皇帝实录》企
图贬低这种结合的意义,但却提供了不少内情,而现代历史学家(和
田清、约翰·达迪斯、吴晗、罗梅因·泰勒及其他人)十分适当地给
以必要的强调。

一种独立的第一手资料更明确地谈到与红巾军的结合,这就是写
于 1397 年的《记事录》,作者俞本是一个军官,参加过明朝建立时的
重大战役。我们通常是从钱谦益的《国初群雄事略》的引证知道俞本
的,但有一个更完全的版本现仍存在(见德雷尔:《俞本》)。这份资
料不隐讳地描述在红巾军的"宋"国朝廷当元帅的朱元璋,并提供了
一些《太祖高皇帝实录》所没有的有意思的军事资料。它还有一个与
《太祖高皇帝实录》很不一致的年表。总的来看,更不令人满意。从
17 世纪的钱谦益和潘柽章到 20 世纪的和田清和中山八郎,学者们一
直企图用俞本的材料来修正《太祖高皇帝实录》在记述上的真正缺
点。我觉得俞本的记述把"宋"描绘成一个相对统一和由中央发号施
令的帝国,是易引起误解的,而《太祖高皇帝实录》把红巾军描写成
许多互相独立的造反队伍,则更真实些。由于这个以及其他理由,我
觉得俞本的材料应该用来补充而不是代替《太祖高皇帝实录》所述事
件的基本次序。

在我的《明初政治史》(1982 年)里,有一份包括这一时期的补
充书目。

第三章　洪武之治,1368—1398 年

第二手叙述

吴晗论明初的著作是关于明朝奠基者的生平和时代的第二手文献
中最重要的部分。他的《朱元璋传》,最初在 20 世纪 40 年代以《从

僧钵到皇权》的书名出版，是现代第一部企图阐明明朝奠基者生平的著作。这部著作的一个有广泛引证的版本出现于中华人民共和国的黎明 1949 年，修订本出现于 1965 年。在"文化大革命"中，作者受到激烈的攻击，1965 年本被禁。但它于 1979 年重新出版，此时死去的作者已恢复了名誉。

吴晗把朱元璋看成一个人民革命家，后来变成了一个暴君。可以说，权力腐蚀了他；在这个意义上，吴晗的著作是对他的处于权力位置的同时代人的批评。

吴晗的许多关于洪武时期的著作，也非常重要。例如，在《胡惟庸党案考》中，吴晗企图把有关胡惟庸案的许多互相矛盾的资料理出一个头绪。虽然没有得出确实的结论，但在原始资料的收集上极有价值。

黄章健关于明代制度的文章也极有用。这些文章收入一本题为《明清史研究丛稿》（1977 年）的文集里，文章中引用了大段大段的原始资料。

研究洪武时期的其他重要的中文第二手材料，有王崇武的《明代的商屯制度》（1936 年）和韦庆远的《明代黄册制度》（1961 年）。

在美国新近出版的学术著作中，富路特和房兆楹编的《明人传记辞典》（1976 年）是不可缺少的。其他值得浏览的，有约翰·W. 达迪斯的《儒家和专制主义：职业精英阶层在明王朝建国中的作用》（1983 年）和爱德华·L. 德雷尔的《明初政治史，1355—1435 年》（1982 年）。爱德华·法默的《明初双京制的演变》（1976 年）也值得注意。关于朱元璋的思想，见小约翰·D. 郎洛瓦和孙克宽的《三教合一论与明太祖的思想》，《哈佛亚洲研究学报》（1983 年）。罗梅因·泰勒论明太祖的文章如《明太祖与勋贵》，载《明代研究》（1976 年），和《明太祖和城隍神》，载《明代研究》（1977 年），也都重要。

已不太近但也值得提到的，是司律思的《洪武时代在中国的蒙古人》（1956—1959 年）。这是对这个课题的一个全面的和写得很好的研究。牟复礼的《诗人高启（1336—1374 年）》（1962 年）再现了洪武时期一个学者的生平。

有关明初的日本文献相当多。只提出少数有用的研究，它们是：塚本俊孝的《洪武帝与佛道二教》，载《岐阜大学研究报告（人文科学）》，1966 年；檀上宽的《明王朝建国成立期之轨迹：围绕洪武朝之疑狱事件与京师问题》，载《东洋史研究》，37，3，1978 年。内藤乾吉论明代法令的文章，题为《大明令解说》（收入《中国法制史考证》，1963 年），是对有关材料的一个有价值的评述。

原始资料

两部明代文献集对明初的任何研究都极为重要：张卤（1523—1559 年）编的《皇明制书》和台北 1966 年重印的《明朝开国文献》。前者包含明初的基本法文献，后者除太祖的《大诰》外包含许多相同的文献。清初修纂的《明史》自然是整个明史的基本资料。明实录也是这样，不过应当注意，永乐帝曾下令对洪武朝的实录作过重大篡改。王崇武对《明史》中太祖本纪的一种早期版本所作的校勘《明本纪校注》，是关于太祖朝的另一种有价值的资料。

关于明太祖的著述，最便于使用的是《高皇帝御制文集》，台湾 1965 年重印。他的《大诰》包括在《明朝开国文献》中，有如上述。

宋濂（1310—1381 年）是洪武朝一个多产的和有影响的学者。他的著述对了解这个时期是不可缺少的。最全的版本是《四部备要》本《宋文宪公全集》。

关于大事记，谈迁的《国榷》（约 1653 年）非常便于使用。这部著作以前只有手抄本，1958 年以部分标点的形式在北京第一次出版。

第四章　建文、永乐、洪熙和宣德之治，
1399—1435 年

情况和大多数明朝统治者一样，关于这四个皇帝的统治时期，不缺乏原始资料。它们不仅包括这样一些基本的官方资料如各朝的诏令、政治和制度的简编和最重要的、及时编纂的实录，而且包括大批私家资料集成，特别是当时士大夫的文学著作和杂著。对这些作补充

的，是各种文献和传记简编，以及后来在官方和私家赞助下编辑的历史和文学著作集成。此外，明末清初的学者汲取较早的资料写了许多综合性的叙事史。如谈迁的《国榷》、谷应泰的《明史纪事本末》、官修《明史》、夏燮的《明通鉴》，等等。但是，一切原始的和传统的资料，特别是官方档案，并非具有同等价值，每种资料都必须仔细核对，以确定它的价值和可靠性。

建文朝的原始资料最成问题。情况之所以被弄得错综复杂，一方面是由于永乐帝破坏和禁止官方档案和私家著述，并编造和宣传经过歪曲的历史事件；另一方面是由于后来同情建文朝廷的学者写了大量五花八门的半虚构的假历史著作。

例如，内战的官方记载，后来被并入《太祖实录》的《奉天靖难〔事〕迹》，充满了歪曲和捏造，很难令人相信。《太祖实录》涉及建文和永乐两朝初期的部分，也在永乐朝的两次修改中重新写过，为了支持永乐帝的合法继承权，作了系统的窜改和歪曲。这种修改已经被王崇武和在较小的程度上被黄章健有条不紊地揭露出来。这两位学者对建文朝和永乐帝初期经历的研究，作出了最大的贡献。

尽管大部分建文朝的官方著作和建文朝官员的作品受到破坏和禁止，但仍有一些保存下来，它们或者逃过了侦查，或者是后来的学者从残篇修复的。幸存下来未经触动的最重要的作品是建文朝编的《皇明典礼》。建文朝一些领导官员的著作的残篇虽被收集起来，但包含的资料不多。

同情建文帝的晚明学者，也编了几种关于这个时期的事件和人物的文集。它们包括姜清的《姜氏秘史》、屠叔方的《建文朝野汇编》以及朱鹭的《建文书法儗》。这些汇编包含一些细致的证据和对事件的重写，但它们也羼杂进大量伪造的历史和半虚构的材料。应当审慎地利用它们，以对这个时期的历史作出可靠的叙述。

除去对宫廷叛乱前数年的记述外，永乐朝的基本资料在史料问题上没有引起什么争论。但这并不是说基本资料特别是实录像它们理应那样丰富和增进知识。在宣德帝统治下修纂于1430年的《太宗实录》，前后22年，只有130卷，在叙事和文献的提供上相当简略，特别是关于某些重要的政治和军事发展。例如，关于出征蒙古，关于郑和的海上远征，或关于其他扩张主义行动，没有详细的记述。这是否因为一些由宦官发起和领导的事业，如郑和的航行，有关的档案文献不是失散了就是官方的修纂者没有接触的机会？或者因为领导修纂实录的皇帝和大学士们反对扩张主义，因而纂修官故意贬低它们的意义？看来把这些因素合起来也许会提供一个合理的解释。

为了得到永乐朝的更全面的记述，我们必须越过实录，去调查那个时期的其他资料。例如，有皇帝的著述，而最重要的，有在当时的政府机构中起过重要作用的士大夫的文集。《圣学心法》是永乐帝自己选编的。这种官方的儒家文献选本也是有用的。居领导地位的大学士如三杨、金幼孜、夏元吉等人的文学著作，是珍贵的资料。这些著作的大多数有单行本，但这个时期有许多重要的政策论文，被选入晚明时期陈子龙编的《皇明经世文编》。这些著述在政治事务和政府管理方面比在财政问题和地方发展方面的资料更丰富，关于后者，我们应转而求诸方志和其他专门著述。

关于永乐帝统治时的对外关系，参与其事的士大夫的奏议是最重要和最丰富的基本资料。这包括这样一些关于出征蒙古的记述如金幼孜的《北征录》和杨荣的《北征记》。（见李素英所作的摘要，载《禹贡》，第 3—4 卷，1935—1936 年。）出使中亚国家的旅行记有陈诚的《西域行程记》和《西域番国志》，对它们作补充的，有撒马儿罕的沙哈鲁派往明廷的使者用波斯文写的报告，有英译本。[①] 此外，朝鲜编年史《朝鲜王朝实录（李朝实录）》有关于中朝关系的珍贵资料以及朝鲜人眼中所见的某些永乐朝廷的重大事件（见下）。

关于海上探险，有三种杰出的同时代记述：马欢的《瀛涯胜览》，费信的《星槎胜览》和巩珍的《西洋番国志》。它们不仅为研究明朝与东南亚和西亚沿海地带的关系提供了最重要的资料，而且记录了中国在 15 世纪初关于这些地区的地理知识的范围。

---

① 见 K. M. 梅特拉译《一个出使中国的使团的记录摘要》［367］（1934 年；纽约，1970 年重印）。

　　跟较早的时期对照，洪熙和宣德朝的基本资料就是这两朝的实录《仁宗实录》（10 卷）和《宣宗实录》（115 卷），它们是在通称"三杨"的辅政大学士和他们的同事的监督下，分别在 1430 年和 1438 年修纂的。这些实录包括的时间不如永乐帝的长。洪熙朝仅持续了 9 个月，宣德帝也只统治了九年，但他们的官方记录在资料和文献的提供上远远超过前朝。这两朝的实录特别在相对地公正和它们所包含的有关官僚政治实施的详情方面，有别于其他实录。这是明朝统治者摈弃军事扩张，转而追求儒家的文官政府理想的时期，显而易见，这说明这些实录为什么缺乏对对外关系的注意。由于这个缘故，像《朝鲜王朝实录》这样的非中文资料就格外珍贵。《朝鲜王朝实录》不仅提供了这个时期中朝关系的详情，而且提供了有关这两个明朝皇帝的重要细节，是中国的记录中所没有透露的。

　　除实录外，还有洪熙、宣德两朝大臣的大量文学作品保存下来。这些作品不仅包括辅政的大学士如"三杨"、夏元吉及其他高级官员的著作，而且也包括担任过各种政府官职的次要官员和士大夫的著作。他们的作品是后来的历史学家对这些时期的政治和制度进行概括的基本资料，也是经世文选如陈子龙的《皇明经世文编》的主要来源。当时学者涉及政治、社会、经济以及思想和文化发展各方面的杂著，也以大规模杂集的形式保存下来。这样，它们就对官方记录和士大夫文集中的资料作了重要的补充。但应注意，由于在这两个皇帝统治下对外关系和军事活动降到最低水平，当时只有很少的人写到这些题目，并且不大受到文学杂集编者的注意。这同永乐时期的情况形成鲜明的对比。

　　我们关于明朝最初几个朝代的知识，由于对整个明朝和专对这几个具体时期的研究成果的不断出现而有了很大提高。有用中文、日文、英文和其他欧洲文字写出的大量书籍、专著和文章，涉及明朝的各个领域，但这些作品的大多数是专题研究，不涉及叙事史或一般的说明。关于后者，孟森的《明代史》和爱德华·德雷尔的近著《明初政治史》是资料最丰富最有用的。此外，《明人传记辞典》提供了不可缺少的传记参考资料。但总的来说，现代学术界在建文和永乐两朝的研究上取得的成果，远比洪熙和宣德两朝丰富，在历史编纂、政治制度、军事战役、对外关系和思想活动方面取得的研究成果，远比在社会和经济发展方面丰富。这种现象无疑取决于资料的性质，但也反映出学者的偏爱和这个领域发展的不平衡。

至于建文朝，它充满了复杂的史料问题，王崇武的两本书对内战中的事件和有关的政治发展作了小心谨慎的重新叙述工作，成为这方面学术成就中的权威作品。近年来，黄章健也在相似的史料问题上作出了重要贡献。从这一点上说，我们应当注意傅斯年、李晋华、吴晗和其他人的早期著作，它们证实了燕王的母系，而这是理解新皇帝的态度和行动的钥匙。同样地，存在着相当多的有关建文帝的命运的文献和稀奇古怪的传说，它们引起了同情和遐想。

关于建文帝和燕王之间的内战，有几种一般的记述，但唯一的专著，陈荣捷的《燕王的篡位》，很令人失望。它没有充分吸收王崇武的研究成果，虽然它对军事战役作了有用的叙述，但这本书在史料问题的判断上有严重错误。使用它应特别小心。至于建文帝统治下的制度与政治发展，吴缉华和黄章健在皇帝顾问的作用和政府改组的流产上都做了重要工作。此外，还应该提到阪仓笃秀和毛佩琦论建文帝的国策及其政治影响的有价值的文章。

关于永乐时期，寺田隆信写了一篇虽然简短然而很有用处的永乐帝传记。对永乐朝的各个方面，有重要的专著和研究文章。例如，除去关于内战和永乐帝的母系问题有丰富的研究成果外，在政府改组和政治发展方面，有吴晗、吴缉华、杜乃济、王毓铨的重要研究。其中有些作品涉及整个明代，但它们对永乐朝给予了相当大的注意。论述这些题目的西方著作，贺凯关于政府改组的作品和爱德华·法默关于双京制的研究，已经成为权威参考书目。

此外，关于永乐朝的重要研究还有郭伯恭等人论《永乐大典》的编纂；郭伯恭、傅吾康、田村实造等人论出征蒙古和北方防御；陈荣捷和狄百瑞论儒家正统思想的形成；山本达郎、罗荣邦和约翰·惠特莫尔论干涉安南等。除了这些之外，有价值的作品还有吴缉华和星斌夫论粮食的分配与运输制度；黄仁宇论财政管理；司律思、J. 弗莱彻和莫里斯·罗萨比论与中亚、蒙古和女真的关系；木宫泰彦、王伊同、王崇武等论与日本和朝鲜的关系；徐玉虎、J. V. G. 米尔斯和王庚武等论与东南亚的关系等。看来只有永乐朝的社会经济方面在新近的明代研究成果中相对来说还是个空白。

有少数作品是专门研究洪熙和宣德两朝的。但除了这样一些领域如制度的发展、朱高煦叛乱、财政改革和对外关系外，许多专题没有得到充分的论述。爱德华·德雷尔的《明初政治史》是唯一用一章的篇幅对这两朝作了内容充实的叙述的现代著作。总的来说，对这个时期较有深度的现代研究成果涉及的方面是制度改革、政治巩固和财政紧缩。在这些题目上，吴缉华、杜乃济和贺凯论内阁制的发展的著作是资料最丰富和最有用的，吴缉华、周良霄和伍丹戈论苏州和松江府的财政改革的著作也是这样。此外，关于这个时期还有两部有价值的专著。贺凯论御史制的专著对宣德朝给予相当大的注意，而蒋星煜的近作况钟传，写这位江南财政改革的设计师，也很有用。黄仁宇的《16世纪明代的税收和政府财政》和他的其他有关研究为评价宣德时期类似的问题提供了不可缺少的引导。宣德朝一直是艺术史家所偏爱的一个时期，因为宣德帝是一位美术鉴赏家，但由于这个领域不属于政治叙述的范围，就不在这里进一步讨论这类研究了。

最后，这些对明初的研究，大大得益于几种重要的原始资料汇编的出版，它们是这个领域的主要学者编的。这些包括整个明代的汇编中的大多数，摘自实录中涉及外国人和与外国人的正式关系的记述。例如，有羽田亨和田村实造关于蒙古人、罗香林关于西藏、赵令扬和陈学霖关于东南亚和白翠琴关于瓦剌蒙古人的资料汇编。对这些作品作出补充的，是同等重要的汇编，如吴晗摘自《朝鲜王朝实录》中有关中朝关系的汇编，郑鹤声和郑一钧选自官方和私家记载中有关郑和下西洋的汇编，这可能是到目前为止关于这个题目最全面的原始资料汇编。大多数这类作品是由细心的学者编纂的，但为了保证准确，将这些摘录与原始记录核对，总是可取的。

第五章　正统、景泰和天顺统治时期，
1436—1464 年

　　明代中期的历史（自 15 世纪中叶至 16 世纪中叶）还没有被传统中国的历史学者或当代中国、日本和西方的历史学者很好地研究。15 世纪中期的历史包括要在这里论述的几朝，由于两个主要原因，较之研究 16 世纪的历史困难更多。第一，关于这个时期的一般历史很少第二手的研究成果，只有少数关于人物和事件的专门研究。第二，15 世纪的原始资料，不像 16 世纪那么丰富多样，因为要到 16 世纪，官员和文人在生前出版他们的文集（包括书信、奏议、散文和政治论文）的事才变得普遍。事实上，15 世纪官员的许多重要奏议和著作集到 16 世纪或 17 世纪初才出版，而这些文集也不像后来的文集那么卷帙浩繁与丰富多彩。因此，历史学者不得不从实录中保存的资料和基于朝廷档案的正史中汲取大量材料。

　　本章所包括的三朝的实录，并不特别可靠，因为它们是在李贤（1408—1466 年）的指导下修纂的，而此人曾直接卷入这三朝的政治斗争。他在 1451 年支持过于谦，但在 1457 年复辟后又设法做了大官。主编彭时（1406—1475 年）是李贤的同事，在 1450—1464 年间也参与了许多重要事件。但是，在缺乏其他确实证据的情况下，历史学者别无办法，只有在使用这一资料时考虑到编者的偏见。

　　有数量不多的论著和专题论文专门论述这个时期的事件或人物。牟复礼在《1449 年的土木之变》中重新描述了土木事件的详情，傅吾康的《于谦：国务活动家和兵部尚书，1398—1457 年》①接着描述了此后朝中发生的事情。菲利普·德希尔论述景泰时期和

---

① 见牟复礼《1449 年的土木之变》[400]，小弗兰克·A．基尔曼、费正清编：《中国的兵法》（坎布里奇，1974 年），第 243—272 页；傅吾康：《于谦：国务活动家和兵部尚书，1398—1457 年》[176]，载《中国历史》，11（1946 年），第 87—122 页。

复辟的著作,① 对头两朝的一般政治史到英宗 1457 年的复辟作了更详细的论述。这三种研究合起来对到 1458 年为止的这段时期最重要的事件,提供了一个很好的全面介绍。关于英宗复辟时期,几乎没有第二手的研究成果可资借鉴。

司律思和 D. 法夸尔研究了这个时期明帝国对待蒙古人和瓦剌人的历史。司律思对明代蒙古人的综合研究,包含关于 15 世纪中蒙关系的很有价值的资料,并成为这个课题最好的第二手资料。② 法夸尔的《瓦剌—中国的纳贡关系,1408—1446 年》③ 论述了 15 世纪初瓦剌人在也先领导下的崛起和这个时期他们与明朝的关系。

第六章 成化和弘治统治时期,1465—1505 年

述及 15 世纪下半叶的资料和现代研究成果,也许比陈学霖教授的从 1398 年至 1435 年的那一章中所使用的更加少些。他在他的书目注释中引证的学术著作,有些也适用于这个时期。其中有黄章健的几种关于明代制度的研究,现在收入他的《明清史研究丛考》(1977年);吴缉华的论制度和社会经济史的文章,特别是他的四卷研究论文集,引用时作吴(1970 年)和吴(1971 年);和黄开华的《明史论集》(香港,1972 年)。对这些新近作者的著作,还可以加上苏同炳的《明史偶笔》(台北,1970 年),特别是第一篇论明代尚书的权力。

特别有用的是王毓铨的研究,尤其是他最近出版的《莱芜集》(北京,1983 年)中论明朝机构和经济问题的几篇文章。我还要感谢王教授作为一位博学的学者在他从 1981—1983 年与普林斯顿大学的

---

① 见菲利普·德希尔《看守皇帝:从景泰朝的政治史看 15 世纪中国帝制的各方面》[139](莱顿,1985 年)。

② 例如,见《(明代的中蒙关系,II) 朝贡制度和外交使节,1400—1600 年》[458],载《中国和佛教文集》,14(1967 年),和《明代甘肃的蒙古人》[454],载《中国和佛教文集》,10(1955 年),第 215—346 页。

③ 见戴维·M. 法夸尔《瓦剌—中国的纳贡关系,1408—1446 年》[157],载《阿尔泰研究:尼古拉斯教皇纪念文集》(威斯巴登,1957 年),第 60—68 页。

交往中在明史的各方面所提出的建议，当时这本书即将完稿。

孟森（1867—1937年）的《明代史》（1957年）受到人们的赞誉，实际上这是20世纪30年代后期他在北京大学任教时的讲义的抄本。这本书永远激励人们去对明史作出解释；本章一般说来受惠于它，尽管在脚注中没有提到。

明史这个时期的主要问题集中在与北方民族特别是蒙古人的关系。尽管这个题目在第8卷（即将出版）中将有更充分的论述，在写作本章时，已故司律思的著作是用得最广泛的。这些著作是：《（明代的中蒙关系，Ⅱ）朝贡制度和外交使节，1400—1600年》（布鲁塞尔，1967年）；《大元可汗后裔系谱》（海牙，1958年）辞和《明代甘肃的蒙古人》（布鲁塞尔，1955年）。对这个题目更新近的研究成果，有莫里斯·罗塞比的著作，包括《明人传记辞典》中几个亚洲内陆人的传记；他的博士论文《明代中国与哈密和亚洲内陆的关系，1404—1513年》（哥伦比亚大学，1970年）和《1368年迄今的中国和内亚》（纽约，1975年）。本章也深受阿瑟·N. 沃尔德伦的著作的影响，特别是他的论文《长城的问题》[《哈佛亚洲研究杂志》，2（1983年12月），第643—663页]。

关于15世纪后期的政治辩论，我十分仰仗朱鸿林最近的博士论文《丘濬（1421—1495年）与〈大学衍义补〉：15世纪中国的经世思想》（安阿伯，1983年）。朱博士范围广泛的书目提供了这个领域的完善的见识。

尽管日本人的研究成果很多，特别是在社会经济领域，但本章对它们的依赖不大，因为在这里没有进入这些领域的必要。在现代西方学者中，凡是研究明代的人都特别受惠于傅吾康和贺凯，他们的权威参考书和其他著作自始至终被使用，虽然在多数情况下没有具体地引证。

本章照例依靠这样一些传统资料如《明实录》、《明史》和几种专史或编年史如夏燮的《明通鉴》（1837年）。尽管在15世纪后期，官吏、学者或文人的私家著作集开始多起来，但这里没有充分利用它们——实际上还没有人这样做。中国史的这个时期，等待着人们对传统资料进行更充分的研究。

第七章 正德时期，1506—1521 年

第八章 嘉靖时期，1522—1566 年

关于正德和嘉靖两朝的政治史，没有很多中文、日文或西文的第二手研究成果。最时新的研究成果集中在少数几个题目：葡萄牙人的到来，大礼之争，16 世纪 50 年代的海盗入侵，以及几个杰出政治家的经历。有关其他题目的资料，则必须参考当时的文献和 16 世纪至 19 世纪的中国传统研究成果。

夏燮的《明通鉴》对研究正德、嘉靖两朝的历史特别有用，因为当他编纂是书时，手边有这两朝实录的抄本。他在考异中解决了正史、别史和实录在日期和数字上存在的许多不一致。

正德朝的实录对皇上的言行非同寻常地直言不讳，替他描绘出一幅远非阿谀的画像。这是由于两个特殊情况。第一，继他为帝的他的堂弟，蔑视他的生活方式，并且不愿在正式记录中对此有所遮掩。第二，替他修纂实录的官员曾在他的统治下任职，曾身受其害。因此，在别的情况下会被删去的许多详情，得以完整地保存下来。黄云眉在他的《明史考证》中指出，皇帝在 1514 年大火之夜所说的话，是因为这个缘故而保存在实录里的。[①] 关于皇帝私生活的主要记述都集中在毛奇龄的《武宗外纪》(2.6.4) 里，便于检索。

谢蒉（1521 年进士）的《后鉴录》是研究正德时期历史的特别有价值的资料。当谢蒉在 16 世纪 20 年代初任礼科给事中时，他从刑部档案中抄录了正德朝几个主要案件的审讯报告（刘瑾案，安化王谋反案，宁王叛逆案）。《后鉴录》包含有实录或后来的记述中所没有的材料。例如，对刘瑾的控告说他在 1510 年被捕时是 58 岁（60 虚岁），这就可以把他尚未确定的生年，定在 1452 年前后。由于 16 世

---

① 见黄云眉《明史考证》[261]（北京，1980 年），第 156 页。

纪初的档案材料几乎都没有保存下来，这部著作在确实和详尽上都是特别有价值的资料。①

江左文的文章《明武宗三行宣府大同记》详细列出了这个皇帝的宣府大同之行的年表，并对实录中的有关章节作了一个方便的索引。② 王世贞的《中官考》(2.2.6)汇集了实录中所有有关太监活动的主要章节。

有关这两朝的另一种重要资料是杨廷和的日记，它远比实录和其他官方记载详尽。日记的时间为1507—1523年，即从杨廷和任首辅起，到被撤职止，日记收在1607年版的杨廷和文集《杨文忠三录》中，题为《视草余录》(5.5.35)。它对1521年正德帝死后紧接着发生的事件和16世纪20年代初杨廷和与嘉靖帝之间的对抗作了最详细的记述。它还包含许多有关正德帝的个性和朝廷的轶事。从杨廷和的记述可以看出，正德帝的最后几年几乎常醉不醒，甚至在决定国家大事时也是这样，而他身边的太监对此毫不在意。

嘉靖朝的实录符合帝国的编史标准，皇帝生活中的一些特别希奇古怪的插曲（像1542年的行刺企图）只是轻描淡写地一笔带过。沈德符的《野获编》(4.1.5)收集了嘉靖帝和他朝中的轶事，从中可以发现他的个性与性格中较有见识的一面。我在许多地方仰仗沈著所提供的解释和详情。他的记述清楚而有见识地说明了李福达之狱及其经过。我常常把沈德符的评注与徐学谟编的一本也很有用的历史摘录中的评注相比较，徐学谟在16世纪50年代在嘉靖朝中为官。他的汇编《世庙识余录》(2.7.5)大部摘自实录。有些摘录之后有重要评注，我也依靠它们去解释许多细微之处。例如，徐学谟对李福达之狱所作的评语，支持了《野获编》所作的解释。我始终参考的第三种资料是范守己的《皇明肃皇外史》(1.3.3)，它也含有实录中所没有的材料。③

---

① 谢国桢编的《明史资料丛刊》1（江苏，1981年）第1—160页重印了《后鉴录》[228]。

② 见《禹贡》，5（1935年），第29—41页。

③ 见沈德符编《野获编》[468]（1619年；北京，1959年重印），第464—467页；徐学谟：《世庙识余录》[233]（1608年；台北，1965年重印），4，第9—14页（第103—113页）。

大多数涉及蒙古人的资料，是从中国人的角度写的。瞿九思《万历武功录》(2.8.3)中有关俺答王的章节，是用中文写的作品中对中蒙关系所作的最公正的记述。

有关海盗入侵的资料很丰富但互相矛盾。在关于徐海和王直的最重要并广为流传的记述中，有两种是对加给胡宗宪的许多罪名进行政治昭雪的。《徐海本末》(7.8.8)和《汪直传》(《明史》误王直为汪直——译者)(7.8.7)可能都是茅坤(1512—1601年)写的，他是胡宗宪的朋友，在16世纪50年代是胡的幕僚。虽然有些晚明的历史学者对这些记述的真实性和可靠性持怀疑态度，但正史的编者却认可了它们。正史胡宗宪传中写他对徐海和王直的处置，几乎全部取材于茅坤的作品。茅坤的记述和后来以它们为根据的记述，的确是偏颇的，未经证实不能使用。总之，较之茅坤的作品，我更赞成采九德的《倭变事略》(7.8.9)中的年表和对事件所作的解释。

有关严嵩的各种记述也出现类似的问题。嘉靖朝实录是在严嵩的死对头、大学士徐阶的监督下开始修纂，在徐阶的学生、大学士张居正的监督下完成的。材料的取舍以及修纂者的解释都企图把严嵩说得尽可能的坏。正史中的严嵩传几乎完全是根据王世贞所写的传记稿。王世贞的父亲以失职被处死，当时严嵩任首辅，王世贞认为严嵩应对他的父亲未能减刑或延缓死刑判决负责。不论以何种方式与严嵩有联系的官员也受到类似的对待。因而几乎总是需要查对当时的看法与后来的作品对这些人物的看法是否一致。它们往往不一致。最近证明，严嵩在朝中的权势较之后来的资料所暗示的远为有限，许多在实录中归咎于他的决定，实际上出自皇帝。①

余继登的《典故纪闻》(2.2.7)从实录中收集了许多关于财政问题和予以补救的尝试的重要章节。余继登曾参加1587年版《大明会典》的编纂工作，长时期有机会接触实录和朝廷的其他文献。王毓铨

---

① 见苏均炜《大学士严嵩新论》[475]，载《明清史国际学术讨论会论文集》(天津，1982年)，第822—862页。

的研究详细讨论了这个时期的军政问题（特别是军屯收入的丧失）。[1]
傅衣凌的研究对 16 世纪的农业增长与发展和商业活动（特别是在长
江流域）作了最好的概括。[2]

16 世纪欧洲人对中国最早的描述也始于这个时期。最初的记述
出现在皮列士使节团的两个成员在 1524 年底写的信中，当时他们被
囚禁在广州的一座监狱里。[3] 稍后一些的记述，是从 1549 年至 1552
年被囚禁在中国南方的盖略特·佩雷拉从一个葡萄牙人的角度所描述
的朱纨失宠的事。1549 年 3 月，明朝海防军俘虏了佩雷拉，将他送
至福建省的省城，囚禁在那里的监狱里直到朱纨死去。之后他和另外
一些囚犯被流放到广西桂林。1552 年，他设法逃到沿海地区，重新
回到葡萄牙人的社会。有趣的是，佩雷拉不知道他被释放的原因，最
后说：

> 像我们这样不知来历的人，在基督教国家的任何城市的任何
> 地方，如果受到控告，我不知会有什么下场；何况我们是在一个
> 异教国家，城里两个最大的官员成了我们的大敌，没有译员，又
> 不懂得这个国家的语言，结果却看到我们的大敌由于我们的缘故
> 而被投入监狱，因执法不公被剥夺了官职和荣誉，而且不免一
> 死，因为传说他们将被砍头——现在看他们是否公正？[4]

被复杂的误解所大为渲染的这个关于中国的报道，在 16 世纪到达欧
洲，形成了后来对中华帝国的看法。

胡安·冈萨雷斯·德·门多萨的《大中国史》初印于 1585 年，

---

① 见《明代的军屯》[558]（北京，1965 年）。

② 见《明代江南市民经济试探》[182]（上海，1957 年）和《明清农村社会经济》[181]
（北京，1961 年）。

③ 见唐纳德·弗格森《葡萄牙俘虏从广州的来信，写于 1534 年和 1536 年［一说 1524
年］：附 16 世纪前半期葡萄牙人与中国往来的介绍》[162]（孟买，1902 年）。

④ 查尔斯·R．博克瑟编：《16 世纪中国南部行纪》[11]（伦敦，1953 年），第 20—21
页。

是 16 世纪在西欧流传最广的关于中国的记述。门多萨的《大中国史》主要依据两个葡萄牙人的著作：加斯帕·达·克鲁兹的《中国志》，印于 1569 年或 1570 年，和马丁·德·拉达关于他 1575 年在福建逗留三个月的报告。

加斯帕·达·克鲁兹的《中国志》则部分地依据盖略特·佩雷拉的记述，加进作者本人的一些见闻。达·克鲁兹 1556 年在中国南方度过几个月。尽管他的《中国志》是在欧洲印出的第一本专门描述中国文明的书，但流传不广，部分原因在于它是用葡文写的。不过，由于它被编入门多萨有名的《大中国史》，就有了塞缪尔·珀切斯的英译，刊印在 1625 年的《珀切斯朝圣者丛书》。

马可波罗之后西欧人最早对中国的描述，主要取材于这三种记述。其中两种记录了在中国南方的短期逗留所得的印象。第三种，佩雷拉的记述，误解了对他的审问以及后来的获释与流放，其中关于中国司法的记述，引起珀切斯的兴趣，将它译成了英文。虽然后起的作者对有关中国的知识补充了更多的详情，但是对中国文明的许多历久不衰的第一印象，却来自这少数几种著述。[①]

第九章　隆庆和万历时期，1567—1620 年

对 16 世纪后期和 17 世纪初期的资料，很难作出一个令人满意的概述。粗略的概述传达不出这个时期可以得到的大量而多样的书本资料的丰富性。在这里有必要指出资料中的一些一般的问题。

在《1587，无关紧要的一年：衰落中的明王朝》的书目中，可以找到关于这个时期的研究和资料的样本，但这还不是一个详尽的书单。不过可以作为一种介绍，从中看出可以得到的资料的范围。[②] 在

---

① 对这些作者及其著述的更充分的说明，见博克瑟《16 世纪中国南部行纪》［11］，第 xvii 至 xci 页。有关这些篇名的详尽书目资料在第 344—348 页。

② 见黄仁宇《1587，无关紧要的一年：衰落中的明王朝》［251］（纽黑文和伦敦，1981 年），第 261—265 页。（此书中译本名《万历十五年》）

《16世纪明代的税收和政府财政》的书目评注中，简要地提到有关财政史的资料，对有关这个题目的最重要的著作作了简短的讨论。[①] 使用这个时期的范围很广的资料遇到的最大困难，是不同类型的资料在质量上的差别很大。在16世纪后期，大多数地区都出版方志，但质量各有不同。富裕的府县雇得起有资格的学者来编纂这类历史，而贫穷边鄙的地区则做不到。因此，富裕地区编纂的方志倾向于全面，对当地的情况和风习有详细的叙述，摘录的文献材料也比较多。而贫穷地区的方志几乎毫无用处；它们包含的统计数字没有任何说明；或者更糟糕的是，统计数字是从该地上次编纂的方志中抄下来的。

16世纪晚期和17世纪初期出现的许多专题文献汇编也存在类似的问题。编纂者往往不考虑编入的材料的价值，认为这是他们那个时代的读者自己能够确定的事。但是，现代读者必须对重要文集中的资料重新加以整理，逐一估计材料的可靠性。因此，尽管有大批合宜地按专题或按时期编纂起来的材料，却不可以不加选择地使用。

张居正和他的财政改革一直受到广泛的研究。关于这个题目，有中文、日文和西文的大量研究成果。从两部著作，一部早期的和一部较近的，可以看出这些研究的范围。朱东润的张居正传，是现代第一次企图按19和20世纪的西方文学传记风格用中文写的传记。它取用的资料范围很大，包括张居正的政治著作、书信、诗和笔记，对这个人和他的时代描绘出一幅生动感人的图画。[②] 利夫·利特拉普的专著《中国明代的地方政府：对16世纪时的山东省的研究》，联系16世纪的地方税制改革，对张居正财政改革的效果进行了研究。这种地方史研究对朝廷中的财政改革讨论，提供了一个有趣的对照。[③]

---

① 见黄仁宇《16世纪明代的税收和政府财政》[254]（剑桥，1974年），第367—376页。
② 见朱东润《张居正大传》[109]（武汉，1957年）。
③ 见利夫·利特拉普《中国明代的地方政府：对16世纪时的山东省的研究》[346]，比较文化研究所，丛书B：编号LXIV（奥斯陆，1981年）。

司律思的《关于 1570—1571 年的中蒙和平的四份文件》，对 1570—1571 年与蒙古人缔结的条约进行了详细的研究，他的其他著作对此也有所论述。[①]

第十章　泰昌、天启、崇祯三朝，1620—1644 年

在 20 世纪研究晚明史的学者当中，有一个人高出其他所有的人，他就是谢国桢。谢国桢教授在他最近于北京去世之前的将近 60 年中，不断地发表有关中国 17 世纪的细致的研究著作和文章，其中有许多仍旧是它们所涉及的领域中的杰作。与本章特别有关的是他的《晚明史籍考》（北京，1932 年，及随后各版）和他的《明清之际党社运动考》（上海，1934 年，及随后各版）。前者是一部有注释的书目，包括 1100 多种研究晚明史的原始资料，对研究这个时期是不可缺少的帮助。后者是对明末清初的政治活动的详尽研究，实际上已经成为对这个题目继续进行研究的出发点。他去世前不久出版了一本论文集，题为《明末清初的学风》（北京，1982 年），它包括新的和显然是未曾发表过的有关 17 世纪的各种题目的文章。

虽然 20 世纪 50 年代和 60 年代初在中华人民共和国产生了大量关于晚明史的重要著作，但"文化大革命"的动乱严重地影响了它们的数量和质量。幸亏最近几年有了好转。关于晚明的最新研究成果的提要以及一些书目详情，见小弗雷德里克·韦克曼编的《中华人民共和国的明清史研究》（伯克利，1980 年），特别是第 87—112 页；见中国史学会编的《中国历史学年鉴》（北京，1981 年—）有关明史的各部分和季刊《史学情报》（1982 年—），这也是在北京出版的。

台湾也出了有关晚明史的值得注意的著作，最值得注意的是李光涛教授的作品。与本章特别有关的是他的《明季流寇始末》（台北，

[①]　见司律思《关于 1570—1571 年的中蒙和平的四份文件》［449］，《华裔学志》，19（1960 年），第 1—66 页。

1965 年)，他的《熊廷弼与辽东》（台北，1976 年）和他的《明清史论集》（台北，1971 年）中几篇关于军事和政治史的论文。台北出版的《明史研究专刊》经常有关于晚明史的当前作品的报道。台湾、香港地区和人民共和国的出版社继续重印有关明史的各种原始资料和第二手材料这个事实，对将来对这个时期的研究会有很大的帮助，其中有些资料与本章所讨论的问题有直接关系。

像在中国研究的大多数其他分支那样，关于 17 世纪时的中国，日本人的研究成果很丰富，而且质量往往很高。与晚期有关的这一研究成果的概述，见山根幸夫的《战后日本的明史研究动向：书目介绍》，载《亚洲年鉴》，38（1980 年），特别是第 104—110 页、第 118—123 页。又见森正夫的《明代的士绅》和谷口喜之雄的《晚明的农民起义》，均发表在《亚洲年鉴》，38（1980 年），第 31—68 页；有关的文章，见琳达·格罗夫和丹尼尔斯·克里斯琴编的《中国的政府和社会：日本人关于明清社会和经济史的看法》（东京，1984 年）。

40 多年来，研究 17 世纪中国的西方学者对恒慕义编的两卷本《清代名人传略》（华盛顿特区，1943—1944 年）深为感激。尽管书名引起误解，这部合编的巨著收入了不少晚明杰出人物的传记，附有简短的书目，指出在何处可以找到有关他们的更多的资料。富路特和房兆楹编的《明人传记辞典》，两卷（纽约和伦敦，1976 年），补充了《清代名人传略》，但没有完全取代它。《明人传记辞典》仿照恒慕义的书，正如大家所推崇的那样，这是两部最重要的关于明史的西语参考书之一。另一部是傅吾康的《明史资料介绍》（吉隆坡和新加坡，1968 年），编写本章所用的许多原始资料和第二手材料，它都有简短的说明。特别参见第 32 至 33 页傅吾康教授对泰昌、天启、崇祯三朝实录和第 38 页对谈迁的《国榷》的讨论。

《明人传记辞典》的杰出撰稿者之一贺凯教授，长期以来在讲英语地区被视为晚明史研究的非正式领袖。贺凯教授在 20 世纪 50 年代中期开始发表一系列重要文章，在过去 30 年中他用许多时间研究错综复杂的明代政治和制度史。与本章特别有关的，有他的《宿州和魏忠贤的代理人：〈开读传信〉译文》，见《创立二十五周年纪念论文集》（京都，1954 年），第 224—256 页；《晚明时期的东林运动》，见费正清编《中国的思想和制度》（芝加哥，1957 年），第 132—162 页；《明代中国的监察制度》（斯坦福，1966 年），特别是第 152—234 页。贺凯教授还编了专题论文集《明代政府研究的七篇论文》（纽约和伦敦，1969 年），它包含一些论及 17 世纪制度史的重要方面的文章。

晚明史的其他领域也有专题论文集。关于思想史，见狄百瑞编的《明代思想中的自我与社会》（纽约和伦敦，1970 年）和《新儒学的演变》（纽约和伦敦，1975 年）。关于社会和政治史，见小弗雷德里克·韦克曼和卡罗琳·格兰特编的《中华帝国晚期的冲突与控制》（伯克利和洛杉矶，1975 年）和乔纳塞恩·D. 斯彭斯、小约翰·E. 威尔斯编的《从明至清：17 世纪中国的征服、地域和连续性》（纽黑文和伦敦，1979 年）。

过去几年，出版了三本英文的有关晚明史的重要专题著作：威拉德·J. 彼得森的《匏瓜：方以智与思想变革的动力》（纽黑文和伦敦，1979 年）；希拉里·J. 贝蒂的《中国的土地与门第：对明清两代的安徽桐城县研究》（剑桥，1979 年）；杰里·登纳林的《嘉定义士：中国 17 世纪的儒家领导阶层和社会变迁》（纽黑文和伦敦，1981 年）。两本新著也将大大地增加我们对这个时期的理解：小弗雷德里克·韦克曼的《伟大的事业：满洲人在 17 世纪的中国重建帝国秩序》（伯克利和洛杉矶，1985 年）；林恩·A. 斯特鲁夫的《南明，1644—1662 年》（纽黑文和伦敦，1984 年）。

第十一章 南明，1644—1662 年

从书目的角度看，许多情况使得对南明的研究变得格外复杂。第一，从 1644—1662 年是一个非常动乱的时期，在广大的地理范围内，事件层出不穷。个人亲历的事件只占这些事件的一小部分，大多数直接参与南明政治和军事活动的人，没有活下来讲他们自己的故事或反

驳别人讲的他们的故事。总之，这个时期的文字记录虽然很多；但极为零碎，而且可靠性成问题。事实说明了这一点，谢国桢的《晚明史籍考》是关于晚明和南明著作的主要书目指南，尽管它列出 1100 多种已知从 17—20 世纪一直存在的作品的名称，但我们却没有出自任何一个南明朝廷的一份原始文件。我们所有关于南明的奏议、圣谕、诏令、中旨等的内容的知识，全都来自私家的抄本。换句话说，有关南明的历史记载几乎全由各种各样别史、野史、外史或稗史组成——就是说，是私家的、非官方的、道听途说的记述，作为史料，在质量和价值上差别很大。

这与清方与南明斗争的资料恰成对比。清资料只有政府文献和官方历史档案而无任何一种参与其事的人的第一手个人记述。由于这个明显的差别，就必须把我们找到的非官方的南明资料与清官方的资料小心地结合起来。许多顺治朝的官方文献，保存在北京的内阁档案馆里，中央研究院历史语言研究所将其分 10 辑出版，名为《明清史料》。[①] 但是，没有经验的探索者很容易迷失在这些卷帙浩繁的文献中，不如首先探索更易查找的顺治和康熙朝初年的实录，在七卷本《大清历朝实录》的第四卷，1964 年重印。

我们只有明朝方面的非官方资料和清朝方面的官方资料这个事实，表明南明著作的政治敏感性，这是造成书目问题和复杂性的第二个比较重要的情况。当然，清朝是胜利的一方，因而处于这样一种地位，可以用一个统一的帝国的权力和影响，操纵对征服时期的历史的阐述，使其为自己服务。清朝的官员显然感到，写奏议比写回忆录稳妥。但是，南明同情者的担心是对的：除非个人把他们所知道的事记录下来，希望后人终有一天会知道，否则明朝斗争的历史将烟消火灭。下面将提到，清朝当局确曾采取措施，企图改写和销毁有关南明的历史著作。但他们并没有雷厉风行和坚持不懈地做下去，因此，不同时期的不同作家、出版家

---

① 关于每辑内容的简述，见李光涛《明清档案与清代开国史料》［328］，载《明清史论集》［327］（台北，1971 年），Ⅱ，第 419—424 页。

和藏书家对检查和迫害的威胁，感受各不相同。结果，有些作品写成后立即发表，大多以传抄的形式流传（它们已辗转抄过许多次，有许多错误）；另一些作品则被巧妙地藏起来，直到 20 世纪才重见天日。在流传的作品中，特别是印出来的作品，为了符合清朝的政策而进行改动的程度是难以估计的。此外，南明著作的政治敏感性使得许多作者匿名或者用化名写作，这样，作品的错误归属不大可能引起争论。这种情况在南明研究中引起无数证实原作者和原文真伪的问题。

当然，如果征服对汉族人没有这样深刻的含义，如果有关南明的故事不是这样流行不已，清朝当局也犯不着进行检查。这两个因素，民族意义和名誉，使得从清代直到今天的历史家的工作变得复杂。清的征服较之东亚次大陆历史上先前任何这样的动乱，直接影响了更多汉族人和更多有文化的汉族人的生活。明末和清代中国人口的惊人增长和这个时期出版业的明显增长，颇有助于证明有关南明的著作是很丰富的。

从积极方面说，这导致保存下来的有关清的征服和南明的资料，比先前任何改朝换代时期都多。从消极方面说，这引起对南明著作的不讲道德的出版者和书商的广泛谴责，他们用各种手段窜改原著，不知羞耻地助长偷印和剽窃——一切为了迎合虽然热情但大都缺乏鉴别力的读者大众的趣味。此外，关于南明的现代第二手著作，甚至那些以学术成就自命的著作，是肤浅的和新闻性的，目的主要在说教或灌输，顶多不过是表现出对原始的和第二手的、真的和假的资料之间的区别，缺乏起码的辨别力。因此，在检查清代的旧文献以及民国和共产党时期的著作和文章时，一个认真的南明研究者面临的任务，是从一大堆糠秕中筛出少数历史证据的谷粒，用以建立真实可信的历史。

为了给一般能得到的最好的南明史原始资料和本世纪对那个时期最有价值的研究成果编一份目录，读者应参考林恩·斯特鲁夫的《南明：1644—1662 年》（纽黑文和伦敦，1984 年）中的书目提要。在评价这些资料和其他 18 和 19 世纪的著作时，认识到这样一点是有益的，这就是从顺治到现在的各个阶段，不同的渲染和偏见一直成为对那个时期的研究的一个特点。

大多数第一手记述自然是写作于 17 世纪 50 年代和 60 年代，在它们所描写的事件刚过去不久。这些作者处在混乱的中心，很少能在他们的著作中保持一种坚定的客观态度。大多数作者带有强烈的偏见，愤懑之情溢于言表，为赢得后代的同情，对所发生的事情的责任问题同他人争论。在前明的知识阶层当中弥漫着一种负罪感，这引起了许多自我辩白的文章，它们相应地谴责个人报复、党同伐异，或某些政府部门和社会团体的行为。此外，由于清初私人抄本流传并通过晚明政治—文学团体的残存网状组织最有效地保存了下来，我们所得到的记述也许带有比原来更多的党派性。

第二个阶段，大致从 17 世纪 70 年代至 18 世纪 20 年代之前，在两方面有所好转。第一，被视为晚明的主要折磨的党争，既受到政府也受到公众的谴责。第二，康熙帝通过缓和许多汉族知识分子对满族政权仍然怀有的仇恨和害怕，诚心争取把他们团结在清朝的庇护之下。作为这种努力的一部分，他成功地发起一个编纂《明史》的大规模计划，并采取不寻常的步骤，谋取受到广泛敬重的以同情明朝知名于世的学者们的合作。此外，他试图让学术界放心，崇祯以后明朝的朝臣在他的指示下将受到宽宏的对待，任何人都不必担心 1661—1663 年迫害历史家的事会再次发生。在这样一种比较说来是宽厚的气氛中，大家对南明的兴趣高涨起来。到这时，经历过征服的一代人已经年老，已没有多少时间能写出有关事件的第一手证词；此外，许多人也明白，尽管康熙朝廷对南明的研究表示宽容，但事实上那个时期在《明史》中不会得到适当的论述。这些情况促使温睿临写作《南疆逸史》（完成于 1711 年前后），成为清代头 200 年中出现的关于南明的最重要的综合史著作。[①]

----

① 李瑶出版于 1829—1830 年的《南疆绎史刊本》［335］（台北，1969 年重印），是温睿临 56 卷《南疆逸史》［561］的不过 20 卷手抄本（1711 年；上海，1960 年，东京，1967 年重印）的完全重写。

这个阶段南明研究的特点，是浪漫精神和伴随而来的用大量想象去给事实添枝加叶。在更为安定的康熙时期生活的人们，回过头去看南明，把那时看成一个英雄主义和自我牺牲的时代，一个社会大融合和互相拉平的时代，各种类型的人都有机会表现他们的聪明才智。对清和晚明的矛盾感情所引起的高度悲怆，不仅表现在历史著作中，也表现在孔尚任的《桃花扇》中，它是康熙晚期最流行的传奇。[①]

在 18 世纪的第二个 10 年中，对南明的兴趣明显下降，在雍正和乾隆初期，也许降到了最低点。这种情况似乎主要是由于那些在童年经历过征服年代的人已经过世，也由于康熙帝的去世，他的宽容政策成为一场极端刻毒和奸诈的储位斗争的牺牲品。在这种气氛中，翰林院编修戴名世出版的有关南明的著作，被他的政敌劾为"狂妄"，他以大逆罪于 1713 年被处决。雍正帝于 1723 年即位后，赦免了所有牵连进这桩案件的人，但后来他在同情明朝的著作和当前煽动叛乱的关系问题上，挑起一个更大的争论。1729 年，湖南一个名叫曾静的叛逆者，被发现部分地受到已经过世的浙江文人吕留良（1629—1683年）的某些著作中反满内容的鼓舞。雍正帝巧妙地利用了这一事件。他的关于这个案件的文告和书，是清朝第一次企图利用晚明著作，其中有些是关于南明的，来达到阐述满族—清廷的政治思想的目的。

在此后几十年中，关于南明没有做出什么值得称道的工作，人们倾向于采取一种比较无害的形式，如地方人士对死于明清斗争中的人所写的谨慎的纪念文章。出乎意料的是，正是通过这类"社会传记"的积累，全祖望（1705—1755 年）在 18 世纪对南明研究作出了最重要的贡献。全祖望的《鲒埼亭集》，[②] 特别是它的外编，显示出对原始文献透彻的研究，这正成为他那个时代最受人尊敬的学者们的共同特点。在当时的第一流学者中，几乎只有他着迷于明朝的抵抗斗争，

---

① 林恩・A．斯特鲁夫：《历史与〈桃花扇〉》[479]，载《中国文学：随笔、论文评论》，2，1（1980 年 1 月），第 55—72 页。

② 关于这部作品的一种珍贵手抄本的全面研究，见王宝先《记中央研究院历史语言研究所藏〈鲒埼亭集〉评校本》[551]，载《图书馆学报》，3（1961 年 7 月），第 119—178页。

全祖望对南明研究所做的最好的工作，是挽救了许多关于监国鲁王的支持者和浙东抵抗斗争的历史资料，使其免于湮没。

康熙晚期和雍正年间的迫害和控制是偶尔发生的，并未导致对晚明或南明著作制定任何明确的官方政策。这种危险的含混状态，只能阻止这方面的工作。但是在乾隆朝晚期，特别是在 18 世纪 70 年代至 80 年代，开始了某些大规模的计划，以一种又打又拉的方式大力消除这种含混状态。

第一，朝廷有意散播一种由皇帝批准的对南明事件的解释，给予那些站在明朝一边为国而死的人以很大的光荣，但明确指出，明朝的让位（和清对汉族人民的挽救）是不可避免的事。的确，晚明不可救药的道德风气和政府状况，使得烈士们的奋斗更加可歌可泣。弘光朝廷的灭亡被确定为明朝的结束，承认以后南明朝廷的历史性但不是合法性。

第二，更加抱负不凡，乾隆帝企图促进他的国家的文献质量，一方面收集最好的图书，加以重抄，编成巨大的《四库全书》，另一方面，与此同时搜出各种不符合需要的著作，加以销毁或改动。后者的范围，自然包括对满族人或他们的祖先女真人有不利反映的历史著作，或者不符合乾隆对南明的解释的作品。[①]

因乾隆禁令而引起的对南明材料的改动，程度的大小难以估计。但这对清初以来全部幸存的作品的影响微不足道，也许由于已经熬过 150 年所有近代以前的原本书所面临的危险——水、火、蛀虫、贫穷和疏忽——不大可能被少数几年（最多从 1774—1788 年）执行得不一律的禁令从这样一种文献丰富的文化中消灭掉。相反，乾隆的南明研究政策的影响，似乎积极方面多于消极方面。《四库全书》计划大大地刺激了对各种旧书的兴趣。而且，有意研究南明的学者多对乾隆法令的宽大精神感到满意，而不是被禁令的严峻文字所吓倒。

总之，紧随乾隆朝之后的几十年，在一些人当中令人注意地重新引起了对南明的兴趣，他们是在这样一种学术空气中培养起来的，他

---

① 禁书索引见吴哲夫《清代禁毁书目研究》[570]（台北，1969 年）。

们对收集到的材料作出评价，对有问题的旧本进行比较、核对和修订。第一个对南明资料进行全面的原本研究的，是乾隆和嘉庆年间的学者杨凤苞（1754—1816 年），继他之后是 19 世纪的两个藏书家李慈铭（1830—1894 年）和傅以礼（1826—1898 年）。[①] 此外，19 世纪初兴起出版丛书的第一个高潮，它的特点是只限于晚明和南明的作品，以及第一次出版几个杰出的南明义士的文集。这一活动的成果是产生一部伟大的清代关于南明知识的总结，徐鼒（1810—1862 年）的《小典纪年附考》。

通过这种工作，为清朝统治的最后几十年发生的事准备了文献根据，那时对南明的兴趣带上一种坚决反清、反满和排外的倾向。热情的革命者如梁启超（1873—1929 年）、章炳麟（1868—1936 年）和刘师培（1884—1919 年）当时举出南明提醒他们的同胞，清是野蛮的征服者，而 17 世纪时汉族人民曾表现出抵抗外来入侵者的精神，这是现在完全可以仿效的。某些参加并记述明朝的抗敌斗争的人，成了有名人物，出现了出版南明丛书和明朝忠臣义士文集的第二个高潮。

自然，1911—1912 年清朝覆亡后，当新生的民国在对西方列强干涉的经常恐惧中迈出最初不稳的步子时，发掘这种文献的热情进一步增长起来。事实上，鲜明地题为《痛史》的丛书，就是在清朝被推翻时付印的。随后的几种丛书合在一起包罗了许多以前被清廷禁止的作品。但在 20 世纪 30 年代和 40 年代，促进南明知识的原动力有了新的变化，像柳亚子这样的学者兼政论家，用这个时期的故事来鼓舞抗日的民族感情。

这个突然对南明著作普遍感到兴趣和几乎是发狂地出版各种各样手抄本（往往很少或者不去证实作者、可靠性或质量）的浪潮，很快启发了两位杰出的爱国学者进行书目研究。谢国桢详尽的《晚明史籍

---

① 见杨凤苞《秋室集》[605]（乌程，1885 年），第 2—3 卷；李慈铭：《越缦堂读书记》[333]（晚清 [1844—1911 年] 时期；台北，1961 年重印），第 3 卷；傅以礼：《华延年室题跋》[179]（余杭，1909 年；《书目三编》8，重印，台北，1969 年），第 2 卷。

考》① 和朱希祖更有选择的《明季史料题跋》至今仍然是晚明和南明资料最好的现代指南。

1949 年共产党革命在中国大陆取得胜利和国民党政府迁到台湾以后，中国人对南明的兴趣在性质上有了明显的分歧。在台湾，从大陆逃来的人从沿海的抵抗故事中寻找历史的类似。刚从日本人的殖民控制下解放出来的台湾本地人，不仅发现郑成功是一个伟大的民间英雄从而加强了他们是中国少数民族的意识，而且是抵抗大陆武力统治的一个不屈的象征。对这两部分人来说，在对南明历史的构想中，赫然出现了东南沿海战场。伴随这种兴趣而来的，是到目前为止规模最大和最重要的南明研究丛书的出版，即台湾银行经济研究室编的《台湾文献丛刊》（1957 年— ）。②

另一方面，在大陆中国，马克思、列宁和毛泽东的思想影响强调"封建的"不公平是晚明时期普遍的社会政治动乱的原因。在此之前被视为流寇的"农民起义者"受到赞美，被认为是当时最进步的社会力量。（在这种意向下，谢国桢编的《清初农民起义资料辑录》对研究南明状况的学者最有帮助。）这样，南明的历史倾向于成了晚明造反军残余部队的历史。他们打击"地主官僚阶级"，并在满族人进入中国北部之前推翻"腐败、封建的"明朝政府被认为是正确的；在此之后，他们以"民族斗争"为重并联合南明政权反对"外敌"也是正确的。

但是，这个看法带来许多解释上的困难。可以说，在对 20 世纪到目前为止用中文出版的唯一的一本南明简史——谢国桢的《南明史略》的批评和对史可法评价的长期争论中，③ 各种"矛盾"最充分地暴露了出来。在"文化大革命"和 20 世纪 60 年代和 70 年代的所谓

---

① 谢国桢给他的书写的序，是一篇很好的晚明研究概论。又见他的文章《明清史料研究》[222]，载《金陵学报》，3，2（1933 年 11 月），第 311—329 页。

② 这套丛书的一个有用的索引已经出版。见李永麟和林瑞美编《台湾文献丛刊目录及作者索引》[336]，载《史迹勘考》，6（1978 年 6 月），第 118—148 页。

③ 这次争论中的主要论点，可以在《史可法评价问题汇编》[349]（香港，1968 年）中见到，这是一本论文集，刘辉等选自《文汇报》1966 年的争论。

"四人帮"时期，争论变得特别激烈。由于在对南明的看法上遇到这么多解释上的难题，到 1980 年，大陆中国的学者转向计划和准备出版新的原文和文献证据，以供对 17 世纪中叶的历史进行更为渐进的、在概念上是尝试性的探讨。

参 考 书 目

[1] Asano Chuin. "Min jitsuroku zakkō." *Kita Ajia gakuhō*, 3(October 1944), pp. 254—285.

浅野忠允：《明实录杂考》，《北亚细亚学报》，3(1344 年 10 月)，第 254—285 页

[2] Atwell, William S. "From education to politics: The Fu She." In *The unfolding of neo-Confucianism*, ed. Wm. Theodore de Bary. New York and London: Columbia University Press, 1975, pp. 333—367.

威廉・S. 阿特韦尔：《从教育到政治：复社》，载狄百瑞编《新儒学的发展》，纽约和伦敦，1975 年，第 333—367 页

[3] Bacon, Francis. *The essays of Francis Bacon*. New York: Scribner, 1908.

弗朗西斯・培根：《弗朗西斯・培根文集》，纽约，1908 年

[4] Bakewell, Peter J. "Registered silver production in the Potosí District, 1550—1735." *Jarhbuch für Geschichte von Staat, Wirtschaft, und Gesellschaft Lateinamerikas*, 12(1975), pp. 92—95.

彼得・J. 贝克韦尔：《波托西地区注册的白银生产(1550—1735 年)》，《拉丁美洲国家经济和社会史年鉴》，12(1975 年)，第 92—95 页

[5] Balázs, Etienne. *Political theory and administrative reality in traditional China*. London: School of Oriental and African Studies, University of London, 1965.

埃蒂恩・巴拉日：《传统中国的政治理论与实际行政》，伦敦，1965 年

[6] Beattie, Hilary J. *Land and lineage in China: A study of T'ung-ch'eng county, Anhwei, in the Ming and Ch'ing dyhasties*. Cambridge, England: Cambridge University Press, 1979.

希拉里・J. 贝蒂：《中国的土地与门第：明清两代的安徽桐城县研究》，剑桥，1979 年

[7]　Billeter, Jean Francois, *Li Zhi , philosophe maudit* (1527—1602) : *Contribution à une sociologie du mandarinat chinois de la fin des Ming.* Travaux de Droit, d'Économie, de Sociologie et de Sciences Politiques, No. 116. Genève and Paris : Librairie Droz, 1979.

让·弗朗索瓦·比耶特:《李贽,被诅咒的哲学家(1527—1602 年):对明末中国官场社会学的贡献》,《法律、经济、社会学和政治科学研究》,116,日内瓦和巴黎,1979 年

[8]　Blair, Emma Helen, and James Alexander Robertson, eds. *The Philippine Islands* , 1493—1803 : *Explorations by early navigators , descriptions of the islands and their People , their history and records of the Catholic missions as related in contemporaneous books and manuscripts , showing the political , economic , commercial and religious condition of those islands from their earliest relations with European nations to the beginning of the nineteenth century* , 55 vols. Cleveland, Ohio : The A. H. Clark company, 1903—09.

埃玛·海伦·布莱尔、詹姆斯·亚历山大·罗伯逊编:《菲律宾群岛,1493—1803 年:同时期的书籍和手稿所述早期航海家的探险活动,对岛屿及其居民与历史的描述和天主教传教团的记录,说明这些岛屿从最早与欧洲国家发生关系起到 19 世纪初的政治、经济、商业和宗教情况》55 卷,克利夫兰,1903—1909 年

[9]　Blussé, Leonard. "The Dutch occupation of the Peseadores (1622—1624). " *Transactions of the International Conference of Orientalists in Japan* , 18 (1973), pp. 28—43.

伦纳德·布卢塞:《荷兰人对澎湖列岛的占领(1622—1624 年)》,《在日本召开的东方学学者国际会议记录》,18(1973 年),第 28—43 页

[10]　Boxer, Charles R. , ed. *The great ship from Amacon : Annals of Macao and the old Japan trade* , 1555—1640. Lisbon : Centro de Estudos Historicos Ul-tramarinos, 1959.

查尔斯·R. 博克瑟:《从阿马康来的巨舶:澳门与古日本贸易史(1555—1640 年)》,里斯本,1959 年

[11]　Boxer Charles R. , ed. *South China in the sixteenth century , being the narratives of Galeote Perelra Fr. Gaspar da Cruz , O. P. , Fr. Martín de Rada , O. E. S. A.* London : The Hakluyt Society, 1953.

查尔斯・R. 博克瑟编：《16 世纪中国南部行纪》，伦敦，1953 年

[12] Brook, Timothy. "Guides for vexed travelers: Route books in the Ming and Qing." *Ch'ing shih wen t'i*, 4, No. 5 (June 1981), pp. 32—76, and 4, No. 6 (December 1981), pp. 130—40.

蒂莫西・布鲁克：《苦恼的旅行家的指南：明清时代的路程记录》，《清史问题》，4，5（1981 年 6 月），第 32—76 页；4，6（1981 年 12 月），第 130—140 页

[13] Busch, Heinrich, "The Tung-lin shu-yüan and its political and philosophical significance." *Monumenta Serica*, 14 (1949—55), pp. 1—163.

海因里希・布希：《东林书院及其政治和哲学旨趣》，《华裔学志》，14（1949—1955 年），第 1—163 页

[14] C. E. S. [Frederic Coyett] . 't Verwaerloosde Formosa. Amsterdam, 1965. *Neglected. Formosa*, ed. Inez de Beauclair Chinese Materials and Research Aids Service Center, Occasional Series. No. 21. Taipei: Chinese Materials Center, 1975.

C. E. S. [弗雷德里克・揆一]：《被忽视的福摩萨》，阿姆斯特丹，1965 年。伊内兹・德・波克莱尔等编：《被忽视的福摩萨》，中国资料与研究辅助服务中心，不定期丛书，21，台北，1975 年

[15] Cartier, Michel. *Une réforme locale en Chine au XVIe siècle: Hai Jui à Chun'an* 1558—1562. Paris and The Hague: Mouton, 1973.

米歇尔・卡蒂埃：《中国 16 世纪的一次地方改革：海瑞在淳安（1558—1562 年）》，巴黎和海牙，1973 年

[16] Cha Chi-tso

查继佐：《东山国语》，1669—1676 年之间；沈起增订，1681 年；重印《台湾文献丛刊》，163，台湾银行经济研究室编，台北，1963 年

[17] Chai Shan

翟善编撰：《诸司职掌》，1380 年；重印，郑振铎编：《玄览堂丛书》，43—50，1940—1941 年；重印，台北，1981 年

[18] Chan, Albert. "The decline and fall of the Ming dynasty: A study of internal factors." Diss. Harvard University, 1953.

艾伯特・詹：《明朝的衰亡：内因研究》，哈佛大学学位论文，1953 年

[19] Chan, Albert. *The glory and fall of the Ming dynasty*, Norman: Uni-

versity of Oklahoma Press，1982.

艾伯特·詹：《明朝的兴亡》，诺曼，1982 年

[20] Chan, David B. *The usurpation of the Prince of Yen*，1398—1402. San Francisco：Chinese Materials Center，1976.

陈荣捷：《燕王的篡位（1398—1402 年）》，旧金山，1976 年

[21] Chan, Hok-lam (Ch'en Hsüeh-lin). "Chang Chung and his prophecy：The transmission of the legend of an early Ming Taoist." *Oriens Extremus*，20，No. 1 (July 1973)，pp. 65—102.

陈学霖：《张中和他的预言：一位明初道士的传奇的传播》，《远东》，20，1（1973 年 7 月），第 65—102 页

[22] Chan Hok-lam (Ch'en Hsüeh-lin). *Li Chih in contemporary Chinese historiography*. White Plains N. Y.：M. E. Sharp，1980

陈学霖：《当代中国史评中的李贽》，怀特普林，1980 年

[23] Chan Hok-lam (Ch'en Hsüeh-lin). "The legitimation of usurpation Historiographical revisions under Emperor Yung-lo." Paper presented to the Conference on the Legitimation of the Chinese Imperial Regimes. Asiloma，Monterey，California，June 1975.

陈学霖：《篡位的合法性：永乐帝时期历史编纂学的修改》，提交"关于中华帝国合法性会议"的论文，蒙特雷，1975 年 6 月

[24] Chan Hok-lam (Ch'en Hsüeh-lin). "The rise of Ming T'ai-tsu (1368—98)：Facts and fictions in early Ming official historiography." *Journal of the American Oriental Society*，95，No. 4 (October—December 1975)，pp. 679—715.

陈学霖：《明太祖（1368—1398 年）的兴起：明初官方历史编纂学中的事实与虚构》，《美国东方学会学报》，95，4（1975 年 10—12 月），第 679—715 页

[25] Chan, Hok-lam (Ch'en Hsüeh-lin). "The White Lotus-Maitreya doctrine and popular uprisings in Ming and Ch'ing China." *Sinelogica*，10，No. 4 (1969)，pp. 211—33.

陈学霖：《白莲教——弥勒佛教义和明清两代的人民起义》，《汉学》，10，4（1969 年），第 211—233 页

[26] Chan, Wing-tsit，tr. and comp. *A source book in Chinese philosop-*

by. Princeton N. J.：Princeton University Press，1963.

陈荣捷译编：《中国哲学资料》，普林斯顿，1963 年

[27]　Chan Wing-tsit. "The Hsing-li ching-i and the Ch'eng-Chu School." In *The unfolding of Neo-Confucianism*，ed. Wm. Theodore de Bary. New York：Columbia University Press，1975，pp. 543—79.

陈荣捷：《性理精义和程朱学派》，载狄百瑞编　《新儒学的演变》，纽约，1975 年，第 543—579 页

[28]　Chang Ch'eng-sun

张诚孙：《中英滇缅疆界问题》，《燕京学报》，专刊，15，北京，1937 年

[29]　Chang Chü-cheng

张居正：《张文忠公全集》，晚明时期；重印，王云五编：《国学基本丛书》，309，台北，1968 年

[30]　Chang, George Jer-lang. "The village elder system of the early Ming dynasty." *Ming Studies*，7（1978），pp. 53—72.

张哲朗（音）：《明朝初年的里老制》，《明代研究》，7（1978 年），第 53—72 页

[31]　Chang Hsiu-min

张秀民：《明代交趾人在中国之贡献》，《学原》，3，1（1950 年），第 51—62 页；重印，载包遵彭编：《明史论丛》，Ⅶ，《明代国际关系》，台北，1968 年，第 61—87 页

[32]　Chang Hsüan

张萱：《西园闻见录》，1632 年；第 1 次印刷，北京，1940 年

[33]　Chang Huang

章潢：《图书编》，1613 年；重印，30 卷，台北，1971 年

[34]　Chang Huang-yen

张煌言：《北征得失纪略》，《张苍水诗文集》，1，1659 年腊月；重印，台湾银行经济研究室编：《台湾文献丛书》，142，卷 1，台北，1962 年

[35]　Chang Ⅰ-shan

张奕善：《夺国后的明成祖与诸藩王关系考》，国立台湾大学《文史哲学报》，31（1982 年 12 月），第 34—130 页

[36]　Chang Kuo-jui

张国瑞编：《（故宫博物院文献馆现存）清代实录总目》，北平，1934 年

[37] Chang Lu

张卤编：《皇明制书》，1579 年；重印，东京，1966—1967 年

[38] Chang Ssu-wei

张四维：《条麓堂集》，跋，1596 年；据内阁所藏抄本影印，东京，1975 年

[39] Chang T'an

张菼：《郑成功纪事编年》，台北，1965 年

[40] Chang Tao

张道：《临安旬制记》，序，1855 年；重印，载丁丙编《武林掌故丛编》，21 函，166 册，钱塘，1883 年；摹印本，台北，1967 年，第 6596—6628 页

[41] Chang T'ing-yü et al.

张廷玉等撰：《明史》，1736 年；重印，北京，中华书局，1974 年

[42] Chang Wei-hua

张维华：《明代海外贸易简论》，上海，1955 年，重印，上海，1956 年

[43] Chang Wei-jen

张伟仁编：《中国法制史书目》，3 卷，台北，1976 年

[44] Ch'ang Pi-te

昌彼得：《御制大诰前、续、三编叙录》，载《蟫庵群书题识》，台北，1972 年，第 45—48 页

[45] Chao I

赵翼：《陔余丛考》，湛贻堂，1790 年；重印，上海，1957 年

[46] Chao I

赵翼：《廿二史劄记》，序，1795 年和 1800 年；重印，上海，1937 年。又，《增补中国史学名著第一二三集合编》，24—25，载杨家骆编《增订中国史学名著第一集》，台北，1971 年。又，杜维运编，台北，1977 年

[47] Chao Li-sheng and Kao Chao-i

赵俪生、高昭一编：《〈夔东十三家〉考》，载《中国农民战争史论文集》，上海，1955 年，第 154—162 页

[48] Chao Ling-yang (Chiu Lin-yeong) et al.

赵令扬等编：《明实录中之东南亚史料》，I，香港，1968 年；Ⅱ，香港，

1976 年

[49]　Chao Shih-che

赵士喆：《建文年谱》，作者序，1636 年；重印，载何炳松编《中国史学丛书》，上海，1935 年

[50]　Chaunu, Pierre. *Les Philippines et le Paciflque des Ibériques (XVIe. XVIIe. XVIIIe siècles)*：*Introduction méthodologique et indices d'actlvité Paris*：École Pratique des Hautes Études. Centre de Recherches Historiques. Ports，Routes et Trafics，No. 11. Paris：S. E. V. P. E. N.，1960.

皮埃尔·昌努：《古伊比利亚人的菲律宾和太平洋（16、17、18 世纪）：方法和活动迹象介绍》，《港口、航线与贸易》，11，巴黎，1960 年

[51]　Ch'en Ch'eng and Li Hsien

陈诚和李暹：《西域番国志》，15 世纪初；手抄本的影印本，载《国立北平图书馆丛书》，1 辑，2 函，14 册；影印本，张元济编：《四部丛刊三编》，33（2），1919 年；重印，台北，1975 年

[52]　Ch'en Ch'eng and Li Hsien

陈诚和李暹：《西域行程记》，15 世纪初；手抄本的影印本，载《国立北平图书馆丛书》，1 辑；影印本，张元济编：《四部丛刊三编》，33（1），台北，1975 年

[53]　Ch'en Ho

陈鹤：《明纪》，1871 年；重印，陆费逵等编：《四部备要》，B83—86，1936 年；重印，台北，1965 年

[54]　Ch'en Kuo-ch'iang

陈国强：《郑成功收复台湾的时间问题》，《厦门大学学报》，1（1962 年 4 月），第 158—164 页

[55]　Ch'en Sheng-hsi

陈生玺：《清兵入关与吴三桂降清问题》，载明清史国际秘书处论文组编《明清史国际学术讨论会论文集》，天津，1982 年，第 715—744 页

[56]　Ch'en Tzu-lung

陈子龙：《安雅堂稿》，崇祯时期；影印本，载《明代论著丛刊》，3，台北，1977 年

[57]　Ch'en Tzu-lung et al.

陈子龙等编：《皇明经世文编》，平露堂，1638 年；摹印本，台北，1964年

[58] Ch'en Wan-nai

陈乃萧：《明惠帝出亡考证》，高雄，1960 年

[59] Ch'en Wen-shih

陈文石：《明洪武嘉靖间的海禁政策》，台北，1966 年

[60] Ch'en Yen-i

陈燕翼（被认为系其所作，1634 年进士）：《思文大纪》，台湾银行经济研究室编：《台湾文献丛刊》，111，台北，1967 年

[61] Cheng Ho-sheng

郑鹤声：《中国史部目录学》，上海，1930 年

[62] Cheng Ho-sheng and Cheng I Chün

郑鹤声、郑一钧：《郑和下西洋资料汇编》，济南，1980 年

[63] Cheng Hsi-wen

郑喜文：《明郑史事五则》，《台北文物》，10，1（1961 年 3 月），第 74—84 页

[64] Cheng Hsiao

郑晓：《今言》，1566 年；重印，沈节甫编：《纪录汇编》，144 — 147，1617 年；重印，上海，1938 年

[65] Cheng Hsiao

郑晓：《吾学编》，出版地不详，1567 年

[66] Cheng Liang-sheng

郑樑生：《明史日本传正补》，台北，1981 年

[67] *Cheng-te yu Chiang-nan*

《正德游江南》，出版日期不详；重印，载《中国历史通俗小说—— 三种》，台北，1976 年

[68] Chi Yün et al.

纪昀等编：《（钦定）四库全书总目》，1782 年；重印，4 卷，上海，1934年

[69] Ch'i Piao-chia

祁彪佳（1602—1645 年）：《甲乙日历》，第 1 版，绍兴，1937 年；台湾银行经济研究室编：《台湾文献丛刊》，279，台北，1969 年

[70] Chiang Ch'ing

姜清：《姜氏秘史》，16 世纪；重印，载胡思敬编《明人小史》，1915
年，载胡思敬编《豫章丛书》，南昌，1915—1920 年；重印，台北，
1970 年

[71] Chiang Fan et al.

江藩等撰：《广东通志》，阮元等编，334 卷，1864 年；摹印本，上海，
1934 年

[72] Chiang Hsing yü

蒋星煜：《况钟》，上海，1981 年

[73] Chiang I—han

姜一涵：《元代奎章阁及奎章阁人物》，台北，1981 年

[74] Chiang Jih-sheng

江日昇：《台湾外记》，方豪编，约 1708—1718 年；重印，载台湾银行经
济研究室编：《台湾文献丛刊》，60，台北，1960 年，3 卷

[75] Chiang Tso-wen

江左文：《明武宗三幸宣府大同记》，《禹贡》，5（1935 年），第 29—41 页

[76] Chiao Hung

焦竑：《国朝献征录》，1594—1616 年；摹印本，吴相湘编：《中国史学
丛书》，6，台北，1965 年

[77] Chiao Hung

焦竑：《玉堂丛语》，1618 年；重印，载《元明史料笔记丛刊》，北京，
1981 年

[78] Chien Yu-wen

简友文：《南明民族女英雄张玉桥考证》，《大陆杂志》，41，6（1970 年 9
月），第 1—19 页

[79] Ch'ien Ch'ien-i

钱谦益：《国初群雄史略》，约 1630 年；重印，北京，1982 年

[80] Ch'ien Ch'ien-i

钱谦益：《太祖实录辨证》，晚明，载《牧斋初学集》，101—105，1643
年；重印，张元济编：《四部丛刊初编缩本》，上海，1936 年；影印本，
台北，1967 年

[81] Ch'ien Hsing

钱龣：《甲申传信录》，清初；重印，载中国历史研究室编《中国内乱外祸历史丛书》，8，上海，1947 年；重印，《中国近代内乱外祸历史故事丛书》，台北，1964 年

[82] Ch'ien Ping-teng

钱秉镫：《所知录》，4 卷，1651 年；摹印本，台北，1970 年

[83] Ch'ien Ta-hsin

钱大昕：《十驾斋养新录》，1799 年；重印，载王云五编《国学基本丛书》，19，台北，1968 年

[84] Ch'ien Ta-hsin

钱大昕：《廿二史考异》，1782 年；重印，北京，1958 年

[85] Chih Wei-ch'eng et al.

支伟成等：《吴王张士诚载记》，5 卷，上海，1932 年

[86] Chin Pao

金堡：《岭海焚余》，1645—1650 年；重印，台湾银行经济研究室编：《台湾文献丛刊》，302，台北，1972 年

[87] Chin Yu-tzu

金幼孜：《北征录》，1410 年；重印，沈节甫编：《纪录汇编》，32—33，1617 年；影印本，上海，1938 年

[88] Ching, Julia. "The records of the Ming philosophers: An introduction." *Oriens Extremus*, 23, No. 2 (December, 1976), pp. 191—211.

朱莉娅·金：《〈明儒学案〉介绍》，《远东》，23，2（1976 年 12 月），第 191—211 页

[89] Ch'ing Kao-tsung

清高宗：《御批历代通鉴辑览》，杨述曾编，1767 年；重印，上海，1883 年；摹印本，台北，1959 年

[90] Chiu Ling-yeong (Chao Ling-yang). "Sino-Javanese relations in the early Ming period." *In Symposium on historical, archaeological and linguistic studies on South, China, Southeast Asia and the Hong Kong region.* Hong Kong: Hong Kong University Press, 1967, pp. 214—22.

赵令扬：《明初的中国—爪哇关系》，载《关于华南、东南亚和香港地区之历史、考古及语言研究讨论会刊》，香港，1967 年，第 214—222 页

[91] Ch'iu K'ai-ming

裘开明：《哈佛大学哈佛燕京学社图书馆藏明代类书概述（上）》，《清华学报》，新 2，2（1961 年），第 93—115 页

[92]　Ch'iu Shu-sen

邱树森：《元末红巾军领袖彭莹玉牺牲的时间和地点问题》，《元史及北方民族史研究集刊》，1（1977 年 7 月），第 25—28 页

[93]　*Choson wangjo sillok* ［*Yijo sillok*］

《朝鲜王朝实录》（《李朝实录》），太白山本，1400—1445 年；第 2 次印刷，1603—1606 年；摹印本，国史编纂委员会编，1955—1958 年；摹印本，汉城，探求堂，1968—1970 年

[94]　Chou Hui

周辉：《金陵琐事》，1610 年；影印本，北京，1955 年

[95]　Chou Liang-hsiao

周良霄：《明代苏松地区的官田与重赋问题》，《历史研究》，10（1957 年 10 月），第 63—75 页

[96]　Chu Hsi-tsu

朱希祖：《郑延平王受明官爵考》，《国立北平大学国学季刊》，3，1（1932 年 3 月），第 87—112 页

[97]　Chu Hsi-tsu

朱希祖：《屈大均（翁山）著述考》，《文史杂志》，2，7—8（1942 年 8 月），第 15—30 页

[98]　Chu Hsi-tsu

朱希祖：《明季史料题跋》，北京，1961 年

[99]　Chu Hsi-tsu

朱希祖：《明清史料研究》，《金陵学报》，3，2（1933 年 11 月），第 311—329 页

[100]　Chu Hsi-tsu

朱希祖：《南明广州殉国诸王考》，《文史杂志》，2，7—8（1942 年 8 月），第 51—54 页

[101]　Chu Hsi-tsu

朱希祖：《永历大狱十八先生史料评》，《国学季刊》，2，2（1929 年 12 月），第 237—259 页

[102]　Chu Hsieh ［Chu Ch'i］

朱偰：《郑和》，北京，1956 年

[103] Chu Hsieh

朱偰：《中国运河史料选辑》，北京，1962 年

[104] Chu Hung-lam（Chu Hung-lin）．*Ch'iu Chün*（1421－1495）*and the* '*Ta hsüeh yen i pu*'：*Statecraft thought in fifteenth century China*．Ann Arbor：University Microfilms Internatlonal，1983．

朱鸿林：《邱濬（1421—1495 年）和〈大学衍义补〉：15 世纪中国的经世思想》，安阿伯，1983 年

[105] Chu I -tsun

朱彝尊：《曝书亭记》，序，1714 年；重印，张元济编：《四部丛刊》，155—156，上海，1926 年

[106] Chu, Ko-chen. "A preliminary study on the climatic fluctuations during the last years in China." *Chung-kuo k'o hsüeh*（*Scientia Sintica*），16，No. 2（May 1973），pp. 226－56.

竺可桢：《中国近五千年来气候变动的初步研究》，《中国科学》，16，2（1973 年 5 月），第 226—256 页

[107] Chu Kuo-chen

朱国祯：《涌幢小品》，1621 年；重印，上海，1935 年；重印，北京，1959 年

[108] Chu Lu

朱鹭：《建文书法儗》，1594 年；国立北平图书馆善本书胶片，170（4），华盛顿，国会图书馆，1972—1973 年

[109] Chu Tung-jun

朱东润：《张居正大传》，武汉，1957 年

[110] Chu Yün-ming

祝允明：《（枝山）野记》，明（1368—1644 年）版；影印本，载王云五编《历代小史》，11，6（79），1940 年；重印，台北，1969 年

[111] Ch'ü Chiu-ssu

瞿九思：《万历武功录》，1612 年；重印，载《史料丛编四编》，26—27，台北，1972 年

[112] Chuang Chin-te

庄金德：《郑氏军粮问题的研讨》，《台湾文献》，12，1（1961 年 3 月），

第 55—66 页

[113] Chuang Chin-te
庄金德：《明监国鲁王以海纪事年表》，《台湾文献》，2，1（1951 年 3
月），第 1—59 页

[114] Chung-kuo li-shih ti-t'u chi pien-chi tsu
中国历史地图集编辑组编：《中国历史地图集》Ⅶ，《元明时期》，第 1
版，上海，1975 年

[115] Chung-kuo she-hui k'o-hsüeh yüan, Li-shih yen-chiu so, Ming-shih yen-
chiu shih
中国社会科学院历史研究所明史研究室编：《中国近八十年明史论著目
录》，镇江，1981 年

[116] Chung-kuo shih-hsüeh hui
中国史学会编：《中国历史学年鉴》，北京，1981 年

[117] Chung-kuo shih-hsüeh hui Chung-kuo li-shih hsüeh neinchien pien-cih pu
中国史学会中国历史学年鉴编辑部编：《史学情报》，北京，1982 年

[118] Chung-yang yen-chiu yüan li-shih yü-yen yen-chiu so
中央研究院历史语言研究所编：《明清史料》，10 编，100 卷，载《国立
中央研究院历史语言研究所丛书》，1—3，北平，1930—1936 年；4，
上海，1951 年；5—10，台北，1935—1975 年

[119] Ch'ü Ta-chün
屈大均：《广东新语》，约 1680 年；重印，香港，1974 年

[120] Ch'üan Han-sheng
全汉昇：《明清时代云南的银课与银产额》，《新亚学报》，11（1976 年 3
月），第 61—88 页

[121] Ch'üan Han-sheng
全汉昇：《南宋稻米的生产与运销》，《中央研究院历史语言研究所集
刊》，10（1948 年 4 月），第 403—432 页；重印，载其《中国经济史论
丛》，香港，1972 年，Ⅰ，第 265—294 页

[122] Ch'üan Han-sheng and Li Lung-hua
全汉昇、李龙华：《明代中叶后太仓岁出银两的研究》，《中国文化研究
所学报》，6，1（1973 年 12 月），第 169—242 页

[123] Ch'üan-kuo jen-min tai-piao ta-hui min-tsu wei-yüan hui Yün-nan min-tsu

tiao-ch'a tsu

全国人民代表大会民族委员会云南民族调查组编:《明实录有关云南历史资料摘抄》,昆明,1959 年

[124] Ch'üan Tsu-wang

全祖望:《鲒埼亭集》,《鲒埼亭集外编》,1805 年;重印,张元济编:《四部丛刊初编》,95,上海,1919 年;缩印本,上海,1936 年;影印本,台北,1967 年

[125] Clark, Donald Neil. "Autonomy, legitimacy, and tributary politics: Korean relations in the fall of Koryŏ and the founding of the Yi." Diss. Harvard University, 1978

唐纳德·尼尔·克拉克:《自治、合法性与朝贡式的政治:高丽灭亡和李氏王朝建立后的中朝关系》,哈佛大学博士论文,1978 年

[126] Cooper, Michael S. J. *Rodrigues the interpreter: An early Jesuit in Japan and China.* New York: Weatherhill, 1974

迈克尔·库珀:《通译员罗德里格斯:一个在日本和中国的早期耶稣会士》,纽约,1974 年

[127] Crawford, Robert B. "The biography of Juan Ta-ch'eng." *Chinese Culture*, 6, No. 2 (March 1965), pp. 28—105.

罗伯特·B. 克劳福德:《阮大铖传》,《中国文化》,6,2(1965 年 3 月),第 28—105 页

[128] Crawford, Robert B. "Eunuch power in the Ming dynasty." *T'oung pao*, 49. No. 3 (1961), pp. 115—48.

罗伯特·B. 克劳福德:《明代宦官的权力》,《通报》,49,3(1961 年),第 115—148 页

[129] Crawford, Robert B. et al. "Fang Hsiao-ju in the light of early Ming society." *Monumenta Seriea*, 15 (1956), pp. 303—27.

罗伯特·B. 克劳福德等编:《根据明初社会来看方孝孺》,《华裔学志》,15(1956 年),第 303—327 页

[130] Croizier, Ralph C. *Koxinga and Chinse nationalism: History, myth, and the hero.* Harvard East Asian Monographs, No 67. Cambridge Mass.: Harvard University Press, 1977.

拉尔夫·C. 克罗采:《国姓爷与中国民族主义:历史、神话与英雄》,

《哈佛东亚专题论文集》，67，坎布里奇，1977 年

[131] Cross，Harry E. "South American bullion production and export，1550
—1750." Workshop paper，Workshop in Premodern World-Monetary
History，University of Wisconsin，Madison. 28 August—1 September
1977.

哈里·E. 克罗斯：《南美的白银生产与出口（1550—1750 年）》，近代
前世界货币史讨论会论文，威斯康星大学，麦迪逊，1977 年 8 月 28 日
—9 月 1 日

[132] Danjō Hiroshi. "Min ōchō seiritsu ki no kiseki—Kōbu—chō no gigoku
jiken to keishi mondai o megutte." *Tōyōshi kenkyū*，37，No. 3（Decem-
ber 1978），pp. 1—34.

檀上宽：《明王朝成立期之轨迹——围绕洪武朝之疑狱事件与京师问
题》，《东洋史研究》，37，3（1978 年 12 月），第 1—34 页

[133] Dardess，John W. *Confucianism and autocracy：Professional elites in
the founding of the Ming dynasty*. Berkeley，Los Angeles，and Lon-
don：University of California Press，1983.

约翰·W. 达迪斯：《儒学和专制主义：职业精英阶层在明王朝建国中
的作用》，伯克利、洛杉矶和伦敦，1983 年

[134] Dardess，John W. *Conquerors and Confucians：Aspects of politlcal
change in late yüan China*. New York：Columbia University Press，
1973.

约翰·W. 达迪斯：《征服者和儒生：元朝末年中国政治变化的面面
观》，纽约，1973 年

[135] Dardess，John W. "The transformation of messianic revolt and the foun-
ding of the Ming dynasty." *Journal of Asian Studies*，29，No. 3
（1970），pp. 539—58.

约翰·W. 达迪斯：《弥赛亚式叛乱的转变和明王朝的建立》，《亚洲研
究杂志》，29，3（1970 年），第 539—558 页

[136] De Bary，Wm. Theodore. *Neo-Confucian orthodoxy and the learning of
the mind-and-heart*. New York：Columbia University Press，1981.

狄百瑞：《新儒学正统和心学》，纽约，1981 年

[137] De Bary，Wm. Theodore.，ed. *Self and society in Ming*

thought. Studies in Oriental Culture，No. 4. New York and London：Columbia University Press，1970.

狄百瑞：《明代思想中的自我与社会》，《东方文化研究》，4，纽约和伦敦，1970 年

[138] De Bary，Wm. Theodore.，ed. *The unfolding of Neo-Confueian-ism.* Studies in Oriental Culture，No 10. New York and London：Columbia University Press，1975.

狄百瑞编：《新儒学的演变》，《东方文化研究》，10，纽约和伦敦，1975 年

[139] De Heer，Philip. *The caretaker emperor：Aspects of the imperial institution in fifteenth — century China as reflected in the political history of the reign of Chu Ch'i-yü.* Leiden：E. J. Brill，1985.

菲利普·德希尔：《看守皇帝：从景泰朝的政治史看 15 世纪中国帝制的各方面》，莱顿，1985 年

[140] De Mailla，J. A. M. de Moyriac. *Histoire générale de laChine. ou Annales de cet Empire；traduites du Tong-Kien Kang-Mou*，13 vols. Paris：Pierres and Clousier，1779—85.

J. A. M. 德穆瓦里亚克·德马拉：《中国通史，或这个帝国的编年史：〈通鉴纲目〉译文》，13 卷，巴黎，1779—1785 年

[141] De Vries Jan. *Economy of Europe in an age of crisis，1600 — 1750.* Cambridge，England：Cambridge University Press，1978.

简·德弗里斯：《危机时代的欧洲经济，1600—1750 年》，剑桥，1978 年

[142] Dennerline，Jerry. *The Chia-ting loyalists：Confucian leadership and social change in seventeenth-century China.* New Haven and London：Yale University Press，1981.

杰里·登纳林：《嘉定义士：中国 17 世纪的儒家领导阶层和社会变迁》，纽黑文和伦敦，1981 年

[143] Dennerline，Jerry. "Fiscal reform and local control：The gentry — bureaucratic alliance survives the conquest. " In *Conflict and control in late imperial China*，ed. Frederic Wakeman，Jr.，and Carolyn Grant. Berkeley and Los Angetes：University of California Press，1975.

杰里·登纳林：《财政改革与地方控制：官绅联盟经受住征服》，载小弗雷德里克·韦克曼和卡罗琳·格兰特编 《中华帝国晚期的冲突与控制》，伯克利和洛杉矶，1975 年

[144] Dennerline, Jerry. "Hsü Tu and the lesson of Nanking：Political linte-gration and the local defense in Kiangnan, 1634—1645." In *From Ming to Ch'ing：Conquest, region, and continuity in seventeenth — century China*, ed. Jonathan D. Spence and John E. Wills, Jr. New Haven and London：Yale University Press, 1979, pp. 89—132.

杰里·登纳林：《许都和南京的教训：江南的政治一体化和地方防务，1634—1645 年》，载乔纳塞恩·D. 斯彭斯、小约翰·E. 威尔斯编《从明至清：17 世纪中国的征服、地域和连续性》，纽黑文和伦敦，1979 年，第 89—132 页

[145] Dreyer, Edward L. "The *Chi-shih-lu* of Yü Pen：A note on the sources for the founding of the Ming dynasty." *Journal of Asian Studies*, 31 (1972), pp. 901—904.

爱德华·L. 德雷尔：《俞本的〈记事录〉：明王朝建国史料录》，《亚洲研究杂志》，31（1972 年），第 901—904 页

[146] Dreyer, Edward L. *Early Ming China：A Political history* 1355 — 1435. Stanford, Calif.：Stanford University Press, 1982.

爱德华·L. 德雷尔：《明初政治史，1355—1435 年》，斯坦福，加利福尼亚，1982 年

[147] Drever, Edward L. "The Poyang campaign, 1363：Inland naval war-fare in the founding of the Ming dynasty." In *Chinese ways in warfare*, ed. Frank A. Kierman, Jr., and John K. Fairbank. Cambridge, Mass.：Harvard University Press, 1974, pp. 202—42.

爱德华·L. 德雷尔：《1363 年的鄱阳湖之战 内陆水军大战在明王朝建国中的作用》，载小基尔曼和费正清编 《中国的兵法》，坎布里奇，1974 年，第 202—242 页

[148] Dunne, George H., S. J. *Generation of giants：The story of the Jesu-its in China in the last decades of the Ming*. Notre Dame, Ind.：University of Notre Dame Press, 1962.

乔治·H. 邓恩：《巨人的一代：明末几十年中在华耶稣会士的故事》，

诺特丹，1962 年

[149] Dunstan, Helen. "The late Ming epidemics: A preliminary survey." *Ch'ing shih wen t'i*, 3, No. 3 (November 1975), pp. 1—59.

海伦·邓斯坦：《晚明的时疫：一个初步调查》，《清史问题》，3，3 (1975 年 11 月)，第 1—59 页

[150] Egerton, Clement, trans. *The golden lotus: A translation from the Chinese original of the novel*, Chin P'ing Mei, 4 vols. London: Routledge and Kegan Paul, 1939.

克莱门特·埃杰顿译：《金莲：译自小说〈金瓶梅〉的中文原文》，4 卷，伦敦，1939 年

[151] Elvin, Mark. *The pattern of the Chinese past*. Stanford, Calif.: Stanford University Press, 1973.

马克·埃尔文：《中国过去的模式》，斯坦福，1973 年

[152] Fairbank, John K., and S. Y. Teng. *Ch'ing administration: Three studies*. Cambridge, Mass.: Harvard University Press, 1960.

费正清、邓嗣禹：《清代的行政：三项研究》，坎布里奇，1960 年

[153] Fairbank, John K., and S. Y. Teng. "The types and uses of Ch'ing documents." *Harvard Journal of Asiatic Studies*, 5 (1940), pp. 1—71.

费正清、邓嗣禹：《清代文献的种类与使用》，《哈佛亚洲研究杂志》，5 (1940 年)，第 1—71 页

[154] Fan Shou-chi

范守己：《皇明肃皇外史》，1582 年；未标页码的抄本，1582 年，格斯特东方图书馆，普林斯顿大学

[155] Fang Hao

方豪：《由顺治八年福建武闱试题论郑氏抗清的主力》，《大陆杂志》，22，6 (1961 年 3 月)，第 1—20 页

[156] Farmer, Edward L. *Early Ming government: The evolution of dual capitals*. Cambridge, Mass.: Harvard University Press, 1976.

爱德华·L. 法默：《明初两京制的演变》，坎布里奇，1976 年

[157] Farquhar, David M. "Oirat-Chinese tribute relations, 1408—1466." In *Studia Altaica, Festschrift für Nikolaus Poppe zum* 60. *Geburtstag*

am 8. *August* 1957. Ural-altaische Bibliothek, Series No. 5, ed. Julius von Farkas and Omeljan Pritsak. Wiesbaden：Harrassowitz, 1957，pp. 60—68.

戴维・M. 法夸尔：《瓦剌—中国的纳贡关系，1408—1446 年》，载《阿尔泰研究，尼古拉斯教皇诞辰 60 周年（1957 年 8 月 8 日）纪念文集》，尤利乌斯・冯・法卡斯、奥梅尔简・普里特沙克编：《乌拉尔—阿尔泰图书馆丛书》，5，威斯巴登，1957 年，第 60—68 页

[158]　Fei Hsin

费信：《星槎胜览》，1436 年；重印，载沈节甫编《纪录汇编》，68，1617 年；重印，载严一萍编《百部丛书集成》，16 之 43，台北，1966 年

[159]　Feng Ch'eng-chün

冯承钧编：《星槎胜览校注》，上海，1938 年

[160]　Feng Ch'eng-chün

冯承钧编：《瀛涯胜览校注》，上海，1935 年

[161]　Feng Meng-lung

冯梦龙：《杜十娘怒沉百宝箱》，载《警世通言》，严敦易编，序，1624 年；重印，北京，1956 年；第 2 版，1981 年，Ⅱ，第 485—500 页

[162]　Ferguson, Donald. *Letters from Portuguese captives in Canton*, *Written in* 1534 *and* 1536 [*alias* 1524]：*With an introduction on Portuguese intercourse with China in the first half of the sixteenth century*. Bombay：N. P. , 1902.

唐纳德・弗格森：《葡萄牙俘虏从广州的来信，写于 1534 年和 1536 年 [一说 1524 年]：附 16 世纪前半期葡萄牙人与中国往来的介绍》，孟买，1902 年

[163]　Fisher, Carney T. *The great ritual controversy in Ming China*. Ann Arbor Mich. ：University Microfilms International，1978.

卡尼・T. 费希尔：《明代中国的大礼之争》，安阿伯，1978

[164]　Fitzpatrick, Merrilyn. "Local administration in northern Chekiang and the response to the pirate invasions of 1553 — 1556. " Dias. Australian National University, 1976.

梅里林・菲茨帕特里克：《浙江北部的地方政府与对 1553—1556 年海

盗入侵的反应》，学位论文，国立澳大利亚大学，1976 年

[165] Fletcher, Joseph F. "China and Central Asia, 1368 – 1884." In *The Chinese world order: Traditional China's foreign relations*, ed. John K. Fairbank. Harvard East Asian Series, No. 32. Cambridge, Mass.: Harvard University Press, 1968, pp. 206—24.

约塞夫・F. 弗莱彻：《中国和中亚，1368—1884 年》，载费正清编《传统中国的对外关系》，《哈佛东亚丛书》，32，坎布里奇，1968 年，第 206—224 页

[166] Franke, Herbert. "Could the Mongol emperors read and write Chinese?" *Asia Major*, NS 3, No. 1 (1952), pp. 28—41.

赫伯特・弗兰克：《蒙古诸帝能够读和写，而且能够写汉文吗?》，《大亚细亚》，新 3，1（1952 年）

[167] Franke, Herbert. "Some aspects of Chinese private historiography in the thirteenth and fourteenth centuries." In *Historians of China and Japan*, ed. W. B. Beasley and E. G. Pulleyblank. London: Oxford University Press, 1961, pp. 115—34.

赫伯特・弗兰克：《13 和 14 世纪中国私家历史著述的某些方面》，载 W. B. 比斯利、E. G. 普利布兰克编：《中国和日本的史家》，伦敦，1961 年，第 115—134 页

[168] Franke, Otto. "Das *Tsĕ Tschi t'ung—kien* und das *T'ung kien kang-mu.* ihr Wesen, ihr Verhältnis zueinander und ihr Quellenwert." *Sitzungsberichte der preuBischen Akademie der Wissenschaften.* [Berlin] (Philosophisch—Historische Klasse), 4 (1930), pp. 103—44.

奥托・弗兰克：《〈资治通鉴〉和〈通鉴纲目〉的本质、相互关系及资料价值》，《普鲁士科学院会议会刊》［柏林］（哲学—历史部），4（1930 年），第 103—144 页

[169] Franke, Otto. "Der Ursprung der chinesischen Geschichtsschreibung." *Sitzungsberiche der PreuBischen Akademie der Wissenschaften* [Berlin] (Philosophisch-Historlschc Klasse), 23 (1925), pp. 276—309.

奥托・弗兰克：《中国历史编纂学的起源》，《普鲁士科学院会议院刊》［柏林］（哲学—历史部），23（1925 年），第 276—309 页

[170] Franke, Wolfgang. "Chinesische Feldzüge durch die Mongolei im frühen

15. Jahrhundert." *Sinologica*, 3（1951—53）, pp. 81—88.

傅吾康：《15 世纪初期中国对蒙古的远征》,《汉学》, 3（1951—1953年）, 第81—88页

[171] Franke, Wolfgang. "Der Kompilation und Uberlieferung der *Ming shihlu.*" *Sinologische Arbeiten*, 1（1943）, pp. 1—29.

傅吾康：《明实录的纂修与传统》,《汉学研究》, 1（1943年）, 第1—29页

[172] Franke, Wolfgang. *An introduction to the sources of Ming history*. Kuala Lumpur and Singapore：University of Malaya Press, 1968.

傅吾康：《明史资料介绍》, 吉隆坡和新加坡, 1968年

[173] Franke, Wolfgang. "Material aus gesammelten Schriften（Pieh-chi）als Quelle für Lokalgeschichte：Bemerkungen zu einer Untersuchung von Michel Cartier." *Oriens Extremus*, 21（1947）, pp. 191—98.

傅吾康：《作为方志原始资料的笔记材料：评米歇尔·卡蒂埃的调查》,《远东》, 21（1974年）, 第191—198页

[174] Franke, Wolfgang. "Miszellen von einer Chinareise 1977：Bemerkungen zu einigen Ming Inschriften." In *Studia SinoMongolica：Festschrift, für Herbert Franke*, ed. Wolfgang Bauer. Münchener Ostasiatische Studien, No. 25. Wiesbaden：Steiner, 1979, pp. 255—65.

傅吾康：《1977 年中国旅行杂记：对一些明代碑文的注释》, 载沃尔夫冈·鲍尔编 《中蒙研究：赫伯特·弗兰克纪念文集》,《慕尼黑东亚研究》, 25, 威斯巴登, 1979年, 第255—265页

[175] Franke, Wolfgang. "The veritable records of the Ming dynasty（1368—1644）." In *Historians of China and Japan*. ed. W. B. Beasley and E. G. Pullevblank. London：Oxford University Press, 1961, pp. 60—77.

傅吾康：《明代（1368—1644年）的实录》, 载 W. G. 比斯利、E. G. 普利布兰克编 《中国和日本的史家》, 伦敦, 1961年, 第60—77页

[176] Franke, Wolfgang. "Yü Chien Staatsman und Kriesminister, 1398—1457", *Montumenta Serlca*, 11（1946）, pp. 87—122.

傅吾康：《于谦：国务活动家和兵部尚书, 1398—1457 年》,《华裔学报》, 11（1946年）, 第87—122页

[177] Franke,Wolfgang. "Yunglo's Mongolei-Feldzüge." *Sinologische Arbeiten*, 3 (1945), pp. 1—54.

傅吾康：《永乐帝对蒙古的远征》,《中国历史》,3（1945 年）,第 1—54 页

[178] Friese,Heinz. "Der Mönch Yao Kuang-hsiao（1335－1418）und seine Zeit." *Oriens Extremus*, 7, No. 1 (1960), pp. 158—84.

海因茨·弗里斯：《姚广孝和尚（1335—1418 年）与一个时代》,《远东》,7, 1（1960 年）,第 158—184 页

[179] Fu I-li

傅以礼：《华延年室题跋》,余杭,1909 年；重印,广文书局编译所编：《书目三编》,8,台北,1969 年

[180] Fu I-li

傅以礼：《残明大统历》,载二十五史刊行委员会编《二十五史补编》,6,上海,1937 年,第 8841—8845 页

[181] Fu I-ling

傅衣凌：《明清农村社会经济》,北京,1961 年

[182] Fu I-ling

傅衣凌：《明代江南市民经济试探》,上海,1957 年

[183] Fu Ssu-nien

傅斯年：《明成祖生母记疑》,《中央研究院历史语言研究所集刊》2, 3（1931 年 4 月）,第 406—414 页

[184] Fuchs, Walter. The *"Mongol atlas" of China by Chu Ssu-pen and the Kuang-yü-t'u*. Peking：Fu-jen University, 1947.

沃尔特·富克斯：《朱思本的中国的"蒙古地图"和〈广舆图〉》,北京,1947 年

[185] Gaspardone, Emile. "Deux essais de biographie annamite." *Sinologica*, 11, No. 3—4 (1970), pp. 101—34.

埃米尔·加斯巴登：《关于安南人传记的两篇文章》,《汉学》,11, 3—4（1970 年）,第 101—134 页

[186] Geiss, James. *Peking under the Ming*, 1368 － 1644. Ann Arbor, Mich.：University Microfilms International, 1979.

盖杰民：《明统治下的北京,1368—1644 年》,安阿伯,密歇根,1979 年

[187] Goodrich, L. Carrington. *The literary inquisition of Ch'ien-lung*. American Council of Learned Societies Devoted to Humanistic Studies, Studies in Chinese and Related Civilizations, No. 1. Baltimore：Waverly Press, 1935.

富路特：《乾隆朝的文字狱》，美国从事人道主义研究学术会，《中国及有关文明之研究》，1，巴尔的摩，1935 年

[188] Goodrich, L. Carrington. "More on the Yung—lo ta tien." *Journal of the Royal Asiatic Society of Great Britain and Ireland*, Hong Kong Branch, 10 (1970), pp. 17—23.

富路特：《再谈永乐大典》，《不列颠和爱尔兰皇家亚洲学会香港分会学报》，10 (1970 年)，第 17—23 页

[189] Goodrich, L. Carrington. "The ninety-nine ways of destroying the Manchus." *T'ien Hsia Monthly*, 6, No. 5 (1938), pp. 418—24.

富路特：《打败满族人的九十九种方法》，《天下月刊》，6，5 (1938 年)，第 418—424 页

[190] Goodrich, L. Carrington. "Who was T'an-hua in 1385?" *Ming Studies*, 3 (1976), pp. 9—10.

富路特：《谁是 1385 年的探花》，《明史研究》，3 (1976 年)，第 9—10 页

[191] Goodrich, L. Carrington and Chaoying Fang, ed. *Dictionary of Ming biography*. New York and London：Columbia University Press, 1976.

富路特、房兆楹编：《明人传记辞典》，纽约和伦敦，1976 年

[192] Greiner, Peter. "Autzeichnungen über die Brokatuniform Brigade (*chin-i wei*) von Wang Shih-chen. 2. Teil." In *China, Kultur, Politik und Wirtschaft：Festschrift für Alfred Hoffmann zum* 65. *Geburtstag*, ed. Hans Link, Peter Leimbigler, and Wolfgang Kubin. Tübingen and Basel：Erdmann, 1976, pp. 130—63.

彼得·格雷纳：《王世贞关于锦衣卫的笔记，二部》，载汉斯·林克、彼得·莱姆比格勒、沃尔夫冈·库宾编：《中国，文化、政治和经济：艾尔弗雷德·霍夫曼诞辰六十五周纪念论文集》，蒂宾根和巴塞尔，1976 年，第 130—163 页

[193] Greiner, Peter. *Die Brokataniform—Brigade (Chin-i wei) der Ming-*

Zeit von den Anfängen bis zum. Ende der T'ien-shun-Periode (1368—1464). Wiesbaden: Harrassowitz, 1975.

彼得·格雷纳:《自明初至天顺末年明代的锦衣卫（1368—1464 年）》,威斯巴登, 1975 年

[194] Grimm, Tilemann, "Das Neiko der Ming-Zeit von den Anfängen bis 1506." *Oriens Extremus*, 1 (1954), pp. 139—77.

泰尔曼·格里姆:《从明初到 1506 年的明代内阁》,《远东》, 1 （1954 年）, 第 139—177 页

[195] Grove, Linda, and Christian Daniels eds. *State and society in China: Japanese perspectives on Ming-Qing social and economic history*. Tokyo University of Tokyo, 1984.

琳达·格罗夫、丹尼尔斯·克里斯琴编:《中国的政府和社会：日本人关于明清社会和经济史的看法》,东京, 1984 年

[196] Hamilton, Earl J. *American treasure and the price revolution in Spain, 1501—1650*. Cambridge, Mass: Harvard University Press, 1934.

厄尔·J. 汉密尔顿:《美洲财富与西班牙的价格革命, 1501—1650 年》,坎布里奇, 1934 年

[197] Han Ta-ch'eng

韩大成:《明代商品经济的发展与资本主义的萌芽》,中国人民大学中国历史教研室编:《中国资本主义萌芽问题讨论集》,北京, 1957 年, Ⅳ, 第 994—1091 页

[198] Haneda Tōru and Tamura Jitsuzō, eds. *Minjitsuroku-shō: Mōkohen*. In *Mindai Man-Mō shiryō*, 18 vols, ed. Tamura jitsuzō. Kyoto: Kyōto daigaku bungakubu, 1954—59.

羽田亨、田村实造编:《明实录抄：蒙古编》,载田村实造编 《明代满蒙史料》, 18 卷, 京都, 1954—1959 年

[199] Hayashi Shunsai, comp. *Ka'i hentai*, 3 vols. Tokyo: Tōyō bunko, 1958—1959.

林春斋编:《华夷变态》, 3 卷, 东京, 1958—1959 年

[200] Hazelton, Keith. *A synchronic Chinese-Western daily calendar* 1341—1661 A. D. Ming Studies Research Series, No. 1. Minneapolis: University of Minnesota Press, 1984.

基思·黑兹尔顿：《1341—1661 年的中西日历》，《明代研究丛书》，1，明尼阿波利斯，1984 年

[201] Herrmann, Albert. *Historical and commercial atlas of China*. Cambridge, Mass.: Harvard University Press, 1935; new ed., ed. Norton Ginsburg, Chicago: AIdine, 1966.

艾伯特·赫尔曼：《中国的历史和商业地图》，坎布里奇，1935 年；新版，诺顿·金斯伯格编，芝加哥，1966 年

[202] Higgins Roland L. *Piracy and coastal defense in the Ming period, governmental response to coastal disturbances*, 1523 — 1549. Ann Arbor, Mich.: University Microfilms International, 1981.

罗兰·L. 希金斯：《明代的海上劫掠和沿海防御，政府对沿海骚乱的反应，1523—1549 年》，安阿伯，1981 年

[203] Ho Liang-chün

何良俊：《四友斋丛说》，1573 年；重印，北京，1959 年

[204] Ho Ping-ti

何炳棣：《中国会馆史论》，台北，1966 年

[205] Ho Ping-ti. *Studies on the population of China*, 1368 — 1953. Cambridge, Mass.: Harvard University Press, 1959.

何炳棣：《中国人口研究，1368—1953 年》，坎布里奇，1959 年

[206] Ho Shih-fei

何是非（笔名）：《风倒梧桐记》，顺治或康熙早期，载陈湖逸士编《荆驼逸史》，道光时期；重印，上海，锦章图书局，1911 年；重印，载沈云龙编：《明清史料汇编》，3，23，台北，1968 年，第 3373—3440 页

[207] Hoshi Ayao, *Mindai sōun no kenkyū*. Tokyo: Nihon gakujutsu shinkōkai, 1963.

星斌夫：《明代漕运研究》，东京，1963 年

[208] Hou Jen-chih

侯仁之：《北京史话》，北京，1980 年

[209] Hsi, Angela. "Wu San-kuei in 1644: A reappraisal." *Journal of Asian Studies*, 34, No. 2 (February 1975), pp. 443—53.

安杰拉·席：《吴三桂在 1644 年：重新评价》，《亚洲研究杂志》，34，2

（1975 年 2 月），第 443—453 页

[210]　Hsia Hsieh

夏燮编：《明通鉴》，约 1870 年；重印，北京，1959 年

[211]　Hsiao, Ch'i-ch'ing. *The military establishment of the yüan dynasty.*
Cambridge, Mass.：Harvard University Press, 1960.

萧启清（音）：《元代的兵制》，坎布里奇，1978 年

[212]　Hsiao, Kung-ch'üan. *Rural China：Imperial control in the nineteenth
century.* Seattle：University of Washington Press, 1960.

萧公权：《中国农村：19 世纪帝国的控制》，西雅图，1960 年

[213]　Hsieh Chao-che

谢肇淛：《五杂俎》，约 1600 年；重印，北京，1959 年

[214]　Hsieh, Chiao-min, "Hsia-ke Hsu, pioneer of modern geography in Chi-
na." *Annals of the Association of Amerlcan Geographers*, 48（1958），
pp. 73—82.

谢交敏：《徐霞客，中国近代地理学的先驱》，《美国地理学家协会年
刊》，48（1958 年），第 73—82 页

[215]　Hsieh Chin

解缙：《天潢玉牒》，约 1402 年；载沈节甫编《纪录汇编》，12，1617
年；重印，上海，1938 年

[216]　Hsieh Chin

解缙：《天潢玉牒》，约 1402 年；载朱当㴐编《国朝典故》，明版，国立
北平图书馆善本胶片，86（3）—86（1），华盛顿，国会图书馆，
1972—1973 年

[217]　Hsieh Chin

解缙：《天潢玉牒》，约 1402 年；载吴弥光编《胜朝遗事初编》，出版地
点不详，1883 年

[218]　Hsieh Chin

解缙：《天潢玉牒》，约 1402 年；载袁褧编《金声玉振集》，《皇览》，
1550—1561 年；影印本，北京，1959 年

[219]　Hsieh Kuo-chen

谢国桢：《清初农民起义资料辑录》，上海，1956 年

[220]　Hsieh Kuo-chen

谢国桢：《清初东南沿海迁界考》，载其《明清之际党社运动考》，上海，1934 年，附录 Ⅱ

[221] Hsieh Kuo-chen

谢国桢：《明清之际党社运动考》，上海，1934 年

[222] Hsieh Kuo-chen

谢国桢：《明清史料研究》，《金陵学报》，3，2（1933 年 11 月），第 311—329 页

[223] Hsieh Kuo-chen

谢国桢：《明末清初的学风》，北京，1982 年

[224] Hsieh Kuo-chen

谢国桢：《南明史略》，上海，1957 年

[225] Hsieh Kuo-chen. "Removal of coastal population in the early Ch'ing period", trans. T. H. Ch'en. *Chinese Social and Political Science Review*, 15 (1931—32), pp. 559—596.

谢国桢：《清初沿海人口之撤迁》，T. H. 陈译：《中国社会与政治科学评论》，15（1931—1932 年），第 559—596 页

[226] Hsieh Kuo-chen

谢国桢：《晚明史籍考》，北京，1932 年；重印，台北，1968 年；改版，《增订晚明史籍考》，上海，1964 年；重印，上海，1981 年

[227] Hsieh Min -ts'ung

谢敏聪：《明清北京的城垣与宫阙之研究》，台北，1980 年

[228] Hsieh Pen

谢蕡：《后鉴录》，16 世纪早期；重印，载谢国桢编《明史资料丛刊》，1，江苏，1981 年，第 4—160 页

[229] Hsieh Ying-fang

谢应芳：《龟巢稿》，约元代晚期；重印，张元济编：《四部丛刊》，3，37，上海，1935—1936 年

[230] Hsü Chen-ch'ing

徐祯卿：《剪胜野闻》，明版；影印本，载王云五编《历代小史》，X，5（78），1940 年；重印，台北，1969 年

[231] Hsü Ch'ien-hsüeh

徐乾学：《修史条议》，1969 年，重印，载刘承幹编《明史例案》，嘉业

堂，1915 年；摹印本，北京，1982 年，2，第 1—14 页

[232]　Hsü Ch'ien-hsüeh

徐乾学：《儋园文集》，1697 年；重印，载昌彼得编《清名家集汇刊》，台北，1979 年

[233]　Hsü Hsüeh-mo

徐学谟：《世庙识余录》，1608 年；重印，台北，1965 年

[234]　Hsü Tzu

徐鼒：《小典纪年附考》，1861 年，重印，载台湾银行经济研究室编《台湾文献丛刊》，134，台北，1962 年

[235]　Hsü Yü—hu

徐玉虎：《郑和评传》，台北，1958 年

[236]　Hsü Yü-hu

徐玉虎：《明郑和之研究》，高雄，1980 年

[237]　Htin Aung, Maung. *A history of Burma*. New York：Columbia University Press, 1967.

蒙亭昂：《缅甸史》，纽约，1967 年

[238]　Hua Hui

华绘：《明代定都南北京的经过》，《贡贡》，2，11（1935 年 2 月），第 34—41 页

[239]　Huang Chang-chien

黄章健：《论明初的四辅官并论明初殿阁大学士之设置及东宫官属之平驳诸司启事》，载其《明清史研究丛稿》，台北，1977 年，第 57—119 页

[240]　Huang Chang-chien

黄章健：《论〈皇明祖训录〉颁行年代并论明初封建诸王制度》，《中央研究院历史语言研究所集刊》，32（1961 年），第 119—137 页；重印，载其《明清史研究丛稿》，台北，1977 年，第 31—56 页

[241]　Huang Chang-chien

黄章健：《论〈皇明祖训录〉所记明初宦官制度》，《中央研究院历史语言研究所集刊》，32（1961 年），第 77—98 页；重印，载其《明清史研究丛稿》，台北，1977 年，第 1—30 页

[242]　Huang Chang-chien

黄章健：《明清史研究丛稿》，台北，1977 年

[243] Huang Chang-chien

黄章健：《明洪武永乐朝的榜文峻岭》，《中央研究院历史语言研究所集刊》，46，4（1975 年），第 557—594 页；重印，载其《明清史研究丛稿》，台北，1977 年，第 237—286 页

[244] Huang Chang-chien

黄章健：《明代律例汇编》，2 卷，台北，1979 年

[245] Huang Chang-chien

黄章健：《〈大明律诰〉考》，《中央研究院历史语言研究所集刊》，24（1953 年），第 107—134 页；重印，载其《明清史研究丛稿》，台北，1977 年，第 155—207 页

[246] Huang Chang-chien

黄章健：《读〈皇明典礼〉》，《中央研究院历史语言研究所集刊》，29，2（1958 年），第 661—676 页；重印，载其《明清史研究丛稿》，台北，1977 年，第 120—141 页

[247] Huang K'ai-hua

黄开华：《明史论集》，九龙，1972 年

[248] *Huang Ming tien li*

《皇明典礼》，1400 年；中央研究院历史语言研究所藏手抄本

[249] Huang, Ray. "Administrative statistics in *Ming T'ai-tsu shih lu*: An illustration of Chinese bureaucratism as criticized by Dr. Needham." *Ming Studies*, 16 (Spring 1983), pp. 41—66.

黄仁宇：《〈明太宗实录〉中的行政统计数字：李约瑟博士对中国官僚主义的批评的一个例证》，《明代研究》，16（1983 年春），第 41—66 页

[250] Huang, Ray. "Fiscal administration during the Ming dynasty." In *Chinese government in Ming times: Seven studies*. ed. Charles O. Hucker. New York and London: Columbia University Press, 1969.

黄仁宇：《明代财政管理》，载贺凯编：《明代政府研究的七篇论文》，纽约和伦敦，1969 年

[251] Huang, Ray. 1587, *A year of no significance: The Ming dynasty in decline*. New Haven and London: Yale University Press, 1981.

黄仁宇：《1587，无关紧要的一年：衰落中的明王朝》，纽黑文和伦敦，

1981 年（此书有中译本，书名《万历十五年》）

[252] Huang, Ray. "The Liao-tung campaign of 1619." *Oriens Extremus*, 28 (1981), pp. 30—54.

黄仁宇：《1619 年的辽东战役》，《远东》，28（1981 年），第 30—54 页

[253] Huang, Ray. "Ni Yüan-lu:'Realism'in a neo—Confucian scholar-statesman." In *Self and society in Ming thought*, ed. Wm. Theodore de Bary. New York and London: Columbia University Press, 1970, pp. 415 —49.

黄仁宇：《倪元璐：一个新儒学学者和政治家的"现实主义"》，载狄百瑞编《明代思想中的自我与社会》，纽约和伦敦，1970 年，第 415—449 页

[254] Huang, Ray. *Taxation and government finance in sixteenthcentury Ming China*. Cambridge, England: Cambridge University Press, 1974.

黄仁宇：《16 世纪明代的税收和政府财政》，剑桥，1974 年

[255] Huang Tao-chou

黄道周：《黄漳浦集》，陈寿祺编，1830 年

[256] Huang Tao-chou

黄道周：《黄漳浦文选》，台湾银行经济研究室编：《台湾文献丛刊》，137，台北，1962 年

[257] Huang Tien-ch'üan

黄典权：《南明大统历》，台南，1962 年

[258] Huang Tso

黄佐：《翰林记》，1560 至 1566 年之间；重印，王云五编：《丛书集成简编》，280—282，台北，1965—1966 年

[259] Huang Tsung-hsi

黄宗羲：《明儒学案》，1667 年；重印，陆费逵等编：《四部备要》，C79—82，台北，1970 年

[260] Huang Yü-chi

黄虞稷：《千顷堂书目》，17 世纪晚期；第 1 次印刷，载张钧衡编《适园堂丛书》，2，1912 年；重印，乔衍琯编：《书目丛编》，1，台北，1967 年

[261] Huang Yün-mei

黄云眉：《明史考证》，Ⅰ，北京，1979 年；Ⅱ，1980 年；Ⅲ，1984 年；Ⅳ，1984 年

[262] Hucker，Charles O. *The censorial system of Ming China*. Stanford，Calif.：Stanford University Press，1966.

贺凯：《明代中国的监察制度》，斯坦福，加利福尼亚，1966 年

[263] Hucker，Charles O.，ed. *Chinese government in Ming times：Seven studies*. Studies in Oriental Culture，No. 2. New York and London：Columbia University Press，1969.

贺凯编：《明代政府研究的七篇论文》，《东方文化研究》，2，纽约和伦敦，1969 年

[264] Hucker，Charles O. *A dictionary of official titles in imperial China*. Stanford，Calif.：Stanford University Press，1985.

贺凯：《中华帝国的官名词典》，斯坦福，1985

[265] Hucker，Charles O. "Governmental organization of the Ming dynasty." *Harvard Journal of Asiatic Studies*，21（1958），pp. 1 — 66 and 23（1960—61），pp. 127—51.

贺凯：《明王朝的政府组织》，《哈佛亚洲研究学报》，21（1958 年），第 1—66 页和 23（1960—1961 年），第 127—151 页

[266] Hucker，Charles O. "Hu Tsung-hsien's campaign against Hsü Hai，1556." In *Chinese ways in warfare*，ed. Frank A. Kierman，Jr.，and John K. Fairbank. Cambridge，Mass：Harvard University Press，1974，pp. 273—307.

贺凯：《胡宗宪对徐海的战役，1556 年》，载小弗兰克·A. 基尔曼和费正清编《中国的兵法》，坎布里奇，1974 年，第 273—307 页

[267] Hacker，Charles O. *The Ming dynasty：Its origins and evolving institutions*. Michigan papers in Chinese studies，No. 34. Ann Arbor：Center for Chinese Studies，The University of Michigan，1978.

贺凯：《明王朝的起源及其制度的演变》，《密歇根中国研究论文集》，34，安阿伯，1978 年

[268] Hucker，Charles O. "Su-chou and the agents of Wei Chunghsien：A translation of *K'ai tu ch'uan hsin*." In *Sōrltsu nijūgoshūnen kinen ronbunshū（Silver jublee volume of the Zinbun Kagaka Kenkyusyo*）.

Kyoto：Kyōto daigaku jinbun kagaku kenkyūjo，1954，Ⅰ，pp. 224－56.

贺凯：《宿州和魏忠贤的代理人：〈开读传信〉译文》，载《人文科学研究所创立二十五周年纪念论文集》，京都，1954 年，第 224—256 页

[269] Hucker，Charles O. *The traditional Chinese state in Ming times*（1368－1644）. Tucson：University of Arizona Press，1961.

贺凯：《明朝时的传统中国（1368—1644 年）》，图森，1961 年

[270] Hucker，Charles O. "The Tung-lin movement of the late Ming period." In *Chinese thought and institutions* ed. John K. Fairbank. Chicago：University of Chicago Press，1957，pp. 132－62.

贺凯：《晚明时期的东林运动》，载费正清编《中国的思想和制度》，芝加哥，1957 年，第 132—162 页

[271] Hummel，Arthur. *Eminent Chinese of the Ch'ing period*，2 vols. Washington D. C.：U. S. Government Printing Office，1943－44.

恒慕义：《清代名人传略》，2 卷，华盛顿特区，1943—1944 年

[272] Hung，William. "The T'ang bureau of historiography before 708." *Harvard Journal of Asiatic Studies*，23（1960－61），pp. 92－107.

威廉·洪：《公元 708 年前的唐史馆》，《哈佛亚洲研究杂志》，23（1960—1961 年），第 92—107 页

[273] Imanishi Shunjū. "Minki sandai kikyochū kō." In *Mindai Man-Mō shi kenkyū，ed*. Tamura Jitsuzō. Kyoto：Kyōto daigaku bungakubu，1963，pp. 587－662.

今西春秋：《明季三代起居注考》，载田村实造编《明代满蒙史研究》，京都，1963 年，第 587—662 页

[274] Imanishi Shunjū and Ono Shōnen. "Bungenkaku，Jukōden，Kōshisei o miru no ki." *Toyōshi kenkyū*，5，No. 1（1939），pp. 77－82.

今西春秋、小野胜年：《文渊阁、寿皇殿、皇史宬参观记》，《东洋史研究》，5，1（1939 年），第 77—82 页

[275] Ishihara Michihiro. "Chō Kōgen no Kōnan Kōhoku keiryaku." *T'ai-wan feng wu*，No. 11－12（1955），pp. 7－53.

石源道博：《张煌言之江南江北经略》，《台湾风物》，5，11—12（1955 年），第 7—53 页

[276] Ishihara Michihiro. *Minmatsu Shinsho Nihon kisshi no kenkyū*. Tokyo：Fuzanbō，1945.

石源道博：《明末清初日本乞师之研究》，东京，富山房，1945 年

[277] Iwao Seiichi. *Shuin sen bōekishi no kenkyū*. Tokyo：Kōbundō，1958.

岩生成一：《朱印船贸易史之研究》，东京，1958 年

[278] Jäger Fritz. "Die letzen Tage des Kü Schisi." *Sinica*，8，No. 5 — 6 (1933)，pp. 197—207.

弗里茨・耶格尔：《瞿式耜的晚年》，《中国》，8，5—6（1933 年），第 197—207 页

[279] Juan Yüan

阮元编：《十三经注疏》，1815 年；摹印本，台北，1917—1972 年

[280] Kahn，Harold L. *Monarchy in the emperors' eyes*：*Image and reality in the Ch'ien-lung reign*. Cambridge，Mass.：Harvard University Press，1971.

哈罗德・L. 卡恩：《皇帝眼中的君主制：乾隆时期的幻象和现实》，坎布里奇，1971 年

[281] Kanda Nobuo. "Kōshisei（Huang shih ch'eng）." *Ajia rekishi jitten*. Tokyo：Heibonsha，1959，Ⅲ，p. 239.

神田信夫：《皇史宬》，《历史词典》，东京，1959 年，Ⅲ，第 239 页

[282] Kao Kung

高拱：《病榻遗言》，16 世纪后半期；载沈节甫编《纪录汇编》，1617 年；影印本，上海，1938 年

[283] Kao Yü-t'ai

高宇泰：《雪交亭正气录》，1655 年；重印，台湾银行经济研究室编：《台湾文献丛刊》，286，2 卷，台北，1970 年

[284] Keene，Donald. *The Battles of Coxinga*：*Chikamatsu's puppet play*，*its background and importance*. London：Taylor's Foreign Press，1951.

唐纳德・基恩：《国姓爷的战事：近松的木偶戏，其背景与影响》，伦敦，1951 年

[285] Kimiya Yasuhiko. *Nisshi Kōtsū shi*. Tokyo：Kinshi hōryūdo 1926 — 27，Vol. Ⅱ.

木宫泰彦：《日华交通史》，东京，金刺芳流堂，1926—1927 年，Ⅱ

[286] Ko Sa-kyŏng and Kim Chi, comps. *Tae-Myŏngnyul chikhae*, 1395; rpt. Seoul: Chōsen sōtokufu chūsūin 1936, and Seoul Pŏpchech'ŏ, 1964.

高士裴、金祗编：《大明律直解》，1395 年；重印，汉城，朝鲜总督府中枢院，1936 年；汉城，法制处，1964 年

[287] Kobata Atsushi. *Kingin bōekishi no kenkyū*. Kyoto: Hōsei, daigaku shuppan kyoku, 1976.

小叶田淳：《金银贸易史之研究》，京都，1976 年

[288] Kobata Atsushi. "The production and uses of gold and silver in sixteenth and seventeenth-century Japan", trans. W. D. Burton. *The Economic History Review*, 2nd ser. 18, No. 2 (August 1965), pp. 245—66.

小叶田淳：《日本 16、17 世纪的金银生产与使用》，W. D. 伯顿译，《经济史评论》，第 2 辑，18，2（1965 年 8 月），第 245—266 页

[289] Kolmas, Josef. *Tibet and imperial China: A survey of SinoTibetan relations up to the end of the Manchu dynasty in 1912. Canberra*: Centre of Oriental Studies, Australian National University, 1967.

约塞夫·科尔马斯：《西藏和中华帝国：1912 年满族王朝灭亡前中藏关系概述》，堪培拉，1967 年

[290] Krafft, Barbara, trans. "Uber die Weiterentwicklung derchinesischen Literatur in anderer Form: Ein Aufsatz von Yoshikawa Kōjirō. " In *Nachrichten der Gesellschaft fiir Natur-und Völkerkunde Ostasiens*, 84 (1958); rpt. in *Yoshikawa Kōjirō zenshū*. Tokyo: Chikuma shobō, 1969, Vol. XIII pp. 617—622.

巴巴拉·克拉夫特译：《关于中国其他文学形式的进展：吉川幸次郎的论文》，载《亚洲博物学和民俗学会通信》，84（1958 年）；重印，载《吉川幸次郎全集》，东京，筑摩书房，1969 年，XIII，第 617—622 页

[291] Ku Ping-ch'ieu

顾秉谦等编撰：《三朝要典》，1626 年；影印本，3 卷，台北，1976 年

[292] Ku Yen-wu

顾炎武：《日知录集释》，黄汝成编，1872 年；重印，《国学基本丛书》，17—18，上海，1935 年

[293] Ku Ying-t'ai

谷应泰：《明史纪事本末》，1658 年；重印，4 卷，载《国学基本丛书简编》，上海，1936 年；影印本，台北，1956 年（原名《明朝纪事本末》）

[294] Kung Chen

巩珍：《西洋番国志》，15 世纪早期；重印，载《中外交通史籍丛刊》，北京，1961 年

[295] K'ung Shang-jen

孔尚任：《桃花扇》，康熙中叶；王季思、苏寰中编，北京，1959 年

[296] Kuno, Yoshi S. *Japanese expansion on the Asiatic continent：A stuay of the history of Japan with special reference to her international relations with China，Korea and Russia*，2 vols. Berkeley：University of California Press，1937—1940.

《日本在亚洲大陆的扩张：日本史研究，特别是关于它和中国、朝鲜和俄国的国际关系》，2 卷，伯克利，1937—1940 年

[297] Kuo-li Pei-P'ing Ku-kung po-wu yüan wen-hsien kuan

国立北平故宫博物院文献馆编：《文献丛编》，北平，1900—1937 年；摹印本，台北，1964 年

[298] Kuo Po kung

郭伯恭：《永乐大典考》，长沙，1938 年；摹印本，台北，1962 年

[299] Kuo T'ing—hsün

过廷训：《本朝分省人物考》，1662 年；重印，台北，1971 年

[300] Kuo Ying-ch'iu

郭影秋：《李定国纪年》，上海，1960 年

[301] Kuwabara Jitsuzō. "Min no Hō Tenju yori Rōma bōō ni sō-tei seshi bun-sho." *Shigaku zasshi*，11，No 3（March 1900），pp. 338 — 49 and 11. No 5（May 1900），pp. 617—30.

桑原骘藏：《明朝庞天寿致书罗马教皇》，《史学杂志》，11，3（1900 年 3 月），第 338—349 页；11，5（1900 年 5 月），第 617—630 页

[302] Lach, Donald F. *Asia in the making of Europe* Chicago：University of Chicago Press，1965.

唐纳德·F. 拉奇：《欧洲发展过程中的亚洲》，芝加哥，1965 年

[303] Lai Yung-hsiang

赖永祥：《明郑藩下官爵表》，《台湾研究》，1（1956 年），第 79—101

页，2（1957 年），第 47—78 页

[304] Lang Ying

郎瑛：《七修类稿》，1566 年或稍后；重印，载中华书局上海编辑所编
《明清笔记丛刊》，北京，1961 年

[305] Langlois, John D., Jr. "Political thought in Chin-hua under Mongol
rule", In *China under Mongol rule*, ed. John D. Langlois,
Jr. Princeton, N. J.：Princeton University Press，1981.

小约翰·D. 郎洛瓦：《蒙古统治下金华的政治思想》，载小郎洛瓦编
《蒙古统治下的中国》，普林斯顿，1981 年

[306] Langlois, John D., Jr. "Yü Chi and his Mongol sovereign." *Journal of
Asian Studies*, 38, No. I (November 1978), pp. 99—116.

小约翰·D. 郎洛瓦：《虞集与他的蒙古君主》，《亚洲研究杂志》，38，1
（1978 年 11 月），第 99—116 页

[307] Langlois, John D., Jr. and K'o-K'uan Sun. "Three teachings syn-
cretism and the thought of Ming T'ai-tsu." *Harvard Journal of Asiatic
Studies*, 43, No. 1 (June 1938), pp. 97—139.

小约翰·D. 郎洛瓦和孙克宽：《三教合一论与明太祖的思想》，《哈佛亚
洲研究学报》，43，1（1983 年 6 月），第 97—139 页

[308] Lao-tzu [attr.]. *Tao te ching*. Trans. Chan Wing-tsit. In his *A source
book in Chinese philosophy*. Princeton, N. J.：Princeton University
Press，1963, pp. 136—76.

老子（被认为系其所作）：《道德经》，陈荣捷译，载其《中国哲学资
料》，普林斯顿，1963 年，第 136—176 页

[309] Legge James, trans. *The Chinese classics*. 1870；2nd ed.，5 vols. Oxford：
Clarendon Press，1893；rpt. Hong Kong：University of Hong Kong
Press，1960；2nd ed. Taipei：Chin-hsüeh shu-chü，1969.

李雅各：《英译七经》，1870 年；第 2 版，5 卷，牛津，1893 年；重印，
香港，1960 年；第 2 版，台北，1969 年

[310] Legge, James, trans. *The Li Ki*. Part Ⅲ of *The sacred books of China*：
The texts of Confucianism. Vol. ⅩⅩⅦ-ⅩⅩⅧ of *The sacred books of
the East*, ed. F. Max Müller. Oxford：The Clarendon Press，1885.

李雅各译：《礼记》，《五经》，Ⅲ，载 F. 马克斯·穆勒编 《东方的经

典》，ⅩⅩⅦ至ⅩⅩⅧ，牛津，1885 年

[311]　Lei Li

雷礼：《国朝列卿纪》，1592 年后；重印，台北，1970 年

[312]　Li Chen-hua

李振华：《张苍水传》，台北，1967 年

[313]　*Li Chi*

《礼记》，郑玄编，2 世纪；重印，载张元济编 《四部丛刊初编》，上海，1919 年；重印，上海，1936 年

[314]　Li Chieh

黎杰：《南明广东三忠史迹考》，《珠海学报》，3（1970 年 6 月），第 162—173 页

[315]　Li Chih

李贽：《焚书》，1590 年；重印，北京，1961 年

[316]　Li Chih

李贽：《续焚书》，1611 年；重印，北京，1959 年

[317]　Li Chih

李贽：《藏书》，南京，1599 年；重印，北京，1959 年

[318]　Li Chin-hua

李晋华：《明成祖生母问题汇证》，《中央研究院历史语言研究所集刊》，6，1（1936 年 3 月），第 55—77 页

[319]　Li Chin-hua

李晋华：《明史纂修考》，《北京学报》，专辑，3，北平，1933 年

[320]　Li Chin-hua

李晋华：《明代敕撰书考》，洪业编：《哈佛—燕京国学引得丛书补编》，3，北平，1932 年

[321]　Li Cho-jan

李焯然：《焦竑之史学思想》，《书目集刊》，15，4（1982 年），第 33—46 页

[322]　Li Hsüeh-chih

李学智：《重考李振华先生〈明末海师三征长江考〉》，《大陆杂志》，7，11（1953 年 12 月 15 日），第 7—8 页和 7，12（1953 年 12 月 30 日），第 21—27 页

[323]　Li Kuang-ming

黎光明：《明末清初之四川》，《东方杂志》，31，1（1934 年 1 月），第 171—181 页

[324]　Li Kuang-t'ao

李光涛：《熊廷弼与辽东》，《中央研究院历史语言研究所专刊》，68，台北，1976 年

[325]　Li Kuang-t'ao

李光涛：《洪承畴背明始末》，《中央研究院历史语言研究所集刊》，17（1948 年 4 月），第 277—301 页

[326]　Li Kuang-t'ao

李光涛：《明季流寇始末》，《中央研究院历史语言研究所集刊》，51，台北，1965 年

[327]　Li Kuang-t'ao

李光涛：《明清史论集》，2 卷，台北，1971 年

[328]　Li Kuang-t'ao

李光涛：《明清档案与清代开国史料》，《明清史论集》，台北，1971 年，Ⅱ，第 409—417、419—424 页

[329]　Li Lung-hua

李龙华：《明代的开中法》，《香港中文大学中国文化研究所学报》，4，2（1971 年），第 371—493 页

[330]　Li Su-ying

李素英：《明成祖北征记行初编》，《禹贡》，3，8（1935 年 6 月 16 日），第 14—22 页，3，9（1935 年 7 月 1 日），第 36—42 页和 3，12（1935 年 8 月 16 日），第 18—35 页

[331]　Li Su-ying

李素英：《明成祖北征记行二编》，《禹贡》，4，5（1935 年 11 月 1 日），第 43—50 页和 4，10（1936 年 1 月 16 日），第 29—38 页

[332]　Li T'eng-yü

李腾嶽：《郑成功的死因考》，《文献专刊》，1，3（1950 年 8 月），第 35—44 页

[333]　Li Tz'u-ming

李慈铭：《越缦堂读书记》，由云龙编，明代晚期；重印，载《目录学

名著》，载《中国学术名著》，2，2—4，台北，1961 年

[334] Li Wen-chih

李文治：《晚明民变》，上海，1948 年

[335] Li Yao

李瑶：《南疆绎史刊本》，30 卷，1829—1830 年；重印，载沈云龙编《明清史料汇编》，49—50，台北，1969 年

[336] Li Yung-lin and Lin Jui-mei

李永麟、林瑞美编：《台湾文献丛刊书目王云五四角号码索引》，《史迹勘考》，6（1978 年 6 月），第 118—148 页

[337] Liang Fang-chung. *The single-whip method of taxation in China*, trans. Wang Yü-ch'uan ［sic］（Wang Yuquan）. Harvard University Chinese Economic and Political Studies, Special Series. Cambridge, Mass: Harvard University Press, 1956.

梁方仲：《中国的一条鞭法税制》，王毓铨译：《哈佛大学中国经济与政治研究》，特辑，坎布里奇，1956 年

[338] Liao Han-ch'en

廖汉臣：《郑芝龙考》，《台湾文献》，10，4（1959 年 12 月），第 63—72 页，11，3（1960 年 9 月），第 1—15 页

[339] Liao Han-ch'en

廖汉臣：《郑氏世系及人物考》，《文献专刊》，1，3（1950 年），第 54—64 页

[340] Liao Han-ch'en

廖汉臣：《鲁王抗清及二张之武功》，《台湾文献》，11，1（1960 年 3 月），第 81—105 页

[341] Liao Han-ch'en

廖汉臣：《延平王北征考评》，《台湾文献》，15，2（1964 年 6 月），第 47—74 页

[342] Lieberman, Victor B. "Provincial reforms in Taung-ngu Burma." *Bulletin of the School of Oriental and African Studies*, 43, No. 3 (1980), pp. 548—69.

维克托·B. 利伯曼：《缅甸洞吾的地方改革》，《东方和非洲研究学院学报》，43，3（1980 年），第 548—569 页

[343]　　Lin Jen-ch'uan

　　　　林仁川：《论永乐帝》，《北方论丛》，4（1982 年 12 月），第 96—100 页

[344]　　Lin Shih-tui

　　　　林时对：《荷牐丛谈》，16 世纪中叶；重印，载台湾银行经济研究室编
　　　　《台湾文献丛刊》，153，台北，1962 年

[345]　　Lin，Tien-wai. "Clan genealogies as they relate to local history." *Chinese Culture*，22，No 1（Taipei，1981），pp. 33—55.

　　　　林天外（音）：《与方志有关的族谱》，《中国文化》，22，1（台北，1981
　　　　年），第 33—55 页

[346]　　Littrup，Leif. *Subbureaucratic government in China in Ming times：A study of Shandong province in the sixteenth century*. Instituttet for sammenlignende kulturforskning，Serie B：Skrifter，LXIV Oslo：Universitetsforlaget，1981.

　　　　利夫·利特拉普：《中国明代的地方政府：对 16 世纪时的山东省的研
　　　　究》，比较文化研究所，丛书 B，编号 LXIV，奥斯陆，1981 年

[347]　　Liu Ch'eng-kan

　　　　刘承幹编：《明史例案》，嘉业堂，1915 年；摹印本，台北，1963 年；
　　　　摹印本，北京，1982 年

[348]　　Liu Hsin-hsüeh

　　　　刘心学：《四朝大政录》，17 世纪早期；重印，《国学文库》，46，北京，
　　　　1937 年

[349]　　Liu Hui et al.

　　　　刘辉等编：《史可法评价问题汇编》，香港，1968 年

[350]　　Liu，Jen-k'ai. "Die boshaften，unbotmäβigen und rebellischen Beamten in der Neuen offiziellen Dynastiegeschichte der T'ang." Diss. Hamburg，1975.

　　　　刘仁开（音）：《〈新唐书〉中的奸臣、叛臣和逆臣》，学位论文，汉堡，
　　　　1975 年

[351]　　Liu Po-han

　　　　刘伯涵：《论袁崇焕与东林党的关系》，《历史研究》，4（1958 年），第
　　　　11—27 页

[352]　　Liu Ts'un-jen

柳存仁：《道藏本三圣注道德经会笺》，载其《和风堂读书记》，香港，1977 年，I，第 59—224 页

[353] Liu Tsung-chou

刘宗周：《刘子全书》，40 卷，约道光时期；重印，载王有立编《中华文史丛书》，7，台北，出版日期不详

[354] Liu Tzu-cheng

刘子政：《明代中国与汶莱交往考》，《明史研究专刊》，5（1982 年 12 月），第 1—16 页

[355] Liu Tzu-chien (James T. C. Liu)

刘子健：《欧阳修的治学与从政》，九龙，1963 年

[356] Lo Hsiang-lin

罗香林编：《明清实录中之西藏史料》，香港，1981 年

[357] Lo Hsiang-lin

罗香林：《明代对东南亚各国关系之演变》，《南洋大学学报》，1（1967 年），第 119—125 页

[358] Lo, Jung-pang. "The decline of the Ming navy", *Oriens Extremus*, 5 (1958), pp. 149—68.

罗荣邦：《明朝水军的衰落》，《远东》，5（1958 年），第 149—168 页

[359] Lo, Jung-pang. "Intervention in Annam：A case study of the foreign policy of the early Ming government." *Tsinghua Journal of Chinese Studies*, 8, No. 1—2 (August 1970), pp. 154—82.

罗荣邦：《对安南的干涉：明初政府对外政策的个案研究》，《清华学报中国研究》，8，1—2（1970 年 8 月），第 154—182 页

[360] Lo, Jung-pang. "Policy formulation and decision-making on issues respecting peace and war." In *Chinese government in Ming times*：*Seven studies*, ed. Charles O. Hucker. Studies in Oriental Culture, No. 2. New York and London：Columbia University Press, 1969, pp. 41—72.

罗荣邦：《和战政策问题政策的制定和决定》，载贺凯编《明代政府研究的七篇论文》，《东方文化研究》，2，纽约和伦敦，1969 年，第 41—72 页

[361] Lo Ping-mien

罗炳绵：《明太祖的文学统治术》，《中国学人》，3（1971 年），第 37—

51 页

[362]　Lu Ts'an

陆粲：《庚巳编》，约 1520 年；重印，载沈节甫编《纪录汇编》，164—
173，1617 年；重印，载严一萍编《百部丛书集成》，16，台北，1966
年

[363]　Lun Ming

伦明：《建文逊国考疑》，《辅仁学志》，73，2（1932 年 7 月），第 1—62
页

[364]　Lung Wen-pin

龙文彬编：《明会要》，1887 年；重印，北京，1956 年

[365]　*Lung-wu i shih*

《隆武遗事》，1 卷，清代早期；重印，载乐天居士编《痛史》，9，上
海，1911—1912 年；影印本，台北，1968 年

[366]　Ma Huan

马欢：《瀛涯胜览》，1451 年；重印，载沈节甫编《纪录汇编》，62—
63；重印，载严一萍编《百部丛书集成》16 之 44，台北，1966 年

[367]　Maitra, K. M. trans. *A Persian embassy to China*, *being an extract from Zubdatut Tawarikh of Hefiz Abru*; new introd. L, Carrington Goodrich. New York：Paragon, 1934; rpt. New York：Paragon, 1970.

K. M. 梅特拉译：《一个出使中国的使团的记录摘录》，新导言，富路
特，纽约，1934 年；重印，纽约，1970 年

[368]　Mammitsch, Ulrich Hans-Richard. "Wei Chung-hsien（1568—1628）A reappraisal of the eunuch and the factional strife at the late Ming court." Ann Arbor, Mich.：University Microfilms International, 1968.

乌尔里克·汉斯-理查德·马米特希：《魏忠贤：对晚明太监与党争的重
新评价》，安阿伯，1968 年

[369]　Mano Senryū. "Shuku Inmei no shigaku." *Shirin*, 51, No. 1（January 1968）, pp. 26 — 43; rpt. in his *Mindai bunkashi kenkyū*, Tōyōshi kenkyū sōkan, No. 31. Tokyo：Dōhōsha, 1979, pp. 211—41.

间野潜龙：《祝允明的史学》，《史林》，51，1（1968 年 1 月），第 26—
43 页；重印，载其《明代文化史研究》，《东洋史研究丛刊》，31，东
京，1979 年，第 211—241 页

[370] Mano Senryū. "Min jitsuroku no kenkyū." In *Mindai Man-Mō shi kenkyū*, ed. Tamura Jitsuzō. Kyoto: Kyōto daigaku bungakubu, 1963, pp. 1－72. Rpt. in his *Mindai bunkashi kenkyū*. Tōyōshi kenkyū sōkan, No. 31 Tokyo: Dōhōsha, 1979, pp. 1－134.

间野潜龙:《明实录之研究》,载田村实造编《明代满蒙史研究》,京都,1963年,第1—72页;重印,载间野潜龙《明代文化史研究》,《东洋史研究丛刊》,31,东京,1979年,第1—134页

[371] Mao Ch'i-ling

毛奇龄:《武宗外纪》,清代早期,载吴省兰辑《艺海珠尘》,嘉庆时期;重印,载严一萍编《百部丛书集成》,38,台北,1968年

[372] Mao K'un

茅坤:《徐海本末》,约1560年;重印,载中国历史研究室编《中国内乱外祸历史丛书》,2,上海,1947年;重印,载《中国近代内乱外祸历史故事丛书》,台北,1964年,第141—149页

[373] Mao P'ci-ch'i

毛佩琦:《建文新政和永乐"继统"》,《中国史研究》,2(1982年4月),第36—49页

[374] Meng Sen

孟森:《明清史论著集刊》,杨家骆编,载《史学名著》,5,1;载《中国学术名著》,2,台北,1961年;重印,台北,1965年

[375] Meng Sen

孟森:《明代史》,1957年;重印,台北,1967年

[376] Meskill, John. "Academies and politics in the Ming dynasty." In *Chinese government in Ming times*; *Seven studies*, ed. Charles O. Hucker. Studies in Oriental Culture, No. 2. New York and London: Columbia University Press, 1969, pp. 149－74.

约翰·梅斯基尔:《明代的书院与政治》,载贺凯编《明代政府研究的七篇论文》,《东方文化研究》,2,纽约和伦敦,1969年,第149—174页

[377] Mills, J. V. G., trans. *Ma Huan, Ying-yai sheng-lan: The overall survey of the ocean's shores* [1433]. Hakluyt Society, Extra series No. XLII. Cambridge, England: Cambridge University Press: 1970.

J. V. G. 米尔斯译：《马欢〈瀛涯胜览〉：大洋沿岸的全面考察（1433年）》，哈克路特学会，增辑，XLⅡ，剑桥，1970年

[378] Ming Cheng-tsu

明成祖：《圣学心法》，1409年；重印，《中国子学名著集成》，38，台北，1977年

[379] *Ming Ch'ing li ko chin shih t'i ming pei lu*

《明清历科进士题名碑录》，序，1732年；影印本，台北，1969年，Ⅰ，Ⅱ

[380] *Ming shih lu*

《明实录》，1418年至17世纪中叶；国立北平图书馆藏红格抄本摹印本，133卷，台北，1961—1966年

[381] Ming-shih yen-chiu chuan-k'an pien-chi hsiao-tsu

明史研究专刊编辑小组编：《明史研究专刊》，台北，1978年

[382] Ming T'ai-tsu

明太祖：《臣诫录》，10卷，1380年；重印，载《明朝开国文献》，不全，5卷，载吴相湘编：《中国史学丛书》，34，台北，1966年，Ⅰ，第415—524页

[383] Ming T'ai-tsu

明太祖：《教民榜文》，1398年；载张卤编《皇明制书》，1579年；重印，东京，1966—1967年

[384] Ming T'ai-tsu

明太祖：《孝陵诏敕》，1398年以后；重印，《明朝开国文献》，载吴相湘编《中国史学丛书》，34，台北，1966年，Ⅳ，第1833—1942页

[385] Ming T'ai-tsu

明太祖：《皇明祖训》，1395年；重印，《明朝开国文献》，载吴相湘编《中国史学丛书》，台北，34，1966年，Ⅲ，第1579—1672页

[386] Ming T'ai-tsu

明太祖：《皇明祖训录》，1373年；重印，《明朝开国文献》，载吴相湘编《中国史学丛书》，34，台北，1966年，Ⅲ，第1686页

[387] Ming T'ai-tsu

明太祖编：《高皇帝御制文集》，徐九皋编，1535年；重印，台北，1965年；重印，京都，1973年

[388] Ming T'ai-tsu

明太祖：《明朝开国文献》，4 卷，载吴相湘编《中国史学丛书》，34，台北，1966 年

[389] Ming T'ai-tsu

明太祖：《大诰》，1385 年；重印，《明朝开国文献》，载吴相湘编《中国史学丛书》，34，台北，1966 年，Ⅰ，第 1—86 页

[390] Ming T'ai-tsu

明太祖：《大诰续编》，1386 年；重印，《明朝开国文献》，载吴相湘编《中国史学丛书》，34，台北，1966 年，Ⅰ，第 87—242 页

[391] Ming T'ai-tsu

明太祖：《大诰三编》，1387 年；重印，《明朝开国文献》，载吴相湘编《中国史学丛书》，34，台北，1966 年，Ⅰ，第 243—414 页

[392] Ming T'ai-tsu

明太祖：《御制文集》，明版；载吴相湘编《中国史学丛书》，22，台北，1965 年

[393] *Ming T'ai-tsu Shih-tsung yü pi*

《明太祖世宗御笔》，上海，出版日期不详

[394] Moreland, William Harrison. *From Akbar to Aurangzeb：A study in Indian economic history*. London：Macmillan, 1923.

威廉·哈里森·莫兰：《从爱克巴到奥伦寨：印度经济史研究》，伦敦，1923 年

[395] Mori, Masao. "The gentry in the Ming." *Acta Asiatica*, 38 (1980), pp. 31—53.

森正夫：《明代的士绅》，《亚洲年鉴》，38 (1980 年)，第 31—53 页

[396] Mori, Masao. "Jūshichi seiki no Fukken Neikaken-ni okeru Kō Tsū no kōso hanran." *Nagoya daigaku bungakubu kenkyū ronshū*, *Shigaku series*, 20 (1973), pp. 1—31, 21 (1974), pp. 13—25, and 25 (1978), pp. 25—65.

森正夫：《17 世纪福建宁化县黄通的抗租叛乱》，《名古屋大学文学部研究论集》，史学系列，20 (1973 年)，第 1—30 页；21 (1974 年)，第 13—25 页；25 (1978 年)，第 25—65 页

[397] Mori, Masao. "Min Shin jidai no tochi seido." In VOl. XⅡ. Chap. 7 of

Iwanami kōza sekai rekishi, ed. Tokyo: Iwanami shoten, 1971, pp. 229—74.

森正夫：《明清时代之土地制度》，载《岩波世界历史讲座》，第 12 卷，第 7 章，东京，1971 年，第 229—274 页

[398] Mostaert, Antonio. *Dictionnaire Ordos*. Peking: Catholic University, 1941.

安东尼奥·莫斯塔厄特：《鄂尔多斯词典》，北京，1941 年

[399] Mote, Frederick W. *The poet K'ao Ch'i*. Princeton, N. J.: Princeton University Press, 1962.

牟复礼：《诗人高启》，普林斯顿，1962 年

[400] Mote, Frederick W. "The T'n-mu incident of 1449." In *Chinese Ways in warfare*, ed. Frank A. Kierman, Jr., and John K. Fairbank. Cambridge, Mass.: Harvard University Press, 1974, pp. 243—72.

牟复礼：《1449 年的土木之变》，载小弗兰克·A. 基尔曼、费正清编《中国的兵法》，坎布里奇，1974 年，第 243—272 页

[401] Murck, Christian. *Chu Yün-ming（1461—1527）and cultural commitment in Soochow*. Ann Arbor, Mich.: University Microfilms International, 1978.

克里斯琴·墨克：《祝允明（1461—1527 年）和苏州的文化义务》，安阿伯，1978 年

[402] Nachod, Oskar. *Die Beziehungen der Niederländischen Ostindischen Kompagnie zu Japan im siebzehnten Jahrhundert*. Leipzig: Hiersemann, 1897.

奥斯卡·纳霍德：《17 世纪时荷属东印度公司与日本的关系》，莱比锡，1897 年

[403] Naitō Kenkichi. "Dai Min ryō kaisetsu." Rpt. in *Chūgohu hōseishi kōshō*, ed. Natiō Kenkichi, No. 21 of *ōsaka shiritsu daigaku hōgaku sōsho*. Tokyo: Yūhikaku, 1963, pp. 90—116.

内藤乾吉：《大明令解说》，重印，载其所编《中国法制史考证》，《大阪市立大学法学丛书》，21，东京，有裴阁，1963 年，第 90—116 页

[404] Naitō Torajirō. *shina shigaku shi*. Tokyo: Kōbundō, 1961.

内藤虎次郎：《支那史学史》，东京，1961 年

[405]　Nakayama Hachirō. "Futatabi Kasei-chō no tairei mondai no hattan ni tsuite." In *Shimizu hakushi tsuitō kinen Mindaishi ronsō*, ed. Shimizu hakushi tsuitō kinen Mindaishi ronsō hensan iin kai. Tokyo: Daian, 1962, pp. 37—284.

中山八郎:《再论嘉靖朝大礼问题之起源》,载清水博士追悼纪念明代史论丛编纂委员会编《清水博士追悼纪念明代史论丛》,东京,1962年,第 37—284 页

[406]　Nakayama Hachirō. "Kando ni okeru benpatsu no mondaiShinso no benpatsu rei shikō o chūshin to shite." *Chūgokunhi kenkyū*, 5 (1968), pp. 1—24.

中山八郎:《中国的发辫问题——清初薙发令的施行》,《中国史研究》,5 (1968 年),第 1—24 页

[407]　Nivison, David S. "Aspects of traditional Chinese biography." *Journal of Asian Studies*, 21, No. 4 (1962), pp. 457—63.

戴维·S. 尼维森:《传统中国传记的诸方面》,《亚洲研究杂志》,21,4 (1962 年),第 457—463 页

[408]　Okada, Hidehiro. "Life of Dayan Qaghan." *Acta Asiatica*, 11 (1966), pp. 46—55.

冈田英弘:《大元可汗传》,《亚洲传记》,11 (1966 年),第 46—55 页

[409]　Okada, Hidehiro. "Outer Mongolia in the sixteenth and seventeenth centuries." *Ajia Afurika gengo bunka kenkyū*, 5 (1972), pp. 69—85.

冈田英弘:《16 和 17 世纪的外蒙古》,《亚非语言文化研究》,5 (1972 年),第 69—85 页

[410]　Olbricht, Peter. *Das Postwesen in China unter der Mongolenherrschaft im 13. und 14. Jahrhundert.* Wiesbaden: Hatrassowitz, 1954.

彼得·奥尔布里希特:《13 和 14 世纪蒙古统治下的中国邮传》,威斯巴登,1954 年

[411]　Olbricht, Peter. "Die Biographie in China." *Saeculum*, 8, No. 2 — 3 (1957), pp. 224—35.

彼得·奥尔布里希特:《中国的列传》,《时代》,8,2—3 (1957 年),第 224—235 页

[412]　Pal mu tan

《白牡丹》，出版日期不详；重印，载《中国通俗章回小说丛刊》，9，
台北，1971 年

[413] Pai Ts'ui-ch'in

白翠琴编：《明实录瓦剌资料摘编》，《准噶尔史略》，《新疆历史资料研
究丛书》，乌鲁木齐，1982 年

[414] P'an Ch'eng-chang

潘柽章：《国史考异》，约 1660 年；重印，载光绪时期潘祖荫编《功顺
堂丛书》，18—20，严一萍编：《百部丛书集成》，69，台北，1967 年

[415] P'an Chi-hsün

潘季驯：《河防一览》，1590 年；重印，载吴相湘编《中国史学丛书》，
33，台北，1965 年；重印，《河海丛书》，13—14，台北，1969 年

[416] Pao Tsun-p'eng

包遵彭：《郑和下西洋之宝船考》，台北，1961 年

[417] Parsons, James B. "The culmination of a Chinese peasant rebellion：
Chang Hsien-chung in Szechwan, 1644－46." *Journal of Asian Stud-
ies*, 16, No. 3 (May 1957), pp. 387－400.

詹姆斯·B. 帕森斯：《一次中国农民起义的顶点：张献忠在四川，
1644—1646 年》，《亚洲研究杂志》，16，3（1957 年 5 月），第 387—
400 页

[418] Parsons, James B. *The peasant rebellions of the late Ming dynasty*. The
Association of Asian Studies, Monographs and Papers, No. 26. Tucson：
University of Arizona Press, 1970.

詹姆斯·B. 帕森斯：《明末的农民起义》，亚洲研究学会《专题著作与
论文》，26，图森，1970 年

[419] Pelliot, Paul. "Le HōJa et le Sayyid Husain de l'histoire des Ming."
T'ountg pao, Series 2, 38 (1948), pp. 81－292.

伯希和：《明代历史的火者和写亦虎仙》，《通报》，2，38（1948 年），
第 81—292 页

[420] Pelliot, Paul. "Michel Boym" *T'oung pao*, Series, 2, 31, No. 1－2
(1935), pp. 95－151.

伯希和：《米歇尔·博伊姆》，《通报》，2，31，1—2（1935 年），第
95—151 页

[421] P'eng Hsin-wei

彭信威：《中国货币史》，第 1 版，上海，群联出版社，1954 年；第 2 版，上海，人民出版社，1958 年；第 3 版，上海，人民出版社，1965 年

[422] P'eng P'u-sheng

彭普生：《李自成被害日期探考》，《故宫博物院院刊》，3（1980 年 8 月），第 35—39 页

[423] P'eng Shih

彭时：《彭文宪公笔记》，15 世纪晚期；载沈节甫编《纪录汇编》，126，1617 年；重印，王云五编：《丛书集成》，2796，摹印本，上海，1936 年

[424] Perkins, Dwight H. *Agricultural development in China*, 1368 — 1968. Chicago：Aldine, 1969.

德怀特·H. 珀金斯：《中国的农业发展，1368—1968 年》，芝加哥，1969 年

[425] Peterson, Willard J. *Bitter gourd*：*Fang-I-chih and the impetus for intellectual change*. New Haven and London：Yale University Press, 1979.

威拉德·J. 彼得森：《匏瓜：方以智与思想变革的动力》，纽黑文和伦敦，1979 年

[426] Peterson, Willard J. "The life of Ku Yen—wu（1612—1682）." *Harvard Journal of Asiatic Studies*, 28（1968）, pp. 114 — 56 and 29（196 9）. pp. 201—47.

威拉德·J. 彼得森：《顾炎武（1612—1682 年）生平》，《哈佛亚洲研究杂志》，28（1968 年），第 114—156 页和 29（1969 年），第 201—247 页

[427] Pokotilov, D. *History of the Eastern Mongols during the Ming dynasty*, trans. Rudolf Loewenthal. *Studia Serica*, Series A. No. 1. Chengtu. West China Union University, 1947.

D. 波科梯洛夫：《明代的东蒙古人史料》，鲁道夫·洛温塔尔英译：《研究丛刊》，A，1，成都，1947 年

[428] Purchas. Samuel. *Hakluytus posthumnas, or Purchas his pilgrimes. contayning a history of the world in sea voyages and lande travells*, 4 vols. London：W. Stansby for H. Fetherstone, 1625.

塞缪尔·珀切斯：《珀切斯朝圣者丛书》，4 卷，伦敦，1625 年

[429] Richardson, Hugh. *A short history of Tibet*. New York：Dutton, 1962.

黎吉生：《西藏简史》，纽约，1962 年

[430] Romano, Ruggiero. "Between the sixteenth and seventeenth centuries：The economic crisis of 1619—1622. " In *The general crisis of the seventeenth century*, ed. Geoffrey Parker and Lesley M. Smith. London：Henley and Boston：Routledge and Kegan Paul, 1978, pp. 165—225.

鲁吉罗·罗马诺：《16、17 世纪之间：1619—1622 年的经济危机》，载杰弗里·帕克和莱斯利·M. 史密斯编 《17 世纪的总危机》，伦敦和波士顿，1978 年，第 165—225 页

[431] Rossabi, Morris. "Cheng Ho and Timur: any relations?" *Oriens Extremus*, 20, No. 2 (December 1973), pp. 129—36.

莫里斯·罗塞比：《郑和与帖木儿有关系吗?》，《远东》，20，2（1973 年 12 月），第 129—136 页

[432] Rossabi, Morris, ed. *China among equals：The Middle Kingdom and its neighbors*, 10th — 14th centitries. Berkeley：University of California Press, 1983.

莫里斯·罗塞比编：《中国在对手之中：中央王国及其邻国，10—14 世纪》，伯克利，1983 年

[433] Rossabi, Morris. *China and Inner Asia from 1368 to the present day*. New York：Pica Press, 1975.

莫里斯·罗塞比：《1368 年迄今的中国和内亚》，纽约，1975 年

[434] Rossabi, Morris. *The Jurchens in the Yüan and Ming*. Ithaca, N. Y.：China and Japan Program, Cornell University, 1982.

莫里斯·罗塞比：《元明时期的女贞人》，伊萨卡，1982 年

[435] Rossabi, Morris. "Ming China and Turfan, 1406—1517. " *Central Asiatic Review*, 16, No. 3 (1972), pp. 206—25.

莫里斯·罗塞比：《明代中国和吐鲁番，1406—1517 年》，《中亚评论》，16，3（1972 年），第 206—225 页

[436] Rossabi, *Morris*. *Ming China's relations with Hami and Central Asia*, 1404 — 1513. Ann Arbor, Mich：University Microfilms International, 1970.

莫里斯·罗塞比：《明代中国与哈密和中亚的关系，1404—1513 年》，安阿伯，1970 年

[437] Rossabi, Morris. "A translation of Ch'en Ch'eng's *Hsi-yü fan-kuo chih.*" *Ming Studies*, 17 (Fall 1983), pp. 49—59.

莫里斯·罗塞比：《陈诚的〈西域番国志〉英译文》，《明史研究》，17 (1983 年秋)，第 49—59 页

[438] Rossabi, Morris. "Two Ming envoys to Inner Asia." *T'oung pao*, 62, No. 3 (1976), pp. 1—34.

莫里斯·罗塞比：《两名出使内亚的明朝使者》，《通报》，62，3（1976 年），第 1—34 页

[439] Roth, Gertraude. "The Manchu-Chinese relationship, 1618—1636." In *From Ming to Ch'ing: Conquest, region and continulty in seventeenth-century China*, ed. Jonathan D. Spence and John E. Wills. New Haven and London: Yale University Press, 1979, pp. 1—38.

格特劳德·罗思：《满汉关系（1618—1636 年）》，载乔纳塞恩·D. 斯彭斯、约翰·威尔斯编《从明至清：17 世纪中国的征服、地域和连续性》，纽黑文和伦敦，1979 年，第 1—38 页

[440] Rozman, Gilbert. *Urban networks in Ch'ing China and Tokugawa Japan.* Princeton, N. J.: Princeton University Press, 1973.

吉尔伯特·罗兹曼：《中国清代和日本德川幕府时代的城市网》，普林斯顿，1973 年

[441] Rudolph, Richard C. "The real tomb of the Ming regent, Prince of Lu." *Monumenta Serica*, 29 (1970—71), pp. 484—495.

理查德·C. 鲁道夫：《明监国鲁王之真墓》，《华裔学志》，29（1970—1971 年），第 484—495 页

[442] Sainson, Camille. *Nan-tchao ye-che, Histoire particuliere du Nan-tchao: Traduction d'une histoire de l'ancien Yun-nan accompagnée d'une carte et d'un lexique géographique et historique.* Paris: Imp. Nationale,. 1904.

卡米耶·圣桑：《〈南诏野史〉：一部古云南史的译文，附地图和历史地名词汇》，巴黎，1904 年

[443] Sakai Tadao. *Chūgoku zensho no kenkyū.* Tokyo: Kōbundō. 1960.

酒井忠夫：《中国善书研究》，东京，1960 年

[444] Sakakura Atsuhide. "Kenbuntei no seisaku." *Jimbun ronkyū（Kansai gakuin）*, 27, No. 3—4 (1978), pp. 1—21.

阪仓笃秀：《建文帝的政策》，《人文研究》（关西学院），27，3—4（1978 年），第 1—21 页

[445] Sansom, George. *A history of Japan*, 1334 — 1615. Stanford, Calif.：Stanford University Press, 1961.

乔治·桑塞姆：《日本史，1334—1615 年》，斯坦福，加利福尼亚，1961 年

[446] Schurz, William Lytle. *The Manila galleon*. New York：Dutton, 1939.

威廉·莱特尔·舒尔茨：《马尼拉的西班牙大帆船》，纽约，1913 年

[447] Serruys, Henry. "Chinese in southern Mongolia during the sixteenth century." *Monumenta Serica*, 18 (1959), pp. 1—95.

司律思：《16 世纪在南蒙古的中国人》，《华裔学志》，18（1959 年），第 1—95 页

[448] Serruys, Henry. "Foreigners in the metropolitan police during the fifteenth century." *Oriens Extremus*, 8, No. 1 (August 1961), pp. 59—83.

司律思：《15 世纪京畿警察中的外国人》，《远东》，8，1（1961 年 8 月），第 59—83 页

[449] Serruys, Henry. "Four documents relating to the Sino-Mongol peace of 1570—71." *Monumenta Serica*, 19 (1960), pp. 1—66.

司律思：《关于 1570—1571 年的中蒙和平的四份文件》，《华裔学志》，19（1960 年），第 1—66 页

[450] Serruys, Henry. *Genealogical tables of the descendants of Dayan-Qan*. The Hague：Mouton, 1958.

司律思：《大元可汗后裔系谱》，海牙，1958 年

[451] Serruvs, Henry. "A manuscript version of the legend of the Mongol ancestry of the Yung-lo emperor." *Analecta Mongolica dedicated to the seventeeth birthday of Professor Owen Lattimore*. The Mongolia Society occasional papers. No. 8. Bloomington, Ind.：Mongolia Society, 1972, pp. 19—61.

司律思：《关于永乐帝有蒙古先世之传说的手抄稿本》，《拉铁摩尔教授

70 寿辰蒙文纪念论文集》,《蒙古学会临时会议论文集》,8,布卢明顿,1972 年,第 19—61 页

[452] Serruys, Henry. "Mongol tribute missions of the Ming period." *Central Asiatic Review*, 11, No. 1 (March 1966), pp. 1—83.

司律思:《明代的蒙古朝贡使团》,《中亚评论》,11,1 (1966 年 3 月),第 1—83 页

[453] Serruys, Henry. "Mongols ennobled during the early Ming." *Harvard Journal of Asiatic Studies*, 22 (December 1959), pp. 209—260.

司律思:《明初受封的蒙古人》,《哈佛亚洲研究学报》,22 (1959 年 12 月),第 209—260 页

[454] Serruys, Henry. "The Mongols of Kansu during the Ming." In *Mélanges chlnois et bouddhiques*, Vol. 10, 1955. Bruxelles: l'Institut belge des hautes études chinoises, 1955, pp. 215—346.

司律思:《明代甘肃的蒙古人》,载《中国和佛教文集》,10,1955 年,布鲁塞尔,1955 年,第 215—346 页

[455] Serruys, Henri, trans. "Pei-lou fong-sou, 1es coutumes des esclaves septentrionaux ed Siao Ta-heng suivi des Tables généalogiques." *Monumenta Serica*, 10 (1945), pp. 117—208.

司律思译:《萧大亨的〈北路风俗〉》,《华裔学志》,10 (1945 年),第 117—208 页

[456] Serruys, Henri. *sino-Jürčed relations during the Yung-lo period*, 1403—1424. Wiesbaden: Harrassowitz, 1955.

司律思:《永乐时期中国—女贞的关系,1403—1424 年》,威斯巴登,1955 年

[457] Serruys, Henri. (*Sino-Mongol relations during the Ming. I) The Mongols in China during the Hung-wu period* (1368—1398). In *Mélanges chinois et bouddhiques*, Vol. 11, 1956—59. Bruxelles: I'institut belge des hautes études Chinoises, 1959.

司律思:《(明代的中蒙关系,I) 洪武时代 (1368—1398 年) 在中国的蒙古人》,载《中国和佛教文集》,11,1956—1959 年,布鲁塞尔,1959 年

[458] Serruys, Henri. (*Sino-Mongol relations during the Ming. II) The trib-*

ute system and diplomatic missions, 1400—1600. In *Mélanges chinois et bouddhlques*, Vol. 14, 1966—67. Bruxelles: l'Institut belge des hautes éudes chinoises, 1967.

司律思:《(明代的中蒙关系,Ⅱ)朝贡制度和外交使节,1400—1600年》载《中国和佛教文集》,14,1966—1967年,布鲁塞尔,1967年

[459] Serruys, Henri. (*Sino-Mongol relations during the Ming*. Ⅲ) *Trade relations: the horse fairs*, 1400—1600. In *Mélanges chinois et bouddhiques*, Vol 17, 1975. Bruxelles: l'Institut belge des hautes études chinoises, 1975.

司律思:《(明代的中蒙关系,Ⅲ)贸易关系:马市,1400—1600年》,载《中国和佛教文集》,17,1975年,布鲁塞尔,1975年

[460] Serruys, Henri. "Sino-Mongol trade during the Ming." *Jourhal of Asian History*, 9, No. 1 (1975). pp. 34—56.

司律思:《明代的中蒙贸易》,《亚洲史杂志》,9,1(1975年),第34—56页

[461] Shang-hal Wen-hui pao she

上海文汇报社编:《文汇报》,上海,1966年

[462] Shaw. S. J. "Historical significance of the curious theory of the Mongol blood in the veins of the Ming emperors." *The Chinese Social and Political Science Review*, 20 (1937), pp. 492—98.

S. J. 萧:《明朝诸帝有蒙古人血统这一奇异理论的历史意义》,《中国社会与政治科学评论》,20(1937年),第492—498页

[463] Shen Chou

沈周:《客座新闻》,载陶珽编 《说郛续》,13,两浙,1646年;摹印本,台北,1964年,1,第589—593页

[464] Shen Kang-pa

沈刚伯:《方孝孺的政治学说》,《大陆杂志》,22,5(1961年3月),第1—6页

[465] Shen Shih-hsing

申时行编:《大明会典》,228卷,1587年;重印,40册,上海,1936年;影印本,5册,台北,1964年

[466] Shen Shih-hsing

申时行：《赐闲堂集》，序，1616 年；北平图书馆善本书胶片，865—866，国会图书馆，华盛顿

[467] Shen Shih-jung

沈士荣编：《续原教论》，序，1385 年；重印，1875 年

[468] Shen Te-fu

沈德符：《万历野获编》，1619 年；重印，1827 年；重印，扶荔山房，1869 年；又，重印，1959 年；重印，第 2 版，北京，1980 年

[469] Sheng Ch'eng

盛成：《沈光文与明思宗及南渡诸王》，《学术季刊》，4，3（1956 年 3 月），第 42—73 页

[470] Shih K'o-fa

史可法：《史忠正公集》，1784 年编；重编，1852 年和 1871 年；重印，台北，1986 年

[471] Shih Wan—shou

石万寿：《论郑成功北伐以前的兵镇》，《幼师学志》，11，2（1973 年 6 月），第 1—18 页

[472] Shih Yüan-ch'ing

史元庆：《史可法先生年谱》，台北，1979 年

[473] Skinner, G. William. *Modern Chinese society*：*An analytical bibliography*. Stanford, Calif.：Stanford University Press, 1973.

施坚雅：《现代中国社会：有分析的书目》，斯坦福，1973 年

[474] So, Kwan-wai（Su Chün-wei）. *Japanese piracy in Ming China during the sixteenth century*. East Lansing：Michigan State University Press, 1975.

苏均炜：《16 世纪明代中国的日本海盗》，东兰辛，1975 年

[475] So, Kwan-wai

苏均炜：《大学士严嵩新论》，载《明清史国际学术讨论会论文集》，天津，1982 年，第 822—862 页

[476] Spence, Jonathan D., and John E. Wills, Jr., ed. *From Ming to Ch'ing*：*Conquest, region, and continuitiy in seventeenth-century China*. New Haven and London：Yale University Press, 1979.

乔纳塞恩·D. 斯彭斯、小约翰·E. 威尔斯编：《从明至清：17 世纪中

国的征服、地域和连续性》，纽黑文和伦敦，1979 年

[477] Ssu-ma Ch'ien

司马迁：《史记》，公元前 90 年前后，裴骃编，北京，1959 年

[478] Stein, Rolf Alfred. *Tibetan civilization*, traus. J. E. Stapleton Driver. Stanford，Calif.：Stanford University Press，1972.

石泰安：《西藏的文明》，J. E. 斯特普尔顿·德赖弗译，斯坦福，加利福尼亚，1972 年

[479] Struve，Lynn A. "History and *The peach blossom fan*", *Chinese Literature*：*Essays, Articles, and Reviews*，2，No. 1（January 1980），pp. 55—72.

林恩·A. 斯特鲁夫：《历史与〈桃花扇〉》，《中国文学：随笔、论文和评论》，2，1（1980 年 1 月），第 55—72 页

[480] Struve，Lynn A. *The southern Ming* 1644—1662. New Haven and London：Yale University Press，1984.

林恩·A. 斯特鲁夫：《南明，1644—1662 年》，纽黑文和伦敦，1984 年

[481] Struve，Lynn A. "Uses of history in traditional Chinese society：The southern Ming in Ch'ing historiography." Ann Arbor. Mich.：University Microfilms International，1974.

林恩·A. 斯特鲁夫：《历史在传统中国社会中的用途：清代编史工作中的南明》，安阿伯，1974 年

[482] Su，Chung-jen（Su Tsung-jen）. "The battle of Ceylon. 1411." In *Essays in Chinese studies presented to Professor Lo Hsiang-lin on his retirement*，ed. Department of Chinese，University of Hong Kong. Hong Kong：Wan-yu t'u kung—ssu，1970，pp. 291—97.

苏中仁（音）：《锡兰之战，1411 年》，载香港大学中文系编《寿罗香林教授论文集》，香港，1970 年，第 291—297 页

[483] Su T'ung-ping

苏同炳：《明史偶笔》，王云五编：《人人文库》，1382，台北，1970 年

[484] Sun Cheng-jung

孙正容：《朱元璋系年要录》，杭州，1983 年

[485] Sun Ch'eng-tse

孙承泽：《春明梦余录》，清代早期；重印，南海，惜分阴馆古香斋，

835

1883 年；重印，香港，1965 年

[486] Sun Hsi-tan

孙希旦编：《礼记集解》，王云五编：《国学基本丛书》，92—93，台北，
1968 年

[487] Sun Yüan-chen

孙媛贞：《明代屯田之研究》，重印，载包遵彭编《明史论丛》，8，台
北，1968 年，第 5—36 页

[488] Sung Lien

宋濂：《宋文宪公全集》，明代早期；重印，陆费逵等编：《四部备要》，
D114—116，台北，1970 年

[489] Sung Lien

宋濂：《大明日历序》，载薛熙编《明文在》，苏州，1889 年；影印本，
王云五编：《国学基本丛书》，197，台北，1968 年，第 353—354 页；
又，台北，1967 年，第 669—671 页

[490] Sung Lien et al.

宋濂等编：《元史》，1369—1370 年；重印，北京，1976 年

[491] Sung Ying-hsing

宋应星：《天工开物》，1637 年；重印，陶涉园编，1926 年；影印本，
载中华丛书委员会编 《中华丛书》，台北，1955 年

[492] Sung Ying-hsing. *T'ien kung k'ai wu*：*Chinese technology in the seven-teenth century*，trans. E-tu Zen Sun and Shiouchuan Sun. University Park and London：The Pennsylvania State University，1966.

宋应星：《天工开物：17 世纪的中国科技》，孙任以都（音）和孙绍全
（音）译，大学公园和伦敦，1966 年

[493] Suzuki Tadashi. "Kenbuntei shatsubō-setsu kōshō." *Shikan*，No. 65—67（October 1962），pp. 160—85 and 68（May 1963），pp. 50—69.

铃木正：《建文帝出亡说考证》，《史观》，65—67（1962 年 10 月），第
160—185 页和 68（1963 年 5 月），第 50—69 页

[494] *Ta Ch'ing Shih-tsu Chang huang ti shih lu*

《大清世祖章皇帝实录》，1672 年；修订，1739 年；重印，载《大清历
朝实录》，4—6，台北，1964 年

[495] T'ai-wan yin-hang ching-chi yen-chiu shih

台湾银行经济研究室编:《台湾文献丛刊》,台北,1957—

[496] Tamura Jitsuzō, ed. *Mindai Man-Mō shiryo*, 18 vols. Kyoto:Kyōtō daigaku bungakubu, 1954—59.

田村实造编:《明代满蒙史料》,18 卷,京都,1954—1959 年

[497] Tamura Jitsuzō. "Mindai no hokuhen bōei taisei", In his *Mindai Man-Mō shi kenkyū*. Kyoto:Kyōto daigaku bungakubu, 1963, pp. 73—161.

田村实造:《明代的北边防卫体制》,载《明代满蒙史研究》,京都,1963 年,第 73—161 页

[498] T'an Ch'ien

谈迁编:《国榷》,约 1653 年;重印,张宗祥编,北京,1958 年

[499] T'an Ch'ien

谈迁:《枣林杂俎》,17 世纪中叶;重印,载《笔记小说大观》,上海,进步书局,出版日期不详,第 1599—1787 页;摹印本,载《四部备要》,台北,1962 年

[500] Taniguchi, Kikuo. "Peasant rebellions in the late Ming." *Acta Asiatica*, 38 (1980), pp. 54—68.

谷口喜之雄:《晚明的农民起义》,《亚洲年鉴》,38 (1980 年),第 54—68 页

[501] T'ao Tstmg-i

陶宗仪:《辍耕录》,序,1366 年;重印,北京,1959 年

[502] T'ao Yüan-chen

陶元珍:《万历起居注》,《文史杂志》,4,7—8 (重庆,1944 年),第 54—56 页

[503] Taylor,Romeyn, trans. *The basic annals of Ming*, *T'ai-tsu*, San Francisco:Chinese Materials Center, 1975.

罗梅因·泰勒译:《明太祖本纪》,旧金山,1975 年

[504] Taylor,Romeyn. "Ming T'ai-tsu and the gods of the walls and moats." *Ming Studies*, 4 (1977), pp. 31—49.

罗梅因·泰勒:《明太祖和城隍神》,《明代研究》,4 (1977 年),第 31—49 页

[505] Taylor, Romeyn. "Ming T'ai-tsu and the nobilitly of merit." *Ming Studies*, 2 (1976), pp. 57—69.

罗梅因·泰勒：《明太祖与勋贵》，《明代研究》，2（1976年），第57—69页

[506]　Taylor, Romeyn. "Social origins of the Ming dynasty." *Monumenta Serica*, 22, No. 1 (1963), pp. 1—78.

罗梅因·泰勒：《明王朝的社会根源》，《华裔学志》，22，1（1963年），第1—78页

[507]　Taylor, Romeyn. "The Yüan origins of the wei-so System." In *Chinese government in Ming times*：*Seven studies*，ed. Charles O. Hucker. New York：Columbia University Press，1969，pp. 23—40.

罗梅因·泰勒：《卫所制的元代渊源》，载贺凯编《明代政府研究的七篇论文》，纽约，1969年，第23—40页

[508]　Teng K'ai

邓凯：《也是录》，明代晚期；重印，载留云居士编《明季稗史汇编》，18，上海，1896年；重印，《明季稗史初编》，上海，1936年

[509]　Teng Ssu-yü.

邓嗣禹：《明大诰与明初政治社会》，《燕京学报》，20（1936年），第455—483页；重印，载明太祖《明朝开国文献》，载吴相湘编《中国史学丛书》，34，台北，1966年，I，正文前，第1—26页

[510]　Terada Takanobu. *Eirakutei*. Tokyo：Jinbutsu ōraisha, 1966.

寺田隆信：《永乐帝》，东京，人物往来社，1966年

[511]　Ting I （Yeh Ting-i）

丁易：《明代特务政治》，北京，1950年

[512]　T'ien Ta-hsiung

田大熊：《国姓爷的登陆台湾》，石万寿译，《台北文献》，44（1978年6月），第111—121页（最初发表于1938年）

[513]　Ts'ai Chiu-te

采九德：《倭变事略》，1560年以后；重印，载中国历史研究室编《中国内乱外祸历史丛书》，2，上海，1947年；重印，载《中国近代内乱外祸历史故事丛书》，1964年，第69—138页

[514]　Ts'en Chuug-mien

岑仲勉：《黄河变迁史》，北京，1957年

[515]　Tsukamoto Shunkō. "Kobūtei to butsu dō ni kyō." *Gifudaigaku*

kenkyū hōkoku（*jimbun kagaku*），14（March 1966），pp. 34－43.

塚本俊孝：《洪武帝与佛道二教》，《岐阜大学研究报告（人文科学）》，14（1966 年 3 月），第 34—43 页

[516] Tu Lien-che（Lienche Tu Fang）

杜联喆：《明朝馆选录》，《清华学报》，新 5，2（1966 年 12 月），第 30—119 页

[517] Tu Nai chi

杜乃济：《明代内阁制度》，台北，1967 年

[518] Tu Wei-yün

杜维运：《赵翼传》，台北，1983 年

[519] T'u Shu-fang

屠叔方：《建文朝野汇编》，1598 年；抄本，国会图书馆，华盛顿

[520] Twitchett, Denis C. "Chinese biographical writing." In *Historians of China and Japan*, ed. W. B. Beasley and E. G. Pulleyblank. London: Oxford University Press, 1969, pp. 95－114.

崔瑞德：《中国的传记著述》，载 W. B. 比斯利、E. G. 普利布兰克编《中国和日本的史家》，伦敦，1969 年，第 95—114 页

[521] Twitchett, Denis C. "Problems of Chinese biography." In *Confucian personalities*, ed. Arthur F. Wright. Stanford, Calif.: Stanford University Press, 1962, pp. 24－39.

崔瑞德：《中国传记问题》，载芮沃寿编《儒家人物》，斯坦福，1962 年，第 24—39 页

[522] Twitchett, Denis C., ed. *Sui and T'ang China*, 589－906. Vol. Ⅲ of *The Cambridge history of China*. Cambridge, England: Cambridge University Press, 1979.

崔瑞德编：《中国隋唐史，589—906 年》，《剑桥中国史》，Ⅲ，剑桥，1979 年

[523] Vilar, Pierre, *A history of gold and money* 1450－1920, *original title Oro y moneda en la historia*, trans. Judith White. London: NLB, 1976.

皮埃尔·维勒：《黄金与货币史，1450—1920 年》，朱迪思·怀特译，伦敦，1976 年

[524]　Wakeman, Frederic, Jr. *The great enterprise：The Manchu reconstruc-tion of imperial order in seventeenth-century China*. Berkeley and Los Angeles：University of California Press，1985.

小弗雷德里克·韦克曼：《伟大的事业：满族人在 17 世纪的中国重建帝国秩序》，伯克利和洛杉矶，1985 年

[525]　Wakeman, Frederic, Jr. ed. *Ming and Qing historical studies in the People's Republic of China*. China Research Mono-graph, No. 17. Berkeley：Institute of East Asian Studies, University of California Press，1980.

小弗雷德里克·韦克曼编：《中华人民共和国的明清史研究》，《中国研究专论》，17，伯克利，1980 年

[526]　Wakeman, Frederic, Jr. "The price of autonomy：Intellectuals in Ming and Ch'ing politics" *Daedalus*，101（Spring 1972），pp. 35—70.

小弗雷德里克·韦克曼：《意志自由的代价：明清政治中的知识分子》，《代达罗斯》，101（1972 年春季），第 35—70 页

[527]　Wakeman, Frederic, Jr. "The Shun interregnum of 1644." In *Form Ming to Ch'ing：Conquest，region，aud continuity in seventeenth-centu-ry China*，ed. Jonathan D. Spence and John E. Wills, New Haven and London：Yale University Press，1979，pp. 39—87

小弗雷德里克·韦克曼：《1644 年的顺朝过渡时期》，载乔纳塞恩·D. 斯彭斯、小约翰·E. 威尔斯编《从明至清：17 世纪中国的征服、地域和连续性》，纽黑文和伦敦，1979 年，第 39—87 页

[528]　Wakeman, Frederic, Jr., and Carolyne Grant, eds. *Conflict and control in late imperial China*. Berkeley and Los Angeles：University of Califor-nia, 1975.

小弗雷德里克·韦克曼、卡罗琳·格兰特编：《中华帝国晚期的冲突与控制》，伯克利、洛杉矶，1975 年

[529]　Waldron, Arthur N. "The problem of the Great Wall." *Harvard Jour-nal of Asiatic Studies*，43，No. 2（December 1983），pp. 643—63.

阿瑟·N. 沃尔德伦：《长城的问题》，《哈佛亚洲研究杂志》，43，2（1983 年 12 月），第 643—663 页

[530]　Waldron, Arthur N. "The recovery of the Ordos：A Ming strategic de-

bate." Diss. Harvard，1981.

阿瑟·N. 沃尔德伦：《鄂尔多斯的收复：明代的一次战略争论》，学位论文，哈佛，1981 年

[531] Wang Ao

王鏊：《震泽长语》，16 世纪早期；重印，载沈节甫编 《纪录汇编》，1617 年；重印，上海，1938 年

[532] Wang Ch'i

王圻：《三才图会》，1609 年；重印，6 卷，台北，1970 年

[533] *Wang Chih chuan*

《汪直传》，约 1560 年；重印，载张海鹏编 《借月山房汇钞》，1812年；重印，载严一萍编：《百部丛书集成》，48，台北，1967 年

[534] Wang Ch'iung

王琼：《双溪杂记》，明版；重印，王云五编：《今献汇言》，6，上海，1937 年；影印本，3（6），台北，1969 年

[535] Wang Chung-min comp. *A descriptive catalog of rare Chinese books in the Library of Congress*，*ed.* T. L. Yüan. Washington，D. C.：Library of Congress，1972—73.

王重民编著：《国会图书馆中国善本书带有说明的目录》，T. L. 袁编，华盛顿，1972—1973 年

[536] Wang Ch'ung-wu

王崇武编：《奉天靖难记注》，《中央研究院历史语言研究所集刊》，特刊，28，上海，1948 年

[537] Wang Ch'ung-wu

王崇武：《论明太祖起兵及其政策之转变》，《中央研究院历史语言研究所集刊》，10（1948 年），第 57—71 页

[538] Wang Ch'ung-wu

王崇武：《明成祖朝鲜选妃考》，《中央研究院历史语言研究所集刊》，17（1948 年），第 165—176 页

[539] Wang Ch'ung-wu

王崇武：《明成祖与方士》，《中国社会经济史集刊》，8，1（1949 年），第 12—19 页

[540] Wang Ch'ung-wu

王崇武：《明靖难史事考证稿》，《中央研究院历史语言研究所集刊》，特刊，25，上海，1945 年；摹印本，香港，1969 年

[541] Wang Ch'ung-wu

王崇武：《明仁宗宣宗事迹旁证》，《真理杂志》，1，2（1944 年 3—4月），第 193—203 页

[542] Wang Ch'ung-wu

王崇武：《明本纪校注》，《中央研究院历史语言研究所集刊》，特刊，27，上海，1948 年；摹印本，香港，1967 年

[543] Wang Ch'ung-wu

王崇武：《明代的商屯制度》，《禹贡》，5，12（1936 年 8 月），第 1—15页

[544] Wang Ch'ung-wu

王崇武：《读高青邱〈威爱论〉》，《中央研究院历史语言研究所集刊》，12（1947 年），第 273—282 页

[545] Wang Ch'ung-wu

王崇武：《读明史朝鲜传》，《中央研究院历史语言研究所集刊》，12（1947 年），第 1—25 页

[546] Wang Gungwu. "China and Southeast Asia, 1402－1424. " In *Social history of China and Southeast Asia*, ed. J. Chen and N. Tarling. Cambridge, England: Cambridge University Press, 1970; rpt. in *Community and nation: Essays on Southeast Asia and the Chinese*, sel. Anthony Reid. Asian Studies Association of Australia, Southeast Asia Publication Series, No. 6. Singapore: Heinemann Educational Books (Asia), 1981, pp. 58－80.

王赓武：《中国与东南亚，1402—1424 年》，载 J. 陈、N. 塔林编《中国和东南亚社会史》，剑桥，1970 年；重印，载安东尼·里德选《社区和国家：关于东南亚和中国人论文集》，澳大利亚亚洲研究学会：《东南亚刊物丛书》，6，新加坡，1981 年，第 58—80 页

[547] Wang Gungwu. "Early Ming relations with southeast Asia: A background essay. " In *The Chinese world order: Traditional China's foreign relations*, ed. John K. Fairbank. Harvard East Asian Series, No. 32. Cambridge, Mass: Harvard University Press, 1968, pp. 34－

62；rpt. in *Community and nation：Essays on Southeast Asia and the Chinese*，sel. Anthony Reid. Asian Studies Association of Australia，Southeast Asia Publication Series，No. 6. Singapore：Heinemann Educational Books（Asia），1981，pp. 28—57.

王赓武：《明初与东南亚的关系：一篇背景研究短论》，载费正清编《中国传统的对外关系》，《哈佛东亚丛书》，32，坎布里奇，1968 年，第 34—62 页；重印，载安东尼·里德选《社区和国家：关于东南亚和中国人论文集》，澳大利亚亚洲研究学会：《东南亚刊物丛书》，6，新加坡，1981 年，第 28—57 页

[548] Wang Gungwu. "The opening of relations between China and Malacca. " In *Malayan and Indonesian studies：Essays presented to Sir Richard Winstedt*，ed. J. S. Bastin and R. Roolvink. London：Oxford University Press，1964；rpt. in *Community and nation：Essays on Southeast Asia and the Chinese*，sel. Anthony Reid. Asan Studies Association of Australia，Southeast Asia Publication Series，No. 6. Singapore：Heinemann Educational Books（Asia），1981，pp. 81—96.

王赓武：《中国和马六甲间关系的开始》，载 J. S. 巴斯廷和 R. 鲁尔文克编《马来和印度尼西亚研究：呈献理查德·温斯特德爵士的论文集》，伦敦，1964 年；重印，载安东尼·里德选《社区和国家：关于东南亚和中国人论文集》，澳大利亚亚洲研究学会：《东南亚刊物丛书》，6，新加坡，1981 年，第 81—96 页

[549] Wang Ⅰ-t'ung. *Official relations between China and Japan*，1368—1549. Cambridge，Mass.：Harvard University Press，1953.

王伊同：《中日之间的官方关系，1368—1549 年》，坎布里奇，1953 年

[550] Wang Kuo-kuang

王国光辑：《万历会计录》，张学颜编，约 1581 年；缩微胶片，CCM$_{12}$，芝加哥大学图书馆

[551] Wang Pao-hsien

王宝先：《记中央研究院历史语言研究所藏〈鲒埼亭集〉评校本》，《图书馆学报》，3（1961 年 7 月），第 119—178 页

[552] Wang Pao-hsin

王葆心：《蕲黄四十八砦纪事》，19 世纪晚期；重印，1906 年；重印，

台北，1966 年

[553] Wang Shih-chen

王世贞：《嘉靖以来内阁首辅传》，16 世纪晚期；重印，沈云龙编：《明清史料汇编初集》，1，台北，1976 年，第 81—478 页

[554] Wang Shih-chen

王世贞：《中官考》，《弇山堂别集》，90—100，1590 年；重印，吴相湘编：《中国历史丛书》，16，1965 年

[555] Wang Shih-chen

王世贞：《弇山堂别集》，1590 年；重印，吴相湘编：《中国历史丛书》，16，台北，1965 年

[556] Wang Tsun-t'ung. "A new collated and annotated edition of the history section of the Ch'ien-ch'ing t'ang shu mu' by Huang Yü-chi (1629 — 1691) ." Diss. Kuala Lumpur: University of Malaya, 1968.

王遵通（音）：《黄虞稷（1629—1691 年）〈千顷堂书目〉史部新校注本》，学位论文，吉隆坡，马来亚大学，1968 年

[557] Wang Yü-ch'üan (Wang Yü—ch'uan, Wang Yuquan)

王毓铨：《莱芜集》，北京，1983 年

[558] Wang Yü-ch'üan

王毓铨：《明代的军屯》，北京，1965 年

[559] Watson, Burton, trans. *Records of the grand historian of China: Translated from the* Shih chi *of Ssu-ma Ch'ien*, 2vols. New York: Columbia University Press, 1961; 3rd ed. , 1968.

巴顿·沃森译：《中国伟大史家的记录：译自司马迁的〈史记〉》，2 卷，纽约，1961 年；第 3 版，1968 年

[560] Wei Ch'ing-yüan

韦庆远：《明代黄册制度》，北京，1961 年

[561] Wen Jui-lin

温睿临：《南疆逸史》，56 卷，1711 年；重印，上海，1960 年；重印，《晚明史料丛书》，1，东京，1967 年

[562] Whitmore, John K. "Chiao-chih and Neo-Confucianism: The Ming attempt to transform Vietnam." *Ming Studies*, 4 (Spring 1977), pp. 51 —91.

约翰·K.惠特莫尔：《交趾和新儒家：明朝改造安南的企图》，《明史研究》，4（1977年春），第51—91页

[563] Wiens, Mi Chü (Chü Mi)

居密：《明清棉纺织业与农村社会经济的变化》，《中国文化研究所学报》，7，2（1974年12月），第515—534页

[564] Wiethoff, Bodo. "Bemerkungen zur Bedeutung der Regional-beschreibungen (fang-chih)." *Oriens Extremus*, 15（1968), pp. 149—68.

博多·维特霍夫：《论方志的意义》，《远东》，15（1968年），第149—168页

[565] Wiethoff, Bodo. *Chinas dritte Grenze：Der traditionelle chi-nesische Staat und der küstennahe Seeraum*. Wiesbaden：Harrassowitz, 1969.

博多·维特霍夫：《中国的第三边界：传统的中国国家与沿海地带》，威斯巴登，1969年

[566] Wilhelm, Hellmut. "Ein Briefwechsel zwischen Durgan and Schï Ko-Fa." *Sinica*, 7, No. 5—6 (1933), pp. 239—45.

赫尔穆特·威廉：《多尔衮与史可法之间的通信》，《中国》，7，5—6（1933年），第239—245页

[567] Willets, William. "The maritime adventures of Grand Eunuch Ho." *Journal of Southeast Asian History*, 5, No. 2（September 1964), pp. 25—42.

威廉·威利茨：《郑和太监的海上冒险活动》，《东南亚历史学报》，5，2（1964年9月），第25—42页

[568] Wills, John E., Jr. "Maritime China from Wang Chih to Shih Lang." In *From Ming to Ch'ing：Conquest, region, and continuity in seventeenth-century China*, ed. Jonathan D. Spence and John E. Wills. New Haven and London：Yale University Press, 1979, pp. 201—38.

小约翰·E.威尔斯：《从王直到施琅的海洋中国》，载乔纳塞恩·D.斯彭斯、约翰·E.威尔斯编《从明至清：17世纪中国的征服、地域和连续性》，纽黑文和伦敦，1979年，第201—238页

[569] Woters, O. W. *The fall of Srīvijaya in Malay history*. Ithaca, N. Y.：Cornell University Press, 1970.

沃尔特斯：《马来历史中室利佛逝的灭亡》，伊萨卡，纽约，1970年

[570]　Wu Che-fu

吴哲夫：《清代禁毁书目研究》，嘉新水泥公司文化基金会论文，164，
台北，1969 年

[571]　Wu Chi-hua

吴缉华：《论建文时的宰辅及其对明代政局的影响》，《中国历史学会史
学集刊》，1（1963 年 3 月），第 105—116 页；重印，载其《明代制度
史论丛》，台北，1971 年，Ⅰ，第 159—178 页

[572]　Wu Chi-hua

吴缉华：《论明代前期税粮重心之减税背景及影响》，《中央研究院历史
语言研究所集刊》，39（1969 年 10 月），第 95—124 页；重印，载其
《明代社会经济史论丛》，台北，1971 年，Ⅰ，第 75—124 页

[573]　Wu Chi-hua

吴缉华：《论明代封藩与军事职权的转移》，《大陆杂志》，34，7—8
（1967 年 4 月），第 6—10、23—26 页；重印，载其《明代制度史论
丛》，Ⅰ，第 31—56 页

[574]　Wu Chi-hua

吴缉华：《论明代税粮重心的地域及其重税之由来》，《中央研究院历史
语言研究所集刊》，38（1968 年），第 351—374 页；重印，载其《明代
社会经济史论丛》，Ⅰ，第 33—74 页

[575]　Wu Chi-hua

吴缉华：《明成祖向北方的发展与南北转运的建立》，《大陆杂志》，13，
9（1956 年 11 月），第 1—10 页；重印，载其《明代社会经济史论丛》，
Ⅰ，第 155—174 页

[576]　Wu Chi-hua

吴缉华：《明仁宣时内阁制度之变与宦官僭越相权之祸》，《中央研究院
历史语言研究所集刊》，31（1960 年），第 381—403 页；重印，载其
《明代制度史论丛》，Ⅰ，第 179—216 页

[577]　Wu Chi-hua

吴缉华：《明代纪年问题》，《大陆杂志》，特辑，2（1962 年 5 月），第
147—156 页；重印，载其《明代制度史论丛》，台北，1971 年，Ⅱ，第
365—386 页

[578]　Wu Chi-hua

吴缉华：《明代建国对外的基本态度及决策》，《东方文化》，16，1—2（1978 年），第 184—193 页

[579] Wu Chi-hua

吴缉华：《明代建文帝在传统皇位上的问题》，《大陆杂志》，19，1（1960 年 7 月），第 14—17 页；重印，载其《明代制度史论丛》，台北，1971 年，Ⅱ，第 349—364 页

[580] Wu Chi-hua

吴缉华：《明代制度史论丛》，台北，1971 年，Ⅰ，Ⅱ

[581] Wu Chi-hua

吴缉华：《明代海运及运河的研究》，《中央研究院历史语言研究所集刊》，特刊，43，台北，1961 年

[582] Wu Chi-hua

吴缉华：《明代皇室中的洽和与对立》，《中央研究院历史语言研究所集刊》，37（1967 年），第 323—352 页；重印，载其《明代制度史论丛》，台北，1971 年，Ⅱ，第 265—328 页

[583] Wu Chi-hua

吴缉华：《明代社会经济史论丛》，台北，1970 年，Ⅰ

[584] Wu Chi-hua

吴缉华：《明代东胜的设防与弃防》，《中央研究院历史语言研究所集刊》，34（1963 年），第 649—660 页；重印，载其《明代制度史论丛》，台北，1971 年，Ⅱ，第 329—348 页

[585] Wu Han

吴晗：《朝鲜李朝实录中的中国史料》，北京，1980 年

[586] Wu Han

吴晗：《记明实录》，载《读史劄记》，1956 年；重印，北京，1961 年，第 156—234 页

[587] Wu Han

吴晗：《朱元璋传》，上海，1949 年；修订版，1965 年；重印，北京，1979 年（更早的版本《从僧钵到皇权》，1944 年）

[588] Wu Han

吴晗：《胡惟庸党案考》，《燕京学报》，15（1934 年 6 月），第 163—205 页

[589]　Wu Han

吴晗：《明成祖仁宗景帝之死及其他》，《文史杂志》，2，2（1942 年 3 月），第 76 页

[590]　Wu Han

吴晗：《明成祖生母考》，《清华学报》，10，3（1935 年 7 月），第 631—646 页

[591]　Wu Han

吴晗：《明代靖难之役与国都北迁》，《清华学报》，10，4（1935 年 10 月），第 917—939 页

[592]　Wu Han

吴晗：《明代的锦衣卫和东西厂》，载其《灯下集》，北京，1961 年，第 83—93 页

[593]　Wu Han

吴晗：《明代的军兵》，载其《读史劄记》，1956 年；重印，北京，1961 年，第 92—141 页

[594]　Wu Han

吴晗：《读史劄记》，1956 年；重印，北京，1961 年

[595]　Wu, K. T. "Ming printing and printers." *Harvard Journal of Asiatic Studies*, 7 (1942—43), pp. 203—260.

K. T. 吴：《明代的印刷和印刷业者》，《哈佛亚洲研究杂志》，7（1942—1943 年），第 203—260 页

[596]　Wu, Silas. "Transmission of Ming memorials and the evaluation of the transmission network." *T'oung Pao*, 54 (1968), pp. 275—87.

赛拉斯·吴：《明代奏议的传送及对传送网的评价》，《通报》，54（1968 年），第 275—287 页

[597]　Wu Tan-ko

伍丹戈：《明代中叶的赋税改革和社会矛盾》，《社会科学战线》，4（1979 年 11 月），第 166—178 页

[598]　Wu Wei-yeh

吴伟业：《绥寇纪略》，12 卷，清代早期；重印，广文书局编译所编：《史料丛编》，21—24，台北，1968 年

[599]　Yamamoto Takayoshi. "Mindai naikaku seido no seiritsu to hattatsu."

Tōhōgaku, 21 (1961), pp. 87—103.

山本义隆:《明代内阁制度的建立与发展》,《东方学》,21 (1961 年),第 87—103 页

[600] Yamamoto Tatsurō. *Annanshi keukyū*. Tokyo: Yamakawa shuppan kai, 1950, Vol. 1.

山本达郎:《安南史研究》,东京,1950 年, Ⅰ

[601] YamaneYukio. " 'Genmatsu no hanran'to Minchō shihai no kakuritsu." In Vol. 12 of *Iwanami kōza sekai rekishi*. Tokyo: Iwanami shoten, 1971, pp. 17—56

山根幸夫:《"元末之反乱"与明朝支配之确立》,载《岩波讲座世界历史》,12,东京,1971 年,第 17—56 页

[602] Yamane Yukio, ed. *Mindaishi kenkyū bunken mokuroku*. Tokyo: Tōyō bunka Mindaishi kenkyūshitsu, 1960.

山根幸夫编:《明代史研究文献目录》,东京,1960 年

[603] Yamane Yukio. "Trends in postwar Japanese studies on Ming history: A bibliographical introduction." *Acta Asiatica*, 38 (1980), pp. 93—123.

山根幸夫:《战后日本的明史研究动向:书目介绍》,《亚洲年鉴》,38 (1980 年),第 93—123 页

[604] Yang Ch'i-ch'iao

杨启樵:《明初人才培养与登进制度及其演变》,《新亚学报》,6,2 (1964 年 8 月),第 333—394 页

[605] Yang Feng-pao

杨凤苞:《秋室集》,载陆心源编 《湖州丛书》,15—17,乌程,浙江,陆氏义塾,1885 年

[606] Yang I-fan

杨一凡:《洪武三十年大明律考》,《学习与思考》,5 (1981 年),第 50—54 页

[607] Yang Jung

杨荣:《北征记》,1424 年;重印,载沈节甫编《纪录汇编》,34,1617 年;影印本,上海,1938 年

[608] Yang, Lien-sheng. "Ming local administration." In *Chinese government*

in Ming times： *Seven studies*，ed. Charles O. Hucker. New Youk and London：Columbia University Press，1969，pp. 1—21.

杨联陞：《明代的地方行政》，载贺凯编：《明代政府研究的七篇论文》，纽约和伦敦，1969 年，第 1—21 页

[609]　Yang，Lien-sheng. "The organization of Chinese offcial historiography. " In *Historiansof China and Japan*，ed. W. G. Beasley and E. G. Pulleyblank. London：Oxford University Press，1961，pp. 44—59.

杨联陞：《中国官修史书的结构》，载 W. G. 比斯利和 E. G. 普利布兰克编：《中国和日本的史家》，伦敦，1961 年，第 44—59 页

[610]　Ynag Te-tse

杨德泽：《杨监笔记》，康熙时期；重印，载罗振玉编《玉简斋丛书》，上虞，1910 年

[611]　Yang T'ing-ho

杨廷和：《视草余录》，2 卷，1527 年；载《杨文忠三录》，1607 年；重印，京都，1972 年

[612]　Yang Xianyi（Yang Hsien-i），and Gladys Yang，trans. *The courtesan's jewel box*： *Chinese stories of the Xth-XVIth centuries*. Peking：Foreign Language Press，1981.

杨宪益、戴乃迭译：《妓女的宝箱：10 至 16 世纪中国的短篇小说》，北京，1981 年

[613]　Yang Yün-p'ing［Yang Yu-lien］

杨云萍（杨友濂）：《南明鲁监国事迹的研究》，《中国历史学会史学集刊》，8（1976 年 5 月），第 33—61 页

[614]　Yao Ming-ta

姚名达：《邵念鲁年谱》，上海，1930 年；重印，上海，1934 年；重印，台北，1971 年

[615]　Yeh Shao-yüan

叶绍袁：《启祯记闻录》，载乐天居士编《痛史》（顺治早期），3，上海，1911 年；影印本，台北，1968 年

[616]　Yeh Ting-i，*see* Ting I.

叶丁易，见丁易

[617]　Yin Chih

尹直：《謇斋琐辍录》，明版；影印本，载王云五编：《历代小史》，ⅩⅠ，9（93），1940 年；重印，台北，1969 年

[618] Yoshikawa Kōjirō. *Gen-Min shi gaisetsu.* Vol. 2 of *Chūgoku shijin senshū*, ed. Ogawa Tamaki. Tokyo：Iwanami shoten, 1963.

吉川幸次郎：《元明诗概说》，小川环树编：《中国诗人选集》，2，东京，1963 年

[619] Yoshikawa Kōjirō. "Shinpo no ichi keishiki—Sō igo no Chūgoku no shinpo ni tsuite." *Asahi shinbun*, 3 January 1958; rpt. in *Yoshikawa Kōjirō zenshū*. Tokyo：Chikuma shobō, 1969, Vol. XIII, pp. 605—07.

吉川幸次郎：《进步的一种形式——关于宋以后中国的进步》，《朝日新闻》，1958 年 1 月 3 日；重印，《吉川幸次郎全集》，东京，1969 年，XIII，第 605—607 页

[620] Yü Chi-teng

余继登：《典故纪闻》，1601 年；重印，载《元明史料笔记丛刊》，北京，1981 年

[621] Yü I-tse

余贻泽：《中国土司制度》，重庆，1944 年

[622] Yü Ju-chi

余汝楫：《礼部志稿》，1602 年；重印，载教育部中央图书馆筹备处编《四库全书珍本初集》，73—77，上海，1935 年

[623] Yuan, Tsing. "Urban riots and disurbances." *In From Ming to Ch'ing*：*Conquest, region, and continuity in seventeenthcentury China*, ed. Jonathan D. Spence and John E. Wills, Jr. New Haven and London：Yale University Press, 1979, pp. 279—320.

袁清（音）：《城市的暴乱和骚动》，载乔纳塞恩·D. 斯彭斯、小约翰·E. 威尔斯编《从明至清：17 世纪中国的征服、地域和连续性》，纽黑文和伦敦，1979 年，第 279—320 页

[624] Yü T'ung-li

袁同礼：《皇史宬记》，《图书馆学集刊》，2，3（1928 年 9 月），第 443—444 页，附未标页码插页 2